逐条 破産法・民事再生法の読み方

岡 伸浩・神原千郷・佐々木英人 編著

商事法務

推薦の辞

　本書は、第一東京弁護士会倒産法研究部会に所属する弁護士有志が破産・民事再生法の全条文について、実務上の観点に重点を置いて、逐条的に基本事項と論点について解説し、加えて、突っ込んだ調査を遂げたい場合の参考のためスタンダードな文献を紹介するものである。この編集方針に沿った本逐条解説は、破産・民事再生事件の処理に関する次のような特色によく適合する。

　第1に、破産・民事再生事件の処理は「待ったなし」である。破産・民事再生事件の処理は立ち上がりが勝負を決め、その後の問題処理にも咄嗟の対処を必要とする。その場合に肝心なのは、問題点と解決方針の大筋を迅速かつ的確につかむことである。本書はこの要請に適合している。執筆陣はベテラン揃いであり、倒産処理能力向上のための日々の研究に基づき、過不足のない基本事項の抽出と勘所を押さえた的確な論点解説がされている。

　第2に、破産事件と民事再生事件は「密接不可分」な関係にある。破産事件が円滑に進んでいなかった旧破産法当時には、再建手続である旧和議手続も円滑を欠いていた。平成12年ころ新しい破産手続が遂行されるようになって、同時に発進した民事再生手続（平成12年4月施行）も、窮境にある再生債務者に果敢なチャレンジを許す迅速で伸び伸びとした手続に生まれ変わった。両者の密接不可分性が認識されたためである。本書の相互参照性に優れた解説はこの要請に適合している。

　第3に、破産・民事再生事件の処理には債務者・債権者間の「牽制と連携」が重要である。そのためには、個々の条文の理解にとどまらない条文全体を通じての破産・民事再生手続の理解が必要である。本書の記述の簡潔性とこれによる関係条文の鳥瞰可能性はこの要請に適合している。

　破産事件と民事再生事件の処理に意欲をもつ方々がこぞって本書を座右の書とされることをお薦めする。

平成29年11月

弁護士　**園尾隆司**

導きの糸鞘(いとまり)

　破産法・民事再生法に関する書物は多い。大別すれば、入門書、教科書、実務解説書、体系書、注釈書に分けることができよう。この5種の中で、入門書、教科書と実務解説書は、想定する主たる読者層によって、また、体系書と注釈書は、記述の形式によって区別できる。

1　Sesam öffne dich！（開け胡麻(ゴマ)）

　1冊の書物がこれらすべての役割を兼ね備えることができれば、至上の存在となる。しかし、それは不可能である、とこれまでは信じられてきた。本書は、注釈書の体裁こそとっており、倒産や事業再生に関与する実務家または実務家たろうとする方々を主たる読者層と想定してはいるが、この通念を覆し、入門書、教科書、実務解説書としての性質を兼ね備え、あわせて、体系書の記述への架橋ともなっている。その意味で、倒産・事業再生実務への扉を開く鍵であると同時に、深い森の路を迷わず歩むための導きの糸鞘ということができる。

2　2次元から3次元へ

　破産と民事再生は、法的倒産処理または事業再生手続と呼ばれる。法的との形容句は、裁判所において、法の規律に基づいて実施される手続であることを意味する。たとえば、ある案件について民事再生手続の開始申立てをしようとするとき、弁護士は、手続の進行についてどのような規律が存在するのかを正確に把握する必要がある。申立てを受ける側である裁判所、すなわち裁判官や裁判所書記官についても同様である。破産手続の遂行主体である破産管財人の職務に関しても、変わるところはない。

　これらの実務家にとって、まず参照すべきなのは、破産法、破産規則、民事再生法、民事再生規則という法規の内容である。これを一次元軸と呼ぼう。しかし、当該案件との関係で、その意味内容や適用可能性が一義的に明確とは限らず、解釈が分かれ得る可能性があり、それについての判断を示す判例が存在することもある。これを二次元軸と呼ぼう。さらに、確定した解釈が存在せず、議論が分かれていることもある。これを三次元軸と呼ぼう。

3　多層構造——本書の特徴

　各条の性質による差異を別にすれば、本書の注釈は、上記の三次元軸に対応し、「基本事項」、「論点解説」、「より深く学ぶ」、「判例」、「文献」の5つの柱から成り立っており、その道標(みちしるべ)として、それぞれの手続の流れが図示されている。灯火(ともしび)の下で本書を繙(ひもと)く読者は、その知見と経験の程度に応じて、「基本事項」から始めることも、「より深く学ぶ」から入り、掲げられている「判例」や「文献」を参照することもできる。このように、読む者の必要に応じて、多様な需(もとめ)を満たし得るのが、本

書の特徴といえよう。「逐条　破産法・民事再生法の読み方」(下線は、筆者による) とは、まさにこのような企図を表す修辞であり、そこに編者の自負が垣間見られる。

4　おわりに——実務家の朋(とも)

　現行破産法・民事再生法、各規則に限っても、注釈書の数は多く、本書の「文献」欄にも頻繁に登場する『大コンメンタール』、『条解破産法』、『注釈破産法』、『条解民事再生法』、『新注釈民事再生法』などが知られている。これらを大型注釈書というとすれば、本書は、頁数こそ900を超えるものの、両法および両規則に跨ることを考えれば、卓上注釈書(Kurz Kommentar)と呼んでも差し支えない。実務家、また実務家たらんとする方々が座右の朋(とも)として活用されるようお願い申し上げる。

平成29年霜月

東京大学名誉教授　**伊藤　眞**

はしがき

　本書は、破産法・民事再生法について条文ごとに趣旨、重要事項、論点、裁判例などを解説したものである。

　本書の主な特色は、以下の点にある。

　第1に、破産法・民事再生法の全条文を網羅している点である。破産法の1条ないし277条および民事再生法の1条ないし266条をすべて1冊に集約し、いわば卓上注釈書としての役割を果たすとともに、清算型倒産手続の基本法としての破産法と再建型倒産手続の基本法としての民事再生法を相互に関連する法律として一体的に捉え、体系的な理解が得られるよう期待するものである。

　第2に、基本的事項はもとより、発展的な内容を含む応用問題への発展をも視野に入れた記述を実現した点である。条文ごとに「基本事項」の項目を設け、各条文の意義や基本的事項を説明した上で、「論点解説」や「より深く学ぶ」の項目を設け、応用的事項も解説した。初めて破産法・民事再生法に触れる方も、すでに相当の知識を有する方も、それぞれのニーズに応じた情報を得られるよう工夫している。

　第3に、条文の理解に必要な重要事項を簡潔に説明し、さらに深く理解するために必要となる主要な文献を掲げた点である。条文ごとに重要事項を簡潔に説明することを心掛け、読者が要領よく条文の理解を進めることができるようにした。本書により、重要事項を理解された読者は、本書が掲げた文献に当たることによって、さらに破産法・民事再生法の理解を深めていただきたい。

　本書の成り立ちは、編者の岡が第一東京弁護士会総合法律研究所倒産法研究部会の部会長、神原、佐々木が副部会長であった平成25年度から平成26年度にかけて、若手弁護士の有志を募り、破産法・民事再生法の各条文を検討し、まとめるという企画を進めたことに端を発する。その後、翌年度以降の樋口収、小畑英一部会長の理解を得て、編集委員の力を合わせ、各記述を精査し、今般の発刊に至ることができた。本書の企画に賛同し、個別に執筆を担当された有志の方々、編集委員、そして株式会社商事法務の吉野祥子氏に心より感謝申し上げる。また、本書の校正の段階で、箕輪洵弁護士、小林一輝弁護士（ともに岡綜合法律事務所）の協力を得た。ここに記してお礼を申し上げる。

平成29年11月

岡　　伸浩
神原　千郷
佐々木英人

凡　例

1　法令名の略語

略語		正式名称
意匠	→	意匠法
一括清算	→	金融機関等が行う特定金融取引の一括清算に関する法律
一般法人	→	一般社団法人及び一般財団法人に関する法律
会計士	→	公認会計士法
会更	→	会社更生法
会更規	→	会社更生規則
会社	→	会社法
仮登記担保	→	仮登記担保契約に関する法律
企業担保	→	企業担保法
行審	→	行政不服審査法
刑	→	刑法
刑訴	→	刑事訴訟法
憲	→	憲法
健保	→	健康保険法
小	→	小切手法
公証	→	公証人法
裁	→	裁判所法
商	→	商法
宗法	→	宗教法人法
承認援助	→	外国倒産処理手続の承認援助に関する法律
商標	→	商標法
新案	→	実用新案法
信託	→	信託法
生活保護	→	生活保護法
税通	→	国税通則法
租税約特	→	租税条約等の実施に伴う所得税法、法人税法及び地方税法の特令等に関する法律
地税	→	地方税法
仲裁	→	仲裁法
著作	→	著作権法
手	→	手形法
動産・債権譲渡特	→	動産及び債権の譲渡の対抗要件に関する民法の特例等に関する法律
独禁	→	私的独占の禁止及び公正取引の確保に関する法律
特許	→	特許法
破	→	破産法
破規	→	破産規則
不登	→	不動産登記法
弁護	→	弁護士法
弁理士	→	弁理士法

民	→	民法
民再	→	民事再生法
民再規	→	民事再生規則
民執	→	民事執行法
民執令	→	民事執行法施行令
民訴	→	民事訴訟法
民訴規	→	民事訴訟規則
民調	→	民事調停法
民保	→	民事保全法
郵便	→	郵便法
労基	→	労働基準法

※基本的に有斐閣版六法全書の法令名略語に倣った。

2 判例の表示

最判平 11・11・9民集 53 巻 8 号 1403 頁
→最高裁判所平成 11 年 11 月 9 日判決、最高裁判所民事判例集 53 巻 8 号 1403 頁

3 判例集の略語

下民集	→	下級裁判所民事判例集
高民集	→	高等裁判所民事判例集
集民	→	最高裁判所裁判集民事
新聞	→	法律新聞
民集	→	最高裁判所（大審院）民事判例集
民録	→	大審院民事判決録
労民	→	労働関係民事裁判例集

4 定期刊行物の略語

金判	→	金融・商事判例
金法	→	金融法務事情
銀法	→	銀行法務 21
自正	→	自由と正義
ジュリ	→	ジュリスト
商事	→	旬刊商事法務
曹時	→	法曹時報
判時	→	判例時報
判タ	→	判例タイムズ
法教	→	法学教室
法時	→	法律時報
法セミ	→	法学セミナー
民商	→	民商法雑誌

5 主要文献の略語

一問一答民再　　深山卓也ほか『一問一答民事再生法』（商事法務研究会、2000）

一問一答破産	小川秀樹編著『一問一答新しい破産法』(商事法務、2004)
伊藤	伊藤眞『破産法・民事再生法〔第3版〕』(有斐閣、2014)
伊藤・会更	伊藤眞『会社更生法』(有斐閣、2012)
INDEX	瀬戸英雄＝山本和彦編『倒産判例インデックス〔第3版〕』(商事法務、2014)
INDEX2版	瀬戸英雄＝山本和彦編『倒産判例インデックス〔第2版〕』(商事法務、2010)
会社更生の実務(上)(下)	東京地裁会社更生実務研究会編『会社更生の実務(上)(下)〔新版〕』(金融財政事情研究会、2014)
Q&A民再	山本和彦ほか編『Q&A民事再生法〔第2版〕』(有斐閣、2006)
個人再生の実務Q&A100問	全国倒産処理弁護士ネットワーク編『個人再生の実務Q&A100問』(金融財政事情研究会、2008)
個人再生の手引	鹿子木康ほか編『個人再生の手引〔第2版〕』(判例タイムズ社、2017)
最判解民事篇	『最高裁判所判例解説〔民事篇〕』(法曹会)
私的整理の実務Q&A100問	全国倒産処理弁護士ネットワーク編『私的整理の実務Q&A100問〔追補版〕』(金融財政事情研究会、2014)
詳解民再	福永有利監修・四宮章夫ほか編『詳解民事再生法——理論と実務の交錯〔第2版〕』(民事法研究会、2009)
条解会更(上)(中)(下)	兼子一監修・三ヶ月章ほか著『条解会社更生法(上)(中)(下)』(弘文堂、1973(上・中)、1974(下)、2001第4次補訂)
条解破産	伊藤眞ほか『条解破産法〔第2版〕』(弘文堂、2014)
条解破産規則	最高裁判所事務総局民事局監修『条解破産規則』(法曹会、2005)
条解民再	園尾隆司＝小林秀之編『条解民事再生法〔第3版〕』(弘文堂、2013)
条解民再規則	最高裁判所事務総局民事局監修『条解民事再生規則〔新版〕』(法曹会、2005)
新注釈民再(上)(下)	才口千晴＝伊藤眞監修・全国倒産処理弁護士ネットワーク編『新注釈民事再生法(上)(下)〔第2版〕』(金融財政事情研究会、2010)
新倒産百選	新堂幸司＝霜島甲一＝青山善充編『新倒産判例百選』(有斐閣、1990)
新破産法の基本構造と実務	伊藤眞＝松下淳一＝山本和彦編『新破産法の理論と実務〔ジュリ増刊〕』(有斐閣、2007)
大コンメ	竹下守夫編集代表・上原敏夫ほか編『大コンメンタール破産法』(青林書院、2007)
注解会更	宮脇幸彦ほか編『注解会社更生法』(青林書院、1986)
注解破産(上)(下)	斎藤秀夫＝麻上正信＝林屋礼二編『注解破産法(上)(下)〔第3版〕』(青林書院、1998)
注釈破産(上)(下)	田原睦夫＝山本和彦監修・全国倒産処理弁護士ネットワーク編集『注釈破産法(上)(下)』(金融財政事情研究会、2015)
注釈民再(上)(下)	伊藤眞ほか編『注釈民事再生法(上)(下)〔新版〕』(金融財政事情研究会、2002)
倒産法概説	山本和彦＝中西正＝笠井正俊＝沖野眞已＝水元宏典『倒産法概説〔第2版補訂版〕』(弘文堂、2015)

中島=佐藤　　　中島弘雅=佐藤鉄男『現代倒産手続法』(有斐閣、2013)
はい６民です　　　森純子=中山誠一=池田聡介=柴田憲史=別所卓郎=山本陽一=坂本隆一=長橋正憲編『はい６民ですお答えします〜倒産実務Q&A〜』(大阪弁護士協同組合、2015)
破産管財の手引　　　中山孝雄=金澤秀樹編『破産管財の手引〔第２版〕』(金融財政事情研究会、2015)
破産実務Q＆A200問　　　全国倒産処理弁護士ネットワーク編『破産実務Q＆A200問』(金融財政事情研究会、2012)
破産法・民事再生法概論　　　山本克己編著『破産法・民事再生法概論』(商事法務、2012)
破産・民事再生の実務（上）（下）〔新版〕　　　西謙二=中山孝雄編・東京地裁破産再生実務研究会『破産・民事再生の実務（上）（下）〔新版〕』(金融財政事情研究会、2008)
破産・民事再生の実務〔破産編〕　　　東京地裁破産再生実務研究会編著『破産・民事再生の実務〔第３版〕破産編』(金融財政事情研究会、2014)
破産・民事再生の実務〔民事再生・個人再生編〕　　　東京地裁破産再生実務研究会編著『破産・民事再生の実務〔第３版〕民事再生・個人再生編』(金融財政事情研究会、2014)
百選　　　伊藤眞=松下淳一編『倒産判例百選〔第５版〕』(有斐閣、2013)
百選初版　　　新堂幸司=霜島甲一=青山善充編『倒産判例百選』(有斐閣、1976)
百選３版　　　『倒産判例百選〔第３版〕』(有斐閣、2002)
百選４版　　　青山善充=伊藤眞=松下淳一編『倒産判例百選〔第４版〕』(有斐閣、2006)
松下　　　松下淳一『民事再生法入門〔第２版〕』(有斐閣、2014)
民事再生の手引　　　鹿子木康編・東京地裁民事再生実務研究会著『民事再生の手引』(商事法務、2012)
民事再生法逐条研究　　　伊藤眞ほか編『民事再生法逐条研究』(有斐閣、2002)
山本　　　山本和彦『倒産処理法入門〔第４版〕』(有斐閣、2012)

目　次

推薦の辞・*i*／導きの糸鞠・*ii*／はしがき・*iv*／凡例・*v*

破産法

前　注 ……………………………………………………………………… *2*

第1章　総則 ……………………………………………………………… *4*

第1条（目的） ………………………………………………………… *4*
第2条（定義） ………………………………………………………… *5*
第3条（外国人の地位） ……………………………………………… *9*
第4条（破産事件の管轄） …………………………………………… *10*
第5条 …………………………………………………………………… *11*
第6条（専属管轄） …………………………………………………… *14*
第7条（破産事件の移送） …………………………………………… *15*
第8条（任意的口頭弁論等） ………………………………………… *16*
第9条（不服申立て） ………………………………………………… *17*
第10条（公告等） ……………………………………………………… *19*
第11条（事件に関する文書の閲覧等） ……………………………… *20*
第12条（支障部分の閲覧等の制限） ………………………………… *22*
第13条（民事訴訟法の準用） ………………………………………… *23*
第14条（最高裁判所規則） …………………………………………… *24*

第2章　破産手続の開始 ………………………………………………… *25*

前　注 …………………………………………………………………… *25*

第1節　破産手続開始の申立て ……………………………………… *26*

第15条（破産手続開始の原因） ……………………………………… *26*
第16条（法人の破産手続開始の原因） ……………………………… *27*
第17条（破産手続開始の原因の推定） ……………………………… *28*
第18条（破産手続開始の申立て） …………………………………… *29*
第19条（法人の破産手続開始の申立て） …………………………… *31*
第20条（破産手続開始の申立ての方式） …………………………… *32*
第21条（破産手続開始の申立書の審査） …………………………… *34*
第22条（費用の予納） ………………………………………………… *35*
第23条（費用の仮支弁） ……………………………………………… *37*
第24条（他の手続の中止命令等） …………………………………… *37*
第25条（包括的禁止命令） …………………………………………… *42*
第26条（包括的禁止命令に関する公告及び送達等） ……………… *45*
第27条（包括的禁止命令の解除） …………………………………… *46*

第28条（債務者の財産に関する保全処分） ……………………… 47
　　第29条（破産手続開始の申立ての取下げの制限） ……………… 50
 第2節　破産手続開始の決定 ………………………………………… 51
　　第30条（破産手続開始の決定） …………………………………… 51
　　第31条（破産手続開始の決定と同時に定めるべき事項等） …… 54
　　第32条（破産手続開始の公告等） ………………………………… 57
　　第33条（抗告） ……………………………………………………… 59
 第3節　破産手続開始の効果 ………………………………………… 62
　第1款　通則 …………………………………………………………… 62
　　第34条（破産財団の範囲） ………………………………………… 62
　　第35条（法人の存続の擬制） ……………………………………… 65
　　第36条（破産者の事業の継続） …………………………………… 66
　　第37条（破産者の居住に係る制限） ……………………………… 66
　　第38条（破産者の引致） …………………………………………… 67
　　第39条（破産者に準ずる者への準用） …………………………… 68
　　第40条（破産者等の説明義務） …………………………………… 68
　　第41条（破産者の重要財産開示義務） …………………………… 70
　　第42条（他の手続の失効等） ……………………………………… 70
　　第43条（国税滞納処分等の取扱い） ……………………………… 73
　　第44条（破産財団に関する訴えの取扱い） ……………………… 74
　　第45条（債権者代位訴訟及び詐害行為取消訴訟の取扱い） …… 75
　　第46条（行政庁に係属する事件の取扱い） ……………………… 79
　第2款　破産手続開始の効果 ………………………………………… 79
　　第47条（開始後の法律行為の効力） ……………………………… 79
　　第48条（開始後の権利取得の効力） ……………………………… 81
　　第49条（開始後の登記及び登録の効力） ………………………… 81
　　第50条（開始後の破産者に対する弁済の効力） ………………… 83
　　第51条（善意又は悪意の推定） …………………………………… 84
　　第52条（共有関係） ………………………………………………… 84
　　第53条（双務契約） ………………………………………………… 85
　　第54条 ……………………………………………………………… 90
　　第55条（継続的給付を目的とする双務契約） …………………… 92
　　第56条（賃貸借契約等） …………………………………………… 93
　　第57条（委任契約） ………………………………………………… 95
　　第58条（市場の相場がある商品の取引に係る契約） …………… 96
　　第59条（交互計算） ………………………………………………… 98
　　第60条（為替手形の引受け又は支払等） ………………………… 99
　　第61条（夫婦財産関係における管理者の変更等） ……………… 100

第3款　取戻権 ········ 101
　第62条（取戻権） ········ 101
　第63条（運送中の物品の売主等の取戻権） ········ 103
　第64条（代償的取戻権） ········ 105

第4款　別除権 ········ 107
　第65条（別除権） ········ 107
　第66条（留置権の取扱い） ········ 113

第5款　相殺権 ········ 115
　第67条（相殺権） ········ 115
　第68条（相殺に供することができる破産債権の額） ········ 120
　第69条（解除条件付債権を有する者による相殺） ········ 120
　第70条（停止条件付債権等を有する者による寄託の請求） ········ 121
　第71条（相殺の禁止） ········ 122
　第72条 ········ 127
　第73条（破産管財人の催告権） ········ 131

第3章　破産手続の機関 ········ 133

第1節　破産管財人 ········ 133

第1款　破産管財人の選任及び監督 ········ 133
　第74条（破産管財人の選任） ········ 133
　第75条（破産管財人に対する監督等） ········ 134
　第76条（数人の破産管財人の職務執行） ········ 136
　第77条（破産管財人代理） ········ 136

第2款　破産管財人の権限等 ········ 137
　第78条（破産管財人の権限） ········ 137
　第79条（破産財団の管理） ········ 143
　第80条（当事者適格） ········ 144
　第81条（郵便物等の管理） ········ 145
　第82条 ········ 146
　第83条（破産管財人による調査等） ········ 146
　第84条（破産管財人の職務の執行の確保） ········ 147
　第85条（破産管財人の注意義務） ········ 148
　第86条（破産管財人の情報提供努力義務） ········ 150
　第87条（破産管財人の報酬等） ········ 150
　第88条（破産管財人の任務終了の場合の報告義務等） ········ 151
　第89条 ········ 153
　第90条（任務終了の場合の財産の管理） ········ 154

第 2 節　保全管理人 ····· 155
- 第 91 条（保全管理命令） ····· 155
- 第 92 条（保全管理命令に関する公告及び送達） ····· 157
- 第 93 条（保全管理人の権限） ····· 158
- 第 94 条（保全管理人の任務終了の場合の報告義務） ····· 159
- 第 95 条（保全管理人代理） ····· 160
- 第 96 条（準用） ····· 160

第 4 章　破産債権 ····· 163

第 1 節　破産債権者の権利 ····· 163
- 第 97 条（破産債権に含まれる請求権） ····· 163
- 第 98 条（優先的破産債権） ····· 165
- 第 99 条（劣後的破産債権等） ····· 166
- 第 100 条（破産債権の行使） ····· 168
- 第 101 条（給料の請求権等の弁済の許可） ····· 170
- 第 102 条（破産管財人による相殺） ····· 171
- 第 103 条（破産債権者の手続参加） ····· 172
- 第 104 条（全部の履行をする義務を負う者が数人ある場合等の手続参加） ····· 174
- 第 105 条（保証人の破産の場合の手続参加） ····· 178
- 第 106 条（法人の債務につき無限の責任を負う者の破産の場合の手続参加） ····· 178
- 第 107 条（法人の債務につき有限の責任を負う者の破産の場合の手続参加等） ····· 179
- 第 108 条（別除権者等の手続参加） ····· 179
- 第 109 条（外国で弁済を受けた破産債権者の手続参加） ····· 181
- 第 110 条（代理委員） ····· 182

第 2 節　破産債権の届出 ····· 183
- 第 111 条（破産債権の届出） ····· 183
- 第 112 条（一般調査期間経過後又は一般調査期日終了後の届出等） ····· 185
- 第 113 条（届出名義の変更） ····· 186
- 第 114 条（租税等の請求権等の届出） ····· 188

第 3 節　破産債権の調査及び確定 ····· 189

第 1 款　通則 ····· 189
- 第 115 条（破産債権者表の作成等） ····· 189
- 第 116 条（破産債権の調査の方法） ····· 190

第2款　書面による破産債権の調査 ……………………………………… 191
第117条（認否書の作成及び提出） ……………………………………… 191
第118条（一般調査期間における調査） ………………………………… 193
第119条（特別調査期間における調査） ………………………………… 195
第120条（特別調査期間に関する費用の予納） ………………………… 197

第3款　期日における破産債権の調査 …………………………………… 198
第121条（一般調査期日における調査） ………………………………… 198
第122条（特別調査期日における調査） ………………………………… 200
第123条（期日終了後の破産者の異議） ………………………………… 201

第4款　破産債権の確定 …………………………………………………… 202
第124条（異議等のない破産債権の確定） ……………………………… 202
第125条（破産債権査定決定） …………………………………………… 204
第126条（破産債権査定申立てについての決定に対する異議の訴え） … 206
第127条（異議等のある破産債権に関する訴訟の受継） ……………… 208
第128条（主張の制限） …………………………………………………… 210
第129条（執行力ある債務名義のある債権等に対する異議の主張） … 211
第130条（破産債権の確定に関する訴訟の結果の記載） ……………… 213
第131条（破産債権の確定に関する訴訟の判決等の効力） …………… 214
第132条（訴訟費用の償還） ……………………………………………… 215
第133条（破産手続終了の場合における破産債権の確定手続の取扱い） … 215

第5款　租税等の請求権等についての特例 ……………………………… 217
第134条 ……………………………………………………………………… 217

第4節　債権者集会及び債権者委員会 ……………………………………… 219

第1款　債権者集会 ………………………………………………………… 219
第135条（債権者集会の招集） …………………………………………… 219
第136条（債権者集会の期日の呼出し等） ……………………………… 220
第137条（債権者集会の指揮） …………………………………………… 222
第138条（債権者集会の決議） …………………………………………… 222
第139条（決議に付する旨の決定） ……………………………………… 223
第140条（債権者集会の期日を開く場合における議決権の額の定め方等） … 224
第141条（債権者集会の期日を開かない場合における議決権の額の定め方等） … 226
第142条（破産債権者の議決権） ………………………………………… 226
第143条（代理人による議決権行使） …………………………………… 227

第2款　債権者委員会 …………………………………… 228
- 第144条（債権者委員会） ………………………………… 228
- 第145条（債権者委員会の意見聴取） …………………… 229
- 第146条（破産管財人の債権者委員会に対する報告義務） …… 230
- 第147条（破産管財人に対する報告命令） ……………… 230

第5章　財団債権 …………………………………………… 232
- 第148条（財団債権となる請求権） ……………………… 232
- 第149条（使用人の給料等） ……………………………… 236
- 第150条（社債管理者等の費用及び報酬） ……………… 238
- 第151条（財団債権の取扱い） …………………………… 240
- 第152条（破産財団不足の場合の弁済方法等） ………… 241

第6章　破産財団の管理 …………………………………… 243

第1節　破産者の財産状況の調査 ………………………… 243
- 第153条（財産の価額の評定等） ………………………… 243
- 第154条（別除権の目的の提示等） ……………………… 244
- 第155条（封印及び帳簿の閉鎖） ………………………… 245
- 第156条（破産財団に属する財産の引渡し） …………… 246
- 第157条（裁判所への報告） ……………………………… 248
- 第158条（財産状況報告集会への報告） ………………… 249
- 第159条（債権者集会への報告） ………………………… 250

第2節　否認権 ………………………………………………… 251
- 前　注 …………………………………………………………… 251
- 第160条（破産債権者を害する行為の否認） …………… 253
- 第161条（相当の対価を得てした財産の処分行為の否認） …… 257
- 第162条（特定の債権者に対する担保の供与等の否認） …… 259
- 第163条（手形債務支払の場合等の例外） ……………… 263
- 第164条（権利変動の対抗要件の否認） ………………… 265
- 第165条（執行行為の否認） ……………………………… 269
- 第166条（支払の停止を要件とする否認の制限） ……… 270
- 第167条（否認権行使の効果） …………………………… 270
- 第168条（破産者の受けた反対給付に関する相手方の権利等） …… 272
- 第169条（相手方の債権の回復） ………………………… 275
- 第170条（転得者に対する否認権） ……………………… 275
- 第171条（否認権のための保全処分） …………………… 278
- 第172条（保全処分に係る手続の続行と担保の取扱い） …… 280
- 第173条（否認権の行使） ………………………………… 281
- 第174条（否認の請求） …………………………………… 283
- 第175条（否認の請求を認容する決定に対する異議の訴え） …… 284

第 176 条（否認権行使の期間） 286

第 3 節　法人の役員の責任の追及等 287

第 177 条（役員の財産に対する保全処分） 287
第 178 条（役員の責任の査定の申立て等） 289
第 179 条（役員責任査定決定等） 291
第 180 条（役員責任査定決定に対する異議の訴え） 292
第 181 条（役員責任査定決定の効力） 293
第 182 条（社員の出資責任） 294
第 183 条（匿名組合員の出資責任） 294

第 7 章　破産財団の換価 296

第 1 節　通則 296

第 184 条（換価の方法） 296
第 185 条（別除権者が処分をすべき期間の指定） 297

第 2 節　担保権の消滅 299

第 186 条（担保権消滅の許可の申立て） 299
第 187 条（担保権の実行の申立て） 303
第 188 条（買受けの申出） 304
第 189 条（担保権消滅の許可の決定等） 307
第 190 条（金銭の納付等） 308
第 191 条（配当等の実施） 310

第 3 節　商事留置権の消滅 311

第 192 条 311

第 8 章　配当 314

前　注 314

第 1 節　通則 315

第 193 条（配当の方法等） 315
第 194 条（配当の順位等） 316

第 2 節　最後配当 317

第 195 条（最後配当） 317
第 196 条（配当表） 319
第 197 条（配当の公告等） 320
第 198 条（破産債権の除斥等） 321
第 199 条（配当表の更正） 324
第 200 条（配当表に対する異議） 325
第 201 条（配当額の定め及び通知） 326

第202条（配当額の供託） ··· 328
第203条（破産管財人に知れていない財団債権者の取扱い） ··············· 329

第3節　簡易配当 ··· 330

第204条（簡易配当） ·· 330
第205条（準用） ·· 332
第206条（簡易配当の許可の取消し） ··· 333
第207条（適用除外） ·· 334

第4節　同意配当 ··· 334

第208条 ·· 334

第5節　中間配当 ··· 335

第209条（中間配当） ·· 335
第210条（別除権者の除斥等） ·· 337
第211条（配当率の定め及び通知） ·· 338
第212条（解除条件付債権の取扱い） ··· 339
第213条（除斥された破産債権等の後の配当における取扱い） ······· 340
第214条（配当額の寄託） ·· 341

第6節　追加配当 ··· 343

第215条 ·· 343

第9章　破産手続の終了 ··· 346

前注 ··· 346
第216条（破産手続開始の決定と同時にする破産手続廃止の決定） ··· 347
第217条（破産手続開始の決定後の破産手続廃止の決定） ··············· 349
第218条（破産債権者の同意による破産手続廃止の決定） ··············· 352
第219条（破産者が法人である場合の破産債権者の同意による破産手続廃止の決定） ··· 354
第220条（破産手続終結の決定） ·· 354
第221条（破産手続廃止後又は破産手続終結後の破産債権者表の記載の効力） ·· 356

第10章　相続財産の破産等に関する特則 ······························· 358

前注 ··· 358

第1節　相続財産の破産 ··· 359

第222条（相続財産に関する破産事件の管轄） ····························· 359
第223条（相続財産の破産手続開始の原因） ································ 360
第224条（破産手続開始の申立て） ·· 361
第225条（破産手続開始の申立期間） ··· 362
第226条（破産手続開始の決定前の相続の開始） ························· 362

第227条（破産手続開始の決定後の相続の開始） ･････････････････････････････ 363
　第228条（限定承認又は財産分離の手続との関係） ･････････････････････････ 364
　第229条（破産財団の範囲） ･･･ 365
　第230条（相続人等の説明義務等） ･･･････････････････････････････････････ 367
　第231条（相続債権者及び受遺者の地位） ･････････････････････････････････ 367
　第232条（相続人の地位） ･･･ 368
　第233条（相続人の債権者の地位） ･･･････････････････････････････････････ 369
　第234条（否認権に関する規定の適用関係） ･･･････････････････････････････ 369
　第235条（受遺者に対する担保の供与等の否認） ･･･････････････････････････ 370
　第236条（否認後の残余財産の分配等） ･･･････････････････････････････････ 371
　第237条（破産債権者の同意による破産手続廃止の申立て） ･････････････････ 371
第2節　相続人の破産 ･･･ 372
　第238条（破産者の単純承認又は相続放棄の効力等） ･･･････････････････････ 372
　第239条（限定承認又は財産分離の手続との関係） ･････････････････････････ 373
　第240条（相続債権者、受遺者及び相続人の債権者の地位） ･････････････････ 374
　第241条（限定承認又は財産分離の手続において相続債権者等が
　　　　　　受けた弁済） ･･･ 375
　第242条（限定承認又は財産分離等の後の相続財産の管理及び処
　　　　　　分等） ･･･ 376
第3節　受遺者の破産 ･･･ 377
　第243条（包括受遺者の破産） ･･･ 377
　第244条（特定遺贈の承認又は放棄） ･････････････････････････････････････ 377
第10章の2　信託財産の破産に関する特則 ･････････････････････････････････････ 378
　前　注 ･･･ 378
　第244条の2（信託財産に関する破産事件の管轄） ･･････････････････････････ 378
　第244条の3（信託財産の破産手続開始の原因） ････････････････････････････ 379
　第244条の4（破産手続開始の申立て） ････････････････････････････････････ 380
　第244条の5（破産財団の範囲） ･･ 381
　第244条の6（受託者等の説明義務等） ････････････････････････････････････ 381
　第244条の7（信託債権者及び受益者の地位） ･･････････････････････････････ 382
　第244条の8（受託者の地位） ･･ 383
　第244条の9（固有財産等責任負担債務に係る債権者の地位） ････････････････ 384
　第244条の10（否認権に関する規定の適用関係等） ･････････････････････････ 385
　第244条の11（破産管財人の権限） ･･･････････････････････････････････････ 386
　第244条の12（保全管理命令） ･･･ 387
　第244条の13（破産債権者の同意による破産手続廃止の申立て） ･････････････ 388
第11章　外国倒産処理手続がある場合の特則 ･･･････････････････････････････････ 389
　前　注 ･･･ 389
　第245条（外国管財人との協力） ･･･ 390

目　次　xvii

第246条（外国管財人の権限等） 391
　第247条（相互の手続参加） 392

第12章　免責手続及び復権 394
　前　注 394

第1節　免責手続 396
　第248条（免責許可の申立て） 396
　第249条（強制執行の禁止等） 399
　第250条（免責についての調査及び報告） 401
　第251条（免責についての意見申述） 402
　第252条（免責許可の決定の要件等） 403
　第253条（免責許可の決定の効力等） 407
　第254条（免責取消しの決定） 410

第2節　復権 412
　第255条（復権） 412
　第256条（復権の決定） 414

第13章　雑則 416
　第257条（法人の破産手続に関する登記の嘱託等） 416
　第258条（個人の破産手続に関する登記の嘱託等） 418
　第259条（保全処分に関する登記の嘱託） 420
　第260条（否認の登記） 421
　第261条（非課税） 424
　第262条（登録のある権利への準用） 424
　第263条（責任制限手続の廃止による破産手続の中止） 425
　第264条（責任制限手続の廃止の場合の措置） 425

第14章　罰則 428
　前　注 428
　第265条（詐欺破産罪） 429
　第266条（特定の債権者に対する担保の供与等の罪） 431
　第267条（破産管財人等の特別背任罪） 431
　第268条（説明及び検査の拒絶等の罪） 432
　第269条（重要財産開示拒絶等の罪） 434
　第270条（業務及び財産の状況に関する物件の隠滅等の罪） 434
　第271条（審尋における説明拒絶等の罪） 435
　第272条（破産管財人等に対する職務妨害の罪） 436
　第273条（収賄罪） 437
　第274条（贈賄罪） 439
　第275条（破産者等に対する面会強請等の罪） 440
　第276条（国外犯） 441

第 277 条（両罰規定） *442*

民事再生法

前　注 *444*

第 1 章　総則 *446*

第 1 条（目的） *446*
第 2 条（定義） *447*
第 3 条（外国人の地位） *448*
第 4 条（再生事件の管轄） *449*
第 5 条 *449*
第 6 条（専属管轄） *452*
第 7 条（再生事件の移送） *453*
第 8 条（任意的口頭弁論等） *454*
第 9 条（不服申立て） *455*
第 10 条（公告等） *457*
第 11 条（法人の再生手続に関する登記の嘱託等） *458*
第 12 条（登記のある権利についての登記等の嘱託） *460*
第 13 条（否認の登記） *462*
第 14 条（非課税） *464*
第 15 条（登録への準用） *464*
第 16 条（事件に関する文書の閲覧等） *465*
第 17 条（支障部分の閲覧等の制限） *467*
第 18 条（民事訴訟法の準用） *469*
第 19 条（最高裁判所規則） *470*
第 20 条 *470*

第 2 章　再生手続の開始 *471*

前　注 *471*

第 1 節　再生手続開始の申立て *473*

第 21 条（再生手続開始の申立て） *473*
第 22 条（破産手続開始等の申立義務と再生手続開始の申立て） *475*
第 23 条（疎明） *476*
第 24 条（費用の予納） *476*
第 24 条の 2（意見の聴取） *477*
第 25 条（再生手続開始の条件） *478*
第 26 条（他の手続の中止命令等） *480*
第 27 条（再生債権に基づく強制執行等の包括的禁止命令） *483*
第 28 条（包括的禁止命令に関する公告及び送達等） *486*
第 29 条（包括的禁止命令の解除） *486*

第30条（仮差押え、仮処分その他の保全処分） ……… 488
　第31条（担保権の実行手続の中止命令） ……… 489
　第32条（再生手続開始の申立ての取下げの制限） ……… 492

第2節　再生手続開始の決定 ……… 492

　第33条（再生手続開始の決定） ……… 492
　第34条（再生手続開始と同時に定めるべき事項） ……… 494
　第35条（再生手続開始の公告等） ……… 495
　第36条（抗告） ……… 496
　第37条（再生手続開始決定の取消し） ……… 498
　第38条（再生債務者の地位） ……… 499
　第39条（他の手続の中止等） ……… 502
　第40条（訴訟手続の中断等） ……… 504
　第40条の2（債権者代位訴訟等の取扱い） ……… 506
　第41条（再生債務者等の行為の制限） ……… 509
　第42条（営業等の譲渡） ……… 511
　第43条（事業等の譲渡に関する株主総会の決議による承認に代わる許可） ……… 514
　第44条（開始後の権利取得） ……… 517
　第45条（開始後の登記及び登録） ……… 518
　第46条（開始後の手形の引受け等） ……… 519
　第47条（善意又は悪意の推定） ……… 520
　第48条（共有関係） ……… 520
　第49条（双務契約） ……… 521
　第50条（継続的給付を目的とする双務契約） ……… 526
　第51条（双務契約についての破産法の準用） ……… 527
　第52条（取戻権） ……… 529
　第53条（別除権） ……… 534

第3章　再生手続の機関 ……… 541

　前　注 ……… 541

第1節　監督委員 ……… 543

　第54条（監督命令） ……… 543
　第55条（監督命令に関する公告及び送達） ……… 545
　第56条（否認に関する権限の付与） ……… 545
　第57条（監督委員に対する監督等） ……… 547
　第58条（数人の監督委員の職務執行） ……… 547
　第59条（監督委員による調査等） ……… 548
　第60条（監督委員の注意義務） ……… 549
　第61条（監督委員の報酬等） ……… 550

第 2 節　調査委員 ... 551
- 第 62 条（調査命令） ... 551
- 第 63 条（監督委員に関する規定の準用） ... 552

第 3 節　管財人 ... 553
- 第 64 条（管理命令） ... 553
- 第 65 条（管理命令に関する公告及び送達） ... 553
- 第 66 条（管財人の権限） ... 555
- 第 67 条（管理命令が発せられた場合の再生債務者の財産関係の訴えの取扱い） ... 557
- 第 68 条 ... 557
- 第 69 条（行政庁に係属する事件の取扱い） ... 560
- 第 70 条（数人の管財人の職務執行） ... 561
- 第 71 条（管財人代理） ... 562
- 第 72 条（再生債務者の業務及び財産の管理） ... 562
- 第 73 条（郵便物等の管理） ... 563
- 第 74 条 ... 563
- 第 75 条（管財人の行為に対する制限） ... 565
- 第 76 条（管理命令後の再生債務者の行為等） ... 566
- 第 76 条の 2（取締役等の報酬） ... 567
- 第 77 条（任務終了の場合の報告義務等） ... 568
- 第 78 条（監督委員に関する規定の準用） ... 569

第 4 節　保全管理人 ... 571
- 第 79 条（保全管理命令） ... 571
- 第 80 条（保全管理命令に関する公告及び送達） ... 573
- 第 81 条（保全管理人の権限） ... 573
- 第 82 条（保全管理人代理） ... 575
- 第 83 条（監督委員に関する規定等の保全管理人等への準用） ... 576

第 4 章　再生債権 ... 580
- 前　注 ... 580

第 1 節　再生債権者の権利 ... 582
- 第 84 条（再生債権となる請求権） ... 582
- 第 85 条（再生債権の弁済の禁止） ... 585
- 第 85 条の 2（再生債務者等による相殺） ... 589
- 第 86 条（再生債権者の手続参加） ... 590
- 第 87 条（再生債権者の議決権） ... 592
- 第 88 条（別除権者の手続参加） ... 594
- 第 89 条（再生債権者が外国で受けた弁済） ... 596
- 第 90 条（代理委員） ... 597

第90条の2（裁判所による代理委員の選任） 598
　　第91条（報償金等） 600
　　第92条（相殺権） 600
　　第93条（相殺の禁止） 604
　　第93条の2 609
　第2節　再生債権の届出 612
　　第94条（届出） 612
　　第95条（届出の追完等） 614
　　第96条（届出名義の変更） 615
　　第97条（罰金、科料等の届出） 615
　　第98条（時効の中断） 616
　第3節　再生債権の調査及び確定 617
　　第99条（再生債権者表の作成等） 617
　　第100条（再生債権の調査） 618
　　第101条（認否書の作成及び提出） 619
　　第102条（一般調査期間における調査） 621
　　第103条（特別調査期間における調査） 622
　　第103条の2（特別調査期間に関する費用の予納） 623
　　第104条（再生債権の調査の結果） 624
　　第105条（再生債権の査定の裁判） 625
　　第106条（査定の申立てについての裁判に対する異議の訴え） 627
　　第107条（異議等のある再生債権に関する訴訟の受継） 629
　　第108条（主張の制限） 630
　　第109条（執行力ある債務名義のある債権等に対する異議の主張） 631
　　第110条（再生債権の確定に関する訴訟の結果の記載） 633
　　第111条（再生債権の確定に関する訴訟の判決等の効力） 634
　　第112条（訴訟費用の償還） 635
　　第112条の2（再生手続終了の場合における再生債権の確定手続の取扱い） 635
　　第113条（再生手続開始前の罰金等についての不服の申立て） 637
　第4節　債権者集会及び債権者委員会 638
　　第114条（債権者集会の招集） 638
　　第115条（債権者集会の期日の呼出し等） 639
　　第116条（債権者集会の指揮） 640
　　第117条（債権者委員会） 641
　　第118条（債権者委員会の意見聴取） 643
　　第118条の2（再生債務者等の債権者委員会に対する報告義務） 644
　　第118条の3（再生債務者等に対する報告命令） 644

第5章　共益債権、一般優先債権及び開始後債権 …… 646
　前　注 …… 646
　第119条（共益債権となる請求権）…… 648
　第120条（開始前の借入金等）…… 651
　第120条の2（社債管理者等の費用及び報酬）…… 654
　第121条（共益債権の取扱い）…… 655
　第122条（一般優先債権）…… 658
　第123条（開始後債権）…… 660

第6章　再生債務者の財産の調査及び確保 …… 663
　前　注 …… 663

第1節　再生債務者の財産状況の調査 …… 665
　第124条（財産の価額の評定等）…… 665
　第125条（裁判所への報告）…… 668
　第126条（財産状況報告集会への報告）…… 670

第2節　否認権 …… 671
　前　注 …… 671
　第127条（再生債権者を害する行為の否認）…… 674
　第127条の2（相当の対価を得てした財産の処分行為の否認）…… 677
　第127条の3（特定の債権者に対する担保の供与等の否認）…… 680
　第128条（手形債務支払の場合等の例外）…… 683
　第129条（権利変動の対抗要件の否認）…… 685
　第130条（執行行為の否認）…… 686
　第131条（支払の停止を要件とする否認の制限）…… 688
　第132条（否認権行使の効果）…… 688
　第132条の2（再生債務者の受けた反対給付に関する相手方の権利等）…… 690
　第133条（相手方の債権の回復）…… 693
　第134条（転得者に対する否認権）…… 694
　第134条の2（否認権のための保全処分）…… 696
　第134条の3（保全処分に係る手続の続行と担保の取扱い）…… 698
　第135条（否認権の行使）…… 699
　第136条（否認の請求）…… 701
　第137条（否認の請求を認容する決定に対する異議の訴え）…… 702
　第138条（否認権限を有する監督委員の訴訟参加等）…… 703
　第139条（否認権行使の期間）…… 705
　第140条（詐害行為取消訴訟等の取扱い）…… 706
　第141条（否認の訴え等の中断及び受継）…… 707

第3節 法人の役員の責任の追及 ………………………… 708
第142条（法人の役員の財産に対する保全処分） ……………… 708
第143条（損害賠償請求権の査定の申立て等） ………………… 710
第144条（損害賠償請求権の査定に関する裁判） ……………… 713
第145条（査定の裁判に対する異議の訴え） …………………… 713
第146条 ………………………………………………………… 714
第147条（査定の裁判の効力） …………………………………… 716

第4節 担保権の消滅 ……………………………………… 716
第148条（担保権消滅の許可等） ………………………………… 716
第149条（価額決定の請求） ……………………………………… 720
第150条（財産の価額の決定） …………………………………… 721
第151条（費用の負担） …………………………………………… 722
第152条（価額に相当する金銭の納付等） ……………………… 723
第153条（配当等の実施） ………………………………………… 724

第7章 再生計画 ……………………………………………… 726
前 注 ………………………………………………………… 726

第1節 再生計画の条項 …………………………………… 728
第154条（再生計画の条項） ……………………………………… 728
第155条（再生計画による権利の変更） ………………………… 730
第156条（権利の変更の一般的基準） …………………………… 733
第157条（届出再生債権者等の権利に関する定め） …………… 733
第158条（債務の負担及び担保の提供に関する定め） ………… 734
第159条（未確定の再生債権に関する定め） …………………… 735
第160条（別除権者の権利に関する定め） ……………………… 736
第161条（再生債務者の株式の取得等に関する定め） ………… 738
第162条（募集株式を引き受ける者の募集に関する定め） …… 739

第2節 再生計画案の提出 ………………………………… 740
第163条（再生計画案の提出時期） ……………………………… 740
第164条（再生計画案の事前提出） ……………………………… 742
第165条（債務を負担する者等の同意） ………………………… 742
第166条（再生債務者の株式の取得等を定める条項に関する許可） …… 743
第166条の2（募集株式を引き受ける者の募集を定める条項に関する許可） ……………………………………………………… 743
第167条（再生計画案の修正） …………………………………… 745
第168条（再生債務者の労働組合等の意見） …………………… 746

第3節 再生計画案の決議 ………………………………… 747
第169条（決議に付する旨の決定） ……………………………… 747

第169条の2（社債権者等の議決権の行使に関する制限） ……………… 750
第170条（債権者集会が開催される場合における議決権の額の定め方等） ……………… 751
第171条（債権者集会が開催されない場合における議決権の額の定め方等） ……………… 752
第172条（議決権の行使の方法等） ……………… 753
第172条の2（基準日による議決権者の確定） ……………… 754
第172条の3（再生計画案の可決の要件） ……………… 755
第172条の4（再生計画案の変更） ……………… 757
第172条の5（債権者集会の期日の続行） ……………… 757
第173条（再生計画案が可決された場合の法人の継続） ……………… 759

第4節　再生計画の認可等 ……………… 760

第174条（再生計画の認可又は不認可の決定） ……………… 760
第174条の2（約定劣後再生債権の届出がある場合における認可等の特則） ……………… 763
第175条（再生計画認可の決定等に対する即時抗告） ……………… 764
第176条（再生計画の効力発生の時期） ……………… 766
第177条（再生計画の効力範囲） ……………… 766
第178条（再生債権の免責） ……………… 768
第179条（届出再生債権者等の権利の変更） ……………… 769
第180条（再生計画の条項の再生債権者表への記載等） ……………… 770
第181条（届出のない再生債権等の取扱い） ……………… 771
第182条（別除権者の再生計画による権利の行使） ……………… 774
第183条（再生計画により再生債務者の株式の取得等がされた場合の取扱い） ……………… 775
第183条の2（再生計画に募集株式を引き受ける者の募集に関する条項を定めた場合の取扱い） ……………… 776
第184条（中止した手続等の失効） ……………… 778
第185条（不認可の決定が確定した場合の再生債権者表の記載の効力） ……………… 779

第8章　再生計画認可後の手続 ……………… 781

前　注 ……………… 781
第186条（再生計画の遂行） ……………… 782
第187条（再生計画の変更） ……………… 783
第188条（再生手続の終結） ……………… 784
第189条（再生計画の取消し） ……………… 785
第190条（破産手続開始の決定又は新たな再生手続開始の決定がされた場合の取扱い等） ……………… 788

第9章　再生手続の廃止 ……………… 792

前　注 ……………… 792

- 第191条（再生計画認可前の手続廃止） ……………………………………… 793
- 第192条 ……………………………………………………………………………… 795
- 第193条（再生債務者の義務違反による手続廃止） ……………………… 795
- 第194条（再生計画認可後の手続廃止） ……………………………………… 796
- 第195条（再生手続廃止の公告等） …………………………………………… 797

第10章　住宅資金貸付債権に関する特則 …………………………………… 800

- 前　注 ……………………………………………………………………………… 800
- 第196条（定義） ………………………………………………………………… 802
- 第197条（抵当権の実行手続の中止命令等） ………………………………… 804
- 第198条（住宅資金特別条項を定めることができる場合等） ……………… 805
- 第199条（住宅資金特別条項の内容） ………………………………………… 808
- 第200条（住宅資金特別条項を定めた再生計画案の提出等） ……………… 810
- 第201条（住宅資金特別条項を定めた再生計画案の決議等） ……………… 812
- 第202条（住宅資金特別条項を定めた再生計画の認可又は不認可の決定等） ……………………………………………………………………… 813
- 第203条（住宅資金特別条項を定めた再生計画の効力等） ………………… 815
- 第204条（保証会社が保証債務を履行した場合の取扱い） ………………… 817
- 第205条（査定の申立てがされなかった場合等の取扱い） ………………… 818
- 第206条（住宅資金特別条項を定めた再生計画の取消し等） ……………… 819

第11章　外国倒産処理手続がある場合の特則 ……………………………… 821

- 前　注 ……………………………………………………………………………… 821
- 第207条（外国管財人との協力） ……………………………………………… 822
- 第208条（再生手続の開始原因の推定） ……………………………………… 824
- 第209条（外国管財人の権限等） ……………………………………………… 824
- 第210条（相互の手続参加） …………………………………………………… 825

第12章　簡易再生及び同意再生に関する特則 ……………………………… 828

- 前　注 ……………………………………………………………………………… 828

第1節　簡易再生 ………………………………………………………………… 830

- 第211条（簡易再生の決定） …………………………………………………… 830
- 第212条（簡易再生の決定の効力等） ………………………………………… 831
- 第213条（即時抗告等） ………………………………………………………… 832
- 第214条（債権者集会の特則） ………………………………………………… 833
- 第215条（再生計画の効力等の特則） ………………………………………… 834
- 第216条（再生債権の調査及び確定に関する規定等の適用除外等） ……… 835

第2節　同意再生 ………………………………………………………………… 837

- 第217条（同意再生の決定） …………………………………………………… 837
- 第218条（即時抗告） …………………………………………………………… 839
- 第219条（同意再生の決定が確定した場合の効力） ………………………… 840

第220条（再生債権の調査及び確定に関する規定等の適用除外）...... *841*

第13章　小規模個人再生及び給与所得者等再生に関する特則... *843*
　前　注 *843*

第1節　小規模個人再生 *845*
　前　注 *845*
　第221条（手続開始の要件等）...... *846*
　第222条（再生手続開始に伴う措置）...... *848*
　第223条（個人再生委員）...... *849*
　第224条（再生債権の届出の内容）...... *851*
　第225条（再生債権のみなし届出）...... *852*
　第226条（届出再生債権に対する異議）...... *853*
　第227条（再生債権の評価）...... *854*
　第228条（貸借対照表の作成等の免除）...... *856*
　第229条（再生計画による権利の変更の内容等）...... *856*
　第230条（再生計画案の決議）...... *859*
　第231条（再生計画の認可又は不認可の決定）...... *861*
　第232条（再生計画の効力等）...... *864*
　第233条（再生手続の終結）...... *867*
　第234条（再生計画の変更）...... *867*
　第235条（計画遂行が極めて困難となった場合の免責）...... *868*
　第236条（再生計画の取消し）...... *871*
　第237条（再生手続の廃止）...... *872*
　第238条（通常の再生手続に関する規定の適用除外）...... *874*

第2節　給与所得者等再生 *875*
　前　注 *875*
　第239条（手続開始の要件等）...... *876*
　第240条（再生計画案についての意見聴取）...... *878*
　第241条（再生計画の認可又は不認可の決定等）...... *879*
　第242条（再生計画の取消し）...... *882*
　第243条（再生手続の廃止）...... *883*
　第244条（小規模個人再生の規定の準用）...... *884*
　第245条（通常の再生手続に関する規定の適用除外）...... *884*

第14章　再生手続と破産手続との間の移行 *886*
　前　注 *886*

第1節　破産手続から再生手続への移行 *887*
　第246条（破産管財人による再生手続開始の申立て）...... *887*
　第247条（再生債権の届出を要しない旨の決定）...... *888*

第 2 節　再生手続から破産手続への移行 …… 891

- 第 248 条（再生手続開始の決定があった場合の破産事件の移送）…… 891
- 第 249 条（再生手続終了前の破産手続開始の申立て等）…… 891
- 第 250 条（再生手続の終了に伴う職権による破産手続開始の決定）…… 892
- 第 251 条（再生手続の終了等に伴う破産手続開始前の保全処分等）…… 894
- 第 252 条（再生手続の終了に伴う破産手続における破産法の適用関係）…… 895
- 第 253 条（破産債権の届出を要しない旨の決定）…… 898
- 第 254 条（否認の請求を認容する決定に対する異議の訴え等の取扱い）…… 900

第 15 章　罰　則 …… 903

- 前　注 …… 903
- 第 255 条（詐欺再生罪）…… 904
- 第 256 条（特定の債権者に対する担保の供与等の罪）…… 906
- 第 257 条（監督委員等の特別背任罪）…… 906
- 第 258 条（報告及び検査の拒絶等の罪）…… 907
- 第 259 条（業務及び財産の状況に関する物件の隠滅等の罪）…… 908
- 第 260 条（監督委員等に対する職務妨害の罪）…… 909
- 第 261 条（収賄罪）…… 909
- 第 262 条（贈賄罪）…… 910
- 第 263 条（再生債務者等に対する面会強請等の罪）…… 911
- 第 264 条（国外犯）…… 911
- 第 265 条（両罰規定）…… 912
- 第 266 条（過料）…… 912
- 附　則　＜略＞ …… 913

●編者紹介／執筆者紹介 …… 914

破産法

前 注

1　破産手続の位置付け

　倒産処理手続は、清算型手続と再建型手続に区別できます。清算型手続は、債務者の総財産を金銭化し、総債権者に対して一定の配当率に従って弁済することを目的とする手続です。再建型手続は、債務者自身またはそれに代わる第三者が債務者の財産を基礎として経済活動を継続し、収益を上げ、この収益を債権者に対して金銭または持分の形で分配する手続です（伊藤27頁参照）。

　また、倒産処理手続は、手続開始後に債務者が財産の管理処分権を有するかどうかによっても区分できます。破産手続は、裁判所から選任された破産管財人が債務者財産の管理処分権を専有し（破78Ⅰ）、破産財団に属する財産を換価して、各債権者に公平に分配することにより債務者の財産関係を清算する手続であり、清算型手続の基本となる手続です。

2　破産手続の特徴

　破産手続は、自然人および法人のすべてを適用対象とします（破2Ⅳ）。同じく清算型手続に分類される特別清算手続は、適用対象を株式会社に限定しています（会社510柱書・476）。

　破産法は、破産手続開始の原因として、支払不能および債務超過を定めています（破15Ⅰ・16Ⅰ）。

　破産手続では、破産裁判所が破産管財人を選任し、破産管財人は破産財団に属する債務者財産の管理処分権を専有します（破74Ⅰ・78Ⅰ）。

　特定財産上の担保権者（別除権者）を除き、すべての破産債権者が個別的な権利行使を禁止され、破産手続に参加し（破100Ⅰ）、債権の種類に応じた平等な配当に服します（破98Ⅰ参照）。破産手続は、特定の債権者による強制執行手続とは異なりますが、債権の実現を強制する点で包括的な強制執行手続という側面があります。

　特定財産上の担保権者（別除権者）は、破産手続によらないで権利を行使することができます（破2Ⅸ・Ⅹ・65Ⅰ）。

　破産法は、破産した自然人に経済的再起更生を図る機会を付与するため、免責手続を設けています（破248Ⅰ・252Ⅰ・253Ⅰ）。

3　破産手続の流れ

(1)　破産開始手続

　裁判所は、債務者や破産債権者等の申立人による破産手続開始申立てを受け（破18Ⅰ・19Ⅰ・Ⅱ）、破産手続開始の原因の存否を審理します。申立てにつき決定があるまでの間に債務者の財産が散逸するおそれがある場合、裁判所は保全処分（破28Ⅰ）や中止命令（破24Ⅰ）といった財産の保全措置を講じることができます。破産手続開始の原因が認められる場合、裁判所は、一定の場合を除き破産手続開始の決定をし（破30Ⅰ）、破産管財人を選任します（破31Ⅰ）。債務者（破産者）が破産手続開始決定時に有する財産（破産財団）（破34Ⅰ）の管理処分権は、破産管財人に専属します（破78Ⅰ）。

(2) 破産債権確定手続

　破産手続開始前の原因に基づく財産上の請求権である破産債権（破2V。なお破97・99参照）は、破産手続において配当を受ける地位の基礎となります。破産手続の開始によって、破産債権者は、個別的権利行使を禁止され、破産手続によらなければ権利を行使できなくなります（破100Ⅰ）。破産債権は、破産手続上の届出・調査・確定手続によって確定することとなります（破115以下）。

(3) 破産財団管理手続

　破産管財人は、破産手続開始決定と同時に破産財団（現有財団）の管理に着手します（破79）。破産管財人は否認権（破160以下）によって破産財団に帰属すべき財産を回復し、あるいは第三者からの取戻権（破62・63・64）に応じて管理下にある財産を返還し、破産財団を法律上あるべき姿（法定財団）に近づけていきます。そして、破産管財人は破産財団に属する財産を換価して、債権者への配当原資（配当財団）の形成に努めることとなります。

(4) 破産終結手続

　破産管財人は、破産財団を換価し、これを原資として、債権調査を経て確定された破産債権に対してその順位および額に応じて平等の割合で配当を行います。最後配当（破195以下）、簡易配当（破204以下）等の配当手続が終了すると、裁判所は、破産手続終結の決定（破220Ⅰ）をし、破産手続は終了します。

　破産手続に付随する手続として免責手続があります。個人である破産者が免責許可の申立てを行い（破248Ⅰ）、裁判所の審理を経て、免責許可の決定（破252Ⅰ）がなされると、破産者は配当を受けられなかった残債務について責任を免れます（破253Ⅰ）。

第1章 総則

(目的)
第1条 この法律は、支払不能又は債務超過にある債務者の財産等の清算に関する手続を定めること等により、債権者その他の利害関係人の利害及び債務者と債権者との間の権利関係を適切に調整し、もって債務者の財産等の適正かつ公平な清算を図るとともに、債務者について経済生活の再生の機会の確保を図ることを目的とする。

基本事項

1 趣旨

本条は、破産法の目的を規定しています。これは、破産法上の各条文の解釈に当たり、指針となるものです（条解破産23頁）。

なお、本条と同様に民再法1条、会更法1条が目的規定を置いています。

2 本条の構造および破産法の目的

本条は、破産法が、①支払不能または債務超過にある債務者の財産等の清算に関する手続を定めるものであること、②これによって債権者その他の利害関係人の利害および債務者と債権者との間の権利関係を適切に調整し、③破産手続を通じて債務者の財産等の適正かつ公平な清算を図るとともに、④債務者について経済生活の再生の機会の確保を図ることを目的とすることを示しています（条解破産23頁、大コンメ14頁〔小川秀樹〕）。

②の「利害関係人」とは、破産債権者（破2Ⅵ）、別除権者（同条Ⅹ）、取戻権者（破62）、財団債権者（破2Ⅷ）等、清算の対象となる債務者の財産について法律上または事実上の利益もしくは関係を有する主体をいいます。破産法は、関係人の利害や債権者と債務者の間の権利関係を適切に調整するための手段として、双方未履行双務契約の履行選択または解除（破53Ⅰ）、否認権の行使（破160Ⅰ等）、担保権消滅許可の申立て（破186Ⅰ）などを用意しています。

③の「適正」とは、主に清算の手続や方法に係るものであり、「公平」とは、主に清算の基準に関わるものです。破産法は、否認権の行使（破160Ⅰ等）や相殺の禁止（破71・72）などを通じて、破産債権者間の平等を確保した上で配当をし、適正かつ公平に清算することを予定しています。

3 民再法・会更法との違い

破産手続は、③債務者の財産等の適正かつ公平な清算を図ることを目的としています。これに対して、民再法1条は「当該債務者の事業又は経済生活の再生を図ることを目的とする」と規定し、会更法1条は「当該株式会社の事業の維持更生を図

ることを目的する」と規定しています。このような目的規定の違いから、破産法が清算型の倒産処理手続であるのに対して、民再法や会更法が再建型の倒産処理手続であることがわかります。

　もっとも、本条は、④個人の債務者について経済生活の再生の機会の確保を図ることも目的としています。個人の債務者の経済生活の再生という点では、再生手続と目的が重なり合うといえます（条解破産23頁以下）。

文献　伊藤22頁、条解破産19頁、大コンメ14頁［小川秀樹］、注釈破産（上）7頁［開本英幸＝吉川武＝馬杉栄一］

（定義）
第2条　この法律において「破産手続」とは、次章以下（第12章を除く。）に定めるところにより、債務者の財産又は相続財産若しくは信託財産を清算する手続をいう。
2　この法律において「破産事件」とは、破産手続に係る事件をいう。
3　この法律において「破産裁判所」とは、破産事件が係属している地方裁判所をいう。
4　この法律において「破産者」とは、債務者であって、第30条第1項の規定により破産手続開始の決定がされているものをいう。
5　この法律において「破産債権」とは、破産者に対し破産手続開始前の原因に基づいて生じた財産上の請求権（第97条各号に掲げる債権を含む。）であって、財団債権に該当しないものをいう。
6　この法律において「破産債権者」とは、破産債権を有する債権者をいう。
7　この法律において「財団債権」とは、破産手続によらないで破産財団から随時弁済を受けることができる債権をいう。
8　この法律において「財団債権者」とは、財団債権を有する債権者をいう。
9　この法律において「別除権」とは、破産手続開始の時において破産財団に属する財産につき特別の先取特権、質権又は抵当権を有する者がこれらの権利の目的である財産について第65条第1項の規定により行使することができる権利をいう。
10　この法律において「別除権者」とは、別除権を有する者をいう。
11　この法律において「支払不能」とは、債務者が、支払能力を欠くために、その債務のうち弁済期にあるものにつき、一般的かつ継続的に弁済することができない状態（信託財産の破産にあっては、受託者が、信託財産による支払能力を欠くために、信託財産責任負担債務（信託法（平成18年法律第108号）第2条第9項に規定する信託財産責任負担債務をいう。以下同じ。）のうち弁済期にあるものにつき、一般的かつ継続的に弁済することができない状態）をいう。
12　この法律において「破産管財人」とは、破産手続において破産財団に属する財産の管理及び処分をする権利を有する者をいう。
13　この法律において「保全管理人」とは、第91条第1項の規定により債務者の財産に関し管理を命じられた者をいう。
14　この法律において「破産財団」とは、破産者の財産又は相続財産若しくは信託財産であって、破産手続において破産管財人にその管理及び処分をする権利が専

属するものをいう。

基本事項

1　趣旨

本条は、破産法における基本的概念の定義を定めるものです。

なお、本条と同様に民再法2条、会更法2条が定義規定を置いています。本条5項と同趣旨の規定が民再法84条1項、会更法2条8項にも、本条9項と同趣旨の規定が民再法53条にも置かれています。

2　定義

(1)　破産手続

破産手続とは、免責手続および復権について規定した破産法第12章（破248－256）を除く、第2章以下（破15以下）に定めるところにより、債務者の財産または相続財産もしくは信託財産を清算する手続をいいます（本条Ⅰ）。免責手続および復権の手続は、破産手続と区別されますが、これらの手続は「破産手続等」と総称されます。

(2)　破産事件

破産手続に係る事件を破産事件といいます（本条Ⅱ）。

(3)　破産裁判所

破産事件が係属している地方裁判所を破産裁判所といいます（本条Ⅲ）。

すなわち、破産裁判所とは、破産事件の管轄が認められ、現に破産事件が係属する国法上の裁判所を意味します。なお、破産法上、単に「裁判所」と規定する場合がありますが、これは現に破産事件を担当する機関である裁判体を意味します（以上について、伊藤78頁注1）。

(4)　破産者

債務者であって破産手続開始の決定（破30Ⅰ）がされているものを破産者といいます（本条Ⅳ）。

破産法は、相続人とは区別して相続財産自体について破産を認めています（破産法第10章）。相続財産破産の法律構成をめぐり、相続人を破産者とするか、相続財産を破産者とするかについて、議論があります。この問題について、現在の通説は、財産の集合体である相続財産そのものを破産者と解しています（伊藤86頁）。なお、信託財産の破産（破産法第10章の2）についても同様に、受託者を破産者とするか、信託財産を破産者とするかという議論があり、通説は信託財産そのものを破産者と解しています（伊藤97頁）。このような立場は、権利義務の帰属主体である相続人や受託者以外を破産者と捉える点で、相続財産破産や信託財産破産における破産者の概念を本項の定義の例外と位置付けます。

(5)　破産債権・破産債権者

破産者に対し破産手続開始前の原因に基づいて生じた財産上の請求権（破産法97条各号に掲げる債権を含む）であって、財団債権に該当しないものを破産債権といいます（本条Ⅴ）。また、破産債権を有する債権者を破産債権者といいます（本条Ⅵ）。

破産債権は、破産手続に参加して配当を受け得る地位を基礎付けるもので、一般的に、①財産上の請求権であること、②破産者に対する権利（人的請求権）であること、③執行可能性があること、④破産手続開始前の原因に基づくものであること［☞ **論点解説** ］が必要です。

　①の財産上の請求権とは、財産上の給付によってその目的を達する権利であり、金銭債権以外のものを含みます（破103Ⅱ①イ参照）。もっとも、破産債権は、破産手続上金銭による配当を受け得る地位の基礎となりますので、その権利の目的自体について金銭的評価が可能なものでなければなりません（条解破産32頁）。

　②の人的請求権とは、破産者の行為を介して財貨を獲得したり、財産的利益を享受する権利を意味します（伊藤259頁）。この点、物権的請求権は、物に対する支配権である物権から派生するものであり、その権利の性質上、破産手続上の制約を受けずに権利の行使が当然に認められるべきものです。そのため、物権的請求権は破産債権には該当せず、取戻権（破62）の基礎となります。人的請求権ではない担保物権も破産債権には該当せず、破産法は、破産手続上、特別の先取特権、質権または抵当権等を別除権として扱います（本条Ⅸ）。別除権として扱われない一般の先取特権は、被担保債権が優先的破産債権となることを基礎付けるにすぎないこととなります（破98Ⅰ）。

　③の執行可能性は、破産手続が、破産者の意思を問わず、破産債権に対して法的な満足を与えることを目的としていることから必要とされるものです（条解破産34頁）。強制執行等により満足を受けた場合には破産債権として行使できませんが、仮執行による満足は仮定的なものですので、破産債権としての執行可能性は認められます（東京地判昭56・9・14判時1015号20頁［百選3版［46］］）。

(6)　財団債権・財団債権者

　財団債権とは、破産手続によらないで破産財団から随時弁済を受けることができる債権をいいます（本条Ⅶ）。財団債権を有する債権者を財団債権者といいます（本条Ⅷ）。

　財団債権の破産手続上の意義は、①破産債権に対する優位性（破151）、②破産手続によらない弁済（本条Ⅶ）が定められている点にあります。このような扱いは、多くの財団債権が破産手続の遂行上その支出の必要性が認められる費用であったり、特別の政策的考慮から、破産債権者全体で負担すべき性質を有することから認められます（破148Ⅰ参照）。

　なお、弁済による代位により財団債権である給料債権を取得した者は、同人が破産者に対して取得した求償権が破産債権にすぎない場合であっても、破産手続によらないで当該財団債権を行使することができるとした判例があります（最判平23・11・22民集65巻8号3165頁［百選［48①］］）。なお、この判例の射程は原権利が租税債権の場合にも及ぶか否かについて争いがあります［☞破§151参照］。

(7)　別除権・別除権者

　別除権とは、破産手続開始の時において破産財団に属する財産につき特別の先取特権、質権または抵当権を有する者がこれらの権利の目的である財産について破産

手続によらないで（破65Ⅰ）行使することができる権利をいいます（本条Ⅸ）。別除権を有する者を別除権者といいます（本条Ⅹ）。

別除権者は破産財団に属する財産に担保権を有する者であって、破産債権者である必要はありません。そのため、破産者が物上保証人である場合も、担保権者は別除権者となります。

本条9項では、別除権の基礎となる担保権として典型担保のみを規定しますが、譲渡担保等の非典型担保が別除権の基礎となるか否かについては解釈論に委ねられています。この点、非典型担保についても、その権利が特定財産上の担保権と認められる限り別除権の基礎とすべきであると解されています［☞破§65 **論点解説** 1］。

(8) 支払不能

支払不能とは、債務者が、①支払能力を欠くために、②その債務のうち弁済期にあるものにつき、③一般的かつ継続的に弁済することができない状態をいいます（本条ⅩⅠ）。

支払不能概念は、平成16年改正前は破産手続開始原因としてのみ定められていましたが、改正後は相殺禁止（破71Ⅰ②・Ⅱ②・72Ⅰ②・Ⅱ②）および偏頗行為否認（破162Ⅰ①）の要件事実として規定され、破産手続全体において重要な意味をもっています。

①について、債務者の支払能力は、債務者の財産、信用または労務の3つの要素によって構成されています。したがって、支払能力を欠くとは、財産、信用または労務による収入のいずれをとっても、債務を履行できない状態を意味します。なお、支払不能における支払能力の判断要素を具体的に示した裁判例として東京高決昭33・7・5（金法182号3頁［百選4版［4］、INDEX初版［1］]）があります。

②について、支払不能であるか否かは、弁済期の到来した債務について判断されます。弁済期が到来していない債務を将来弁済できないことが確実に予想されても、弁済期の到来している債務を現在支払っている限り、支払不能には該当しないと解されています（伊藤108頁注74、東京地判平22・7・8判時2094号69頁）。ただし近時は、否認の要件との関連で近い将来の債務不履行の発生が高度の蓋然性をもって予測されるような場合には、支払不能と解してよいとする見解も有力です（大コンメ652頁［山本和彦］）［☞破§162］。

③について、支払能力の欠乏は一般的かつ継続的でなければなりません。一般的とは、特定の債務の履行ができないのではなく、総債務に対して履行ができない状態を意味します。また、継続的とは、資力の喪失が一時的なものではないことを意味します（伊藤107頁）。

また、支払不能は客観的な財産状態を意味します。そのため、債務者が主観的に弁済が不可能であると考えることは支払不能の認定とは無関係ですし、返済できない借入れや商品の投げ売りによって目先の返済能力を維持しているような場合には、客観的にみて支払能力が否定される場合もあります。

(9) 破産管財人

破産管財人とは、破産手続において破産財団に属する財産の管理および処分をする権利を有する者をいいます（本条Ⅻ）。破産管財人は裁判所から選任され（破74Ⅰ）、破産財団の管理処分権を専有し（破78Ⅰ）、破産手続を遂行する機関です。

(10) 保全管理人

保全管理人とは、破産手続開始の申立てから開始決定があるまでの間、破産法91条1項により、法人である債務者の財産に関し管理を命じられた者をいいます（本条ⅩⅢ）。

(11) 破産財団

破産財団とは、破産者の財産または相続財産もしくは信託財産であって、破産手続において破産管財人にその管理処分権が専属するものをいいます（本条ⅩⅣ）。破産財団を構成する財産の範囲は、破産法34条に規定されています［☞破§34］。

論点解説

破産手続開始前の原因の意義　破産債権とは、破産者に対して破産手続開始前の原因に基づいて生じた財産上の請求権を意味します。したがって、ある債権が破産債権に該当するか否かは、当該債権が破産手続開始前の原因に基づいて生じたかという点が重要な意味をもちます。この破産手続開始前の原因の意義については、破産債権の発生原因の全部が手続開始前に備わっていなければならないとする全部具備説と、破産債権の発生原因の全部が備わっている必要はなく、主たる原因が備わっていれば足りるとする一部具備説の争いがあります。現在では一部具備説が通説です（伊藤261頁）。履行期未到来の債権、条件付債権、あるいは保証人の求償権が典型例である将来の請求権などは、債権の発生原因が破産手続開始前であれば、いずれも破産債権となります。

判例　最判昭43・6・13民集22巻6号1149頁［百選3版［A21］］、東京地判昭56・9・14判時1015号20頁［百選3版［46］］、最判平23・11・22民集65巻8号3165頁［百選［48］］、東京高決昭33・7・5金法182号3頁［百選［4］］、東京高決昭34・5・16下民集10巻5号1008頁、名古屋高決平7・9・6判タ905号242頁、東京地決平3・10・29判時1402号32頁［百選［5］・INDEX［6］］、東京地判平22・7・8判時2094号69頁、大阪地判平8・6・13判タ920号248頁、最判平25・7・18判時2201号48頁、最判平25・11・13民集67巻8号1483頁

文献　伊藤78頁・186頁・195頁・223頁、条解破産29頁、大コンメ18頁［小川秀樹］・400頁［堂薗幹一郎］、山本59頁・71頁、注釈破産（上）12頁［坂本泰朗＝吉川武＝馬杉栄一］

（外国人の地位）
第3条　外国人又は外国法人は、破産手続、第12章第1節の規定による免責手続（以下「免責手続」という。）及び同章第2節の規定による復権の手続（以下この章において「破産手続等」と総称する。）に関し、日本人又は日本法人と同一の地位を有する。

基本事項
1 趣旨
破産法1条が定める破産法の目的からすれば、日本の国際破産管轄（破4Ⅰ）に服する以上、日本国籍の有無や日本法人か否かを問題とせず、破産手続上における破産能力［☞第2章第1節前注 **論点解説**］や免責・復権を受ける権利を認めるほか、債権者としても破産手続上の権利行使を認めることが合理的です。そこで、本条は、破産手続等（破産手続、免責手続および復権手続）に関し、外国人または外国法人は日本人や日本法人と同一の地位を有することとし、いわゆる内外人完全平等主義を採ることを明らかにしました。

なお、本条と同趣旨の規定が民再法3条、会更法3条にも置かれています。

2 定義
外国人とは、日本国籍を有しない自然人で、日本の国際破産管轄に服する者を意味し、無国籍者も含まれると解されています（大コンメ25頁［深山卓也］、条解破産47頁）。

外国法人とは、外国法に準拠して設立された法人をいいます（民35、会社2②参照）。

文献 伊藤81頁、条解破産45頁、大コンメ24頁［深山卓也］、注釈破産（上）25頁［桶谷和人＝吉川武＝馬杉栄一］

（破産事件の管轄）
第4条 この法律の規定による破産手続開始の申立ては、債務者が個人である場合には日本国内に営業所、住所、居所又は財産を有するときに限り、法人その他の社団又は財団である場合には日本国内に営業所、事務所又は財産を有するときに限り、することができる。
2 民事訴訟法（平成8年法律第109号）の規定により裁判上の請求をすることができる債権は、日本国内にあるものとみなす。

基本事項
ある破産事件について、どの国が破産手続を開始・遂行する権限をもつかという規律を国際破産管轄といいます。本条1項は、債務者が個人である場合には日本国内に営業所、住所、居所または財産を有するときに、法人その他の社団または財団である場合には日本国内に営業所、事務所または財産を有するときに、破産法による破産手続開始の申立てを認めています。また、本条2項は、民事訴訟法の規定によって裁判上の請求ができる場合には債権が日本国内にあるものとみなすこととし、本条1項の適用基準を明確にしています。

なお、本条と同趣旨の規定が民再法4条に、同様の規定が会更法4条にも置かれています。

1 住所、居所、営業所、事務所
債務者が個人である場合に住所、居所を基準として国際破産管轄を認めている点は、民事訴訟手続の普通裁判籍（民訴4Ⅱ）と同様であり、民訴法の解釈がそのまま

妥当します。営業所を基準としているのは、個人事業者を念頭に置いているためです。

債務者が法人、その他社団または財団である場合に事業所を基準としているのは、非営利の法人を念頭に置いているためです。

これらの管轄原因が認められる場合、債務者に対する債権者、その他の利害関係人や債務者の財産が日本国内に多く存在する蓋然性が高いと考えられるため、日本の裁判所に国際裁判管轄を認めています。

2 財産所在地

個人・法人ともに、債務者が日本国内に財産を有することを基準に国際破産管轄を認めています。この点、民訴法5条4号と異なって財産の差押可能性が要件とされていませんが、当該要件が必要かどうか疑問があるとの意見があります（条解破産50頁）［☞民再§4］。

文献 伊藤212頁、条解破産47頁、大コンメ26頁［深山卓也］、山本289頁

第5条 破産事件は、債務者が、営業者であるときはその主たる営業所の所在地、営業者で外国に主たる営業所を有するものであるときは日本におけるその主たる営業所の所在地、営業者でないとき又は営業者であっても営業所を有しないときはその普通裁判籍の所在地を管轄する地方裁判所が管轄する。

2 前項の規定による管轄裁判所がないときは、破産事件は、債務者の財産の所在地（債権については、裁判上の請求をすることができる地）を管轄する地方裁判所が管轄する。

3 前2項の規定にかかわらず、法人が株式会社の総株主の議決権（株主総会において決議をすることができる事項の全部につき議決権を行使することができない株式についての議決権を除き、会社法（平成17年法律第86号）第879条第3項の規定により議決権を有するものとみなされる株式についての議決権を含む。次項、第83条第2項第2号及び第3項並びに第161条第2項第2号イ及びロにおいて同じ。）の過半数を有する場合には、当該法人（以下この条及び第161条第2項第2号ロにおいて「親法人」という。）について破産事件、再生事件又は更生事件（以下この条において「破産事件等」という。）が係属しているときにおける当該株式会社（以下この条及び第161条第2項第2号ロにおいて「子株式会社」という。）についての破産手続開始の申立ては、親法人の破産事件等が係属している地方裁判所にもすることができ、子株式会社について破産事件等が係属しているときにおける親法人についての破産手続開始の申立ては、子株式会社の破産事件等が係属している地方裁判所にもすることができる。

4 子株式会社又は親法人及び子株式会社が他の株式会社の総株主の議決権の過半数を有する場合には、当該他の株式会社を当該親法人の子株式会社とみなして、前項の規定を適用する。

5 第1項及び第2項の規定にかかわらず、株式会社が最終事業年度について会社法第444条の規定により当該株式会社及び他の法人に係る連結計算書類（同条第1項に規定する連結計算書類をいう。）を作成し、かつ、当該株式会社の定時株主総会においてその内容が報告された場合には、当該株式会社について破産事件等

が係属しているときにおける当該他の法人についての破産手続開始の申立ては、当該株式会社の破産事件等が係属している地方裁判所にもすることができ、当該他の法人について破産事件等が係属しているときにおける当該株式会社についての破産手続開始の申立ては、当該他の法人の破産事件等が係属している地方裁判所にもすることができる。
6　第1項及び第2項の規定にかかわらず、法人について破産事件等が係属している場合における当該法人の代表者についての破産手続開始の申立ては、当該法人の破産事件等が係属している地方裁判所にもすることができ、法人の代表者について破産事件又は再生事件が係属している場合における当該法人についての破産手続開始の申立ては、当該法人の代表者の破産事件又は再生事件が係属している地方裁判所にもすることができる。
7　第1項及び第2項の規定にかかわらず、次の各号に掲げる者のうちいずれか1人について破産事件が係属しているときは、それぞれ当該各号に掲げる他の者についての破産手続開始の申立ては、当該破産事件が係属している地方裁判所にもすることができる。
　一　相互に連帯債務者の関係にある個人
　二　相互に主たる債務者と保証人の関係にある個人
　三　夫婦
8　第1項及び第2項の規定にかかわらず、破産手続開始の決定がされたとすれば破産債権となるべき債権を有する債権者の数が500人以上であるときは、これらの規定による管轄裁判所の所在地を管轄する高等裁判所の所在地を管轄する地方裁判所にも、破産手続開始の申立てをすることができる。
9　第1項及び第2項の規定にかかわらず、前項に規定する債権者の数が1000人以上であるときは、東京地方裁判所又は大阪地方裁判所にも、破産手続開始の申立てをすることができる。
10　前各項の規定により2以上の地方裁判所が管轄権を有するときは、破産事件は、先に破産手続開始の申立てがあった地方裁判所が管轄する。

基本事項

1　趣旨

　国際破産管轄（破4Ⅰ）が日本にあるとしても、破産事件を特定の破産裁判所で処理するためには、国内管轄を定める必要があります。破産手続は、多数の関係者が参加する集団的な権利処理手続ですので、管轄を定めるに当たっては、公益的観点が重要となりますし、手続の迅速性、効率性、合理性といった観点も必要になります。これらの点を考慮し、本条は、債務者の営業所の所在地や普通裁判籍（民訴4）の所在地など、原則として債務者の事業活動や社会生活に最も関連する地を管轄地としつつも、それ以外の管轄を広範囲に認め、実際的で柔軟な対応を可能にしています。

　なお、本条の特則として、相続財産に関する破産事件の管轄（破222）、信託財産に関する破産事件の管轄（破244の2）の規定があります。

　本条と同趣旨の規定が民再法5条、会更法5条にも置かれています。

2　職分管轄および事物管轄

　破産手続についての職分管轄および事物管轄は地方裁判所に帰属します（本条Ⅰ）。職分管轄とは、裁判権の使用をいかなる裁判所の職分とするかを決するものをいい、事物管轄とは、第一審訴訟の裁判権を同一地を管轄する簡易裁判所と地方裁判所のいずれに行使させるかを決するものをいいます（兼子一ほか『条解民事訴訟法〔第2版〕』〔弘文堂、2011〕77頁〔新堂幸司＝高橋宏志＝高田裕成〕）。

3　土地管轄

(1)　原則的管轄

　①債務者が営業者であるときは、その主たる営業所の所在地、②営業者で外国に主たる営業所を有するものであるときは、日本におけるその主たる営業所の所在地、③営業者でないとき、または営業者であっても営業所を有しないときは、その普通裁判籍（民訴4）の所在地の地方裁判所が原則的な管轄権をもちます（本条Ⅰ）。

　①の主たる営業所とは、通常は、定款所定の本店を意味すると考えられています（大コンメ32頁〔小川秀樹〕）〔☞ **論点解説** 〕。

(2)　補充的管轄

　前記の原則的な管轄裁判所がないときは、債務者の財産の所在地を管轄する地方裁判所に補充的な管轄を認めています（本条Ⅱ）。

(3)　特則

(ア)　経済的に密接な関係を有する者の管轄

　親子会社の場合、一方について破産事件、再生事件または更生事件（「破産事件等」という）が係属する地方裁判所にも、他方の破産手続開始の申立てができます（本条Ⅲ）。同様の規律は、親法人といわゆる孫会社（①子株式会社または②親法人および子株式会社が他の株式会社の総株主の議決権の過半数を有する場合の当該他の株式会社）の間にも妥当します（本条Ⅳ）。なお、本条3項・4項がこの親・子・孫の関係について定めています。

　また、連結関係にある会社間においては、一方の会社について破産事件等が係属する地方裁判所にも、他方の会社について破産手続開始の申立てができます（本条Ⅴ）。なお、本条5項がこの連結関係について定めています。

　法人と法人の代表者、相互に連帯債務者の関係にある個人、相互に主債務者と保証人との関係にある個人および夫婦については、その一方についての破産事件等が係属する地方裁判所に、他方の破産手続開始の申立てができます（本条Ⅵ・Ⅶ）。

(イ)　大規模な破産事件

　大規模破産事件の特殊性および専門性を考慮して、債権者数が500人以上の場合は、本条1項および2項の規定により管轄裁判所となる地方裁判所の所在地を管轄する高等裁判所の所在地を管轄する地方裁判所（本条Ⅷ）にも、債権者数が1000人以上の場合には、これに加え、東京地裁と大阪地裁にも（本条Ⅸ）、破産手続開始の申立てができます。

(4)　複数の管轄裁判所がある場合の措置

　複数の管轄裁判所がある場合は、破産手続開始の申立てはいずれの裁判所に行っ

てもよく、先に申立てがあった裁判所に専属管轄が生じます（本条X）。

論点解説
登記簿上の本店と実質上の本店が異なる場合の管轄　登記簿上の本店と実質上の本店が異なる場合に、いずれの所在地を管轄と認めるかについて議論があります。この点、形式的な本店に対する管轄を否定しても、専属管轄違反を理由に移送することで、その申立てを救済することができること（破13、民訴16 I）、形式的な本店所在地しか存在しない地の裁判所に最終的な処理まで委ねる可能性を残すことは本条および破産法6条の趣旨から疑問があることから、通説は実質上の本店のみに管轄を認めています（条解破産56頁）。

文献　伊藤206頁、条解破産52頁、大コンメ30頁［小川秀樹］、山本63頁、破産実務Q&A200問25頁［須藤力］、注釈破産（上）31頁［開本英幸＝吉川武＝馬杉栄一］

（専属管轄）
第6条　この法律に規定する裁判所の管轄は、専属とする。

基本事項
1　趣旨

破産事件の処理は多数の関係者の利害に関わり、公益的見地から適正かつ迅速に行われる必要があるため、本条は破産法で規定する裁判所の管轄は専属管轄であると規定しました［☞ **より深く学ぶ** 1・2］。

なお、本条と同趣旨の規定が民再法6条、会更法6条にも置かれています。

2　効果

専属管轄ですので、破産法に規定する裁判所の管轄について合意管轄や応訴管轄は認められません。裁判所は管轄の有無を職権で調査し（破13、民訴14）、管轄違いの場合は管轄裁判所に移送します（破13、民訴16 I）。

本条は、破産手続開始申立ての管轄（破4・5）のみならず、査定の申立てについての裁判に対する異議の訴えの管轄（破126 II）、否認の訴えおよび否認の請求の管轄（破173 II）などにも適用されます。

より深く学ぶ

1　管轄違いを理由とする移送に対する即時抗告の可否　管轄違いを理由とする移送（破13、民訴16 I）に対する即時抗告が認められるかにつき議論があります。

この点、肯定説は、この場合の移送決定は破産法13条、民訴法16条1項によるものであり、「破産手続等に関する裁判」（破9）には該当せず、その不服申立てについては破産法13条によって民訴法21条が準用されると解しています。否定説は、「破産手続等に関する裁判」（破9）に該当し、手続の迅速性という破産法9条の趣旨が妥当するとして、不服申立てはできないと解しています（条解破産65頁、大コンメ41頁［小川秀樹］）。

2　専属管轄違反の破産手続開始決定に対する不服申立て　専属管轄を看過した破産手続開始の決定について、即時抗告ができるかにつき議論がありますが、専属管轄違反は上訴の理由となる（民訴331・299・312Ⅱ③）のが原則であることから、肯定する立場が有力です（条解破産66頁）。なお、平成14年改正前の会更法下の事件ですが、専属管轄違反を理由とする更生手続開始決定に対する不服申立てを認めた裁判例として東京高決平14・5・30（判時1797号157頁）があります。

文　献　条解破産63頁、大コンメ42頁［小川秀樹］、注釈破産（上）41頁［開本英幸＝吉川武＝馬杉栄一］

（破産事件の移送）
第7条　裁判所は、著しい損害又は遅滞を避けるため必要があると認めるときは、職権で、破産事件（破産事件の債務者又は破産者による免責許可の申立てがある場合にあっては、破産事件及び当該免責許可の申立てに係る事件）を次に掲げる地方裁判所のいずれかに移送することができる。
　一　債務者の主たる営業所又は事務所以外の営業所又は事務所の所在地を管轄する地方裁判所
　二　債務者の住所又は居所の所在地を管轄する地方裁判所
　三　第5条第2項に規定する地方裁判所
　四　次のイからハまでのいずれかに掲げる地方裁判所
　　イ　第5条第3項から第7項までに規定する地方裁判所
　　ロ　破産手続開始の決定がされたとすれば破産債権となるべき債権を有する債権者（破産手続開始の決定後にあっては、破産債権者。ハにおいて同じ。）の数が500人以上であるときは、第5条第8項に規定する地方裁判所
　　ハ　ロに規定する債権者の数が1000人以上であるときは、第5条第9項に規定する地方裁判所
　五　第5条第3項から第9項までの規定によりこれらの規定に規定する地方裁判所に破産事件が係属しているときは、同条第1項又は第2項に規定する地方裁判所

基本事項

1　趣旨

　本条は、著しい損害または遅滞を避けるために必要があるときは、職権で、破産事件が申し立てられた裁判所から、これを扱うのに適した他の裁判所へ破産事件を移送することができることとしています。

　なお、本条と同趣旨の規定が民再法7条、会更法7条にも置かれています。

2　要件

　著しい損害を避けるとは、破産者や債権者その他の利害関係人全体が破産手続を遂行し、あるいは参加する上で負担する費用や労力等について、一般的な場合より過大な負担を回避することを意味します。著しい遅滞を避けるとは、移送しなければ手続の遅延が相当程度見込まれ、移送によって迅速な処理が期待できる場合をい

います（大コンメ45頁［小川秀樹］）。

3 移送先となる裁判所

移送先となる裁判所は、①債務者の主たる営業所または事務所以外の営業所または事務所の所在地を管轄する地方裁判所（本条①）、②債務者の住所または居所の所在地を管轄する地方裁判所（本条②）、③財産所在地を管轄する地方裁判所（本条③）、④親子会社等についての関連土地管轄をもつ地方裁判所（本条④イ）、大規模事件についての管轄をもつ高等裁判所所在地の地方裁判所（本条④ロ）、債権者が1000人以上の超大規模事件についての管轄をもつ東京地裁または大阪地裁（本条④ハ）、および⑤主たる営業所在地等による本来の土地管轄地方裁判所（本条⑤）です。

4 効果

移送によって破産事件ははじめから受移送裁判所に係属していたものとみなされます（破13、民訴22Ⅲ）。移送を受けた裁判所は移送決定に拘束され、再移送することはできません（破13、民訴22Ⅱ）が、移送後に生じた新たな事由に基づき再移送することは可能と解されています（条解破産71頁）。

なお、本条による移送決定は、「破産手続等に関する裁判」（破9）に該当し、特別の定めもありませんので、当該移送決定に対して不服申立てはできません。

文献　伊藤210頁、条解破産67頁、大コンメ44頁［小川秀樹］、注釈破産（上）43頁［開本英幸＝吉川武＝馬杉栄一］

（任意的口頭弁論等）
第8条　破産手続等に関する裁判は、口頭弁論を経ないですることができる。
2　裁判所は、職権で、破産手続等に係る事件に関して必要な調査をすることができる。

基本事項

破産手続開始決定や免責許可決定などの破産手続等（破3）に関する裁判は、終局的に事実を確定し、当事者の主張する実体的権利義務の存否を確定する裁判ではないため（最大決昭45・6・24民集24巻6号610頁［百選［1①］］、最決平3・2・21金判866号26頁［百選［1②］］）、必要的口頭弁論とする必然性はありません。集団的処理手続である破産手続の性質上、手続の迅速性、効率性等の点が要請され、口頭弁論を任意的とすることが望ましいといえます（条解破産72頁）。そこで、本条1項は、破産手続等に関する裁判については、任意的口頭弁論の方式で口頭弁論を経ないで審理することができるとしています。

本条の破産手続等に関する裁判とは、破産手続等が係属している裁判体が、破産手続等の目的との関係で、破産手続内においてする裁判をいいます（旧会更法9条につき、条解会更（上）186頁）。もっとも、実体的権利義務の存否を確定する各種の訴え（破126Ⅰ・173Ⅰ・175Ⅰ・180Ⅰ）は「破産手続等の裁判」には該当せず、必要的口頭弁論がとられます（破13、民訴87Ⅰ）。他方、破産債権査定決定（破125Ⅰ）および役員責任査定決定（破178Ⅰ・179Ⅰ）は「破産手続等に関する裁判」に該当し、本条が

適用されます。

　また、破産手続等では、多数の利害関係人のすべてに手続への直接的な関与の機会を保障することはできず、後見的な役割を担う裁判所が公益的観点から関与することが要請されます（条解破産72頁）。そこで、本条2項は、破産裁判所が職権で破産手続等に関して必要な調査ができることとしています。

　なお、本条と同趣旨の規定が民再法8条、会更法8条にも置かれています。

　文献　条解破産71頁、大コンメ48頁［榎本光宏］、注釈破産（上）47頁［山崎昌彦＝吉川武＝馬杉栄一］

（不服申立て）
第9条　破産手続等に関する裁判につき利害関係を有する者は、この法律に特別の定めがある場合に限り、当該裁判に対し即時抗告をすることができる。その期間は、裁判の公告があった場合には、その公告が効力を生じた日から起算して2週間とする。

基本事項
1　趣旨

　破産手続等（破3）における裁判は原則として決定で行われ、例外として命令で行われます（破8参照）。民訴法によればその原則的な不服申立方法は抗告（民訴328参照）となりますが、破産手続等では、手続を円滑に進めるために早期の確定が要請されます。そこで、本条は、特別の定めがある場合に限って、不服申立期間に制限がある即時抗告（民訴332）のみを認めています。

　なお、本条と同趣旨の規定が民再法9条、会更法9条にも置かれています。

2　即時抗告をすることができる裁判

　破産手続等に関する裁判とは、破産法8条と同じく、破産手続等が係属している裁判体が、破産手続等の目的との関係で、破産手続内においてする裁判をいいます（旧会更法9条につき条解会更（上）186頁）［☞ **論点解説** ①］。

3　即時抗告権者

　即時抗告は、破産手続等に関する裁判について利害関係を有する者が、破産法に特別の定めがある場合（破12Ⅳ・21Ⅶ・22Ⅱ・24Ⅳ・25Ⅵ・27Ⅳ・28Ⅲ・33Ⅰ・34Ⅵ・37Ⅱ・38Ⅳ・81Ⅳ・87Ⅱ・91Ⅴ・120Ⅵ・150Ⅴ・156Ⅲ・171Ⅳ・177Ⅴ・185Ⅲ・189Ⅳ・200Ⅲ・216Ⅳ・217Ⅵ・226Ⅳ・252Ⅴ・254Ⅲ・256Ⅴ）に限り行うことができます。

　利害関係人の範囲は、裁判の内容によって異なり個別に判断する必要があります。判断の基準としては、破産手続等に関する裁判について法律上の利害関係を有することが必要であり、事実上の利害関係では足りないと解されています（伊藤181頁、注解破産（下）33頁［安藤一郎］参照）［☞ **論点解説** ②］。

4　即時抗告期間

　即時抗告は、公告がない場合には裁判の告知を受けた日から1週間以内に（民訴332）、公告がある場合にはその公告が効力を生じた日から起算して2週間以内に行

わなければなりません（本条後段）［☞ **より深く学ぶ**］。

5　手続および効果

即時抗告の手続については、民訴法の規定が準用されます（破13。即時抗告に関する記録の送付につき破規5参照）。

即時抗告がなされると、当該裁判の確定が遮断されます。したがって、即時抗告できる裁判では、即時抗告期間が満了するまで当該裁判は確定しません。

また、即時抗告には執行停止の効力がありますが（破13、民訴334Ⅰ）、手続の遂行上迅速性が要請される場面があることから、破産法は、個別に執行停止の効力を有しない旨の規定を定めています（破24Ⅴ・25Ⅶ・27Ⅴ・28Ⅳ・81Ⅴ・91Ⅵ・171Ⅴ・177Ⅴ・216Ⅴ）。

論点解説

1　即時抗告の可否に争いのある裁判

(1)　**移送決定**　管轄違いによる移送（破13、民訴16Ⅰ）や裁量移送（破7）に対する即時抗告の可否については、破産法6条、7条の該当箇所を参照してください。

(2)　**移送の申立てを却下する決定**　裁量移送（破7）の場合、当事者や利害関係人による移送の申立ては裁判所の職権発動を促すにすぎませんので、即時抗告は認められません。管轄違いによる移送（破13、民訴16Ⅰ）の場合については議論があります（条解破産65頁参照）。

2　即時抗告の可否について争いのある即時抗告権者（**破産手続開始申立てについての裁判**）　破産手続開始の申立てについての裁判に対しては即時抗告ができます（破33Ⅰ）が、破産手続開始決定に対し、株主が利害関係人に該当して即時抗告ができるかについては争いがあります［☞破§33］。

また、破産手続開始申立てに対する棄却または却下決定に対し、申立人以外に即時抗告権を認めるべきか否かについて議論があります（詳細は、条解破産287頁、大コンメ129頁［大寄麻代］、伊藤182頁参照）。

より深く学ぶ

送達と公告の双方がされた場合の即時抗告期間　裁判の送達および公告の両方がなされた場合に送達を受けた者の即時抗告期間をどのように考えるか議論があります。この点、平成16年改正前の破産法下における送達といわゆる代用公告がなされた免責決定に関する事案について、判例は、公告が必要的とされている決定についての即時抗告と同様、公告があった日から2週間であると判示しました（最決平12・7・26民集54巻6号1981頁［百選［85］］）。また、その後、平成16年改正前の破産法下における破産宣告決定についても同様の結論を採っています（最決平13・3・23判タ1060号170頁［百選［14］]）。

文　献　伊藤181頁、条解破産65頁・76頁、大コンメ50頁［榎本光宏］、注解破産（下）33頁［安藤一郎］、注釈破産（上）5頁［山崎昌彦＝吉川武＝馬杉栄一］

> **(公告等)**
> **第10条** この法律の規定による公告は、官報に掲載してする。
> 2 公告は、掲載があった日の翌日に、その効力を生ずる。
> 3 この法律の規定により送達をしなければならない場合には、公告をもって、これに代えることができる。ただし、この法律の規定により公告及び送達をしなければならない場合は、この限りでない。
> 4 この法律の規定により裁判の公告がされたときは、一切の関係人に対して当該裁判の告知があったものとみなす。
> 5 前2項の規定は、この法律に特別の定めがある場合には、適用しない。

基本事項

1 趣旨

本条は、破産手続における公告の方法や効果、送達に代わる公告(代用公告)、代用公告の適用除外等について定めた規定です。破産手続において、裁判の告知や書面の送付を迅速かつ経済的に行うために、個別の送達だけでなく、公告という方法を認めました。また、送達をしなければならないときでも公告で代用できることを原則としつつ、利害関係人の権利義務に重要な影響を与える場合には、公告での代用を認めないこととしています。

なお、本条と同趣旨の規定が民再法10条、および会更法10条にも置かれています。

2 公告の方法

破産法上の公告は官報に掲載してすることとし(本条Ⅰ)、公告に関する事務は裁判所書記官が扱います(破規6)。

3 代用公告

破産手続は多数の利害関係人が関与するため、個々の利害関係人への送達を必須のものとすると、手続の遂行上、経済的・時間的・労力的に過度の負担となりかねないため、画一的処理(本条Ⅳ参照)を可能とする代用公告を認めています(本条Ⅲ)。ただし、民訴法による原則的な告知方法である送達による必要性が高いものについて、破産法が公告および送達をしなければならないと規定している場合には、代用公告によることはできません(本条Ⅲただし書)。例えば、包括的禁止命令(破26Ⅰ)、保全管理命令(破92Ⅰ・Ⅱ)、破産手続廃止決定(破217Ⅳ)の場合があります。

4 公告の効力と発生時期

官報の掲載による公告の効力は、掲載があった日の翌日に生じます(本条Ⅱ)。破産手続では多数の利害関係人が関与するため、画一的に効力を生じさせることが必要です。そこで、破産法によって裁判の公告がされたときは、一切の利害関係人に対して当該裁判の告知があったものとみなします(本条Ⅳ)。

5 適用除外

破産法に特別の定めがある場合には、本条 3 項や 4 項は適用されません（本条Ⅴ）。利害関係人の権利義務に重要な影響を与える場合には、代用公告や画一的な効力の発生を認めることが望ましくないためです。本条 3 項が適用されない場合として、例えば、包括的禁止命令の解除（破 27 Ⅵ）、破産債権査定決定（破 125 Ⅴ）、役員責任査定決定（破 179 Ⅲ）、担保権消滅許可決定（破 189 Ⅴ）、異時破産手続廃止決定（破 217 Ⅴ）、免責許可決定（破 252 Ⅲ）等があります。本条 4 項が適用されない場合は、保全管理命令やその変更・取消決定（破 92 Ⅲ）の場合のみです。

■文 献■ 条解破産 82 頁、大コンメ 52 頁［榎本光宏］

（事件に関する文書の閲覧等）
第 11 条 利害関係人は、裁判所書記官に対し、この法律（この法律において準用する他の法律を含む。）の規定に基づき、裁判所に提出され、又は裁判所が作成した文書その他の物件（以下この条及び次条第 1 項において「文書等」という。）の閲覧を請求することができる。
2　利害関係人は、裁判所書記官に対し、文書等の謄写、その正本、謄本若しくは抄本の交付又は事件に関する事項の証明書の交付を請求することができる。
3　前項の規定は、文書等のうち録音テープ又はビデオテープ（これらに準ずる方法により一定の事項を記録した物を含む。）に関しては、適用しない。この場合において、これらの物について利害関係人の請求があるときは、裁判所書記官は、その複製を許さなければならない。
4　前 3 項の規定にかかわらず、次の各号に掲げる者は、当該各号に定める命令、保全処分又は裁判のいずれかがあるまでの間は、前 3 項の規定による請求をすることができない。ただし、当該者が破産手続開始の申立人である場合は、この限りでない。
　一　債務者以外の利害関係人　第 24 条第 1 項の規定による中止の命令、第 25 条第 2 項に規定する包括的禁止命令、第 28 条第 1 項の規定による保全処分、第 91 条第 2 項に規定する保全管理命令、第 171 条第 1 項の規定による保全処分又は破産手続開始の申立てについての裁判
　二　債務者　破産手続開始の申立てに関する口頭弁論若しくは債務者を呼び出す審尋の期日の指定の裁判又は前号に定める命令、保全処分若しくは裁判

基本事項

1 趣旨

破産債権者等の利害関係人が破産財団等に関する情報を知り、実質的に破産手続に関与し、適切な権利行使ができるようにするため、本条は破産手続上の利害関係人に対し、破産法に基づいて裁判所に提出された文書等および裁判所が作成した文書等の閲覧・謄写を認めています。このような文書等の閲覧制度によって、破産手続の透明性が確保され、破産手続に対する信頼確保にもつながります。

なお、本条と同趣旨の規定が民再法 16 条、会更法 11 条にも置かれています。

2　閲覧等の請求権者

　利害関係人は、裁判所書記官に対して、破産事件に関する文書等の閲覧・謄写等を請求できます（本条Ⅰ・Ⅱ）。破産手続は非公開が原則であり、利害関係人に閲覧・謄写等を認めれば足りると考えられることから、閲覧の主体を利害関係人に限定しています。この点、閲覧の主体につき制限のない民訴法91条1項とは異なります。

　利害関係人とは、当該破産事件と法律上の利害関係を有する者をいいます。例えば、破産者、破産債権者、保全管理人、破産管財人が挙げられます。財団債権者や別除権者も利害関係人に含まれると解されています。

3　文書等

　本条によって閲覧等の対象となる文書等は、破産法および同法において準用する他の法律の規定に基づき裁判所に提出され、または裁判所が作成した文書その他の物件です。また、破産規則10条1項は、同規則および同規則において準用する他の規則に基づいて裁判所に提出され、または裁判所が作成した文書その他の物件についても本条を準用して、閲覧等の対象としています。

　破産法の規定に基づき裁判所に提出される文書としては、破産手続開始申立書（破20Ⅰ）、破産管財人作成の報告書（破157）、破産債権の届出書（破111）、破産管財人の債権認否書（破117）、配当表（破196）、破産管財人等が裁判所に提出した許可申請書（破36等）、破産管財人の任務終了の計算報告書（破881）等が、裁判所が法律に基づいて作成した文書としては、破産手続開始決定（破30Ⅰ）、中止命令（破24Ⅰ）等があります。裁判所と協議するために申立代理人や破産管財人が事実上提出した書面（上申書等）は文書等に含まれません（条解破産92頁）。

　文書等のうち、録音テープまたはビデオテープ等は、謄写等の交付ということになじみません。そこで、利害関係人は、これらについて謄写等ではなく、複製の許可を求めることができます（本条Ⅲ）。

4　閲覧等を請求することができる時期

　破産手続の初期段階では手続の密行性を確保する必要があるため、閲覧等には時間的な制限があります（本条Ⅳ）。もっとも、破産手続開始の申立人自身については、手続の密行性を確保する必要がないため、時間的制限を設けていません（同項柱書ただし書）。

(1)　債務者以外の利害関係人

　債務者以外の利害関係人については、①中止命令（破24Ⅰ）、②包括的禁止命令（破25Ⅱ）、③債務者の財産に関する保全処分（破28Ⅰ）、④保全管理命令（破91Ⅱ）、⑤否認権のための保全処分（破171Ⅰ）、⑥破産手続開始の申立てについての裁判のいずれかがあるまでは、閲覧等の請求は認められません（本条Ⅳ①）。

(2)　債務者

　債権者破産の申立てを受けた債務者は、破産手続開始の申立てに関する口頭弁論もしくは債務者を呼び出す審尋の期日の指定の裁判または前記(1)に定める命令、保全処分もしくは裁判のいずれかがあるまでは、閲覧等の請求は認められません（本

条Ⅳ②）。なお、本条4項柱書ただし書により債務者が申立人である場合（自己破産申立ての場合）には時間的制限がないため、本条4項2号の債務者とは債権者申立ての場合の債務者を意味します。

文　献　条解破産89頁、大コンメ54頁［榎本光宏］、伊藤224頁・229頁、注釈破産（上）64頁［坂本泰朗＝吉川武＝馬杉栄一］

（支障部分の閲覧等の制限）
第 12 条　次に掲げる文書等について、利害関係人がその閲覧若しくは謄写、その正本、謄本若しくは抄本の交付又はその複製（以下この条において「閲覧等」という。）を行うことにより、破産財団（破産手続開始前にあっては、債務者の財産）の管理又は換価に著しい支障を生ずるおそれがある部分（以下この条において「支障部分」という。）があることにつき疎明があった場合には、裁判所は、当該文書等を提出した破産管財人又は保全管理人の申立てにより、支障部分の閲覧等の請求をすることができる者を、当該申立てをした者（その者が保全管理人である場合にあっては、保全管理人又は破産管財人。次項において同じ。）に限ることができる。
　一　第36条、第40条第1項ただし書若しくは同条第2項において準用する同条第1項ただし書（これらの規定を第96条第1項において準用する場合を含む。）、第78条第2項（第93条第3項において準用する場合を含む。）、第84条（第96条第1項において準用する場合を含む。）又は第93条第1項ただし書の許可を得るために裁判所に提出された文書等
　二　第157条第2項の規定による報告に係る文書等
2　前項の申立てがあったときは、その申立てについての裁判が確定するまで、利害関係人（同項の申立てをした者を除く。次項において同じ。）は、支障部分の閲覧等の請求をすることができない。
3　支障部分の閲覧等の請求をしようとする利害関係人は、破産裁判所に対し、第1項に規定する要件を欠くこと又はこれを欠くに至ったことを理由として、同項の規定による決定の取消しの申立てをすることができる。
4　第1項の申立てを却下する決定及び前項の申立てについての裁判に対しては、即時抗告をすることができる。
5　第1項の規定による決定を取り消す決定は、確定しなければその効力を生じない。

基本事項

1　趣旨

本条は、破産事件に関する文書の閲覧等を認めた破産法11条の例外として、支障部分について閲覧等の制限を認めた規定です。これは、破産管財人が関係者に情報が漏れることを懸念せずに、許可申請書等を作成できるようにし、裁判所への十分な情報提供を確保しようとしたものです。

なお、要件は異なりますが、本条と同趣旨の規定が民再法17条、会更法12条にも置かれています。

2 要件等

一定の範囲の文書等について、利害関係人がその閲覧等を行うことによって破産財団の管理または換価に著しい支障を生ずるおそれがある部分（支障部分）があることの疎明があった場合には、裁判所は、当該文書等を提出した破産管財人または保全管理人の申立てにより、支障部分の閲覧を請求することができる者を、当該申立てをした者等に限ることができます（本条Ⅰ）。

閲覧等の制限の対象となる文書等は、破産管財人等が裁判所の許可が必要な場合（破36・40Ⅰただし書・Ⅱ・78Ⅱ・84・93Ⅰただし書）に提出した文書等（本条Ⅰ①）、および法定の報告事項以外の事項を裁判所に報告するよう命じられた場合（破157Ⅱ）の報告に係る文書等です（本条Ⅰ②）。

3 利害関係人の閲覧等

閲覧等制限の申立後、その裁判が確定するまで、利害関係人は、支障部分の閲覧等の請求ができません（本条Ⅱ）。支障部分の閲覧等を請求しようとする利害関係人は、破産裁判所に対して、本条1項に規定する要件を欠くこと、または欠くに至ったことを理由として、同項の規定による決定の取消しの申立てができます（本条Ⅲ）。

4 即時抗告

民訴法92条4項と同様に、①閲覧等の制限の申立てを却下した決定、②閲覧等の制限決定の取消しの申立てについての裁判に対しては、即時抗告をすることができます（本条Ⅳ）。

5 閲覧等制限の決定を取り消す決定の効力

民訴法92条5項と同様に、支障部分の閲覧等制限を認める決定を取り消す決定は、確定しなければ効力を生じません（本条Ⅴ）。

文献 条解破産94頁、大コンメ58頁［榎本光宏］、伊藤229頁、注釈破産（上）69頁［坂本泰朗＝吉川武＝馬杉栄一］

（民事訴訟法の準用）
第13条 破産手続等に関しては、特別の定めがある場合を除き、民事訴訟法の規定を準用する。

基本事項

1 趣旨

破産手続等（破3）は、免責手続や復権手続を含み、非訟事件的な性質を有することに加え、多数の利害関係が関与する集団的処理手続という特殊性を有しています。そのため、破産法は、民訴法の特別規定と位置付けられる規定を多く設けています。ただし、破産事件等のすべての場面を規律することはできないため、本条は補充的に民訴法の規定を準用することとしています。

なお、本条と同趣旨の規定が民再法18条、会更法13条にも置かれています。

2 準用される民訴法の規定

準用される民訴法の規定は、破産手続等の性質に反しないものに限られます。破

産法は任意的口頭弁論および職権調査を採用しているため（破8）、訴訟手続に関する民訴法が準用される場面はそれほど多くありません。例えば、同法における判決手続や弁論主義に関する規定は準用されません。破産手続等に準用される同法の規定は、裁判所職員の除斥・忌避（民訴23以下）、当事者能力・訴訟能力（民訴28以下）、訴訟代理人・補佐人（民訴54以下）、審尋（民訴87Ⅱ・88）、期日・期間（民訴93以下）、送達（民訴98以下）、決定・命令（民訴119）、裁判長の訴訟指揮・釈明権（民訴148以下）、更正（民訴257・333）、即時抗告（民訴332等）、再審（民訴349）等であると説明されています（大コンメ62頁［榎本光宏］、また条解破産101頁参照）。

論点解説
中断規定の準用の可否

(1) **債務者が死亡した場合**　破産法は、債務者が死亡した場合について特則を設けています。破産手続開始申立後、破産手続開始決定前に債務者が死亡した場合には、民訴法124条1項1号が準用され、破産手続は一旦中断しますが、相続債権者等の申立てによって、相続財産についての破産手続として受継され、手続が続行されます（破226Ⅰ）。破産手続開始決定後に破産者が死亡した場合には、民訴法124条1項1号は準用されず、破産手続は中断せずに当然に続行されます（破227）。

(2) **債権者が破産手続開始を申し立てた事件において申立債権者が死亡した場合**
債権者申立事件において破産手続開始決定前に申立債権者が死亡した場合、民訴法124条1項1号が準用され、代理人が選任されていないときは、破産手続開始の要件を審査する手続は中断します（条解破産104頁）。

文献　条解破産100頁、大コンメ62頁［榎本光宏］、注釈破産（上）76頁［土屋毅］

（最高裁判所規則）
第14条　この法律に定めるもののほか、破産手続等に関し必要な事項は、最高裁判所規則で定める。

基本事項
1　趣旨

本条は、破産手続等に関し必要な事項は、破産法で規定するもののほか、最高裁判所規則に包括的に委任することとし、規則で詳細事項を定めることとしたものです。

なお、本条と同趣旨の規定が民再法19条、会更法14条にも置かれています。

2　破産規則の特色

破産規則の特色としては、①手続の円滑な進行、②柔軟な運用の実現、③利害関係人に対する情報開示の充実、④利害関係人等の手続関与の促進、という点が挙げられています（その詳細については、条解破産108頁、大コンメ63頁［榎本光宏］参照）。

文献　条解破産106頁、大コンメ63頁［榎本光宏］、注釈破産（上）80頁［石渡圭

第 2 章　破産手続の開始

前　注

　破産手続は、再生手続や更生手続の終了に伴い職権で開始される場合（民再250、会更252）を除き、債権者または債務者が破産手続開始を申し立て、裁判所が破産手続開始決定を発令することによって開始します（破15Ⅰ・18Ⅰ等）。申立てを受けた裁判所は、申立ての適法性を判断した上で、債務者について破産手続開始決定を発令すべきか否かを判断します。申立ての適法性は、申立人に関する申立権の存在、申立債権の疎明、予納金の納付等の事項と、債務者に関する破産能力［☞ **論点解説**］の存在という事項によって判断します。このような申立手続に関する要件が具備されている場合、裁判所は、さらに破産手続開始原因および破産障害事由という実体的要件について判断することになります。

論点解説
破産能力

　(1)　**趣旨・定義**　破産能力とは、破産手続開始決定を受け得る資格、すなわち債務者が破産者たり得る資格を意味します。破産法上、破産能力に関する明文の規定はありません。民訴法の当事者能力に関する規定に従って、個人、法人および法人格のない社団・財団に破産能力が認められると解されています（破13、民訴28・29）。また、破産法上、相続財産（破222以下）、信託財産（破244の2以下）にも特別に破産能力を認めています。

　(2)　**個人**　すべての自然人に破産能力が認められ、その国籍は問いません（破3参照）。破産手続開始決定後に自然人の破産者が死亡すると、相続財産について破産手続が続行します（破227）。破産手続開始申立後開始決定前に死亡したときは、相続開始後1か月以内に相続債権者・相続人等から続行の申立てがある場合に限って破産手続が続行され、そのような申立てがない場合には破産手続は終了します（破226）。

　(3)　**法人**　法人は、私法人と公法人に区別できます。すべての私法人には破産能力が認められます。これに対し、公法人に破産能力が認められるかについては見解が分かれています。本源的統治団体と呼ばれる国や地方公共団体（都道府県・市町村等）については、統治作用や統治機能を阻害する点で、法秩序上、清算によって法人格を消滅させることは許容できないため、破産能力は認められません。その他の公法人については解釈問題として多くの議論があり、当該法人の根拠法等の特別の規定によって破産法の適用を排除していない限り、破産能力が肯定されるという指摘があります（議論の詳細につき、伊藤82頁、倒産法概説348頁［山本和彦］、条解破産233

頁)。なお、財産区について、市町村の一部であり、性質上解散を許容できないとして、破産能力を否定した裁判例がありますが(大決昭12・10・23民集16巻1544頁)、学説は批判的です。

(4) **法人格のない社団・財団**　法人格のない社団・財団でも、代表者の定めのあるものには破産能力が認められます(破13、民訴29)。もっとも、破産能力が認められたとしても、実体法上の権利能力まで認められることにはならず、破産者は権利義務の帰属主体にはなりません。破産財団に属する財産はその構成員等の所有に属し、破産債権もその構成員等が債務者になります(伊藤105頁)。

　文　献　条解破産232頁、伊藤80頁、倒産法概説347頁〔山本和彦〕、山本52頁、破産・民事再生の実務〔破産編〕64頁、注釈破産（上）86頁〔多比羅誠〕

第1節　破産手続開始の申立て

(破産手続開始の原因)
第15条　債務者が支払不能にあるときは、裁判所は、第30条第1項の規定に基づき、申立てにより、決定で、破産手続を開始する。
2　債務者が支払を停止したときは、支払不能にあるものと推定する。

基本事項
1　趣旨

　本条1項は、支払不能が、法人・個人に共通する破産手続開始原因であることを規定しています。また、破産手続が申立てにより開始されることを規定しています。なお、例外的に再生手続、更生手続や特別清算手続の終了に伴って職権で破産手続が開始される場合(民再250、会更252、会社574)があります。破産手続は、口頭弁論を経ない(破8Ⅰ)決定により開始します。

　本条2項は、支払停止は支払不能を推定すること(法律上の推定)を規定しています〔☞**論点解説**〕。支払停止自体は破産手続開始原因ではありませんが、客観的状態を意味する支払不能の証明は必ずしも容易ではないため、法律上の推定規定を設けたものです。

2　支払不能の意義

　支払不能は、「債務者が、支払能力を欠くために、その債務のうち弁済期にあるものにつき、一般的かつ継続的に弁済することができない状態」と定義されます(破2ⅩⅠ)。

　支払不能を破産手続開始原因とすることで、一般的かつ継続的な弁済が困難な経済状態に至っていない場合には、債務者はいまだ、債権者による破産手続開始申立てによって財産の管理処分権を失うことなく、経済活動を続けることができます。他方、債務者がそのような経済状態に至った場合には、債権者に対する厳格な平等弁済の原則が妥当するといえます。そこで、破産法は、支払不能を破産手続開始原因とするとともに、偏頗行為否認(破162Ⅰ①)や相殺禁止(破71Ⅰ②・72Ⅱ②)につ

いて、支払不能を基準時として規定しています。

3 破産手続開始原因の判断時期

破産手続開始原因は、破産手続開始決定時を基準として判断されます。申立時に債務者が支払不能の状態にあっても、裁判時に支払不能の状態になければ破産手続は開始されません（伊藤109頁、大コンメ66頁〔小川秀樹〕）。

論点解説

支払停止の意義と具体例　支払停止とは、「債務者が資力欠乏のため債務の支払をすることができないと考えてその旨を明示又は黙示的に外部に表示する行為」を意味します（最判昭60・2・14判時1149号159頁〔倒産百選4版〔23〕、倒産百選〔26〕、INDEX2版〔97〕〕）〔☞破§71 論点解説 ②〕。

支払停止の具体例としては、債権者会議の場で弁済を継続できない旨を宣言することや、債権者への営業停止の通知、夜逃げ等が挙げられます。企業の場合であれば、手形が6か月以内に2回手形交換所で不渡りとなり銀行取引停止処分を受けた場合が挙げられます（福岡高決昭52・10・12下民集28巻9-12号1072頁、倒産百選4版〔6〕、INDEX2版〔3〕。1回目の不渡りに関する裁判例として否認事案に関する最判平6・2・10裁判集民171号445頁、東京地判平9・4・28判時1628号60頁、相殺事案の東京地判平6・9・26金法1426号94頁）。その他、多数の少額債務は支払えたものの、資力がないために他の巨額債務を支払うことができずその旨を表示した場合（大判昭15・9・28民集19巻1897頁〔百選初版〔7〕〕）、債務者が代理人である弁護士を通じ債権者一般に対して債務整理開始通知を送付した場合（最判平24・10・19判時2169号9頁）等も挙げられます（支払停止事例の詳細については、条解破産124頁、伊藤109頁、破産・民事再生の実務〔破産編〕67頁参照）。

文献　条解破産122頁、大コンメ65頁〔小川秀樹〕、伊藤106頁、倒産法概説349頁〔山本和彦〕、山本60頁、破産・民事再生の実務〔破産編〕66頁、注釈破産（上）94頁〔小林信明〕

（法人の破産手続開始の原因）
第16条　債務者が法人である場合に関する前条第1項の規定の適用については、同項中「支払不能」とあるのは、「支払不能又は債務超過（債務者が、その債務につき、その財産をもって完済することができない状態をいう。）」とする。
2　前項の規定は、存立中の合名会社及び合資会社には、適用しない。

基本事項

1 趣旨

株式会社や合同会社といった出資者が有限責任のみを負担する法人では、保有する財産が対外的な信用の基礎となります。そこで、本条1項は、破産法15条の特則として、債務者が法人である場合には、支払不能とともに債務超過が破産手続開始の原因となることを規定しています〔☞ 論点解説〕。もっとも、存立中の合名会

社および合資会社では、無限責任社員の人的信用が弁済能力の基礎となるため、自然人と同様に支払不能のみを破産手続開始原因としています（本条Ⅱ）。

破産手続開始原因の存否は、破産手続を開始すべきか否かの裁判の時を基準として判断されますが、債務超過の場合も同様です。

論点解説

債務超過の意義　債務超過とは、債務者が、その債務につき、その財産をもって完済することができない状態と定義され（本条Ⅰ括弧書）、負債総額が総資産の評価額を超えている状態を意味します（条解破産126頁）。

債務超過は、支払不能とは異なり、債務者の信用や労力・技能は考慮せず、弁済期未到来の債務を含めて判断します。損害賠償債務のように当事者間に争いがある債務は、裁判所がその存否や額を判断します（東京地決平3・10・29判時1402号32頁、東京地決平4・4・28判時1420号57頁、東京地決平8・3・28判時1558号3頁）。

債務超過の判断の基礎となる資産の評価については、①清算価値により評価すべきであるとする見解、②継続価値により評価すべきであるとする見解、③事業活動を継続している場合には継続事業価値、事業活動を停止し、清算手続に移行している場合には清算価値により評価すべきとする見解（伊藤115頁、破産・民事再生の実務〔破産編〕70頁）、④事業活動が継続しており継続価値が清算価値を上回る場合は継続価値により評価すべきであるが、事業活動が継続しているものの継続価値が清算価値を下回る場合や事業活動が継続していない場合は清算価値により評価すべきとする見解（条解破産128頁）等があります（議論の詳細は、大コンメ69頁［世森亮次］、伊藤115頁参照）。

文　献　条解破産126頁、大コンメ69頁［世森亮次］、伊藤113頁、倒産法概説351頁［山本和彦］、山本61頁、破産・民事再生の実務〔破産編〕66頁、注釈破産（上）98頁［小林信明］

（破産手続開始の原因の推定）
第17条　債務者についての外国で開始された手続で破産手続に相当するものがある場合には、当該債務者に破産手続開始の原因となる事実があるものと推定する。

基本事項

1　趣旨

外国において債務者に破産手続に相当する倒産手続が開始された場合、破産手続開始の原因に当たる事実が存在する可能性が高く、日本国内にある財産の散逸や偏頗弁済等を防止するために、日本国内においても早期に倒産手続の開始を実現することが望まれます。そこで、本条は、破産手続開始原因となる事実の存在の推定規定を設け（法律上の推定）、申立人の立証を軽減しています。

なお、本条と同趣旨の規定が民再法208条、会更法243条にも置かれています。

2 要件

本条で法律上の推定がなされるのは、債務者について外国で開始された破産手続に相当する手続が存在する場合です。もっとも、各国によって倒産処理手続のあり方はさまざまであることから、「破産手続に相当する」かどうかは一義的に明確ではありません。この点、①債務者の総財産を対象にして、債権者に対する弁済を目的とする手続であること、②債務者の経済活動を解体し、全財産を清算する手続であることという要素を考慮し、③債務者の申立てによって開始されるなど、裁判所による開始決定が観念できない場合であってもよく、④外国倒産処理手続が承認されている必要はないという指摘があります（条解破産129頁）。

3 効果

破産手続開始の原因となる事実である支払不能（破15Ⅰ・2ⅩⅠ）の存在が推定されます。債務者が存立中の合名会社・合資会社以外の法人である場合には、破産手続開始原因となる債務超過（破16Ⅰ）もあわせて推定されます（条解破産130頁）。そのため、法律上の推定を覆すためには、支払不能でないことに加え、債務超過でないことを立証する必要があるといえます（条解破産130頁）。

文献 伊藤129頁、条解破産128頁、大コンメ71頁［世森亮次］、注釈破産（上）101頁［小林信明］

（破産手続開始の申立て）
第18条 債権者又は債務者は、破産手続開始の申立てをすることができる。
2 債権者が破産手続開始の申立てをするときは、その有する債権の存在及び破産手続開始の原因となる事実を疎明しなければならない。

基本事項

1 趣旨

破産手続は、原則として申立てに基づいて開始されますが（破15Ⅰ）、本条は債権者または債務者が破産手続開始の申立てをすることができることを規定しています。なお、例外的に、再生手続、更生手続、特別清算手続の終了に伴い破産手続が職権で開始される場合（民再250、会更252、会社574）があります。

2 要件

申立権が認められる債権者とは、開始されるべき破産手続において破産債権者としての地位を認められるべき者をいいます（伊藤122頁）。優先的破産債権（破98Ⅰ）や劣後的破産債権（破99）とされる債権を有する債権者にも申立権が認められます［☞ **論点解説** 1］。

別除権者は、不足額があればその部分を破産債権として権利行使できるため、申立権が認められます。また、不足額がない別除権者についても、別除権が放棄され担保権で担保されない破産債権が生じる可能性があることから、申立権が認められると解されています（条解破産134頁、名古屋高決昭50・8・11金判485号43頁参照）。差押債権者や債権質権者等、実体法上債務者に対する破産債権を行使できる者も同様で

す〔☞ **論点解説** ②〕。

　債権者が破産手続開始を申し立てる場合には、保有する債権の存在および破産手続開始の原因となる事実の存在を疎明しなければなりません（本条Ⅱ）。濫用的な破産手続開始申立てによって、他の債権者や債務者に無益・有害な影響を与えること等を防止するため、このような疎明義務を課すこととしています。

　債務者の申立てによって開始される破産を自己破産といいます。債務者自身による破産手続開始申立ての場合には、その申立て自体によって、破産手続開始原因の存在が事実上推定されるため、申立てに当たって破産手続開始原因を疎明する必要はありません（本条Ⅱ・19Ⅲ参照）〔☞ **論点解説** ③〕。

3　本条以外で認められる申立権者

　破産法によって債権者や債務者以外で破産手続開始の申立権が認められる者として、法人の理事等（破19Ⅰ・Ⅱ・Ⅳ）、相続財産破産における相続債権者等（破224Ⅰ）、信託財産破産における信託債権を有する者等（破244条の4Ⅰ）、外国管財人（破246Ⅰ）が挙げられます。

論点解説

①　財団債権を有する者の申立権　破産手続が開始されれば財団債権（破148等）となる債権は、破産手続開始後は破産手続外で優先的に弁済が受けられるため（破2Ⅶ・151）、財団債権者の申立権を否定すべきではないかが問題となります。この点、租税債権者について否定する見解が有力です。これに対し、破産法は、財団債権に基づく強制執行を禁止し（破42Ⅰ）、破産財団が不足する場合には財団債権者間の平等に配慮していることから（破152Ⅰ）、財団債権者としての労働債権者（破149）について申立権を認め得るとする見解があります（条解破産134頁。なお、伊藤122頁注109参照）。

②　債権質設定者による申立ての可否　債権が債権質の目的とされている場合、判例（最判平11・4・16民集53巻4号740頁、〔倒産百選〔12〕、INDEX2版〔15〕〕）は、質権者の同意等特段の事情のない限り、設定者である債権者はその債権に基づく破産手続開始申立てはできないと判示しています。

③　法人による自己破産申立て　債務者が法人の場合、理事等による意思決定や申立てが必要であるため、どのような場合が自己破産申立てに該当するかにつき争いがあります（条解破産132頁）。理事等の全員が申立てをする場合や理事会等ですべての理事等から同意を得て代表者が申し立てた場合であるとする見解（注解破産（下）177頁〔谷合克行〕）と、法人の代表機関が正規の意思決定手続を経て申立てをする必要があり、例えば取締役会を設けている株式会社であれば、取締役会で破産手続開始申立てを決議し、代表取締役が申し立てた場合であるとする見解（伊藤124頁、破産・民事再生の実務〔破産編〕62頁）があります。

　文献　条解破産130頁、大コンメ73頁〔世森亮次〕、伊藤121頁、倒産法概説349頁〔山本和彦〕、山本56頁、破産・民事再生の実務〔破産編〕61頁、注釈破産（上）103頁〔小林信明＝清水靖博＝松尾幸太郎〕

> **(法人の破産手続開始の申立て)**
> **第19条** 次の各号に掲げる法人については、それぞれ当該各号に定める者は、破産手続開始の申立てをすることができる。
> 一 一般社団法人又は一般財団法人　理事
> 二 株式会社又は相互会社(保険業法(平成7年法律第105号)第2条第5項に規定する相互会社をいう。第150条第6項第3号において同じ。)　取締役
> 三 合名会社、合資会社又は合同会社　業務を執行する社員
> 2　前項各号に掲げる法人については、清算人も、破産手続開始の申立てをすることができる。
> 3　前2項の規定により第1項各号に掲げる法人について破産手続開始の申立てをする場合には、理事、取締役、業務を執行する社員又は清算人の全員が破産手続開始の申立てをするときを除き、破産手続開始の原因となる事実を疎明しなければならない。
> 4　前3項の規定は、第1項各号に掲げる法人以外の法人について準用する。
> 5　法人については、その解散後であっても、残余財産の引渡し又は分配が終了するまでの間は、破産手続開始の申立てをすることができる。

基本事項

1　趣旨

本条は、本条1項各号に掲げるそれぞれの法人について、破産手続開始の申立権者を定めた規定です。実務上、自己破産と区別して、これらの者による申立てを準自己破産といいます。

2　申立権者

法人の破産手続開始について、申立権を有する者は、①一般社団法人または一般財団法人の場合は理事、②株式会社または相互会社の場合は取締役、③合名会社、合資会社または合同会社の場合は業務を執行する社員です(本条Ⅰ)。これらの法人が清算中の場合には、個々の清算人も破産手続開始を申し立てることができます(本条Ⅱ)。なお、一般法人等では、清算人に対して破産手続開始申立ての義務が課せられており(一般法人215Ⅰ・会社484Ⅰ・656Ⅰ等)、その違反に過料の制裁も定められています(342⑰・976㉗)。

3　疎明義務

準自己破産は、理事等の間で破産手続開始原因となる事実の有無について意見が分かれ、その有無が明らかではないと考えられたり、法人の内部紛争を原因として債務者財産の適正公平な清算とは異なる目的で申し立てられるおそれがあります。そこで、理事等が準自己破産の申立てをする場合には、理事等の全員が申立てをするときを除いて、破産手続開始の原因となる事実を疎明しなければなりません(本条Ⅲ)。

4　本条の準用

申立権者の範囲(本条Ⅰ・Ⅱ)や破産手続開始原因となる事実の疎明義務(本条Ⅲ)

に関する規定は、本条1項各号に掲げる法人以外にも準用されます（本条Ⅳ）［☞ 論点解説］。

5 申立てが可能な時期

　法人が清算中である場合でも、残余財産の引渡しまたは分配が終了するまでの間に破産手続開始原因の存在が判明したときには、破産手続を通じて財産の分配を認めることは有益であるといえます。他方、清算結了後に破産手続を開始すると、従来の清算手続をすべて覆すことになりますが、これは望ましい事態ではありません（一般法人215Ⅲ、会社484Ⅲ等）。そこで、本条5項は、法人の解散後であっても、残余財産の引渡しまたは分配が終了するまでの間は、前記の申立権者は、破産手続開始を申し立てることができるとしています。なお、法人の清算結了登記がされても、残余財産の引渡しまたは分配が終了していない場合には、破産手続開始の申立てができます。

論点解説

権利能力なき社団等への類推適用　　法人格のない社団または財団であっても代表者または管理人の定めがあるものは破産能力が認められますので（破13、民訴29）、本条4項の規定はこれらの社団または財団にも類推適用されると解されています（大コンメ77頁［世森亮次］）。

　文献　条解破産137頁、大コンメ76頁［世森亮次］、伊藤125頁、倒産法概説349頁［山本和彦］、山本56頁、破産・民事再生の実務〔破産編〕63頁、注釈破産（上）120頁［山宮慎一郎］

（破産手続開始の申立ての方式）
第20条　破産手続開始の申立ては、最高裁判所規則で定める事項を記載した書面でしなければならない。
2　債権者以外の者が破産手続開始の申立てをするときは、最高裁判所規則で定める事項を記載した債権者一覧表を裁判所に提出しなければならない。ただし、当該申立てと同時に債権者一覧表を提出することができないときは、当該申立ての後遅滞なくこれを提出すれば足りる。

基本事項

1 趣旨

　破産手続開始申立ては、手続上最も基本的かつ重要な行為である上、集団的処理手続である破産手続では、申立ての内容を書面で明確にしておく必要が高いといえます。そこで、本条1項は、破産手続開始の申立ては書面でしなければならないと定めています。

　本条2項本文は、自己破産申立て（破18）や準自己破産申立て（破19）の場合、債権者一覧表を裁判所に提出しなければならないと規定しています。通知を要する破産債権者の把握など裁判所が破産手続を円滑に進行するためです。

2 要件

(1) 破産手続開始申立書の記載事項

(ア) 必要的記載事項

破産手続開始の申立ては書面でしなければならず、申立書には、最高裁判所規則で定める事項である、申立人の氏名・住所等（破規13 I①）、債務者の氏名・住所等（同項②）、申立ての趣旨（同項③）および破産手続開始の原因となる事実（同項④）を記載しなければなりません（同項。自然人の自己破産申立てに係る申立書・添付書類につき、破産・民事再生の実務〔破産編〕37頁）。

(イ) 訓示的記載事項

破産規則13条2項は、破産手続開始決定の可否の判断や、債権者の範囲を把握して手続を円滑に進める上で有益な事項として、訓示的記載事項を定めています（条解破産規則37頁）。破産手続開始申立書には、前記(ア)記載の事項を記載する必要がありますが、訓示的記載事項は可能な限り記載すれば足ります（条解破産規則40頁注5）。申立書に訓示的記載事項が記載されていなくても、それだけを理由としては直ちに補正処分や補正命令の対象にはなりません。後記の義務的ではない添付書類を提出しない場合も同様です。

具体的な訓示的記載事項の内容は、破産規則13条2項各号を参照してください。

(2) 債権者一覧表の提出

(ア) 債権者申立て以外の場合

債権者以外の者とは、債務者または準自己破産の申立権者（破19 I・II・IV）をいいます。これらの者が破産手続開始を申し立てる場合、原則として債権者一覧表を裁判所に提出しなければなりません（本条II）。債権者一覧表に記載することが必要な事項は、破産規則14条1項各号を参照してください。

(イ) 債権者申立ての場合

債権者が破産手続開始を申し立てる場合、他の債権者に関する状況の把握が難しいことから、債権者一覧表の提出は義務付けられていません（本条II参照）。もっとも、債務者の負債状況や債権者への通知（破32III）を行う上では、可能な限り債権者に関する情報を把握することが望ましいため、訓示的な形式で債権者一覧表の提出を要請しています（破規14II）。

(3) その他

(ア) 破産手続開始申立書の添付書類

破産手続開始申立書には、一定の書類を添付することが訓示的に要請されています（破規14III）。破産手続開始決定による資格制限等を適正に行うための債務の特定、債務者の財産状況の把握、破産手続開始決定の可否の判断のための書類です（各書類の破産手続上の意義は、条解破産規則46頁）。具体的な内容は破産規則14条3項各号を参照してください。

(イ) 申立人等に対する資料提出の求め

破産手続開始申立書の法定の記載事項や添付書類は、全債務者に共通する最低限明らかにすべき内容であり、必要または有益な情報はこれらに限りません。そのた

め、裁判所は申立人または申立てをしようとする者に対し、破産手続開始の決定がされたとすれば破産債権となるべき債権および破産財団に属すべき財産の状況に関する資料その他破産手続の円滑な進行を図るために必要な資料の提出を求めることができます（破規15。条解破産規則49頁）。

3 債権者による破産手続開始申立てと時効中断

破産手続参加には時効中断効が認められますが（民152）、債権者による破産手続開始の申立ても、裁判上の請求（民147①・149）として時効中断効が認められると解されています（最判昭35・12・27民集14巻14号3253頁、最判昭45・9・10民集24巻10号1389頁［百選［A1］］）。また、時効中断効が認められる範囲は、破産申立書に記載がある債権だけでなく、記載がないものの破産手続開始原因となる事実の存在を立証するため提出した債権者一覧表に記載したすべての申立人の債権に及ぶと解されています（条解破産156頁）。さらに、申立てが取り下げられた場合、時効中断効は生じないとしても（民149）、債務者に対する催告（民153）としての効力は生じると考えられています（前掲・最判昭45・9・10、伊藤121頁注104）。

文献 伊藤121頁・127頁、条解破産139頁、大コンメ79頁［世森亮次］、倒産法概説350頁［山本和彦］、山本59頁、破産法・民事再生法概論63頁［山本克己］、中島＝佐藤41頁

（破産手続開始の申立書の審査）
第21条 前条第1項の書面（以下この条において「破産手続開始の申立書」という。）に同項に規定する事項が記載されていない場合には、裁判所書記官は、相当の期間を定め、その期間内に不備を補正すべきことを命ずる処分をしなければならない。民事訴訟費用等に関する法律（昭和46年法律第40号）の規定に従い破産手続開始の申立ての手数料を納付しない場合も、同様とする。
2 前項の処分は、相当と認める方法で告知することによって、その効力を生ずる。
3 第1項の処分に対しては、その告知を受けた日から1週間の不変期間内に、異議の申立てをすることができる。
4 前項の異議の申立ては、執行停止の効力を有する。
5 裁判所は、第3項の異議の申立てがあった場合において、破産手続開始の申立書に第1項の処分において補正を命じた不備以外の不備があると認めるときは、相当の期間を定め、その期間内に当該不備を補正すべきことを命じなければならない。
6 第1項又は前項の場合において、破産手続開始の申立人が不備を補正しないときは、裁判長は、命令で、破産手続開始の申立書を却下しなければならない。
7 前項の命令に対しては、即時抗告をすることができる。

基本事項

1 趣旨

本条は、破産手続の迅速な進行のため、裁判長による審査手続（破13、民訴137）の例外として、裁判所書記官による破産手続開始申立書および申立手数料の納付に

係る審査手続について定めています。

2　裁判所書記官の補正処分

　破産手続開始申立書で必要的記載事項（破20Ⅰ、破規13Ⅰ）が欠けている場合や、申立手数料を納付しない場合、裁判所書記官は、相当の期間を定め、その期間内に不備を補正すべきことを命ずる処分をします（本条Ⅰ）。

　破産手続開始申立書に訓示的記載事項が欠けている場合（破20Ⅰ、破規13Ⅱ、破20Ⅱ、破規14Ⅱ）や訓示的に求められる書類を提出しない場合（同項・Ⅲ・15）は、実務上、裁判所書記官から補正の指示等がなされることはあっても、本条1項に定める補正処分の対象にはなりません。

3　補正処分に対する異議申立ておよび裁判所の補正命令

　裁判所書記官の補正処分に対しては、その告知を受けた日から1週間の不変期間（破13、民訴96・97）内に、異議の申立てができます（本条Ⅲ）。申立てを受理した裁判所は、補正処分の対象となった事項における不備の存否を審査して、不備がなければ補正処分を取り消し、別の不備を認めた場合には、相当の期間を定め、その期間内に当該不備を補正すべきことを命じます（本条Ⅴ）。この裁判所の補正命令に対しては、迅速処理の観点や申立書の却下命令（本条Ⅵ）に対する即時抗告が認められていること（本条Ⅶ）から、直接の不服申立手段は定められていません。

　この裁判所書記官の補正処分に対する異議の申立ては、執行停止の効力を有するため（本条Ⅳ）、当該異議の申立てに対する裁判がなされるまで補正処分の効力は生じません。

4　裁判長の申立書却下命令および即時抗告

　裁判所書記官の補正処分（本条Ⅰ）や裁判所の補正命令（本条Ⅴ）が出されたものの期間内に申立人が不備を補正しないときは、申立書に形式的な不備があるにもかかわらず破産手続を進めるのは相当ではありませんので、裁判長は、命令で、破産手続開始の申立書を却下します（本条Ⅵ）。この申立書の却下命令に対しては、即時抗告ができます（本条Ⅶ）。

文献　伊藤127頁、条解破産159頁、大コンメ82頁［佐藤満］、破産法・民事再生法概論64頁［山本克己］、中島＝佐藤42頁

（費用の予納）
第22条　破産手続開始の申立てをするときは、申立人は、破産手続の費用として裁判所の定める金額を予納しなければならない。
2　費用の予納に関する決定に対しては、即時抗告をすることができる。

基本事項

1　趣旨

　本条は、破産手続開始の申立てに当たり、申立人が破産手続の費用を予納しなければならない旨を定めた規定です。費用の予納の制度は、破産手続費用を賄うとともに、申立ての濫用を防止する機能を有しています。

なお、本条と同趣旨の規定が民再法24条、会更法21条にも置かれています。

2　費用の予納

(1)　予納義務

債権者または債務者のいずれが申立人であっても、破産手続開始の申立てをするときには、破産手続の費用を予納する義務を負います（本条Ⅰ）。

予納義務の対象となる破産手続の費用（本条Ⅰ）には、送達や公告、財団の管理、換価、配当等の費用、破産管財人の報酬および費用等が含まれます。申立手数料（民訴費3）は本条の予納すべき費用には当たらず、別途、収入印紙により納付します（民訴費8）。

予納金額は、裁判所が、破産財団となるべき財産および債務者の負債（債権者の数を含む）の状況その他の事情を考慮して定めます（破規18Ⅰ）。破産手続費用の全額を予納する必要はなく、以後の破産財団の換価によって得られる金銭を考慮して、予納金額が決定されます。

後記(3)の第三者予納と同様に、債権者から納付された予納金は、破産手続開始後は財団債権（破148Ⅰ①）として扱われます。

(2)　追加予納

破産手続開始の決定があるまでの間に予納した費用が不足するときは、裁判所は、申立人に追加予納をさせることができます（破規18Ⅱ）。破産手続開始決定後も裁判所は追加予納を命じることができますが、破産規則18条2項に基づく命令ではないため、当該命令に従った予納がない場合でも申立てを却下（破30Ⅰ①）できず、予納金に対応する行為を行わないことができるにとどまります。

(3)　第三者予納

申立人が反対の意思を表明しない限り、第三者による予納も可能と解されており、第三者が納付した予納金は、破産手続開始後は財団債権（破148Ⅰ①）として扱われます。

(4)　費用の予納に関する決定に対する即時抗告（本条Ⅱ）

費用の予納に関する決定に対しては、即時抗告ができます（本条Ⅱ）。即時抗告の対象となる決定には、予納命令（本条Ⅰ）のみならず追加予納命令（破規18Ⅱ）を含みます（大コンメ90頁［重政伊利］）。

3　費用の予納がない場合

破産手続費用の予納または追加予納命令に従った予納の全部または一部がない場合、破産手続の費用の予納がないとき（破30Ⅰ①）に該当し、破産手続開始の申立ては却下されます（棄却であるとする見解もみられるが〔大コンメ90頁［重政伊利］〕、予納は申立ての適法性に関わるものであるため、棄却ではなく、却下が正しいと説明されている〔伊藤132頁注142］）。なお、申立手数料を納付しない場合には、裁判長は、命令で申立書を却下しなければなりません（破21Ⅵ）。

文献　伊藤131頁、条解破産164頁、大コンメ87頁［重政伊利］、倒産法概説352頁［山本和彦］、山本57頁、破産法・民事再生法概論65頁［山本克己］、中島＝佐藤43頁

(費用の仮支弁)
第23条 裁判所は、申立人の資力、破産財団となるべき財産の状況その他の事情を考慮して、申立人及び利害関係人の利益の保護のため特に必要と認めるときは、破産手続の費用を仮に国庫から支弁することができる。職権で破産手続開始の決定をした場合も、同様とする。
2 前条第1項の規定は、前項前段の規定により破産手続の費用を仮に国庫から支弁する場合には、適用しない。

基本事項
1 趣旨
本条1項は、破産手続の公益的性格に照らし、申立人に資力がない場合や、職権で破産手続が開始されて費用を予納する申立人がいない場合でも、申立人や利害関係人の保護のために特に必要があるときには、破産手続の費用を仮に国庫から支弁することができることとしました。

2 要件
(1) 申立人や利害関係人の保護のための必要性

破産手続費用の仮支弁が認められるためには、裁判所が申立人の資力、破産財団となるべき財産の状況その他の事情を考慮して、申立人および利害関係人の利益の保護のため特に必要と認めるときである必要があります（本条Ⅰ前段）。

(2) 職権による破産手続開始

職権で破産手続開始の決定をした場合（本条Ⅰ後段）とは、牽連破産の場合（民再250Ⅰ・Ⅱ、会更252Ⅰ・Ⅱ、会社574Ⅰ・Ⅱ）等を指します。職権で破産手続を開始するのは、債権者など利害関係人の利益保護や公益的見地から必要性が認められた場合であり、費用を負担すべき申立人もいません。そこで、特別の要件を課すことなく、裁判所が破産手続費用を仮に国庫から支弁できることとしました。

3 予納義務の解除（本条Ⅱ）
破産手続の費用を仮に国庫から支弁する場合、破産手続費用を予納する必要はなくなりますので、申立人の破産手続費用の予納義務（破22Ⅰ）は解除されます（本条Ⅱ）。そのため、この場合には破産手続の費用の予納がないときに破産手続開始の決定ができないことを定めた破産法30条1項1号の適用はありません。

判 例 広島高決平14・9・11金判1162号23頁
文 献 伊藤133頁、条解破産171頁、大コンメ91頁［佐藤満］、倒産法概説353頁［山本和彦］、山本58頁、中島＝佐藤43頁

(他の手続の中止命令等)
第24条 裁判所は、破産手続開始の申立てがあった場合において、必要があると認めるときは、利害関係人の申立てにより又は職権で、破産手続開始の申立てにつき決定があるまでの間、次に掲げる手続又は処分の中止を命ずることができる。ただし、第1号に掲げる手続又は第6号に掲げる処分についてはその手続の申立

人である債権者又はその処分を行う者に不当な損害を及ぼすおそれがない場合に限り、第5号に掲げる責任制限手続については責任制限手続開始の決定がされていない場合に限る。
一　債務者の財産に対して既にされている強制執行、仮差押え、仮処分又は一般の先取特権の実行若しくは留置権（商法（明治32年法律第48号）又は会社法の規定によるものを除く。）による競売（以下この節において「強制執行等」という。）の手続で、債務者につき破産手続開始の決定がされたとすれば破産債権若しくは財団債権となるべきもの（以下この項及び次条第8項において「破産債権等」という。）に基づくもの又は破産債権等を被担保債権とするもの
二　債務者の財産に対して既にされている企業担保権の実行手続で、破産債権等に基づくもの
三　債務者の財産関係の訴訟手続
四　債務者の財産関係の事件で行政庁に係属しているものの手続
五　債務者の責任制限手続（船舶の所有者等の責任の制限に関する法律（昭和50年法律第94号）第3章又は船舶油濁損害賠償保障法（昭和50年法律第95号）第5章の規定による責任制限手続をいう。第263条及び第264条第1項において同じ。）
六　債務者の財産に対して既にされている共助対象外国租税（租税条約等の実施に伴う所得税法、法人税法及び地方税法の特例等に関する法律（昭和44年法律第46号。第103条第5項及び第253条第4項において「租税条約等実施特例法」という。）第11条第1項に規定する共助対象外国租税をいう。以下同じ。）の請求権に基づき国税滞納処分の例によってする処分（以下「外国租税滞納処分」という。）で、破産債権等に基づくもの
2　裁判所は、前項の規定による中止の命令を変更し、又は取り消すことができる。
3　裁判所は、第91条第2項に規定する保全管理命令が発せられた場合において、債務者の財産の管理及び処分をするために特に必要があると認めるときは、保全管理人の申立てにより、担保を立てさせて、第1項の規定により中止した強制執行等の手続又は外国租税滞納処分の取消しを命ずることができる。
4　第1項の規定による中止の命令、第2項の規定による決定及び前項の規定による取消しの命令に対しては、即時抗告をすることができる。
5　前項の即時抗告は、執行停止の効力を有しない。
6　第4項に規定する裁判及び同項の即時抗告についての裁判があった場合には、その裁判書を当事者に送達しなければならない。

基本事項

1　趣旨

　破産手続は総債権者のために破産者の財産を公平に配分することを目的とする手続です。この目的を達するため、破産手続開始後は、個別の債権者による強制執行や訴訟手続等は開始できず（破42Ⅰ・100Ⅰ）、すでに開始されているこれらの手続はその効力を失います（破42Ⅱ本文）。そのため、破産手続の開始が現実味を帯びてくると、債権者は破産手続開始による権利行使の制限を免れるため、これらの手続に

よって債権の回収を図ろうとする事態が予想されます。しかし、このような事態をそのまま放置すると債権者間の公平が害され、前記の目的を達せられなくなるおそれもあります。また、円滑な手続の遂行も困難になります。そこで、破産手続開始後、破産手続開始の決定までの間におけるこのような事態を避け、債務者の財産を保全するため、本条は破産手続開始によって生じる効果を前倒しし、これらの手続の中止命令等の制度を設けました［☞ **より深く学ぶ**］。

なお、本条と同趣旨の規定が民再法および会更法にも置かれていますが、会更法24条1項1号が破産手続とともに再生手続も中止の対象とし、民再法26条1項1号が破産手続を中止の対象とする一方で、本条は他の倒産手続を中止の対象としていません。

2 中止命令の対象となる手続

中止命令の対象となる手続は、次の通りです。

(1) 債務者の財産に対してすでにされている強制執行、仮差押え、仮処分または一般の先取特権の実行もしくは民事留置権による競売（強制執行等）の手続（本条Ⅰ①）

破産手続開始決定時に債務者の財産に対してすでにされている強制執行等は、破産手続開始決定によってその効力を失うので（破42Ⅱ）、中止命令の対象とされています。

「既にされている」とは、申立てがあれば足り、手続の開始までは要求されないと解されています（条解破産180頁）。

強制執行等は、破産債権または財団債権となるべき債権（破産債権等）に基づくか、これらの債権を被担保債権とするものである必要があります。財団債権は、破産債権に先立って随時に弁済されますが（破151）、財団不足の場合には一定の順序に従って按分に弁済されます（破152）。そのため、財団債権者間の平等を考慮する必要から、破産債権とともに中止命令の対象とされています。

商法や会社法に基づく留置権である商事留置権（商521・557・562・589・753、会社20）は、特別の先取特権であり、別除権として手続外の権利行使が認められていますので（破2Ⅸ・65Ⅰ・66Ⅰ）、中止命令の対象になりません。

破産手続開始決定時にすでにされている国税滞納処分は、その後の続行が認められていますので（破43Ⅱ）、本条の中止命令の対象となりません。なお、破産手続開始決定後に国税滞納処分を行うことはできないこと（同条Ⅰ）を踏まえ、破産手続開始申立以後になされる国税滞納処分については、包括的禁止命令（破25Ⅰ）の対象とされています。

(2) 債務者の財産に対してすでにされている企業担保権の実行手続（本条Ⅰ②）

破産手続開始決定時に債務者の財産に対してすでにされている企業担保権の実行手続は、破産手続開始決定によってその効力を失うので（破42Ⅱ）、中止命令の対象とされています。

(3) 債務者の財産関係の訴訟手続（本条Ⅰ③）

債務者の財産関係の訴訟手続は、破産手続開始決定によって中断するため（破44

Ⅰ)、中止命令の対象とされています。

(4) **債務者の財産関係の事件で行政庁に係属しているものの手続（本条Ⅰ④）**

債務者の財産関係の事件で行政庁に係属しているものの手続は、破産手続開始決定によって中断するため（破46）、中止命令の対象とされています。

(5) **債務者の責任制限手続（本条Ⅰ⑤）**

責任制限手続は、いわば債務者の一部の財産に関する清算手続ですが（船主責任制限法33参照）、破産手続は債務者のすべての財産に関する清算手続ですので、両手続の申立てが競合する場合には、破産手続が優先することを前提に（同法24参照）、責任制限手続の開始決定前に限り（本条Ⅰ柱書ただし書後段）、中止命令の対象とされています。

(6) **破産債権等に基づく外国租税滞納処分（本条Ⅰ⑥）**

外国租税滞納処分は、破産手続開始決定によってその効力を失うので（破42Ⅱ・43Ⅰ参照）、中止命令の対象とされています。

3 要件

(1) **必要があると認めるとき**

裁判所は、破産手続開始の申立てがあった場合、「必要があると認めるとき」に利害関係人の申立てまたは職権により、破産手続開始申立てについて決定があるまでの間、強制執行等の手続の中止を命ずることができます（本条Ⅰ）。ここで、「必要がある」とは、本条の趣旨に鑑み、中止の対象となる手続を放置すると、破産手続開始決定があるまでの間に債務者の財産が散逸し、債権者間の実質的な公平・平等を図ることができなくなるおそれがある場合を意味します（大コンメ96頁［杉浦徳宏］）。

(2) **債権者の不当な損害**

強制執行等（本条Ⅰ①）や外国租税滞納処分の中止命令が発令されるのは、債権者に「不当な損害を及ぼすおそれがない場合」に限られます（同項柱書ただし書前段）。この点については、強制執行等の申立人である債権者に見込まれる配当による利益が強制執行等によって受けられる利益を下回るだけでは「不当な損害」とはいえず、例えば、破産手続開始決定までに強制執行による配当を受けなければ、債権者自身が倒産するおそれがある場合など、個別執行を中止させることが社会的にみて不相当と評価されることが必要であると指摘されています（伊藤146頁）。

4 効果

中止命令が発令されると、対象とされた手続の進行は停止し、中止命令に違反して続行された手続は無効となります。

中止命令は、破産手続開始の申立てについて決定があるまでの間に効力を有するものであり（本条Ⅰ柱書本文）、破産手続が開始されると当然に失効し、中止の対象とされた手続は、破産手続開始決定の効果として失効、中断します（破42-46・66Ⅲ）。他方、破産手続開始の申立てを棄却・却下する決定が確定した場合も中止命令は失効し、中止の対象となった手続は再び進行を開始すると解されています（条解破産191頁）。

なお、実際に強制執行等を停止させるには、中止命令の正本を執行停止文書（民

執39Ⅰ⑦）として執行機関に提出する必要があります（同項柱書）。

5　中止命令の変更または取消し

中止命令を発令した裁判所は、中止命令後の事情の変更によって不当な損害が生じる場合等に対応すべく、職権で中止命令を変更し、または取り消すことができます（本条Ⅱ）。

なお、変更とは、中止の対象となる強制執行の範囲や中止の期間を変更したりすることを意味します（伊藤145頁）。

6　中止した強制執行等の手続や外国租税滞納処分の取消命令

中止命令が発令された場合であっても、強制執行等の手続や外国租税滞納処分の効力は存続しており、対象財産を処分したり利用することはできません。

もっとも、破産手続開始決定前の早期処分が破産財団の増殖に寄与する可能性もあります。そこで、裁判所は、財産の処分等のため特に必要があると認めるときに中止した強制執行等の手続や外国租税滞納処分の取消しを命ずることができます（本条Ⅲ）。

このような取消命令の発令は、処分の対価が確実に破産財団に組み入れられるよう、保全管理命令が発せられ、保全管理人の申立てがある場合に限定されています。また、破産手続開始申立てが棄却された場合に、債権者が優先的な地位を失って損害を被ることを回避するべく、必ず担保を立てさせるものとしています。

7　即時抗告

中止命令（本条Ⅰ）、中止命令の変更および取消し（本条Ⅱ）ならびに中止した手続の取消命令（本条Ⅲ）は、利害関係人に重大な影響が及ぶことから、不服申立手段として即時抗告が認められています（本条Ⅳ）。

中止命令は緊急の暫定的な処分であるため、執行停止の効力まで認めるとその目的が達成できません。そのため、即時抗告には執行停止の効力は認められません（本条Ⅴ）。

8　送達

中止命令（本条Ⅰ）、中止命令の変更および取消し（本条Ⅱ）、中止した手続の取消命令（本条Ⅲ）ならびにこれらに対する即時抗告（本条Ⅳ）は、権利関係への影響が大きいことから、当事者に裁判書の内容を知らせて不服申立ての機会を与えるため、その告知方法は送達によります（本条Ⅵ）。この当事者には、申立人、債務者およびこれらの裁判により不利益を受ける債権者が含まれると解されています（伊藤・会更63頁注72）。

より深く学ぶ

申立権者である利害関係人の範囲　中止命令の申立権者である利害関係人には、広く利害関係を有する者を含むとされ、破産手続開始の申立権者である債務者や債権者（破18Ⅰ）、保全管理人、別除権者等がこれに当たると解されています（大コンメ96頁［杉浦徳宏］、条解破産187頁）。他方、破産手続開始決定後に権利行使ができる取戻権者は含まれないと解されています。

清算型の破産手続では、株主は、すべての破産債権額を配当した後に残る残余財産についての利害関係しか有しないため、破産手続開始決定の前倒しの効果をもつ他の手続の中止命令等を申し立てることができる利害関係人には含まれないと解されています（条解破産 187 頁）。

　また、監督官庁、特に破産手続開始決定の通知を受ける官庁等は、個別法がない限り利害関係人に含まれないとする考え方があり得ますが、例外として、公益的見地から利害関係人に含める余地を残すべきとする見解もあります（条解破産 188 頁）。

文献　伊藤 144 頁、条解破産 177 頁、大コンメ 94 頁［杉浦徳宏］、倒産法概説 354 頁［山本和彦］、山本 58 頁、破産法・民事再生法概論 76 頁［山本克己］、中島＝佐藤 48 頁

（包括的禁止命令）
第 25 条　裁判所は、破産手続開始の申立てがあった場合において、前条第 1 項第 1 号又は第 6 号の規定による中止の命令によっては破産手続の目的を十分に達成することができないおそれがあると認めるべき特別の事情があるときは、利害関係人の申立てにより又は職権で、破産手続開始の申立てにつき決定があるまでの間、全ての債権者に対し、債務者の財産に対する強制執行等及び国税滞納処分（国税滞納処分の例による処分を含み、交付要求を除く。以下同じ。）の禁止を命ずることができる。ただし、事前に又は同時に、債務者の主要な財産に関し第 28 条第 1 項の規定による保全処分をした場合又は第 91 条第 2 項に規定する保全管理命令をした場合に限る。
2　前項の規定による禁止の命令（以下「包括的禁止命令」という。）を発する場合において、裁判所は、相当と認めるときは、一定の範囲に属する強制執行等又は国税滞納処分を包括的禁止命令の対象から除外することができる。
3　包括的禁止命令が発せられた場合には、債務者の財産に対して既にされている強制執行等の手続及び外国租税滞納処分（当該包括的禁止命令により禁止されることとなるものに限る。）は、破産手続開始の申立てにつき決定があるまでの間、中止する。
4　裁判所は、包括的禁止命令を変更し、又は取り消すことができる。
5　裁判所は、第 91 条第 2 項に規定する保全管理命令が発せられた場合において、債務者の財産の管理及び処分をするために特に必要があると認めるときは、保全管理人の申立てにより、担保を立てさせて、第 3 項の規定により中止した強制執行等の手続又は外国租税滞納処分の取消しを命ずることができる。
6　包括的禁止命令、第 4 項の規定による決定及び前項の規定による取消しの命令に対しては、即時抗告をすることができる。
7　前項の即時抗告は、執行停止の効力を有しない。
8　包括的禁止命令が発せられたときは、破産債権等（当該包括的禁止命令により強制執行等又は国税滞納処分が禁止されているものに限る。）については、当該包括的禁止命令が効力を失った日の翌日から 2 月を経過する日までの間は、時効は、完成しない。

基本事項

1　趣旨

　多数の強制執行等や国税滞納処分が係属する場合またはその可能性がある場合に、個別に中止命令（破24Ⅰ）を申し立てなければならないとすると、膨大な事務対応を要するなど、債務者の財産を保全できず、結果として、債権者間の平等を害することにもなりかねません。そこで、本条は、中止命令によっては破産手続の目的を十分に達することができないおそれがあると認めるべき特別の事情があるときは、利害関係人の申立てまたは職権によって、破産手続開始の申立てについて決定があるまでの間、すべての債権者に対し、包括的に強制執行等および国税滞納処分の禁止を命ずることができるものとする、いわゆる包括的禁止命令を規定しました。

　なお、本条と同趣旨の規定が民再法27条、会更法25条にも置かれています。

2　要件

(1)　申立人

　申立権者である利害関係人（本条Ⅰ）は、中止命令（破24Ⅰ）の利害関係人と同じく、破産手続開始の申立権者、保全管理人など広く利害関係を有する者を含むと解されています（条解破産199頁）。

(2)　特別の事情

　個別の中止命令では破産手続の目的を十分に達成することができないおそれがあると認めるべき特別の事情の例としては、強制執行等の対象となり得る財産が多数ある上、多くの場所に点在し、強制執行等の申立てが見込まれる債権者も数多く存在し、どのような財産に対してどの債権者から強制執行等が行われるかをあらかじめ把握することが困難であり、かつ、売掛債権、預金債権、販売用動産等の流動資産のように差押えによってその後の資金繰りや破産手続の遂行に大きな支障が生じ、予測される混乱が大きい場合などが典型例です（伊藤149頁）。

(3)　包括的禁止命令の対象

　包括的禁止命令の対象は、強制執行等および国税滞納処分（本条Ⅰ）です。もっとも、すでにされている国税滞納処分（国税滞納処分の例による場合を含み、交付要求は含まない）〔☞破§43〕は、破産手続開始の決定があったときも続行を妨げないこととされていること（破43Ⅱ）と平仄を合わせて、包括的禁止命令の対象に含まれません（本条Ⅲ）。

　また、包括的禁止命令は、特定の債権者との関係で事後的に解除できますが（破27Ⅰ・Ⅱ）、このような事後的な措置のみでは、債権者の利益保護に欠けます。そこで、類型的に債権者に対して不当な損害を及ぼすおそれがある場合には、発令段階で包括的禁止命令の対象から除外することができます（本条Ⅱ）。具体的には、財団債権（破148・149）や優先的破産債権（破98）に当たる租税債権や労働債権等がこれに該当します（条解破産197頁）。

(4)　保全処分または保全管理命令の発令

　包括的禁止命令は、事前にまたは同時に破産者の主要な財産に関して保全処分（破28Ⅰ）または保全管理命令（破91Ⅱ）が発令された場合に限り発令することがで

きます（本条Ⅰただし書）。債権者による権利行使を包括的に禁止しながら、債務者による財産処分を制限しないとすると均衡を失するためです（条解破産200頁、なお、伊藤150頁参照）。

3 効力
　本条1項による包括的禁止命令が発令されると、すべての破産債権者は、原則として、債務者の財産に対する将来の強制執行等と国税滞納処分が禁止されます（本条Ⅰ・Ⅱ）。また、債務者の財産にすでになされている強制執行等の手続および外国租税滞納処分（包括的禁止命令により禁止されることになるものに限る）は、破産手続開始決定があるまでの間、当然に中止します。ここにいう強制執行等とは、強制執行、仮差押え、仮処分または一般の先取特権の実行もしくは留置権（商事留置権を除く）による競売をいいます（破24Ⅰ①）。禁止の効力は、債務者に包括的禁止命令の裁判書が送達された時から生じます（破26Ⅱ）。

4 包括的禁止命令の変更および取消し
　裁判所は、職権で包括的禁止命令を変更し、または取り消すことができます（本条Ⅳ）。中止命令の変更や取消し（破24Ⅱ）と同様です。

5 中止した強制執行等の手続や外国租税滞納処分の取消命令
　包括的禁止命令時にすでになされていた強制執行等の手続や外国租税滞納処分の効力は消滅しませんが、目的となった財産を早期に換価処分することによって破産財団の増殖につながり、破産債権者の利益に資する場合もあります。そこで、裁判所は、包括的禁止命令によって中止された強制執行手続等について、保全管理命令が発令され、債務者の財産の管理および処分をするために特に必要があると認めるときは、保全管理人の申立てによって、担保を立てることを条件として、その取消しを命ずることができます（本条Ⅴ）。中止命令により中止した強制執行等の手続や外国租税滞納処分の取消命令（破24Ⅲ）と同様です。

6 即時抗告
　包括的禁止命令（本条Ⅰ）、包括的禁止命令の変更および取消し（本条Ⅳ）ならびに中止した手続の取消命令（本条Ⅴ）は、利害関係人の権利関係等に重大な影響を及ぼしますので、これらに対しては即時抗告ができます（本条Ⅵ）。即時抗告は、緊急かつ暫定的な処分であり、執行停止の効力を認めるとその目的が達成できませんので、執行停止の効力は認められません（本条Ⅶ）。

7 時効の停止
　包括的禁止命令が発令されると、対象となった強制執行等や国税滞納処分に係る破産債権等（破24Ⅰ①）については、時効中断の措置（民147②）を講じることができません。そこで、このような破産債権等については、包括的禁止命令が効力を失った日から2か月を経過する日までの間、時効は完成しないものとされています（本条Ⅷ）。

　文　献　伊藤148頁、条解破産194頁、大コンメ99頁［杉浦徳宏］、倒産法概説354頁［山本和彦］、破産法・民事再生法概論78頁［山本克己］、中島＝佐藤48頁

> **(包括的禁止命令に関する公告及び送達等)**
> **第26条** 包括的禁止命令及びこれを変更し、又は取り消す旨の決定があった場合には、その旨を公告し、その裁判書を債務者(保全管理人が選任されている場合にあっては、保全管理人。次項において同じ。)及び申立人に送達し、かつ、その決定の主文を知れている債権者及び債務者(保全管理人が選任されている場合に限る。)に通知しなければならない。
> 2 包括的禁止命令及びこれを変更し、又は取り消す旨の決定は、債務者に対する裁判書の送達がされた時から、効力を生ずる。
> 3 前条第6項の即時抗告についての裁判(包括的禁止命令を変更し、又は取り消す旨の決定を除く。)があった場合には、その裁判書を当事者に送達しなければならない。

基本事項

1 趣旨

包括的禁止命令(破25Ⅰ)は、すべての債権者の権利行使を禁止する点で影響力が大きいことから、その変更・取消決定を含めて、多数の利害関係人に周知を図り、また、その効力を早期かつ一律に生じさせる必要があります。そこで、本条は、破産法13条が準用する民訴法119条の特則として、包括的禁止命令およびその変更・取消しに関する公告・送達・通知、および決定の効力発生時期について規定しました。

なお、本条と同趣旨の規定が民再法28条、会更法26条にも置かれています。

2 公告・送達・通知

本条1項は、包括的禁止命令およびこれを変更または取り消す決定があった場合、①その旨を公告し、②裁判書を債務者(保全管理人が選任されている場合は保全管理人)および申立人に送達し、③決定の主文を知れている債権者および保全管理人が選任されている場合の債務者に通知しなければならない旨を規定しました。この趣旨は、各決定が重大な影響を与える利害関係人に周知を図る点にあります(伊藤151頁参照)。

3 効力発生時期

本条2項は、包括的禁止命令およびこれを変更または取り消す決定は、債務者に対する裁判書の送達がされた時から効力を生じる旨を規定し、債務者への送達によって債務者を含むすべての利害関係人との関係で効力を一律かつ早期に生じさせることとしました。

4 即時抗告の決定の送達

本条3項は、包括的禁止命令(破25Ⅰ)およびこれにより中止した強制執行等の手続の取消命令(同条Ⅴ)に対する即時抗告(同条Ⅵ)についての裁判があった場合に、その裁判書を当事者へ送達することを規定しました。これは、不利益を受ける当事者に不服申立ての機会を与えるためです。本条1項の場合と異なり、公告や知れている債権者への通知を必要としないのは、不特定多数の利害関係人に影響が及ぶものではないため、当事者への送達のみを認めれば足りるからです。

文献 伊藤151頁、条解破産203頁、大コンメ103頁［杉浦徳宏］

（包括的禁止命令の解除）
第27条 裁判所は、包括的禁止命令を発した場合において、強制執行等の申立人である債権者に不当な損害を及ぼすおそれがあると認めるときは、当該債権者の申立てにより、当該債権者に限り当該包括的禁止命令を解除する旨の決定をすることができる。この場合において、当該債権者は、債務者の財産に対する強制執行等をすることができ、当該包括的禁止命令が発せられる前に当該債権者がした強制執行等の手続で第25条第3項の規定により中止されていたものは、続行する。
2 前項の規定は、裁判所が国税滞納処分を行う者に不当な損害を及ぼすおそれがあると認める場合について準用する。
3 第1項（前項において準用する場合を含む。次項及び第6項において同じ。）の規定による解除の決定を受けた者に対する第25条第8項の規定の適用については、同項中「当該包括的禁止命令が効力を失った日」とあるのは、「第27条第1項（同条第2項において準用する場合を含む。）の規定による解除の決定があった日」とする。
4 第1項の申立てについての裁判に対しては、即時抗告をすることができる。
5 前項の即時抗告は、執行停止の効力を有しない。
6 第1項の申立てについての裁判及び第4項の即時抗告についての裁判があった場合には、その裁判書を当事者に送達しなければならない。この場合においては、第10条第3項本文の規定は、適用しない。

基本事項
1 趣旨
　包括的禁止命令は債権者の権利行使に大きな制約を課しますが、債権者の個別的事情を考慮して発令されるものではありません。そこで、本条は、裁判所が、その発令後に、特定の債権者に不当な損害を及ぼすおそれがあるときに、包括的禁止命令を当該債権者との関係で解除する旨の決定をすることができると定めています。
　なお、本条と同趣旨の規定が民再法29条、会更法27条にも置かれています。

2 要件
　包括的禁止命令の解除は、禁止命令の対象となった強制執行等と国税滞納処分について可能ですが、いずれも、強制執行等の申立人や国税滞納処分を行う者に不当な損害を及ぼすおそれがあると認められる場合にすることができます（本条Ⅰ前段・Ⅱ）。
　「不当な損害を及ぼすおそれがある」とは、中止命令に関する規定（破24Ⅰ柱書ただし書前段）と同様に解され、包括的禁止命令によって債権者または国税滞納処分を行う者の被る損害が、得られる債務者の利益より過大にすぎる場合をいいます（伊藤153頁、条解破産208頁）。なお、外国租税滞納処分を除く国税滞納処分の場合、破産手続開始決定前に着手していなければ行うことができないため（破43Ⅰ）、包括的禁止命令を解除する必要性が高いと指摘されています（条解破産210頁）。

3　効果

包括的禁止命令の解除の決定後、債権者は債務者の財産に対する強制執行等をすることができるようになり、包括的禁止命令により中止されていた強制執行等（破25Ⅲ）の手続は続行します（本条Ⅰ後段）。

また、包括的禁止命令が発令されている間、債権者は時効中断措置（民147②）を講じることができないため、当該包括的禁止命令が効力を失った日の翌日から2か月間は時効が完成しないものとされていますが（破25Ⅷ）、包括的禁止命令の解除があった場合、解除の決定を得た債権者は強制執行等により時効の中断が可能になりますので、時効完成の猶予期間も前倒しとなり、猶予期間は解除の決定があった日から2か月となります（本条Ⅲ）。

4　即時抗告・送達

包括的禁止命令の解除の申立てについての裁判には、申立てを認容する解除の決定、棄却および却下する決定がありますが、いずれに対しても即時抗告ができます（本条Ⅳ）。包括的禁止命令は緊急の一時的な処分ですので、執行停止の効力を認めるとその目的が達成されません。そこで、即時抗告は、執行停止の効力を有しないとしています（本条Ⅴ）。

包括的禁止命令の解除の申立てについての裁判および即時抗告についての裁判は、当事者に重大な影響が生ずることから、決定・命令の告知は相当と認める方法でよいとする民訴法（破13、民訴119）の例外として、裁判書を当事者に送達しなければならず、送達代用公告も認められません（本条Ⅵ）。

文　献　伊藤152頁、条解破産206頁、大コンメ105頁［杉浦徳宏］、倒産法概説354頁［山本和彦］、破産法・民事再生法概論80頁［山本克己］

（債務者の財産に関する保全処分）
第28条　裁判所は、破産手続開始の申立てがあった場合には、利害関係人の申立てにより又は職権で、破産手続開始の申立てにつき決定があるまでの間、債務者の財産に関し、その財産の処分禁止の仮処分その他の必要な保全処分を命ずることができる。
2　裁判所は、前項の規定による保全処分を変更し、又は取り消すことができる。
3　第1項の規定による保全処分及び前項の規定による決定に対しては、即時抗告をすることができる。
4　前項の即時抗告は、執行停止の効力を有しない。
5　第3項に規定する裁判及び同項の即時抗告についての裁判があった場合には、その裁判書を当事者に送達しなければならない。この場合においては、第10条第3項本文の規定は、適用しない。
6　裁判所が第1項の規定により債務者が債権者に対して弁済その他の債務を消滅させる行為をすることを禁止する旨の保全処分を命じた場合には、債権者は、破産手続の関係においては、当該保全処分に反してされた弁済その他の債務を消滅させる行為の効力を主張することができない。ただし、債権者が、その行為の当時、当該保全処分がされたことを知っていたときに限る。

基本事項

1　趣旨

本条は財産の保全措置として、破産手続開始決定前の債務者の財産に関する保全処分の制度を設け、後に開始される破産手続の実効性を確保しています。

中止命令（破24）および包括的禁止命令（破25-27）は、債権者側の権利行使を中止・禁止して、破産財団の散逸等を防止するものです。これに対して、本条の保全処分は債務者の財産処分行為を制限して、債務者財産の散逸や隠匿を防止するものです。

なお、本条と同趣旨の規定が民再法30条、会更法28条にも置かれています。

2　保全処分の内容等

本条は、裁判所が「債務者の財産に関し、その財産の処分禁止の仮処分その他の必要な保全処分を命ずることができる」とし、保全処分の内容を限定していません。そのため、本条が予定する保全処分には、破産手続の目的を達成するのに必要な保全手段として考え得るものを広く含むものと解されています（条解破産213頁）。財産保全処分の例として、弁済禁止の保全処分、破産財団に属する財産の仮差押えや処分禁止の仮処分、商業帳簿等の保管・閲覧の保全処分、執行官保管の保全処分等が挙げられます。

3　要件

(1)　保全の必要性

「必要な保全処分を命ずることができる」とする文言から、本条の保全処分の要件として、保全の必要性が要求されると解されます（条解破産217頁）。保全の必要性は、本条の趣旨から、債務者による財産処分や不当な財産管理のおそれがある場合、また、債務者に弁済拒絶権能を与えて特定の債権者からの追及を回避する必要がある場合等に認められます。

(2)　債務者の財産

本条の保全処分は破産財団に属する債務者の財産を確保するための制度であるため、対象となる財産は、少なくとも法定財団［☞破§34］に属する必要があると解されています（伊藤141頁）。

4　手続

保全処分は、「利害関係人の申立て」または「職権」によってなされます。

「利害関係人」には、広く利害関係を有する者が含まれると解されています。具体的には、当該破産手続開始の申立てをした者、破産手続開始の申立権を有する者、保全管理人などが含まれます（条解破産217頁）。［☞ 論点解説 １］。

保全処分の申立ては書面による必要があります（破規1Ⅰ・2Ⅰ）。書面には本条の要件を基礎付ける具体的な事実を記載するとともに、疎明資料の写しを添付します（破規2Ⅲ）。なお、保全の必要性の要件については、民事保全法の保全処分（民保13Ⅱ）に準じて、疎明で足りると解されています（東京高決昭53・5・17下民集29巻5-8号303頁［新倒産百選［17①］］）（条解破産217頁）。

裁判所は、保全処分を変更し、または取り消すことができます（本条Ⅱ）。裁判所

の命ずる保全処分（本条Ⅰ）およびその変更・取消決定（本条Ⅱ）に対しては、即時抗告をすることができます（本条Ⅲ）。保全処分は緊急性を要し、執行停止効を認めればその目的を達することができないため、即時抗告に執行停止の効力はありません（本条Ⅳ）。

保全処分（本条Ⅰ）およびその変更・取消決定（本条Ⅱ）ならびに各裁判に対する即時抗告についての裁判（本条Ⅲ）は、当事者の権利に重大な影響を及ぼすため、裁判所は必ず裁判書を送達しなければならず、公告をもって送達に代えることはできません（本条Ⅴ）。

5 保全処分の効力
(1) 効力
保全処分の効力については、発令された保全処分の内容に応じて、場合分けをして考える必要があります［☞ 論点解説 ②］。

(2) 効力の存続期間
保全処分の効力は、「破産手続開始の申立てにつき決定があるまでの間」存続します（本条Ⅰ）。

論点解説

① 破産会社の株主による保全処分の申立て　株式会社の更生手続では、株主にも保全処分の申立権を認める見解が有力です（伊藤・会更70頁、条解会更（上）331頁、条解民再106頁［上野泰男］）。これに対して、破産手続では、株主は残余財産の分配に係る利害関係しかもたないこと等を理由に、本条の保全処分の申立権を認めない見解が有力です（条解破産217頁・187頁）。

② 保全処分の効力

(1) **登記・登録された特定の財産に関する処分禁止の保全処分**　保全処分の登記・登録（破259・262）が具備された場合、保全処分に反する処分行為は、相手方の善意・悪意を問わず、破産手続との関係では無効であると解されています（条解破産213頁・218頁）［☞破§259］。

(2) **登記・登録という公示方法のない財産に関する処分禁止の保全処分**　公示方法のない財産については、保全処分に反する処分行為も有効とする見解と処分行為の相手方が悪意の場合は無効とする見解があり、後者が有力です（条解破産213頁・218頁）。

(3) **対象財産を執行官保管とする保全処分**　対象財産の占有を執行官が取得し、破産手続開始後は、占有が執行官から破産管財人に引き継がれます（破79参照）。

(4) **借財禁止の保全処分**　借財禁止の保全処分は、債務者が新たな消費貸借をすることを禁ずるものです。これに反して消費貸借をした場合の効果について、有効とする見解と、相手方が悪意の場合には無効とする見解があり、後者が有力です（条解破産213頁・218頁）。

(5) **弁済禁止の保全処分**　特定の債権者への偏頗弁済を禁止するために、債務者を名宛人として弁済禁止の保全処分の発令が認められています（本条Ⅵ）。弁済禁

止の保全処分が発令されたとしても、債権者の取立権能は奪われず、債権者は対象となる債権の履行を求める給付訴訟を提起することができ、強制執行することも可能と解されています（伊藤141頁、会社整理の事案について最判昭37・3・23民集16巻3号607頁［百選［A4］］、旧和議の事案について東京高決昭59・3・27判時1117号142頁［新倒産百選［20］］）。

　もっとも、債務者は保全処分という裁判によって弁済を禁止されているため、債権者が、弁済がないことを債務者の帰責事由によるものであるとして履行遅滞を主張し、遅延賠償の請求や契約を解除することは許されないと解されています（伊藤142頁）。会更法における弁済禁止保全処分（会更28Ⅰ・Ⅵ）について同様の考え方を採用する判例（最判昭57・3・30民集36巻3号484頁［百選［75］、INDEX2版［8］]）があります。

　弁済禁止の保全処分に違反した弁済の効力に関し、平成16年改正前には議論の対立があり、債権者が保全処分について悪意の場合には無効と解するのが通説でした。本条6項はこの通説を立法化し、解決を図りました。なお、この場合、債権者の悪意の証明責任は弁済の無効を主張する側にあります（本条Ⅵただし書参照）。

　文　献　伊藤138頁、条解破産211頁、大コンメ107頁［杉浦徳宏］、倒産法概説355頁［山本和彦］

（破産手続開始の申立ての取下げの制限）
第29条　破産手続開始の申立てをした者は、破産手続開始の決定前に限り、当該申立てを取り下げることができる。この場合において、第24条第1項の規定による中止の命令、包括的禁止命令、前条第1項の規定による保全処分、第91条第2項に規定する保全管理命令又は第171条第1項の規定による保全処分がされた後は、裁判所の許可を得なければならない。

基本事項
1　趣旨

　破産手続開始の決定があった場合、破産者の財産の管理処分権は破産管財人に専属し（破78Ⅰ）、破産債権者による個別的な権利行使は制限されます（破100Ⅰ）。このような集団的な倒産処理手続が開始した場合、無制限に破産手続開始申立ての取下げを認めるのは不合理といえます。そこで、本条前段は、破産手続開始の申立てをした者は、破産手続開始の決定前に限り、申立てを取り下げることができることとしました。

　また、破産手続開始決定前でも、本条後段に規定する保全処分の発令後は、破産者の財産管理処分権や債権者の権利行使は一定の制限を受け、破産手続開始と同様の効果が前倒しされているものと評価できます。このような場合は、申立人の利害のみで無条件に申立ての取下げを認めることは不合理であるため、本条後段は、裁判所が申立ての取下げの可否を判断することとしました。特に、保全処分の発令を得て、債権者の追及を回避し、その間に財産隠しを行うなど濫用的な破産手続開始

申立てを防止するため、裁判所の許可を要件とした意義は大きいといえます。

本条後段に基づいて破産手続開始申立てが取り下げられたときは、保全処分は当然に失効することになります。

なお、本条と同趣旨の規定が民再法32条、会更法23条にも置かれています。

文献 伊藤134頁・771頁、条解破産222頁、大コンメ109頁［杉浦徳宏］、倒産法概説351頁［山本和彦］

第2節　破産手続開始の決定

（破産手続開始の決定）
第30条　裁判所は、破産手続開始の申立てがあった場合において、破産手続開始の原因となる事実があると認めるときは、次の各号のいずれかに該当する場合を除き、破産手続開始の決定をする。
　一　破産手続の費用の予納がないとき（第23条第1項前段の規定によりその費用を仮に国庫から支弁する場合を除く。）。
　二　不当な目的で破産手続開始の申立てがされたとき、その他申立てが誠実にされたものでないとき。
2　前項の決定は、その決定の時から、効力を生ずる。

基本事項

1　趣旨

本条は、破産手続開始の原因となる事実があり、本条1項各号に定める各事由（破産障害事由と呼ばれている）に該当しないときに、破産手続の開始決定を発令する旨規定しています。破産手続開始決定を発令するためには、申立ての手続的な適法要件として、申立ての適式性（破20）、申立権の存在（破18・19・246）、管轄権の存在（破4・5）、破産能力の存在［☞破産法第2章第1節前注］が、実体的要件として破産手続開始原因と破産障害事由の不存在が必要です。破産障害事由は、本条1項各号に定めるもののほか、他の倒産処理手続（再生手続等）の開始等があります。

なお、本条と同趣旨の規定が民再法33条、会更法41条にも置かれています。

2　破産手続開始原因

「破産手続開始の原因となる事実」とは、自然人の破産の場合は支払不能（破15）、法人および信託財産の破産の場合は支払不能または債務超過（破16・244条の3）、相続財産の破産の場合は「相続財産をもって相続債権者及び受遺者に対する債務を完済することができないと認めるとき」（破223）をいいます。

3　破産障害事由

破産手続開始原因が認められる場合でも、一定の事由があるときは破産手続開始決定が発令できません。かかる事由を破産障害事由といいます（伊藤117頁）。破産障害事由には、本条1項各号に定める事由と他の倒産手続の開始決定等があります［解釈上の問題として、☞**論点解説**］。

(1) 破産手続の費用の予納がないとき

破産手続開始の申立人は、破産手続の費用として裁判所の定める金額を予納しなければならず（破22Ⅰ）、破産手続の費用の予納がないときには破産手続を開始することができません（本条Ⅰ①）。もっとも、予納金が未納付でも、裁判所が破産手続費用の仮支弁を認めた場合には（破23Ⅰ）、破産手続を開始することができます（本条Ⅰ①括弧書）。

(2) 不誠実な申立て

不当な目的で破産手続開始の申立てがされたとき、その他申立てが誠実にされたものでないときは、申立てが却下されます。例えば、債務名義のない債権者が申立てを利用して債務者を脅し、自己の債権を優先的に取り立てる意図での申立て（東京地決昭38・9・4下民集14巻9号1728頁、東京地決昭39・4・3判時371号45頁）、同族企業における遺産を巡る争いで優位に立つ意図が認められる申立て（大阪地決平4・6・8判タ798号266頁）等です。

(3) 他の倒産手続の申立てまたは開始決定等の存在

本条1項1号・2号に規定するもののほか、他の倒産処理手続が開始され、または開始されようとしている事実が破産障害事由となります。

債務者に再生の機会を確保するため、清算型手続である破産手続は、再建型手続である再生手続および更生手続との関係で劣後的な地位に置かれています。また、同じく清算型手続である特別清算手続との関係でも、破産手続は、協定による簡易な清算としての特別清算手続に劣後するものとされ、民再法、会更法および会社法にはそれぞれ調整規定を置いています（民再26Ⅰ①・39Ⅰ、会更24Ⅰ①・50Ⅰ・208本文、会社512Ⅰ①・515Ⅰ・Ⅱ）。

破産手続と他の倒産手続との関係の概要は以下の通りです。

(ア) 破産手続と再生手続・更生手続

法的倒産処理手続は、再建型手続を清算型手続よりも優先させることとしています。そのため、破産手続開始決定後に再生手続開始決定がなされた場合には、破産手続は当然に中止され、新たに申立てをすることを禁止しています（民再39Ⅰ）。会更法にも同趣旨の規定があります（会更50Ⅰ・208本文）。また、破産手続の進行が再生手続開始決定の障害とならないように、破産手続の開始決定の前後を問わず、その申立てと再生手続開始の申立てが競合する場合には、再生手続の裁判所は、必要があると認めれば、利害関係人の申立てによりまたは職権で、再生手続開始の決定があるまでの間、破産手続の中止命令を発することができます（民再26Ⅰ①）。会更法にも同様の規定があります（会更24Ⅰ①）。

(イ) 破産手続と特別清算手続

債務者について破産手続開始の申立てと特別清算開始の申立てが競合する場合には、特別清算手続の裁判所は、破産手続開始決定前に限り、必要があると認めるときは、債権者、清算人などの申立てによりまたは職権で、特別清算開始申立てにつき決定があるまでの間、破産手続の中止命令を発令できます（会社512Ⅰ①）。破産手続開始の申立後に特別清算手続開始の決定がなされた場合には、破産手続は当然

に中止され、特別清算開始決定の確定とともに失効します（会社515Ⅰ・Ⅱ）。破産手続開始決定後は、会社の管理処分権が破産管財人に専属し（破78Ⅰ）、破産債権者は個別的権利行使が禁止されるため（破100Ⅰ）、その後の特別清算開始の申立ては却下されます（伊藤120頁。会社511Ⅰ参照）。

4　破産手続開始原因等の審理

　破産手続開始の申立てに対する裁判は、「破産手続等に関する裁判」として、口頭弁論を経る必要はありません（破8Ⅰ）。裁判所は職権で必要な調査をすることもでき、裁判所が相当と認めるときは、破産手続開始原因事実または破産障害事由について、事実の調査を書記官に命じて行わせることも可能です（破規17）。

　破産手続開始原因となる事実は疎明では足りず、破産手続開始決定を発令するためには、その証明が必要であると解するのが通説です（伊藤129頁・136頁）。

　債権者が債務者の破産手続開始を申し立てる場合、債権者が保有する債権の存在が申立ての適法要件として必要です。判例・通説はその存在については疎明で足りると解していますが（伊藤136頁）、債務者の利益保護の観点から証明まで必要とする有力説があります（条解破産253頁）。

5　破産手続開始決定の効力

(1)　開始決定の効力の発生時期

　破産手続開始の決定は、「決定の時」から即時に効力を生じます（本条Ⅱ）。破産手続開始の決定は、管理処分権の移転（破78Ⅰ）、他の強制執行等の失効（破42Ⅰ）、また、個別的権利行使の禁止（破100Ⅰ）等利害関係人に重大な影響を及ぼします。そこで、効力発生の時点を明確にするために、破産手続開始の決定の裁判書には決定の「年月日」だけでなく、決定の「時」まで記載します（破規19Ⅱ）。なお、破産手続開始決定に対しては即時抗告が認められています（破33Ⅰ）。

(2)　破産手続開始決定の効力

(ア)　破産法上の効力

　破産手続開始決定が効力を生ずると、所在地にかかわらず破産者が有する一切の財産は破産財団とされ（破34Ⅰ。ただし、自由財産は除かれる）、破産財団に属する財産の管理処分権は破産管財人に専属します（破78Ⅰ）。

　また、破産者は、破産管財人等に対する説明義務（破40Ⅰ）、重要財産開示義務（破41）を負い、これらの義務を担保するために居住に係る制限を受け（破37Ⅰ）、引致が命じられることもあります（破38Ⅰ）。また、通信の秘密も制限されます（破81Ⅰ）。

　一方、破産債権者は、破産手続開始決定後は破産債権の個別的な権利行使を禁止され、破産手続によらなければ権利行使ができず（破100Ⅰ）、破産債権の金銭化が図られます（破103Ⅱ・Ⅲ・Ⅳ）。破産債権または財団債権に基づく強制執行その他の個別執行は禁止・失効し（破42Ⅰ）、新たな国税滞納処分は禁止されます（破43Ⅰ）。また、破産財団に関する訴訟手続は中断します（破44Ⅰ）。

(イ)　他の法令上の効力

　破産者が自然人の場合、破産手続が開始されてもその権利能力や行為能力には影

響はありませんが、破産者が法人の場合には一般に解散します（一般法人148⑥・202Ⅰ⑤、会社471⑤・641⑥等）。

破産者が自然人であり復権を得ていない者は、公法上の資格制限として、弁護士、弁理士、公認会計士、税理士・公証人等になることはできません（弁護7⑤、弁理士8⑩、会計士4②、公証14②）。また、私法上の資格制限として、後見人、保佐人、後見監督人、遺言執行者等になることはできません（民847③・876の2Ⅱ・852・1009、会社607Ⅰ⑤。条解破産1864頁以下参照）。

なお、平成17年改正前の商法では、破産者であって復権を受けていない者は、株式会社の取締役・監査役にはなれない（欠格事由）としていましたが、改正後の会社法では欠格事由としていません（会社331Ⅰ・335Ⅰ参照）。もっとも、すでに取締役・監査役の地位にある者が破産手続開始の決定を受けた場合、会社と取締役・監査役との間の委任契約が終了し（会社330、民653②）、その地位を失いますので、取締役・監査役の職務を継続する場合には、あらためて選任手続が必要です。

(ｳ) **市区町村長に対する通知**

平成16年改正前においては、自然人に対する破産宣告（平成16年改正後の破産手続開始決定）が確定した場合に、破産者の本籍地の市区町村役場へ裁判所から破産宣告の通知をする取扱いとされていましたが、現在は、免責不許可の決定が確定した場合等復権の見込みがないことが明らかになった時点で通知することとしています（平成16・11・30民三第000113号最高裁民事局長通達、大コンメ115頁［大寄麻代］参照）。

> **論点解説**

破産手続開始の申立ての制限条項と破産障害事由 債権者が債務者との間で破産手続開始を申し立てないとの合意をしていたにもかかわらず、破産手続開始の申立てをした場合、このような合意は破産障害事由となり、破産手続は開始できないかが問題となります。債権者は破産手続開始の申立権を放棄できることを根拠に、このような合意の効力を認め、債務者は合意の存在を主張して破産手続開始申立ての却下を求められるとする見解が有力です（条解破産251頁）。

また、債務者である会社とその労働組合との間に、会社が破産手続開始申立てをするには労働組合との事前協議を経なければならないであるとか、労働組合の同意を必要とするという内容の協定がある場合、このような協定の存在が破産障害事由に該当するのかが問題となります。破産手続は総債権者の利益のためのものであり、一部の債権者との合意に拘束されるのは相当ではないと考え、破産障害事由には当たらないと解する説が有力です（東京高決昭57・11・30判時1063号184頁［百選［8］］）。

文献 条解破産229頁、大コンメ110頁［大寄麻代］、伊藤117頁・163頁・136頁・171頁

（破産手続開始の決定と同時に定めるべき事項等）
第31条 裁判所は、破産手続開始の決定と同時に、1人又は数人の破産管財人を選任し、かつ、次に掲げる事項を定めなければならない。

一　破産債権の届出をすべき期間
　　二　破産者の財産状況を報告するために招集する債権者集会（第4項、第136条第2項及び第3項並びに第158条において「財産状況報告集会」という。）の期日
　　三　破産債権の調査をするための期間（第116条第2項の場合にあっては、破産債権の調査をするための期日）
2　前項第1号及び第3号の規定にかかわらず、裁判所は、破産財団をもって破産手続の費用を支弁するのに不足するおそれがあると認めるときは、同項第1号の期間並びに同項第3号の期間及び期日を定めないことができる。
3　前項の場合において、裁判所は、破産財団をもって破産手続の費用を支弁するのに不足するおそれがなくなったと認めるときは、速やかに、第1項第1号の期間及び同項第3号の期間又は期日を定めなければならない。
4　第1項第2号の規定にかかわらず、裁判所は、知れている破産債権者の数その他の事情を考慮して財産状況報告集会を招集することを相当でないと認めるときは、同号の期日を定めないことができる。
5　第1項の場合において、知れている破産債権者の数が1000人以上であり、かつ、相当と認めるときは、裁判所は、次条第4項本文及び第5項本文において準用する同条第3項第1号、第33条第3項本文並びに第139条第3項本文の規定による破産債権者（同項本文の場合にあっては、同本文に規定する議決権者。次条第2項において同じ。）に対する通知をせず、かつ、第111条、第112条又は第114条の規定により破産債権の届出をした破産債権者（以下「届出をした破産債権者」という。）を債権者集会の期日に呼び出さない旨の決定をすることができる。

基本事項

1　趣旨

　本条は、破産手続を円滑に遂行するため、裁判所が破産手続開始の決定と同時に定めるべき事項として破産管財人の選任等の事項（「同時処分事項」と呼ぶ）や当該事項の決定を留保できる場合を定めています。本条1項各号の事項については、特別の事情がある場合を除き、破産規則20条1項各号が定める期間や時期に従って定めることになります。

　なお、本条1項・5項と同趣旨の規定が民再法34条、会更法42条にも置かれています。

2　同時処分事項

(1)　破産管財人の選任

　裁判所は、1人または数人の破産管財人を選任しなければなりません（本条Ⅰ柱書）。
　破産財団に属する財産の管理および処分権は、破産手続開始決定の時から破産管財人に専属するため（破78Ⅰ・30Ⅱ）、財産の管理等に空白期間が生じないよう破産管財人の選任は同時処分事項とされています。

(2)　破産債権の届出期間の決定

　破産手続開始決定後、破産管財人が速やかに債権調査に着手できるよう、異時廃

止のおそれがない限り（本条Ⅱ参照）、破産手続開始と同時に破産債権の届出期間が定められます。破産債権の届出期間は、原則として、破産手続開始決定日から2週間以上4か月以下の範囲となります（破規20Ⅰ①）。
(3) 財産状況報告集会の期日の決定
　財産状況報告集会とは、債権者等の利害関係人に対し、破産者の財産状況を報告するために招集する債権者集会です。財産状況報告集会の期日は、原則として、破産手続開始決定日から3か月以内の日に設定しなければなりません（破規20Ⅰ②）。ただし、例えば、①債権者数が膨大な場合、②破産財団の規模が小さかったり、破産債権者が少ないなどの理由から出席が見込まれる破産債権者数が少ない場合など（条解破産269頁）、知れている破産債権者の数その他の事情を考慮して財産状況報告集会を招集することが相当でないと認められるときは、財産状況報告集会の期日を定めないこともできます（本条Ⅳ）。
(4) 破産債権の調査期間または期日の決定
　破産債権の調査は、破産管財人が届出債権に対し認否を行い、また破産債権者や破産者等の利害関係人が異議を述べることによって行われます。破産債権の調査の方法は、破産管財人による認否書と届出破産債権者による調査期間における書面での異議による方法（破116Ⅰ・117Ⅰ・118Ⅰ・119Ⅳ・Ⅴ）、または破産管財人と届出破産債権者が調査期日に出頭し、口頭で認否および異議を述べる方法（破116Ⅱ・121Ⅰ・Ⅱ・122Ⅱ）があります。書面による調査方法が採用された場合は、同時処分として、そのための調査期間（一般調査期間）が定められ、期日における調査が採用された場合は、一定の期日（一般調査期日）が定められます（本条Ⅰ③）。この点、東京地裁では、財産状況報告集会の期日に併せて債権調査期日を指定する運用が行われています（破産・民事再生の実務〔破産編〕456頁）。
3　債権届出期間等の決定の留保
(1) 異時廃止のおそれがあるときの決定の留保
　裁判所は、異時廃止（破217Ⅰ）となるおそれがある場合には、破産手続開始決定時に債権届出期間ならびに一般調査期間および期日を定める必要はありません（本条Ⅱ）。破産債権の届出や調査手続は将来の配当手続のために行われるものですが、財団不足による異時廃止となる可能性がある場合には、これらの手続を行う必要性が乏しいためです。
(2) 異時廃止のおそれがなくなったときの決定
　破産手続開始決定時に異時廃止のおそれがあるため、債権届出期間等の決定を留保した場合でも、その後そのおそれがなくなり、配当の可能性が生じた場合には、将来の配当の実施に向けて債権届出期間等を決定する必要があります（本条Ⅲ）。
4　大規模破産事件の特則
　裁判所は、判明している破産債権者の数が1000人以上であって、かつ、相当と認めるときは、事務処理の負担や費用の削減のため、破産債権者に対する一定の通知を行わず、また、届出をした破産債権者に対する債権者集会の期日への呼出しを行わない旨を決定できます（本条Ⅴ）。本条5項にいう「相当と認めるとき」とは、

一般に関心の高い事件であり、通知等を行わなくても、一般的な破産債権者が手続に参加する上で必要な事項に注意を払うことが期待できるような場合を意味します（伊藤167頁）。なお、当該決定を行った場合でも、裁判所は、破産管財人に対して、日刊紙への掲載など、一定の事項について周知措置をとることを定めることができます（破規20Ⅲ）。

省略できる通知としては、①異時廃止のおそれがあるとして決定を留保した後に、異時廃止のおそれがなくなったとして決定した債権届出期間等について、知れている破産債権者に対して行う通知（破32Ⅳ本文・Ⅲ①）や、②破産管財人の氏名または名称等について変更があった場合に知れている破産債権者に対して行う通知（同条Ⅴ本文・Ⅲ①）等があります。

文献 伊藤166頁、条解破産262頁、大コンメ117頁［大寄麻代］、倒産法概説360頁［山本和彦］、破産法・民事再生法概論67頁［山本克己］、中島＝佐藤49頁、破産・民事再生の実務〔破産編〕98頁

（破産手続開始の公告等）
第32条 裁判所は、破産手続開始の決定をしたときは、直ちに、次に掲げる事項を公告しなければならない。
　一　破産手続開始の決定の主文
　二　破産管財人の氏名又は名称
　三　前条第1項の規定により定めた期間又は期日
　四　破産財団に属する財産の所持者及び破産者に対して債務を負担する者（第3項第2号において「財産所持者等」という。）は、破産者にその財産を交付し、又は弁済をしてはならない旨
　五　第204条第1項第2号の規定による簡易配当をすることが相当と認められる場合にあっては、簡易配当をすることにつき異議のある破産債権者は裁判所に対し前条第1項第3号の期間の満了時又は同号の期日の終了時までに異議を述べるべき旨
2　前項第5項の決定があったときは、裁判所は、前項各号に掲げる事項のほか、第4項本文及び第5項本文において準用する次項第1号、次条第3項本文並びに第139条第3項本文の規定による破産債権者に対する通知をせず、かつ、届出をした破産債権者を債権者集会の期日に呼び出さない旨をも公告しなければならない。
3　次に掲げる者には、前2項の規定により公告すべき事項を通知しなければならない。
　一　破産管財人、破産者及び知れている破産債権者
　二　知れている財産所持者等
　三　第91条第2項に規定する保全管理命令があった場合における保全管理人
　四　労働組合等（破産者の使用人その他の従業者の過半数で組織する労働組合があるときはその労働組合、破産者の使用人その他の従業者の過半数で組織する労働組合がないときは破産者の使用人その他の従業者の過半数を代表する者をいう。第78条第4項及び第136条第3項において同じ。）

4　第1項第3号及び前項第1号の規定は、前条第3項の規定により同条第1項第1号の期間及び同項第3号の期間又は期日を定めた場合について準用する。ただし、同条第5項の決定があったときは、知れている破産債権者に対しては、当該通知をすることを要しない。
5　第1項第2号並びに第3項第1号及び第2号の規定は第1項第2号に掲げる事項に変更を生じた場合について、第1項第3号及び第3項第1号の規定は第1項第3号に掲げる事項に変更を生じた場合（前条第1項第1号の期間又は同項第2号の期日に変更を生じた場合に限る。）について準用する。ただし、同条第5項の決定があったときは、知れている破産債権者に対しては、当該通知をすることを要しない。

基本事項
1　趣旨
　本条は、裁判所が破産手続開始決定に当たって行う公告および通知の内容を明らかにしています。実務上、この公告および通知を付随処分といいます。
　なお、本条と同趣旨の規定が民再法35条、会更法43条にも置かれています。
2　破産手続開始決定時の公告
　裁判所は、破産手続開始の決定をしたときは、直ちに、次の事項を公告しなければなりません（本条Ⅰ）。
①　破産手続開始決定の主文
②　破産管財人の氏名または名称
③　破産債権の届出期間、一般調査期間または期日、財産状況報告集会期日
④　破産財団に属する財産の所持者等（財産所持者等）に対し、破産者への財産交付や債務の弁済を禁止する旨
⑤　簡易配当をすることが相当の場合、簡易配当をすることにつき異議のある破産債権者は、裁判所に対し、破産債権の調査期間の満了時または調査期日の終了時までに異議を述べるべき旨

　なお、大規模破産事件について破産債権者に対する通知を行わず、また、債権者集会の期日への呼出しを行わない旨の決定をした場合には（破31Ⅴ）、当該決定の内容も公告しなければなりません（本条Ⅱ）。

3　破産手続開始決定時の通知
(1)　通知の相手方
　裁判所は、前記の公告すべき事項を次の関係者に通知しなければなりません（本条Ⅲ）。
①　破産管財人、破産者および知れている破産債権者
②　知れている財産所持者等
③　保全管理人
④　労働組合等

　前記のうち①の知れている破産債権者とは、通知をする当時、記録上氏名・名称、

住所・事務所が判明している者を意味し、破産者がその債権の存否を争っている者も含まれます（条解破産 279 頁）。

(2) 通知の方法および効力

通知は相当と認める方法によってなされ、通知をした旨および通知の方法が事件記録に記録されます（破規 12、民訴規 4）。実務上は破産管財人の同意を得て、破産管財人に通知をさせることがあります（破規 7 参照）。

4 破産手続開始決定後の公告および通知

次の場合には、例外的に破産手続開始決定後に公告や通知が行われます（本条Ⅳ）。

① 異時廃止のおそれがあるとして決定を留保した債権届出期間等について、その後に、異時廃止のおそれがなくなったとして決定した場合（本条Ⅳ本文）
② 破産手続開始決定後に、破産管財人の氏名または名称に変更が生じた場合（本条Ⅴ本文）
③ 破産手続開始決定後に、破産債権の届出期間または財産状況報告集会の期日を変更した場合（本条Ⅴ本文）

なお、大規模破産事件について破産債権者に対する通知を行わない旨の決定をした場合（破 31 Ⅴ）、前記①から③のいずれの場合も、知れている破産債権者に対する通知を省略できます（本条Ⅳただし書・Ⅴただし書）。

文　献　伊藤 168 頁、条解破産 275 頁、大コンメ 123 頁［大寄麻代］、倒産法概説 361 頁［山本和彦］、破産法・民事再生法概論 68 頁［山本克己］、中島＝佐藤 49 頁

（抗告）
第 33 条　破産手続開始の申立てについての裁判に対しては、即時抗告をすることができる。
2　第 24 条から第 28 条までの規定は、破産手続開始の申立てを棄却する決定に対して前項の即時抗告があった場合について準用する。
3　破産手続開始の決定をした裁判所は、第 1 項の即時抗告があった場合において、当該決定を取り消す決定が確定したときは、直ちにその主文を公告し、かつ、前条第 3 項各号（第 3 号を除く。）に掲げる者にその主文を通知しなければならない。ただし、第 31 条第 5 項の決定があったときは、知れている破産債権者に対しては、当該通知をすることを要しない。

基本事項

1　趣旨

本条は、破産手続開始の申立てについての裁判に対する即時抗告、即時抗告の結果、および破産手続開始決定が取り消された場合の取扱いについて定めています。

なお、本条と同趣旨の規定が民再法 36 条、37 条、会更法 44 条にも置かれています。

2 要件
(1) 即時抗告の対象となる裁判
即時抗告の対象となる裁判は、破産手続開始の申立てについての裁判です（本条Ⅰ）。

具体的には、破産手続開始決定、破産手続開始の申立てを棄却または却下する決定等がこれに該当します。

(2) 即時抗告権者
本条1項に基づく即時抗告ができる者（即時抗告権者）は、当該裁判について利害関係を有する者（破9前段）です。利害関係人とは、当該裁判を取り消すことに法律上の利害関係を有する者をいいます。その範囲は対象となる裁判の内容によって異なります。おおむね争いのない範囲は、次の通りです（議論の詳細は、条解破産286頁）〔☞ 論点解説 1〕。

① 破産手続開始の決定に対する場合
　ⅰ 自己破産申立ての場合　債権者（別除権者や労働債権を有する財団債権者に破産手続開始の申立権を認める見解によれば、これらの者も即時抗告権者になると解されている。以下同様）
　ⅱ 債権者申立ての場合　債務者および申立人以外の債権者
　ⅲ 法人の準自己破産の場合　申立人以外の理事、取締役、業務執行社員等および債権者
② 申立てを棄却または却下する決定に対する場合　申立人（なお、債権者による申立てを棄却する決定に対しては他の債権者が、債務者等による申立てを棄却する決定に対しては債権者がそれぞれ申立権者になるとの見解もある〔伊藤182頁〕）

(3) 即時抗告期間
破産手続開始の決定に対する場合の即時抗告期間は、決定の公告の効力発生日（破10Ⅱ）から2週間です（破9後段）。申立てを棄却または却下する決定に対する場合は、決定の告知を受けた日から1週間です（破13、民訴332）。

3 効果
破産手続開始決定は即時に効力が生じますので（破30Ⅱ）、即時抗告の執行停止効を定める民訴法334条1項が準用されず（破13）、本条の即時抗告には執行停止の効力は認められないと解されています（伊藤183頁、大判昭8・7・24民集12巻2264頁）。

4 破産手続開始申立ての棄却の裁判に対する即時抗告があった場合の中止命令等

破産手続開始の申立てがあった場合、破産財団を形成すべき財産の散逸などを防ぐために、裁判所が、強制執行等の中止命令（破24Ⅰ）、包括的禁止命令（破25Ⅰ）、債務者の財産に対する保全処分（破28Ⅰ）等の保全処分を行うことがあります。

ところが、破産手続開始の申立てを棄却する決定に対して即時抗告がなされた場合、棄却の裁判によって直ちに破産手続開始の効力が生じないものの、後に抗告審において即時抗告が認められて破産手続開始の決定がなされる可能性があります。そこで、そのような場合に備え、保全措置を講じる必要があるときは、抗告裁判所

が保全処分を発令できることとしました（本条Ⅱ）。

5　破産手続開始決定の取消し

破産手続開始決定に対する即時抗告があった場合、裁判所は、抗告に理由があると認めたときは、当該決定を取り消す決定を行います。破産手続開始決定を取り消す決定がなされると、破産手続開始の効果は、当該開始の決定時に遡って消滅します［☞ 論点解説 ②］。

そこで、破産手続開始決定を取り消す決定が確定したときは、裁判所は、取消決定の主文を公告するとともに、破産管財人、破産者、知れている財産所持者等、労働組合等に通知しなければなりません（本条Ⅲ）。

論点解説

①　取締役や株主の即時抗告の申立権

(1)　**取締役**　株式会社について破産手続開始の決定がなされた場合、取締役は当然にその地位を失うことから（会社330、民653②）、取締役についても法律上の利害関係を有することを認める説と、破産者や債権者に比べ副次的な影響しかないとしてこれを否定する説（伊藤182頁注280）がありますが、前者が有力です（議論の詳細は、条解破産288頁参照）。

(2)　**株主**　株式会社に対して破産手続開始の決定がなされた場合、当該会社は解散し（会社471⑤）、株主の地位も消滅することから、株主に法律上の利害関係を認める説と、破産者や債権者に比べ副次的な影響しかないとしてこれを否定する説（伊藤182頁注280）があります。大阪高決平6・12・26（判時1535号90頁、［百選［13］、INDEX［22］］）は、破産宣告（平成16年改正後の破産手続開始決定）によって直ちに株主権が消滅したり、株主の自益権や共益権の変更が生じるものではないとして、株主の即時抗告権を否定しています。

②　破産手続開始決定の取消しの効果

抗告裁判所が破産手続開始決定を取り消すと、破産手続開始の効果は当該開始の決定時に遡って消滅します。ただし、破産管財人が取消決定確定の時までにその権限に基づいて第三者との間で行った財産の管理処分行為については、その効力を失わせると、取引の安全を害し第三者に不測の損害を及ぼすのみならず、破産者自身の利益も害され得ることから、効力を失わないとする見解が通説・判例です（伊藤184頁、条解破産298頁、大判昭13・3・29民集17巻523頁）。

　判例　最決平13・3・23判時1748号117頁［百選［14］、INDEX［23］］
　文献　伊藤181頁、条解破産285頁、大コンメ129頁［大寄麻代］、倒産法概説361頁［山本和彦］、破産法・民事再生法概論70頁［山本克己］、中島＝佐藤50頁

第3節　破産手続開始の効果
第1款　通則

> **（破産財団の範囲）**
> **第34条**　破産者が破産手続開始の時において有する一切の財産（日本国内にあるかどうかを問わない。）は、破産財団とする。
> 2　破産者が破産手続開始前に生じた原因に基づいて行うことがある将来の請求権は、破産財団に属する。
> 3　第1項の規定にかかわらず、次に掲げる財産は、破産財団に属しない。
> 　一　民事執行法（昭和54年法律第4号）第131条第3号に規定する額に2分の3を乗じた額の金銭
> 　二　差し押さえることができない財産（民事執行法第131条第3号に規定する金銭を除く。）。ただし、同法第132条第1項（同法第192条において準用する場合を含む。）の規定により差押えが許されたもの及び破産手続開始後に差し押さえることができるようになったものは、この限りでない。
> 4　裁判所は、破産手続開始の決定があった時から当該決定が確定した日以後1月を経過する日までの間、破産者の申立てにより又は職権で、決定で、破産者の生活の状況、破産手続開始の時において破産者が有していた前項各号に掲げる財産の種類及び額、破産者が収入を得る見込みその他の事情を考慮して、破産財団に属しない財産の範囲を拡張することができる。
> 5　裁判所は、前項の決定をするに当たっては、破産管財人の意見を聴かなければならない。
> 6　第4項の申立てを却下する決定に対しては、破産者は、即時抗告をすることができる。
> 7　第4項の決定又は前項の即時抗告についての裁判があった場合には、その裁判書を破産者及び破産管財人に送達しなければならない。この場合においては、第10条第3項本文の規定は、適用しない。

基本事項

1　趣旨・定義

　破産手続は、債務者の積極財産を換価し、破産債権者に対する適切かつ公平な配当を行うことを目的としています（破1）。そこで、本条は、換価・配当の対象となる債務者の積極財産たる破産財団の範囲を定めています［☞ **論点解説** 1、**より深く学ぶ** 1］。

　破産財団は、破産者が、破産手続開始の時において有する一切の財産で構成されます（本条Ⅰ）。財産が日本国内にあるかどうかは問いません（同項括弧書）。

2　要件

(1)　財産であること

　財産的価値があり、配当の財源となり得る財産は、すべて破産財団を構成します。

すなわち、不動産や動産はもちろん、担保物権その他の物権や債権、知的所有権などの法律上の権利などもすべて破産財団に含まれます。これに対して、財産的価値を認められない人格権や身分上の権利は、破産財団には含まれません（伊藤238頁）。

(2) 破産者に属すること

財産が破産財団に属するためには、「破産者が有していること」が必要です。

破産者が破産手続開始前にすでに取得していた財産については、対抗要件の具備は必要ありません。他方、破産手続開始前に債務者（破産者）から財産を取得した者がいる場合、破産管財人は、対抗関係における第三者として扱われることから（最判昭58・3・22判時1134号75頁［百選［18］、INDEX［26］］）［☞破§62 **論点解説** **4**］、当該取得者が対抗要件を具備していない限り、当該財産は破産財団に属することになります（条解破産304頁注3、大コンメ136頁［髙山崇彦］）。

(3) 破産手続開始の時に有していること

財産が破産財団に属するためには破産手続開始の時において破産者が有している財産である必要があります（本条Ⅰ）［☞ **論点解説** **2**］。

したがって、破産手続開始決定後に破産者が取得する財産、いわゆる「新得財産」は破産財団に属しません。破産手続開始前に生じた原因に基づく将来の請求権も破産財団に属します（本条Ⅱ）。将来の請求権とは、停止条件付債権（民127Ⅰ）や期限付債権（民135Ⅰ）で、破産手続開始決定時点ではまだ条件が成就していなかったり、期限が到来していないものをいいます。保証、連帯保証または物上保証における求償権（民442Ⅰ・459Ⅰ・460・462・465・351・372）、生命保険契約に基づく解約返戻金請求権、敷金返還請求権（中島＝佐藤79頁）等もこれに当たります［☞ **論点解説** **2**］。

(4) 差押えが可能な財産であること

差押禁止財産は破産財団に属さず（本条Ⅲ）、後述の自由財産とされるため、破産財団に含まれるには、差押えが可能である必要があります。

3　自由財産

破産者の有する財産のうち、破産財団に属しないものは破産者が自由に管理または処分できます。このような財産を「自由財産」と呼びます［☞ **より深く学ぶ** **2**・**3**］。

自由財産は、次の3種類に分類できます。

(1) 民執法上の差押禁止金銭の1.5倍相当額の金銭（本条Ⅲ①）

民執法131条3号では、標準的な世帯の2か月間の必要生活費を勘案して政令（民執令1）で定める額（66万円）を差押禁止としており、この1.5倍の99万円が自由財産となります。この1.5倍という基準は、一般的に、強制執行等の場合に比べて、破産者による資産の確保が困難であること（破78Ⅰ参照）を考慮したものです。なお、この規定が適用されるのは、金銭（現金）のみであり、預貯金はこれに当たりません。預貯金を自由財産とする必要がある場合は、後記の自由財産の範囲の拡張によります。

(2) 民執法その他の特別法に基づく差押禁止財産および権利の性質上差押対象とならない財産（本条Ⅲ②）

民執法に定める差押禁止動産たる金銭（民執131③）は、前記(1)の自由財産に吸収されます（本条Ⅲ②括弧書）。特別法に基づく差押禁止財産としては、労働者の補償を受ける権利（労基83Ⅱ）、生活保護受給権（生活保護58）等が挙げられます（伊藤242頁）。

また、権利の性質上差押対象とならない財産としては、帰属上または行使上の一身専属権が当たります［☞ **論点解説** **2**］

(3) 前記(1)(2)の自由財産の範囲を拡張したもの（本条Ⅳ）

裁判所は、破産者の生活の保障を図るため、破産者の申立てまたは職権により、破産者の生活の状況、破産手続開始時の破産者の有する前記(1)および(2)の自由財産の種類および額、破産者が収入を得る見込みその他の事情を考慮して、その裁量をもって、自由財産の範囲を拡張する決定ができます。

裁判所は、自由財産の拡張に当たっては、破産管財人の意見を聴かなければなりません（本条Ⅴ）。

論点解説

1 破産財団の意義 破産財団は、厳格には、①本来、法の予定する破産財団（法定財団）、②現に破産管財人の管理下にある財産（現有財団）、③配当原資たる破産財団（配当財団）の3つの内容に区別されるといわれています。破産手続が開始された時点では、法定財団と現有財団は不一致であるのが通常です。これを整序させつつ、配当の原資たる破産財団（配当財団）を作るのが破産管財人の重要な任務であるといえます（伊藤233頁参照）。

2 破産財団の範囲

(1) **固定主義** 破産財団の範囲の基準時を破産手続開始決定時として画する考え方を「固定主義」といいます。これに対し、開始決定後の財産も破産財団に組み込む考え方を「膨張主義」といいます。破産法が固定主義を採用したのは、①破産手続が早期に終結すること、②新得財産が開始決定後の新債権者に対する引当てになり、新債権者の保護が図られること、③破産者が新得財産を基礎として生活や事業の再生の機会が得られること、④③によって早期の自己破産申立てが期待できること等が理由であると指摘されています（条解破産303頁）。

(2) **退職金債権** 破産手続開始決定時点の退職金債権は、開始決定前の労働の対価であり、かつ、退職という将来の事実によって現実化する権利であることから、将来の請求権（本条Ⅱ）として、差押禁止の部分を除き（本条Ⅲ②、民執152Ⅱ）、破産財団に属するとされています（伊藤239頁、福岡高決昭37・10・25下民集13巻10号2153頁［百選初版〔29〕]）。

(3) **慰謝料請求権** 破産手続開始決定時の慰謝料請求権は行使上の一身専属権として、原則として破産財団に属しません。ただし、開始決定後に慰謝料請求権の具体的な金額が客観的に確定した場合は一身専属性を失い、破産手続開始後に差し

押えることができるようになったもの（本条Ⅲ②ただし書後段）として、破産財団に属することになります（最判昭 58・10・6 民集 37 巻 8 号 1041 頁 [百選 [23]]）。

> **より深く学ぶ**

1　**破産財団の法的性格**　　かつての通説は破産財団に法人格を認め、破産管財人は破産財団の代表機関であると説明していました（破産財団説）。しかし、近時は、破産管財人に財産の管理機構としての法主体性を認め、破産財団は破産管財人の管理処分の客体となる財産の集合体と解する見解（管理機構人格説）が有力です（伊藤 235 頁）。

2　**法人の自由財産**　　破産した法人に自由財産が認められるかという問題があります。従前はこれを認める見解が有力でしたが、近時は、法人に自由財産を認めると、それが社員などの残余財産分配請求権の対象となり、実質的に破産債権者より社員などの権利を優先させることにつながることから、法人には自由財産は認められないとする見解（伊藤 247 頁）が有力です（条解破産 311 頁参照）。

3　**自由財産による破産財団への組入れまたは破産債権への弁済**　　破産者が、自由財産に属する財産を、その任意の意思により破産財団に組み入れることができるか議論がありますが、これを認めると、債権者が債務者に事実上の圧力を加えるおそれがあるとして慎重な見解もあります（伊藤 246 頁）。この点、類似の場面である破産者による破産債権に対する自由財産からの弁済に関し、最判平 18・1・23（民集 60 巻 1 号 228 頁 [百選 [44]、INDEX [64]]）は、任意な弁済である限り許容される旨判示しました。ただし、同判例は任意性を厳格に審査し、強制的な要素をまったく伴わない状況であることを要求しています。

> **判　例**　最判昭 60・11・15 民集 39 巻 7 号 1487 頁 [新倒産百選 [30]]、福岡高決平 18・5・18 判タ 1223 号 298 頁、最判平 28・4・28 金判 1492 号 16 頁、大阪地判昭 62・4・30 労民 38 巻 2 号 166 頁 [百選 4 版 [93]]、最判平 26・10・28 民集 68 巻 8 号 1325 頁
>
> **文　献**　伊藤 233 頁、条解破産 300 頁、大コンメ 134 頁 [髙山崇彦]、倒産法概説 375 頁 [山本和彦]、破産法・民事再生法概論 85 頁 [山本克己]・388 頁 [佐藤鉄男]

（法人の存続の擬制）
第 35 条　他の法律の規定により破産手続開始の決定によって解散した法人又は解散した法人で破産手続開始の決定を受けたものは、破産手続による清算の目的の範囲内において、破産手続が終了するまで存続するものとみなす。

> **基本事項**

破産法人に帰属する財産の管理処分権は破産管財人に専属しますが（破 78 Ⅰ）、財産の帰属主体自体は破産法人であり、破産手続が完了するまではその法人格を存続させる必要があります（条解破産 318 頁、伊藤 173 頁）。そこで、本条は、他の法律の規定（一般法人 148 ⑥・202 Ⅰ ⑤、会社 471 ⑤・641 ⑥等）により破産手続開始の決定によって解散した法人や解散した法人で破産手続開始の決定を受けたもの（破 19 Ⅴ参照）に

ついて、破産手続の終了時までその法人格を存続させることとしています。

本条により法人格の存続する範囲は、清算の目的の範囲内です。現務の結了、財産の換価、財団債権の弁済、破産債権の配当は、清算の目的の範囲内であると解されています。

本条により法人格の存続が擬制（「みなす」）される終期は破産手続が終了するまでです。具体的には、破産手続開始決定取消決定確定時（破33）、同時破産手続廃止決定時（破216）、異時破産手続・同意破産手続廃止決定確定時（破217・218）、破産手続終結決定時（破220）を意味します。もっとも、破産手続終了後に財産が発見された場合には、なお法人格が存続していることを前提に、これらの法人が清算を行う事態も生じ得ます（条解破産320頁、伊藤174頁）。

判例 最判平5・6・25民集47巻6号4557頁［百選［100］、INDEX［172］］、最判平15・3・14民集57巻3号286頁［INDEX［48］］

文献 条解破産318頁、大コンメ143頁［髙山崇彦］、伊藤173頁、倒産法概説362頁［山本和彦］、破産法・民事再生法概論84頁［山本克己］、中島＝佐藤52頁

（破産者の事業の継続）
第36条 破産手続開始の決定がされた後であっても、破産管財人は、裁判所の許可を得て、破産者の事業を継続することができる。

基本事項

破産手続では破産者の事業の継続を前提としないのが通常ですが、破産者の事業を継続することで、破産財団の増殖が可能となり、破産債権者等の利益に適う場合もあります。本条は、このような場合に、破産管財人が裁判所の許可を得ることを条件として破産者の事業を継続できることとしました。

本条により継続することのできる破産者の事業とは、「個人の商業・営業・事業も、非商人の業務も、会社・法人の営業・事業もすべて広く含む概念」であると解されています（条解破産322頁）。もっとも、破産管財人が行うことができない医療行為のような属人性の強いものは、本条の事業には該当しないと解されています（破産・民事再生の実務〔破産編〕191頁）。

本条の裁判所の許可は、破産者の事業継続が破産債権者一般の利益に適合する場合になされます（条解破産322頁）。なお、本条の裁判所の許可に対する即時抗告は認められていません（破9）。

文献 条解破産321頁、大コンメ145頁［野口宣大］、破産法・民事再生法概論84頁［山本克己］、破産・民事再生の実務〔破産編〕191頁

（破産者の居住に係る制限）
第37条 破産者は、その申立てにより裁判所の許可を得なければ、その居住地を離れることができない。
2 前項の申立てを却下する決定に対しては、破産者は、即時抗告をすることがで

きる。

基本事項

　破産者が自由に居住地を離れることができるとすると、破産者に逃走・財産隠匿の機会を与えることになりかねません。また、破産手続に対する破産者の協力を確保することが困難な場合が生じ得ます。他方で、居住・移転の自由（憲22）は憲法上の基本的人権の1つとして尊重されるべき権利です。そこで、本条は、裁判所の許可を得ることを条件として破産者が居住地を離れることを認め、両者の調和を図っています。

　本条の居住地とは、破産者が破産手続開始決定時に現に居住する場所をいいます（条解破産324頁）。本条の申立てを却下する決定に対しては即時抗告ができますが（本条Ⅱ）、申立てを許可する決定に対して即時抗告をすることはできません（破9）。

文　献　条解破産323頁、大コンメ148頁［野口宣大］、伊藤175頁、倒産法概説386頁［山本和彦］、破産法・民事再生法概論84頁［山本克己］、中島＝佐藤52頁、破産管財の手引132頁

（破産者の引致）
第38条　裁判所は、必要と認めるときは、破産者の引致を命ずることができる。
2　破産手続開始の申立てがあったときは、裁判所は、破産手続開始の決定をする前でも、債務者の引致を命ずることができる。
3　前2項の規定による引致は、引致状を発してしなければならない。
4　第1項又は第2項の規定による引致を命ずる決定に対しては、破産者又は債務者は、即時抗告をすることができる。
5　刑事訴訟法（昭和23年法律第131号）中勾引に関する規定は、第1項及び第2項の規定による引致について準用する。

基本事項

　本条は、破産者の逃走や財産隠匿を防ぎ、また、破産者の破産手続に対する協力を確保することを目的として、破産者の引致を命ずることができる旨を定めています。

　引致とは強制的に特定の場所へ連行することをいい、裁判所の発した引致状をもって執行します（本条Ⅲ）。破産手続開始決定前であっても、本条の目的を達成する必要があり得ますので、破産手続開始の申立後であれば、裁判所は債務者（破産者）の引致を命ずることができます（本条Ⅱ）。

　破産者の引致には、刑訴法中の勾引に関する規定が準用されます（本条Ⅴ）。刑訴法中の勾引の規定には、被告人に関するもの（刑訴58以下）と、証人に関するもの（刑訴152・153）がありますが、その性質上、破産者の引致には後者が適用されると解されています（条解破産326頁）。

　裁判所は必要と認めるときに破産者の引致を命ずることができますが（本条Ⅰ）、

引致が破産者の身体的自由（憲34・31）に制限を課すことからすると、真に必要と認められる場合に限ってこれを認めるべきであり、真に必要と認められる場合とは、裁判所や破産管財人の求めに応じず、説明請求（破40Ⅰ）に応じず、複数回にわたって正当な理由もなく出頭しないような場合であると説明されています（条解破産327頁）。なお、個別執行に関する民執法には、本条と同様の規定はありません。

また、裁判所の引致を命ずる決定に対して、破産者または債務者は、即時抗告をすることができます（本条Ⅳ）。特別の定めがないので、この即時抗告には執行停止の効力があると解されています（破9・13、民訴334、条解破産327頁、大コンメ151頁［野口宣大］）。

文献 条解破産325頁、大コンメ150頁［野口宣大］、伊藤175頁、倒産法概説386頁［山本和彦］、破産法・民事再生法概論84頁［山本克己］、中島＝佐藤52頁

（破産者に準ずる者への準用）
第39条 前2条の規定は、破産者の法定代理人及び支配人並びに破産者の理事、取締役、執行役及びこれらに準ずる者について準用する。

基本事項

本条は、破産者の居住制限（破37）や引致（破38）の規律を破産者に準じる者にも拡張することにより、これらの者による破産手続上の説明義務等を確保し、その逃走や財産の隠匿を防止することを目的としています。

破産者の法定代理人とは、親権者（民824）、後見人（民859）、法人である破産者の代表者（破13、民訴37）等をいいます。

「これら（破産者の理事、取締役、執行役）に準ずる者」に該当する者としては、持分会社の社員（会社590）が挙げられます。他方で、監事および監査役については、破産法40条1項3号・177条1項の文言との対比から「これらに準ずる者」に含まれないと解されています（条解破産328頁、大コンメ152頁［野口宣大］）。

文献 条解破産327頁、大コンメ152頁［野口宣大］、破産法・民事再生法概論84頁［山本克己］

（破産者等の説明義務）
第40条 次に掲げる者は、破産管財人若しくは第144条第2項に規定する債権者委員会の請求又は債権者集会の決議に基づく請求があったときは、破産に関し必要な説明をしなければならない。ただし、第5号に掲げる者については、裁判所の許可がある場合に限る。
　一　破産者
　二　破産者の代理人
　三　破産者が法人である場合のその理事、取締役、執行役、監事、監査役及び清算人
　四　前号に掲げる者に準ずる者

五　破産者の従業者（第２号に掲げる者を除く。）
　２　前項の規定は、同項各号（第１号を除く。）に掲げる者であった者について準用する。

基本事項
1　趣旨
　本条は、破産管財人の職務遂行に必要な情報を有する者に対して説明義務を負わせ、破産管財人の業務遂行や債権者の手続関与に資する情報を提供させることで、債務者の財産等の適正・公平な清算を目的とする破産手続の実効性を確保することを目的としています。
　破産に関し必要な説明をする義務には、口頭で説明をすることだけではなく、必要な書類等を提出する義務が付随していると解されています（大コンメ157頁［菅家忠行］）。また、破産手続開始時に破産者が有していた自由財産や、破産手続開始後に破産者が取得した財産も、破産財団に属する財産の正確な把握等の必要性がある場合には、説明請求の対象事項になると解されています（条解破産334頁、大コンメ156－157頁［菅家忠行］）。

2　説明義務を負う者
　本条１項各号に掲げる者だけでなく、説明請求があった時点で同項各号（１号を除く）に掲げる者であった者も同様に説明義務を負います（本条Ⅱ）。

(1)　破産者の代理人
　「破産者の代理人」には、法定代理人と任意代理人の双方を含み、訴訟や契約交渉を代理していた弁護士、税務申告の代理をしていた税理士、破産申立ての代理人等が該当すると解されています（条解破産331頁）。

(2)　前号に掲げる者に準ずる者
　「前号に掲げる者に準ずる者」には、役員欠員時に一時役員の職務を行うべき者（一般法人75Ⅱ）、取締役職務代行者（会社352、民保56）、会計参与（会社374以下）、会計監査人（会社396以下）が該当すると解されています。他方で、発起人、設立時取締役、設立時監査役は、前号に掲げる者に準ずる者には該当しないと解されています（条解破産332頁、会更77参照）。

(3)　破産者の従業者
　破産者の従業者とは、破産者との間に雇用契約その他の契約関係の存在を必要とせず、事実上破産者である法人または人の組織内にあってその法人または人の業務に直接または間接に従事する者を意味すると解されています（大コンメ154頁［菅家忠行］）。このように従業者の範囲は広く解されますが、他方で、破産手続の場合は、雇用関係が解消されて、すでに破産者との関係が希薄化している場合も多く、このような従業者に対して、一律に刑罰による制裁のある説明義務を負担させるのは不適当です。そこで、従業者に対して説明義務を負担させるのは、裁判所の許可がある場合に限ることとしています（本条Ⅰただし書）。

3 説明義務違反に対する制裁（免責不許可事由、刑罰）

本条の説明義務に違反する行為は、免責不許可事由に該当し（破252Ⅰ⑪）、刑罰が科せられますので（破268・277）、このような規定の存在によってその実効性が担保されています。

文献 条解破産329頁、大コンメ153頁［菅家忠行］、伊藤172頁、倒産法概説385頁［山本和彦］、山本111頁、破産法・民事再生法概論83頁［山本克己］、中島＝佐藤52頁

（破産者の重要財産開示義務）
第41条 破産者は、破産手続開始の決定後遅滞なく、その所有する不動産、現金、有価証券、預貯金その他裁判所が指定する財産の内容を記載した書面を裁判所に提出しなければならない。

基本事項
1 趣旨

本条は、破産者が破産手続開始後、遅滞なく、重要な財産を記載した書面を裁判所へ提出すべき義務（重要財産開示義務と呼ばれている）を定めたものです。裁判所や破産管財人が手続の初期段階で破産者の財産状況を把握することで、破産手続の進行方針や進行方法をより適切に決定し、破産管財人による早期の財産管理（破79）を可能とするほか、破産債権者その他の利害関係人が文書等の閲覧・謄写（破11Ⅰ・Ⅱ）を通じて必要な情報を入手し、適切に破産手続の監督を行えるようにしたものです。

破産財団に関する情報提供という点で、破産者等の説明義務（破40）と同趣旨の規定ですが、本条の重要財産開示義務は、破産管財人等の求めの有無に関係なく発生する義務であるという点に特徴があります。

2 重要財産開示義務違反に対する制裁（免責不許可事由、刑罰）

本条の重要財産開示義務に違反する行為は、免責不許可事由に該当し（破252Ⅰ⑪）、刑罰が科せられますので（破269・277）、このような規定の存在によってその実効性が担保されています。

文献 条解破産334頁、大コンメ160頁［菅家忠行］、伊藤172頁、倒産法概説385頁［山本和彦］、山本111頁、破産法・民事再生法概論83頁［山本克己］、中島＝佐藤51－52頁

（他の手続の失効等）
第42条 破産手続開始の決定があった場合には、破産財団に属する財産に対する強制執行、仮差押え、仮処分、一般の先取特権の実行、企業担保権の実行又は外国租税滞納処分で、破産債権若しくは財団債権に基づくもの又は破産債権若しくは財団債権を被担保債権とするものは、することができない。
2　前項に規定する場合には、同項に規定する強制執行、仮差押え、仮処分、一般

の先取特権の実行及び企業担保権の実行の手続並びに外国租税滞納処分で、破産財団に属する財産に対して既にされているものは、破産財団に対してはその効力を失う。ただし、同項に規定する強制執行又は一般の先取特権の実行（以下この条において「強制執行又は先取特権の実行」という。）の手続については、破産管財人において破産財団のためにその手続を続行することを妨げない。
3　前項ただし書の規定により続行された強制執行又は先取特権の実行の手続については、民事執行法第63条及び第129条（これらの規定を同法その他強制執行の手続に関する法令において準用する場合を含む。）の規定は、適用しない。
4　第2項ただし書の規定により続行された強制執行又は先取特権の実行の手続に関する破産者に対する費用請求権は、財団債権とする。
5　第2項ただし書の規定により続行された強制執行又は先取特権の実行に対する第三者異議の訴えについては、破産管財人を被告とする。
6　破産手続開始の決定があったときは、破産債権又は財団債権に基づく財産開示手続（民事執行法第196条に規定する財産開示手続をいう。以下この項並びに第249条第1項及び第2項において同じ。）の申立てはすることができず、破産債権又は財団債権に基づく財産開示手続はその効力を失う。

基本事項
1　趣旨

本条は、破産手続を円滑に進めるために、破産財団に対する破産債権もしくは財団債権に基づく個別執行を禁止するとともに、すでにされている個別執行については、破産財団との関係で失効させることとしたものです。

また、財産開示手続に関しては、破産法に情報取得に関するより強力な制度が整備され（破40・41・81ないし83）、続行させる必要がないことから、当然に失効することとしました（本条Ⅵ）。

なお、本条と同様の規定が民再法39条、会更法50条にも置かれています。

2　禁止・失効の対象となる手続
(1)　破産財団に属する財産に対する個別執行であること

本条1項・2項によって破産手続開始決定後に禁止され、失効する個別執行は、破産財団に属する財産［☞ 論点解説 1・2］に対する強制執行、仮差押え、仮処分、一般先取特権の実行、企業担保法に基づく企業担保権の実行と外国租税滞納処分です。

(2)　破産債権もしくは財団債権に基づく個別執行であること

破産者に対する人的請求権のうち破産債権もしくは財団債権に該当しないものに基づく個別執行は禁止や失効の対象となりません。例えば、財産に関しない破産者に対する作為や不作為を求める債権、身分法的な同居請求権（民752）、組織法的な請求権である取締役の違法行為差止請求権（会社360Ⅰ）等が挙げられます［☞破§2］。また、取戻権に基づく個別執行（破62）、別除権に基づく担保権の実行（破65）も対象になりません（条解破産340頁）。

3　すでにされている個別執行の効力

　すでにされている個別執行は、破産財団に対してはその効力を失います（本条Ⅱ）。「効力を失う」（失効）とは、特別の手続を要しないで、当該執行手続の効力が破産財団に対して過去に遡って失われ、破産管財人が差押えの処分禁止効等を受けずに、執行目的物たる財産またはこれに代わる金銭等についての管理処分権を行使できることをいいます（伊藤412頁）。そのため、執行債権者は強制執行における配当金の受領権限等を失いますので、特別の手続を経ることなく、破産管財人は執行機関に対して配当金の引渡しを請求できます（伊藤412頁）。また、破産管財人は特別の手続を経ることなく、個別執行の効力を無視して財産換価ができます。

　もっとも、すでにされている個別執行は、破産管財人が破産財団に対する管理処分権を行使する限りで、破産手続上失効するものであり、絶対的に無効となるわけではありません。そこで、破産管財人がすでにされている個別執行の手続を続行することも可能であり（本条Ⅱただし書）、また、破産手続開始決定の取消決定の確定等により個別執行が再開されます（相対的無効という。伊藤413頁注191）。

4　破産管財人による手続の続行

　迅速で適正に目的物を換価する上では、既存の個別執行を続行するほうが破産財団に有利な場合があるため、破産管財人は、強制執行または先取特権の実行の手続を続行することができます（本条Ⅱただし書。その他の手続の続行の可否について条解破産348頁、伊藤413頁、倒産法概説363頁［山本和彦］）。この場合、早期の換価実現等のため無剰余執行の規定（民執63・129）の適用は排除され（本条Ⅲ。なお、破184Ⅰ参照）、破産者に対する費用請求権は財団債権となります（本条Ⅳ）。

　破産管財人が、強制執行または先取特権の実行の手続を続行した後に、第三者がその手続に対する第三者異議の訴えを提起する場合の被告は、破産管財人となります（本条Ⅴ）。

論点解説

1　破産財団とは法定財団か現有財団か　破産法にいう破産財団は、講学上、法定財団（破産法が予定している理念型としての破産財団）、現有財団（現に破産管財人が破産財団であると認めて管理している財産の集合体）、配当財産（破産債権者への配当の原資となる破産財団）に分類できます（伊藤233頁）。

　本条の破産財団が、法定財団を意味するのか、現有財団を意味するのか議論があります。債務者に対する仮差押えの執行、債務者に対する破産宣告（平成16年改正後の破産手続開始決定）、所有権を主張する第三者からの第三者異議の訴え提起がこの順で行われた事案に関し、判例（最判昭45・1・29民集24巻1号74頁［百選［A8］］）は、平成16年改正後の本条の破産財団が現有財団であることを前提に、当該第三者異議の訴えの対象の物件は破産手続開始により同条の破産財団に属する財産となり、仮差押えは効力を失った旨を判示しました（鈴木弘「判解」最判解民事篇昭和45年度1頁参照）。なお、現有財団に限定するのは相当ではないとする見解（条解破産341頁）もあります。

2　自由財産に対する個別執行の可否　破産法上、自由財産に対する個別執行を禁止する明文規定はありませんが、破産債権の個別的権利行使が禁止されていること（破100Ⅰ）や、免責手続中の自由財産に対する個別執行を禁止していることを前提とする規定があること（破249）等から、破産債権に基づく自由財産に対する個別執行は禁止されていると解されています（条解破産341頁、伊藤410頁注183、最判平18・1・23民集60巻1号228頁）。

　この点、財団債権に基づく自由財産に対する個別執行については、個別的権利行使を禁止する規定がないこと、財団債権は免責の対象とならないと解されていること等から、禁止されていないと解する余地があります。もっとも、労働債権など政策的に財団債権とされたものに基づく個別執行は、破産者について経済生活の再生の機会を確保するという破産法の目的（破1条）等から禁止されるとする見解があります（条解破産342頁）。

　文献　条解破産337頁、大コンメ167頁［菅野忠行］、伊藤314頁・410頁、倒産法概説89頁［沖野眞已］・363頁［山本和彦］、破産法・民事再生法概論99-100頁［山本克己］、中島＝佐藤51頁

（国税滞納処分等の取扱い）
第43条　破産手続開始の決定があった場合には、破産財団に属する財産に対する国税滞納処分（外国租税滞納処分を除く。次項において同じ。）は、することができない。
2　破産財団に属する財産に対して国税滞納処分が既にされている場合には、破産手続開始の決定は、その国税滞納処分の続行を妨げない。
3　破産手続開始の決定があったときは、破産手続が終了するまでの間は、罰金、科料及び追徴の時効は、進行しない。免責許可の申立てがあった後当該申立てについての裁判が確定するまでの間（破産手続開始の決定前に免責許可の申立てがあった場合にあっては、破産手続開始の決定後当該申立てについての裁判が確定するまでの間）も、同様とする。

基本事項

1　趣旨

　国税滞納処分がなされた場合、租税等の請求権は当該財産から優先的に満足を受けることができます。この結果、租税等の請求権は、法定納期限等を登記設定日とする抵当権等と同様の取扱いがなされますので（税徴15・16等）、このような事情等を踏まえ、本条2項は、破産手続開始決定時に国税滞納処分がすでにされている場合には、別除権者と同様に破産手続外での権利行使を認めることとしました。なお、破産債権に基づくこのような国税滞納処分は、破産法100条2項において個別的権利行使の例外として位置付けられています。

　他方、破産手続の包括執行制度の機能を重視し、本条1項は、破産手続開始決定後は滞納処分ができないこととしました。

また、本条は、刑の時効（刑31）が問題となる罰金、科料および追徴に関して、時効の停止を定めています（本条Ⅲ、刑33）。

2　国税滞納処分

　破産法で規定されている国税滞納処分とは、国税滞納処分の例による処分を含み、交付要求（債務者の財産について強制換価手続が開始されている場合に、その手続に参加して滞納国税等に対する配当を受ける制度）は含みません（破25Ⅰ括弧書）。国税徴収法に基づく滞納処分には、差押え（税徴47）、交付要求（税徴82）、参加差押え（税徴86）がありますので、国税滞納処分に該当するのは差押えと参加差押えです。また、国税徴収法の例による処分としては、地方税に基づくもの（地税48）や社会保険料等に基づくもの（健保180等）があります。

　国税滞納処分がすでにされている場合には、その国税滞納処分の続行を妨げないとされていますが（本条Ⅱ）、これは、かかる場合の徴収権者は破産手続外で財産の換価（税徴89以下）、換価代金等の配当（税徴128以下）等の手続を続行できることを意味します。

　文献　条解破産351頁、大コンメ176頁［菅家忠行］、伊藤314頁・415頁、倒産法概説89頁［沖野眞已］、破産法・民事再生法概論100頁［山本克己］

（破産財団に関する訴えの取扱い）
第44条　破産手続開始の決定があったときは、破産者を当事者とする破産財団に関する訴訟手続は、中断する。
2　破産管財人は、前項の規定により中断した訴訟手続のうち破産債権に関しないものを受け継ぐことができる。この場合においては、受継の申立ては、相手方もすることができる。
3　前項の場合においては、相手方の破産者に対する訴訟費用請求権は、財団債権とする。
4　破産手続が終了したときは、破産管財人を当事者とする破産財団に関する訴訟手続は、中断する。
5　破産者は、前項の規定により中断した訴訟手続を受け継がなければならない。この場合においては、受継の申立ては、相手方もすることができる。
6　第1項の規定により中断した訴訟手続について第2項の規定による受継があるまでに破産手続が終了したときは、破産者は、当然訴訟手続を受継する。

基本事項

1　趣旨

　破産手続が開始されると破産財団に属する財産の管理処分権は破産管財人に専属し（破78Ⅰ）、破産財団に関する訴えの当事者適格は破産管財人に認められます（破80）。そのため、本条1項は、破産手続開始決定により、破産者を当事者とする破産財団に関する訴訟手続は中断することとしました。破産者に訴訟代理人がいる場合でも、訴訟手続は中断します（民訴124Ⅱ参照）。

　本条の対象は破産財団に関する訴訟手続ですので、自由財産に関する訴訟手続、

身分上の権利に関する訴訟手続に本条の適用はありません〔☞ 論点解説 ①・②〕。

なお、本条と同趣旨の規定が民再法40条1項、2項、会更法52条にも置かれています。

2 受継

(1) 破産管財人による受継

破産管財人は、中断した訴訟手続のうち破産債権に関しないものをいつでも受継することができます（本条Ⅱ前段）。破産債権に関する訴訟が除外されているのは、破産法が別に債権確定手続を用意しているためです（破111以下）。

破産管財人によって受継された訴訟手続において、相手方の破産者に対する訴訟費用請求権は財団債権となります（本条Ⅲ）。

(2) 相手方の受継

訴訟手続の相手方も受継の申立てをすることができます（本条Ⅱ後段）。この場合、破産管財人は、不利な訴訟状態であっても受継を拒否することができないと解されています（伊藤403頁。もっとも、破産法が定めたより簡易な手続〔破177等〕による対応の余地があり、破産管財人が当該手続を選択した場合の扱いについては見解が分かれている〔条解破産363頁・381頁、大コンメ182-183頁〔菅家忠行〕〕）。

(3) 破産手続の終了と破産者による受継

破産手続が終了したときは、破産管財人により受継された訴訟手続は中断し、破産者がそれを受継する義務を負います（本条Ⅳ・Ⅴ）。

同様に、中断した訴訟手続を破産管財人が受継する前に破産手続が終了したときは、破産者が当然に訴訟手続を受継します（本条Ⅵ。破産管財人が当該財産を破産財団から放棄した場合について、大コンメ185頁〔菅家忠行〕、伊藤403頁注167参照）。

論点解説

①　破産財団とは法定財団か現有財団か　　本条の破産財団が、法定財団と現有財団のいずれの意味なのか、破産法42条等と同様に争いがあります。この点、中断・受継の範囲が明確になることを理由に現有財団と解するのが通説です（伊藤402頁注166。異なる解釈について、条解破産360頁参照）。

②　法人の組織法上の訴訟のうち会社の財産関係に影響をもつ訴訟　　法人の組織法的な法律関係についての訴訟手続等は、破産財団に関する訴訟手続ではないので、本条の適用がないとするのが通説です〔なお、☞破§57 論点解説〕。しかし、合併や営業譲渡等の法人の財産関係を直接変動させる効果をもつものについては、破産管財人の管理処分権の対象となり、本条に基づき中断すると解するべきであるとの見解が有力に主張されています（伊藤401頁）。

　　文　献　条解破産358頁、大コンメ180頁〔菅家忠行〕、伊藤400頁、倒産法概説363頁〔山本和彦〕、破産法・民事再生法概論94頁〔山本克己〕、中島＝佐藤51頁

（債権者代位訴訟及び詐害行為取消訴訟の取扱い）

第45条　民法（明治29年法律第89号）第423条又は第424条の規定により破産債

> 権者又は財団債権者の提起した訴訟が破産手続開始当時係属するときは、その訴訟手続は、中断する。
> 2　破産管財人は、前項の規定により中断した訴訟手続を受け継ぐことができる。この場合においては、受継の申立ては、相手方もすることができる。
> 3　前項の場合においては、相手方の破産債権者又は財団債権者に対する訴訟費用請求権は、財団債権とする。
> 4　第1項の規定により中断した訴訟手続について第2項の規定による受継があった後に破産手続が終了したときは、当該訴訟手続は、中断する。
> 5　前項の場合には、破産債権者又は財団債権者において当該訴訟手続を受け継がなければならない。この場合においては、受継の申立ては、相手方もすることができる。
> 6　第1項の規定により中断した訴訟手続について第2項の規定による受継があるまでに破産手続が終了したときは、破産債権者又は財団債権者は、当然訴訟手続を受継する。

基本事項
1　趣旨

　本条は、破産手続が開始し、または終了した場合の債権者代位訴訟（民423）および詐害行為取消訴訟（民424）の中断および受継について定めています。

　これらの訴訟は、いずれも破産財団に関する訴訟手続ですが、破産者（債務者）を当事者とする訴訟ではありませんので、破産法44条に基づく中断・受継の対象とはなりません。しかし、債権者代位訴訟は、債務者の責任財産を保全することを目的とする訴訟です［☞ 論点解説 1］。破産手続中は、責任財産すなわち破産財団の管理処分権は破産管財人に専属することになりますから、債権者代位訴訟の原告適格も破産管財人に認める必要があります。同様に、詐害行為取消訴訟も、債務者の責任財産の回復を目的とする訴訟であり、破産手続中は、責任財産すなわち破産財団の増殖のために破産管財人が行使する否認権（破160以下）に一元化させる必要があります。また、破産債権者は個別的権利行使が禁じられていますから（破100Ⅰ）、強制執行のために個別債権者に認められている訴訟をそのまま追行させることは適当ではありませんし、財団債権者についても、強制執行等が禁じられているため（破42Ⅰ・Ⅱ本文）、訴訟をそのまま追行させるべきではありません。さらに、訴訟資料を、引き続き否認訴訟等で利用することができれば訴訟経済に資するといえます。

　以上の理由から、本条は、破産者を当事者としない訴訟手続であっても、破産手続開始決定時に、破産債権者または財団債権者の提起した債権者代位訴訟または詐害行為取消訴訟が係属しているときは、これらの訴訟手続は一旦中断し（本条Ⅰ）、破産管財人が選択して受継できることとしました（本条Ⅱ）［☞ より深く学ぶ 1～3］。

　なお、本条と同趣旨の規定が民再法40条の2、140条、会更法52条の2にも置かれています。

2　破産管財人による受継

破産管財人は、中断した訴訟手続を受継することができます（本条Ⅱ前段）。受継は義務ではありません（破44Ⅱと同趣旨）。訴訟の状態が破産財団の保全・増殖に有利であると判断すれば、破産管財人は受継を選択し、不利であると判断すれば受継しないで、あらためて否認訴訟等を提起することができます。訴訟の相手方も受継の申立てをすることができます（本条Ⅱ後段）［☞ 論点解説 ②］。

なお、受継した訴訟の請求の趣旨は、必要に応じて変更する必要があります。債権者代位訴訟であれば、債権者への支払や引渡しを破産管財人への支払や引渡しに、また、詐害行為取消訴訟であれば否認訴訟（破160等）に切り替えることになります。

破産管財人が受継したときは、被告の当初原告に対する訴訟費用請求権は、受継前のものを含め、財団債権となります（本条Ⅲ）。

3　仮差押え・仮処分

債権者代位訴訟または詐害行為取消訴訟を本案とする仮差押えまたは仮処分も、本条1項・2項に基づく中断・受継の対象になると解されています（条解破産378頁、大コンメ188頁［菅家忠行］）。これらの仮差押え・仮処分が破産手続開始前にされている場合には、破産手続開始前に本案訴訟が提起されていればこれを受継し、本案訴訟が未提起ならば、破産手続開始後に破産管財人が本案訴訟（代位権の目的である権利を目的とする訴えもしくは否認の訴え）を提起したときに、仮差押債権者または仮処分債権者の地位を承継することができます（大判昭11・7・11民集15巻1367頁、福岡高判昭31・3・19高民集9巻4号220頁）。

4　破産手続終了時の中断・受継

破産管財人による受継後に破産手続が終了したときには、破産管財人の当事者適格が消滅するため、本条1項に基づき中断した訴訟のうち、まだ終了していない訴訟手続は再び中断します（本条Ⅳ）。この場合、最初の中断前の訴訟当事者であった破産債権者または財団債権者が訴訟を受継しなければなりません（本条Ⅴ前段）。相手方も受継の申立てができます（同項後段）。

最初の中断後、破産管財人による受継前に破産手続が終了したときは、受継の申立てを要することなく破産債権者などが当然に受継します（本条Ⅵ）。同時破産手続廃止の決定がなされた場合がこれに当たります（破216条）。

論点解説

① 転用型の債権者代位訴訟　債権者代位権は、本来は金銭債権の強制執行の準備のために債務者の責任財産を保全するためのものですが、判例は、非金銭債権の保全のために無資力を要件とせずに用いることを認めています（いわゆる転用型事例）。例えば、買主の登記請求権を保全するために売主の登記請求権を代位行使する場合や、賃借人の使用収益権を保全するために賃貸人が保有する賃貸目的物の引渡請求権を代位行使する場合等がこれに当たります。

この転用型事例についても、本条を適用すべきかが問題になりますが、基本的には、①代位行使の対象となっている権利は破産財団に属するので、その行使は破産

管財人に専属させるべきであること、また、②被保全債権が破産債権の場合、債権者による訴訟遂行を認めると個別的権利行使禁止の原則に反することになり適切ではないことから、本条に基づく中断・受継を認めるのが相当であると解されています（伊藤408頁注179、条解破産370頁、大コンメ187頁［菅家忠行］等）。

2 破産管財人の受継拒絶　本条2項後段に基づいて相手方が受継申立てをした場合に、破産管財人がこれを拒絶できるか争いがあり、肯定説（大コンメ189頁［菅家忠行］、倒産法概説364頁［山本和彦］等参照）が通説とされていますが（東京地決昭49・9・19判時771号66頁）、否定説も有力です（条解破産380頁、伊藤407頁等参照）。実務の運用は否定説に従っています（破産管財の手引238頁、はい6民です129頁）。

より深く学ぶ

債権者代位訴訟と詐害行為取消訴訟は、破産者を当事者としない破産財団に関する訴えの典型例ですが、本条は、この2つ以外の破産者を当事者としない破産財団に関する訴えにも類推適用されると解されています。

1 債権者代位訴訟に類似する訴訟類型

(1)　**株主代表訴訟**　株主代表訴訟（会社847）の係属中に会社が破産手続開始の決定を受けた場合における株主の訴訟追行権限の帰趨については明文の規定がありません。しかし、株主代表訴訟は、取締役の責任追及の実効性を確保するために株主が会社に代位して取締役に対する損害賠償請求を行う訴訟であり、債権者代位訴訟とその性質を同じくすることから、本条を類推適用して、中断および破産管財人による受継を認めるべきであると解されています（条解破産372頁、伊藤409頁、東京地決平12・1・27金判1120号58頁）。

(2)　**差押債権者による取立訴訟**　債権差押えに基づく取立訴訟（民執157）において、債務者が破産手続開始決定を受けた場合についても、本条の類推適用を認めて、中断および破産管財人による受継を認めるべきであると解されています（最判平11・12・17判時1707号62頁、条解破産373頁、伊藤408頁。なお、本条の類推適用について、新破産法の基本構造と実務96頁）。

(3)　**その他の訴訟類型**　前記以外にも、本条の類推適用があると解されている訴訟類型として、会社債権者の株主に対する剰余金の配当等に関する支払責任の履行を求める訴訟（会社463Ⅱ）があります（条解破産374頁）。

2 詐害行為取消訴訟に類似する訴訟類型

(1)　**会更法・民再法上の否認訴訟**　再生手続または更生手続から破産手続に移行した場合（いわゆる「牽連破産」と呼ばれる）、民再法・会更法上の否認訴訟の追行権は、破産管財人が受け継ぐことができると解されており、それを前提に、否認の基準時の読替規定等が置かれています（民再252・254、会更254・256）。下級審判決（札幌地判平17・4・15金判1217号6頁）も、牽連破産の場合に、民再法上の否認請求の異議の訴えの訴訟手続は中断し、破産管財人が訴訟を受継することができると判示しています。もっとも、破産法には、民再法140条1項や会更法52条の2第1項のような、他の倒産手続において係属中の否認訴訟の受継に関する規定がないため、破

産管財人による受継を、破産法のいずれの条項の適用または類推適用ないし準用を根拠に認めるかについては争いがあります（条解破産376頁、大コンメ189頁〔菅家忠行〕）。

(2) **その他の訴訟類型**　前記の訴訟類型以外に、清算持分会社の財産処分の取消しの訴え（会社863）、社債発行会社の弁済等の取消しの訴え（会社865）、詐害信託の取消訴訟（信託11Ⅰ・Ⅳ）にも、本条の類推適用があると解されています（条解破産376頁。なお、大コンメ188頁〔菅家忠行〕参照）。

③ **租税等の請求権者が提起する債権者代位訴訟および詐害行為取消訴訟**　国や地方公共団体などの租税等の請求権者が提起する債権者代位訴訟および詐害行為取消訴訟（税通42、地税20の7）については、本条を適用するとする見解（条解破産367頁）のほか、本条の適用はなく、国税滞納処分に準じて扱うのが適当であるとする見解（大コンメ188頁〔菅家忠行〕）があります。

判　例　東京地決平12・1・27金判1120号58頁①事件〔百選〔22〕、INDEX〔37〕〕、大判昭11・7・11民集15巻1367頁、最判平11・12・17判時1707号62頁、札幌地判平17・4・15金判1217号6頁

文　献　伊藤406頁、条解破産366頁、大コンメ186頁〔菅家忠行〕、倒産法概説364頁〔山本和彦〕、破産管財の手引238頁、注釈破産（上）319頁〔紫原多〕

（行政庁に係属する事件の取扱い）
第46条　第44条の規定は、破産財団に関する事件で行政庁に係属するものについて準用する。

基本事項

1　趣旨

本条は、破産財団に関する事件で行政庁に係属するものについて、破産法44条を準用し、破産手続が開始または終了した場合の中断および受継を定めた規定です。

本条と同趣旨の規定が民再法40条3項、69条、会更法53条にも置かれています。

2　行政庁に係属する事件

行政庁に係属する事件には、①行政不服審査法に基づく審査請求、異議申立て、再審査請求、②国税通則法・地方税法等に基づく租税に関する不服申立て、③公正取引委員会が行う審判手続に関する事件、④特許法等に基づく知的財産権に関する審判事件などがあります。

文　献　条解破産384頁、大コンメ190頁〔菅家忠行〕

第2款　破産手続開始の効果

（開始後の法律行為の効力）
第47条　破産者が破産手続開始後に破産財団に属する財産に関してした法律行為は、破産手続の関係においては、その効力を主張することができない。
2　破産者が破産手続開始の日にした法律行為は、破産手続開始後にしたものと推

定する。

基本事項

1 趣旨

　破産手続開始の決定（破30Ⅰ）があると、破産財団に属する財産の管理処分権は破産者から破産管財人に移ります（破78Ⅰ）。これを受けて本条は、破産手続開始後に破産者が破産財団に属する財産について法律行為をしたとしても、相手方は破産手続が進行する限り、その効力を主張することができないこととしました。

　破産財団に属する財産は債権者の共同の満足に供されるべきものです。本条は、破産手続開始後、破産管財人が破産財団の換価を円滑に行うため、取引の安全の要請よりも破産財団維持の要請を優先させ、破産者の行為によって破産財団が変動することを阻止しようとしたものです。

　なお、本条と同趣旨の規定が民再法76条1項、会更法54条にも置かれています。

2 破産財団に属する財産に関してした法律行為

　法律行為には、狭義の法律行為（売買・贈与・担保権の設定等の契約、相殺・免除等の単独行為等）だけでなく、財産の変動を伴う準法律行為（物の引渡し、債務の承認、登記・登録、債権譲渡の通知・承諾、弁済の受領など）も広く含まれます。破産財団に属する財産に関する行為が本条の対象ですから、自由財産に関する行為や身分上の法律関係に関する行為は、本条の制限を受けません（ただし、破産手続開始前に開始していた相続の承認や放棄については、別途制約がある〔破238〕）。

　破産財団に属する財産に関してされた行為は、破産財団にとって有利であるか否かを問わず、本条の対象となります。

3 破産手続開始後にした行為

　本条の対象は、破産手続開始後の破産者の行為です（本条Ⅰ）。手続開始後か否かは、破産手続開始決定の裁判書に記載された決定の年月日時（破規19Ⅱ）を基準として判断されます。ただし、破産手続開始の日にした法律行為は、破産手続開始後にしたものと推定されます（本条Ⅱ）。この推定に対し、反証するためには、相手方において、その行為が破産手続開始決定の時刻よりも前にされたことを立証する必要があります。

4 効果等

　相手方は、破産手続開始決定の事実について善意・悪意を問わず、破産者によって行われた行為が有効であることを主張できません。即時取得（民192）も成立しません（ただし、転得者については即時取得が成立し得る）。

　「破産手続の関係においては、その効力を主張することができない」とは、当該法律行為の当事者間、すなわち破産者と相手方との間ではその行為は有効であるが、相手方は破産管財人に対してその効力を主張することができないという意味（相対的無効）と解するのが通説です（大判昭6・5・21新聞3277号15頁）。

　そのため、破産手続が取り消されたり廃止されたときは、相手方は、破産者に対して行為の効力を主張することができます（伊藤337頁。最判昭36・10・13民集15巻9号

2409 頁［百選［99］、INDEX［169］］参照）。

　なお、破産管財人は、破産者の行為が破産財団にとって有利な場合には、その行為の効力を追認できます。

　文献　伊藤 336 頁、条解破産 385 頁、大コンメ 191 頁［大村雅彦］、倒産法概説 195 頁［沖野眞已］、注釈破産（上）329 頁［三枝知央］

（開始後の権利取得の効力）
第 48 条　破産手続開始後に破産財団に属する財産に関して破産者の法律行為によらないで権利を取得しても、その権利の取得は、破産手続の関係においては、その効力を主張することができない。
2　前条第 2 項の規定は、破産手続開始の日における前項の権利の取得について準用する。

基本事項

　本条は、破産手続開始後に、破産者の法律行為によらないで、第三者が破産財団に属する財産に関して権利を取得した場合［☞ **論点解説**］について、前条（破 47 Ⅰ）と同様の相対的無効を定めた規定です。前条 2 項と同様、破産手続開始の日における権利の取得は、破産手続開始後にしたものと推定されます（本条Ⅱ）。

　なお、本条と同趣旨の規定が民再法 44 条、会更法 55 条にも置かれています。

論点解説

適用範囲　本条の適用範囲について、現在の通説は、本条は破産手続開始決定によって破産者が破産財団について管理処分権を失うことを前提として（破 78 Ⅰ）、破産者以外の第三者の行為による破産財団の減損防止を意図した規定であると解します。例えば、代理商である破産債権者が破産財団に属すべき動産を第三者から受け取った場合には、本条 1 項の適用により商事留置権を主張できないとする一方、破産者の処分権の有無に関係なく成立する権利取得（例えば、時効取得、附合による取得、破産者以外の者からの即時取得など）には適用がないとしています。これに対しては、適用事例と不適用事例の区別が明らかではない等とし、本条の沿革的な理由から、破産手続開始前から破産者に対して債権を有していた破産債権者が第三者の行為によって権利を取得する場合に限って本条を適用するとする有力説（伊藤 338 頁）等、複数の考え方があります（議論の詳細は、大コンメ 194 頁［大村雅彦］、条解破産 391 頁）。

　判例　大判大 14・10・15 民集 4 巻 504 頁、最判昭 54・1・25 民集 33 巻 1 号 1 頁［百選［73］、INDEX［37］］
　文献　伊藤 338 頁、条解破産 390 頁、大コンメ 194 頁［大村雅彦］、倒産法概説 196 頁［沖野眞已］、注釈破産（上）322 頁［三枝知央］

（開始後の登記及び登録の効力）
第 49 条　不動産又は船舶に関し破産手続開始前に生じた登記原因に基づき破産手

続開始後にされた登記又は不動産登記法（平成16年法律第123号）第105条第1号の規定による仮登記は、破産手続の関係においては、その効力を主張することができない。ただし、登記権利者が破産手続開始の事実を知らないでした登記又は仮登記については、この限りでない。
2　前項の規定は、権利の設定、移転若しくは変更に関する登録若しくは仮登録又は企業担保権の設定、移転若しくは変更に関する登記について準用する。

基本事項
1　趣旨
　破産手続開始後の破産者の法律行為や第三者の権利取得は、破産手続との関係では無効となります（破47・48）。しかし、この原則を貫くと取引の安全が害されることから、本条および次条（破50）は、破産手続開始の事実を知らなかった善意者を保護するための規定を定めています。
　なお、本条と同趣旨の規定が民再法45条、会更法56条にも置かれています。
2　手続開始後の本登記
　本条1項は、不動産または船舶について、売買等の実体的な権利変動原因（登記原因）が破産手続開始前に生じており、対抗要件としての登記が手続開始後になされた場合を対象としています〔☞　**論点解説**〕。
　開始前に実体的な権利変動原因が生じており、未了の登記自体は権利変動の公示方法にとどまることを考慮し、破産手続開始を知らずに登記をした場合に限って登記権利者を例外的に保護するとしたものです（伊藤341頁）。
　善意の証明責任は、善意を主張する登記権利者にあります。ただし、登記をしたのが破産手続開始決定の公告前であれば善意が、公告後であれば悪意が推定されます（破51）。
3　手続開始後の仮登記
　破産手続開始前の仮登記原因に基づいて開始後に仮登記を得た場合については、不動産登記法105条1号の仮登記（いわゆる「1号仮登記」）であれば本登記と同様に保護されます（本条Ⅰ本文）。これに対して、同条2号の仮登記（いわゆる「2号仮登記」）は、善意者によるものであっても保護されません。1号仮登記の場合には、権利変動の実体的要件が開始前に備わっているのに対して、2号仮登記の場合には、権利変動の実体的要件がまだ備わっておらず、保護に値しない上、本条の規定振りからも2号仮登記は含まれず、破産法47条1項の原則通りであると解されるからです。
4　登録・仮登録等への準用
　本条は、不動産や船舶に関するもの以外の、権利の設定、移転もしくは変更に関する登録・仮登録（特許権の設定登録など）または企業担保権の設定、移転もしくは変更に関する登記にも準用されます（本条Ⅱ）。

論点解説
破産手続開始前の仮登記に基づく手続開始後の本登記　　破産手続開始前にすでに

仮登記を得ていた第三者が、①開始後に破産者の協力のもと得た本登記を破産管財人に対抗できるか、また、②仮登記権利者が破産管財人に対して本登記を請求できるかが問題になります（議論の詳細は、伊藤342頁）。

1号仮登記については、①について、1号仮登記が先行することにより、第三者の本登記は善意・悪意にかかわりなく破産管財人に対抗できると解するのが通説です（伊藤343頁）。②についても、通説・判例は、仮登記権利者は破産管財人に対して本登記を請求できると解しています（大判大15・6・29民集5巻602頁）。

他方、2号仮登記については、①について第三者が善意でなければ（本条Ⅰただし書）その効力を否定し、②についても破産管財人に対する本登記請求権を否定する考え方が有力です。もっとも、2号仮登記の場合も1号仮登記同様保護すべきとする見解も有力です（伊藤343頁）。

文献 伊藤340頁、条解破産393頁、大コンメ196頁［大村雅彦］、倒産法概説198頁［沖野眞已］、注釈破産（上）336頁［金山伸宏］

（開始後の破産者に対する弁済の効力）
第50条 破産手続開始後に、その事実を知らないで破産者にした弁済は、破産手続の関係においても、その効力を主張することができる。
2　破産手続開始後に、その事実を知って破産者にした弁済は、破産財団が受けた利益の限度においてのみ、破産手続の関係において、その効力を主張することができる。

基本事項

破産者が有する債権は、破産手続開始によって破産財団を構成する財産になり、その管理処分権は破産管財人に移ります（破78Ⅰ）。したがって、当該債権の債務者が開始決定後に破産者に対して弁済をしても、破産管財人には対抗できず（破47Ⅰ）、再度破産管財人に対して弁済しなければならないのが原則です。しかし、債務者は、債権者の財産状態に関心をもたないことも多く、債権者の破産を知らずに弁済してしまうこともあり得ます。そこで、本条1項は、破産手続開始を知らなかった債務者がした弁済は破産管財人に対抗できることとしました。

この場合の善意の証明責任は債務者にあります。ただし、弁済が破産手続開始決定の公告前であれば善意が、公告後であれば悪意が推定されます（破51）。

債務者が悪意の場合には、原則通り破産管財人に対して弁済の効力を主張することはできませんが、弁済によって破産財団が利益を受けた限度でその効力を主張することができます（本条Ⅱ）。「利益を受けた」とは、破産者が受領した金銭等を破産管財人に交付している場合だけでなく、受領した金銭等で財団債権を弁済した場合等も含むと解されています（大コンメ200頁［大村雅彦］、条解破産400頁）。

なお、本条と同趣旨の規定が民再法76条、会更法57条にも置かれています。

文献 伊藤345頁、条解破産398頁、大コンメ199頁［大村雅彦］、倒産法概説200頁［沖野眞已］、注釈破産（上）341頁［金山伸宏］

> **(善意又は悪意の推定)**
> **第 51 条** 前2条の規定の適用については、第32条第1項の規定による公告の前においてはその事実を知らなかったものと推定し、当該公告の後においてはその事実を知っていたものと推定する。

基本事項

　破産法49条1項および50条1項は、47条および48条の原則に対する例外として、破産手続開始の事実を知らなかった善意者の保護を図っています。しかし、善意・悪意という主観的要件の立証は困難なことが多いこと、また、破産手続開始の内容は直ちに公告され、その周知が図られていることから（破32Ⅰ）、本条により、破産手続開始決定の公告前は善意を、公告後は悪意を推定することとして、公告の前後で立証責任の負担を分けることとしました。

　なお、本条と同趣旨の規定が民再法47条、会更法59条にも置かれています。

　文　献　条解破産401頁、大コンメ201頁［大村雅彦］、注釈破産（上）344頁［金山伸宏］

> **(共有関係)**
> **第 52 条** 数人が共同して財産権を有する場合において、共有者の中に破産手続開始の決定を受けた者があるときは、その共有に係る財産の分割の請求は、共有者の間で分割をしない旨の定めがあるときでも、することができる。
> 2　前項の場合には、他の共有者は、相当の償金を支払って破産者の持分を取得することができる。

基本事項

　数人が財産を共有している場合に、共有者の1人について破産手続が開始すると、破産者の共有持分の管理処分権は破産者から破産管財人に移ります（破78Ⅰ）。

　破産管財人が共有持分を換価する場合、持分権をそのまま売却する方法のほか、共有物を分割して単独所有とした上で売却する方法もあります。もっとも、後者の方法による場合、共有者間で不分割の特約（民256ただし書）があると破産管財人の換価が妨げられ、破産財団に不利益が及ぶこともあり得ます。そこで、本条1項は、そのような事態を避けるため、破産管財人は不分割特約がある場合であっても共有物の分割をできることとしました。

　もっとも、共有者の破産手続の開始という事態によって、自身には何ら責任のない他の共有者に不利益が及ぶことを防ぐため、本条2項は、他の共有者は相当の償金を支払って、破産者の持分を買い取ることができることとしています。この持分買取請求権は、破産財団に属する持分を取得するもので、破産管財人に対する形成権であると解されています。

　なお、本条と同趣旨の規定が民再法48条、会更法60条にも置かれています。

　文　献　伊藤390頁、条解破産401頁、大コンメ202頁［大村雅彦］、倒産法概説194

頁［沖野眞已］

> **（双務契約）**
> **第53条** 双務契約について破産者及びその相手方が破産手続開始の時において共にまだその履行を完了していないときは、破産管財人は、契約の解除をし、又は破産者の債務を履行して相手方の債務の履行を請求することができる。
> 2　前項の場合には、相手方は、破産管財人に対し、相当の期間を定め、その期間内に契約の解除をするか、又は債務の履行を請求するかを確答すべき旨を催告することができる。この場合において、破産管財人がその期間内に確答をしないときは、契約の解除をしたものとみなす。
> 3　前項の規定は、相手方又は破産管財人が民法第631条前段の規定により解約の申入れをすることができる場合又は同法第642条第1項前段の規定により契約の解除をすることができる場合について準用する。

基本事項

1　趣旨

双務契約の互いの債務が未履行である場合、破産手続を円滑に進めるため、破産管財人に当該契約を整理する手段を認める必要があります。

そこで、本条は、双務契約の双方の債務が未履行である場合、破産管財人に契約を解除するか履行するかの選択権を与えました。また、選択権の不行使によって相手方の地位を不安定にしないために、相手方に催告権を認めています［☞ **論点解説** １］。

なお、本条と同様の規定が民再法49条、会更法61条にも置かれています。

2　破産管財人の選択権

(1)　要件

破産管財人の選択権は、双務契約の双方の債務がともにまだその履行を完了していない場合（双方未履行双務契約）に認められます［☞ **論点解説** ２・**より深く学ぶ** １］。双務契約の履行を完了していない範囲は、全部が未履行である場合のほか、一部の未履行でもよく、その割合は問いません。また、債務の本旨に従った履行（民493前段）ではない瑕疵ある物を給付した場合でも本条の適用があると解されています。

なお、破産管財人の選択権は、破産財団に関する管理処分権（破78Ⅰ）を前提とします。そこで、例えば、破産者の労務を目的とする雇用契約のように、破産管財人の管理処分権が及ばない双務契約は本条の対象となりません。

(2)　効果

破産管財人は、解除によって契約関係を解消するか［☞ **論点解説** ３～５］、裁判所の許可を得た上で（破78Ⅱ⑨）、破産者の債務を履行し、相手方にも債務の履行を請求するかの選択権を有します（本条Ⅰ）。破産管財人による選択権の行使は意思表示として行われるものですので、履行の提供など黙示のものでも認められます

(民事再生事案の東京地判平18・6・26判タ1243号320頁)。

破産管財人が履行を選択した場合は、相手方の権利は財団債権となります（破148 I ⑦）［☞ 論点解説 6］。他方、破産管財人が解除を選択した場合は、解除によって生じた相手方の損害賠償請求権は破産債権となります（破54 I）。破産管財人が解除を選択し、相手方が一部を履行していた場合において、反対給付が破産財団中に現存するときは取戻権の行使としてその返還を請求することができ、現存しないときはその価額について財団債権として価額の償還を請求できます（同条II）［なお、主な契約類型に関する本条等の適用の効果については、☞民再§49］。

3 民法の定めによる場合

使用者が破産した場合の雇用契約については、特則である民法631条が適用されます。そのため、雇用契約に期間の定めがあるときでも、破産管財人だけでなく、労働者も契約を解約できます。また、注文者が破産した場合の請負契約についても、特則である民法642条1項が適用されますので、破産管財人と請負人が契約を解除できます。

4 相手方の催告

破産法は破産管財人が選択権を行使する期間に制限を設けていません。そのため、選択権が行使されなければ、相手方は不安定な地位に長期間置かれることになります。このような不利益を回避するため、相手方は破産管財人に対し、相当の期間を定め、解除をするか、または債務の履行を請求するかを確答すべき旨を催告できます（本条II前段）。そして、破産管財人がその期間内に確答をしないときは、契約の解除をしたものとみなされます（同項後段）。

これに対し、再生手続や更生手続では解除権を放棄したものとみなされます（民再49 II後段、会更61 II後段）。この違いは清算型手続と再建型手続との差異によるものです。

この催告の規定は、雇用契約の使用者や請負契約の注文者が破産手続開始決定を受け、前記のように民法の特則が適用される場合にも準用されます（本条III）。

論点解説

1 制度趣旨 通説的見解は、本条の制度の主眼を当事者間の公平に置きつつ、清算の必要性も考慮し、次のように本条の趣旨を説明します。すなわち、双務契約の両当事者の債務は平常時には同時履行の関係にあり（民533）、互いに担保視しあっています。しかし、破産手続開始後に破産管財人が履行を選択した場合には、破産管財人が完全な履行を受けることができる一方で、相手方は個別の権利行使ができず（破100 I）、同時履行の関係が失われる結果、自身の債権について割合的満足しか期待できなくなります。このような結果は当事者間の公平を欠くことから、本来破産債権であるべき相手方の権利を財団債権に格上げし（破148 I ⑦・151）、また、破産手続を迅速に終結させるために、破産管財人に契約の存続に関する選択権を与えたというものです。

これに対し、有力説は、破産手続下でも同時履行の抗弁権が失われないことを前

提に、破産管財人に特別の解除権を認め、従来の契約上の地位より有利な法的地位を与えたところに本条の意義があるとしています。そして、履行が選択された場合の権利関係は特殊なものではなく、相手方の権利は本来的に財団債権であり、破産管財人の履行選択によって財団債権としての権利行使が可能になるにすぎないと説明します。

判例は、平成16年改正前の双方未履行双務契約に関する破産法59条（改正後の本条）について、「同条は、双務契約における双方の債務が、法律上及び経済上相互に関連性をもち、原則として互いに担保視しあっているものであることにかんがみ、双方未履行の双務契約の当事者の一方が破産した場合に、法60〔改正後の破産法54条〕と相まって、破産管財人に右契約の解除をするか又は相手方の債務の履行を請求するかの選択権を認めることにより破産財団の利益を守ると同時に、破産管財人のした選択に対応した相手方の保護を図る趣旨の双務契約に関する通則である」と判示しています（最判昭62・11・26民集41巻8号1585頁［百選［79］、INDEX［122］］）。

この判示の前半部分は通説に沿ったものであるといえる一方、後半部分は前述の有効説の説くところとも調和的であるとみられるので、前記判例は、本条の趣旨を総合的に捉えていると評価されています（条解破産407頁）。

2 双方未履行双務契約の該当性　双務契約とは、契約に基づく双方の当事者の義務が、対価的な牽連関係にあるもの（谷口知平＝五十嵐清編『新版注釈民法⒀』〔有斐閣、2004〕550頁〔澤井裕＝清水元補訂〕など）をいいますが、売買のようないわゆる典型契約であっても、双方未履行双務契約といえるか否かを判断することは必ずしも容易ではなく、双務契約の性質や未履行の債務の内容等を個別・具体的に検討する必要があります。

⑴　**所有権留保付売買契約**

㋐　**自動車に関する事案**　更生手続における事案で、所有権の移転登録手続が重要な債務であるとして、当該債務が未履行の場合には双方未履行双務契約に該当するとした裁判例があります（東京高判昭52・7・19判タ360号196頁、原審＝長野地判昭51・4・22高民集30巻2号166頁）。

これに対し、再生手続における事案で、自動車の売買契約につき実質的には自動車について所有権留保という非典型担保権を設定したものであるとし、自動車代金の他部品代金、修理代金、立替金等の債務が被担保債権であることなどを判示した上で、未履行である売主の所有権移転登録手続債務と買主の残代金等支払債務とは牽連関係に立つとはいえず、「共にまだその履行を完了していない」とはいえないとした裁判例があります（東京地判平18・3・28判タ1230号342頁［INDEX［131］］）。この裁判例は自動車を担保視する旨の特約が付されていたことなどを重視しています。

㋑　**機械等に関する事案**　ソフトウェア・パソコン等の機器を所有権留保付きで売買した再生手続における事案で、契約の目的が物流システム等の導入であり、これを稼働するために必要な機器を購入したものであること、契約上売主が負担するソフトウェアの無償メンテナンス等は単なるサービスではなく、売買代金に含まれていることを判示した上、機器の引渡債務のほか、未履行である当該メンテナン

ス等の付随的債務も残代金支払債務と対価関係にあるとし、双方未履行双務契約に該当するとした裁判例があります（東京地判平18・6・26判タ1243号320頁）。

　これに対し、更生手続の事案ですが、更生会社が買主である機械の所有権留保付売買について、機械を引き渡した所有権留保付売買の売主は契約に基づくすべての債務を履行しており、売買代金の完済によって、留保している所有権の移転の効果は当然に生じるので、このような契約は双方未履行双務契約に該当しないとする裁判例（大阪高判昭59・9・27金法1081号36頁）もあります。

　(2)　**ゴルフクラブ会員契約**　会員に年会費の支払義務があるゴルフクラブ会員契約に関する事案で、主として預託金の支払とゴルフ場の施設利用権の取得が対価性を有する双務契約であるとした上で、年会費の支払義務がある場合にはその支払も対価関係の一部となり得るとし、ゴルフ場施設を会員に利用させる債務と年会費を支払う債務とが双方の未履行債務になると判示した判例があります（最判平12・2・29民集54巻2号553頁［百選［80①］、INDEX［140］]）。もっとも、この判例は、年会費の支払義務は会員契約の本質的・中核的なものではなく付随的なものにすぎないこと等を考慮し、破産管財人による解除権の行使を認めると相手方に著しく不公平な状況が生じるとして、結論としてはその行使を認めていません［☞ **論点解説** ▶3］。

　他方、年会費の支払義務がないゴルフクラブ会員契約に関する事案について、会員契約は、預託金の支払債務とゴルフ場施設を利用させる債務とが対価関係を有する双務契約であるとした上、ゴルフ場の運営会社の債務は未履行であるものの、ゴルフ場施設利用料の支払債務は、施設を利用しない限り発生しないとして、預託金支払後に破産手続が開始した会員の未履行債務の存在を否定した判例もあります（最判平12・3・9判タ1028号159頁［百選［80②］]）。

　(3)　**ファイナンス・リース契約**　更生手続における、いわゆるフルペイアウト方式によるファイナンス・リース契約に関し、リース料債務は契約の成立と同時にその全額が発生し、その支払が毎月一定額とされていることは期限の利益を与えるものにすぎず、毎月のリース物件の使用とリース料の支払は対価関係に立たないと判示した判例があります（最判平7・4・14民集49巻4号1063頁［百選［74］、INDEX［132］]）。

3　**解除権の制限**　平成16年改正前の破産法59条1項（改正後の本条1項）について、前掲・最判平12・2・29は、本条の制度趣旨を踏まえ、「契約を解除することによって相手方に著しく不公平な状況が生じるような場合には、破産管財人は同項に基づく解除権を行使することができないというべきである。この場合において、相手方に著しく不公平な状況が生じるかどうかは、解除によって契約当事者双方が原状回復等としてすべきことになる給付内容が均衡しているかどうか、破産法60条〔改正後の破産法54条〕等の規定により相手方の不利益がどの程度回復されるか、破産者の側の未履行債務が双務契約において本質的・中核的なものかそれとも付随的なものにすぎないかなどの諸般の事情を総合的に考慮して決すべきである」としています。破産管財人の解除権行使により相手方に著しく不公平な状況が生じるような場合に妥当な解決を図るための有用な解釈であると考えられています［☞ **より**

深く学ぶ 2]。

4 相手方からの解除権　破産者の債務不履行を理由とした解除権が相手方に発生した後に破産手続が開始した場合、相手方が破産管財人に対して解除権を行使して原状回復を求めることができるかについて争いがあります。多数説はこれを肯定しますが、破産管財人は差押債権者と同視され、民法545条1項ただし書に規定する「第三者」に該当すると解されていますので、破産者が対抗要件を備えていない場合を除き、解除の効果を破産管財人に主張できないことに注意が必要です（伊藤335頁・357頁、倒産法概説188頁[沖野眞已]、大コンメ215頁[松下淳一]、条解破産590頁）。

[☞ **より深く学ぶ** 3]。

5 解除権と違約条項等　一般的な賃貸借契約では、解約予告期間に関する条項（契約期間中に中途解約する場合には一定の解約予告期間を必要としつつ、予告期間相当分の賃料相当額を支払う場合には即時解約の効力を認める条項）や敷金の放棄条項（契約期間中に中途解約する場合には、敷金等の全部または一部を放棄する条項）を定めていることが多々あります。また、賃貸借契約のほか、請負契約等でも、違約金条項（契約期間中等に解除する場合には一定額の違約金を支払う条項）を定めている場合があります。そこで、本条1項に基づき破産管財人が契約を解除する場合、これらの条項が適用されるのか議論があります。当該条項の具体的な内容の検討が必要ですが、平成16年改正前の事案も含め、下級審では適用（制限的なものも含む）を認める裁判例（大阪地判平21・1・29判時2037号74頁[百選[77①]]、名古屋高判平12・4・27判タ1071号256頁[INDEX[134]]、東京地判平20・8・18金法1855号48頁）と認めない裁判例（名古屋高判平23・6・2金法1944号127頁[百選[77②]]、INDEX[134]]、東京地判平21・1・16金法1892号55頁、東京地判平23・7・27判時2144号99頁）に分かれています。

6 履行選択時における開始決定前の相手方の権利　賃借人が破産し、破産管財人が賃貸借契約の履行を選択した場合に、破産手続開始後の使用収益に対応する賃料のみならず、開始前の賃料が財団債権となるか争いがあります。財団債権となるとする説（伊藤362頁）もありますが、通説的見解は、開始前の使用収益の対価という点を考慮し、破産債権であると解しています（大コンメ234頁[三木浩一]。なお、以上に関し、条解破産443頁参照）。

同様に、注文者が破産し、破産管財人が請負契約の履行を選択したときに、開始後の仕事に対応する報酬のみならず、開始前の仕事に対応する報酬も財団債権となるのかについて争いがあります。財団債権になるとする説（伊藤376頁注112）もありますが、一部解除や出来高精算が可能なことから、破産債権と解する見解が有力に主張され、合理的であるとの指摘もあります（大コンメ218頁[松下淳一]。以上について、条解破産419頁注29参照）。

労働契約における使用者が破産した場合についても、同様の争いがあります。破産手続開始後だけでなく開始前の労務の対価についてもその全体が財団債権になるとする説もありますが（伊藤396頁）、通説的見解は、破産法149条に定められた範囲で財団債権となり、その余は破産法98条により優先的破産債権になると解しています（条解会更（中）314頁参照）。

より深く学ぶ

1 退職金債権の取扱い　労働者が破産した場合、賃金の後払としての性質を有する退職金債権のうち、破産手続開始決定前の差押可能部分は破産財団に属します。もっとも、労働者がその自由意思に基づいて契約し、または継続すべきという労働契約の性質からは、破産管財人が雇用契約を解除して退職金を現実化させることはできないと解されています。そこで、実務では、破産者である労働者が任意に退職しない場合には、退職金債権と等価値の金銭を破産財団に拠出させた上で、破産財団から退職金債権を放棄するといった取扱いもなされています。

2 解除権が制限される場合の法律効果　解除権が制限される場合の法律関係については、破産管財人が履行請求を選択した場合と同視されるのか、選択権が行使されない状態が継続することになるのか、判例（最判平12・2・29民集54巻2号553頁［百選［80①］、INDEX［124］］）からは明らかではありません。この点については、後者と解すると、相手方が催告権を行使し、その後破産管財人が確答しないときに解除擬制の効果（本条Ⅱ）が生じるということになり、適切ではない等として、前者が妥当であるとする見解があります（倒産法概説214頁［沖野眞已］など）。

3 倒産解除条項　破産手続開始等の申立てを契約の解除事由とするいわゆる倒産解除特約の効力については、再建型手続を含めて争いがあります。破産管財人に解除か履行かの選択権を与えた本条の意味が失われるとして、その効力を否定する見解が有力です（伊藤357頁）。

もっとも、倒産手続下での契約自由の原則の捉え方や再建型と清算型との違いなどを踏まえた一層の議論が必要であるとも考えられています（議論の詳細については、伊藤357頁、倒産法概説243頁［沖野眞已］、条解破産413頁、破産法・民事再生法概論216頁［佐藤鉄男］）。

判　例　最判昭56・12・22判時1032号59頁［百選［A12］］、大阪高判昭59・9・27金法1081号36頁［百選3版［80］］、東京地判平12・2・24金判1092号22頁［INDEX2版［123］］、東京地判平9・9・11判タ968号271頁、東京地判平20・8・18判タ1293号299頁、東京地判平21・1・16金法1892号55頁、最判昭57・3・30民集36巻3号484頁［百選［75］］、最判平20・12・16民集62巻10号2561頁［百選［76］］、INDEX［133］

文　献　伊藤350頁、倒産法概説207頁［沖野眞已］、破産法・民事再生法概論210頁［佐藤鉄男］、大コンメ203頁［松下淳一］、条解破産403頁、一問一答破産80-81頁

第54条　前条第1項又は第2項の規定により契約の解除があった場合には、相手方は、損害の賠償について破産債権者としてその権利を行使することができる。
2　前項に規定する場合において、相手方は、破産者の受けた反対給付が破産財団中に現存するときは、その返還を請求することができ、現存しないときは、その価額について財団債権者としてその権利を行使することができる。

基本事項

1　趣旨

本条は、破産管財人が破産法53条1項に基づき双方未履行双務契約を解除した場合の相手方の権利の取扱いを定めています。

なお、本条は民再法および会更法にも準用されています（民再49Ⅴ、会更61Ⅴ）。

2　損害賠償請求権

破産管財人の解除により生じた損害について、相手方は、破産債権者として権利を行使することができます（本条Ⅰ）[☞ **論点解説** **1**]。破産管財人の解除権は、破産法が特に認めた権能であるため、その行使の結果として相手方に損害賠償請求権を認めることは公平であり、妥当であるものの、これを財団債権とした場合には破産管財人に解除権を認めた法の趣旨が没却されること等から、破産債権にとどめたと説明されています（伊藤352頁、大コンメ221頁［松下淳一］、注釈破産（上）371頁［加々美博久］参照）。

3　反対給付の取扱い

相手方は、破産手続開始前に債務の一部を履行し、破産者が受けた反対給付が破産財団に現存するときは、取戻権（破62）の行使としてその返還を請求できます（本条Ⅱ前段）。他方、反対給付が現存しないときは、財団債権者としてその価額の償還を請求できます（同項後段）[☞ **論点解説** **2**]。

双務契約における債務の対価性を確保する観点、および相手方に帰責性がないという事情から、原状回復を可能な限り実現するために、本条2項は以上のような反対給付の取扱いを定めています。

4　民法の定めによる解除と本条の関係

本条は、破産管財人が破産法53条1項に基づいて契約を解除した場合に適用されるため、雇用契約の使用者や請負契約の注文者が破産した場合に破産管財人が民法の定め（民631前段・642Ⅰ前段）に基づいて解除したときには適用されません（注釈破産（上）372頁［加々美博久］）。

なお、雇用契約であれば、いずれの当事者も、解除による損害賠償を相手方に請求できません（民631後段）。請負契約であれば、破産管財人が解除した場合に限り、請負人は破産債権者として損害賠償請求権を行使できます（民642Ⅱ）。

論点解説

1　**損害賠償請求権の範囲**　　本条1項の損害の範囲について議論があり、契約が有効であると信じて支出した費用に限定する信頼利益説と、契約が履行されたならば得られたであろう利益をも含むとする履行利益説が主張されています。相手方に落ち度がないにもかかわらず、破産管財人の解除により、契約が履行されたならば得られたであろう利益への期待が失われることは不当であるといった事情等から、履行利益説が妥当であると説明されています（大コンメ222頁［松下淳一］、条解破産431頁、注釈破産（上）372頁［加々美博久］）。

2　**価額賠償の算定時期**　　相手方が財団債権者として請求できる価額（本条Ⅱ）

は、反対給付が金銭である場合にはその額面となりますが、金銭以外の物には額面がないため、その物が転売された場合や滅失した場合の価額の算定時期について議論があります。解除時とする見解、転売時・滅失時とする見解、反対給付の履行時とする見解があります（議論の詳細は、大コンメ223頁［松下淳一］、条解破産432頁、注釈破産（上）375頁［加々美博久］参照）。

文献 伊藤352頁、条解破産429頁、大コンメ221頁［松下淳一］、注釈破産（上）371頁［加々美博久］、倒産法概説207頁［沖野眞已］、山本80頁、破産法・民事再生法概論211頁［佐藤鉄男］、中島＝佐藤129頁、一問一答破産94頁

（継続的給付を目的とする双務契約）
第55条 破産者に対して継続的給付の義務を負う双務契約の相手方は、破産手続開始の申立て前の給付に係る破産債権について弁済がないことを理由としては、破産手続開始後は、その義務の履行を拒むことができない。
2 前項の双務契約の相手方が破産手続開始の申立て後破産手続開始前にした給付に係る請求権（一定期間ごとに債権額を算定すべき継続的給付については、申立ての日の属する期間内の給付に係る請求権を含む。）は、財団債権とする。
3 前2項の規定は、労働契約には、適用しない。

基本事項

1 趣旨

破産者に対して継続的給付の義務を負う双務契約の相手方が、平常時と同様に、破産手続開始の申立前の未払を理由に以後の給付を拒むと、破産管財人による清算業務の遂行や事業の継続に支障が生じる場合があります。

そこで、本条は、破産者に対して継続的給付の義務を負う双務契約（継続的給付契約）の相手方は、破産管財人が履行を選択した場合（破53Ⅰ）［☞ **論点解説**］、破産手続開始申立前の給付に係る破産債権について破産者から弁済がないことを理由としては、破産手続開始後はその義務の履行を拒むことができないとする一方で（本条Ⅰ）、公平の見地から、相手方が破産手続開始の申立後、破産手続開始前にした給付に係る請求権（一定期間ごとに債権額を算定すべき継続的給付については、申立ての日の属する期間内の給付に係る請求権を含む）を財団債権としています（本条Ⅱ）。労働者の基本権等を考慮して、労働契約には本条1項および2項の適用はありません（本条Ⅲ）。

なお、本条と同趣旨の規定が民再法50条、会更法62条にも置かれています。

2 定義

継続的給付契約とは、契約当事者の一方が反復継続的に給付をする義務を負い、他方が給付を受けるたびに、または一定期間ごとにその給付の対価を支払う義務を負う契約をいいます。給付の内容には、電気、ガス、水道（上水道）、電話等のライフラインの供給のほか、継続的な運送、ビル清掃、エレベーターの保守管理等の役務の提供も含まれると解されています（大コンメ226頁［松下淳一］、注釈破産（上）377頁［植村京子］）。

論点解説
破産管財人の解除と本条 2 項の適用　　破産管財人が破産法 53 条 1 項に基づき契約を解除した場合にも本条 2 項が適用されるのか議論があります。通説は、破産管財人が解除した場合にも本条 2 項が適用されると解しています（大コンメ 227 頁［松下淳一］、倒産法概説 227 頁［沖野眞已］）が、適用されないとする見解もあります（破産・民事再生の実務〔破産編〕233 頁。なお、条解破産 436 頁参照）。

文献
伊藤 358 頁、条解破産 433 頁、大コンメ 225 頁［松下淳一］、注釈破産（上）375 頁［植村京子］、倒産法概説 227 頁［沖野眞已］、破産法・民事再生法概論 229 頁［佐藤鉄男］、中島＝佐藤 142 頁、破産・民事再生の実務〔破産編〕232 頁、破産管財の手引 282 頁、一問一答破産 83 頁

（賃貸借契約等）
第 56 条　第 53 条第 1 項及び第 2 項の規定は、賃借権その他の使用及び収益を目的とする権利を設定する契約について破産者の相手方が当該権利につき登記、登録その他の第三者に対抗することができる要件を備えている場合には、適用しない。
2　前項に規定する場合には、相手方の有する請求権は、財団債権とする。

基本事項
1　背景
平成 16 年改正前は、対抗要件を備えた賃借人等の保護をめぐり、双方未履行双務契約に関する破産法 59 条 1 項（改正後の破 53 Ⅰ）の適用により破産管財人が契約を解除できるのか議論がありましたが、改正により本条が新設され、立法的解決が図られました。

なお、本条は民再法および会更法にも準用されています（民再 51、会更 63）。

2　趣旨
賃貸借契約のような使用収益を目的とする双務契約についても破産法 53 条 1 項が適用されます。もっとも、賃借権等が対抗要件を備えている場合には、賃借人等を保護する必要性が高く、破産管財人の解除権を制限して、賃貸人等の破産という無関係な事由によってその事業や生活の基盤を失う事態を回避することが公平です。

そこで、本条 1 項は、このような場合に破産法 53 条 1 項・2 項を適用しないこととしています。

3　要件
本条 1 項の対象となる契約の典型は賃貸借契約ですが、その他使用および収益を目的とする権利を設定する契約が対象となります［☞ **論点解説** ①］。

本条 1 項が適用されるのは破産者の相手方が使用収益権をもつ場合です。そのため、賃借人破産の場合、破産管財人は原則通り破産法 53 条 1 項によって賃貸借契約を解除できます。

また、本条 1 項が適用されるのは、破産者の相手方が第三者に対抗することができる要件を具備している場合です。このような場面では、相手方の保護の必要性が

高く、破産管財人の選択権を排除することが公平であるといえるためです（いわゆる権利保護資格要件としての性質を有すると説明される〔一問一答破産85頁〕）〔☞ **論点解説** ②・③〕。例えば、不動産賃借権の登記（民605）、土地賃借権における地上建物の登記（借地借家10）、建物賃貸借契約における引渡し（民31）などがある場合です。

後記の通りライセンス契約も本条1項が適用される契約ですが、ノウハウや著作権に関するライセンス契約のように、登録制度等が用意されていない権利の使用権については、本条1項による保護は認められません。したがって、この種の権利のライセンサーが破産した場合、破産管財人は、破産法の一般原則である破産法53条1項により、ライセンス契約を解除できます。

4 効果

破産管財人の解除権が制限される結果、相手方が有する請求権は財団債権となります（本条Ⅱ）〔☞ **論点解説** ④〕。

論点解説

① ライセンス契約

(1) **ライセンサー破産の場合** ライセンス契約とは、特許権者や実用新案権者のようなライセンサーがライセンシーに対して、保有する権利等の利用権を設定し、ライセンシーがライセンサーに対してその対価としてロイヤリティを支払うことを内容とする契約です。ライセンス契約は使用収益を目的とする権利の設定契約ですので、賃貸借契約と同様、本条が適用されます。なお、平成23年の特許法等改正により、通常実施権の登録制度が廃止され、登録せずに第三者に対抗できる制度（当然対抗制度）が導入されました（特許99、意匠28Ⅲ、実用新案19Ⅲ）。この当然対抗制度は、改正法施行後に新たに許諾される通常実施権だけでなく、施行前から存在する通常実施権にも適用されます。したがって、従前必要とされた登録がなくとも、このような通常実施権に係るライセンサーが破産した場合には、破産管財人の解除権は本条によって制限されることになります。

(2) **ライセンシー破産の場合** ライセンシーが破産した場合、破産者の相手方には使用収益権がないので、破産管財人はライセンス契約を解除できます（破53Ⅰ）。

② 借地借家法による解除

賃貸人が破産した場合、賃貸人の破産管財人が、破産手続開始の事実を借地借家法などの正当事由として主張し、賃貸借契約を解除することができるのかという点が問題となります。しかし、これを認めると破産管財人の解除権を制限した本条の趣旨に反することから、解除は否定すべきであると説明されています（伊藤365頁、大コンメ231頁〔三木浩一〕）。

③ 第三者対抗要件具備の時期

本条の適用がある典型例は、破産手続開始時に相手方が対抗要件を具備している場合ですが、文言上、対抗要件を具備する時期を限定していません。そこで、破産手続開始後に相手方が対抗要件を具備した場合にも本条の適用があるかについて争いがあります。この点、本条の文言や賃借人保護の要請を理由に適用を肯定する見解と、本条は破産管財人の解除権を制限する例外

規定であり、その適用は限定的に解すべきとして適用を否定する見解があります（議論の詳細は、大コンメ231頁［三木浩一］、条解破産442頁参照）。

4 敷金返還請求権の本条2項の適用の有無　本条2項によれば、賃貸借契約が存続する場合に、貸借人の有する請求権は財団債権となります。ここで、賃借人が賃貸人に敷金を差し入れている場合、敷金返還請求権が相手方の有する請求権（本条Ⅱ）に含まれ、財団債権となるかが問題となります。敷金契約は賃貸借契約とは別個独立の契約であることから、敷金返還請求権までが財団債権になると解することはできないと説明されています（伊藤365頁注89、倒産法概説217頁［沖野眞已］、大コンメ232頁［三木浩一］、条解破産442頁、注釈破産（上）382頁［辺見紀男］）。

文献　伊藤364頁、条解破産438頁、大コンメ229頁［三木浩一］、注釈破産（上）380頁［辺見紀男］、倒産法概説216頁［沖野眞已］、山本82頁、破産法・民事再生法概論219頁［佐藤鉄男］、中島＝佐藤133頁、一問一答破産84頁・86頁

（委任契約）
第57条　委任者について破産手続が開始された場合において、受任者は、民法第655条の規定による破産手続開始の通知を受けず、かつ、破産手続開始の事実を知らないで委任事務を処理したときは、これによって生じた債権について、破産債権者としてその権利を行使することができる。

基本事項

委任者に破産手続が開始されると委任契約は終了します（民653②）［☞**論点解説**］。もっとも、受任者にその旨を通知し、または受任者が知っていた場合でなければ、委任契約の終了を受任者に対抗できません（民655）。そのため、委任者の破産手続開始を理由とする委任の終了を受任者に対抗できない間に、破産者である委任者のために受任者が委任事務を処理することが考えられます。

この場合に生じる破産手続開始後の委任事務処理に係る費用償還請求権（民650Ⅰ）や報酬請求権（民648Ⅰ、商512）は本来的な破産債権ではありません（破2Ⅴ）。しかし、破産者のために委任契約を履行したにもかかわらず、権利行使が実際上不可能となる事態は受任者に酷です。

そこで本条は、受任者を保護するため、このような場合に受任者は破産債権者として権利を行使することができるとしています。

なお、委任契約の終了が受任者に対抗できない場合に、受任者が、破産者ではなく、破産財団の利益のために委任事務処理を行ったときには、破産財団にとっての事務管理に該当し、事務処理に関する債権は財団債権になります（破148Ⅰ⑤）。また、委任契約の終了が受任者に対抗できる場合であっても、受任者に急迫の事情があって行った場合の費用償還請求権等も財団債権になります（同項⑥）。

論点解説

取締役の地位と本条の適用の有無　会社と取締役との権利関係は委任契約に基づ

くものですが（会社330）、委任者である会社について破産手続が開始された場合に取締役が当然にその地位を失うかについては、議論があります。伝統的な通説は、会社の破産手続開始によって委任契約は終了するため、取締役は地位を失うと解しています。これに対し、破産財団に関わりのない事項、例えば、株主総会の招集（会社296③）、会社設立無効の訴え（会社828Ⅰ①）等の組織法上の事項については、取締役の権限を残すべきであるとして、取締役は地位を失わないとする見解も有力です（伊藤389頁、倒産法概説226頁［沖野眞已］、大コンメ241頁［三木浩一］）。判例は、会社財産の管理処分権が問題となった事案について、破産手続開始時の取締役はその地位を失うとし（最判昭43・3・15民集22巻3号625頁［百選4版］［87］、INDEX［173］）、最決平16・10・1判時1877号70頁［百選］［59］、INDEX［88］])、その一方で、破産管財人の権限に属しない会社組織に関する事案については、破産手続の開始によって会社と取締役との委任契約は直ちに終了しないとしています（最判平21・4・17判時2044号74頁［百選］［16］）、最判平16・6・10民集58巻5号1178頁［百選］［15］、INDEX［35］])［☞破§44・§78 **論点解説** ①]。

文　献　伊藤387頁、条解破産447頁、大コンメ238頁［三木浩一］、注釈破産（上）390頁［高尾和一郎］、倒産法概説225頁［沖野眞已］、山本87頁、破産法・民事再生法概論231頁［佐藤鉄男］、中島＝佐藤144頁

（市場の相場がある商品の取引に係る契約）
第58条　取引所の相場その他の市場の相場がある商品の取引に係る契約であって、その取引の性質上特定の日時又は一定の期間内に履行をしなければ契約をした目的を達することができないものについて、その時期が破産手続開始後に到来すべきときは、当該契約は、解除されたものとみなす。
2　前項の場合において、損害賠償の額は、履行地又はその地の相場の標準となるべき地における同種の取引であって同一の時期に履行すべきものの相場と当該契約における商品の価格との差額によって定める。
3　第54条第1項の規定は、前項の規定による損害の賠償について準用する。
4　第1項又は第2項に定める事項について当該取引所又は市場における別段の定めがあるときは、その定めに従う。
5　第1項の取引を継続して行うためにその当事者間で締結された基本契約において、その基本契約に基づいて行われるすべての同項の取引に係る契約につき生ずる第2項に規定する損害賠償の債権又は債務を差引計算して決済する旨の定めをしたときは、請求することができる損害賠償の額の算定については、その定めに従う。

基本事項

本条1項および2項は、株式や社債等の有価証券、デリバティブ商品等金融商品取引所で取引される商品、貴金属や農産物等商品取引所で取引される商品、その他の市場の相場がある商品の取引であって、その取引の性質上、特定の日時または一定の期間内に履行しなければ契約の目的を達成することができない契約について、

履行期が破産手続開始後に到来するときは、当該契約は解除されたものとみなし、解除によって生じた損害賠償の額については、同種取引の相場価格と契約時の価格との差額によることを定めています。

この場合、相手方が有する損害賠償請求権は破産債権となり（本条Ⅲ）、破産者が差額請求権を有するときは破産財団に属する財産となります（破34Ⅰ）。

本条2項は本条1項で定める損害賠償額の算定方法を定めていますが、破産管財人や相手方は、法定の算定方法による賠償額と異なる実損額を立証できたとしても、法定額を超過した賠償額や法定額の減額を主張できないと解されています（大コンメ248頁〔松下淳一〕）。

そして、以上のような本条1項および2項に定める事項について、当該取引所または市場に別段の定めがあれば、それに従うこととしています（本条Ⅳ）。

本条5項は、取引の安定性を確保するため、いわゆる一括清算ネッティング条項の中核的要素について、破産手続における有効性を確認しています（大コンメ249頁〔松下淳一〕、倒産法概説231頁〔沖野眞已〕）。一括清算ネッティング条項とは、「一方の当事者に倒産処理手続の開始等の信用悪化事由が生じたときは、一定の範囲の金融取引から生ずるすべての債権債務について、それが弁済期の異なるもの、異種の通貨を目的とするもの、あるいは現物の引渡しを内容とするというものであっても、すべて一括して差引決済をして、それによって決定される残額についてのみ請求できることとする旨の特約」を意味します（一問一答破産97頁。一括清算2Ⅵ参照）。

なお、本条は民再法や会更法にも準用されています（民再51、会更63）。

論点解説

趣旨 本条1項ないし3項の趣旨については議論があります。

本条で定める取引は、定期行為としての性質をもつ契約であるため、一方当事者に債務不履行があれば無催告解除が認められ（民542）、商事売買であれば解除が擬制されますが（商525）、破産手続開始時に期限が未到来であればこのような規律は及びません。

かつての有力説は、本条は、以上のような契約関係を迅速に処理するため、債務不履行の有無を問わずに、履行期前の一方当事者の破産手続開始によって契約の解除を擬制したものであると説明しています。

これに対し、現在の有力説は、①本条で定める契約について、破産法53条の原則に従って、破産管財人に履行と解除のいずれが破産財団に資するか判断させることは、破産管財人に投機的な判断を強いることになって妥当でないこと、②本条1項で定める取引に係る商品は、通常、当該取引の後にさらに他社に転売するなど連鎖的な取引が予定されており、破産管財人に選択権を認めると、契約の相手方は一般的な取引に比べて著しく不安定な地位に置かれ、不測の損害を発生させるおそれがあるため、一律な取扱いをすべきであることから、本条は、契約の解除を擬制したものであると説明しています（議論の詳細について、倒産法概説230頁〔沖野眞已〕、大コンメ244頁〔松下淳一〕、注釈破産（上）397頁〔森倫洋＝鯉渕健〕参照）。

文献 伊藤382頁、条解破産455頁、大コンメ243頁［松下淳一］、注釈破産（上）396頁［森倫洋＝鯉渕健］、倒産法概説229頁［沖野眞已］、破産法・民事再生法概論230頁［佐藤鉄男］、中島＝佐藤143頁、一問一答破産100頁・103頁

> **（交互計算）**
> **第59条** 交互計算は、当事者の一方について破産手続が開始されたときは、終了する。この場合においては、各当事者は、計算を閉鎖して、残額の支払を請求することができる。
> 2　前項の規定による請求権は、破産者が有するときは破産財団に属し、相手方が有するときは破産債権とする。

基本事項

1　趣旨

交互計算は、商人間または商人と商人でない者との間で平常取引をする場合において、一定期間内の取引から生じる債権および債務の総額を相殺し、残額の支払を約する双務契約です（商529）。このような契約の当事者は、相手方の資力を信用し、一定期間取引を継続させることを前提としています。しかし、破産手続の開始は、交互計算の基礎となる破産した当事者の信用や取引の継続性に重大な影響を与えます。そこで、本条1項は、当事者の一方に破産手続が開始された場合、交互計算を当然に終了させて速やかに清算することとしました。

なお、本条の規定は民再法および会更法にも準用されています（民再51条、会更63条）。

2　要件・効果

本条に基づいて交互計算が終了するのは、破産手続が開始された時であって、その確定は必要ありません。また、開始決定後に発生した債権債務は交互計算の対象となりません。

交互計算が終了した場合、各当事者は計算を閉鎖します。計算の閉鎖とは、「交互計算の対象となる債権債務の範囲を確定し、それらを相殺、すなわち差引計算して、残額を明らかにすること」です（条解破産466頁）。そして、未払がある場合には、相手方に対して残額の支払を請求できます（本条Ⅰ）。

破産者が有する残額の支払請求権は破産財団に属します（破34Ⅱ）。相手方が有する支払請求権は、交互計算契約という破産手続開始前の原因に基づくものとして破産債権（破2Ⅴ）になります（本条Ⅱ）。

なお、交互計算に組み入れられる債権債務が危機時期に発生している場合、交互計算の閉鎖による相殺と相殺禁止規定の関係について問題となります。しかし、当事者は交互計算の対象となる債権債務について相殺の合理的な期待を有しています。そのため、支払不能等の危機時期前に交互計算契約を締結していれば、この契約が破産法71条2項2号や72条2項2号に規定する「前に生じた原因」に該当し、相殺禁止の例外に該当すると解されています（大コンメ252頁［松下淳一］）。

文　献　伊藤 384 頁、条解破産 464 頁、大コンメ 252 頁［松下淳一］、破産法・民事再生法概論 230 頁［佐藤鉄男］、注釈破産（上）405 頁［上田慎］

（為替手形の引受け又は支払等）
第 60 条　為替手形の振出人又は裏書人について破産手続が開始された場合において、支払人又は予備支払人がその事実を知らないで引受け又は支払をしたときは、その支払人又は予備支払人は、これによって生じた債権につき、破産債権者としてその権利を行使することができる。
2　前項の規定は、小切手及び金銭その他の物又は有価証券の給付を目的とする有価証券について準用する。
3　第 51 条の規定は、前 2 項の規定の適用について準用する。

基本事項
1　趣旨

　為替手形の支払人や予備支払人（手 55 Ⅰ 参照）が振出人の破産手続開始後に引受けや支払を行った場合、事前求償権や事後求償権は、破産手続開始後の原因に基づく債権であり、破産債権（破 2 Ⅴ）の定義に該当しません。また、財団債権にも当たりませんので、破産手続上、権利行使ができないこととなります。

　しかし、このような結果は、実際上、引受等を行う際の支払人等に対し、振出人や裏書人に関する破産手続開始の有無を調査させることになりますので、手形等の安全な流通に悪影響を及ぼすおそれがあります。

　そこで、本条 1 項は、為替手形の振出人または裏書人に破産手続が開始された後に、支払人または予備支払人が善意で引受けまたは支払をし、求償権を取得した場合には、破産債権者としての権利行使を可能にしました。

　なお、本条と同趣旨の規定が民再法 46 条、会更法 58 条にも置かれています。

2　本条の準用・類推適用等

　本条 1 項の規定は、小切手の振出人に破産手続が開始された後に、支払人が支払保証（小 53）または支払をしたことによって求償権を取得した場合や、約束手形の振出人に破産手続が開始された後に、参加支払（手 77 Ⅰ ⑤・59 Ⅰ）による予備支払人や支払（手 77 Ⅱ・4）による支払担当者が求償権を取得した場合にも準用されます（本条 Ⅱ）。また、小切手に関する小切手保証（小 25）や約束手形の手形保証（手 77 Ⅲ・30 Ⅰ）についても、本条 2 項が類推適用されると解されています（大コンメ 255 頁［松下淳一］）。

　なお、破産手続上権利行使できない悪意の支払人等の求償権については、破産者が法人の場合は破産手続終了後の残余財産のみが弁済原資となります。他方、破産者が個人である場合には議論があり（議論の詳細は、大コンメ 255 頁［松下淳一］参照）、新得財産が弁済原資になるとする見解もあります（倒産法概説 233 頁［沖野眞已］）。これに対し、新得財産を弁済原資とすると、悪意の支払人等が求償権について新得財産から全額回収できる可能性があり、破産債権者として求償権を行使する善意の支

払人よりも結果的に有利となる場合も考えられ、この場合には悪意のほうが保護が厚くなるおそれがあることを理由に、破産法99条1項1号を類推して劣後的破産債権となるとする見解もあります。ただし、破産手続開始の公告後は、支払人の悪意が推定されますので、善意の立証責任は支払人等にあります（本条Ⅲ・51）。

文献 伊藤346頁、倒産法概説232頁［沖野眞已］、条解破産467頁、大コンメ254頁［松下淳一］注釈破産（上）407頁［上田慎］

（夫婦財産関係における管理者の変更等）
第61条 民法第758条第2項及び第3項並びに第759条の規定は配偶者の財産を管理する者につき破産手続が開始された場合について、同法第835条の規定は親権を行う者につき破産手続が開始された場合について準用する。

基本事項
1 趣旨
夫婦は、婚姻届出前の夫婦財産契約により一方の配偶者が他方の配偶者の財産を管理できます（民755）。親権者は親権に基づく財産管理権によって子の財産を管理します（民824）。しかし、このような財産の管理者に破産手続が開始された場合には、その財産の管理能力に疑義が生じます。

そこで、本条は民法の条文を準用し、他方の配偶者や子の財産を保護するため、①財産管理者とされている配偶者に破産手続が開始された場合には、他方の配偶者が、家庭裁判所に対し、自らを管理者とすることや共有物分割の請求ができること、②子の財産の管理権を有する親権者に破産手続が開始された場合には、子の親族等の請求権者が、家庭裁判所に対し、管理権喪失の審判を請求できることを定めました。

2 要件
民法758条2項は「管理が失当であったことによってその財産を危うくしたとき」という要件を、同法835条は「管理権の行使が困難又は不適当であることにより子の利益を害するとき」という要件を定めています。もっとも、本条に基づく準用に当たってはこれらの要件は不要で、破産手続の開始のみで足りると解されています（大コンメ256頁［松下淳一］、条解破産470頁、東京高決平2・9・17判時1366号51頁［百選3版［88］]）。

なお、本条に基づいて夫婦間の財産管理権を変更した場合や共有物の分割が行われた場合、これを夫婦の承継人および第三者に対抗するためにはその登記が必要です（民759）。

3 手続
夫婦財産契約における管理者の変更および共有財産の分割は家事事件手続法別表第1の131項で、親権者の管理権喪失は同別表の132項で、それぞれ非訟事件とされています。

文　献　伊藤 300 頁、条解破産 469 頁、大コンメ 256 頁［松下淳一］、破産法・民事再生法概論 101 頁［山本克己］、注釈破産（上）410 頁［上田慎］

第 3 款　取戻権

（取戻権）
第 62 条　破産手続の開始は、破産者に属しない財産を破産財団から取り戻す権利（第 64 条及び第 78 条第 2 項第 13 号において「取戻権」という。）に影響を及ぼさない。

基本事項

1　趣旨・定義

　破産財団は、破産手続開始時において破産者に属する財産（法定財団。破 34 Ⅰ）に限られます。

　しかしながら、破産手続開始時に破産者が管理し、破産管財人に引き継がれる財産（現有財団）の中には、破産者に属しない財産（第三者の財産）が混入していることがあり、現有財団と法定財団に齟齬が生じる場合があります［法定財団や現有財団の意味については、☞破§34　**論点解説** １］。

　そこで、本条は、破産手続の開始決定が、実体法上の支配権に基づいて財産を取り戻す権利に影響を及ぼさないことを明確化することで、現有財団と法定財団の齟齬を解消できるようにしました。この破産財団から財産を取り戻す権利を一般に取戻権といい、本条に定めるものを一般の取戻権と、破産法 63 条に定めるものを特別の取戻権と呼んでいます。

　なお、本条と同趣旨の規定が民再法 52 条、会更法 64 条にも置かれています。

2　要件

　取戻権は、実体法上の支配権に基づいて、破産手続上、財産を取り戻す権利ですので、取戻権者は、①取戻権の基礎となる権利を有しており［☞ **論点解説** １～３。なお、☞破§63］、②その取戻権の基礎となる権利を第三者（破産管財人や破産債権者）に対抗できることが必要です［☞ **論点解説** ４・５］。

3　効果

　破産手続の開始は取戻権に影響を及ぼさないので、取戻権者は、破産管財人に任意の履行を請求したり、訴訟提起や強制執行等の法的手段をとるなど、破産手続外で自由に取戻権を行使できます。ただし、破産管財人が 100 万円以上の取戻権を承認するためには、手続上、裁判所の許可が必要です（破 78 Ⅱ⑬・Ⅲ①、破規 25）。

　また、取戻権者は、破産管財人から目的物の引渡請求等を受けた場合、取戻権を抗弁として主張し、請求を拒むことができます。

論点解説

１　取戻権の基礎となる権利　　取戻権の基礎となる権利は、財産に対する民法等

の実体法に基づく支配権です。所有権が典型ですが占有権や地上権等の占有を内容とする権利、無体財産権なども取戻権の基礎となる権利に当たります（その詳細は、伊藤 418 頁、大コンメ 259 頁［野村秀敏］、条解破産 473 頁参照）。

2 取戻権の有無が問題となる場合

(1) **離婚に伴う財産分与**　　自然人が離婚し、破産手続開始前の合意により財産分与請求権（民 768 Ⅰ・771）の内容が確定していた場合、配偶者が破産財団に対してその履行を請求することがあります。

この財産分与請求権の破産手続上の扱いについては、その法的性質との関係で議論があります（議論の詳細は、倒産法概説 184 頁［沖野眞已］、条解破産 481 頁参照）。財産分与請求権が特定財産に対する支配権であれば取戻権が成立する余地があります（なお、この場合、財産分与の合意に対する否認権行使の可能性や対抗要件の有無等を別途検討する必要がある）。財産分与請求権が金銭債権にすぎない場合、判例は破産債権であるとしています（最判平 2・9・27 判時 1363 号 89 頁［百選［50］、INDEX［90］］）。なお、財産分与による夫婦財産の清算的要素を重視し、被分与者は共同財産に物権的な権利を有しているとして、当該債権を財団債権と解する見解もあります。

(2) **分別管理された財産**　　取戻権は、特定の財産を対象とする権利ですので、対象が特定されている必要があります。例えば、金銭は、対象の特定性が認められず取戻権の行使が否定されるのが原則ですが、分別管理されていれば対象となり得ます。

分別管理の典型として、信託財産の場合があります（信託 34 Ⅰ）。信託財産は受託者の債権者に対する責任財産ではありません。受託者が破産した場合、信託の終了（信託 56 Ⅰ③）や新受託者の選任（信託 62 Ⅰ）により、委託者や新受託者は信託財産を取り戻すことができます（信託 25 Ⅰ）。もっとも、信託財産であることを破産管財人に対抗するためには、登記・登録制度がない金銭等の財産の場合には、信託財産として受託者の一般財産から分別管理され、特定性をもって保管されていることが必要です（預金に関する判例として、最判平 14・1・17 民集 56 巻 1 号 20 頁［百選［51］、INDEX［89］］参照）。登記・登録制度が用意されている財産の場合にはそれらの具備が必要です（信託 14）。

分別管理等の方法としては預金口座で預り金を管理する方法がありますが、その預金債権の帰属については、預かった者に帰属するとする判例があります。すなわち、保険契約者から預かった保険料のみを入金し、保険会社に送金するまで一時的に保管する保険代理店名義の預金債権が代理店に帰属すると判示した判例（最判平 15・2・21 民集 57 巻 2 号 95 頁［百選 4 版［22］］）や、債務整理を受任した弁護士が委任者から預かった金銭を預け入れるために開設した弁護士名義の預金債権が弁護士に帰属すると判示した判例です（最判平 15・6・12 民集 57 巻 6 号 563 頁［百選 4 版［A18］］）。

3 取戻権と非典型担保

非典型担保である譲渡担保や所有権留保は、債権を担保する目的で債権者に所有権等を帰属させる法形式をとります。そこで、これらの非典型担保について、その法形式を重視して取戻権とするか、担保権としての実態を重視して別除権とするのか問題となります。判例・通説は、担保としての実態を

重視してこれらの非典型担保を別除権と解しています（伊藤419頁、倒産法概説182頁[沖野眞已]。更生手続での譲渡担保に関する判例として、最判昭41・4・28民集20巻4号900頁[百選[57]]）[☞破§65 **論点解説**[1]]。

4 第三者対抗要件 　実体法上、権利の変動を第三者に対抗するために対抗要件の具備が必要となる場合があります（民177・178・467等）。破産管財人は差押債権者と同視され、独立の利益を有する者として第三者に該当すると解されています。そのため、取戻権者が権利を行使するには、破産手続開始時に第三者対抗要件を具備する必要があると解されています（最判昭48・2・16金法678号21頁[百選[17]]、最判昭58・3・22判時1134号75頁[百選[18]]、INDEX[26]]、伊藤335頁・419頁、倒産法概説188頁[沖野眞已]、大コンメ260頁[野村秀敏]）。

5 主観的要件 　通謀虚偽表示の相手方が無効を理由とし、あるいは詐欺の被害者が取消しを理由として、取戻権を行使することがあります。もっとも、実体法上は、その無効等を善意の第三者に対抗することができません（民94Ⅱ・96Ⅲ）。差押債権者と同視される破産管財人は第三者に該当すると解されていますが、保護されるためには善意であることが必要です。その判断基準については争いがあり、破産管財人を基準として判断すべきとの見解もありますが、通説は、破産債権者の中に1人でも善意者がいれば足りると解しており（伊藤333－334頁、倒産法概説187頁[沖野眞已]・372頁[山本和彦]、大コンメ260頁[野村秀敏]）、同様の見解を示す裁判例もあります（東京地判昭32・6・3判時122号12頁）。

　判例　　最判昭45・1・29民集24巻1号74頁[百選[A8]]、最判昭37・12・13判タ140号124頁。最判昭42・8・25判時503号33頁[百選[A7]]

　文献　　伊藤417頁、条解破産472頁、大コンメ258頁[野村秀敏]、倒産法概説180頁[沖野眞已]、破産法・民事再生法概論156頁[佐藤鉄男]、注釈破産（上）413頁[髙山崇彦]

（運送中の物品の売主等の取戻権）
第63条 　売主が売買の目的である物品を買主に発送した場合において、買主がまだ代金の全額を弁済せず、かつ、到達地でその物品を受け取らない間に買主について破産手続開始の決定があったときは、売主は、その物品を取り戻すことができる。ただし、破産管財人が代金の全額を支払ってその物品の引渡しを請求することを妨げない。
2 　前項の規定は、第53条第1項及び第2項の規定の適用を妨げない。
3 　第1項の規定は、物品の買入れの委託を受けた問屋がその物品を委託者に発送した場合について準用する。この場合において、同項中「代金」とあるのは、「報酬及び費用」と読み替えるものとする。

■基本事項
1　趣旨 　本条1項は、隔地者間の取引における売主保護の見地から、物品の運送中に買主が破産しても、取戻権の行使により、売主が当該物品を取り戻すこと

を認めています。買入委託を受けた問屋が目的物を委託者に発送した後に委託者が破産した場合、問屋には一般の先取特権は認められないものの、委託者と問屋の利益状況が隔地者間の売買と類似するため、本条3項は買入れの委託を受けた問屋にも取戻権を認めています［☞ **より深く学ぶ**］。売主または問屋が目的物に対して支配権を有するかどうかにかかわらず、破産法の規定に基づいて取戻権を認める点に特色があることから、これらの取戻権は特別の取戻権と呼ばれています。

なお、目的物の運送中であれば、売主は荷送人として、運送人に対して運送の中止や目的物の返還を求めることができますし（商582Ⅰ）、目的物が買主に到着した後でも、動産売買先取特権（民321）を行使できること等から、売主の取戻権が実際に行使される場面は多くないといわれています（倒産法概説190頁［沖野眞已］）。

なお、本条は民再法および会更法にも準用されています（民再52Ⅱ、会更64Ⅱ）。

2 要件 本条1項に基づき売主が取戻権を行使するためには、①売主が第三者を介して買主へ売買の目的物を発送していること、②破産手続開始時に破産者である買主が到達地で目的物を受領していないこと、③代金の全額が弁済されていないことが必要です。

②の受領とは現実の占有を取得することを意味します。到達地とされた場所以外で受け取っている場合でも、買主の施設内で占有され、破産債権者の共同担保として評価されるような場合には、取戻権は発生しないとする見解が有力です（大コンメ268頁［野村秀敏］、条解破産489頁注4）。また、破産手続開始決定後に破産管財人が目的物を受領した場合でも、破産手続開始決定時に要件が充足されていれば、取戻権の行使は否定されないと解されています（伊藤425頁、大コンメ267頁［野村秀敏］）。

本条3項に基づき問屋が取戻権を行使するためには、①買入れの委託を受けた問屋が第三者を介して委託者へ目的物を発送していること、②破産手続開始時に破産者である委託者が到達地で目的物を受領していないこと、③報酬および費用の全額が弁済されていないことが必要です。

3 効果 売主や委託を受けた問屋は、本条に基づく特別の取戻権を行使することにより、破産手続上の制約を受けずに破産管財人の管理下にある目的物を取り戻すことができます。

取戻権の法的性質については議論がありますが、売主や委託を受けた問屋に対し破産管財人に対抗できる法定の占有権限を与えたものであるとする見解が有力です（議論の詳細は、大コンメ268頁［野村秀敏］、伊藤426頁参照）。

取戻権の行使は売買契約の効力には無関係ですので、破産管財人は、売主や問屋による取戻権の行使に対し、代金の全額を支払い、取戻権を消滅させて、目的物の引渡しを請求することができます（本条Ⅰただし書・Ⅲ）。

4 破産法53条との関係

(1) 売主の取戻権との関係

本条2項は、売主の取戻権が認められる場合に、双方未履行双務契約に関する破産法53条1項・2項の適用を妨げないと規定しています。したがって、破産手続開始決定時において売買契約が双方未履行となっている場合（売主による発送によって履

行済みとはみなされない場合）には破産法53条1項・2項が適用されます。これに対し、売主による発送によって破産手続開始時点で売主の義務が履行済みとなっているものの、その後に売主が取戻権を行使して、目的物を占有した場合に、破産法53条1項・2項が適用されるのか議論があります。破産手続開始時点で双方未履行となっていない以上、適用されないとする見解（大コンメ269頁［野村秀敏］）と、売主が取戻権を行使することによって双方未履行の状態となれば、売主保護の観点からその後の処理は同条項によるとする見解があります（伊藤425頁、条解破産491頁）。

(2) 問屋の取戻権との関係

本条3項の規定振りから、問屋と委託者の関係について破産法53条1項・2項の適用があるのか議論があります。この点については、本条3項が本条2項の準用をしていないことや、委託者と問屋の関係が委任契約と解され、委託者の破産によって契約が終了する（民653②）ことから、多くの見解がその適用を否定します（伊藤426頁、大コンメ270頁［野村秀敏］、条解破産492頁）。

もっとも、問屋は取戻権を行使した上で、破産管財人が「報酬及び費用」の全額を支払った場合にはこれに応じ、破産管財人がこれを支払わない場合には商事留置権（商557・31）を行使できますので、その保護は担保されています。

より深く学ぶ

問屋に破産手続が開始した場合の委託者の取戻権　問屋が破産した場合における委託者の取戻権については、本条3項のような規定がありません。そこで、委託者に一般の取戻権が認められるかについて議論があります。

問屋と委託者との関係について規定する商法552条2項は問屋の破産債権者に対しては及ばないことから取戻権の行使を否定する見解もありますが、通説・判例は、問屋が委託者の計算において権利を取得することなどを理由として、委託者の取戻権を認めています（伊藤421頁、大コンメ262頁［野村秀敏］参照。最判昭43・7・11民集22巻7号1462頁［百選［49］]）。

文献　伊藤424頁、条解破産488頁、大コンメ266頁［野村秀敏］、倒産法概説186頁［沖野眞已］、破産法・民事再生法概説165頁［佐藤鉄男］、注釈破産（上）425頁［岩崎晃］

（代償的取戻権）
第64条　破産者（保全管理人が選任されている場合にあっては、保全管理人）が破産手続開始前に取戻権の目的である財産を譲り渡した場合には、当該財産について取戻権を有する者は、反対給付の請求権の移転を請求することができる。破産管財人が取戻権の目的である財産を譲り渡した場合も、同様とする。

2　前項の場合において、破産管財人が反対給付を受けたときは、同項の取戻権を有する者は、破産管財人が反対給付として受けた財産の給付を請求することができる。

基本事項

1　趣旨・定義

　取戻権は破産財団中に目的物が存在していることを前提にしていますが（破62参照）、譲渡によって、その行使前に目的物が破産財団に属さなくなった場合でも、可能な限り取戻権を行使した場合と同等の効果を確保することが公平です。
　そこで、本条は、破産者や破産管財人が目的物を譲渡した場合には、代替物を特定できる限り、取戻権者は反対給付の請求権の移転や反対給付として受けた財産の給付を請求できることとしました（代償的取戻権）。
　なお、本条は民再法および会更法にも準用されています（民再52Ⅱ、会更64Ⅱ）。

2　要件

　代償的取戻権の要件は、①取戻権が成立していること［☞ **論点解説**］、②破産手続開始前であれば破産者（保全管理人を含む）、破産手続開始後であれば破産管財人が、取戻権の目的である財産を第三者に譲渡したことです。
　代償的取戻権の対象は反対給付ですので、②の譲渡は有償による必要があります。譲渡は有効か無効かを問わないと解されています。
　破産手続開始前に破産者が目的物を譲渡し、その反対給付を受け取ってしまっている場合には、その反対給付は一般財産に混入していますので、代償的取戻権を行使することはできません。

3　効果（代償的取戻権行使の態様）

　代償的取戻権は、破産手続によらず、裁判上または裁判外で自由に行使できますが、行使の態様は反対給付の履行状況により異なります。

(1)　反対給付が未履行の場合

　破産者が破産手続開始前に目的物を譲渡したり、破産手続開始後に管財人が目的物を譲渡したものの、その反対給付が未履行の場合、本来であればこの反対給付の請求権は破産財団に帰属します。しかし、本条1項前段・後段によって、取戻権者は反対給付の請求権の移転を請求できます。具体的には、取戻権者はその移転を請求し、破産管財人による移転の意思表示と対抗要件（民467等）の具備を請求します。

(2)　反対給付が既履行の場合

　破産手続開始前に破産者が目的物を譲渡し、反対給付を受け取っている場合には、取戻権者としての地位はなく、破産債権者として権利行使せざるを得ません。
　もっとも、破産管財人が破産手続開始後に反対給付の履行を受け、その反対給付が特定性を維持したまま破産財団中に現存する場合には、取戻権者は破産管財人が反対給付として受けた財産の給付を請求できます（本条Ⅱ）。当該反対給付が特定性を有していないときは、取戻権者は、反対給付相当額の損害賠償請求権または不当利得返還請求権を財団債権（破148Ⅰ④・⑤）として行使することになります。
　破産者が破産手続開始後に反対給付の履行を受けた場合、その反対給付の履行の効力は破産法50条に従います。同条の適用によって効力が認められない場合には反対給付が未履行と扱われますので、取戻権者は前記(1)の方法で代償的取戻権を行使できます。効力が認められ、反対給付が既履行と扱われる場合には、破産財団に

組み込まれた財産が特定性を維持している場合に限って、代償的取戻権を行使できます。

論点解説

代償的取戻権者 代償的取戻権者とは取戻権を有する者ですが、破産法62条括弧書の規定振り等から、破産法63条に定める特別の取戻権についても代償的取戻権が認められるのか議論があります。破産法63条の特別の取戻権が62条の「取戻権」に含まれるとの文言解釈は困難であることからこれを否定する見解、破産法63条が物品に対する強力な占有権限を認めた趣旨などからこれを肯定する見解がありますが、両者とも有力であると指摘されています（以上の議論の詳細は、条解破産493頁参照）。

文 献 伊藤427頁、条解破産492頁、大コンメ271頁［野村秀敏］、倒産法概説190頁［沖野眞已］、破産法・民事再生法概論167頁［佐藤鉄男］、注釈破産（上）429頁［岩崎晃］

第4款　別除権

（別除権）
第65条 別除権は、破産手続によらないで、行使することができる。
2 担保権（特別の先取特権、質権又は抵当権をいう。以下この項において同じ。）の目的である財産が破産管財人による任意売却その他の事由により破産財団に属しないこととなった場合において当該担保権がなお存続するときにおける当該担保権を有する者も、その目的である財産について別除権を有する。

基本事項

1　趣旨

別除権は、破産財団（破34Ⅰ）に属する財産に設定された担保権を基礎とする権利です（破2Ⅸ）。担保権は目的となった財産から優先弁済を受ける権利ですが、究極的な清算手続である破産手続でこそ活かされるべき権利であり、本条は、別除権が破産手続による制約を受けずに行使できることを認めています［☞ **より深く学ぶ**］。

また、その目的物が破産手続開始後に売却や放棄等によって破産財団に属さないことになっても、その担保権が存続する限り、破産手続上、別除権として扱われることを定めています。

なお、本条と同様の規定が、民再法53条2項・3項に置かれていますが、再建型手続であるため、その趣旨がやや異なっています（伊藤896頁参照）。更生手続は別除権を認めず、担保権を手続に取り込み、個別的権利行使を許容していません（会更47Ⅰ・2ⅩⅡ）。

2 要件

「別除権」とは、破産手続開始時に破産財団に属する財産に設定された担保権の権利者が、破産手続によらないで、行使することができる権利です（破2Ⅸ）。

破産者が被担保債権の債務者であること（別除権者が破産債権者であること）は要件となっていません。破産者が債務を負担せず、自己の財産に担保権を設定したにすぎない物上保証人である場合でも、当該担保権は別除権となります。

破産者が担保権付債務を負担しているものの、当該担保権の目的物が破産財団に属する財産ではなく、第三者の財産である場合、当該担保権は別除権とはならず、担保権者は単なる破産債権者にすぎません。

別除権の対象となる財産は破産手続開始時の財産に限定されます。例えば、破産者の財産に設定されていた担保権でも、破産手続開始前に目的財産が第三者に移転されれば、破産手続上は別除権とはなりません（民再法に関する事案である東京地判平18・1・30判タ1225号312頁［INDEX［78］］参照）。

別除権の基礎となる担保権として、破産法2条9項は、特別の先取特権、質権、抵当権しか規定していませんが、これらに限定されません。仮登記担保権は別除権として扱われていますし（仮登記担保19Ⅳ）、根抵当権や財団抵当法等による抵当権（工場抵当法等〔新注釈民再（上）295頁［長沢美智子］参照〕）も含まれます。また、譲渡担保、所有権留保、ファイナンス・リースといった非典型担保も、解釈上、別除権として扱うのが通説であり、実務も同様です（詳細は、伊藤371頁・445頁・450頁・455頁、倒産法概説132頁［沖野眞已］、大コンメ279頁・282－283頁［野村秀敏］参照。手形譲渡担保に関する名古屋高判昭53・5・29金判562号29頁、所有権留保等に関する札幌高決昭61・3・26判タ601号74頁、民再法のファイナンス・リースに関する最判平20・12・16民集62巻10号2561頁［百選［76］］参照）。

破産管財人が民法177条、178条、467条に規定する「第三者」に該当すると考えられること［☞破§53・§62・§74］から、破産手続上、別除権を行使するためには、その設定・変更についての対抗要件を備える必要があると解されています（伊藤431頁、条解破産499頁、破産・民事再生の実務〔破産編〕339頁。破産法について東京地判平27・3・4判時2268号61頁、民再法について最判平22・6・4民集64巻4号1107頁［百選［58］］参照）。対抗要件は、目的物が不動産であれば登記（民177）、動産であれば引渡し（民178）や動産譲渡登記（動産・債権譲渡特3）、債権であれば確定日付のある通知または承諾（民467）や債権譲渡登記（動産・債権譲渡特4）です（動産・債権譲渡登記は、譲渡人が法人の場合に利用できる）。

3 別除権行使の方法

別除権は、破産手続によらないで行使することができ（破2Ⅸ・本条Ⅰ）、破産手続開始後も、担保権本来の実行方法による行使が可能です［☞ **論点解説** 1］。そのため、不動産・動産・債権等に対する担保権実行競売（民執180以下）、動産質の弁済充当（民354）、債権質の直接取立て（民366）等のほか、約定担保権については約定に基づく実行が可能です。

破産管財人は、破産財団に属する別除権の目的物の管理処分権を有しています。

そのため、別除権を行使する相手方は破産管財人です。例えば、別除権の不足額を確定させて破産手続に参加するため（破108Ⅰ・198Ⅲ・205・210Ⅰ参照）、別除権を放棄するには、破産管財人に対してその意思表示を行うことになります［☞詳細は破§108］。

論点解説
1 留意すべき別除権の取扱い場面
(1) 典型担保
㋐ （根）抵当権
（根）抵当権の行使方法は、担保権実行としての競売（民執180①）、担保不動産収益執行（同条②）、物上代位（民372・304、民執193Ⅰ）等です。

破産手続開始後の利息、損害金も（根）抵当権の被担保債権になります（民375・398の3）。そのため、破産手続上は劣後的破産債権になるもの（破99Ⅰ①・97①②）も、破産手続外の別除権行使によって目的物の換価代金から優先的に弁済され得ることになります。

㋑ 動産売買先取特権
特別の先取特権のうち実務上多く利用されているものは、民法上の動産売買先取特権（民321）です。この先取特権は、債務者が目的物を第三取得者に引き渡した後は追及効がありません（民333）。もっとも、差押債権者類似の地位にある破産管財人は第三取得者に該当せず、破産財団中に目的物が現存すれば、動産売買先取特権者はその権利を行使できると解されています（最判昭59・2・2民集38巻3号431頁［百選［55］］参照、伊藤443頁、条解破産506頁）［☞ **より深く学ぶ**］。

動産売買先取特権の目的財産が破産手続開始前後に転売される等して、破産管財人の占有下にない場合に、当該先取特権者が、その目的物に代わる転売代金債権等に物上代位権を行使できるかどうか争いがあり、積極説と消極説が対立しますが、判例は積極説を採用しています（最判昭59・2・2民集38巻3号431頁［百選［55］］。詳細は、伊藤443頁参照）。

(2) 非典型担保
清算手続である破産手続では、目的物が破産財団に属する財産として換価対象になるのかどうかという点に重点を置き、非典型担保が別除権となるかどうかが議論されます。

この点、前記 **基本事項** 2 に記載した通り、譲渡担保、所有権留保、ファイナンス・リースといった非典型担保も、その性質に反しない限り別除権として扱うのが通説であり、実務もこれに従っています。ただし、担保権消滅請求（破186Ⅰ）の対象となるか等については議論があります。

非典型担保が別除権として認められるものであっても、破産手続開始前に当該担保権の実行手続が終了していれば、目的物は破産財団を構成しません。そこで、このような非典型担保の実行終了時期も重要となります（この点は、民再法における担保権の実行中止命令［民再31Ⅰ］において特に重要になる）［☞民再§31］。そのため、ある非典型担保が存在する場合、当該担保の具体的な実行方法を知ることが必要ですし、解除がその担保権の実行のため必要となる場合には、いわゆる倒産解除特約の有効

性も問題となります。

　破産手続においても、手続を遂行するために担保権が設定された事務機器等を利用する場合があります。形式的には当事者双方の債務が契約成立後も残る約定担保権の設定契約では、目的物の利用の継続が双方未履行双務契約に関する履行選択であるとされると、相手方の請求権が手続外での弁済を要する財団債権として扱われる余地が生じます（破 148 Ⅰ⑦）。そのため、リース契約や所有権留保では、果たして当該契約が、そもそも双方未履行双務契約（破 53）に該当するか否かが議論されます［☞破§53］。

　集合動産・債権譲渡担保では、目的となる個々の動産や債権が入れ替わることが予定されています。破産者が事業を継続する場合には、平常時と同様に、破産手続開始後に入れ替わるすべての動産や債権に集合動産・債権譲渡担保の効力が及ぶとすると、実際上、事業継続によって得た利益がこれらの担保権者に優先して弁済されることになり、結果として、担保権者に対する弁済原資を捻出するために、事業を継続することになってしまいます。そのため、特に民事再生法等の再建型手続において、その効力の範囲が議論されています［☞民再§53］。

　以下では、以上の事情を踏まえ、主に議論される譲渡担保権、所有権留保、ファイナンス・リースをめぐる問題を概観します。

　㋐ **譲渡担保権**　　譲渡担保権とは、「目的物の所有権をあらかじめ設定者から譲渡担保権者に移転する形式をとった担保制度であり、目的物から被担保債権の満足を受けた上で、清算する場合に、譲渡担保権者が目的物を適正評価額で自己に帰属させることができる帰属清算型と、譲渡担保権者が目的物を処分してその売得金から優先弁済を受ける処分清算型」があります（鈴木禄彌「譲渡担保」石井照久ほか編『経営法学全集(9)』〔ダイヤモンド社、1996〕293 頁）。

　譲渡担保権の法的構成については、所有権的構成と担保的構成の各見解があり、後者が通説ですが、後者の中でもさまざまな見解があります（詳細は、道垣内弘人『担保物権法〔第 3 版〕』〔有斐閣、2008〕298 頁、柚木馨＝高木多喜男編『新版注釈民法(9)〔改訂版〕』〔有斐閣、2015〕655 頁〔福地俊雄＝占部洋之〕参照）。

　譲渡担保権の目的物としては、特定の不動産・動産・債権のほか、その個々の目的物が入れ替わり、循環する集合動産や集合債権があります。そのため、対抗要件については、各目的物の差異に応じて異なります［☞ **基本事項 2** ］。

　譲渡担保権の実行は、契約が帰属清算型の場合は、譲渡担保権者から設定者に対して確定的に目的物を取得する意思表示を行うとともに、清算の通知をする方法によります。また、処分清算型の場合には担保目的物を任意に処分して清算する方法によります（破産・民事再生の実務〔民事再生・個人再生編〕167 頁）。譲渡担保権実行の終了時期については、帰属清算型では、前記清算金を支払った時または清算金がなければ前記目的物を取得する旨の意思表示が債務者に到達した時であり、処分清算型では第三者への処分契約時であると解されています（竹下守夫『担保権と民事執行・倒産手続』〔有斐閣、1990〕234 頁）。

　集合動産・債権譲渡担保とは、在庫商品や売掛金等のように変動・循環する動産

や債権を、種類、所在場所、量的範囲や取引内容といった発生原因等により特定し、その対象とするものです。事業が継続する限り目的物は常に入れ替わり、循環しますが、破産手続開始後に破産管財人が取得する同種財産に譲渡担保権の効力が及ぶのかどうか議論があり、肯定説と否定説に分かれています（詳細は、伊藤456頁・459頁、条解破産513頁・516頁、破産・民事再生の実務〔破産編〕357頁）。

　(イ)　**所有権留保**　　所有権留保とは、売主が目的物を買主に引き渡すものの、売買代金債権を担保するために、代金完済まで目的物の所有権を売主に留保するもので、多くの場合、その目的物は動産です。

　所有権留保の法的構成については、譲渡担保と同様に所有権的構成と担保的構成の各見解があり、両者とも有力です（詳細は、道垣内・前掲361頁、高木多喜男『担保物権法〔第4版〕』〔有斐閣、2005〕379頁参照）。

　所有権留保については売主から買主への物権変動がないため、売主の留保所有権は対抗要件を具備する必要がないと解されています（道垣内・前掲362頁）。もっとも、判例（前掲・最判平22・6・4）は、自動車の購入者から委託されて販売会社に売買代金の立替払をした者が、購入者および販売会社との間で、販売会社に留保されている自動車の所有権につき、立替払により当該立替払をした者に移転し、購入者が立替金および手数料の支払債務を完済するまで留保される旨の合意をしていた事案において、購入者に係る再生手続が開始した時点で当該自動車につき立替払をした者を所有者とする登録がされていない限り、販売会社を所有者とする登録がされていても、立替払をした者が前記の合意に基づき留保した所有権を別除権として行使することは許されないと判示しています。

　所有権留保付売買契約における留保所有権の実行は、約定に基づき、売買契約を解除した上、または解除せずに、債務者に目的物の引渡しを請求し、その時価と代金債権額との差額を清算するという方法によります（道垣内・前掲365頁、高木・前掲381頁、伊藤448頁）。もっとも、実行時には目的物の価値が下落し、清算が不要となる場合がほとんどです。また、多くの所有権留保契約やファイナンス・リース契約では、破産手続開始申立てや支払停止等を解除権の発生事由とするいわゆる倒産解除特約を定めており、この特約による解除が実行方法の1つとして位置付けられています［☞**論点解説** 2］。

　破産管財人が目的物の利用を望み、占有を継続する場合には、その代金請求権の性質に関連して、所有権留保付売買が双方未履行双務契約に該当するか否かが問題となります。民再法上、登録を必要とする自動車に関する事案で、双方未履行双務契約の該当性を否定した裁判例（東京地判平18・3・28判タ1230号342頁［INDEX2版［116］]）もありますが、登記・登録が未了の場合にはその該当性を肯定する見解や裁判例もありますので、留意が必要です［☞破§53］。

　(ウ)　**ファイナンス・リース**　　ファイナンス・リースとは、ユーザーが希望する機械等をリース会社がメーカーから購入した上、ユーザーに使用させ、ユーザーは、リース期間中その購入代金相当額を費用、金利相当額等とともにリース料として分割払する契約です（特に、リース会社による購入代金等の投下資本をリース期間中にすべて回

収できるようにリース料を設定したものをフルペイアウト方式のファイナンス・リースといい、実務上問題とされるのはこの方式のものである）。

フルペイアウト方式のファイナンス・リースの法的性質については議論があります。破産管財人が目的物の利用や換価のためにその受戻しを望む場合に、双方未履行双務契約に該当性するか否かに関連して議論されています［☞破§53］。賃貸借契約類似の契約であって、リース料支払義務と使用収益させる義務とが対価関係にあるとして双務契約性を認める見解と、金融取引的性質を重視して、リース料支払債務は契約成立時に全額について発生し、毎月の支払は期限の利益を付与されたものであって、対価関係はなく、担保権の設定であるとする見解があります。

通説および実務では担保権であると解し、リース会社を別除権者として扱っています。担保権としての法律構成については、所有権留保類似の構成による見解や、ユーザーの保有する利用権上に担保権を設定したものと構成する見解等があります（伊藤372頁注105、倒産法概説240頁［沖野眞已］、条解破産522頁）。

ファイナンス・リースの実行は、リース契約を解除し、あるいはリース契約に定めがある場合にはリース契約を解除せず、債務者から目的財産を引き揚げた上、余剰があればこれを清算する方法によります。実行の終了時期については、解除権の行使時、引揚時、清算時といった見解があります（詳細は、新注釈民再（上）154頁［三森仁］、山本和彦「倒産手続におけるリース契約の処遇」金法1680号〔2003〕8頁参照）。

2 倒産解除特約と破産法　　所有権留保やファイナンス・リース等の非典型担保契約では、倒産手続の開始を解除原因として無催告解除を認めるいわゆる倒産解除特約が定められていることが多く、その効力について議論があります。破産管財人が換価のための受戻し等を望んでも、倒産解除特約の効力が認められると所有権留保やファイナンス・リース等の目的物が担保権者やリース会社に返還され、破産財団を構成しない上、担保権消滅請求（破186Ⅰ）等を利用して目的物を換価することができなくなります。そのため、倒産解除特約の効力は、再生手続等の再建型手続では特に問題となり、その有効性に疑問が呈されています。この点、フルペイアウト方式のファイナンス・リース契約について倒産解除特約の効力を否定した民再法に関する判例（前掲・最判平20・12・16）や所有権留保を定めた契約における当該特約の効力を否定した会更法に関する判例（最判昭57・3・30判時1038号286頁）があります。もっとも、清算型の破産手続ではその効力を肯定する見解も有力です（詳細は、伊藤357頁、倒産法概説243頁［沖野眞已］、大コンメ216頁［松下淳一］、条解破産413頁、破産・民事再生の実務〔破産編〕348頁）［☞破§53］。

より深く学ぶ

担保価値維持義務等と破産管財人　　破産管財人が正当な理由なく、別除権の目的物を処分した場合、その行為によって破産財団が支出等を免れ、あるいは利益を得たとして、別除権者が財団債権者として不当利得返還請求権（破148Ⅰ⑤）を行使することがあります（最判平18・12・21民集60巻10号3964頁、東京地判平20・1・29判時2000号50頁）。破産管財人は担保権設定者が負担する担保価値維持義務を承継するのか

どうかという問題や破産管財人の善管注意義務（破85Ⅰ）との関係が議論されています（詳細は、倒産法概説116頁［沖野眞已］、伊藤430頁注32、条解破産664頁）。

同様に、動産売買先取特権の存在を知り得る破産管財人が当該先取特権の目的物を処分した場合に、当該先取特権者からの不当利得返還請求等の成否とともに、破産管財人の善管注意義務への影響が議論されています（詳細は、条解破産664頁、大コンメ359頁［菅家忠行］。なお、東京地判平3・2・13判時1407号83頁、名古屋地判昭61・11・17判時1233号110頁参照）［以上について☞破§85］。

判　例　大判昭8・3・31民集12巻390頁、大阪高決平元・9・29判タ711号232頁、広島高決昭61・6・10判時1200号82頁［百選3版［66②］］、最判昭56・12・22判時1032号59頁、最判平18・7・20民集60巻6号2499頁［INDEX［62］］、名古屋高判昭53・5・29金法877号33頁、大阪地判平20・10・31判時2039号51頁、東京地判平21・9・3判時2070号66頁、最判昭41・4・28民集20巻4号900頁［百選［57］］、最判平22・6・4民集64巻4号1107頁［百選［58］］、大阪地決平13・3・21判時1782号92頁［INDEX［77］］

文　献　伊藤430頁、大コンメ275頁［野村秀敏］、条解破産497頁、一問一答破産106頁、破産・民事再生の実務〔破産編〕336・338頁

（留置権の取扱い）
第66条　破産手続開始の時において破産財団に属する財産につき存する商法又は会社法の規定による留置権は、破産財団に対しては特別の先取特権とみなす。
2　前項の特別の先取特権は、民法その他の法律の規定による他の特別の先取特権に後れる。
3　第1項に規定するものを除き、破産手続開始の時において破産財団に属する財産につき存する留置権は、破産財団に対してはその効力を失う。

基本事項

本条1項は、破産手続開始の時において破産財団に属する財産につき存する商事留置権（商法または会社法の規定による留置権）は、特別の先取特権とみなすこととしています。商事留置権には、代理商（商31、会社20）、商人間（商521）、問屋（商557・31）、運送取扱人（商562）や船舶所有者（商753Ⅱ）の留置権といったものがあります。特別の先取特権とは、債務者の所有する特定の動産または不動産に成立する先取特権をいいます（動産につき民法311条以下、不動産につき民法325条以下参照）。この規定により、商事留置権には別除権の地位が与えられることとなります。

そのため、商事留置権は、破産手続上、優先弁済権と目的物の換価権を有することになりますが［☞**論点解説**［1］］、他の特別の先取特権に後れるものとされています（本条Ⅱ）。ここで他の特別の先取特権とは、たとえば、商事留置権の対象である目的物が第三者の動産保存の先取特権（民320）の対象でもある場合等が該当します。また、「後れる」とは、他の特別の先取特権に劣後することを意味します。本条1項によって、特別の先取特権として認められた商事留置権者（別除権者）は、他の特別の先取特権者が100％弁済を受けない限り、弁済を受けることができないこ

とになります。

　他方、民事留置権は破産財団に対してはその効力を失うこととされています（本条Ⅲ。民事留置権に関する見直しの余地などについて、倒産法概説129頁［沖野眞已］、一問一答破産109頁参照）。民事留置権とは、本条1項に規定する商事留置権以外の留置権をいいます。「その効力を失う」とは、民事留置権が消滅することを意味します（注釈破産（上）468頁［島田敏雄］）。

　なお、民再法は、留置権を直接的に別除権とする規定（民再53）を定め、本条のように特別の先取特権とはみなしていませんし、民事留置権の効力については特に定めを置いていません。

論点解説

1　留置的効力の有無　　本条1項によって商事留置権は破産手続上特別の先取特権とみなされていますが、なお留置的効力をもつのかどうか議論があります。留置的効力とは、他人の物の占有者が当該他人に対し一定の種類の債権を有しているときに、その債権の弁済を受けるまでその物を留置することができる効力をいいます。

　この点、銀行が取立委任の趣旨で債務者から預かっていた約束手形を債務者の破産手続開始後も留置し、取り立てることができるのかどうか問題となった事案で、商事留置権の留置的効力を肯定した判例（最判平10・7・14民集52巻5号1261頁［百選5版［52］]）があります。学説上、この判例については、その射程も含めて議論があり、定説をみない状況です。もっとも、留置権消滅請求制度（破192）の新設により、留置的効力の存続を一律に否定する実際上の必要性はなくなったとの指摘もあります（詳細は、倒産法概説126頁［沖野眞已］、大コンメ287頁［上原敏夫］、条解破産526頁参照）。

　再生手続上における前記と同様の事案に関し最判平23・12・15（民集65巻9号3511頁［百選［53］]）がありますが、結論としては商事留置権に留置的効力を認めた点で同様です［☞民再§53］。

2　建物の建築請負人による敷地に対する商事留置権の成否　　建物の工事請負契約において、請負人による建物完成前や建物完成後引渡前に注文者が破産した場合、注文者の破産管財人による完成前の建物や完成後の建物についての返還請求に対して請負人が請負代金債権を被担保債権として商事留置権を主張して、建物だけでなく敷地についても引渡しを拒むことが認められるか否かが問題となります。この点、商法521条に規定する「物」には不動産は含まれないとして、請負人の留置権の成立を否定する見解、商事留置権の成立は認めるものの、特別の先取特権とみなされることで留置的効力は失われるとしつつ、特別の先取特権と土地の担保権の対抗問題として扱う見解（東京高決平10・11・27判時1666号141頁［百選［54］]）、建築に必要な範囲で敷地を使用するにすぎない請負人は、敷地に対する「占有」は取得していないとして否定する見解があります（詳細は、大コンメ289頁［上原敏夫］、前掲・東京高決平10・11・27）。

　なお、東京地裁民事執行センターでは、平成22年に東京高裁で商事留置権の成

立を否定する決定が続いたことから、少なくとも不動産競売手続における売却条件を確定する際には、商事留置権は成立しないものとして扱っています（東京地方裁判所民事執行センター「建物建築工事請負人の建物の敷地に対する商事留置権の成否」金法1912号〔2010〕81頁）。

判例 名古屋地判昭54・2・27判タ391号135頁、福岡地判平9・6・11判時1634号147頁、東京高決平22・7・26金法1906号75頁、東京高決平22・9・9判タ1338号266頁、大阪高決平23・6・7金判1377号43頁、最判平23・12・15民集65巻9号3511頁〔百選〔53〕〕、最判昭63・10・18民集42巻8号575頁〔百選〔64〕〕

文献 倒産法概説125頁〔沖野眞已〕、大コンメ287頁〔上原敏夫〕、条解破産525頁

第5款　相殺権

（相殺権）
第67条 破産債権者は、破産手続開始の時において破産者に対して債務を負担するときは、破産手続によらないで、相殺をすることができる。
2　破産債権者の有する債権が破産手続開始の時において期限付若しくは解除条件付であるとき、又は第103条第2項第1号に掲げるものであるときでも、破産債権者が前項の規定により相殺をすることを妨げない。破産債権者の負担する債務が期限付若しくは条件付であるとき、又は将来の請求権に関するものであるときも、同様とする。

基本事項

1　趣旨

破産債権は、破産手続によらなければ行使することができないのが原則ですが（破100Ⅰ）、本条は、相殺の担保的効力に対する破産債権者の期待を保護・尊重して、破産手続によらないで相殺をすることを認めています〔☞**論点解説** ①〕。

本条1項と同様の規定が民再法92条1項にも置かれていますが、破産法とは異なり、民再法は再生債務者の経済的再生を目的としていますので、再生債権の現在化や金銭化はなされず、また相殺権の行使時期にも債権届出期間満了までという制限が設けられているなど、破産法に比較して相殺権の行使が制約されています。会更法48条1項も同様です。

2　要件

民法上、相殺が認められるためには、①相殺適状にあること、すなわち、ⅰ2人が互いに債務を負担すること、ⅱ両債務が同種の目的を有すること、ⅲ両債務が弁済期にあること、ⅳ両債務が性質上相殺を許さないものでないこと（民505Ⅰ）、②相殺の禁止事由が存在しないこと（同条Ⅱ・509・510など）という要件を満たすことが必要です。

破産手続での相殺も、民法をはじめとする平時実体法の定めに従うことが原則となりますが、破産法は、破産手続開始決定時を基準とした破産者の財産について包

括的清算を行うための規律を定めています。債権者がもつ相殺の担保的効力への期待をより一層保護すべく、一方で本条2項以下で相殺の要件を拡張しつつ、他方で、破産債権者間の公平を確保するため破産法71条および72条で一定の場合に相殺を禁止して相殺権の行使を制限しています〔☞ **より深く学ぶ 1**〕。

(1) **自働債権**（本条Ⅱ前段）〔☞ **論点解説 2**〕

(ア) **期限付債権**

破産債権が期限付債権の場合、破産手続開始時に期限が到来したものとみなされますので（破103Ⅲ）、破産債権者は、期限付債権を自働債権として相殺することができます（本条Ⅱ前段）。ただし、相殺できる金額については、破産法68条2項による制限があります。

(イ) **解除条件付債権**

解除条件付債権とは、解除条件の付された債権をいい、解除条件とは、法律行為の法律効果の消滅が将来発生するかどうか不確実な事実に係る場合の条件をいいます。

解除条件付債権を自働債権とする相殺は、解除条件付債権はすでに発生している債権であることを理由に、民法上も認められています。したがって、本条2項前段は、解除条件付債権について確認的な規定ということができます。ただし、最後配当の除斥期間満了前に解除条件付債権の解除条件が成就した場合には、当該解除条件付債権は消滅するため、当該解除条件付債権を自働債権とする相殺はその効力を失い、破産債権者は自己の債務を現実に履行しなければなりません。そこで、その履行を確保する手段として、破産法69条は、相殺権の行使の際に、相殺によって消滅する債務の額について、相殺権を行使する破産債権者（解除条件付債権者）は、担保を提供し、または寄託をしなければならないと定めています。

(ウ) **非金銭債権等**

①金銭の支払を目的としない債権、②金額が不確定な債権、③金額を外国の通貨をもって定めた債権、④金額または存続期間が不確定な定期金債権は、破産手続開始時の評価額をもって破産債権となります（破103Ⅱ①）。よって、破産債権者はその額をもって相殺することができます（破68Ⅰ）。

(エ) **劣後的破産債権**

「劣後的破産債権」とは、破産手続によらなければ行使できない債権であって（破100Ⅰ）、配当手続において優先的破産債権および一般の破産債権に劣後し（破99①柱書）、議決権も否決されるもの（破142Ⅰ）をいいます。

劣後的破産債権は、相殺権行使の自働債権とはなりません（破68Ⅱ・99Ⅰ②③④）。

明文の規定はありませんが、破産法99条1項1号の劣後的破産債権（破97①－⑦）および破産法99条2項の約定劣後破産債権も、一般の破産債権に劣後する以上、相殺による優先的満足を与えるべきではなく、相殺に供することはできないと解されています（大コンメ293頁〔山本克己〕）。

(オ) **停止条件付債権・将来の請求権**

「停止条件付債権」とは、停止条件の付された債権をいい、停止条件とは、法律

行為の法律効果の発生が将来発生するかどうか不確実な事実に係る場合の条件をいいます。

「将来の請求権」とは、将来発生する請求権をいいます。

停止条件付債権および将来の請求権は、破産債権ではあるものの（破103Ⅳ）、権利はいまだに発生、現実化せず、相殺適状にないため、民法の一般原則からすれば、これらの債権を自働債権として相殺することはできません。しかし、破産法は民法の一般原則を前提としつつ、債権者の相殺への期待を保護するため、破産法70条前段が、後にこれらの破産債権をもって相殺する場合に備えて、その債権額の限度において弁済額の寄託を請求することができるとしています。

(2) 受働債権（本条Ⅰ・Ⅱ後段）

受働債権については、自働債権と異なり、破産手続開始の効果として金銭化（破103Ⅱ）されるものではありません。したがって、民法の一般原則通り、金銭債権であるか、自働債権と同種の目的を有することが必要となります（民505Ⅰ）。

(ア) 期限付債権

一般原則として、債務者は期限の利益を放棄できますので、破産債権者は自己の債務の期限の利益を放棄して（民136条2項本文）相殺できます。

(イ) 解除条件付債権

解除条件付債権は、すでに権利としては発生しているため、破産債権者は条件成就の機会を放棄して相殺できます。

(ウ) 停止条件付債権・将来の請求権

停止条件付債権・将来の請求権についても、破産債権者は、条件不成就の機会を放棄し、あるいは将来の請求権不発生の機会を放棄して、相殺できるとするのが通説です（本条Ⅱ後段）[☞ **論点解説** 3]。

論点解説

1 相殺濫用論・相殺否認論　　破産法71条・72条は、相殺権の行使に制限を加えていますが、これ以外にも相殺を制限すべき場面があるのかどうか議論があります（相殺濫用論・相殺否認論）。相殺濫用論とは、破産法71条・72条に抵触しない場合であっても、相殺権の濫用として相殺が認められない場合があるとする議論をいいます。

この相殺濫用論が議論される典型事例は、いわゆる同行相殺（甲銀行A支店に預金口座をもつ乙が破産した場合に、甲の乙に対する債権を相殺してもなお乙の預金に余裕があり、乙振出しの手形を所持する丙がその手形を同じく甲銀行のB支店で割り引いていたときに、甲が丙に対して手形の買戻しを請求せずに、手形債権と乙の残預金債権とを相殺すること）の場面です。相殺濫用論では、丙が負担すべき乙の無資力リスクを乙の一般債権者に転嫁することは許されず、このような相殺は相殺権の濫用であるとして、無効であると考えられています（伊藤494頁）。この点について、最判昭53・5・2（判時892号58頁 [INDEX[101]]）は、振出人に対して手形上の権利を行使するか、手形の買戻請求権ないし遡求権を行使するかは、銀行が自由に選択し得るところであるとして、実質的に相

殺濫用論を否定して相殺の有効性を認めていますが、破産法98条による相殺を認めることが著しく信義則に反し、債権者相互間の不公平な結果を招来する等の特段の事情がある場合には相殺権の行使は権利の濫用に該当し、許されないとして、相殺の濫用法理を認めて相殺権の行使は許されないとした裁判例もあります（大阪地判平元・9・14判時1348号100頁［INDEX［105］］）。

相殺否認論とは、破産法71条1項の適用範囲外である受働債権の負担について、一定の条件の下に相殺を故意否認（旧破72Ⅰ）の対象としようとする考え方をいいます（伊藤495頁）。

破産法における相殺否認論は、同行相殺に加えて、破産法71条1項2号から4号までの適用範囲外の受働債権の取得に関しても、相殺権行使の結果を詐害行為否認（破160Ⅰ①）の対象とすることで相殺権の行使に制限を加えるものです。この点については、債権者の相殺権の行使は、債務者の破産手続開始決定の前後を通じ、否認権行使の対象とはならないものと解すべきであるとして、相殺は否認の対象とはならないとするのが判例・通説です（伊藤495頁、最判平2・11・26民集44巻8号1085頁［INDEX［104］］、最判昭41・4・8民集20巻4号529頁）。

2　**自働債権である破産債権の届出の要否**　破産債権者が相殺権を行使するために自働債権である破産債権の届出を要するか否かが議論されています。しかし、届出を要すると解すると別除権との均衡を欠くこととなることを理由に、届出を不要とするのが通説です（伊藤497頁）。

3　**破産手続開始決定後の停止条件成就と相殺の可否**　破産手続開始決定後に破産債権者の債務の停止条件が成就した場合、破産者に対する債権を自働債権とし、停止条件付債務に係る債権を受働債権とする債権者から破産者に対する相殺の可否については、条件成就が破産手続開始後の債務負担に該当するため、破産法71条1項1号に抵触し許されないという見解もあります。もっとも、停止条件付きといえども、破産手続開始決定時に相殺の担保的効力への期待があり、破産手続開始決定後の債務負担とみなすべきではないと解する見解も有力です（伊藤469頁）。最判平17・1・17（民集59巻1号1頁［百選4版［57］、INDEX［91］］）は、破産債権者は、特段の事情のない限り、破産手続開始後に債務の期限が到来しまたは停止条件が成就したときにも、その債務に対応する債権を受働債権として相殺することができると判示しています［☞ **より深く学ぶ** 2］。

投資信託受益者の破産事案に関し、大阪高判平22・4・9（金法1934号98頁）は、破産手続開始決定後の信託契約の解約と委託者からの解約金の受領に基づいて受益権の販売者が受益者に対して解約金返還債務が停止条件付債務であること（最判平18・12・14民集60巻10号3914頁参照）を前提に、前掲・最判平17・1・17の判示内容を踏まえ、破産法67条2項後段に基づき、受益権を販売した破産債権者が当該解約金返還債務に係る債権を受働債権として相殺することを認めています。民再法には破産法67条2項後段に相当する規定はありませんが、投資信託受益者が債務者である再生事案に関し、最判平26・6・5（民集68巻5号462頁）は、民再法93条1項3号に該当するものの、同条2項2号には該当しないとして、再生債権者による相殺を

認めませんでした［詳細は、☞民再§93 **より深く学ぶ** ２］。当該最判の前記下級審裁判例への影響が議論されています（倒産法概説261頁［沖野眞已］、条解破産563頁）。なお、再生事案において再生手続開始後に株主総会で決議された剰余金配当請求権を受働債権とする相殺の可否が問題となった裁判例で、剰余金配当請求権は株主総会決議により発生し、手続開始前に停止条件付債務として発生していたとは認められないこと等を理由として、当該債権に係る債務は民再法92条1項にいう再生債権者が負担する債務とはいえず、当該相殺は民再法93条1項1号により許されないとしたものがあります（大阪地判平23・1・28金法1923号108頁）。

より深く学ぶ

１ 相殺権規定の適用範囲 破産法67条以下の規定は、破産債権を自働債権とし、破産財団に属する破産管財人から当該破産債権者に対する債権を受働債権とする相殺を対象としているため、それ以外の債権の相殺の可否については、それぞれの債権の性質に従って判断することになります。

(1) **破産財団所属債権を自働債権、破産債権を受働債権とする相殺** 破産管財人は裁判所の許可を得て相殺できます（破102）。

(2) **破産財団所属債権と財団債権との相殺** 財団債権は破産手続によらずに弁済を受けられますので、通説は、破産管財人および財団債権者のいずれからでも相殺できるとしています。

(3) **破産財団所属債権と非破産債権との相殺** 破産手続開始決定後に破産者に対して発生した非破産債権は、破産財団から弁済を受けられるものでありませんし、破産管財人からも弁済を行うことはできません。そのため、当事者間に債権の対立がないといえるため、破産管財人および非破産債権者のいずれからも相殺はできません。

(4) **破産債権と自由財産所属債権との相殺** 破産債権者からする相殺は、破産手続によらない破産債権者の権利行使を認めることになるため、破産法100条1項に反し認められません。これに対して、破産者からの相殺は認められると解されています。

(5) **財団債権と自由財産所属債権との相殺** 財団債権について、破産者は自由財産をもって責任を負うものではないため、当事者間に債権の対立がなく、財団債権者からの相殺はできません（財団債権に関し破産者の責任を認める立場からの相殺可能性に関する議論について、伊藤465頁、条解破産535頁参照）。これに対して、破産者からの相殺は破産財団の利益のためにする第三者の弁済（民474Ⅰ本文）に準じて認められるとする見解があります（伊藤465頁、条解破産635頁、大コンメ299頁［山本克己］）。

(6) **非破産債権と自由財産所属債権** いずれの債権も破産手続とは無関係であるため、民法の一般原則により相殺できます。

２ 条件成就まで債権額が定まらない場合 条件成就まで債権額が定まらない債権については、破産手続開始決定後に条件が成就するのを待って相殺に供することになります。なお、このような債権については、通常の停止条件付債権に比べて、

破産手続開始決定時における相殺の担保的効力への期待が低いとして、条件成就後は破産法71条1項1号の適用があり、相殺することは許されないとする見解があります（大コンメ294頁［山本克己］）。

　文献　伊藤460頁・494頁、条解破産531頁、大コンメ291頁［山本克己］、倒産法概説243頁［沖野眞已］、注釈破産（上）469頁［岡伸浩］

（相殺に供することができる破産債権の額）
第68条　破産債権者が前条の規定により相殺をする場合の破産債権の額は、第103条第2項各号に掲げる債権の区分に応じ、それぞれ当該各号に定める額とする。
2　前項の規定にかかわらず、破産債権者の有する債権が無利息債権又は定期金債権であるときは、その破産債権者は、その債権の債権額から第99条第1項第2号から第4号までに掲げる部分の額を控除した額の限度においてのみ、相殺をすることができる。

基本事項

　本条1項は、破産債権者が相殺する場合には、破産法103条2項各号に定める額によって、相殺に供することができる旨規定します。具体的には、確定金額債権についてはその債権額を、金銭の支払を目的としない債権、金額が不確定な債権、金額を外国の通貨によって定めた債権および金額または存続期間が不確定な定期金債権については、破産手続開始時の評価額をもって、それぞれ相殺することができます。

　本条2項は、破産債権者の有する債権が期限未到来の無利息債権または定期金債権であるときは、その債権額から破産手続開始後に発生すべき法定利息相当額（破産法99条1項2号から4号までに掲げる部分の額）を控除した額の限度においてのみ、相殺をすることができることとしています。これは、破産手続開始決定後の法定利息相当額は劣後的破産債権となり（破99Ⅰ②③④）、実際には配当を受ける可能性が非常に低いため、劣後的破産債権は相殺権行使の対象とはならないことを規定して、相殺による優先的回収を認めないこととしたものです。これに対して、利息付きの債権を相殺する場合については明文の規定はありませんが、元本額と破産手続開始の前日までの利息を相殺に供することができると解されています（条解破産543頁）。

　文献　伊藤648頁、条解破産542頁、大コンメ300頁［山本克己］、倒産法概説249頁［沖野眞已］、注釈破産（上）480頁［岡伸浩］

（解除条件付債権を有する者による相殺）
第69条　解除条件付債権を有する者が相殺をするときは、その相殺によって消滅する債務の額について、破産財団のために、担保を供し、又は寄託をしなければならない。

> **基本事項**

　解除条件付債権とは、解除条件の付された債権をいい、解除条件とは、法律行為の法律効果の消滅が将来発生するかどうか不確実な事実に係る場合の条件をいいます。解除条件付債権はすでに発生している債権であり、解除条件付債権を自働債権とする相殺ができることは民法上認められていますので、破産法 67 条 2 項前段は、解除条件付債権についての確認的な意義を有する規定であるといえます。

　もっとも、最後配当の除斥期間満了前に解除条件が成就した場合には、当該解除条件付債権は消滅するものであるため、解除条件付債権を自働債権とする相殺はその効力を失い、破産債権者は自己の債務を現実に履行しなければなりません。

　そこで、その履行を確保する手段として、本条は、解除条件付債権を有する破産債権者に対し、相殺によって消滅する債務の額について、破産財団のために、担保を供し、または寄託をしなければならないこととしています。具体的には、寄託が金銭を目的とするものである（破 201 Ⅲ）ことから、担保として提供すべき目的物は、原則として金銭以外のもの（換価の容易な有価証券等）であることを要すると解されています（注釈破産（上）483 頁［岡伸浩］）。

　これらの担保あるいは寄託金は、最後配当の除斥期間の満了までに解除条件が成就したときは破産財団に組み入れられ、解除条件が成就しないときは、担保の提供または寄託はその効力を失って当該破産債権者に返還されます（破 201 Ⅲ）。

> **文献**　伊藤 466 頁、条解破産 544 頁、大コンメ 302 頁［山本克己］、倒産法概説 250 頁［沖野眞已］、注釈破産（上）482 頁［岡伸浩］

（停止条件付債権等を有する者による寄託の請求）
第 70 条　停止条件付債権又は将来の請求権を有する者は、破産者に対する債務を弁済する場合には、後に相殺をするため、その債権額の限度において弁済額の寄託を請求することができる。敷金の返還請求権を有する者が破産者に対する賃料債務を弁済する場合も、同様とする。

> **基本事項**

　民法上、相殺が認められるためには相殺適状にあることが必要です（民 505 Ⅰ）。この点、停止条件付債権および将来の請求権は、権利がいまだに発生、現実化せず、相殺適状にないため、民法の一般原則からはこれらの債権を自働債権として相殺することは認められません。ここに停止条件付債権とは、停止条件の付された債権をいい、停止条件とは、法律行為の法律効果の発生が将来発生するかどうか不確実な事実に係る場合の条件をいいます。例えば、AB 間で、B が C と婚姻することを条件とし、A が B に対し A が所有する甲建物を贈与する旨の契約を締結した場合の、B の A に対する債権がこれに当たります。

　また、将来の請求権とは、将来発生する請求権をいいます。例えば、医師の将来 1 年間にわたって診療する患者に対する診療報酬請求権がこれに当たります。この点、破産法は、これらの債権も破産債権として手続に参加できることとし（破 103 Ⅳ）、

民再法のように相殺権の行使期限を設けていません。したがって、最後配当等に関する除斥期間満了までに停止条件が成就すれば相殺が可能です。そのため、本条前段は、破産者に対して停止条件付債権や将来の請求権を有する者が破産者に対して債務を負担している場合において、当該債務を弁済するときには、後の相殺に備えて、当該債権額の限度において、破産者に対して弁済額の供託を請求できることとしています。また、同様に、本条後段は、破産者に対し敷金を差し入れている賃借人が破産者に対する賃料債務を弁済する場合についても、破産者に対して弁済した賃料の寄託を請求できることとしています［☞ **より深く学ぶ**］。なお、本条後段の寄託請求の上限額は、差し入れた敷金の額であると解されています（条解破産547頁、大コンメ303頁［山本克己］）。

寄託の方法は法定されていませんが、破産管財人は裁判所に届け出た保管方法（破規51Ⅰ）に基づき、分別管理することが望ましいとされています。

最後配当の除斥期間の満了までに条件が成就すれば、弁済は遡及的に無効となり、破産債権者は、相殺を実行して寄託額を取り戻すことができます。反対に条件が成就しなければ、寄託された金銭は破産債権者への配当に充てられることになります（破201Ⅱ）。

より深く学ぶ

賃料債権に対する物上代位がなされている場合　破産管財人が賃貸物件を譲渡した場合、賃借権が譲受人（新所有者）に対抗できるものであるときは敷金返還債務は譲受人に承継されます（最判昭44・7・17民集23巻8号1610頁）。この場合、破産財団との関係では、敷金返還債務の停止条件の不成就が確定することになり、寄託された金銭は破産債権者への配当に充てられることになります（破201Ⅱ。条解破産547頁）。また、賃貸人破産の場合において、賃貸不動産に設定された抵当権に基づき賃料債権に対して物上代位権が行使された場合、賃借人は賃料を破産管財人ではなく抵当権者に弁済することになります。そこで、このような場合にも、賃借人が本条後段による寄託請求をすることができるのかどうか問題となります（伊藤467頁注107、条解破産548頁）。立案担当者が本条後段に基づく寄託請求について、破産管財人に対して弁済する場合に破産財団に弁済金が入るのに対応して寄託請求をするものであると説明していること（一問一答破産92頁）を根拠に、これを否定する見解（条解破産548頁参照）、本条後段の文言上このような場合の寄託請求は否定されていないこと等を理由に、これを肯定する見解（山本和彦「倒産手続における敷金の取扱い」『倒産法制の現代的課題』〔有斐閣、2014〕195頁）があります。

文献　伊藤467頁、条解破産545頁、大コンメ303頁［山本克己］、倒産法概説250頁［沖野眞已］、注釈破産（上）484頁［岡伸浩］

（相殺の禁止）
第71条　破産債権者は、次に掲げる場合には、相殺をすることができない。
　一　破産手続開始後に破産財団に対して債務を負担したとき。

二 支払不能になった後に契約によって負担する債務を専ら破産債権をもってする相殺に供する目的で破産者の財産の処分を内容とする契約を破産者との間で締結し、又は破産者に対して債務を負担する者の債務を引き受けることを内容とする契約を締結することにより破産者に対して債務を負担した場合であって、当該契約の締結の当時、支払不能であったことを知っていたとき。
三 支払の停止があった後に破産者に対して債務を負担した場合であって、その負担の当時、支払の停止があったことを知っていたとき。ただし、当該支払の停止があった時において支払不能でなかったときは、この限りでない。
四 破産手続開始の申立てがあった後に破産者に対して債務を負担した場合であって、その負担の当時、破産手続開始の申立てがあったことを知っていたとき。
2 前項第2号から第4号までの規定は、これらの規定に規定する債務の負担が次の各号に掲げる原因のいずれかに基づく場合には、適用しない。
一 法定の原因
二 支払不能であったこと又は支払の停止若しくは破産手続開始の申立てがあったことを破産債権者が知った時より前に生じた原因
三 破産手続開始の申立てがあった時より1年以上前に生じた原因

基本事項

1 趣旨

本条は、相殺の担保的機能との調整を図りつつ、破産債権者による支払不能（破2 XI）後の危機時期に負担した債務を受働債権とする相殺を禁止することにより、破産債権者間の平等を確保する趣旨の規定です。危機時期における特定の債権者の偏頗的な満足を防止するという点では、偏頗行為否認（破162）と同趣旨です。

本条と次条は同様の趣旨から規定されており、本条は破産債権者が危機時期に債務負担した場合の相殺禁止を、破産法72条が破産者に対し債務を負担する者が危機時期に破産債権を取得した場合の相殺禁止を規定しています。

また、本条と同趣旨の規定が民再法93条および会更法49条にも置かれています。

2 要件

(1) 相殺が禁止される場合（本条I）

(ア) 破産債権者が破産手続開始後に破産財団に対して債務を負担したとき（本条I①）

この場合に相殺を認めると実質的にみれば、当該破産債権者は、相殺が認められた債権の範囲で、破産者からの弁済を受けたのと同視できることから、破産債権に対する個別弁済の禁止（破100 I）が潜脱されるといえます。また、破産手続開始後には破産債権の実質的価値が低下するため相殺により額面通りの回収を認めることは破産債権者間の平等を害するといえます。そこで、本条1項1号はこの場合の相殺を禁止しています。

破産手続開始決定時を基準に画一的平等が求められますので、本条1項2号ないし4号と異なり破産債権者の主観を問わず相殺が禁止され、また本条2項の例外は適用されません（本条II柱書）。

本号に該当する場合としては、例えば、破産債権者が破産管財人との取引により

債務を負担した場合、双方未履行双務契約について破産管財人が履行を選択（破53Ⅰ）して破産債権者が債務を負担した場合（類推適用とする見解もある〔大コンメ306頁〔山本克己〕、条解破産552頁〕）、否認権行使により破産債権者が原状回復義務（破167）を負担した場合（最判昭39・3・24判時370号30頁）、破産債権者が銀行である場合に破産手続開始後に第三者が破産者の預金口座に送金し、破産債権者が預金返還債務を負担した場合等があります［☞ **より深く学ぶ** 1］。

　(イ)　**破産債権者が支払不能後に破産財団に対して債務を負担したとき（本条Ⅰ②）**

　　債務者が支払不能（破2ⅩⅠ）にある場合、当該債務者に対する債権者の有する債権はすでに実質的価値を喪失しているといえます。このような場合に破産債権者が破産者に対する債務を負担して、当該破産債権者による相殺を認めると特定の破産債権者のみ満足させ破産債権者間の平等を害することになるため、相殺が禁止されます。ただし、本号により相殺が禁止されるのは、以下の①ないし③のすべての要件を満たす場合に限られます。①ないし③の証明責任は破産管財人にあります。
① 　破産債権者が破産者の支払不能後に破産者に対する債務を負担したこと
② 　①の債務負担が、ⅰⅱのいずれかの態様であったこと
　　ⅰ　専ら破産債権をもってする相殺に供する目的で破産者との間で財産の処分を内容とする契約を締結したこと
　　ⅱ　破産者に対し債務を負担する者の債務を引き受ける契約を締結したこと
③ 　契約締結当時破産債権者が破産者の支払不能を知っていたこと

　　このうち、「専ら破産債権をもってする相殺に供する目的」（②ⅰ）を要求した趣旨は、支払不能は支払停止と異なり外部からは判別できず、支払不能であることを知っただけで以後の相殺が禁止されると、危機時期にある者との取引（特に継続的な取引）を委縮させてしまうことから、このような委縮効果を排除するために、相殺が禁止される要件を加重した点にあります［☞ **論点解説** 1］。

　(ウ)　**破産債権者が支払停止後に破産財団に対して債務を負担したとき（本条Ⅰ③）**

　　支払停止とは、支払不能の旨を外部に表示する債務者の行為をいいます（破15Ⅱ）。

　　破産債権者が支払の停止［☞破§15 **論点解説**］の後に破産財団に対して負担した債務を受働債権とする相殺を認めると、相殺が認められた範囲で当該破産債権者が実質的に破産者から弁済を受けたのと同視できることとなり、債権者間の平等を害するといえます。そこで、本条1項3号は、このような場面での相殺を禁止しています。破産債権者が債務負担時に支払停止を知っていたことが相殺禁止の要件です。ただし、支払停止時に支払不能でなかった場合には債権者間の平等を害するとは認められないため、本号は適用されません（本条Ⅰ③ただし書）。支払停止および支払停止についての悪意の証明責任は破産管財人に、支払不能でなかったことについての証明責任は相殺を主張する者にあります。

　(エ)　**破産債権者が破産手続開始申立後に破産財団に対して債務を負担したとき（本条Ⅰ④）**

　　破産債権者が破産財団に対して債務を負担する時に破産手続開始申立てを知って

いたことが要件です。他の倒産処理手続から破産手続に移行した場合には、先行する手続の開始申立等を破産手続開始申立てとみなして本号が適用されます（民再252Ⅰ、会更254Ⅰ）。

(2) 例外的に相殺が許容される場合（本条Ⅱ）

本条1項2号ないし4号に該当する場合であっても、以下のいずれかの事由に該当する場合には、例外的に相殺が認められます。これらの事由の証明責任は相殺を主張する者が負います。なお、本条1項1号の場合には本条2項は適用されません（本条Ⅱ柱書）。

(ア) 法定の原因による債務負担（本条Ⅱ①）

法定の原因とは、相続（大阪高判平15・3・28金法1692号51頁［INDEX［106］］）、事務管理、不当利得等、破産債権者が法律上当然に債務を負担する場合を指します。これらの場合には、意図的に相殺適状を作出したとはいえず、債権者間の平等を害さないことから相殺が許容されます［☞ **より深く学ぶ** 2］。

(イ) 危機時期にあることを知った時よりも前に生じた原因による債務負担（本条Ⅱ②）

この場合、破産債権者には、債権の実質的価値が低下する前に相殺に対する合理的期待が認められるので、相殺を許容しています［☞ **論点解説** 3］。

(ウ) 申立時よりも1年以上前に生じた原因による債務負担（本条Ⅱ③）

相殺の可否がいつまでも確定しないと債権者の地位を長期にわたり不安定にすることから、申立時よりも1年以上前に生じた原因による相殺を一律に許容し、破産債権者の地位を安定させることとしています。

3 効果

本条1項各号は強行規定であり（本条1項3号につき最判昭52・12・6民集31巻7号961頁）、これらに違反してなされた相殺は当然に無効です［☞ **論点解説** 4］。破産手続開始前に相殺権が行使された場合であっても、開始決定により相殺は遡及的に無効となります（和議事案に関する大決昭9・5・25民集13巻851頁）。

論点解説

1 専ら破産債権をもってする相殺に供する目的の意義　「専ら破産債権をもってする相殺に供する目的」とは、破産者の財産の処分を内容とする契約（財産処分契約）が「専ら」相殺による破産債権者の債権回収を目的とすることをいいます（倒産法概説258頁［沖野眞已］）。「専ら」という意味は、行為の前後の諸事情に鑑みて偏頗行為否認を潜脱するものかどうかという観点から判断すべきであると解されています（大コンメ308頁［山本克己］）。そして、財産処分契約と破産債権者による相殺の意思表示との時間的密着性、破産債権者が相殺権行使を確実にするための措置を講じていたか、財産処分契約が通常取引と乖離する程度等を重要な要素として、当該財産処分契約の目的の内容を判断すべきであるとされています（条解破産557頁、伊藤477頁）。

なお、再生手続の事案に関する東京地判平21・11・10（判タ1320号275頁［INDEX［97］］）は、再生債権者の関与なく再生債務者が一方的に預金を振り込むことによ

り再生債権者が預金返還債務を負担した場合に、「専ら再生債権をもってする相殺に供する目的」(民再93Ⅰ②) が認められないと判断しています。

2 支払停止の二義性論

破産手続開始原因である支払不能 (破15Ⅰ・16Ⅰ) を推定させる支払停止 (破15条Ⅱ) と相殺禁止および偏頗行為否認における支払停止 (本条Ⅰ③・72Ⅰ③・162Ⅲ) とが同一内容かどうかについては争いがあります。平成16年改正前の有力説は、前者は一定の時点における債務者の主観的行為であって継続性を要しないが、後者は破産手続開始まで継続する客観的支払停止を意味すると主張しています。もっとも、破産法では、いずれの場面でも支払停止は支払不能を推定するための前提事実と位置付けられていることから、両者を区別する実益は乏しいと解されています (伊藤112頁、大コンメ67頁 [小川秀樹])。

3 前に生じた原因の意義

本条2項2号の趣旨は、相殺の担保的機能に対する合理的な期待を保護することにあります。そのため、「前に生じた原因」といえるためには、それが相殺への合理的な期待を生じさせるものでなければならず、具体的な相殺への期待を生じさせる程度に直接的な原因でなければならないと解されています (伊藤482頁)。

裁判実務では、危機時期より前に締結された約定のうち、①普通預金取引契約 (最判昭60・2・26金法1094号38頁 [INDEX [102]]) および②当座勘定取引契約 (最判昭52・12・6民集31巻7号961頁 [百選 [68]、INDEX [95]]) は「前に生じた原因」に当たらないとしながら、③振込指定 [☞ **より深く学ぶ** 3]、④代理受領 (横浜地判昭35・12・22判タ122号18頁)、⑤手形の取立委任 [☞ **より深く学ぶ** 4] は、「前に生じた原因」に当たるとして相殺が許容されています。

このように結論が分かれる理由は、前記①②の約定を締結しても破産債権者である金融機関が債務を負担するとは限らないため、相殺への合理的な期待があるとはいえないのに対し、前記③ないし⑤の約定があれば、破産債権者としては危機時期以後の入金を担保として期待することが合理的であると解されるからです (百選131頁 [森倫洋] 参照)。

4 相殺禁止規定に違反した相殺合意の効力

本条1項に違反した相殺を有効とする合意の効力について、前掲・最判昭52・12・6は、本条1項3号の相殺禁止の規定を債権者間の実質的平等を図ることを目的とする強行規定であると解した上で、その効力を排除するような合意は、破産管財人と破産債権者との間でなされたとしても特段の事情のない限り無効であると判示しました。

より深く学ぶ

1 破産手続開始決定後の停止条件成就と相殺の可否

破産手続開始決定後に破産債権者の債務の停止条件が成就した場合、破産者に対する債権を自働債権とし、当該債権者の破産者に対する停止条件付債務に係る債権を受働債権とする相殺は、本条1項1号に抵触し許されないのではないか、という問題につき争いがあります [☞破§67 **論点解説** 3]。

2　合併や会社分割が法定の原因に当たるか
破産債権者が合併や会社分割により危機時期に悪意で破産者に対し債務を負担した場合について、通説は、合併のような一般承継も法定の原因に該当し相殺が許容されると解していますが（伊藤481頁）、異論もあります（議論の詳細は、大コンメ309頁［山本克己］、倒産法概説259頁［沖野眞已］、伊藤481頁注135、条解破産559頁）。

3　振込指定と「前に生じた原因」
振込指定とは、金融機関の融資先が第三者から支払を受ける代金をその融資先の預金口座に振り込ませることを約し、もって金融機関の融資金の回収を図ろうとするものをいいます（条解破産560頁）。

　名古屋高判昭58・3・31（判時1077号79頁）は、銀行が破産者に対して、将来発生する破産者の退職手当金について振込指定をした上で、将来その振込みにより発生する銀行の破産者に対する預金債務と銀行の破産者に対する貸付債権とを相殺することを前提として貸付をなし、その後当該振込指定に基づき破産者の退職手当金の振込みを受けて預金債務を負担した事案において、当該預金債務の負担は銀行が破産者の危機状態を知る以前の振込指定により当初から予定されており、また当該貸金債権と当該預金債務との相殺の担保的機能を信頼してなされたものであるとして、振込指定を「前に生じた原因」（本条Ⅱ②）に当たると判示しました。学説上は、金融機関側に正当な相殺期待が生じているか否かという観点から、銀行と破産者および第三者間で振込指定の約定がある強い振込指定と、そうではない弱い振込指定とを区別し、前者のみ前に生じた原因に当たるとする見解も主張されています（議論の詳細は、条解破産560頁、伊藤483頁参照）。

4　手形の取立委任と前に生じた原因
金融機関である破産債権者が、破産者の支払の停止および破産の申立てのあることを知る前に、破産者との間で、破産者が債務の履行をしなかったときには破産債権者が占有する破産者の手形等を取り立てまたは処分してその取得金を債務の弁済に充当することができる旨の条項を含む取引約定を締結した上、破産者から手形の取立てを委任されて裏書交付を受け、支払の停止または破産の申立てのあることを知った後破産宣告（平成16年改正後の破産手続開始決定）前に手形を取り立てた事案において、最判昭63・10・18（民集42巻8号575頁［百選［64］、INDEX［100］］）は、破産債権者が破産者に対して負担した取立金引渡債務は「前に生じた原因」（本条Ⅱ②）に基づき負担したものに当たり、破産債権者による相殺は許容されると判断しました。

> **判例**　最判平17・1・17民集59巻1号1頁［百選［63］、INDEX［91］］、東京地判平15・10・9判時1842号109頁［INDEX［103］］、大阪地判平22・3・15判タ1327号266頁、最判昭47・7・13民集26巻6号1151頁、大阪高判昭63・10・28判タ687号254頁、最判平26・6・5民集68巻5号462頁
>
> **文献**　伊藤473頁、条解破産549頁、大コンメ305頁［山本克己］、倒産法概説254頁［沖野眞已］、山本95頁、一問一答破産115頁・118頁、注釈破産（上）488頁［小畑英一］

第72条　破産者に対して債務を負担する者は、次に掲げる場合には、相殺をすることができない。

一　破産手続開始後に他人の破産債権を取得したとき。
　二　支払不能になった後に破産債権を取得した場合であって、その取得の当時、支払不能であったことを知っていたとき。
　三　支払の停止があった後に破産債権を取得した場合であって、その取得の当時、支払の停止があったことを知っていたとき。ただし、当該支払の停止があった時において支払不能でなかったときは、この限りでない。
　四　破産手続開始の申立てがあった後に破産債権を取得した場合であって、その取得の当時、破産手続開始の申立てがあったことを知っていたとき。
２　前項第２号から第４号までの規定は、これらの規定に規定する破産債権の取得が次の各号に掲げる原因のいずれかに基づく場合には、適用しない。
　一　法定の原因
　二　支払不能であったこと又は支払の停止若しくは破産手続開始の申立てがあったことを破産者に対して債務を負担する者が知った時より前に生じた原因
　三　破産手続開始の申立てがあった時より１年以上前に生じた原因
　四　破産者に対して債務を負担する者と破産者との間の契約

基本事項

1　趣旨

　本条は、相殺の担保的機能との調整を図りつつ、破産者に対して債務を負担する者、すなわち破産財団所属債権の債務者が支払不能（破２ⅩⅠ）後の危機時期に実質的価値が下落した破産債権を取得した場合に、当該破産債権を自働債権とする相殺を禁止することにより、破産債権者間の平等を確保する趣旨の規定です。

　本条と破産法71条は同趣旨の規定です。ただし、本条１項２号、２項４号の規定は破産法71条と異なります。

　なお、本条と同趣旨の規定が民再法93条の２、会更法49条の２にも置かれています。

2　要件

(1)　相殺が禁止される場合（本条Ⅰ）

　破産者に対して債務を負担する者（破産財団所属債権の債務者）が以下の態様により破産債権を取得した場合は、相殺を禁止します。

　(ア)　**破産手続開始後に他人の破産債権を取得したとき（本条Ⅰ①）**

　本条１項１号の趣旨は破産法71条１項１号と同様です。その趣旨に鑑みて、破産者に対して債務を負担する者が他人の破産債権を取得した場合に限らず、破産手続開始後に新たな破産債権を取得した場合にも、本条が類推適用されると解されています。たとえば、否認の相手方が破産者に対して有する反対給付の価額償還請求権（破168Ⅱ）等が考えられます（大コンメ312頁［山本克己］、条解破産565頁）。☞ **論点解説 1**。なお、本条１項１号の解釈問題ではなく、これらの債権を破産債権とする法の趣旨から考えるべきであるとする見解もある（伊藤489頁）。

　(イ)　**支払不能後に破産債権を取得したとき（本条Ⅰ②）**

　破産者に対して債務を負担する者が破産債権取得時に支払不能を知っていたこと

が要件です。破産者に対して債務を負担している者が他人の債権を取得する場合には危機時期の取引に対する委縮効果を懸念する必要がありませんし、本条2項4号によって委縮効果を回避する手当がなされていますので、破産法71条1項2号と異なり主観的要件は加重されていません。

　(ウ)　**支払停止後に破産債権を取得したとき（本条Ⅰ③）**
　破産者に対して債務を負担する者が破産債権取得時に支払停止を知っていたことが要件です。ただし、支払停止時に支払不能でなかった場合には破産債権者間の平等を害するとは認められないため、本条1項3号は適用されません（本条Ⅰ③ただし書）。

　(エ)　**破産手続開始申立後に破産債権を取得したとき（本条Ⅰ④）**
　破産者に対して債務を負担する者が破産債権取得時に破産手続開始申立てを知っていたことが要件です。他の倒産処理手続から破産手続に移行した場合には、先行する手続の開始申立等を破産手続開始申立てとみなして本条1項4号が適用されます（民再252Ⅰ、会更254Ⅰ）。

　(2)　**例外的に相殺が許容される場合（本条Ⅱ）**
　本条1項2号ないし4号に該当する場合であっても、本条2項各号のいずれかに該当する場合には、例外的に相殺が認められます［☞ **論点解説** ②・③］。この証明責任は、相殺を主張する者が負います。本条2項1号ないし3号は、破産法71条2項1号ないし3号と同趣旨であり、内容も同一です。本条1項1号の場合には本条2項が適用されないことも破産法71条と同様です（本条Ⅱ柱書）。
　破産法71条2項と異なるのは、破産者に対して債務を負担する者が破産者との契約によって破産債権を取得した場合（本条Ⅱ④）にも相殺が許容される点です［☞ **より深く学ぶ**］。この場合、破産債権は、破産者に対する債務を担保として発生しているとみることができ、実質的価値が低下した破産債権を取得することにはならないため、相殺を許容しても債権者平等に反しません。偏頗行為否認における同時交換的取引の除外（破162Ⅰ柱書括弧書）と同様の趣旨です。

　3　効果
　本条1項の効果は破産法71条1項と同様であり、本条1項各号に違反する相殺は無効です。

論点解説
①　保証人の事後求償権と相殺禁止　破産者に対し債務を負担する者が、債務者（破産者）の破産手続開始前に債権者と保証契約を締結し、開始後に当該保証債務を履行して、破産者に対し事後求償権を取得した場合、保証人は当該事後求償権を自働債権、破産者が保証人に対して有していた債権を受働債権として、相殺することができるか否かが問題となります。
　まず、保証人が代位取得した原債権（民501）は、他人の破産債権に該当するため、原債権を自働債権とする相殺は禁止されます（本条Ⅰ①）。
　次に、事後求償権（民459・462）は保証人による保証債務の履行により取得した

当該保証の権利であって「他人の破産債権」ではないことから、本条1項1号には該当しません。最判平24・5・28（民集66巻7号3123頁［百選［69］、INDEX［98］］）は、破産者から委託を受けていない保証人の事後求償権について、破産債権（破2V）に該当するとした上で、この求償権を自働債権とすることは、破産手続開始後に他人の債権を譲り受けて相殺適状を作出した上で相殺することと類似しているとして、本条1項1号の類推適用により相殺が禁止されると判示しました。もっとも、傍論で、破産者から委託を受けた保証人の場合には相殺への期待は合理的であると判示していますので、当該判例は委託を受けた保証人の事後求償権については相殺を許容していると捉える余地もあると解されます。学説には、委託を受けた保証人の相殺に対する期待は正当であり、保証人の将来の請求権（破104Ⅲ本文）が現実化した場合であるので、有効に相殺ができるとする見解があります（伊藤486頁、倒産法概説262頁［沖野眞已］、大コンメ313頁［山本克己］）。

2 第三者弁済と相殺禁止 破産者に対し債務を負担する第三者が、危機時期以降に破産者の債務を弁済し（民474）、これにより取得した求償権を自働債権として相殺することができるか否かが問題となります。具体的には、元請会社が、その下請会社の下請会社（孫請会社）に対する工事代金債権を危機時期以降に弁済し、下請会社が破産した事案において、元請会社の下請会社に対する求償権を自働債権、下請会社の元請会社に対する工事代金債権を受働債権とする相殺が主張されることがあり、このような場合の相殺の可否が問題となります。

まず、元請会社による弁済が破産手続開始後になされた場合には、破産手続によらずして弁済されたのと同じ結果を容認することになる上、あたかも破産手続開始後に他人の破産債権を取得し、これを自働債権として相殺をなす場合と異ならないことを理由に、本条1項1号により相殺は認められないとする裁判例があります（名古屋高判昭57・12・22判時1073号91頁［INDEX［96］］）。

次に、再生手続の事案に関し、元請会社と下請会社との間の契約に立替払約款と相殺約款が定められ、元請会社がこれらの約款に基づき申立後手続開始前に孫請会社に立替払をしてこれにより取得した求償権を自働債権として下請会社に対して相殺を主張した場合に、当該立替払約款および相殺約款は、社会的にみても、相当の必要性がある合理的な契約内容であると認めることができるものであり、当該立替払約款および相殺約款に基づき取得した立替払金求償債権は「前に生じた原因」（民再93の2Ⅱ②）があるとして相殺を許容した裁判例があります（東京高判平17・10・5判タ1226号342頁［INDEX［94］］）。本条と民再法93条の2は同趣旨の規定であることから、その射程は破産手続にも及ぶと解されています（加々美博久「各種の契約の整理（V）――請負、ジョイント・ベンチャー」新裁判実務大系㉘255頁）。

3 「前に生じた原因」の具体例 本条2項2号の「前に生じた原因」に当たるものとして、手形買戻請求権を自働債権とする場合の手形割引契約（最判昭40・11・2民集19巻8号1927頁［百選［65］］）、連帯債務者の求償権を自働債権とする場合の連帯債務関係（最判平10・4・14民集52巻3号813頁［百選4版［43②］］）があります。

より深く学ぶ
本条2項4号の主観的要件の要否　本条2項4号が適用されるためには、破産者に対し債務を負担する者が、破産債権の発生原因である契約の締結時に反対債権との相殺による債権の満足を意図している必要があるか否かについて、そのような意図がない場合にまで相殺禁止の解除を及ぼすべきではないとする必要説（倒産法概説264頁［沖野眞已］）と、リスクの軽減が生じているか否かは客観的に判断されるべきであるとする不要説（大コンメ316頁［山本克己］）があります。

判　例　大阪高判昭60・3・15判タ560号144頁、大阪高判平21・5・27金法1878号46頁（前掲・最判平24・5・28の原審）［INDEX2版［89］］、東京地判平24・3・23判タ1386号372頁、最判昭53・5・2判時892号58頁、大判昭4・5・14民集8巻523頁

文　献　伊藤484頁、条解破産564頁、大コンメ312頁［山本克己］、倒産法概説261頁［沖野眞已］、山本95頁、一問一答破産118-119頁、注釈破産（上）499頁［小畑英一］

（破産管財人の催告権）
第73条　破産管財人は、第31条第1項第3号の期間が経過した後又は同号の期日が終了した後は、第67条の規定により相殺をすることができる破産債権者に対し、1月以上の期間を定め、その期間内に当該破産債権をもって相殺をするかどうかを確答すべき旨を催告することができる。ただし、破産債権者の負担する債務が弁済期にあるときに限る。

2　前項の規定による催告があった場合において、破産債権者が同項の規定により定めた期間内に確答をしないときは、当該破産債権者は、破産手続の関係においては、当該破産債権についての相殺の効力を主張することができない。

基本事項
1　趣旨

破産手続では、再生手続（民再92I）や更生手続（会更48I）と異なり、相殺権の行使時期について特別の定めはありません。もっとも、破産債権者による相殺がなされないままだと換価対象となる債権も配当対象となる破産債権も確定せず、破産手続の迅速な進行が阻害されることになります。そこで、本条は、管財事務の円滑な進行を図るため、破産管財人は破産債権者に対して相殺するか否かについて催告でき、確答のない場合には相殺権を行使できないものとし、相殺権の行使・不行使を早期に確定できることとしました。

2　要件

破産管財人は、一般調査期日または一般調査期間の経過後に、1か月以上の期間を定めて、破産債権者に対し、その期間内に相殺をするかどうかを確答するよう催告ができます（本条I）。本条2項の失権の効果は、破産債権者が、当該破産債権を自働債権として相殺を主張しようとする場合について生じます。したがって、破産管財人は催告に当たって自働債権である破産債権を特定しなければなりません。こ

れに対し、当該相殺における受働債権については破産債権者側で選択すれば足りることから、催告に当たって特定する必要はありません。

ここでいう確答とは、相殺の意向がある、期限付きまたは条件付きで相殺するといった回答では足りず、期間内に相殺の意思表示をすることを意味します。

受働債権の弁済期が未到来の場合には、催告をすることはできません（本条Ⅰただし書）。この場合にも本条の催告を認めると、相殺権者の期限の利益を奪う結果となってしまうからです。そのため、条件未成就の停止条件付債権や期限未到来の期限付債権が破産債権者の受働債権である場合には、本条の催告をすることはできません。

3 効果

本条による破産管財人からの催告に対して、破産債権者が本条1項の規定により定めた期間内に確答しない場合には、催告を受けた破産債権者は、破産手続上、催告において特定された債権を自働債権として相殺することはできなくなります（本条Ⅱ）。

文献 伊藤498頁、条解破産568頁、大コンメ317頁［山本克己］、倒産法概説253頁［沖野眞已］、山本98頁、一問一答破産120頁、注釈破産（上）504頁［小畑英一］

第3章　破産手続の機関

第1節　破産管財人
第1款　破産管財人の選任及び監督

> **（破産管財人の選任）**
> **第74条**　破産管財人は、裁判所が選任する。
> 2　法人は、破産管財人となることができる。

基本事項

1　趣旨

債権者が破産管財人を選任する立法例もありますが、本条1項は、破産債権者を関与させず、裁判所が破産管財人を選任することとしています。また、自然人だけでなく、法人も破産管財人になることができます（本条Ⅱ）。

なお、本条と同様の規定が民再法64条2項・78条・54条3項、会更法67条1項、2項にも置かれています。

2　破産管財人の辞任

破産管財人は、正当な理由があるときは、裁判所の許可を得て辞任できます（破規23Ⅴ）。辞任した破産管財人は、計算報告書を裁判所に提出し（破88Ⅰ）、債権者集会で任務終了を報告するために債権者集会の招集を申し立てなければなりません（同条Ⅲ）。また、破産管財人は、急迫の事情がある場合には、後任の破産管財人が財産を管理できるようになるまで必要な処分をしなければなりません（破90Ⅰ）。

論点解説

1　破産管財人の地位　破産管財人の法律上の地位をどのように解すべきかについては、議論があります。かつては、破産財団に法主体性を認め破産管財人をその代表機関とする説（破産財団代表説）が有力でした。最近では、むしろ財団財産について管理処分権を行使する、管理機構たる破産管財人自身に法人格を認めようとする考え方（管理機構人格説。伊藤199頁）が有力です。なお、以下の破産管財人の第三者性に関する結論は、この破産管財人の法的地位に関する議論から直ちに一義的に導かれるものではなく、個々の法律関係ごとに検討する必要があります。

2　破産管財人の第三者性

（1）対抗要件の要否　破産管財人は、破産債権者全体の利益のために破産財団

に関する管理処分権を有することから（破78Ⅰ）破産債権者の利益を代表する者といえます。また、破産手続開始決定により、開始決定当時の債務者（破産者）に属する財産についての管理処分権は、破産管財人に専属することになります（包括的差押え）。その意味で破産管財人は差押債権者と同様の地位に立ちますので、民法177条・178条・467条の第三者に該当するのが判例・通説です（最判昭48・2・16金法678号21頁［INDEX［25］、百選4版［16］］、最判昭58・3・22判時1134号75頁［INDEX［26］、百選4版［17］］）［☞破§53・§62・§65］。

(2)　**通謀虚偽表示**　民法上、通謀虚偽表示の一方当事者に対する差押債権者は、民法94条2項の第三者に含まれると解されることから、破産管財人も同項の第三者に当たるとするのが判例・通説です（大判昭8・12・19民集12巻2882頁、最判昭37・12・13判タ140号124頁［百選初版［26］］）［☞ **より深く学ぶ** ］。

(3)　**融通手形の抗弁**　破産者の破産手続開始決定前に、破産者の運転資金を融通するため破産者の依頼により振出人が破産者に宛てて約束手形を振り出したという場面で、破産者に対して主張できる融通手形の抗弁について、最判昭46・2・23（判時622号102頁［百選4版［18］、INDEX［27］］）は、振出人は受取人である破産者の破産管財人に対して融通手形の抗弁を主張して手形金の支払を拒むことができると判示しています。手形法17条の人的抗弁の切断に関する規定は、裏書譲渡という手形の流通過程での第三者を保護する規定であって、差押債権者は同条にいう「所持人」に該当しないと解されていること（大判昭12・1・16新聞4100号13頁）から、破産管財人も差押債権者と同様、「所持人」に該当しないとし、前記のように判示したものと解されています（高田裕成「判解」百選4版38頁）。

より深く学ぶ

善意・悪意の判断基準　破産者が破産手続開始決定前に一定の意思表示をした場合に、当該意思表示の相手方との関係で、民法94条2項の「善意」の判断がなされるべき主体をどのように捉えるべきかが問題となります。同項が規定する「善意」の判断基準については、破産管財人自身を基準とするという見解もありますが、破産管財人に選任される私人の善意または悪意を問題とすることは、破産管財人の法的地位について管理機構人格説を前提とすると理論的に不合理であること、さらに法的安定性を欠く結果となることから破産債権者を基準として、その中に1人でも善意の者がいれば破産管財人は善意を主張できるとするのが通説です（伊藤333-334頁）。

文献　伊藤189頁・326頁、条解破産597頁、大コンメ318頁［園尾隆司］、倒産法概説367頁［山本和彦］、一問一答破産128頁、吉田勝栄「破産管財人の第三者的地位」新裁判実務大系㉘121頁、櫻井孝一「破産管財人の第三者的地位」道下徹＝高橋欣一編『裁判実務大系(6)』（青林書院、1987）164頁、注釈破産（上）532頁［佐藤昌巳］

（破産管財人に対する監督等）
第75条　破産管財人は、裁判所が監督する。

2　裁判所は、破産管財人が破産財団に属する財産の管理及び処分を適切に行っていないとき、その他重要な事由があるときは、利害関係人の申立てにより又は職権で、破産管財人を解任することができる。この場合においては、その破産管財人を審尋しなければならない。

基本事項

1　趣旨

破産管財人は、その選任権限がある裁判所（破74 I）が監督します（本条 I）。裁判所は、破産財団に属する財産について不適切な管理処分を行っている場合、その他重要な事由があるときは、利害関係人の申立て、または職権で、破産管財人を解任することができます（本条Ⅱ）。平成16年改正前には、債権者集会の決議によって破産管財人を解任できることとしていましたが、改正法は、破産債権者が利害関係人として破産管財人の解任を申し立て得ることにとどめ、裁判所の選任や監督権限を徹底しています。

なお、本条と同様の規定が民再法78条・57条、会更法68条にも置かれています。

2　監督権限

破産管財人は裁判所の監督に服しますので、債権者等の利害関係人は、直接、破産管財人を監督することはできません。ただし、破産管財人による不適切な管理処分等を発見した場合には、裁判所に監督権限の発動を促すことができますし、破産管財人の解任を申し立てることもできます（本条Ⅱ）。

3　監督範囲

破産管財人が破産管財業務を行うに当たって、破産管財人には善管注意義務が課され（破85 I）、その違反の是正にも裁判所の監督権が及びますので、監督権の範囲は破産管財業務全般にわたります。ただし、破産管財人は裁判所の下部機関ではなく、裁判所の指揮命令には服しませんので、裁判所の監督は破産管財人の自由裁量に属する行為にまでは及びません。

4　監督方法

裁判所は、①報告書を提出させる（破157 I）、②定期的な面談を行う（破規26 I）、③破産管財人が行う一定の範囲の行為について許否を判断する（破78Ⅱ）、④破産管財人に対する監督事務を裁判所書記官に命じて行わせる（破規24）等の方法を通じて、破産管財人を監督します。

5　解任事由・手続

破産管財人の解任事由は、破産管財人が破産財団に属する財産の管理および処分を適切に行っていないとき、その他重要な事由があるときです。具体的には、収賄、虚偽報告、財団財産の横領その他裁判所との信頼関係を破壊する程度の重大な背信行為がこれに当たると解されています（条解破産610頁）。破産管財人の解任は、利害関係人の申立てによりまたは職権で行います。解任に当たっては、破産管財人を審尋して弁明の機会を与えなければなりません（本条Ⅱ）。なお、解任の裁判については、認容・棄却いずれの決定に対しても不服申立てはできません。

> **文　献**　条解破産606頁、大コンメ324頁［中澤智］、倒産法概説369頁［山本和彦］、一問一答破産129頁、注釈破産（上）540頁［佐藤昌巳］

（数人の破産管財人の職務執行）
第76条　破産管財人が数人あるときは、共同してその職務を行う。ただし、裁判所の許可を得て、それぞれ単独にその職務を行い、又は職務を分掌することができる。
2　破産管財人が数人あるときは、第三者の意思表示は、その１人に対してすれば足りる。

基本事項

　破産事件のうち大規模・複雑な事案では数人の破産管財人を選任する場合があります（破31Ⅰ）。本条1項本文は、選任された複数の破産管財人は共同してその職務を行うこととし、破産管財人が全員一致してその職務を遂行すべきことを定めています［☞ **より深く学ぶ**］。

　ただし、破産管財人は迅速に職務を行う必要がありますので、本条1項ただし書は共同執行の例外を認め、裁判所の許可がある場合には、それぞれ単独にその職務を行い、または職務を分掌することができることとしています。

　本条2項は、破産管財人に対する第三者の意思表示は、破産管財人の１人に対してすれば足りることとしています。これは、裁判所の許可を得て職務の分掌がなされている場合も同様です。

　なお、本条と同趣旨の規定が民再法70条、会更法69条にも置かれています。

より深く学ぶ

違反の効果　会更法に関する判例（最判昭46・2・23民集25巻1号151頁）は、共同で職務を行うべき更生管財人の１人がその義務に違反して行った行為に関し、無権限による行為として効力は生じないとしつつ、平成17年改正前商法262条（会社354）の類推適用を認め、善意の第三者を保護しています。

> **文　献**　伊藤194頁、条解破産612頁、大コンメ327頁［中澤智］、一問一答破産125頁、注釈破産（上）545頁［室木徹亮］

（破産管財人代理）
第77条　破産管財人は、必要があるときは、その職務を行わせるため、自己の責任で1人又は数人の破産管財人代理を選任することができる。
2　前項の破産管財人代理の選任については、裁判所の許可を得なければならない。

基本事項

　破産事件のうち大規模・複雑な事案では破産管財人1人での事件処理が困難なことがあります。そこで、本条は、破産管財人は、必要があるときは、裁判所の許可

を得て、破産管財人代理を選任できることとしています。なお、このような場合、裁判所が複数の破産管財人を選任することもできます（破31Ⅰ）が、実務上は、破産管財人が破産管財人代理を選任することのほうが多いといわれています。

破産管財人代理とは、破産管財人から職務に関する包括的な代理権を付与された者をいいます。両者の関係は委任契約に基づくものです［☞ **より深く学ぶ**］。

なお、本条と同趣旨の規定が民再法71条、会更法70条にも置かれています。

より深く学ぶ

破産管財人代理と善管注意義務　破産管財人代理は、その職務に関し、破産管財人に準じて独自の善管注意義務を負うとするのが多数説です。これは、破産管財人代理の選任に裁判所の許可を要することや、報酬が別個に支払われ得ること（破87Ⅲ）からもうかがえるように、破産管財人とは独立した機関であると解されているためです（詳細は、条解破産618頁参照）。

文献　条解破産615頁、大コンメ328頁［中澤智］、一問一答破産126頁、注釈破産（上）549頁［室木徹亮］

第2款　破産管財人の権限等

（破産管財人の権限）
第78条　破産手続開始の決定があった場合には、破産財団に属する財産の管理及び処分をする権利は、裁判所が選任した破産管財人に専属する。
2　破産管財人が次に掲げる行為をするには、裁判所の許可を得なければならない。
　一　不動産に関する物権、登記すべき日本船舶又は外国船舶の任意売却
　二　鉱業権、漁業権、公共施設等運営権、特許権、実用新案権、意匠権、商標権、回路配置利用権、育成者権、著作権又は著作隣接権の任意売却
　三　営業又は事業の譲渡
　四　商品の一括売却
　五　借財
　六　第238条第2項の規定による相続の放棄の承認、第243条において準用する同項の規定による包括遺贈の放棄の承認又は第244条第1項の規定による特定遺贈の放棄
　七　動産の任意売却
　八　債権又は有価証券の譲渡
　九　第53条第1項の規定による履行の請求
　十　訴えの提起
　十一　和解又は仲裁合意（仲裁法（平成15年法律第138号）第2条第1項に規定する仲裁合意をいう。）
　十二　権利の放棄
　十三　財団債権、取戻権又は別除権の承認
　十四　別除権の目的である財産の受戻し

十五　その他裁判所の指定する行為
3　前項の規定にかかわらず、同項第7号から第14号までに掲げる行為については、次に掲げる場合には、同項の許可を要しない。
　一　最高裁判所規則で定める額以下の価額を有するものに関するとき。
　二　前号に掲げるもののほか、裁判所が前項の許可を要しないものとしたものに関するとき。
4　裁判所は、第2項第3号の規定により営業又は事業の譲渡につき同項の許可をする場合には、労働組合等の意見を聴かなければならない。
5　第2項の許可を得ないでした行為は、無効とする。ただし、これをもって善意の第三者に対抗することができない。
6　破産管財人は、第2項各号に掲げる行為をしようとするときは、遅滞を生ずるおそれのある場合又は第3項各号に掲げる場合を除き、破産者の意見を聴かなければならない。

基本事項

1　趣旨

　破産手続において、破産債権者に対する公平な配当を実現するためには、破産者の資産を適正に換価する必要があります。
　そのため、本条は、破産管財人に対して破産財団に属する財産を換価する権限を付与するとともに、その権限行使の手続等を定めています。
　なお、本条と同趣旨の規定が会更法72条、本条1項と同趣旨の規定が民再法66条、本条2項と同趣旨の規定が民再法41条に置かれています。

2　破産財団に属する財産

　本条1項に基づき破産管財人に専属する管理処分権の対象は破産財団に属する財産です。この破産財団は破産法34条の法定財団をいいます。法定財団には取戻権の対象財産は含まれませんが、取戻権者に対する返還のために破産管財人の管理下におくべきであると解されています。このような財団を現有財団といいます。

3　管理および処分をする権利の専属

　破産管財人に専属する破産財団に属する財産の管理処分権（本条Ⅰ）には、法律上・事実上、当該財産を変更する一切の権限を含みます。裁判所の許可を得た場合の事業の継続（破36）や契約関係の整理（破53）、債権の履行請求、訴訟の追行（破44Ⅱ・45Ⅱ・80・184Ⅱ）、債務の弁済、対抗要件の具備行為、物の引渡し・明渡し、別除権放棄等の意思表示を受領する権限等も含みます［☞ **論点解説** 1・2］。これらの権利が破産管財人に「専属する」ことになりますので、破産者は、破産手続との関係では破産財団に属する財産の管理処分を一切できません（破47Ⅰ）。ただし、破産管財人に専属するのは前記の管理処分権ですので、破産者は、財産の帰属主体としての地位を失いません。そのため、破産手続が終了すれば破産財団に属する財産の管理処分権を取り戻すことになります［なお、☞ **論点解説** 1］。

4　裁判所の許可を要する行為

　破産管財人は、裁判所の監督の下で（破75）自らの管理処分権を行使しますが、

本条2項1号ないし15号の行為は類型的に重要な行為ですので、裁判所の許可を得た上で行わなければなりません。ただし、円滑な管財業務を実現するため、本条3項は、本条2項7号ないし14号の行為のうち、最高裁判所規則で定める額（平成29年11月末日現在、破産規則25条により100万円）以下の価額を有するものに関するとき、および裁判所が許可を要しないものとしたものに関するときは、裁判所の許可を不要としています。

　裁判所による監督を徹底して、裁判所の許可を要する行為にもかかわらず、破産管財人が許可を得ないでした行為は、無効となります（本条Ⅴ本文）。もっとも、取引の安全を図るため、このような無効は善意の第三者（知らなかったことに過失ある者も含む）に対抗することができないこととしています（同項ただし書）。

(1) **不動産に関する物権、船舶等の任意売却**（本条Ⅱ①）

　一般的に不動産等は価値が高く、適正な売却の実現や財団の増殖という点から、破産債権者の利益に大きな影響を与えます。そこで、不動産等に関する物権等の任意売却を許可事項としています。対抗要件を備えた借地権や借家権についても本条2項1号が類推適用され、これらの任意売却には裁判所の許可が必要であると解されています（条解破産631頁）。

(2) **鉱業権、漁業権、知的財産権等の任意売却**（本条Ⅱ②）

　鉱業権等は本条2項1号に規定する有体物とは異なりますが、物権変動に登記・登録が必要とされている点でその重要性に差異はありません。そこで、これらの任意売却を許可事項としています。

(3) **営業または事業の譲渡**（本条Ⅱ③）

　平成17年改正前の商法に関する判例（最判昭40・9・22民集19巻6号1600頁）は、「営業の譲渡」とは、「一定の営業目的のため組織化され、有機的一体として機能する財産の全部または重要な一部を譲渡し、これによって、譲渡会社がその財産によって営んでいた営業的活動の全部または重要な一部を譲受人に受け継がせ、譲渡会社がその譲渡の限度に応じ法律上当然に同法25条に定める競業避止義務を負う結果を伴うもの」であると判示しています。営業を構成するものには、不動産、動産、債権、知的財産権のほか、顧客との契約上の地位、暖簾、ノウハウ等を含みます。もっとも、営業活動の承継を含まない、これら「営業」を構成する個々の財産のみの譲渡は「営業の譲渡」ではありません。「営業」には法人のほか個人が営むものもありますが、例えば公益性のある学校法人、病院、社会福祉法人等については疑義が生じますので、これらを含む広い概念として「事業」を規定したと説明されています（大コンメ334頁［田原睦夫］、条解破産632頁）。このような営業等の譲渡は、破産手続開始前に取引を行っていた破産債権者や従業員等の利害関係人にとって重大な影響を与えることから、許可事項としています。

(4) **商品の一括売却**（本条Ⅱ④）

　一般に、商品を売却する場面では、一括での売却に比べ、個々の商品を個別に売却するほうが、より高額な売却を実現しやすいといえます。もっとも、例えば、賃料を要する倉庫内にある大量多品種にわたる商品等は、個別に売却するのでは手間

がかかって長期間を要します。長期になれば、財団債権となる倉庫の賃料（破148 I②）が増加し、売却の結果次第では財団を減少させることにもなります。このように、一括して売却すべきかどうかは破産債権者の利益に大きな影響を与えますので、許可事項としています。

　(5)　**借財**（本条Ⅱ⑤）

　破産手続上借財を行う必要性は限られますが、その返還請求権は財団債権とされ（破148 I②・④）、破産債権者に大きな影響を与えることから、許可事項としています。

　(6)　**相続放棄の承認等**（本条Ⅱ⑥）

　破産法238条2項による相続放棄の承認等は破産財団に大きな影響を与えることから、許可事項としています。

　(7)　**動産の任意売却**（本条Ⅱ⑦）、**債権または有価証券の譲渡**（同項⑧）

　破産財団への影響を考えれば、動産や債権、有価証券も適正な条件で売却する必要性があることは、不動産等の場合と同様です。さらに、中古動産、債務者の財産状態に左右される債権、出資先の財務状況等に影響される市場のない有価証券等は、適正価格の判断が容易ではありません。このような事情から、動産の任意売却等を許可事項としています。

　(8)　**双方未履行双務契約の履行請求**（本条Ⅱ⑨）

　双方未履行双務契約について破産管財人が履行を選択すると、相手方の債権は財団債権となり（破148 I⑦）、履行のための人件費等も財団債権となります（同項②・④）。このように、破産管財人履行の選択は破産債権者に大きな影響を与えますので、双方未履行双務契約の履行請求を許可事項としています。

　(9)　**訴えの提起**（本条Ⅱ⑩）

　破産管財人による訴訟の提起には、仮差押等保全手続の申立てや独立当事者参加等も含みます。訴えの提起は、通常、勝訴によって破産財団が増殖しますが、係属中は破産手続を終了できなくなり、その結果配当の時期も遅くなります。他方敗訴すれば、破産財団の増殖がない上に、時間だけを要することになるのが一般です。このように、破産債権者の利益に大きな影響を与える訴え提起の見極めは重要であることから、許可事項としています。

　(10)　**和解または仲裁契約**（本条Ⅱ⑪）、**権利の放棄**（同項⑫）

　互譲による裁判上および裁判外の和解（民訴264・265・275、民695）は権利の放棄が必要となり、形式上破産財団が減少します。そこで、その当否については、法的な観点のほか、相手方の経済状態等諸般の事情を考慮した極めて困難な判断が必要になります。仲裁合意（仲裁2 I）は破産債権者の利益に大きな影響を与える点では訴えの提起と同様です。このような事情から、それぞれを許可事項としています。

　(11)　**財団債権、取戻権または別除権の承認**（本条Ⅱ⑬）

　財団債権や別除権は破産手続外での権利行使が可能ですし（破2Ⅶ・65 I）、取戻権の対象となる財産に対しては破産管財人の管理処分権が及びません。いずれも、破産債権に対する配当財源の範囲に影響を与えることから、これらの承認を許可事

項としています。

(12) 別除権の目的物の受戻し（本条Ⅱ⑭）

別除権の目的物の受戻しとは、本来、破産管財人が被担保債権全額または極度額全額を弁済して、別除権を消滅させ、目的物を受け戻すことをいいますが、本条2項14号においては、破産管財人が別除権者と合意して、全額には満たない金額を弁済して、別除権を消滅させ、目的物を受け戻すことも含みます（条解破産637頁）。

このような対応は、別除権の目的物を受け戻した上で、破産管財人が換価したほうが破産財団の増殖が見込まれる場合等に行われます。時価相当額での別除権目的物の受戻しであれば配当財源は減少しません。もっとも、時価評価の適正さの確保や受戻代金が必要なほか、見込み通りの換価が実現しない場合には破産債権者の配当に影響が生じます。そのため、別除権の目的物の受戻しを許可事項としています。

(13) その他裁判所の指定する行為（本条Ⅱ⑮）

以上の定型的な場合のほか、事案に応じた柔軟な対応を可能にするため、適宜許可事項を追加できることとしています。

5 労働組合等の意見聴取

営業または事業の譲渡は、営業等に従事する従業員に多大な影響を与えますので、裁判所がその許可を行う場合には、労働組合等の意見を聴くことを義務付けています（本条Ⅳ）。これは、平成16年改正法によって新設された規定です。

本条4項と同趣旨の規定が民再法42条3項、会更法46条3項3号にも置かれています。

本条6項は、破産管財人が本条2項各号に規定する行為を行う場合には、換価業務に資する情報を得るために、破産財団に属する財産の現状・価値等を熟知し、利害関係がある破産者の意見を聴取しなければならないとしています。もっとも、その違反や、違反によって不適切な換価等が行われた場合には、破産管財人の善管注意義務（破85Ⅰ）違反の問題が生じることがあっても、行為の効力には影響しないと解されています（大コンメ333頁［田原睦夫］）。

論点解説

1 破産管財人の権限が及ばない権利

(1) **個人が破産する場合** 財産でないものや破産財団に属しない財産には破産管財人の管理処分権は及びません。前者に該当するものには人格権や身分上の権利が、後者に該当するものには自由財産、一身専属的な権利、差押禁止財産等があります。

この点、破産者の慰謝料請求権が破産財団に帰属し、破産管財人の管理処分権が及ぶか否かについて議論があります。判例・通説は、慰謝料請求権は、帰属上の一身専属権ではないものの、行使上の一身専属性を有する権利であると解しています。そして、具体的な金額が当事者間において客観的に確定したときには、行使上の一身専属性を失い、金額確定後に破産手続開始決定があった場合は破産財団に属すると解しています（最判昭58・10・6民集37巻8号1041頁参照）［☞破§34］。遺留分減殺請

求権（最判平13・11・22民集55巻6号1033頁参照）、遺産分割請求権、離婚に伴う財産分与請求権等についても同様の議論があります（詳細は、条解破産642頁、伊藤243頁注19参照）。［☞破§80 **論点解説**］。

　(2) **法人が破産する場合**　破産財団に関する管理処分権と無関係な会社組織に係る行為には破産管財人の権限が及ばず、組織法的な法律関係に関する訴訟（取締役選任・解任に係る株主総会決議不存在確認訴訟等）においては破産管財人に当事者適格が認められないと解されています（最判平21・4・17判時2044号74頁［百選［16］］、最判平16・6・10民集58巻5号1178頁［百選［15］、INDEX［35］］）。これに対し、組織法上の訴訟であっても、会社の財産関係に影響をもつ訴訟（事業譲渡の承認に係る株主総会決議取消訴訟等）については破産財団に関するものとして中断（破44Ⅰ）を認め、破産管財人が受継すべきであるとする有力説もあります（伊藤389頁・401頁）［以上に関し、☞破§44・§57］。

2　源泉徴収義務・消費税の申告納付義務

　(1) **源泉徴収義務**　破産管財人は「破産財団に属する財産」から財団債権の支払や破産債権者への配当を行いますが、その際、源泉徴収義務を負うのかどうか議論されていました。

　この点、最判平23・1・14（民集65巻1号1頁［百選［20］、INDEX［178］］）は、所得税法が弁護士報酬または退職手当等の「支払をする者」に所得税の源泉徴収義務を課しているのは、「支払をする者がこれを受ける者と特に密接な関係にあって、徴税上特別の便宜を有し、能率を挙げ得る点を考慮したことによるものである」とし、法人破産の破産管財人に対し、破産管財人報酬については源泉徴収義務を肯定し、他方で、破産宣告時（平成16年改正法では破産手続開始決定日）に退職した元従業員に対する退職金債権（平成16年改正前では優先的破産債権）の配当については源泉徴収義務を否定し、この議論に決着をつけました。後者の判断は、平成16年改正法の優先的破産債権に当たる退職金債権、未払給与等、財団債権に当たる退職金債権、未払給与にもその射程が及ぶと解されています。

　(2) **消費税の申告納付義務**　破産管財人が破産財団に属する財産を換価した場合には、これに関する費用の請求権は財団債権となります（破148Ⅰ②）。換価に伴う消費税の破産管財人による申告納付義務について、破産財団を破産法人とは別個の新規の法人と解することができるのかどうかという点に関連して肯定説・否定説の争いがありました。

　消費税法9条1項により、「事業者」（消税2Ⅰ④）のうち、同法2条1項14号の「基準期間」（その事業年度の前々事業年度）の課税売上高が一定額に満たない場合には、消費税の納税義務が免除されます（ただし、例外として消税12条の2参照）。破産財団に属する財産を換価するのは清算事業年度（破産手続開始の日の翌日から定款等の事業年度末日まで、残余財産確定が未了の場合にはさらに当該事業年度末日の翌日から同事業年度末日まで〔消税2Ⅰ⑬、法税14Ⅰ①〕）または清算確定事業年度（最終の清算事業年度末日の翌日から残余財産確定の日まで〔消税2Ⅰ⑬、法税14Ⅰ㉑〕）になりますが、破産法人は、その前々事業年度を基準期間として納税義務の免除を判断するのか、それとも、そもそも破産

財団は破産法人とは別の新規の法人として、破産法人の前々事業年度を考慮する必要はなく、少なくとも破産手続開始後2年間は基準期間がないので納税義務を負わないことになるのかどうかということが議論となりました。

この点、名古屋高金沢支判平20・6・16（判タ1303号141頁）は、破産財団は、破産法人の基準期間における課税売上高を引き継がない別の法的主体と解することはできず、破産法人が「事業者」として消費税の納税義務を負うと解するのが相当であると判示しました。

文献 伊藤233頁・316頁、条解破産620頁・1000頁、大コンメ329頁［田原睦夫］、倒産法概説375－376頁［山本和彦］・84頁［沖野眞已］、破産法・民事再生法概論36頁［佐藤鉄男］・86頁［山本克己］・308頁［山本弘］、一問一答破産130頁・133頁。破産管財人の税務につき、破産管財の手引394頁・401頁、東京弁護士会編著『法律家のための税法〔会社法編〕〔新訂第6版〕』（第一法規、2011）562頁・596頁、注釈破産（上）553頁［服部一郎］

（破産財団の管理）
第79条 破産管財人は、就職の後直ちに破産財団に属する財産の管理に着手しなければならない。

基本事項

破産法は、破産財団に属する財産の管理処分権を破産管財人に専属させ、破産財団の適正・公平な清算を図っています（破78Ⅰ）。本条は、その実現のため、破産管財人に対して、就職の後直ちに破産財団に属する財産の管理に着手し、換価・配当に向けて職務を開始するよう義務付けています。

「就職」とは、破産管財人候補者が裁判所の選任を承諾した時をいいます。「直ちに」とあることから、破産手続開始決定の確定を待つ必要はないと解されています。

本条の「破産財団に属する財産」とは、現有財団［☞破§34］たるべき財産を意味し、法定財団に属さない取戻権の対象財産も含まれます。破産管財人は、法定財団と現有財団をできる限り一致させるべく手続を進めることになります。

「管理」とは、財産を保全する一切の行為をいいます。占有の取得をはじめ、破産管財人が財産を現実的な管理下に置き、管理処分権を行使し得る状態にすることを意味します。金銭および有価証券は慎重に取り扱う必要がありますので、破産手続開始後遅滞なく、その保管方法を定め、裁判所に届け出ることが義務付けられています（破規51）。

また、管理を実効的に行うため、破産管財人は、郵便物等の管理・開披（破81・82）、調査（破83）等の権限をもち、封印執行（破155）、引渡命令（破156）、警察上の援助（破84）を利用することができます。

なお、本条と同趣旨の規定が民再法72条、会更法73条にも置かれています。

文献 伊藤191頁、条解破産639頁、大コンメ340頁［田原睦夫］、倒産法概説386

頁［山本和彦］、破産法・民事再生法概論308頁［山本弘］、注釈破産（上）569頁［山田尚武］

（当事者適格）
第80条 破産財団に関する訴えについては、破産管財人を原告又は被告とする。

基本事項

　破産手続開始決定によって破産財団に属する財産の管理処分権は破産管財人に専属しますので（破78Ⅰ）、本条は、破産財団に関する訴えの当事者適格は、破産管財人が有することとしています。この法的性質はいわゆる法定訴訟担当と解されています。破産手続開始後に、破産財団に関する訴訟を破産者が提起したり、または破産者に対して提起しても、破産者は当事者適格を欠きますので当該訴えは却下されます。

　本条の「破産財団に関する訴え」には、破産財団に属する財産に関する訴え（財団に属する売掛金の請求訴訟や取戻権に基づく引渡請求訴訟等）、財団債権に関する訴え（財団債権であることを理由とする給付訴訟等）、破産債権に関する訴えがあります。もっとも、破産債権については、別途定めている確定に関する手続（破124以下）によります〔☞破§124〕。破産手続開始決定と同時に、その時点で係属していた破産者を当事者とする破産財団に関する訴えや破産債権者または財団債権者が提起した債権者代位訴訟および詐害行為取消訴訟、行政庁に係属する破産財団に関する事件は中断します（破44Ⅰ・45Ⅰ・46）。このうち破産債権に関しないものは破産管財人が受継することができます（破44Ⅱ・45Ⅱ・46）。

　なお、本条と同趣旨の規定が民再法67条、会更法74条1項にも置かれています。

論点解説

破産財団に関する訴えといえないものの扱い　　訴えの内容が、「破産財団に関する訴え」に該当しなければ破産管財人に当事者適格は認められません。したがって、破産者が原告または被告となります。

　破産者が個人の場合において、人格権、身分上の権利、自由財産、一身専属的な権利、差押禁止財産は、破産財団に属する財産ではありませんので、これらに関する訴えについては破産管財人に当事者適格は認められません。この点、破産者の有する名誉毀損を理由とする慰謝料請求権や遺留分減殺請求権は、権利の内容が具体的に確定した後の請求権は破産財団に属すると解されていますので、その訴えの当事者適格は破産管財人にあります（詳細は、条解破産642頁）。

　破産者が法人の場合、組織法的な法律関係に関する訴訟については、破産管財人には当事者適格が認められないとする見解と、一定の限度で当事者適格を認めるべきとする見解があります〔☞破§78・§44〕。

判例　最判昭59・5・17判時1119号72頁［百選［81］、INDEX［36］］、最判平5・6・25民集47巻6号4557頁［百選［100］、INDEX［172］］、最判平21・4・17判時

2044 号 74 頁［百選［16］］、最判平 16・6・10 民集 58 巻 5 号 1178 頁［百選［15］、INDEX［135］］、大判昭 14・4・20 民集 18 巻 495 頁［百選 4 版［19］、INDEX2 版［30］］、東京地決平 12・1・27 金判 1120 号 58 頁［百選［22］］、最判昭 58・10・6 民集 37 巻 8 号 1041 頁［百選［23］］

文　献　伊藤 401 頁、破産法・民事再生法概論 94 頁［山本克己］、大コンメ 342 頁［田原睦夫］、条解破産 641 頁、注釈破産（上）572 頁［山田尚武］

（郵便物等の管理）
第 81 条　裁判所は、破産管財人の職務の遂行のため必要があると認めるときは、信書の送達の事業を行う者に対し、破産者にあてた郵便物又は民間事業者による信書の送達に関する法律（平成 14 年法律第 99 号）第 2 条第 3 項に規定する信書便物（次条及び第 118 条第 5 項において「郵便物等」という。）を破産管財人に配達すべき旨を嘱託することができる。
2　裁判所は、破産者の申立てにより又は職権で、破産管財人の意見を聴いて、前項に規定する嘱託を取り消し、又は変更することができる。
3　破産手続が終了したときは、裁判所は、第 1 項に規定する嘱託を取り消さなければならない。
4　第 1 項又は第 2 項の規定による決定及び同項の申立てを却下する裁判に対しては、破産者又は破産管財人は、即時抗告をすることができる。
5　第 1 項の規定による決定に対する前項の即時抗告は、執行停止の効力を有しない。

基本事項

　破産者宛の郵便物等を破産管財人に転送させ、破産法 82 条 1 項による開披権限によってその内容を確認できるようにすることは、破産財団に属すべき財産の状況の把握や破産者による財産隠蔽行為等を防止するために有益な方法の 1 つです。

　そのため、本条は、破産者に宛てた郵便物等について、裁判所による破産管財人への転送嘱託を認めています（本条Ⅰ）。

　もっとも、このような転送嘱託は、破産者の基本的人権である通信の秘密（憲 21 Ⅱ）に対し例外的に制約を認めるものといえます。破産者は嘱託決定の取消しまたは変更を申し立てることができます。また、裁判所は職権によって、破産管財人の意見を聴いて、その取消し、または変更ができます（本条Ⅱ）。

　本条に基づく転送嘱託ができるのは破産手続中ですので、破産手続が終了した場合、裁判所は嘱託を取り消さなければなりません（本条Ⅲ）。

　本条 1 項による嘱託を認める決定、本条 2 項による嘱託の取消しや変更の申立等に対する決定については、破産者と破産管財人に即時抗告権を認めています（本条Ⅳ）。もっとも、破産管財人による管財業務に支障を来すため、即時抗告には執行停止効がありません（本条Ⅴ）。

　なお、本条と同趣旨の規定が民再法 73 条、会更法 75 条にも置かれています。

文　献　条解破産 649 頁、大コンメ 345 頁［重政伊利］、伊藤 175 頁、倒産法概説 386

頁〔山本和彦〕、破産法・民事再生法概論83頁〔山本克己〕、一問一答破産134頁、注釈破産（上）581頁〔柚原肇〕

> **第82条** 破産管財人は、破産者にあてた郵便物等を受け取ったときは、これを開いて見ることができる。
> 2　破産者は、破産管財人に対し、破産管財人が受け取った前項の郵便物等の閲覧又は当該郵便物等で破産財団に関しないものの交付を求めることができる。

基本事項

　破産財団に属すべき財産を発見し、あるいは破産者による財産隠匿行為を防止するために、本条1項は、破産管財人に対し、受け取った破産者宛の郵便物・信書便物を開封して内容を確認できる権限を与えています。前条の破産法81条と同じく破産者の通信の秘密（憲21Ⅱ）に対する例外を定めたものです。

　破産管財人が破産者宛の郵便物等を受け取るのは、破産法81条1項に基づく裁判所の転送嘱託による場合と破産財団に属する財産の管理に伴って郵便物等の占有を取得する場合があります。

　本条は、破産法81条とは異なり、保全管理人にも準用されています（破96Ⅰ）。

　破産者は、破産管財人が受け取った破産者に宛てた郵便物等のうち破産財団に関しないものについてのみ、自身に交付を求めることができます（本条Ⅱ）。

　なお、同趣旨の規定が民再法74条、会更法76条にも置かれています。

　文　献　条解破産652頁、大コンメ349頁〔重政伊利〕、伊藤175頁、倒産法概説386頁〔山本和彦〕、破産法・民事再生法概論83頁〔山本克己〕、注釈破産（上）585頁〔柚原肇〕

> **（破産管財人による調査等）**
> **第83条** 破産管財人は、第40条第1項各号に掲げる者及び同条第2項に規定する者に対して同条の規定による説明を求め、又は破産財団に関する帳簿、書類その他の物件を検査することができる。
> 2　破産管財人は、その職務を行うため必要があるときは、破産者の子会社等（次の各号に掲げる区分に応じ、それぞれ当該各号に定める法人をいう。次項において同じ。）に対して、その業務及び財産の状況につき説明を求め、又はその帳簿、書類その他の物件を検査することができる。
> 　一　破産者が株式会社である場合　破産者の子会社（会社法第2条第3号に規定する子会社をいう。）
> 　二　破産者が株式会社以外のものである場合　破産者が株式会社の総株主の議決権の過半数を有する場合における当該株式会社
> 3　破産者（株式会社以外のものに限る。以下この項において同じ。）の子会社等又は破産者及びその子会社等が他の株式会社の総株主の議決権の過半数を有する場合には、前項の規定の適用については、当該他の株式会社を当該破産者の子会社等とみなす。

基本事項

　本条1項前段は、破産管財人が、破産法40条に定める説明義務を負う者に対して説明請求権を有することを定めています。同条に規定する破産者等の説明義務について、破産管財人の説明請求という観点から確認的に規定したものです。なお、破産者の従業者（従業者であった者も含む）に対して説明を求める場合には、裁判所の許可が必要です（破40Ⅰただし書）。

　また、本条1項後段は、破産管財人による「破産財団に関する帳簿、書類その他の物件」に対する検査権限を定めています。破産管財人の調査権限を充実させ、より適正・公正な業務遂行を可能にしようとするものです。この「物件」の主なものは、会計帳簿（会社432）や計算書類（会社435Ⅱ）ですが、契約書や電磁的記録を記録した媒体も含まれると解されています。これらの物件については、破産者が所有する物件に限定され、検査の受忍義務を負う者も制限的に解する見解（大コンメ355頁［菅家忠行］）と、破産者が所有する物件には限定されず、対象物件を占有するすべての者は検査の受忍義務を負うとする見解（条解破産656頁・657頁）があります。

　破産者が子会社等の関連会社を通じて資産を隠匿したり、不明朗な経理処理をする事例がありますので、破産管財人は子会社等に対して説明を求め、またはその帳簿、書類その他の物件を検査できます（本条Ⅱ・Ⅲ）。ただし、子会社等には破産者とは別の法人格がありますので、その権利または利益の保護のため、その権限行使は破産管財人の職務を行うため必要があるときに限られます。

　説明義務者や検査受忍義務者がその義務に違反した場合には刑事罰が科されます（破268・277）。検査を拒絶された破産管財人は警察上の援助（破84）を求めることもできます。

　なお、本条と同趣旨の規定が会更法77条にも置かれています。

　文献　条解破産654頁、大コンメ351頁［菅家忠行］、一問一答破産135頁、注釈破産（上）587頁［山田尚武］

（破産管財人の職務の執行の確保）
第84条　破産管財人は、職務の執行に際し抵抗を受けるときは、その抵抗を排除するために、裁判所の許可を得て、警察上の援助を求めることができる。

基本事項

　民事執行手続では、執行官が職務の執行に際し抵抗を受ける場合は、その抵抗を排除するために警察上の援助を受けることができます（民執6Ⅰ）。

　破産手続は包括的執行の性質を有し、破産管財人等の職務の執行においても、その抵抗を排除することが必要な場面があり得ます。

　そこで、不当な妨害行為を排除して、適正な管財業務の遂行を確保するため、本条は、破産管財人がその職務の執行に際し抵抗を受ける場合に、裁判所の許可を得て、警察上の援助を求めることができることとしました。本条は保全管理人にも準用されます（破96Ⅰ）。

もっとも、執行官に比べて破産管財人に対する裁判所の監督の程度が低いこと等を考慮して、警察の援助を受けるためには裁判所の許可を必要としています。
　本条の「抵抗」とは、例えば、脅迫や扉の閉鎖等の行為をいいます。もっとも、このような有形的・積極的・物理的なものだけでなく、座り込み等消極的なものも含み、破産管財人の職務の執行を妨害するものは広く該当すると解されています（大コンメ357頁［菅家忠行］、条解破産660頁）。また「抵抗」には、破産管財人自身に対する抵抗だけでなく、破産管財人代理や補助者等に対する抵抗も含まれます。さらに、職務の執行の直接の相手方による抵抗だけでなく、関係者や第三者による抵抗も含まれます。「職務に際し」とは、職務執行の開始直前および終了直後といった、破産管財人の職務執行に接着した時点も含まれます。
　援助を求めることができる警察機関には、警察庁、都道府県警察のほか、海上保安庁等も含まれます（条解破産661頁）。援助を求められた警察機関は、正当な理由がない限り、これに適切に応ずる法律上の義務があり、破産管財人の補助機関として援助を行うことになると解されています。

　文　献　条解破産659頁、大コンメ357頁［菅家忠行］、一問一答破産136頁、注釈破産（上）593頁［堀部俊治］

（破産管財人の注意義務）
第85条　破産管財人は、善良な管理者の注意をもって、その職務を行わなければならない。
　2　破産管財人が前項の注意を怠ったときは、その破産管財人は、利害関係人に対し、連帯して損害を賠償する義務を負う。

基本事項
　適正な管財業務の遂行を担保するため、本条は、破産管財人に善管注意義務を負わせ、破産管財人が善管注意義務に違反した場合には、その破産管財人は利害関係人に対し、損害賠償義務を負うことを明らかにしています。
　「善良な管理者の注意」とは、民法644条の善管注意義務と同様に、その職業・地位・資格において一般的に要求される平均的な注意をいいます（最判平18・12・21民集60巻10号3964頁［百選［19］、INDEX［31］］）。
　本条2項の損害賠償義務の相手方は「利害関係人」です。この「利害関係人」とは、破産管財人の職務に関して法律上の利害関係を有する者であると解されています（条解破産668頁）。例えば、破産者のほか、破産債権者や財団債権者、別除権者、取戻権者です［☞ **論点解説**］。
　本条2項の損害賠償義務は破産管財人が個人で負うものですが、原則として、この損害賠償請求権は、破産法148条1項4号の「破産財団に対し破産管財人がした行為によって生じた請求権」として財団債権になります。そのため、破産財団も弁済責任を負い、個人としての破産管財人の損害賠償責任とは不真正連帯債務の関係になります。

賠償する損害の範囲は民法416条に従って定められ、善管注意義務と相当因果関係のある損害に限られます。

　本条の損害賠償請求権の消滅時効は、10年と解されています（条解破産670頁、大コンメ361頁［菅家忠行］参照）。

　本条は保全管理人にも準用され（破96Ⅰ）、破産管財人代理にも類推適用されると解されています（条解破産670頁、大コンメ361頁［菅家忠行］）。

　なお、本条と同趣旨の規定が民再法78条・60条、会更法80条にも置かれています。

論点解説

破産管財人の善管注意義務が問題となる場合　破産手続の目的は破産財団の適正・公平な清算ですので、破産管財人の職務の中心は配当財源の確保と破産債権者への配当です。そのため善管注意義務違反が問題となるのは、主に破産財団の管理・換価または破産債権の調査・確定・配当の各場面です。

　破産財団の管理・換価の場面では、債権の取立てを怠ったり、不適正な価格で不動産を売却した結果、破産財団に損害を与えた場合等が問題となります。また、破産財団に損害を与えなくても、別除権者や取戻権者等の正当な権利を侵害し、損害を与えた場合にも問題となります（低額な財産処分の事案について、東京地判平8・9・30判タ933号168頁、債権回収を怠った事案について、東京高判昭39・1・23下民集15巻1号39頁、担保権者との関係について、破産管財人の善管注意義務に担保価値維持義務が含まれるとした最判平18・12・21民集60巻10号3964頁［百選［19］、INDEX［31］］、動産売買先取特権者との関係について、東京地判平3・2・13判時1407号83頁［INDEX［29］］や名古屋地判昭61・11・17判時1233号110頁、大阪地判昭61・5・16判時1210号97頁、破産財団に属する借地権付建物の担保権者との関係について、東京地判平9・10・28判時1650号96頁、取戻権者との関係について、東京高判平9・5・29判タ981号164頁参照）［☞破§65］。

　破産債権の調査・確定・配当の場面では、債権の存否やその額に疑義のある破産債権を安易に認めたり、支払うべき財団債権を弁済せずに破産債権者に配当を実施し、破産手続を終結させた場合等が問題となります（財団債権の弁済順序に関する事案について、最判昭45・10・30民集24巻11号1667頁、破産管財人が受け戻しながら不足額の証明がないとして配当から除斥した別除権者との関係について、札幌高判平24・2・17金法1965号130頁）。

　また、本条2項の「利害関係人」とは具体的に誰を指すのかが問題となります。この問題について、「利害関係人」概念を「破産手続内の利害関係人」（破産債権者、財団債権者および破産者）と「破産手続外の利害関係人」（別除権者、取戻権者および破産手続外の第三者）に分け、本条2項の「利害関係人」とは、このうち「破産手続内の利害関係人」（破産管財人による破産財団の管理と処分に関して利害関係をもち、その権利の行使を破産管財人のなす財団の管理、処分業務に委ねざるを得ない者）を指すとする見解が主張されています（伊藤眞ほか「破産管財人の善管注意義務──『利害関係人』概念のパラダイム・シフト」金法1930号〔2011〕64頁）。

文献　条解破産661頁、大コンメ359頁［菅家忠行］、伊藤192頁、倒産法概説368

頁〔山本和彦〕、山本 66 頁、破産法・民事再生法概論 38 頁〔佐藤鉄男〕、中島＝佐藤 58 頁、注釈破産（上）595 頁〔石井三一〕

（破産管財人の情報提供努力義務）
第 86 条 破産管財人は、破産債権である給料の請求権又は退職手当の請求権を有する者に対し、破産手続に参加するのに必要な情報を提供するよう努めなければならない。

基本事項

本条は、破産管財人から労働債権者に対して破産手続に参加するための必要な情報を提供させ、労働債権者の権利または利益を保護するための規定です。本条は破産管財人の努力義務を定める訓示規定ですが、破産管財人は善管注意義務を負っていますので（破85Ⅰ）、情報提供の合理的な努力すらしなかった場合には、善管注意義務違反があるとして損害賠償責任を負うこともあり得ます。

労働債権者が破産債権の届出をするためには、主に、出勤日数・残業時間・早退時間等のほか、各種手当の金額、退職金の計算方法等の情報が必要になります。これらは、賃金台帳やタイムカード、退職金規程等によって確認できますが、一般的にこれらの資料は使用者側に偏在しています。破産債権の届出には期間の制限もありますので、適切に破産債権を届け出るためには、個々の労働債権者に対して速やかに必要な情報を提供する必要があります。そのため、それぞれの事案に応じて可能な範囲で、破産管財人が労働者に対して破産債権の届出をするために必要な情報を提供することとし、情報面で労働者を支援することによって債権者平等原則を実質的に保障しようとしています。

文献 条解破産 671 頁、大コンメ 363 頁〔菅家忠行〕、一問一答破産 137 頁、注釈破産（上）606 頁〔服部郁〕

（破産管財人の報酬等）
第 87 条 破産管財人は、費用の前払及び裁判所が定める報酬を受けることができる。
2 前項の規定による決定に対しては、即時抗告をすることができる。
3 前 2 項の規定は、破産管財人代理について準用する。

基本事項

1 趣旨

破産管財人が職務遂行に必要となる費用を事前に確保し、その職務等にふさわしい適正な報酬を得るために、本条 1 項・3 項は、破産管財人および破産管財人代理に対する費用の前払と裁判所が定める報酬の支払を定めています。また、本条 2 項・3 項によって、破産管財人等は各決定に対して即時抗告をすることができます。

なお、本条と同趣旨の規定が民再法 78 条・61 条、会更法 81 条にも置かれていま

す。

2 要件・効果

「費用」とは、破産管財人および破産管財人代理の職務を遂行するために必要となる費用です。前払費用および報酬の額は裁判所が決定します。破産管財人の報酬額は、裁判所が裁量によって、形成された財団の額、配当金額、訴訟の提起の有無等、具体的事案での破産管財人の業務内容に応じて、その職務と責任にふさわしい額を定めます（破規27）。

破産管財人等に対する報酬決定は、通常、管財業務終了時になされます。これは、報酬額が破産管財人の業務内容に応じて決定されるためです。ただし、複雑で処理が困難な事案の場合には、破産管財人の労力や負担に鑑みて中間報酬が支払われる場合や、月額報酬方式がとられる場合もあります。破産管財人等の報酬債権は財団債権となりますので（破148Ⅰ②）、破産財団から随時支払われます（破2Ⅶ）。

実務上、破産管財人代理の報酬の定め方には、①本条3項に基づき管財人報酬とは別に定める方法と、②破産管財人の報酬中に破産管財人代理の報酬分が含まれることとして、裁判所が同条項に基づく破産管財人代理の報酬を決定しない方法（管財人が管財人代理に対し報酬を支給する）があります。

費用および報酬の決定に対しては、決定の名宛人である破産管財人や破産管財人代理のほか、利害関係人である破産者、破産債権者または財団債権者も即時抗告が可能です。報酬決定に対する即時抗告は、裁判所の裁量権の逸脱が明らかな場合だけが抗告理由となります（大コンメ371頁〔園尾隆司〕）。

文 献 伊藤195頁、条解破産674頁、大コンメ367頁〔園尾隆司〕、倒産法概説370頁〔山本和彦〕、山本67頁、一問一答破産128頁、注釈破産（上）609頁〔国分史子〕

（破産管財人の任務終了の場合の報告義務等）
第88条 破産管財人の任務が終了した場合には、破産管財人は、遅滞なく、計算の報告書を裁判所に提出しなければならない。
2 前項の場合において、破産管財人が欠けたときは、同項の計算の報告書は、同項の規定にかかわらず、後任の破産管財人が提出しなければならない。
3 第1項又は前項の場合には、第1項の破産管財人又は前項の後任の破産管財人は、破産管財人の任務終了による債権者集会への計算の報告を目的として第135条第1項本文の申立てをしなければならない。
4 破産者、破産債権者又は後任の破産管財人（第2項の後任の破産管財人を除く。）は、前項の申立てにより招集される債権者集会の期日において、第1項又は第2項の計算について異議を述べることができる。
5 前項の債権者集会の期日と第1項又は第2項の規定による計算の報告書の提出日との間には、3日以上の期間を置かなければならない。
6 第4項の債権者集会の期日において同項の異議がなかった場合には、第1項又は第2項の計算は、承認されたものとみなす。

基本事項
1 趣旨
　本条は、破産管財業務の適正性を担保するために、破産管財人に対して、任務が終了した場合の計算報告書の提出と、計算の報告のための債権者集会の招集の申立てを義務付けています。

　なお、本条1項・2項と同趣旨の規定が民再法77条1項・2項、会更法82条1項・2項にも置かれています。

2 要件・効果
(1) 任務終了に伴う報告書の提出
　破産管財人の任務は、①破産手続開始決定の取消決定が確定した場合（破33Ⅲ）、②破産手続廃止決定が確定した場合（破217-218）、③最後配当等が終了した場合（破220Ⅰ）、④中止されていた破産手続が失効した場合（民再184、会更208、外国倒産61Ⅰ。この場合の破産管財人による報告義務の有無について、条解破産681頁参照）、⑤破産管財人の解任（破75Ⅱ）・辞任（破規23Ⅴ）、⑥破産管財人の死亡・法人管財人の合併による消滅によって終了します。

　破産管財人は任務が終了した場合、本条2項による場合を除き、遅滞なく計算の報告書を作成して、裁判所に提出しなければなりません（本条Ⅰ）。これは、計算の報告のための債権者集会に先立って、計算の報告書を利害関係人の閲覧（破11①）に供するためです。計算報告書の提出日と債権者集会の期日との間は3日以上の期間を置かなければなりません（本条Ⅴ）。

(2) 破産管財人が欠けた場合の報告書の提出
　前記(1)の任務終了事由のうち、破産管財人の死亡や法人管財人の合併による消滅は「破産管財人が欠けたとき」に該当しますので、後任の破産管財人が計算の報告義務を負うことになります（本条Ⅱ）。数人の破産管財人が選任されている場合には、計算の報告は共同して行うことになります（破76Ⅰ）。そのため、その1人に死亡等の事由が生じても「破産管財人が欠けたとき」に該当しませんので、本条による計算報告義務は発生しません。なお、破産管財人の解任や辞任の場合が本条2項の「破産管財人が欠けたとき」に当たるのかどうか見解が分かれています（該当するという見解について、大コンメ375頁［田原睦夫］、該当しないという見解について、条解破産682頁参照）。

(3) 債権者集会での報告および異議
　破産管財人は任務が終了した場合、任務終了による計算の報告を目的として債権者集会の招集を申し立てなければなりません（本条Ⅲ）。裁判所は、破産管財人の申立てがあった場合には原則として債権者集会を招集します（破135Ⅰ本文）。もっとも、裁判所がその招集を相当でないと判断した場合には債権者集会は招集されません（同項ただし書）。その場合、破産管財人はあらためて債権者集会に代えて書面による報告の申立てを行うことになります（破89Ⅰ）。

　債権者集会が招集されると、破産者、破産債権者または後任の破産管財人のうち計算の報告書の提出義務を負っていない破産管財人は、計算について異議を述べる

ことができます（本条Ⅳ）。

　異議が出なかった場合、計算は承認されたものとみなされます（本条Ⅵ）。この承認により、異議を述べることができる者は、計算の報告の内容が事実と異なることを理由として破産管財人の責任を問うことはできなくなります。ただし、破産管財人に職務執行上の不法行為責任や善管注意義務違反があった場合には、免責の効果は生じないと解されています（条解破産685頁、大コンメ377頁［田原睦夫］）。また、異議を述べることができない別除権者や財団債権者には承認の効果が及びませんので、これらの者は計算の報告の内容に拘束されません。

　異議が述べられた場合、破産管財人は異議に対応した説明を行い、承認を得るよう努力するべきです。もっとも、異議者が異議を撤回しなくとも、計算報告を目的とした債権者集会期日自体は終了することができます。この場合、異議を述べることができる者は、別途、破産管財人の責任を追及する損害賠償請求訴訟を提起する等して、異議の適否を問題にすることになります。

　任務終了による計算報告のための債権者集会が終結すると、裁判所は破産手続終結決定をします（破220Ⅰ）。

文献　伊藤197頁、条解破産678頁、大コンメ373頁［田原睦夫］、倒産法概説370頁［山本和彦］、山本69頁、一問一答破産138頁、破産管財の手引300頁、注釈破産（上）613頁［池田伸之］

第89条　前条第1項又は第2項の場合には、同条第1項の破産管財人又は同条第2項の後任の破産管財人は、同条第3項の申立てに代えて、書面による計算の報告をする旨の申立てを裁判所にすることができる。
2　裁判所は、前項の規定による申立てがあり、かつ、前条第1項又は第2項の規定による計算の報告書の提出があったときは、その提出があった旨及びその計算に異議があれば一定の期間内にこれを述べるべき旨を公告しなければならない。この場合においては、その期間は、1月を下ることができない。
3　破産者、破産債権者又は後任の破産管財人（第1項の後任の破産管財人を除く。）は、前項の期間内に前条第1項又は第2項の計算について異議を述べることができる。
4　第2項の期間内に前項の異議がなかった場合には、前条第1項又は第2項の計算は、承認されたものとみなす。

基本事項

1　趣旨

　本条は、任務終了の債権者集会での計算の報告に代えて、書面による計算の報告を行うことを認め、その手続を定めています。平成16年改正前には計算の報告のための債権者集会の開催が義務付けられていましたが、破産手続を柔軟に運営するため、書面による計算報告制度が導入されました。もっとも、実務上、東京地裁、大阪地裁を含め多くの裁判所では、債権者集会での情報提供機能を重視し、本条に基づく書面による計算報告制度を利用していません（破産・民事再生の実務〔破産編〕

538頁、大阪地方裁判所・大阪弁護士会破産管財運用検討プロジェクトチーム編『破産管財手続の運用と書式〔新版〕』〔新日本法規出版、2009〕305頁）。

なお、民再法・会更法には債権者集会での報告制度がないため、本条に相当する条文はありません。

2 要件

書面による計算報告は、計算報告義務を負う破産管財人の申立てにより行われます。破産法はこの申立ての要件を定めていませんが、破産債権者数が膨大で集会の会場確保が困難な場合や、破産債権者数が少なく集会を開催しても参加が見込めない場合、債権者集会によることが相当でない場合（破135Ⅰただし書参照）に、書面による計算報告が可能であると解されています（大コンメ378頁〔田原睦夫〕）。

破産管財人は、書面による計算報告の申立てを行う場合も、計算の報告書を裁判所に提出しなければなりません（破88Ⅰ）。書面による計算報告の申立てと計算の報告書の提出を受けた裁判所は、その提出があった旨およびその計算に異議があれば一定の期間（1月を下ることはできない）内にこれを述べるべき旨を公告しなければなりません（本条Ⅱ）。

異議を申し立てることができる者の範囲（本条Ⅲ）や異議の有無による効果（同項・Ⅳ）は、債権者集会での計算報告に対する異議の場合（破88Ⅳ・Ⅵ）と同様です。ただし、書面による計算の報告に対する異議は、公告において定められた期間内に裁判所に対して書面で行わなければなりません（破規28）。

　文　献　伊藤198頁、条解破産686頁、大コンメ378頁〔田原睦夫〕、倒産法概説370頁〔山本和彦〕、山本69頁、一問一答破産139頁、破産管財の手引300頁、注釈破産（上）619頁〔池田伸之〕

（任務終了の場合の財産の管理）
第90条　破産管財人の任務が終了した場合において、急迫の事情があるときは、破産管財人又はその承継人は、後任の破産管財人又は破産者が財産を管理することができるに至るまで必要な処分をしなければならない。
2　破産手続開始の決定の取消し又は破産手続廃止の決定が確定した場合には、破産管財人は、財団債権を弁済しなければならない。ただし、その存否又は額について争いのある財団債権については、その債権を有する者のために供託しなければならない。

基本事項

1 趣旨

本条1項は破産管財人の任務終了後の緊急な処分に関する規定です。委任契約に基づく受任者の委任終了後の処分に関する規定（民654）と同趣旨のものです。本条2項は破産手続開始の決定の取消しまたは破産手続廃止の決定が確定した場合における破産管財人による財団債権の弁済義務を定めた規定です。

なお、本条と同趣旨の規定が民再法77条3項・4項、会更法82条3項・4項にも

置かれています。

 2　要件・効果
 (1)　**任務終了後の処分義務**（本条Ⅰ）

　「急迫の事情」とは、任務が終了した破産管財人またはその承継人が、直ちに何らかの措置をとらなければ、破産者または破産財団に著しい不利益や損害を与えるおそれがある場合をいいます。「承継人」とは、破産管財人が自然人の場合はその相続人、法人の場合には合併による存続法人、新設法人等をいいます（大コンメ381-382頁［田原睦夫］）。

　任務を終了した破産管財人またはその承継人は、破産管財人の任務終了後、急迫の事情に応じて必要な処分をしなければなりません。事情に応じて異なりますが、時効の中断や破産財団に属する財産に対する災害防止措置等が考えられます。

　なお、破産手続が係属している場合（前任の破産管財人が解任、死亡した場合等で破産管財人が財産を引き継ぐ場合）には、前記処分に要した費用は財団債権（破148Ⅰ②）として破産財団に請求できます。破産管財人がその職務に付随して前記処分を行った場合には、裁判所に対して報酬決定を請求できると解されています（破87Ⅰ類推適用。条解破産691頁）。処分義務者が破産管財人の相続人である場合にも報酬請求権を財団債権として行使できますが、裁判所に対して報酬決定を請求できるのかどうか議論があります。また、引き継いだ財産管理者が破産者である場合（最後配当の終了による任務終了の場合等）には、すでに破産財団は残高がなく、あるいは法律的に存在しないため、費用および報酬は破産者に対して破産手続外で請求できるにとどまります（条解破産691頁、大コンメ383頁［田原睦夫］参照）。

 (2)　**破産手続開始決定の取消しまたは廃止決定の各確定後の義務**（本条Ⅱ）

　破産手続開始決定の取消しが確定した場合（破33Ⅲ）または破産手続廃止の決定が確定した場合（破217・218）には、開始されていた破産手続は終結し、破産管財人の任務も終了しますので、財団債権の弁済が未了となる場合が生じ得ます。この財団債権（破148Ⅰ）には、破産管財人が破産手続開始決定後に破産財団を管理する過程で生じたものも多く含まれますので、弁済がなされないままでは破産手続への信頼が揺らぎます。

　そこで、破産手続開始決定が取り消された場合等でも、破産管財人が財団債権を弁済することとしました。なお、弁済すべき財団債権の存否または額について争いがある場合、破産管財人はその債権を有する者のために供託しなければなりません（本条Ⅱ）。

　文　献　伊藤199頁、条解破産688頁、大コンメ381頁［田原睦夫］、倒産法概説370-371頁［山本和彦］、注釈破産（上）622頁［西脇明典］

第2節　保全管理人

（保全管理命令）
第91条　裁判所は、破産手続開始の申立てがあった場合において、債務者（法人

である場合に限る。以下この節、第148条第4項及び第152条第2項において同じ。）の財産の管理及び処分が失当であるとき、その他債務者の財産の確保のために特に必要があると認めるときは、利害関係人の申立てにより又は職権で、破産手続開始の申立てにつき決定があるまでの間、債務者の財産に関し、保全管理人による管理を命ずる処分をすることができる。
2 　裁判所は、前項の規定による処分（以下「保全管理命令」という。）をする場合には、当該保全管理命令において、1人又は数人の保全管理人を選任しなければならない。
3 　前2項の規定は、破産手続開始の申立てを棄却する決定に対して第33条第1項の即時抗告があった場合について準用する。
4 　裁判所は、保全管理命令を変更し、又は取り消すことができる。
5 　保全管理命令及び前項の規定による決定に対しては、即時抗告をすることができる。
6 　前項の即時抗告は、執行停止の効力を有しない。

基本事項

1　趣旨

　破産手続開始の申立てがあり、開始決定が発令されると、裁判所は破産管財人を選任し（破31Ⅰ）、破産財団の管理処分権が破産管財人に専属します（破78Ⅰ）。もっとも、破産手続開始の申立てから開始決定が発令されるまでの間は、破産財団の管理処分権は債務者に帰属しています。そのため、債務者による財産の管理・処分が不適切な場合には、その間に債務者の財産が毀損され、破産手続開始決定後の手続遂行に多大な支障が生じます。このような事態を防止するため、裁判所は破産手続開始決定前に各種の保全措置をとることができますが（破24・25・28）、これを充実させるため、本条は、財産の管理処分権を債務者から奪い、保全管理人に与える保全管理命令を定めています。実務上、債権者による破産手続開始申立てに伴い、保全管理命令が発令される事案が多くあります。
　なお、本条と同趣旨の規定が民再法79条、会更法30条にも置かれています。

2　要件

　本条1項では「債務者（法人である場合に限る。）」と定めていますので、保全管理命令は債務者が法人である場合にのみ認められます。自然人の場合、すべての財産に関する管理処分権を奪ってしまうと経済生活を維持する上で多大な悪影響を与えかねないことや自由財産と管理処分の対象となる財産の区別も困難なことが多いといえます。このような事情等から、債務者が自然人の場合を除外しています。もっとも、破産法28条1項の「その他の必要な処分」を活用して、保全管理命令と実質的に同じ効果を自然人の債務者にも及ぼした事案があります（破産・民事再生の実務〔破産編〕85頁）。

　保全管理命令は、破産手続開始の申立てからその決定が出るまでの間の債務者の財産の毀損を防ぐ措置ですので、その間のみ申し立てることができます。破産手続開始申立てを棄却する決定に対して即時抗告をしている場合（破33Ⅰ）も、即時抗

告の結果、破産手続開始決定が発令される可能性がありますので、本条 1 項の申立てが可能です（本条Ⅲ）。

保全管理命令は、裁判所の職権のほか、利害関係人の申立てによって発令されます（本条Ⅰ）。利害関係人とは、当該破産事件を申し立てた債権者のみならず、その他の債権者や債務者自身も含まれます。別除権者や取戻権者、株主、持分会社の社員については、利害関係人に含まれないとする見解が有力です（条解破産697頁）。

保全管理命令の発令の要件は、「債務者の財産の管理及び処分が失当」であるとき、または「その他の債務者の財産の確保のために特に必要がある」ときです。例えば、債権者から破産手続開始の申立てを受けた債務者が自己の資産を第三者に移転させた場合や日々の売上金を隠匿または浪費している場合等が考えられます。この要件の審理は、職権探知で行われます。

なお、DIP 型を基本とし、管理命令の発令が例外的な再生手続とは異なり（民再79Ⅰ）、債務者の審尋は必須ではありません（破 8 。民再 64 Ⅲ参照）。

3　保全管理命令の効果等

(1)　保全管理命令の内容

保全管理命令を発令する場合、裁判所は、1 人または数人の保全管理人を選任しなければなりません（本条Ⅱ）。これは、大規模・複雑な事案等に応じて、複数の破産管財人が選任される場合があること（破31Ⅰ）に対応しています。なお、実務上は、1 人の保全管理人を選任し、必要に応じて、数人の保全管理人代理（破95Ⅰ）を選任するのが通例です。保全管理人には、債権者や債務者と利害関係のないことは要件とされていませんが、「その職務を行うに適した者」を選任しなければなりません（破規29・23Ⅰ）。

(2)　保全管理命令の失効等

保全管理命令は、破産手続開始決定の発令、申立棄却決定の確定によって失効します。また、破産手続開始申立ての取下げによっても失効しますが、保全管理命令発令後に破産手続開始申立てを取り下げるためには裁判所の許可が必要です（破29）。

裁判所は、保全管理命令を変更し、または取り消すことができます（本条Ⅳ）。

保全管理命令、その変更・取消決定に対しては即時抗告をすることができますが（本条Ⅴ）、即時抗告には執行停止の効力はありません（本条Ⅵ）。

文献　伊藤 159 頁・204 頁、条解破産 694 頁、大コンメ 385 頁［三村義幸］、倒産法概説 355 頁［山本和彦］、山本 59 頁、一問一答破産 140 頁、注釈破産（上）627 頁［小堀秀行］

（保全管理命令に関する公告及び送達）
第 92 条　裁判所は、保全管理命令を発したときは、その旨を公告しなければならない。保全管理命令を変更し、又は取り消す旨の決定があった場合も、同様とする。
2　保全管理命令、前条第 4 項の規定による決定及び同条第 5 項の即時抗告につい

ての裁判があった場合には、その裁判書を当事者に送達しなければならない。
3　第10条第4項の規定は、第1項の場合については、適用しない。

> **基本事項**

　保全管理命令が発令されると、債務者に属する財産の管理処分権は保全管理人に専属し（破93Ⅰ）、債務者はその権限を失います。破産手続は、多くの利害関係者が関与しつつ集団的な処理を行いますので、このような重大な効果に照らして、裁判所は、保全管理命令の発令を周知するために公告をし（本条Ⅰ）、当事者に対しては、送達によって告知します（本条Ⅱ）。
　このように、当事者には決定の裁判書が送達されますので、保全管理命令の決定は、その送達時に効力が生じます。そのため、本条3項により破産法10条4項は適用されず、公告がなされても当該裁判に関して一切の関係人に告知があったものとはみなされません。
　なお、本条と同趣旨の規定が民再法80条、会更法31条にも置かれています。

　文　献　伊藤160頁、条解破産701頁、大コンメ389頁［三村義幸］、一問一答破産141頁、注釈破産（上）634頁［小堀秀行］、倒産法概説355頁［山本和彦］・481頁［中西正］

> **（保全管理人の権限）**
> **第93条**　保全管理命令が発せられたときは、債務者の財産（日本国内にあるかどうかを問わない。）の管理及び処分をする権利は、保全管理人に専属する。ただし、保全管理人が債務者の常務に属しない行為をするには、裁判所の許可を得なければならない。
> 2　前項ただし書の許可を得ないでした行為は、無効とする。ただし、これをもって善意の第三者に対抗することができない。
> 3　第78条第2項から第6項までの規定は、保全管理人について準用する。

> **基本事項**

1　趣旨

　本条1項は、保全管理段階において債務者の財産を適切に管理するため、保全管理命令の発令によって、債務者の財産の管理処分権を保全管理人に専属させることとしています。管理処分権が及ぶ範囲を、破産管財人による場合の破産財団（破34Ⅰ）と合致させるため、本条1項括弧書においても「日本国内にあるかどうかを問わない」こととしています。
　なお、本条と同趣旨の規定が民再法81条、会更法32条にも置かれています。

2　保全管理人の権限

　保全管理人には、債務者の財産の管理処分権が専属します（破93Ⅰ）。もっとも、組織法上の権限（例えば、株主総会の招集等）については、債務者の機関が行使できると解する見解が有力です（新破産法の基本構造と実務104頁［長谷部由起子］）。財産の管理

処分権が専属する点は破産管財人と同様ですので、破産管財人の権限の多く（破78Ⅱ～Ⅵ）が保全管理人に準用されます（本条Ⅲ）。また、保全管理人が権限に基づいて行った行為により生じた請求権は当然に財団債権となります（破148Ⅳ）。

もっとも、破産管財人と異なり、保全管理人は、債務者の常務に属しない行為を行う場合には裁判所の許可を得なければなりません（本条Ⅰただし書）。ここにいう「常務」とは、事業の遂行に伴って必然的に生じる事務を意味し、たとえば、通常の程度の原材料の仕入れや弁済期の到来した債務の弁済などがこれに当たると解されます（伊藤161頁）。保全管理人による財産管理は、その後破産管財人による管理に移行するまでの間、暫定的に債務者から財産の管理処分権をはく奪することを目的としています。そのため、破産管財人よりも保全管理人の権限を制約しても、その業務の遂行には支障がないと考えられますので、前記のように定めています。

3　常務に属さない行為の効力

裁判所の許可を得ない常務以外の行為は無効ですが、取引の安全を図るため、善意の第三者には無効であることを対抗できません。なお、善意の第三者に該当するためには過失の有無を問わないと解されています（条解破産706頁、条解会更（上）414頁）。

文　献　伊藤161頁・204頁・347頁、条解破産703頁、大コンメ391頁［三村義幸］、注釈破産（上）636頁［八木宏］、倒産法概説355頁［山本和彦］、一問一答破産141頁

（保全管理人の任務終了の場合の報告義務）
第94条　保全管理人の任務が終了した場合には、保全管理人は、遅滞なく、裁判所に書面による計算の報告をしなければならない。
2　前項の場合において、保全管理人が欠けたときは、同項の計算の報告は、同項の規定にかかわらず、後任の保全管理人又は破産管財人がしなければならない。

基本事項

破産法88条と同様に、保全管理業務の適正性を手続上確保するため、保全管理人は、その任務が終了した場合には、遅滞なく裁判所に書面による計算の報告をしなければなりません（本条Ⅰ）。また、保全管理人が死亡または解散、解任により欠けたときは、相続人等による報告は困難ですし、適切ではありません。そこで、このような場合には後任の保全管理人または破産管財人は遅滞なく、書面による計算の報告をしなければなりません（本条Ⅱ）。

任務の終了事由には、破産手続開始決定、同手続の申立ての却下・棄却決定の確定、保全管理命令の取消し、破産手続の失効、保全管理人の辞任、保全管理人の解任、保全管理人の死亡、保全管理人である法人の解散があります（条解破産710頁）。

なお、本条と同趣旨の規定が民再法83条1項、会更法34条1項・82条1項・2項にも置かれています。

文　献　伊藤205頁、条解破産709頁、大コンメ394頁［三村義幸］、注釈破産（上）640頁［八木宏］

(保全管理人代理)
第95条 保全管理人は、必要があるときは、その職務を行わせるため、自己の責任で1人又は数人の保全管理人代理を選任することができる。
2 前項の規定による保全管理人代理の選任については、裁判所の許可を得なければならない。

基本事項

職務が複雑・多岐にわたるような事案では、適切・適正な破産管財業務を行うため、破産管財人は裁判所の許可を得て、破産管財人代理を選任することができます（破77Ⅰ・Ⅱ）。保全管理の段階でも同様の事情が考えられるため、保全管理人は、必要に応じて、自己の責任で、裁判所の許可を得た上でいつでも保全管理人代理を選任することができます（本条Ⅰ・Ⅱ）。保全管理人代理は、保全管理人の有する権限の全部または一部を常置的に、かつ包括的に代理します。そのため、保全管理人代理が複数選任されている場合でもそれぞれ単独で職務を行うことができます。

本条1項に定める「自己の責任で」とは、保全管理人が保全管理人代理の行為について善管注意義務（破96・85）を負うことを明らかにしたものです。

裁判所には保全管理人代理の選任許可権限がありますが、あくまでも、直接監督する責任は保全管理人にあります。ただし、裁判所は、保全管理人代理の選任の許可や選任許可の取消しが可能ですので、実質的な監督を行っているともいえます。

なお、保全管理人は裁判所の許可なしに保全管理人代理を解任することができ、保全管理人代理はいつでも辞任することができます。

本条と同趣旨の規定が民再法82条、会更法33条にも置かれています。

文　献 伊藤162頁・204頁、条解破産711頁、大コンメ395頁［三村義幸］、注釈破産（上）642頁［三浦久徳］

(準用)
第96条 第40条の規定は保全管理人の請求について、第47条、第50条及び第51条の規定は保全管理命令が発せられた場合について、第74条第2項、第75条、第76条、第79条、第80条、第82条から第85条まで、第87条第1項及び第2項並びに第90条第1項の規定は保全管理人について、第87条第1項及び第2項の規定は保全管理人代理について準用する。この場合において、第51条中「第32条第1項の規定による公告」とあるのは「第92条第1項の規定による公告」と、第90条第1項中「後任の破産管財人」とあるのは「後任の保全管理人、破産管財人」と読み替えるものとする。
2 債務者の財産に関する訴訟手続及び債務者の財産関係の事件で行政庁に係属するものについては、次の各号に掲げる場合には、当該各号に定める規定を準用する。
一　保全管理命令が発せられた場合　第44条第1項から第3項まで
二　保全管理命令が効力を失った場合（破産手続開始の決定があった場合を除

く。) 第44条第4項から第6項まで

基本事項
1　趣旨
　本条1項は、破産手続開始の効果や破産管財人の権限・地位等の規定を保全管理人または保全管理人代理に準用する規定です。本条2項は、破産財団に関する訴訟手続等の規定（破44）を、破産手続開始前の債務者の財産に関する訴訟手続等について準用する規定です。

　なお、本条と同様の規定が民再法83条、会更法34条にも置かれています。

2　要件・効果
(1)　破産手続開始の効果や破産管財人の権限・地位等の規定（本条Ⅰ）

　保全管理命令の効果については、破産手続開始後の法律行為の効力（破47）、破産手続開始後の破産者に対する弁済の効力（破50）、悪意または善意の推定（破51）に関する各規定を準用します。これらはいずれも保全管理命令の発令によって、債務者の財産の管理処分権が保全管理人に専属することを反映したものです。

　保全管理人についても、破産者等の説明義務（破40）を準用します。これに違反した者に対しては罰則が科されます（破268Ⅰ・Ⅱ）。また、法人による破産管財人（破74Ⅱ）、破産管財人に対する監督等（破75）、数人の破産管財人の職務執行（破76）、破産財団の管理（破79）、破産管財人の当事者適格（破80）、破産管財人の破産者宛郵便物の開披（破82。なお、郵便物の転送嘱託〔破81〕は準用されていない）、破産管財人による調査等（破83）、破産管財人の職務の執行の確保（破84）、破産管財人の善管注意義務（破85）、破産管財人の報酬等（破87Ⅰ・Ⅱ）、任務終了の場合の財産の管理（破90Ⅰ）に関する各規定も準用しています。

　保全管理人代理については破産管財人の報酬等（破87Ⅰ・Ⅱ）の規定を準用します。

(2)　破産手続と破産財団に関する訴訟手続等の関係に関する規定（本条Ⅱ）

　保全管理命令と訴訟手続の関係については、本条1項が当事者適格に関する規定（破80）を準用し、本条2項が、破産手続開始決定による債務者の財産に関する訴訟手続や債務者の財産関係に関する事件で行政庁に係属するものの中断に関する規定（破44）を準用しています。

　保全管理命令が発令されると、債務者の財産管理処分権は保全管理人に専属し（破93Ⅰ）、訴えの当事者適格は保全管理人が有しますので、債務者を当事者とするその財産に関する訴訟手続は中断します（破44Ⅰ）。この場合、保全管理人は、破産手続が開始したとすれば破産債権となる債権に関しない訴訟について受け継ぐことができ、訴訟の相手方は受継の申立てをすることができます（同条Ⅱ）。なお、保全管理人が受継した場合、相手方の訴訟費用請求権は、破産手続が開始されれば財団債権となります（同条Ⅲ）。

　破産手続開始決定が発令されずに保全管理命令が効力を失った場合、財産の管理処分権および当事者適格は債務者に戻りますので、保全管理人を当事者とする債務

者の財産に関する訴訟手続は中断します(破44Ⅳ)。この場合、債務者はその中断した訴訟を受け継がなければなりませんし、訴訟の相手方は受継の申立てをすることができます(同条Ⅴ)。

なお、保全管理命令により中断した債務者の財産に関する訴訟手続について、保全管理人が受継せず、相手方の受継の申立てもなく、かつ破産手続開始決定の発令もないままに保全管理の手続が終了した場合、債務者は当該訴訟手続を当然に受継することになります(破44Ⅵ)。

文　献　伊藤 161 頁・204 頁、条解破産 714 頁、大コンメ 397 頁［三村義幸］、注釈破産（上）644 頁［三浦久徳］

第4章　破産債権

第1節　破産債権者の権利

> **（破産債権に含まれる請求権）**
> **第97条**　次に掲げる債権（財団債権であるものを除く。）は、破産債権に含まれるものとする。
> 一　破産手続開始後の利息の請求権
> 二　破産手続開始後の不履行による損害賠償又は違約金の請求権
> 三　破産手続開始後の延滞税、利子税若しくは延滞金の請求権又はこれらに類する共助対象外国租税の請求権
> 四　国税徴収法（昭和34年法律第147号）又は国税徴収の例によって徴収することのできる請求権（以下「租税等の請求権」という。）であって、破産財団に関して破産手続開始後の原因に基づいて生ずるもの
> 五　加算税（国税通則法（昭和37年法律第66号）第2条第4号に規定する過少申告加算税、無申告加算税、不納付加算税及び重加算税をいう。）若しくは加算金（地方税法（昭和25年法律第226号）第1条第1項第14号に規定する過少申告加算金、不申告加算金及び重加算金をいう。）の請求権又はこれらに類する共助対象外国租税の請求権
> 六　罰金、科料、刑事訴訟費用、追徴金又は過料の請求権（以下「罰金等の請求権」という。）
> 七　破産手続参加の費用の請求権
> 八　第54条第1項（第58条第3項において準用する場合を含む。）に規定する相手方の損害賠償の請求権
> 九　第57条に規定する債権
> 十　第59条第1項の規定による請求権であって、相手方の有するもの
> 十一　第60条第1項（同条第2項において準用する場合を含む。）に規定する債権
> 十二　第168条第2項第2号又は第3号に定める権利

基本事項
1　趣旨

　破産法2条5項が定めた破産債権の定義には必ずしも合致しないものの、すべての破産債権者の負担となる財団債権ではなく、破産債権として破産手続に参加させることが望ましい債権があります。

本条は、このような債権も破産債権に含まれることを規定しています。

なお、本条1号、2号、7号と同様の規定が民再法84条、会更法2条8項にも置かれています。

2 定義

(1) 破産手続開始後に生じる利息または遅延損害金等の債権（本条①-③）

破産手続開始後の利息請求権や破産手続開始後の不履行による損害賠償または違約金の請求権は、破産手続開始後に発生しますので、本来的な破産債権ではありません。もっとも、その基礎となる元本債権の発生原因は破産手続開始前に存在します。そこで、本条1号・2号はこれらの請求権も破産債権としています。そして、破産法99条1項1号は、他の破産債権者の負担を増加させないよう、これらの債権を劣後的破産債権として扱うこととしています［☞ 論点解説］。

また、延滞税や延滞金は私法上の遅延損害金に相当し、利子税は私法上の利息に相当しますので、本条1号や2号との均衡から、本条3号は破産手続開始後の延滞税、利子税または延滞金の請求権を破産債権とし、破産法99条1項1号はこれらを劣後的破産債権として扱っています。ただし、本税が財団債権である場合には、その延滞税も財団債権になります（一問一答破産195頁）ので、本条3号は本税が優先的破産債権であるもの（破98Ⅰ）に対する延滞税等に関する規定ということになります。

(2) 破産者に対する制裁的な意味合いをもつ債権（本条⑤・⑥）

破産手続開始決定前の原因による加算税や加算金は本来的には破産債権です。もっとも、これらは、破産者に対する制裁的な意味合いを有しますので、本来は破産者が負担すべきものであり、その負担を破産債権者に転嫁すべきものではないといえます。そこで、本条5号はこれらの債権を破産債権とした上で、破産法99条1項1号が劣後的破産債権として扱っています［☞ より深く学ぶ］。

また、前記の事情は、破産者に対する制裁的な性質をもつ罰金、科料、刑事訴訟費用、追徴金または過料の請求権についても同様です。そこで、本条6号は罰金等の請求権を破産債権としつつ、破産法99条1項1号は劣後的破産債権として扱っています（条解破産728頁）［☞ より深く学ぶ］。

前記いずれの債権も、その性質から、免責の対象ではありません（破253Ⅰ①・⑦）。

(3) 財団債権とすべきではない公法上の請求権等（本条④・⑦）

破産開始後の原因に基づいて生じる租税等の請求権は、破産財団の管理や換価の費用であれば財団債権となります（破148Ⅰ②）。それ以外のものは、本来的な破産債権ではありませんが、本条4号が破産債権とした上で、他の破産債権者の負担を避けるために、破産法99条1項1号は劣後的破産債権として扱っています。

また、破産手続参加の費用は破産手続開始後の原因に基づき発生するものですので、本来的な意味での破産債権ではありません。もっとも、破産債権の行使に不可欠な費用ですので、本条7号はこれらの債権を破産債権とした上で、他の破産債権者の負担を避けるために、破産法99条1項1号が劣後的破産債権として扱っています。

(4) 法律関係の変動の結果として、契約の相手方等が有する債権（本条⑧-⑫）

本条8号ないし12号が規定する各請求権は、破産管財人が破産財団を維持・増大させるために行った契約関係の整理や破産手続開始の効果に基づく法律関係の変動の結果として生ずるものです。したがって、破産手続開始後の原因によって生じた債権であるといえるため、本来的には破産債権ではありません。しかし、破産手続の遂行に不可欠であることや相手方との公平等の観点より、本条8号から12号は各債権を破産債権としています。なお、本条9号にかかわらず、破産法57条に該当する委任事務の処理が破産財団の利益のためになされた場合には財団債権になります（破148Ⅰ⑤）。

論点解説

破産手続開始前から続く不法占有　破産者が第三者の土地等を破産手続開始前から継続して不法占有する場合に、破産手続開始後の損害賠償請求権が本条2号の破産債権に該当するのかどうか議論があります。通説は、破産者自身の作為や不作為による損害賠償請求権は破産債権には該当しないと解しています（条解破産725頁、注解破産（上）202頁［斎藤秀夫］）。

なお、やや事情は異なりますが、破産者が所有し破産財団に属する建物が他人の土地上に存在することにより、当該土地を破産者が不法に占有していた事案において、破産宣告後（平成16年改正後の破産手続開始決定）の土地の不法占有による損害賠償請求権は、平成16年改正前の破産法47条4号（平成16年改正後の破148Ⅰ④）により財団債権に該当するとした判例（最判昭43・6・13民集22巻6号1149頁）があります。

より深く学ぶ

開始決定後の加算税や罰金等　本条5号の加算税等や本条6号の罰金等の基礎となる行為については、加算税等が制裁としての性質を有することから破産手続開始決定前の破産者の行為によるとする見解（条解破産728頁）と、特に破産手続開始決定前と後を区別しない見解があります（大コンメ406頁［堂薗幹一郎］、一問一答破産143頁・195頁）。

文　献　条解破産722頁、大コンメ399頁［堂薗幹一郎］、伊藤263頁・278頁、注釈破産（上）653頁［上田裕康＝北野知広＝田中宏岳］

（優先的破産債権）
第98条　破産財団に属する財産につき一般の先取特権その他一般の優先権がある破産債権（次条第1項に規定する劣後的破産債権及び同条第2項に規定する約定劣後破産債権を除く。以下「優先的破産債権」という。）は、他の破産債権に優先する。
2　前項の場合において、優先的破産債権間の優先順位は、民法、商法その他の法律の定めるところによる。
3　優先権が一定の期間内の債権額につき存在する場合には、その期間は、破産手

続開始の時からさかのぼって計算する。

基本事項

　破産債権の基礎となる平時実体法で定められた優先関係は、債務を全額弁済できない場合の究極の清算手続である破産手続でこそ尊重する必要があります。

　そこで、本条1項は、破産手続での各種債権の優先順位は、平時実体法の優先関係に従うこととし、優先的破産債権の概念を設けました。

　優先的破産債権とは、破産財団に属する財産に関し、一般の先取特権その他一般の優先権がある破産債権です（本条Ⅰ）。一般の先取特権は、共益費用の先取特権（民306①・307）、雇用関係の先取特権（民306②・308）等です。その他一般の優先権は、租税等の請求権（税徴8、地税14）や企業担保法による企業担保権（企業担保2Ⅰ）等です。これらのうち、破産手続開始前の原因に基づいて発生する労働債権や租税等の請求権は、その一部が財団債権となります（破148Ⅰ②・③・149）。このような労働債権等のうち優先的破産債権となるものは、財団債権に該当しない部分に限られます　[☞　**論点解説**　]。

　優先的破産債権は配当時に一般の破産債権および劣後的破産債権に優先しますが（本条Ⅰ）、あくまでも破産債権としての性質を有することから、その権利行使は破産手続によらなければなりません（破100Ⅰ）。

　優先的破産債権間の優先順位については、民法、商法、その他の法律の定める基準によって定まります（本条Ⅱ）。一般的には、公租である国税および地方税が最優先となり、公課がそれに次ぐことになります（税徴2⑤・8、地税14）。民法上の一般の先取特権の優先関係は、共益費用、雇用関係、葬式の費用、日用品の供給の順とされ（民329・306）、前記の企業担保権は一般の先取特権に劣ります（企業担保7Ⅰ）。

論点解説

「雇用関係に基づくもの」（民308）の範囲　　民法308条に規定する「雇用関係に基づいた債権」とは、労務の提供との直接または間接の関係に基づく債権をいいます（伊藤276頁）。したがって、労働の対価（労基11参照）に限られず、解雇予告手当等も含む破産法149条1項の「給料」よりも広い概念です。「雇用関係」に基づくものかどうかは労務の供給実態等を踏まえて実質的に判断する必要があります（名古屋高金沢支判昭61・7・28労民集37巻4‐5号328頁参照。詳細は、山野目章夫＝小粥太郎「改正担保物権法・逐条研究(1)労働債権」NBL778号〔2004〕12頁、田邊誠「破産債権の順位——優先的破産債権と劣後的破産債権」山本克己ほか編『新破産法の理論と実務』〔判例タイムズ社、2008〕361頁参照）。

　文　献　条解破産730頁、大コンメ408頁〔堂薗幹一郎〕、伊藤275頁、注釈破産（上）659頁〔木村真也〕

（劣後的破産債権等）

第99条　次に掲げる債権（以下「劣後的破産債権」という。）は、他の破産債権

（次項に規定する約定劣後破産債権を除く。）に後れる。
　一　第97条第1号から第7号までに掲げる請求権
　二　破産手続開始後に期限が到来すべき確定期限付債権で無利息のもののうち、破産手続開始の時から期限に至るまでの期間の年数（その期間に1年に満たない端数があるときは、これを切り捨てるものとする。）に応じた債権に対する法定利息の額に相当する部分
　三　破産手続開始後に期限が到来すべき不確定期限付債権で無利息のもののうち、その債権額と破産手続開始の時における評価額との差額に相当する部分
　四　金額及び存続期間が確定している定期金債権のうち、各定期金につき第2号の規定に準じて算定される額の合計額（その額を各定期金の合計額から控除した額が法定利率によりその定期金に相当する利息を生ずべき元本額を超えるときは、その超過額を加算した額）に相当する部分
2　破産債権者と破産者との間において、破産手続開始前に、当該債務者について破産手続が開始されたとすれば当該破産手続におけるその配当の順位が劣後的破産債権に後れる旨の合意がされた債権（以下「約定劣後破産債権」という。）は、劣後的破産債権に後れる。

基本事項

1　趣旨

　本条1項は、劣後的破産債権という概念を設け、政策的理由や公平の見地から、破産財団の負担とすべきでない一定の破産債権を劣後的地位に置き、実質的に配当から除外しています。なお、劣後的破産債権は債権者集会での議決権も行使できません（破142Ⅰ）。

　そして、本条2項は、約定劣後破産債権という概念を設け、劣後的破産債権を含むすべての破産債権に劣後する旨の合意の効力を認めています。この約定劣後破産債権に関する本条2項の規定は、金融実務において行われるいわゆる劣後ローンや劣後債を念頭に置いて、貸付先の自己資本比率の算定においてこれらが自己資本に含まれることを明確にするという機能を有します（注釈破産（上）663頁［服部敬］）。

2　定義

(1)　劣後的破産債権（本条Ⅰ①-④）

(ア)　破産法97条1号から7号までに掲げる請求権（本条Ⅰ①）

　破産法97条1号から7号までの解説部分を参照してください。

(イ)　破産手続開始後に期限が到来すべき確定期限付無利息債権の中間利息相当部分（本条Ⅰ②）

　破産手続開始後に期限が到来すべき確定期限付無利息債権も現在化（破103Ⅲ）によって期限が到来したものとみなされます。

　もっとも、本来、確定期限付きの無利息債権は期限まで回収できません。そのため、破産手続開始後に期限が到来すべき確定期限付債権の全額を一般の破産債権とすれば、利息付債権について破産手続開始後の利息を劣後的破産債権としていること（本条Ⅰ①・97①）との均衡を欠きます。そこで、本条1項2号は、本来の期限ま

での確定期限付債権の中間利息に相当する部分を劣後的破産債権としています。ここにいう中間利息とは、将来において一定額の金銭の支払を受ける債権の現在の価額を算定するために、その一定額から控除される利息をいいます。

　㈦　**破産手続開始後に期限が到来すべき不確定期限付無利息債権についての評価額との差額**（本条Ⅰ③）

　前記㈡と同様の理由により、中間利息相当部分を劣後的破産債権とするものです。

　もっとも、確定期限付債権の場合と異なり、不確定期限付債権については破産手続開始から弁済期までの中間利息相当分を算定することができません。そこで、破産手続開始時の評価額と券面額との差額を劣後的破産債権としています。

　㈣　**金額および存続期間が確定している定期金債権の中間利息相当部分**（本条Ⅰ④）

　金額および存続期間が確定している定期金債権は、各期の債権が確定期限付の無利息債権といえるため、前記㈡と同様の理由により、中間利息相当額を算定し、その合計額を劣後的破産債権としています。さらに、本条1項2号の算定方法により算出した結果、一般の破産債権となる額が「法定利率によりその定期金に相当する利息を生ずべき元本額」を超えるときは、その超過額も劣後的破産債権としています。

(2)　**約定劣後破産債権**（本条Ⅱ）

　約定劣後破産債権とは、破産債権者と債務者（破産者）との間で、破産手続開始前に、当該債務者の破産手続での配当の順位を劣後的破産債権に後れる旨を合意した破産債権をいいます（本条Ⅱ）。

　文　献　条解破産734頁、大コンメ412頁［堂薗幹一郎］、伊藤278頁、一問一答破産146-147頁、注釈破産（上）662頁［服部敬］

（破産債権の行使）
第100条　破産債権は、この法律に特別の定めがある場合を除き、破産手続によらなければ、行使することができない。
2　前項の規定は、次に掲げる行為によって破産債権である租税等の請求権（共助対象外国租税の請求権を除く。）を行使する場合については、適用しない。
　一　破産手続開始の時に破産財団に属する財産に対して既にされている国税滞納処分
　二　徴収の権限を有する者による還付金又は過誤納金の充当

基本事項

　破産手続は開始決定時を基準として、破産者の財産を破産債権者に適正・公平に分配することを目的としています（破1・34Ⅰ参照）。本条1項は、この目的を達成するべく、破産債権者による個別の権利行使を原則として禁止し（個別的権利行使禁止の原則）、破産手続のみによってその権利の実現を図ることとしています。

　破産債権者が、破産手続によらなければ行使することができない行為とは、債権の満足を図るすべての法律上、事実上の行為をいいます［☞ **論点解説** ①・②・よ

り深く学ぶ ①・②]。もっとも、特別の定めがある場合には、個別的権利行使禁止の例外が認められます。別除権（破65Ⅰ）や相殺権（破67Ⅰ）の行使、給料債権に対する弁済許可（破101Ⅰ）等のほか、本条2項に定める破産手続開始決定前からの滞納処分等の場合です［☞破§43］。

滞納処分には参加差押え（税徴86Ⅰ）は含まれますが、交付要求（税徴82Ⅰ）は含まれません（破25Ⅰ本文括弧書）。そのため、競売手続で交付要求をしたにすぎない租税等に対しては滞納処分に基づく手続による配当をすることができず、配当金は破産管財人に交付され、租税等の請求権者は、財団債権または優先的破産債権の区別に従って満足を受けることとなります（最判平9・11・28民集51巻10号4172頁、最判平9・12・18判時1628号21頁、条解破産746頁）。

還付金または過誤納金の充当は相殺と類似しているため、破産債権者による相殺が認められていること（破67Ⅰ）との均衡上、例外的にこれを認めることとしています（本条Ⅱ②）。

論点解説

①　個別的権利行使禁止の原則と新得財産　破産財団は、破産者が破産手続開始の時において有する一切の財産によって構成され（破34Ⅰ）、新得財産（破産開始決定後に破産者に帰属した財産）は、破産財団から除かれます。破産債権者が新得財産に対して権利行使をすることについて、本条1項が適用されるか否かが問題となります。この点については、破産手続開始時の破産者の財産のみを破産債権者に配当するという固定主義（同項）や、破産手続終了後の免責審理期間中における強制執行を禁止した（破249Ⅰ）趣旨より、本条1項は新得財産への権利行使にも適用され、破産手続係属中に破産債権者が新得財産に対して強制執行等を行い、また破産者を被告として給付訴訟を提起すること等も禁止されると解されています（伊藤271頁）。

②　自由財産からの弁済　破産者が破産債権者に対して自由財産［その意義については、☞破§34］から任意に弁済することができるか否かについて、争いがあります。これを認めると、破産債権者の破産者に対する任意弁済の強要を助長することになるとして、個人の破産者による自由財産からの任意弁済の効力を否定する見解も有力です（中野貞一郎＝道下徹編『基本法コンメンタール破産法』［日本評論社、1989］52頁［徳田和幸］等）。判例（最判平18・1・23民集60巻1号228頁［百選［44］、INDEX［57］］）は、破産者が破産手続中に自由財産の中から破産債権者に対して任意に弁済をすることは妨げられないとしつつ、その任意性は厳格に判断されるべきであると判示しています。

より深く学ぶ

①　執行文付与の訴えの可否　破産債権者が破産手続開始後に破産者または破産管財人に対して執行文付与の申立て（民執26Ⅰ）や執行文付与の訴え（民執33Ⅰ）を提起することが、本条1項の破産手続によらない破産債権の行使として禁止されるかが問題となります。通説は、これらは執行の準備行為にすぎないこと等を理由に、

本条1項により禁止されないと解しています。もっとも、破産債権者の破産者または破産管財人に対する執行文付与の訴えの提起については、破産債権に基づく権利行使の一種であるとして、本条1項により禁止されるとする見解も有力です（詳細は、条解破産 744 頁参照）。

2 破産債権に基づく債権者代位権行使の可否　破産債権者が自らの破産債権を保全するために、破産財団に属する権利について債権者代位権を行使し（民 423 I 本文）、代位訴訟を提起できるかが問題となります。この点については、債権者代位権の行使も破産債権を行使する一場面であることから、代位訴訟の提起は禁止されると解されています（東京地判昭 49・9・30 判夕 318 号 267 頁。詳細は、伊藤 271 頁、条解破産 744 頁参照）。

文　献　条解破産 741 頁、大コンメ 418 頁［堂薗幹一郎］、伊藤 270 頁、倒産法概説 58 頁［沖野眞已］、注釈破産（上）669 頁［森恵一］

（給料の請求権等の弁済の許可）
第 101 条　優先的破産債権である給料の請求権又は退職手当の請求権について届出をした破産債権者が、これらの破産債権の弁済を受けなければその生活の維持を図るのに困難を生ずるおそれがあるときは、裁判所は、最初に第 195 条第 1 項に規定する最後配当、第 204 条第 1 項に規定する簡易配当、第 208 条第 1 項に規定する同意配当又は第 209 条第 1 項に規定する中間配当の許可があるまでの間、破産管財人の申立てにより又は職権で、その全部又は一部の弁済をすることを許可することができる。ただし、その弁済により財団債権又は他の先順位若しくは同順位の優先的破産債権を有する者の利益を害するおそれがないときに限る。
2　破産管財人は、前項の破産債権者から同項の申立てをすべきことを求められたときは、直ちにその旨を裁判所に報告しなければならない。この場合において、その申立てをしないこととしたときは、遅滞なく、その事情を裁判所に報告しなければならない。

基本事項

労働者の生活の基盤である給料や退職手当は、その一部が財団債権として随時に弁済されます（破 149 I・Ⅱ）。もっとも、それ以外の部分は優先的破産債権（破 98 I、民 308）となり、破産手続によらなければ権利を実現することができません（破 100 I）。

そこで、労働者が困窮しないよう、裁判所は、優先的破産債権である給料の請求権または退職手当の請求権について届出した破産債権者が、これらの破産債権の弁済を受けなければ、その生活の維持を図るのに困難を生ずるおそれがあるときに、最初の配当の許可があるまでの間、破産管財人の申立てまたは職権で、その全部または一部を弁済することを許可することができるとしました（本条Ⅰ）［☞ **論点解説**］。

本条の弁済許可が発令されるためには、給料や退職手当の弁済を受けなければその生活の維持を図るのに困難を生ずるおそれがあることが必要です。この「生活」

には債権者本人とその扶養家族の生活が含まれます。「生活の維持を図るのに困難を生ずるおそれ」に関して、ここにいう生活の水準は、破産した就労先の従業員の生活を想定したものであるから、ある程度の水準の低下はやむを得ないものと解されています。また、給料等の一部については財団債権として随時に弁済されること（破149・151）も考慮して、生活維持の困難性を判断するべきであると解されています。

給料債権の弁済許可決定に当たっては、給料請求権等に対する配当額として見込まれる上限額を超過しない等、その弁済により財団債権または他の先順位もしくは同順位の優先的破産債権を有する者の利益を害するおそれがないことが必要です。

なお、本条による弁済を受けた破産債権者は、配当時に制約を受けます（破201Ⅳ等）。

論点解説

解雇予告手当に対する弁済許可の可否　解雇予告手当（労基20・民627）は、解雇の効力を即時に発生させるために認められた特別の給付ですので、労働の対価には当たりません。そのため、本条の対象となる「給料の請求権または退職手当の請求権」には含まれないと解されています（条解破産749頁・1013頁）〔☞破§149〕。

もっとも、解雇予告手当（労基20、民627）については、これを早期に受け取る必要性は給料と同視し得るものであり、また、雇用関係に基づく一般先取特権（民306②）が認められることから、本条を適用または類推適用して、裁判所が弁済許可を行うことも可能であるとの指摘があります（条解破産749頁、山本克己ほか編『新破産法の理論と実務』〔判例タイムズ社、2008〕179頁〔木内道祥〕）。

文献　条解破産747頁、大コンメ423頁〔堂薗幹一郎〕、伊藤273頁、一問一答破産149頁、注釈破産（上）674頁〔野村剛司〕

（破産管財人による相殺）
第102条　破産管財人は、破産財団に属する債権をもって破産債権と相殺することが破産債権者の一般の利益に適合するときは、裁判所の許可を得て、その相殺をすることができる。

基本事項

破産管財人が破産財団に属する債権をもって、破産債権と相殺することは、実質的にみれば、破産債権の満足による消滅と同視できますので、破産債権の個別行使と同様に評価され、本来的には禁止すべきものです（破100Ⅰ）。しかしむしろ、相殺を認めたほうが破産債権者に対する配当額が増加し、「破産債権者の一般の利益」に適合する場合があります。本条にいう「破産債権者の一般の利益」とは、破産債権者全体の利益を意味し、破産管財人による破産債権者に対する相殺を認めたときに、破産債権者一般に対する配当額が増加する場合がこれに当たると解されています。

例えば、相手方（破産債権者）に破産手続が開始され、配当も見込まれないため、破産財団に属する債権（自働債権）の実質的価値が破産債権（受働債権）の実質的価値より低いような場合です。このような場合には、相殺によって破産財団の維持・増大につながり、破産債権者にとっても利益になります。
　そこで、破産管財人による破産債権者に対する相殺の適正性を手続的に担保するため、裁判所の許可を条件に、前記の場合に限って破産管財人による相殺を認めました［☞ 論点解説 ］。
　なお、本条と同趣旨の規定が民再法 85 条の 2、会更法 47 の 2 にも置かれています。

論点解説

破産者の連帯債務者・連帯保証人による相殺　　本条が破産管財人による破産債権者に対する相殺について裁判所の許可を要件としていることと関連して、破産者の連帯債務者や連帯保証人が、民法 436 条 2 項・457 条 2 項に基づいて、破産財団所属の債権を自働債権とし、破産債権を受働債権として相殺することができるか否か議論があります。民法 436 条 2 項・457 条 2 項は主債務者自身が相殺できることを前提としているものの、主債務者である破産者の破産管財人は裁判所の許可がなければ相殺をすることができません。そこで、連帯債務者や連帯保証人による相殺は認められないとする見解が有力です（伊藤 463 頁注 99、条解破産 533 頁・753 頁、大コンメ 296 頁［山本克己］）。この点について、大判昭 7・8・29（民集 11 巻 2385 頁）は破産法による特例がない限り民法の規定に従うとして、民法 436 条 2 項を理由に、連帯債務者による相殺を肯定し、大阪高判昭 52・4・14（判時 858 号 74 頁）は破産手続によらないで破産債権を弁済するのと同一の結果となること等を理由に、連帯保証人による相殺を否定しています。

文献　条解破産 751 頁、大コンメ 427 頁［堂薗幹一郎］、伊藤 462 頁、倒産法概説 265 頁［沖野眞已］、一問一答破産 150 頁、注釈破産（上）679 頁［竹下育男］

（破産債権者の手続参加）
第 103 条　破産債権者は、その有する破産債権をもって破産手続に参加することができる。
2　前項の場合において、破産債権の額は、次に掲げる債権の区分に従い、それぞれ当該各号に定める額とする。
　一　次に掲げる債権　破産手続開始の時における評価額
　　イ　金銭の支払を目的としない債権
　　ロ　金銭債権で、その額が不確定であるもの又はその額を外国の通貨をもって定めたもの
　　ハ　金額又は存続期間が不確定である定期金債権
　二　前号に掲げる債権以外の債権　債権額
3　破産債権が期限付債権でその期限が破産手続開始後に到来すべきものであると

きは、その破産債権は、破産手続開始の時において弁済期が到来したものとみなす。
4　破産債権が破産手続開始の時において条件付債権又は将来の請求権であるときでも、当該破産債権者は、その破産債権をもって破産手続に参加することができる。
5　第1項の規定にかかわらず、共助対象外国租税の請求権をもって破産手続に参加するには、共助実施決定（租税条約等実施特例法第11条第1項に規定する共助実施決定をいう。第134条第2項において同じ。）を得なければならない。

基本事項

　破産手続は、破産管財人が破産財団（破34Ⅰ）所属財産を換価し、配当財源を作り、破産債権者の優先権や破産債権の額に応じて金銭での配当を行うことを主な目的とします。そのためには、破産債権のうち、金銭の支払を目的としない債権である非金銭債権は金銭債権に換え（金銭化）、未確定債権は金額を確定させ、弁済期を到来させる（現在化）必要があります。

　破産債権のうち、破産手続開始決定時に弁済期が到来しているものは（無条件のものも含む）、金銭債権か否かで区別し、金銭債権のうち、確定しているものはその債権額（本条Ⅱ②）、金額等が不確定な債権や外国通貨の金銭債権（外国法人に対する利益分配請求権等）は破産手続開始の時の評価額（同項①ロ・ハ）［☞ **論点解説** ①］、非金銭債権（物の引渡請求権や役務提供請求権等）は破産手続開始の時の評価額（同号イ）が、それぞれの債権額となります。弁済期が未到来の債権は、破産手続開始の時において弁済期が到来したものとみなすこととされ、前記と同様に扱われます（本条Ⅲ）［☞ **論点解説** ②・③］。

　また、破産手続開始時に条件付債権（賃貸借契約終了までの敷金返還請求権等）や将来の請求権（連帯保証人の求償権等）であっても、これらの債権は、破産手続に参加する上では、無条件の破産債権と同様に扱われます（本条Ⅳ）。もっとも、配当や相殺の場面では無条件の破産債権とは扱われません（破214Ⅰ④・198Ⅱ・70・201Ⅱ・212Ⅰ・214Ⅰ⑤・Ⅳ・212Ⅱ）。

　共助対象外国租税（破24Ⅰ⑥括弧書）の請求権をもって破産手続に参加するためには、共助実施決定（租税条約等実施特例法11Ⅰ）を得なければなりません（本条Ⅴ）。

　なお、本条と同様の規定が民再法86条1項・87条1項、会更法135条1項・136条1項にも置かれていますが、議決権に関する開始決定時の金銭評価にとどまっている点に差異があります。

論点解説

① 不法行為に基づく損害賠償請求権の処理　不法行為に基づく損害賠償請求権（民709）のように、客観的には金額が確定しているにもかかわらず、破産債権者自身が破産手続開始時にそれを認識できない場合も、本条2項1号ロに含まれるか否かについては議論があります。この問題について、客観的には金額が確定している

ことを理由に、不法行為に基づく損害賠償請求権は金額不確定の債権に該当しないとする通説と、損害額算定に関する基礎事実が確定している場合には金額不確定の債権に該当しないが、その事実が将来にわたる予測的なものである場合には、金額不確定の債権に該当するとする少数説があります。いずれの考え方によっても、破産債権者が自ら不法行為に基づく損害賠償請求権の債権額を定めて債権届出をなすべきことには変わりありません。もっとも、破産管財人等による異議権行使や破産債権査定手続等において、通説によれば、損害額算定の基礎事実そのものの存否および内容が問題となることに対して、少数説によれば、破産債権者による損害額の評価の合理性が問題となることになります。また、破産債権査定異議の訴えが提起された場合には、通説によれば、その最終口頭弁論期日が債権評価の基準時となるのに対して、少数説は、破産手続開始時が債権評価の基準時となると解しています（条解破産 757 頁）。

2　金銭化や現在化と連帯保証人等との関係　破産債権の金銭化や現在化は手続的な要請に基づくものです。したがって、現在化や金銭化の効力が及ぶ範囲は破産手続および破産者に対する関係に限られ、保証人や連帯債務者、物上保証人等の第三者には及ばないと解されています（詳細は、大コンメ 430 頁・435 頁［堂薗幹一郎］、条解破産 758 頁、伊藤 264 頁・266 頁参照）。

3　別除権付債権の現在化　別除権となる担保権の被担保債権が破産債権である場合に、別除権者が被担保債権に係る期限の利益を主張することができるか否かにつき、議論があります。この点について、別除権と破産債権は別の権利であること等を根拠として、これを肯定する見解があります。これに対し、多数説は、本条 3 項により破産債権である被担保債権について弁済期の到来が擬制されている以上、あえて別除権の行使について現在化の効力を否定する意義はないとして、これを否定しています。したがって、多数説は、被担保債権の弁済期は、別除権者の意思とかかわりなく破産手続開始と同時に到来すると解しています（詳細は、大コンメ 435 頁［堂薗幹一郎］、条解破産 759 頁参照）。

　文献　伊藤 264 頁、倒産法概説 61 頁［沖野眞已］、大コンメ 429 頁［堂薗幹一郎］、条解破産 754 頁、注釈破産（上）681 頁［浦田和栄］

（全部の履行をする義務を負う者が数人ある場合等の手続参加）
第 104 条　数人が各自全部の履行をする義務を負う場合において、その全員又はそのうちの数人若しくは 1 人について破産手続開始の決定があったときは、債権者は、破産手続開始の時において有する債権の全額についてそれぞれの破産手続に参加することができる。
　2　前項の場合において、他の全部の履行をする義務を負う者が破産手続開始後に債権者に対して弁済その他の債務を消滅させる行為（以下この条において「弁済等」という。）をしたときであっても、その債権の全額が消滅した場合を除き、その債権者は、破産手続開始の時において有する債権の全額についてその権利を行使することができる。

3　第1項に規定する場合において、破産者に対して将来行うことがある求償権を有する者は、その全額について破産手続に参加することができる。ただし、債権者が破産手続開始の時において有する債権について破産手続に参加したときは、この限りでない。
　4　第1項の規定により債権者が破産手続に参加した場合において、破産者に対して将来行うことがある求償権を有する者が破産手続開始後に債権者に対して弁済等をしたときは、その債権の全額が消滅した場合に限り、その求償権を有する者は、その求償権の範囲内において、債権者が有した権利を破産債権者として行使することができる。
　5　第2項の規定は破産者の債務を担保するため自己の財産を担保に供した第三者（以下この項において「物上保証人」という。）が破産手続開始後に債権者に対して弁済等をした場合について、前2項の規定は物上保証人が破産者に対して将来行うことがある求償権を有する場合における当該物上保証人について準用する。

基本事項
1　趣旨

　本条は、責任財産の集積による危険の分散を図った実体法上の規定（民441）に倣い、いわゆる手続開始時現存額主義を定めた規定です。

　本条1項の「数人が各自全部の履行をする義務を負う場合」とは、不可分債務（民430）や連帯債務（民432以下）等のように、数人の債務者が同一内容の給付について各自が独立して全部の給付をなすべき義務を負担している場合をいいます（数人が各自全部の履行をする義務を負う者を、講学上「全部義務者」という）。

　本条1項および2項は全部義務者の1人ないし全員が破産した場合の債権者の権利行使を、本条3項および4項はその場合における全部義務者による求償権の権利行使を、本条5項は物上保証人の処遇をそれぞれ定めています。

2　全部義務者が破産した場合における債権者の破産債権に関する規律（本条Ⅰ・Ⅱ）

　本条1項・2項は民法441条の内容を明確化し、連帯債務か不可分債務かにかかわらず（民430）、全部義務者に破産手続が開始されたときは、債権者が破産手続開始の時の破産債権全額について破産手続に参加できることとしています（講学上、「手続開始時現存額主義」という）。

　手続開始時現存額主義には2つの意義があります。第1に、破産手続開始の時に現存する債権の全額が破産債権となる点です。債権者が債務者（破産者）から破産手続開始時より以前に一部の弁済を受けていれば、弁済前の債権額全額についての債権届出はできません（本条Ⅰ）。第2に、破産手続開始後に他の全部義務者から弁済等がなされた場合でも、債権の全額について破産債権を行使できる点です。弁済等があった場合、実体法上は弁済部分の債権が消滅していても、その債権の全額が消滅した場合を除き、破産手続上は配当を受け得る破産債権額（破196Ⅰ②参照）に影響を与えません（本条Ⅱ）。[☞ **論点解説** **2**]。以上については、破産手続でも、責任財産の集積によって1つの責任財産の不足による危険の分散を図るという実体法

の趣旨を貫徹させるためであると説明されています（条解会更（中）351頁）。

手続開始時現存額主義は、他の全部義務者からの弁済を問題にしていますので、それ以外の第三者が破産手続開始後に債権者に弁済した場合には、それが一部の弁済であっても、破産債権の額は減少することになります（ただし、物上保証人による弁済である場合は、本条5項が全部義務者による場合と同様に扱う）。

3　全部義務者が破産した場合における求償権の処遇についての規律（本条Ⅲ・Ⅳ）

破産者に対して将来行うことがある求償権を有する全部義務者も、求償権の全額について破産手続に参加できます（本条Ⅲ）[☞ **論点解説** ②]。ところで、求償権と原債権は別個の権利であるものの、経済的実質は同じですので、破産手続上二重に行使された場合、他の破産債権者の利益を害するといえます。そこで、本条3項ただし書は、債権者が破産手続開始時の破産債権（原債権）について破産手続に参加したときは、全部義務者は将来の求償権をもって手続に参加できないとしています。

破産者に対して将来行うことがある求償権を有する者が破産手続開始後に債権者に対して弁済等をしたときは、一部の弁済であっても民法上は法定代位の効力を生じます（民500・501・502Ⅰ）。しかし、本条4項は、本条2項と同様の趣旨により、債権者が破産手続に参加した場合には、その債権の全額が消滅した場合に限り、求償権者は求償権の範囲内で債権者が有した権利である原債権を破産債権として行使することができるとしています。

4　物上保証人の地位（本条Ⅴ）

物上保証人とは、自己の所有物に他人の債務につき担保物権を設定した者をいいます。たとえば、他人の債務の担保として自己の所有する土地に抵当権を設定した者が物上保証人に当たります。

物上保証人は、債権者に対して債務を負担せず、責任を負っているにすぎませんので、本条1項を適用できません。もっとも、本条2項の全部義務者が複数いる場合の人的担保の機能を尊重するという趣旨は物上保証人にも妥当します。そこで、物上保証人が破産手続開始後に弁済等をした場合に同項を準用するとしています（本条Ⅴ前段）。また、破産者の債務に担保物権を設定している物上保証人が存在する場合にも破産手続開始後に破産者に対する物上保証人からの求償関係が生じ得る点で、本条3項や4項と同様に本条1項に規定する債権者と、破産者に対して将来行うことがある求償権を有する物上保証人との利益調整を図る必要がありますので、それぞれの規定を準用しています（本条Ⅴ後段）。

▶論点解説

①　複数口の場合の「その債権の全額が消滅した場合」の意義　　債権者が破産者に対する複数の債権を破産債権として届け出た場面で、当該複数の破産債権について同一の所有物に担保物権を設定している物上保証人がいる場合に、当該物上保証人が、一部の債権について全額の弁済をしたものの、複数の債権全体をみれば全額の弁済がなされていないというときに、「その債権の全額が消滅した場合」に該当す

るか否かが問題となります。この点について、最判平22・3・16（民集64巻2号523頁）は、「……全部義務者の破産手続開始の決定後に、他の全部義務者が債権者に対し弁済その他の債務を消滅させる行為（以下「弁済等」という）をすれば、実体法上は、上記弁済等に係る破産債権は、上記弁済等がされた範囲で消滅する。しかし、破産法104条1項及び2項は、複数の全部義務者を設けることが責任財産を集積して当該債権の目的である給付の実現をより確実にするという機能を有することにかんがみ、この機能を破産手続において重視し、……（いわゆる開始時現存額主義）を定め、この債権額を基準に破産債権者に対する配当額を算定することとしたものである。同条1項及び2項は、上記の趣旨に照らせば、飽くまで弁済等に係る当該破産債権について、破産債権額と実体法上の債権額とのかい離を認めるものであって、同項にいう『その債権の全額』も、特に『破産債権者の有する総債権』などと規定されていない以上、弁済等に係る当該破産債権の全額を意味すると解するのが相当である」と判示し、「その債権の全額が消滅した場合」に該当するとしました。

2 **「将来行うことがある求償権」の意義**　本条3項の趣旨に関する説明と関連して、「将来行うことがある求償権」の意義については、2通りの考え方があると指摘されています。第1は、「将来行うことがある求償権」とは事後求償権を意味し、本条3項本文は当然のことを確認的に規定したものであるとの考え方です。第2は、「将来行うことがある求償権」とは、委託を受けた保証人について民法上認められている事前求償権（民460①）を将来の求償権を有する他の全部義務者一般にも拡張したものであるとの考え方です。第1の見解によれば、全部義務者は実際に破産債権者に対して弁済をしなければ、配当の場面において寄託（破214Ⅰ④・Ⅲ）や除斥（破198Ⅱ）の制限を受けることとなります。これに対し、第2の見解によれば、全部義務者は、破産債権者に対して弁済をする前でも、その有する求償権を現在の請求権として権利行使することができることとなります（詳細は、倒産法概説166頁［沖野眞已］、大コンメ443頁［堂薗幹一郎］）。

3 **債権額を超える配当の処理**　実体法上債権者が有する債権額を上回る配当があった場合の処理については、①届出債権者が余剰分を受領でき、後は届出債権者と代位弁済者間の不当利得の問題になるとする見解、②代位弁済者への届出名義の変更を経て、代位弁済者が受領すべきであるとする見解、③余剰部分は破産財団に帰属すべきであり、代位弁済者は他の届出債権者と平等に配当を受けるべきであるとする見解があります。平時における実体法上の一部代位については、弁済による代位は代位弁済者が債務者に対して取得する求償権を確保するための制度であり、そのために債権者が不利益を被ることを予定するものではないという点を理由に、代位者は配当や弁済に関し債権者（原債権者）に劣後するという考え方（最判昭60・5・23民集39巻4号940頁参照）によっています。この点、破産手続における代位弁済者の地位について当該実体法上における考え方と同様に取り扱うという理解によれば、破産債権者に債権の全額を超える配当がなされた場合の超過額については代位弁済者に帰属すべきであると考えられるとして、前記①の見解や②の見解を主張する立場も有力です（詳細は、倒産法概説168頁［沖野眞已］、伊藤286頁、条解破産769頁参照）。

文献 伊藤 284 頁、倒産法概説 163 頁［沖野眞已］、大コンメ 439 頁［堂薗幹一郎］、条解破産 762 頁、一問一答破産 151 頁・153 頁、注釈破産（上）689 頁［中井康之］

> **（保証人の破産の場合の手続参加）**
> **第 105 条** 保証人について破産手続開始の決定があったときは、債権者は、破産手続開始の時において有する債権の全額について破産手続に参加することができる。

基本事項

保証人に破産手続が開始した場合、破産法 104 条 1 項の適用によって、債権者は当該破産手続に参加できるはずです。

もっとも、保証人は、主債務者に対して従属的な地位にあり、催告・検索の抗弁があります（民 452・453）。仮に、保証人が破産した場合に催告・検索の抗弁の行使を認めると、債権者は保証人に対する権利行使の機会を失いかねません。

そこで、本条は、保証人が破産した場合には、保証人はもはや催告・検索の抗弁（民 452・453）を主張できず、債権者は、破産手続開始の時に有する債権の全額について保証人の破産手続に参加できることを明らかにしました。

破産手続に参加できるのは破産手続開始の時に有する債権の全額です。破産手続開始前に保証人が一部弁済をした場合や主たる債務者が一部弁済をした場合、主債務者の破産手続で配当があった場合等には、その分を控除した額が破産債権額となります。

文献 条解破産 773 頁、大コンメ 450 頁［堂薗幹一郎］、伊藤 290 頁、倒産法概説 175 頁［沖野眞已］、注釈破産（上）705 頁［中井康之］

> **（法人の債務につき無限の責任を負う者の破産の場合の手続参加）**
> **第 106 条** 法人の債務につき無限の責任を負う者について破産手続開始の決定があったときは、当該法人の債権者は、破産手続開始の時において有する債権の全額について破産手続に参加することができる。

基本事項

合名会社や合資会社、合同会社の無限責任社員（会社 576 Ⅰ⑤・Ⅱ・Ⅲ・580 Ⅰ）は、実体法上、法人の財産でその債務を完済することができないとき（会社 580 Ⅰ①。なお、同項②括弧書参照）や、当該法人の財産に対する強制執行が奏功しなかったとき（同項②）には、当該法人の債権者に対して法人と連帯して責任を負います。これらは、いわゆる補充性の原則を示すものです。

もっとも、当該法人と取引する相手方は、法人の財務状況にかかわらず、その債権に関し、無限責任を負担する者を人的担保として評価しているのが通常です。

そこで、本条は、このような実態を重視して、平時実体法上の補充性の原則を制限し、法人の債務について無限責任を負担する者に破産手続が開始されたときには、当該法人の債権者が破産手続開始の時に保有する当該法人に対する債権の全額につ

いて、その破産手続に参加することができることとしています。

　文献　伊藤 294 頁、条解破産 775 頁、大コンメ 452 頁〔堂薗幹一郎〕、倒産法概説 177 頁〔沖野眞已〕、破産法・民事再生法概論 135 頁〔長谷部由起子〕、注釈破産（上）706 頁〔野村祥子〕

（法人の債務につき有限の責任を負う者の破産の場合の手続参加等）
第 107 条　法人の債務につき有限の責任を負う者について破産手続開始の決定があったときは、当該法人の債権者は、破産手続に参加することができない。この場合においては、当該法人が出資の請求について破産手続に参加することを妨げない。
2　法人の債務につき有限の責任を負う者がある場合において、当該法人について破産手続開始の決定があったときは、当該法人の債権者は、当該法人の債務につき有限の責任を負う者に対してその権利を行使することができない。

基本事項

　実体法上、合資会社や合同会社の有限責任社員（会社 576 Ⅰ⑤・Ⅲ・Ⅳ）は、出資の履行を完了していない場合、未履行額を限度として、会社債権者に対する会社の債務を弁済する責任を負担します（会社 580 Ⅱ）。しかし、破産手続でも同様の扱いとすると、多数の法人債権者が、限定された責任しか負担しない者の破産手続に参加し、手続の円滑な進行を妨げるおそれがあります。

　そこで、有限の責任を負う者が破産手続開始の決定を受けた場合、法人の債権者は当該破産手続に参加することができないこととしています（本条Ⅰ前段）。

　もっとも、このような者が破産した場合、法人が出資の未履行部分について破産債権者として手続に参加できるものとし、法人の債権者の利益を保護しています（本条Ⅰ後段）。

　他方、出資を履行していない有限の責任を負う者がいる法人が破産手続開始の決定を受けた場合には、実体法を制限し、当該法人の債権者が有限責任社員に対して権利を行使することができないこととしています（本条Ⅱ）。これは、法人の破産管財人が出資の履行請求権を行使することによって、法人の債権者間の公平を確保できると考えられるためです。

　文献　伊藤 294 頁、条解破産 776 頁、大コンメ 453 頁〔堂薗幹一郎〕、倒産法概説 177 頁〔沖野眞已〕、破産法・民事再生法概論 136 頁〔長谷部由起子〕、注釈破産 708 頁〔野村祥子〕

（別除権者等の手続参加）
第 108 条　別除権者は、当該別除権に係る第 65 条第 2 項に規定する担保権によって担保される債権については、その別除権の行使によって弁済を受けることができない債権の額についてのみ、破産債権者としてその権利を行使することができる。ただし、当該担保権によって担保される債権の全部又は一部が破産手続開始後に

担保されないこととなった場合には、その債権の当該全部又は一部の額について、破産債権者としてその権利を行使することを妨げない。
2　破産財団に属しない破産者の財産につき特別の先取特権、質権若しくは抵当権を有する者又は破産者につき更に破産手続開始の決定があった場合における前の破産手続において破産債権を有する者も、前項と同様とする。

基本事項

　破産手続外で担保権を実行できる別除権者（破2Ⅸ・65）が、被担保債権として破産債権を有している場合に、破産手続上、その全額を行使できるとすると破産債権者間の公平を欠きます。そのため、本条1項本文は、別除権者は、別除権の行使によって弁済を受けることができない債権の額（不足額）についてのみ権利行使することができることとしています（これを「不足額責任主義」という）。

　この不足額責任主義により、別除権者は、別除権に係る担保権が根抵当権である場合を除き、最後配当等の除斥期間内に不足額を証明しない限り、配当を受けられません（破198Ⅲ・Ⅳ等）。そのため、別除権者は、別除権の実行が困難である場合等には、その放棄や一部解除（被担保債権の一部減額）の合意をして配当の受領を希望することがあります［☞ 論点解説 ・ より深く学ぶ］。

　担保権によって担保されない被担保債権部分が生じた場合、その部分については無担保の破産債権者と同様ですので、破産手続上その部分について破産債権者として権利行使をしたとしても、破産債権者間の不公平は生じません。そこで、本条1項ただし書は、別除権者が当該部分の債権を破産債権として行使することを認めています。

　さらに、実体法上、別除権者と同様の地位に立つ準別除権者（破111Ⅲ・本条Ⅱ）についても、不足額責任主義を適用することとしています（同項）。

　なお、本条と同趣旨の規定が民再法88条にも置かれています。

論点解説

被担保債権額の減額と登記の要否　本条1項ただし書に基づき被担保債権を減額した場合に登記が必要か否かについて、破産法は何も定めていません。この問題について、登記を不要とする見解と、別除権の実行によって優先的に弁済される範囲は明確にすべきであるという理由から登記を要するとする見解があります（詳細は、倒産法概説138頁［沖野眞已］、大コンメ457頁［菅家忠行］、条解破産781頁）。

より深く学ぶ

別除権放棄の意思表示の相手方　別除権を放棄する意思表示の相手方は、目的物の管理処分権の有無から、その目的物が破産財団に属するうちは破産管財人、破産財団から放棄された場合には破産者となります（最決平12・4・28判時1710号100頁。法人の場合は清算人〔条解破産524頁参照〕）。平成16年改正前の事案に関し、別除権者が破産手続開始決定当時の代表取締役に対して行った別除権放棄の意思表示は、特段の

事情がない限り、無効であると判示した判例（最決平 16・10・1 判時 1877 号 70 頁 [INDEX2 版 [79]、百選 [59]]）があります。この点、平成 16 年改正法の下では、破産管財人が別除権の対象不動産を放棄する場合、その 2 週間前までに担保権者に対して通知をします（破規 56）ので、特段の事情の認定は困難であろうと指摘されています（三上威彦「判解」百選 121 頁）。

判　例　大阪地決平 13・3・21 判時 1782 号 92 頁

文　献　伊藤 435 頁、条解破産 778 頁、大コンメ 455 頁 [菅家忠行]、倒産法概説 138 頁 [沖野眞已]、山本 91 頁、破産法・民事再生法概論 175 頁 [佐藤鉄男]、中島＝佐藤 121 頁、一問一答破産 285 頁、注釈破産（上）709 頁 [野上昌樹]

（外国で弁済を受けた破産債権者の手続参加）
第 109 条　破産債権者は、破産手続開始の決定があった後に、破産財団に属する財産で外国にあるものに対して権利を行使したことにより、破産債権について弁済を受けた場合であっても、その弁済を受ける前の債権の額について破産手続に参加することができる。

基本事項

　破産手続開始決定時の国外財産も破産財団を構成しますので（破 34 Ⅰ）、破産手続開始決定後に、外国での強制執行手続等で破産債権者が弁済を受けることもあります。国外財産も破産財団を構成する結果として、外国における強制執行手続等による満足はわが国の破産手続による満足と同視することができると解されるため（伊藤 250 頁）、こうした破産債権者が破産手続に参加する場合には、破産債権者間の公平を図る必要があります。そこで、破産法は、外国における手続により満足を得た破産債権者が、わが国における破産手続においていかなる金額で配当手続に参加することができるかを明らかにするため本条を定めました。本条は、破産債権者が手続に参加するに当たっては、権利を行使し [☞ **より深く学ぶ**]、破産債権について弁済を受けた場合でも、弁済を受ける前の債権の額で破産手続に参加することができることとしています。もっとも、外国で弁済を受けた破産債権者は、同順位の他の破産債権者が自身に対する弁済と同等の割合の配当を受けるまでは自己への配当を受けられないこととし、配当段階での破産債権者間の公平を図っています（破 201 Ⅳ。「ホッチポットルール」と呼ばれる）。

　なお、本条と同趣旨の規定が民再法 89 条 1 項、会更法 137 条 1 項にも置かれています。

より深く学ぶ

破産者による任意弁済　　破産債権者が破産者から国外財産によって任意弁済を受けた場合に、本条にいう「権利を行使したことにより、破産債権について弁済を受けた場合」に該当するとして、本条の適用を認めるべきか問題となります。

　破産手続の開始決定によって破産者は破産財団の管理処分権を失い、破産手続開

始後の行為の効力を破産手続で主張できないこと（破47・48）から、任意弁済は権利を行使したとはいえないとする見解と、任意弁済分が配当額を超過しない場合には簡便な処理が可能になるとして、一定の範囲内で本条の適用を認める見解があります（条解破産785頁）。

文献 伊藤249頁、条解破産783頁、大コンメ462頁［深山卓也］、倒産法概説60頁［沖野眞已］、山本290頁、注釈破産（上）714頁［野上昌樹］

（代理委員）
第110条 破産債権者は、裁判所の許可を得て、共同して又は各別に、1人又は数人の代理委員を選任することができる。
2　代理委員は、これを選任した破産債権者のために、破産手続に属する一切の行為をすることができる。
3　代理委員が数人あるときは、共同してその権限を行使する。ただし、第三者の意思表示は、その1人に対してすれば足りる。
4　裁判所は、代理委員の権限の行使が著しく不公正であると認めるときは、第1項の許可を取り消すことができる。

基本事項
1　趣旨

破産手続上、破産債権者は種々の権限を行使できますが（破118 I・119 V・121 II・122 II・125・126・127・129・138・193 I など）、これらの権限は必ずしも破産債権者自身が行使する必要はありません。また、特に、多数の破産債権者が存在する事件等の場合には、破産債権者による個別の行使によって円滑な破産手続の遂行が妨げられる場合があります。

これらの事情から、本条は、代理委員という制度を設けています。

例えば、分譲マンションの販売会社の破産事件で、建物自体の構造上の欠陥によって損害を被ったとする多くのマンション購入者が、利害が共通していることを理由に弁護士等の代理委員を選任する場合が考えられます（破産・民事再生の実務〔破産編〕162頁、山本克己ほか編『新破産法の理論と実務』〔判例タイムズ社、2008〕154頁［上野正彦］参照）。

なお、本条と同趣旨の規定が民再法90条、会更法122条にも置かれています。

2　選任

破産債権者が代理委員を選任するに当たっては、その者の代理委員としての適性を判断するために、裁判所の許可を得ることが必要です（本条 I）。そして、裁判所は、代理委員の権限行使が著しく不公正であるときは、職権でこの許可を取り消すことができます（本条 IV）。

被選任資格には特に制限がなく、弁護士以外の者が代理委員になることも可能です。

代理委員の選任には、裁判所の許可が必要ですので（本条 I）、選任時期は破産手

続開始決定後であると解されています。
3　解任
　破産債権者と代理委員との関係は（準）委任関係に基づくものですが、破産法は代理委員の解任等について、特段規定していません。そこで、民法に従い、破産債権者は代理委員の解任を、代理委員は辞任を、それぞれ自由にすることができると解されます（民651Ⅰ）。この点、民再法や会更法は、破産法と異なり裁判所が代理委員の選任主体となる場合があります（民再90の2Ⅰ、会更123Ⅰ）ので、破産債権者が自由に代理委員を解任できる旨（民再90Ⅵ、会更122Ⅵ）、また、代理委員も辞任できる旨（ただし、正当な理由と裁判所の許可が必要である〔民再90の2Ⅳ、会更123Ⅳ〕）をあえて明記しています。

4　代理委員の権限
　代理委員は、自身を選任した破産債権者のために、個別の委任を受けることなく破産手続に属する一切の行為ができます（本条Ⅱ）。
　複数の代理委員がいる場合には、共同して権限を行使しなければならず（本条Ⅲ）、これに違反した権限行使は無効となります。もっとも、代理委員が複数いる場合でも、第三者の代理委員に対する意思表示は代理委員の1人に対してすれば足ります（同項ただし書）。

文献　伊藤599頁、条解破産786頁、大コンメ464頁〔菅家忠行〕、破産法・民事再生法概論43頁〔佐藤鉄男〕、中島＝佐藤64頁、一問一答破産154頁、注釈破産（上）717頁〔野城大介〕

第2節　破産債権の届出

（破産債権の届出）
第111条　破産手続に参加しようとする破産債権者は、第31条第1項第1号又は第3項の規定により定められた破産債権の届出をすべき期間（以下「債権届出期間」という。）内に、次に掲げる事項を裁判所に届け出なければならない。
　一　各破産債権の額及び原因
　二　優先的破産債権であるときは、その旨
　三　劣後的破産債権又は約定劣後破産債権であるときは、その旨
　四　自己に対する配当額の合計額が最高裁判所規則で定める額に満たない場合においても配当金を受領する意思があるときは、その旨
　五　前各号に掲げるもののほか、最高裁判所規則で定める事項
2　別除権者は、前項各号に掲げる事項のほか、次に掲げる事項を届け出なければならない。
　一　別除権の目的である財産
　二　別除権の行使によって弁済を受けることができないと見込まれる債権の額
3　前項の規定は、第108条第2項に規定する特別の先取特権、質権若しくは抵当権又は破産債権を有する者（以下「準別除権者」という。）について準用する。

基本事項
1　趣旨
　本条は、破産手続に参加しようとする破産債権者は債権届出期間（破31 I①・Ⅲ）内に破産債権の額や原因等所定の届出事項を裁判所に届け出なければならないこと、さらに、別除権者および準別除権者には、別除権の目的財産や別除権の行使により弁済を受けることができないと見込まれる債権の額（「予定不足額」と呼ばれている）といった固有の届出事項があることを定めています。
　なお、本条と同趣旨の規定が民再法94条、会更法138条にも置かれています。

2　届出の要件
　破産債権の届出は債権届出期間内に行う必要があり、届出事項等は、本条のほか、破産規則32条が定めています。破産手続では、破産者の手元に破産債権に関係する資料が存在しない場合もあることから、届出に当たっては、破産債権に関する証拠書類の写しの提出を義務付けています（破規32 Ⅳ①）。他方、関係資料が散逸していることが少ない民再法や会更法は、証拠資料の提出を義務付けていません（民再規31、会更規36）。
　破産債権の届出権者は、破産債権の管理処分権を有する者です［☞ **より深く学ぶ** 1］。

3　効果
(1)　破産手続法上の効果
　破産債権の届出は訴訟行為としての性質を有します（伊藤598頁）［☞ **より深く学ぶ** 2］。破産債権者は、債権届出によって破産手続に参加し、手続上の権利行使が可能になります。破産法は民再法とは異なり、知れたる債権者であっても、債権を届け出なければ配当を受けられません（破195 I、民再101 Ⅲ・181 I）。

(2)　実体法上の効果
　実体法上、破産債権の届出により、届出から破産手続終了時まで時効が中断します（民152。最判平7・3・23民集49巻3巻984頁、最判平9・9・9判時1620号63頁）。
　破産債権者は届出によって破産手続に参加して権利を行使している以上、異議が述べられても時効の中断には影響しません（最判昭57・1・29民集36巻1号105頁［INDEX2版［40］、百選［70］］。民152参照）［☞ **論点解説** 1・2］。

(3)　破産債権の届出が皆無である場合
　破産債権の届出が皆無である場合には、破産裁判所は破産手続を職権で廃止します。

論点解説
1　代位弁済による届出名義の変更と求償権に関する時効中断効　　判例（前掲・最判平7・3・23、前掲・最判平9・9・9）は、主債務者のすべての債務を代位弁済した保証人が、主債務者の破産手続において、債権調査期日後に届出名義の変更を申し出た（破113 I）場合について、届出のあった破産債権（原債権）は求償権とは別個の債権であるものの、保証人による弁済によって代位され（民501）、すでに時効が中断

している破産債権が求償権の担保としての意義を有することを重視し、求償権の全部について時効が中断するとしています。

2　別除権者の債権届出による時効中断効の範囲　別除権者の債権届出による時効の中断は、予定不足額部分（破117 I ④）にのみ生ずるとする見解もありますが（旧和議法に関する大阪高判平2・6・21判タ738号169頁）、別除権の行使を予定している被担保債権部分も含めて破産債権としての届出を行い（本条 I ①）、調査・確定手続を経るため、届出債権全額について時効が中断すると解されています（条解破産794頁）。

より深く学ぶ

1　破産債権の差押えがなされた場合の処理　破産債権の届出権者は破産債権の管理処分権を有する者であり、破産債権の差押債権者が破産債権を届け出ることになります。差押債権者が届け出ない場合には、破産債権者も時効中断等の保存行為または管理行為の必要性を根拠として破産債権を届け出ることができます。差押えが競合した場合には、各差押債権者が届出権者となり、被差押債権は各差押債権者による債権の準共有とみて、議決権（破138参照）については共同行使すべきであると解されています（詳細は、伊藤599頁、条解破産795頁、大コンメ468頁［林圭介］）。

2　予備的届出の可否　破産債権の届出は訴訟行為の一種ですので、法的安定性のため、予備的届出は原則としては許されないものの、民訴法上の予備的併合または予備的反訴に準じるものは許されると解されています（条解破産801頁）。

> **判　例**　福岡地小倉支判平20・3・28判時2012号95頁、最判昭53・11・20民集32巻8号1551頁［百選4版［64］］、大判昭14・9・9新聞4468号11頁
>
> **文　献**　伊藤598頁、条解破産792頁、大コンメ467頁［林圭介］、倒産法概説380頁［山本和彦］、山本108頁、破産法・民事再生法概論292頁［長谷部由起子］、中島＝佐藤83頁、一問一答破産155頁、注釈破産（上）723頁［野村剛司］

（一般調査期間経過後又は一般調査期日終了後の届出等）

第112条　破産債権者がその責めに帰することができない事由によって第31条第1項第3号の期間（以下「一般調査期間」という。）の経過又は同号の期日（以下「一般調査期日」という。）の終了までに破産債権の届出をすることができなかった場合には、その事由が消滅した後1月以内に限り、その届出をすることができる。

2　前項に規定する1月の期間は、伸長し、又は短縮することができない。

3　一般調査期間の経過後又は一般調査期日の終了後に生じた破産債権については、その権利の発生した後1月の不変期間内に、その届出をしなければならない。

4　第1項及び第2項の規定は、破産債権者が、その責めに帰することができない事由によって、一般調査期間の経過後又は一般調査期日の終了後に、届け出た事項について他の破産債権者の利益を害すべき変更を加える場合について準用する。

基本事項
1　趣旨
　民再法や会更法が債権届出の時的制限を届出期間満了時とする（民再94、会更138）のに対し、破産法は時的制限を破産法31条1項3号に定める一般調査期間経過時または一般調査期日終了時としています（本条Ⅰ）。再建に向けた計画案を立案すべく、迅速に届出債権の内容を把握する必要がある民再法や会更法とは異なるためです［☞　**より深く学ぶ**　］。
　なお、本条と同趣旨の規定が民再法95条、会更法139条にも置かれています。

2　時的制限後の届出
　破産債権者の責めに帰することができない事由によって時的制限内に破産債権の届出をすることができなかった場合には、その事由が消滅した後1月以内に限り、破産債権を届け出ることができます（本条Ⅰ）。また、時的制限後に生じた破産債権については、権利の発生した後1月の不変期間内に限り届け出ることができます（本条Ⅲ）。これらの要件を充足しない届出は、違法な届出として却下されます。また、他の債権者からすれば、時的制限後に、届出事項について他の破産債権者の利益を害すべき変更をする場合は新たな届出と同視できますので、本条1項と同様の制限が付されています（本条Ⅳ）。
　責めに帰することができない事由とは、破産債権の届出または変更に当たって、破産債権者に過失がなかったことをいうと解されています。
　なお、破産手続は最後配当の完了により実質的に終結します（破220Ⅰ）ので、最後配当の除斥期間満了時が届出の終期と解されています。

より深く学ぶ
債権調査に関する実務の運用　　実務では、債権調査について、原則的な期間方式ではなく、一般調査期日による期日方式を採用した上、配当できる段階まで債権認否を留保し、期日を続行するという運用が多いようです（条解破産809頁・829頁）。
　こうした運用は、結果的に、期日が続行されている限り債権届出ができますので、実質的にみれば債権届出期間の延長ともいえます。

　文　献　　伊藤602頁、条解破産805頁、大コンメ472頁［林圭介］、倒産法概説380頁［山本和彦］、山本108頁、破産法・民事再生法概論293頁［長谷部由起子］、一問一答破産156頁、注釈破産（上）736頁［中森亘］

（届出名義の変更）
第113条　届出をした破産債権を取得した者は、一般調査期間の経過後又は一般調査期日の終了後でも、届出名義の変更を受けることができる。
2　前項の規定により届出名義の変更を受ける者は、自己に対する配当額の合計額が第111条第1項第4号に規定する最高裁判所規則で定める額に満たない場合においても配当金を受領する意思があるときは、その旨を裁判所に届け出なければならない。

基本事項
1　趣旨
　相続、合併、債権譲渡、保証債務の履行による法定代位等を原因として、ある者が届出済みの破産債権を取得する場合があります。こうした場合に破産債権の取得者が届出名義の変更をしても当該債権の内容は変更されませんので、他の届出債権者を害するおそれはありません。

　そのため、破産法111条や112条により届出をした破産債権を取得した場合は、破産法31条1項3号に定める一般調査期間の経過後または一般調査期日の終了後であっても、制限を受けることなく届出名義の変更ができます（本条Ⅰ）［☞ **より深く学ぶ**］。

　なお、本条と同趣旨の規定が民再法96条、会更法141条にも置かれています。

　また、届出名義の変更者が少額配当金（破111Ⅰ④）を受領する意思があるときは、その旨を裁判所に届け出なければならないこととしています（本条Ⅱ）。少額配当金とは、自己に対する配当額の合計額が破産法111条1項4号に規定する最高裁判所規則で定める額に満たない場合の配当金をいい、具体的には、1000円未満の配当金をいいます（破規32Ⅰ）。

2　変更の方式など
　届出名義の変更の方式については、破産規則35条（同条2項による準用も含む）が定めています。

3　効果
　届出をした破産債権（破111・112参照）を取得した者は、本条による届出名義の変更を行わなければ、破産債権者として破産手続上の権利を行使できません。債権の取得原因が債権譲渡等の場合には、破産管財人に対する対抗要件の具備も必要となります（なお、必ずしも届出名義の変更を必要としない見解として、伊藤604頁参照）［なお、保証人が破産債権者の債権を全額弁済した上、届出名義の変更をした場合の求償権に関する時効中断効（最判7・3・23民集49巻3号984頁、最判9・9・9判時1620号63頁）については、☞破§111］。

より深く学ぶ
届出名義の変更の終期　　名義変更を届け出る終期については、破産債権届出の終期と同様に、最後配当の除斥期間満了時とする見解があります。他方、破産債権者は、配当通知（破201Ⅶ）を受けることで具体的配当請求権を取得することや、届出名義の変更は権利内容に関わらない単なる名義変更にすぎないことから、前記の通知までの間は名義変更が可能であるとする見解もあります（詳細は、大コンメ476頁［林圭介］、条解破産814頁）。

　　文　献　　伊藤604頁、条解破産811頁、大コンメ476頁［林圭介］、倒産法概説380頁［山本和彦］、破産法・民事再生法概論293頁［長谷部由起子］、中島＝佐藤89頁、一問一答破産157頁、注釈破産（上）742頁［山形康郎］

> **(租税等の請求権等の届出)**
> **第114条** 次に掲げる請求権を有する者は、遅滞なく、当該請求権の額及び原因並びに当該請求権が共助対象外国租税の請求権である場合にはその旨その他最高裁判所規則で定める事項を裁判所に届け出なければならない。この場合において、当該請求権を有する者が別除権者又は準別除権者であるときは、第111条第2項の規定を準用する。
> 一 租税等の請求権であって、財団債権に該当しないもの
> 二 罰金等の請求権であって、財団債権に該当しないもの

基本事項

1 趣旨

本条は、国または地方公共団体が有する租税等の請求権(破97④)や罰金等の請求権(破97⑥)で、財団債権(破148Ⅰ③、民再252Ⅵ参照)に該当しない優先的破産債権(98Ⅰ)や劣後的破産債権(破99Ⅰ①)に関する届出事項や届出時期について定めています。

本条の対象債権には、通常の破産債権に関する調査確定手続が適用されず(破134Ⅰ)、届出についても一般調査期間(破31Ⅰ③・118)や一般調査期日(破31Ⅰ③・116Ⅱ・121)に関連した時間的制限はありません。そのため、本条は具体的な届出期間の定めを設けず、遅滞なく本条に規定する事項を届け出れば足りることとしました。国等が本条の対象債権を遅滞なく届け出なかった場合には、破産裁判所はこれを却下できると解されています(大コンメ478頁[林圭介])。

なお、本条と同趣旨の規定が民再法97条(ただし、罰金等の請求権のみ)、会更法142条にも置かれています。

2 要件

本条に基づき債権を届け出る場合、当該請求権の額および原因ならびに当該請求権が共助対象外国租税(破24Ⅰ⑥括弧書)の請求権である場合にはその旨を記載するほか、破産規則36条に定める事項を記載します。

3 効果

破産債権は破産手続によらなければ権利行使ができず(破100Ⅰ)、破産手続に参加するためには破産債権の届出が必要です(破111)。そのため、国等は本条に基づく届出によって破産債権者としての権利を行使することになります。

破産者が法人である場合には破産手続の終結によって法人格が消滅しますので、国等が本条に基づく届出をしなければ、破産債権の配当を受けられなくなります。これに対して、破産者が自然人の場合には、本条の対象財産はいずれも非免責債権であることから(破253Ⅰ①・⑦)、国または地方公共団体は、本条に基づく届出をしない場合にも、破産手続外で当該破産者から弁済を受ける機会が残されています。

文献 伊藤606頁、条解破産816頁、大コンメ478頁[林圭介]、注釈破産(上)747頁[若杉洋一]

第3節　破産債権の調査及び確定

第1款　通則

（破産債権者表の作成等）
第115条　裁判所書記官は、届出があった破産債権について、破産債権者表を作成しなければならない。
2　前項の破産債権者表には、各破産債権について、第111条第1項第1号から第4号まで及び第2項第2号（同条第3項において準用する場合を含む。）に掲げる事項その他最高裁判所規則で定める事項を記載しなければならない。
3　破産債権者表の記載に誤りがあるときは、裁判所書記官は、申立てにより又は職権で、いつでもその記載を更正する処分をすることができる。

基本事項

1　趣旨

　本条1項は、裁判所書記官が、届出があった破産債権について、破産債権者表を作成することとしています。本条と同趣旨の規定が民再法99条、会更法144条にも置かれています。
　破産債権者表は、債権調査の対象を明らかにし、調査結果を記載することにより（破124Ⅱ）、議決権の行使や配当実施の際の資料とすることを目的として作成します。また、破産債権者表は、確定債権における破産債権者に対する確定力（同条Ⅲ）や破産者に対する執行力の付与（破221Ⅰ）の根拠となります（伊藤607頁）。
　なお、作成した破産債権者表は、届出があった破産債権に対して異議を述べる機会（破118Ⅰ・121Ⅱ等）を与えるため、利害関係人による閲覧等の対象になります（破11）。

2　破産債権者表の記載事項

　破産債権者表に記載すべき事項は、各破産債権の額および原因（破111Ⅰ①）、優先的破産債権、劣後的破産債権または約定劣後破産債権であるときはその旨（同項②・③）、少額配当金を受領する意思があるときはその旨（同項④）、別除権等の予定不足額（同条Ⅱ②）、破産債権者の氏名または名称および住所（破規37①）、執行力ある債務名義または終局判決のある破産債権であるときはその旨（同条②）、債権調査の結果（破124Ⅱ）、破産債権の確定に関する訴訟等の結果（破130）、配当した金額（破193Ⅲ）等です。債権の額や優先劣後、調査の結果、配当額等は確定の効果（破124Ⅲ・221Ⅰ）の対象となる関係で重要です。破産債権の原因は氏名等とともに破産債権の特定に必要となるほか、異議等があった場合の査定手続における主張制限（破128）との関係で重要です。破産債権者が受領意思を明らかにしないと破産規則32条1項に定める額（1000円）未満の少額配当は行われませんし（破201Ⅴ・205・214Ⅴ）、別除権者は不足額についてのみ手続に参加できるにすぎないため（破108Ⅰ）、

これらの事項は手続上重要です。また、有名義債権については確定手続が他の債権とは異なります（破129）ので、これらを明らかにする必要があります。

3 破産債権者表の記載の更正

裁判所書記官は、破産債権者表の記載に誤りがあるときは、申立てまたは職権でいつでもその記載を更正することができます（本条Ⅲ）。裁判所書記官が更正できるのは、計算間違いや異議の有無についての誤記等、形式的な誤謬の修正に限られます。

文 献 伊藤607頁、条解破産822頁、大コンメ480頁［林圭介］、倒産法概説381頁［山本和彦］、破産法・民事再生法概論294頁［長谷部由起子］、一問一答破産161頁、注釈破産（上）752頁［柴田憲史］

（破産債権の調査の方法）
第116条 裁判所による破産債権の調査は、次款の規定により、破産管財人が作成した認否書並びに破産債権者及び破産者の書面による異議に基づいてする。
2 前項の規定にかかわらず、裁判所は、必要があると認めるときは、第3款の規定により、破産債権の調査を、そのための期日における破産管財人の認否並びに破産債権者及び破産者の異議に基づいてすることができる。
3 裁判所は、第121条の規定による一般調査期日における破産債権の調査の後であっても、第119条の規定による特別調査期間における書面による破産債権の調査をすることができ、必要があると認めるときは、第118条の規定による一般調査期間における書面による破産債権の調査の後であっても、第122条の規定による特別調査期日における破産債権の調査をすることができる。

基本事項

1 趣旨

本条は、破産債権の調査方法に関する総則的な規定です。本条と同趣旨の規定が民再法100条、会更法145条にも置かれています。

破産債権の調査とは、破産債権の存否、内容を関係者全員の間で確定し、その後の破産処理の基礎とするために、債権の内容等を調査する手続です（条解破産827頁）。

破産債権の調査の方式は、中立公正な破産管財人による客観的な調査と、利害対立のある破産者や破産債権者による調査を併用しています。

2 期間における書面による債権調査方式

破産法は、債権調査手続の合理化と迅速化の観点から、次款の破産法117条以下の規定による期間方式と書面方式を組み合わせた債権調査方式を原則としています（本条Ⅰ）。

この方式は、定められた債権調査期間（破31Ⅰ③）に、破産管財人が作成した認否書ならびに破産債権者および破産者の書面による異議に基づいて行うものです。

3 期日における口頭での債権調査方式

破産者の財産等を清算する破産手続では、認否のために必要となる資料が散逸し

ていることが多く、定められた期間内に破産管財人が認否を行うことができない可能性があります。そこで、必要がある場合には、補充的に、期日の続行が認められる債権調査期日における口頭での債権調査方式を裁判所が裁量で採用できます（本条Ⅱ）［☞ **より深く学ぶ**］。

期日による調査は、口頭方式と組み合わされ、定められた期日（破31 Ⅰ③括弧書）に破産管財人や破産債権者等の関係人が裁判所の面前に会合して、債権の存否等に関する口頭による認否や異議に基づいて行われます（伊藤613頁）。

4 特別債権調査における方式

一般の債権調査と特別の債権調査（一般の調査では調査できなかったものの、なお調査すべき届出債権に関する調査のこと）とで異なる方式を採用することも可能です（本条Ⅲ）。例えば、一般の債権調査は期日における口頭方式の債権調査により、特別の債権調査は期間における書面による債権調査により行うことも可能です。

より深く学ぶ

実務での期日における債権調査方式の原則的運用　期日における債権調査方式では、債権認否を直ちに確定することが不明または困難である場合等に一般調査期日を続行できます。この点で特別調査期日における調査手続を行う費用や労力を回避したり、無用の債権査定申立てを防止することができる等、柔軟な対応が可能となり、メリットが大きいとの指摘もあります。そのため、実務では、破産法の規定ぶりとは異なり、期日における債権調査方式を採用している裁判所が多いといわれています（条解破産809頁・829頁）。

文　献　伊藤607頁、条解破産826頁、大コンメ483頁［林圭介］、倒産法概説381頁［山本和彦］、破産法・民事再生法概論298頁［長谷部由起子］、一問一答破産162頁、注釈破産（上）756頁［宮崎純一］

第2款　書面による破産債権の調査

> **（認否書の作成及び提出）**
> **第117条**　破産管財人は、一般調査期間が定められたときは、債権届出期間内に届出があった破産債権について、次に掲げる事項についての認否を記載した認否書を作成しなければならない。
> 　一　破産債権の額
> 　二　優先的破産債権であること。
> 　三　劣後的破産債権又は約定劣後破産債権であること。
> 　四　別除権（第108条第2項に規定する特別の先取特権、質権若しくは抵当権又は破産債権を含む。）の行使によって弁済を受けることができないと見込まれる債権の額
> 2　破産管財人は、債権届出期間の経過後に届出があり、又は届出事項の変更（他の破産債権者の利益を害すべき事項の変更に限る。以下この節において同じ。）

があった破産債権についても、前項各号に掲げる事項（当該届出事項の変更があった場合にあっては、変更後の同項各号に掲げる事項。以下この節において同じ。）についての認否を同項の認否書に記載することができる。
3　破産管財人は、一般調査期間前の裁判所の定める期限までに、前2項の規定により作成した認否書を裁判所に提出しなければならない。
4　第1項の規定により同項の認否書に認否を記載すべき事項であって前項の規定により提出された認否書に認否の記載がないものがあるときは、破産管財人において当該事項を認めたものとみなす。
5　第2項の規定により第1項各号に掲げる事項についての認否を認否書に記載することができる破産債権について、第3項の規定により提出された認否書に当該事項の一部についての認否の記載があるときは、破産管財人において当該事項のうち当該認否書に認否の記載のないものを認めたものとみなす。

基本事項
1　趣旨

　期間・書面方式による債権調査手続では、破産管財人は、認否書を作成し、債権届出期間内に届出があった破産債権について認否をしなければなりません（本条Ⅰ）。認否すべき事項は、破産債権の額、優先的破産債権であること、劣後的破産債権または約定劣後破産債権であること、別除権の行使によって弁済を受けることができないと見込まれる債権の額（予定不足額）です。

　特別調査の対象をできる限り少なくして手続を迅速に進めるため、破産管財人は、届出期間経過後に届出があり、または他の破産債権者の利益を害すべき届出事項の変更があった破産債権についても、一般調査期間で裁量的に認否をすることができます（本条Ⅱ）。

　破産管財人は、裁判所が定めた一般調査期間前の期限までに、作成した認否書を裁判所に提出しなければなりません（本条Ⅲ）。認否書の提出期限は一般調査期間の前とされ、利害関係人は提出された認否書を閲覧できますので（破11Ⅰ参照）、届出債権者が一般調査期間で異議を述べたり、債権査定申立等を検討する機会が手続上確保されています。

　期間方式の債権調査では、期日方式の債権調査とは異なり（破規43Ⅳ）、破産管財人は認めない旨の認否をした場合でも、対象債権者にその旨通知する必要はありません。その理由は、異議通知（同項参照）は破産債権者に債権査定の申立て（破125Ⅰ）等の機会を失わないようにするためのものですが、期間方式の場合、破産債権者は認否書を閲覧できますので、手続上、破産債権者には債権査定申立等を検討する機会が確保されているからです。なお、破産債権者から異議があった場合には、裁判所書記官から対象債権者に対してその旨が通知されます（破規39Ⅱ）。

　なお、本条と同趣旨の規定が民再法101条、会更法146条にも置かれています。

2　認否書の記載と効果

　破産管財人が認否書で認め、届出債権者の異議がない破産債権は確定します（破

124Ⅰ)。破産管財人が認めない場合、対象となる破産債権者がその後の破産手続に参加するためには、債権査定手続（破125）等の確定手続を経る必要があります。

　他方、破産管財人は、届出期間内に届出があった破産債権について、記載すべき認否事項を認否書に記載していない場合、当該事項を認めたものとみなされます（本条Ⅳ）。破産管財人は、届出期間経過後に届け出た破産債権や、他の破産債権者の利益を害すべき届出事項の変更があった破産債権について裁量的に認否をした場合（本条Ⅱ）でも、本条1項に規定する一部の事項についてのみ認否を記載しているときは、それ以外の事項を認めたものとみなされます（本条Ⅴ）。この場合の破産管財人による認否は裁量的ですが（本条Ⅱ）、認否をすることとした以上、本条1項の認否事項すべてについて認否すべきであるからです。なお、このような破産債権について、破産管財人が認否せず、認否書に何らの記載もしない場合、単に当該破産債権についての認否がなされなかったと扱われ、特別調査に付されることになります。

文　献　伊藤609頁、条解破産831頁、大コンメ485頁［井上一成］、倒産法概説381頁［山本和彦］、破産法・民事再生法概論299頁［長谷部由起子］、注釈破産（上）758頁［宮本圭子］

（一般調査期間における調査）
第118条　届出をした破産債権者は、一般調査期間内に、裁判所に対し、前条第1項又は第2項に規定する破産債権についての同条第1項各号に掲げる事項について、書面で、異議を述べることができる。
2　破産者は、一般調査期間内に、裁判所に対し、前項の破産債権の額について、書面で、異議を述べることができる。
3　裁判所は、一般調査期間を変更する決定をしたときは、その裁判書を破産管財人、破産者及び届出をした破産債権者（債権届出期間の経過前にあっては、知れている破産債権者）に送達しなければならない。
4　前項の規定による送達は、書類を通常の取扱いによる郵便に付し、又は民間事業者による信書の送達に関する法律第2条第6項に規定する一般信書便事業者若しくは同条第9項に規定する特定信書便事業者の提供する同条第2項に規定する信書便の役務を利用して送付する方法によりすることができる。
5　前項の規定による送達をした場合においては、その郵便物等が通常到達すべきであった時に、送達があったものとみなす。

基本事項

1　趣旨

　破産法の債権調査手続は、破産管財人による認否と利害関係のある破産者や破産債権者による異議によって進めます。本条は、期間・書面方式による債権調査手続について、一般調査期間での債権調査の方法とその期間の変更について定めています。

　なお、本条と同趣旨の規定が民再法102条、会更法147条にも置かれています。

2 債権者の異議

届出破産債権者は、破産管財人が認否した破産債権の内容（破117Ⅰ各号）について、一般調査期間内に、裁判所に対して書面で異議を述べることができます（本条Ⅰ）。

一般調査期間とは、債権調査期間のうち、原則として破産手続開始決定時に同時処分として定められるものをいいます（破31Ⅰ③。条解破産842頁）。その期間の初日と債権届出期間の末日との間には1週間以上2月以下の期間を置き、1週間以上3週間以下の範囲内で定められます（破規20Ⅰ③）。

届出をしていない破産債権者は破産手続への参加が認められず（破111Ⅰ）、異議を述べることができません。自己の債権の届出を取り下げた破産債権者も、異議を述べることができません。濫用的な異議を防止する等の目的から、書面には、異議の内容に加え、異議の理由を記載しなければなりません（破規39Ⅰ）。破産管財人が認めた事項のほか、認めない事項も異議の対象となります。

届出債権者の異議があった場合、裁判所書記官は、当該異議に係る破産債権を有する破産債権者に対し、その旨を通知しなければなりません（破規39Ⅱ）。このような破産債権者は債権査定申立て（破125Ⅰ）等を検討することになりますが、調査期間終了後に自ら異議書を閲覧する等して対応を検討しなければならないとすると、破産債権者に過度の負担を強いることになるため、このような規定を定めています（条解破産規則100頁）。

異議を述べた破産債権者が異議を撤回する場合には、破産管財人による認否の変更（破規38）と同様、撤回の内容を記載した書面を裁判所に提出するとともに、当該変更に係る破産債権者に対してその旨を通知しなければなりません（破規39Ⅲ）。

3 破産者の異議

破産者も、一般調査期間内に裁判所に対して破産債権の額について異議を述べることができます（本条Ⅱ）。ただし、破産者の異議は、他の破産債権者からの異議と異なり、破産債権の確定を妨げる効果をもたず（破124Ⅰ参照）、実際上、破産債権者表に基づく執行力の発生を妨げる意義を有するにすぎません（破221Ⅱ参照）。そのため、破産者には、破産債権としての適格性や優先権の存否などを争う法律上の利益がありませんので、破産者の異議の対象となる事項は破産債権の額に限られています。

破産者の異議の方法や異議を撤回する際の通知については、届出債権者による異議の場合と同様です（破規39Ⅰ後段・Ⅲ・38）。もっとも、破産債権者の異議と異なり、破産者の異議は債権確定手続の対象になりませんので、裁判所書記官は、異議を述べた債権者に対して通知する必要はありません（条解破産規則100頁）。

4 一般調査期間の変更

破産管財人が一般調査期間前に認否書を提出できない場合には、一般調査期間を変更することができます。

一般調査期間の変更は、破産管財人の認否や破産債権者の異議に影響しますので、裁判所は、変更を決定した裁判書を破産管財人、破産者および届出をした破産債権

者（債権届出期間の経過前の場合には、知れている破産債権者）に送達しなければなりません（本条Ⅲ）。送達は、普通郵便または信書便の方法で行うことができます（本条Ⅳ）。これらの方法で送達をしたときは、その郵便物等が通常到達すべきであった時に送達があったものとみなされます（本条Ⅴ）。

> **文　献**　伊藤 610 頁、条解破産 840 頁、大コンメ 491 頁［井上一成］、倒産法概説 381 頁［山本和彦］、破産法・民事再生法概論 299 頁［長谷部由起子］、一問一答破産 159 頁、注釈破産（上）767 頁［浅井悠太］

（特別調査期間における調査）
第 119 条　裁判所は、債権届出期間の経過後、一般調査期間の満了前又は一般調査期日の終了前にその届出があり、又は届出事項の変更があった破産債権について、その調査をするための期間（以下「特別調査期間」という。）を定めなければならない。ただし、当該破産債権について、破産管財人が第 117 条第 3 項の規定により提出された認否書に同条第 1 項各号に掲げる事項の全部若しくは一部についての認否を記載している場合又は一般調査期日において調査をすることについて破産管財人及び破産債権者の異議がない場合は、この限りでない。
2　一般調査期間の経過後又は一般調査期日の終了後に第 112 条第 1 項若しくは第 3 項の規定による届出があり、又は同条第 4 項において準用する同条第 1 項の規定による届出事項の変更があった破産債権についても、前項本文と同様とする。
3　第 1 項本文又は前項の場合には、特別調査期間に関する費用は、当該破産債権を有する者の負担とする。
4　破産管財人は、特別調査期間に係る破産債権については、第 117 条第 1 項各号に掲げる事項についての認否を記載した認否書を作成し、特別調査期間前の裁判所の定める期限までに、これを裁判所に提出しなければならない。この場合においては、同条第 4 項の規定を準用する。
5　届出をした破産債権者は前項の破産債権についての第 117 条第 1 項各号に掲げる事項について、破産者は当該破産債権の額について、特別調査期間内に、裁判所に対し、書面で、異議を述べることができる。
6　前条第 3 項から第 5 項までの規定は、特別調査期間を定める決定又はこれを変更する決定があった場合における裁判書の送達について準用する。

基本事項

1　趣旨

本条は、一般調査期間では調査できなかったものの、なお調査すべき届出債権に関する特別調査について定めています。本条と同趣旨の規定が民再法 103 条、会更法 148 条にも置かれています。

2　特別調査の内容

特別調査期間で調査する破産債権は、次の 2 種類です。
第 1 は、債権届出期間の経過後、一般調査期間の満了前または一般調査期日の終了前にその届出があり、または届出事項の変更（他の破産債権者の利益を害すべき事項の

変更に限る）があった破産債権です（本条Ⅰ本文）。破産手続上、一般調査期間満了前または一般調査期日終了前に破産債権を届け出ることは制限されていません。そこで、破産管財人は債権調査をする必要がありますので、本条1項本文を定めています。もっとも、当該破産債権について、破産管財人が認否書で認否している場合（破117Ⅲ）または一般調査期日での調査について破産管財人および破産債権者の異議がない場合には、一般の債権調査の対象にできるので、特別調査期間を設ける必要はありません（本条Ⅰただし書）。

第2は、一般調査期間の経過後または一般調査期日の終了後の届出または届出事項の変更のうち一定のものです（本条Ⅱ）。具体的には、①破産債権者が、その責めに帰することができない事由によって、一般調査期間の経過または一般調査期日の終了までに破産債権の届出をすることができず、その事由が消滅した1か月以内に債権届出をした場合（破112Ⅰ）、②一般調査期間の経過後または一般調査期日の終了後に生じた破産債権であって、破産債権者が、その権利が発生した後1か月以内に債権届出をした場合（同条Ⅲ）、③破産債権者が、その責めに帰することができない事由によって、届出事項について他の破産債権者の利益を害すべき変更を加える場合で、一般調査期間の経過後または一般調査期日の終了後、その事由が消滅した1か月以内に変更する場合（同条Ⅳ・Ⅰ）です。これらの場合には一般調査の終了後でも債権届出ができます。そこで、破産管財人は債権調査を行う必要がありますので、本条2項を定めています。

3 費用負担

特別調査期間での調査は、調査対象となる破産債権を有する者のために行われますので、特別調査期間に関する費用は当該破産債権者の負担となります（本条Ⅲ）。破産債権者が負担する費用には、特別調査期間を定める決定書の送達費用等があります［☞ より深く学ぶ ］。

4 認否書の作成・提出

破産管財人は、特別調査の対象となる破産債権についての認否書を作成し、特別調査期間前の裁判所が定める期限までに裁判所に提出しなければなりません（本条Ⅳ前段）。破産管財人が認否書の記載事項を記載しないときは、一般調査期間の場合と同様、その事項を認めたものとみなされます（同項後段）。

5 異議

破産者や届出をした破産債権者は、特別調査期間内に裁判所に対して書面で異議を述べることができます（本条Ⅴ）。異議を述べることができる事項は、一般調査期間の場合と同様、届出をした破産債権者は破産管財人が認否した破産債権の内容（破117条1項各号）、破産者は破産債権の額です。

6 裁判書の送達

特別調査期間を定める決定またはこれを変更する決定があった場合の裁判書の送達は、一般調査期間の場合（破118Ⅲ・Ⅴ）と同様です（本条Ⅵ）。

より深く学ぶ

調査対象となる破産債権を有する者が複数いる場合の費用分担　複数の破産債権者のために調査した場合の費用の分担については、届出債権額による按分比例説と頭割りによる平等分担説があります。届出債権額の差異によって手続費用が異なるものではないことを理由に平等分担説が有力です（詳細は、条解破産 851 頁、大コンメ 497 頁 [井上一成]）。

文　献　伊藤 612 頁、条解破産 846 頁、大コンメ 495 頁 [井上一成]、倒産法概説 381 頁 [山本和彦]、破産法・民事再生法概論 298 頁 [長谷部由起子]、一問一答破産 164 頁・159 頁、注釈破産（上）773 頁 [河本茂行]

（特別調査期間に関する費用の予納）
第 120 条　前条第 1 項本文又は第 2 項の場合には、裁判所書記官は、相当の期間を定め、同条第 3 項の破産債権を有する者に対し、同項の費用の予納を命じなければならない。
2　前項の規定による処分は、相当と認める方法で告知することによって、その効力を生ずる。
3　第 1 項の規定による処分に対しては、その告知を受けた日から 1 週間の不変期間内に、異議の申立てをすることができる。
4　前項の異議の申立ては、執行停止の効力を有する。
5　第 1 項の場合において、同項の破産債権を有する者が同項の費用の予納をしないときは、裁判所は、決定で、その者がした破産債権の届出又は届出事項の変更に係る届出を却下しなければならない。
6　前項の規定による却下の決定に対しては、即時抗告をすることができる。

基本事項

1　趣旨

特別調査期間が定められた場合、裁判所書記官は、相当な期間を定めて、調査対象となる破産債権を有する者に対し、特別調査期間に関する費用の予納を命じなければなりません（本条Ⅰ）。この費用の予納を命じる行為の判断は比較的形式的な事項に関する判断であると考えられることから、裁判所ではなく裁判所書記官の権限となっています。

費用の予納を命ずる処分は、相当と認める方法の告知によって効力が生じます（本条Ⅱ）。相当と認める方法としては、第 1 種郵便、通常葉書、電話等があります。

なお、本条と同趣旨の規定が民再法 103 条の 2、会更法 148 条の 2 にも置かれています。

2　異議申立て

費用の予納を命ずる処分に対しては、その告知を受けた日から 1 週間の不変期間内に異議の申立てをすることができ（本条Ⅲ）、その申立てには執行停止の効力があります（本条Ⅳ）。

異議の申立てがあった場合は、裁判所が決定で判断します。異議の申立てに理由

があると認めたときは、裁判所は裁判所書記官の処分を取り消し、必要な場合には裁判所書記官に一定の処分を命じることができます。異議の申立てに理由がないと認めたときは、裁判所は当該申立てを却下します。異議の申立てに対する決定に対しては、不服申立てができません（破9）。不服がある場合には、費用の予納がない場合の却下決定（本条Ｖ）に対する即時抗告（本条Ⅵ）で争うことになります。

3 予納がない場合の措置

特別調査の対象となる破産債権を有する者が費用の予納をしないときは、裁判所は、決定で、その者がした破産債権の届出または届出事項の変更に係る届出を却下しなければなりません（本条Ｖ）。この却下決定に対しては即時抗告ができます（本条Ⅵ）。

文献 伊藤612頁、条解破産852頁、大コンメ499頁［井上一成］、倒産法概説381頁［山本和彦］、一問一答破産164頁、注釈破産（上）779頁［池田聡介］

第3款　期日における破産債権の調査

（一般調査期日における調査）
第121条 破産管財人は、一般調査期日が定められたときは、当該一般調査期日に出頭し、債権届出期間内に届出があった破産債権について、第117条第1項各号に掲げる事項についての認否をしなければならない。
2　届出をした破産債権者又はその代理人は、一般調査期日に出頭し、前項の破産債権についての同項に規定する事項について、異議を述べることができる。
3　破産者は、一般調査期日に出頭しなければならない。ただし、正当な事由があるときは、代理人を出頭させることができる。
4　前項本文の規定により出頭した破産者は、第1項の破産債権の額について、異議を述べることができる。
5　第3項本文の規定により出頭した破産者は、必要な事項に関し意見を述べなければならない。
6　前2項の規定は、第3項ただし書の代理人について準用する。
7　前各項の規定は、債権届出期間の経過後に届出があり、又は届出事項の変更があった破産債権について一般調査期日において調査をすることにつき破産管財人及び破産債権者の異議がない場合について準用する。
8　一般調査期日における破産債権の調査は、破産管財人が出頭しなければ、することができない。
9　裁判所は、一般調査期日を変更する決定をしたときは、その裁判書を破産管財人、破産者及び届出をした破産債権者（債権届出期間の経過前にあっては、知れている破産債権者）に送達しなければならない。
10　裁判所は、一般調査期日における破産債権の調査の延期又は続行の決定をしたときは、当該一般調査期日において言渡しをした場合を除き、その裁判書を破産管財人、破産者及び届出をした破産債権者に送達しなければならない。
11　第118条第4項及び第5項の規定は、前2項の規定による送達について準用す

> る。

基本事項
1 趣旨
　破産法の債権調査手続は、破産管財人による認否と利害関係のある破産者や破産債権者による異議によって進める手続です。本条は、一般調査期日での債権調査の方法とその期日の変更について定めています。

2 破産管財人の認否
　破産管財人は、裁判所によって一般調査期日が定められたときは、期日に出頭し、債権届出期間内に届出があった破産債権について認否をしなければなりません（本条Ⅰ）。

　一般調査期日とは、債権調査期日のうち、破産手続開始決定時に同時処分として定められるもの（破31Ⅰ③）をいい、債権届出期間の末日から1週間以上2か月以内の日で定められます（破規20Ⅰ④）。

　認否すべき事項（本条Ⅰ・117Ⅰ各号）は、一般調査期間の場合と同様です。

　期日における債権調査では、期間における債権調査と異なり、破産管財人は、期日に出頭しない破産債権者の破産債権について認めない旨の認否をしたときは、認否の内容を知っていることが明らかである場合を除き、当該破産債権者にその旨を通知しなければなりません（破規43Ⅳ）。期日による債権調査では、書類の閲覧により破産管財人の認否の内容を確認する機会が破産債権者に保障されず、破産債権者が債権査定申立て（破125Ⅰ）等を検討する機会が手続上当然には確保されていないからです（なお破規42Ⅰ参照）。

　債権調査は破産管財人が中心となって行うものですので、破産管財人が出頭しなければ、一般調査期日における破産債権の調査はできません（本条Ⅷ）。破産管財人が出頭しない場合には、破産管財人代理が出頭する場合を除き、期日を延期することになります。

　裁判所は、一般調査期日を定めた場合には、破産管財人に対して認否の予定を記載した書面（認否予定書）の提出を命じることができます（破規42Ⅰ）。認否書の作成は法律上要求されていませんが、破産管財人が債権調査期日に届出のあった多数の破産債権について認否を明らかにするためには、その予定を書面化することが合理的です。また、裁判所にとっても、認否の予定を事前に把握することは、債権調査期日の円滑な運営上有用です。ただし、期日の口頭による認否のみが効力を生じますので、破産管財人が一般調査期日で認否予定書と異なる認否をした場合は、期日での認否が効力を有します（大コンメ504頁［井上一成］）。

3 届出をした破産債権者の異議
　届出をした破産債権者またはその代理人は、一般調査期日に出頭し、破産管財人による認否の対象となる事項（破117Ⅰ各号）について、理由を付して、異議を述べることができます（本条Ⅱ、破規43Ⅰ・Ⅱ）。代理関係を明確にするために、代理人の権限は書面で証明しなければなりません（同条Ⅲ）。

4 破産者の出頭義務および異議

破産者は、破産債権について最も知識を有する者ですので、一般調査期日に出頭しなければなりませんし（本条Ⅲ本文）、出頭した破産者は必要な事項に関し意見を述べなければなりません（本条Ⅴ）。債権調査のために必要があるのに正当な事由なく破産者が出頭しないときは、裁判所は破産者を引致することができます（破38）。破産者は、正当な事由があるときは代理人を出席させることができますが（本条Ⅲただし書）、代理人の権限は書面で証明しなければなりません（破規43Ⅲ）。

出頭した破産者は、破産債権の額について異議を述べることができます。異議の範囲が破産債権の額に限定されている趣旨、異議には理由を付さなければならないこと、破産債権者に対して通知を要しないこと等は、一般調査期間の場合と同様です。

5 一般調査期日の変更・延期・続行

裁判所は、一般調査期日を変更することができますが、その決定をしたときは、その裁判書を破産管財人、破産者および届出をした破産債権者（債権届出期間の経過前の場合には知れている破産債権者）に送達しなければなりません（本条Ⅸ）。その趣旨や送達の方法は、一般調査期間の変更と同様です（本条ⅩⅠ）。

また、裁判所は、一般調査期日での破産債権の調査を延期または続行できます。延期とは、期日を始めたものの債権調査自体を実施しなかった場合に別の期日を定めることをいいます。また、続行とは、債権調査の一部を実施したものの調査を完了できなかった場合に別の期日を定めることをいいます（条解破産863頁）。裁判所がこの延期または続行を決定したときは、その裁判書を送達しなければなりません（本条Ⅹ）。もっとも、その期日において言渡しをした場合には送達は不要です。送達の方法は一般調査期間変更の場合と同様です（本条ⅩⅠ）。

文献 伊藤613頁、条解破産855頁、大コンメ501頁［井上一成］、倒産法概説382頁［山本和彦］、一問一答破産159頁、注釈破産（上）781頁［新宅正人］

（特別調査期日における調査）
第122条 裁判所は、債権届出期間の経過後、一般調査期間の満了前又は一般調査期日の終了前に届出があり、又は届出事項の変更があった破産債権について、必要があると認めるときは、その調査をするための期日（以下「特別調査期日」という。）を定めることができる。ただし、当該破産債権について、破産管財人が第117条第3項の規定により提出された認否書に同条第1項各号に掲げる事項の全部若しくは一部についての認否を記載している場合又は一般調査期日において調査をすることについて破産管財人及び破産債権者の異議がない場合は、この限りでない。

2　第119条第2項及び第3項、同条第6項において準用する第118条第3項から第5項まで、第120条並びに前条（第7項及び第9項を除く。）の規定は、前項本文の場合における特別調査期日について準用する。

基本事項

1 趣旨

特別調査期日の対象となる破産債権は、以下の通り、特別調査期間の場合と同様です。

第1は、債権届出期間経過後、一般調査期間の満了前または一般調査期日の終了前に届出があり、または届出事項に変更があった破産債権です（本条Ⅰ本文）。もっとも、破産管財人が一般調査期間のために提出した認否書（破117Ⅲ）で破産管財人がその全部もしくは一部の認否を記載している場合、または、一般調査期日で調査をすることについて破産管財人および破産債権者の異議がない場合は、一般調査期間や一般調査期日で調査できるので、特別調査期日を定める必要はありません（本条Ⅰただし書）。

第2は、一般調査期間の経過後もしくは一般調査期日の終了後の届出または届出事項の変更のうち一定のものです［具体的な内容は、☞破§119］。

2 特別調査期間および一般調査期日に関する規定の準用

特別調査期日の調査には、特別調査期間と一般調査期日の規定が準用されます（本条Ⅱ）。

文献 伊藤615頁、条解破産863頁、大コンメ507頁［井上一成］、倒産法概説382頁［山本和彦］、一問一答破産164頁・159頁、注釈破産（上）791頁［新宅正人］

（期日終了後の破産者の異議）
第123条 破産者がその責めに帰することができない事由によって一般調査期日又は特別調査期日に出頭することができなかったときは、破産者は、その事由が消滅した後1週間以内に限り、裁判所に対し、当該一般調査期日又は特別調査期日における調査に係る破産債権の額について、書面で、異議を述べることができる。
2 前項に規定する1週間の期間は、伸長し、又は短縮することができない。

基本事項

破産者が異議を述べた場合を除き、破産手続廃止後または破産手続終結後の破産債権者表の記載は、破産者に対して、確定判決と同一の効力を有します（破221Ⅰ）。ここにいう「確定判決と同一の効力」の意義に関し、当該効力に既判力を含むか否かについて学説上の争いがあります。もっとも、破産債権者表の記載が執行力を有することについては、明文で規定しています（同項後段）。そのため、破産債権者は、破産者が免責を得た場合を除き、破産債権者表に基づいて強制執行をすることができます（同項後段）。破産者の異議は、実際上、このような破産債権者表の執行力の発生を妨げる効果がありますので、異議を述べることができるかどうかはその後の破産者の生活にとって重要です。

そこで、本条は、破産者がその責めに帰することができない事由によって、債権調査期日に出頭することができなかったときは、1週間の不変期間に限り、異議を述べることを認めています（本条Ⅰ・Ⅱ）。

責めに帰することができない事由とは、天変地異、急病、破産者に関わりのない事故などにより、出頭による異議の申述を妨げられた場合をいいます（条解破産868頁）。自身が選任した代理人の帰責事由による場合は、本条に該当しないと解されています（条解破産868頁）。

　破産者は、その事由が消滅した後1週間以内に書面で異議を述べなければなりません。この期間は不変期間です。異議は書面で行い、書面には異議の内容と異議の理由を記載しなければなりません（破規44Ⅱ・39Ⅰ前段）。

　文　献　伊藤614頁注55、条解破産867頁、大コンメ509頁［井上一成］、一問一答破産159頁、注釈破産（上）794頁［池上哲朗］

第4款　破産債権の確定

> **（異議等のない破産債権の確定）**
> **第124条**　第117条第1項各号（第4号を除く。）に掲げる事項は、破産債権の調査において、破産管財人が認め、かつ、届出をした破産債権者が一般調査期間内若しくは特別調査期間内又は一般調査期日若しくは特別調査期日において異議を述べなかったときは、確定する。
> 2　裁判所書記官は、破産債権の調査の結果を破産債権者表に記載しなければならない。
> 3　第1項の規定により確定した事項についての破産債権者表の記載は、破産債権者の全員に対して確定判決と同一の効力を有する。

基本事項

　破産手続での破産債権の調査・確定手続は、破産管財人による認否と利害関係のある破産者や届出破産債権者による異議によって行われます。

　具体的には、破産債権の内容であるその額、優先権の有無等、破産法117条1項各号（4号を除く）の事項は、債権調査手続において、破産管財人が認め、かつ、届出をした破産債権者が異議を述べなかった場合に確定します（本条Ⅰ）［☞**論点解説**　**1**］。破産法117条1項4号が除かれていますので、同号が定める予定不足額は届出事項や調査事項となりますし、議決権の額にもなりますが（破140Ⅰ②括弧書）、確定はしません。

　破産者も異議を述べることができますが、破産債権の確定を阻止する効果はありません（本条Ⅰ参照）。実際上、破産債権者表に基づく強制執行を阻止する意義があるにすぎません（破221Ⅱ）。

　なお、破産管財人が認めない旨の認否から認める旨に変更することや、異議を述べた破産債権者が異議を撤回することは可能です（破規38・39Ⅲ・44Ⅰ前段）。この場合、変更や撤回をした時点で破産債権が確定することになります。

　確定した破産債権の内容は、破産債権者表に記載されます（本条Ⅱ）［☞**論点解説**　**2**］。この破産債権者表の記載は、破産手続上、集団的に権利関係を処理し、

配当の基準として関係者が争う余地をなくすため、全破産債権者との関係で確定判決と同一の効力を有します（本条Ⅲ）[☞ **論点解説** ③]。

なお、本条と同趣旨の規定が民再法 104 条、会更法 150 条にも置かれています。

論点解説

①　債権者の異議と時効の中断　　執行力のある債務名義または終局判決を有しない破産債権者の届出債権について、破産管財人または他の債権者が異議を述べた場合、当該破産債権の届出による時効中断の効力に影響を及ぼすかが問題となります。

この問題について、最判昭和 57・1・29（民集 36 巻 1 号 105 頁［百選［70］]）は、破産管財人等から異議を述べた届出債権について、破産債権者は届出によって破産手続に参加し、その権利を行使しているため、債権調査期日に破産管財人または他の債権者が異議を述べても、破産債権の届出による時効中断の効力には何ら影響しないと判示しています。

②　債権者表への記載と時効期間

破産債権者の破産会社に対する債権が退職金債権である場合、破産債権者表に記載された当該破産債権（退職金債権）の消滅時効について、民法 174 条の 2 第 1 項が適用されるのか、民法 174 条 1 号または労働基準法 115 条が適用されるのかが問題となります。

この問題について、最判昭 44・9・2（民集 23 巻 9 号 1461 頁［百選 3 版［113]]）は、破産債権としての退職金債権について、破産債権者表の記載は確定判決と同一の効力を有するので、その消滅時効の期間は、民法 174 条 1 号や労働基準法 115 条ではなく、民法 174 条の 2 第 1 項により 10 年となると判示しています。

③　確定判決と同一の効力の意義

本条 1 項により確定した事項についての破産債権者表の記載が債務名義となり（民執 23 ⑦）、執行力を有することについては争いがありません。もっとも、本条 3 項が規定する破産債権者表の記載の「確定判決と同一の効力」の意義について、既判力を含むものであるか否か争いがあります。この点については、既判力を肯定する見解、既判力を否定する見解、破産手続内での特別の拘束力であり、これを既判力と呼ぶかどうかは言葉の問題であるとする見解等がありますが、既判力を肯定する見解が通説的見解です。この通説的見解は、既判力によって破産手続外でも債権の存在や内容を争うことはできないとすることで、破産手続への信頼性を高めるべきであること等を根拠としています。既判力を否定または制限する見解は、破産手続における債権の確定は判決手続に比べて慎重さを欠くこと等を根拠としています（詳細は、大コンメ 516 頁［橋本都月］、条解破産 876 頁参照）。

判例　大判昭 16・12・27 民集 20 巻 1510 頁［百選初版［58]］、最判平 7・3・23 民集 49 巻 3 号 984 頁

文献　伊藤 616 頁、条解破産 869 頁、大コンメ 511 頁［橋本都月］

（破産債権査定決定）
第125条 破産債権の調査において、破産債権の額又は優先的破産債権、劣後的破産債権若しくは約定劣後破産債権であるかどうかの別（以下この条及び第127条第1項において「額等」という。）について破産管財人が認めず、又は届出をした破産債権者が異議を述べた場合には、当該破産債権（以下「異議等のある破産債権」という。）を有する破産債権者は、その額等の確定のために、当該破産管財人及び当該異議を述べた届出をした破産債権者（以下この款において「異議者等」という。）の全員を相手方として、裁判所に、その額等についての査定の申立て（以下「破産債権査定申立て」という。）をすることができる。ただし、第127条第1項並びに第129条第1項及び第2項の場合は、この限りでない。
2　破産債権査定申立ては、異議等のある破産債権に係る一般調査期間若しくは特別調査期間の末日又は一般調査期日若しくは特別調査期日から1月の不変期間内にしなければならない。
3　破産債権査定申立てがあった場合には、裁判所は、これを不適法として却下する場合を除き、決定で、異議等のある破産債権の存否及び額等を査定する裁判（次項において「破産債権査定決定」という。）をしなければならない。
4　裁判所は、破産債権査定決定をする場合には、異議者等を審尋しなければならない。
5　破産債権査定申立てについての決定があった場合には、その裁判書を当事者に送達しなければならない。この場合においては、第10条第3項本文の規定は、適用しない。

基本事項

1　趣旨

　破産債権の額等について、破産管財人が認めず、あるいは届出破産債権者が異議を述べた場合、このような異議等のある破産債権（本条Ⅰ）は確定しません。もっとも、配当手続を予定する破産手続では、破産債権の内容を確定させずに手続を進めることができません。また、常に破産手続とは別個の訴訟手続によって破産債権の内容を確定するとした場合には、迅速に破産手続を進めることができません。
　そこで、本条は、一次的には裁判所（現に破産事件を担当する機関である裁判体）が破産手続上の決定手続によって破産債権の内容を判断することとし、破産債権査定申立ての制度を設けています［☞ **論点解説** ①・②］。
　なお、本条と同趣旨の規定が、民再法105条、会更法151条にも置かれています。

2　要件

　破産管財人が認めず、または届出破産債権者が異議を述べた場合、異議等のある破産債権を有する破産債権者が額等を確定させるためには、異議者等の全員を相手方として、裁判所に、破産債権査定申立てを行う必要があります（本条Ⅰ本文）。ただし、異議等のある破産債権について、破産手続開始当時に訴訟が係属する場合や執行力ある債務名義がある場合には、既存の訴訟手続を受継する等の方法によります（同条ただし書・127Ⅰ・129Ⅰ・Ⅱ）。破産債権査定申立ては、債権調査期間の末日や

債権調査期日から1か月の不変期間内に行わなければなりません（本条Ⅱ）。この不変期間を徒過したときは、破産管財人が認めず、または破産債権者が異議を述べた部分については破産手続に参加できません。

なお、期日方式では破産管財人や裁判所書記官による通知（破規43Ⅳ・Ⅴ。破産管財人が認否予定書〔破規42〕を提出している場合にはその閲覧〔破11Ⅰ〕も含む）によって、期間方式では認否書の閲覧（破11Ⅰ）と裁判所書記官による通知（破規39Ⅱ）によって、それぞれ、届出破産債権者が破産債権査定申立てを検討する機会を確保しています。

3　査定の裁判

裁判所は、査定の申立てを不適法として却下する場合を除いて査定の裁判を行い、債権の存否や内容を定めます（本条Ⅲ）。査定の裁判では、異議者等を審尋する必要がありますが（本条Ⅳ）、査定の申立てを不適法として却下する場合には審尋は不要です。

査定の申立てについての裁判の裁判書は、当事者に送達する必要があり、公告によって送達に代えることはできません（本条Ⅴ）。

論点解説

1　破産債権査定申立ての代替方法　本条による破産債権査定申立ての制度は破産債権を確定させるための制度です。ここで、破産債権査定申立てに代えて、通常の確認訴訟等により破産債権を確定させることができるかが問題となります。この点については、破産債権査定申立ての制度は破産債権確定の簡易・迅速化を図るために設けられたという立法経緯から、例えば、通常の確認訴訟や民事調停（民調2）、訴え提起前の和解（民訴275）、手形小切手訴訟（民訴350）、少額訴訟（民訴368）を本条の破産債権査定申立てに代えることはできないと解されています。もっとも、仲裁手続、労働審判手続については、これを本条の破産債権査定申立てに代えることができるか議論があります（条解破産885頁）。

仲裁手続については、破産手続開始前に破産者と債権者との間に仲裁契約が締結されているときに、破産債権査定申立てに代えて仲裁申立てによって破産債権を確定できるか否か問題となります。この点については、破産管財人も破産者が締結していた仲裁契約に拘束されるため、債権者が仲裁申立てをした場合にはこれに拘束され、仲裁申立てによって破産債権を確定できるとする見解と、仲裁契約も双方未履行双務契約（破53Ⅰ）であるため破産管財人はこれを解除できる、あるいは仲裁法13条1項が定める「法令に別段の定めがある場合」に該当するため破産手続開始決定により仲裁契約は当然に失効するとして、破産管財人は仲裁契約に拘束されないとする見解があります。

労働審判手続についても、これを破産債権査定申立てに代替することができるかが問題となります。この点については、労働審判手続は個別労働関係民事紛争について、紛争の実情に即した迅速、適正かつ実効的な解決を図る手続である（労審1）ことから代替することができるとする見解と、労働債権について他の破産債権と異

なる扱いを認めるべきではないとして代替することができないとする見解があります。

2 異議を述べなかった債権者による補助参加の可否
破産債権査定申立ては平成16年改正前の債権確定訴訟を引き継ぐものですので、利害関係人の参加を認める補助参加に関する規定（民訴42）が準用されると解されています。もっとも、債権調査手続において異議を述べなかった破産債権者が破産債権査定申立てについて補助参加（同条）することができるか、すなわち、補助参加についての利害関係を認めることができるか否か問題となります。この点について、多数説は、債権確定手続の結果は破産債権者全員に対して及ぶことを根拠に利害関係を肯定しています（条解破産887頁参照）。なお、この問題は破産債権査定異議の訴えについての補助参加と同様に考えられていますので、破産法126条の論点解説も参照してください。

文献 伊藤620頁・632頁、条解破産881頁、大コンメ521頁［橋本都月］、一問一答破産167頁・169頁、注釈破産（上）807頁［増市徹］

（破産債権査定申立てについての決定に対する異議の訴え）
第126条 破産債権査定申立てについての決定に不服がある者は、その送達を受けた日から1月の不変期間内に、異議の訴え（以下「破産債権査定異議の訴え」という。）を提起することができる。
2 破産債権査定異議の訴えは、破産裁判所が管轄する。
3 破産債権査定異議の訴えが提起された第一審裁判所は、破産裁判所が破産事件を管轄することの根拠となる法令上の規定が第5条第8項又は第9項の規定のみである場合（破産裁判所が第7条第4号の規定により破産事件の移送を受けた場合において、移送を受けたことの根拠となる規定が同号ロ又はハの規定のみであるときを含む。）において、著しい損害又は遅滞を避けるため必要があると認めるときは、前項の規定にかかわらず、職権で、当該破産債権査定異議の訴えに係る訴訟を第5条第1項に規定する地方裁判所（同項に規定する地方裁判所がない場合にあっては、同条第2項に規定する地方裁判所）に移送することができる。
4 破産債権査定異議の訴えは、これを提起する者が、異議等のある破産債権を有する破産債権者であるときは異議者等の全員を、当該異議者等であるときは当該破産債権者を、それぞれ被告としなければならない。
5 破産債権査定異議の訴えの口頭弁論は、第1項の期間を経過した後でなければ開始することができない。
6 同一の破産債権に関し破産債権査定異議の訴えが数個同時に係属するときは、弁論及び裁判は、併合してしなければならない。この場合においては、民事訴訟法第40条第1項から第3項までの規定を準用する。
7 破産債権査定異議の訴えについての判決においては、訴えを不適法として却下する場合を除き、破産債権査定申立てについての決定を認可し、又は変更する。

基本事項
1　趣旨

　異議等のある破産債権（破125 I）を有する債権者が破産手続に参加するためには、有名義債権等の場合を除き（破127 I・129 I・II）、裁判所に対して破産債権の査定を申し立てることが必要です。有名義債権とは、執行力ある債務名義または終局判決のある債権をいいます。破産債権査定申立てに基づく破産債権査定決定は実体的な権利内容に関わるものですので、最終的には訴訟手続によって解決せざるを得ません。

　そこで、本条は、破産債権査定申立てについての決定に不服がある場合には、破産債権査定異議の訴えを提起すべきこととして、その手続を定めています。

　なお、本条と同趣旨の規定が、民再法106条、会更法152条にも置かれています。

2　要件

　破産債権査定異議の訴えは、破産債権査定申立てについての決定の送達を受けた日から1か月間の不変期間内に提起しなければなりません（本条I）。管轄は、破産裁判所の専属管轄です（本条II）。もっとも、破産裁判所が破産事件を管轄する法令上の根拠が、大規模事件の土地管轄（破5 VIII）、特大規模事件の土地管轄（同条IX）のみである場合（破産法7条4号の規定による破産事件の移送を受けた場合を含む）には、著しい損害または遅滞を避けるため必要があると認めるときには、受訴裁判所は職権で破産法5条1項に規定する地方裁判所に移送することができます（本条III）。

　異議等のある破産債権（破125 I）を有する破産債権者が破産債権査定異議の訴えを提起するときは、異議者等（同項）の全員を被告としなければなりません。異議者等が破産債権査定異議の訴えを提起するときは、異議等のある破産債権（同項）を有する破産債権者を被告としなければなりません（本条IV）[☞ **論点解説**]。

　同一の破産債権に対して複数の異議の訴えが提起される場合があります。この場合には、判断を合一的に確定させるために一体的な審理と判断が必要です。そのため、異議の訴えを提起できる間は口頭弁論の開始を禁止した（本条V）上、弁論および裁判を併合することとし、かつ、必要的共同訴訟に関する規定（民訴40 I-III）を準用しています（本条VI）。

3　異議の訴えの判決

　異議の訴えの判決では、訴えを不適法として却下する場合（例えば、本条1項が定める出訴期間経過後の訴えである場合等）を除いて、査定の申立ての裁判を認可、または変更することになります（本条VII）。

　査定の申立ての裁判を変更する場合とは、破産債権の存在や額等の一部を変更する場合、破産債権が存在しない旨の査定の裁判を取り消して、新たに再生債権の存在や額等を認定する場合、破産債権の存在や額等を認容した査定の裁判を取消し、破産債権が存在しない旨の認定をする場合等をいいます（条解破産528頁）。

論点解説
異議を述べなかった破産債権者の補助参加の可否　　債権調査手続において異議を

述べなかった破産債権者が、破産債権査定異議の訴えにおいて異議者等の側に補助参加できるか否か問題となります。

多数説は、債権調査で異議を述べなかった破産債権者も破産債権査定異議の訴えの異議者等の側に補助参加できると解しています。訴えの結果次第では、そのような破産債権者の配当額が影響を受けることから、多数説は利害関係（民訴42）を認めています。他方、この影響は事実上の利益にすぎないとし、異議を述べない以上、異議権を失っており、利害関係はないとする見解も有力です（詳細は、条解破産893頁、伊藤623頁注70）。

文献 伊藤622頁、条解破産889頁、大コンメ525頁［橋本都月］、一問一答破産167頁・169頁、注釈破産（上）814頁［服部敬］

（異議等のある破産債権に関する訴訟の受継）
第127条 異議等のある破産債権に関し破産手続開始当時訴訟が係属する場合において、破産債権者がその額等の確定を求めようとするときは、異議者等の全員を当該訴訟の相手方として、訴訟手続の受継の申立てをしなければならない。
2　第125条第2項の規定は、前項の申立てについて準用する。

基本事項

1　趣旨

破産手続開始決定によって、破産者を当事者とする破産財団に関する訴訟は中断します（破44Ⅰ）。この訴訟には、破産財団に帰属する財産に関するものと破産債権に関するものが含まれています。破産債権に関する訴訟が係属していたとしても、破産管財人が当該破産債権を認め、かつ、届出をした破産債権者が異議を述べずに破産債権が確定すれば（破124Ⅰ）、破産手続を進めることができます。もっとも、破産債権が確定しない場合には、手続を進めるためにこれを確定させる必要があります。

ところで、破産手続開始当時に訴訟が係属する異議等のある破産債権については、破産債権の査定手続（破125Ⅰ）を利用するよりも、中断していた訴訟を利用するほうが訴訟経済に合致します。また、公平の観点から、破産管財人や破産債権者は破産手続開始前の訴訟法上の行為に拘束されるべきであるともいえます。

そこで、本条1項は、破産手続開始当時、異議等のある破産債権に関する訴訟が係属する場合、破産債権者は、破産債権査定申立てではなく、異議者等の全員を相手方として、訴訟手続の受継の申立てをしなければならないとしています［☞**より深く学ぶ**］。

なお、本条と同趣旨の規定が、民再法107条、会更法156条にも置かれています。

2　要件等

受継の対象となる訴訟は破産債権に関する訴訟であればよく、給付訴訟、債権の確認訴訟および債務の不存在確認訴訟も対象になります［☞**論点解説**　1］。また、この訴訟は、破産債権として届け出た実体法上の請求権を訴訟物とする訴訟を意味

します（条解会更（中）758頁）［☞ **論点解説** ②］。

　受継後の訴訟では破産債権の額等（破125Ⅰ。破産法117条1項4号の内容は含まれていない）が確定できればよいので、その限度で、請求の趣旨を給付請求から確認請求に変更する等の対応が必要になります。

　申立期間については破産債権査定申立ての規定が準用されていますので、破産債権者は債権調査の終了から1か月の不変期間内に受継を申し立てることが必要です（本条Ⅱ）。期限を徒過した場合には、異議等のある破産債権部分について、債権届出がなかった場合と同様の状態になると解されています（条解破産904頁）。

　受継によって従来の訴訟状態はそのまま引き継がれますが、受継した破産管財人は否認権の行使を妨げられず、破産管財人が否認権を抗弁として主張した場合には（破173Ⅰ）、否認権行使の効果と抵触する限度で従前の訴訟状態に拘束されないと解されています（条解会更（中）764頁）。

論点解説

① 破産手続に関する訴訟の該当性　　調停手続や仲裁手続、労働審判手続等が本条に定める「訴訟」に該当するのかどうか議論されています（条解破産897頁）。破産債権査定申立ての代替に関する議論と同様に、仲裁手続については、破産開始決定前の破産者と債権者との仲裁契約に破産管財人が拘束されると解するか否かによって結論が分かれ、労働審判手続については、労働審判手続の迅速性や実効性を重視するか、労働債権と他の破産債権とで取扱いを異にすべきでないという要請を重視するかによって結論が分かれます［詳細は、☞破§125 **論点解説** ①］。

② 請求権競合の場合と受継　　破産手続開始当時係属する訴訟の訴訟物と破産債権者が破産手続で届け出た請求権の訴訟物とが請求権競合の関係にある場合、新訴訟物理論の立場では訴訟物は同一ですので、訴訟手続を受継することによって破産債権を確定させることになります。これに対して旧訴訟物理論の立場では訴訟物が異なりますので、破産債権の確定は、受継の申立てではなく、破産債権査定申立てによるとする結論に親和性があるといえるでしょう。しかし、請求権が競合する場合、訴訟資料の共通性からすれば既存の訴訟手続を利用するほうが有用であるとして、旧訴訟物理論の立場からも訴訟の受継を許容する見解（伊藤625頁注75）が有力です。

より深く学ぶ

相手方からの受継申立ての可否　　民訴法126条は、相手方からの受継の申立てができる旨を規定しています。しかし、異議等を受けた破産債権者が受継に反対したときは、債権の確定を求めるのは異議等を受けた破産債権者の自由であるとして、相手方となる異議者等からの受継の申立ては却下すべきであると考えられています（条解破産901頁）。

　判例　最判昭61・4・11民集40巻3号558頁［百選［71］］、最判昭59・5・17判タ530号139頁［百選［81］］、広島高判平9・12・2判タ1008号258頁

文献 伊藤 624 頁、条解破産 895 頁、大コンメ 530 頁 [橋本都月]、注釈破産（上）820 頁 [木村真也]

> **（主張の制限）**
> **第 128 条** 破産債権査定申立てに係る査定の手続又は破産債権査定異議の訴えの提起若しくは前条第 1 項の規定による受継に係る訴訟手続においては、破産債権者は、異議等のある破産債権についての第 111 条第 1 項第 1 号から第 3 号までに掲げる事項について、破産債権者表に記載されている事項のみを主張することができる。

基本事項

　破産法上の債権調査・確定手続は、すべての届出破産債権者がその手続に関与することによって債権確定手続の正当性を担保しています。

　異議等のある破産債権（破産債権の調査において、破産債権の額または優先的破産債権、劣後的破産債権もしくは約定劣後破産債権であるかどうかの別について破産管財人が認めず、または届出をした破産債権者が異議を述べた場合の当該破産債権をいう。破 125 Ⅰ）は、破産債権査定手続、破産債権査定異議の訴えまたは破産債権確定訴訟として受継される訴訟によって確定します。異議を述べなかった破産債権者の補助参加については議論がありますが［☞破§125・§126］、いずれにしても、これらの手続は関与する各当事者間のみで進められるものです。そのため、異議等のある破産債権を有する破産債権者が異議を述べなかった関係者が知り得ない事項を主張できるとすると、そのような関係者が手続に関与したとは評価できないこととなります。そこで、本条は、異議等のある破産債権を有する破産債権者は、前記の手続において、破産債権者表に記載されている事項のみ［☞ **論点解説**］を主張できることとし、その記載と異なる発生原因や金額等の主張を制限しています。

　主張が制限されるのは、異議等のある破産債権（破 125 Ⅰ）を有する破産債権者です。異議者等（異議等のある破産債権に関し、その額等について認めなかった破産管財人および異議を述べた届出をした破産債権者をいう。同項）が破産管財人であれば、制約を受けることなく、破産者が主張できるすべての抗弁を主張できます。

　なお、本条と同趣旨の規定が、民再法 108 条、会更法 157 条にも置かれています。

論点解説

制限される主張の程度　　前述の通り、本条は、異議等のある破産債権を有する破産債権者は、前記の手続において、破産債権者表に記載されている事項のみを主張することができると規定しています。もっとも、この主張制限をあまりに厳格に解すると破産債権者に困難な債権届出を強いる結果となるため、主張制限をどの程度まで認めるかについて、議論があります。

　この点、参考となる更生事件と再生事件に関する裁判例があります。

　次の 3 つの裁判例は本条と同様の趣旨の規定である旧会更法 150 条に関するもの

です。1つ目は、更生債権者表または更生担保権者表に記載されている事項と更生債権または更生担保権確定の訴えにおいてする主張に係る権利の実質的関係が同一であれば主張を許容すべきであるとしつつ、ゴルフ会員権に基づく預託金返還請求権が更生債権者表に記載されている事案について、金額がその記載額を超えている上、経済的・社会的な利益が別個であるとして、予備的請求として主張した不当利得返還請求権を認めなかった裁判例（大阪高判昭55・2・21金判599号35頁）です。2つ目は、更生債権者表に記載されている事項と更生債権確定の訴えにおいて主張する債権の権利の実質関係を同じくし、かつ、給付内容、数額を等しくする限り主張を許容すべきであるとして、ゴルフ施設利用権等倶楽部規約に基づく一切の権利といった記載が更生債権者表にあった事案について、予備的請求として主張した預託金返還請求権を認めた裁判例（大阪高判昭56・6・25判時1031号165頁）です。3つ目は、更生債権者表に記載されている事項と更生債権確定の訴えにおいて主張する債権が実体法上は別の権利であっても、給付の内容が等しく、社会的経済的に同一の利益を目的とする権利については主張を許容できるとして、金額が等しく、債権者表に貸金債権という記載があった事案について、社会的経済的に同一の利益を目的にしているとして、予備的請求として主張した不当利得返還請求権を認めた裁判例（大阪高判昭56・12・25判時1048号150頁）です。

　本条と同様の趣旨の規定である民再法108条に関する裁判例として、損害賠償金および遅延損害金等が再生債権者表に記載されている事案について、同条の規定内容を踏まえ、当該請求に関する訴訟において訴えを追加的に変更して請負代金請求権を追加することは民訴法143条4項によって許されないとした裁判例（仙台高判平16・12・28判タ1210号305頁）があります。

　学説上は主張制限をどの程度まで認めるかにつき議論がありますが、社会的経済的な同一性があればその主張を許容する見解が有力です（詳細は、条解破産905頁）。

文　献　伊藤626頁、条解破産904頁、大コンメ532頁［橋本都月］、注釈破産（上）828頁［中西達也］

（執行力ある債務名義のある債権等に対する異議の主張）

第129条　異議等のある破産債権のうち執行力ある債務名義又は終局判決のあるものについては、異議者等は、破産者がすることのできる訴訟手続によってのみ、異議を主張することができる。

2　前項に規定する異議等のある破産債権に関し破産手続開始当時訴訟が係属する場合において、同項の異議者等が同項の規定による異議を主張しようとするときは、当該異議者等は、当該破産債権を有する破産債権者を相手方とする訴訟手続を受け継がなければならない。

3　第125条第2項の規定は第1項の規定による異議の主張又は前項の規定による受継について、第126条第5項及び第6項並びに前条の規定は前2項の場合について準用する。この場合においては、第126条第5項中「第1項の期間」とあるのは、「異議等のある破産債権に係る一般調査期間若しくは特別調査期間の末日又

> は一般調査期日若しくは特別調査期日から1月の不変期間」と読み替えるものとする。
> 4 前項において準用する第125条第2項に規定する期間内に第1項の規定による異議の主張又は第2項の規定による受継がされなかった場合には、異議者等が破産債権者であるときは第118条第1項、第119条第5項又は第121条第2項（同条第7項又は第122条第2項において準用する場合を含む。）の異議はなかったものとみなし、異議者等が破産管財人であるときは破産管財人においてその破産債権を認めたものとみなす。

基本事項

1 趣旨

　執行力ある債務名義のある破産債権は、破産手続開始決定によって破産財団に属する財産に対する強制執行が禁止されなければ（破42 I）、直ちに強制執行ができます。終局判決のある破産債権は、すでに訴訟手続を経て判決に至っている以上、権利の存在が推定されます。このような、いわゆる有名義債権者が得ている訴訟上の地位を無名義債権者と同様とすることは破産手続上も望ましくありません。

　そこで、本条1項は、本来であれば権利を主張する側が当該権利の存在を主張立証すべきところを起訴責任を転換し、有名義債権については、異議者等（破125 I）の側が必要な手続を申し立てなければならないこととし、かつ、破産者がすることのできる訴訟手続によってのみ異議を主張することができることとしました。例えば、確定判決のある破産債権の場合には、判決の更正申立て（民訴257）や再審の訴え（民訴338条）といった手続が、これに該当します。

　また、本条2項は、異議等のある有名義債権について、破産手続開始当時訴訟が係属する場合には、訴訟経済上の合理性等から、異議を主張する者は従前の訴訟手続を受け継がなければならないこととしています。

　なお、本条と同趣旨の規定が、民再法109条、会更法158条にも置かれています。

2 要件等

　債務名義については民事執行法22条が定めています。執行力ある債務名義とは、直ちに執行できることを予定しており、少額訴訟の確定判決等の例外を除いて、執行文を付与された債務名義を意味します（民執25 I。会更法に関する最判昭41・4・14民集20巻4号584頁参照）［☞ **より深く学ぶ** **1**］。

　終局判決は、届出破産債権の存在を訴訟物として認めるものや、これに準じるものであればよいとされています。給付判決に限られませんので、債務存在確認判決や債務不存在確認棄却判決、請求異議棄却判決等も含みます。終局判決であればよいので、確定している必要はありません［☞ **より深く学ぶ** **2**］。

　本条3項によって破産法125条2項が準用されていますので、本条1項による訴訟や本条2項による訴訟の受継は、異議等のある破産債権に係る調査手続の終了から1か月の不変期間内に行わなければなりません。また、破産法126条5項および6項も準用され、同一の破産債権に対して複数の異議による訴訟が継続する場合で

も一体的審理を行い、合一的確定を可能にしています。

　1か月の不変期間内に訴訟手続による異議の主張や受継を行わなかった場合には、異議者等（破125Ⅰ）が破産債権者である場合には異議がなかったものとみなされ、異議者等が破産管財人である場合には当該破産債権を認めたものとみなされます（本条Ⅳ）ので、当該破産債権は確定します（破124Ⅰ）。

より深く学ぶ

1　破産手続開始後の執行文付与　　破産手続開始前の債務名義について、破産手続開始後に執行文の付与を受けることができるのかどうか、また、執行文付与を受けたときに本条1項にいう「異議等のある破産債権のうち執行力ある債務名義」（有名義債権）として扱われるかどうかにつき、議論があります。否定説は、破産手続開始後は破産手続外での破産債権の権利行使が禁じられること（破100Ⅰ）等を根拠としています。肯定説は、執行文付与は破産者に対する執行行為ではないため、破産手続開始後の執行文付与は破産法100条1項に違反するものではないこと等を根拠としています（詳細は、伊藤627頁、条解破産910頁、大コンメ538頁［橋本都月］参照）。

2　終局判決に準じる文書　　確定判決と同一の効力を有するもの（民執22⑦）のうち、和解・認諾調書（民訴267）、調停調書（民調16）については、「終局判決」と同様に取り扱われるか否か議論があります。条文上の文言を根拠に、これらの文書を「終局判決」に準じて扱い、執行文の付与を要しないとする見解（伊藤628頁）が有力です。もっとも、本条1項を設けた根拠は裁判所の判断によって債権の存在が高度に推定されることにあるとし、これらの文書は「終局判決」と同視できず、本条1項を適用するためには、執行証書（民執22⑤）等と同様に執行文の付与を受けて「執行力ある債務名義」となることが必要であるとする見解（大コンメ539頁［橋本都月］）もあります。

　文　献　　伊藤627頁、条解破産908頁、大コンメ537頁［橋本都月］、注釈破産（上）832頁［阿多博文］

（破産債権の確定に関する訴訟の結果の記載）
第130条　裁判所書記官は、破産管財人又は破産債権者の申立てにより、破産債権の確定に関する訴訟の結果（破産債権査定申立てについての決定に対する破産債権査定異議の訴えが、第126条第1項に規定する期間内に提起されなかったとき、又は却下されたときは、当該決定の内容）を破産債権者表に記載しなければならない。

基本事項

　破産手続上、破産法124条1項を経て、裁判所書記官が破産債権の調査の結果を破産債権者表に記載すると、同項により確定した事項についての破産債権者表の記載は、破産債権者全員に対して確定判決と同一の効力を有します（破124Ⅲ）。

　破産債権査定異議の訴え等の訴訟は、破産事件を担当する裁判体と異なる裁判体

で審理します（破126Ⅱ・2Ⅲ参照）。そのため、破産事件を担当する裁判所書記官は、異議等のある破産債権に関する破産債権査定異議の訴え等の結果を知り得ません（破126Ⅰ参照）。裁判所書記官は破産債権者表の作成者ですが（破115Ⅰ）、異議等のない破産債権のように、職権で破産債権者表に記載することはできません（破124Ⅱ参照）。

そこで、本条は、破産債権の確定に関する訴訟の結果について、当事者である破産管財人や異議等のある破産債権を有する破産債権者の申立てによって、裁判所書記官が破産債権者表に記載することとしています。

なお、訴訟の結果とは、確定した終局判決のことを意味します。訴訟の結果自体が破産債権者の全員に効力を有しますので（破131Ⅰ）、破産法124条2項とは異なって、この場合の破産債権者表への記載は確認的なものにすぎません。

なお、本条と同趣旨の規定が民再法110条、会更法160条にも置かれています。

文　献　伊藤633頁、条解破産917頁、大コンメ541頁［橋本都月］、注釈破産（上）840頁［柴田憲史］

（破産債権の確定に関する訴訟の判決等の効力）
第131条　破産債権の確定に関する訴訟についてした判決は、破産債権者の全員に対して、その効力を有する。
2　破産債権査定申立てについての決定に対する破産債権査定異議の訴えが、第126条第1項に規定する期間内に提起されなかったとき、又は却下されたときは、当該決定は、破産債権者の全員に対して、確定判決と同一の効力を有する。

基本事項

集団的処理手続である破産手続では、破産債権の内容について合一的に処理する必要があります。また、届出破産債権者は、債権調査手続で異議を述べる機会が付与されていますので、実際に異議を述べなかったとしても、破産債権確定訴訟の結果に拘束されることが不利益であるとはいえません。

そこで、本条1項は、訴訟当事者のみを拘束するという判決効の一般通則（民訴115）の特則として、破産債権確定訴訟の判決の効力は破産債権者の全員に及ぶこととしています［☞ **論点解説**］。

また、同様に、本条2項は、破産債権査定決定が出訴期間の経過または却下により確定した場合には、当該決定は破産債権者の全員に対して確定判決と同一の効力を有することとしています。

なお、本条と同趣旨の規定が民再法111条、会更法161条にも置かれています。

論点解説

拡張される判決の効力　破産法124条3項にいう「効力」と同様に、本条1項に規定する「効力」の性質については、既判力であるかどうか議論があります（詳細は、条解破産921頁、大コンメ543頁［橋本都月］参照）。本条1項が「破産債権の確定に関す

る訴訟についてした判決」と定めていることから、訴訟の当事者間はもちろん、当事者ではない破産債権者に拡張される効力も既判力であるとする見解が有力です。

なお、破産法124条3項にいう「効力」の法的性質は本条1項とは別異に考えるべきであるとの指摘があります。(条解破産921頁)。

文　献　伊藤633頁、条解破産919頁、大コンメ542頁〔橋本都月〕、注釈破産（上）842頁〔赫高規〕

（訴訟費用の償還）
第132条　破産財団が破産債権の確定に関する訴訟（破産債権査定申立てについての決定を含む。）によって利益を受けたときは、異議を主張した破産債権者は、その利益の限度において財団債権者として訴訟費用の償還を請求することができる。

基本事項

異議を述べた破産債権者が破産債権確定訴訟で勝訴した場合、破産財団は敗訴した破産債権者への配当を免れ、他の破産債権者は配当額の増加という利益を得ることになります。このような場合、異議を主張した破産債権者は、自ら訴訟費用を負担して共益的な訴訟を遂行したといえます。

そこで、本条はこの共益的な性質を考慮して、異議を主張した破産債権者は、破産財団が利益を受けた限度で、財団債権者として訴訟費用の償還を受けることができるとしています。

なお、本条と同趣旨の規定が民再法112条、会更法162条にも置かれています。

文　献　伊藤634頁、条解破産923頁、大コンメ544頁〔橋本都月〕、注釈破産（上）845頁〔田中祥博〕

（破産手続終了の場合における破産債権の確定手続の取扱い）
第133条　破産手続が終了した際現に係属する破産債権査定申立ての手続は、破産手続開始の決定の取消し又は破産手続廃止の決定の確定により破産手続が終了したときは終了するものとし、破産手続終結の決定により破産手続が終了したときは引き続き係属するものとする。
2　破産手続終結の決定により破産手続が終了した場合において、破産手続終了後に破産債権査定申立てについての決定があったときは、第126条第1項の規定により破産債権査定異議の訴えを提起することができる。
3　破産手続が終了した際現に係属する破産債権査定異議の訴えに係る訴訟手続又は第127条第1項若しくは第129条第2項の規定による受継があった訴訟手続であって、破産管財人が当事者であるものは、破産手続終結の決定により破産手続が終了したときは、第44条第4項の規定にかかわらず、中断しないものとする。
4　破産手続が終了した際現に係属する破産債権査定異議の訴えに係る訴訟手続であって、破産管財人が当事者でないものは、破産手続開始の決定の取消し又は破産手続廃止の決定の確定により破産手続が終了したときは終了するものとし、破

産手続終結の決定により破産手続が終了したときは引き続き係属するものとする。
5 　破産手続が終了した際現に係属する第127条第1項又は第129条第2項の規定による受継があった訴訟手続であって、破産管財人が当事者でないものは、破産手続開始の決定の取消し又は破産手続廃止の決定の確定により破産手続が終了したときは中断するものとし、破産手続終結の決定により破産手続が終了したときは引き続き係属するものとする。
6 　前項の規定により訴訟手続が中断する場合においては、第44条第5項の規定を準用する。

基本事項

本条は、破産手続が終了したときに係属する破産債権確定手続の帰趨を定めています。本条と同趣旨の規定が民再法112条の2、会更法163条にも置かれています。

破産債権確定手続には、①破産債権査定申立てによる手続（破125）、②破産債権査定異議の訴えによる手続（破126）、③破産手続開始決定時に係属する訴訟の受継よる手続（破127Ⅰ・129Ⅱ）、④有名義債権に関する訴訟による手続（同条Ⅰ）があります。破産手続が終了する場合には、配当が実施される破産手続終結決定の場合と、配当が実施されない破産手続廃止または破産手続開始決定の取消しの場合があります。

未確定の破産債権が残っていても、その配当額を供託して（破202①・205・214Ⅰ①）、破産手続終結決定によって手続を終了することができますが、後に配当を実施するために、債権確定手続を途中で終了させることはできません。他方、破産手続廃止や破産手続開始決定の取消しによって手続が終了する場合には配当を実施しませんので、債権確定手続を終了させても問題はありません。破産手続が終了するときに破産管財人を当事者とする債権確定手続に関する訴訟手続は、破産法44条2項によって中断しますので、さらに破産管財人に訴訟を遂行させる必要がある場合には例外規定を定める必要があります。

このような観点から、本条は以下の規律を定めています。

(1) **破産債権査定申立ての手続（前記①）中に破産手続が終了する場合**

破産手続開始決定の取消しまたは破産手続廃止の決定の確定によって破産手続が終了する場合、配当が実施されませんので、破産債権査定申立ての手続を係属させておく実益がありません。そこで、このような場合、破産債権査定申立ての手続は終了します（本条Ⅰ）。

破産手続終結の決定によって破産手続が終了する場合には、後に実施する配当との関係上、破産債権査定申立ての手続は続行されます（本条Ⅰ）。破産手続終了後に破産債権査定申立てについての決定があれば、破産債権査定異議の訴えを提起することができます（本条Ⅱ）。

(2) **破産債権査定異議の訴えに係る訴訟手続（前記②および③）の係属中に破産手続が終了し、当事者が破産管財人である場合**

破産手続終結の決定によって破産手続が終了する場合には、後に実施する配当と

の関係上、破産管財人が訴訟を遂行すべきことから、訴訟手続は中断せずに続行されます（本条Ⅲ）。他方、破産手続開始決定の取消しまたは破産手続廃止の決定の確定によって破産手続が終了する場合には、そのような必要はありませんので、原則通り訴訟手続は中断します（破44Ⅳ）。

(3) **破産債権査定異議の訴えに係る訴訟手続（前記②）の係属中に破産手続が終了し、当事者が異議を述べた破産債権者である場合**

破産手続開始決定の取消しまたは破産手続廃止の決定の確定によって破産手続が終了する場合には配当を実施しませんので、破産債権査定異議の訴えを係属させておく実益はありません。そこで、このような場合、訴訟手続は終了します（本条Ⅳ）。

破産手続終結の決定によって破産手続が終了する場合、後に実施する配当との関係上、訴訟手続は引き続き係属するものとします（本条Ⅳ）。

(4) **破産管財人が受継した訴訟（前記③）の係属中に破産手続が終了し、当事者が異議を述べた破産債権者である場合**

破産手続開始決定の取消しまたは破産手続廃止の決定の確定によって破産手続が終了する場合には、破産手続開始前に訴訟当事者であった破産者に訴訟を受継させるために（本条Ⅵ・44Ⅴ）、訴訟手続は中断します（本条Ⅴ）。

破産手続終結の決定によって破産手続が終了する場合には、後に実施する配当との関係上、訴訟手続は引き続き係属するものとします（本条Ⅴ）。

文献 伊藤631頁、条解破産925頁、大コンメ545頁［橋本都月］、一問一答破産170頁、注釈破産（上）848頁［中川利彦］

第5款　租税等の請求権等についての特例

第134条　租税等の請求権及び罰金等の請求権については、第1款（第115条を除く。）から前款までの規定は、適用しない。
2　第114条の規定による届出があった請求権（罰金、科料及び刑事訴訟費用の請求権を除く。）の原因（共助対象外国租税の請求権にあっては、共助実施決定）が審査請求、訴訟（刑事訴訟を除く。次項において同じ。）その他の不服の申立てをすることができる処分である場合には、破産管財人は、当該届出があった請求権について、当該不服の申立てをする方法で、異議を主張することができる。
3　前項の場合において、当該届出があった請求権に関し破産手続開始当時訴訟が係属するときは、同項に規定する異議を主張しようとする破産管財人は、当該届出があった請求権を有する破産債権者を相手方とする訴訟手続を受け継がなければならない。当該届出があった請求権に関し破産手続開始当時破産財団に関する事件が行政庁に係属するときも、同様とする。
4　第2項の規定による異議の主張又は前項の規定による受継は、破産管財人が第2項に規定する届出があったことを知った日から1月の不変期間内にしなければならない。
5　第124条第2項の規定は第114条の規定による届出があった請求権について、

第128条、第130条、第131条第1項及び前条第3項の規定は第2項の規定による異議又は第3項の規定による受継があった場合について準用する。

基本事項
1 趣旨
　租税等の請求権（破97④）の一部は優先的破産債権（同号・98Ⅰ）や劣後的破産債権（破97④・99Ⅰ①）となり、罰金等の請求権（破97⑥）は劣後的破産債権となります（同号・99Ⅰ①）。もっとも、これらの請求権は、他の破産債権とは異なって、その性質上、その存在について真実性が一応推定されます。また、他の破産債権者が具体的内容を踏まえて適切に異議を述べることは期待できませんし、異議権は破産管財人のみに認めれば足りますので、このような点でも他の破産債権とは異なります。

　そこで、本条1項はこれらの破産債権の調査・確定手続について特則を設けて、破産管財人による認否や他の債権者による異議の対象とはせずに、第1款から第4款の規定の適用を排除しています。もっとも、届出のあった前記請求権を破産債権者表に記載する点は他の破産債権と同じですので、第1款の規定のうち破産法115条の適用は排除していません（本条Ⅰ括弧書）。

　なお、本条と同趣旨の規定が民再法113条、会更法164条にも置かれています。

2 不服申立等
　破産法114条により届出があった租税等の請求権や罰金等の請求権の発生原因（共助対象外国租税〔破24Ⅰ⑥括弧書〕の請求権の場合は共助実施決定〔租税条約等実施特例法11Ⅰ〕）が不服申立てが可能な処分である場合には、破産管財人は当該不服申立ての方法で異議を主張することができます（本条Ⅱ）。もっとも、罰金、科料および刑事訴訟費用は刑事訴訟手続で決められ、破産管財人は異議を主張することができませんので、除外しています（同項括弧書）。

　また、届出があったこれらの請求権について、破産手続開始当時に訴訟が係属するときは、異議を主張しようとする破産管財人は、当該届出があった請求権を有する破産債権者を相手方とする訴訟手続を受け継がなければなりません（本条Ⅲ前段）。当該届出があった請求権に関し、破産手続開始当時破産財団に属する事件が行政庁に係属するときも、同様です（同項後段）。たとえば、租税に関する処分についての不服申立てに係る事件（税通75以下、地税19以下）、知的財産権に関する各種審判手続に係る事件（特許121以下、商標44以下等）等がこれに当たります。

　なお、このような不服申立てによる異議の主張や訴訟手続の受継は、租税等の請求権や罰金等の請求権の届出があったことを破産管財人が知った日から1か月以内の不変期間内に行わなければなりません（本条Ⅳ）。

3 準用規定
　破産法114条により届出のあった請求権について、裁判所書記官は、不服申立てや受継の有無を破産債権者表に記載しなければなりません（本条Ⅴ・124Ⅱ）。また、本条2項による異議または本条3項による受継があった場合、主張制限（破128）や

破産債権の確定に関する訴訟の結果の記載（破130）、破産債権の確定に関する訴訟の判決等の効力（破131Ⅰ）、破産手続終了の場合における破産債権の確定手続の取扱い（破133Ⅲ）の各規定を準用します（本条Ⅴ）。

文献 伊藤606頁・634頁、条解破産932頁、大コンメ548頁［橋本都月］、一問一答破産172頁

第4節　債権者集会及び債権者委員会

第1款　債権者集会

> **（債権者集会の招集）**
> **第135条**　裁判所は、次の各号に掲げる者のいずれかの申立てがあった場合には、債権者集会を招集しなければならない。ただし、知れている破産債権者の数その他の事情を考慮して債権者集会を招集することを相当でないと認めるときは、この限りでない。
> 　一　破産管財人
> 　二　第144条第2項に規定する債権者委員会
> 　三　知れている破産債権者の総債権について裁判所が評価した額の10分の1以上に当たる破産債権を有する破産債権者
> 2　裁判所は、前項本文の申立てがない場合であっても、相当と認めるときは、債権者集会を招集することができる。

基本事項

1　趣旨

　債権者集会は、破産手続に最も利害のある破産債権者に情報を開示しながら、その意思を破産手続に反映させるための制度です。特定の目的のために法定されている債権者集会は、①財産状況報告集会（破31Ⅰ②）、②異時廃止手続に関する債権者集会（破217）、および③破産管財人の任務終了時の計算報告集会（破88Ⅲ）です。本条で定める債権者集会は、破産管財人等からの招集申立てによる開催を原則としていますが、債権者集会を特定の目的に限定していませんので、④一般的な債権者集会として開催することが可能です。

　③の任務終了計算報告集会は破産管財人による本条1項本文に基づく申立てが義務付けられていますので（破88Ⅲ）、本条が定める債権者集会の1つとして位置付けられています。

　④の一般的な債権者集会は、重要な財産の処分等について債権者の意見を聴取するために活用する場合が考えられます。もっとも、債権者集会の決議事項は法定されています（破40Ⅰ・159・230・244の6）ので、それ以外の事項（たとえば、破産管財人の解任）を決議しても、裁判所に対する拘束力はないと解されています（伊藤217頁）。

　ところで、破産法は、法律上当然に債権者集会を開催しなければならない場面を

設けていません。もっとも、債権者集会は、破産手続に最も利害のある破産債権者が手続の進行等について意見を表明したり、破産管財人から必要な情報提供を受ける機会として極めて重要です。そこで、実務上も債権者集会を開催することが一般的であるといわれています（条解破産941-942頁）。

なお、本条と同趣旨の規定が民再法114条、会更法114条にも置かれています。

2　要件

本条に基づく債権者集会の招集権者は、①破産管財人、②債権者委員会（破144Ⅱ）、③知れている破産債権者の総債権について裁判所が評価した額の10分の1以上に当たる破産債権を有する破産債権者です（本条Ⅰ）。

裁判所はこれらの者から申立てがあった場合には、原則として債権者集会を招集しなければなりません（本条Ⅰ柱書）。ただし、知れている債権者の数その他の事情を考慮して債権者集会を招集することが相当でないと認めるときは、債権者集会を招集しないことも許されます（同項ただし書）。相当ではない場合としては、債権者数が膨大で債権者集会の開催が困難であるような場合が想定されます。

以上のほか招集権者からの招集申立てがない場合でも、裁判所は相当と認める場合に、本条1項に定める債権者集会を招集することができます（本条Ⅱ）。

3　招集場所

破産法は、債権者集会の開催場所を定めていません。通常は裁判所内の集会場等で行われますが、大規模な破産事件では、裁判所の庁舎外で行われる場合もあります。

4　本条の適用対象外の債権者集会

本条は、破産手続開始決定時に定められ、招集申立てが不要な財産状況報告集会（破31Ⅰ）には適用されないと解されています（条解破産942頁）。また、異時破産手続廃止に関する債権者集会（破217Ⅰ）を開催せずに、書面による意見聴取の手段を採用した場合には、本条1項2号・3号が規定する者は債権者集会の招集を申し立てられません（破217Ⅱ後段）。

文　献　伊藤217頁、条解破産937頁、大コンメ550頁［菅野雅之］、一問一答破産179頁、注釈破産（上）860頁［別所卓郎］

（債権者集会の期日の呼出し等）
第136条　債権者集会の期日には、破産管財人、破産者及び届出をした破産債権者を呼び出さなければならない。ただし、第31条第5項の決定があったときは、届出をした破産債権者を呼び出すことを要しない。
2　前項本文の規定にかかわらず、届出をした破産債権者であって議決権を行使することができないものは、呼び出さないことができる。財産状況報告集会においては、第32条第3項の規定により通知を受けた者も、同様とする。
3　裁判所は、第32条第1項第3号及び第3項の規定により財産状況報告集会の期日の公告及び通知をするほか、各債権者集会（財産状況報告集会を除く。以下この項において同じ。）の期日及び会議の目的である事項を公告し、かつ、各債権

者集会の期日を労働組合等に通知しなければならない。
4　債権者集会の期日においてその延期又は続行について言渡しがあったときは、第1項本文及び前項の規定は、適用しない。

基本事項
1　趣旨
　破産手続の利害関係者が債権者集会に出席できるように、本条は、債権者集会期日に呼出しをする対象者の範囲や債権者集会期日の公告や通知等の手続を定めています。
　なお、本条と同趣旨の規定が民再法115条、会更法115条にも置かれています。

2　呼出しをすべき対象者の範囲
　債権者集会期日には原則として、破産管財人、破産者、届出破産債権者を呼び出さなければなりません（本条Ⅰ）。もっとも、知れている破産債権者の数が1000人以上で、かつ、裁判所が相当と認め、届出破産債権者を債権者集会期日に呼び出さない旨の決定を行った場合（同項ただし書・31Ⅴ）には呼び出す必要はありません。
　また、裁判所の裁量によって、議決権を行使することができない届出破産債権者を呼び出さないことができます（本条Ⅱ前段）。決議を目的とする債権者集会の場合には、議決権のない債権者に出席の機会を確保する必要がないからです。
　なお、財産状況報告集会についてすでに破産法32条3項の規定により通知を受けている者には、あらためて財産状況報告集会期日の呼出しをする必要はありません（本条Ⅱ後段）。

3　公告・通知
　裁判所は財産状況報告集会の期日について公告・通知を行います（破32Ⅰ・Ⅲ）。ここにいう公告は、官報に掲載することによって行います（破10Ⅰ）。
　通知は、普通郵便、葉書、電話、ファクシミリ、Eメール、口頭による伝達等の相当と認められる方法によって行います（破規12、民訴規4Ⅰ、注釈破産（上）61頁［山崎昌彦＝吉川武＝馬杉栄一］）。
　それ以外の債権者集会についても、裁判所は各債権者集会の期日および会議の目的事項を公告します（本条Ⅲ）。利害関係者に対して出席の要否を判断する機会を与えた上、参加の準備をさせるためです。そのため、公告された事項以外に決議をすることは許されないと解されています。
　また、裁判所は、各債権者集会期日を労働組合等に対しても通知します（本条Ⅲ）。破産手続の進行が労働債権の扱い等、労働者の日々の生活に大きな影響を与えるためです。

4　延期・続行の場合の呼出し、公告・通知
　債権者集会の期日において、その延期または続行について言渡しがあったときには、当該期日に出頭した債権者等に対する参加の機会は十分保障されているといえるため、本条1項の呼出しや本条3項の公告・通知は不要です（本条Ⅳ）。

文献　伊藤218頁、条解破産945頁、大コンメ553頁［菅野雅之］、注釈破産（上）

（債権者集会の指揮）
第 137 条 債権者集会は、裁判所が指揮する。

基本事項

　本条は、債権者集会は裁判所が指揮することを明らかにしています。本条と同趣旨の規定が民再法 116 条、会更法 116 条にも置かれています。

　ここでいう指揮とは、債権者集会への関係者の出席の許否を決定し、債権者集会を開会または閉会し、出席者の発言を許可または制限する等して、債権者集会の議事を円滑に進行することを意味します。

　なお、破産手続における債権者集会は非公開の手続ですので、呼び出しを受けた利害関係人の他に、誰の出席を許すかは裁判所の裁量に委ねられていると解されています。例えば、議決権を行使できない債権者（劣後的破産債権者等）は呼び出しを受けないことがありますが（破136 II）、情報開示の観点から裁判所の裁量によって劣後的破産債権者の出席を認めることもできます。

　文献　伊藤 218 頁、条解破産 949 頁、大コンメ 556 頁［菅野雅之］、注釈破産（上）870 頁［森純子］

（債権者集会の決議）
第 138 条 債権者集会の決議を要する事項を可決するには、議決権を行使することができる破産債権者（以下この款において「議決権者」という。）で債権者集会の期日に出席し又は次条第 2 項第 2 号に規定する書面等投票をしたものの議決権の総額の 2 分の 1 を超える議決権を有する者の同意がなければならない。

基本事項

　本条は、債権者集会決議の可決要件について定めています。議決権を行使することができる破産債権者で債権者集会の期日に出席し、または書面等投票をした者の議決権の総額の 2 分の 1 を超える議決権を有する者の同意があった場合に決議事項が可決されます。可決された決議は、決議に賛成しなかった破産債権者を含めてすべての利害関係人を拘束します。

　「債権者集会の決議を要する事項」とは、①破産者や破産者の代理人、破産者が法人である場合の理事、取締役、執行役、監事、監査役、清算人およびこれらに準ずる者、破産者の従業者に対して破産に関し必要な説明を求める決議（破40 I）、②破産管財人に対する破産財団の状況報告を求める決議（破159）、③相続財産について破産手続開始決定があった場合の相続人等に説明を求める決議（破230 I）、④信託財産について破産手続開始決定があった場合の受託者等に説明を求める決議（破244の6 I）です。なお、法定外の決議事項（たとえば、破産管財人の解任）を決議しても裁判所を拘束しないと解されています（伊藤217頁）。

また、「議決権を行使することができる破産債権者」とは、破産債権の届出によって破産手続に参加した破産債権者を意味します（破103Ⅰ・111Ⅰ柱書）。もっとも、確定した破産債権の額が0円の者については議決権が認められません（破140Ⅰ①）。また、劣後的破産債権および約定劣後破産債権は議決権を有しません（破142Ⅰ）。給料や退職手当について弁済許可の制度（破101Ⅰ）に基づいて配当手続前に弁済を受けた場合や破産手続開始後に外国の破産財団に対する権利行使によって弁済を受けた場合（破109）には、破産債権者は弁済を受けた額について議決権を行使することはできません（破142Ⅱ）。

　なお、本条と同趣旨の規定が民再法172条の3、会更法196条にも置かれています。

　文　献　伊藤219頁、条解破産953頁、大コンメ557頁［菅野雅之］、一問一答破産182頁、注釈破産（上）874頁［中山誠一］

（決議に付する旨の決定）
第139条　裁判所は、第135条第1項各号に掲げる者が債権者集会の決議を要する事項を決議に付することを目的として同項本文の申立てをしたときは、当該事項を債権者集会の決議に付する旨の決定をする。
2　裁判所は、前項の決議に付する旨の決定において、議決権者の議決権行使の方法として、次に掲げる方法のいずれかを定めなければならない。
　一　債権者集会の期日において議決権を行使する方法
　二　書面等投票（書面その他の最高裁判所規則で定める方法のうち裁判所の定めるものによる投票をいう。）により裁判所の定める期間内に議決権を行使する方法
　三　前2号に掲げる方法のうち議決権者が選択するものにより議決権を行使する方法。この場合において、前号の期間の末日は、第1号の債権者集会の期日より前の日でなければならない。
3　裁判所は、議決権行使の方法として前項第2号又は第3号に掲げる方法を定めたときは、その旨を公告し、かつ、議決権者に対して、同項第2号に規定する書面等投票は裁判所の定める期間内に限りすることができる旨を通知しなければならない。ただし、第31条第5項の決定があったときは、当該通知をすることを要しない。

基本事項

1　趣旨

　債権者集会の決議事項を決議に付す決定（「付議決定」と呼ばれている）の手続や内容を明確にするために、本条は、付議決定を行う要件や付議決定時に定める債権者集会での決議方法等を定めています。

　なお、本条と同趣旨の規定が民再法169条1項、会更法189条1項にも置かれています。

2　決議に付する旨の決定

　債権者集会の招集権者（破135Ⅰ）が決議を要する事項を決議に付することを目的として債権者集会の招集申立てを行った場合、決議の実施と決議の対象を明らかにするため、裁判所は付議決定を行います（本条Ⅰ）。債権者集会の決議を要する事項は、破産法138条で規定する内容と同一です。

3　議決権の行使方法

　裁判所は、付議決定に当たって、債権者集会での議決権行使の方法として、①債権者集会期日で議決権を行使する方法、②書面等投票（破規46Ⅰ・Ⅱ）によって裁判所の定める期間内に議決権を行使する方法、③前記2つの方法のうち議決権者が選択するものによって議決権を行使する方法のいずれかを定めなければなりません（本条Ⅱ）。なお、③の方法を採用した場合には、書面等投票により議決権の行使ができる期間（裁判所の定める期間）の末日は、債権者集会の期日より前でなければなりません（同項③）。これは債権者集会での決議の結果等が書面等投票の内容に影響を及ぼすことを避けるためです（伊藤221頁注102）。

　また、②や③の方法を定めた場合はその旨を公告し、かつ、議決権者に対して②の方法は裁判所の定める期間内に限りすることができる旨を通知しなければなりません（本条Ⅲ本文）。もっとも、裁判所は破産法31条5項に従って破産債権者を債権者集会の期日に呼び出さない旨の決定をした場合には通知をする必要はありません（本条Ⅲただし書）。なお、裁判所は、特別の事情がある場合を除いて、本条1項の決定の日から2週間以上3か月以下の範囲でこの期間を定めます（破規46Ⅲ）。

　文　献　伊藤219頁、条解破産956頁、大コンメ559頁［菅野雅之］、一問一答破産183頁、注釈破産（上）877頁［山本陽一］

（債権者集会の期日を開く場合における議決権の額の定め方等）
第140条　裁判所が議決権行使の方法として前条第2項第1号又は第3号に掲げる方法を定めた場合においては、議決権者は、次の各号に掲げる区分に応じ、当該各号に定める額に応じて、議決権を行使することができる。
　一　前節第4款の規定によりその額が確定した破産債権を有する届出をした破産債権者（別除権者、準別除権者又は停止条件付債権若しくは将来の請求権である破産債権を有する者（次項及び次条第1項第1号において「別除権者等」という。）を除く。）　確定した破産債権の額
　二　次項本文の異議のない議決権を有する届出をした破産債権者　届出の額（別除権者又は準別除権者にあっては、第111条第2項第2号（同条第3項又は第114条において準用する場合を含む。）に掲げる額）
　三　次項本文の異議のある議決権を有する届出をした破産債権者　裁判所が定める額。ただし、裁判所が議決権を行使させない旨を定めたときは、議決権を行使することができない。
2　届出をした破産債権者の前項の規定による議決権については、破産管財人又は届出をした破産債権者は、債権者集会の期日において、異議を述べることができる。ただし、前節第4款の規定により破産債権の額が確定した届出をした破産債

権者（別除権者等を除く。）の議決権については、この限りでない。
3　裁判所は、利害関係人の申立てにより又は職権で、いつでも第1項第3号の規定による定めを変更することができる。

基本事項
1　趣旨
　本来、破産手続での破産債権者の利害の大きさは破産債権の額に応じることから、議決権額も破産債権の額に対応することが合理的です。もっとも、債権確定手続が係属中である等の事情で、議決権行使時に破産債権の額が確定していない事態も想定されます。そこで、本条は、債権の確定手続とは別に、債権者集会の期日を開く場合における議決権の額の定め方を規定しています。
　なお、本条と同趣旨の規定が民再法170条、会更法191条にも置かれています。

2　議決権額の定め方
(1)　確定した破産債権
　第4章第3節第4款（「破産債権の確定」破124-133）の規定によってその額が確定した破産債権については、確定した破産債権の額が議決権額となります（本条Ⅰ①）。ただし、別除権者、準別除権者または停止条件付きもしくは将来の請求権である破産債権を有する者の議決権については、未確定の破産債権と同様の扱いを受けます（同号括弧書）。すなわち、別除権者および準別除権者の予定不足額の評価や条件の成就もしくは将来の請求権が発生する蓋然性の評価について、破産管財人や他の届出破産債権者による異議の対象となります。

(2)　異議を述べられなかった未確定の破産債権
　未確定の破産債権で、破産管財人または届出破産債権者が債権者集会期日にその議決権に対して異議を述べなかった破産債権については、破産債権の届出額が議決権額となります（本条Ⅰ②）。破産債権としては未確定であっても、その議決権について異議がない以上、届出額に応じて議決権の行使を認めても不都合がないと考えられるからです。

(3)　異議を述べられた未確定の破産債権
　未確定の破産債権で、破産管財人または届出破産債権者が債権者集会期日に異議を述べた破産債権については、裁判所が議決権の有無およびその額を定めます（本条Ⅰ③）。異議のある破産債権が一切の議決権を行使できないことになると、正当な理由もなく異議を述べるような事象が生じかねませんし、異議のある破産債権について無条件で重要な事項の決議に参加できるとすることも不適切です。そこで、裁判所の判断で議決権額を定めることができるようにしています（注解破産（下）382頁［谷合克行］）。なお、裁判所は、利害関係人の申立てまたは職権でいつでも当該議決権額の定めを変更することができます（本条Ⅲ）。

文　献　伊藤219頁、条解破産960頁、大コンメ563頁［菅野雅之］、注釈破産（上）881頁［坂本隆一］

(債権者集会の期日を開かない場合における議決権の額の定め方等)
第 141 条 裁判所が議決権行使の方法として第 139 条第 2 項第 2 号に掲げる方法を定めた場合においては、議決権者は、次の各号に掲げる区分に応じ、当該各号に定める額に応じて、議決権を行使することができる。
　一　前節第 4 款の規定により破産債権の額が確定した破産債権を有する届出をした破産債権者(別除権者等を除く。)　確定した破産債権の額
　二　届出をした破産債権者(前号に掲げるものを除く。)　裁判所が定める額。ただし、裁判所が議決権を行使させない旨を定めたときは、議決権を行使することができない。
2　裁判所は、利害関係人の申立てにより又は職権で、いつでも前項第 2 号の規定による定めを変更することができる。

基本事項
1　趣旨
　本条は、債権者集会の期日を開かないで書面等投票(破 139 Ⅱ②)の方法によって議決権を行使する場合の議決権額の確定手続を定めています。議決権額に関する考え方は債権者集会の期日を開く場合(破 140)と同様ですが、本条の場合には債権者集会の期日を開催しませんので、その期日で異議を述べることができない点で破産法 140 条の規定と異なります。
　なお、同趣旨の規定が民再法 171 条、会更法 192 条にも置かれています。

2　議決権額の定め方
(1) 確定した破産債権
　第 4 章第 3 節第 4 款(「破産債権の確定」破 124-133)の規定によって確定した破産債権は、確定した破産債権の額が議決権額となります(本条Ⅰ①)。もっとも、別除権者、準別除権者、停止条件付きもしくは将来の請求権である破産債権を有する破産債権者の議決権は、未確定の破産債権と同様の扱いとなります(同号括弧書)。

(2) 未確定の破産債権
　未確定の破産債権は、裁判所が議決権の有無やその額を定めます(本条Ⅰ②)。債権者集会の期日を開きませんので、破産債権者等が議決権に異議を述べることはできません。そこで、破産法 140 条のように異議の有無によって議決権の行使額を区別するのではなく、裁判所が議決権の額を定めることとしています(本条Ⅰ②本文)。なお、裁判所は、利害関係人の申立てまたは職権で、いつでも当該議決権額の定めを変更できます(本条Ⅱ)。

　文献　伊藤 220 頁、条解破産 965 頁、大コンメ 566 頁[菅野雅之]、注釈破産(上) 886 頁[坂本隆一]

(破産債権者の議決権)
第 142 条　破産債権者は、劣後的破産債権及び約定劣後破産債権については、議決権を有しない。

> 2　第101条第1項の規定により弁済を受けた破産債権者及び第109条に規定する弁済を受けた破産債権者は、その弁済を受けた債権の額については、議決権を行使することができない。

基本事項

　劣後的破産債権（破99Ⅰ）や約定劣後破産債権（同条Ⅱ）は、実際上、配当を受ける可能性はありませんので、破産手続に関する利害関係は少ないといえます。また、弁済を受けた給与債権者（破101Ⅰ）や外国で弁済を受けた破産債権者（破109）も、いわゆるホッチポットルールを受けます（破201Ⅳ・205・209Ⅲ・215Ⅱ）ので、弁済を受けた債権の額の範囲内では同様の状況にあります。そこで、本条はこれらの破産債権は議決権を有しないこととしています。

　なお、ホッチポットルールとは、国外財産に対する権利行使により弁済を受けた破産債権者は、他の同順位の破産債権者が自己の受けた弁済と同一の割合の配当を受けるまでは最後配当を受けることができない仕組みをいいます（注釈破産（上）715頁［野上昌樹］）。

　なお、本条と同趣旨の規定が民再法89条、会更法137条にも置かれています。

文献　伊藤219頁、条解破産966頁、大コンメ567頁［菅野雅之］、注釈破産（上）888頁［柴田眞理］

（代理人による議決権行使）
第143条　議決権者は、代理人をもってその議決権を行使することができる。

基本事項

　破産手続における債権者集会の議決権の行使につき、代理を禁止すべき理由がありません［☞ **論点解説**］。そこで、本条は確認的に代理人による議決権行使が認められる旨を定めています。代理人の権限は書面で証明しなければなりません（破規48条）が、代理人は弁護士である必要はないと解されています（大コンメ569頁［菅野雅之］、条解破産968頁）。

　なお、本条と同趣旨の規定が民再法172条1項、会更法193条1項にも置かれています。

論点解説

議決権の不統一行使　　民再法や会更法は、議決権者本人や代理人による議決権の不統一行使を明文で認めています（民再172Ⅱ・Ⅲ、会更193Ⅱ・Ⅲ）。破産法にはこのような規定はありませんが、単に不統一行使の必要性が低かったにすぎません。破産手続がこれを禁止すべき理由はありませんので、議決権者本人や代理人が議決権を不統一行使することは認められると解されています（条解破産970頁）。

文献　条解破産968頁、大コンメ569頁［菅野雅之］、注釈破産（上）889頁［久米知之］

第2款　債権者委員会

> **（債権者委員会）**
> **第144条**　裁判所は、破産債権者をもって構成する委員会がある場合には、利害関係人の申立てにより、当該委員会が、この法律の定めるところにより、破産手続に関与することを承認することができる。ただし、次の各号のいずれにも該当する場合に限る。
> 　一　委員の数が、3人以上最高裁判所規則で定める人数以内であること。
> 　二　破産債権者の過半数が当該委員会が破産手続に関与することについて同意していると認められること。
> 　三　当該委員会が破産債権者全体の利益を適切に代表すると認められること。
> 2　裁判所は、必要があると認めるときは、破産手続において、前項の規定により承認された委員会（以下「債権者委員会」という。）に対して、意見の陳述を求めることができる。
> 3　債権者委員会は、破産手続において、裁判所又は破産管財人に対して、意見を述べることができる。
> 4　債権者委員会に破産手続の円滑な進行に貢献する活動があったと認められるときは、裁判所は、当該活動のために必要な費用を支出した破産債権者の申立てにより、破産財団から当該破産債権者に対して相当と認める額の費用を償還することを許可することができる。この場合においては、当該費用の請求権は、財団債権とする。
> 5　裁判所は、利害関係人の申立てにより又は職権で、いつでも第1項の規定による承認を取り消すことができる。

基本事項
1　趣旨

　債権者集会は、破産債権者の意向を破産手続に反映させる点で意義がありますが、破産法はその開催を義務付けていません。

　そこで、本条は、債権者の意向を破産手続に反映させるための制度として、債権者委員会制度を設けています。

　なお、本条と同趣旨の規定が民再法117条、会更法117条にも置かれています。

2　債権者委員会の承認の要件

　裁判所が債権者委員会の破産手続への関与を承認するためには、次の3つの要件を充足することが必要です。①委員の数が3人以上10人以内（破規49Ⅰ）であること、②破産債権者の過半数が当該債権者委員会の破産手続への関与について同意していると認められること、③当該債権者委員会が破産債権者全体の利益を適切に代表すると認められることです。

　②の要件は、破産債権者のうち過半数の者が同意しているという意味です。②が債権者の頭数に着目していることから、破産債権の額としての比率が低くてもこの要件を充足する余地があります。そこで、③の「破産債権者全体の利益を適切に代

表する」という要件を充足するためには、債権額の大きい破産債権者が委員に含まれることが望ましいという指摘があります（大コンメ571-572頁［桃尾重明］）。なお、③の要件の認定に当たっては、自己の利益を優先する者が委員に選ばれていないか、各破産債権者間の利害に応じた委員の人選となっているか、委員会の意思決定は合理的になされるかといった事情等を考慮する必要があると解されています（条解破産976頁）。

　裁判所は、利害関係人の申立てによりまたは職権で、いつでも債権者委員会の承認を取り消すことができます（本条Ⅴ）。

3　債権者委員会の権限等

　裁判所は、必要があると認めるときは、破産手続において、債権者委員会に対して、意見の陳述を求めることができます（本条Ⅱ）。債権者委員会は、破産手続において、裁判所または破産管財人に対して意見を述べることができます（本条Ⅲ）。

　その他、債権者委員会には、破産財団の管理処分に関する意見陳述権（破145Ⅱ）、報告書等の受領権限（破146Ⅰ）、報告命令の申立権（破147Ⅰ）、破産者に対する説明請求権（破40Ⅰ）、債権者集会の招集権（破135Ⅰ）があります。

4　費用の償還

　債権者委員会が活動する場合に費用が必要となることがあります。そこで、その活動が破産手続の円滑な進行に貢献したと認められるときは、裁判所は、当該費用を支出した破産債権者の申立てにより、相当と認める費用の償還を許可することができます（本条Ⅳ前段）。この場合の費用の請求権は財団債権となります（同項後段・148Ⅰ②）。

文献　伊藤221頁、条解破産971頁、大コンメ570頁［桃尾重明］、一問一答破産184頁、注釈破産（上）892頁［小松陽一郎］

（債権者委員会の意見聴取）
第145条　裁判所書記官は、前条第1項の規定による承認があったときは、遅滞なく、破産管財人に対して、その旨を通知しなければならない。
2　破産管財人は、前項の規定による通知を受けたときは、遅滞なく、破産財団に属する財産の管理及び処分に関する事項について、債権者委員会の意見を聴かなければならない。

基本事項

　債権者委員会と破産管財人との意思疎通を円滑に行うために、本条は、破産法144条1項の承認があった場合には、裁判所書記官は破産管財人に対して遅滞なくその旨を通知しなければならないとしています（本条Ⅰ）。

　また、通知を受けた破産管財人は、遅滞なく、破産財団に属する財産の管理および処分に関する事項について、債権者委員会の意見を聴かなければならないとしています（本条Ⅱ）。破産財団に属する財産の管理および処分に関する事項は、破産債権者にとって最大の関心事であり、債権者委員会の意見聴取によって破産管財人に

とって有益な情報が提供される可能性が高いと考えられるためです。

なお、本条と同趣旨の規定が民再法118条、会更法118条にも置かれています。

文献 伊藤222頁、条解破産978頁、大コンメ574頁［桃尾重明］、注釈破産（上）899頁［小松陽一郎］

（破産管財人の債権者委員会に対する報告義務）
第146条 破産管財人は、第153条第2項又は第157条の規定により報告書等（報告書、財産目録又は貸借対照表をいう。以下この条において同じ。）を裁判所に提出したときは、遅滞なく、当該報告書等を債権者委員会にも提出しなければならない。
2 破産管財人は、前項の場合において、当該報告書等に第12条第1項に規定する支障部分に該当する部分があると主張して同項の申立てをしたときは、当該部分を除いた報告書等を債権者委員会に提出すれば足りる。

基本事項

破産管財人と債権者委員会が破産財団に関する情報を共有すれば、債権者委員会による手続への関与が円滑に行われることが期待できます。そこで、本条1項は、破産管財人が裁判所に報告書、財産目録および貸借対照表を提出した場合（破153Ⅱ・157）には、債権者委員会にも報告書等を遅滞なく提出することとしています。もっとも、破産管財人が提出した報告書等について支障部分の閲覧制限を申し立てた場合には（破12Ⅰ）、当該支障部分を除いた報告書等を債権者委員会に提出すれば足ります（本条Ⅱ）。

文献 条解破産979頁、大コンメ575頁［桃尾重明］、注釈破産（上）901頁［森本純］

（破産管財人に対する報告命令）
第147条 債権者委員会は、破産債権者全体の利益のために必要があるときは、裁判所に対し、破産管財人に破産財団に属する財産の管理及び処分に関し必要な事項について第157条第2項の規定による報告をすることを命ずるよう申し出ることができる。
2 前項の規定による申出を受けた裁判所は、当該申出が相当であると認めるときは、破産管財人に対し、第157条第2項の規定による報告をすることを命じなければならない。

基本事項
1 趣旨
破産管財人は、裁判所や財産状況報告集会に対して一定の事項を報告しなければなりません（破157Ⅰ・158）。もっとも、その他の事項については裁判所の裁量によって報告が必要かどうかが決まります（破157Ⅱ）。債権者委員会の破産手続への関

与を実効的なものにするためには、裁判所の裁量にかかわらず、債権者委員会が積極的に情報を入手する機会を確保する必要があります。

そこで、本条は、破産法157条2項に基づく報告命令の申立権を債権者委員会に付与し、その発令の要件を定めています。

なお、本条と同趣旨の規定が民再法118条の3、会更法120条にも置かれています。

2　要件

債権者委員会は、破産債権者全体の利益のために必要がある場合に裁判所に対して報告命令を申し立てることができます（本条Ⅰ）。破産債権者の個別の利益を目的とした申立てはできません。

申立てを受けた裁判所は、債権者委員会による当該申出が相当であると認めるときには、報告命令を発令しなければなりません（本条Ⅱ）。相当性の有無の判断は裁判所の裁量に委ねられていますので、債権者委員会にはその判断を争う手段はありません（破9前段）。

文　献　条解破産981頁、大コンメ576頁［桃尾重明］、注釈破産（上）903頁［森本純］

第5章　財団債権

（財団債権となる請求権）
第148条　次に掲げる請求権は、財団債権とする。
一　破産債権者の共同の利益のためにする裁判上の費用の請求権
二　破産財団の管理、換価及び配当に関する費用の請求権
三　破産手続開始前の原因に基づいて生じた租税等の請求権（共助対象外国租税の請求権及び第97条第5号に掲げる請求権を除く。）であって、破産手続開始当時、まだ納期限の到来していないもの又は納期限から1年（その期間中に包括的禁止命令が発せられたことにより国税滞納処分をすることができない期間がある場合には、当該期間を除く。）を経過していないもの
四　破産財団に関し破産管財人がした行為によって生じた請求権
五　事務管理又は不当利得により破産手続開始後に破産財団に対して生じた請求権
六　委任の終了又は代理権の消滅の後、急迫の事情があるためにした行為によって破産手続開始後に破産財団に対して生じた請求権
七　第53条第1項の規定により破産管財人が債務の履行をする場合において相手方が有する請求権
八　破産手続の開始によって双務契約の解約の申入れ（第53条第1項又は第2項の規定による賃貸借契約の解除を含む。）があった場合において破産手続開始後その契約の終了に至るまでの間に生じた請求権
2　破産管財人が負担付遺贈の履行を受けたときは、その負担した義務の相手方が有する当該負担の利益を受けるべき請求権は、遺贈の目的の価額を超えない限度において、財団債権とする。
3　第103条第2項及び第3項の規定は、第1項第7号及び前項に規定する財団債権について準用する。この場合において、当該財団債権が無利息債権又は定期金債権であるときは、当該債権の額は、当該債権が破産債権であるとした場合に第99条第1項第2号から第4号までに掲げる劣後的破産債権となるべき部分に相当する金額を控除した額とする。
4　保全管理人が債務者の財産に関し権限に基づいてした行為によって生じた請求権は、財団債権とする。

基本事項

1　趣旨

　財団債権とは、破産手続によらないで破産財団から随時弁済を受けることができる債権をいいます（破2Ⅶ・151）。本条は、一般の財団債権と呼ばれる財団債権を1項で定め、特別の財団債権と呼ばれる財団債権の一部を2項や4項で定めています。

なお、本条と同趣旨の規定が、民再法119条、会更法127条にも置かれています。

2 定義

財団債権には、講学上、一般の財団債権（本条Ⅰ）と呼ばれるものと特別の財団債権と呼ばれるものがあります。一般の財団債権とは、本条1項各号に規定する財団債権をいいます。特別の財団債権とは、本条1項以外の規定（民再法、会更法および会社法の規定を含む）に定める財団債権をいい、例えば、破産手続開始前3か月間の使用人の給与等の請求権（破149）や双方未履行の双務契約を破産管財人が解除した場合で破産者の受けた反対給付が破産財団中に現存しないときの、相手方の価額返還請求権（破54Ⅱ後段）等があります（その他の特別の財団債権として本条Ⅱ・Ⅳ・150Ⅳ・168Ⅰ②等）。

また、財団債権は、それが財団債権とされる実質的な根拠から、次の3つに分類できます。①破産手続遂行のために必要な費用（本条Ⅰ①②等）、②破産手続遂行上の破産管財人による法律行為または不法行為等に基づく債権（同項④-⑧等）、③特別の政策的考慮に基づいて財団債権とされた債権（同項③・149ⅠⅡ等）の各類型です。破産管財人は全破産債権者の利益のために活動しますので、破産財団にとって有利不利にかかわらず破産債権者全体で破産管財人の行為に起因する相手方に対する債務を負担することが公平です。そこで、相手方の債権である②の債権を財団債権として定めています（詳細は、伊藤298頁）。

3 一般の財団債権（本条Ⅰ）

(1) 共同の利益のための裁判上の費用

破産債権者の共同の利益のためにする裁判上の費用の請求権は財団債権になります（本条Ⅰ①）。この裁判上の費用には、裁判自体のための費用のほか、破産手続申立てから終結に至るまでに破産手続の遂行に伴って発生する裁判所の行為に関連する費用を含むと解されています（伊藤300頁、大コンメ579頁[上原敏夫]）。後者の費用としては、破産手続開始申立ての費用、保全処分の費用、破産手続開始決定の公告の費用、債権者集会を開催するための手続費用等といったものがあります。もっとも、特定の破産債権者のために行われる破産手続参加の費用（破97⑦）や特別調査に係る費用（破119Ⅲ・122Ⅱ）等は、破産債権者の共同の利益のための費用ではありませんので、本号が定める費用の請求権には該当しません。

(2) 管理換価等に関する費用

破産財団の管理、換価および配当に関する費用の請求権は財団債権になります（本条Ⅰ②）。例えば、破産管財人の報酬（破87Ⅰ）や財産価額の評定費用、財産目録等の作成費用（破153Ⅰ・Ⅱ）、配当公告・配当通知等の費用（破197Ⅰ・201Ⅷ・211・215Ⅴ）等です。破産財団の財産の管理や換価に伴い発生した租税等の請求権（固定資産税、自動車税、消費税等）も本号の財団債権です。

破産管財人が未払の賃金や退職金に対して配当をする場合、破産管財人が源泉徴収義務を負うかどうか議論があります。最判平23・1・14（民集65巻1号1頁[百選[20]、INDEX[178]]）は、退職手当に対する配当について破産管財人の源泉徴収義務を否定しています[詳細は☞破§78 **論点解説** [2]]。

(3) 一定の租税等の請求権

　破産手続開始前の原因に基づいて生じた租税等の請求権（共助対象外国租税〔破24 Ⅰ⑥括弧書〕の請求権や破産法97条5号に掲げる請求権を除く）であって、破産手続開始当時、まだ納期限の到来していないもの、または納期限から1年（その期間中に包括的禁止命令が発せられたことにより国税滞納処分をすることができない期間がある場合には、当該期間を除く）を経過していないものは財団債権となります（本条Ⅰ③）。この租税等の請求権とは、国税徴収法によって徴収することができる請求権および国税徴収の例によって徴収することができる請求権をいいます（破97④）。納期限とは、法定納期限ではなく、具体的納期限（その日までに納付しなければ履行遅滞を生じ、督促の上で滞納処分を受けることになる期限）を意味すると解されています（一問一答破産190頁、大コンメ581頁［上原敏夫］）。

　なお、加算税等は、その制裁金的な性質から罰金と同様に劣後的破産債権とされ（破97⑤・99Ⅰ①）、財団債権ではありません（本条Ⅰ③第1括弧書）。

(4) 破産管財人の行為による請求権

　破産管財人は破産債権者全体の利益の実現をその職務とするため、破産管財人の行為によって生じた請求権は破産債権者全体に負担させることが公平であるという観点から、破産財団に関し破産管財人がした行為によって生じた請求権は財団債権となります（本条Ⅰ④）。例えば、破産管財人が締結した売買契約に基づく相手方の代金請求権や、破産管財人の不法行為による損害賠償請求権等です。破産管財人の行為には、作為のみならず、不作為も含まれます。最判昭和43・6・13（民集22巻6号1149頁［百選3版［21A］］）は、破産財団に属する建物等が他人の土地を不法占拠していることに基づく土地所有者の土地占有者（建物所有者、破産者）に対する損害賠償請求権のうち、破産手続開始後のものは、平成16年改正前の旧破産法47条4号（本条Ⅰ④）が定める財団債権であると判示しています。

(5) 事務管理や不当利得による請求権

　破産財団に対して生じた破産手続開始後の事務管理に基づく費用償還請求権（民702Ⅰ）や破産財団が法律上の原因のない利得を得た場合の破産手続開始後の不当利得返還請求権（民703・704）は、破産財団が実際に利益や得を得ている以上、破産債権者全体で負担することが公平であるといえることから、財団債権になります（本条Ⅰ⑤）。最判昭43・12・12（民集22巻13号2943頁）は、他人の株式を預かっていた者が破産し、その破産手続開始後に破産管財人が受領した当該株式の配当金や株主割当てを受けた新株について、株式の委託者に財団債権としての不当利得返還請求権を認めています。

(6) 委任終了後等の行為による請求権

　委任契約は委任者または受任者の破産手続開始決定により終了します（民653②）。もっとも、急迫の事情があるときは、受任者等は、委任者等が委任事務を処理することができるまで必要な処分をしなければなりません（民654）。このように受任者等が急迫の事情があるために必要な行為を行った場合、破産債権者はこのような破産手続開始後の行為によって利益を得たといえますので、その行為によって破産財

団に対して生じた受任者等の報酬や費用償還請求権を財団債権としています（本条Ⅰ⑥）。なお、急迫の事情がなく、受任者等が破産手続開始の事情を知らずに破産者のために委任事務処理を行った場合、これらの債権は破産債権となります（破57）。

(7) **破産法53条1項に基づき破産管財人が履行選択をした場合の請求権**

双方未履行双務契約について破産管財人が債務の履行を選択した場合（破53Ⅰ）、相手方は破産管財人に対して債務を履行しなければなりませんので、公平の観点から、相手方が破産管財人に対して有する請求権を財団債権としています（本条Ⅰ⑦）。なお、相手方が有する請求権の金銭化および現在化については後記**5**を参照してください。

(8) **解約された双方未履行双務契約の破産手続開始後終了時までの請求権**

賃貸借契約や雇用契約等の継続的契約関係は、破産管財人による解除（破53Ⅰ・Ⅱ）や相手方からの解約の申入れ（民631）があっても、契約の終了に至るまで一定の期間を要する場合があります（期間の定めのない賃貸借契約について、民617Ⅰ・借地借家27Ⅰ、雇用契約について民627・労基20Ⅰ本文）。この場合、契約が終了するまで破産財団は相手方の履行によって利益を受け続けますので、公平の観点から、この履行に対応する相手方の請求権を財団債権としています（本条Ⅰ⑧）。

4　本条が定める特別の財団債権

(1) **破産管財人が負担付遺贈の履行を受けた場合の負担に係る受益者の請求権**

負担付遺贈の受遺者に破産手続が開始し、破産管財人が遺贈を放棄せずに（民986Ⅰ）、負担付遺贈の履行を受けた場合、相手方の負担履行請求権を破産債権として扱うことは公平ではありません。そのため、遺贈の目的物の価額を超えない限度において（民1002参照）、相手方の負担履行請求権を財団債権としています（本条Ⅱ）。なお、相手方が有する請求権の金銭化および現在化については後記**5**を参照してください。

(2) **保全管理人が債務者の財産に関し権限に基づいてした行為によって生じた請求権**

保全管理人は、破産手続が開始した場合の破産債権者のためにその職務を行いますので、破産管財人の行為による場合（本条Ⅰ④）と同様に、公平の観点から、保全管理人が債務者の財産に関し権限に基づいてした行為によって生じた請求権を財団債権としています（本条Ⅳ）。

5　財団債権の金銭化および現在化

双方未履行双務契約について破産管財人が履行を選択した場合の相手方の請求権（本条Ⅰ⑦）や破産管財人が負担付遺贈を受けた場合の相手方の負担履行請求権（本条Ⅱ）は、非金銭債権や未確定の金銭債権、弁済期未到来の金銭債権の場合があります。そこで、このような場合に、破産債権の金銭化および現在化の規定（破103Ⅱ・Ⅲ）を準用することとしています（本条Ⅲ前段）。そして、この財団債権が無利息債権または定期金債権の場合には、その財団債権が破産債権であるとした場合に破産法99条1項2号から4号に従って劣後的破産債権となるべき部分に相当する金額

は、財団債権の額から控除されます（同項後段）。

なお、破産手続進行中に金銭化または現在化せずに財団債権に対する履行ができている場合には、あえて本条3項を適用する必要はなく、破産手続の終了に当たってすべての財団債権を弁済する際に同項を適用すれば足りるとの見解が有力です（倒産法概説 85 頁［沖野眞已］、伊藤 305 頁注 153）。

判　例　最判昭 62・4・21 民集 41 巻 3 号 329 頁［百選 4 版［95］、INDEX［179］］、最判平 4・10・20 判時 1439 号 120 頁［百選 4 版［96］、INDEX［180］］、最判平 23・1・14 民集 65 巻 1 号 1 頁［百選［20］、INDEX［178］］最判昭 43・6・12 民集 22 巻 6 号 1149 頁［百選 3 版［21A］］、最判昭 43・12・12 民集 22 巻 13 号 2943 頁、最判昭 48・10・30 民集 27 巻 9 号 1289 頁［百選 3 版［81］］、最判昭 43・10・8 民集 22 巻 10 号 2093 頁［百選初版［97］］、名古屋高判平 5・2・23 判タ 859 号 260 頁、東京高判平 17・6・30 金法 1752 号 54 頁、最判平 18・12・21 民集 60 巻 10 号 3964 頁［百選［19］］、最判平 18・12・21 判時 1961 号 53 頁②［重判平 19 民訴［8 ②］］

文　献　伊藤 297 頁、条解破産 994 頁、大コンメ 577 頁［上原敏夫］、倒産法概説 81 頁［沖野眞已］、山本 76 頁、破産管財の手引 242 頁、一問一答破産 189 頁・194 頁・196 頁、注釈破産（下）17 頁［籠池信宏］

（使用人の給料等）
第 149 条　破産手続開始前 3 月間の破産者の使用人の給料の請求権は、財団債権とする。
2　破産手続の終了前に退職した破産者の使用人の退職手当の請求権（当該請求権の全額が破産債権であるとした場合に劣後的破産債権となるべき部分を除く。）は、退職前 3 月間の給料の総額（その総額が破産手続開始前 3 月間の給料の総額より少ない場合にあっては、破産手続開始前 3 月間の給料の総額）に相当する額を財団債権とする。

基本事項
1　趣旨

労働者保護という政策的配慮や労働者（使用人）による労務の提供が破産財団の形成・維持に与える意義を重視して、本条は、使用人の給料の請求権のうち破産手続開始前 3 か月間の請求権および退職手当の請求権のうち退職前 3 か月間の給料総額（その総額が破産手続開始前 3 か月間の給料総額より少ない場合は破産手続開始前 3 か月間の給料総額）に相当する額を財団債権としています。退職手当については、原則としては退職前 3 か月間の給料総額ですが、破産手続開始後には給料が引き下げられることが多いので、破産手続開始後に退職する労働者が不利にならないようにするため、少なくとも破産手続開始前 3 か月間の給料の総額に相当する額を財団債権としています。

なお、本条と同趣旨の規定が、会更法 130 条にも置かれています。

また、破産法上の制度ではありませんが、労働者保護をより充実させるものとして、「賃金の支払の確保等に関する法律」に基づく賃金立替払制度が存在します

[☞ **より深く学ぶ**]。

2　使用人の給料

　破産手続開始時に未払となっている使用人の給料請求権のうち、破産手続開始前3か月間に発生した請求権が財団債権となります（本条Ⅰ。例えば、7月25日に破産手続開始決定があった場合には、4月25日から7月24日までの期間に日々発生している給料債権が財団債権となる。詳細は、条解破産1013頁参照）。財団債権となるべき給料請求権は、消滅していない未払の請求権ですので、そのうち一部が既払である場合には、その残額のみが財団債権となります。

　破産者の使用人とは、民法308条に規定する「使用人」と同義であり、労務の提供による対価によって生計を維持している者をいうと解されています（大コンメ589頁［上原敏夫］）。請負や委任といった契約形態であっても、実質的に破産者との間で雇用関係が成立していれば足ります。

　給料とは、労働基準法11条の賃金と同義であり、賃金、給料、手当、賞与その他名称のいかんを問わず、労働の対償として使用者が労働者に支払うすべてのものを意味すると解されています（大コンメ589頁［上原敏夫］）。

　なお、解雇予告手当が給料または退職手当に該当するか否かについては、議論があります［☞ **論点解説**］。

3　退職手当

　破産手続の終了前に退職した破産者の使用人の退職手当の請求権は、原則として退職前3か月間の給料の総額が財団債権となります（本条Ⅱ）。もっとも、その額が破産手続開始決定前の3か月間の給料総額より少ない場合には、破産手続開始決定前3か月間の給料の総額に相当する額が財団債権となります（本条Ⅱ第2括弧書）。

　退職手当とは、その名目のいかんを問わず、雇用関係が終了したことにより使用者から使用人に支払われる金員をいいます。もっとも、退職手当は就業規則等により使用者が支払義務を負担している必要がありますので、恩恵的に支給されるものは該当しません。また、退職の時期は破産手続の終了前であれば足り、その理由も問わないと解されています。

　退職手当の支給が定期金の方法によるときは、退職手当の請求権が破産債権であったとした場合に劣後的破産債権となる部分は財団債権にはなりません（本条Ⅱ第1括弧書）。財団債権として一括で弁済するに当たって中間利息を控除する趣旨です（一括弁済が可能であることについては、新破産法の基本構造と実務342頁参照）。ここでいう中間利息の額とは、破産法99条1項4号・2号で算出した額をいいます。

論点解説

解雇予告手当の財団債権性　　解雇予告手当（労基20）は、即時解雇の効力を発生させるために支払われるものですので、労働の対価とはいえません。そこで、一般的には、給料や退職手当には該当せず、財団債権ではないと説明されています。もっとも、東京地裁では、破産管財人から、解雇予告手当が本条1項の給料に当たるとして財団債権の承認の許可申立てがあれば、これを適法なものと認める運用をす

る等、一部の裁判所では財団債権として扱うことがあります（破産実務Q&A200問324頁〔浅賀哲〕）。

より深く学ぶ
賃金立替払制度　事業主が破産手続開始決定を受けた場合に、未払の定期賃金や退職手当があるときは、その事業に従事する労働者が独立行政法人労働者健康安全機構に請求することで、未払の定期賃金および退職手当の一部について立替払を受けることができます（賃確7。賃金立替払制度の詳細は条解破産1017頁、破産実務Q&A200問331頁〔山田尚武〕、独立行政法人労働者健康安全機構のウェブページ〔www.johas.go.jp〕参照）。

　文　献　伊藤306頁、条解破産1011頁、大コンメ588頁〔上原敏夫〕、倒産法概説88頁〔沖野眞已〕、破産管財の手引206頁、一問一答破産198頁、注釈破産（下）39頁〔森晋介〕

（社債管理者等の費用及び報酬）
第150条　社債管理者が破産債権である社債の管理に関する事務を行おうとする場合には、裁判所は、破産手続の円滑な進行を図るために必要があると認めるときは、当該社債管理者の当該事務の処理に要する費用の請求権を財団債権とする旨の許可をすることができる。
2　社債管理者が前項の許可を得ないで破産債権である社債の管理に関する事務を行った場合であっても、裁判所は、当該社債管理者が破産手続の円滑な進行に貢献したと認められるときは、当該事務の処理に要した費用の償還請求権のうちその貢献の程度を考慮して相当と認める額を財団債権とする旨の許可をすることができる。
3　裁判所は、破産手続開始後の原因に基づいて生じた社債管理者の報酬の請求権のうち相当と認める額を財団債権とする旨の許可をすることができる。
4　前3項の規定による許可を得た請求権は、財団債権とする。
5　第1項から第3項までの規定による許可の決定に対しては、即時抗告をすることができる。
6　前各項の規定は、次の各号に掲げる者の区分に応じ、それぞれ当該各号に定める債権で破産債権であるものの管理に関する事務につき生ずる費用又は報酬に係る請求権について準用する。
　一　担保付社債信託法（明治38年法律第52号）第2条第1項に規定する信託契約の受託会社　同項に規定する社債
　二　医療法（昭和23年法律第205号）第54条の5に規定する社会医療法人債管理者　同法第54条の2第1項に規定する社会医療法人債
　三　投資信託及び投資法人に関する法律（昭和26年法律第198号）第139条の8に規定する投資法人債管理者　同法第2条第19項に規定する投資法人債
　四　保険業法第61条の6に規定する社債管理者　相互会社が発行する社債
　五　資産の流動化に関する法律（平成10年法律第105号）第126条に規定する特定社債管理者　同法第2条第7項に規定する特定社債

基本事項

1 趣旨

　社債権者が多数である場合に、社債管理者が破産債権である社債の配当の受領や個別の分配等の社債管理事務を行うことによって、破産手続が円滑に進み、破産債権者全体の利益になると評価できる場合があります。また、社債権者保護の観点から、社債の発行会社には、原則として弁済の受領等社債の管理のために社債管理者を設置する義務が課されています（会社702）ので、このような規定の趣旨を貫徹するためには破産手続開始決定後に社債管理事務を行った社債管理者を保護する必要性も否定できません。そこで、本条は、裁判所の許可によって、社債管理者の社債管理事務費用や報酬を財団債権として扱うことを認めています。

　なお、本条と同趣旨の規定が、民再法120条の2、会更法131条にも置かれています。

2 要件

(1) 社債権者の費用

　社債管理者が破産債権である社債の管理に関する事務を行おうとする場合、当該事務の処理に要する費用の請求権を財団債権として扱うことを望むときは、破産債権である社債の管理に関する事務を行う前に、裁判所に対して許可を求めることが必要です。裁判所が破産手続の円滑な進行を図るために必要があると認め、これを許可した場合には、当該事務の処理に要する費用の請求権は財団債権となります（本条Ⅰ・Ⅳ）。この社債の管理費用としては、例えば、債権届出や債権調査、配当の受領に関する費用のほか、これらの通知費用等があります。

　緊急な対応が必要となった場合等、社債権者が事前に裁判所の許可を得ないで破産債権である社債の管理に関する事務を行ったとしても、客観的に当該社債管理者が破産手続の円滑な進行に貢献したと認められるときは、裁判所による事後的な許可によって、その社債管理事務処理費用のうちその貢献の程度を考慮して相当と認める額を財団債権として扱うことができます（本条Ⅱ・Ⅳ）。

(2) 社債管理者の報酬

　破産手続開始決定後に社債管理者による社債管理事務が行われれば、破産債権者全体の利益につながることがありますので、破産手続開始決定後に社債管理事務を行うことによって社債管理者の報酬請求権が発生した場合も、裁判所の許可により、相当と認める額を財団債権として扱うことができます（本条Ⅲ・Ⅳ）。

3 不服申立て

　本条1項から3項の規定による裁判所による許可の決定に対しては、利害関係を有する者が即時抗告をすることができますが（本条Ⅴ）、不許可の決定に対しては即時抗告はできません（破9）。利害関係人には、許可決定によって不利益を受ける破産管財人や財団債権者、破産債権者が該当します。不許可に対する即時抗告権が認められていないこととの均衡上、社債管理者には許可決定に対する即時抗告権（例えば、費用の額や報酬額が少なすぎること等を理由とするもの）もないと解されています（大コンメ595頁［上原敏夫］）。

4　会社法以外の法律に規定する社債や法人債等の管理者の費用および報酬

破産手続における会社法上の社債管理者に関する扱いは、担保付社債信託法上の受託会社等にも妥当します。そこで、本条1項から5項までの規定は、本条6項各号に定める会社法以外の法律に規定する社債や法人債等の債権で破産債権であるものの管理に関する事務につき生ずる費用または報酬に係る請求権について、準用されます（本条Ⅵ）。

文献　伊藤307頁、条解破産1019頁、大コンメ593頁［上原敏夫］、倒産法概説86頁［沖野眞已］、江頭憲治郎『株式会社法〔第7版〕』（有斐閣、2017）728頁、一問一答破産205頁、注釈破産（下）48頁［川東祥次］

（財団債権の取扱い）
第151条　財団債権は、破産債権に先立って、弁済する。

基本事項

1　趣旨
本条は、財団債権の破産債権に対する優先性を確認的に定めた規定です。

なお、本条と同趣旨の規定が、民再法121条2項、会更法132条2項にも置かれています。

2　財団債権に対する弁済等

破産債権と異なり、財団債権の行使に当たり、財団債権者は財団債権の届出や調査・確定手続を経る必要はありません。破産管財人は、本来の履行期に財団債権を弁済する義務を負い（本条）、破産手続外で随時に弁済します（破2Ⅶ）。

もっとも、最後配当での配当額の通知（破201Ⅶ）を発送するまでに破産管財人に知れていない財団債権は、その配当原資からの弁済は受けられません（破203）。簡易配当（破205）や同意配当（破208Ⅲ）、中間配当（破209Ⅲ）、追加配当（215Ⅱ）の場合も破産法203条を準用しています。そのため、破産手続開始決定を知った財団債権者は、速やかに破産管財人に対して財団債権を有している旨を申し出ることとされています（破規50Ⅰ）。破産管財人が100万円を超える財団債権を承認する場合には、破産財団に与える影響に鑑みて裁判所の許可が必要となります（破78Ⅱ⑬・Ⅲ、破規25）（大コンメ338頁［田原睦夫］）。

論点解説

財団債権の代位弁済によって求償権者が取得した原債権の財団債権性　財団債権である租税債権や労働債権等に関して、第三者が代位弁済して原債権である財団債権を取得した場合に、この第三者は原債権を財団債権として行使できるか否かについては、議論があります（詳細は、倒産法概説90頁［沖野眞已］、破産法・民事再生法概論144頁［長谷部由起子］参照）。

租税債権について、東京高判平17・6・30（金法1752号54頁［INDEX［59］]）は、代位弁済をした保証人が租税債権を代位取得した事案において、取得した債権は平成

16年改正前の旧破産法47条2号の請求権（改正後の破産法97条4号に定める租税等の請求権）に当たらず、一般の破産債権に当たると判示しました。なお、再生手続上の事案に関する東京高判平19・3・15（公刊物未登載［INDEX2版［53］］）は、租税債務を立替払した第三者の立替金請求権は一般優先債権（民再122Ⅰ）とは認められないと判示しました。

また、最判平成23・11・22（民集65巻8号3165頁［百選［48①］、INDEX［60］］）は、給料債務の立替払によって、第三者が財団債権である原債権を取得した破産の事案について、破産手続によらないで原債権である財団債権を行使できると判示しました。さらに、最判平成23・11・24（民集65巻8号3213頁［百選［48②］、INDEX［60］］）は、請負契約の解除に基づき共益債務とされる前渡金（民再49Ⅴ、破54Ⅱ）を代位弁済した保証人が共益債権である原債権を取得した民事再生の事案について、再生手続によらないで原債権である共益債権を行使できると判示しました。

判例 大阪地判昭45・3・13下民集21巻3－4号397頁［百選初版［62］］
文献 伊藤312頁、条解破産1024頁、大コンメ597頁［上原敏夫］、倒産法概説89頁［沖野眞已］、破産法・民事再生法概論143頁［長谷部由起子］、山本78頁、注釈破産（下）53頁［森晋介］

（破産財団不足の場合の弁済方法等）
第152条 破産財団が財団債権の総額を弁済するのに足りないことが明らかになった場合における財団債権は、法令に定める優先権にかかわらず、債権額の割合により弁済する。ただし、財団債権を被担保債権とする留置権、特別の先取特権、質権又は抵当権の効力を妨げない。
2 　前項の規定にかかわらず、同項本文に規定する場合における第148条第1項第1号及び第2号に掲げる財団債権（債務者の財産の管理及び換価に関する費用の請求権であって、同条第4項に規定するものを含む。）は、他の財団債権に先立って、弁済する。

基本事項
1　趣旨
　本条は、破産財団の財団不足（破産財団が財団債権の総額を弁済するのに足りないこと）が明らかになった場合、財団債権に対する弁済は、法令が定める優先関係にかかわらず、共益的性質を有する財団債権を除き、その未弁済額に応じた平等な按分弁済を行うこととしています。実体法上の優先関係を考慮することを義務付ければ、破産管財人は各財団債権の優先権の有無や相互の順位を厳格に調査することになります。しかし、それでは手続の遅延を招くおそれがありますので、按分による弁済を行うこととしています。
　なお、本条と同趣旨の規定が、会更法133条1項にも置かれています。
2　要件
　破産財団が財団債権の総額を弁済するのに足りないか否かは、以後、増殖が見込

まれる破産財団の額と負担が見込まれる財団債権の額を踏まえて破産管財人が判断します。この点の判断を見誤り、財団不足に陥っていないにもかかわらず本条に従って財団債権を弁済すると、破産管財人の善管注意義務違反の問題が生じかねないため、注意が必要です。なお、本条1項による按分弁済は、あくまで財団不足が明らかになった場合の弁済方法です。財団不足が明らかになる前に破産管財人が弁済し、その後に財団不足が明らかになった場合は、破産管財人による従前の弁済に影響はありません（伊藤315頁注179）。

　財団不足が明らかになった場合は、次の順序で弁済を行います。もっとも、財団債権を被担保債権とする留置権、特別の先取特権、質権または抵当権の担保権の効力は妨げられませんので（本条Ⅰただし書）、その対象財産以外の財産を換価した代金を原資として財団債権に対する按分弁済を行うこととなります。

　まず、本条2項に基づき、破産債権者の共同の利益のためにする裁判上の費用の請求権（破148Ⅰ①）や破産財団の管理、換価および配当に関する費用の請求権（同項②。債務者の財産の管理および換価に関する費用の請求権のうち、保全管理人が債務者の財産に関し権限に基づいてした行為によって生じた請求権を含む）を弁済します。これらの財団債権の共益性を重視したためです（破産法・民事再生法概論146頁［長谷部由起子］、伊藤316頁）。なお、破産財団がこれらの優先的に支払われる財団債権をすべて弁済するのに足りない場合には、本条1項の定めに従ってこれらの財団債権について按分弁済を行うことが原則であると説明されています（条解破産1029頁）。

　次に、前記の優先的な財団債権をすべて支払うことができた場合には、その余の財団債権について、本条1項本文に基づき、法令の優先関係にかかわらず、財団不足が明らかになった時点の弁済未了の債権額の割合により按分して弁済します。

文献　伊藤315頁、条解破産1026頁、大コンメ600頁［上原敏夫］、倒産法概説92頁、破産法・民事再生法概論146頁［長谷部由起子］、注解破産（上）243頁［斎藤秀夫］、山本克己＝小久保孝雄＝中井康之編『新基本法コンメンタール破産法』（日本評論社、2014）334頁［名津井吉裕］、一問一答破産206頁・209頁、注釈破産（下）55頁［村上亮二］

第6章　破産財団の管理

第1節　破産者の財産状況の調査

> **（財産の価額の評定等）**
> **第153条**　破産管財人は、破産手続開始後遅滞なく、破産財団に属する一切の財産につき、破産手続開始の時における価額を評定しなければならない。この場合においては、破産者をその評定に立ち会わせることができる。
> 2　破産管財人は、前項の規定による評定を完了したときは、直ちに破産手続開始の時における財産目録及び貸借対照表を作成し、これらを裁判所に提出しなければならない。
> 3　破産財団に属する財産の総額が最高裁判所規則で定める額に満たない場合には、前項の規定にかかわらず、破産管財人は、裁判所の許可を得て、同項の貸借対照表の作成及び提出をしないことができる。

基本事項
1　趣旨

　破産管財人は、破産財団に属する財産の価額を把握することによって、換価する財団の規模を知ることができますし、破産債権者に対して配当の見込みに関する情報を提供することができます。

　また、そのような情報を記載した財産目録等は、裁判所が破産管財人の換価業務を監督する際の基礎資料になるだけなく、破産者や破産債権者等が閲覧謄写することによってさらなる情報の提供を期待できますし、破産管財業務の適正な遂行が一層担保されることにもなります。

　そこで、本条は、破産管財人が、破産手続開始決定後遅滞なく、破産財団に属する一切の財産の価額を評定し（本条Ⅰ）、換価・配当の基礎資料となる財産目録と貸借対照表を裁判所に提出することとしています（本条Ⅱ）。

　なお、本条と同趣旨の規定が民再法124条、会更法83条にも置かれています。

2　財産評定

　財産評定とは、破産財団に属する一切の財産について、破産手続開始時の換価見込額を評定することをいいます。破産財団に属する財産の管理処分権を有する破産管財人が財産評定を行います。

　財産評定の対象である破産財団に属する一切の財産とは、破産財団所属の一切の積極財産を意味します。例えば、別除権の目的である財産も破産管財人の管理処分

権に服し（破78 I）、別除権の対象財産の価額を知ることは、予定不足額の調査に加え、担保権消滅請求（破186 I）等別除権への対応を検討・判断する上で重要であり、財産評定の対象となります。

財産評定の基準日は、破産手続開始の時であり、その評価の基準は処分価格と解されています［☞**より深く学ぶ**］。

財産評定は破産手続開始後遅滞なく行う必要がありますが、財産状況報告書の提出期限である財産状況報告集会開催時（破158参照）または同集会が招集されないときは裁判所が定める期間（破規54 I）内に行うことが望ましいと解されています（大コンメ605頁［多比羅誠］）。なお、本条1項後段は、手続を迅速に進めるため、財産評定に当たっての破産者の立会いを任意的なものとしています。

3 財産目録および貸借対照表の作成

財産目録とは、破産財団に属する一切の資産と各評定価額（処分価格）を記載したものです。貸借対照表には、破産手続開始決定時の破産者のすべての資産とすべての負債・純資産を対照して記載します。いずれも清算を前提として作成しますので、事業の継続を前提としている破産前の会計帳簿との継続性は要求されません。一般的に、清算を前提としたこれらの書面を非常（清算）財産目録、非常（清算）貸借対照表と呼びます。なお、破産財団に属する財産の総額が最高裁判所規則で定める額（1000万円。破規52）に満たない場合は、裁判所の許可を前提に、貸借対照表を作成・提出する必要がありません（本条Ⅲ）。破産財団の総額が少ない場合には、貸借対照表の作成・提出を求める必要が高くありませんので、管理費用を節約するという考慮に基づくものです。

より深く学ぶ

財産評定の基準　財産評定における評価の基準は、清算を前提とした処分価格と解されていますが、その具体的内容については、「原則として強制競売の方法による場合の価額である」（大コンメ604頁［多比羅誠］）、あるいは「任意売却の見込みがあれば、それにより、その見込みが立たなければ、強制競売の方法による」場合の価値である（伊藤643頁注121）といった説明がされています。

文献　伊藤642頁、条解破産1035頁、大コンメ603頁［多比羅誠］、山本111頁、破産法・民事再生法概論310頁［山本弘］、中島＝佐藤67頁、破産管財の手引302頁、一問一答破産213頁、注釈破産（下）64頁［小島伸夫］

（別除権の目的の提示等）
第154条　破産管財人は、別除権者に対し、当該別除権の目的である財産の提示を求めることができる。
2　破産管財人が前項の財産の評価をしようとするときは、別除権者は、これを拒むことができない。

基本事項

1　趣旨

　別除権は破産手続外で行使できます（破65）。もっとも、別除権の対象となっている財産も破産財団に帰属し、破産管財人の管理処分権に服しますので（破78Ⅰ）、破産管財人はその換価（破184Ⅱ）、受戻し（破78Ⅱ⑭）、担保権消滅許可の申立て（破186）等ができます。また、破産管財人は、別除権付破産債権に関する予定不足額の認否（破117Ⅰ④）や財産評定（破153Ⅰ）を行わなければなりません。これらの検討・判断に当たっては、別除権者が占有する目的財産の提示を受け、あるいは別除権者の義務として財産の評価に協力してもらうことが必要であり、有益です。

　そこで、本条は、破産管財人が別除権者に対して、別除権の目的財産の提示を求めることができるとし（本条Ⅰ）、別除権者は破産管財人による別除権の目的である財産の評価行為を拒むことができないとしています（本条Ⅱ）。

2　定義

　財産の提示とは、破産管財人の要求に対して財産を提出して示すことです。引渡しは不要であると解されています。本条2項に規定する財産の評価とは、破産法153条1項に規定する評定を意味します。また「前項の財産」とは、評定の対象となる別除権の目的となる財産を意味し、本条1項に基づき提示された財産に限定されません（注釈破産（下）69頁［小島伸夫］）。

3　別除権者による提示または評価の拒絶への対抗策

　本条1項に基づき破産管財人が別除権者に対して当該別除権の目的である財産の提示や破産管財人が自ら評価することを申し入れたにもかかわらず、別除権者が正当な理由なくこれを拒んだ場合は、別除権者には本条1項や2項の違反を理由とする損害賠償義務が生じ得ます。また、破産管財人は、本条1項や2項の権利を被保全権利として、民事保全法による仮処分等の法的措置を講じることが可能であると解されています（条解破産1041-1042頁）。

文　献　伊藤435頁・649頁、条解破産1040頁、大コンメ607頁［多比羅誠］、破産法・民事再生法概論310頁［山本弘］、注釈破産（下）68頁［小島伸夫］

（封印及び帳簿の閉鎖）

第155条　破産管財人は、必要があると認めるときは、裁判所書記官、執行官又は公証人に、破産財団に属する財産に封印をさせ、又はその封印を除去させることができる。

2　裁判所書記官は、必要があると認めるときは、破産管財人の申出により、破産財団に関する帳簿を閉鎖することができる。

基本事項

1　趣旨

　破産手続開始決定の直後は、財産の持ち去りや不法占拠等が行われる危険性があります。そこで、本条1項は、破産管財人の占有を公示して、破産財団に属する財

産を保全するために、封印執行という手段を定めました。また、本条2項は、破産者の帳簿の現状を固定するために、帳簿の閉鎖という手段を定めました。

2 封印執行

封印（本条Ⅰ）は、対象財産が破産管財人の占有下にあることを公示するために、裁判所書記官等が対象財産に封印票という紙を貼付し、見やすい場所に公示書を貼るという方法で行われます（大コンメ610頁［多比羅誠］、破規53Ⅰ・Ⅱ・Ⅲ参照）。この封印票を破棄した者には刑事罰（刑96・96の5）が科されます。本条1項の「必要があると認めるとき」とは、刑事罰を意識させる封印執行等を行ったほうが財産の持ち去りや帳簿の隠滅等を効果的に減少できると認められる場合を意味すると解されています（条解破産1044頁）。本条の封印は破産管財人の管理下にある財産の占有を公示するものですので、本条1項の破産財団とは破産管財人が占有している財産（現有財団）［☞破§34 論点解説 1 ］に限られます。

3 帳簿の閉鎖

破産財団に関する帳簿とは、破産財団に属する積極財産および消極財産に影響を及ぼす事項を記載する帳簿を意味すると解されています（条解破産1045頁）。帳簿には、貸借対照表、総勘定元帳、補助簿、現金出納帳、給与台帳等が含まれます。帳簿の閉鎖は、裁判所書記官が、閉鎖した旨を帳簿に記載することで行われます（破規53Ⅳ・Ⅴ参照）。閉鎖された帳簿を隠滅、偽造、変造した者には刑事罰が科されます（破270）。帳簿を閉鎖すれば、破産法270条が定める「破産者を害する目的」がない場合でも、閉鎖した帳簿の隠滅行為等の行為は刑事罰の対象となります（同条第2文）。そこで、本条2項の必要があると認めるときとは、帳簿の現状維持のために、より広い刑事処罰規定を発動すると認められる場合を意味すると解されています（条解破産1046頁）。

文献 伊藤641頁、条解破産1042頁、大コンメ609頁［多比羅誠］、山本111頁、破産法・民事再生法概論308頁［山本弘］、中島＝佐藤67頁、破産管財の手引107頁・114頁、一問一答破産214頁、注釈破産（下）70頁［小島伸夫］

（破産財団に属する財産の引渡し）
第156条 裁判所は、破産管財人の申立てにより、決定で、破産者に対し、破産財団に属する財産を破産管財人に引き渡すべき旨を命ずることができる。
2 裁判所は、前項の決定をする場合には、破産者を審尋しなければならない。
3 第1項の申立てについての決定に対しては、即時抗告をすることができる。
4 第1項の申立てについての決定及び前項の即時抗告についての裁判があった場合には、その裁判書を当事者に送達しなければならない。この場合においては、第10条第3項本文の規定は、適用しない。
5 第1項の決定は、確定しなければその効力を生じない。

基本事項
1　趣旨
　破産財団に属する財産の管理処分権は破産管財人に専属します（破78Ⅰ）。しかし、破産者が任意にその財産を引き渡さない場合には、破産管財人は、管理処分権を適切に行使することができません。そこで、本条は、民事執行法83条等を参考にして、決定手続によって引渡命令を発することができることやその際の手続等を定めました。なお、本条に基づく引渡命令は、民事執行法上の債務名義（民執22条3号）となりますので、破産管財人はこれに基づいて引渡しの強制執行をすることができます。

2　引渡命令
　本条に基づく引渡命令の名宛人は破産者です。したがって、破産管財人が破産者以外の第三者に対して財産の引渡しを求める場合は、通常の訴訟手続等による必要があります（なお、第三者が破産者の占有補助者である場合は本条に基づく引渡命令で足りる）。また、本条による引渡命令の対象財産は破産財団に属する財産であり、自由財産や第三者の財産は対象外です。この点について破産者の防御の機会を保障するために、本条2項は引渡命令を発令をする場合には破産者を審尋することとしています〔☞ 論点解説 1・2〕。

3　不服申立て
　利害関係人は、本条1項の申立てについての決定に対して即時抗告ができます（本条Ⅲ・9）〔☞ 論点解説 3〕。引渡命令や即時抗告についての裁判の当事者に対する告知方法については、公告による方法（破10Ⅲ本文）ではなく、裁判書を送達します（本条Ⅳ）。
　なお、破産者は、引渡命令に対して請求異議の訴え（民執35）を提起することもできます〔☞ 論点解説 4〕。

論点解説
1　法人に対する審尋の必要性　申立ての対象財産が破産財団に帰属しない自由財産であれば、本条に基づく引渡命令は発令できません。そのため、個人の破産者は、当該財産は自由財産であり引渡命令の対象にはならないと主張することが考えられます。そこで、個人の破産者には、防御の機会を与えるための審尋を行う必要があります。
　もっとも、法人には原則として自由財産がありませんので、審尋の機会を与える必要がないようにも思えます。この点、法人の場合でも、当該財産が法人の財産か代表者の財産か明らかでない場合等がありますので、個人の破産者に限らず、法人である破産者についても審尋が必要です。

2　審尋時の法人の代表者　破産者となった法人を審尋する場合、誰を法人代表者として審尋するのか議論があります。破産手続開始決定前の代表取締役が審尋の際に必要な情報を有していますので、破産手続開始決定後も、同人が会社を代表すると解されています（詳細は、大コンメ614頁〔多比羅誠〕、条解破産1049頁参照）。

3 **第三者による即時抗告**　本条3項の即時抗告について、第三者（例えば、財産について自己の所有権を主張する第三者）も行うことができるか否かについて議論があります。このような第三者も引渡命令に対して利害関係があること等を理由に即時抗告を認める見解と、引渡命令は破産者と破産管財人との間の内部的な占有移転にすぎないので、第三者の権利を侵害するものではないとして、第三者の即時抗告権を否定する見解があります（詳細は、新破産法の基本構造と実務219頁参照）。

4 **第三者による第三者異議の訴え**　引渡命令に対して、第三者（例えば、財産について自己の所有権を主張する第三者）が第三者異議の訴えを提起できるのかどうか議論があります。前記3と同様の観点から肯定説と否定説（第三者は破産管財人に対して取戻権に基づく引渡訴訟を提起すれば足りるとする見解）があります（詳細は、新破産法の理論と実務398頁［山本和彦］参照）。

　判例　最判昭43・3・15民集22巻3号625頁［百選4版〔87〕、INDEX〔173〕］
　文献　伊藤637頁、条解破産1046頁、大コンメ613頁［多比羅誠］、山本111頁、破産法・民事再生法概論308頁［山本弘］、中島＝佐藤67頁、破産管財の手引107頁、一問一答破産215頁、注釈破産（下）75頁［小島伸夫］

（裁判所への報告）
第157条　破産管財人は、破産手続開始後遅滞なく、次に掲げる事項を記載した報告書を、裁判所に提出しなければならない。
　一　破産手続開始に至った事情
　二　破産者及び破産財団に関する経過及び現状
　三　第177条第1項の規定による保全処分又は第178条第1項に規定する役員責任査定決定を必要とする事情の有無
　四　その他破産手続に関し必要な事項
2　破産管財人は、前項の規定によるもののほか、裁判所の定めるところにより、破産財団に属する財産の管理及び処分の状況その他裁判所の命ずる事項を裁判所に報告しなければならない。

基本事項
1　趣旨

本条は、破産管財人に対する監督権がある裁判所（破75）や利害関係人に適切な情報提供を行うことを目的として、破産管財人の裁判所に対する報告義務を定めています。

なお、本条と同趣旨の規定が、民再法125条、会更法84条にも置かれています。

2　裁判所に対する報告書提出

破産管財人は、本条1項に基づき、破産手続開始後遅滞なく、破産手続開始に至った事情等を記載した報告書を裁判所に提出しなければなりません（この報告書は「財産状況報告書」という〔破規54Ⅰ〕）。

財産状況報告集会が招集されるとき（破31Ⅰ②）には、その集会で本条1項各号の

要旨を報告しなければなりません（破158）。そのため、遅くとも財産状況報告集会の期日までに報告書を提出することが必要です。財産状況報告集会が招集されないときには、裁判所が破産管財人の意見を聴いて、報告書の提出期限を定めることができますので（破規54Ⅰ）、破産管財人は、その期限までに報告書を提出することになります。破産管財人が期限までに報告書を提出しなかった場合、裁判所は破産管財人に対してその理由を記載した書面の提出を命ずることができます（破規54Ⅱ）。

「破産手続開始に至った事情」（本条Ⅰ①）とは、破産者が破産原因（破15・16）である支払不能や債務超過（法人の場合）の状態に至った事情のことをいいます。事案によっては、粉飾決算や否認該当行為の有無等も併せて報告すべきです。「経過および現状」（本条Ⅰ②）のうち、「破産者に関する」ものとは、破産者が個人の場合は収入や生計等の状況等、法人の場合は資本や役員、事業内容等を意味します（大コンメ615-616頁［多比羅誠］）。「破産財団に関する」ものとは、破産手続開始決定前の業績や財産状況の推移、破産手続開始決定後の積極財産や消極財産の状況、以後の財産処分や配当見込等を意味します。

破産法「第177条第1項の規定による保全処分又は第178条第1項に規定する役員責任査定決定を必要とする事情の有無」（本条Ⅰ③）とは、破産者が法人である場合に、①法人の役員に対する損害賠償請求権の有無、②①の請求権を破産法178条1項の査定手続によって行使する必要性の有無、③①の請求権を保全するために破産法177条1項の保全処分の申立てを行う必要性の有無を意味します。損害賠償請求権の行使や保全処分は、手続開始後速やかに行わなければ証拠の散逸や財産隠匿等によってその実効性がなくなります。そこで、本条1項3号は、前記の事項について早期に調査し、報告することを定めています。

「その他破産手続に関し必要な事項」（本条Ⅰ④）とは、別除権行使や否認権行使の状況、従業員の状況等、破産管財人が個別の事案に即して必要と判断する事項を意味し、これらも報告書に記載します（本条Ⅰ④）。なお、破産手続開始時の状況については、破産法153条2項に基づいて裁判所に提出する財産目録および貸借対照表が有益です。

3　裁判所に対するその他の報告

裁判所は、本条1項による報告書の提出だけでなく、必要な事項の報告を求めることができます（本条Ⅱ）。その報告方法には限定がありませんので、口頭でも構いません。また、報告事項も特に限定せずに、破産財団に属する財産の管理および処分の状況に加えて「その他裁判所の命ずる事項」として規定しています。報告時期についても同様に、裁判所は任意の時期に報告を命じることができます。

文献　伊藤640頁、条解破産1052頁、大コンメ615頁［多比羅誠］、中島＝佐藤67頁、破産管財の手引300頁・302頁・487頁、注釈破産（下）80頁［井出ゆり］

（財産状況報告集会への報告）
第158条　財産状況報告集会においては、破産管財人は、前条第1項各号に掲げる事項の要旨を報告しなければならない。

基本事項

　破産債権者にとっては、財産状況報告書（破157Ⅰ）の閲覧（破11Ⅰ）によって破産者の財産状況に関する情報を得るよりも、財産状況報告集会（破31Ⅰ②）で破産管財人から直接報告を受けたほうが、その場で質問ができる等の利点があってより有益であるといえます。そこで、本条は、破産債権者等に対してより適切な情報提供を行うという観点から、破産管財人は財産状況報告集会で破産法157条1項各号の事項の要旨を報告することとしました。なお、財産状況報告書（破157Ⅰ）はその分量が多くなることもありますので、財産状況報告集会での報告自体は、当該報告書のすべての内容ではなく、その内容を踏まえた要旨で足ります。

　報告の方法については、条文上限定がありませんので、書面でも口頭でもかまいません。例えば、財産状況報告書や財産目録、収支計算書を配布した上、口頭の説明を交えて報告するという方法が考えられます。

　財産状況報告集会を開催しない場合（破31Ⅳ）であっても、破産債権者に対しては、財産状況報告集会を開催した場合に破産管財人が行う報告と同程度の情報提供を行うことが適切です。そこで、破産規則54条3項は、破産管財人が、財産状況報告書の要旨を記載した書面の送付や適当な場所での財産状況報告書の備置きその他の適当な措置（例えば、債権者に対する個別の説明やインターネット上のウェブサイトへの掲載等）を執らなければならないこととしています。

　なお、本条と同趣旨の規定が民再法126条、会更法85条にも置かれています。

　文献　伊藤640頁、条解破産1056頁、大コンメ618頁［多比羅誠］、山本68頁、破産法・民事再生法概論311頁［山本弘］、中島＝佐藤67頁、破産管財の手引300頁・302頁・308頁・312頁、注釈破産（下）84頁［井出ゆり］

（債権者集会への報告）
第159条　破産管財人は、債権者集会がその決議で定めるところにより、破産財団の状況を債権者集会に報告しなければならない。

基本事項

　破産管財人は、財産状況報告集会で財産状況報告書の要旨を報告しなければなりません（破158条）し、財産状況報告集会を開催しない場合でも、裁判所に提出した財産状況報告書の要旨を知れている債権者に周知させるため、財産状況報告書の要旨を記載した書面の送付、適当な場所における財産状況報告書の備置きその他の適当な措置を執らなければなりません（破規54Ⅲ）。

　本条は、破産債権者に適切な情報提供を行うために、さらにこれらの義務とは別に、債権者集会の決議に基づいて破産管財人が破産財団の状況につき報告義務を負うことを定めています。

　債権者集会の決議は、債権者集会への出席者または書面等投票を行った者の議決権の2分の1を超える賛成によります（破138）。

　破産管財人は、債権者集会決議の定めるところにより報告する義務があります。

債権者集会では、報告の対象、時期（定期の報告を求めるか等も含む）、方法（書面か口頭か等）についても、債権者集会の決議で定めることができます。もっとも、報告対象は破産財団の状況（例えば、その管理・換価や収支状況等）に限定されています。そのため、それ以外の事項について債権者集会の決議があったとしても、破産管財人は本条に基づく報告義務を負いません。

文献 伊藤217頁・640頁、条解破産1058頁、大コンメ619頁［多比羅誠］、注釈破産（下）86頁［井出ゆり］

第2節 否認権

前 注

基本事項

1 趣旨

破産法が破産管財人に否認権を認めた趣旨は、破産手続開始決定前になされた債務者の財産に関する一定の行為やこれと同視できる第三者の行為の効力を破産手続開始決定後に破産財団のために失効させ、逸出した財産を回復し、また破産債権者間の平等を図る点にあります。

2 否認行為の類型

平成16年改正前の旧破産法（大正11年法律第71号）は、否認権について、行為の時期を問わず詐害意思に基づく債務者の行為を否定する故意否認（旧破72①）と債務者の財産状況が悪化した危機時期での債務者の行為を否定する危機否認（同条②）の2つの類型を設けていました。また、詐害行為とは責任財産を絶対的に減少させる行為をいい、偏頗行為とは債権者間の平等に反する行為を意味するところ、平成16年改正前の旧破産法72条2号は「担保ノ供与、債務ノ消滅ニ関スル行為其ノ他破産債権者ヲ害スル行為」と規定していたことから、債務者による偏頗行為（担保権の設定や弁済のような債務消滅行為）が詐害行為の一類型であるかのように表現し、両者を峻別しない見解もありました。もっとも、平成16年改正後の新破産法（平成16年法律第75号）は、詐害行為と偏頗行為を区別する立場を採用し、詐害行為否認の対象となる行為から「担保の供与又は債務の消滅に関する行為を除く」（破160Ⅰ）ことを明らかにして、偏頗行為に対する詐害行為否認（同項）の適用を排除しました。この趣旨は、減少した債務者の責任財産の回復を図ることを目的とする詐害行為否認と危機時期における債権者間の平等を図ることを目的とする偏頗行為否認の峻別を図り、否認権の要件を明確化することを通じて、平時での取引活動に対して与える萎縮効果を排除しようとした点にあります。

3 一般的要件

否認の各類型に共通する一般的要件として、有害性、不当性の要件が必要か否かにつき、議論があります［☞ **論点解説** **1**］。

(1) 有害性

有害性とは、否認の対象となる行為が破産債権者を害する行為であることをいい

ます。例えば、破産者が担保権者に対して負う債務について相当額の担保目的物によって代物弁済をした場合、当該代物弁済行為につき、有害性の要件を欠いて破産管財人の否認権行使が認められない場合があります（最判昭41・4・14民集20巻4号611頁［INDEX［111］］参照。伊藤504頁）。なぜなら、この場合、破産管財人がこの代物弁済を否認したとしても、担保権者は別除権を行使しますので、責任財産の減少が生じるとはいえず、有害性を欠くといえるためです。

(2) 不当性

不当性とは、有害性を備えた行為であっても、破産者の行為の内容、目的、動機等に照らして、破産債権者の利益を不当に侵害するものでない場合に、否認の成立を阻却する要件をいいます。例えば、個人が最低限の生活をするために支払う電気料金やガス料金の支払、公益性の高い病院等の事業を維持するために必要な運転資金を捻出する財産処分行為や担保設定行為については、不当性を欠き、否認の成立が阻却される場合があります（伊藤507頁参照）。

4 債務者の行為の要否

破産法160条・162条は、否認の対象を「破産者が……した行為」と明記しています。他方で、破産法165条は執行行為に対する否認につき破産者の行為を直接の対象にしていません。そこで、否認の対象が債務者（破産者）の行為であることが必要か否かについて、議論があります［☞ **論点解説** ②］。

論点解説

① 一般的要件の要否

従前の判例・通説は、否認の一般的要件として有害性や不当性を要求していると解されています。これに対し、近時は、不当性の要件については、その判断基準が明確とはいいがたく、不当性を問題とする場合には権利の濫用などの一般法理で対処できることなどを理由に、否認の一般的要件として考える必要はないとする見解も有力です（大コンメ626頁［山本和彦］、新注釈民再（上）712頁［中西正］、新破産法の理論と実務250頁［山本研］）。

② 債務者（破産者）の行為の要否

否認の対象は債務者（破産者）の行為であることを要するのか否かについて、判例には、破産者の行為またはこれと同視すべきものに否認権の行使を認めるもの（最判昭40・3・9民集19巻2号352頁、最判平8・10・17民集50巻9号2454頁等）、前記のような判示はないものの、第三者の弁済が破産者の弁済を代行するものである点などを挙げて否認権の行使を認めるもの（最判平2・7・19民集44巻5号837頁、最判平2・7・19民集44巻5号853頁［百選［28］］）［☞破§162 **論点解説** ②］があります。

学説では、詐害意思を要件とする破産法160条1項1号や161条1項については、破産者の行為ないし破産者の行為と同視すべき状況にあることを必要とし、破産者の詐害意思を要件としない破産法160条1項2号、162条1項については、破産者の行為を不要とする立場が有力です（詳細は、伊藤507頁、条解破産1065頁、大コンメ671頁［三木浩一］、倒産法概説280頁［沖野眞已］）。

判例 最判昭43・2・2民集22巻2号85頁、東京地判昭51・10・27判時857号93頁、最判平24・10・12民集66巻10号3311頁、福岡地判平21・11・27金法1911号84頁、福岡地判平22・9・30金法1911号71頁、東京地判平24・1・26判タ1370号245頁、東京高判平24・6・20判タ1388号366頁

文献 伊藤499頁以下、倒産法概説278頁以下［沖野眞已］、破産法・民事再生法概論234頁以下［畑瑞穂］、大コンメ621頁以下［山本和彦］、条解破産1060頁以下、一問一答破産219頁、注釈破産（下）88頁［上野保］

（破産債権者を害する行為の否認）
第160条 次に掲げる行為（担保の供与又は債務の消滅に関する行為を除く。）は、破産手続開始後、破産財団のために否認することができる。
一　破産者が破産債権者を害することを知ってした行為。ただし、これによって利益を受けた者が、その行為の当時、破産債権者を害する事実を知らなかったときは、この限りでない。
二　破産者が支払の停止又は破産手続開始の申立て（以下この節において「支払の停止等」という。）があった後にした破産債権者を害する行為。ただし、これによって利益を受けた者が、その行為の当時、支払の停止等があったこと及び破産債権者を害する事実を知らなかったときは、この限りでない。
2　破産者がした債務の消滅に関する行為であって、債権者の受けた給付の価額が当該行為によって消滅した債務の額より過大であるものは、前項各号に掲げる要件のいずれかに該当するときは、破産手続開始後、その消滅した債務の額に相当する部分以外の部分に限り、破産財団のために否認することができる。
3　破産者が支払の停止等があった後又はその前6月以内にした無償行為及びこれと同視すべき有償行為は、破産手続開始後、破産財団のために否認することができる。

基本事項

1　趣旨

　本条は詐害行為否認の対象となる行為を定めています。詐害行為否認とは、債務者の責任財産を絶対的に減少させる行為に対して否認権の行使を認めるものです。破産法は、詐害行為否認と偏頗行為否認の類型を峻別し、本条1項柱書括弧書は詐害行為否認の対象となる行為から、偏頗行為である担保の供与または債務の消滅に関する行為を除外することを明らかにしています。

　なお、本条と同趣旨の規定が民再法127条、会更法86条にも置かれています。

(1)　本条1項1号

　破産法160条1項1号は、破産者の資産を絶対的に減少する詐害行為に対する否認権の基本的な要件を定めています。例えば、同号に該当し得る行為として、資産の廉価売却がなされた場合が挙げられます。

(2)　本条1項2号

　本条1項2号は、破産者が支払の停止または破産手続開始の申立てがあった後にした詐害行為を否認の対象としています。この場合、破産者の詐害意思は要件とな

っていません。この趣旨は、破産者がすでに自己の責任財産を維持すべき危機時期に入ってから詐害行為を行った以上、破産者の主観的意思を要求せずに否認権の行使を認めて、責任財産の回復を容易にする点にあります。

(3) 本条3項

本条3項は無償行為に対する否認の基本的要件を定めています。無償行為とは、経済的な対価を得ないで、債務者が責任財産を受益者に移転する贈与などの行為や債務を負担する行為をいいます。無償行為がなされた場合、破産管財人は破産者と受益者の主観面を問題とせずに否認権を行使することができます。この趣旨は、危機時期に無償で財産を減少させる行為がなされた場合、有害性が極めて強く否認権を認める必要性が高いため、無償で利益を受けた受益者の利益保護よりも責任財産の回復を優先した点にあります。本条1項および3項は、いずれも破産者の財産減少行為を否認の対象としたものです。

(4) 本条2項

これに対して、本条2項は本来偏頗行為の対象となる債務の消滅に関する行為のうち対価的均衡を欠く行為について、詐害行為否認の対象とすることを定めています。この趣旨は、偏頗行為であっても、対価的均衡を欠く代物弁済等は、計数上破産財団の減少をもたらすことから、詐害行為と同様の要件で否認を認めて破産財団の回復を図った点にあります。そのため、本条2項は、債権者の受けた給付の価額が債務消滅行為により消滅した債務の額より過大である場合に、消滅した債務の額を超えた部分に限って否認権の行使を認めています。

2 要件

(1) 本条1項1号

本条1項1号の詐害行為否認の要件は、①破産者が破産債権者を害することを知ってした行為であること、②受益者が悪意であることです。

「破産者が破産債権者を害することを知ってした行為」といえるためには、詐害行為があり、破産者に詐害意思が存在することが必要です。

(ア) 詐害行為

詐害行為とは、実質的危機時期（破産原因である支払不能や債務超過状態となり、またはそのような状態となることが確実に予想される時期を意味するとする見解と、債務超過状態を意味するとする見解がある〔詳細は、大コンメ627頁〔山本和彦〕、条解破産1072頁〕）になされた廉価売却等破産者の財産を絶対的に減少させる行為をいいます。

(イ) 破産者の詐害意思

破産者の詐害意思をどのように捉えるべきかについて、見解の対立があります。多数説は、破産者が債権者に対して加害の認識をもっていれば足りると解しています〔☞ **論点解説** **1**〕。

(ウ) 受益者の悪意

受益者とは、当該詐害行為によって直接利益を受けた者をいいます。受益者の悪意とは、破産者の行為が破産者の財産を絶対的に消滅させる行為であることおよびその行為が実質的危機時期になされたことを知っていたことをいいます。受益者側

で自身が悪意でないこと（善意であること）を証明する責任を負います（最判昭37・12・6民集16巻12号2313頁）。

  (2) **本条1項2号**

本条1項2号の要件は、①支払停止等があった後であること、②破産債権者を害する行為であること、③受益者が悪意であることです。

本条1項1号と異なり、破産者の詐害意思は要件とされていません。

  (ア) **支払停止等**

支払の停止または破産手続開始の申立てがあった後に、破産者がした行為を対象としています［支払停止の意義については、☞破§15 論点解説］。なお、破産手続開始申立ての日から1年以上前にした詐害行為は、支払停止後の行為であること、または支払停止の事実を知っていたことを理由として否認することはできません（破166）。

  (イ) **詐害行為**

本条1項1号と同様、廉価売却等の破産者の財産を絶対的に減少させる行為をいいます。

  (ウ) **受益者の悪意**

受益者が、行為の当時、支払停止等の事実および破産者の行為が破産者の財産を絶対的に消滅させる行為であることを知っていたことをいいます。受益者側が悪意でないこと（善意であること）を証明する責任を負う点は本条1項1号と同様です。

  (3) **本条2項**

債務を消滅させる行為は特定の債権者に対する債務を優先的に弁済することを意味しますので、偏頗行為（債権者間の平等を害する行為）に当たります。詐害行為否認と偏頗行為否認の類型を峻別する現行破産法の下では、原則として、債務を消滅させる行為を詐害行為否認の対象とすることは認められません（本条Ⅰ柱書括弧書）。

もっとも、債務者（破産者）が代物弁済として給付する物と代物弁済の対象として消滅する債務者（破産者）が負担する債務の額との間に対価的均衡がとれていない過大な代物弁済等の場合、消滅する債務額を超過する限度で責任財産を減少させます。

そのため、本条2項は、給付の目的物の価額が消滅する債務の金額を超過する限度で詐害行為否認の成立を認めています［☞論点解説 **2**］。

  (4) **本条3項**

破産管財人は、破産者に支払の停止等があった後またはその前6か月以内に破産者が行った無償行為またはこれと同視すべき有償行為を否認することができます。

無償行為とは、破産者が対価を得ないで自己の財産を減少させたり、債務を負担する行為をいいます。例えば、贈与や債務免除等がその典型例です。

破産者が第三者の保証をした場合、保証行為を無償行為に当たるとして本条3項に基づき否認することができるか否かについて議論があります［☞論点解説 **3**］。

論点解説

1 詐害意思の意義　詐害意思の内容をいかに解すべきか、という問題がありま

す。この点については、破産者が債権者に対して加害の認識をもっていれば足りるとする認識説と認識を超えてより積極的な加害の意思を要求する意思説があります。意思説は、平成16年改正前の旧破産法の下での本旨弁済に対する故意否認の適用範囲を制限するために主張された見解です。現行破産法の下では、債務消滅行為である本旨弁済に対する詐害行為否認は認められませんので、意思説を採用する意義は乏しくなったといえます。

2 詐害的債務消滅行為　すでに説明した通り、本条2項の支払不能後の過大な代物弁済等は詐害行為としての側面と偏頗行為としての側面がありますので、破産管財人は、本条2項に基づいて否認権を行使することも、破産法162条1項1号に基づいて否認権を行使することも、いずれも可能であると解されています（一問一答破産233頁）[☞ **より深く学ぶ**]。

3 債務保証と無償行為　対価を得ることなく他人の債務について保証することは、主債務者である他人は利益を得る一方、保証した者には何の利益もありません。そこで、このような債務保証が無償行為に該当するのか否か議論があります。債務保証は無償行為に当たらないと解する立場は、保証した破産者が主債務者に対する求償権（民459・460・462）を取得すること等を根拠に無償行為ではないとしています。もっとも、保証人の求償権は、債権者に対して弁済した場合に減少した財産を回復するための手段にすぎませんので、保証の対価として取得するものではありません。このような事情から、近時は、債務保証行為は無償行為に該当すると解する立場が有力です（詳細は、伊藤533頁）。

　大判昭11・8・10（民集15巻1680頁）は債務保証行為が無償行為に当たるとしています。

より深く学ぶ

選択による差異　例えば債務額を超える価値のある物で代物弁済をするといった詐害的債務消滅行為は、本条2項または162条1項1号のいずれによる否認権の行使も可能ですが、本条2項による場合は債務額の超過部分に対する否認が認められるにすぎません。破産法162条1項1号による場合は債務消滅行為全体に対する否認権行使が可能です。

そのため、根拠条文をいずれにするのかによって、その効果に差異が生じます。

通常、本条2項によるよりも162条1項1号によったほうが破産財団にとっては有利ですので、破産管財人は同号に基づいて否認権を行使することが多いと思われます。

判　例　最判昭37・12・6民集16巻12号2313頁、大判昭11・8・10民集15巻1680頁、最判昭41・4・14民集20巻4号611頁［百選[31]］、INDEX［111］］

文　献　伊藤515頁以下、倒産法概説284頁以下［沖野眞已］、破産法・民事再生法概論238頁以下［畑瑞穂］、大コンメ621頁［山本和彦］以下、条解破産1070頁以下、佐藤＝中島109頁以下、一問一答破産220頁、注釈破産（下）99頁［上野保］

> **(相当の対価を得てした財産の処分行為の否認)**
> **第161条** 破産者が、その有する財産を処分する行為をした場合において、その行為の相手方から相当の対価を取得しているときは、その行為は、次に掲げる要件のいずれにも該当する場合に限り、破産手続開始後、破産財団のために否認することができる。
> 　一　当該行為が、不動産の金銭への換価その他の当該処分による財産の種類の変更により、破産者において隠匿、無償の供与その他の破産債権者を害する処分(以下この条並びに第168条第2項及び第3項において「隠匿等の処分」という。)をするおそれを現に生じさせるものであること。
> 　二　破産者が、当該行為の当時、対価として取得した金銭その他の財産について、隠匿等の処分をする意思を有していたこと。
> 　三　相手方が、当該行為の当時、破産者が前号の隠匿等の処分をする意思を有していたことを知っていたこと。
> 2　前項の規定の適用については、当該行為の相手方が次に掲げる者のいずれかであるときは、その相手方は、当該行為の当時、破産者が同項第2号の隠匿等の処分をする意思を有していたことを知っていたものと推定する。
> 　一　破産者が法人である場合のその理事、取締役、執行役、監事、監査役、清算人又はこれらに準ずる者
> 　二　破産者が法人である場合にその破産者について次のイからハまでに掲げる者のいずれかに該当する者
> 　　イ　破産者である株式会社の総株主の議決権の過半数を有する者
> 　　ロ　破産者である株式会社の総株主の議決権の過半数を子株式会社又は親法人及び子株式会社が有する場合における当該親法人
> 　　ハ　株式会社以外の法人が破産者である場合におけるイ又はロに掲げる者に準ずる者
> 　三　破産者の親族又は同居者

基本事項
1　趣旨
　破産者が自己の財産を適正な価格で売却した場合、計数的にみれば破産者の責任財産は減少しません。もっとも、例えば、不動産を売却して金銭に換価した場合には不動産が隠匿、費消しやすい金銭に換わりますので、この点から責任財産を実質的に減少させたと評価できる場合があります。そこで、本条1項は、破産者が自己の財産を処分し、相当の対価を取得した場合でも、一定の要件の下で当該処分行為に対する否認権の行使を認めることによって、責任財産の回復を図っています。
　なお、本条と同趣旨の規定が民再法127条の2、会更法86条の2にも置かれています。
2　要件
(1)　財産処分行為（本条1項柱書）
　本条1項柱書による否認権の対象は、破産者がした自己の財産を処分する行為で

す。ここにいう破産者がした財産処分行為とは、目的物の経済的価値の全部または一部を第三者に移転する行為を意味します（条解破産1082頁）。売買（民555）や交換（民586）が典型例です［☞ **論点解説** **1**・**2**］。

(2) **相当対価の取得**（本条Ⅰ柱書）

「相当の対価を取得した」といえるかどうかは、処分行為時点での財産の公正な市場価格を一応の基準とし、破産者が置かれた経営状況や処分の時期等を加味して判断します。そのため、早期の処分を前提とした価格であっても相当の対価を取得したと判断される場合があります。

(3) **隠匿等の処分をするおそれを現に生じさせること**（本条Ⅰ①）

「隠匿」とは、種類を変えた資産を隠すことをいいます。「無償の供与」とは、経済的な対価を得ないで、債務者が責任財産を受益者に移転する贈与などの行為や債務を負担する行為をいいます。「隠匿等の処分」をする「おそれ」という文言からすれば、隠匿等の処分が現になされたことは不要です［☞ **論点解説** **3**］。もっとも、抽象的なおそれでは足りず、隠匿等の処分を行った前後の破産者の財産状態から、隠匿等の処分がなされる蓋然性がある場合でなければなりません（伊藤522頁。なお、処分前後の事情等を隠匿等処分の意思を推認する間接事実とすべきであるとする見解もある〔条解破産1085頁注3〕）。

「隠匿等の処分」をする「おそれ」があると認められるためには、まず、処分の当時、破産者の財産状態が悪化していることが必要です。支払不能または債務超過もしくはそれが確実に予想される状態で財産の種類を変えることによって、隠匿等の処分がなされる蓋然性が認められるといえるためです。

次に、「隠匿等の処分」をする「おそれ」を現に生じさせるような種類に財産を換えることが必要です。例えば、不動産、工場の大型機械、知的財産権を売却して金銭に換える場合等が考えられます。一般的に金銭は隠匿・費消しやすいので、金銭に交換することは隠匿等の処分につながる行為であるといえます。

(4) **隠匿等の処分をする意思**（本条Ⅰ②）

破産者が、処分して得た対価につき「隠匿等の処分」をすることによって破産債権者の権利行使を妨げる意思を有していることが必要です。なお、破産者が処分の対価を特定の債権者に弁済する意思が、隠匿等の処分をする意思に含まれるかどうか議論があります。本条が定める行為は責任財産を著しく減少するものに限定されていますので、計数的に債務を減少する弁済の意思は隠匿等の処分をする意思に含まれないとする否定説が有力です（詳細は、条解破産1084頁）。

(5) **受益者の悪意**（本条Ⅰ③）

破産者が行った売買などの相手方である受益者が、処分行為の当時、破産者の隠匿等の処分をする意思について知っていたこと（悪意）が必要です。この立証責任は否認の成立を主張する破産管財人に課されます。受益者が相当価格で取引を行おうとする場合、受益者にとっては詐害性を疑うべき契機が存在しない場合も多いと考えられ受益者に善意の証明責任を課すことになれば取引に対する委縮効果を生じさせるおそれがあると考えたためです（一問一答破産224頁）。

3　破産者の内部者についての隠匿等の処分意思についての悪意の推定（本条Ⅱ）

　本条2項は、財産処分行為の相手方が破産者の内部者である場合には、破産者の隠匿等の処分をする意思について悪意であることの蓋然性が高いといえることから、隠匿等の処分をする意思について受益者の悪意を推定した規定です。相手方がこの推定を破るために、隠匿等の処分をする意思についての自己の善意を立証しなければならないこととしています（なお、本条2項1号が定める「これらに準ずる者」とは、例えば会計参与や会計監査人をいうが、その詳細については条解破産1086頁参照）。

論点解説

1　担保権の設定　　担保権の設定は偏頗行為否認の対象ですので（破162Ⅰ柱書括弧書）、本条が詐害行為否認の特則であることを前提にすると、破産者が金銭を借り入れるために自己の財産に新たに担保権を設定するような場合、本条1項に基づいて否認権を行使できるのか問題となります。もっとも、実質的にみれば、担保権の設定と金銭の借入れは、破産者が自己の財産を金銭に換える行為ですので、本条1項柱書に定める「財産を処分する行為」に該当すると解されています（詳細は、条解破産1082頁、大コンメ637頁［山本和彦］参照）。

2　賃借権の設定　　破産者が自己の有する財産に長期の賃借権を設定することが、本条1項柱書に定める「財産を処分する行為」に該当するか否かにつき見解が分かれています。否定説は、賃料増額請求等によって相当の対価を回復する手段が別途存在することを理由に、財産処分行為には該当しないとしています（大コンメ637頁［山本和彦］）。肯定説は、対価としての賃料や敷金について隠匿等の処分をするおそれを現に生じさせるものである場合には、賃借権の設定行為も財産を処分する行為に該当し、否認権の対象にすべきであるとしています（条解破産1082頁）。

3　隠匿等の実現の必要性　　破産法161条の要件を充足する場合でも、実際に隠匿等がなされず、処分の対価がそのまま破産財団に組み入れられたような場合には、否認の一般的要件である有害性が否定され、当該財産処分行為は否認の対象にはならないと解されています（伊藤522頁注227）。

判　例　東京高判平5・5・27判時1476号121頁［百選[30]］
文　献　伊藤519頁・916頁、条解破産1080頁、条解民再658頁［小林秀之］、大コンメ635頁［山本和彦］、倒産法概説286頁［沖野眞已］、破産法・民事再生法概論242頁［畑瑞穂］、中島＝佐藤110頁、一問一答破産222頁・225頁、注釈破産（下）113頁［長屋憲一］

（特定の債権者に対する担保の供与等の否認）
第162条　次に掲げる行為（既存の債務についてされた担保の供与又は債務の消滅に関する行為に限る。）は、破産手続開始後、破産財団のために否認することができる。
　一　破産者が支払不能になった後又は破産手続開始の申立てがあった後にした行為。ただし、債権者が、その行為の当時、次のイ又はロに掲げる区分に応じ、

それぞれ当該イ又はロに定める事実を知っていた場合に限る。
  イ 当該行為が支払不能になった後にされたものである場合 支払不能であったこと又は支払の停止があったこと。
  ロ 当該行為が破産手続開始の申立てがあった後にされたものである場合 破産手続開始の申立てがあったこと。
 二 破産者の義務に属せず、又はその時期が破産者の義務に属しない行為であって、支払不能になる前30日以内にされたもの。ただし、債権者がその行為の当時他の破産債権者を害する事実を知らなかったときは、この限りでない。
2 前項第1号の規定の適用については、次に掲げる場合には、債権者は、同号に掲げる行為の当時、同号イ又はロに掲げる場合の区分に応じ、それぞれ当該イ又はロに定める事実（同号イに掲げる場合にあっては、支払不能であったこと及び支払の停止があったこと）を知っていたものと推定する。
 一 債権者が前条第2項各号に掲げる者のいずれかである場合
 二 前項第1号に掲げる行為が破産者の義務に属せず、又はその方法若しくは時期が破産者の義務に属しないものである場合
3 第1項各号の規定の適用については、支払の停止（破産手続開始の申立て前1年以内のものに限る。）があった後は、支払不能であったものと推定する。

■基本事項
1 趣旨
 特定の債権者に対する債務の弁済は計数上の責任財産に変化はなく、担保の設定自体も責任財産を減少させませんが、破産者が支払不能になった後や破産手続開始の申立てがあった後になされた場合、破産債権者間の平等を害するといえます。そこで、本条はこのような偏頗行為を否認の対象としました。
 なお、本条と同趣旨の規定が民再法127条の3、会更法86条の3にも置かれています。

2 既存の債務についてされた担保の供与または債務の消滅に関する行為
(1) 債務の消滅に関する行為
 債務の消滅に関する行為の典型例は、債務の弁済（民474参照）や代物弁済（民482）です。債務の免除（民519）は、債務者の責任財産を減少させずに債権者の行為によって債務を消滅させる行為ですので、債務の消滅に関する行為には含まれません［☞ 論点解説 ①〜④］。

(2) 担保の供与
 担保の供与には、実体法上、担保権の設定行為とみなされるものがすべて含まれます。具体的には、抵当権や質権等といった典型担保の設定のほか、譲渡担保や仮登記担保、所有権留保、振込指定等の非典型担保の設定が本条に基づく偏頗行為否認の対象となります。なお、破産者が担保を供与する義務を負っている場合でも、その供与時期が支払不能になった後または破産手続開始の申立てがあった後であれば、偏頗行為否認の対象となり得ます。

3　偏頗行為の時期（支払不能の意義）

　支払不能とは、破産者が支払能力を欠くために、その債務のうち弁済期にあるものについて、一般的かつ継続的に弁済することができない状態をいいます（破2 XI）。そのため、一部の債務の弁済を継続しても、大半の債務の弁済ができない場合には支払不能に当たります。

　弁済期の到来した債務については弁済ができているものの、将来弁済できなくなることが確実に予想される場合が支払不能に該当するのかどうか争いがあります。従来の通説は、弁済期が到来している債務を弁済できない状態が支払不能であるとしてこれを否定しています。もっとも、近時は、近い将来に債務を履行できないことが高度の蓋然性をもって予測されるような場合には、現在の弁済能力の欠乏と同視できるとして、これを肯定する見解も有力です（議論の詳細は、条解破産43頁、大コンメ652頁〔山本和彦〕）。

4　債権者（受益者）の悪意

　本条1項1号は、債権者が、行為の当時、①偏頗行為が支払不能になった後にされたものである場合には、支払不能であったことまたは支払の停止があったこと（同号イ）を知っていたこと、②偏頗行為が破産手続開始の申立てがあった後にされたものである場合には、破産手続開始の申立てがあったこと（同号ロ）を知っていたことという主観的要件を定めています。

　これらの主観的要件は、否認権を行使する破産管財人が立証する必要があります。

　この趣旨は、偏頗行為否認の対象は、破産者の債権者に対する債務の履行であり、受益者である債権者の保護を図る必要もあるため、否認を主張する破産管財人に受益者の悪意について立証責任を負わせた点にあります。

　もっとも、受益者が破産者の内部者または関係者に当たるような場合や偏頗行為が破産者の義務に属しない場合等には、受益者を保護する要請は低いといえます。そこで、本条2項は、債権者が破産者の内部者または関係者に当たる場合等には、債権者が悪意であることを推定し、この推定を覆すためには債権者が自己の善意を立証しなければならないと規定して、立証責任を転換しています。

5　同時交換的行為

　同時交換的行為とは、融資等と担保の設定または債務の消滅が同時的に行われる場合の行為をいいます。支払不能等の後に新たに金銭を交付して債権を取得する債権者等は、既存の債権者との間で従前の責任財産を平等に分配すべき立場にはないといえます。また、経済的に窮境にある破産者への救済融資等が否認の対象となるとすると融資に際し萎縮の効果が働き必ずしも合理的であるとはいえず、これを保護する必要もあります。そこで、本条は、同時交換的行為を偏頗行為否認の対象とはせず、偏頗行為否認の対象を既存の債務に対する行為に限定して、新たな融資のために担保を設定する行為等を否認の対象から外しています（破162Ⅰ柱書括弧書）。この同時交換的行為であるといえるためには、新たな融資のために担保を設定する場合でいえば、新たな融資と担保の設定が時間的に接着して、社会通念上、既存の債務に対する担保の設定等ではないと評価できる必要があります。

6 非義務行為（本条Ⅰ②）

　本条1項2号本文は、既存の債務に対する担保の供与や債務の消滅行為であって、支払不能になる前に、期限前弁済等の破産者の義務に属さない行為（非義務行為）がなされ、その後30日以内に破産者が支払不能となった場合には、この非義務行為を否認することを認めています。この趣旨は、偏頗行為を支払不能後の行為に限定すると、期限前弁済等をすることによって偏頗行為否認の規制を潜脱することが容易となって不当であるため、偏頗行為否認の対象を支払不能になる前30日以内になされたものに拡充した点にあります。

　もっとも、債権者がその行為の当時他の破産債権者を害する事実を知らなかったときは、非義務行為を否認することはできません（本条Ⅰ②ただし書）。前記の本条1項2号本文の趣旨から、他の破産債権者を害する事実とは、破産者が支払不能に至ることが確実に予見できる状況にあることをいうと解されています（破産法・民事再生法概論250頁［畑瑞穂］）。

論点解説
① 借入金による弁済

　破産者が第三者から新たに借り入れた資金によって特定の債権者に弁済した場合、当該弁済行為が「債務の消滅に関する行為」（本条Ⅰ柱書括弧書）に該当するのか否かにつき、争いがあります。これに該当すれば、本条の他の要件を充足すれば、本条の否認権の対象となることを意味します。肯定説は、借入れと弁済を分離して捉え、借入れによってすでに破産者の一般財産に混入した資金を弁済に供していることから、債務の消滅に関する行為に該当すると解しています。否定説は、①借入れと弁済が密着してなされ、破産者が借入資金を流用する余地がなく、②債務を弁済する目的での借入れであることが明示され、そのような目的がなければ借り入れることができなかったことが認められる場合には、債務の消滅に関する行為に該当しないと解しています（大コンメ648頁［山本和彦］）。最判平5・1・25（民集47巻1号344頁［百選［29］、INDEX［108］］）は、破産者が特定の債務の弁済に充てるという約定で借入れをし、その借入金で債務を弁済した事案において、借入れ当時から特定の債務の弁済に充てることが確実に予定され、それ以外の使途に用いるのであれば借り入れることができなかったものであること等を認定し、当該事案においては当該債務の弁済は破産債権者を害するものではないとして、否認を認めませんでした。

② 第三者の弁済代行

　破産者に代わって第三者が弁済を代行する場合、債務の消滅に関する行為に該当するのかどうか争いあります。破産財団となるべき財産が弁済原資となっていて、破産者による弁済と実質的に同視できる場合には否認の対象になると解されています（大コンメ647頁［山本和彦］）。最判平2・7・19（民集44巻5号837頁［百選［28①］］）、最判平2・7・19（民集44巻5号853頁［百選［28②］］）、最判平2・10・2（判時1366号48頁）は、給与支払機関が組合員である破産者の給与から公務員共済組合に対する破産者の借入金相当額を控除して共済組合に払い込む行為について、組合に対する組

合員の債務の弁済を代行するものであって、否認の対象になると判示しています。

3 相殺

相殺によって自働債権と受働債権は対当額で消滅しますので、債務者が行う相殺の意思表示や相殺の合意は本条1項柱書の「債務の消滅に関する行為」に該当します。もっとも、債権者による相殺の意思表示ついてまで「債務の消滅に関する行為」に該当するのか議論があります。債権者による相殺は破産者の行為が介在しませんし、破産法が別途相殺禁止に関する規定（破71・72）を用意し、その適用範囲を平成16年改正前の旧破産法より拡張したこと等から、債務の消滅に関する行為に該当しないと解されています（詳細は、条解破産1091頁参照）。

4 更改

更改は、更改前の債務を消滅させ、新たな債務を成立させる法律行為です（民513Ⅰ）。例えば、現金100万円の支払債務を消滅させ、150万円相当の動産を引き渡す債務を発生させる場合をいいます。このように変更前の債務を消滅させる更改が本条1項柱書「債務の消滅に関する行為」に該当するのか議論があります。更改は「債務の消滅に関する行為」に該当すると解する見解（伊藤524頁）と、更改は債務の要素を変更する法律行為であって、変更前の債務と変更後の債務を比較して有害性が認められれば詐害行為否認の対象として位置付けるべきであるとする見解（大コンメ648頁［山本和彦］）、新たな債務が債務者に不利な場合には不均衡な代物弁済に類似しているとして、本条の偏頗行為否認によって債務消滅行為をすべて否認するか、過大な部分（前記の例では50万円）について詐害行為否認（破160Ⅱ類推適用）によって否認するかを選択できるとする見解（田頭章一「偏頗行為否認」竹下守夫ほか編集代表『破産法体系Ⅱ破産実体法』〔青林書院、2015〕477頁）に分かれています。

判 例 最判平5・1・25民集47巻1号344頁［百選［29］、INDEX［108］］、最判平2・7・19民集44巻5号837頁［百選［28①］］、最判平2・7・19民集44巻5号853頁［百選［28②］］、最判平2・10・2判時1366号48頁、最判昭41・4・14民集20巻4号611頁［百選［31］、INDEX［111］］、最判平9・12・18民集51巻10号4210頁［百選［32］、INDEX［112］］、仙台高判昭53・8・8金法872号40頁［百選［33］、INDEX［109］］、最判平2・11・26民集44巻8号1085頁［百選4版［37］］

文 献 伊藤523頁・917頁、条解破産1087頁、条解民再673頁［畑宏樹］、大コンメ644頁［山本和彦］、倒産法概説293頁［沖野眞已］、破産法・民事再生法概論251頁［畑瑞穂］、中島＝佐藤111頁、一問一答破産226－227頁・229頁・231頁、注釈破産（下）121頁［髙井章光］

（手形債務支払の場合等の例外）

第163条 前条第1項第1号の規定は、破産者から手形の支払を受けた者がその支払を受けなければ手形上の債務者の1人又は数人に対する手形上の権利を失う場合には、適用しない。

2 前項の場合において、最終の償還義務者又は手形の振出しを委託した者が振出しの当時支払の停止等があったことを知り、又は過失によって知らなかったときは、破産管財人は、これらの者に破産者が支払った金額を償還させることができ

3　前条第1項の規定は、破産者が租税等の請求権（共助対象外国租税の請求権を除く。）又は罰金等の請求権につき、その徴収の権限を有する者に対してした担保の供与又は債務の消滅に関する行為には、適用しない。

基本事項
1　趣旨
本条は、偏頗行為否認（破162条）の適用の例外について定めた規定です。本条と同趣旨の規定が民再法128条、会更法87条にも置かれています。
2　要件
(1)　**手形債務を支払う場合の例外**（本条Ⅰ）

破産者から手形の支払を受けた者がその支払を受けなければ手形上の債務者の1人または数人に対する手形上の権利を失う場合には、偏頗行為否認の適用が排除されます（本条Ⅰ）。手形上の権利とは、手形法上の遡求権（手43条・77Ⅰ④）を意味します。約束手形の振出人または為替手形の引受人が手形金を支払った場合には拒絶証書が作成されないので、手形所持人は裏書人等の手形債務者に対する手形上の遡求権を失うこととなります。この場合、その支払をした後に当該支払が手形債務者の破産管財人により否認されると、手形所持人は受領した金銭を返還しなければならないにもかかわらず、遡求の要件である拒絶証書を欠くために自己の前者に対する遡求権を行使できないという不利益を受けることとなります。また、手形の所持人が否認されることを避けて支払の呈示をしなければ拒絶証書は作成されないので、同様に遡求権を失います。

このように、手形の所持人は、遡求権の喪失を回避するために支払を求めざるを得ず、他方で支払を受けてもそれが否認されると遡求権を失うという二律背反状態に置かれることとなります。そこで、手形取引の安全に配慮して、このような事態を解消するために、本条1項は否認を制限しています。

これに対して、手形上の権利である遡求権を失わない場合には本条1項は適用されません。例えば、約束手形の所持人が手形の受取人である場合には裏書人がいないので、前記のように否認権を制限する必要はありません。支払拒絶証書の作成が免除されている場合も同様です。また、満期前の支払や支払呈示期間後の支払の場合にも前記のような事情がないので（手43柱書前段・77Ⅰ④）、本条1項は適用されません［☞　**論点解説**　］。

(2)　**破産管財人の償還請求権**（本条Ⅱ）

本条1項が適用される場合には否認が制限されますが、債権者がこれを濫用して、手形を利用して債権の満足を受けることを防止する必要があります。

そこで、本条2項は、手形振出しの時点で最終の償還義務者（約束手形の第一裏書人、為替手形の振出人）または手形の振出しを委託した者が、破産者に支払停止等があったことを知り、または過失によって知らなかった場合、破産管財人は、これらの者に対して破産者が支払った金額の償還を請求できることとしています。

(3) 租税・罰金請求権に関する例外（本条Ⅲ）

　租税や罰金は公法上の請求権ですので、その保護が政策的に要請されます。また、一旦弁済された場合には事後の返還になじまない性質の請求権であるといえます。

　そこで、本条3項は、租税等の請求権（共助対象外国租税〔破24Ⅰ⑥括弧書〕の請求権を除く）または罰金等の請求権について、その徴収の権限を有する者に対してした担保の供与または債務の消滅に関する行為には、破産法162条1項の規定を適用しないこととしています。

論点解説

手形の買戻し　　例えば、手形の割引に応じた金融機関が支払いを停止した裏書人に割引手形の買戻しを請求する場合のように、約束手形の被裏書人である所持人が裏書人である破産者に手形を買い戻させた後に、裏書人である破産者の破産管財人によって当該手形の買戻しが否認された場合、すでに破産者が買戻手形を振出人に返還していたときには、所持人は手形の返還を受けられず、手形上の権利を行使できなくなるおそれがあります。

　そこで、このような場合に本条1項を類推適用して否認を制限すべきであるという見解があります（後掲・最判昭37・11・20の原審である東京高判昭33・5・30民集16巻11号2307頁参照）。これに対し、手形の所持人は、否認によって権利を行使できなくなるという事情はあるものの、買戻しを破産者に請求しなくても遡求権を失うわけではなく、所持人には二律背反状態が認められないことから、否認を制限すべきではないと解するのが通説・判例（最判昭37・11・20民集16巻11号2293頁［百選［35］]）です（詳細は、条解破産1101頁参照）。この場合でも、裏書人でもある破産者が手形を買い戻した後に、当該手形に基づいて振出人などから手形金の支払を受けたときは、その買戻しのために要した代金とその手形金の支払を受けたことによる入金とを差引計算し、破産財団に属する財産について価値の減少を来さない限り、否認の一般的要件である有害性を欠くため、否認の対象とはなりません（最判昭44・1・16民集23巻1号1項［百選［A5]]）。

判例　最判昭37・11・20民集16巻11号2293頁［百選［35］]、最判昭44・1・16民集23巻1号1項［百選［A5］]

文献　伊藤534頁、条解破産1099頁、条解民再678頁［加藤哲夫］、大コンメ659頁［山本和彦］、倒産法概説312頁［沖野眞已］、破産法・民事再生法概論254頁［畑瑞穂］、注釈破産（下）135頁［古里健治］

（権利変動の対抗要件の否認）
第164条　支払の停止等があった後権利の設定、移転又は変更をもって第三者に対抗するために必要な行為（仮登記又は仮登録を含む。）をした場合において、その行為が権利の設定、移転又は変更があった日から15日を経過した後支払の停止等のあったことを知ってしたものであるときは、破産手続開始後、破産財団のためにこれを否認することができる。ただし、当該仮登記又は仮登録以外の仮登

第164条（権利変動の対抗要件の否認）

記又は仮登録があった後にこれらに基づいて本登記又は本登録をした場合は、この限りでない。
2　前項の規定は、権利取得の効力を生ずる登録について準用する。

基本事項
1　趣旨
　本条は、支払の停止等（支払停止または破産手続開始の申立て）があった後にした対抗要件具備行為が、その原因行為（権利の設定、移転または変更）があった日から15日を経過した後支払の停止等があったことを知ってしたものであるときは、これを否認できることとしています。
　破産者の財産が処分された場合であっても、当該財産処分につき対抗要件を具備していなければ、破産者の一般債権者はそのような処分はないと信頼します。しかし、支払の停止等があった後に対抗要件を具備した場合に後の破産手続でその処分行為の効力が認められるとすれば、一般債権者の信頼を害することとなります。
　そこで、破産法は、原因行為の否認とは別に、権利の変動に付随する対抗要件具備行為を否認の対象としています。なお、本条の要件を満たさず、本条による対抗要件具備行為の否認が否定された場合、当該対抗要件具備行為が別途詐害行為否認の対象となるかについては議論があります〔☞ 論点解説 ①〕。
　なお、本条と同趣旨の規定が民再法129条、会更法88条にも置かれています。

2　要件
(1)　支払の停止等後の対抗要件具備行為
　支払の停止等があった後に破産者が行った対抗要件具備行為は、本条の要件を充足すれば、すべて否認の対象となり得ます。具体的な対抗要件具備行為としては、不動産物権変動や集合動産・債権譲渡担保の設定等についての登記（民177、動産・債権譲渡特3・4等）、自動車抵当についての登録（自抵5）、動産物権変動についての占有移転（民178）、債権譲渡についての確定日付ある通知（民467Ⅱ）等が挙げられます。また、本条1項本文括弧書は、仮登記や仮登録も否認の対象になることを明らかにしています。
　破産者が第三者に債権を譲渡した場合に、第三債務者がする承諾（民467）が否認の対象となるのかどうか争いがあります。判例は、破産者の行為またはこれと同視し得るものだけが否認の対象になるとして、これを否定しています（最判昭40・3・9民集19巻2号352頁）。
　また、判例は、仮登記処分命令を得てする仮登記は、仮登記権者が単独で申請し、仮登記義務者は関与しませんが、仮登記義務者の処分意思が明確に認められる文書等が存するときに発令されるのが通例であること等から、破産者の行為があった場合と同視できるとして、否認の対象としています（最判平8・10・17民集50巻9号2454頁［百選［39］］）。

(2)　権利の設定等があった日から15日の経過
　原因行為に基づく権利の設定等があった日の翌日から起算して（破13、民訴95Ⅰ、

民140）15日を経過した後になされた対抗要件具備行為は、否認の対象となります。この権利の設定等があった日とは、原因行為がなされた日ではなく、行為の効果が発生した日を意味します（最判昭48・4・6民集27巻3号483頁）［☞ 論点解説 ②］。対抗要件具備行為の否認を認めた趣旨が、財産処分の効果が発生したにもかかわらず、これを放置し支払の停止等の後に対抗要件を具備した場合に、債権者平等の原則や公平の理念から対抗要件具備行為を否認の対象とする点にあることから、このように解されています。

(3) 支払の停止等についての悪意

対抗要件具備行為の否認が成立するための主観的要件として、支払の停止等についての悪意があります。対抗要件具備行為は、処分行為の相手方である受益者のみでなく、第三者が行う場合もあります。例えば、破産者が債権を譲渡した場合、譲受人は、破産者の通知のみによって対抗要件を備えることができます（民467Ⅰ）。そこで、悪意の主体については争いがあり、判例（大判昭6・9・16民集10巻818頁、最判昭39・3・24判タ162号64頁）や通説は受益者であると解していますが、対抗要件具備行為を行った者とする見解もあります（詳細は、大コンメ669頁［三木浩一］、条解破産1111頁参照）。

(4) 仮登記または仮登録後の本登記または本登録

受益者が既存の仮登記（不登105）または仮登録に基づいて本登記または本登録を具備した場合には、前記(1)から(3)の要件を満たしていても否認することはできません。仮登記等がなされている場合は権利変動が公示されていますので、仮登記等に基づいて後に本登記等を具備しても、破産債権者の期待が害されるとはいえないためです（最判昭43・11・15民集22巻12号2629頁）。

論点解説

① 創設説と制限説　本条に定める対抗要件具備行為の否認は、支払の停止等があった後の行為を対象とするものですので、支払の停止等より前の対抗要件具備行為は対象となりません。また、支払の停止等があった後の対抗要件具備行為であっても、破産手続開始申立日から1年以上前のものは、支払停止を知ってしたこと等を理由として否認することはできません（破166）。このような本条の要件を満たさない対抗要件具備行為であっても、さらに時期の制限のない詐害行為否認の第1類型（破160Ⅰ①）の対象となるか否かについては議論があります。この点について創設説と制限説の対立があります。平成16年改正前の旧法下では対抗要件具備行為が故意否認（旧破72①）の対象となるのかどうかという形で争われていました（詳細は、伊藤539頁・549頁、大コンメ662頁［三木浩一］、条解破産1115頁・1106頁）。

(1) 創設説　創設説は、否認権の対象となるのは、本来、原因行為のみであることを前提とします。そして、義務の履行である対抗要件具備行為自体は債務者（破産者）の責任財産を減少させるものではないとします。その上で、原因行為から後れて対抗要件具備行為を行った場合には、原因行為の対象財産が責任財産から逸出していないという一般債権者の信頼を不当に害することから、一般債権者を保護

するために、旧破産法74条（本条）は対抗要件具備行為についての否認権を特別に創設したものであると解しています。

この説によれば、本条の要件を満たさない対抗要件具備行為は詐害行為否認の第1類型（破160Ⅰ①）の対象とはならないということになります。

(2) **制限説**　制限説は、対抗要件具備行為は第三者との関係では実質的な財産処分行為であって、破産債権者を害する点で原因行為と変わりはなく、原因行為とは別にそれ自体が否認の対象になることを前提とします。その上で、対抗要件具備行為は新たに権利変動を生じさせる行為ではなく、すでに生じた権利変動を完成させる行為にすぎないことから、原因行為に否認の理由がない限り、できる限り対抗要件を具備させるために、旧破産法74条（本条）は否認の要件を制限したものであると解しています。

この説によれば、本条の要件を満たさない対抗要件具備行為であっても詐害行為否認の第1類型（破160Ⅰ①）の対象となり得るということになります。

2 集合債権譲渡担保　集合債権譲渡担保とは、現在および将来の債権を包括的に譲渡担保の目的とするものです。集合債権譲渡担保の設定契約を予約完結権付きまたは停止条件付きで行い、債務者（被設定者）に支払の停止等があった後の危機時期以降に譲渡担保権者（設定者）が当該予約完結権を行使したり、停止条件を成就させることによって、破産者の行為によらずに譲渡担保の目的物たる債権につき権利移転の効力が生じることとして、故意否認や危機否認を免れるという事態が生じていました。さらに債務者に支払の停止等があった後直ちに譲渡担保権者が債権譲渡通知をすることによって、原因行為から15日以内に対抗要件を充足したものとして対抗要件否認を免れるという試みが金融実務で行われていました。このような形式をとっただけで否認を免れることができるとすれば他の破産債権者を著しく害するため、否認の対象となるか否かが議論されています。

判例（最判平16・7・16民集58巻5号1744頁［百選［37］］、最判平16・9・14判時1872号64頁）は、支払の停止等の危機時期後の債権譲渡と同視すべきであるとして、集合債権譲渡担保の設定自体に否認（旧破72②）を認めています。譲渡担保の設定自体を否認の対象とする判例の考え方によれば、条件成就から15日内に対抗要件を具備していることとなるため、本条による否認の余地はないと指摘されています（詳細は、伊藤543頁、大コンメ669頁［三木浩一］、条解破産1109頁参照）。

　判　例　最判昭45・8・20民集24巻9号1339頁［百選［36］］、最判平8・10・17民集50巻9号2454頁［百選［39］］東京地判平9・4・28判時1628号60頁、最判平16・7・16民集58巻5号1744頁

　文　献　伊藤538頁、条解破産1104頁、条解民再683頁［加藤哲夫］、大コンメ662頁［三木浩一］、倒産法概説306頁［沖野眞已］、破産法・民事再生法概論256頁［畑瑞穂］、注釈破産（下）140頁［髙井章光］

> **（執行行為の否認）**
> **第165条** 否認権は、否認しようとする行為について執行力のある債務名義があるとき、又はその行為が執行行為に基づくものであるときでも、行使することを妨げない。

基本事項
1 趣旨
　債務名義を有する債権者が支払不能となった債務者から弁済を受けた場合や、執行機関による執行行為を通じて支払を受けた場合でも、他の破産債権者を害するという点では、そのような事情がなく債務者が任意に弁済した場合と異なるところはありません。

　そこで、本条は、否認の要件を満たす限り、このような執行行為も否認の対象となることを確認的に定めています。

　なお、本条と同趣旨の規定が民再法130条、会更法89条にも置かれています。

2 要件
(1) 否認しようとする行為について執行力のある債務名義があるとき（本条前段）
　本条の適用場面は、次の3つの場合に分けて説明されています。

　第1は、債務名義の内容である義務（例えば、金銭の支払義務や物の引渡義務等）を生じさせた破産者の行為を否認しようとする場合です。否認が成立する場合には、債務名義の内容である義務が消滅します。ただし、債務名義の執行力は当然には消滅せず、破産管財人が取戻権の行使としての強制執行等を防止するには、請求異議の訴え（民執35）を提起する必要があります。

　第2は、債務者（破産者）による債務名義を成立させる行為を否認しようとする場合です。例えば、裁判上の自白（民訴179）、請求の認諾（民訴266）、裁判上の和解（民訴267・275）等、債務名義を成立させる訴訟行為の効力を否認によって覆すことができます。否認が成立する場合には、債務名義を成立させた訴訟行為は無効となり、債務名義の執行力は失われます。

　第3は、債務名義に基づく義務の履行行為を否認する場合です。例えば、金銭執行による債権者の配当受領（民執87等）を否認したり、登記の移転を命じる判決に基づく移転登記申請（不登63Ⅰ）等を否認する場合です。否認が成立する場合には、弁済等の義務の履行行為の効力が否定されます。

(2) 否認しようとする行為が執行行為に基づくものであるとき（本条後段）
　執行行為とは、執行機関の行為または執行機関としての行為をいいます。例えば、競売手続での売却許可決定や売却代金の交付のような執行機関の行為、登記手続に関する判決に基づいて登記をする登記官の行為等です。否認の対象となるのは、執行行為ではなく、効果においてこれと同視される破産者等の行為であることから、否認の要件、例えば、支払停止等の行為に該当するか否かについては、転付命令申立て（民執159Ⅰ）や強制競売申立て（民執45）等の執行機関への執行申立行為を基

準として決定すべきであると解されています（伊藤 560 頁）。

判例 最判昭 57・3・30 民集 36 巻 3 号 484 頁［百選［75］］
文献 伊藤 557 頁、条解破産 1122 頁、条解民再 687 頁［加藤哲夫］、大コンメ 671 頁［三木浩一］、倒産法概説 310 頁［沖野眞已］、破産法・民事再生法概論 258 頁［畑瑞穂］、注釈破産（下）152 頁［髙木裕康］

（支払の停止を要件とする否認の制限）
第 166 条 破産手続開始の申立ての日から 1 年以上前にした行為（第 160 条第 3 項に規定する行為を除く。）は、支払の停止があった後にされたものであること又は支払の停止の事実を知っていたことを理由として否認することができない。

基本事項

支払停止後の詐害行為の否認（破 160 Ⅰ②）や詐害的偏頗行為の否認（同条Ⅱ）、偏頗行為の否認（破 162 Ⅰ・Ⅲ）、対抗要件具備行為の否認（破 164 Ⅰ）は、否認対象行為が支払停止後のものであること、または支払停止についての受益者等の悪意を要件としています。支払停止は、一般的理解によれば、支払不能のような破産者の継続的経済状態ではなく、支払不能であることを一回的行為として対外的に表したものにすぎないため、破産手続開始決定から長期間遡って否認を認めることは、行為後の相手方に否認のリスクを長期間負担させることになって、取引の安全を害します。そこで、本条は、破産手続開始の申立ての日から 1 年以上前にした行為は、支払の停止があった後にされたものであること、または支払の停止の事実を知っていたことを理由に否認することができないとしています。

本条括弧書は、破産法 160 条 3 項に規定する行為を除外していますので、無償行為の否認は本条の対象となりません。この趣旨は、無償行為は有害性が強く否認に時期的な制限を設けるべきではないという点、本条の適用を認めることは無償行為につき支払停止等の 6 か月前の行為にまで否認の範囲を拡張した意義を没却するという点にあります。

なお、本条と同趣旨の規定が民再法 131 条、会更法 190 条にも置かれています。

文献 伊藤 561 頁、条解破産 1126 頁、条解民再 693 頁［加藤哲夫］、大コンメ 676 頁［三木浩一］、倒産法概説 299 頁［沖野眞已］、破産法・民事再生法概論 261 頁［畑瑞穂］、一問一答破産 233 頁、注釈破産（下）155 頁［髙木裕康］

（否認権行使の効果）
第 167 条 否認権の行使は、破産財団を原状に復させる。
2 第 160 条第 3 項に規定する行為が否認された場合において、相手方は、当該行為の当時、支払の停止等があったこと及び破産債権者を害する事実を知らなかったときは、その現に受けている利益を償還すれば足りる。

基本事項

　本条1項は、否認権を行使した場合には、破産財団を原状に復させるとしています。これは、逸出した財産等が当然に破産財団に復帰することを定め、その物権的な復帰を明らかにしたものであると解されています（物権的効果説）。

　否認権の法的性質について、通説は形成権であると解しています〔☞ **論点解説** ①・②〕。その効果の発生時期は否認権を行使した時点であり、具体的には、その意思表示が相手方に到達した時点です〔☞ **論点解説** ③・④〕。

　本条2項は、無償行為を否認した場合（破160Ⅲ）について、行為当時に、相手方が支払の停止等があったことおよび破産債権者を害する事実を知らなかったときは、現に受けている利益（現存利益）を償還すれば足りるとしています。この趣旨は、無償行為否認は相手方の主観的要件を不要とする否認類型ですので、相手方が詐害行為性について善意であり、正当に取得した財産であると思って費消した場合にまで財産を回復させることとすると、相手方の不利益が大きいことから、回復の範囲を限定した点にあります。

　なお、本条と同趣旨の規定が民再法132条、会更法91条にも置かれています。

論点解説

① 否認権行使の効果

　(1) **利害関係人との関係での効果の相対性**　否認権の行使による物権的復帰の効果は、行使の相手方（受益者または転得者）との関係でのみ生じる相対的なものであると解されています。これは、否認対象行為の相手方（受益者）とは別に転得者に対する否認が定められており、また、否認の効果を破産財団の原状回復のために必要な範囲にとどめて取引の安全を保護する必要があるからです。

　(2) **破産手続との関係での効果の相対性**　否認権は、破産財団の充実や破産債権者間の平等を確保するために破産法が認めた権利です。そのため、破産手続開始の決定が取り消された場合（破33）や破産手続が廃止された場合（破217・218）等、破産手続が終了した場合には否認権は消滅します。また、このような場合に否認権の行使によって破産財団に復帰した財産が残存しているときは、否認の効果は消滅します。

② 価額償還請求

　受益者または転得者に対する否認権の要件が整っている場合でも、否認権行使時に目的財産が滅失していたり、第三者に譲渡されて破産財団への復帰が不可能または著しく困難な場合には、破産管財人はその返還に代えて価額の償還を請求することができます（破169参照）。これを価額償還請求権といいます。破産管財人が価額償還請求をするためには、否認の要件に加えて、目的財産自体の破産財団への回復が不可能または困難であることが必要です。

③ 価額償還の基準時

　価額償還請求をする場合の目的財産の価額算定時期をいつと解すべきかについては、見解の対立があります（詳細は、条解破産1136頁、伊藤581頁参照）。最判昭61・4・3（判時1198号110頁［百選［42］］）は、否認権行使時の時価をもって算定すべきであるとしています。学説上は、破産財団への復帰が不可能

になるのは受益者による対象財産の処分時であることを根拠に処分時とする見解、破産財団の範囲が破産手続開始時を基準時とすること（破34Ⅰ）を根拠に破産手続開始時とする見解、否認権が形成権であることを根拠に否認権の行使時であるとする見解があります。

4　否認権行使の効果が及ぶ範囲　会社更生の事案に関する最判平17・11・8（民集59巻9号2333頁［百選［43］］）は、否認権行使の効果は目的物が複数で可分のときにも目的物すべてに及ぶと判示しており、このような解釈は破産の場合にも同様に妥当すると解されています（中田裕康「判解」百選［43］、条解破産1135頁）。

判例　最判昭61・4・3判時1198号110頁［百選［42］］、最判平17・11・8民集59巻9号2333頁［百選［43］］

文献　伊藤576頁、条解破産1128頁、条解民再696頁［加藤哲夫］、大コンメ678頁［加藤哲夫］、倒産法概説315頁［沖野眞已］、破産法・民事再生法概論267頁［畑瑞穂］、注釈破産（下）157頁［髙木裕康］

（破産者の受けた反対給付に関する相手方の権利等）
第168条　第160条第1項若しくは第3項又は第161条第1項に規定する行為が否認されたときは、相手方は、次の各号に掲げる区分に応じ、それぞれ当該各号に定める権利を行使することができる。
　一　破産者の受けた反対給付が破産財団中に現存する場合　当該反対給付の返還を請求する権利
　二　破産者の受けた反対給付が破産財団中に現存しない場合　財団債権者として反対給付の価額の償還を請求する権利
2　前項第2号の規定にかかわらず、同号に掲げる場合において、当該行為の当時、破産者が対価として取得した財産について隠匿等の処分をする意思を有し、かつ、相手方が破産者がその意思を有していたことを知っていたときは、相手方は、次の各号に掲げる区分に応じ、それぞれ当該各号に定める権利を行使することができる。
　一　破産者の受けた反対給付によって生じた利益の全部が破産財団中に現存する場合　財団債権者としてその現存利益の返還を請求する権利
　二　破産者の受けた反対給付によって生じた利益が破産財団中に現存しない場合　破産債権者として反対給付の価額の償還を請求する権利
　三　破産者の受けた反対給付によって生じた利益の一部が破産財団中に現存する場合　財団債権者としてその現存利益の返還を請求する権利及び破産債権者として反対給付と現存利益との差額の償還を請求する権利
3　前項の規定の適用については、当該行為の相手方が第161条第2項各号に掲げる者のいずれかであるときは、その相手方は、当該行為の当時、破産者が前項の隠匿等の処分をする意思を有していたことを知っていたものと推定する。
4　破産管財人は、第160条第1項若しくは第3項又は第161条第1項に規定する行為を否認しようとするときは、前条第1項の規定により破産財団に復すべき財産の返還に代えて、相手方に対し、当該財産の価額から前3項の規定により財団債権となる額（第1項第1号に掲げる場合にあっては、破産者の受けた反対給付

の価額）を控除した額の償還を請求することができる。

基本事項

1 趣旨

否認権の行使によって、破産者から逸出した財産が破産財団に復帰する一方で、否認の相手方は破産者に対してした給付（反対給付）の返還を受けることとなります。この場合、相手方は反対給付の返還を請求することができます（本条Ⅰ①）。

反対給付とは、否認対象行為の相手方がその受けたものの対価として破産者に給付したものをいいます。典型例としては、財産を売却した場合の売買代金や負担付きで贈与した場合の負担が挙げられます。また、積極財産の増加のほか、消極財産の減少も反対給付に含まれます（大コンメ686頁［加藤哲夫］）。もっとも、相手方が給付したものが破産財団に現存する場合だけでなく、他のものに変形したり、費消されている場合もあります。そこで、本条1項および2項は、詐害行為否認（破160Ⅰ）、無償行為否認（同条Ⅲ）、相当対価による財産処分行為の否認（破161Ⅰ）について、破産財団に相手方から受けた反対給付が現存する場合と、反対給付そのものは現存しないものの、反対給付によって生じた利益が存在する場合、または、そのような利益が存在しない場合のそれぞれにおける相手方が破産財団に対して行使することができる権利の内容を定めています［☞論点解説 **1**］。

なお、本条と同趣旨の規定が民再法132条の2、会更法91条の2にも置かれています。

2 要件

(1) 相手方の原則的な地位

(ア) 破産者の受けた反対給付が破産財団中に現存する場合（本条Ⅰ①）

この場合、相手方は当該反対給付の返還を請求することができます（本条Ⅰ①）。反対給付が破産財団中に現存するかどうかの基準時は、否認訴訟の口頭弁論の終結時や否認請求の裁判時であると解されています（伊藤583頁、大コンメ686頁［加藤哲夫］）。

(イ) 破産者の受けた給付が破産財団中に現存しない場合（本条Ⅰ②）

この場合、相手方は反対給付の返還を請求することができます。なお、この場合、相手方は反対給付の価額償還請求権を財団債権として行使することができます。相手方は、破産管財人が履行を提供するまでは、同時履行の抗弁権（民533）によって破産財団への原状回復義務の履行を拒むことができます。

(2) 隠匿等の処分について悪意の相手方の地位（本条Ⅱ）

否認対象行為の時点で、破産者が隠匿等の処分をする意思を有していたことを相手方が知っていた場合は、破産財団の減少に相手方が加担していたという評価が可能です（一問一答破産236頁）。このような相手方については、相手方の反対給付が破産財団中に現存しない場合にまで財団債権者としての保護を与える必要はありません。そこで、本条2項1号は、破産者の隠匿等の処分について悪意の相手方は、相手方の反対給付によって生じた利益が破産財団中に現存する場合に限って、財団債

権者として反対給付の返還を請求できるものとしています。また、同項2号は、反対給付によって生じた利益が破産財団中に現存しない場合には、悪意の相手方は、破産債権者として反対給付の価額償還請求権を行使できることとしています。破産者の受けた反対給付によって生じた利益の一部が破産財団中に現存する場合には、同項3号によって、悪意の相手方は、財団債権者として現存する利益の返還を請求することができ、反対給付から現存する利益部分を控除した残額について破産債権者として価額償還を請求することができます。

なお、否認対象行為の相手方が破産法161条2項各号に定める内部者等であるときは、行為の当時、破産者が隠匿等の処分をする意思を有していたことが推定されます（本条Ⅲ）。これは、破産法161条2項、162条2項1号と同趣旨の規定です。

3　差額償還請求

本条4項は、本条1項から3項を前提として、破産財団への財産の復帰等に代えて、破産管財人が、破産財団に返還されるべき財産の価額から相手方の財団債権の額を控除した価額の償還を相手方に請求することを認め（差額償還請求権）、破産財団にとっての便宜（管財業務の円滑な処理の実現）を図っています［☞ **論点解説** ②］。

論点解説

①　転得者と相手方　転得者が否認対象行為の相手方（受益者）に対して追奪担保責任を追及し、受益者がこれを履行した場合には、受益者が本条に基づいて破産財団に対して反対給付請求権等を行使できます（伊藤565頁注321、大コンメ701頁［加藤哲夫］。なお、追奪担保責任の根拠については民法561条・567条類推適用説〔伊藤563頁注318〕や民法567条適用説〔条解会更（中）164頁〕等がある。議論の詳細は、大コンメ701頁［加藤哲夫］参照）。転得者が受益者に追奪担保責任を追及できなかった場合については、本条1項柱書の「相手方」に受益者だけでなく、否認権行使の相手方となった転得者も含まれるか否かという形で議論されています。「相手方」に転得者は含まれず、転得者は受益者から反対給付請求権や価額償還請求権を譲り受けて行使するか、自らの受益者に対する追奪担保請求権を被保全債権として、前記の両債権を代位行使するかのいずれかの方法があるにすぎないとする見解（条解会更（中）186頁）が有力です（詳細は、条解破産1141頁参照）。

②　差額償還の場合の評価基準時　本条4項によって破産管財人が差額償還を請求する場合、現物返還に代わる破産管財人の価額償還と相手方による反対給付の価額償還について、目的財産の評価基準時をいつの時点とするのかに関し、議論があります。破産法167条1項の価額償還請求の場合の目的財産の評価基準時と類似する問題であり、破産手続開始時、否認権行使時、否認訴訟の口頭弁論終結時とする見解があります（詳細は、条解破産1147頁参照）。

文献　伊藤583頁、条解破産1138頁、条解民再702頁［加藤哲夫］、大コンメ684頁［加藤哲夫］、倒産法概説317頁［沖野眞已］、一問一答破産235頁、注釈破産（下）166頁［三森仁］

> **（相手方の債権の回復）**
> **第169条** 第162条第1項に規定する行為が否認された場合において、相手方がその受けた給付を返還し、又はその価額を償還したときは、相手方の債権は、これによって原状に復する。

基本事項
1 趣旨
　否認権の行使によって対象となる行為に基づく権利の変動は原状に復帰します（破産財団の原状回復につき、破167Ⅰ）。偏頗行為に対して否認権を行使した場合（破162Ⅰ）、消滅した相手方の債権は復活します。本条の趣旨は、このような否認の効果を前提に、債権が復活する時点を、相手方が破産財団を原状に回復した時点とする点にあります。

　なお、本条と同趣旨の規定が、民再法133条、会更法92条にも置かれています。

2 要件
　本条は、否認権の行使によって相手方の債権が復活することとしていますので、「第162条第1項に規定する行為」とは債務の消滅に関する行為を指します。

　「給付を返還」するとは、金銭による弁済を受けたときは金銭を破産財団に返還することをいい、金銭以外の財物による弁済を受けたときはその財物を破産財団に返還することをいいます。

　「その価額を償還」するとは、給付した財物の返還が不可能または困難な場合に、目的物の価額相当額を破産財団に支払うことをいいます。

3 効果
　相手方の有する破産債権が、否認の対象となった債務の消滅に関する行為がなされる前の状態で復活します。復活する債権に附帯する約定利息や遅延損害金等の債権も当然に復活します。

　本条によって相手方の債権が復活した場合、これに伴って、偏頗弁済により消滅していた連帯債務や保証債務、物上保証等も復活するのかどうかについて、争いがあります（詳細は、条解破産1150頁、大コンメ693頁［加藤哲夫］参照）。最判昭48・11・22（民集27巻10号1435頁［百選［41］]）は、相手方の債権の復活に伴って連帯保証債務が復活すると判示しました。

　判　例　最判昭48・11・22民集27巻10号1435頁［百選［41］]
　文　献　伊藤587頁、条解破産1147頁、大コンメ693頁［加藤哲夫］、倒産法概説318頁［沖野眞已］、注釈破産（下）175頁［三森仁］

> **（転得者に対する否認権）**
> **第170条** 次に掲げる場合には、否認権は、転得者に対しても、行使することができる。
> 　一　転得者が転得の当時、それぞれその前者に対する否認の原因のあることを知

っていたとき。
二　転得者が第161条第2項各号に掲げる者のいずれかであるとき。ただし、転得の当時、それぞれその前者に対する否認の原因のあることを知らなかったときは、この限りでない。
三　転得者が無償行為又はこれと同視すべき有償行為によって転得した場合において、それぞれその前者に対して否認の原因があるとき。
2　第167条第2項の規定は、前項第3号の規定により否認権の行使があった場合について準用する。

基本事項
1　趣旨
　破産管財人による否認権行使の効果は、取引の安全を図るために、破産者と受益者との間でのみ生じ、転得者には当然には及ばないと解されています（相対効）。しかし、否認の効果が常に転得者に及ばないとすると、逸出した財産を破産財団に回復するという否認制度の目的を達成することができません。そこで、本条は、一定の要件の下で転得者に対する否認権の行使を認めました。この趣旨は、逸出した財産を破産財団に回復するという否認制度の目的と転得者による取引の安全を調整する点にあります。
　なお、本条と同趣旨の規定が、民再法134条、会更法93条にも置かれています。
2　要件
(1)　転得者
　転得者とは、破産者の相手方である受益者が破産者から取得した財産権を受益者から取得し、または受益者との関係でその財産権の上に権利を取得した者およびそれ以後の取得者をいいます（大コンメ698頁［加藤哲夫］）。例えば、否認の目的財産について、売買等によって所有権を取得した者や地上権等の制限物権を取得した者、差押えを行った者が転得者に当たります。
(2)　原則的な要件（本条Ⅰ①）
　転得者否認の原則的な要件は、①受益者について否認の原因があること、②転得者が転得時に①の事実について悪意であることの2点です。
　受益者について否認の原因のあることについての取得者の悪意とは、転得者が取得時に受益者が否認の要件に該当する事実を知っていたことをいいます。例えば、詐害行為否認（破160Ⅰ①）の場合、破産者が破産債権者を害することを知っていたことについて、転得者が悪意であることが求められます［☞ **論点解説**］。
(3)　転得者が破産者の内部者であるとき（本条Ⅰ②）
　転得者が破産法161条2項各号に掲げる者のいずれかであるときとは、転得者が破産者の内部者である場合や破産者の親族または同居者である場合をいいます。この場合、転得者が、取得時に、その前者に対する否認の原因のあることを知らなかったことを立証しない限り、転得者に対する否認が認められます。この趣旨は、破産者と一定の関係にある転得者は、否認対象行為について事情を把握している可能

性が高いため、衡平の見地から転得者に善意の立証責任を負わせる点にあります。

(4) 転得者が無償行為等によって転得したとき（本条Ⅰ③）

転得者が無償行為またはこれと同視すべき有償行為によって転得した場合、それぞれその前者に対して否認の原因があるときは、転得者の善意・悪意を要件とすることなく転得者に対する否認が認められます。無償行為またはこれと同視すべき有償行為の否認（破160Ⅲ）では、受益者の善意・悪意が要件となっていません。そこで、転得者に対する否認の場合も平仄を合わせて、破産者から逸出した財産を破産財団に回復しやすくしています。

3　効果

(1) 原則形態および転得者が破産者の内部者である場合

転得者に対する否認が認められた場合、転得者との関係で破産者と受益者との行為の効果が覆滅します。転得者による権利取得の効果が覆され、目的財産が転得者から破産財団に回復します。

(2) 転得者が無償行為等によって転得した場合

転得者が無償行為またはこれと同視すべき有償行為によって転得した場合、転得者の主観に関係なく否認が認められます。しかし、転得者が善意の場合にまで常に否認の効果として原状回復義務を負うとすると、転得者の利益が著しく損なわれるおそれがあります。そこで、本条2項は、破産法167条2項の規定を準用し、転得者が破産者について支払停止等があったことや破産債権者を害する事実を転得時に知らなかったことを立証した場合には、転得者が負う原状回復義務の範囲を現存利益に限定することとしました。

4　行使方法

転得者に対する否認権の行使方法は、受益者に対する場合と同様に、訴えによる方法、否認の請求による方法および抗弁による方法があります（破173Ⅰ）。

破産管財人は、否認権を受益者に対してのみ行使することも、転得者に対してのみ行使することもできますし、受益者と転得者の両者に対して行使することもできます。ただし、破産管財人が受益者と転得者の双方を否認権行使の相手方とした場合、一方に対する判決の効力は他方に及ばず、合一に確定させる必要がないことから、通常共同訴訟となります。

論点解説

転得者否認と破産管財人の立証責任　例えば、詐害行為否認（破160Ⅰ①）における受益者の悪意のように、破産管財人は、立証責任を負っていない事実（受益者が自ら善意であることの立証責任を負っている事実）についてまで、転得者が悪意であることを破産管財人が立証する必要があるか、という点について見解が分かれています。

この問題につき、「否認の原因のあることを知っていた」とは、否認権を行使するためのすべての要件についての悪意であると解して、破産管財人は受益者の悪意について転得者が悪意であったことを立証する責任を負うとする見解があります。こ

れに対して、「否認の原因のあることを知っていた」とは、破産管財人が立証責任を負う否認の請求原因事実についての悪意であると解して、破産管財人は受益者の悪意について転得者が悪意であったことの立証責任を負わず、転得者が受益者の善意について立証責任を負うとする見解があります。

前者の見解による場合、転得者否認での破産管財人の立証の負担が増加することから、後者の見解が有力に主張されています（詳細は、伊藤564頁注319、条解破産1153頁、大コンメ699頁［加藤哲夫］参照）。

文献　伊藤562頁、条解破産1151頁、大コンメ696頁［加藤哲夫］、倒産法概説313頁［沖野眞已］、注釈破産（下）180頁［柴田義人］

（否認権のための保全処分）
第171条　裁判所は、破産手続開始の申立てがあった時から当該申立てについての決定があるまでの間において、否認権を保全するため必要があると認めるときは、利害関係人（保全管理人が選任されている場合にあっては、保全管理人）の申立てにより又は職権で、仮差押え、仮処分その他の必要な保全処分を命ずることができる。
2　前項の規定による保全処分は、担保を立てさせて、又は立てさせないで命ずることができる。
3　裁判所は、申立てにより又は職権で、第1項の規定による保全処分を変更し、又は取り消すことができる。
4　第1項の規定による保全処分及び前項の申立てについての裁判に対しては、即時抗告をすることができる。
5　前項の即時抗告は、執行停止の効力を有しない。
6　第4項に規定する裁判及び同項の即時抗告についての裁判があった場合には、その裁判書を当事者に送達しなければならない。この場合においては、第10条第3項本文の規定は、適用しない。
7　前各項の規定は、破産手続開始の申立てを棄却する決定に対して第33条第1項の即時抗告があった場合について準用する。

基本事項

1　趣旨

否認権は破産手続開始決定の効果として、一定の要件を具備する場合に発生する権利です。したがって、破産手続開始決定前に否認権に基づく原状回復請求権を被保全権利とする保全処分をすることはできません。また、否認権行使によって回復すべき財産は、否認権が行使されるまでは受益者の財産であって「債務者の財産」ではない以上、破産法28条に基づく保全処分を命じることもできません。

しかし、否認権行使の実効性を確保し、破産財団の充実を図るためには、否認権の行使によって回復すべき財産について破産手続開始決定前に保全する手続を設ける必要があります。そこで、本条は、破産法上の特殊の保全処分として、否認権のための保全処分を定めています。

なお、本条と同趣旨の規定が、民再法134条の2、会更法39条の2にも置かれています。

2 要件

(1) 発令可能時期

本条に基づく保全処分は、破産手続開始の申立てがあった時から当該申立てについての決定があるまでの間に限って発令することができます。破産手続開始決定後に発令できないこととしたのは、破産手続開始決定後は否認権に基づく原状回復請求権を被保全権利とする通常の保全処分が可能であることから、破産法上の特殊の保全処分を認める必要性が失われるためです。

(2) 申立権者

「利害関係人」は、本条に基づく保全処分を申し立てることができます。利害関係人とは、例えば、否認権の行使によって配当額が増加する破産債権者となる債権者です。「保全管理人」が選任されている場合は保全管理人が申し立てます（本条Ⅰ括弧書）。この場合、本条に基づく保全処分を申し立てるかどうかの決断は専ら保全管理人が行うべきですので、債権者やその他の利害関係人は申立権を有しないと解されています。

(3) 被保全権利の存在

本条に基づく保全処分が認められるためには、被保全権利の存在が必要です。被保全権利は否認権の行使による原状回復請求権です。そして、否認権は破産手続開始決定後に行使できるものです。そのため、被保全権利は、破産手続開始決定がされる見込みと否認権の発生を基礎づける要件事実の存在によって裏付けられます。申立人は、これらの存在を疎明すれば足り、証明までは求められません（民保13Ⅱ参照）。

(4) 保全の必要性

通常の民事保全としての仮差押えや仮処分の場合と同様に、本条に基づく保全処分が認められるためには、保全の必要性が求められます（民保13Ⅰ）。保全の必要性は、否認権行使によって回復すべき財産を受益者が処分するおそれがあり、破産管財人による否認権の行使が困難となる場合に認められます。申立人は、これらを疎明すれば足り、証明までは求められません（同条Ⅱ参照）。

3 効果（保全処分の内容）

例えば、破産手続開始決定後に、偏頗弁済を否認して受益者に対して弁済金相当額の返還を求める場合や詐害行為否認の目的物が消滅しているために受益者に対して価額償還を求める場合には、被保全権利が金銭債権ですので、申し立てる保全処分の内容は仮差押命令になります。

これに対して、破産手続開始決定後に、偏頗な代物弁済を否認して受益者に対して当該目的物の返還を求める場合や詐害行為否認によって処分行為を否認して目的物の返還を求める場合には、被保全権利が特定物の引渡請求権ですので、申し立てる保全処分の内容は処分禁止の仮処分になります。

4 申立手続
(1) 担保
本条に基づく保全処分後に破産管財人が否認権を行使しなかった場合や否認が認められなかった場合に備え、保全処分によって目的財産を処分することができなかったことに基づく相手方の損害賠償請求権を保全するために、裁判所は、担保の提供を条件として保全処分を発令することができます（本条Ⅱ）。

(2) 変更可能性
裁判所は、一旦発令した本条に基づく保全処分を、申立てに基づきまたは職権で、いつでも変更し、または取り消すことができます（本条Ⅲ）。この趣旨は、保全の必要性に変更が生じた場合に柔軟に対応する点にあります。

(3) 即時抗告
保全処分またはその変更もしくは取消しの決定に対しては、即時抗告をすることができます（本条Ⅳ）。この即時抗告には執行停止の効力はありません（本条Ⅴ）。この趣旨は、保全処分の実効性を損なわないようにする点にあります。

(4) 送達
本条に基づく保全処分またはその変更もしくは取消しの決定、即時抗告についての裁判は、当事者に対する裁判書の個別の送達が必要となり、代用公告は認められません（本条Ⅵ）。この趣旨は、本条の裁判は当事者の地位に重大な影響を与えるため、個別の送達を要請する点にあります。

文献 伊藤154頁、条解破産1157頁、大コンメ703頁［加藤哲夫］、一問一答破産238頁、注釈破産（下）192頁［柴田義人］

（保全処分に係る手続の続行と担保の取扱い）
第172条 前条第1項（同条第7項において準用する場合を含む。）の規定による保全処分が命じられた場合において、破産手続開始の決定があったときは、破産管財人は、当該保全処分に係る手続を続行することができる。
2　破産管財人が破産手続開始の決定後1月以内に前項の規定により同項の保全処分に係る手続を続行しないときは、当該保全処分は、その効力を失う。
3　破産管財人は、第1項の規定により同項の保全処分に係る手続を続行しようとする場合において、前条第2項（同条第7項において準用する場合を含む。）に規定する担保の全部又は一部が破産財団に属する財産でないときは、その担保の全部又は一部を破産財団に属する財産による担保に変換しなければならない。
4　民事保全法（平成元年法律第91号）第18条並びに第2章第4節（第37条第5項から第7項までを除く。）及び第5節の規定は、第1項の規定により破産管財人が続行する手続に係る保全処分について準用する。

基本事項
1 趣旨
本条は、否認権のための保全処分（破171）が命じられた場合において、その後、破産手続開始決定があったときの当該保全処分に係る手続の続行について定めてい

ます。また、破産管財人が保全処分に係る手続を続行しないときは保全処分が失効することとして、保全処分の相手方が長期にわたって不安定な地位に置かれることを防止しています。

なお、本条と同趣旨の規定が、民再法134条の3、会更法94条にも置かれています。

2 保全処分の続行

否認権のための保全処分は破産手続開始の申立てについての決定があるまでの間に命じることができるものです（破171Ⅰ）。また、破産手続開始決定後は否認権を被保全権利とした民事保全法上の保全処分が可能です。そのため、当該保全処分の効力は破産手続開始決定によって失われるとすることも可能です。もっとも、否認権のための保全処分がなされている場合には否認訴訟等の実効性を高めるために、破産管財人がこれを利用できるとすることが合理的です。そこで、当該保全処分が命じられた後に破産手続開始決定がなされた場合、破産管財人は当該保全処分を続行することができることとしています（本条Ⅰ）。続行とは、「①当該保全処分の発令後、即時抗告審の抗告手続が継続している場合には、破産手続開始により中断した手続を受継すること、②当該保全処分の執行手続着手前の場合には、破産管財人が承継執行文の付与を受けて執行手続に着手すること（民保第43条1項ただし書、第46条、民執第27条第2項参照）、③執行手続着手後完了前の場合には、承継執行文の付された決定書正本を裁判所に提出して執行手続の続行を申し立てること（民保規第31条、民執第22条参照）、④処分禁止の登記（民保第53条）や仮差押えの登記（民保第47条）または命令の送達（民保第50条、第17条）の執行手続が既に終了している場合には、破産管財人が保全処分の執行の効果を主張することを意味する」と説明されています（一問一答破産239頁）。

3 保全処分の失効

破産管財人が破産手続開始決定後1か月以内に否認権のための保全処分に係る手続を続行しないときは、その保全処分は失効します（本条Ⅱ）。この趣旨は、保全処分の相手方が長期にわたって不安定な地位に置かれることを防止する点にあります。

4 担保の変換

債権者等、債務者本人や保全管理人以外の者が保全処分を申し立てた場合、破産財団に属さない財産が担保に提供されています。否認権行使のための保全処分は債権者全体の利益になりますので、破産手続開始決定後は破産財団に属する財産をもって担保を提供する必要があります。そこで、本条3項は、このような場合に、破産管財人が否認権のための保全処分に係る手続を続行するときには、破産財団に属する財産による担保に変換しなければならないこととしました。

文献 伊藤154頁、条解破産1162頁、大コンメ707頁［加藤哲夫］、一問一答破産238頁、注釈破産（下）197頁［柴田義人］

（否認権の行使）
第173条 否認権は、訴え、否認の請求又は抗弁によって、破産管財人が行使する。

2 前項の訴え及び否認の請求事件は、破産裁判所が管轄する。

基本事項
1 趣旨
本条は、否認権行使の主体と方法、否認の訴えや否認の請求事件の管轄について定めています。
なお、本条と同趣旨の規定が、民再法135条、会更法95条にも置かれています。
2 否認権行使の方法
否認権行使の方法には、訴え、否認の請求、抗弁の3つの方法があります［☞ **より深く学ぶ**］。

(1) 訴えによる場合

否認権は実体法上の形成権であり、破産管財人が否認権行使の意思表示をすることで当然に否認の効力が発生すると解されています。破産管財人は、否認権行使の結果発生する原状回復請求権を訴訟物として訴えを提起することとなります。なお、破産債権者は、破産管財人が提起した否認訴訟に補助参加することができるとする裁判例があります（大阪高決昭58・11・2下民集33巻9－12号1605頁［百選4版［A6］］）。

(2) 否認の請求による場合

否認の請求とは、判決手続とは異なる、簡易迅速な決定手続による否認権の行使手続です。否認の請求がなされた場合、口頭弁論が必要な訴訟手続ではなく、簡易迅速な決定手続で否認に係る法律関係を審理判断することとなります（破174）。

(3) 抗弁による場合

受益者または転得者を原告とし、破産管財人を被告とする訴訟において、破産管財人が抗弁として否認権を行使することもできます。なお、抗弁による場合には、再抗弁によって否認権を行使する場合も含まれます。例えば、破産管財人が原告となって所有権に基づく動産引渡請求訴訟を提起した場合に、相手方が破産者との間の売買契約によって目的物の所有権を取得した旨の抗弁を主張したときに、破産管財人は再抗弁として当該売買契約を否認する旨の主張をすることができます。

3 否認権行使の主体

否認権を行使することができるのは破産管財人のみです（本条Ⅰ）。破産管財人には破産財団に属する財産の財産管理処分権が専属し（破78Ⅰ）、全破産債権者の利益代表者としての地位を有しています。このような地位に基づき、破産管財人が否認権を行使することとなります。

4 否認の訴えおよび否認の請求事件の管轄

否認の訴えおよび否認の請求事件を管轄する破産裁判所とは、当該破産事件が係属している地方裁判所をいいます（破2Ⅲ）。例えば、東京地裁民事20部に係属している破産事件の否認の訴えは、東京地裁が管轄を有し、東京地裁の通常部に配点されることとなります。

より深く学ぶ

裁判外での否認権行使　訴え、否認の請求または抗弁以外の方法で否認権を行使できるか否かが議論されています。例えば、破産管財人が受益者との間で、否認の効果を内容とする裁判外の和解をすることができるのかという問題です。

本条は否認権の行使方法として訴え、否認の請求または抗弁の3つのみを規定しています。また、裁判外で否認権の行使を認めると、否認の要件の存否が裁判により確定されないこととなり、否認の成否が不明確となります。そこで、裁判外での否認権の行使は認められないと解されています（詳細は、伊藤573頁、条解破産1169頁、大コンメ713頁〔田頭章一〕参照）。

> **判例**　大阪高決昭58・11・2下民集33巻9−12号1605頁〔百選4版〔A6〕〕
> **文献**　伊藤566頁、条解破産1167頁、大コンメ712頁〔田頭章一〕、倒産法概説314頁〔沖野眞已〕、破産管財の手引226頁、一問一答破産241頁、注釈破産（下）202頁〔長沢美智子〕

（否認の請求）
第174条　否認の請求をするときは、その原因となる事実を疎明しなければならない。
2　否認の請求を認容し、又はこれを棄却する裁判は、理由を付した決定でしなければならない。
3　裁判所は、前項の決定をする場合には、相手方又は転得者を審尋しなければならない。
4　否認の請求を認容する決定があった場合には、その裁判書を当事者に送達しなければならない。この場合においては、第10条第3項本文の規定は、適用しない。
5　否認の請求の手続は、破産手続が終了したときは、終了する。

基本事項

1　趣旨

本条は、否認の請求の手続について定めています。否認の請求とは、判決手続とは異なる、簡易迅速な決定手続による否認権の行使手続です。否認の請求の手続が認められた趣旨は、否認に係る法律関係を簡易迅速な決定手続で審理判断できるようにする点にあります。

なお、本条と同趣旨の規定が、民再法136条、会更法96条にも置かれています。

2　否認の請求の申立て

(1)　申立ての方法

否認の請求は、破産裁判所に対して書面を提出して行います（破173Ⅰ、破規1Ⅰ・Ⅱ②）。破産管財人が否認の請求を申し立てる場合、裁判所の許可（破78Ⅱ）は不要であると解されています。もっとも、実務では、否認権の行使の方法等について事前に裁判所と協議することが求められています（破産管財の手引124頁、大阪地方裁判所・大阪弁護士会破産管財運用検討プロジェクトチーム編『破産管財手続の運用と書式〔新版〕』

〔新日本法規出版、2009〕177頁）。

(2) 当事者
否認の請求の申立権者は、破産管財人に限られます（破173Ⅰ）。否認の請求の相手方は否認対象行為の受益者または転得者です。

3 審理手続および裁判
(1) 決定手続
否認の請求事件は決定手続で審理判断されます。したがって、口頭弁論は必要的ではなく、裁判所は当事者の審尋により審理することができます（破13、民訴87Ⅰただし書・Ⅱ）。ただし、否認の請求を認容し、またはこれを棄却する決定は、相手方の実体的な地位に影響します。そこで、かかる決定をする場合には、防御の機会を付与する必要がありますので、相手方の審尋が必要となります（本条Ⅲ）。これに対し、否認の請求の申立てを却下する場合は、相手方の審尋は不要です。

(2) 疎明
疎明とは、裁判官が当該事実について一応確からしいという程度の心証に達することをいいます。破産管財人は、否認の請求をするときは、その原因となる事実について疎明しなければなりません（本条Ⅰ）。

(3) 理由
否認の請求を認容し、またはこれを棄却する決定をする場合、裁判所は理由を付さなければなりません（本条Ⅱ）。この趣旨は、裁判所の慎重な判断を担保するという点のほか、否認の請求が認容された場合に異議の訴えを提起すべきかどうかの判断材料を相手方に提供する点、異議の訴えが提起された場合に受訴裁判所に否認の請求に係る決定の判断過程を示す点にあります。

(4) 送達
否認の請求を認容する決定の決定書は、破産管財人および相手方に送達する必要があります。この場合、公告をもって送達に代えることはできません（本条Ⅳ）。この趣旨は、異議の訴えを提起するのかどうかを検討する機会を保障するという点のほか、1か月間の異議の訴えの提訴期間（破175Ⅰ）の起算点を確定する点にあります。

(5) 破産手続の終了時
破産手続が終了する場合、否認の請求の手続は当然に終了します（本条Ⅴ）。破産手続が終了したときとは、破産手続開始決定の取消決定が確定した場合や、異時廃止決定（破217）または同意廃止決定（破218）が確定した場合をいいます。このような事由で破産手続が終了した場合に否認請求の手続を継続させる意味はありませんので、本条5項が置かれています。

文献 伊藤570頁、条解破産1172頁、大コンメ714頁〔田頭章一〕、破産管財の手引124頁・229頁、注釈破産（下）206頁〔長沢美智子〕

（否認の請求を認容する決定に対する異議の訴え）
第175条 否認の請求を認容する決定に不服がある者は、その送達を受けた日から

1月の不変期間内に、異議の訴えを提起することができる。
2 　前項の訴えは、破産裁判所が管轄する。
3 　第1項の訴えについての判決においては、訴えを不適法として却下する場合を除き、同項の決定を認可し、変更し、又は取り消す。
4 　第1項の決定を認可する判決が確定したときは、その決定は、確定判決と同一の効力を有する。同項の訴えが、同項に規定する期間内に提起されなかったとき、又は却下されたときも、同様とする。
5 　第1項の決定を認可し、又は変更する判決については、受訴裁判所は、民事訴訟法第259条第1項の定めるところにより、仮執行の宣言をすることができる。
6 　第1項の訴えに係る訴訟手続は、破産手続が終了したときは、第44条第4項の規定にかかわらず、終了する。

基本事項
1 　趣旨
　本条は、否認の請求を認容する決定に対する不服申立ての手段として、当該決定の取消しまたは変更を求める異議の訴えについて定めています。
　なお、本条と同趣旨の規定が、民再法137条、会更法97条にも置かれています。
2 　異議の訴えの提起
(1) 　否認の請求が全部認容された場合
　この場合、受益者または転得者である相手方が1か月の不変期間内に異議の訴えを提起することができます（本条Ⅰ）。異議の訴えは破産裁判所の専属管轄です（本条Ⅱ・6）。
(2) 　否認の請求が全部棄却された場合
　この場合、相手方は異議の訴えを提起する利益がありませんので、異議の訴えを提起することができません。また、異議の訴えは否認の請求を認容する決定に対してのみ認められているため（本条Ⅰ）、破産管財人は、異議の訴えを提起することはできません。もっとも、この場合に、破産管財人は別訴の提起や別訴における抗弁として否認権を行使することができます。否認の請求は決定手続ですので、その判断に既判力が生じないからです。
(3) 　否認の請求が一部認容された場合
　この場合も否認の請求を認容する決定に含まれますので、相手方は認容された部分について、破産管財人は棄却された部分について、それぞれ1か月の不変期間内に異議の訴えを提起することができます（本条Ⅰ）。異議の訴えの管轄については、前記(1)に記載した通りです。
3 　異議の訴えにおける終局判決
　否認の請求を認容する決定を正当であるとする場合、裁判所は当該決定を認可する判決をすることになります。否認の請求を認容する決定を全部不当であるとする場合、裁判所は当該決定を取り消す旨の判決をすることになります。一部を不当であるとする場合は、正当な範囲で請求を認める内容に変更する旨の判決をすること

になります（以上について、本条Ⅲ）。

否認の請求を認容する決定を認可する判決が確定した場合、当該決定は確定判決と同一の効力を有します（本条Ⅳ前段）。異議の訴えが、1か月の不変期間内に提起されなかった場合や却下された場合も同様です（本条Ⅳ後段）。

否認の請求を認容する決定を認可する判決の主文には給付文言がありませんので、仮執行宣言を付すことができるのかどうか疑義が生じ得ます。そこで、本条5項は、仮執行宣言を付すことができることを明らかにしています。

4　異議の訴えの終了

異議の訴えに係る訴訟手続は、破産手続が終了したときは、中断せずに当然に終了します（本条Ⅵ）。否認請求と同様に、異議の訴えは、破産手続が終了した後に手続を継続させる意味がないことが理由です。

文　献　伊藤 570 頁、条解破産 1177 頁、大コンメ 717 頁［田頭章一］、注釈破産（下）211 頁［長沢美智子］

（否認権行使の期間）
第176条　否認権は、破産手続開始の日から2年を経過したときは、行使することができない。否認しようとする行為の日から20年を経過したときも、同様とする。

基本事項

1　趣旨

否認権は、破産手続開始決定前の破産者の行為を事後的に否定する権利です。したがって、いつまでも否認権を行使できるとすると受益者や転得者の法的地位を不安定にし、取引の安全を害するおそれがあります。また、否認権の行使は破産管財人の主要な管財業務の1つとして速やかに行使されるべきであるといえます。

そこで、本条は、否認権の行使期間を定め、行使期間経過後の行使を否定しました。

なお、本条と同趣旨の規定が、民再法139条、会更法98条にも置かれています。

2　期間の性質

本条が定める2年間または20年間という権利行使期間の法的性質は除斥期間であると解されています（伊藤575頁）。除斥期間とは、当事者が援用することなく期間の満了によって当然に権利の消滅という効果を生じるものであって、時効と異なり中断の余地がありません。

3　期間の計算

(1)　2年間の除斥期間

否認権は、破産手続開始決定日を起算点として、2年を経過した後は行使することができません（本条前段）。

(2)　20年間の除斥期間

否認権は、否認対象行為が行われた日から20年を経過した後も行使することが

できません（本条後段）。

4 詐害行為取消権の消滅時効が完成した場合と否認権の行使

詐害行為取消権の消滅時効が完成した場合、破産管財人による否認権行使が妨げられるかどうかが争われた事案として、最判昭 58・11・25（民集 37 巻 9 号 1430 頁［百選［27］]）があります。この判例は、否認権は、破産者の全財産を総債権者の公平な満足に充てるという観点から破産管財人がこれを行使するものであるから、詐害行為取消権の消滅時効が完成しても否認権は消滅せず、平成 16 年改正前破産法 85 条（現行法本条）が適用されると判示しました。

> **判例** 最判昭 58・11・25 民集 37 巻 9 号 1430 頁［百選［27］]
> **文献** 伊藤 574 頁、条解破産 1183 頁、倒産法概説 315 頁［沖野眞已］、注釈破産（下）216 頁［長沢美智子］

第 3 節　法人の役員の責任の追及等

> **（役員の財産に対する保全処分）**
> **第 177 条**　裁判所は、法人である債務者について破産手続開始の決定があった場合において、必要があると認めるときは、破産管財人の申立てにより又は職権で、当該法人の理事、取締役、執行役、監事、監査役、清算人又はこれらに準ずる者（以下この節において「役員」という。）の責任に基づく損害賠償請求権につき、当該役員の財産に対する保全処分をすることができる。
> 2　裁判所は、破産手続開始の申立てがあった時から当該申立てについての決定があるまでの間においても、緊急の必要があると認めるときは、債務者（保全管理人が選任されている場合にあっては、保全管理人）の申立てにより又は職権で、前項の規定による保全処分をすることができる。
> 3　裁判所は、前 2 項の規定による保全処分を変更し、又は取り消すことができる。
> 4　第 1 項若しくは第 2 項の規定による保全処分又は前項の規定による決定に対しては、即時抗告をすることができる。
> 5　前項の即時抗告は、執行停止の効力を有しない。
> 6　第 4 項に規定する裁判及び同項の即時抗告についての裁判があった場合には、その裁判書を当事者に送達しなければならない。この場合においては、第 10 条第 3 項本文の規定は、適用しない。
> 7　第 2 項から前項までの規定は、破産手続開始の申立てを棄却する決定に対して第 33 条第 1 項の即時抗告があった場合について準用する。

基本事項

1　趣旨

役員の任務懈怠等によって破産会社に損害が発生した場合、破産会社は役員に対して損害賠償請求権（会社 423 等）を有します。この損害賠償請求権は破産財団を構成しますので、破産手続開始決定後は破産管財人がその権利を行使することになります。もっとも、役員が財産を処分すると強制執行等による回収ができなくなりま

す。そこで、本条は、役員の財産に対する保全処分を定めることとしました。本条が定める保全処分は、破産手続開始決定後だけでなく、申立後破産手続開始決定前でも発令できる上、職権での発令も可能となっている等、民事保全法が定めるものとは異なる特殊な保全処分です。

なお、本条と同趣旨の規定が、民再法142条、会更法99条にも置かれています。

2 要件

(1) 役員

役員とは、本条1項の例示から、機関として債務者である法人と委任関係にあった者で、当該関係に基づいてその意思決定や業務執行、業務・会計の監査、清算事務を行っていた者を意味すると解されています（条解破産1187頁）。そのため、「これらに準ずる者」としては、例えば、会社法上の会計監査人や会計参与、持分会社の業務執行社員（会社593）、役員の職務を一時的に行う者として裁判所等が選任する者（会社346・401・403・603）等が挙げられます［☞ 論点解説 ①］。

(2) 被保全権利

本条1項の保全処分に係る被保全権利は、破産会社が有する役員の責任に基づく損害賠償請求権であり、善管注意義務違反に基づくもの（会社423・486・53・596・652等）がその典型例です［☞ 論点解説 ②］。

(3) 保全の必要性

(ア) 破産手続開始決定後（本条Ⅰ）

裁判所は、法人である債務者について破産手続開始の決定があった場合に、必要があると認めるときは、破産管財人の申立てまたは職権で、役員の責任に基づく損害賠償請求権につき、当該役員の財産に対する保全処分をすることができます。必要があると認めるときとは、役員責任の査定手続等を経て強制執行を行うまでの間に、役員がその財産を隠匿・処分・消費等して、後に強制執行をしても無意味になるおそれがある場合をいうと解されています（条解破産1190頁）。

(イ) 破産手続開始決定前（本条Ⅱ）

裁判所は、破産手続開始決定前でも、申立後であれば、破産手続開始決定があるまでの間において緊急の必要があると認めるときは、債務者（保全管理人が選任されている場合には保全管理人）の申立てにより、または職権で、役員の財産に対する保全処分をすることができます。破産手続開始決定前での保全処分ですので、破産手続開始決定後に比べて発令要件を厳格にしています。緊急の必要があると認めるときとは、被保全権利である損害賠償請求権を請求する必要性や可能性が高い上、役員がその財産を隠匿・処分・費消するおそれが緊迫している場合等であると解されています（条解破産1190頁）。

(4) 立担保等

民事保全法に基づく保全処分では担保を立てることが通常ですが、本条による保全処分は破産財団の増殖という破産債権者全員のためになされる特別の保全処分ですので、立担保は必要ありません。この点は否認のための保全処分と差異があります（破171Ⅱ）が、法人の役員は破産者の内部者であるとされること（破161Ⅱ①参照）

を考慮したものであると説明されています（伊藤593頁）。同様の理由から、裁判所による保全処分の随時変更や取消しが可能とされています（本条Ⅲ）。

3　効果

被保全権利である役員の責任に基づく損害賠償請求権が金銭債権であるため、保全処分の方法としては仮差押え（民保20）が原則となりますが、必要に応じて、その他の保全処分も可能です。

4　不服申立て

保全処分等に対する即時抗告（本条Ⅳ）は、利害関係人が申し立てることができます（破9前段）。具体的には、役員や破産管財人、保全管理人、債務者です。本条5項は、この即時抗告が執行停止の効力を有しないことを規定していますが、これは、即時抗告によって保全処分の効力が停止している間に役員が財産を処分することを防ぐためです。本条に基づく保全処分、その変更および取消しの決定は、役員および破産管財人等に重大な影響を与えますので、破産法の規定により送達をしなければならない場合に、公告をもってこれに代えること（代用公告・破10Ⅲ）は認められません（本条Ⅵ）。

論点解説

1　実質的な役員が役員に含まれるか　委任契約を締結していないものの、実質的に役員として職務を行っていた者が本条でいう「役員」に当たるのかどうかの議論がありますが、原則としてこれを否定する見解が有力です（条解破産1187頁、伊藤592頁注389）。

2　対象となる被保全権利の範囲　役員の会社に対する善管注意義務違反に基づく責任等、役員が法人に対して負う一般的な責任だけではなく、会社法に定められた特別の責任（不足額塡補責任〔会社52Ⅰ・213Ⅰ・286Ⅰ〕、利益供与の価額相当額の支払責任〔会社120Ⅳ〕、分配可能額超過の配当に関する責任〔会社462Ⅰ〕）等が本条1項に規定する「責任」に含まれるのかどうか議論があります。特別の責任は役員の債務不履行責任の特則であると考えられること、役員に不測の損害はないこと等から、これを肯定する見解が有力です（詳細は、条解破産1188頁参照）。

文献　条解破産1185頁、大コンメ722頁〔田頭章一〕、伊藤592頁、破産法・民事再生法概論289頁〔畑瑞穂〕、注釈破産（下）219頁〔浅沼雅人〕

（役員の責任の査定の申立て等）
第178条　裁判所は、法人である債務者について破産手続開始の決定があった場合において、必要があると認めるときは、破産管財人の申立てにより又は職権で、決定で、役員の責任に基づく損害賠償請求権の査定の裁判（以下この節において「役員責任査定決定」という。）をすることができる。
2　前項の申立てをするときは、その原因となる事実を疎明しなければならない。
3　裁判所は、職権で役員責任査定決定の手続を開始する場合には、その旨の決定をしなければならない。

4　第1項の申立て又は前項の決定があったときは、時効の中断に関しては、裁判上の請求があったものとみなす。
5　役員責任査定決定の手続（役員責任査定決定があった後のものを除く。）は、破産手続が終了したときは、終了する。

基本事項
1　趣旨
　役員の責任について、通常の民事訴訟手続によって損害賠償請求訴訟を提起することも可能ですが、破産財団の回復を迅速かつ効果的に行うため、本条は、査定の裁判という簡易な決定による手続を定めています。
　なお、本条と同趣旨の規定が、民再法143条、会更法100条にも置かれています。
2　要件等
　査定の裁判の対象となる損害賠償請求権は、破産法177条の保全処分の被保全権利となる損害賠償請求権と同じです［☞ **論点解説** 1・2］。
　査定の申立てを行うには、役員の責任に基づく損害賠償請求権を基礎付ける事実（その原因となる事実）を疎明する必要があります（本条Ⅱ）。査定の申立てまたは査定手続を開始する旨の決定は裁判上の請求（民147①）には当たりませんが、実質上、裁判所が役員に対する損害賠償請求権の有無について審理しますので、時効の中断が認められています（本条Ⅳ）。
　役員責任査定手続は、破産手続上特別に認められた手続です。したがって、破産手続が終了すれば査定手続も終了しますが（本条Ⅴ）、役員責任査定決定があった後は当該決定の効力は失われません（同項括弧書）。そのため、当該査定決定に対して異議の訴え（破180Ⅰ）を提起できますし、異議の訴えが法定の期間内に提起されなかった場合等には当該決定は確定判決と同一の効力を有します（破181。新基本法コンメ破産法412頁［松下淳一］）。
　役員責任査定手続は二重起訴を禁止する「裁判所に係属する事件」（民訴142）に該当するとして、査定申立後の訴訟提起や訴訟提起後の査定申立てはすることができないと解されています（詳細は、条解破産1196頁、大コンメ728頁［田頭章一］参照）。

論点解説
1　株主代表訴訟と破産手続　　破産手続が開始された場合に、株主代表訴訟の提起が許されるか否か議論があります。なお、DIP型を原則とする再生手続では、破産手続や更正手続とは異なる議論があります［☞民再§143 **論点解説** 1］。
　(1)　**破産手続開始によって係属中の株主代表訴訟はどうなるか**　　株主代表訴訟の係属中に破産手続が開始された場合に、代表訴訟が中断して破産管財人が受継し得るのか問題になります。この点、破産法45条1項の類推適用によって中断し、破産管財人は当該訴訟を受継し得るとする見解が通説です（伊藤409頁、条解破産372頁、大コンメ728頁［田頭章一］）。
　(2)　**再生手続開始後に株主代表訴訟を提起できるか**　　破産財団の財産管理処分

権が破産管財人に専属すること（破78Ⅰ）を理由に、破産手続が開始した後は、株主は代表訴訟を提起できなくなるとする見解が通説です（大コンメ728頁［田頭章一］。東京地判平7・11・30判タ914号249頁参照）。

2 会社法429条の損害賠償請求訴訟との関係　役員に悪意または重過失がありこれにより損害を被った第三者は、会社法429条に基づいて役員に対して損害賠償を請求することができ、通説・判例は、同条に基づく損害賠償責任の範囲について、直接損害に加え間接損害も含むと解しています。ここで、直接損害とは役員の悪意・重過失に基づき第三者に直接損害が生じた場合をいい、間接損害とは役員の悪意・重過失により会社に損害が発生しその結果として第三者に損害が生じた場合をいいます。

この点、会社に破産手続が開始しても、第三者が会社の役員に対し会社法429条に基づいて責任追及訴訟を提起することが可能であると解するのが通説です。もっとも、間接損害を内容とする損害賠償請求については、本来会社に帰属すべき損害賠償請求権を第三者が行使しているとみることもできます。そこで、第三者による個別の権利行使を認めず、破産手続開始決定時に係属する当該請求権に係る訴訟は中断し、破産管財人が受継できるとする見解が主張されています（大コンメ728頁［田頭章一］、伊藤409頁注181）。

文献　条解破産1192頁、大コンメ726頁［田頭章一］、伊藤593頁、破産法・民事再生法概論288頁［畑瑞穂］、一問一答破産243頁、注釈破産（下）219頁［浅沼雅人］226頁［志甫治宣］

（役員責任査定決定等）
第179条　役員責任査定決定及び前条第1項の申立てを棄却する決定には、理由を付さなければならない。
2　裁判所は、前項に規定する裁判をする場合には、役員を審尋しなければならない。
3　役員責任査定決定があった場合には、その裁判書を当事者に送達しなければならない。この場合においては、第10条第3項本文の規定は、適用しない。

基本事項

1 趣旨

本条は、役員に対する損害賠償請求権の有無を簡易迅速に決定する手続である役員責任査定手続について、その審理手続等を定めています。

なお、本条と同趣旨の規定が、民再法144条、会更法101条にも置かれています。

2 要件

(1) 審理

役員責任査定決定（破178Ⅰ）は「決定で完結すべき事件」（民訴87Ⅰ）ですので、口頭弁論を開くかどうかは裁判所が決定します（同項）。もっとも、簡易迅速に手続を行うという趣旨から、民事訴訟の一般原則とは異なって、原則として口頭弁論を

開くことは許されないと解されています（条解会更（上）621頁、新注釈民再（上）827頁［阿多博文］、谷口安平「損害賠償の査定」金判1086号〔2000〕104頁）。

役員に防御の機会を与える必要から、役員責任査定決定または査定申立てを棄却する決定では審尋が必要です（本条Ⅱ）。

(2) 裁判所による判断

査定決定がなされた場合、役員は、異議の訴えを提起するかどうかを検討し、査定申立てを棄却する決定がなされた場合、破産管財人は、別訴において損害賠償請求訴訟を提起するかどうかを検討します。このような役員や破産管財人に判断材料を提供するため、裁判所は、各決定には理由を付さなければならないとされています（本条Ⅰ）。

(3) 送達

役員責任査定決定があった場合、当事者である破産管財人と役員に裁判書を送達しなければなりません（本条Ⅲ前段）。当該送達日から異議の訴えの提訴期間が起算されます（破180Ⅰ）ので、起算日を明確にするために、破産法の規定により送達をしなければならない場合に、公告をもってこれに代えること（代用公告・破10Ⅲ）は認められていません（本条Ⅲ後段）。

なお、査定申立てを棄却または却下する決定は異議の訴えの対象ではないこと等から、本条3項による送達の対象から除外され、民訴法の原則通り相当と認める方法により告知すれば足ります（破13、民訴119）。

論点解説

裁判上の和解の可否　役員責任査定手続において破産管財人と役員との間で裁判上の和解ができるのかどうか議論があります。損害賠償請求権は当事者によって処分が可能であることから裁判上の和解ができるとするのが多数説です（詳細は、条解破産1200頁参照）。

文献　伊藤593頁、条解破産1198頁、大コンメ730頁［田頭章一］、新注釈民再（上）827頁［阿多博文］、注釈破産（下）230頁［志甫治宣］

（役員責任査定決定に対する異議の訴え）
第180条　役員責任査定決定に不服がある者は、その送達を受けた日から1月の不変期間内に、異議の訴えを提起することができる。
2　前項の訴えは、破産裁判所が管轄する。
3　第1項の訴えは、これを提起する者が、役員であるときは破産管財人を、破産管財人であるときは役員を、それぞれ被告としなければならない。
4　第1項の訴えについての判決においては、訴えを不適法として却下する場合を除き、役員責任査定決定を認可し、変更し、又は取り消す。
5　役員責任査定決定を認可し、又は変更した判決は、強制執行に関しては、給付を命ずる判決と同一の効力を有する。
6　役員責任査定決定を認可し、又は変更した判決については、受訴裁判所は、民

事訴訟法第259条第1項の定めるところにより、仮執行の宣言をすることができる。

> [!基本事項]
> **1 趣旨**
> 役員責任査定手続はあくまで決定手続ですので、終局的な判断を得るための判決手続を保障する必要があります。そこで、本条は、役員責任査定決定に対する異議の訴えについて、その提訴期間、管轄裁判所、被告となる者、判決内容および効力について定めています。
> なお、本条と同趣旨の規定が、民再法145条、会更法102条にも置かれています。
>
> **2 要件等**
> 役員責任査定決定に対して不服のある者は、その送達を受けた日から1か月の不変期間内に、破産裁判所に異議の訴えを提起できます（本条Ⅰ・Ⅱ）。なお、本条が定める異議の訴えの性質については、形成訴訟とする見解と給付訴訟とする見解があります（詳細は、条解破産1202頁、大コンメ733頁［田頭章一］、伊藤596頁参照）。
> 異議の訴えを提起できる者は、役員および破産管財人です（本条Ⅲ）。査定申立てが一部棄却（一部認容）された場合には、役員のほか、本条3項によって破産管財人も異議の訴えを提起することができます。申立てを全部認容した役員責任査定決定に対しては、役員のみが異議の訴えを提起できます。役員責任査定申立てを全部棄却する決定には既判力は生じず、破産管財人は別途通常の民事訴訟手続によって役員の責任に基づく損害賠償請求訴訟を提起できますので、本条による異議の訴えは提起できません（伊藤595頁注398、大コンメ732頁［田頭章一］）。
> 異議の訴えに対する判決内容は、査定の裁判の認可、変更、取消しのいずれかです（本条Ⅳ）。査定の裁判を認可または変更する異議の訴えの判決主文には給付を命ずる文言は含まれていません。もっとも、実質的には役員に対する損害賠償請求権の内容を判断していますので、「給付を命ずる判決と同一の効力を有する」こととし、異議の訴えの判決に執行力を認めています（本条Ⅴ）。査定決定を全部取り消す判決が確定した場合も含めて、異議の訴えの判決には既判力が生じます。
>
> **文献** 伊藤595頁、条解破産1201頁、条解民再779頁［中島弘雅］、784頁［中島弘雅］、大コンメ732頁［田頭章一］、注釈破産（下）233頁［志甫治宣］

（役員責任査定決定の効力）
第181条 前条第1項の訴えが、同項の期間内に提起されなかったとき、又は却下されたときは、役員責任査定決定は、給付を命ずる確定判決と同一の効力を有する。

> [!基本事項]
> 役員責任査定手続は、終局的な判断が下される判決手続ではなく、簡易迅速に役員責任を追及するための決定手続です。そこで、本条は、当事者が法定の期間内に

判決手続で争うという方法を選択しなかった場合や異議の訴えが却下されて確定した場合には、役員責任決定に給付を命じる確定判決と同一の効力を認めることとしました。これにより、役員責任査定決定が債務名義となり（民執 22 ⑦）、破産管財人は、役員の財産に対して強制執行を行うことができます。

なお、本条と同趣旨の規定が、民再法 147 条、会更法 103 条にも置かれています。

文　献　条解破産 1206 頁、大コンメ 736 頁［田頭章一］、注釈破産（下）237 頁［志甫治宣］

（社員の出資責任）
第 182 条　会社法第 663 条の規定は、法人である債務者につき破産手続開始の決定があった場合について準用する。この場合において、同条中「当該清算持分会社」とあるのは、「破産管財人」と読み替えるものとする。

基本事項

会社法 644 条により清算をする持分会社（清算持分会社）は、清算持分会社に現存する財産がその債務を完済するのに足りない場合において、その出資の全部または一部を履行していない社員があるときは、当該出資に係る定款の定めにかかわらず、当該社員に出資させることができます（会社 663）。

本条は、法人である債務者に破産手続開始決定があった場合に、定款の定めにかかわらず社員の出資義務の弁済期を到来させるために、会社法 663 条を準用しています。なお、弁済期が到来している未履行の出資については、本条がなくても、破産管財人は当然にその履行を請求することができます。

再生手続や更生手続は会社の存続を前提としますので、民再法や会更法には、会社の清算を前提とする本条と同旨の定めはありません。

文　献　条解破産 1207 頁、大コンメ 737 頁［田頭章一］、注釈破産（下）239 頁［大石健太郎］

（匿名組合員の出資責任）
第 183 条　匿名組合契約が営業者が破産手続開始の決定を受けたことによって終了したときは、破産管財人は、匿名組合員に、その負担すべき損失の額を限度として、出資をさせることができる。

基本事項

1　趣旨

匿名組合契約は、匿名組合員が営業者のために出資し、その営業から生じる利益を得るための契約です（商 535）。匿名組合契約は、営業者が破産手続開始決定を受けたことによって終了します（商 541 ③）。匿名組合員は営業者のために出資する義務がありますが、出資時期は当事者間で自由に定めることができますので、営業者が破産手続開始決定を受けたときに匿名組合員の出資義務が未履行である場合があ

ります。出資義務が履行されていない状態で匿名組合契約が終了した場合、原則として当該出資義務は消滅するはずです。しかし、匿名組合契約で匿名組合員が一定の損失について負担しない旨を定めていた場合を除き、契約の終了後も、匿名組合員はその負担すべき損失の額を限度として（出資額が負担すべき額より少ない場合は出資額を限度として）出資義務を負うと解されています（近藤光男『商法総則・商行為法〔第6版〕』〔有斐閣、2013〕179頁、神崎克郎『商法総則・商行為法通論〔新訂版〕』〔同文舘出版、1999〕205頁・209頁）。このような見解を踏まえて、本条は、破産手続開始決定によって匿名組合契約が終了した場合も出資義務が履行されていない状態で匿名組合契約が終了した場合と同様に、破産管財人は匿名組合員に対してその負担すべき額を限度として出資をさせることができることとしています。

なお、再生手続開始決定や更生手続開始決定は、匿名組合契約の終了事由となっていませんので、民再法や会更法には、本条に対応する定めはありません。

2　要件

本条では、匿名組合員の出資について、負担すべき損失の額を限度とすると規定しますが、損失の分担について定めた場合はその金額を限度として（出資額が負担すべき額より少ない場合は出資額を限度として）、定めていない場合は出資額を限度として「出資の価額に応じて」（民674）負担することになると解されています（条解破産1211頁）。なお、匿名組合員が負担すべき損失の限度額を超えて出資していた場合には、その匿名組合員は、営業者に対して、当該匿名組合員の出資額から損失の限度額を控除した金額について、破産債権として返還請求権（商542）を有します（条解破産1210頁、大コンメ738頁［田頭章一］）。

文献　条解破産1209頁、大コンメ738頁［田頭章一］、近藤光男『商法総則・商行為法〔第6版〕』（有斐閣、2013）174頁、神崎克郎『商法総則・商行為法通論〔新訂版〕』（同文舘出版、1999）201頁、注釈破産（下）241頁［大石健太郎］

第7章　破産財団の換価

第1節　通則

> **（換価の方法）**
> **第184条**　第78条第2項第1号及び第2号に掲げる財産の換価は、これらの規定により任意売却をする場合を除き、民事執行法その他強制執行の手続に関する法令の規定によってする。
> 2　破産管財人は、民事執行法その他強制執行の手続に関する法令の規定により、別除権の目的である財産の換価をすることができる。この場合においては、別除権者は、その換価を拒むことができない。
> 3　前2項の場合には、民事執行法第63条及び第129条（これらの規定を同法その他強制執行の手続に関する法令において準用する場合を含む。）の規定は、適用しない。
> 4　第2項の場合において、別除権者が受けるべき金額がまだ確定していないときは、破産管財人は、代金を別に寄託しなければならない。この場合においては、別除権は、寄託された代金につき存する。

基本事項
1　重要財産の換価方法

　破産財団に属する財産の管理処分権は破産管財人に専属しますので（破78Ⅰ）、当該財産の換価方法は破産管財人が選択することができます。本条1項は、破産法78条2項1号および2号に規定する不動産や鉱業権、知的財産権等について、主な換価方法である任意売却を認めるとともに、民事執行法等の規定によって競売できることも認めています（なお、これら以外の財産も民事執行法等の規定によって競売することができると解されている〔大コンメ742頁［菅家忠行］〕）。なお、この強制執行の手続は、破産手続開始決定を債務名義とする形式的競売であり（民執195）、強制執行手続による配当は行われず、換価代金は破産管財人に交付されます（詳細は、大コンメ745頁［菅家忠行］参照）。

2　別除権目的物の換価方法

　別除権の目的物も破産財団に属しますので、当該目的物の維持管理費用は破産財団が負担します。そのため、例えば、収益がないにもかかわらず固定資産税を負担しなければならない遊休不動産等では、別除権行使の時期を別除権者の意思のみに委ねて換価の実現が遅れると、破産債権者に対する配当原資である破産財団が毀損することになります。そこで、本条2項は、破産管財人が、民事執行法その他の強

制執行の手続に関する法令の規定によって別除権の目的財産を換価できることとし、別除権者はその換価を拒むことができないこととしています。なお、被担保債権の弁済期が未到来である等別除権者が受けるべき金額が未確定な場合には、破産管財人はその代金を寄託し、別除権はその寄託金に及ぶこととなります（本条Ⅳ）。

3 無益執行禁止の原則

民事執行法63条および129条は、換価代金によって執行費用や先順位債権への配当を賄うことができず、申立債権者への配当がない（申立債権者の利益にならない）強制執行を禁止しています（無益執行禁止の原則）。この点、本条3項は、本条による強制執行手続では無益執行禁止の原則を定めた民事執行法63条および129条の適用を排除しています。この趣旨は、破産手続では、無剰余であったとしても、財産を換価して赤字の流出等による破産財団の毀損を防ぐ必要がある点、財産換価を進めて破産管財人による業務を円滑に進行させる必要があるという点にあります。

なお、換価が困難な場合に、財産を管理する負担を回避しながら手続の早期終結を実現するための方法として、破産財団から財産を放棄する方法があります（破78Ⅱ⑫・Ⅲ①参照）。これは、破産管財人が当該財産に対する管理処分権を放棄し、破産者が個人の場合には当該破産者の自由財産とし、破産者が法人の場合には清算法人の管理下とするものです（条解破産1231頁）[☞ **より深く学ぶ** ①・②]。

より深く学ぶ

① 破産財団からの放棄と財団の引渡相手 法人破産の場合に、破産管財人が破産財団に属する財産を放棄した場合、当該財産に対する破産管財人の管理処分権が及ばなくなります。破産管財人が占有していた財産を破産者に引き渡す場合、新たに清算人を選任する必要があるのか、従前の代表者に引き渡せば足りるのかどうかにつき、議論があります。従前の代表者は新たに清算人が選任されるまでは代表者としての権利義務を有する（会社346Ⅰ参照）ため、実務上は従前の代表取締役に財産を引き渡せば足りるとする見解がある一方、清算人を選任する必要があるとの見解も主張されています（詳細は、条解破産1231頁参照）。

② 放棄後の別除権者の意思表示の相手方 法人破産の場合に、破産管財人が別除権の目的財産を破産財団から放棄した後、別除権者がその財産について別除権を実行したり、別除権を放棄したりする場合の意思表示の相手方は、法人の旧代表者ではなく、新たに選任された清算人となります（最決平12・4・28判時1710号100頁、最決平16・10・1判時1877号70頁［百選［59］］）。

文献 条解破産1222頁、大コンメ739頁［菅家忠行］、伊藤647頁、倒産法概説389頁［山本和彦］、山本112頁、一問一答破産248頁、注釈破産（下）252頁［黒木和彰］

（別除権者が処分をすべき期間の指定）
第185条 別除権者が法律に定められた方法によらないで別除権の目的である財産の処分をする権利を有するときは、裁判所は、破産管財人の申立てにより、別除権者がその処分をすべき期間を定めることができる。

2 別除権者は、前項の期間内に処分をしないときは、同項の権利を失う。
3 第1項の申立てについての裁判に対しては、即時抗告をすることができる。
4 第1項の申立てについての裁判及び前項の即時抗告についての裁判があった場合には、その裁判書を当事者に送達しなければならない。この場合においては、第10条第3項本文の規定は、適用しない。

基本事項

1 趣旨

本条は、別除権者が法律に定められた方法によらないで、別除権の目的である財産を処分する権利を有するときは、目的財産を早期に処分して破産手続の円滑な進行を図るため、裁判所が別除権者による目的財産処分の期間を定め、その期間内に処分しなかったときには、別除権者は、法律に定められた方法によらないで別除権の目的物である財産の処分をする権利を失うこととしています。

2 要件

「法律に定められた方法によらないで別除権の目的物である財産の処分をする権利」(本条Ⅰ)とは、例えば、質権者に目的物の所有権を取得させるいわゆる流質契約(商515)や銀行取引約定書における目的物を法定の手続によらないで担保権者が任意の方法で処分できる旨の特約と換価代金の弁済充当を定める特約(銀行取引約定書について、鈴木祿彌編『新版注釈民法(17)』〔有斐閣、1993〕320頁［鈴木祿彌＝山本豊］参照)、設定契約でその実行方法を定める譲渡担保権契約や所有権留保契約、ファイナンス・リース契約等をいいます。

裁判所は、破産管財人の申立てによって処分すべき期間を定めますが(本条Ⅰ)、この処分期間の長短については裁判所の裁量に委ねています。

3 効果

本条1項の破産管財人の申立てに対する裁判の裁判書は当事者に送達しなければならず(本条Ⅳ)、この裁判について利害関係人は即時抗告ができます(破9前段・本条Ⅲ)。

裁判所が定めた処分期間内に別除権者が別除権の目的物である財産を処分しないときは、別除権者は、法律に定められた方法によらないで別除権の目的物である財産を処分する権利を失い(本条Ⅱ)、以後、競売等の法律に定められた手続によって別除権を実行する必要があります。別除権者が定められた期間内に別除権の目的物である財産を処分したといえるためには、処分に着手しただけでは足りず、処分が完了する必要があると解されています(注解破産(下)463頁［斎藤秀夫］)。

文献 条解破産1233頁、大コンメ752頁［菅家忠行］、伊藤651頁、注釈破産(下)236頁［黒木和彰］

第2節　担保権の消滅

(担保権消滅の許可の申立て)
第186条　破産手続開始の時において破産財団に属する財産につき担保権（特別の先取特権、質権、抵当権又は商法若しくは会社法の規定による留置権をいう。以下この節において同じ。）が存する場合において、当該財産を任意に売却して当該担保権を消滅させることが破産債権者の一般の利益に適合するときは、破産管財人は、裁判所に対し、当該財産を任意に売却し、次の各号に掲げる区分に応じてそれぞれ当該各号に定める額に相当する金銭が裁判所に納付されることにより当該財産につき存するすべての担保権を消滅させることについての許可の申立てをすることができる。ただし、当該担保権を有する者の利益を不当に害することとなると認められるときは、この限りでない。
　一　破産管財人が、売却によってその相手方から取得することができる金銭（売買契約の締結及び履行のために要する費用のうち破産財団から現に支出し又は将来支出すべき実費の額並びに当該財産の譲渡に課されるべき消費税額等（当該消費税額及びこれを課税標準として課されるべき地方消費税をいう。以下この節において同じ。）に相当する額であって、当該売買契約において相手方の負担とされるものに相当する金銭を除く。以下この節において「売得金」という。）の一部を破産財団に組み入れようとする場合　売得金の額から破産財団に組み入れようとする金銭（以下この節において「組入金」という。）の額を控除した額
　二　前号に掲げる場合以外の場合　売得金の額
2　前項第1号に掲げる場合には、同項の申立てをしようとする破産管財人は、組入金の額について、あらかじめ、当該担保権を有する者と協議しなければならない。
3　第1項の申立ては、次に掲げる事項を記載した書面（以下この節において「申立書」という。）でしなければならない。
　一　担保権の目的である財産の表示
　二　売得金の額（前号の財産が複数あるときは、売得金の額及びその各財産ごとの内訳の額）
　三　第1号の財産の売却の相手方の氏名又は名称
　四　消滅すべき担保権の表示
　五　前号の担保権によって担保される債権の額
　六　第1項第1号に掲げる場合には、組入金の額（第1号の財産が複数あるときは、組入金の額及びその各財産ごとの内訳の額）
　七　前号の規定による協議の内容及びその経過
4　申立書には、前項第1号の財産の売却に係る売買契約の内容（売買契約の締結及び履行のために要する費用のうち破産財団から現に支出し又は将来支出すべき実費の額並びに当該財産の譲渡に課されるべき消費税額等に相当する額であって、当該売買契約において相手方の負担とされるものを含む。）を記載した書面を添付しなければならない。

5 第1項の申立てがあった場合には、申立書及び前項の書面を、当該申立書に記載された第3項第4号の担保権を有する者（以下この節において「被申立担保権者」という。）に送達しなければならない。この場合においては、第10条第3項本文の規定は、適用しない。

基本事項
1 趣旨
　破産手続の実務では、担保権の目的である財産（抵当権が設定されている不動産が典型例である）について、破産管財人が担保権者の同意を得て任意売却し、その売却代金を担保権者に支払って財産を受け戻し、担保権を消滅させることが行われています。この場合、破産管財人は、法律上の競売手続によるよりも高値で担保権の目的財産を売却できること等の事情を踏まえて、担保権者の同意を得て、売買代金の一部（売買代金の3～10%の例が多いといわれている）を破産財団に組み入れることが一般的です。これにより、担保権者は競売手続による売却よりも高い金額を早期に回収することができ、破産管財人は破産財団に属する財産の迅速な処分と破産債権者に対する配当原資の充実を図ることができます。ところで、破産管財人が担保権の目的物の任意売却を実現するためには、目的物の価額からすれば配当や弁済を受けることのできない後順位担保権者がいたとしても、これらの者を含むすべての担保権を抹消するために、このような担保権者を含む全担保権者から売却に際して担保権を抹消する旨の同意を得る必要があります。ところが、このような後順位担保権者から破産管財人が不当に高額な判子代等の金員を要求されると、正当な任意売却がゆがめられて、破産手続の処理が妨げられる結果となります。そこで、破産法は、本節において、破産管財人が裁判所の許可を得て、任意売却の対象財産につき存するすべての担保権を消滅させ、その売却代金の一部を破産財団に組み入れることを可能とする担保権消滅許可制度を設けています［☞ **より深く学ぶ** ①］。本条は、このような担保権消滅許可を申し立てる場合の要件や申立ての方式等を定めています。

2 要件
　担保権消滅許可の申立ては、破産手続開始の時において破産財団に属する財産について、担保権が存する場合に行うことができます（本条Ⅰ柱書）。この制度は、破産管財人による任意売却を実現させるためのものですので、破産管財人の管理処分権限に服する財産（破78Ⅰ）のみがその対象となります。もっとも、管理処分権に服するものであれば、不動産に限りません。法文上、担保権としては、特別の先取特権、質権、抵当権または商法もしくは会社法の規定による留置権のみを明示しています（本条Ⅰ柱書）。破産手続上は、このような典型担保と同様に譲渡担保や所有権留保等の非典型担保権も別除権（破2Ⅸ）として扱いますが［☞破§65］、このような非典型担保が本条1項柱書に規定する担保権に含まれるのかどうかについては、一義的には明らかではありません［☞ **論点解説** ］。

　担保権消滅許可の申立ては、担保権を消滅させることが「破産債権者の一般の利益に適合する」こと、そして「担保権を有する者の利益を不当に害することとな

る」と認められないことの2つの要件が必要です（本条Ⅰ柱書）。これらの要件を欠く場合には、破産管財人の申立ては却下されます。

本条1項柱書本文が規定する「破産債権者の一般の利益に適合する」場合とは、破産管財人が当該財産を任意売却することによって、売却代金の一部が破産財団に組み入れられる場合や当該財産が破産財団に帰属することによって生じる管理費用や公租公課（固定資産税等）等の負担を免れる場合等が挙げられます［☞ **より深く学ぶ** **2**］。また、同項柱書ただし書きが規定する「担保権を有する者の利益を不当に害することとなる」場合とは、破産財団への組入額が明らかに過大である場合や破産管財人と担保権者が事前に協議をまったくせず、担保権者にとって不意を突かれる形で担保権消滅許可申立てがなされた場合等が挙げられます。

破産管財人が担保権の目的物の任意売却による売得金の一部を組入金として破産財団に組み入れようとする場合には、組入金の額について、あらかじめ担保権者と協議した上（本条Ⅱ）、協議の内容および経過を申立書に記載しなければなりません（本条Ⅲ⑦）。なお、組入金の有無にかかわらず、任意売却や競売手続によって弁済や配当を受ける見込みがまったくない後順位担保権者は、組入金の多寡には利害関係がありませんので、協議の相手方である担保権者には含まれないと解されています（一問一答破産257頁、条解破産1249頁、大コンメ781頁［沖野眞已］）。

3 申立ての方式

担保権消滅許可申立ては、その重要性を考慮して書面によることとし、申立書の必要的記載事項を明確に定めています（本条Ⅲ）。担保権消滅許可の要件の有無や許可決定の確定によって締結したものとみなされる売買契約の内容を明らかにするため、申立書には、担保目的財産の売買契約書を添付する必要があります（本条Ⅳ）。担保権者に対抗手段をとるか否かを判断する機会を与えるために、このような申立書と添付書類は担保権者に送達する必要があり、公告によって代えることはできません（本条Ⅴ）。

論点解説

対象となる担保権 本条1項柱書本文括弧書は、担保権消滅許可制度の対象となる担保権として、特別の先取特権、質権、抵当権、または商事留置権を定めており、譲渡担保や所有権留保等の非典型担保については特に規定していません。そこで、これらの非典型担保についても本条を類推適用できるか否かについて議論があります。任意売却による財産の換価と破産財団の充実を目的とする担保権消滅許可制度の趣旨は、非典型担保の場合にも妥当します。もっとも、担保権消滅許可制度は、抵当不動産の任意売却を典型的な対象事案として制度化されていることから、手続上、非典型担保の場合にはそぐわない点があるため、個別にその可否を検討する必要があります（詳細は、条解破産1244頁、大コンメ770頁［沖野眞已］、新破産法の基本構造と実務184頁、伊藤658頁注165参照）。

例えば不動産の譲渡担保または所有権留保の場合、不動産登記上、所有名義が譲渡担保権者や所有権留保権者となっていることから、破産管財人が任意に売却する

ことは困難であるといえます。そのため、担保権消滅許可制度の類推適用を否定する見解が有力です。

これに対して、登記や登録のない動産の譲渡担保や所有権留保の場合、破産法185条により指定された処分期間経過後の自助売却権（破184Ⅱ）の対象になると解されることや、実質的に後順位担保権者が生じる余地がないこと等から、本条の類推適用の余地が大きいと指摘されています。

さらに破産手続上別除権として扱われるファイナンス・リースについては、目的財産の所有権がリース債権者からユーザーである破産者に移転しないため、担保権消滅許可制度の対象とすることを否定する見解が有力です（新破産法の基本構造と実務188頁）。もっとも、ファイナンス・リースの担保対象は、リース物件の所有権ではなくその利用権であり、担保権消滅許可によって破産管財人はリース期間満了までリース物件を利用できる権利が保障されるとして、積極的に解する見解もあります。

より深く学ぶ

1 他の倒産手続の担保権消滅許可制度との異同

(1) **再生手続の場合**　民再法の担保権消滅許可制度は、別除権者による担保権の行使によって、再生債務者の事業の継続に必要な財産が処分されることを防止する制度です。この点で、担保の目的財産を任意売却によって処分することを前提としている破産法の担保権消滅許可制度とは目的が異なります。そのため、民再法は、担保権消滅許可について、当該財産が「再生債務者の事業の継続に欠くことのできないものである」ことを要件としています（民再148Ⅰ）。

(2) **更生手続の場合**　会更法の場合は、更生手続開始決定によって担保権の実行が禁止されます（会更47Ⅰ）ので、民再法と異なり、担保権実行によって事業の継続に不可欠な財産が処分されるおそれはありません。もっとも、担保目的財産の維持管理費用の削減や更生計画外での事業譲渡を円滑に行う必要がある場合等に、担保権者の利益を保護しつつ、担保権の消滅を認める制度として担保権消滅許可制度が設けられています。そのため、会更法は、担保権消滅許可について、民再法より広く、当該財産が「更生会社の事業の更生に必要であると認める」ことを要件としています（会更104Ⅰ）。

2 異時廃止が見込まれる事案での担保権消滅許可申立ての可否

本条1項柱書が定める「破産債権者の一般の利益に適合する」とは、破産債権者全体の利益に合致することを意味します。例えば、合理的な財団組入が予定され、配当原資となる破産財団の増殖が見込まれる場合や過大な固定資産税を負担する遊休不動産を売却して破産財団の減少を回避する場合に当該要件を満たします。この点、任意売却を実行しても異時廃止（破217Ⅰ）が見込まれる場合、直接的には破産債権者の利益にはならないため、このような要件を満たすのか否かにつき議論があります。当該要件は財団債権を除外する趣旨ではないこと等を根拠に肯定する見解と、担保権消滅許可制度は破産債権者の利益のために別除権を制約する制度であること等を根拠に否定する見解があります（詳細は、新破産法の基本構造と実務189頁、条解破産1247頁、大コ

ンメ 774 頁［沖野眞已］参照）。

文献 伊藤 652 頁、条解破産 1238 頁、大コンメ 754 頁［沖野眞已］、倒産法概説 390 頁［山本和彦］、山本 92 頁、破産・民事再生の実務〔破産編〕201 頁、破産管財の手引 175 頁、一問一答破産 250・251 頁・254 頁・257 頁・264 頁・267 頁、注釈破産（下）267 頁［髙松康祐］

（担保権の実行の申立て）
第187条 被申立担保権者は、前条第1項の申立てにつき異議があるときは、同条第5項の規定によりすべての被申立担保権者に申立書及び同条第4項の書面の送達がされた日から1月以内に、担保権の実行の申立てをしたことを証する書面を裁判所に提出することができる。
2 裁判所は、被申立担保権者につきやむを得ない事由がある場合に限り、当該被申立担保権者の申立てにより、前項の期間を伸長することができる。
3 破産管財人と被申立担保権者との間に売得金及び組入金の額（前条第1項第2号に掲げる場合にあっては、売得金の額）について合意がある場合には、当該被申立担保権者は、担保権の実行の申立てをすることができない。
4 被申立担保権者は、第1項の期間（第2項の規定により伸長されたときは、その伸長された期間。以下この節において同じ。）が経過した後は、第190条第6項の規定により第189条第1項の許可の決定が取り消され、又は同項の不許可の決定が確定した場合を除き、担保権の実行の申立てをすることができない。
5 第1項の担保権の実行の申立てをしたことを証する書面が提出された後に、当該担保権の実行の申立てが取り下げられ、又は却下された場合には、当該書面は提出されなかったものとみなす。民事執行法第188条において準用する同法第63条又は同法第192条において準用する同法第129条（これらの規定を同法その他強制執行の手続に関する法令において準用する場合を含む。）の規定により同項の担保権の実行の手続が取り消された場合も、同様とする。
6 第189条第1項の不許可の決定が確定した後に、第1項の担保権の実行の申立てが取り下げられ、又は却下された場合において、破産管財人が前条第1項の申立てをしたときは、当該担保権の実行の申立てをした被申立担保権者は、第1項の規定にかかわらず、同項の担保権の実行の申立てをしたことを証する書面を提出することができない。

基本事項

1 趣旨

本条は、破産管財人による担保権消滅許可申立て（破186Ⅰ）に対して、異議のある被申立担保権者が、対抗手段として担保権の実行を申し立てることができるとして、その期限や手続上の制約等を定めています。

2 担保権実行の申立て

担保権消滅許可申立て（破186Ⅰ）に異議のある被申立担保権者は、担保権消滅許可申立書等の送達（同条Ⅴ）の日から「1月以内」に（本条Ⅰ）、裁判所に対し、競売

手続開始決定謄本等の担保権の実行の申立てをしたことを証する書面を提出します［☞**より深く学ぶ**］。なお、裁判所は、被申立担保権者につきやむを得ない事由がある場合に限り、当該被申立担保権者の申立てにより、この「1月以内」という期間を伸長することができます（本条Ⅱ）。ここにいう「やむを得ない事由」とは、例えば、相続開始後の熟慮期間中の場合等があり得ます（条解破産1265頁参照）。なお、同書は、大コンメ790頁［沖野眞已］が「やむを得ない事由」として挙げる担保対象財産の評価や任意売却の相当性の判断に時間を要する場合等について、少し緩和しすぎる解釈ではないかと指摘している。

当該書面の提出を受けた裁判所は、破産管財人の担保権消滅許可申立てに対して不許可決定（破189Ⅰ）を行います。ただし、担保権者が、破産管財人との間で任意売却の売得金（破186Ⅰ）等についてすでに合意していたにもかかわらず、担保権実行の申立てを行うことは、信義誠実の原則に反するため認められていません（本条Ⅲ）。また、担保権者は、担保権実行の申立期間経過後に担保権を実行することも認められません（本条Ⅳ）。このように担保権消滅許可制度は、被申立担保権者による担保権実行時期の選択を制限する側面があります。なお、担保権者が担保権実行の申立てをしたことを証する書面を提出した後に、当該担保権の実行の申立てが取り下げられまたは却下された場合には、担保権実行の申立てを証する書面が提出されなかったものとみなされます（本条Ⅴ前段）。無剰余のために担保権実行手続が取り消された場合（民執188・63・192・129）も同様です（本条Ⅴ後段）。不許可決定が確定した後に、担保権の実行の申立てが取り下げられまたは却下された場合に、破産管財人がさらに担保権消滅許可の申立てをしたときには、当該担保権実行の申立てをした被申立担保権者は、再度、担保権実行の申立てをしたことを証する書面を提出できません（本条Ⅵ）。

より深く学ぶ
担保不動産収益執行が本条1項に定める「担保権の実行」に該当するか　　民事執行法180条は不動産担保権の実行として担保不動産競売と担保不動産収益執行を定めています。後者の担保不動産収益執行は、担保不動産を換価せず、不動産から生じる収益を被担保債権の弁済に充てるにすぎません。そこで、「担保権の実行」が破産管財人による対象財産の売却に対する対抗手段であること等から担保不動産収益執行は「担保権の実行」に含まれないとする見解がある一方、本条および民事執行法の文言解釈等から「担保権の実行」に含まれるとする見解があります（詳細は、条解破産1263頁、大コンメ791頁［沖野眞已］、伊藤661頁注171参照）。

　文　献　伊藤661頁、条解破産1260頁、大コンメ788頁［沖野眞已］、倒産法概説391頁［山本和彦］、山本92頁、破産・民事再生の実務〔破産編〕207頁、破産管財の手引175頁、一問一答破産257頁・262頁、注釈破産（下）290頁［髙松康祐］

（買受けの申出）
第188条　被申立担保権者は、第186条第1項の申立てにつき異議があるときは、

前条第1項の期間内に、破産管財人に対し、当該被申立担保権者又は他の者が第186条第3項第1号の財産を買い受ける旨の申出（以下この節において「買受けの申出」という。）をすることができる。
2　買受けの申出は、次に掲げる事項を記載した書面でしなければならない。
　一　第186条第3項第1号の財産を買い受けようとする者（以下この節において「買受希望者」という。）の氏名又は名称
　二　破産管財人が第186条第3項第1号の財産の売却によって買受希望者から取得することができる金銭の額（売買契約の締結及び履行のために要する費用のうち破産財団から現に支出し又は将来支出すべき実費の額並びに当該財産の譲渡に課されるべき消費税額等に相当する額であって、当該売買契約において買受希望者の負担とされるものに相当する金銭を除く。以下この節において「買受けの申出の額」という。）
　三　第186条第3項第1号の財産が複数あるときは、買受けの申出の額の各財産ごとの内訳の額
3　買受けの申出の額は、申立書に記載された第186条第3項第2号の売得金の額にその20分の1に相当する額を加えた額以上でなければならない。
4　第186条第3項第1号の財産が複数あるときは、第2項第3号の買受けの申出の額の各財産ごとの内訳の額は、当該各財産につき、同条第3項第2号の売得金の額の各財産ごとの内訳の額を下回ってはならない。
5　買受希望者は、買受けの申出に際し、最高裁判所規則で定める額及び方法による保証を破産管財人に提供しなければならない。
6　前条第3項の規定は、買受けの申出について準用する。
7　買受けの申出をした者（その者以外の者が買受希望者である場合にあっては、当該買受希望者）は、前条第1項の期間内は、当該買受けの申出を撤回することができる。
8　破産管財人は、買受けの申出があったときは、前条第1項の期間が経過した後、裁判所に対し、第186条第3項第1号の財産を買受希望者に売却する旨の届出をしなければならない。この場合において、買受けの申出が複数あったときは、最高の買受けの申出の額に係る買受希望者（最高の買受けの申出の額に係る買受けの申出が複数あった場合にあっては、そのうち最も先にされたものに係る買受希望者）に売却する旨の届出をしなければならない。
9　前項の場合においては、破産管財人は、前条第1項の期間内にされた買受けの申出に係る第2項の書面を裁判所に提出しなければならない。
10　買受けの申出があったときは、破産管財人は、第186条第1項の申立てを取り下げるには、買受希望者（次条第1項の許可の決定が確定した後にあっては、同条第2項に規定する買受人）の同意を得なければならない。

基本事項

1　趣旨

　本条は、破産管財人による担保権消滅許可申立て（破186Ⅰ）に対して、異議のある担保権者が、対抗手段として担保権の実行申立て（破187）のほかに目的財産の

買受けの申出ができることとして、その手続を定めています。

2　買受けの申出

(1)　概要

　被申立担保権者が、破産管財人による担保権消滅許可申立てを受け入れられない事情としては、目的財産の売得金や組入金の額に対する不満が考えられます。そこで、本条は、担保権者の対抗手段して、自らまたは第三者をして、目的財産を買い受ける旨の申出をすることを認めています（本条Ⅰ。なお、買受けの申出がなされると、破産財団への組入金は確保されない〔破190 Ⅰ②〕）。

　具体的には、担保権者は、裁判所により、その期間が伸長された場合を除いて、担保権消滅許可申立書等の送達（破186 Ⅴ）を受けた日から１か月以内に、破産管財人に対して買受申出書を提出します（本条Ⅰ・187 Ⅰ・Ⅱ・Ⅳ）。破産管財人は、前記期間経過後、裁判所に対して当該買受希望者（買受希望者が複数あるときは、最高額を申し出た者）に目的財産を売却する旨を届け出なければなりません（本条Ⅷ）。これを受けて、裁判所は、当該買受希望者を売却の相手方とする担保権消滅許可決定を行うことになります（破189 Ⅰ②）。この決定が確定することによって破産管財人と当該買受希望者との間で売買契約が締結されたものとみなされます（同条Ⅱ）。

(2)　買受申出の方式等

　本条２項は、手続の重要性を踏まえて買受けの申出は書面で行うこととし、買受希望者の氏名や住所、買受けの申出の額等申出書の必要的記載事項を定めています。買受けの申出の額は、破産管財人が担保権消滅許可決定を得て売却する場合の売得金の額（破186 Ⅰ①）に相当するものです。この買受けの申出によって、それまでの任意売却に係る破産管財人の労力が無になるため、無駄になってもやむを得ないといえるだけの売得金の額との価額差が必要です。このような事情等から、買受けの申出の額は、売得金の額よりも20分の1（5％）以上高額でなければなりません（本条Ⅲ）。なお、対象となる財産が複数ある場合には、買受けの申出の額の総額が売得金の総額を20分の1以上高額である限り、個々の財産の買受申出額については申立書に記載された売得金の額を上回れば足ります（本条Ⅳ）。また、担保権者が提出した申出書に記載されている買受希望者は、破産管財人に対し、保証として、買受けの申出の額の10分の2（20％）に相当する金銭（破規60 Ⅰ）を提供しなければなりません（本条Ⅴ）。担保権者が破産管財人との間で任意売却の売得金（破186 Ⅰ）等についてすでに合意していたにもかかわらず買受けの申出を行うことは、信義誠実の原則に反するため認められていません（本条Ⅵ・187 Ⅲ）。また、買受希望者が買受けの申出を撤回することができるのは、買受申出期間内に限られます（本条Ⅶ）。買受希望者は保証の提供等を負担して買主になり得る地位を得、担保権消滅許可決定が確定した後は、買受人として売買契約上の買主としての地位を得る（破189 Ⅱ）ことになります。そのため、買受申出があった後は、破産管財人は買受希望者や買受人の同意がなければ、担保権抹消許可の申立てを取り下げることはできません（本条Ⅹ）。

文献　伊藤663頁、条解破産1268頁、大コンメ796頁［沖野眞已］、倒産法概説391

頁〔山本和彦〕、山本92頁、破産・民事再生の実務〔破産編〕208頁、破産管財の手引175頁、一問一答破産257頁・259頁・262頁・264頁、注釈破産（下）297頁〔平岩みゆき〕

> **（担保権消滅の許可の決定等）**
> **第189条** 裁判所は、被申立担保権者が第187条第1項の期間内に同項の担保権の実行の申立てをしたことを証する書面を提出したことにより不許可の決定をする場合を除き、次の各号に掲げる区分に応じてそれぞれ当該各号に定める者を当該許可に係る売却の相手方とする第186条第1項の許可の決定をしなければならない。
> 　一　前条第8項に規定する届出がされなかった場合　第186条第3項第3号の売却の相手方
> 　二　前条第8項に規定する届出がされた場合　同項に規定する買受希望者
> 2　前項第2号に掲げる場合において、同項の許可の決定が確定したときは、破産管財人と当該許可に係る同号に定める買受希望者（以下この節において「買受人」という。）との間で、第186条第4項の書面に記載された内容と同一の内容（売却の相手方を除く。）の売買契約が締結されたものとみなす。この場合においては、買受けの申出の額を売買契約の売得金の額とみなす。
> 3　第186条第1項の申立てについての裁判があった場合には、その裁判が確定するまでの間、買受希望者（第1項第2号に定める買受希望者を除く。）は、当該買受希望者に係る買受けの申出を撤回することができる。
> 4　第186条第1項の申立てについての裁判に対しては、即時抗告をすることができる。
> 5　第186条第1項の申立てについての裁判又は前項の即時抗告についての裁判があった場合には、その裁判書を当事者に送達しなければならない。この場合においては、第10条第3項本文の規定は、適用しない。

基本事項

1　趣旨

　本条は、担保権の消滅許可決定または不許可決定の要件やその効果、買受希望者（破188Ⅱ①）の買受けの申出（同条Ⅰ）の撤回等について定めています。

2　担保権消滅許可決定

　裁判所は、担保権消滅不許可決定をする場合を除いて、担保権消滅許可申立書等の送達（破186Ⅴ）がなされた日から原則として1か月（破187Ⅰ）を経過した後に、担保権消滅許可の決定をしなければなりません（本条Ⅰ柱書・187Ⅰ・Ⅱ・Ⅳ）。担保権者が担保権実行の申立てによって対抗手段を講じられる期間中（同条Ⅰ）は担保権消滅許可決定を発令しないこととしつつ、期間中に対抗手段を講じない場合には申立てに異議がないと考えられますので、その期間経過後には許可決定を発令することとしています。

　担保権消滅許可決定に当たり、裁判所は、①破産管財人が買受希望者（破188Ⅱ

①）に目的財産を売却する旨の届出（同条Ⅷ）をしなかった場合には申立書記載の売却の相手方（破186Ⅲ③）を、②前記届出があった場合には届出に係る買受希望者を、それぞれ売却の相手方とします（本条Ⅰ①・②）。

　買受希望者を売却先とする担保権消滅許可決定が発令された場合、その確定によって、破産管財人と買受希望者との間には目的財産に係る売買契約が締結されたものとみなされます（本条Ⅱ）。

　なお、買受希望者（破188Ⅱ①）が複数の場合、最高額を申し出て売却の相手方とされた者（本条Ⅰ②）以外の買受希望者は、担保権消滅許可決定が確定するまでの間、買受けの申出（破188Ⅰ）を撤回できます（本条Ⅲ）。買受けの申出は被申立担保権者のみが行えますが（破188Ⅰ）、その撤回は買受希望者が提供した保証金（同条Ⅴ）の返還を可能にしますので、利害関係人である買受希望者による撤回のみを認めています。この買受けの申出の撤回は、①買受申出期間内（同条Ⅰ・187Ⅰ・Ⅱ・Ⅳ）または②担保権消滅許可決定発令後その確定までであればいつでも可能です。担保権消滅許可決定が確定すれば、売却の相手方とされなかった買受希望者に係る買受けの申出は当然に失効しますので、撤回するまでもなく保証金は返還されます。他方、最高額を申し出て売却の相手方となった買受希望者は、買受けの申出を撤回できません（本条Ⅲ括弧書）。そのため、当該買受希望者が任意売却の買主となることを希望しない場合には、保証金の返還をあきらめて（破190Ⅶ）、買受申出額に基づく金銭を納付せず、担保権消滅許可決定の取消し（同条Ⅵ）を受ける方法によるほかありません。

3　担保権消滅不許可決定

　裁判所は、担保権消滅許可申立書等の送達（破186Ⅴ）がなされた日から法定期間（原則として1か月）内に担保権者が担保権の実行の申立てを証する書面を提出したときは、この期間経過後に担保権消滅の不許可の決定を行います（本条Ⅰ柱書・187Ⅰ・Ⅱ・Ⅳ）。

4　即時抗告と送達

　担保権消滅の許可決定または不許可決定に対しては即時抗告ができます（本条Ⅳ）。破産管財人と被申立担保権者を含む担保権者が即時抗告の申立権者です（抗告理由の詳細は、条解破産1286頁参照）。

　担保権消滅の許可決定または不許可決定は、破産管財人または被申立担保権者に送達する必要があり、担保権消滅許可申立書等と同様（破186Ⅴ）、公告に代えること（破10Ⅲ本文）はできません（本条Ⅴ）。

　文　献　伊藤665頁、条解破産1281頁、大コンメ807頁［沖野眞已］、倒産法概説391頁［山本和彦］、山本92頁、破産・民事再生の実務［破産編］203頁、破産管財の手引175頁、注釈破産（下）309頁［平岩みゆき］

（金銭の納付等）
第190条　前条第1項の許可の決定が確定したときは、当該許可に係る売却の相手方は、次の各号に掲げる区分に応じ、それぞれ当該各号に定める額に相当する金

銭を裁判所の定める期限までに裁判所に納付しなければならない。
　　一　前条第１項第１号に掲げる場合　第186条第１項各号に掲げる区分に応じて
　　　それぞれ当該各号に定める額
　　二　前条第１項第２号に掲げる場合　同条第２項後段に規定する売得金の額から
　　　第188条第５項の規定により買受人が提供した保証の額を控除した額
２　前項第２号の規定による金銭の納付があったときは、第188条第５項の規定に
　より買受人が提供した保証の額に相当する金銭は、売得金に充てる。
３　前項の場合には、破産管財人は、同項の保証の額に相当する金銭を直ちに裁判
　所に納付しなければならない。
４　被申立担保権者の有する担保権は、第１項第１号の場合にあっては同号の規定
　による金銭の納付があった時に、同項第２号の場合にあっては同号の規定による
　金銭の納付及び前項の規定による金銭の納付があった時に、それぞれ消滅する。
５　前項に規定する金銭の納付があったときは、裁判所書記官は、消滅した担保権
　に係る登記又は登録の抹消を嘱託しなければならない。
６　第１項の規定による金銭の納付がなかったときは、裁判所は、前条第１項の許
　可の決定を取り消さなければならない。
７　前項の場合には、買受人は、第２項の保証の返還を請求することができない。

基本事項

1　趣旨

　被申立担保権者への弁済金の交付や配当は裁判所によって行われます。本条は、担保権消滅許可決定が確定した場合における、その原資となる金銭の納付方法や納付の効果等について定めています。

2　売却の相手方が納付すべき金銭

　担保権消滅許可決定に定める売却の相手方が担保権消滅許可書記載の売却の相手方である場合には（破189Ⅰ①）、担保権消滅許可申立書記載の売得金（破186Ⅰ②）または売得金から組入金を控除した額（同項①）の金銭を裁判所の定める期限までに裁判所に納付しなければなりません（本条Ⅰ①）。

　担保権消滅許可決定に定める売却の相手方が、被申立担保権者による買受けの申出にかかる買受希望者である場合には（破189Ⅰ②）、売得金とみなされる買受申出額（同条Ⅱ後段）から破産管財人に提供した保証金の額（破188Ⅴ）を控除した額の金銭を裁判所の定める期限までに裁判所に納付しなければなりません（本条Ⅰ②）。この納付があった場合には、破産管財人に提供した保証金は売得金に充てられます（本条Ⅱ）。そのため、提供を受けた破産管財人は保証の額に相当する金銭を売得金の一部として直ちに裁判所に納付しなければならず（本条Ⅲ）、これによって買受申出額全額が裁判所に納付されたことになります。

3　金銭納付または不納付の効果

　担保権消滅許可決定にかかるすべての担保権は、本条１項各号や本条３項に規定する金銭の納付があった時に消滅します（本条Ⅳ）。また、裁判所書記官による嘱託手続によって、当該担保権の登記または登録は抹消されます（本条Ⅴ）。なお、担保

権消滅許可制度の対象となる担保権（破186Ⅰ）に不動産譲渡担保権を含める見解は、譲渡担保権者の所有権移転登記についても嘱託により抹消できると解しています（大コンメ816頁［沖野眞已］）。

担保権消滅許可決定に定める売却の相手方が、裁判所の定める期限までに金銭を納付しなかった場合、裁判所は担保権消滅許可決定を取り消します（本条Ⅵ）。

この場合、売却の相手方が担保権消滅許可申立書記載の売却の相手方であるときには、破産管財人と当該相手方との間で締結されている売買契約（申立書添付資料）に基づき、破産管財人が債務不履行責任を追及することになります。売却の相手方が被申立担保権者の買受けの申出に係る買受希望者であるときには、破産管財人に提供した保証金の返還を請求することができないので（本条Ⅶ）、当該金銭は破産財団に帰属し、破産債権に対する配当原資等に充てられます。

文献 伊藤667頁、条解破産1287頁、大コンメ812頁［沖野眞已］、倒産法概説391頁［山本和彦］、山本93頁、破産・民事再生の実務〔破産編〕205頁、破産管財の手引175頁、注釈破産（下）314頁［千綿俊一郎］

（配当等の実施）
第191条 裁判所は、前条第4項に規定する金銭の納付があった場合には、次項に規定する場合を除き、当該金銭の被申立担保権者に対する配当に係る配当表に基づいて、その配当を実施しなければならない。
2　被申立担保権者が1人である場合又は被申立担保権者が2人以上であって前条第4項に規定する金銭で各被申立担保権者の有する担保権によって担保される債権を弁済することができる場合には、裁判所は、当該金銭の交付計算書を作成して、被申立担保権者に弁済金を交付し、剰余金を破産管財人に交付する。
3　民事執行法第85条及び第88条から第92条までの規定は第1項の配当の手続について、同法第88条、第91条及び第92条の規定は前項の規定による弁済金の交付の手続について準用する。

基本事項
1　趣旨

本条は、破産法190条4項に規定する金銭が裁判所に納付された場合、破産管財人に委ねず、裁判所の下で民事執行法上の手続によって配当や弁済金の交付を行うことを定めています。

なお、本条と同趣旨の規定が民再法153条、会更法110条にも置かれています。

2　配当

裁判所は、売却の相手方等から破産法190条1項や3項に基づき金銭の納付があった場合、配当表に基づき配当を実施します。この場合、配当手続は民事執行法の規定（民執85・88-92）に基づいて行います（本条Ⅲ）ので、被申立担保権者から債権の元本および配当期日（金銭納付の日から1か月以内で裁判所が別途定める）までの利息損害金を記載した計算書の提出を受け、配当表を作成した上で、これに基づき配当

を実施することになります（本条Ⅰ）。

　被申立担保権者が1人である場合や納付された金銭によって複数の被申立担保権者の被担保債権額をすべて弁済できる場合には、配当表を作成せず、弁済金の交付手続を行います（本条Ⅱ）。この場合、裁判所は、民事執行法の規定（民執88・91・92）による手続に従い（本条Ⅲ）、当該金銭の交付計算書を作成して担保権者に弁済金を交付し、剰余金を破産管財人に交付します。

　文献　伊藤668頁、条解破産1294頁、大コンメ818頁［沖野眞已］、倒産法概説391頁［山本和彦］、山本93頁、破産・民事再生の実務〔破産編〕206頁、破産管財の手引175頁、注釈破産（下）323頁［千綿俊一郎］

第3節　商事留置権の消滅

> **第192条**　破産手続開始の時において破産財団に属する財産につき商法又は会社法の規定による留置権がある場合において、当該財産が第36条の規定により継続されている事業に必要なものであるとき、その他当該財産の回復が破産財団の価値の維持又は増加に資するときは、破産管財人は、留置権者に対して、当該留置権の消滅を請求することができる。
> 2　前項の規定による請求をするには、同項の財産の価額に相当する金銭を、同項の留置権者に弁済しなければならない。
> 3　第1項の規定による請求及び前項に規定する弁済をするには、裁判所の許可を得なければならない。
> 4　前項の許可があった場合における第2項に規定する弁済の額が第1項の財産の価額を満たすときは、当該弁済の時又は同項の規定による請求の時のいずれか遅い時に、同項の留置権は消滅する。
> 5　前項の規定により第1項の留置権が消滅したことを原因とする同項の財産の返還を求める訴訟においては、第2項に規定する弁済の額が当該財産の価額を満たさない場合においても、原告の申立てがあり、当該訴訟の受訴裁判所が相当と認めるときは、当該受訴裁判所は、相当の期間内に不足額を弁済することを条件として、第1項の留置権者に対して、当該財産を返還することを命ずることができる。

基本事項

1　趣旨

　商事留置権とは商法または会社法の規定による留置権であり、破産法66条1項に基づき特別の先取特権とみなされる点で民事留置権と異なります。

　担保権である商事留置権も担保権消滅許可申立て（破186Ⅰ）の対象となりますが、担保権消滅許可は担保権の目的物をそのまま売却することを前提としています。ところで、商事留置権の目的物の中には、破産者が継続している事業に必要な機械設備や材料・半製品等のほか、一旦破産者が占有を回復した上で、使用または加工し、あるいは他の部材と組み合わせて製品化して、その価値を増加させて換価すること

が望ましいものもあります。そこで、担保権消滅許可申立てとは異なる目的をもつ制度として、本条は、破産管財人が、裁判所の許可を得て、商事留置権の消滅を請求できることとし、その要件や申立ての方法等を定めています。

なお、民事留置権（民295）は、破産手続開始決定によって破産財団に対してその効力を失うこととされています（破66Ⅲ）ので、本条の対象とはなりません。

2 要件

(1) 商事留置権であること等

本条1項による消滅請求の対象は商法または会社法の規定による商事留置権で、その目的たる財産は破産手続開始時において破産財団に属する財産です。

(2) 継続する事業にとっての必要性等

商事留置権の消滅請求は、商事留置権の目的たる財産が破産法36条によって継続されている事業にとって必要なものであるとき、その他、当該財産の回復が破産財団の価値の維持や増加に資することが要件となります（本条Ⅰ）。例えば、継続している事業に必須な修理中の機械設備について修理業者が商事留置権を主張している場合や、貸倉庫内に保管している半製品を完成させ、あるいは他の製品と共に高額で売却しようとする破産管財人に対して倉庫業者が商事留置権を主張している場合等が挙げられます。

(3) 商事留置権の目的財産の価額に相当する金銭の弁済

破産管財人が商事留置権の消滅請求をするためには、目的財産の価額に相当する金銭を商事留置権者に弁済する必要があります（本条Ⅱ）。この財産の価額とは処分価額であると解されています（伊藤670頁注191、大コンメ829頁［沖野眞已］、条解破産1303頁）。

(4) 手続上の要件

本条による商事留置権の消滅請求権は実体法上の形成権と解されています（伊藤670頁）。その行使に当たり、破産管財人は裁判所の許可を得た上で、商事留置権者に対し、消滅請求の意思表示（本条Ⅰ）や弁済を行う必要があります（本条Ⅲ）。また、商事留置権の消滅請求の行使をするためには、商事留置権者に対して、財産の価額に相当する金銭を当該商事留置権者に弁済することが必要となります（本条Ⅱ）。請求の意思表示の時または目的物の価額相当額の弁済の時のいずれか遅い時に商事留置権は消滅します（本条Ⅳ）。

3 商事留置権者の対抗手段

商事留置権者は、商事留置権消滅請求の行使や裁判所の許可を争うことはできませんが、当該目的物の価額の相当性を争うことができます。具体的には、破産管財人が提起した訴訟での対応となります。すなわち、商事留置権者が任意の引渡しに応じない場合、破産管財人は商事留置権の消滅を前提に訴訟を提起し、当該財産の引渡しを求めることになりますが、商事留置権者は本条5項の申立てをすることができ、これを受けて受訴裁判所は、破産管財人の弁済額が目的物の価額に足りないと判断した場合には、不足額の弁済を条件として商事留置権者に目的物の返還を命じることができます（本条Ⅴ）。なお、訴訟手続を経るのでは、早期の占有回復を望

んで商事留置権の消滅請求権を行使する意義が失われる場面が多く、実務上このような訴訟の利用は難しいとの指摘があります（条解破産1305頁）。

　文　献　伊藤669頁、条解破産1299頁、大コンメ821頁［沖野眞已］、倒産法概説126頁［沖野眞已］、山本219頁、破産・民事再生の実務〔破産編〕364頁、破産管財の手引179頁、一問一答破産269頁、注釈破産（下）329頁［斉藤芳郎］

第8章　配当

> **前　注**

　破産手続の主要な目的は、破産管財人が破産財団に属する財産を換価して得られた金銭を、破産手続に参加した破産債権者に対して適正公平に分配することです（破1参照）。破産法はこの分配の具体的な手続を配当手続として、本章で定めています。破産管財人と破産債権者との合意による等、便宜的な分配方法は認められず、必ず法に定める手続を経ることが必要です。
　配当手続には、最後配当、中間配当、追加配当、簡易配当および同意配当の5種類の方法があります。このうち、最後配当、中間配当および追加配当の3種類の方法は、配当を行う時期を基準に区分したものです。簡易配当と同意配当の2種類の方法は、最後配当の手続を一定の場合に簡易化した手続です。
　破産法は、本章において、「第1節　通則」にてこれらすべての配当に適用する基本的事項を定め、以下、「第2節　最後配当」、「第3節　簡易配当」、「第4節　同意配当」、「第5節　中間配当」、「第6節　追加配当」で、各節ごとにそれぞれの配当手続の内容を定めています。配当手続は、破産財団に属する財産の換価が終了し、配当すべき財団を確保した後に行うのが原則です。そのため、破産法は、その段階で行う「最後配当」を基本的な配当手続として定め、その他の配当手続は、適宜、最後配当に関する規定を準用する構造となっています。
　最後配当手続の基本的な流れは次の通りです。
　まず、破産管財人は、一般調査期間の経過後または一般調査期日の終了後で、破産財団に属する財産の換価が終了し、配当すべき金銭がある場合に、配当表案を作成し、裁判所書記官に配当の許可を申し立てます。破産管財人は、配当の許可を得た後、配当表を作成し、その内容を公告または通知します。その後、異議等を述べられた破産債権者や別除権付破産債権を有する者等は配当の手続に参加するために、除斥期間内に所定の事項を証明することになります。2週間の除斥期間内に配当表を更正すべき事由が生じた場合は、破産管財人は配当表を更正します。配当表の内容に異議がある破産債権者は、除斥期間経過後の1週間以内に、裁判所に対して異議を申し立てることができます。配当表に対する異議申立期間の経過または異議手続の終了により配当表が確定した場合、破産管財人は破産債権者に配当額を通知し、配当を実施します。
　実務上、配当を実施する場合であっても、個人も含めた破産事件全体の中で配当できる破産財団の金額が1000万円以上になる事案は多くありません。そのため、実務上は最後配当ではなく簡易配当による場合が多いといえます（破204 Ⅰ①参照）。
　簡易配当は、除斥期間の短縮や配当表に対する異議手続終了後の配当額の通知を

省略する等しており、最後配当と比して簡易迅速な配当手続となります。

第1節　通　則

> **（配当の方法等）**
> **第193条**　破産債権者は、この章の定めるところに従い、破産財団から、配当を受けることができる。
> 2　破産債権者は、破産管財人がその職務を行う場所において配当を受けなければならない。ただし、破産管財人と破産債権者との合意により別段の定めをすることを妨げない。
> 3　破産管財人は、配当をしたときは、その配当をした金額を破産債権者表に記載しなければならない。

基本事項

1　趣旨

本条は、配当が本章に定める配当手続に従い行われなければならないことを明らかにした上、配当方法等の手続を定めた通則規定です。次条とともにすべての配当手続に適用されます。

2　配当の受領権者と配当財源等

破産手続で配当を受ける権利を有する者は届出をした破産債権者です（破111Ⅰ・195Ⅰ・204Ⅰ・208・209Ⅰ・215Ⅰ）。財団債権は破産債権に先立って随時弁済されますので（破151）、配当手続に参加できません。

また、配当の原資となる配当財源は、破産財団（実際には破産財団から財団債権を控除したもの）です（本条Ⅰ）。自由財産〔☞破§34〕は破産財団に属せず（破78Ⅰ）、配当財源にはなりません。

3　配当金の支払を受ける場所

配当のための履行費用の確定を無用にして円滑な配当手続を実現するため、配当金の支払債務は、民法や商法で原則とされている持参債務（民484、商516）ではなく、破産管財人がその職務を行う場所で支払う取立債務となります（本条Ⅱ。実務上の運用は、条解破産1318頁参照）。ただし、破産管財人と破産債権者が合意した場合には異なる扱いも可能です。

4　配当金支払後の手続

破産管財人は、配当を実施した後、配当金額を破産債権者表に記載しなければなりません（本条Ⅲ）。配当金が支払われた事実を証拠として残すとともに、債務名義となる破産債権者表（破221Ⅰ）の効力の範囲を明確にする必要があるためです。また、破産管財人は、配当実施後、その旨を遅滞なく裁判所に書面で報告しなければなりません（破規63Ⅰ）。

文　献　条解破産1316頁、大コンメ833頁〔鈴木紅〕、伊藤672頁、破産法・民事再生法概論325頁〔山本弘〕、注釈破産（下）343頁〔舗脇幸子〕

> **（配当の順位等）**
> **第194条** 配当の順位は、破産債権間においては次に掲げる順位に、第1号の優先的破産債権間においては第98条第2項に規定する優先順位による。
> 　一　優先的破産債権
> 　二　前号、次号及び第4号に掲げるもの以外の破産債権
> 　三　劣後的破産債権
> 　四　約定劣後破産債権
> 2　同一順位において配当をすべき破産債権については、それぞれその債権の額の割合に応じて、配当をする。

基本事項
1　趣旨
　本条は、配当手続を実施する際の破産債権者間の優先・劣後等の関係について定めた通則規定であり、破産法193条とともにすべての配当手続に適用されます。破産管財人は、本条に基づき、各破産債権を区分し、優先的破産債権については破産法98条2項に規定する優先順位に従って配当表を作成しなければなりません（破196Ⅱ・205・208Ⅲ・209Ⅲ）。これに反した場合、届出をした破産債権者は異議の申立てをすることができます（破200Ⅰ・205・209Ⅲ）。

2　各種破産債権者間の優先順位
　破産手続は破産債権者の平等な満足を目的としていますが、平時実体法上における各債権の性質等に照らし、破産債権にも優先・劣後の関係を設けることが公平です。そこで、破産法は、破産債権の優先・劣後関係として、優先的破産債権（破98Ⅰ）・劣後的破産債権（破99Ⅰ）・約定劣後破産債権（同条Ⅱ）を定めています（本条Ⅰ）［それぞれの債権の内容や具体例については、☞破§98・§99］。

　これらの破産債権と一般の破産債権を加えた4種類の破産債権に対しては、優先的破産債権、一般の破産債権、劣後的破産債権、約定劣後破産債権の順に配当を行います（本条Ⅰ）。具体的には、本条1項が定める先順位の破産債権の配当率が100％である場合に、なお残余財産があれば次順位の破産債権の配当率を決定する、ということを順次行い、当該順位に従って各破産債権の配当率を決定します。実務上は、一般の破産債権が全額の満足を受ける場面はほとんどありませんので、劣後的破産債権や約定劣後破産債権に対して配当することは極めて稀です。

3　優先的破産債権者間の優先順位
　複数存在する優先的破産債権間での配当の優先・劣後関係は、破産法98条2項に規定する優先順位によります（本条Ⅰ）。したがって、優先的破産債権間における配当の順位は、民法・商法その他の法律の定めによる優先順位に従うことになります（破98Ⅱ）。具体的には、まず、国税および地方税といった公租債権が最優先となり（税徴8、地税14）、国民年金・健康保険等の各種の公課債権がそれに次ぐ順位となります（国年98、健保182等）。なお、同一順位である公租債権相互間または公課債権相互間では本条2項が適用され（税徴13、地税14の7参照）、それぞれの債権額の割合に

応じて配当されます。民法上の一般先取特権はこれら公租公課債権に後れ、民法上の一般先取特権相互間では、民法上の優先順位である①共益費用債権、②雇用関係に基づく債権、③葬式費用の債権、④日用品の供給債権（民329・306）の順序に従って配当します（詳細は、条解破産1322頁、大コンメ839頁［鈴木紅］参照）。

4　同一順位の破産債権

同一順位の債権者に対しては、平等原則に従い、債権の額の割合に基づいて按分して配当します（本条Ⅱ）。

判　例　東京地判平3・12・16金判903号39頁［百選［47］、INDEX［44］］、福岡高決昭56・12・21判時1046号127頁［百選［95］、INDEX［143］］

文　献　条解破産1320頁、大コンメ838頁［鈴木紅］、伊藤679頁、倒産法概説392頁［山本和彦］、破産法・民事再生法概論325頁［山本弘］、注釈破産（下）347頁［舗脇幸子］

第2節　最後配当

（最後配当）
第195条　破産管財人は、一般調査期間の経過後又は一般調査期日の終了後であって破産財団に属する財産の換価の終了後においては、第217条第1項に規定する場合を除き、遅滞なく、届出をした破産債権者に対し、この節の規定による配当（以下この章及び次章において「最後配当」という。）をしなければならない。
2　破産管財人は、最後配当をするには、裁判所書記官の許可を得なければならない。
3　裁判所は、破産管財人の意見を聴いて、あらかじめ、最後配当をすべき時期を定めることができる。

基本事項

1　趣旨

本条は、配当手続のうち、原則となる最後配当の基本的事項を定めています。最後配当は破産財団に属する財産の換価の終了後に実施する配当手続であり、換価が未了の段階で実施する中間配当（破209）と区別されています［☞ **より深く学ぶ**］。

2　最後配当の実施時期等

最後配当は、破産財団に属する財産の換価の終了後で、かつ、破産債権の調査が終了した後である一般調査期間（破31Ⅰ③）の経過後または一般調査期日（破116Ⅱ）の終了後に実施します（本条Ⅰ）。もっとも、破産財団が破産手続の費用を支弁するのに足りず、破産手続を廃止する（破217）場合には、最後配当を実施しません。

配当を受ける債権者は、破産手続に参加できる届出をした破産債権者に限られます。

3　裁判所書記官の許可

破産管財人が最後配当を行う場合には裁判所書記官の許可が必要となります（本条Ⅱ）。最後配当は利害関係人の利益に多大な影響を及ぼしますので、破産管財人の裁量によることはできません。この点、裁判所書記官は破産財団に属する財産の換価状況や随時弁済が必要な財団債権の状況等について適切に把握していますし、手続を円滑に進行することにも資するため、最後配当は裁判所書記官の許可事項となっています。

4　最後配当の実施時期の定め

裁判所は、破産管財人の意見を聴いた上で、最後配当の実施時期をあらかじめ定めることができます（本条Ⅲ）。破産手続に参加した債権者にとって、いつ配当を受けられるのかということは最大の関心事です。裁判所や破産管財人にとっても、最後配当の時期が具体的に決まっていたほうが、破産手続や管財業務を計画的に進行させる上で便宜です。このような趣旨から、裁判所が破産管財人の意見を聴いた上で、各事件の個別具体的な内容に即してあらかじめ最後配当をすべき時期を定めることができます。

最後配当をすべき時期は確定日付ではなく、例えば「破産手続開始決定から1年3か月後」等といった概括的な指定が可能です。また、最後配当をすべき時期を一旦決定しても、手続の進展に応じて柔軟に変更や取消しができるものと解されています。なお、最後配当の時期を定める時点について本条3項は、「あらかじめ」と定めるのみですが、破産手続開始時が原則的であって、遅くとも財産換価の着手時までには定めることになろうという指摘があります（条解破産1329頁）。

> **より深く学ぶ**
> **中間配当実施後、最後配当ができなくなった場合**　中間配当を行ったものの、その後、当初見込んでいた財産換価が予定通り行えなかった等の理由で最後配当を実施できなくなった場合に、いかなる処理を行うべきか議論があります。①財団不足による破産手続廃止決定をすべきであるとする見解、②最終の中間配当を最後配当とみなして破産手続終結決定をすべきであるとする見解、③形式的にでも最後配当の手続を履践して破産手続終結決定をすべきであるとする見解、④折衷説（破産法214条1項3号ないし5号の破産債権があるときは③の見解、ないときは①の見解によるとする見解）が主張されています。
>
> この点、中間配当はその後に行う最後配当を前提にした配当手続ですし（破209Ⅰ）、①や②の見解では中間配当の寄託金がある場合（破214Ⅰ）に対応できませんので、③の見解が多数説であり、実務上もそのように処理しています（議論等の詳細は、伊藤680頁、条解破産1327頁、注解破産（下）598頁［髙橋慶介］参照）。

> **文献**　条解破産1325頁、大コンメ841頁［福永浩之］、伊藤679頁、倒産法概説394頁［山本和彦］、山本115頁、破産法・民事再生法概論326頁［山本弘］、破産・民事再生の実務〔破産編〕494頁、破産管財の手引342頁、一問一答破産280頁・281頁、注釈破産（下）352頁［阿部弘樹］

(配当表)
第196条 破産管財人は、前条第2項の規定による許可があったときは、遅滞なく、次に掲げる事項を記載した配当表を作成し、これを裁判所に提出しなければならない。
　一　最後配当の手続に参加することができる破産債権者の氏名又は名称及び住所
　二　最後配当の手続に参加することができる債権の額
　三　最後配当をすることができる金額
2　前項第2号に掲げる事項は、優先的破産債権、劣後的破産債権及び約定劣後破産債権をそれぞれ他の破産債権と区分し、優先的破産債権については第98条第2項に規定する優先順位に従い、これを記載しなければならない。
3　破産管財人は、別除権に係る根抵当権によって担保される破産債権については、当該破産債権を有する破産債権者が、破産管財人に対し、当該根抵当権の行使によって弁済を受けることができない債権の額を証明しない場合においても、これを配当表に記載しなければならない。この場合においては、前条第2項の規定による許可があった日における当該破産債権のうち極度額を超える部分の額を最後配当の手続に参加することができる債権の額とする。
4　前項の規定は、第108条第2項に規定する抵当権（根抵当権であるものに限る。）を有する者について準用する。

基本事項

1　趣旨

　本条は、配当に当たって破産管財人が作成・提出する配当表の記載事項等を定めています（本条は、追加配当以外の簡易配当〔破205〕や同意配当〔破208Ⅲ〕、中間配当〔破209Ⅲ〕にも準用される）。配当表は配当の基準となり、破産手続上、極めて重要なものです。破産管財人は、配当の許可を得た後、遅滞なく本条の規定に従って配当表を作成し、これを裁判所に提出します。

2　配当表の記載事項

(1)　最後配当の手続に参加することができる破産債権者

　配当を受けられる者は、債権届出をし、債権調査において異議が述べられずまたは債権確定手続において破産債権の存在やその額および優先劣後の関係が確定した破産債権を有する破産債権者です。このような破産債権者は、手続に参加できる破産債権者として配当表に記載されます（本条Ⅰ①。条件付債権や異議等のある破産債権の配当表への記載方法の詳細は、条解破産1332頁参照）。

(2)　別除権者の配当参加

　破産債権を保有する別除権者は、除斥期間内に破産管財人に対して被担保債権である破産債権の全部もしくは一部が担保されなくなったこと、または担保権の行使によって弁済を受けることができない債権額を証明すれば、最後配当の手続に参加できます（破108Ⅰ・198Ⅲ）。そのため、配当表の作成時点で前記事項を証明していれば、別除権者は最後配当に参加する破産債権者として配当表に記載されます。
　ところで、破産債権を有する根抵当権者は、極度額の範囲内で根抵当権の目的財

産の担保価値を把握するにすぎず、極度額を超える部分については無担保の破産債権者と同様の地位にあるということができます。そのため、破産債権を有する根抵当権者は、そのような証明がなくても極度額を超える部分について最後配当に参加することができます［☞ **より深く学ぶ**］。したがって、破産管財人は、他の破産債権者と同様、別除権に係る根抵当権によって担保される破産債権のうち、最後配当許可日の極度額を超える部分の額を、配当に参加することができる債権の額として配当表に記載する必要があります（本条Ⅲ）。

(3) **最後配当の手続に参加することができる債権の額**

最後配当の手続に参加することができる債権の額（本条Ⅰ②）とは、最後配当の基準となる破産債権の額（破103Ⅱ参照）を意味します。したがって、最後配当以前に中間配当がなされ、その一部について配当を受けた場合でも、配当表上に記載された破産債権の額は減額しません。

(4) **最後配当をすることができる金額**

最後配当をすることができる金額（本条Ⅰ③）とは、換価終了後の破産財団から財団債権を支払い、かつ、将来的に支払う必要のある未払の財団債権（破産手続費用や管財人報酬等）を控除した残額を意味します。

3 配当表の記載方法

破産管財人は、優先的破産債権、劣後的破産債権および約定劣後破産債権をそれぞれ他の破産債権と区分し、優先的破産債権については破産法98条2項に規定する優先順位に従って記載しなければなりません（本条Ⅱ）。

より深く学ぶ

根抵当権の極度額を上回る部分に配当する場合の弁済充当　　配当手続では、民法488条以下の弁済充当の規定が適用されますので、配当表で元本と利息、損害金を区別して指定していなければ法定充当（民491条）の順序に従います。この点、根抵当権の極度額を上回る被担保債権部分に配当する場合の配当額の振分けが問題となります。最判平9・1・20（民集51巻1号1頁）の判示内容を踏まえ、最後配当の許可があった日の根抵当権の被担保債権に対して極度額に相当する額を法定充当したものと仮定し、この場合に弁済を受けられなくなる元本等の部分を極度額を上回る被担保債権の部分であると考え、この部分を最後配当の対象にすべきであると解されています（一問一答破産289頁参照）。

文献　破産・民事再生の実務〔破産編〕502頁、破産管財の手引334頁、条解破産1330頁、大コンメ845頁［福永浩之］、注解破産（下）571頁［高橋慶介］、伊藤513頁・683頁、破産法・民事再生法概論326頁［山本弘］、一問一答破産287頁・288頁、注釈破産（下）356頁［阿部弘樹］

（配当の公告等）
第197条　破産管財人は、前条第1項の規定により配当表を裁判所に提出した後、遅滞なく、最後配当の手続に参加することができる債権の総額及び最後配当をす

ることができる金額を公告し、又は届出をした破産債権者に通知しなければならない。
2　前項の規定による通知は、その通知が通常到達すべきであった時に、到達したものとみなす。
3　第1項の規定による通知が届出をした各破産債権者に通常到達すべきであった時を経過したときは、破産管財人は、遅滞なく、その旨を裁判所に届け出なければならない。

基本事項

本条は、最後配当に関する公告または通知に関する規定です。

破産管財人は、配当表を裁判所に提出した後、遅滞なく、最後配当の手続に参加することができる債権の総額および最後配当をすることができる金額を公告するか（最後配当の公告）、または届出をした破産債権者に通知しなければなりません（最後配当の通知）。このような公告または通知によって、破産債権者は、破産手続が配当段階に移行したことを知ることができます。

また、公告や通知は、最後配当に関する除斥期間（破198Ⅰ）の起算に当たって重要です。公告の場合、その効力が生じた日（官報に掲載された日の翌日〔破10Ⅰ・Ⅱ〕）から除斥期間が進行します。通知の場合、通常到達すべきであった時（本条Ⅱ）を経過した旨を破産管財人が裁判所に届け出た（本条Ⅲ）日から除斥期間が進行します（破198Ⅰ）。通知による場合に、各届出債権者に個別に到達した日ではなく、通常到達すべきであった時に到達したものとみなしている理由は、各破産債権者に共通する除斥期間の起算点を画一的・統一的に定めておく必要があるからです。

公告によるか通知によるかは、事務処理の負担や費用等を勘案して、破産管財人が事案に応じて選択します（なお、東京地裁の運用では通知を原則とし〔破産・民事再生の実務〔破産編〕487頁〕、大阪地裁の運用では公告を原則としている〔破産管財手続の運用と書式295頁参照〕）。

文　献　条解破産1338頁、大コンメ849頁〔福永浩之〕、伊藤676頁・683頁、破産・民事再生の実務〔破産編〕507頁、破産管財の手引342頁、一問一答破産282頁、注釈破産（下）364頁〔金澤秀樹〕

（破産債権の除斥等）
第198条　異議等のある破産債権（第129条第1項に規定するものを除く。）について最後配当の手続に参加するには、当該異議等のある破産債権を有する破産債権者が、前条第1項の規定による公告が効力を生じた日又は同条第3項の規定による届出があった日から起算して2週間以内に、破産管財人に対し、当該異議等のある破産債権の確定に関する破産債権査定申立てに係る査定の手続、破産債権査定異議の訴えに係る訴訟手続又は第127条第1項の規定による受継があった訴訟手続が係属していることを証明しなければならない。
2　停止条件付債権又は将来の請求権である破産債権について最後配当の手続に参

加するには、前項に規定する期間（以下この節及び第5節において「最後配当に関する除斥期間」という。）内にこれを行使することができるに至っていなければならない。

3　別除権者は、最後配当の手続に参加するには、次項の場合を除き、最後配当に関する除斥期間内に、破産管財人に対し、当該別除権に係る第65条第2項に規定する担保権によって担保される債権の全部若しくは一部が破産手続開始後に担保されないこととなったことを証明し、又は当該担保権の行使によって弁済を受けることができない債権の額を証明しなければならない。

4　第196条第3項前段（同条第4項において準用する場合を含む。）の規定により配当表に記載された根抵当権によって担保される破産債権については、最後配当に関する除斥期間内に当該担保権の行使によって弁済を受けることができない債権の額の証明がされた場合を除き、同条第3項後段（同条第4項において準用する場合を含む。）の規定により配当表に記載された最後配当の手続に参加することができる債権の額を当該弁済を受けることができない債権の額とみなす。

5　第3項の規定は、準別除権者について準用する。

基本事項
1　趣旨

本条は、最後配当における除斥期間を定め、異議等のある無名義の破産債権（異議等のある破産債権のうち執行力を有する債務名義や終局判決がないもの）、停止条件付債権、将来の請求権および別除権付債権について、配当からの除斥（「打切主義」と呼ばれている）を定めています。この趣旨は、以上の債権が未確定であっても確定している破産債権に対する配当を実施して破産債権者間の公平を確保し、配当手続が徒に遅延することを防止する点にあります。

最後配当における除斥期間は、公告が効力を生じた日（官報に掲載された日の翌日〔破10Ⅰ・Ⅱ〕）または通知が通常到達すべきであった時を経過した旨の破産管財人の届出があった日（破197Ⅲ）から起算して2週間です（本条Ⅰ）。

2　異議等のある無名義の破産債権の除斥

異議等のある無名義の破産債権は、除斥期間内に、破産管財人に対し、①破産債権査定申立てに係る査定の手続（破125Ⅰ）、②破産債権査定異議の訴えに係る訴訟手続（破126Ⅰ）、または③破産法127条1項の規定による受継があった訴訟手続のいずれかの手続が係属していることを証明しなければ、最後配当から除斥されます（本条Ⅰ）。除斥されない場合であっても、配当額の通知（破201Ⅶ）をした時にもこれらの手続が係属している場合には、配当額の供託手続に移ります（破202①）。

一般調査期間の経過等によって多くの破産債権が確定しているにもかかわらず、一部の破産債権者が債権確定手続に着手していないために最後配当を行えないことになると、破産債権者間の公平を害し、手続の遅延を招きます。そこで、本条1項は、前記のように、除斥期間終了までに一定の事実が証明できない異議等のある無名義の破産債権を配当手続から除外し、最後配当の実施を可能にしています。

3　停止条件付債権または将来の請求権の除斥

　停止条件付債権または将来の請求権は、配当手続の遅延を防止するため、除斥期間内にこれらの債権を行使することができる状態に至っていない場合には最後配当から除斥されます（本条Ⅱ）。

　「行使することができる」状態とは、停止条件付債権の場合であれば停止条件が成就している状態をいいます。例えば、敷金返還請求権であれば、目的物を明け渡した上、未払賃料等を控除して残額が存在することが必要です（最判昭48・2・2民集27巻1号80頁）。将来の請求権の場合であれば、当該請求権が発生していることが必要です。例えば、連帯債務者や保証人の事後求償権であれば、弁済等が必要です（民442Ⅰ・459Ⅰ）。

4　別除権付債権の除斥

　破産法は、他の破産債権者との公平の観点から、別除権に係る破産債権については、別除権の行使によって満足を受けられない部分に限って行使を認める「不足額責任主義」を採用しています（破108Ⅰ）。

　最後配当は破産手続の最終段階で行うことから、この不足額責任主義によれば、別除権で担保されない不足額の金額が確定していなければ最後配当を実施することができません。そこで、本条3項は、別除権付破産債権については、除斥期間内に被担保債権の全部もしくは一部が破産手続開始後に担保されないこととなったことを証明し、または当該担保権の行使によって弁済を受けることができない債権の額（確定不足額）を証明しなければ、最後配当から除斥することとしています［☞ **論点解説**］。具体的には、担保権の放棄や、被担保債権の範囲の限定・縮減等を証明することになります（証明資料としては、放棄書、合意書等が考えられる）。

　もっとも、根抵当権は極度額の範囲内で目的財産の交換価値に優先的権利がある担保権にすぎませんので、根抵当権によって担保された破産債権については、根抵当権者が除斥期間内に確定不足額を証明しない場合でも、破産法196条3項に基づき作成された配当表の記載内容を前提に、根抵当権の極度額を超える部分を確定不足額とみなして最後配当の手続に参加できます（本条Ⅳ）。

　なお、本条3項は、破産法108条2項の準別除権者にも準用されます（本条Ⅴ）。

論点解説

登記・登録の要否　被担保債権の全部または一部が破産手続開始後に担保されないこととなったことを証明するために登記や登録が必要か否かにつき争いがあります。

　この点、不要とする見解や、抵当権の放棄の場合には必要であるものの被担保債権の縮減の場合には不要であるとする見解（新破産法の基本構造と実務255頁参照）等も主張されていますが、多数説は、同様の規律をとる民再法88条では必要説が有力であることや、被担保債権の登記にはその特定や優先弁済権の範囲の明確化という意義もあること等を理由として、常に登記や登録が必要であると解しています（条解破産1345頁、大コンメ457頁［菅家忠行］、伊藤437頁注44参照）。

文　献　条解破産 1340 頁、大コンメ 851 頁［舘内比佐志］、伊藤 681 頁、倒産法概説 394 頁［山本和彦］、山本 115 頁、破産法・民事再生法概論 327 頁［山本弘］、破産・民事再生の実務〔破産編〕502 頁、一問一答破産 284 頁・285 頁、注釈破産（下）367 頁［小向俊和］

> **（配当表の更正）**
> **第 199 条**　次に掲げる場合には、破産管財人は、直ちに、配当表を更正しなければならない。
> 　一　破産債権者表を更正すべき事由が最後配当に関する除斥期間内に生じたとき。
> 　二　前条第 1 項に規定する事項につき最後配当に関する除斥期間内に証明があったとき。
> 　三　前条第 3 項に規定する事項につき最後配当に関する除斥期間内に証明があったとき。
> 2　前項第 3 号の規定は、準別除権者について準用する。

基本事項

　破産管財人は、配当表に基づいて配当を行うことから、破産管財人は、その記載事項に変更等が生じた場合、直ちに配当表を更正しなければなりません（本条Ⅰ）。
　配当表を更正する場合は、以下の通りです。
**　1　破産債権者表を更正すべき事由が最後配当に関する除斥期間内に生じたとき**
　破産債権者表を更正すべき事由とは、配当に加えるべき破産債権の内容が変わることをいいます。具体的には、確定手続によって異議等のある破産債権が確定した場合（破 130）、異議等の撤回により破産債権が確定した場合、債権届出の取下げがあった場合、破産債権の譲渡により破産債権者が変更した場合、停止条件付破産債権について停止条件の不成就が確定した場合、解除条件付破産債権について解除条件の成就が確定した場合、将来の請求権が行使し得る状態になった場合等です。
**　2　前条 1 項に規定する事項につき最後配当に関する除斥期間内に証明があったとき**
　異議等のある無名義の破産債権を有する債権者が除斥期間内に破産管財人に対して当該異議等のある破産債権の確定手続が係属していることを証明した場合（破 198 Ⅰ）、破産管財人は配当表を更正しなければなりません。
**　3　前条 3 項に規定する事項につき最後配当に関する除斥期間内に証明があったとき**
　破産債権を有する別除権者が除斥期間内に破産管財人に対して被担保債権の全部または一部が破産手続開始後に担保されないこととなったこと、または確定した不足額について証明した場合（破 198 Ⅲ）、破産管財人は配当表を更正しなければなりません。破産法 108 条 2 項の準別除権者についても同様です（本条Ⅱ）。
**　4　その他**
　書き間違いや計算間違い等の明白な誤謬がある場合、破産管財人は配当表を更正

することができます（破13・民訴257）。

　文　献　条解破産1347頁、大コンメ856頁［舘内比佐志］、注解破産（下）580頁［高橋慶介］、伊藤676頁、破産法・民事再生法概論328頁［山本弘］、破産管財の手引339頁、注釈破産（下）374頁［金澤秀樹］

（配当表に対する異議）
第200条　届出をした破産債権者で配当表の記載に不服があるものは、最後配当に関する除斥期間が経過した後1週間以内に限り、裁判所に対し、異議を申し立てることができる。
2　裁判所は、前項の規定による異議の申立てを理由があると認めるときは、破産管財人に対し、配当表の更正を命じなければならない。
3　第1項の規定による異議の申立てについての裁判に対しては、即時抗告をすることができる。この場合においては、配当表の更正を命ずる決定に対する即時抗告の期間は、第11条第1項の規定により利害関係人がその裁判書の閲覧を請求することができることとなった日から起算する。
4　第1項の規定による異議の申立てを却下する裁判及び前項前段の即時抗告についての裁判（配当表の更正を命ずる決定を除く。）があった場合には、その裁判書を当事者に送達しなければならない。

基本事項

　本条は、配当表の誤りに関する破産債権者の異議申立手続について定めています。破産法は、破産債権者の配当を受ける権利を早期に確定するため、配当表に対する不服申立ての手段としては、本条に基づく異議の申立てのみを認めています。

　異議申立権者は届出をした破産債権者に限られます。異議申立期間は、最後配当に関する除斥期間が経過した後1週間以内です（本条Ⅰ）。

　異議の内容は、配当表（更正後のものを含む）の記載事項に関するものに限られます。一般的な異議の内容は、異議申立人の破産債権が配当表に記載されていないこと、最後配当に加えることができない破産債権が配当表に記載されていること、破産債権の額や順位に誤りがあること等です。すでに確定した破産債権の内容に関して異議事由とすることはできません（伊藤677頁）。異議の申立てがあった場合、裁判所は任意的口頭弁論により審理を行い（破8）、申立てに理由があると認めるときは破産管財人に対して配当表の更正を命じます（本条Ⅱ）。異議の申立てについての裁判に対しては、利害関係人が即時抗告をすることができます（本条Ⅲ・9前段）。異議申立期間が経過するか、期間内に異議申立てがなされたものの当該異議申立てに係る手続が終了した場合は、配当表が確定し、最後配当手続に参加できる破産債権者の範囲や債権額が確定します。

　文　献　条解破産1350頁、大コンメ858頁［舘内比佐志］、伊藤677頁、破産法・民事再生法概論328頁［山本弘］、注釈破産（下）377頁［草野克也］

(配当額の定め及び通知)
第201条 破産管財人は、前条第1項に規定する期間が経過した後(同項の規定による異議の申立てがあったときは、当該異議の申立てに係る手続が終了した後)、遅滞なく、最後配当の手続に参加することができる破産債権者に対する配当額を定めなければならない。
2 破産管財人は、第70条の規定により寄託した金額で第198条第2項の規定に適合しなかったことにより最後配当の手続に参加することができなかった破産債権者のために寄託したものの配当を、最後配当の一部として他の破産債権者に対してしなければならない。
3 解除条件付債権である破産債権について、その条件が最後配当に関する除斥期間内に成就しないときは、第69条の規定により供した担保はその効力を失い、同条の規定により寄託した金額は当該破産債権を有する破産債権者に支払わなければならない。
4 第101条第1項の規定により弁済を受けた破産債権者又は第109条に規定する弁済を受けた破産債権者は、他の同順位の破産債権者が自己の受けた弁済と同一の割合の配当を受けるまでは、最後配当を受けることができない。
5 第1項の規定により破産債権者に対する配当額を定めた場合において、第111条第1項第4号及び第113条第2項の規定による届出をしなかった破産債権者について、その定めた配当額が同号に規定する最高裁判所規則で定める額に満たないときは、破産管財人は、当該破産債権者以外の他の破産債権者に対して当該配当額の最後配当をしなければならない。この場合においては、当該配当額について、当該他の破産債権者に対する配当額を定めなければならない。
6 次項の規定による配当額の通知を発する前に、新たに最後配当に充てることができる財産があるに至ったときは、破産管財人は、遅滞なく、配当表を更正しなければならない。
7 破産管財人は、第1項から前項までの規定により定めた配当額を、最後配当の手続に参加することができる破産債権者(第5項の規定により最後配当を受けることができない破産債権者を除く。)に通知しなければならない。

基本事項
1 趣旨

破産管財人は、異議申立期間が経過した場合、または、期間内に異議申立てがなさたものの当該異議申立てに係る手続が終了した場合は、遅滞なく、配当額を定め(本条Ⅰ)、これを最後配当の手続に参加できる破産債権者に通知しなければなりません(本条Ⅶ)。そして、破産管財人は、このような通知が各破産債権者に到達した後に配当金の支払いを実施します(破193Ⅱ参照)。

本条は、確定した配当表に基づいて以上のような最後配当の手続を進める上で、後記の打切主義やホッチポットルール等と関連して必要となる配当手順を定めています。

なお、本条4項と同趣旨の規定が民再法89条2項、会更法137条2項にも置かれ

ています。

2 停止条件付債権・将来の請求権

停止条件付債権や将来の請求権も破産手続に参加できますが（破103Ⅳ）、条件のない破産債権とまったく同様に扱うことは不合理です。そこで、これらの債権は、最後配当の除斥期間内に権利を行使できる状態に至っていない場合、最後配当から除斥されます（破198Ⅱ。「打切主義」と呼ばれている）。

なお、停止条件付債権や将来の請求権を有する者が破産者に対する債務を弁済する場合には、条件が成就した場合等の相殺に備え、その債権額の限度で弁済額の寄託を請求することができます（破70）。そこで、最後配当の除斥期間内に停止条件付債権の条件が成就しなかったり、将来の請求権が具体化しなかったにもかかわらず、このような請求による寄託金が存在する場合には、最後配当の一部として他の破産債権者に配当されます（本条Ⅱ）。

3 解除条件付債権

解除条件付債権は停止条件付債権と同様、条件の成否が決まらない間であっても、破産手続上、債権としてその権利を行使することができます（破103Ⅳ）。もっとも、条件のない破産債権とまったく同様に扱うことは不合理です。そこで、解除条件付債権を有する者が相殺をする場合には、その相殺によって消滅する債務の額について破産財団のために担保を供するか、または寄託をしなければなりません（破69）。そして、本条3項は、円滑に配当手続を遂行するため、解除条件付債権に係る担保や寄託金の取扱いを定めています［☞ **より深く学ぶ** 1］。すなわち、最後配当に関する除斥期間内に解除条件が成就しないときは、相殺を有効なものとして確定させ、供した担保は効力を失って当該債権者に返還し、寄託した金額は当該破産債権者にそのまま支払わなければなりません。

4 破産手続開始の決定後に弁済を受けた破産債権者との関係

弁済を受けた給料請求権に係る破産債権者（破101Ⅰ）や外国で弁済を受けた破産債権者（破109）は、いずれも弁済を受ける前の債権の額で以後の破産手続に参加できます（前者については解釈によってそのように解され〔条解破産1359頁〕、後者については明文〔破109〕がある）。もっとも、これらの破産債権者は、配当手続との関係では、弁済を前倒しで受けたものと評価できます。そこで、債権者間の公平を図る趣旨から、これらの破産債権者は他の同順位の破産債権者が自己の受けた弁済と同一の割合の配当を受けるまでは、最後配当を受けることができません（本条Ⅳ。「ホッチポットルール」と呼ばれている）［☞ **より深く学ぶ** 2］。

5 少額配当の特則との関係

破産債権者は、自己に対する配当額の合計額が最高裁判所規則で定める額（破規32Ⅰ）に満たない場合は、配当金を受領する意思がある旨を債権届出の際に届け出なければ配当を受けられません（破111Ⅰ④・113Ⅱ・本条Ⅴ）。これは、配当費用を下回る額の配当が経済的でないこと等を理由として配当事務の合理化を図ったものです。本条5項は、このような少額配当金の受領の届出をしなかった破産債権者がいる場合の配当手続について定めています。具体的には、当該破産債権者へ配当すべ

きであった少額配当金の額を配当表から除き、あらためてこの額を配当原資に加えて他の破産債権者に配当すべきものとして最終の配当額を定めることとしています。

6 最後配当に充て得る財産が判明した場合の対応

破産管財人は、配当額を通知する前に新たに最後配当に充てることができる財産を確認した場合は、遅滞なく、配当表を更正する必要があります（本条Ⅵ）。

7 効果

破産債権者は、配当額の通知（本条Ⅶ）を受けた時に具体的な配当支払請求権を取得します。

より深く学ぶ

1 解除条件付債権に対する配当後の条件成就の取扱い 配当後に条件が成就した解除条件付債権を有する破産債権者は配当金という利得を得、他方、破産財団には損失が生じていることになります。そこで、破産管財人は、当該破産債権者に対して不当利得返還請求を行使することができます。そして、返還を受けた金員は、追加配当の対象となります（解除条件付債権についての処理の詳細は、条解破産1357頁参照）。

2 外国において受けた弁済の返還の要否 外国で受けた弁済の割合が、破産手続での配当の割合を下回る場合には、本条4項による調整が可能となりますが、外国で受けた弁済の割合が破産手続の配当割合を上回る場合について破産法は規定していません。この場合の調整の要否については、不当利得の成否や外国倒産手続における配当か任意弁済かの別によってさまざまな議論がありますが（条解破産785頁）、任意弁済か外国倒産手続等による配当かを区別することなく、当該弁済を受けた債権者に対する不当利得返還請求権が成立するとの見解が有力です（国際倒産法制151頁）。

文 献 条解破産1354頁、大コンメ860頁〔富盛秀樹〕、伊藤683頁、倒産法概説395頁〔山本和彦〕、山本116頁、破産法・民事再生法概説329頁以下〔山本弘〕、破産・民事再生の実務〔破産編〕506頁、破産管財の手引331頁、一問一答破産290頁、注釈破産（下）381頁〔米谷康〕

（配当額の供託）

第202条 破産管財人は、次に掲げる配当額を、これを受けるべき破産債権者のために供託しなければならない。

一 異議等のある破産債権であって前条第7項の規定による配当額の通知を発した時にその確定に関する破産債権査定申立てに係る査定の手続、破産債権査定異議の訴えに係る訴訟手続、第127条第1項若しくは第129条第2項の規定による受継があった訴訟手続又は同条第1項の規定による異議の主張に係る訴訟手続が係属しているものに対する配当額

二 租税等の請求権又は罰金等の請求権であって前条第7項の規定による配当額の通知を発した時に審査請求、訴訟（刑事訴訟を除く。）その他の不服の申立ての手続が終了していないものに対する配当額

三 破産債権者が受け取らない配当額

基本事項

1　趣旨

　破産債権の金額等が確定せずに配当額を算出できない場合や破産債権者が配当を受領しない場合にまで最後配当手続を完了できないとすると、破産手続の終結が不当に遅延することになります。また、長期間、破産管財人に破産財団の保管や管理の責任を負わせることになって不合理です。そこで、本条は、このような場合、破産管財人は破産債権者に対して直接的に配当金を支払うのではなく、配当額を供託しなければならないとし、破産手続の早期終結を実現するとともに、長期にわたる破産財団の保管や管理の責任から破産管財人を解放することとしています。

2　供託しなければならない場合

　供託が必要となるのは次の２つの場合です。

　まず、破産管財人が配当額の通知（破201Ⅶ）を発した時点で、破産債権について、債権査定の手続や査定異議の訴えの訴訟手続等が係属し、配当の対象となる破産債権の有無や金額等が確定していない場合です（本条①・②）。

　次に、破産債権者が配当額を受け取らない場合です（本条③）。例えば、破産債権者の居所が不明な場合、破産債権が譲渡されてその帰属が明らかではない場合、破産債権者が死亡したものの相続人が未確定の場合等です（大コンメ866頁［富盛秀樹］）。

3　供託の手続等

　供託の手続は供託法の定めるところに従います。破産管財人は、供託をした後に受領する供託書の正本を配当手続終了後に報告書とともに破産裁判所に提出します。なお、供託金が追加配当の原資となる場合があります［☞破§215］。

　文　献　条解破産1362頁、大コンメ865頁［富盛秀樹］、伊藤684頁、山本116頁、破産管財の手引338頁、注釈破産（下）389頁［伊東満彦］

（破産管財人に知れていない財団債権者の取扱い）

第203条　第201条第７項の規定による配当額の通知を発した時に破産管財人に知れていない財団債権者は、最後配当をすることができる金額をもって弁済を受けることができない。

基本事項

1　趣旨

　最後配当を進めるに当たって、破産管財人は、把握している未払の財団債権額を破産財団から控除して最後配当の財源を確定します。その上で、最後配当の財源と最後配当に参加することができる破産債権額を基礎に配当表を作成し（破196Ⅰ）、除斥期間や配当表に対する異議期間等が経過した後に、破産債権者に対して配当額の通知（破201Ⅶ）をします。しかし、破産管財人が配当額の通知をした後に判明した新たな財団債権を弁済しなければならないとすると、最後配当の財源を変更しなければならず、破産管財人は配当表の更正を余儀なくされます。そこで、本条は、配当額の通知時に破産管財人に知れていない財団債権者は弁済を受けることができ

ないこととし、破産手続の迅速な進行と破産債権者の利益の確保を図っています。
2 破産管財人に知れていない財団債権者
「知れていない」とは、破産管財人が財団債権の存在を認識していない場合のほか、財団債権の存在は認識しているものの、職務上求められる調査等を行ってもその債権額を確定できないような場合も意味していると解されています（条解破産1364頁）。
3 弁済を受けることができる場合
最後配当に関する配当額の通知を発した時に破産管財人に知れていない財団債権者であっても、追加配当（破215）の際は弁済を受けることができます（条解破産1365頁）。

文献 条解破産1364頁、大コンメ867頁〔富盛秀樹〕、伊藤683頁、破産管財の手引246頁、注釈破産392頁〔山田大仁〕

第3節 簡易配当

（簡易配当）
第204条 裁判所書記官は、第195条第1項の規定により最後配当をすることができる場合において、次に掲げるときは、破産管財人の申立てにより、最後配当に代えてこの節の規定による配当（以下この章及び次章において「簡易配当」という。）をすることを許可することができる。
一 配当をすることができる金額が1000万円に満たないと認められるとき。
二 裁判所が、第32条第1項の規定により同項第5号に掲げる事項を公告し、かつ、その旨を知れている破産債権者に対し同条第3項第1号の規定により通知した場合において、届出をした破産債権者が同条第1項第5号に規定する時までに異議を述べなかったとき。
三 前2号に掲げるもののほか、相当と認められるとき。
2 破産管財人は、前項の規定による許可があった場合には、次条において読み替えて準用する第196条第1項の規定により配当表を裁判所に提出した後、遅滞なく、届出をした破産債権者に対する配当見込額を定めて、簡易配当の手続に参加することができる債権の総額、簡易配当をすることができる金額及び当該配当見込額を届出をした破産債権者に通知しなければならない。
3 前項の規定による通知は、その通知が通常到達すべきであった時に、到達したものとみなす。
4 第2項の規定による通知が届出をした各破産債権者に通常到達すべきであった時を経過したときは、破産管財人は、遅滞なく、その旨を裁判所に届け出なければならない。

基本事項

1　趣旨
　本条は、最後配当の手続を簡略化し、簡易かつ迅速な配当を実施するための簡易配当に関する要件等を定めています。

2　簡易配当の類型
(1)　少額型
　少額型の簡易配当は、配当することができる金額が1000万円に満たない場合に実施することができる簡易配当です（本条Ⅰ①）。その意義は、配当金額が少額の場合には、破産債権者の手続保障よりも、簡易かつ迅速な配当手続の実現を優先する点にあります。
　配当することができる金額とは、配当許可の時点において実際に配当することができる配当財源を意味します。少額型の簡易配当においては、後記(2)および(3)の異議確認型と異なり、簡易配当をすることについて破産債権者の異議の有無を確認することは不要です。

(2)　開始時異議確認型
　開始時異議確認型の簡易配当は、破産手続開始の際に簡易配当をすることについて異議のある破産債権者が異議を述べるべき旨の公告および通知（破32Ⅰ⑤・Ⅲ）を行った上で、破産債権者が一般調査期間の満了時または一般調査期日の終了時までに異議を述べなかった場合に実施することができる簡易配当です（本条Ⅰ②）。その意義は、破産債権者が簡易配当について異議を述べず、最後配当による手続保障の機会を放棄している場合には、破産債権者の手続保障よりも、簡易かつ迅速な配当手続の実現を優先する点にあります。破産手続開始時に破産債権者の異議の有無を確認し、後の手続上で破産債権者の意思を確認することなく簡易配当を実施することで、迅速な配当手続を実現させています。

(3)　配当時異議確認型
　配当時異議確認型の簡易配当は、前記(2)の開始時異議確認型の簡易配当と同様の趣旨から、相当と認められるときに実施することができる簡易配当です（本条Ⅰ③）。
　本号の簡易配当の許可後に破産債権者に対して簡易配当をすることに関する異議の有無を確認し、その手続保障を図ることを前提としています（破206前）。そのため、後日異議が述べられると、あらためて最後配当を実施しなければなりません。そこで、「相当と認められるとき」とは、届出破産債権者が異議を述べない可能性が高い場合をいうと解されています（一問一答破産297頁、大コンメ874頁［前澤達朗］）。

3　裁判所書記官の許可
　最後配当［☞破§195］と同様、破産管財人が簡易配当の許可申立てを行い、本条1項各号のいずれかの要件を満たすときは、裁判所書記官がこれを許可します（本条Ⅰ柱書）。

4　簡易配当の通知
　破産管財人は、最後配当と異なり配当の公告を選択することはできず、配当許可があった場合には配当見込額を定め、これを破産債権者に通知しなければなりませ

ん（本条Ⅱ・197Ⅰ参照）。これは、簡易配当では、配当額の通知に相当する事項等を配当許可時点で通知することとし、最後配当と異なり配当額の通知を省略するためです。配当見込額の通知の到達時が債権者によって異なると、除斥期間の起算点を統一できず、簡易かつ迅速な配当手続の実現を妨げるおそれがあります。そこで、配当見込額の通知は、それが通常到達すべきであった時（「みなし到達日」と呼ばれている）に到達したものとみなされ（本条Ⅲ）、破産管財人は、このみなし到達日を経過した場合、その旨を裁判所に届け出なければなりません（本条Ⅳ）。そして、除斥期間はこの届出の時から起算します（破205・198Ⅰ）。

文献 条解破産1366頁、大コンメ869頁［前澤達朗］、伊藤684頁、破産管財の手引320頁、一問一答破産292頁、注釈破産（下）394頁［須藤力］

（準用）
第205条 簡易配当については、前節（第195条、第197条、第200条第3項及び第4項並びに第201条第7項を除く。）の規定を準用する。この場合において、第196条第1項及び第3項中「前条第2項の規定による許可」とあるのは「第204条第1項の規定による許可」と、第198条第1項中「前条第1項の規定による公告が効力を生じた日又は同条第3項」とあるのは「第204条第4項」と、「2週間以内に」とあるのは「1週間以内に」と、第201条第1項中「当該異議の申立てに係る手続が終了した後」とあるのは「当該異議の申立てについての決定があった後」と、同条第6項中「次項の規定による配当額の通知を発する前に」とあるのは「前条第1項に規定する期間内に」と、第202条第1号及び第2号中「前条第7項の規定による配当額の通知を発した時に」とあり、並びに第203条中「第201条第7項の規定による配当額の通知を発した時に」とあるのは「第200条第1項に規定する期間を経過した時に」と読み替えるものとする。

基本事項

1 趣旨

本条は、最後配当の特則である簡易配当について準用する最後配当の条文を規定しています。もっとも、簡易かつ迅速な配当手続の実現という簡易配当の趣旨を実現するべく、読替規定を置いている点や、準用から除外している条文がある点には注意を要します。

2 除斥期間の短縮

簡易配当の迅速な進行を優先するため、本条は、異議等のある破産債権の除斥期間を最後配当の2週間（破198Ⅰ）から1週間に短縮しています。

3 準用から除外される条文

簡易配当については、その許可等に関する破産法204条を定めていますので、本条は最後配当の許可等に関する同法195条を準用していません。

簡易配当については、配当の通知に関する破産法204条2項ないし4項を定めていますので、本条は配当の公告等に関する同法197条を準用していません。

破産法200条3項および4項は、配当表を不服とする異議の裁判に対する即時抗告について定めています。もっとも、簡易配当ではこのような即時抗告権が認められていませんので、本条はこれらの規定を準用していません。

簡易配当手続では配当額の通知をしないため、本条は配当額の通知に関する破産法201条7項を準用していません。

文献 条解破産1375頁、大コンメ877頁［前澤達朗］、一問一答破産293頁、注釈破産（下）400頁［須藤力］

（簡易配当の許可の取消し）
第206条 破産管財人は、第204条第1項第3号の規定による許可があった場合において、同条第2項の規定による通知をするときは、同時に、簡易配当をすることにつき異議のある破産債権者は裁判所に対し同条第4項の規定による届出の日から起算して1週間以内に異議を述べるべき旨をも通知しなければならない。この場合において、届出をした破産債権者が同項の規定による届出の日から起算して1週間以内に異議を述べたときは、裁判所書記官は、当該許可を取り消さなければならない。

基本事項
1　趣旨
配当時異議確認型の簡易配当（破204Ⅰ③）では、開始時異議確認型の簡易配当（同項②）の場合と異なり、配当を許可する前の段階で、破産債権者が簡易配当をすることについて異議を述べる機会を確保していません。そこで、本条は、配当時異議確認型の場合、配当許可後に破産債権者が簡易配当をすることについて異議を述べたときは、簡易配当の許可を取り消すこととして、破産債権者に対する手続保障を図っています。

2　異議の手続
配当時異議確認型の簡易配当では、破産管財人は、破産債権者に対し、配当見込額の通知（破204Ⅱ）と同時に、簡易配当に異議がある場合には、みなし到達日（同条Ⅲ）の届出（同条Ⅳ）の日から起算して1週間以内に裁判所に異議を述べるべき旨も通知しなければなりません（本条前段）。なお、簡易配当をすることについての異議は書面で行う必要があります（破規66Ⅲ）。

3　異議が述べられた場合の効果
裁判所書記官は、届出破産債権者が異議を述べた場合、簡易配当の許可を取り消さなければなりません（本条後段）。この場合、破産管財人は、簡易配当を実施できませんので、最後配当の許可を得て、あらためて配当手続を行う必要があります。

文献 条解破産1378頁、大コンメ881頁［前澤達朗］、破産管財の手引320頁、注釈破産（下）404頁［山田大仁］

> **（適用除外）**
> **第207条** 第204条第1項の規定による簡易配当の許可は、第209条第1項に規定する中間配当をした場合は、することができない。

基本事項
1 趣旨
簡易配当は、最後配当の手続を簡略化した簡易かつ迅速な配当手続であり（破204Ⅰ）、破産財団の規模が比較的小規模な事案において、最後配当の代わりに実施するものです。これに対し、中間配当は、最後配当の手続を簡略するものではなく、最後配当の実施を前提に、適当な破産財団がある場合に最後配当に先立って行う配当手続です（破209Ⅰ）。そのため、両配当手続が予定する事案は破産財団の規模等が異なることから、中間配当の実施を相当とする事案に簡易配当はなじみません。そこで、本条は、中間配当を実施した場合には簡易配当を許可することができないこととしています。

2 本条違反の効果
本条に違反してなされた簡易配当の許可は、裁判所書記官の処分として取消決定の対象となる（破13、民訴121）と解されています（条解破産1380頁）。

文献 条解破産1379頁、大コンメ882頁［前澤達朗］、一問一答破産294頁、注釈破産（下）406頁［山田大仁］

第4節　同意配当

> **第208条**　裁判所書記官は、第195条第1項の規定により最後配当をすることができる場合において、破産管財人の申立てがあったときは、最後配当に代えてこの条の規定による配当（以下この章及び次章において「同意配当」という。）をすることを許可することができる。この場合において、破産管財人の申立ては、届出をした破産債権者の全員が、破産管財人が定めた配当表、配当額並びに配当の時期及び方法について同意している場合に限り、することができる。
> 2　前項の規定による許可があった場合には、破産管財人は、同項後段の配当表、配当額並びに配当の時期及び方法に従い、同項後段の届出をした破産債権者に対して同意配当をすることができる。
> 3　同意配当については、第196条第1項及び第2項並びに第203条の規定を準用する。この場合において、第196条第1項中「前条第2項の規定による許可があったときは、遅滞なく」とあるのは「あらかじめ」と、第203条中「第201条第7項の規定による配当額の通知を発した時に」とあるのは「第208条第1項の規定による許可があった時に」と読み替えるものとする。

> **基本事項**
>
> **1　趣旨**
>
> 本条が定める同意配当とは、配当可能金額にかかわらず、一定の事項について破産債権者の全員が同意をしている場合に実施することができる、簡易配当よりさらに簡略な配当手続です。同意配当では、簡易配当と異なり、破産債権に対する除斥や供託に関する最後配当の規定を準用していません。同意配当は、破産債権者の全員が同意している点で、実体法上の和解契約としての要素を有しています（大コンメ884頁［前澤達朗］）。
>
> **2　要件**
>
> 同意配当は、最後配当をすることができる場合（破195Ⅰ）に実施できます。
>
> また、同意配当の実施に当たっては、届出をした破産債権者の全員が配当表、配当額、配当の時期および方法といった実体法上の和解契約の要素となる事項について同意していることが必要です。破産管財人が同意配当の申立てをする際には、このような同意を裏付ける同意書等の証拠書類を添付することが必要です（破規2Ⅱ参照）。
>
> **3　手続**
>
> 同意配当は、①破産管財人による申立て、②裁判所書記官による許可、③破産管財人による配当の実施という手続を踏みます。同意配当が実体法上の和解契約の要素を有していることから、配当の通知、除斥期間の経過、配当表の更正、配当表に対する異議手続、配当額の決定・通知といった手続は不要です。なお、破産債権者は、裁判所書記官による許可の時点で具体的な配当金支払請求権を取得します（条解破産1383頁）。
>
> **文　献**　条解破産1381頁、大コンメ883頁［前澤達朗］、伊藤686頁、山本117頁、破産管財の手引317頁、一問一答破産298頁、注釈破産（下）408頁［岩渕健彦］

第5節　中間配当

> **（中間配当）**
>
> **第209条**　破産管財人は、一般調査期間の経過後又は一般調査期日の終了後であって破産財団に属する財産の換価の終了前において、配当をするのに適当な破産財団に属する金銭があると認めるときは、最後配当に先立って、届出をした破産債権者に対し、この節の規定による配当（以下この節において「中間配当」という。）をすることができる。
>
> 2　破産管財人は、中間配当をするには、裁判所の許可を得なければならない。
>
> 3　中間配当については、第196条第1項及び第2項、第197条、第198条第1項、第199条第1項第1号及び第2号、第200条、第201条第4項並びに第203条の規定を準用する。この場合において、第196条第1項中「前条第2項の規定による許可」とあるのは「第209条第2項の規定による許可」と、第199条第1項各

号及び第200条第1項中「最後配当に関する除斥期間」とあるのは「第210条第1項に規定する中間配当に関する除斥期間」と、第203条中「第201条第7項の規定による配当額」とあるのは「第211条の規定による配当率」と読み替えるものとする。

基本事項
1 趣旨
　本条が定める中間配当とは、一般調査期間の経過後または一般調査期日の終了後、破産財団に属する財産の換価の終了前において、配当をするのに適当な金銭がある場合に、最後配当に先立って行う配当手続をいいます。破産債権に対する配当は、できるだけ早期に実施することが破産債権者の利益に適うことから、配当に足りる程度に破産財団を換価できたときは、たとえ換価が終了していなくても配当を実施できることとしたものです。

2 要件
(1) 一般調査期間の経過後または一般調査期日の終了後
　中間配当も配当手続の1つですので、債権調査を経て、配当の対象となる破産債権の順位や額が確定した上で、配当を実施する必要があります（本条Ⅰ）。

(2) 破産財団に属する財産の換価の終了前
　破産財団に属する財産の換価が終了している場合には最後配当を実施すれば足りますので、中間配当を行う場合には換価が未了であることが必要です（本条Ⅰ）。

(3) 破産管財人が配当をするのに適当な破産財団に属する金銭があると認めるとき
　中間配当は、破産管財人が、破産財団の状況、以後の破産財団の増殖の見込み、弁済を要する財団債権の有無や額といった破産財団からの支出見込等を総合考慮して、配当に資するだけの金銭が破産財団に存在していると判断した場合に実施することができます（本条Ⅰ）。

3 手続
(1) 裁判所の許可
　中間配当をするには、裁判所書記官ではなく、裁判所の許可が必要です（本条Ⅱ）。この点は、最後配当や簡易配当、同意配当が裁判所書記官の許可事項であることと異なります。中間配当は、財団の換価が未了の段階で、債権者の同意を要件とすることなく実施するものです。また、その実施に当たっては、前記**2**(3)の通り、破産管財人がその裁量によって中間配当の必要性等を判断します。そこで、財団の換価終了後に行う最後配当や簡易配当と異なり、形式的・確認的な判断にとどまらず、慎重に実質的な判断をする必要があることから、中間配当については、裁判所の許可事項としています。

(2) その他の手続
　その他の手続については、本条3項が最後配当の条文を準用しており、基本的には最後配当と同様の手続となります。具体的には、破産管財人が配当表を作成し、

裁判所へ提出します（本条Ⅲ・196Ⅰ・Ⅱ）。そして、配当の公告または配当通知がなされます（本条Ⅲ・197Ⅰ）。異議等のある破産債権者（破125Ⅰ）は除斥期間内に債権査定手続の係属等を証明する必要があります（本条Ⅲ・198Ⅰ）。もっとも、最後配当と異なり、除斥期間経過後の通知は配当額ではなく、配当率を通知すれば足ります（破211）。また、未確定の破産債権については、供託ではなく寄託をすることになります（破214）。

文献 条解破産1386頁、大コンメ886頁［深沢茂之］、伊藤673頁、破産管財の手引348頁、一問一答破産300頁、注釈破産（下）413頁［菅野修］

（別除権者の除斥等）
第210条 別除権者は、中間配当の手続に参加するには、前条第3項において準用する第198条第1項に規定する期間（以下この節において「中間配当に関する除斥期間」という。）に、破産管財人に対し、当該別除権の目的である財産の処分に着手したことを証明し、かつ、当該処分によって弁済を受けることができない債権の額を疎明しなければならない。
2　前項の規定は、準別除権者について準用する。
3　破産管財人は、第1項（前項において準用する場合を含む。）に規定する事項につき中間配当に関する除斥期間内に証明及び疎明があったときは、直ちに、配当表を更正しなければならない。

基本事項
1　趣旨
　（準）別除権者が最後配当に参加するには、（準）別除権によって破産債権の全部または一部が担保されないこととなったこと、または（準）別除権の行使によって満足を受けられない債権の額を証明しなければなりません（「不足額責任主義」と呼ばれる。破108Ⅰ・198Ⅲ・Ⅳ・Ⅴ）。本条は、中間配当においても不足額責任主義を適用し、一定の要件を欠く（準）別除権者を中間配当から除斥することを定め、迅速な配当の実現を図っています。

2　（準）別除権者が中間配当に参加するための要件（本条Ⅰ・Ⅱ）
(1)　（準）別除権の目的である財産の処分に着手したことの証明
　破産債権を有する（準）別除権者が中間配当に参加するためには、別除権の目的である財産の処分に着手したことを証明する必要があります。別除権の目的である財産の処分とは、別除権の実行や任意売却等を意味します。着手とは、（準）別除権の実行ではその申立て、任意売却では売買契約の締結といった客観的外形的な行為を意味します（詳細は、条解破産1395頁参照）。

(2)　弁済を受けることができない債権の額（不足額）の疎明
　財産の処分に着手した段階では不足額は確定しませんので、不足額については証明ではなく、疎明で足ります。なお、中間配当には破産法196条3項および198条4項が準用されませんので、根抵当権の極度額を超える部分についても疎明が必要

です。

(3) 中間配当に関する除斥期間

前記(1)(2)の要件は、中間配当に関する除斥期間内に充足する必要があります。

3 その他

破産管財人は、配当の許可を取得した後、前記(3)の除斥期間内に前記(1)および(2)の要件が充足された場合には、配当表を更正しなければなりません（本条Ⅲ）。

（準）別除権者は、前記(1)の要件を充足した場合、中間配当手続に参加することができますが、実際には配当金を受領できません。不足額を証明しない限り（疎明にとどまる限り）、破産管財人は疎明のあった額に相当する配当金を寄託することになります（破214Ⅰ③）。

中間配当から除斥された場合の（準）別除権者の扱いについては破産法213条が定めています。

文献 条解破産1393頁、大コンメ890頁［深沢茂之］、山本114頁、一問一答破産287頁、注釈破産（下）419頁［小向俊和］

（配当率の定め及び通知）

第211条 破産管財人は、第209条第3項において準用する第200条第1項に規定する期間が経過した後（同項の規定による異議の申立てがあったときは、当該異議の申立てについての決定があった後）、遅滞なく、配当率を定めて、その配当率を中間配当の手続に参加することができる破産債権者に通知しなければならない。

基本事項

1 趣旨

本条は、中間配当手続のうち、配当率の決定とその通知について定めています。

配当率は、配当表における、配当することができる金額（破209Ⅲ・196Ⅰ③）を配当手続に参加することができる債権額（破209Ⅲ・196Ⅰ②）で除して算出します。破産管財人は裁判所による中間配当の許可（破209Ⅱ）を得た上、裁判所に配当表を提出します（破同条Ⅲ・196Ⅰ）。そのため、配当率の決定に当たって、あらためて裁判所による審査等を必要とする理由に乏しいといえます。また、配当することができる額等については破産管財人に一定の裁量が認められています。このような事情を背景に、本条は、配当率を破産管財人の決定事項としています。

2 手続

破産管財人は、中間配当の除斥期間（破210Ⅰ・209Ⅲ・198Ⅰ）とその後の配当表に対する異議申立期間（本条・209Ⅲ・200Ⅰ）が経過した後に、配当率を定め、中間配当手続に参加することができる破産債権者にその配当率を通知しなければなりません（本条。実務上は、多くの場合、配当率の他、配当額の通知も行っている）。なお、裁判所にも配当率を報告する必要があります（破規68Ⅰ）。

本条括弧書と最後配当手続に関する破産法201条1項括弧書の規定ぶりが違いま

すので、配当表に対する異議申立てがなされた場合、異議申立てについての決定があれば、たとえその決定について即時抗告があっても、破産管財人は配当率を定め、その通知をして、中間配当を実施することができます。

3 効果
破産債権者は、配当率の通知を受けた時に具体的な配当金支払請求権を取得します。

文　献　条解破産1396頁、大コンメ892頁［深沢茂之］、注釈破産（下）422頁［米谷康］

（解除条件付債権の取扱い）
第212条　解除条件付債権である破産債権については、相当の担保を供しなければ、中間配当を受けることができない。
2　前項の破産債権について、その条件が最後配当に関する除斥期間内に成就しないときは、同項の規定により供した担保は、その効力を失う。

基本事項
1 趣旨
解除条件付債権を有する破産債権者は、中間配当により配当金を受領した後に条件が成就し、債権が消滅した場合には、その配当金を返還しなければなりません。そこで、本条1項は、このような場合に生じる破産債権者の配当金返還義務の履行を確保するため、解除条件付破産債権については、相当の担保を提供しなければ中間配当を受領することができないこととしています。もっとも、本条2項は、配当手続を迅速に進めるため、解除条件付破産債権であっても、最後配当に関する除斥期間内にその条件が成就しない場合には、無条件の破産債権として扱って中間配当時に提供した担保を返還することとしています。

2 相当の担保の提供
担保の額は、破産管財人が、解除条件付破産債権についての配当額を基礎としつつ、条件成就の可能性等を考慮して算定します（条解破産1400頁）。

解除条件付破産債権を有する破産債権者が相当の担保を提供しない場合、破産管財人は当該配当額を寄託します（破214Ⅰ⑤）。

3 条件が成就しないとき
最後配当に関する除斥期間内にその条件が成就しない場合には、提供した担保はその効力を失うため、破産管財人は失効した担保を解除条件付破産債権者に返還しなければなりません（本条Ⅱ）。解除条件付破産債権について担保の提供がなく、破産管財人が配当額を寄託した場合（破214Ⅰ⑤）であっても、当該破産債権を有する破産債権者に寄託した金額を支払わなければなりません（同条Ⅳ）。

文　献　条解破産1399頁、大コンメ894頁［深沢茂之］、注釈破産（下）424頁［菅谷修］

> **(除斥された破産債権等の後の配当における取扱い)**
> **第213条** 第209条第3項において準用する第198条第1項に規定する事項につき証明をしなかったことにより中間配当の手続に参加することができなかった破産債権について、当該破産債権を有する破産債権者が最後配当に関する除斥期間又はその中間配当の後に行われることがある中間配当に関する除斥期間内に当該事項につき証明をしたときは、その中間配当において受けることができた額について、当該最後配当又はその中間配当の後に行われることがある中間配当において、他の同順位の破産債権者に先立って配当を受けることができる。第210条第1項(同条第2項において準用する場合を含む。)に規定する事項につき証明又は疎明をしなかったことにより中間配当の手続に参加することができなかった別除権者(準別除権者を含む。)がその中間配当の後に行われることがある中間配当に関する除斥期間内に当該事項につき証明及び疎明をしたときも、同様とする。

基本事項

1 趣旨

異議等のある破産債権者(破125Ⅰ)は、破産法209条3項が準用する破産法198条の要件を満たさない場合、中間配当から除斥されます(破209Ⅲ・198Ⅰ)。もっとも、本条前段は、その後の中間配当や最後配当においてこれらの要件を満たせば、前記中間配当で受けることができた配当額について、他の同順位の破産債権者に優先して配当を受けることができることとし、その保護を図っています。

本条後段は、破産法210条1項や同条2項の要件を満たさず中間配当から除斥された(準)別除権者(破2Ⅸ・111Ⅲ)について、その後の中間配当では前記と同様に扱うことを定めています。

2 効果

異議等のある破産債権者は破産法209条3項が準用する同法198条1項が定める要件を、(準)別除権者は破産法210条1項・2項が定める要件を、それぞれ中間配当後の配当手続に関する除斥期間内に充足したときは、他の同順位の破産債権者よりも先立って配当を受けることができます。これは、除斥された中間配当で受けることができたはずの配当金額について、他の同順位の破産債権者よりも先立って配当を受けることができるという意味にすぎませんので、配当金額が増えるわけではありません。

なお、中間配当後の最後配当における(準)別除権者の取扱いについては、本条ではなく、破産法198条3項ないし同条5項で定めています。

文献 条解破産1400頁、大コンメ895頁[深沢茂之]、注釈破産(下)426頁[小向俊和]

（配当額の寄託）
第214条 中間配当を行おうとする破産管財人は、次に掲げる破産債権に対する配当額を寄託しなければならない。
　一　異議等のある破産債権であって、第202条第1号に規定する手続が係属しているもの
　二　租税等の請求権又は罰金等の請求権であって、第211条の規定による配当率の通知を発した時に第202条第2号に規定する手続が終了していないもの
　三　中間配当に関する除斥期間内に第210条第1項（同条第2項において準用する場合を含む。）の規定による証明及び疎明があった債権のうち、当該疎明があった額に係る部分
　四　停止条件付債権又は将来の請求権である破産債権
　五　解除条件付債権である破産債権であって、第212条第1項の規定による担保が供されていないもの
　六　第111条第1項第4号及び第113条第2項の規定による届出をしなかった破産債権者が有する破産債権
2　前項第1号又は第2号の規定により当該各号に掲げる破産債権に対する配当額を寄託した場合において、第202条第1号又は第2号の規定により当該破産債権に対する配当額を供託するときは、破産管財人は、その寄託した配当額をこれを受けるべき破産債権者のために供託しなければならない。
3　第1項第3号又は第4号の規定により当該各号に掲げる破産債権に対する配当額を寄託した場合において、当該破産債権を有する破産債権者又は別除権者（準別除権者を含む。）が第198条第2項の規定に適合しなかったこと又は同条第3項（同条第5項において準用する場合を含む。）に規定する事項につき証明をしなかったことにより最後配当の手続に参加することができなかったときは、破産管財人は、その寄託した配当額の最後配当を他の破産債権者に対してしなければならない。
4　第1項第5号の規定により同号に掲げる破産債権に対する配当額を寄託した場合において、当該破産債権の条件が最後配当に関する除斥期間内に成就しないときは、破産管財人は、その寄託した配当額を当該破産債権を有する破産債権者に支払わなければならない。
5　第1項第6号の規定により同号に掲げる破産債権に対する配当額を寄託した場合における第201条第5項の規定の適用については、同項中「その定めた配当額が同号に」とあるのは「その定めた配当額及び破産管財人が第214条第1項第6号の規定により寄託した同号に掲げる破産債権に対する配当額の合計額が第111条第1項第4号に」と、「当該配当額」とあるのは「当該合計額」とする。

基本事項
1　趣旨
　本条では、迅速な配当の実現と破産債権者に対する手続保障を図るため、中間配当時における未確定の破産債権について、配当額を寄託することや、最後配当時に至っても依然として未確定であった場合の扱いについて定めています。

2 配当額の寄託と寄託後の扱い

(1) 本条1項1号および2号の債権

破産管財人は、債権査定手続等が係属中で債権の有無や額が未確定の破産債権については、中間配当を実施せず、その配当額を寄託しなければなりません（本条Ⅰ①・②）。最後配当時に依然として同様の状態である場合、破産管財人は当該破産債権を有する破産債権者を被供託人として、最後配当に係る配当額に加え、寄託した配当額も供託しなければなりません（破202①・②・本条Ⅱ）。

(2) 本条1項3号および4号の債権

破産管財人は、中間配当の除斥期間内に、（準）別除権者が所定の疎明をした場合、その疎明のあった不足額や停止条件付債権等に対する配当額を寄託しなければなりません（本条Ⅰ③・④）。そして、破産管財人は、最後配当の除斥期間内に、（準）別除権者による所定の証明がなく、あるいは停止条件の成就等がなかった場合、寄託した配当額を財源として他の破産債権者に最後配当をしなければなりません（本条Ⅲ）。

(3) 本条1項5号の債権

破産管財人は、解除条件付破産債権について破産法212条1項が定める担保提供がない場合、当該破産債権に対する配当額を寄託しなければなりません（本条Ⅰ⑤）。そして、破産管財人は、最後配当の除斥期間内に条件が成就しない場合には、寄託した配当額を当該破産債権を有する破産債権者に支払わなければなりません（本条Ⅳ）。

(4) 本条1項6号の債権

破産債権者は、1000円未満の配当金を受領する意思がある場合、その旨を裁判所に届け出る必要があります（破111Ⅰ④・113Ⅱ）。このような届出をしなかった破産債権者に対する中間配当額が1000円未満の場合、破産管財人は当該配当額を寄託しなければなりません（本条Ⅰ⑥・111Ⅰ④・113Ⅱ）。その後の最後配当では、このような少額配当は、他の破産債権者に対する配当の財源になります（破201Ⅴ・111Ⅰ④・113Ⅱ）。そこで、本条5項は、最後配当の段階で、破産管財人が寄託した中間配当額と最後配当での配当額との合計額が1000円未満かどうかを判断し、1000円未満である場合には、当該配当額を他の破産債権者に配当しなければならないことを明らかにしています。

文献 条解破産1402頁、大コンメ897頁[深沢茂之]、破産管財の手引349頁、一問一答破産287頁・290頁、注釈破産（下）428頁[伊東満彦]

第6節　追加配当

> **第215条**　第201条第7項の規定による配当額の通知を発した後（簡易配当にあっては第205条において準用する第200条第1項に規定する期間を経過した後、同意配当にあっては第208条第1項の規定による許可があった後）、新たに配当に充てることができる相当の財産があることが確認されたときは、破産管財人は、裁判所の許可を得て、最後配当、簡易配当又は同意配当とは別に、届出をした破産債権者に対し、この条の規定による配当（以下この条において「追加配当」という。）をしなければならない。破産手続終結の決定があった後であっても、同様とする。
>
> 2　追加配当については、第201条第4項及び第5項、第202条並びに第203条の規定を準用する。この場合において、第201条第5項中「第1項の規定」とあるのは「第215条第4項の規定」と、第202条第1号及び第2号中「前条第7項」とあり、並びに第203条中「第201条第7項」とあるのは「第215条第5項」と読み替えるものとする。
>
> 3　追加配当は、最後配当、簡易配当又は同意配当について作成した配当表によってする。
>
> 4　破産管財人は、第1項の規定による許可があったときは、遅滞なく、追加配当の手続に参加することができる破産債権者に対する配当額を定めなければならない。
>
> 5　破産管財人は、前項の規定により定めた配当額を、追加配当の手続に参加することができる破産債権者（第2項において読み替えて準用する第201条第5項の規定により追加配当を受けることができない破産債権者を除く。）に通知しなければならない。
>
> 6　追加配当をした場合には、破産管財人は、遅滞なく、裁判所に書面による計算の報告をしなければならない。
>
> 7　前項の場合において、破産管財人が欠けたときは、当該計算の報告は、同項の規定にかかわらず、後任の破産管財人がしなければならない。

基本事項

1　趣旨

本条は追加配当の要件や手続を定めています。追加配当とは、最後配当で破産債権者に配当額を通知した後等に、配当財源となる財産を確認した場合に、配当表の更正等による手続を避けるために行われる配当手続です。

2　要件

(1)　追加配当を行う場合

追加配当を行うのは、①最後配当で破産債権者に配当額を通知した後（破201Ⅶ）、②簡易配当で配当表に対する異議申立期間が経過した後（破205・200Ⅰ）、③同意配当で裁判所書記官が許可をした後（破208Ⅰ）、④破産手続終結決定があった後（本条Ⅰ後段）に、新たに配当に充てることができる相当の財産が確認された場合です（本

条Ⅰ)。
(2) 新たに配当に充てることができる相当の財産
　配当に充てることができる財産とは、破産手続終結決定直前に新たに発見された不動産や、破産管財人が債権確定手続で勝訴した場合の異議等を述べられた破産債権に係る供託金（破202各号）等があります（詳細は、大コンメ901頁［深沢茂之］、伊藤687頁参照）。本条1項後段は、「破産手続終結の決定があった後であっても、同様とする」と規定していますが、破産手続終結決定後に新たに財産が発見された場合がこれに含まれるか否かについては争いがあります［☞ **論点解説**］。

3　手続
(1) 追加配当の許可
　追加配当をするには、新たに配当に充てることができる相当の財産の有無について実質的な判断を要するため、最後配当や簡易配当、同意配当とは異なり、裁判所の許可が必要です（本条Ⅰ）。

(2) 債権者に対する通知等
　破産管財人は、遅滞なく追加配当に係る配当額を定め（本条Ⅳ）、これを破産債権者に通知します（本条Ⅴ）。追加配当は、すでになされた最後配当、簡易配当または同意配当の各手続で作成された配当表に基づくものですので（本条Ⅲ）、新たに配当表を作成する必要はありません。また、配当を受ける債権者も確定していますので、配当の公告や通知も不要です。なお、追加配当については、最後配当に関する破産法201条4項・5項・202条・203条を準用しています。

(3) 計算報告
　破産管財人は、追加配当の後、遅滞なく裁判所に対して書面による計算の報告をする必要があります（本条Ⅵ）。もっとも、計算報告のための債権者集会を開催する必要はありません。なお、破産管財人が欠けた場合には、後任の破産管財人が計算報告を行います（本条Ⅶ）。

論点解説
新たに配当に充てることができる相当の財産の意義　　破産手続終結決定があった後に発見された財産が、「新たに配当に充てることができる相当の財産」といえるのか否かについては争いがあります。
　学説上は、破産手続終結決定によって財産に対する管理処分権が破産者に復帰すること等を理由として否定する見解と、本条2項後段の文言等を理由として肯定する見解があります（詳細は、大コンメ901頁［深沢茂之］、条解破産1409頁参照）。
　破産手続終結後の破産者の財産に関する訴訟について破産管財人の被告適格が争われた事案に関し、最判平5・6・25（民集47巻6号4557頁［百選［100］、INDEX［172］]）は「破産手続が終結した場合には、原則として破産者の財産に対する破産管財人の管理処分権限は消滅し、以後、破産者が管理処分権限を回復するところ、……破産管財人において、当該財産をもって追加配当の対象とすることを予定し、又は予定すべき特段の事情あるときには、破産管財人の任務はいまだ終了していないので、

当該財産に対する管理処分権限も消滅していないというべきであるが、右の特段の事情がない限り、破産管財人の任務は終了し、したがって、破産者の財産に対する破産管財人の管理処分権限も消滅すると解すべきである」と判示し、追加配当の対象とすることを予定しまたは予定すべき特段の事情があるかどうかを考慮しています。なお、実務では、当該「特段の事情」の有無等を検討し、追加配当の実施を決めています（破産管財の手引355頁、はい6民です359頁）。

文　献　条解破産1407頁、大コンメ900頁［深沢茂之］、伊藤687頁、山本118頁、破産管財の手引354頁、一問一答破産301頁、注釈破産（下）434頁［樋口正樹］

第9章　破産手続の終了

前　注
1　趣旨
　「破産手続の終了」とは、破産手続が将来に向けて終了することをいいます。終了事由は、破産手続の目的である配当により終了する場合と、配当の実施によらずに終了する場合に大別することができます。配当の実施によらずに終了する場合は、①財団不足による破産手続の終了（同時破産手続廃止と異時破産手続廃止）、②破産手続に優先する手続の開始による終了、③債権者の同意による破産手続の終了（同意破産手続廃止）に分類できます。

　これに対し、破産手続開始決定による効力が遡及的に失われる場合として、破産手続開始決定の取消し（破33Ⅲ）により終了する場合があります。平成16年改正前は、破産手続開始決定の取消しも含め、破産宣告後に破産手続が終了する場合を総称して「破産手続の解止」と呼んでいました。しかし、平成16年改正法で同用語が削除されたことに伴い、破産手続を将来に向かって終了させる終了事由のみを総称して「破産手続の終了」としています。

2　配当の実施による終了
　破産手続は、破産手続開始決定後、破産管財人が破産者の財産を換価した上、換価財産を破産債権者に対して配当することを目的としています。したがって、配当によって終了する場合が原則です。そのため、裁判所は、換価手続終了後の最後配当（破195Ⅰ）やこれに代わる簡易配当（破204Ⅰ）または同意配当（破208Ⅰ）が行われ、破産管財人が任務を終了し、計算報告集会（破88Ⅳ）が終結したときまたは計算報告書に対する異議申述期間が経過したときに（破89Ⅱ）、「破産手続終結の決定」を行います（破220Ⅰ）。これは、計算報告集会または上記の異議申述期間が経過した後は、清算という破産手続の目的が達成され、破産手続の役割が終了したと考えられるからです。

3　配当の実施によらない終了
(1)　財団不足による破産手続廃止決定
　破産財団が破産手続の費用を賄えないような場合、裁判所は、破産手続の廃止を決定します。破産手続の開始時点で破産財団の不足が明らかな場合には、破産管財人を選任せず、破産手続開始の決定と同時に破産手続の廃止を決定します（破216Ⅰ）。これを同時破産手続廃止（同時廃止）といいます。破産手続開始決定の後、破産財団の不足が確認された場合には、破産管財人の申立てや職権で破産手続の廃止を決定します（破217Ⅰ）。これを異時破産手続廃止（異時廃止）といいます。

(2) 破産手続よりも優先する手続の開始による破産手続の終了

　清算価値の実現に比べ、事業継続価値の実現を優先すべきこと等の事情により、法は、再建型の手続を清算型の手続より優先させています。そのため、破産手続に優先する再生手続や更生手続が開始すると、係属する破産手続は中止します（民再39Ⅰ、会更50Ⅰ）。そして、再生計画の認可決定が確定した場合や更生計画の認可決定があったときは、中止した破産手続は効力を失って終了します（民再184、会更208）。これは、再建型手続によって債務者の事業が再生または更生されれば、集団的な債務整理の目的が達成されることになるため、破産手続を中止しておく必要性が失われるためです。

　他方、特別清算との関係ではやや事情が異なります。破産手続の開始決定前は、特別手続である特別清算手続を優先させ、特別清算開始命令によって破産手続は中止します（会社515Ⅰ）。もっとも、破産手続開始決定によって解散した株式会社に対しては、特別清算の開始を命ずることはできません（会社475①・476・510）。

(3) 債権者の同意による破産手続廃止決定

　破産者が、届出破産債権者の全員から破産手続を終了させることについて同意を得て、または同意しない破産債権者に対して裁判所が相当と認める担保を提供して、破産手続の廃止を申し立てた場合、裁判所は破産手続の廃止を決定します（破218Ⅰ）。これを同意破産手続廃止（同意廃止）といいます。破産手続は破産債権者の満足のためのものですので、その破産債権者が破産手続を廃止することに同意するか、損害を被らないのであれば、その意思を無視してまで破産手続を継続する必要はありません。そこで、このような場合に破産手続を終了することとしています。

　なお、個人の債務者（破産手続開始決定後は破産者）が「免責許可の申立て」（破248Ⅰ）を行った場合、当該申立てと相容れない同意破産手続廃止を申し立てることはできません（同条Ⅵ）。同様の理由から、破産者が同意破産手続廃止を申し立てた場合は、当該申立ての棄却の決定が確定しない限り、免責許可を申し立てることはできません（同条Ⅶ①）。

（破産手続開始の決定と同時にする破産手続廃止の決定）
第216条　裁判所は、破産財団をもって破産手続の費用を支弁するのに不足すると認めるときは、破産手続開始の決定と同時に、破産手続廃止の決定をしなければならない。
2　前項の規定は、破産手続の費用を支弁するのに足りる金額の予納があった場合には、適用しない。
3　裁判所は、第1項の規定により破産手続開始の決定と同時に破産手続廃止の決定をしたときは、直ちに、次に掲げる事項を公告し、かつ、これを破産者に通知しなければならない。
　一　破産手続開始の決定の主文
　二　破産手続廃止の決定の主文及び理由の要旨
4　第1項の規定による破産手続廃止の決定に対しては、即時抗告をすることがで

きる。
5　前項の即時抗告は、執行停止の効力を有しない。
6　第31条及び第32条の規定は、第1項の規定による破産手続廃止の決定を取り消す決定が確定した場合について準用する。

基本事項
1　趣旨
　破産手続開始決定前に破産財団の不足が判明している場合、破産手続を進めることは破産債権者にとって何の利益にもなりません。そこで、このような場合においては、裁判所が、破産手続開始決定と同時に破産手続廃止決定を行うこととしています（本条Ⅰ。「同時破産手続廃止」と呼ばれている）。

2　要件
　同時破産手続廃止の決定をするためには、①破産財団をもって破産手続の費用を支弁するのに不足すると認められること、②この不足が破産手続開始決定前に判明していること、③破産手続の費用を支弁するのに足りる金額の予納がないことが必要です（本条Ⅰ・Ⅱ）。

3　手続
　同時破産手続廃止の決定は裁判所の職権で行います。そして、決定後直ちに、①破産手続開始の決定の主文と②破産手続廃止の決定の主文および理由の要旨を公告し、かつ、これを破産者に通知します（本条Ⅲ）。
　破産手続等に関する裁判について利害関係を有する者は、同時破産手続廃止の決定に対して即時抗告をすることができます（破9・本条Ⅳ）。この即時抗告は、執行停止の効力を有しません（本条Ⅴ）。即時抗告の結果、同時破産手続廃止の決定を取り消す決定が確定した場合には、改めて、破産手続開始の決定と同時に定めるべき事項等（破31）および破産手続開始の公告等（破32）の各規定が適用されます（本条Ⅵ）。

4　効果
　同時破産手続廃止の決定がなされると、破産手続開始と同時に将来に向かって破産手続が終了するため、以後、手続は進行しません。
　破産手続廃止決定と同時に破産手続開始決定も発令されますので、破産者が自然人の場合には、破産法以外の法令に基づく公法上または私法上の資格制限を受けます［☞ **より深く学ぶ**］。復権するためには、免責許可決定の確定（破255Ⅰ①）等を要します。法人の場合、破産手続開始決定が発令されると、一般社団法人及び一般財団法人に関する法律148条6号・202条1項5号、会社法471条5号・641条6号等の規定に基づいて解散します。
　破産手続開始決定によって破産財団に属する財産の管理処分権は破産管財人に移りますので（破78Ⅰ）、破産者を当事者とする破産財団に関する訴訟は中断します（破44Ⅰ）。同時破産手続廃止の決定は告知によって効力を生じるため（破13、民訴119）、破産手続開始決定と前記告知の間に時間差が生じ、この間に訴訟手続が中断

するか否かが問題となります〔☞ **論点解説**〕。また、この問題について訴訟手続は中断しないという有力説に従うと、同時破産手続廃止決定に対して即時抗告がなされた場合、即時抗告には執行停止の効力がありませんので、破産者を当事者とする訴訟手続は中断せずに進行します。もっとも、即時抗告によって同時破産手続廃止決定を取り消す決定が確定した場合、その訴訟は中断すると解されています（条解破産1436頁）。

論点解説
同時破産手続廃止と訴訟の中断　同時破産手続廃止の決定は告知によって効力を生じるため（破13、民訴119）、破産手続開始決定と前記告知の間に時間差が生じ、この間に訴訟手続が中断するか否かが問題となります。同時破産手続廃止は将来の破産手続の進行を予定していませんので、破産法30条2項の類推適用により、破産手続開始決定と同時に廃止の効力が生じ、訴訟手続の中断は生じないとする見解が有力です（詳細は、条解破産1435－1436頁参照）。

より深く学ぶ
公私の資格制限　破産者は公法上の資格制限を受け、弁護士（弁護7⑤）、公認会計士（会計士4④）、税理士（税理士4③）、司法書士（司書5③）、宅地建物取引業者（宅建業5Ⅰ①）、建設業者（建設8①）、警備員（警備14・3①）等の職業に就くことはできません。また、司法修習生が破産手続開始決定を受けると、復権（破255）を得ない限り罷免されます（司法修習生に関する規則17条③）。私法上も、破産者は、後見人（民847③）、後見監督人（民852・847③）、保佐人（民876の8Ⅱ・847③）、遺言執行者（民1009）になることはできません（詳細は、条解破産巻末資料参照）。

判例　最判昭43・3・15民集22巻3号625号〔百選4版〔87〕・INDEX〔173〕〕
文献　条解破産1428頁・1864頁、大コンメ910頁〔瀬戸英雄〕、伊藤697頁、倒産法概説397頁〔山本和彦〕、山本125頁、破産法・民事再生法概論336頁〔山本弘〕・393頁〔佐藤鉄男〕、中島＝佐藤149頁、破産管財の手引31頁、破産・民事再生の実務〔破産編〕514頁、一問一答破産303頁、注釈破産（下）458頁〔野口祐郁〕

（破産手続開始の決定後の破産手続廃止の決定）
第217条　裁判所は、破産手続開始の決定があった後、破産財団をもって破産手続の費用を支弁するのに不足すると認めるときは、破産管財人の申立てにより又は職権で、破産手続廃止の決定をしなければならない。この場合においては、裁判所は、債権者集会の期日において破産債権者の意見を聴かなければならない。
2　前項後段の規定にかかわらず、裁判所は、相当と認めるときは、同項後段に規定する債権者集会の期日における破産債権者の意見の聴取に代えて、書面によって破産債権者の意見を聴くことができる。この場合においては、当該意見の聴取を目的とする第135条第1項第2号又は第3号に掲げる者による同項の規定による債権者集会の招集の申立ては、することができない。

3　前2項の規定は、破産手続の費用を支弁するのに足りる金額の予納があった場合には、適用しない。
4　裁判所は、第1項の規定による破産手続廃止の決定をしたときは、直ちに、その主文及び理由の要旨を公告し、かつ、その裁判書を破産者及び破産管財人に送達しなければならない。
5　裁判所は、第1項の申立てを棄却する決定をしたときは、その裁判書を破産管財人に送達しなければならない。この場合においては、第10条第3項本文の規定は、適用しない。
6　第1項の規定による破産手続廃止の決定及び同項の申立てを棄却する決定に対しては、即時抗告をすることができる。
7　第1項の規定による破産手続廃止の決定を取り消す決定が確定したときは、当該破産手続廃止の決定をした裁判所は、直ちに、その旨を公告しなければならない。
8　第1項の規定による破産手続廃止の決定は、確定しなければその効力を生じない。

基本事項
1　趣旨
　破産手続開始決定後に破産財団の不足が判明した場合、さらに破産手続を進めることは破産債権者にとって無益です。そこで、本条は、破産手続開始決定後に裁判所が破産手続廃止決定を行う場合を定めています（「異時破産手続廃止」と呼ばれている）。

2　要件（本条Ⅰ・Ⅲ）
　異時破産手続廃止を決定するためには、①破産財団をもって破産手続の費用を支弁するのに不足すると認められ、②この不足が破産手続開始決定があった後に判明したことが必要です。例えば、破産財団を構成すると想定された財産が存在せず、破産手続開始決定後に破産財団の不足が判明した場合等が挙げられます。また破産手続の費用を賄える金額の予納があれば破産手続を廃止する必要はありません。そこで、以上に加えて③破産手続の費用に足りる金額の予納がないことも必要です。

3　手続
　異時破産手続廃止の決定は、破産管財人の申立てにより、または裁判所の職権で行われます（本条Ⅰ前段）。裁判所は、決定に当たって、債権者集会期日において破産債権者の意見を聴かなければなりません（同項後段）。そして、裁判所は、相当と認める場合、この意見の聴取に代えて、書面によって破産債権者の意見を聴くことができます（本条Ⅱ前段）。なお、この場合、破産債権者は書面によって意見を述べることができますので、債権者委員会（破135Ⅰ②）または破産債権者（同項③）が債権者集会の招集を申し立てることはできません（本条Ⅱ後段）。破産債権者が債権者集会または書面によって意見を述べる場合には、その理由も述べる必要があります（破規71Ⅱ）。
　裁判所は、異時破産手続廃止の決定をした場合、直ちにその主文および理由の要旨を公告し、かつ、その裁判書を破産者および破産管財人に送達しなければなりま

せん（本条Ⅳ）。異時破産手続廃止の決定は、同時破産手続廃止の決定（破216）と異なり、確定しなければ効力を生じません（本条Ⅷ）。

破産手続等に関する裁判について利害関係を有する者は、異時破産手続廃止の決定に対して即時抗告をすることができます（破9・本条Ⅵ）。同時破産手続廃止の決定に対する即時抗告と異なり、この場合の即時抗告は執行停止の効力を有します（破13、民訴334Ⅰ）。そして、異時破産手続廃止の決定を取り消す決定が確定した場合、当該破産手続廃止の決定をした裁判所は、直ちにその旨を公告しなければなりません（本条Ⅶ）。

また、裁判所は、破産管財人の異時破産手続廃止の申立てを棄却することもできます。この場合、裁判所は、その裁判書を破産管財人に送達しなければならず、公告をもって送達に代えることはできません（本条Ⅴ）。破産管財人は、この棄却決定に対して即時抗告をすることができます（本条Ⅵ）。もっとも、実務では、破産管財人と裁判所が協議の上、異時破産手続廃止の可否を決めていますので、実際上、以上の事態が問題になることはほぼありません。

4　効果

異時破産手続廃止の決定が確定すると、破産手続は将来に向かって終了します（本条Ⅷ）。破産管財人は破産財団に属する財産の管理処分権を失い、その権限は破産者に復帰します。破産者が自然人の場合には、破産者が管理処分権を行使することが可能です。もっとも、法人の場合には、法人の破産手続開始決定が取締役との委任関係の終了事由になっている（会社330、民653②）ため、破産手続開始決定前の取締役が管理処分権を行使できるのか争いがあります［☞ **論点解説**］。

このように破産管財人は破産財団に属する財産の管理処分権を失いますが、財団債権が存在する場合にはこれを弁済しなければなりません。また、財団債権の存否や額について争いがある場合には、その債権を有する者のために供託する必要があります（破90Ⅱ。供託額についての詳細は、新注釈民再（上）403頁［中川利彦］参照）。

その後、破産管財人は任務終了による計算報告を行うことになります（破88）。

任務が終了した場合であっても、急迫の事情があるときは、破産管財人またはその承継人は、後任の破産管財人または破産者が財産を管理することができるまで、必要な処分をしなければなりません（破90Ⅰ）。

異時破産手続廃止の決定により、破産手続が開始したことによる居住制限（破37）や説明義務（破40）等の破産者の義務は消滅します。

破産債権者は、異時破産手続廃止の決定により、個別的権利行使の禁止（破100Ⅰ）という制限を受けなくなります。もっとも、破産者が免責許可を申し立てている場合（破248Ⅰ）には、免責許可の裁判が確定するまでは強制執行等を行うことはできません（破249Ⅰ）。

論点解説
破産手続廃止となった法人の残余財産の処理　　判例（最決昭43・3・15民集22巻3号625頁、最判平16・10・1判タ1168号130頁［百選［59］]）は、株式会社に対して破産手続

開始決定が発令されると取締役との間の委任契約が終了（会社330、民653②）することから、残余財産の管理処分行為は裁判所が選任する清算人（会社478Ⅲ）によってなされるべきであると判示しています。他方、有力説は、僅少な財産処理のためにあらためて清算人を選任することは不合理であるため、従前の取締役が清算を行うべきであるとしています。（詳細は、伊藤699頁、大コンメ905頁［瀬戸英雄］参照）。

文献 条解破産1437頁、大コンメ925頁［瀬戸英雄］、伊藤697頁、倒産法概説397頁［山本和彦］、破産法・民事再生法概論336頁［山本弘］、中島＝佐藤73頁、破産管財の手引308頁、破産・民事再生の実務〔破産編〕531頁、一問一答破産304頁、注釈破産（下）467頁［飯島章弘］

（破産債権者の同意による破産手続廃止の決定）
第218条 裁判所は、次の各号に掲げる要件のいずれかに該当する破産者の申立てがあったときは、破産手続廃止の決定をしなければならない。
　一　破産手続を廃止することについて、債権届出期間内に届出をした破産債権者の全員の同意を得ているとき。
　二　前号の同意をしない破産債権者がある場合において、当該破産債権者に対して裁判所が相当と認める担保を供しているとき。ただし、破産財団から当該担保を供した場合には、破産財団から当該担保を供したことについて、他の届出をした破産債権者の同意を得ているときに限る。
２　前項の規定にかかわらず、裁判所は、まだ確定していない破産債権を有する破産債権者について同項第１号及び第２号ただし書の同意を得ることを要しない旨の決定をすることができる。この場合における同項第１号及び第２号ただし書の規定の適用については、これらの規定中「届出をした破産債権者」とあるのは、「届出をした破産債権者（まだ確定していない破産債権を有する破産債権者であって、裁判所の決定によりその同意を得ることを要しないとされたものを除く。）」とする。
３　裁判所は、第１項の申立てがあったときは、その旨を公告しなければならない。
４　届出をした破産債権者は、前項に規定する公告が効力を生じた日から起算して２週間以内に、裁判所に対し、第１項の申立てについて意見を述べることができる。
５　前条第４項から第８項までの規定は、第１項の規定による破産手続廃止の決定について準用する。この場合において、同条第５項中「破産管財人」とあるのは、「破産者」と読み替えるものとする。

基本事項

1　趣旨

　破産手続は、手続に参加した破産債権者に対して配当することを目的としていますので、すべての破産債権者が破産手続を廃止することに同意するか、損害を被らないのであれば、その意思を無視してまで手続を継続する必要はありません。そこで、本条は、このような場合、破産者の申立てによって破産手続廃止の決定を行う

こととし、その要件等を定めています（「同意破産手続廃止」と呼ばれている）。

2 要件
(1) 実質的要件

同意破産手続廃止を決定するためには、破産手続を廃止することについて、債権届出期間内に届出をした破産債権者の全員の同意（本条Ⅰ①）、またはその同意をしない破産債権者がある場合は当該破産債権者に対して裁判所が相当と認める担保を供していること（同項②本文）が必要です（同項）。同意を得なければならない破産債権者は、債権届出期間内に届出をした破産債権者です。もっとも、裁判所は、届出をした破産債権者のうち、未確定の破産債権を有する破産債権者について、同意を得ることを要しない旨の決定をすることができます（本条Ⅱ前段）。なお、財団債権者や取戻権者から同意を得る必要はありません。

破産債権者による同意の性質は、破産手続の続行を求める利益を放棄する旨の裁判所に対する訴訟行為であると解されています。また、訴訟行為である以上、手続の安定が求められますので、同意に条件を付することは許されないと考えられています（伊藤694頁、大コンメ933頁［瀬戸英雄］）。

破産債権者が同意しない場合、破産者は当該破産債権者に対して裁判所が相当と認める担保を提供する必要があります。担保は、破産者の自由財産または破産財団から提供することができます。もっとも、破産財団から当該担保を提供した場合には、他の届出をした破産債権者の同意を得ているときに限り同意破産手続廃止の決定をすることができます（本条Ⅰ②ただし書）。

なお、本条は明文化していませんが、同意破産手続廃止の決定後も破産管財人は財団債権を弁済する義務を負うため（破90Ⅱ）、同意破産手続廃止の決定をするためには、財団債権の弁済が可能であることが必要であると解されています（大コンメ936頁［瀬戸英雄］、伊藤696頁注253、条解破産1451頁）。

(2) 形式的要件

自然人の破産者が免責許可決定を申し立てた場合、同意破産手続廃止とは矛盾する行為ですので、その申立てをすることはできません（破248Ⅵ）。

3 手続

同意破産手続廃止の決定は、破産者の申立てが必要です（本条Ⅰ）。裁判所は、破産者から同時破産手続廃止の申立てがあった場合、その旨を公告します（本条Ⅲ）。届出をした破産債権者は、公告が効力を生じた日から起算して2週間以内に、裁判所に対して同意破産手続廃止の申立てについて意見を述べることができます（本条Ⅳ）。意見の申述は、書面で行い、意見の理由も述べる必要があります（破規71Ⅰ・Ⅱ）。同意破産手続廃止決定の公告および即時抗告の手続は、異時破産手続廃止決定に関する場合と同様です（本条Ⅴ・217Ⅳ－Ⅷ）。

4 効果

同意破産手続廃止決定の効果は、異時破産手続廃止決定の効果と同様です（本条Ⅴ・217Ⅷ）。ただし、同意破産手続廃止決定の場合は、復権の手続をとらずに破産者は当然に復権します（破255Ⅰ②）。

文献 条解破産 1446 頁、大コンメ 931 頁［瀬戸英雄］、伊藤 692 頁、倒産法概説 399 頁［山本和彦］、破産法・民事再生法概論 337 頁［山本弘］、中島＝佐藤 73 頁、破産・民事再生の実務〔破産編〕534 頁、一問一答破産 304 頁、注釈破産（下）476 頁［堀田次郎］

（破産者が法人である場合の破産債権者の同意による破産手続廃止の決定）
第 219 条 法人である破産者が前条第 1 項の申立てをするには、定款その他の基本約款の変更に関する規定に従い、あらかじめ、当該法人を継続する手続をしなければならない。

基本事項
1 趣旨

　法人である破産者が同意破産手続廃止を申し立てる理由は、破産手続開始決定による解散を回避するためですので、あらかじめ当該法人を存続させる手続をとらないと、破産手続を廃止する意味がなくなります。

　そこで、本条は、法人である破産者が同意破産手続廃止の申立てをする場合には、あらかじめ当該法人を継続する手続を行うこととしています。なお、信託財産である破産者の場合も同様です（破 244 の 13 Ⅲ）。

2　法人継続の手続

　法人を継続する手続は定款その他の基本約款の変更に関する規定に定められた手続によりますが、法人の種類によって異なります。例えば、一般社団法人の場合は、原則として、総社員の半数以上であって、総社員の議決権の 3 分の 2 以上に当たる多数による社員総会が必要です（一般法人 146・49 Ⅱ④）。株式会社では、原則として、議決権を行使できる株主の議決権の過半数を有する株主が出席し、出席した株主の議決権の 3 分の 2 以上に当たる多数による株主総会の決議が必要です（会社 466・309 Ⅱ⑪）。

文献 条解破産 1456 頁、大コンメ 938 頁［瀬戸英雄］、伊藤 694 頁、倒産法概説 399 頁［山本和彦］、破産法・民事再生法概論 337 頁［山本弘］、中島＝佐藤 73 頁、破産・民事再生の実務〔破産編〕535 頁、注釈破産（下）484 頁［堀田次郎］

（破産手続終結の決定）
第 220 条 裁判所は、最後配当、簡易配当又は同意配当が終了した後、第 88 条第 4 項の債権者集会が終結したとき、又は第 89 条第 2 項に規定する期間が経過したときは、破産手続終結の決定をしなければならない。
2　裁判所は、前項の規定により破産手続終結の決定をしたときは、直ちに、その主文及び理由の要旨を公告し、かつ、これを破産者に通知しなければならない。

基本事項
1 趣旨
　本条は、破産手続が終了した場合、その時期を明確にするため、裁判所が破産手続終結の決定を発令することを定めています。
2 要件・手続
　最後配当、簡易配当または同意配当が終了した後、破産管財人による任務終了の計算報告のための債権者集会が終結したとき、またはこれに代わる書面による計算報告の異議期間が経過したときに、裁判所は破産手続終結の決定をします（本条Ⅰ）。裁判所は、破産手続終結の決定をしたときは、直ちに、その主文および理由の要旨を公告し、かつ、これを破産者に通知しなければなりません（本条Ⅱ）。
3 効果
　破産手続終結決定の公告によって破産手続は将来に向かって終了すると解されています。そのため、当該公告によって、破産者に対する居住制限（破37）や説明義務（破40）等の制限は解除され、破産管財業務も終了します。もっとも、破産管財人は、応急処分義務（破90）を負い、追加配当（破215Ⅰ後段）を実施することがあります。破産手続終結決定に対する不服申立手続はありません。
　なお、法人の場合、残余財産がない限り、破産手続終結決定によって法人格が消滅すると解されています（破35参照）［法人の破産手続終結後に残存する財産の処理については、☞破§217 **論点解説**］。

より深く学ぶ
主債務者である法人の破産手続終結後に連帯保証人が主債務の時効を援用することの可否　　連帯保証人による弁済は主債務の時効を中断しません（民458参照）。そのため、主債務者が破産した後に連帯保証人が破産債権者に分割して弁済していても、主債務の時効期間は進行します。そこで、一部の保証債務を履行しない連帯保証人が主債務の消滅時効を援用できるとすると、附従性によって連帯保証債務も消滅し、連帯保証人は保証債務を免れることができることになります。しかし、主債務者が法人の場合、破産手続開始決定によって取締役はその地位を失い（会社330、民653②）、当該法人を代表する者がいなくなりますので、債権者が訴え提起等によって消滅時効を中断することは容易ではありません。しかも、連帯保証人が分割で弁済をしている場合、主債務の中断手続をあえて行おうとする債権者は少ないのが実際です。このような状況にもかかわらず、破産という主債務者の一方的な事情によって平時より重い負担を債権者に強いることは不合理です。そこで、主債務者である法人破産者の破産手続が終結した後でも、連帯保証人は主債務者の消滅時効を援用できるのかどうかが問題となります。この点、判例（最判平15・3・14判時1821号31頁）は「破産終結決定がされて会社の法人格が消滅した場合には、……債務も消滅するものと解すべきであり、……時効による消滅を観念する余地はない」として、保証人は法人が負担する主債務の時効を援用することはできないと判示しています。

判例　最判平11・11・9判時1695号66頁

文献 条解破産1459頁、大コンメ940頁［瀬戸英雄］、伊藤690頁、倒産法概説398頁［山本和彦］、山本118頁、破産法・民事再生法概論335頁［山本弘］、中島＝佐藤73頁、破産・民事再生の実務〔破産編〕539頁、注釈破産（下）486頁［安田真道］

> **（破産手続廃止後又は破産手続終結後の破産債権者表の記載の効力）**
> **第221条** 第217条第1項若しくは第218条第1項の規定による破産手続廃止の決定が確定したとき、又は前条第1項の規定による破産手続終結の決定があったときは、確定した破産債権については、破産債権者表の記載は、破産者に対し、確定判決と同一の効力を有する。この場合において、破産債権者は、確定した破産債権について、当該破産者に対し、破産債権者表の記載により強制執行をすることができる。
> 2　前項の規定は、破産者（第121条第3項ただし書の代理人を含む。）が第118条第2項、第119条第5項、第121条第4項（同条第6項（同条第7項又は第122条第2項において準用する場合を含む。）若しくは第7項又は第122条第2項において準用する場合を含む。）又は第123条第1項の規定による異議を述べた場合には、適用しない。

基本事項

1　趣旨

　本条は、破産者との関係で、異時破産手続廃止決定があった場合等に、原則として、確定した破産債権に関する破産債権者表の記載が確定判決と同一の効力を有すること、破産債権者はその記載に基づいて強制執行ができることを定めています。もっとも、法人の破産者は、残余財産がない限り、破産手続の終結によって法人格が消滅します〔☞破§220〕。また、自然人の破産者は免責を得ることによって破産債権に基づく強制執行を受けません（破249Ⅱ）。そのため、自然人の破産者について、免責が不許可とされた場合（破252Ⅰ）や同意破産手続廃止の申立てをした場合（破218Ⅰ・248Ⅶ①）に本条が意義をもちます。

　なお、破産法124条3項は、全破産債権者との関係で破産権者表の記載が確定判決と同一の効力を有することを定めていますが、この規定は、破産手続内での集団的権利関係を処理するためのものですので、本条とは趣旨が異なります。

2　要件

　破産債権者表の記載が確定判決と同一の効力を有し、その記載によって強制執行をすることができるためには、①異時破産手続廃止もしくは同意破産手続廃止の確定または破産手続終結の決定があったこと（本条Ⅰ）、②破産債権が確定していること（同項）、③破産者が破産債権調査等において異議を述べていないこと（本条Ⅱ）が必要です。

　破産手続開始決定によって、破産者は破産財団に帰属する財産の管理処分権を失います（破78Ⅰ）。そのため、破産者は、当該財産を引当てとする破産債権との関係において、配当を含む当該財産の処理に影響を与えることはできませんので、破産

者の異議は、配当の前提となる破産債権の確定にも影響を与えません（破124Ⅰ参照）。もっとも、自由財産をもつ個人の破産者にとっては、破産債権者表に基づく強制執行を阻止することは、経済生活の再生を図る上で大きな意義があります。このような意義を重視し、前記の通り、③破産者が破産債権調査等において異議を述べていないこと（本条Ⅱ）が必要となっています。

3　効果

破産債権者表の記載は、破産者に対し、確定判決と同一の効力を有します。したがって、債務名義として執行力が認められます（民執22⑦）ので、破産債権者は、確定した破産債権に係る破産債権者表の記載に基づいて、当該破産者に対して強制執行をすることができます。

なお、本条1項が定める破産債権者表の効力については、破産法124条3項が定める破産債権者表の効力と関連して争いがあります（詳細は、大コンメ948頁［瀬戸英雄］、条解破産1469頁参照）。破産法124条3項が定める効力を破産手続外でも拘束力をもつ既判力であるとする見解は、本条1項についても同様の効力を認めています。これに対して、破産法124条3項が定める効力は破産手続内での特殊な拘束力であって既判力ではないとする見解が有力であり、この見解は本条1項についても同様に解しているようです。

文献　条解破産1465頁、大コンメ945頁［瀬戸英雄］、伊藤618頁、倒産法概説398頁［山本和彦］、山本118頁、破産法・民事再生法概論305頁［長谷部由起子］、破産・民事再生の実務〔破産編〕539頁、注釈破産（下）490頁［安田孝一］

第10章　相続財産の破産等に関する特則

前　注
1　相続財産の破産の意義

　相続が発生すると、被相続人が有していた一切の権利義務は、原則として相続人が承継します（包括承継。民896）。このような包括承継の結果、被相続人が相続財産を超過する債務を負担している場合、超過分の債務の承継によって相続人固有の債権者が相続人から債権全額の弁済を受けられないおそれが生じます。他方、相続人が自己の資産を超過する債務を負担している場合には、包括承継によって、相続財産に属する債務の債権者（相続債権者。同法927Ⅰ前段）が債権全額の弁済を受けられないおそれが生じることになります。

　民法は、被相続人が相続財産を上回る債務を負担している場合やそのような状態が予想される場合に、相続人、相続人の債権者、相続債権者および受遺者間の利害調整を図って相続財産を清算するための制度として、相続人に限定承認（民922）や相続放棄（同法938）を認め、相続人の債権者に財産分離の請求（「第二種財産分離」という。同法950Ⅰ）を認めています。また、相続人が自己の財産を上回る債務を負担している場合やそのような状態が予想される場合には、相続債権者および受遺者に財産分離の請求（「第一種財産分離」という。同法941Ⅰ）を認めています。

　もっとも、相続放棄以外の前記の各制度は、相続人が相続財産を管理し、債務を弁済することを前提としていますので、破産手続のような破産管財人の選任や債権調査手続等は定めていません。また、いずれの制度も否認権等不当に逸失した財産を原状に戻す特別な手段を設けていません。そのため、相続財産の適正な管理や債権者間の公平・平等な弁済が行われない可能性があります。破産法は、これらを実現できるより厳格な手続として、相続財産の破産に関する手続を定めています。

2　限定承認・財産分離との関係

　相続財産の破産や相続人の破産は、民法896条本文が定める相続による包括承継の効力に何ら影響を与えません。そのため、相続人固有の債権者または相続債権者に前記のような不利益が生じる可能性がありますので、相続財産の破産等にかかわらず、相続人に限定承認や相続放棄を、相続人の債権者や相続債権者等に財産分離の請求をそれぞれ認める必要があります。また、限定承認や相続放棄は相続人の固有の権利として本来自由に行使できるものですし、破産手続とは別個のものです。そこで、相続財産や相続人についての破産手続開始決定は、限定承認や財産分離を妨げないこととしています（破228本文・239本文）。

　単純承認や相続放棄は相続人に固有の権利ですが、相続開始後に相続人が破産手続開始決定を受けた場合、それらの権利行使は相続債権者や相続人固有の債権者に

多大な影響を与えます。相続財産を上回る債務を被相続人が負担している場合、相続人の単純承認によって、相続債権者も破産債権者になり、相続人固有の債権者は受けるべき配当が減少するおそれがあります。また、相続債権者も十分な弁済を受けられなくなるおそれがあります。相続財産が被相続人の債務を上回る場合には、相続人の相続放棄によって破産財団が増加せず、相続人固有の債権者は期待を裏切られる結果になります。そこで、破産法は、相続人の破産について、破産手続開始決定前の単純承認や相続放棄は民法上の規律のままとしながら、破産手続開始決定後のものはいずれも限定承認として扱うこととしています（破238Ⅰ）。

そして、財産分離や限定承認に比べてより厳格な手続である相続財産の破産手続が開始すると、相続財産の清算手続という点で共通する限定承認や財産分離の手続は中止します（破228ただし書）。相続人の破産手続の場合、別個に限定承認や財産分離の手続を進めることができるのであれば、破産手続外での相続財産の清算が可能です。そこで、破産手続開始決定を受けた相続人のみが相続財産について債務の弁済に必要な行為をする権限を有し、手続外の清算が困難な場合にのみ、相続財産の破産と同様に限定承認等を中止することとしています（破239本文）。

3　相続財産破産の場合における「破産者」とは誰か

相続財産の破産における「破産者」を誰と解すべきか（相続財産破産の法律構成）という点については争いがあります。①相続人が破産者であるとする説（相続人破産者説）、②被相続人が破産者であるとする説（被相続人破産者説）、③相続財産自体が破産者であるとする説（相続財産破産者説）に大別され、近時は③説が多数説であるとされています（大コンメ951頁［中島弘雅］、条解破産1474頁）。

また、③説の中にも、相続財産を法人格なき財団（破13、民訴29）とみる考え方と、相続財産に法人格を認める見解に分かれており、前者が通説・判例（高松高決平8・5・15判時1586号79頁）です。

第1節　相続財産の破産

> **（相続財産に関する破産事件の管轄）**
> **第222条**　相続財産についてのこの法律の規定による破産手続開始の申立ては、被相続人の相続開始の時の住所又は相続財産に属する財産が日本国内にあるときに限り、することができる。
> 2　相続財産に関する破産事件は、被相続人の相続開始の時の住所地を管轄する地方裁判所が管轄する。
> 3　前項の規定による管轄裁判所がないときは、相続財産に関する破産事件は、相続財産に属する財産の所在地（債権については、裁判上の請求をすることができる地）を管轄する地方裁判所が管轄する。
> 4　相続財産に関する破産事件に対する第5条第8項及び第9項並びに第7条第5号の規定の適用については、第5条第8項及び第9項中「第1項及び第2項」とあるのは「第222条第2項及び第3項」と、第7条第5号中「同条第1項又は第

2項」とあるのは「第222条第2項又は第3項」とする。
5　前3項の規定により二以上の地方裁判所が管轄権を有するときは、相続財産に関する破産事件は、先に破産手続開始の申立てがあった地方裁判所が管轄する。

基本事項

　本条は、相続財産破産について、管轄に関する破産法4条や5条の特則を定めたものです。

　被相続人の相続開始時の住所または相続財産に属する財産が日本国内にあるときに限り、相続財産に関する破産手続開始の申立てをすることができます（本条Ⅰ）。

　相続財産破産は、原則として被相続人の相続開始の時の住所地を管轄する地方裁判所が管轄します（原則的土地管轄。本条Ⅱ）。この管轄裁判所がないときは、相続財産に属する財産の所在地（債権については、裁判上の請求をすることができる地）を管轄する地方裁判所が管轄します（補充的土地管轄。本条Ⅲ）。

　このように管轄を定めた趣旨は、利害関係人による手続関与の容易性や円滑な権利関係の処理等の点にあります。

　相続財産破産の場合でも、債権者数が500名以上の場合は、原則的土地管轄および補充的土地管轄以外にも、これらの規定による管轄裁判所の所在地を管轄する高等裁判所の所在地を管轄する地方裁判所にも破産手続開始の申立てをすることができます（本条Ⅳ・5Ⅷ）。債権者数が1000名以上の場合は、東京地裁または大阪地裁にも破産手続開始の申立てをすることができます（本条Ⅳ・5Ⅸ）。なお、裁判所は、著しい損害または遅延を避けるために必要があると認めるときは、職権で、原則的土地管轄または補充的土地管轄以外の裁判所に申し立てられた破産事件を、原則的土地管轄または補充的土地管轄に移送することができます（本条Ⅳ・7⑤）。

　本条により相続財産に関する破産事件について、2以上の地方裁判所が管轄を有するときは、先に破産手続開始の申立てがあった地方裁判所が管轄します（本条Ⅴ）。

　文　献　条解破産1478頁、大コンメ955頁［中島弘雅］、伊藤84頁・206頁、一問一答破産307頁、注釈破産（下）504頁［有元大］

（相続財産の破産手続開始の原因）
第223条　相続財産に対する第30条第1項の規定の適用については、同項中「破産手続開始の原因となる事実があると認めるとき」とあるのは、「相続財産をもって相続債権者及び受遺者に対する債務を完済することができないと認めるとき」とする。

基本事項

　通常の破産手続の場合、破産手続開始の原因は債務者の支払不能です（破15Ⅰ）。合名会社および合資会社以外の法人が債務者である場合には、支払不能に加えて債務超過（債務者が、その債務につき、その財産をもって完済することができない状態）も破産手続開始の原因となります（破16Ⅰ）。

本条は、相続財産の破産手続開始の原因に関して、破産法30条1項の読替規定であり、相続財産破産の場合は、「相続財産をもって相続債権者及び受遺者に対する債務を完済することができないと認めるとき」（債務超過）が破産手続開始の原因であることを定めています。相続財産については、将来的に資産が増加することは期待できませんし、信用や労力を考慮できず、専ら相続財産が弁済の可否を決める要素となります。そこで、明文上、支払不能を除外して、債務超過を破産手続開始の原因としています［☞ **論点解説**］。

論点解説
破産手続開始原因に支払不能が含まれるか　　相続財産の破産手続は、自然人に帰属していた財産等の清算手続です。支払不能は支払停止という外形的な行為から推認できますが、自然人の場合には貸借対照表等の存在は期待できませんので、債務超過のみを破産手続開始原因とするとその立証が困難になります。このような事情等を理由として、債務者が死亡する前に支払停止に該当する行為を行っている場合には被相続人の支払不能を推定し、相続財産の債務超過に準じ得るものとして、破産手続開始原因の存在を認めるべきであるとする見解があります（注解破産（下）154頁［林屋礼二＝宮川知法］）。

　文　献　条解破産1482頁、大コンメ958頁［中島弘雅］、伊藤90頁・107頁、注釈破産（下）508頁［石部雄一］

（破産手続開始の申立て）
第224条　相続財産については、相続債権者又は受遺者のほか、相続人、相続財産の管理人又は遺言執行者（相続財産の管理に必要な行為をする権利を有する遺言執行者に限る。以下この節において同じ。）も、破産手続開始の申立てをすることができる。
2　次の各号に掲げる者が相続財産について破産手続開始の申立てをするときは、それぞれ当該各号に定める事実を疎明しなければならない。
　一　相続債権者又は受遺者　その有する債権の存在及び当該相続財産の破産手続開始の原因となる事実
　二　相続人、相続財産の管理人又は遺言執行者　当該相続財産の破産手続開始の原因となる事実

基本事項
　本条1項は、破産法18条1項の特則として、相続債権者または受遺者のほか、相続財産の管理権を有する相続人、相続財産の管理人または遺言執行者（相続財産の管理に必要な行為をする権利を有する遺言執行者に限る）にも、相続財産についての破産手続開始の申立権を認めています。相続財産の破産手続は、債務超過の相続財産を法に定める厳格な手続の下で適正公平に清算するための手続です。そのため、このような相続財産の管理人等は相続財産の破産手続の開始を申し立てるにふさわしいと考

えられることから、これらの者にも相続財産についての破産手続開始の申立権を認めることとしました。

　相続債権者または受遺者が相続財産の破産手続開始申立てをする場合、これらの者が有する債権の存在および破産手続開始原因となる事実を疎明する必要があります（本条Ⅱ①）。相続人、相続財産の管理人または遺言執行者が申し立てる場合には、破産手続開始の原因となる事実を疎明する必要があります（同項②）。これらの定めは、不当な目的による申立てを回避するという破産法18条2項や19条3項、244条の4第2項と同様の趣旨によるものです。

　文　献　条解破産1484頁、大コンメ959頁［中島弘雅］、伊藤90頁・125頁、注釈破産（下）510頁［下山和也］

（破産手続開始の申立期間）
第225条　相続財産については、民法第941条第1項の規定により財産分離の請求をすることができる間に限り、破産手続開始の申立てをすることができる。ただし、限定承認又は財産分離があったときは、相続債権者及び受遺者に対する弁済が完了するまでの間も、破産手続開始の申立てをすることができる。

基本事項

　相続財産破産では、相続財産が相続人の財産と混同した後に破産手続開始申立てを認めると、相続人の固有財産が破産財団に紛れて、相続人の債権者を害するおそれがあります。そのため、本条は、相続財産破産の申立期間を限定し、相続財産が相続人の固有財産に混同する前に限り、破産手続開始申立てができることとしています。具体的には、民法941条1項の規定により財産分離の請求をすることができる間（相続開始のときから3か月間、または同期間満了後であっても相続財産が相続人の固有財産と混同しない間）に限り、破産手続開始の申立てをすることができます（本条本文）。

　限定承認または財産分離があったときは、それらの手続中は相続財産が相続人の固有財産から分離されていますので、相続債権者および受遺者に対する弁済が完了するまでの間も破産手続開始の申立てをすることができます（本条ただし書）。

　文　献　条解破産1488頁、大コンメ962頁［中島弘雅］、伊藤87頁、一問一答破産307頁、注釈破産（下）514頁［山野史寛］

（破産手続開始の決定前の相続の開始）
第226条　裁判所は、破産手続開始の申立て後破産手続開始の決定前に債務者について相続が開始したときは、相続債権者、受遺者、相続人、相続財産の管理人又は遺言執行者の申立てにより、当該相続財産についてその破産手続を続行する旨の決定をすることができる。
2　前項に規定する続行の申立ては、相続が開始した後1月以内にしなければならない。
3　第1項に規定する破産手続は、前項の期間内に第1項に規定する続行の申立て

がなかった場合はその期間が経過した時に、前項の期間内に第1項に規定する続行の申立てがあった場合で当該申立てを却下する裁判が確定したときはその時に、それぞれ終了する。
4　第1項に規定する続行の申立てを却下する裁判に対しては、即時抗告をすることができる。

基本事項
1　趣旨
　破産手続開始申立後、破産手続開始決定前に債務者について相続が開始した場合、破産法13条により民訴法124条1項1号の規定が準用され、破産手続開始申立てに関する審理手続は中断します。ところで、破産手続開始申立ては、同時破産手続廃止決定を意図した申立てであったり、相続財産もない上に相続人もいないといった場合があります。このような場合には、債務者が死亡した場合に手続を続行する必要性に乏しいといえます。他方で、否認権の行使や相殺禁止等の関係で従前の破産手続を維持すれば、破産財団の増殖が見込まれるといった事案もあります。そこで、本条1項は、その必要性等を踏まえた申立権者（相続債権者、受遺者、相続人、相続財産の管理人または遺言執行者）の申立てに基づいて、裁判所が、相続財産の破産手続を続行する旨の決定をし、一旦中断した破産手続を受継することができるものとしています。

2　手続・終了
　本条1項に基づく破産手続の続行申立ては、相続が開始した後1か月以内にしなければなりません（本条Ⅱ）。この期間内に申立てがなされず、または期間内になされた申立てについて却下する裁判が確定した場合、その時点で破産事件は終了します（本条Ⅲ）。
　なお、本条1項に基づく破産手続の続行申立てを却下する決定に対しては、即時抗告をすることができます（本条Ⅳ）。

文献　条解破産1490頁、大コンメ964頁〔中島弘雅〕、伊藤90頁、一問一答破産311頁、注釈破産（下）516頁〔渡辺裕介〕

（破産手続開始の決定後の相続の開始）
第227条　裁判所は、破産手続開始の決定後に破産者について相続が開始したときは、当該相続財産についてその破産手続を続行する。

基本事項
　破産手続開始の申立後、破産手続開始決定前に債務者について相続が開始したとき（破226Ⅰ）と異なり、本条は、破産手続開始決定後に破産者について相続が開始したときは、相続財産についての破産手続を中断せず、当然に続行することとしています〔☞ **より深く学ぶ**〕。この趣旨は、破産手続開始決定前と異なり、破産手続開始決定によって破産者は破産財団に属する財産について管理処分権を喪失し

（破78Ⅰ）、すでに破産管財人が職務を遂行しているため、破産手続を維持することが合理的であることから、手続を続行することとした点にあります。

より深く学ぶ
続行後の破産財団の範囲　破産手続開始後に破産者が死亡した場合、破産者を被相続人とする相続財産には、破産者の自由財産や、破産手続開始時から死亡までの間に破産者が取得した財産（新得財産）も含まれています。そこで、相続財産について破産手続を続行する場合、当該相続財産と破産手続開始決定時の破産財団が一致していませんので、続行後の破産財団の範囲が問題となります。これらの自由財産や新得財産も破産財団に含まれると解すべきであるとする見解（井上直三郎『破産・訴訟の基本問題』〔有斐閣、1971〕299頁）もありますが、破産財団の範囲は破産手続開始時の財産に限定されるという固定主義（破34Ⅰ）の観点から、このような自由財産や新得財産は破産財団には含まれないと解するのが通説です（条解破産1494頁、大コンメ967頁［中島弘雅］）。

文献　条解破産1493頁、大コンメ967頁［中島弘雅］、伊藤90頁、注釈破産（下）520頁［渡辺耕太］

（限定承認又は財産分離の手続との関係）
第228条　相続財産についての破産手続開始の決定は、限定承認又は財産分離を妨げない。ただし、破産手続開始の決定の取消し若しくは破産手続廃止の決定が確定し、又は破産手続終結の決定があるまでの間は、限定承認又は財産分離の手続は、中止する。

基本事項
1　趣旨
　相続財産の破産手続は、債務超過に陥った相続財産を適正かつ公平に分配する手続です。限定承認（民922）や第二種財産分離（民950）は、相続人や相続人の債権者が債務超過に陥った相続財産による負担を回避するための手続です。これらは、いずれも相続人の固有の財産と分離した上で相続財産を清算する手続として共通します。そこで、本条はこれらの関係について定めています。

2　相続財産の破産手続と限定承認・財産分離
　相続財産の破産手続が開始されても、被相続人が有していた権利義務が相続人に包括承継されれば、相続債権者（民927Ⅰ前段）の引当てとなる財産は相続財産に限定されません。したがって、相続財産についての破産手続開始決定は、相続債権者による相続人の固有財産に対する請求を阻止できません。相続人がこれを回避するためには、限定承認（民922）をする必要があります。相続人がこのような対応をとらない場合に、限定承認と類似した相続財産の清算を望む相続人の債権者は、第二種財産分離（民950）をする必要があります。

　一方、相続財産の破産手続では、相続人の債権者は破産債権者として権利を行使

することができません（破233）ので、相続債権者は、相続人の債権者との関係では、相続財産から優先的に弁済を受けることができます。もっとも、破産手続開始決定の取消しや費用不足による破産手続廃止、破産管財人による財産の放棄等によって、相続人の債権者が破産手続外で相続財産に対して権利を行使をし得る場合があります。このような場合、当該財産は相続の開始によって相続人に包括的に承継されます。そこで、相続人の財産状況が債務超過であることを予想する相続債権者が相続人の債権者との関係で相続財産から優先的に弁済を受けるためには、第一種財産分離（民941）を行う必要があります。

もっとも、以上のような意義を持った限定承認や財産分離は行使期間に制限があります（同法915Ⅰ・941Ⅰ・950Ⅰ）ので、相続財産の破産手続が終了する前でも、限定承認等を行う必要があります。そこで、これらの事情を踏まえ、本条本文は、相続財産についての破産手続開始決定は、限定承認または財産分離を妨げないこととしています。

他方で、相続財産の管理や債務の確定、弁済については、限定承認または財産分離に比べて、相続財産の破産手続のほうがより厳格に債権者の公平を確保することができます。そこで、本条ただし書は、相続財産破産の手続が進行している間は、限定承認または財産分離の手続は、中止することとしています。

判　例　大阪高判昭63・7・29高民集41巻2号86頁［百選4版［44］］
文　献　条解破産1495頁、大コンメ969頁［中島弘雅］、伊藤90頁、注釈破産（下）522頁［渡辺耕太］

（破産財団の範囲）
第229条　相続財産について破産手続開始の決定があった場合には、相続財産に属する一切の財産（日本国内にあるかどうかを問わない。）は、破産財団とする。この場合においては、被相続人が相続人に対して有していた権利は、消滅しなかったものとみなす。
2　相続人が相続財産の全部又は一部を処分した後に相続財産について破産手続開始の決定があったときは、相続人が反対給付について有する権利は、破産財団に属する。
3　前項に規定する場合において、相続人が既に同項の反対給付を受けているときは、相続人は、当該反対給付を破産財団に返還しなければならない。ただし、相続人が当該反対給付を受けた当時、破産手続開始の原因となる事実又は破産手続開始の申立てがあったことを知らなかったときは、その現に受けている利益を返還すれば足りる。

基本事項

1　趣旨

通常の破産手続における破産財団の範囲は破産法34条1項が定めています。もっとも、相続財産の破産手続で清算する相続財産は相続の開始によって相続人に帰属しますが、当該相続人の破産手続ではない上、相続財産自体は権利義務の帰属主体

になり得ないことから、同項の「破産者が」「有する」との文言が当てはまりません。そこで、本条は、1項前段で相続財産破産について「相続財産に属する一切の財産」が破産財団を構成する旨を定めるとともに〔☞ **より深く学ぶ**〕、同項後段で混同の例外等についても定めています。

2 混同の例外

被相続人と相続人との間の権利義務は、相続による包括承継に伴って、混同（民179・520）によって消滅することが原則です。しかし、相続人の固有財産から独立して相続財産の清算を行う相続財産の破産手続では、破産財団に帰属する被相続人の相続人に対する権利を消滅させ、相続債権者の犠牲の下、相続人（およびその権利者）に利益を与えることは不合理です。そこで、このような権利を消滅させずに破産財団に組み入れて破産手続による清算の対象とすることが衡平ですので、本条は、例外的にこのような権利を消滅させないこととしています（本条Ⅰ後段）。

3 相続人による財産処分

相続開始から破産手続開始決定までの間に、相続人が相続財産に属する財産の全部または一部を処分していた場合、破産財団の基準時を破産手続開始決定時と考える通説からは、処分された財産は破産財団を構成しないことになります。しかし、相続人が反対給付を取得できるとすると、相続財産を引当てとしている相続債権者や受遺者の犠牲によって相続人（およびその債権者）が利益を得ることとなって不合理です。そのため、相続財産の代替物と評価できる反対給付について相続人が有する権利を破産財団に帰属させることとしました（本条Ⅱ）。また、相続人がすでに反対給付を受けていたときは、これを破産財団に返還しなければならないとしました（本条Ⅲ本文）。もっとも、相続人が反対給付を受けた当時、相続財産の債務超過や相続財産について破産手続開始申立てがあることを知らなかった場合にまでその全額を返還させることは酷ですので、その場合には現存利益を返還すれば足りることとしました（同項ただし書）。

より深く学ぶ

相続財産破産における破産財団の基準時 相続財産とは相続開始時における財産をいいますが（民896本文）、通常、相続開始時と破産手続開始決定時とでは財産の内容は異なります。そこで、相続財産を破産財団とする相続財産破産の場合（本条Ⅰ前段）、その基準時が問題となります。この点、本条1項の文言から、相続開始時を基準とする見解（大コンメ972頁〔中島弘雅〕）もありますが、相続開始後破産手続開始前に相続財産から逸出した財産に追及効を認めることは相当でなく、本条1項は基準時に言及していないといった理由から、破産法34条1項の原則通り破産手続開始時と解する見解が有力です（条解破産1498頁）。

文献 条解破産1497頁、大コンメ972頁〔中島弘雅〕、伊藤88頁、注釈破産（下）523頁〔碓井啓己〕

> **（相続人等の説明義務等）**
> **第230条** 相続財産について破産手続開始の決定があった場合には、次に掲げる者は、破産管財人若しくは債権者委員会の請求又は債権者集会の決議に基づく請求があったときは、破産に関し必要な説明をしなければならない。
> 　一　被相続人の代理人であった者
> 　二　相続人及びその代理人
> 　三　相続財産の管理人及び遺言執行者
> 2　前項の規定は、同項第2号又は第3号に掲げる者であった者について準用する。
> 3　第37条及び第38条の規定は、相続財産について破産手続開始の決定があった場合における相続人並びにその法定代理人及び支配人について準用する。

基本事項

1　趣旨

破産法40条は通常の破産手続における破産に関する説明義務者を定めています。本条はその特則として、相続財産破産における破産に関する説明義務者を定めています。

2　説明義務者

説明義務を負う者は、①被相続人の代理人であった者、②相続人、③相続人の代理人、④相続財産の管理人、⑤遺言執行者および②ないし⑤であった者です（本条Ⅰ・Ⅱ）。これらの説明義務者については、信託財産破産における受託者（破244条の6Ⅳ）と異なり、重要財産開示義務（破41）は課されていません。

3　居住制限・引致

本条1項の説明義務者のうち、相続人ならびにその法定代理人および支配人（商20）に対しては居住制限（破37）が課され、また、裁判所は引致（破38）を命じることができます（本条Ⅲ）。

文　献　条解破産1500頁、大コンメ975頁［中島弘雅］、伊藤89頁、一問一答破産308頁、注釈破産（下）526頁［碓井啓己］

> **（相続債権者及び受遺者の地位）**
> **第231条** 相続財産について破産手続開始の決定があった場合には、相続債権者及び受遺者は、相続人について破産手続開始の決定があったときでも、その債権の全額について破産手続に参加することができる。
> 2　相続財産について破産手続開始の決定があったときは、相続債権者の債権は、受遺者の債権に優先する。

基本事項

1　趣旨

本条は、平時実体法での相続債権者や受遺者の権利内容や優劣関係を踏まえ、相続財産破産の手続中に開始した相続人の破産手続において相続債権者および受遺者

が行使し得る破産債権額や、相続財産破産の手続における相続債権者と受遺者の優劣関係について定めています。

2 相続財産の破産手続中に開始した相続人の破産において行使し得る破産債権額

相続債権者および受遺者は、民法上、相続人が限定承認や相続放棄をしない限り、相続人の固有財産に対しても権利を行使できます。そのため、相続財産の破産手続中に相続人について破産手続が開始した場合であっても、相続債権者および受遺者は、その破産手続開始時に相続人の固有財産に対して権利行使できる債権額の全額について、相続人の破産手続に参加することができます（本条Ⅰ）。

もっとも、相続債権者および受遺者は相続財産を引当財産として債権者の地位を取得していることから、民法上の財産分離（民948・950Ⅱ）と同様に、相続人の破産手続では相続人固有の債権者に劣後します（破240Ⅱ）。

3 相続財産の破産手続における相続債権者と受遺者の優劣関係

民法上の限定承認や財産分離での弁済では、相続債権者が受遺者に優先します（民931・947Ⅲ・950Ⅱ）。これは、相続債権者が相続財産を引当てに対価を支払って債権者としての地位を取得しているのに対し、受遺者は被相続人の好意によって一方的に権利を得ているにすぎず、両者を同順位とすることは相続債権者にとって不当に不利益であること等を理由としています（谷口知平＝久貴忠彦編『新版注釈民法（27）〔補訂版〕』〔有斐閣、2013〕582頁〔松原正明〕）。このような民法での優劣関係と同様に、相続財産の破産手続でも、相続債権者（劣後的破産債権も含む）が受遺者に優先します（本条Ⅱ）。これは、破産法194条1項の特則となっています。

文献 条解破産1502頁、大コンメ977頁〔中島弘雅〕、注釈破産（下）528頁〔熊谷善昭〕

（相続人の地位）
第232条 相続財産について破産手続開始の決定があった場合には、相続人が被相続人に対して有していた権利は、消滅しなかったものとみなす。この場合においては、相続人は、被相続人に対して有していた債権について、相続債権者と同一の権利を有する。
2 前項に規定する場合において、相続人が相続債権者に対して自己の固有財産をもって弁済その他の債務を消滅させる行為をしたときは、相続人は、その出えんの額の範囲内において、当該相続債権者が被相続人に対して有していた権利を行使することができる。

基本事項

1 趣旨

被相続人と相続人間の権利義務は、相続が開始すれば包括承継に伴い混同（民179・520）によって消滅することが原則です。ところで、相続財産の破産手続は相続人の固有財産から独立して相続財産を清算する手続であり、この手続において、

被相続人に対する相続人の権利を当然に消滅させて、他の相続債権者より相続人（またはその債権者）を不利に扱うことは不合理です。また、相続人の被相続人に対する債権は、他の相続債権者の債権と同様の枠組みで破産手続による清算の対象とすることが衡平です。そこで、本条1項は混同の例外として、このような相続人の権利を消滅させないこととしています。これは、限定承認をしたときの相続人と被相続人間の権利義務について定めた民法925条と同様の趣旨です。

2　相続人が相続債権者に対し弁済等をした場合の効果

平時実体法では、相続債権者に対する被相続人の債務は、限定承認や相続の放棄をしない限り、包括承継（民896）によって相続人自身の債務としての性質をもちます。しかし、相続財産の破産手続では、相続財産が相続人の固有財産から独立していることを前提としています。そのため、相続人が固有財産から出捐して、被相続人が負担していた債務を弁済した場合には、第三者による弁済と同様に扱い、弁済額の範囲内で相続債権者が被相続人に対して有していた権利を行使できることとしています（本条Ⅱ）。

文　献　条解破産1505頁、大コンメ981頁［中島弘雅］、伊藤89頁、注釈破産（下）531頁［桑野貴充］

（相続人の債権者の地位）
第233条　相続財産について破産手続開始の決定があったときは、相続人の債権者は、破産債権者としてその権利を行使することができない。

基本事項

破産手続開始前に相続が開始すれば、民法に従い、相続財産は相続人に帰属しますので、当該財産は相続人の債権者の引当財産になっていたと考えられます。もっとも、相続財産が債務超過である相続財産の破産手続では、相続財産を引当てとして債権者の地位を取得した相続債権者（民927Ⅰ前段）や受遺者でさえ十分な配当を受けることができませんので、相続人の債権者に相続財産に対する権利行使を認めることは公平とは考えられません。

そこで、本条は、相続財産の破産手続では、相続人の債権者は、破産債権者として権利を行使できないこととしています。

文　献　条解破産1507頁、大コンメ983頁［中島弘雅］、伊藤89頁、注釈破産（下）532頁［桑野貴充］

（否認権に関する規定の適用関係）
第234条　相続財産について破産手続開始の決定があった場合における第6章第2節の規定の適用については、被相続人、相続人、相続財産の管理人又は遺言執行者が相続財産に関してした行為は、破産者がした行為とみなす。

基本事項

　相続財産について適正かつ公平な清算を行うためには、相続財産について破産手続開始の決定があった場合においても第6章第2節に定める否認権の規定を適用することが重要となります。もっとも、各規定は、その文言上破産者の行為の存在を前提としています。この点、相続財産破産では、否認権の対象行為の主体となる「破産者」を観念することにつき議論があり、また、相続財産破産の破産者を相続財産と解する多数説［☞第10章前注］を前提とすると、相続財産自体が否認権行使の対象となる財産処分（行為）を行うことはできませんので、相続財産破産の手続では否認権を行使することができないと解さざるを得ない事態も生じかねません。

　そこで、本条は、否認権に関する破産法の規定（破160－176）の適用については、相続財産について管理処分権を有する被相続人、相続人、相続財産の管理人または遺言執行者が相続財産に関して行った行為を破産者の行為とみなすこととしています。

　文　献　条解破産1508頁、大コンメ985頁［中島弘雅］、伊藤589頁、注釈破産（下）534頁［五十川伸］

（受遺者に対する担保の供与等の否認）
第235条　相続財産について破産手続開始の決定があった場合において、受遺者に対する担保の供与又は債務の消滅に関する行為がその債権に優先する債権を有する破産債権者を害するときは、当該行為を否認することができる。
2　第167条第2項の規定は、前項の行為が同項の規定により否認された場合について準用する。この場合において、同条第2項中「破産債権者を害する事実」とあるのは、「第235条第1項の破産債権者を害する事実」と読み替えるものとする。

基本事項

　相続財産破産の配当手続では、受遺者は相続債権者に劣後します（破231Ⅱ）。本条1項は、この優劣関係を前提として、相続財産破産の手続開始決定後、劣後する受遺者が担保供与や弁済等を受け、その結果、相続財産が減少し、相続債権者が害された場合には、時間的・主観的要件を問題とすることなく、当該担保供与等を否認できることとしています。

　この相続債権者には、優先的破産債権者や一般破産債権者のほか、劣後的破産債権者や約定劣後破産債権者も含まれます。

　このように本条1項の否認権行使については受遺者の主観的要件を要求していませんので、受遺者が相続債権者を害することを知らなかった場合には、受遺者は否認権を行使された結果、不測の不利益を被ることとなりかねません。そこで、同様に受益者の主観的要件を問わない無償否認に関する破産法167条2項を準用し、このような場合には原状回復の範囲を現存利益の限度にとどめることとしました（本条Ⅱ）。

　文　献　条解破産1509頁、大コンメ987頁［中島弘雅］、伊藤589頁、注釈破産（下）

535 頁［五十川伸］

> **（否認後の残余財産の分配等）**
> **第 236 条** 相続財産について破産手続開始の決定があった場合において、被相続人、相続人、相続財産の管理人又は遺言執行者が相続財産に関してした行為が否認されたときは、破産管財人は、相続債権者に弁済をした後、否認された行為の相手方にその権利の価額に応じて残余財産を分配しなければならない。

基本事項

相続財産破産では、受遺者の債権は相続債権者の債権に劣後する（破231Ⅱ）ものの、破産債権として手続に参加できます（同条Ⅰ・233）。そのため、否認権の行使によって破産財団に復帰した財産を換価した代金は、相続債権者に対して配当され、なお残余があれば受遺者に配当されることになります。

ところで、否認権の効果に関する原則に従えば、否認権を行使して原状に復した結果、否認権行使の相手方が有する債権が破産債権となる場合（破234・168Ⅱ②・③・169）、否認権の相手方は受遺者と同順位で配当を受けることになります。もっとも、一方的に利益を受ける受遺者よりも否認権の相手方を保護すべきですので、本条は、このような場合には否認権行使の相手方の破産債権が、受遺者の破産債権に優先することとしています。

文献 条解破産1512頁、大コンメ989頁［中島弘雅］、伊藤590頁、注釈破産（下）537頁［洲崎達也］

> **（破産債権者の同意による破産手続廃止の申立て）**
> **第 237 条** 相続財産の破産についての第218条第1項の申立ては、相続人がする。
> 2 相続人が数人あるときは、前項の申立ては、各相続人がすることができる。

基本事項

通常の破産手続では、全届出破産債権者が同意している場合等には、破産者の申立てにより同意破産手続廃止の決定（破218Ⅰ）が発令されます。この点、相続財産の破産手続では、通常の破産手続のような破産者を観念できません。そこで、本条は、最終的に相続財産が帰属し、その影響を受ける相続人が同意破産手続廃止を申し立てることができるとしています。

相続人が複数いる場合、破産債権者が同意しているにもかかわらず、一部の相続人が申立てに同意しないために手続を続行することは不合理です。また、所在不明の相続人がいる場合等も想定できます。そこで、各相続人がそれぞれ同意破産手続廃止を申し立てることができるとしています（本条Ⅱ）。

文献 条解破産1515頁、大コンメ991頁［中島弘雅］、伊藤695頁、一問一答破産312頁、注釈破産（下）359頁［洲崎達也］

第 2 節　相続人の破産

> **（破産者の単純承認又は相続放棄の効力等）**
> **第 238 条**　破産手続開始の決定前に破産者のために相続の開始があった場合において、破産者が破産手続開始の決定後にした単純承認は、破産財団に対しては、限定承認の効力を有する。破産者が破産手続開始の決定後にした相続の放棄も、同様とする。
> 2　破産管財人は、前項後段の規定にかかわらず、相続の放棄の効力を認めることができる。この場合においては、相続の放棄があったことを知った時から 3 月以内に、その旨を家庭裁判所に申述しなければならない。

基本事項
1　趣旨
　破産手続開始決定前の相続について、相続人は開始決定後も固有の権利である単純承認（民 920）、限定承認（民 922）または相続放棄（民 938）を自由に選択できます。もっとも、被相続人の債務が相続財産を超過する場合に破産者である相続人が単純承認をすると、相続債権者も破産債権者になり、相続人の債権者の受けるべき配当が減少するおそれがあり、相続債権者も十分な弁済を受けられなくなるおそれがあります。また、相続財産が被相続人の債務を上回る場合に相続人が相続放棄をすると、破産財団が増加せず、相続人の債権者は期待を裏切られる結果になります。
　そのため、本条 1 項は、破産手続開始決定前に発生していた相続に関し、以上のような事情を勘案して、破産手続開始決定後に破産者である相続人が単純承認や相続放棄をした場合には、いずれも限定承認の効力を有することとしています。もっとも、相続財産が債務超過であることが明らかな場合には、相続放棄を限定承認の効果にとどめる実益はありません。そこで、破産管財人は裁判所の許可を得て（破 78 Ⅱ⑥）、相続放棄の効力を認めることができます（本条 Ⅱ 前段）。この場合、破産管財人は相続放棄があったことを知った時から 3 か月以内にその旨を家庭裁判所へ申述しなければなりません（同項後段）。

2　要件
　本条 1 項は、破産手続開始決定前に相続が開始し、相続人が破産手続開始決定前に単純承認、限定承認または相続放棄のいずれも選択していない場合に限り適用されます。そのため、破産手続開始決定前に相続人がいずれかの選択をしていた場合には、破産債権者や破産管財人はその効果を覆すことはできず、破産債権者の利益を害する場合でも否認の対象にはならないと解されています（伊藤 92 頁）。
　本条 1 項に規定する単純承認には、民法 921 条により承認したものとみなされる場合（法定単純承認）も含まれると解されています（伊藤 93 頁注 35）。

3　効果
　本条 1 項に基づき相続人の単純承認や相続放棄が限定承認の効力を有するのは、

破産財団に対してのみであり、相続財産全体について家庭裁判所における限定承認の手続が開始されるわけではありません。そのため、例えば、破産手続開始後に破産者が相続を放棄し、本条により限定承認とみなされて破産管財人が相続財産を破産財団に組み入れて破産債権者に配当した後、残余財産が生じた場合は、破産手続終了時に残存する相続財産は他の共同相続人に引き渡されることとなります（条解破産152頁）。

文献 条解破産1517頁、大コンメ995頁［山野目章夫］、伊藤91頁、注釈破産（下）541頁［松永和宏］

（限定承認又は財産分離の手続との関係）
第239条 相続人についての破産手続開始の決定は、限定承認又は財産分離を妨げない。ただし、当該相続人のみが相続財産につき債務の弁済に必要な行為をする権限を有するときは、破産手続開始の決定の取消し若しくは破産手続廃止の決定が確定し、又は破産手続終結の決定があるまでの間は、限定承認又は財産分離の手続は、中止する。

基本事項

　債務超過の相続人が単純承認（民920・921）をすると、相続財産が相続人の債権者に対する関係でも責任財産となって、相続債権者（民927Ⅰ前段）は不利益を被ります。そこで、このような場合、相続債権者は財産分離（同法941Ⅰ。第一種財産分離）の手続をとる必要があります。この財産分離（第一種財産分離）は、相続債権者や受遺者が申し立て、相続財産と相続人の財産の混同を回避するためにそれぞれの財産を分離し、相続財産を清算する手続です。他方、相続財産が債務超過である場合には、相続人は限定承認（民922）により、相続人の債権者は財産分離（民950Ⅰ。第二種財産分離）により、単純承認をした場合の不利益を回避することができます。ここにいう財産分離（第二種財産分離）は、相続人が限定承認をしないことによる不利益を回避するために、相続人固有の債権者が申し立て、相続財産と相続人の財産を分離し、相続財産の清算を行う手続です。以上のような利益状況は、相続人に破産手続が開始した場合でも同様です。そして、限定承認や財産分離を妨げる理由もありませんので、本条本文は、破産手続開始決定後も限定承認等を行えることとしています。

　ところで、破産手続開始決定を受けた相続人以外にも相続人がいる場合は、破産手続とは別に、相続財産を清算する限定承認や財産分離の手続を進めることができます。しかし、破産手続開始決定を受けた相続人のみが相続財産について債務の弁済に必要な行為をする権限を有するとき（例えば、相続人が1人の場合や破産者が財産管理人の場合）には、破産管財人による破産手続の遂行とは別に、限定承認や財産分離の手続を進めることはできません。そこで、本条は、このような場合には、破産手続開始の決定の取消しもしくは破産手続廃止の決定が確定し、または破産手続終結の決定があるまでの間は、限定承認や財産分離の手続を中止するとしています（本

条ただし書。以上の点は、相続財産の破産手続が開始した場合にこれらの手続を中止する〔破228〕としている趣旨とは異なる）。

文献　条解破産1526頁、大コンメ998頁〔山野目章夫〕、伊藤94頁、一問一答破産315頁、注釈破産（下）549頁〔田島啓己〕

（相続債権者、受遺者及び相続人の債権者の地位）
第240条　相続人について破産手続開始の決定があった場合には、相続債権者及び受遺者は、財産分離があったとき、又は相続財産について破産手続開始の決定があったときでも、その債権の全額について破産手続に参加することができる。
2　相続人について破産手続開始の決定があり、かつ、相続財産について破産手続開始の決定があったときは、相続人の債権者の債権は、相続人の破産財団については、相続債権者及び受遺者の債権に優先する。
3　第225条に規定する期間内にされた破産手続開始の申立てにより相続人について破産手続開始の決定があったときは、相続人の固有財産については相続人の債権者の債権が相続債権者及び受遺者の債権に優先し、相続財産については相続債権者及び受遺者の債権が相続人の債権者の債権に優先する。
4　相続人について破産手続開始の決定があり、かつ、当該相続人が限定承認をしたときは、相続債権者及び受遺者は、相続人の固有財産について、破産債権者としてその権利を行使することができない。第238条第1項の規定により限定承認の効力を有するときも、同様とする。

基本事項
1　趣旨
　本条は、相続人の破産手続における相続債権者や受遺者と相続人の債権者との関係について、相続財産の財産分離（民941・950）や相続財産破産、相続人の限定承認（破産法238条1項により限定承認の効力が認められる場合も含む）があった場合に分けて民法に従った規律を定めています。

2　財産分離・相続財産破産
　民法上、相続財産が分離されても（民941・950）、相続放棄や限定承認がなされない限り、相続人の固有財産も相続債権者の引当財産になります（民948前段）。また、このような状況は、相続財産破産が開始された場合でも影響を受けません。そのため、相続債権者や受遺者は、相続人の破産手続開始決定時に有する債権額について、その破産手続に参加することができます（本条Ⅰ）。もっとも、財産分離が行われた場合の実体法の規律に従い、相続人の破産財団からの配当については、相続人の債権者の債権が相続債権者や受遺者の債権に優先することとしています（本条Ⅱ、民948後段）。

3　相続財産破産申立期間内になされた相続人の破産手続開始の申立て
　相続財産破産の申立てができる期間内（破225、民941Ⅰ）に相続人について破産手続開始決定がなされた場合、利害関係人は、相続財産と相続人の固有財産とが別個に清算されるという期待をもちます。このような期待を保護するため、前記の場合

には、財産分離がなされた場合（民948・950Ⅱ）と同様に、相続人の固有財産については相続人の債権者の債権が相続債権者や受遺者の債権に優先し、相続財産については相続債権者や受遺者の債権が相続人の債権者の債権に優先することとしています（本条Ⅲ）。

4 相続人の限定承認

相続人が限定承認をしたとき（破産法238条1項により限定承認の効力が認められる場合を含む）は、相続債権者や受遺者は相続人の固有財産に対して権利を行使することができません（民922）ので、本条4項はこのことを注意的に規定しています。

文献 条解破産1529頁、大コンメ1000頁〔山野目章夫〕、伊藤95頁、一問一答破産317頁、注釈破産（下）552頁〔畑知成〕

（限定承認又は財産分離の手続において相続債権者等が受けた弁済）
第241条 相続債権者又は受遺者は、相続人について破産手続開始の決定があった後に、限定承認又は財産分離の手続において権利を行使したことにより、破産債権について弁済を受けた場合であっても、その弁済を受ける前の債権の額について破産手続に参加することができる。相続人の債権者が、相続人について破産手続開始の決定があった後に、財産分離の手続において権利を行使したことにより、破産債権について弁済を受けた場合も、同様とする。
2 前項の相続債権者若しくは受遺者又は相続人の債権者は、他の同順位の破産債権者が自己の受けた弁済（相続人が数人ある場合には、当該破産手続開始の決定を受けた相続人の相続分に応じた部分に限る。次項において同じ。）と同一の割合の配当を受けるまでは、破産手続により、配当を受けることができない。
3 第1項の相続債権者若しくは受遺者又は相続人の債権者は、前項の弁済を受けた債権の額については、議決権を行使することができない。

基本事項

相続人について破産手続開始決定がなされても、限定承認または財産分離の手続は原則として続行します（破239本文）。本条は、これらの手続において相続債権者や受遺者、相続人の債権者が破産債権に対する弁済を受けた場合に、相続人の破産手続との調整を図るための規定です。

相続債権者や受遺者が限定承認や財産分離の手続により、または相続人の債権者が財産分離の手続により、それぞれ破産手続開始決定後に弁済を受けた場合でも、弁済を受ける前の債権の額で相続人の破産手続に参加できます（本条Ⅰ）。もっとも、相続債権者、受遺者または相続人の債権者が弁済を受けた場合、同順位の債権者が同じ割合の配当を受けるまでは、自らに対する配当を受けることができないこととし（「ホッチポットルール」と呼ばれている）、他の破産債権者との公平を図っています（本条Ⅱ）。このように、相続債権者や受遺者または相続人の債権者は、限定承認等の手続で受けた弁済額については相続人の破産手続での配当を受けられませんので、当該債権額についての議決権を行使できません（本条Ⅲ）。これらの規律の趣旨は、

外国での弁済（破109）や給与債権等の弁済（破101Ⅰ）を受けた破産債権者の処遇に関する破産法142条2項や201条4項と同様です。

　文献　条解破産1534頁、大コンメ1004頁［山野目章夫］、伊藤95頁、一問一答破産318頁、注釈破産（下）555頁［阿波連光］

（限定承認又は財産分離等の後の相続財産の管理及び処分等）
第242条　相続人について破産手続開始の決定があった後、当該相続人が限定承認をしたとき、又は当該相続人について財産分離があったときは、破産管財人は、当該相続人の固有財産と分別して相続財産の管理及び処分をしなければならない。限定承認又は財産分離があった後に相続人について破産手続開始の決定があったときも、同様とする。
2　破産管財人が前項の規定による相続財産の管理及び処分を終えた場合において、残余財産があるときは、その残余財産のうち当該相続人に帰属すべき部分は、当該相続人の固有財産とみなす。この場合において、破産管財人は、その残余財産について、破産財団の財産目録及び貸借対照表を補充しなければならない。
3　第1項前段及び前項の規定は、第238条第1項の規定により限定承認の効力を有する場合及び第240条第3項の場合について準用する。

基本事項

　相続人について破産手続開始決定があった場合、その決定の前後にかかわらず、限定承認または財産分離の手続が行われ、かつ当該相続人のみが債務の弁済について必要な権限を有する場合には、破産手続の終了まで限定承認または財産分離の手続は中止します（破239ただし書）。この場合、破産管財人が相続財産と相続人の固有財産とを分別して管理し、清算することになります（本条Ⅰ）。

　破産者以外の相続人が限定承認や財産分離の手続を進め、相続人の破産管財人以外の者が相続財産を管理する場合には、相続財産と破産者の固有財産が分別管理され、相続人の破産手続を進めることに特段の支障はありません。もっとも、破産者である相続人が限定承認等の手続を進めていた場合には、破産手続を進める上で、破産債権者の固有財産と相続財産を分別して管理する必要がありますので、本条を定めています。

　相続債権者や受遺者に対するすべての弁済を終了した後の相続財産の残余について、破産者たる相続人に帰属すべき部分がある場合、当該部分は相続人の固有財産とみなされます（本条Ⅱ前段）。その結果、破産法153条2項に基づいて作成済みである破産財団の財産目録や貸借対照表に、この残余財産を補充しなければなりません（同項後段）。

　これらの規定は、破産法238条1項や240条3項の場合に準用されています（本条Ⅲ）。

　文献　条解破産1537頁、大コンメ1006頁［山野目章夫］、伊藤95頁、一問一答破産316頁、注釈破産（下）558頁［武田昌則］

第3節　受遺者の破産

> **（包括受遺者の破産）**
> **第243条**　前節の規定は、包括受遺者について破産手続開始の決定があった場合について準用する。

基本事項

　遺言者から、遺贈の目的を特定することなく、遺産の全部またはその一定割合を与える内容の遺贈（包括名義での遺贈）を受けた包括受遺者（民964）は、相続人と同一の権利義務を有します（民990）。そのため、包括受遺者について破産手続が開始した場合には、相続人について破産手続が開始した場合と同様の状態になります。そこで、本条は、このような場合に相続人の破産に関する破産法238条から242条の規定を準用することとしています。

　文　献　条解破産1541頁、大コンメ1009頁［山野目章夫］、伊藤94頁、一問一答破産320頁、注釈破産（下）562頁［金丸由宇］

> **（特定遺贈の承認又は放棄）**
> **第244条**　破産手続開始の決定前に破産者のために特定遺贈があった場合において、破産者が当該決定の時においてその承認又は放棄をしていなかったときは、破産管財人は、破産者に代わって、その承認又は放棄をすることができる。
> 2　民法第987条の規定は、前項の場合について準用する。

基本事項

　特定遺贈の受遺者は、当該遺贈の効力が発生（民985Ⅰ）した後、いつでも遺贈の放棄することができます（民986Ⅰ）。そのため、破産手続開始決定までに破産者たる受遺者が特定遺贈を承認し、または放棄していない場合、遺贈の目的物が破産財団に組み入れられるのかどうか不明確な状態となります。そこで、本条1項は、このような場合、破産管財人は破産者に代わって特定遺贈を承認し、または放棄できることとしています。もっとも、破産管財人が特定遺贈の放棄をする場合には裁判所の許可が必要です（破78Ⅱ⑥）。

　遺贈義務者の不安定な立場を解消するため、平時実体法上、遺贈義務者から受遺者に対して承認または放棄すべき旨を催告することができますが（民987）、本条2項は、この規定を準用しています。そのため、催告に対して破産管財人が期間内に意思表示をしなかったときは、特定遺贈を承認したものとみなされます。

　文　献　条解破産1542頁、大コンメ1010頁［山野目章夫］、伊藤94頁、注釈破産（下）563頁［金丸由宇］

第10章の2 信託財産の破産に関する特則

> **前 注**
> **1 信託財産の破産に関する特則の制定経緯**
>
> 　平成18年12月に新たな信託法が制定されたことに伴い、破産法は信託財産の破産に関する特則を定めました。
>
> **2 信託財産破産の意義**
>
> 　信託財産とは、「受託者に属する財産であって、信託により管理又は処分をすべき一切の財産」をいいます（信託2Ⅲ）。信託財産は、受託者が信託の目的を実現するために運用するものです。そのため、信託法は、信託財産について、受託者の固有財産（信託2Ⅷ）からの独立性を認めています（信託22Ⅰ・23Ⅰ・25参照）。そして、このような独立性を前提に、破産法は、受託者の固有財産とは別に信託財産のみの破産手続を定めています。このような財産の集合体についての破産手続としては、他に相続財産の破産手続（破産法第10章）があります。
>
> **3 信託財産破産における破産者**
>
> 　信託財産破産において破産者を誰とすべきかという点については、相続財産破産と同様に争いがあります［☞第10章前注］。信託財産は受託者に帰属し、それ自体には独立の法人格がないとして、受託者を破産者とする見解もあります。しかし、破産法は、受託者の破産と信託財産の破産を区別しており、条文上も「信託財産について破産手続開始の決定があった」（破224の5・224の6Ⅰ・224の7Ⅰ等）という文言を用いています。また、あえて通常の破産事件で破産者に適用する条文を受託者に準用することとし（破244の6Ⅲ）、受託者がした行為は破産者がした行為とみなすもの（破244の10Ⅰ）と規定しています。以上から、信託財産破産の破産者は信託財産そのものであると考える見解（条解破産1548頁、伊藤97頁）が有力です。

（信託財産に関する破産事件の管轄）
第244条の2　信託財産についてのこの法律の規定による破産手続開始の申立ては、信託財産に属する財産又は受託者の住所が日本国内にあるときに限り、することができる。
2　信託財産に関する破産事件は、受託者の住所地（受託者が数人ある場合にあっては、そのいずれかの住所地）を管轄する地方裁判所が管轄する。
3　前項の規定による管轄裁判所がないときは、信託財産に関する破産事件は、信託財産に属する財産の所在地（債権については、裁判上の請求をすることができる地）を管轄する地方裁判所が管轄する。
4　信託財産に関する破産事件に対する第5条第8項及び第9項並びに第7条第5

> 号の規定の適用については、第 5 条第 8 項及び第 9 項中「第 1 項及び第 2 項」と
> あるのは「第 244 条の 2 第 2 項及び第 3 項」と、第 7 条第 5 号中「同条第 1 項又
> は第 2 項」とあるのは「第 244 条の 2 第 2 項又は第 3 項」とする。
> 5　前 3 項の規定により 2 以上の地方裁判所が管轄権を有するときは、信託財産に
> 関する破産事件は、先に破産手続開始の申立てがあった地方裁判所が管轄する。

基本事項

　本条は、信託財産の破産についての管轄に加えて、複数の管轄がある場合の調整を定めています。

　信託財産に関する破産事件の管轄は、清算対象である信託財産やこれを管理処分する権限をもつ者と経済的関連性がある国に認めるべきです。そこで、信託財産に属する財産または受託者の住所が日本国内にあるときに限り、信託財産の破産手続開始の申立てをすることができます（本条Ⅰ）。

　信託財産の破産に関する土地管轄は、原則として受託者の住所地（受託者が数人ある場合にあっては、そのいずれかの住所地）を管轄する地方裁判所にあり（本条Ⅱ）、信託財産に属する財産の所在地を管轄する地方裁判所に補充的に認めています（本条Ⅲ）。また、通常の破産手続において債権者数が多数に上る場合の付加的土地管轄（破 5 Ⅷ・Ⅸ）および当該付加的土地管轄に申し立てられた場合の原則的な管轄裁判所（本条Ⅱ）あるいは補充的な管轄裁判所（本条Ⅲ）への移送（破 7 ⑤）を信託財産破産においても認めています（本条Ⅳ）。複数の管轄裁判所へ破産手続開始申立てがなされた場合には、最初に申し立てがあった裁判所が管轄を有することとして、複数の管轄がある場合の調整を図っています（本条Ⅴ）。

　文　献　条解破産 1551 頁、大コンメ 1017 頁［村松秀樹］、注釈破産（下）571 頁［深山雅也＝片上誠之］

（信託財産の破産手続開始の原因）
> **第 244 条の 3**　信託財産に対する第 15 条第 1 項の規定の適用については、同項中「支払不能」とあるのは、「支払不能又は債務超過（受託者が、信託財産責任負担債務につき、信託財産に属する財産をもって完済することができない状態をいう。）」とする。

基本事項

1　趣旨

　本条は、信託財産の破産手続開始の原因が支払不能と債務超過の双方であること、および信託財産破産における債務超過の定義を定めています。この点、同様に財産の集合体についての破産である相続財産の場合には、労力や信用といった要素を考えがたいため、支払不能を破産手続開始の原因としていません（破 223）。他方で、信託財産の場合、信託財産に基づいて事業を行う等、事業型の信託もあります。そこで、信託財産の破産では、債務超過とは別に支払不能も破産手続開始の原因に加

えています。

2 定義

信託財産の破産における「支払不能」とは、「受託者が、信託財産による支払能力を欠くために、信託財産責任負担債務のうち弁済期にあるものにつき、一般的かつ継続的に弁済することができない状態」をいいます（破2Ⅸ括弧書）。

信託財産の破産における「債務超過」については、本条が「受託者が、信託財産責任負担債務につき、信託財産に属する財産をもって完済することができない状態をいう」と定義しています。ここにいう信託財産責任負担債務とは、信託財産に属する財産によって履行すべき責任を負う債務をいいます（信託2Ⅸ・21Ⅰ）。

文献 条解破産1554頁、大コンメ1019頁［村松秀樹］、注釈破産（下）574頁［深山雅也＝片上誠之］

（破産手続開始の申立て）
第244条の4 信託財産については、信託債権（信託法第21条第2項第2号に規定する信託債権をいう。次項第1号及び第244条の7において同じ。）を有する者又は受益者のほか、受託者又は信託財産管理者、信託財産法人管理人若しくは同法第170条第1項の管理人（以下「受託者等」と総称する。）も、破産手続開始の申立てをすることができる。
2　次の各号に掲げる者が信託財産について破産手続開始の申立てをするときは、それぞれ当該各号に定める事実を疎明しなければならない。
　一　信託債権を有する者又は受益者　その有する信託債権又は受益債権の存在及び当該信託財産の破産手続開始の原因となる事実
　二　受託者等　当該信託財産の破産手続開始の原因となる事実
3　前項第2号の規定は、受託者等が1人であるとき、又は受託者等が数人ある場合において受託者等の全員が破産手続開始の申立てをしたときは、適用しない。
4　信託財産については、信託が終了した後であっても、残余財産の給付が終了するまでの間は、破産手続開始の申立てをすることができる。

基本事項

1 趣旨

本条は、破産法18条の特則として、信託財産破産の申立権者や申立ての際に疎明すべき事実、申立可能時期について定めています。

2 信託財産破産の申立権者

信託債権とは、信託財産責任負担債務（受託者が信託財産に属する財産をもって履行の責任を負う債務。信託2Ⅸ）に係る債権であって受益債権ではないものをいいます（信託21Ⅱ②括弧書）。受益債権とは、信託行為に基づいて受託者が受益者に対し負う債務であって、信託財産に属する財産の引渡しその他の信託財産に係る給付をすべきものに係る債権をいいます（信託2Ⅶ）。信託債権や受益債権は信託財産を引当てとする債権ですので、信託債権者と受益者に信託財産破産の申立権を認めています（本条Ⅰ）。また、信託財産の管理処分権を有する受託者（信託2Ⅴ）、信託財産管理者

（信託63Ⅰ・66Ⅱ）、信託財産法人管理人（信託74Ⅱ・Ⅵ）および信託法170条1項の管理人（信託170Ⅳ。以上を「受託者等」という）にも申立権を認めています（本条Ⅰ）。

3　申立ての際に疎明すべき事実

本条2項1号は、濫用的な申立てを防止するために、信託債権者や受益者が信託財産について破産手続開始の申立てをするときは、その有する債権の存在および破産手続開始原因となる事実を疎明しなければならないこととしています。

また、本条2項2号も同様の趣旨から、受託者等（本条Ⅰ）が信託財産について破産手続開始の申立てをするときは、破産手続開始原因となる事実を疎明しなければならないこととしています。もっとも、受託者等が1人であるときや複数であっても全員が申立てをする場合には、破産手続開始原因の存在が事実上推定され、濫用的な申立てである危険性は高くありません。そこで、このような場合は、破産手続開始の原因となる事実を疎明する必要はありません（本条Ⅲ）。

4　申立可能時期

信託が終了した後であっても、残余財産の給付が終了するまでの間は、破産手続開始の原因が存在する限り、信託財産に属する財産を公平に分配して清算する意味がありますので、破産手続開始の申立てをすることができます（本条Ⅳ）。

文　献　伊藤98頁、条解破産1558頁、大コンメ1022頁［村松秀樹］、注釈破産（下）578頁［深山雅也＝秋葉健志］

（破産財団の範囲）
第244条の5　信託財産について破産手続開始の決定があった場合には、破産手続開始の時において信託財産に属する一切の財産（日本国内にあるかどうかを問わない。）は、破産財団とする。

基本事項

通常の破産手続での破産財団とは、「破産者が破産手続開始の時において有する一切の財産（日本国内にあるかどうかを問わない。）」をいいます（破34Ⅰ）。もっとも、信託財産破産では通常の破産手続と異なり、「破産者」という概念について明確ではありません。また、信託財産の破産手続は、受託者の固有財産から独立した信託財産の適正かつ公平な清算を目的としています。このような理由から、本条は、信託財破産の破産財団について、破産手続開始時において信託財産に属する一切の財産が破産財団であることを明らかにしています。

文　献　伊藤99頁、条解破産1562頁、大コンメ1025頁［村松秀樹］、注釈破産（下）583頁［深山雅也＝秋葉健志］

（受託者等の説明義務等）
第244条の6　信託財産について破産手続開始の決定があった場合には、次に掲げる者は、破産管財人若しくは債権者委員会の請求又は債権者集会の決議に基づく請求があったときは、破産に関し必要な説明をしなければならない。

一　受託者等
　二　会計監査人（信託法第248条第1項又は第2項の会計監査人をいう。以下この章において同じ。）
2　前項の規定は、同項各号に掲げる者であった者について準用する。
3　第37条及び第38条の規定は、信託財産について破産手続開始の決定があった場合における受託者等（個人である受託者等に限る。）について準用する。
4　第41条の規定は、信託財産について破産手続開始の決定があった場合における受託者等について準用する。

基本事項
1　趣旨
　本条1項は、信託財産の破産手続を適正に遂行するため、破産法40条の特則として、受託者等（破244の4Ⅰ）や会計監査人（信託248Ⅰ・Ⅱ）について、説明義務のほか、居住制限や引致、重要財産開示義務を定めています。これは、受託者等や会計監査人が信託財産の管理処分権を有し、信託財産や破産債権に関する情報を有していることによります。

2　受託者等の説明義務
　説明義務を負う者は、受託者、信託財産管理者、信託財産法人管理人、信託法170条1項の管理人（以上を「受託者等」という〔破244の4Ⅰ〕）および受託者等であった者、ならびに信託法248条1項または2項の会計監査人および会計監査人であった者です（本条Ⅰ①②・Ⅱ）。

3　居住制限・引致
　本条3項は、受託者等の説明義務を担保するために、破産法37条および38条を準用し、受託者等に居住制限を課すとともに、裁判所が受託者等の引致を命ずることを可能にしています。

4　受託者等の重要財産開示義務
　受託者等は、破産財団に関する情報を裁判所および利害関係人に提供するために、破産手続開始決定後遅滞なく、信託財産の内容を記載した書面を裁判所に提出しなければなりません（本条Ⅳ）。

　文献　伊藤101頁、条解破産1565頁、大コンメ1026頁〔村松秀樹〕、注釈破産（下）583頁〔深山雅也＝野中英匡〕

（信託債権者及び受益者の地位）
第244条の7　信託財産について破産手続開始の決定があった場合には、信託債権を有する者及び受益者は、受託者について破産手続開始の決定があったときでも、破産手続開始の時において有する債権の全額について破産手続に参加することができる。
2　信託財産について破産手続開始の決定があったときは、信託債権は、受益債権に優先する。

3　受益債権と約定劣後破産債権は、同順位とする。ただし、信託行為の定めにより、約定劣後破産債権が受益債権に優先するものとすることができる。

基本事項
1　趣旨
　信託債権（信託法21条2項2号括弧書に規定する「信託債権」を意味する〔破244の4Ⅰ〕）を有する者は、信託法21条2項2号から4号に定める場合を除いて、信託財産と受託者の固有財産の双方に対して権利を行使することができます（信託21Ⅱ参照）。この点、受託者の破産手続では破産財団に属さない信託財産（信託25Ⅰ）について本章が破産手続を設けていますので、信託財産と受託者双方に破産手続が開始された場合の調整規定が必要となります。そこで、本条は、信託財産と受託者の破産手続が併存した場合における信託債権者および受益者の地位について定めるとともに、信託債権と受託債権の優劣関係等を定めています。

2　信託債権者の手続参加
　信託債権者は、信託財産の破産手続と受託者の固有財産に関する破産手続が並行して進行する場合、各破産手続の開始決定時に有する債権の全額について、いずれの手続にも参加できます（本条Ⅰ）。

3　受益権者の手続参加
　受益債権（信託2Ⅶ）は、信託財産のみを責任財産としており、受託者の固有財産を責任財産としていません（信託21Ⅱ①・100）。そのため、信託財産の破産手続と受託者の固有財産に関する破産手続が並行して進行する場合、受益債権者は、受託者の固有財産に関する破産手続には参加できません。もっとも、信託財産の破産手続については、破産手続開始時に有する債権の全額について手続に参加できます。本条1項はこのことを確認的に定めています。

4　信託債権と受益債権の優先劣後関係
　信託法上、受益債権は信託債権に劣後します（信託101）。本条2項は、このような優先劣後関係が信託財産の破産手続でも妥当することを確認的に定めています。
　本条3項本文は、受益債権と約定劣後債権を同順位としています。もっとも、実務上の必要性から、信託行為の定めにより、約定劣後破産債権を受益債権に優先させることもできます（本条Ⅲただし書）。

　文　献　伊藤100頁、条解破産1567頁、大コンメ1028頁［村松秀樹］、注釈破産（下）588頁［深山雅也＝新保勇一］

（受託者の地位）
第244条の8　信託法第49条第1項（同法第53条第2項及び第54条第4項において準用する場合を含む。）の規定により受託者が有する権利は、信託財産についての破産手続との関係においては、金銭債権とみなす。

基本事項
1 趣旨
　受託者は、信託事務を処理するために必要な費用について、信託財産から償還を受けることができます（信託48Ⅰ本文・Ⅱ本文）。また、受託者は、自己に過失なく損害を受けた場合や第三者の故意または過失によって損害を受けた場合、信託財産からその賠償を受けることができます（信託53Ⅰ）。さらに、受託者は、一定の場合に信託財産から信託報酬を受けることができます（信託54Ⅰ）。これらの場合、受託者は、信託財産から償還等を受け得る限度で信託財産に属する金銭を固有財産に帰属させる権利を有しています（信託49Ⅰ・53Ⅱ・54Ⅳ。以下「償還等を受ける権利」という）。信託財産は法人格を有せず、信託財産と固有財産はいずれも受託者に帰属します。そのため、受託者の償還等を受ける権利は債権ではなく、信託財産に属する財産の一部を固有財産に帰属させるという法律関係の変動を生じさせる形成権であると解されていますが、実質的には信託財産に対する債権であると考えることもできます。そこで、本条は、信託財産破産との関係において、償還等を受ける権利を金銭債権とみなしています。

2 効果
　受託者は、信託財産の破産手続において、償還等を受ける権利について、その金額を額面とする破産債権として届け出た上、配当を受けることができます。

　文　献　伊藤100頁、条解破産1571頁、大コンメ1031頁［村松秀樹］、注釈破産（下）591頁［深山雅也＝廣瀬正剛］

（固有財産等責任負担債務に係る債権者の地位）
第244条の9　信託財産について破産手続開始の決定があったときは、固有財産等責任負担債務（信託法第22条第1項に規定する固有財産等責任負担債務をいう。）に係る債権を有する者は、破産債権者としてその権利を行使することができない。

基本事項
　固有財産等責任負担債務（受託者が固有財産または他の信託の信託財産に属する財産のみをもって履行する責任を負う債務〔信託22Ⅰ柱書〕）に係る債権を有する者は、信託財産に属する財産に対して強制執行をすることができません（信託23Ⅰ）。信託財産に対して強制執行できる債権者は、信託財産責任負担債務（信託2Ⅸ）に係る債権を有する者のみです（信託23Ⅰ）。

　また、受託者が破産手続開始決定を受けた場合でも、信託財産に属する財産は破産財団に属しません（信託25Ⅰ）。受託者独自の債務の引当てとなるものは、受託者の固有財産のみであって信託財産は責任財産とはなりません。

　このように信託財産と受託者の固有財産は別個のものとして独立していますので、信託財産の破産手続では固有財産等責任負担債務に係る債権は破産債権ではありません。

　本条は、このような信託財産の独立性による帰結を破産手続において確認する趣

旨の規定です。

文　献　伊藤 100 頁、条解破産 1573 頁、大コンメ 1032 頁［村松秀樹］、注釈破産（下）593 頁［深山雅也＝廣瀬正剛］

> **（否認権に関する規定の適用関係等）**
> **第 244 条の 10**　信託財産について破産手続開始の決定があった場合における第 6 章第 2 節の規定の適用については、受託者等が信託財産に関してした行為は、破産者がした行為とみなす。
> 2　前項に規定する場合における第 161 条第 1 項の規定の適用については、当該行為の相手方が受託者等又は会計監査人であるときは、その相手方は、当該行為の当時、受託者等が同項第 2 号の隠匿等の処分をする意思を有していたことを知っていたものと推定する。
> 3　第 1 項に規定する場合における第 162 条第 1 項第 1 号の規定の適用については、債権者が受託者等又は会計監査人であるときは、その債権者は、同号に掲げる行為の当時、同号イ又はロに掲げる場合の区分に応じ、それぞれ当該イ又はロに定める事実（同号イに掲げる場合にあっては、支払不能であったこと及び支払の停止があったこと）を知っていたものと推定する。
> 4　第 1 項に規定する場合における第 168 条第 2 項の規定の適用については、当該行為の相手方が受託者等又は会計監査人であるときは、その相手方は、当該行為の当時、受託者等が同項の隠匿等の処分をする意思を有していたことを知っていたものと推定する。

基本事項

　通常の破産手続では、条文の文言上、破産者の行為が否認の対象となります［☞第 6 章第 2 節前注］。もっとも、信託財産の破産では、通常の破産手続と異なり、否認の対象行為の主体となる「破産者」を観念することができるか、という点について明確ではありません［☞第 10 章の 2 前注］。本条はこのような事情を踏まえて、否認権に関する規定（第 6 章第 2 節）の適用については、受託者等が信託財産に関してした行為を破産者がした行為とみなしています。

　受託者等（受託者、信託財産管理者、信託財産法人管理人、信託法 170 条 1 項の管理人〔破 244 の 4 Ⅰ〕）はいずれも信託財産の管理処分権を有していますので、これらの者の行為が信託財産の総額を減少させて信託債権者や受益者を害する場合があり得ます。このような事情により、本条 1 項は、否認との関係では、受託者等が信託財産に関してした行為を破産者の行為とみなすとしています。

　また、受託者等または会計監査人（破 244 の 6 Ⅰ②）は、信託財産の実情をよく知り、その減少行為に荷担する可能性が比較的高いといえますので、否認の場面では、破産者が法人である場合の取締役や破産者が個人である場合の親族と同様に評価できる立場にあります。そこで、これらの者が信託財産の処分の相手方である場合には、①相当対価否認（破 161 Ⅰ②）における処分者の「隠匿等の処分」の意思、②偏頗行為否認（破 162 Ⅰ①）における支払不能および支払の停止の事実、③否認の効果

(破168Ⅱ）における処分者の「隠匿等の意思」のそれぞれについて、その悪意を推定しています（本条Ⅱ・Ⅲ・Ⅳ）。

文献 条解破産1574頁、大コンメ1033頁［村松秀樹］、注釈破産（下）594頁［深山雅也＝吉田和雅］

（破産管財人の権限）
第244条の11 信託財産について破産手続開始の決定があった場合には、次に掲げるものは、破産管財人がする。
一 信託法第27条第1項又は第2項の規定による取消権の行使
二 信託法第31条第5項の規定による追認
三 信託法第31条第6項又は第7項の規定による取消権の行使
四 信託法第32条第4項の規定による権利の行使
五 信託法第40条又は第41条の規定による責任の追及
六 信託法第42条（同法第254条第3項において準用する場合を含む。）の規定による責任の免除
七 信託法第226条第1項、第228条第1項又は第254条第1項の規定による責任の追及
2 前項の規定は、保全管理人について準用する。
3 第177条の規定は信託財産について破産手続開始の決定があった場合における受託者等又は会計監査人の財産に対する保全処分について、第178条から第181条までの規定は信託財産についての破産手続における受託者等又は会計監査人の責任に基づく損失のてん補又は原状の回復の請求権の査定について、それぞれ準用する。

基本事項

1 趣旨

信託法は、受託者による信託財産の管理等に対する監督やその責任追及のために、受益者に各種の権限（信託27Ⅰ・Ⅱ・31Ⅴ・Ⅵ・Ⅶ・32Ⅳ・40・41・42・226Ⅰ・228Ⅰ・254Ⅰ等）を与えています。

信託財産の破産手続が開始した場合には、破産財団である信託財産の管理処分権は破産管財人に専属することになりますので（破78Ⅰ・244の5）、受益者に属していた監督権限等には、受益者ではなく、破産管財人に行使させることが望ましいものがあります。そこで、本条は、受益者から破産管財人に委譲する権限を定めた上（本条Ⅰ）、破産手続開始前に保全管理人が選任された場合にも、これらの権限が保全管理人に委譲することを定めています（本条Ⅱ）。

2 受益者から破産管財人や保全管理人に委譲する権限

破産管財人や保全管理人に委譲する権限は以下のものです。
① 受託者の権限違反行為の取消権（信託27Ⅰ・Ⅱ）
② 利益相反行為の追認（信託31Ⅴ）
③ 利益相反行為に関する取消権（信託31Ⅵ・Ⅶ）

④　競合行為の介入権（信託 32 Ⅳ）
⑤　受託者または法人受託者の理事等に対する責任の追及および免除（信託 40-42）
⑥　限定責任信託における給付制限違反に基づく受託者の責任等の追及（信託 226 Ⅰ・228 Ⅰ・254 Ⅰ）

3　受託者等・会計監査人の責任追及の規律

通常の破産手続における法人破産の場合、役員の責任査定の制度（破 178 - 181）や役員の財産に対する保全処分（破 177）によって、役員に対する損害賠償請求を簡易迅速に実現できるようにしています。

信託財産の破産でも、破産管財人が簡易迅速に受託者等（破 244 の 4 Ⅰ）および会計監査人（破 244 の 6 Ⅰ②）に対する責任を追及できるように、通常の破産手続における規律（破 178 - 181・177）を準用しています（本条Ⅲ）。

文献　伊藤 102 頁、条解破産 1576 頁、大コンメ 1036 頁〔村松秀樹〕、注釈破産（下）598 頁〔深山雅也＝俣野紘平〕

（保全管理命令）
第 244 条の 12　信託財産について破産手続開始の申立てがあった場合における第 3 章第 2 節の規定の適用については、第 91 条第 1 項中「債務者（法人である場合に限る。以下この節、第 148 条第 4 項及び第 152 条第 2 項において同じ。）の財産」とあり、並びに同項、第 93 条第 1 項及び第 96 条第 2 項中「債務者の財産」とあるのは、「信託財産に属する財産」とする。

基本事項

通常の破産手続では、破産手続開始申立後破産手続開始決定までの間、債務者による財産の管理処分が失当であるときに、債務者の管理処分権を剝奪して保全管理人に付与するという保全管理命令の制度を設けています（破 91）。

信託財産の破産でも、破産手続開始申立後破産手続開始決定までの間、受託者等ではなく保全管理人による管理処分が必要な場合があります。もっとも、保全管理命令は、債務者が法人の場合にのみ発令されるものです（破 91 Ⅰ括弧書）ので、信託財産破産に対応するように読替えが必要になります。そこで、本条は、信託財産破産でも、保全管理命令に関する破産法 91 条 1 項・93 条 1 項および 96 条 2 項の文言を読み替えて適用することを定めています。

読替えの結果、信託財産破産における保全管理命令を発令する要件は「信託財産に属する財産の管理及び処分が失当であるとき、その他信託財産に属する財産の確保のために特に必要があると認めるとき」ということになります。

文献　伊藤 102 頁、条解破産 1579 頁、大コンメ 1039 頁〔村松秀樹〕、注釈破産（下）602 頁〔深山雅也＝桑田寛史〕

> **（破産債権者の同意による破産手続廃止の申立て）**
> **第244条の13** 信託財産の破産についての第218条第1項の申立ては、受託者等がする。
> 2 受託者等が数人あるときは、前項の申立ては、各受託者等がすることができる。
> 3 信託財産の破産について第1項の申立てをするには、信託の変更に関する規定に従い、あらかじめ、当該信託を継続する手続をしなければならない。

基本事項
1 趣旨
　本条は、破産法218条1項の特則として、信託財産破産における同意破産手続廃止の申立権者や申立てに当たって必要な手続を定めています。
2 破産手続廃止の申立権者
　通常の破産手続では、破産者は、届出破産債権者全員の同意があった場合に同意破産手続廃止の申立てをすることができます（破218Ⅰ）。信託財産の破産でも、届出破産債権者の全員の同意がある場合には、それ以上破産手続を進行させる意味はありません。もっとも、信託財産の破産では破産者を観念できるか明確ではありません［☞第10章の2前注］。そこで、破産手続開始決定前に信託財産の管理処分権を有していた点で破産者と共通する受託者等（受託者、信託財産管理者、信託財産法人管理人、信託170条1項の管理人〔破244の4Ⅰ〕）をその申立権者としました（本条Ⅰ）。
　受託者等が数人いる場合には各自が申立権を有します（本条Ⅱ）。すべての届出破産債権者が破産手続廃止に同意しているにもかかわらず、受託者等の一部が破産手続廃止の申立てをしないために破産手続を続行しなければならないことは不合理であるからです。
3 破産手続廃止の場合の信託継続手続
　信託財産について破産手続開始の決定があった場合、信託は終了します（信託163⑦）。もっとも、届出破産債権者全員の同意があって破産手続を廃止する場合には、信託を継続させる必要があります。そこで、受託者等は、同意破産手続廃止の申立前に信託を継続する手続を行わなければなりません（本条Ⅲ）。一度終了した信託を再度継続することは信託の変更の一種に当たりますので、受託者等は、信託の変更に関する規定（信託149）に従って、信託を継続する手続を行うことになります。

　文　献　条解破産1580頁、大コンメ1040頁［村松秀樹］、注釈破産（下）603頁［深山雅也＝桑田寛史］

第11章　外国倒産処理手続がある場合の特則

前　注

1　国際倒産法制の意義

近年の国際化時代では、企業が複数の国で事業を行い、個人が海外に資産を保有する場面が多く存在しています。このような企業や個人が経済的に破綻した場合、当該企業等について、日本の破産手続と外国の倒産処理手続が併存する可能性が生じます。そこで、本章は、このような事態に関わる規律を定めています。

2　単一倒産主義と並行倒産主義

日本の破産手続と外国の倒産処理手続が併存し得る場合の規律として、2つの考え方があります。

(1)　単一倒産主義

1人の債務者について全世界で1個の倒産処理手続のみを進めることができれば、債権者間の公平・平等を徹底でき、統一的な倒産処理を実現できます。そこで、債務者と経済的な結びつきが密接で、倒産処理を進めるのに最も適した国を確定した上で、その国においてのみ倒産処理手続の開始申立てを認め、他の国では申立てを一切認めないこととする考え方があります。これを単一倒産主義といいます。

(2)　並行倒産主義

単一倒産主義による場合、債務者との結びつきが最も密接な国を定める客観的な基準を定立する必要がありますが、これは極めて困難です。また、倒産処理手続については、条約等によって統一されたルールもなく、各国の手続は統一されていません。そのため、一国の倒産処理手続に普遍的な効力を認めて、他国の債権者等をその手続に無条件に拘束すれば、それらの者の利益を不当に侵害するおそれがあります。そこで、自国の破産手続と外国の倒産処理手続を並行して行うことを許容する考え方があります。これを並行倒産主義といいます。

わが国は並行倒産主義を採用し、破産法245条以下でその具体的内容を定めています。

3　外国倒産承認援助手続

外国の倒産処理手続の国内財産に対する効力については、平成12年に「外国倒産処理手続の承認援助に関する法律」および手続の細目を定める「外国倒産処理手続の承認援助に関する規則」が制定されました。外国の倒産処理手続は、この法律に従ってわが国の裁判所の承認手続を経ることにより、その効力をわが国にも及ぼすことができます。

外国管財人等（外国倒産処理手続の管財人または債務者〔承認援助2 I ⑧〕）は、専属管轄を有する東京地裁に承認の申立てをすることができ、裁判所は棄却事由がなければ

承認決定を行います。承認決定によって、外国管財人等は、国内財産に対する管理処分権を行使できます。

　裁判所は、破産債権者による個別執行を排除するために、特別利害関係人の申立てまたは職権で、中止命令等の援助の処分をすることができます。援助の処分の具体的な内容は、強制執行等他の手続の中止命令等（承認援助25）、処分禁止や弁済禁止の処分（承認援助26）、担保権の実行としての競売手続等の中止命令（承認援助27）、強制執行等禁止命令（承認援助28 - 30）、債務者の財産の処分等に対する許可（承認援助31）、承認管財人による管理命令（承認援助32 - 50）および保全管理命令（承認援助51 - 55）です。

　文　献　伊藤247頁、条解破産1583頁、大コンメ1041頁［深山卓也］、倒産法概説518頁［中西正］、一問一答破産323頁、注釈破産（下）608頁［鐘ヶ江洋祐］

（外国管財人との協力）
第245条　破産管財人は、破産者についての外国倒産処理手続（外国で開始された手続で、破産手続又は再生手続に相当するものをいう。以下この章において同じ。）がある場合には、外国管財人（当該外国倒産処理手続において破産者の財産の管理及び処分をする権利を有する者をいう。以下この章において同じ。）に対し、破産手続の適正な実施のために必要な協力及び情報の提供を求めることができる。
2　前項に規定する場合には、破産管財人は、外国管財人に対し、外国倒産処理手続の適正な実施のために必要な協力及び情報の提供をするよう努めるものとする。

基本事項
1　趣旨
　同一の破産者について日本の破産手続と外国の倒産処理手続が並行して係属する場合、各手続が相互に連携せずに進行すると、各手続に参加する債権者の範囲が一致しないことによって債権者間に不公平が生じたり、手続の分断や重複による非効率な処理によって債権者の利益が害されたりするおそれがあります。そこで、国際的に整合性のとれた倒産処理を行うために、手続遂行機関である管財人同士が密に連絡をとりあって情報提供を行い、協力し合うことを目指して本条を定めています。このように、本条は、日本の破産手続と外国の倒産処理手続とが並行して係属する場合の規律を定めています。このことからも、わが国が単一倒産主義ではなく並行倒産主義を採用していることがわかります。

　なお、本条と同趣旨の規定が民再法207条、会更法242条にも置かれています。
2　要件
　破産管財人は、破産者について外国倒産処理手続が存在する場合、外国管財人に対して、破産手続の適正な実施のために必要な協力および情報の提供を求めることができます（本条Ⅰ。その具体例は、大コンメ1047頁［深山卓也］参照）。

　外国倒産処理手続とは、外国で開始された手続で、破産手続または再生手続に相

当するものをいいます。破産手続に相当するものとは、債務者が保有するすべての財産を総債権者に対して公平に分配することを目的とする清算型の倒産処理手続をいいます。再生手続に相当するものとは、再建型の倒産処理手続をいい、会更法が定めるような更生手続も含まれます。

外国管財人とは、当該外国倒産処理手続において破産者の財産の管理および処分をする権利を有する者をいいます。この外国管財人には、債務者自身が自己の財産の管理および処分をする権限を保持したまま倒産処理手続を進める場合（いわゆるDIP型）の当該債務者も含まれます。

3　破産管財人の外国管財人に対する協力および情報提供に関する努力義務

破産管財人と外国管財人との協力関係は双方向的なものとされ、本条2項は、破産管財人は外国管財人に対し、外国倒産処理手続の適正な実施のために必要な協力および情報の提供をするよう努めるものとしています。

文　献　伊藤250頁、条解破産1588頁、大コンメ1045頁［深山卓也］、注釈破産（下）610頁［鐘ヶ江洋祐］

（外国管財人の権限等）
第246条　外国管財人は、債務者について破産手続開始の申立てをすることができる。
2　外国管財人は、前項の申立てをするときは、破産手続開始の原因となる事実を疎明しなければならない。
3　外国管財人は、破産者の破産手続において、債権者集会の期日に出席し、意見を述べることができる。
4　第1項の規定により外国管財人が破産手続開始の申立てをした場合において、包括的禁止命令又はこれを変更し、若しくは取り消す旨の決定があったときはその主文を、破産手続開始の決定があったときは第32条第1項の規定により公告すべき事項を、同項第2号又は第3号に掲げる事項に変更を生じたときはその旨を、破産手続開始の決定を取り消す決定が確定したときはその主文を、それぞれ外国管財人に通知しなければならない。

基本事項

1　趣旨

債務者について、すでに外国倒産処理手続（破245Ⅰ）が開始している場合に、外国管財人（同項）がその効力を日本国内に及ぼして国内財産を管理処分するためには、当該手続の承認決定を得るという方法が考えられます。もっとも、債務者について外国倒産処理手続と並行して国内の倒産処理手続が係属する場合、原則として、国内の倒産処理手続が優先します（承認援助57）。そのため、外国管財人が外国倒産処理手続の承認決定を得ても、その手続の進行を制約することがあり得ます。

そのため、外国管財人は、外国倒産処理手続の承認を求めるよりも、自ら日本国内で破産手続開始の申立てを行って並行倒産手続を開始させ、日本の破産管財人と連携して手続を進めたり、外国倒産処理手続の債権者を代理して日本の破産手続に

参加する（破247Ⅰ）ほうが、より円滑に外国倒産処理手続を進めることができる場合があります。このような事情から、本条は、外国管財人に対し、破産手続開始の申立権や債権者集会に出席して意見を述べる権利を与えています（本条Ⅰ・Ⅲ）。

なお、本条と同趣旨の規定が民再法209条、会更法244条にも置かれています。

2　外国管財人の破産手続開始の申立権

外国管財人は、債務者について破産手続開始申立てをすることができますが（本条Ⅰ）、濫用防止の観点から、破産手続開始原因となる事実を疎明しなければなりません（本条Ⅱ）。

なお、この申立権は外国管財人の固有の権限ですので、外国管財人は申立てに当たって、外国倒産処理手続の承認援助に関する法律に基づく外国倒産処理手続の承認を得る必要はありません。

3　外国管財人の債権者集会への出席等

外国管財人は、債権者集会に出席することによって、破産管財人から情報を得、外国倒産処理手続の遂行上必要があれば、破産管財人との連携等について意見を述べることができます（本条Ⅲ）。このような権限は直接的には外国管財人に情報を入手する機会を与えるものですが、間接的に、破産手続に参加している関係者にも外国倒産処理手続の情報を入手する機会を与えているともいえます。

4　包括的禁止命令等の通知

外国管財人が破産手続開始申立てをした場合、裁判所は、①包括的禁止命令またはその取消しもしくは変更決定があったとき（破25Ⅰ・Ⅳ）はその主文を、②破産手続開始決定があったときはその主文等公告すべき事項（破32Ⅰ）を、③破産管財人の氏名や債権届出期間等の事項（同項②・③）に変更が生じたときはその旨を、④破産手続開始決定の取消決定が確定したときはその主文を、それぞれ外国管財人に通知しなければなりません（本条Ⅳ）。

文献　条解破産1593頁、大コンメ1049頁［深山卓也］、伊藤251頁、注釈破産（下）614頁［鐘ヶ江洋祐］

（相互の手続参加）

第247条　外国管財人は、届出をしていない破産債権者であって、破産者についての外国倒産処理手続に参加しているものを代理して、破産者の破産手続に参加することができる。ただし、当該外国の法令によりその権限を有する場合に限る。

2　破産管財人は、届出をした破産債権者であって、破産者についての外国倒産処理手続に参加していないものを代理して、当該外国倒産処理手続に参加することができる。

3　破産管財人は、前項の規定による参加をした場合には、同項の規定により代理した破産債権者のために、外国倒産処理手続に属する一切の行為をすることができる。ただし、届出の取下げ、和解その他の破産債権者の権利を害するおそれがある行為をするには、当該破産債権者の授権がなければならない。

> 基本事項

1 趣旨

　日本と外国でそれぞれ倒産処理手続が進行し、各手続における届出債権者の範囲が異なる場合には、国際的には債権者間で平等な配当や弁済が行われないことになります。そこで、本条は、破産管財人と外国管財人がそれぞれの手続に参加した債権者を代理して相互に他方の倒産処理手続に参加することを認め（「クロスファイリング」と呼ばれている）、双方の手続に参加している債権者の範囲が一致するようにして、配当や弁済の統一を図ることを目的としています。

　なお、本条と同趣旨の規定が民再法210条、会更法245条にも置かれています。

2 外国管財人による破産手続への参加

　外国管財人は、日本の破産手続に届出をしていない破産債権者であって、破産者についての外国倒産処理手続（破245Ⅰ）に参加しているものを代理して、日本の破産手続に参加することができます（本条Ⅰ本文）。もっとも、外国管財人がこの権限を行使できるのは、当該外国の法令上、外国管財人が債権者を代理して日本の破産手続に参加する権限を有する場合に限られています（本条Ⅰただし書）。外国の法令において外国管財人に認められている権限をわが国において承認するものですので、外国管財人の代理権の範囲については当該外国の法令によって定まります。

3 破産管財人による外国倒産処理手続への参加

　破産管財人は、届出破産債権者が破産者についての外国倒産処理手続に参加していない場合には、当該債権者を代理して、その外国倒産処理手続に参加することができます（本条Ⅱ）。届出破産債権者自身が外国倒産処理手続に参加する場合には、破産管財人が代理する必要はありませんので、届出破産債権者の不参加を要件としています。また、重複した権利行使による無用の混乱を防止するため、外国倒産処理手続に参加した破産管財人や届出破産債権者は、相互にその旨を通知することとしています（破規73）。

4 破産管財人の代理権の範囲

　外国倒産処理手続において、届出破産債権者を代理する破産管財人は、その破産債権者が有する債権について、外国倒産処理手続に属する一切の行為をすることができます（本条Ⅲ本文）。もっとも、届出の取下げ、和解その他の破産債権者の権利を害するおそれがある行為については、破産債権者自身の意思決定に委ねるべきですので、当該破産債権者の個別の授権が必要です（同項ただし書）。

文　献　条解破産1596頁、大コンメ1052頁［深山卓也］、注釈破産（下）617頁［鐘ヶ江洋祐］

第12章　免責手続及び復権

> **前　注**

1　免責の意義

　免責とは、個人の破産者について、破産手続で配当されなかった残存債務の責任を免れさせることをいいます。

　破産手続は、支払不能に陥った債務者について、破産手続開始決定時の破産財団に属する財産を換価し、破産債権者に対して換価した現金を配当する手続です。もっとも、破産手続により、破産債権者が破産債権の全額に相当する配当を受けることは極めて稀です。ほとんどの場合、破産手続が終了しても、破産債権者が有する破産債権の大部分は配当を受けずに残ります。しかし、このように破産手続終了後も多くの債務が残ったままでは、個人の破産者が経済的再生を図ることは極めて困難です。そこで、個人の破産者を破産債権に係る責任から解放するため、破産法は、破産手続とは別個の手続として免責制度を設けています。

　なお、債務者が法人の場合、破産手続開始決定によって解散し（会社471⑤等参照）、手続が終結すれば法人格の消滅（破35）とともに債務も消滅します（最判平15・3・14民集57巻3号286頁）ので、法人についての免責制度はありません。

2　免責の理念

　免責制度の理念については、①債権者の権利を実現するということが破産制度の主たる目的であることを前提として、破産債権者の権利の実現に誠実に協力した債務者に対して、その特典として免責を与えるという見解（特典説）と、②債務者が破産債権者の権利実現に寄与したかどうかに関わりなく、積極的に不誠実な行為等を行っていない限り、経済的更生のために免責を与えるという見解（経済的更生手段説）があります。

　特典説は、免責不許可事由（破252）の有無を厳格に解し、不許可事由についての裁判所の審理は慎重になされるべきであるという結論になじみます。一方、経済的更生手段説は、形式的に免責不許可事由が存在しても、それが積極的な不誠実性を示すものでなければ免責を与えようとする方向に傾き、破産債権者からの異議がなければ、裁判所が積極的に免責不許可事由を調査する必要はないという結論になじみます。

　この点、最大決昭36・12・13（民集15巻11号2803頁［百選［82］]）は、「破産法における破産者の免責は、誠実なる破産者に対する特典として、破産手続において、破産財団から弁済出来なかつた債務につき特定のものを除いて、破産者の責任を免除するものであって、その制度の目的とするところは、破産終結後において破産債権を以て無限に責任の追求を認めるときは、破産者の経済的再起は甚だしく困難と

なり、引いては生活の破綻を招くおそれさえないとはいえないので、誠実な破産者を更生させるために、その障害となる債権者の追求を遮断する必要が存するからである」と判示しています。

3 免責制度による財産権制限の合憲性

免責制度は、配当後に残る破産債権（財産権）に対する責任を、破産債権者の意思によらずに免れさせるものですので、私人の財産権（憲29Ⅰ）を制限するものとしてその合憲性が問題となります。

この点について、前掲・最大決昭36・12・13は、「一般破産債権につき破産者の責任を免除することは、債権者に対して不利益な処遇であることは明らかであるが、他面上述のように破産者を更生させ、人間に値する生活を営む権利を保障することも必要であり、さらに、もし免責を認めないとすれば、債務者は概して資産状態の悪化を隠し、最悪の事態にまで持ちこむ結果となつて、却つて債権者を害する場合が少くないから、免責は債権者にとつても最悪の事態をさけるゆえんである。これらの点から見て、免責の規定は、公共の福祉のため憲法上許された必要かつ合理的な財産権の制限であると解するを相当とする。されば右免責規定は憲法29条各項に違反するものではない」と判示しています。

4 免責手続の性質（訴訟か非訟か）

免責手続の性質については、立法当初から非訟事件であると解されています。もっとも、破産債権者の権利を無にするように変更する裁判を、非訟事件として非公開の法廷で口頭弁論を経ずに行うことが憲法32条に反するのではないかという点が問題となります。

この点、最決平3・2・21（金法1285号21頁［百選［1］②］）は、「免責の裁判は、当事者の主張する実体的権利義務の存否を確定することを目的とする純然たる訴訟事件についての裁判ではなく、その性質は本質的に非訟事件についての裁判であるから、右免責の裁判が公開の法廷における対審を経ないでされるからといって、破産法の右規定が憲法32条に違反するものでない」と判示しています。この問題は、破産債権者や破産者に対する手続保障の観点から議論されています。平成16年改正前の破産法は、破産債権者等が免責申立てに対して異議を申し立てることができ（旧破366ノ7）、その場合の手続としては破産者および異議申立人からの必要的意見聴取（旧破366ノ8）等を定めていました。平成16年改正後は、免責許可の当否に関する破産債権者からの意見聴取を任意的なものとしています（破8Ⅱ・251）。もっとも、破産管財人の調査を強化しており（破250Ⅱ、破規75）、改正前と同様に手続保障に欠けるところはないと解されています（青山善充「判解」百選5頁）。

5 復権の意義

復権とは、破産手続開始決定に伴って各種法律によって生じる破産者の資格や権利の制限を解除して、本来の法的地位を回復させることをいいます（破255）。免責制度とともに、破産者の経済的再生に資する制度です。

復権による効果は、資格を制限する各種法律が定めています（破255Ⅱ）。

文 献 伊藤701頁、条解破産1615頁、大コンメ1055頁［花村良一］、注釈破産（下）

第1節　免責手続

> **（免責許可の申立て）**
> **第248条**　個人である債務者（破産手続開始の決定後にあっては、破産者。第4項を除き、以下この節において同じ。）は、破産手続開始の申立てがあった日から破産手続開始の決定が確定した日以後1月を経過する日までの間に、破産裁判所に対し、免責許可の申立てをすることができる。
> 2　前項の債務者（以下この節において「債務者」という。）は、その責めに帰することができない事由により同項に規定する期間内に免責許可の申立てをすることができなかった場合には、その事由が消滅した後1月以内に限り、当該申立てをすることができる。
> 3　免責許可の申立てをするには、最高裁判所規則で定める事項を記載した債権者名簿を提出しなければならない。ただし、当該申立てと同時に債権者名簿を提出することができないときは、当該申立ての後遅滞なくこれを提出すれば足りる。
> 4　債務者が破産手続開始の申立てをした場合には、当該申立てと同時に免責許可の申立てをしたものとみなす。ただし、当該債務者が破産手続開始の申立ての際に反対の意思を表示しているときは、この限りでない。
> 5　前項本文の規定により免責許可の申立てをしたものとみなされたときは、第20条第2項の債権者一覧表を第3項本文の債権者名簿とみなす。
> 6　債務者は、免責許可の申立てをしたときは、第218条第1項の申立て又は再生手続開始の申立てをすることができない。
> 7　債務者は、次の各号に掲げる申立てをしたときは、第1項及び第2項の規定にかかわらず、当該各号に定める決定が確定した後でなければ、免責許可の申立てをすることができない。
> 　一　第218条第1項の申立て　当該申立ての棄却の決定
> 　二　再生手続開始の申立て　当該申立ての棄却、再生手続廃止又は再生計画不認可の決定

基本事項

1　趣旨

　免責は、個人の破産者について、破産手続で配当されなかった破産債権に対する責任を免れさせるものです（破253Ⅰ）。また、免責許可決定が確定すると、破産者は当然に復権し（破255Ⅰ①）、破産手続開始決定によって生じた資格制限〔☞破§30〕から解放され、経済的再生の機会を得ることができます。
　本条は、このような意義をもつ免責許可申立ての手続について定めています。

2　免責許可申立権者

　免責許可の申立権者は、個人である債務者（破産手続開始決定後は破産者）に限りま

す（本条Ⅰ）。法人については、破産手続が終了すれば、法人格の消滅とともにその債務も消滅しますので（最判平15・3・14民集57巻3号286頁）、免責制度を利用できません。破産手続開始決定後に破産者が死亡した場合、破産者の相続人は破産債権者たり得ることから破産手続の承継人とみることはできず、相続財産自体を破産手続の当事者（破産者）とみ、法人格なき財団に破産能力を認めるのが相当であるから、破産者の相続人が免責の申立てをする余地はないとされています（高松高決平8・5・15判時1586号79頁［百選3版［52A］］）。

3　免責許可申立期間

免責許可の申立ては、原則として、破産手続開始の申立てがあった日から破産手続開始の決定が確定した日以後1月を経過する日までの間に限ってすることができます（本条Ⅰ）。免責許可の申立期間をこのような短期間とした趣旨は、破産手続と免責手続を一体化し、免責手続を迅速に進めようとする点にあります（伊藤706頁注9）。なお、後述の通り、みなし申立ての制度がありますので、破産手続開始申立てとは別に免責許可を申し立てる場合は、債権者が破産手続開始を申し立てた場合に限られます。

4　免責許可申立ての追完

債務者は、その責めに帰することができない事由によって本条1項の期間内に免責許可の申立てをすることができなかった場合、その事由が消滅した後1月以内に限り、免責許可の申立てをすることができます（本条Ⅱ）。

届出債権の総額を知り、免責申立ての当否を判断できたにもかかわらず、裁判所の許可を得ずに居住地を離れて所在を転々としたため、破産手続が終局段階にあることを知り得ず、免責申立てできなかったとの事情においては、免責申立期間徒過につき責めに帰すべからざる事由があったとはいえず、追完は認められないとされています（大阪高決昭59・12・7判タ549号194頁）。また、前の破産手続開始決定および同時廃止決定後、免責申立てを懈怠したため専ら免責を受けることを目的として、前件から継続したまったく同一の支払不能を主張して再度の破産申立ておよび免責申立てをしたものについて、当該破産申立ては本条を免脱するためのみになされた違法なものであり、当該免責申立ても不適法であるとした裁判例があります（仙台高決平元・6・20判タ722号274頁）。

5　債権者名簿の提出

債務者は免責許可の申立てをするに当たって、債権者名簿を提出しなければなりません（本条Ⅲ本文）。債権者名簿は債務者に対して免責を与えるかどうかを決定する上で不可欠な資料ですので、その提出を義務付けています。不完全な債権者名簿を提出した場合には、虚偽の債権者名簿を提出したとして免責不許可となる可能性（破252Ⅰ⑦）や、債権者名簿に登載しなかった債権については非免責債権となる可能性（破253Ⅰ⑥）が生じます。もっとも、債務者の手元資料が不足している等の事情によって、免責許可の申立ての際に完全な債権者名簿を提出することが困難な場合があります。そこで、免責許可の申立てと同時に債権者名簿を提出できないときは、申立後遅滞なく提出すれば足りることとしています（本条Ⅲただし書）。

6 みなし申立て

自己破産を申し立てるほとんどの個人債務者は、債務を清算した上で免責許可決定を得て、経済的再生を図ることを目的としています。そのため、個人債務者によるほとんどの破産手続開始申立ては、免責許可申立ての意思を含んでいるものと考えられます。そこで、個人の債務者がする破産手続開始申立ては、同時に免責許可の申立てをしたものとみなすこととしています（本条Ⅳ本文）。もっとも、免責許可決定を希望しない債務者等も考えられますので、免責許可申立てをしたものとみなすことが望ましくない場合もあり得ます。そこで、免責許可申立ての意思がない旨を明らかにしているときは、免責許可の申立てをしたものとはみなさないこととしています（同項ただし書）。

7 みなし申立ての効果

免責許可の申立てをしたものとみなされる場合、破産手続開始申立ての際に提出した債権者一覧表とは別に、免責許可の申立てに伴う債権者名簿の提出を求めることとすれば、債務者に無用の作業を強いることになります。そこで、破産手続開始申立ての際に債権者一覧表を提出している場合には、その一覧表を免責許可の申立時に提出すべき債権者名簿とみなすこととしています（本条Ⅴ）。

8 免責許可申立てと同意破産手続廃止との関係

同意破産手続廃止の申立て（破218Ⅰ）は、免責手続の前提である破産手続による財産等の清算を回避する目的でなされているとみなされます（伊藤706頁）ので、免責許可の申立てとは相容れない行為です。そこで、破産者は、免責許可申立てをしたときは、同意破産手続廃止の申立てをすることができません（本条Ⅵ）。同様の理由から、同意破産手続廃止の申立てをしているときは、当該申立ての棄却決定が確定した後でなければ、破産者は免責許可の申立てをすることはできません（本条Ⅶ①）。

9 免責許可申立てと再生手続との関係

再生手続上、再生債務者は、再生計画の内容や成立手続を除き、自身の行為等にかかわらず、再生債権者の法定多数を得た上、再生計画の認可決定が確定すれば、再生計画や民再法によって認められた権利を除き、すべての再生債権についての責任を免れます（民再178Ⅰ）。このような再生手続は、免責不許可事由の有無を踏まえた裁判所の許可という免責手続とは相容れないものです。そこで、債務者は、免責許可申立てをしたときは、再生手続開始の申立てをすることができません（本条Ⅵ）。また、同様の理由から、債務者が破産手続開始を申し立てた後に再生手続開始の申立てをした場合、当該申立ての棄却、再生手続廃止または再生計画不認可の決定が確定するまでは、免責許可の申立てをすることはできません（本条Ⅶ②）。

論点解説

一部免責の可否　あらかじめ免責不許可事由の存在が予想される場合に、免責不許可決定を回避するために、破産債権者に対する誠実性を表す目的で、特定の破産債権を除外して免責を求めたり、破産債権のうちの一定割合を除外して残部につい

てのみ免責を求めたりすることが考えられます。これは一部免責許可の申立てと呼ばれ、その適否について見解が分かれています。

　肯定説は、免責不許可事由の存在が疑われる破産者についての救済を理由としています。平成16年改正前にはこれを肯定する裁判例（高知地決平7・5・31判タ884号247頁等）もありました。もっとも、一部免責を肯定すると、破産債権者が破産者に対して一部免責許可の申立てをするように圧力をかける危険性があります。また、特定の破産債権者を免責の対象から除外すると破産債権者間に不公平が生じます。加えて、免責許可決定によっても債権の存否および額は確定しないため、争いが後日に持ち越されてしまうこと等の問題も生じます。そこで、一部免責許可の申立てを許容すべきではないと解する見解も有力です（詳細は、伊藤709頁参照）。

　文献　伊藤706頁、条解破産1615頁、大コンメ1059頁［花村良一］、一問一答破産332頁・334頁、注釈破産（下）636頁［松村剛］

（強制執行の禁止等）
第249条　免責許可の申立てがあり、かつ、第216条第1項の規定による破産手続廃止の決定、第217条第1項の規定による破産手続廃止の決定の確定又は第220条第1項の規定による破産手続終結の決定があったときは、当該申立てについての裁判が確定するまでの間は、破産者の財産に対する破産債権に基づく強制執行、仮差押え、仮処分若しくは外国租税滞納処分若しくは破産債権を被担保債権とする一般の先取特権の実行若しくは留置権（商法又は会社法の規定によるものを除く。）による競売（以下この条において「破産債権に基づく強制執行等」という。）、破産債権に基づく財産開示手続の申立て又は破産者の財産に対する破産債権に基づく国税滞納処分（外国租税滞納処分を除く。）はすることができず、破産債権に基づく強制執行等の手続又は処分で破産者の財産に対して既にされているもの及び破産者について既にされている破産債権に基づく財産開示手続は中止する。
2　免責許可の決定が確定したときは、前項の規定により中止した破産債権に基づく強制執行等の手続又は処分及び破産債権に基づく財産開示手続は、その効力を失う。
3　第1項の場合において、次の各号に掲げる破産債権については、それぞれ当該各号に定める決定が確定した日の翌日から2月を経過する日までの間は、時効は、完成しない。
　一　第253条第1項各号に掲げる請求権　免責許可の申立てについての決定
　二　前号に掲げる請求権以外の破産債権　免責許可の申立てを却下した決定又は免責不許可の決定

基本事項
1　趣旨
　破産手続開始決定が発令されると、破産債権者および財団債権者は、破産財団に属する財産に対する強制執行等および財産開示手続（民執196条）の申立てをするこ

とができず、先行するこれらの手続は原則として失効します（破42Ⅰ・Ⅱ・Ⅵ）。同様に、破産手続開始決定後の国税滞納処分もすることができません（破43Ⅰ・Ⅱ）。もっとも、破産手続の同時廃止決定（破216Ⅰ）、異時廃止決定の確定（破217Ⅰ）または終結決定（破220Ⅰ）があった場合には破産手続が終了しますので、このような権利行使の禁止が解かれます（大コンメ922頁・929頁・941頁［瀬戸英雄］、伊藤690頁・696頁・698頁）。そのため、破産手続が終了している場合、破産法42条や43条のみでは、破産手続とは形式上別個の手続である免責許可申立てからその裁判が確定するまでの間、破産債権に基づく強制執行等を禁止することができません。

しかし、破産債権に基づく強制執行等を許せば、債務者について経済生活の再生の機会の確保を図ることを目的とした破産法の趣旨（破1）やこれに基づく免責制度の趣旨が失われます。そこで、本条1項は、破産手続廃止決定等によって破産手続が終了した場合であっても、免責許可の手続が終了するまでは、引き続き、破産債権に基づく強制執行等、破産債権に基づく財産開示手続の申立ておよび破産債権に基づく国税滞納処分を禁止しました（本条Ⅰ前段）。また、破産債権に基づく強制執行等の手続で破産者の財産に対してすでにされているものおよび破産者についてすでにされている破産債権に基づく財産開示手続を中止するとしています（同項後段）。

2 要件

破産債権に基づく強制執行等前記のような手続が禁止されまたは中止されるためには、免責許可の申立て（破産法248条4項により免責許可の申立てがあったものとみなされる場合を含む）があり、同時破産手続廃止の決定（破216Ⅰ）、異時破産手続廃止の決定の確定（破217Ⅰ）または破産手続終結の決定（破220Ⅰ）がなされていることが必要です。

3 効果

(1) 強制執行等の禁止・中止

破産手続が終了しても、免責許可の申立てについての裁判が確定するまでの間、破産債権に基づく強制執行等、破産債権に基づく財産開示手続の申立ておよび破産債権に基づく国税滞納処分はすることができず、すでにされている破産債権に基づく強制執行等や破産債権に基づく財産開示手続は中止します（本条Ⅰ）。なお、ここにいう破産債権には、非免責債権を含むと解されています（伊藤722頁注49、大コンメ1070頁［花村良一］）。また、財団債権に基づく手続は禁止や中止の対象ではありませんので、財団債権に基づく強制執行等が可能です（その理由については議論があり、詳細は、大コンメ1068頁［花村良一］、伊藤722頁注49参照）。

(2) 中止していた強制執行等の失効

免責許可の決定が確定したときは、中止していた破産債権に基づく強制執行等や破産債権に基づく財産開示手続は失効します（本条Ⅱ）。

なお、免責許可の申立てが却下された場合や免責不許可決定が確定した場合には、本条1項に基づく禁止の効力は解かれ、中止した手続は続行します（大コンメ1070頁［花村良一］）。

(3) 消滅時効に関する特則

　以上により、破産債権者は、免責手続の間、差押等の方法によって時効を中断（民147②）することができなくなります。そこで、本条3項は、非免責債権については免責許可申立てについての決定が確定した日の、非免責債権以外の破産債権については免責許可申立てを却下した決定または免責不許可の決定が確定した日の、それぞれ翌日から2か月間は、消滅時効が完成しないこととしています。

　文　献　伊藤721頁、条解破産1626頁、大コンメ1066頁［花村良一］、破産・民事再生の実務〔破産編〕583頁、倒産法概説557頁［山本和彦］、山本132頁、中島＝佐藤152頁、一問一答破産335頁・337頁・338頁、注釈破産（下）646頁［山下善弘］

（免責についての調査及び報告）
第250条　裁判所は、破産管財人に、第252条第1項各号に掲げる事由の有無又は同条第2項の規定による免責許可の決定をするかどうかの判断に当たって考慮すべき事情についての調査をさせ、その結果を書面で報告させることができる。
2　破産者は、前項に規定する事項について裁判所が行う調査又は同項の規定により破産管財人が行う調査に協力しなければならない。

基本事項

1　趣旨

　破産管財人は、破産手続の遂行過程で、破産に至る経緯や免責不許可事由の存否およびその内容その他免責許可の判断に資する多くの情報に接します。そのため、このような立場にある破産管財人が、破産者の免責不許可事由（破252 I 各号）の有無および裁量免責（同条Ⅱ）の可否等を調査することが便宜です。そこで、本条1項は、裁判所が破産管財人に対して免責不許可事由等の調査および報告をさせることができることとしています。

　なお、裁判所は、前記のほか、免責許可申立てをした者に資料の提出を求めたり（破規75 I）、審尋等適宜の方法により調査をすることもできます（破8Ⅱ）。また、裁判所は、相当と認めるときは、免責不許可事由の有無等について、その調査を裁判所書記官に命じて行わせることもできます（破規75Ⅱ）。

2　破産者の調査協力義務

　破産者は、破産手続において裁判所や破産管財人等に対して説明義務や重要財産開示義務、検査受任義務を負います（破40 I・41・83 I）。同様に、免責手続においても免責不許可事由等に関する裁判所や破産管財人の調査に協力すべき義務があります（本条Ⅱ）。破産者が裁判所や破産管財人に対する協力義務に違反した場合、免責不許可事由に該当することになります（破252 I ⑪）。また、破産者は、免責許可の申立てに関する審尋の際に、裁判所が説明を求めた事項について破産者が説明を拒み、虚偽の説明をしたときは、刑事罰を科されることがあります（破271）。

　文　献　条解破産1636頁、大コンメ1072頁［花村良一］、伊藤710頁、破産・民事再生の実務〔破産編〕568頁・574頁、倒産法概説557頁［山本和彦］、破産法・民事再

生法概論 397 頁［佐藤鉄男］、山本 133 頁、中島＝佐藤 153 頁、一問一答破産 329 頁・330 頁・339 頁・340 頁、注釈破産（下）656 頁［竹原正貴］

> **（免責についての意見申述）**
> **第251条** 裁判所は、免責許可の申立てがあったときは、破産手続開始の決定があった時以後、破産者につき免責許可の決定をすることの当否について、破産管財人及び破産債権者（第253条第1項各号に掲げる請求権を有する者を除く。次項、次条第3項及び第254条において同じ。）が裁判所に対し意見を述べることができる期間を定めなければならない。
> 2　裁判所は、前項の期間を定める決定をしたときは、その期間を公告し、かつ、破産管財人及び知れている破産債権者にその期間を通知しなければならない。
> 3　第1項の期間は、前項の規定による公告が効力を生じた日から起算して1月以上でなければならない。

基本事項
1　趣旨
　本条は、破産管財人や免責許可に強い利害関係を有している破産債権者の手続保障のために、裁判所が、破産管財人等が意見を述べるための期間を定め（本条Ⅰ）、その期間の公告や通知をすることとしています（本条Ⅱ）。
2　意見申述者および意見申述方法
　意見を述べることができる者は、破産管財人および破産債権者です。この破産債権者には、免責許可に利害関係がない非免責債権（破253Ⅰ各号）のみを有する破産債権者は含まれていません（本条Ⅰ括弧書）。債権届出の有無と免責の効果は関係ありませんので、届出をしていない破産債権者も含まれると解されています（伊藤711頁注19、条解破産1643頁）。
　意見申述は、期日においてする場合を除いて書面で行わなければなりません（破規76Ⅰ）。また、免責不許可事由（破252Ⅰ各号）に該当する具体的な事実を明らかにして、意見申述を行う必要があります（破規76Ⅱ）。
　なお、裁判所は、破産管財人および破産債権者からの意見に拘束されずに免責の当否を判断することができますし、当該意見への応答義務もありません（条解破産1642頁）。また、意見申述期間経過後の意見申述を判断資料として用いることもできます（条解破産1645頁）。
3　意見申述期間およびその周知方法等
　裁判所は、本条2項の規定のよる公告が効力を生じる日（破10Ⅱ）から起算して1か月以上の期間（本条Ⅲ）を意見申述期間として定めて公告し（破10Ⅰ）、かつ、破産管財人および知れている破産債権者にその期間を通知しなければなりません（本条Ⅱ）。

文献　伊藤710頁、条解破産1642頁、大コンメ1074頁［花村良一］、破産・民事再生の実務〔破産編〕567頁、倒産法概説557頁［山本和彦］、山本133頁、破産法・民

事再生法概論397頁［佐藤鉄男］、中島＝佐藤153頁、一問一答破産341頁、注釈破産（下）660頁［丸山和貴］

（免責許可の決定の要件等）
第252条 裁判所は、破産者について、次の各号に掲げる事由のいずれにも該当しない場合には、免責許可の決定をする。
　一　債権者を害する目的で、破産財団に属し、又は属すべき財産の隠匿、損壊、債権者に不利益な処分その他の破産財団の価値を不当に減少させる行為をしたこと。
　二　破産手続の開始を遅延させる目的で、著しく不利益な条件で債務を負担し、又は信用取引により商品を買い入れてこれを著しく不利益な条件で処分したこと。
　三　特定の債権者に対する債務について、当該債権者に特別の利益を与える目的又は他の債権者を害する目的で、担保の供与又は債務の消滅に関する行為であって、債務者の義務に属せず、又はその方法若しくは時期が債務者の義務に属しないものをしたこと。
　四　浪費又は賭博その他の射幸行為をしたことによって著しく財産を減少させ、又は過大な債務を負担したこと。
　五　破産手続開始の申立てがあった日の1年前の日から破産手続開始の決定があった日までの間に、破産手続開始の原因となる事実があることを知りながら、当該事実がないと信じさせるため、詐術を用いて信用取引により財産を取得したこと。
　六　業務及び財産の状況に関する帳簿、書類その他の物件を隠滅し、偽造し、又は変造したこと。
　七　虚偽の債権者名簿（第248条第5項の規定により債権者名簿とみなされる債権者一覧表を含む。次条第1項第6号において同じ。）を提出したこと。
　八　破産手続において裁判所が行う調査において、説明を拒み、又は虚偽の説明をしたこと。
　九　不正の手段により、破産管財人、保全管理人、破産管財人代理又は保全管理人代理の職務を妨害したこと。
　十　次のイからハまでに掲げる事由のいずれかがある場合において、それぞれイからハまでに定める日から7年以内に免責許可の申立てがあったこと。
　　イ　免責許可の決定が確定したこと　当該免責許可の決定の確定の日
　　ロ　民事再生法（平成11年法律第225号）第239条第1項に規定する給与所得者等再生における再生計画が遂行されたこと　当該再生計画認可の決定の確定の日
　　ハ　民事再生法第235条第1項（同法第244条において準用する場合を含む。）に規定する免責の決定が確定したこと　当該免責の決定に係る再生計画認可の決定の確定の日
　十一　第40条第1項第1号、第41条又は第250条第2項に規定する義務その他この法律に定める義務に違反したこと。
2　前項の規定にかかわらず、同項各号に掲げる事由のいずれかに該当する場合で

あっても、裁判所は、破産手続開始の決定に至った経緯その他一切の事情を考慮して免責を許可することが相当であると認めるときは、免責許可の決定をすることができる。
3　裁判所は、免責許可の決定をしたときは、直ちに、その裁判書を破産者及び破産管財人に、その決定の主文を記載した書面を破産債権者に、それぞれ送達しなければならない。この場合において、裁判書の送達については、第10条第3項本文の規定は、適用しない。
4　裁判所は、免責不許可の決定をしたときは、直ちに、その裁判書を破産者に送達しなければならない。この場合においては、第10条第3項本文の規定は、適用しない。
5　免責許可の申立てについての裁判に対しては、即時抗告をすることができる。
6　前項の即時抗告についての裁判があった場合には、その裁判書を当事者に送達しなければならない。この場合においては、第10条第3項本文の規定は、適用しない。
7　免責許可の決定は、確定しなければその効力を生じない。

基本事項

1　趣旨

本条は、免責許可決定の発令に関する要件や手続を定めています。

免責を不許可とする事由は、社会公共の利益等の観点から定められています（本条Ⅰ各号）。この免責不許可事由の存在はあくまでも免責許可決定の消極的要件ですので、裁判所は、免責許可の申立てがあった場合、破産者に免責不許可事由がない限り免責許可の決定をしなければなりません（同項柱書）。さらに、破産者が免責不許可事由に該当したとしても、破産者の経済的再生に資する場合には、裁判所は裁量的に免責許可の決定をすることができます（本条Ⅱ）。

なお、免責許可決定の効力は確定しなければその効力を生じません（本条Ⅶ）。確定した場合の免責許可決定の効力の内容は、破産法253条1項・2項・4項が定めています。

2　免責不許可事由

(1)　免責不許可事由

免責不許可事由は、①破産債権者を害する財産上や手続上の行為（本条Ⅰ①‐⑦）、②破産手続上の義務の懈怠や手続の進行を妨害する行為（同項⑧・⑨・⑪）、③モラルハザードを防止するための事由（同項⑩）の3つに分けて整理することができます（伊藤714頁。各免責不許可事由の詳細は、伊藤714頁、条解破産1650頁、大コンメ1079頁〔花村良一〕、破産・民事再生の実務〔破産編〕570頁参照）。

(ア)　**破産債権者を害する財産上や手続上の行為**

これらのうち、債権者を害する目的での財産隠匿等行為（本条Ⅰ①）は詐欺破産罪（破265Ⅰ）に、特定の債権者への担保供与等の非義務行為（本条Ⅰ③）は特定の債権者に対する担保の供与等の罪（破266）に、詐術を用いた信用取引（本条Ⅰ⑤）は詐欺罪（刑246条）に、帳簿類等の隠滅・偽造等（本条Ⅰ⑥）は業務および財産の状況に

関する物件の隠滅等の罪（破270）に、それぞれ当たり得るものです。また、その余の行為も、虚偽の債権者名簿の提出（本条Ⅰ⑦）を除き、平成16年改正前の破産法では過怠破産罪（旧破366ノ9②）に当たり得るとされていたものです。これらの行為は、悪質性の高い行為であるため、免責不許可事由となっています。

本条1項1号の債権者を害する目的とは、「行為の結果として責任財産が減少し、債権者の満足が低下することを認識していただけではなく、より積極的に、債権者の満足を低下させようとする害意」が存することをいうと解されています（伊藤715頁注30）。判例・通説が債権者を害することの認識で足りるとする詐害行為否認（破160条1項1号の「破産債権者を害することを知って」）や詐害行為取消権（民法424条1項の「債権者を害することを知って」）とはその規定振りを異にしていることが理由です（条解破産1651頁）。

本条1項4号の浪費とは、「当該破産者の金銭の支払や財産の処分行為が、その使途、目的、動機、金額、時期等の点において、当該破産者の職業、収入、社会的地位、生活環境と対比して、社会的に許され得る範囲を逸脱すること」をいうと解されています（破産・民事再生の実務〔破産編〕572頁）。なお、当時銀行員であった破産者が、金融機関から3650万円の借入れを行い、この大部分をもとに株式投資を行った結果過大な債務を負担した行為が浪費にあたるとした裁判例（東京高決平8・2・7判時1563号114頁〔百選〔84①〕、INDEX〔155〕〕）があります。

本条1項5号の詐術については、取引通念上債務者には相手方に対して自己の弁済能力に関する真実を告知する義務があり、消極的にこれを告げなかった場合も「詐術」に当たるとする見解や裁判例（大阪高決平元・8・2判タ714号249頁）があります。もっとも、支払不能状態にある債務者の多くが取引を継続していることは通常であり、このような消極的態度のみでは不誠実性の徴表とまではいいがたく、前記の見解では免責の範囲を狭めてしまうとして、詐術とは積極的な欺罔手段をとった場合に限られると解するのが通説です（裁判例としては、大阪高決平2・6・11判時1370号70頁〔百選〔83①〕、INDEX〔153〕〕がある）。

(ｲ)　**破産手続上の義務を怠り、手続の進行を妨害する行為**

裁判所に対する説明を拒絶しまたは虚偽の説明を行う行為（本条Ⅰ⑧）、破産管財人等の職務を妨害する行為（同項⑨）、破産手続における破産管財人等への説明義務（破40Ⅰ①）、裁判所に対する重要財産開示義務（破41）ならびに免責手続における裁判所および管財人への調査協力義務（破250Ⅱ）等に違反する行為（本条Ⅰ⑪）は、破産者の不誠実性を表すものとして、免責不許可事由としています。

(ｳ)　**モラルハザードを防止するための事由**

短期間に繰り返し免責を受けられるのであれば、債務者が、過大な債務を負担してもいざというときにはすぐ破産すればよいとの短絡的発想になりかねず、モラルハザードを生じさせ、破産者の再生にとっても好ましくありません。そこで、免責許可決定確定後7年以内の免責許可申立てを免責不許可事由としています（本条Ⅰ⑩ｲ）。また、給与所得者等再生手続において再生計画を遂行した者（民再244・232）、およびハードシップ免責（責めに帰することができない事由によって再生計画を遂行すること

が極めて困難となった個人の再生債務者について、一定の要件を満たす場合に免責すること）を受けた者（民再235Ⅰ・244）も、債権者の多数の同意を得ることなく免責を受けたという意味において破産手続上の免責と共通するため、各再生計画認可決定確定後7年以内の免責許可の申立てを免責不許可事由としています（本条Ⅰ⑩ロ・ハ）。

(2) 裁量免責

免責不許可事由があった場合でも、裁判所は、破産手続開始の決定に至った経緯その他一切の事情を考慮して免責を許可することが相当であると認めるときは、免責許可の決定をすることができます。ここでいう一切の事情とは、例えば、破産手続に至るまでの事情、免責不許可事由の内容および程度、破産手続への協力といった破産者側の事情や債権者側の事情等が挙げられます（詳細は、条解破産1669頁参照）。

3 免責許可・不許可の決定の通知方法および不服申立て

(1) 免責許可の決定をした場合

裁判所は、免責許可決定をしたときは、直ちに、その裁判書を破産者および破産管財人に、その決定の主文を記載した書面を破産債権者に、それぞれ送達しなければなりません（本条Ⅲ前段）。前者の送達については、代用公告をすることはできません（同項後段）。後者の送達については、本条3項後段の反対解釈によって代用公告をすることができると解されています。免責許可決定に対しては、利害関係人である破産管財人および破産債権者が即時抗告を申し立てることができます（本条Ⅴ・破9）。即時抗告期間は、代用公告がなされた場合は公告の効力が生じた日から2週間（同条後段）、代用公告がなされていない場合は送達を受けた日から1週間（破13、民訴332）です。即時抗告に対する裁判の裁判書は当事者に送達されます（本条Ⅵ）。

(2) 免責不許可の決定をした場合

裁判所は、免責不許可決定をしたときは、直ちに、その裁判書を破産者に送達します（本条Ⅳ前段）。この場合、代用公告をすることはできません（同項後段）。破産者は、免責不許可決定に対して即時抗告を申し立てることができます（本条Ⅴ・9）。即時抗告期間は送達を受けた日から1週間であり（破13、民訴332）、即時抗告に対する裁判の裁判書は当事者に送達されます（本条Ⅵ）。

> **判 例** 名古屋高決平5・1・28判時1497号131頁、福岡高決昭37・10・31金法324号6頁［百選初版64頁］、大阪高決昭60・6・20判タ565号112頁、東京高決平7・2・3判時1537号127頁［百選［A16］、INDEX［154］］、福岡高決平8・1・26判タ924号281頁［百選［A15］、INDEX［156］］、大阪高決平元・8・2判タ714号249頁［INDEX［157］］、仙台高決平成5・2・9判時1476号126頁［INDEX［158］］、最判平12・7・26民集54巻6号1981頁［百選［85］、INDEX［164］］
>
> **文 献** 原雅基「東京地裁破産再生部における近時の免責に関する判断の実情」判タ1342号（2011）4頁、平井直也「東京地裁破産再生部における近時の免責に関する判断の実情（続）」判タ1403号（2014）5頁、破産・民事再生の実務〔破産編〕570頁、伊藤712頁、条解破産1645頁、大コンメ1077頁［花村良一］、倒産法概説558頁［山本和彦］、山本133頁、破産法・民事再生法概論397頁［佐藤鉄男］、中島＝佐藤153頁・155頁、一問一答破産342頁・345頁、注釈破産（下）663頁［石川貴康］

> **（免責許可の決定の効力等）**
> **第253条** 免責許可の決定が確定したときは、破産者は、破産手続による配当を除き、破産債権について、その責任を免れる。ただし、次に掲げる請求権については、この限りでない。
> 一 租税等の請求権（共助対象外国租税の請求権を除く。）
> 二 破産者が悪意で加えた不法行為に基づく損害賠償請求権
> 三 破産者が故意又は重大な過失により加えた人の生命又は身体を害する不法行為に基づく損害賠償請求権（前号に掲げる請求権を除く。）
> 四 次に掲げる義務に係る請求権
> イ 民法第752条の規定による夫婦間の協力及び扶助の義務
> ロ 民法第760条の規定による婚姻から生ずる費用の分担の義務
> ハ 民法第766条（同法第749条、第771条及び第788条において準用する場合を含む。）の規定による子の監護に関する義務
> ニ 民法第877条から第880条までの規定による扶養の義務
> ホ イからニまでに掲げる義務に類する義務であって、契約に基づくもの
> 五 雇用関係に基づいて生じた使用人の請求権及び使用人の預り金の返還請求権
> 六 破産者が知りながら債権者名簿に記載しなかった請求権（当該破産者について破産手続開始の決定があったことを知っていた者の有する請求権を除く。）
> 七 罰金等の請求権
> 2 免責許可の決定は、破産債権者が破産者の保証人その他破産者と共に債務を負担する者に対して有する権利及び破産者以外の者が破産債権者のために供した担保に影響を及ぼさない。
> 3 免責許可の決定が確定した場合において、破産債権者表があるときは、裁判所書記官は、これに免責許可の決定が確定した旨を記載しなければならない。
> 4 第1項の規定にかかわらず、共助対象外国租税の請求権についての同項の規定による免責の効力は、租税条約等実施特例法第11条第1項の規定による共助との関係においてのみ主張することができる。

基本事項

1 趣旨

　個人の破産者にとって、免責許可決定がどのような効力をもつのかということは、経済生活の再生を図る上で（破1参照）最も重要な事項です。そこで、本条1項は免責の効力［☞ **論点解説** **1**～**3**、**より深く学ぶ**］および免責されない破産債権（非免責債権）について明らかにしています。なお、免責許可決定は配当手続に先立って確定することがあり得ますので、破産手続による配当が免責の対象から除かれています。

　また、破産債権者は、主債務者に破産手続が開始した場合等に備え、第三者との間で保証のほか、連帯保証や物上保証等といった人的・物的担保を設定している場合があります。このような場合に、第三者との関係についてまで免責の効力を及ぼす必要はありませんので、本条2項は、免責の効力が破産者のみに及び、破産者と

ともに債務を負担する者に対する債権や破産者以外の者が提供した担保には及ばないことを明らかにしています。

2 非免責債権

本条1項各号が列挙している非免責債権は、国庫等の収入を図るための債権（本条Ⅰ①）、被害者の救済等を図るための債権（同項②③）、支払を受ける者を保護する必要性が高い債権（同項④）、使用人の保護を図るための債権（同項⑤）、免責について意見申述する機会を奪われた者を保護するための債権（同項⑥）、刑罰または秩序罰として本人に負担させるべき債権（同項⑦）に区別できます。

本条1項2号の悪意とは、単に対象となる事実を知っていることではなく、他人を害する積極的な意欲（害意）を意味すると解されています（伊藤728頁）。なお、返済能力がないことを破産者が認識しながらクレジットカードを利用してカード会社に立替払させたことが悪意で加えた不法行為に当たるとした判例（最判平成12・1・28金判1093号15頁［百選［86］、INDEX［159］］）があります。

破産者が知りながら債権者名簿に記載しなかった請求権は非免責債権となります（本条Ⅰ⑥）。もっとも、名簿に記載されていなくても、破産者について破産手続開始決定があったことを知っていた者は、破産手続および免責手続への参加や意見申述（破251）等の機会があったといえます。そこで、このような者が有する請求権については、破産者は免責されます（本条Ⅰ⑥括弧書）。

罰金等の請求権（本条Ⅰ⑦）とは、罰金、科料、刑事訴訟費用、追徴金および過料の請求権です（破97⑥）。

共助対象外国租税（破24Ⅰ⑥）の請求権は免責の対象になりますが（本条Ⅰ①括弧書）、免責の効力は、租税条約等実施特例法11条1項による共助との関係でのみ主張できるにすぎません。

3 破産債権者表への記載等

破産債権者表は執行力を有しますので（破221Ⅰ後段）、免責許可決定の確定によってその効力が消滅したことを明らかにし、破産債権者表の不当な利用を防止する必要があります。そこで、裁判所書記官は破産債権者表にその旨を記載しなければなりません（本条Ⅲ）。

租税条約等の実施に伴う所得税法、法人税法及び地方税法の特例等に関する法律11条1項は、一定の場合を除き、共助対象外国租税（租税条約等〔租税条約等実施特例法2②〕に規定する租税債権のうち租税条約等の規定により徴収の共助または徴収のための財産の保全の共助の対象となる相手国等の租税債権。同法11Ⅰ柱書括弧書）に関する徴収の共助等の要請に対して共助の実施決定をすることを定めています。そして、共助対象外国租税の全額について免責を得ている場合は共助の実施決定の除外事由となっています（同法11Ⅰ④）。この共助対象外国租税は、非免責債権である租税等の請求権ですが、例外的に免責の対象になっています（本条Ⅰ①括弧書）。本条4項は、この例外的な共助対象外国租税の請求権についての免責の効力を、前記の共助の実施決定との関係においてのみ主張することができることとしています。

論点解説

1 免責の法的性質

(1) **免責の法的性質**　本条1項柱書は、免責許可決定の確定によって、破産者は破産債権について、その責任を免れると定めていますが、この免責の法的性質については争いがあります（議論の詳細は、伊藤724頁参照）。

通説である自然債務説は、責任が消滅するのであって債務そのものは消滅せず、いわゆる自然債務として、免責後も破産債権者は債権の効力のうちの給付保持力を有するとします。これに対して、有力説である債務消滅説は、免責により債務そのものが消滅するとします。

この点、判例（最判平18・1・23民集60巻1号228頁［百選［44］、INDEX［64］］、最判平9・2・25判時1607号51頁［百選［88］、INDEX［163］］）は、自然債務説を前提としていると理解されています（中島＝佐藤157頁）。

(2) **本条2項の解釈**　破産債権者が破産者の保証人等に有する権利について定める本条2項については、保証債務の附従性との関係で次のように解されています。

免責の法的性質を自然債務であるとする通説によれば、免責後も破産者が負担する主債務は自然債務として存続することとなりますので、本条2項は確認的規定であるということになります。免責の性質を債務そのものの消滅であるとする有力説によれば、本条2項は、免責によって主債務が消滅しても、附従性の例外として保証債務等が消滅しないことを定めた創設的規定であるということになります。また、免責許可決定の確定後に債権者が破産者から受けた弁済は不当利得となります。

2 主債務者が免責された場合の主債務の消滅時効と連帯保証人による援用

連帯保証人に対する訴えの提起は主債務者に対する関係でも効力を生じ（民458・434）、主債務の時効を中断します（民147①）。もっとも、主債務の消滅時効期間には影響を与えません（大判昭20・9・10民集24巻82号）ので、連帯保証人との間で判決を得ても、連帯保証債務より早期に主債務の消滅時効期間が到来することがあり得ます。主債務の消滅時効期間が経過した場合、連帯保証人が主債務の消滅時効を援用できるとすると、その附従性によって連帯保証債務も消滅することになります。このような場合の破産債権者の対応としては、主債務の時効を中断することが考えられます。もっとも、主債務者が免責決定を得ている場合、破産債権者は、主債務者に対して訴えを提起しても却下されることとなり、時効を中断することができません（民149）。そこで、主債務者が免責許可決定を得た後でも、連帯保証人は主債務者の消滅時効を援用できるのかどうかが問題となります。この点、判例（最判平11・11・9民集53巻8号1403頁［百選［89］、INDEX［161］］）は、主債務者が免責された場合、債権者は、主債務者に対して訴えによって履行を請求しその強制的実現を図ることができなくなり、その後は民法166条1項に定める「権利ヲ行使スルコトヲ得ル時」を起算点とする消滅時効の進行を観念することができなくなることから、免責許可決定が確定した後に連帯保証人が主債務の消滅時効を援用することはできないと判示しています。

3 免責許可決定の正本と強制執行の取消しの可否

破産者が免責されたにもか

かわらず、破産債権者が確定判決等に基づき破産者を債務者として強制執行の申立てをした場合に、破産者は、請求異議の訴え（民執 35）およびこれに基づく執行停止の申立て（民執 36）を行う必要があるのか、それとも免責許可決定の正本を執行停止文書（民執 39 Ⅰ ⑥）として執行停止を求めることができるのか議論があります（詳細は、伊藤 726 頁、条解破産 1677 頁参照）。免責許可決定の正本が執行停止文書（同号）に当たるとする見解もありますが、大阪高決平 6・7・18（高民集 47 巻 2 号 133 頁［百選［A17］、INDEX［162］］）は、執行裁判所では破産債権者の請求債権が非免責債権であるとは判断できないこと等を理由として、免責許可決定の正本は執行停止文書には当たらないとしました。

より深く学ぶ
免責許可決定の国際的効力　　免責手続と破産手続はそれぞれ独立したものではなく、一体的なものとして考えるべきであることを理由に、免責許可決定は、破産手続開始決定に対外的効力があること（破 34 Ⅰ 括弧書）と同様に、外国においても効力を有すると解されています。もっとも、外国での強制執行を実際に避けるためには、外国において強制執行を中止する裁判を求めざるを得ません（伊藤 731 頁）。

これに対して、外国裁判所による免責許可決定のわが国での効力（対内的効力）については、外国裁判所の確定判決の効力に関する民訴法 118 条によって判断されるとする見解と、外国倒産処理手続による承認が必要であるとする見解があります（詳細は、伊藤 731 頁、条解破産 1686 頁参照）。

判　例　横浜地判昭 63・2・29 判時 1280 号 151 頁［百選［87］］
文　献　伊藤 724 頁、条解破産 1673 頁、倒産法概説 559 頁［山本和彦］、山本 134 頁、破産法・民事再生法概論 401 頁［佐藤鉄男］、中島＝佐藤 157 頁、一問一答破産 347 頁、注釈破産（下）687 頁［永嶋久美子］

（免責取消しの決定）
第 254 条　第 265 条の罪について破産者に対する有罪の判決が確定したときは、裁判所は、破産債権者の申立てにより又は職権で、免責取消しの決定をすることができる。破産者の不正の方法によって免責許可の決定がされた場合において、破産債権者が当該免責許可の決定があった後 1 年以内に免責取消しの申立てをしたときも、同様とする。
2　裁判所は、免責取消しの決定をしたときは、直ちに、その裁判書を破産者及び申立人に、その決定の主文を記載した書面を破産債権者に、それぞれ送達しなければならない。この場合において、裁判書の送達については、第 10 条第 3 項本文の規定は、適用しない。
3　第 1 項の申立てについての裁判及び職権による免責取消しの決定に対しては、即時抗告をすることができる。
4　前項の即時抗告についての裁判があった場合には、その裁判書を当事者に送達しなければならない。この場合においては、第 10 条第 3 項本文の規定は、適用しない。

5 免責取消しの決定が確定したときは、免責許可の決定は、その効力を失う。
6 免責取消しの決定が確定した場合において、免責許可の決定の確定後免責取消しの決定が確定するまでの間に生じた原因に基づいて破産者に対する債権を有するに至った者があるときは、その者は、新たな破産手続において、他の債権者に先立って自己の債権の弁済を受ける権利を有する。
7 前条第3項の規定は、免責取消しの決定が確定した場合について準用する。

基本事項
1 趣旨
　免責許可決定の確定後であっても、詐欺破産罪の有罪判決が確定した場合や破産者の不正な方法によって免責許可決定がなされた場合には、免責の効力を維持することは著しく不当であり正義に反しますし、免責制度を設けた趣旨［☞第12章前注］を没却します。そこで、本条1項は、このような場合には裁判所が破産債権者の申立てや職権によって免責取消しの決定をすることができるものとしています。

2 免責取消しの要件
(1) 詐欺破産罪の有罪判決の確定
　破産者に対する詐欺破産罪（破265）の有罪判決が確定した場合に、裁判所は、免責取消しの決定をすることができます（本条Ⅰ前段）。本条1項後段の場合と異なってその悪性が強いため、職権での取消しが可能です。また、有罪判決の確定という事情がありますので、破産債権者は、いつでもその申立てをすることができます。

(2) 不正の方法
　破産者が不正の方法によって免責許可決定を得ていた場合も、裁判所は、破産債権者の免責取消しの申立てにより、免責取消しの決定をすることができます（本条Ⅰ後段）。「不正の方法によって」とは、例えば、免責許可決定を得る目的で、破産者が、破産管財人や破産債権者に対して、詐欺、脅迫、賄賂の交付、特別利益の供与等の方法を用いる場合が挙げられています（伊藤732頁。裁判例としては、例えば、東京高決平13・5・31金判1144号16頁、大阪高決平15・2・14判タ1138号302頁がある）。なお、法的安定性や免責取消しによる破産者の不利益に鑑み、申立期間は免責許可の決定後1年以内とされています（本条Ⅰ後段）。

3 免責取消しの効果
(1) 免責許可決定の失効
　免責取消しの決定が確定すると、免責許可決定はその効力を失います（本条Ⅴ）。そのため、破産債権者は破産者の自由財産に対する強制執行をすることができます。
(2) 新たな破産手続において優先弁済を受ける権利を有する者
　免責許可決定の取消後に新たな破産原因に基づいて破産手続が開始されることがあり得ます。この場合、免責許可決定の確定によって破産者の債務が免責されたものと信頼して、破産者と取引をした新債権者を保護する必要があります。そこで、免責許可の決定の確定後、免責取消決定確定までの間に生じた原因に基づいて破産者に対する債権を有するに至った債権者は、新たに開始された破産手続において、

他の債権者に先立って弁済を受けることができます（本条Ⅵ）。
4 裁判の通知・不服申立等
　裁判所が免責取消しの決定をした場合は、破産者および申立人に裁判書を送達し、決定の主文を記載した書面を破産債権者に送達します（本条2項ただし書の反対解釈により、後者の送達の場合には代用公告が認められる）。これに対し、裁判所が免責取消しの申立てを却下する決定をした場合、裁判所は、当事者に相当と認められる方法でその旨を告知すれば足ります（破13、民訴119）。利害関係人は、裁判所の決定に対して即時抗告をすることができます（本条Ⅲ・9）。即時抗告の裁判の裁判書は当事者に送達されますが、代用公告は認めていません（本条Ⅳ）。
5 破産債権者表への記載
　裁判所書記官は、免責許可決定が確定した場合には破産債権者表にその旨を記載しますので（破253Ⅲ）、免責取消決定が確定した場合にも破産債権者表にその旨を記載します（本条Ⅶ・253Ⅲ）。これにより、破産債権者表の執行力（破221Ⅰ後段）も回復しますので、破産債権者は破産債権者表に基づく強制執行をすることができます。

　判例 大阪高決平15・2・14判タ1138号302頁、東京高決平13・5・31金判1144号16頁
　文献 伊藤732頁、条解破産1687頁、大コンメ1090頁［花村良一］、倒産法概説560頁［山本和彦］、山本135頁、破産法・民事再生法概論398頁［佐藤鉄男］、中島＝佐藤154頁、破産・民事再生の実務〔破産編〕580頁、注釈破産（下）699頁［永嶋久美子］

第2節　復権

（復権）
第255条　破産者は、次に掲げる事由のいずれかに該当する場合には、復権する。次条第1項の復権の決定が確定したときも、同様とする。
　一　免責許可の決定が確定したとき。
　二　第218条第1項の規定による破産手続廃止の決定が確定したとき。
　三　再生計画認可の決定が確定したとき。
　四　破産者が、破産手続開始の決定後、第265条の罪について有罪の確定判決を受けることなく10年を経過したとき。
2　前項の規定による復権の効果は、人の資格に関する法令の定めるところによる。
3　免責取消しの決定又は再生計画取消しの決定が確定したときは、第1項第1号又は第3号の規定による復権は、将来に向かってその効力を失う。

基本事項

1 趣旨

本条は、破産者の経済的再生のために、一定の事由が生じた場合には、破産手続開始決定によって破産者に生じる公法上、私法上の資格制限等の不利益を当然に消滅させ、破産者の本来の法的地位を回復させる（当然復権）こととしています。

なお、破産手続開始決定による資格制限の具体的内容は、破産法ではなく、他の法令が定めています［☞破§30］（その詳細は、条解破産巻末資料参照）。

2 要件

免責許可決定の確定（本条Ⅰ①）、同意破産手続廃止決定の確定（同項②）、再生計画認可決定の確定（同項③）、破産手続開始決定後10年間にわたって詐欺破産罪について有罪の確定判決を受けないこと（同項④）のいずれかの事由に該当する場合、破産者は裁判所の復権決定を経ずに当然に復権します（同項柱書前段）。また、申立てによる復権の決定（破256Ⅰ）が確定したときも、破産者は復権します（同項柱書後段）。

経済的再生のために免責が許可されている以上、その支障になる資格制限等を排除する必要性も当然に認められます。そこで、本条1項1号は、免責許可決定の確定を当然復権事由としています。

また、同意破産手続廃止決定が発令される場合には、実質的には破産債権者が破産者の再生を意図していると評価できます。そこで、本条1項2号は、同意破産手続廃止決定の確定を当然復権事由としています。

債務者に破産手続が開始された後に再生手続が開始され（その開始決定により破産手続は中止される〔民再39Ⅰ〕）、その後再生計画認可決定が確定した場合（その確定により破産手続は失効する〔民再184〕）、再生手続には復権制度がありませんので、債務者の資格制限が続くことになります。そこで、本条1項3号は、破産手続の開始による公私の資格制限を解くために、再生計画認可決定の確定を当然復権事由としています。

また、あまりに長期にわたる資格制限等は破産者の経済的再生を阻害すると考えられることから、本条1項4号は、破産手続開始後10年間、詐欺破産罪について有罪の確定判決を受けなかったことを当然復権事由としています。

3 効果

復権の具体的な効果は各法令が定めていますが（本条Ⅱ）、復権により、破産手続開始決定に伴う多くの資格制限等が失効します。

4 復権の効力の失効

当然復権が認められる本条1項各号に定める4つの事由のうち、免責許可決定および再生計画認可決定については、その確定後も取り消される場合があります（破254、民再189）。このような場合、復権事由を欠くことになりますので、復権はその効力を失うこととなります。しかし、その効力を遡及させ、破産者が行った法律行為も失効させれば法的安定性を害することになります。また、法律関係を複雑化してまで遡及効を認めるほどの公益性も認められません。そこで、本条3項は、免責

許可決定や再生計画認可決定が取り消された場合、復権の効力は将来に向かってのみ失効することとしています。

判　例　名古屋高判昭 58・7・13 判時 1095 号 124 頁
文　献　伊藤 734 頁、条解破産 1694 頁、大コンメ 1097 頁［花村良一］、倒産法概説 561 頁［山本和彦］、山本 135 頁、破産法・民事再生法概論 403 頁［佐藤鉄男］、中島＝佐藤 160 頁、一問一答破産 349 頁、注釈破産（下）704 頁［鈴木隆文］

（復権の決定）
第 256 条　破産者が弁済その他の方法により破産債権者に対する債務の全部についてその責任を免れたときは、破産裁判所は、破産者の申立てにより、復権の決定をしなければならない。
2　裁判所は、前項の申立てがあったときは、その旨を公告しなければならない。
3　破産債権者は、前項の規定による公告が効力を生じた日から起算して3月以内に、裁判所に対し、第1項の申立てについて意見を述べることができる。
4　裁判所は、第1項の申立てについての裁判をしたときは、その裁判書を破産者に、その主文を記載した書面を破産債権者に、それぞれ送達しなければならない。この場合において、裁判書の送達については、第10条第3項本文の規定は、適用しない。
5　第1項の申立てについての裁判に対しては、即時抗告をすることができる。
6　前項の即時抗告についての裁判があった場合には、その裁判書を当事者に送達しなければならない。この場合においては、第10条第3項本文の規定は、適用しない。

基本事項

1　趣旨

免責許可決定が確定していない等、当然復権事由（破 255 I 各号）が認められない破産者であっても、破産債権者に対する債務の全部についてその責任を免れた場合には、経済的再生のためにも資格制限等を継続することは望ましくありません。そこで、本条は、このような場合の復権の決定について定めています。

2　要件・手続

(1)　責任を免れたこと

破産債権者に対する債務の全部についてその責任を免れたとは、弁済、代物弁済、相殺、更改、免除、混同、消滅時効等によって債務そのものが消滅した場合だけでなく、破産者と破産債権者との間で強制執行をしない旨の合意をした場合も含まれると解されています（条解破産 1699 頁）。また、ここでいう破産債権者とは、債権届出をしていない債権者を含みます（伊藤 736 頁）。

(2)　破産者の申立て

破産法 255 条による当然復権と異なり、破産者は、本条1項に基づく復権の決定を得るためには、責任を免れたことを裏付ける証拠書類の写しを添付し、書面で復権の申立てをする必要があります（本条 I、破規1 I・2 III）。

(3) 公告等

裁判所は、破産者から復権の申立てがあったときはその旨を公告します（本条Ⅱ）。破産債権者は、公告が効力を生じた日から起算して3か月以内に、裁判所に対して、書面により、理由を付して意見を述べることができます（本条Ⅲ、破規77Ⅰ・Ⅱ・71Ⅱ前段）。

(4) 即時抗告等

復権の申立てに対する裁判は、破産者や破産債権者に送達します（本条Ⅳ）。当該裁判に対して不服がある場合、利害関係人は即時抗告をすることができます（本条Ⅴ・9）。

3 復権の決定の効果

復権の決定は確定によって当然復権と同様の効果を生じます（破255Ⅰ柱書後段）。

文 献 伊藤736頁、条解破産1697頁、大コンメ1095頁・1100頁［花村良一］、倒産法概説562頁［山本和彦］、山本136頁、破産法・民事再生法概論404頁［佐藤鉄男］、中島＝佐藤161頁、注釈破産（下）708頁［鈴木隆文］

第13章 雑則

(法人の破産手続に関する登記の嘱託等)
第257条 法人である債務者について破産手続開始の決定があったときは、裁判所書記官は、職権で、遅滞なく、破産手続開始の登記を当該破産者の本店又は主たる事務所の所在地を管轄する登記所に嘱託しなければならない。ただし、破産者が外国法人であるときは、外国会社にあっては日本における各代表者(日本に住所を有するものに限る。)の住所地(日本に営業所を設けた外国会社にあっては、当該各営業所の所在地)、その他の外国法人にあっては各事務所の所在地を管轄する登記所に嘱託しなければならない。
2　前項の登記には、破産管財人の氏名又は名称及び住所、破産管財人がそれぞれ単独にその職務を行うことについて第76条第1項ただし書の許可があったときはその旨並びに破産管財人が職務を分掌することについて同項ただし書の許可があったときはその旨及び各破産管財人が分掌する職務の内容をも登記しなければならない。
3　第1項の規定は、前項に規定する事項に変更が生じた場合について準用する。
4　第1項の債務者について保全管理命令が発せられたときは、裁判所書記官は、職権で、遅滞なく、保全管理命令の登記を同項に規定する登記所に嘱託しなければならない。
5　前項の登記には、保全管理人の氏名又は名称及び住所、保全管理人がそれぞれ単独にその職務を行うことについて第96条第1項において準用する第76条第1項ただし書の許可があったときはその旨並びに保全管理人が職務を分掌することについて第96条第1項において準用する第76条第1項ただし書の許可があったときはその旨及び各保全管理人が分掌する職務の内容をも登記しなければならない。
6　第4項の規定は、同項に規定する裁判の変更若しくは取消しがあった場合又は前項に規定する事項に変更が生じた場合について準用する。
7　第1項の規定は、同項の破産者につき、破産手続開始の決定の取消し若しくは破産手続廃止の決定が確定した場合又は破産手続終結の決定があった場合について準用する。
8　前各項の規定は、限定責任信託に係る信託財産について破産手続開始の決定があった場合について準用する。この場合において、第1項中「当該破産者の本店又は主たる事務所の所在地」とあるのは、「当該限定責任信託の事務処理地(信託法第216条第2項第4号に規定する事務処理地をいう。)」と読み替えるものとする。

基本事項

1 趣旨

債務者が法人である場合、破産手続開始決定が発令されると、法人は解散し（一般法人148⑥・202Ⅰ⑤、会社471⑤・641⑥）、破産財団の管理処分権は破産管財人に専属します（破78Ⅰ）。そして、破産債権者は個別の権利行使を制限されます（破100Ⅰ）。このように破産手続開始決定は、関係者の権利義務に重大な影響を与えます。そこで、本条1項は、裁判所による破産手続開始決定の公告や通知（破32Ⅰ・Ⅲ）とともに、裁判所書記官が職権によって破産手続開始の登記等を登記所に嘱託することとして、関係者に公示することによって取引の安全を図ろうとしています。

なお、本条と同趣旨の規定が民再法11条、会更法258条にも置かれています。

2 嘱託すべき登記所

(1) 原則

裁判所書記官は、原則として、破産者である法人の本店または主たる事務所の所在地を管轄する登記所に登記を嘱託します（本条Ⅰ本文）。

(2) 外国法人（民35）の場合

破産者が外国法人の場合、裁判所書記官は、日本に営業所を設けている外国会社（外国の法令に準拠して設立された法人その他の外国の団体であって、会社と同種のものまたは会社に類似するものをいう〔会社2条2号〕）であるときは各営業所の所在地を管轄する登記所に、日本に営業所を設けていない外国会社であるときは日本における各代表者（ただし、日本に住所を有するものに限られる）の所在地を管轄する登記所に、それぞれ登記を嘱託します（本条Ⅰただし書）。

外国会社でないその他の外国法人の場合、裁判所書記官は、各事務所の所在地を管轄する登記所に登記を嘱託します。

(3) 限定責任信託に係る信託財産の場合

限定責任信託に係る信託財産について破産手続開始決定があった場合、裁判所書記官は、限定責任信託の事務処理地（信託216Ⅱ④）を管轄する登記所に登記を嘱託します（本条Ⅷ）。

3 登記事項

裁判所書記官が嘱託する登記事項は、破産手続開始決定があったことならびに破産管財人の氏名または名称および住所です。複数の破産管財人間の職務分掌の許可（破76Ⅰただし書）があった場合にはその旨および各破産管財人が分掌する職務の内容も登記事項になります（以上、本条Ⅰ・Ⅱ・Ⅷ）。また、裁判所書記官は、これらの登記事項に変更が生じた場合はその内容を（本条Ⅲ・Ⅷ）、破産手続開始決定の取消しや破産手続廃止決定の確定、破産手続終結決定があった場合はその旨を（本条Ⅶ・Ⅷ）、それぞれ登記所に嘱託します。

保全管理命令が発令された場合の登記事項は、破産手続開始決定が発令された場合と同様です（本条Ⅳ・Ⅴ）。また、裁判所書記官は、登記事項に変更が生じた場合はその内容を、保全管理命令の変更や取消しがあった場合はその旨を、それぞれ登記所に嘱託します（本条Ⅵ）。

4　登記の手続

裁判所書記官は、職権で、遅滞なく登記の嘱託を行います。嘱託の手続は、裁判所書記官が作成した嘱託書を登記所に送付する方法により行います。嘱託書に添付する書面については破産規則78条が定めています。

5　登記の効力

破産手続開始決定はその発令によって効力を生じ（破30Ⅱ）、その後に行った破産者の行為は、相手方の主観にかかわらず、破産手続との関係では効力を有しません（破47Ⅰ）。そのため、本条に基づく登記は、取引の混乱を防止するための警告的なものにすぎません。このような点から、本条が定める登記については、登記を第三者に対する対抗要件であるとする商法9条1項や会社法908条1項は適用されないと解されています（条解破産1716頁、大コンメ1105頁［髙山崇彦］、伊藤169頁）。

文　献　条解破産1702頁、大コンメ1102頁［髙山崇彦］、伊藤170頁、一問一答破産351頁・352頁・353頁、注釈破産（下）716頁［加瀬野忠吉］

（個人の破産手続に関する登記の嘱託等）
第258条　個人である債務者について破産手続開始の決定があった場合において、次に掲げるときは、裁判所書記官は、職権で、遅滞なく、破産手続開始の登記を登記所に嘱託しなければならない。
一　当該破産者に関する登記があることを知ったとき。
二　破産財団に属する権利で登記がされたものがあることを知ったとき。
2　前項の規定は、当該破産者につき、破産手続開始の決定の取消し若しくは破産手続廃止の決定が確定した場合又は破産手続終結の決定があった場合について準用する。
3　裁判所書記官は、第1項第2号の規定により破産手続開始の登記がされた権利について、第34条第4項の決定により破産財団に属しないこととされたときは、職権で、遅滞なく、その登記の抹消を嘱託しなければならない。破産管財人がその登記がされた権利を放棄し、その登記の抹消の嘱託の申立てをしたときも、同様とする。
4　第1項第2号（第2項において準用する場合を含む。）及び前項後段の規定は、相続財産又は信託財産について破産手続開始の決定があった場合について準用する。
5　第1項第2号の規定は、信託財産について保全管理命令があった場合又は当該保全管理命令の変更若しくは取消しがあった場合について準用する。

基本事項
1　趣旨

破産手続開始決定により、破産財団に属する財産の管理処分権は破産管財人に専属し（破78Ⅰ）、債務者はその権限を失います。その後に行った法律行為は、相手方の主観と関係なく、破産手続との関係では効力を生じません（破47Ⅰ）。このように、債務者の行為は破産手続上の制約を受けますので、破産手続開始決定の有無は、債

務者と取引を行う利害関係人にとって大きな影響を与えます。そこで、本条1項は、その旨を公示すべく、個人の破産者に関する登記や破産財団に属する権利で登記されたものがある場合には、書記官が破産手続開始の登記を登記所に嘱託することとしています。

なお、法人の債務者については、法人の登記簿に破産手続開始の登記がなされ（破257Ⅰ）、取引をしようとする者に対する公示としては当該登記をもって足りることから、裁判所書記官は個別の財産については登記の嘱託を行いません。

また、嘱託書に添付する書面については破産規則79条が定めています。

2 登記の対象と登記すべき場合

裁判所書記官は、個人の破産者に関する登記を知った場合や、破産財団に属する権利で登記されたものがあることを知った場合には、職権で、遅滞なく、破産手続開始の登記を登記所に嘱託しなければなりません（本条Ⅰ）。破産手続開始決定の取消決定等があった場合も同様です（本条Ⅱ）。

(1) 破産者に関する登記（本条Ⅰ①）

破産者に関する登記とは、破産者の地位や権限等が登記されていて、破産手続開始決定によって当該地位等が影響を受けるものをいいます。例えば、未成年者の登記（商5）、後見人の登記（商6Ⅰ）、支配人の登記（商20、会社918）等が挙げられます。弁護士、公認会計士等士業の登録が破産者に関する登記に含まれるのかどうか争いがありますが（詳細は、条解破産1720頁参照）、実務上は登録の嘱託を行っていません。

(2) 破産財団に属する権利で登記がされたもの（本条Ⅰ②）

破産財団に属する権利で登記がなされたものとは、例えば、不動産（民177）、船舶（商686）、流木（立木法1）、建設機械（建抵7）の所有権等です。所有権だけでなく、抵当権等の担保物権や地上権等の用益権等登記できるもの（不登3）はすべて該当します。ただし、動産譲渡登記および債権譲渡登記は、権利の所在そのものに関する登記ではなく、譲渡の対抗要件に関するものですので、ここにいう登記の対象から除かれています（動産債権譲渡特15Ⅰ）。なお、多くの裁判所では、第三者の取引の安全を害する特別な事情があるときに、破産管財人による個別の上申によって、本条1項2号に係る破産登記の嘱託を行っているようです（破産管財の手引129頁、野村剛司ほか『破産管財実践マニュアル〔第2版〕』〔青林書院、2013〕90頁）。

破産手続開始の登記をした権利が、自由財産の拡張の裁判（破34Ⅳ）や破産管財人による放棄によって破産財団に属しないこととなった場合には、裁判所書記官は、職権や申立てによって、その登記の抹消を登記所に嘱託します（本条Ⅲ）。

3 相続財産または信託財産の破産

裁判所書記官は、破産財団に属する権利で登記がなされたものに関し、相続財産または信託財産について破産手続開始決定があったときはその旨の登記（本条Ⅳ・Ⅰ②）を、破産手続開始決定の取消等があったとき（本条Ⅳ括弧書・Ⅱ）または破産管財人が登記された権利を放棄してその登記の抹消の嘱託を申し立てたときは破産手続開始登記の抹消を、それぞれ登記所に嘱託します（本条Ⅳ）。

裁判所書記官は、破産財団に属する権利で登記がなされたものに関し、信託財産について保全管理命令が発令された場合（破244の12）にはその旨の登記を、保全管理命令の変更もしくは取消しがあった場合にはその登記の抹消を、それぞれ登記所に嘱託しなければなりません（本条Ⅴ）。

4　登記の効力

本条に基づく登記は、破産法257条と同様、取引の混乱を防止するための警告的なものにすぎないと位置付けられています。そこで、本条が定める登記については、登記を第三者に対する対抗要件であるとする商法9条1項や会社法908条1項、民法177条等は適用されないと解されています（大コンメ1111頁［髙山崇彦］、条解破産1729頁）。

文　献　条解破産1717頁、大コンメ1107頁［髙山崇彦］、伊藤170頁、一問一答破産354頁、注釈破産（下）724頁［加瀬野忠吉］

（保全処分に関する登記の嘱託）
第259条　次に掲げる場合には、裁判所書記官は、職権で、遅滞なく、当該保全処分の登記を嘱託しなければならない。
　一　債務者の財産に属する権利で登記されたものに関し第28条第1項（第33条第2項において準用する場合を含む。）の規定による保全処分があったとき。
　二　登記のある権利に関し第171条第1項（同条第7項において準用する場合を含む。）又は第177条第1項若しくは第2項（同条第7項において準用する場合を含む。）の規定による保全処分があったとき。
2　前項の規定は、同項に規定する保全処分の変更若しくは取消しがあった場合又は当該保全処分が効力を失った場合について準用する。

基本事項

1　趣旨

債務者の財産に属する権利で登記されたものに対して、破産手続上、処分禁止の仮処分等の保全処分（破28Ⅰ等）が発令された場合、その執行は登記によって行われます（民保47Ⅲ・52Ⅰ・53Ⅰ・54）。そこで、本条は、破産手続上の保全処分やその変更等に関し、裁判所書記官が職権で当該保全処分の登記等を嘱託することとしています。

なお、本条と同趣旨の規定が民再法12条、会更法260条にも置かれています。

2　登記の対象

本条1項1号は、破産手続開始決定前に債務者の財産について行う処分禁止の仮処分等の保全処分に関する登記につき定めています。破産手続開始決定前のため、破産法258条1項2号（破産財団に属する権利）とは異なり「債務者の財産」と規定します。もっとも、「債務者の財産に属する権利で登記されたもの」の具体的内容は、同号の「破産財団に属する権利で登記がされたもの」と同様です。

本条1項2号は、否認権を保全するために否認対象行為の受益者等の財産に対し

て仮差押え、仮処分その他の保全処分（破171Ⅰ）を行う場合や、責任追及のために法人の役員の財産に対して保全処分（破177Ⅰ・Ⅱ・Ⅶ）を行う場合の登記につき定めています。本条1項2号が規定する「登記のある権利」の具体的内容についても、破産財団以外の第三者に帰属する点以外は、破産法258条1項2号の「（破産財団に属する）権利で登記されたもの」と同様です。

3 保全処分の抹消の登記

(1) 保全処分の変更や取消しがあった場合

裁判所書記官は、保全処分の変更や取消しがあった場合、当該保全処分に基づいてなされた登記の変更や抹消を嘱託しなければなりません（本条Ⅱ）。

(2) 保全処分が効力を失った場合

破産手続開始決定前に破産手続開始の申立てを取り下げたとき（破29）や、破産手続開始決定の取消しが確定したとき（破33Ⅲ）は、保全処分は失効します。そこで、このように保全処分が効力を失った場合、裁判所書記官は保全処分の登記の抹消を嘱託します（本条Ⅱ）。

否認権を保全するための保全処分は、破産管財人が破産手続開始決定後1か月以内に手続を続行しないときは失効します（破172Ⅱ）。また、破産手続終結決定等によって破産手続が終了した場合、否認権を保全するための保全処分および法人の役員の財産に対する保全処分は失効すると解されています（条解破産規則189頁）。そこで、このような場合にも、裁判所書記官は、当該保全処分の登記の抹消を嘱託します。

破産法28条1項に基づき破産開始決定前になされていた保全処分は、破産手続開始決定によって消滅し、その効果は破産手続開始の効果等に移行すると考えられています（札幌地判昭33・11・28下民集9巻11号2365頁、東京高決昭37・3・28下民集13巻3号567頁）。もっとも、裁判所書記官は、実務上、破産手続開始決定時には保全処分の登記の抹消を嘱託せず、破産手続開始決定後、破産管財人が任意売却や放棄等を行う際に抹消の登記を嘱託しているようです（大コンメ1114頁［髙山崇彦］）。

4 登記の効力

保全処分の登記がなされている財産を債務者が処分しても、その後債務者に対して破産手続が開始すれば、当該処分行為は保全処分命令に反する限りで破産手続との関係で無効となります（相対的無効）。

保全処分の発令後、保全処分の登記がなされるまでの間に、債務者が保全処分の対象財産を処分した場合、このような処分行為を無効とすることができるかどうか争いがあり、悪意の第三者との関係では無効であるとする見解があります（詳細は、条解破産1734頁、大コンメ1114頁［髙山崇彦］参照）。

文献 条解破産法1729頁、大コンメ1113頁［髙山崇彦］、注釈破産（下）735頁［熱田雅夫］

（否認の登記）
第260条 登記の原因である行為が否認されたときは、破産管財人は、否認の登記

を申請しなければならない。登記が否認されたときも、同様とする。
2 　登記官は、前項の否認の登記に係る権利に関する登記をするときは、職権で、次に掲げる登記を抹消しなければならない。
　一　当該否認の登記
　二　否認された行為を登記原因とする登記又は否認された登記
　三　前号の登記に後れる登記があるときは、当該登記
3 　前項に規定する場合において、否認された行為の後否認の登記がされるまでの間に、同項第 2 号に掲げる登記に係る権利を目的とする第三者の権利に関する登記（破産手続の関係において、その効力を主張することができるものに限る。）がされているときは、同項の規定にかかわらず、登記官は、職権で、当該否認の登記の抹消及び同号に掲げる登記に係る権利の破産者への移転の登記をしなければならない。
4 　裁判所書記官は、第 1 項の否認の登記がされている場合において、破産者について、破産手続開始の決定の取消し若しくは破産手続廃止の決定が確定したとき、又は破産手続終結の決定があったときは、職権で、遅滞なく、当該否認の登記の抹消を嘱託しなければならない。破産管財人が、第 2 項第 2 号に掲げる登記に係る権利を放棄し、否認の登記の抹消の嘱託の申立てをしたときも、同様とする。

基本事項
1　趣旨

　登記原因である行為や登記が破産管財人の否認権の行使によって否認された場合、当該否認の効果を第三者に対抗するためには、対抗要件である登記を経る必要があります（民177参照）。そこで、本条 1 項は、このような場合、破産管財人は否認の登記を申請しなければならないと定めています。

　また、破産管財人は、通常、否認権の行使によって破産財団に復帰した財産を換価しますので、破産管財人が換価しやすいように工夫する必要もあります。そこで、より換価を容易にするため、本条 2 項や 3 項は、登記官による否認の登記やそれに関連する登記の抹消手続等を定めています。

　なお、本条と同趣旨の規定が民再法13条、会更法262条にも置かれています。

2　破産管財人の申請に基づく否認の登記

　破産管財人は、登記の原因である行為を否認し（破160・161・162）または登記を否認した場合（破164 I 本文）、否認の登記を申請しなければなりません（本条 I ）。

　本条にいう「否認されたとき」とは、否認訴訟における勝訴判決、否認の請求（破174）を認容する決定、当該決定に対する異議訴訟（破175）における当該認容決定の認可判決がそれぞれ確定した場合をいい、抗弁として否認権が行使された場合を含まないと解されています（条解破産1740頁、大コンメ1119頁［髙山崇彦］）。

　否認の登記の性質について、判例（最判昭49・6・27民集28巻 5 号641頁）は、否認の相対効（否認権行使の効果は破産手続上で破産管財人と行使の相手方との間においてのみ生じるという効力）や破産手続中においてのみ効力を有するという否認による物権変動の特殊性から、抹消登記または移転登記に代えて、このような特殊な物権変動を公示す

るために認められた特別の登記であるとしており（特殊登記説）、学説も支持しています。

3　登記官の職権による否認の登記等の抹消

破産管財人が否認権を行使し、破産財団に復帰させた不動産をさらに任意売却する場合等に、否認の登記、否認された行為を登記原因とする登記または否認された登記が登記情報に記録されたままだと、買受人や転買人等が不安を抱き、破産財団に属する財産の円滑な換価を損なう可能性があります。そのため、否認の登記に係る権利に関する登記をする場合、登記官は、職権で、①否認の登記、②否認された行為を登記原因とする登記または否認された登記、③②の登記に後れる登記を抹消しなければなりません（本条Ⅱ）。

4　登記官の職権による所有権移転登記

否認された行為の後、否認の登記がされるまでの間に、否認された行為を登記原因とする登記または否認された登記に係る権利を目的とする第三者の権利に関する登記がなされており、第三者の権利に関する登記が破産手続との関係でもその効力を主張できるものである場合、本条2項によって否認の登記等を職権で抹消してしまうと、登記情報上は当該第三者が無権利者から権利を取得したような形式になってしまいます。

例えば、破産者が受益者に不動産を売却し、売買を原因とする所有権移転登記がなされている事案で、破産管財人が当該売買を否認したものの、受益者への所有権移転登記の後に抵当権設定登記がされており、破産法170条に基づく転得者否認によってその抵当権設定行為や抵当権設定登記を否認できない場合です。この場合に、破産管財人が当該不動産を第三者に任意売却し、破産者から第三者に対する当該不動産の所有権移転登記手続を登記官に申請する場合、登記官が本条2項に従い、否認の登記の抹消に加え、否認された行為（破産者から受益者に対する所有権移転行為）の登記の抹消をしてしまうと、登記情報上では受益者は無権利者となり、抵当権者は無権利者から抵当権の設定を受けたことになってしまいます。そのため、本条3項は本条2項の例外として、この場合、否認の登記の抹消のほか、否認された行為（破産者から受益者に対する売買）の登記の抹消に代えて、この登記に係る権利（当該物件の所有権）の受益者から破産者への移転の登記をすることとして、登記情報上、前記の抵当権者のような第三者の権利を保護しています。

5　裁判所書記官の嘱託による否認の登記の抹消

否認の効果は破産手続の終了によって消滅します。そのため、破産管財人が否認権を行使して取り戻した財産を換価できないまま破産手続が終了した場合、否認の効果は消滅し、否認の登記も抹消する必要があります。そこで、①破産手続開始決定の取消決定の確定や②破産手続廃止決定の確定、③破産手続終結決定があった場合、裁判所書記官は職権で遅滞なく否認の登記の抹消を嘱託しなければなりません（本条Ⅳ前段）。また、破産管財人が否認権を行使して取り戻した財産を換価できず、破産財団から放棄した場合も否認の登記は不要ですので、④否認した行為を登記原因とする登記または否認された登記に係る権利を破産管財人が放棄し、否認の登記

について抹消の嘱託を申し立てた場合も、裁判所書記官は否認の登記の抹消を嘱託しなければなりません（同項後段）。

文献 大コンメ 1117 頁［髙山崇彦］、条解破産 1736 頁、伊藤 578 頁、破産管財の手引 233 頁、一問一答破産 356 頁、注釈破産（下）743 頁［伊藤孝至］

（非課税）
第 261 条 第 257 条から前条までの規定による登記については、登録免許税を課さない。

基本事項

登録免許税とは登録免許税法別表 1 に記載されている登記や登録等について課される税金をいい、登記を受ける者は登録免許税を納付しなければなりません（登録免許税法 2・3）。しかし、破産法 257 条（法人の破産手続に関する登記の嘱託等）、258 条（個人の破産手続に関する登記の嘱託等）、259 条（保全処分に関する登記の嘱託）、260 条（否認の登記）による登記は、利害関係人全員の利益のために行う公益的な登記です。そこで、本条は、このような登記については登録免許税を課さないこととしています。

なお、本条と同趣旨の規定が民再法 14 条、会更法 264 条 1 項にも置かれています。

文献 大コンメ 1123 頁［髙山崇彦］、条解破産 1747 頁、注釈破産（下）752 頁［奥野修士］

（登録のある権利への準用）
第 262 条 第 258 条第 1 項第 2 号及び同条第 2 項において準用する同号（これらの規定を同条第 4 項において準用する場合を含む。）、同条第 3 項（同条第 4 項において同条第 3 項後段の規定を準用する場合を含む。）並びに前 3 条の規定は、登録のある権利について準用する。

基本事項

登録とは、一定の法律事実、または法律関係を行政庁等に備付けの公簿に記載または記録することをいいます。登録も登記同様に一定の法律事実または法律関係を公示する機能がありますので、本条は、登録のある破産財団に属する権利（特許権、商標権、意匠権、実用新案権、著作権、自動車の所有権および抵当権、小型船舶の所有権等）について、登記に関する規定を準用することとしています。

準用する登記に関する規定は、①個人の破産手続、相続財産破産および信託財産破産に関する破産手続開始決定、破産手続開始決定の取消決定の確定、破産手続廃止決定の確定ならびに破産手続終結決定の登記嘱託（破 258 Ⅰ②〔破 258 Ⅱ・258 Ⅳで準用する場合を含む〕）、②自由財産の拡張および財産放棄による登記の抹消嘱託（破 258 Ⅲ〔破 258 Ⅳにおいて破 258 Ⅲ後段を準用する場合を含む〕）、③保全処分に関する登記嘱託（破 259）、④破産管財人の申請による否認の登記または登記官の職権による抹消登記または移転登記（破 260）、⑤登録免許税の非課税（破 261）に関する各規定です。

なお、本条と同趣旨の規定が民再法 265 条、会更法 938 条 5 項にも置かれています。

文　献　大コンメ 1124 頁［髙山崇彦］、条解破産 1749 頁、注釈破産（下）753 頁［奥野修士］

（責任制限手続の廃止による破産手続の中止）
第 263 条　破産者のために開始した責任制限手続について責任制限手続廃止の決定があったときは、破産手続は、その決定が確定するまで中止する。

基本事項

　本条および次条の責任制限手続とは、船舶の所有者等の責任の制限に関する法律（船主責任制限法）第 3 章または船舶油濁損害賠償保障法（油濁損害賠償法）第 5 章の規定による責任制限手続をいいます（破 24 Ⅰ⑤括弧書）。これらは、船舶所有者等が負う損害賠償責任を一定の金額に制限できる裁判上の手続であり、責任制限の対象となる債権を制限債権、その債権者を制限債権者といいます。

　責任制限手続の申立後に破産手続開始申立てがあった場合、責任制限手続が開始しているときを除き（破 24 Ⅰ柱書ただし書）、裁判所は利害関係人の申立てまたは職権で、破産手続開始申立てについて決定があるまでの間、中止命令によって債務者の責任制限手続を中止できます（同項⑤）。この規定の趣旨は、債務者の財産の一部を清算する手続が責任制限手続ですので、債務者の全部の財産を清算する破産手続と申立てが競合した場合は、破産手続を優先するほうが合理的であるという点にあります（大コンメ 96 頁［杉浦徳宏］）。

　破産手続開始申立前にすでに責任制限手続が開始している場合には、両手続は別個に進行します（破 24 Ⅰ柱書ただし書）。この場合、破産管財人の申立てによって責任制限手続の廃止決定がなされることがあります（船主責任制限法 84）。この廃止決定が確定すると、破産手続では責任制限手続上の積極財産である基金は破産財団に組み込まれ、制限債権者は破産債権者として扱われます。もっとも、責任制限手続廃止決定からその確定までの期間に破産手続が進行すると、その進行度合いによっては、制限債権者が破産手続上配当に与かれない事態が生じます。そこで、本条は、責任制限手続の廃止決定後その確定までの間、破産手続は当然に中止することとし、制限債権者を保護することとしています。

文　献　大コンメ 1125 頁［髙山崇彦］、条解破産 1750 頁、注釈破産（下）755 頁［中根弘幸］

（責任制限手続の廃止の場合の措置）
第 264 条　破産者のために開始した責任制限手続について責任制限手続廃止の決定が確定した場合には、裁判所は、制限債権者のために、債権の届出をすべき期間及び債権の調査をするための期間又は期日を定めなければならない。

2　裁判所は、前項の規定により定めた期間又は期日を公告しなければならない。
3　知れている制限債権者には、第32条第1項第1号及び第2号並びに前項の規定により公告すべき事項を通知しなければならない。
4　破産管財人、破産者及び届出をした破産債権者には、第2項の規定により公告すべき事項を通知しなければならない。ただし、第1項の規定により定めた債権の調査をするための期間又は期日（当該期間又は期日に変更があった場合にあっては、変更後の期間又は期日）が第31条第1項第3号の規定により定めた期間又は期日と同一であるときは、届出をした破産債権者に対しては、当該通知をすることを要しない。
5　前3項の規定は第1項の規定により定めた債権の届出をすべき期間に変更を生じた場合について、第118条第3項から第5項までの規定は第1項の規定により定めた債権の調査をするための期間を変更する決定があった場合について、第121条第9項から第11項までの規定は第1項の規定により定めた債権の調査をするための期日を変更する決定があった場合又は当該期日における債権の調査の延期若しくは続行の決定があった場合について準用する。この場合において、第118条第3項及び第121条第9項中「破産管財人」とあるのは「届出をした制限債権者（第264条第1項の規定により定められた債権の届出をすべき期間の経過前にあっては、知れている制限債権者）、破産管財人」と、同条第10項中「破産管財人」とあるのは「届出をした制限債権者、破産管財人」と読み替えるものとする。
6　第31条第2項及び第3項の規定は、第1項に規定する期間及び期日について準用する。

基本事項
1　趣旨
　破産法263条により、責任制限手続の廃止決定後その確定までの間、破産手続は当然に中止します。その後に責任制限手続廃止決定が確定すると、破産手続は再開しますが、その時点で破産債権の届出期間や債権調査の期間等がすでに経過している事態もあり得ます。この場合には、制限債権者が破産手続に参加し配当を受けるためには特別な措置が必要です。そこで、本条は、制限債権者のための債権届出期間や債権調査期間等を定めることとし、制限債権者が破産手続に参加する機会を確保しています。
2　債権届出期間および債権調査期間または債権調査期日の定め
　破産者に関する責任制限手続廃止決定が確定した場合、裁判所は制限債権者のために、債権届出期間および債権調査期間または債権調査期日を定め（本条Ⅰ）、これらを公告し（本条Ⅱ）、知れている制限債権者には所定の事項（破32Ⅰ①・②）を通知します（本条Ⅲ）。また、裁判所は、破産管財人、破産者および届出破産債権者にも、これら公告事項を通知します（本条Ⅳ本文）。もっとも、本条1項に基づき定めた債権調査期間等が破産手続開始決定時に同時処分事項として定めた債権調査期間等と同一の場合には、届出破産債権者に対する通知は不要です（同項ただし書）。

3　債権届出期間および債権調査期間または債権調査期日の変更

　債権届出期間を変更する場合、裁判所は、責任制限手続について責任制限手続廃止決定が確定した場合と同様に、変更後の債権届出期間を公告および通知する必要があります（本条Ⅴ・Ⅱ・Ⅲ・Ⅳ）。

　裁判所は、債権調査期間や債権調査期日を変更する場合、届出制限債権者（債権届出期間経過前は知れている制限債権者）、破産管財人、破産者および届出破産債権者（債権届出期間経過前は知れている破産債権者）にその裁判書を送達する必要があります（本条Ⅴ・118Ⅲ・121Ⅸ）。また、債権調査期日において債権調査を延期または続行した場合、期日で言渡しをした場合を除き、その裁判書を届出制限債権者、破産管財人、破産者および届出破産債権者に送達する必要があります（本条Ⅴ・121Ⅹ）。これらの送達については、普通郵便等簡易な方法による送付も可能です（本条Ⅴ・118Ⅳ・121Ⅺ）。

4　異時廃止のおそれがある場合の特則

　破産財団から破産手続費用を支弁できないおそれが認められる場合は、裁判所は債権届出期間（破31Ⅰ①）ならびに債権調査の期間および期日（同項③）を定めないことができます（本条Ⅵ・31Ⅱ）。もっとも、そのおそれがなくなったと認めるときは、裁判所は速やかにこれらの期間または期日を定めなければなりません（本条Ⅵ・31Ⅲ）。

　文献　大コンメ1127頁［髙山崇彦］、条解破産1756頁、注釈破産（下）760頁［中根弘幸］

第14章　罰則

> **前注**
> **1　趣旨**

　破産手続の開始前はもちろん、その後であっても、債務者等が債務者の財産について隠匿や不当な処分等を行い、債権者の利益を害することがあります。また、債務者等が破産法上の義務に違反し、破産手続の適正な遂行を害するおそれもあります。
　債務者が窮境状態にある破産手続では、刑法等が定める犯罪類型のみではこのような事態に対処するには十分ではないことから、破産法は265条以下で一定の行為を破産犯罪として定めています。

2　破産犯罪の分類

　破産犯罪は、法定刑を基準に以下の通り分類できます（伊藤738頁、倒産法概説592頁［山本和彦］参照）。

法定刑	犯罪	保護法益
10年以下の懲役、1000万円以下の罰金、または併科	詐欺破産罪（破265）	破産債権者の財産上の利益（破産手続の適正な遂行）
	破産管財人等の特別背任罪（破267）	破産手続の適正な遂行
5年以下の懲役、500万円以下の罰金、または併科	特定の債権者に対する担保の供与等の罪（破266）	破産債権者の財産上の利益
	収賄罪のうち、不正な請託を受けたとき（破273 II） 贈賄罪のうち、不正な請託を受けたとき（破274 II）	破産手続の適正な遂行
3年以下の懲役、300万円以下の罰金、または併科	説明および検査の拒絶等の罪（破268） 重要財産開示拒絶等の罪（破269） 業務および財産の状況に関する物件の隠滅等の罪（破270） 審尋における説明拒絶等の罪（破271） 破産管財人等に対する職務妨害の罪（破272） 収賄罪のうち、不正な請託を受けないとき（破273 I） 贈賄罪のうち、不正な請託を受けないとき（破274 I）	破産手続の適正な遂行
	破産者等に対する面会強請等の罪（破275）	破産者の経済的再生

（詐欺破産罪）
第265条 破産手続開始の前後を問わず、債権者を害する目的で、次の各号のいずれかに該当する行為をした者は、債務者（相続財産の破産にあっては相続財産、信託財産の破産にあっては信託財産。次項において同じ。）について破産手続開始の決定が確定したときは、10年以下の懲役若しくは1000万円以下の罰金に処し、又はこれを併科する。情を知って、第4号に掲げる行為の相手方となった者も、破産手続開始の決定が確定したときは、同様とする。
　一　債務者の財産（相続財産の破産にあっては相続財産に属する財産、信託財産の破産にあっては信託財産に属する財産。以下この条において同じ。）を隠匿し、又は損壊する行為
　二　債務者の財産の譲渡又は債務の負担を仮装する行為
　三　債務者の財産の現状を改変して、その価格を減損する行為
　四　債務者の財産を債権者の不利益に処分し、又は債権者に不利益な債務を債務者が負担する行為
2　前項に規定するもののほか、債務者について破産手続開始の決定がされ、又は保全管理命令が発せられたことを認識しながら、債権者を害する目的で、破産管財人の承諾その他の正当な理由がなく、その債務者の財産を取得し、又は第三者に取得させた者も、同項と同様とする。

基本事項
1　趣旨

　破産債権者の財産上の利益を保護して適正な破産手続の遂行を確保するため、本条で定める詐欺破産罪は、総債権者が把握する財産上の実質的価値を不当に減少させあるいは危険ならしめる行為を処罰対象とし、10年以下の懲役もしくは1000万円以下の罰金に処し、またはこれを併科することとしています。

　なお、本条と同趣旨の規定が民再法255条、会更法266条にも置かれています。

2　本条1項の処罰類型

　詐欺破産罪として、本条1項が規定する処罰類型は、すべての自然人が対象です。詐欺破産罪は「債権者を害する目的」を必要とする目的犯ですので、故意に加えて、債権者を害する目的が必要です（本条Ⅰ柱書前段）。本条1項柱書や本条1項4号の「債権者」とは特定の債権者ではなく、総債権者を意味します。詐欺破産罪が成立するためには、客観的処罰条件として破産手続開始決定の確定が必要です。各犯罪行為と破産手続開始決定との間には、事実上の牽連関係が必要であると解されています（伊藤745頁、最判昭44・10・31刑集23巻10号1465頁）。

(1)　債務者の財産の隠匿・損壊（本条Ⅰ①）

　本条1項1号にいう「債務者の財産」とは、破産財団（破34）を構成すべき一切の財産をいいます。債務者の財産である以上、オーバーローン状態である別除権の対象財産も含まれると解されています。もっとも、自由財産や新得財産は含まれません。隠匿とは、債務者の財産を発見することを不能または困難にする事実上または法律上の行為をいいます。損壊とは、物理的破壊だけでなく、財産としての効用

を失わせる一切の行為をいいます。例えば、あえて債務者が有する債権の時効を完成させるといった不作為も損壊に該当すると解されています（大コンメ1138頁［髙﨑秀雄］）。

　(2)　**債務者の財産の譲渡または債務の負担を仮装する行為**（本条Ⅰ②）

　ここにいう「財産の譲渡」には、不動産等有体物の所有権を移転する行為のほか、地上権等の有体物に対する権利や特許権等の無体物に対する権利を移転する行為も含みます。「債務の負担」には、破産債権だけでなく、財団債権を負担することも含みます。抵当権や賃借権等の設定も債務の負担に該当します。

　(3)　**債務者の財産の現状を改変し価格を減損する行為**（本条Ⅰ③）

　ここにいう「債務者の財産の現状を改変して、その価格を減損する行為」とは、損壊にまで至らない程度に物理的状況を変更して、その経済的価値を損なう行為をいいます。例えば、建物や土地への廃棄物の搬入、更地への墓の設置や建物の築造等の行為が挙げられます（伊藤743頁、大コンメ1139頁［髙﨑秀雄］参照）。

　(4)　**債権者に不利益になる債務者の財産の処分行為または債務者の債務負担行為**（本条Ⅰ④）

　ここにいう「不利益」かどうかは、取引社会の通念に照らして、処分による対価の有無や均衡、総財産に占める当該財産の割合、処分時期、債務の弁済期限、利率、担保の有無等の諸条件を総合的に判断すべきであると解されています。例えば、無償贈与や廉価販売等が挙げられています（伊藤743頁、大コンメ1140頁［髙﨑秀雄］）。また、通常、処分行為や債務負担行為には相手方が存在するところ、当該相手方につき、必要的共犯として不可罰とされることを回避するために、情を知って行った相手方も共犯として処罰されることを明記しています（本条Ⅰ柱書後段）。

3　本条2項の処罰類型

　破産手続開始決定や保全管理命令が発令されれば、破産管財人や保全管理人が債務者の財産を管理することになります（破78Ⅰ・93Ⅰ本文）。もっとも、実際には破産管財人等が占有せず、管理できていない債務者の財産があり得ます。このような場合、当該財産を奪われる危険が多々ありますが、破産管財人等が占有していないため、窃盗罪等の成立には限界があると指摘されています。そこで、本条2項は、このような場合に対処するために特別な処罰類型を定め、債務者について破産手続開始決定が発令され、または保全管理命令が発せられた後、これを認識し、かつ、債権者を害する目的で、破産管財人の承諾その他正当な理由もないのに、債務者の財産を取得し、または第三者に取得させた者も本条1項と同様に処罰することとしています。

4　客観的処罰条件

　本条の詐欺破産罪による処罰に当たっては、客観的処罰条件として、破産手続開始決定の確定が必要です。客観的処罰条件とは、犯罪の成立要件がすべて満たされていても、ある条件が満たされなければ処罰されない場合の当該条件をいいます。

　文　献　伊藤741頁、大コンメ1134頁［髙﨑秀雄］、条解破産1770頁、一問一答破産359頁・361頁・363頁、注釈破産（下）776頁［大川治］

(特定の債権者に対する担保の供与等の罪)
第266条 債務者(相続財産の破産にあっては相続人、相続財産の管理人又は遺言執行者を、信託財産の破産にあっては受託者等を含む。以下この条において同じ。)が、破産手続開始の前後を問わず、特定の債権者に対する債務について、他の債権者を害する目的で、担保の供与又は債務の消滅に関する行為であって債務者の義務に属せず又はその方法若しくは時期が債務者の義務に属しないものをし、破産手続開始の決定が確定したときは、5年以下の懲役若しくは500万円以下の罰金に処し、又はこれを併科する。

基本事項
1 趣旨

破産手続は公平な清算を目的とし(破1)、債権者は相互に平等かつ公平に扱われる財産上の利益を有していますので、本条は、特定の債権者だけを不当に利得させる行為を処罰対象とし、5年以下の懲役もしくは500万円以下の罰金に処し、またはこれを併科することしています。

なお、本条と同趣旨の規定が民再法256条、会更法267条にも置かれています。

2 処罰類型

処罰対象となる行為の主体は、債務者のほか、相続人や相続財産管理人、遺言執行者、受益者等(破244の4Ⅰ)です。相続財産破産や信託財産破産の場合には、実際上、偏頗行為をなし得る相続財産等の管理処分権者を主体にしなければ、債権者間の公平を確保できません。また、これらの破産手続では行為主体としての債務者を観念できませんので(破234・244の10Ⅰ参照)、その主体を特別に規定しています。

本条は、特定の債権者に対する債務について、担保を供与し、または債務を消滅させる行為であって、債務者等の義務に属せず、またはその方法もしくは時期が債務者等の義務に属しない行為(例えば、期限前弁済)を処罰することとしています。

本条は目的犯であり、故意のほかに、債務者等に他の債権者を害する目的が必要です。また、客観的処罰条件として、破産手続開始決定の確定が必要です。この客観的処罰条件とは、犯罪の成立要件がすべて満たされていても、ある条件が満たされなければ処罰されない場合の当該条件をいいます。

文献 大コンメ1148頁[髙﨑秀雄]、条解破産1796頁、伊藤745頁、一問一答破産365頁、注釈破産(下)791頁[大川治]

(破産管財人等の特別背任罪)
第267条 破産管財人、保全管理人、破産管財人代理又は保全管理人代理が、自己若しくは第三者の利益を図り又は債権者に損害を加える目的で、その任務に背く行為をし、債権者に財産上の損害を加えたときは、10年以下の懲役若しくは1000万円以下の罰金に処し、又はこれを併科する。
2 破産管財人又は保全管理人が法人であるときは、前項の規定は、破産管財人又は保全管理人の職務を行う役員又は職員に適用する。

基本事項

1　趣旨

　破産手続では、刑法の背任罪（刑247）における「本人」に当たる者が誰であるのか明確ではありませんので、総債権者を「本人」として扱うことを背景に、本条は、刑法の背任罪の特別規定として破産管財人等の特別背任罪を定めています。本条は、破産管財人等が任務違反行為を行い、債権者に財産上の損害を加える行為を処罰対象とし、10年以下の懲役もしくは1000万円以下の罰金に処し、またはこれを併科することとしています。

　なお、本条と同趣旨の規定が民再法257条、会更法268条にも置かれています。

2　要件

　処罰対象となる行為の主体は、破産管財人、保全管理人、破産管財人代理または保全管理人代理です（本条Ⅰ）。破産管財人または保全管理人が法人であるときは、その職務を行う法人の役職員も主体となります（本条Ⅱ）。本条を定めた経緯や背任罪の実質から、債権者とは総債権者をいいます。

　破産管財人等が行う任務違反行為が処罰対象となりますが、その行為によって総債権者に財産上の損害が生じたという結果が必要です。そして、故意の内容としては、任務違背性および財産上の損害の発生に関する認識が必要です。また、本条は目的犯ですので、自己もしくは第三者の利益を図り、または総債権者に損害を加える目的が必要です（本条Ⅰ）。

文献　大コンメ1151頁［髙﨑秀雄］、条解破産1805頁、伊藤746頁、注釈破産（下）800頁［大川治］

（説明及び検査の拒絶等の罪）
第268条　第40条第1項（同条第2項において準用する場合を含む。）、第230条第1項（同条第2項において準用する場合を含む。）又は第244条の6第1項（同条第2項において準用する場合を含む。）の規定に違反して、説明を拒み、又は虚偽の説明をした者は、3年以下の懲役若しくは300万円以下の罰金に処し、又はこれを併科する。第96条第1項において準用する第40条第1項（同条第2項において準用する場合を含む。）の規定に違反して、説明を拒み、又は虚偽の説明をした者も、同様とする。
2　第40条第1項第2号から第5号までに掲げる者若しくは当該各号に掲げる者であった者、第230条第1項各号に掲げる者（相続人を除く。）若しくは同項第2号若しくは第3号に掲げる者（相続人を除く。）であった者又は第244条の6第1項各号に掲げる者若しくは同項各号に掲げる者であった者（以下この項において「説明義務者」という。）の代表者、代理人、使用人その他の従業者（以下この項及び第4項において「代表者等」という。）が、その説明義務者の業務に関し、第40条第1項（同条第2項において準用する場合を含む。）、第230条第1項（同条第2項において準用する場合を含む。）又は第244条の6第1項（同条第2項において準用する場合を含む。）の規定に違反して、説明を拒み、又は虚偽の説明をしたときも、前項前段と同様とする。説明義務者の代表者等が、その説明義務

者の業務に関し、第96条第1項において準用する第40条第1項（同条第2項において準用する場合を含む。）の規定に違反して、説明を拒み、又は虚偽の説明をしたときも、同様とする。
3　破産者が第83条第1項（第96条第1項において準用する場合を含む。）の規定による検査を拒んだとき、相続財産について破産手続開始の決定があった場合において第230条第1項第2号若しくは第3号に掲げる者が第83条第1項の規定による検査を拒んだとき又は信託財産について破産手続開始の決定があった場合において受託者等が同項（第96条第1項において準用する場合を含む。）の規定による検査を拒んだときも、第1項前段と同様とする。
4　第83条第2項に規定する破産者の子会社等（同条第3項において破産者の子会社等とみなされるものを含む。以下この項において同じ。）の代表者等が、その破産者の子会社等の業務に関し、同条第2項（第96条第1項において準用する場合を含む。以下この項において同じ。）の規定による説明を拒み、若しくは虚偽の説明をし、又は第83条第2項の規定による検査を拒んだときも、第1項前段と同様とする。

基本事項

1　趣旨

　破産手続を適正に遂行するためには、破産者等が破産管財人等に有用な情報を適切・適正に提供することが重要となることから、破産法は破産者等の説明義務等を定めています。また、当該義務の履行を担保するため、本条は、説明拒絶の罪、虚偽説明の罪、検査拒絶の罪という犯罪類型を設け、説明義務の違反や虚偽の説明等を処罰対象とし、3年以下の懲役もしくは300万円以下の罰金に処し、またはこれを併科することとしています。

　なお、本条と同趣旨の規定が民再法258条、会更法269条にも置かれています。

2　説明拒絶・虚偽説明

　円滑に破産管財業務を行い、破産手続を適正に遂行するためには、事実関係の解明が重要です。そのため、破産者等は、破産管財人、債権者委員会もしくは保全管理人の請求または債権者集会の決議に基づく請求があったときは、破産に関する必要な説明をしなければなりません（破40Ⅰ・Ⅱ・96Ⅰ・230Ⅰ・Ⅱ・244の6Ⅰ・Ⅱ）。これらの義務に違反し、破産者等が破産に関する説明を拒み、または、虚偽の説明をしたときは、説明拒絶や虚偽説明の罪（本条Ⅰ・Ⅱ）が成立します。虚偽とは客観的事実に反することではなく、自らの記憶と異なることであると解されています（条解破産1823頁）。

3　検査拒絶

　破産管財人や保全管理人による破産者や相続人、相続人の代理人、相続財産管理人、遺言執行者、受託者等に対する検査権（破83Ⅰ・96Ⅰ・40Ⅰ・Ⅱ）の行使も事実関係の解明にとって重要です。そのため、これらの者が当該検査を拒絶した場合には検査拒絶の罪（本条Ⅲ）が成立します。

4　破産者の子会社代表者の説明拒絶等

破産管財人は破産者の子会社等に対しても、業務および財産の状況について説明を求め、または帳簿、書類その他の物件を検査することができます（破83Ⅱ・Ⅲ・96Ⅰ）。破産者の子会社の代表者等が業務および財産の状況について説明を拒み、虚偽の説明をし、または検査を拒んだときは、説明拒絶の罪、虚偽説明の罪または検査拒絶の罪が成立します（本条Ⅳ）。その要件等は前記**2**や**3**の内容と同様です。

文　献　大コンメ1154頁［髙﨑秀雄］、条解破産1813頁、伊藤748頁、注釈破産（下）807頁［桐山昌己］

（重要財産開示拒絶等の罪）
第269条　破産者（信託財産の破産にあっては、受託者等）が第41条（第244条の6第4項において準用する場合を含む。）の規定による書面の提出を拒み、又は虚偽の書面を裁判所に提出したときは、3年以下の懲役若しくは300万円以下の罰金に処し、又はこれを併科する。

基本事項
1　趣旨

破産手続を適正に遂行するために、破産法は、破産者の重要財産開示義務（破41）を定めています。本条は、当該義務の履行を担保するため、その違反行為や虚偽の書面提出行為を処罰対象とし、3年以下の懲役もしくは300万円以下の罰金に処し、またはこれを併科することとしています。

2　要件

破産者は、破産手続開始決定後遅滞なく、その所有する不動産、現金、有価証券、預貯金その他裁判所が指定する財産の内容を記載した書面を裁判所に提出しなければなりません（破41）。信託財産について破産手続開始決定があった場合には、受託者等（破244の4Ⅰ）が当該書面を提出しなければなりません（破244の6Ⅳ）。

本条によって処罰される行為は、破産者または受託者等がこれらの書面の提出を拒絶する行為と虚偽の書面を裁判所に提出する行為です。虚偽とは、客観的事実に反することではなく、自らの記憶と異なることであると解されています（条解破産1828頁）。

文　献　大コンメ1160頁［髙﨑秀雄］、条解破産1826頁、伊藤748頁以下、注釈破産（下）815頁［桐山昌己］

（業務及び財産の状況に関する物件の隠滅等の罪）
第270条　破産手続開始の前後を問わず、債権者を害する目的で、債務者の業務及び財産（相続財産の破産にあっては相続財産に属する財産、信託財産の破産にあっては信託財産に属する財産）の状況に関する帳簿、書類その他の物件を隠滅し、偽造し、又は変造した者は、債務者（相続財産の破産にあっては相続財産、信託財産の破産にあっては信託財産）について破産手続開始の決定が確定したときは、

3年以下の懲役若しくは300万円以下の罰金に処し、又はこれを併科する。第155条第2項の規定により閉鎖された破産財団に関する帳簿を隠滅し、偽造し、又は変造した者も、同様とする。

基本事項

1 趣旨

破産手続を適正に遂行するためには、破産管財人が、帳簿等から債務者の業務や財産の状況を正確に把握することが重要になります。そこで、本条は、このような破産管財人の行為を不可能または困難にする行為として、債務者の業務および財産の状況に関する物件を隠滅し、偽造し、または変造する行為を処罰対象とし、3年以下の懲役もしくは300万円以下の罰金に処し、またはこれを併科することとしています。

なお、本条と同趣旨の規定が民再法259条、会更法270条にも置かれています。

2 要件

本条は、処罰対象となる行為の主体を制限していません。また、行為の時期も限定していません。処罰対象となる行為は、債務者の業務および財産の状況に関する帳簿、書類その他の物件を隠滅し、偽造し、または変造する行為です（本条前段）。本条前段の犯罪は目的犯ですので、債権者を害する目的が必要です。前記の「財産」とは、相続財産破産では相続財産に属する財産、信託財産破産では信託財産に属する財産です。

裁判所書記官は、破産管財人の申出により、破産財団に関する帳簿を閉鎖することができます（破155Ⅱ）。この閉鎖された帳簿を隠滅し、偽造し、または変造する行為も同様に処罰されます（本条後段）。ただし、本条前段と異なり、本条後段の犯罪は目的犯ではありません。

いずれの犯罪についても、客観的処罰条件として、債務者、相続財産または信託財産についての破産手続開始決定が確定する必要があります。

文献 大コンメ1162頁[髙﨑秀雄]、条解破産1829頁、伊藤748頁、一問一答破産361頁、注釈破産（下）817頁[桐山昌己]

（審尋における説明拒絶等の罪）

第271条 債務者が、破産手続開始の申立て（債務者以外の者がしたものを除く。）又は免責許可の申立てについての審尋において、裁判所が説明を求めた事項について説明を拒み、又は虚偽の説明をしたときは、3年以下の懲役若しくは300万円以下の罰金に処し、又はこれを併科する。

基本事項

1 趣旨

利害関係人に重大な影響を与える破産手続開始決定や免責決定の発令に際し、裁判所によって行われる破産者に対する審尋は、破産手続等を適正に遂行する上で極

めて重要です。本条は、破産法268条から270条までの規定では対処できない犯罪類型として、審尋における破産者の説明拒絶および虚偽説明という行為を処罰対象とし、3年以下の懲役、もしくは300万円以下の罰金に処し、またはこれを併科することとしています。

2 要件

処罰対象となる行為は、債務者が、自ら行った破産手続開始の申立てまたは免責許可の申立てに関する審尋（破13、民訴87Ⅱ・187）で、裁判所が説明を求めた事項について、説明を拒み、または虚偽の説明をする行為です。

債務者以外の者による破産手続開始の申立てでは、債務者と申立人とが対立し、債務者が破産手続開始原因等の存在を争うことがあり得ます。そのため、説明拒絶等の罪として処罰することは適当ではなく、債務者以外の者がした破産手続開始の申立てについて処罰の対象から除外しています。

法人の場合には、取締役会等の意思決定機関による正式な手続に基づく破産手続開始の申立ての場合にのみ、本条の適用があります。準自己破産の申立て（破19Ⅰ）や手続は経ていないものの単に全取締役の同意がある等の場合は、債務者以外の者がしたものに該当し、本条の処罰対象にはならないと解されています（条解破産1836頁、大コンメ1165頁［髙﨑秀雄］）。

虚偽とは、客観的事実に反することではなく、自らの記憶と異なることを意味すると解されています（条解破産1837頁）。

文献 大コンメ1165頁［髙﨑秀雄］、条解破産1834頁、伊藤749頁、注釈破産（下）821頁［桐山昌己］

（破産管財人等に対する職務妨害の罪）
第272条 偽計又は威力を用いて、破産管財人、保全管理人、破産管財人代理又は保全管理人代理の職務を妨害した者は、3年以下の懲役若しくは300万円以下の罰金に処し、又はこれを併科する。

基本事項

1 趣旨

刑法上の業務妨害罪（刑233・234）によって、業務の遂行が担保され、業務を行う者の経済的利益を守ることができます。偽計等による破産管財人等の業務を妨害する行為も、この業務妨害罪に該当します。もっとも、破産管財人等による業務の遂行を担保することは、破産管財人等の経済的利益というよりも、利害関係人全体の利益である破産手続の適正な遂行を確保するという点で意義があります。このような点において、破産管財人の業務を妨害する行為に対して特別な刑罰を科すことが妥当です。そこで、本条は、偽計または威力を用いて、破産管財人、保全管理人、破産管財人代理または保全管理人代理の職務を妨害する行為を処罰対象とし、3年以下の懲役もしくは300万円以下の罰金に処し、またはこれを併科することとしています。

なお、本条と同趣旨の規定が民再法260条、会更法271条にも置かれています。

2　要件

本条は、犯罪主体を限定していませんが、処罰対象となる行為を破産手続開始決定後または保全管理命令後の行為に制限しています。

処罰対象となる行為は、偽計または威力を用いて、破産管財人、保全管理人、破産管財人代理または保全管理人代理の職務を妨害する行為です。偽計および威力は、刑法上の偽計（刑233）や威力（刑234）と同義であると解されています（条解破産1839頁）。刑法上、偽計とは、職務を妨害するために他人の不知または錯誤を利用する意図をもって錯誤を生じさせる手段を施すことを意味します（大阪高判昭29・11・12高刑集7巻11号1670頁）。威力とは、犯人の威勢、人数、四囲の情勢から客観的にみて被害者の自由意思を制圧するに足る犯人側の勢力を意味すると解されています（最判昭28・1・30刑集7巻1号128頁）。

妨害の対象となる破産管財人等の職務は限定されていませんが、本条の趣旨から、例えば、総債権者の財産的利益を侵害する任務違背行為は本条が保護すべき職務とはいえないと解されています（大コンメ1168頁［髙﨑秀雄］）。

本条が定める罪については、その文言から、結果の発生が必要である侵害犯であるとする見解（条解破産1841頁）と、判例（大判昭11・5・7刑集15巻573頁）が刑法の業務妨害罪を妨害の危険があれば足りる危険犯であると解していることから、危険犯であるとする見解（大コンメ1168頁［髙﨑秀雄］）があります。

文献　大コンメ1167頁［髙﨑秀雄］、条解破産1838頁、伊藤749頁、一問一答破産366頁、注釈破産（下）824頁［桐山昌己］

（収賄罪）
第273条　破産管財人、保全管理人、破産管財人代理又は保全管理人代理（次項において「破産管財人等」という。）が、その職務に関し、賄賂を収受し、又はその要求若しくは約束をしたときは、3年以下の懲役若しくは300万円以下の罰金に処し、又はこれを併科する。
2　前項の場合において、その破産管財人等が不正の請託を受けたときは、5年以下の懲役若しくは500万円以下の罰金に処し、又はこれを併科する。
3　破産管財人又は保全管理人が法人である場合において、破産管財人又は保全管理人の職務を行うその役員又は職員が、その破産管財人又は保全管理人の職務に関し、賄賂を収受し、又はその要求若しくは約束をしたときは、3年以下の懲役若しくは300万円以下の罰金に処し、又はこれを併科する。破産管財人又は保全管理人が法人である場合において、その役員又は職員が、その破産管財人又は保全管理人の職務に関し、破産管財人又は保全管理人に賄賂を収受させ、又はその供与の要求若しくは約束をしたときも、同様とする。
4　前項の場合において、その役員又は職員が不正の請託を受けたときは、5年以下の懲役若しくは500万円以下の罰金に処し、又はこれを併科する。
5　破産債権者若しくは代理委員又はこれらの者の代理人、役員若しくは職員が、債権者集会の期日における議決権の行使又は第139条第2項第2号に規定する書

面等投票による議決権の行使に関し、不正の請託を受けて、賄賂を収受し、又はその要求若しくは約束をしたときは、5年以下の懲役若しくは500万円以下の罰金に処し、又はこれを併科する。
6　前各項の場合において、犯人又は法人である破産管財人若しくは保全管理人が収受した賄賂は、没収する。その全部又は一部を没収することができないときは、その価額を追徴する。

基本事項
1　趣旨
　破産手続を適正に遂行するためには、破産管財人等が職務を公正に行うことが必須となります。そこで、本条は、収賄罪という犯罪類型を設け、破産管財人等がその職務に関して賄賂を収受したこと等を処罰対象としています。そして、不正の請託を受けた場合は、不正の請託を受けていない場合と比較して、保護法益を侵害する程度が一層強いので、法定刑を加重しています。

　また、法人も破産管財人や保全管理人になることができますので（破74Ⅱ・96Ⅰ）、そのような場合の犯罪類型を設けるとともに、破産債権者等が債権者集会期日での議決権行使等に関し不正の請託を受けて賄賂を収受すること等も処罰対象としています。

　職務との関連性や「賄賂」「収受」「要求」「約束」「請託」の意義については、刑法の収賄罪等（刑197条）と同様に解されており（大コンメ1171頁〔髙﨑秀雄〕）、具体的には、それぞれ、「賄賂」とは職務行為の対価としての不法の利益のこと、「収受」とは賄賂を受け取ること、「要求」とは相手方に対して賄賂の供与を求める意思表示をすること、「約束」とは贈収賄双方が賄賂の授受を合意すること、「請託」とは一定の職務行為を行うことを依頼することをいいます（団藤重光編『注釈刑法（4）』〔有斐閣、1966〕412頁・415頁・417頁〔内藤謙〕）。

　なお、本条と同趣旨の規定が民再法261条、会更法272条にも置かれています。

2　法定刑を基準とした犯罪類型の整理
　法定刑を基準に、本条が定めている犯罪類型を整理すると以下の通りとなります。
(1)　3年以下の懲役もしくは300万円以下の罰金またはこれの併科
　①　破産管財人、保全管理人、破産管財人代理または保全管理人代理が、その職務に関し、賄賂を収受し、またはその要求もしくは約束をしたこと（本条Ⅰ）
　②　破産管財人または保全管理人が法人である場合において、破産管財人または保全管理人の職務を行うその役員または職員が、その破産管財人または保全管理人の職務に関し、賄賂を収受し、またはその要求もしくは約束をしたこと（本条Ⅲ前段）
　③　破産管財人または保全管理人が法人である場合において、その役員または職員が、その破産管財人または保全管理人の職務に関し、破産管財人または保全管理人に賄賂を収受させ、またはその供与の要求もしくは約束をしたこと（本条Ⅲ後段）

(2) 5年以下の懲役もしくは500万円以下の罰金またはこれの併科
① (1)①の場合にその破産管財人等が不正の請託を受けたこと（本条Ⅱ）
② (1)②の場合にその役員または職員が不正の請託を受けたこと（本条Ⅳ）
③ 破産債権者もしくは代理委員またはこれらの者の代理人、役員もしくは職員が、債権者集会期日での議決権の行使または書面等投票（破139Ⅱ②）による議決権の行使に関し、不正の請託を受けて、賄賂を収受し、またはその要求もしくは約束をしたこと（本条Ⅴ）

3　没収または価格の追徴

本条が定めるすべての犯罪類型において、犯人または法人である破産管財人もしくは保全管理人が収受した賄賂は、没収されます（本条Ⅵ前段）。その全部または一部を没収することができないときは、その価額を追徴します（同項後段）。

文献　大コンメ1169頁［髙﨑秀雄］、条解破産1842頁、伊藤750頁、一問一答破産367頁、注釈破産（下）827頁［大川治］

（贈賄罪）
第274条　前条第1項又は第3項に規定する賄賂を供与し、又はその申込み若しくは約束をした者は、3年以下の懲役若しくは300万円以下の罰金に処し、又はこれを併科する。
2　前条第2項、第4項又は第5項に規定する賄賂を供与し、又はその申込み若しくは約束をした者は、5年以下の懲役若しくは500万円以下の罰金に処し、又はこれを併科する。

基本事項

1　趣旨

適正な破産手続を実現するためには、破産管財人等による公正な職務の遂行が不可欠です。そこで、本条は贈賄罪という犯罪類型を設け、賄賂の供与等を処罰対象としています。破産手続の適正な遂行を害する上では、収賄側よりも、むしろ贈賄側が主導的立場にあるという評価から、刑法の贈賄罪と異なり、収賄罪と同様の法定刑を定めています。

なお、本条と同趣旨の規定が民再法262条、会更法273条にも置かれています。

2　法定刑を基準とした犯罪類型の整理

法定刑を基準に、本条が定めている処罰類型を整理すると以下の通りとなります。

(1) 3年以下の懲役もしくは300万円以下の罰金またはこれの併科
① 破産管財人、保全管理人、破産管財人代理または保全管理人代理に対し、その職務に関し、賄賂を供与し、またはその申込みもしくは約束をしたこと（本条Ⅰ・273Ⅰ）。
② 破産管財人または保全管理人が法人である場合において、破産管財人または保全管理人の職務を行うその役員または職員に、その破産管財人または保全管理人の職務に関し、賄賂を供与し、またはその申込みもしくは約束をしたこと

（本条Ⅰ・273 Ⅲ前段）

③　破産管財人または保全管理人が法人である場合において、その役員または職員が、その破産管財人または保全管理人の職務に関し、破産管財人または保全管理人に賄賂を収受させ、またはその供与の要求もしくは約束をした場合に（破273 Ⅲ後段）、その賄賂を供与し、またはその申込みもしくは約束をしたこと（本条Ⅰ）

(2)　5年以下の懲役もしくは500万円以下の罰金またはこれの併科

①　(1)①の場合にその破産管財人等に不正の請託をしたこと（本条Ⅱ・273 Ⅱ）

②　(1)②の場合にその役員または職員に不正の請託をしたこと（本条Ⅱ・273 Ⅳ）

③　破産債権者もしくは代理委員またはこれらの者の代理人、役員もしくは職員が、債権者集会期日での議決権の行使または書面等投票（破139 Ⅱ②）による議決権の行使に関し、不正の請託を受けて、賄賂を収受し、またはその要求もしくは約束をした場合に（破273 Ⅴ）、その賄賂を供与し、またはその申込みもしくは約束をしたこと（本条Ⅱ）

文献　大コンメ1173頁［髙﨑秀雄］、条解破産1849頁、伊藤750頁、一問一答破産367頁、注釈破産（下）835頁［大川治］

（破産者等に対する面会強請等の罪）
第275条　破産者（個人である破産者に限り、相続財産の破産にあっては、相続人。以下この条において同じ。）又はその親族その他の者に破産債権（免責手続の終了後にあっては、免責されたものに限る。以下この条において同じ。）を弁済させ、又は破産債権につき破産者の親族その他の者に保証をさせる目的で、破産者又はその親族その他の者に対し、面会を強請し、又は強談威迫の行為をした者は、3年以下の懲役若しくは300万円以下の罰金に処し、又はこれを併科する。

基本事項

1　趣旨

　破産法は、破産債権の個別的権利行使を禁止した（破100 Ⅰ）上、免責によって破産債権に基づく強制執行を不可能とし（破253 Ⅰ）、個人の破産者の経済的再生を図っています（破1）。そこで、本条は、破産者の経済的再生を担保するため、面会強請等の罪を犯罪類型として設け、破産債権者が破産者またはその親族その他の者に対し、弁済させまたは保証させる目的で、面会を強請しまたは強談威迫する行為を処罰対象とし、3年以下の懲役もしくは300万円以下の罰金またはこれを併科することとしました。

　なお、本条と同趣旨の規定が民再法263条にも置かれています。

2　要件

　犯罪主体には限定はありませんが、処罰対象となる行為は破産手続開始決定後の行為に限られています。

　処罰の対象となる行為は、個人の破産者、相続財産破産における相続人またはそ

の親族その他の者に対し、面会を強請し、または強談威迫の行為をすることです。面会の強請や強談威迫の行為の意義は、刑法の証人等威迫罪（刑105の2）と同様であると解されています（大コンメ1176頁［髙﨑秀雄］、条解破産1855－1856頁）。

　本条は目的犯であり、個人である破産者、相続人またはその親族その他の者に対し、破産債権を弁済させ、または破産債権につき破産者の親族その他の者に保証をさせる目的が必要です。ここにいう破産債権とは、破産手続中はすべての破産債権のことをいい、免責手続終了後は免責された破産債権のことをいいます（本条括弧書）。弁済とは、代物弁済その他その出捐により債務を消滅させるすべての行為をいいます。

文　献　大コンメ1174頁［髙﨑秀雄］、条解破産1851頁、伊藤750頁、一問一答破産368頁、注釈破産（下）836頁［大川治］

（国外犯）
第276条　第265条、第266条、第270条、第272条及び第274条の罪は、刑法（明治40年法律第45号）第2条の例に従う。
2　第267条及び第273条（第5項を除く。）の罪は、刑法第4条の例に従う。
3　第273条第5項の罪は、日本国外において同項の罪を犯した者にも適用する。

基本事項

1　趣旨

　破産管財人に管理処分権が専属する（破78Ⅰ）破産財団には、日本国外に存在する財産も含まれます（破34Ⅰ）。保全管理人に専属する管理処分権の対象財産も同様です（破93Ⅰ）。そのため、国外において、破産管財人等が破産財団等を管理処分する場合もあり得ます。そこで、本条は、本章の破産犯罪の国外犯処罰について定めています。

　なお、本条と同趣旨の規定が民再法264条、会更法274条にも置かれています。

2　処罰類型

(1)　刑法2条の例に従うもの

　刑法2条の例に従うとは、日本国の利益を保護する保護主義の見地から、すべての者の国外犯を処罰することをいいます（山口厚『刑法総論〔第3版〕』〔有斐閣、2016〕417頁）。対象となる国外犯処罰の犯罪類型は、「詐欺破産罪」（破265）、「特定の債権者に対する担保の供与等の罪」（破266）、「業務および財産の状況に関する物件の隠滅等の罪」（破270）、「破産管財人等に対する職務妨害の罪」（破272）、「贈賄罪」（破274）です（本条Ⅰ）。

(2)　刑法4条の例に従うもの

　刑法4条の例に従うとは、積極的属人主義ないし保護主義の見地から、公務員の国外犯を処罰することをいいます（山口・前掲417頁）。そのため、この公務員の国外犯処罰が破産管財人等にも適用されることになります。その対象となる破産管財人等の国外犯処罰の犯罪類型は、「破産管財人等の特別背任罪」（破267）、「破産管財人

等について成立する収賄罪」(破 273 Ⅰ・Ⅱ・Ⅲ・Ⅳ) です (本条Ⅱ)。
(3) 日本国外で罪を犯した身分犯の処罰
日本国外で罪を犯した身分犯の処罰に関する処罰類型は、「破産債権者等について成立する収賄罪」(破 273 Ⅴ) です (本条Ⅲ)。

文献 大コンメ 1178 頁 [髙﨑秀雄]、条解破産 1856 頁、伊藤 740 頁、注釈破産 (下) 841 頁 [大川治]

(両罰規定)
第 277 条 法人の代表者又は法人若しくは人の代理人、使用人その他の従業者が、その法人又は人の業務又は財産に関し、第 265 条、第 266 条、第 268 条 (第 1 項を除く。)、第 269 条から第 272 条まで、第 274 条又は第 275 条の違反行為をしたときは、行為者を罰するほか、その法人又は人に対しても、各本条の罰金刑を科する。

基本事項
本条は、行為者である代表者、代理人等を罰するほか、その法人または委任者等に対しても、それぞれ適用される罰条の罰金刑を科す両罰規定です。倒産犯罪は経済犯罪として、企業活動に関連して犯されることが多い犯罪類型であり、両罰規定を設けています。

対象となる破産犯罪は、「詐欺破産罪」(破 265)、「特定の債権者に対する担保の供与等の罪」(破 266)、「説明および検査の拒絶等の罪」(破 268)、「重要財産開示拒絶等の罪」(破 269)、「業務および財産の状況に関する物件の隠滅等の罪」(破 270)、「審尋における説明拒絶等の罪」(破 271)、「破産管財人等に対する職務妨害の罪」(破 272)、「贈賄罪」(破 274)、「破産者等に対する面会強請等の罪」(破 275) です。

なお、本条と同趣旨の規定が民再法 265 条、会更法 275 条にも置かれています。

文献 大コンメ 1180 頁 [髙﨑秀雄]、条解破産 1859 頁、伊藤 563 頁、注釈破産 (下) 844 頁 [大川治]

民事再生法

前 注

1 再生手続の位置付け

法的倒産手続には、破産や特別清算のように債務者の全財産の清算を目的とする清算型と、債務者の事業や経済生活の再生を目的とする再生型とがあり、民事再生は、後者の再生型に位置付けられます。清算型手続が債務者の総財産を金銭化して債権者に対する弁済の原資とするのに対し、再建型手続は、収益を生み出す基礎となる債務者の財産を維持して収益を上げ、その収益を債権者に対する弁済原資とすること（収益弁済）を原則とする手続です。なお、再生型の法的倒産手続には他に会社更生がありますが、会社更生が株式会社のみを対象としているのに対し、民事再生は、法人個人を問わず幅広い主体を対象としており、再建型手続の一般法として機能しています［☞民再§33 **より深く学ぶ**］。

2 再生手続の特徴

(1) 手続主体

再生手続は、再生債務者が業務遂行権および財産の管理処分権を有し（民再38Ⅰ）、いわゆるDIP（Debtor In Possession）型を原則とする再建型手続です。管理命令によって管財人が手続を遂行することも可能ですが、債務者が法人であり、かつ債務者による財産の管理または処分が失当であるとき、その他再生債務者の事業の再生のために特に必要があると認められる場合に限られます（民再64Ⅰ）。他方、会社更生では、管財人が必ず選任され、手続が遂行されます。

(2) 担保権等の処遇

再生手続では、担保権は別除権として取り扱われ（民再53Ⅰ）、原則として再生手続によらず行使することができます（同条Ⅱ）。ただし、担保権も、一定の要件のもと、中止命令（民再31）や担保権消滅の制度（民再148以下）によって制約を受けることがあります。

他方、会社更生では、担保権を有する債権あるいは租税債権や労働債権等の一般優先権のある債権といえども手続の中に取り込まれ（会更2⑩・47①・50①・135①）、いずれも更生計画に従った弁済を受けることを甘受しなければなりません（会更167Ⅰ①・168・169）。

(3) 迅速性および期間

再生手続では、債務者は一般調査期間の末日から2か月以内に再生計画案を提出することとされており（民再規84Ⅰ）、迅速な手続遂行を求めています。また、再生計画によって権利変更された再生債権の弁済期限についても、特別の事情がある場合を除き、認可決定の確定から10年以内とされ（民再155Ⅲ）、会社更生に比べて短期間で計画遂行を完了することを求めています。

3 再生手続の流れ

(1) 再生手続開始の申立て

債務者に破産手続開始の原因となる事実の生ずるおそれがあるとき、債務者および債権者は再生手続開始の申立てができます（民再21Ⅰ前段・Ⅱ）。また、債務者が事業の継続に著しい支障を来すことなく弁済期にある債務を弁済することができな

いときは、債務者のみ再生手続開始の申立てができます（同条Ⅰ後段）。裁判所は、債務者の財産の散逸を防止するべく、再生手続開始決定前に保全処分（民再26－31）や保全管理（民再79）を命じることがあります。

(2) 再生手続開始決定

裁判所が再生手続開始を決定すると（民再33）、再生債権は原則として再生計画の定めるところによらなければ、弁済を受けることができなくなります（民再85Ⅰ）。他方、担保権や一般優先債権は原則として再生手続によらずに処理されます。

再生手続開始決定を受け、再生債務者は、必要に応じて、双方未履行双務契約を処理したり（民再49－51）、取戻権（民再52）、相殺禁止（民再93・93の2）、または否認権（民再127－141）等を利用して事業の維持存続の基礎となる財産を確保します。

(3) 再生債権の届出、調査および確定

再生債権者等は債権届出期間内に各債権について裁判所に届け出（民再94）、これに基づき裁判所による調査がなされ（民再100）、再生債権の内容等が確定します（民再104Ⅰ）。

(4) 再生債務者の財産の調査および確保

再生債務者等は、再生手続開始後（管財人の場合、就職後）遅滞なく、再生債務者に属する一切の財産につき再生手続開始時における価額を評定（財産評定）し（民再124）、再生手続開始に至った事情等について裁判所に報告書を提出します（民再125）。

(5) 再生計画案の提出、決議および認可等

前記の債権調査や財産評定を踏まえ、再生債務者等は再生計画案を作成して裁判所に提出し（民再163Ⅰ）、裁判所は再生計画案を決議に付する旨の決定をします（民再169）。そして、再生計画案が可決されると、裁判所は、不認可事由がある場合（民再174Ⅱ）を除き、再生計画認可の決定をします（同条Ⅰ）。再生計画は認可決定の確定により効力を生じ（民再176）、再生計画に記載のない再生債権は原則失権となり（民再178）、再生計画に記載のある再生債権は再生計画に従い内容が変更されます（民再179）。

(6) 再生計画の遂行

再生計画認可の決定が確定したときは、再生債務者等は、速やかに再生計画を遂行しなければなりません（民再186Ⅰ）。

(7) 再生手続の終結

裁判所は、再生計画認可の決定が確定したときは、監督委員または管財人が選任されている場合を除き、再生手続終結の決定をします（民再188Ⅰ）。

第1章　総則

> **（目的）**
> **第1条** この法律は、経済的に窮境にある債務者について、その債権者の多数の同意を得、かつ、裁判所の認可を受けた再生計画を定めること等により、当該債務者とその債権者との間の民事上の権利関係を適切に調整し、もって当該債務者の事業又は経済生活の再生を図ることを目的とする。

■基本事項
1　趣旨
　本条は、債務者と債権者との間の民事上の権利関係を適切に調整することによって債務者の事業または経済生活の再生を図るという民再法の目的を規定しています。本条と同様に各条文の解釈指針となる目的規定が破産法1条および会更法1条にも置かれています。
2　内容
(1)　民再法の目的
　民再法の目的は、破産による清算を回避し、債務者の事業または経済生活の再生を図ることにあります。再生手続は破産や特別清算のような清算型の倒産手続ではなく、更生手続と同じ再建型の倒産手続に分類されます［清算型の再生計画案について、☞民再§174　より深く学ぶ］。
(2)　本法の適用される債務者
　民再法が適用される債務者は、法人・個人であると、事業者・非事業者であるとを問いません。経済的に窮境にあるとは、再生手続開始の原因（民再21Ⅰ）があることを意味します。
(3)　権利関係の調整の方法と対象
　民再法は、債権者の多数の同意を得て、かつ、裁判所の認可を受けた再生計画を定めること等により、債務者と債権者との間の民事上の権利関係を適切に調整することによって、債務者の事業または経済生活の再生を図ろうとしています。ただし、同意再生では、すべての届出再生債権者の同意が必要とされ（民再217Ⅰ）、また、給与所得者等再生では債権者の多数の同意が不要とされているなど（民再240・241参照）、一部例外があるををを踏まえ「等」とされています。調整される権利関係の対象となるのは、主として再生債権（民再84Ⅰ）とされる無担保の一般債権です。担保権（民再53Ⅰ）や一般優先債権（民再122Ⅰ）は再生手続によらず弁済を受けることができ（民再53Ⅱ・122Ⅱ）、直接には調整の対象に含まれません。ただし、担保権については、再生債権者一般の利益に適合する場合や再生債務者の事業の継続に必

要と認められる場合には、担保権の実行手続の中止命令（民再31）や担保権消滅請求制度（民再148）によって権利行使に制限を受けることがあります。

文　献　伊藤753頁、一問一答民再27頁・29頁、条解民再1頁［徳田和幸］、倒産法概説400頁［笠井正俊］、松下1頁

（定義）
第2条　この法律において、次の各号に掲げる用語の意義は、それぞれ当該各号に定めるところによる。
　一　再生債務者　経済的に窮境にある債務者であって、その者について、再生手続開始の申立てがされ、再生手続開始の決定がされ、又は再生計画が遂行されているものをいう。
　二　再生債務者等　管財人が選任されていない場合にあっては再生債務者、管財人が選任されている場合にあっては管財人をいう。
　三　再生計画　再生債権者の権利の全部又は一部を変更する条項その他の第154条に規定する条項を定めた計画をいう。
　四　再生手続　次章以下に定めるところにより、再生計画を定める手続をいう。

基本事項

1　趣旨

本条は、民再法における基本的な概念について、その定義を定めています。本条と同様に破産法2条、会更法2条も定義規定を置いています。

2　定義

(1)　再生債務者（本条①）

再生債務者とは、経済的に窮境にある債務者であって、その者について、再生手続開始の申立てがされ、再生手続開始の決定がされ、または再生計画が遂行されているものをいいます。したがって、再生手続開始申立後から再生手続開始決定前の間や、再生手続終結（民再188・233・244）後から再生計画で定められた弁済完了前の間も、債務者は「再生債務者」と呼ばれます。この点、破産法や会更法が、手続が開始した後に「破産者」（破2Ⅳ）または「更生会社」（会更2Ⅶ）と定義しているのとは異なります。

(2)　再生債務者等（本条②）

再生債務者等とは、管財人が選任されていない場合は再生債務者、管財人が選任されている場合は管財人（民再66）を意味します。したがって、再生債務者等は、再生債務者の業務遂行権および財産の管理処分権を有する者との意味を有することとなります。

(3)　再生計画（本条③）

再生計画とは、再生債権者の権利の全部または一部を変更する条項その他の民再法154条に規定する条項を定めた計画をいいます。再生計画は、債務者と債権者との間の民事上の権利関係を調整するために最も重要な手段として作成され、再生債

権者の多数の同意を得て、裁判所の認可を受けて成立した再生計画の定めに従って再生債権者の権利が変更されます（民再179Ⅰ）。

(4) **再生手続**（本条④）

再生手続とは、次章（民再21）以下に定めるところにより、再生計画を定める手続をいいます。再生手続は、基本的には、再生債権の調査（民再99以下）や再生債務者の財産状況の調査（民再124）等を行った上で再生計画を提出（民再163）し、その可決認可を経て再生計画を遂行し、再生手続の終結に至るという進行となります。再生手続開始決定から再生手続を終了する旨の決定（民再188・191・194等）が確定するまでの間が、本号にいう「再生手続」であることに争いはありませんが、再生手続開始申立後から再生手続開始決定前の間も本号にいう「再生手続」に含まれるとする見解もあります（新注釈民再（上）21頁［笠井正俊］）。

文献 一問一答民再29頁、条解民再4頁［徳田和幸］

（外国人の地位）
第3条 外国人又は外国法人は、再生手続に関し、日本人又は日本法人と同一の地位を有する。

基本事項

本条は、外国人または外国法人が、再生手続に関し、日本人または日本法人と同一の地位を有するとし、民再法が内外人平等主義［☞ **より深く学ぶ**］を採用することを明らかにしています。本条と同趣旨の規定が破産法3条、会更法3条および承認援助法3条にも置かれています。

外国人は、再生債務者として再生手続を進めることも、再生債権者として再生手続の中で権利行使をすることもできます。なお、国際連合国際商取引法委員会（United Nations Commission on International Trade Law）が採択したUNCITRAL国際倒産モデル法13条は、締約国に対し、倒産手続の開始および手続参加につき内外債権者への平等的取扱いを要請していますが、本条はこの要請に合致する内容となっています。

より深く学ぶ

内外人平等主義 和議法11条、平成16年改正前の旧破産法2条も内外人の平等主義を定めていたものの、その但書で「但シ其ノ本国法ニ依リ日本人又ハ日本法人ト同一ノ地位ヲ有スルトキニ限ル」とし、応報主義的な考え方を基調とする相互主義を採用していました。民再法は、これに対する、国際協調主義に馴染まない、実効性に欠ける、昭和27年制定の旧会更法3条と整合しないなどの批判を踏まえ、無条件の内外人平等主義を採用したものです。その後、破産法も平成16年改正によって本条と同趣旨の平等主義に改められています。

文献 伊藤758頁、一問一答民再31頁、条解民再7頁［木川裕一郎］

> **（再生事件の管轄）**
> **第4条** この法律の規定による再生手続開始の申立ては、債務者が個人である場合には日本国内に営業所、住所、居所又は財産を有するときに限り、法人その他の社団又は財団である場合には日本国内に営業所、事務所又は財産を有するときに限り、することができる。
> 2 民事訴訟法（平成8年法律第109号）の規定により裁判上の請求をすることができる債権は、日本国内にあるものとみなす。

基本事項

本条は、再生手続開始の申立てに当たり、わが国の裁判所に国際裁判管轄が認められるための要件を定めています。本条と同趣旨の規定が破産法4条および会更法4条にも置かれています。

1　住所、居所、営業所、事務所

債務者が個人である場合は、日本国内に住所、居所、営業所があることが管轄原因とされています。住所、居所を基準としている点は、民事訴訟手続の普通裁判籍（民訴4Ⅱ）と同様であり、民訴法の解釈がそのまま妥当します。営業所が管轄原因とされているのは、個人事業者を念頭に置いたものです。

債務者が法人、その他社団または財団である場合は、日本国内に営業所、事務所があることが管轄原因とされています。事業所が挙げられているのは、非営利の法人を念頭に置いたものです。

これらの管轄原因が認められる場合、債務者に対する債権者、その他の利害関係人や債務者の財産が日本国内に多く存在する蓋然性が高いと考えられるため、日本の裁判所に国際裁判管轄を認めました。

2　財産所在地

個人・法人ともに、債務者が日本国内に財産を有することが管轄原因とされています。この点、民訴法5条4号と異なって財産の差押可能性が要件とされていませんが、この点について、再生手続が当該財産により債権者を満足させるためのものであることから差押可能性を要するとする見解と、再生手続において債権者を満足させる原資となるのは将来の収益であり、差押可能性までは要求すべきでないとする見解があります（新注釈民再（上）25頁［花村良一］、条解民再11頁［木川裕一郎］）。

なお、本条2項は、その所在地を一義的に定めることのできない観念的な存在である債権について、当該債権を訴訟物とする訴えについて、民訴法の規定により裁判上の請求をすることができる場合は日本国内にあるものとみなし、本条1項による財産所在地としての管轄が認められる要件を定めています。

文献　伊藤758頁、破産法・民事再生法概論33頁・434頁［佐藤鉄男］、条解民再9頁［木川裕一郎］

> **第5条**　再生事件は、再生債務者が、営業者であるときはその主たる営業所の所在地、営業者で外国に主たる営業所を有するものであるときは日本におけるその主

たる営業所の所在地、営業者でないとき又は営業者であっても営業所を有しないときはその普通裁判籍の所在地を管轄する地方裁判所が管轄する。
2　前項の規定による管轄裁判所がないときは、再生事件は、再生債務者の財産の所在地（債権については、裁判上の請求をすることができる地）を管轄する地方裁判所が管轄する。
3　前2項の規定にかかわらず、法人が株式会社の総株主の議決権（株主総会において決議をすることができる事項の全部につき議決権を行使することができない株式についての議決権を除き、会社法（平成17年法律第86号）第879条第3項の規定により議決権を有するものとみなされる株式についての議決権を含む。次項、第59条第3項第2号及び第4項並びに第127条の2第2項第2号イ及びロにおいて同じ。）の過半数を有する場合には、当該法人（以下この条及び第127条の2第2項第2号ロにおいて「親法人」という。）について再生事件又は更生事件（以下この条において「再生事件等」という。）が係属しているときにおける当該株式会社（以下この条及び第127条の2第2項第2号ロにおいて「子株式会社」という。）についての再生手続開始の申立ては、親法人の再生事件等が係属している地方裁判所にもすることができ、子株式会社について再生事件等が係属しているときにおける親法人についての再生手続開始の申立ては、子株式会社の再生事件等が係属している地方裁判所にもすることができる。
4　子株式会社又は親法人及び子株式会社が他の株式会社の総株主の議決権の過半数を有する場合には、当該他の株式会社を当該親法人の子株式会社とみなして、前項の規定を適用する。
5　第1項及び第2項の規定にかかわらず、株式会社が最終事業年度について会社法第444条の規定により当該株式会社及び他の法人に係る連結計算書類（同条第1項に規定する連結計算書類をいう。）を作成し、かつ、当該株式会社の定時株主総会においてその内容が報告された場合には、当該株式会社について再生事件等が係属しているときにおける当該他の法人についての再生手続開始の申立ては、当該株式会社の再生事件等が係属している地方裁判所にもすることができ、当該他の法人について再生事件等が係属しているときにおける当該株式会社についての再生手続開始の申立ては、当該他の法人の再生事件等が係属している地方裁判所にもすることができる。
6　第1項及び第2項の規定にかかわらず、法人について再生事件等が係属している場合における当該法人の代表者についての再生手続開始の申立ては、当該法人の再生事件等が係属している地方裁判所にもすることができ、法人の代表者について再生事件が係属している場合における当該法人についての再生手続開始の申立ては、当該法人の代表者の再生事件が係属している地方裁判所にもすることができる。
7　第1項及び第2項の規定にかかわらず、次の各号に掲げる者のうちいずれか1人について再生事件が係属しているときは、それぞれ当該各号に掲げる他の者についての再生手続開始の申立ては、当該再生事件が係属している地方裁判所にもすることができる。
　一　相互に連帯債務者の関係にある個人
　二　相互に主たる債務者と保証人の関係にある個人

三　夫婦
8　第1項及び第2項の規定にかかわらず、再生債権者の数が500人以上であるときは、これらの規定による管轄裁判所の所在地を管轄する高等裁判所の所在地を管轄する地方裁判所にも、再生手続開始の申立てをすることができる。
9　第1項及び第2項の規定にかかわらず、再生債権者の数が1000人以上であるときは、東京地方裁判所又は大阪地方裁判所にも、再生手続開始の申立てをすることができる。
10　前各項の規定により2以上の地方裁判所が管轄権を有するときは、再生事件は、先に再生手続開始の申立てがあった地方裁判所が管轄する。

基本事項

　本条は、再生事件の国内管轄（職分管轄および土地管轄）について定めています。本条は、債務者の営業所の所在地や普通裁判籍の所在地など、原則として債務者の事業活動や社会生活に最も関連する地を管轄地としつつ、それ以外の管轄を広範囲に認め、事案に応じた柔軟な対応を可能としています。本条と同趣旨の規定が破産法5条および会更法5条にも置かれています。

　1　職分管轄
　再生事件はすべて地方裁判所が職分管轄を有しています（本条、裁25）。

　2　土地管轄
　(1)　原則的土地管轄（本条Ⅰ）
　主たる営業所や普通裁判籍の所在地を管轄する地方裁判所が管轄します（本条Ⅰ）。なお、破産手続に関連し、登記簿上の本店と実質上の本店とが異なる場合の管轄について議論がありますが、通説は実質上の本店のみに管轄を認めています（条解破産56頁）［☞破§5　**論点解説**］。

　(2)　補充的土地管轄（本条Ⅱ）
　原則的土地管轄がないときは、再生債務者の財産の所在地（債権については、裁判上の請求をすることができる地）を管轄する地方裁判所が管轄します（本条Ⅱ）。

　(3)　関連事件管轄（本条Ⅲ－Ⅶ）
　一定の関係にある法人や個人の事件を1つの裁判所に集中し、効率的な手続運営が行えるよう、関連する「再生事件等」（再生事件または更生事件をいい、破産事件を除く。本条Ⅲ）が係属する地方裁判所にも管轄が認められます。一定の関係にある法人とは、親法人と子株式会社（本条Ⅲ）、親法人と孫会社（本条Ⅳ）、および連結会社（本条Ⅴ）の場合をいい、一定の関係にある個人とは、法人とその代表者（本条Ⅵ）または、相互に連帯債務者の関係にある個人、相互に主たる債務者保証人の関係にある個人、もしくは夫婦（本条Ⅶ）をいいます。

　(4)　大規模再生事件に係る特則（本条Ⅷ・Ⅸ）
　債権者多数の大規模な再生事件は、複雑で困難なものが多いため、適正かつ円滑な手続遂行のための体制が整い、経験やノウハウ等も蓄積された大規模庁で取り扱うのが相当と考えられることから、本条8項および9項は、競合的管轄を特則とし

て定めています。再生債権者の数が 500 人以上であるときは、本条 1 項および 2 項の規定により管轄裁判所となる地方裁判所の所在地を管轄する高等裁判所の所在地を管轄する地方裁判所にも管轄が認められ（本条Ⅷ）、さらに、再生債権者の数が 1000 人以上であるときは、東京地裁と大阪地裁にも管轄が認められます（本条Ⅸ）。

(5) 2 以上の地方裁判所が管轄権を有する場合における取扱い（本条Ⅹ）

再生事件につき複数の管轄裁判所がある場合は、先に再生手続開始の申立てがあった裁判所が管轄することとしています（本条Ⅹ）。

文 献 条解民再 12 頁［笠井正俊］、山本 141 頁、松下 20 頁、破産法・民事再生法概論 33 頁［佐藤鉄男］、破産・民事再生の実務〔民事再生・個人再生編〕27 頁

（専属管轄）
第 6 条 この法律に規定する裁判所の管轄は、専属とする。

基本事項

1 趣旨

本条は、再生手続が多数の利害関係人が関わる集団的手続であることに鑑み、民再法に規定する裁判所の管轄がすべて専属管轄であることを定めています。本条と同趣旨の規定が破産法 6 条および会更法 6 条にも置かれています。

2 効果

民再法に規定する裁判所の管轄はすべて専属管轄であるため、合意管轄や応訴管轄は認められません。裁判所は管轄の有無を職権で調査し（民再 18、民訴 14）、管轄違いの場合は管轄裁判所に移送します（民再 18、民訴 16 Ⅰ）。

本条は、再生事件の管轄のみならず、査定の申立てについての裁判に対する異議の訴え（民再 106）、否認の訴えおよび否認の請求（民再 135）などにも適用されます。

より深く学ぶ

1 管轄違いを理由とする移送決定に対する不服申立ての可否 管轄違いを理由とする移送決定に対する不服申立てができるか否か争いがあります。肯定説は、この場合の移送決定は「再生手続に関する裁判」（民再 9）には該当せず、民訴法 16 条 1 項によるものであり、不服申立てについては同法 21 条が準用されるとします（民再 18）。他方、有力説である否定説は、「再生手続に関する裁判」（民再 9）を民再法に規定のある裁判に限定する必然性はないと考え、裁量移送（民再 7）について同法 9 条を根拠に不服申立てができないと解されていること［☞民再編§7 **基本事項** 3・§9 **論点解説** 1］との調和から、この裁量移送の場合と管轄違いを理由とする場合とで、迅速な手続の進行を図ろうとする同法 9 条の適用を区別して考える必要はなく、不服申立てはできないとしています（新注釈民再（上）33 頁［林圭介］）。

2 専属管轄違反の再生手続開始決定に対する不服申立ての可否 専属管轄に違反する再生手続開始決定に対して不服申立てができるか否かについて争いがありま

す。専属管轄違反は再生手続開始決定に対する即時抗告（民再36Ⅰ）の理由（民再18、民訴331・299Ⅰただし書）となり、即時抗告を可能とする見解が有力ですが（伊藤813頁、条解民再20頁［笠井正俊］）、管轄違いを理由とする移送決定［☞ **より深く学ぶ** 1］について否定説をとることとのバランスから不服申立てを否定する見解もあります（新注釈民再（上）35頁［林圭介］）。この点、平成14年改正前の更生手続の事案ですが、専属管轄違反を理由とする更生手続開始決定に対する不服申立てを認めた裁判例があります（東京高決平14・5・30判時1797号157頁）。

文　献　条解民再20頁［笠井正俊］、松下20頁注4、破産法・民事再生法概論32頁［佐藤鉄男］

（再生事件の移送）
第7条　裁判所は、著しい損害又は遅滞を避けるため必要があると認めるときは、職権で、再生事件を次に掲げる裁判所のいずれかに移送することができる。
　一　再生債務者の主たる営業所又は事務所以外の営業所又は事務所の所在地を管轄する地方裁判所
　二　再生債務者の住所又は居所の所在地を管轄する地方裁判所
　三　第5条第2項に規定する地方裁判所
　四　次のイからハまでのいずれかに掲げる地方裁判所
　　イ　第5条第3項から第7項までに規定する地方裁判所
　　ロ　再生債権者の数が500人以上であるときは、第5条第8項に規定する地方裁判所
　　ハ　再生債権者の数が1000人以上であるときは、第5条第9項に規定する地方裁判所
　五　第5条第3項から第9項までの規定によりこれらの規定に規定する地方裁判所に再生事件が係属しているときは、同条第1項又は第2項に規定する地方裁判所

基本事項

1　趣旨

　本条は、個々の事件について最も適切な裁判所で再生手続が行われるよう裁判所が職権で再生事件を移送できることを定めています。本条と同趣旨の規定が破産法7条および会更法7条にも置かれています。

2　著しい損害または遅滞を避けるため必要があるとき

　本条の「損害」は、再生債務者や債権者のみならず、利害関係人全体にとっての損害を意味します。また、「遅滞」に該当するか否かは、移送先の裁判所のほうが迅速に手続を進められるかにより判断されます。「著しい」という文言が規定されていますが、本条の趣旨に鑑み、移送は広く認められるべきであり、移送先の裁判所で手続を進めた方が現に係属している裁判所で手続を行うよりも相当であると判断されれば、要件を充足するものと解されています（条解民再23頁［笠井正俊］）。

　移送は裁判所の職権で行われ、利害関係人による申立ては裁判所に対し職権発動

を促すものにすぎません。また、移送の時期について、通常は手続の初期段階で行われるものと考えられますが、特に制限はありません。

3　効果

移送によって再生事件ははじめから移送を受けた裁判所に係属していたものとみなされます（民再18、民訴22Ⅲ）。移送を受けた裁判所は、移送決定に拘束され、再移送することはできません（民再18、民訴22Ⅱ）が、移送後に生じた新たな事由に基づき再移送することは可能と解されています。なお、本条による移送決定は、「再生手続に関する裁判」（民再9）に該当し、特別の定めもないため不服申立てはできません。

文献　新注釈民再（上）35頁［林圭介］、条解民再21頁［笠井正俊］、松下21頁、破産法・民事再生法概論33頁［佐藤鉄男］、破産・民事再生の実務〔民事再生・個人再生編〕31頁

（任意的口頭弁論等）
第8条　再生手続に関する裁判は、口頭弁論を経ないですることができる。
2　裁判所は、職権で、再生事件に関して必要な調査をすることができる。

基本事項

1　趣旨

本条は、再生手続が非訟事件的な性格を有し、迅速性が要求される手続であることから、任意的口頭弁論（本条Ⅰ）を採用し、また、再生手続の利害関係人の利益保護の見地から、職権調査主義（本条Ⅱ）を採用することを定めています。本条と同趣旨の規定が破産法8条および会更法8条にも置かれています。

2　要件

(1)　**任意的口頭弁論（本条Ⅰ）**

本条にいう「再生手続に関する裁判」とは、再生事件が係属している裁判体としての再生裁判所が、再生手続の目的との関係で、再生手続内においてする裁判をいいます（旧会更法9条につき、条解会更（上）186頁）。民再法が規定する手続に関する裁判であっても、実体的権利関係を公権力によって確定することを目的とする各種の訴え（民再106Ⅱ・135Ⅰ・137Ⅰ・145Ⅰ）は「再生手続に関する裁判」には該当せず、必要的口頭弁論（民訴87Ⅰ）が採られます。他方、再生債権の査定の裁判（民再105）および損害賠償請求権の査定の裁判（民再143・144）は「再生手続に関する裁判」に該当し、本条が適用されます。

(2)　**職権調査主義（本条Ⅱ）**

再生事件では、多数の利害関係者に対して通常の訴訟手続の当事者ほどには十分な手続保障が与えられていません。そこで、裁判所が公権的に手続に介入する必要性が高いと考えられるため、民再法は職権探知主義を採用し、裁判所は職権で必要な調査をすることができるとしています。

文献　新注釈民再（上）40頁［花村良一］、条解民再25頁［笠井正俊］、破産法・民

事再生法概論33頁［佐藤鉄男］

> **（不服申立て）**
> **第9条** 再生手続に関する裁判につき利害関係を有する者は、この法律に特別の定めがある場合に限り、当該裁判に対し即時抗告をすることができる。その期間は、裁判の公告があった場合には、その公告が効力を生じた日から起算して2週間とする。

基本事項
1 趣旨

本条は、再生手続に関する裁判について、利害関係人の手続保障を図りつつ、手続の迅速性が阻害されることを回避するため、特別の定めがある場合に限り即時抗告をすることができる旨を定めています。本条は、不服申立方法を即時抗告に限定する趣旨も包含しています。

本条と同趣旨の規定が破産法9条および会更法9条にも置かれています。

2 要件
(1) 即時抗告できる裁判

本条の「再生手続に関する裁判」とは、民再法8条1項と同じく、再生事件が係属している裁判体としての再生裁判所が、再生手続内で行う裁判をいいます。

具体的には、民再法17条4項、24条2項、26条4項、27条5項、29条3項、30条3項、31条4項、36条1項、43条6項、54条6項、61条4項、62条4項、64条5項、79条5項、91条2項、121条5項、142条5項、148条4項、150条5項、166条4項、175条、189条5項、195条2項、213条1項、218条1項等が挙げられます（破産民事再生の実務〔民事再生・個人再生編〕106頁）。

民再法は民訴法を準用していることから（民再18）、民訴法に即時抗告できる旨の定めがある場合（民訴223Ⅶ等）に、本条にいう「特別の定め」に該当し、不服申立てができると解される場合があります。他方、手続の迅速性の要請に鑑み、不服申立てはできないと解される裁判もあります［☞ **論点解説** **1**］。

(2) 即時抗告権者

即時抗告権者は、再生手続に関する裁判につき利害関係を有する者です。利害関係については、事実上の利害関係では足りず、法律上の利害関係まで必要と解されています。

民再法31条4項、43条6項、148条4項、150条5項、166条4項のように、即時抗告権者が明文で規定されている場合もありますが、即時抗告権者に該当するか否か争いのある場合もあります［☞ **論点解説** **2**］。

(3) 即時抗告期間

即時抗告は、裁判の告知を受けた日から1週間の不変期間内にしなければならず（民再18、民訴332）、期間計算に当たっては原則として初日を算入しません（民再18、民訴95Ⅰ、民140）。ただし、裁判の公告があった場合には、その公告が効力を生じ

た日（官報掲載日の翌日。民再10Ⅱ）から起算して2週間が即時抗告期間となります（本条後段）［☞ **より深く学ぶ**］。

3 即時抗告の効果
(1) 確定遮断効
即時抗告がなされると、当該裁判の確定が遮断されます。したがって、即時抗告できる裁判では、即時抗告期間が満了するまで当該裁判は確定しません。
(2) 執行停止効
即時抗告をすると当該裁判の執行が停止します（民再18、民訴334）。ただし、即時抗告は許容するものの、迅速性の要請や事業再生の必要性の観点から、執行停止効まで認めるのが相当でない裁判については、個別に執行停止の効力を有しない旨の規定が置かれています（民再26Ⅴ・27Ⅵ・30Ⅳ・31Ⅴ・43Ⅶ・54Ⅶ・64Ⅵ・142Ⅵ等）。

論点解説

1 即時抗告の可否に争いのある裁判

(1) **移送決定（民再7・18、民訴16Ⅰ）**　裁量移送（民再7）または管轄違いによる移送（民再18、民訴16Ⅰ）の決定に対して不服申立てができるか争いがありますが、いずれについても特別の定め（本条）は置かれておらず、即時抗告は認められないとする否定説が有力です（新注釈民再（上）33頁［林圭介］）［☞民再§7 **基本事項** 3・§6 **より深く学ぶ** 1］。

(2) **移送の申立てを却下する決定**　裁量移送（民再7）の申立ては、裁判所の職権発動を促すにすぎないことから、申立てを却下する決定に対する即時抗告は認められません。また、管轄違いによる移送（民再18、民訴16Ⅰ）の場合も、移送に関する裁判を迅速に確定させるため、申立てを却下する決定に対する即時抗告は認められないと解されています（新注釈民再（上）34頁［林圭介］）。この点、管轄違いによる移送の申立てを却下した上で再生手続開始を決定した場合に、管轄権のない裁判所によって開始決定がされたこと（専属管轄違反）を理由とする即時抗告を認める見解が有力です（条解民再30頁［園尾隆司］）［☞民再§6 **より深く学ぶ** 2］。

(3) **再生裁判所が自ら再生手続開始決定を取り消す決定**　再生裁判所が即時抗告に理由があるとして、自ら再生手続開始決定の取消決定（民再18、民訴333）を行った場合に即時抗告を認めることができるかについては議論があります。この点、再生手続開始の取消決定に引き続き、再生裁判所による再生手続開始申立ての棄却決定等がされることからすれば、その決定に対して即時抗告を認めれば足りるとする否定説が通説的な考え方です（条解民再30頁［園尾隆司］）。

2 即時抗告の可否に争いのある即時抗告権者（再生手続開始申立てについての裁判）

再生手続開始の申立てについての裁判に対して利害関係人は即時抗告をすることができます（民再36）。再生手続開始の決定に対しては、株主や労働組合が即時抗告できるか争いがあります［☞民再§36 **基本事項** 3］。

また、再生手続開始の申立てを棄却または却下する決定については、申立人以外に即時抗告権を認めるべきではないとする消極説と、全債権者に即時抗告権を認め

るべきとする積極説があります。この点、債権者申立てによる棄却決定に関し、債権者による再生手続開始申立てが例外的であること等を理由に、申立人にのみ即時抗告権を認める見解が有力です（伊藤792頁、新注釈民再（上）179頁［武笠圭志］、条解民再34頁［園尾隆司］）。

より深く学ぶ
公告と送達の双方がされた場合の即時抗告期間の起算日　公告と送達の双方がなされた場合に、いずれを即時抗告期間の起算日とするか議論がありましたが、破産手続に関する最決平12・7・26（民集54巻6号1981頁［百選［85］、INDEX［164］］）および最決平13・3・23（判時1748号117頁［百選［14］、INDEX［23］］）は、破産手続においては多数の利害関係人について集団的処理が要請されることから、即時抗告期間についても画一的に処理するのが望ましく、個別の告知日ではなく、公告が効力を生じた日を起算日に2週間と解するのが相当である旨判示しました。この点、同じく集団的処理が要請される再生手続においても同様と考えられています（新注釈民再（上）45頁［花村良一］）。

文　献　伊藤791頁、条解民再27頁［園尾隆司］、倒産法概説396頁［笠井正俊］、松下61頁、破産法・民事再生法概論33頁［佐藤鉄男］、破産・民事再生の実務〔民事再生・個人再生編〕105頁

（公告等）
第10条　この法律の規定による公告は、官報に掲載してする。
2　公告は、掲載があった日の翌日に、その効力を生ずる。
3　この法律の規定により送達をしなければならない場合には、公告をもって、これに代えることができる。ただし、この法律の規定により公告及び送達をしなければならない場合は、この限りでない。
4　この法律の規定により裁判の公告がされたときは、一切の関係人に対して当該裁判の告知があったものとみなす。
5　前2項の規定は、この法律に特別の定めがある場合には、適用しない。

基本事項
1　趣旨

本条は、公告の方法（本条Ⅰ）、効力発生時期（本条Ⅱ）、送達に代わる公告（代用公告。本条Ⅲ）、公告の効力の及ぶ範囲（本条Ⅳ）、適用除外（本条Ⅴ）について定めています。本条と同趣旨の規定が破産法10条および会更法10条にも置かれています。

再生手続に関する裁判は決定によりなされるので（民再8）、その告知は裁判所が相当と認める方法ですることができるのが原則です（民再18、民訴119）が、多数の利害関係人が関与する再生手続では個別に告知をすることは困難であることから、民再法は一定の裁判について公告をすることとしたものです。

2　公告の方法・効力発生時期

公告は、官報に掲載する方法によって行うものとされ（本条Ⅰ）、官報に掲載があった日の翌日に効力を生じます（本条Ⅱ）。公告に関する事務は裁判所書記官が取り扱います（民再規5）。

3　送達に代わる公告

民再法の規定により送達をしなければならない場合、公告をもってこれに代えることができるとされています（本条Ⅲ本文）。この公告を一般に代用公告といいます。もっとも、民再法が公告と併せて送達をしなければならないとしているとき（同項ただし書）や、特別の定めにより本項の適用が排除されているとき（本条Ⅴ）は、法があえて送達を必要としている以上、公告をもって送達に代用することは許されません。

4　公告による裁判の告知の効力

裁判の公告がされたときは、一切の関係人に対して当該裁判の告知があったものとみなされます（本条Ⅳ）。ただし、監督命令（民再55Ⅲ）、管理命令（民再65Ⅵ）、保全管理命令（民再80Ⅲ）等、特別の定め（本条Ⅴ）が置かれている場合は本条4項の適用が排除されます。

文　献　条解民再40頁［園尾隆司］、新注釈民再（上）46頁［花村良一］、破産・民事再生の実務〔民事再生・個人再生編〕99頁

（法人の再生手続に関する登記の嘱託等）

第11条　法人である再生債務者について再生手続開始の決定があったときは、裁判所書記官は、職権で、遅滞なく、再生手続開始の登記を再生債務者の本店又は主たる事務所の所在地を管轄する登記所に嘱託しなければならない。ただし、再生債務者が外国法人であるときは、外国会社にあっては日本における各代表者（日本に住所を有するものに限る。）の住所地（日本に営業所を設けた外国会社にあっては、当該各営業所の所在地）、その他の外国法人にあっては各事務所の所在地を管轄する登記所に嘱託しなければならない。

2　前項の再生債務者について第54条第1項、第64条第1項又は第79条第1項（同条第3項において準用する場合を含む。次項において同じ。）の規定による処分がされた場合には、裁判所書記官は、職権で、遅滞なく、当該処分の登記を前項に規定する登記所に嘱託しなければならない。

3　前項の登記には、次の各号に掲げる区分に応じ、それぞれ当該各号に定める事項をも登記しなければならない。

一　前項に規定する第54条第1項の規定による処分の登記　監督委員の氏名又は名称及び住所並びに同条第2項の規定により指定された行為

二　前項に規定する第64条第1項又は第79条第1項の規定による処分の登記　管財人又は保全管理人の氏名又は名称及び住所、管財人又は保全管理人がそれぞれ単独にその職務を行うことについて第70条第1項ただし書（第83条第1項において準用する場合を含む。以下この号において同じ。）の許可があったときはその旨並びに管財人又は保全管理人が職務を分掌することについて第70

条第1項ただし書の許可があったときはその旨及び各管財人又は各保全管理人が分掌する職務の内容
4 第2項の規定は、同項に規定する処分の変更若しくは取消しがあった場合又は前項に規定する事項に変更が生じた場合について準用する。
5 第1項の規定は、同項の再生債務者につき次に掲げる事由が生じた場合について準用する。
　一 再生手続開始の決定の取消し、再生手続廃止又は再生計画認可若しくは不認可の決定の確定
　二 再生計画取消しの決定の確定（再生手続終了前である場合に限る。）
　三 再生手続終結の決定による再生手続の終結
6 登記官は、第1項の規定により再生手続開始の登記をする場合において、再生債務者について特別清算開始の登記があるときは、職権で、その登記を抹消しなければならない。
7 登記官は、第5項第1号の規定により再生手続開始の決定の取消しの登記をする場合において、前項の規定により抹消した登記があるときは、職権で、その登記を回復しなければならない。
8 第6項の規定は、第5項第1号の規定により再生計画の認可の登記をする場合における破産手続開始の登記について準用する。

基本事項

1　趣旨

　法人である再生債務者について、再生手続を遂行する上で重要な決定（再生手続開始決定、監督命令、保全管理命令、管理命令、再生手続終結決定等）があった場合、取引の相手方をはじめとする当該法人の関係者に対してこれを公示する必要があります。そこで、本条は、法人である再生債務者について、再生手続に関する商業・法人登記の嘱託について定めています。本条と同趣旨の規定が破産法257条および会更法258条にも置かれています。

2　登記の嘱託の手続

　登記の嘱託は、原則として、法人である再生債務者の本店（会社911－914等）または主たる事務所（一般法人301・302等）の所在地を管轄する登記所に対して行うこととされています。裁判所書記官は、嘱託の手続の定め（民再規7）に従い、職権で登記の嘱託を行います。

3　登記の嘱託をすべき場合

　法人である再生債務者の再生手続において、①再生手続の開始決定があった場合（本条Ⅰ）、②監督命令（民再54Ⅰ）、管理命令（民再64Ⅰ）、保全管理命令（民再79Ⅰ）またはこれらの変更もしくは取消しの決定等があった場合（本条Ⅱ－Ⅳ）、③再生手続の終了事由等が生じた場合（本条Ⅴ）に、裁判所書記官は、職権で、遅滞なく、登記の嘱託をしなければならないとされています。嘱託手続の詳細は民事再生規則7条が規定しています。

4　登記の効力

再生手続開始の登記には、登記事項について登記の有無によって第三者への対抗力を区別する会社法908条1項、一般社団法人及び一般財団法人に関する法律299条1項等の規定は適用されないと解されています。民再法は、再生手続開始後の行為の効力を再生手続開始の事実についての第三者の善意・悪意により決する場合（民再45・46）、公告（民再35）を基準として善意・悪意を推定することにしている（民再47）ためです（新注釈民再（上）58頁［大寄麻代］）。

また、管理命令・保全管理命令の登記についても、再生手続開始決定に関する民再法47条が準用され（民再76Ⅰ－Ⅳ・83Ⅰ）、第三者の善意・悪意の推定は公告を基準に決せられることから、同様に、会社法908条1項等の規定は適用されないと解されています（新注釈民再（上）59頁［大寄麻代］）（☞**より深く学ぶ**）。

より深く学ぶ

監督命令の登記　監督命令の登記は、管理命令・保全管理命令の登記と異なり、民再法47条を準用する旨の規定がないこと、公告には監督命令を発した旨しか記載されず（民再55）、裁判所が指定した監督委員の同意を要する行為は公告を要しないことから、実質的にも公告の前後で善意・悪意の推定をすることは困難であること等からすると、会社法908条1項等の規定の適用を排除する理由はないものと解されています（新注釈民再（上）59頁［大寄麻代］）。

文献　伊藤790頁、条解民再45頁［重政伊利］、新注釈民再（上）50頁［大寄麻代］、Q&A民再79頁［佐々木豊］、破産・民事再生の実務〔民事再生・個人再生編〕101頁

（登記のある権利についての登記等の嘱託）
第12条　次に掲げる場合には、裁判所書記官は、職権で、遅滞なく、当該保全処分の登記を嘱託しなければならない。
　一　再生債務者財産（再生債務者が有する一切の財産をいう。以下同じ。）に属する権利で登記がされたものに関し第30条第1項（第36条第2項において準用する場合を含む。）の規定による保全処分があったとき。
　二　登記のある権利に関し第134条の2第1項（同条第7項において準用する場合を含む。）又は第142条第1項若しくは第2項の規定による保全処分があったとき。
2　前項の規定は、同項に規定する保全処分の変更若しくは取消しがあった場合又は当該保全処分が効力を失った場合について準用する。
3　裁判所書記官は、再生手続開始の決定があった場合において、再生債務者に属する権利で登記がされたものについて会社法第938条第3項（同条第4項において準用する場合を含む。）の規定による登記があることを知ったときは、職権で、遅滞なく、その登記の抹消を嘱託しなければならない。
4　前項の規定による登記の抹消がされた場合において、再生手続開始の決定を取り消す決定が確定したときは、裁判所書記官は、職権で、遅滞なく、同項の規定により抹消された登記の回復を嘱託しなければならない。

5　第3項の規定は、再生計画認可の決定が確定した場合において、裁判所書記官が再生債務者に属する権利で登記がされたものについて破産手続開始の登記があることを知ったときについて準用する。

基本事項
1　趣旨
　本条は、再生債務者の財産に帰属する登記のある権利に対し、保全処分が発令された場合等の登記の嘱託について定めています。本条と同趣旨の規定が破産法259条および会更法260条にも置かれています。

2　嘱託の対象となる登記
　本条1項1号の「再生債務者財産……に属する権利で登記がされたもの」とは、不動産に関する物権のみならず、船舶、立木、商号、工場財団、企業担保、漁業権等に関するもので、所有権のみならず、抵当権等の担保物権や、地上権、賃借権等の用益権で登記がされるべきものも含まれます。

　なお、条文上は、「登記がされたもの」（本条Ⅰ①）、「登記のある権利」（同項②）と規定していますが、本条は、未登記の権利についても適用があると解されています（新注釈民再（上）62頁［大寄麻代］、条解民再57頁［池田辰夫＝大江毅］）。

3　嘱託の手続
　本条1項の登記の嘱託は、裁判所書記官が、嘱託書に決定書等の謄本などを添付して行います（民再規8Ⅰ）。

4　登記の嘱託を行う場合
　裁判所書記官が登記を嘱託しなければならないのは、①再生債務者財産に属する権利で登記がなされたものにつき保全処分（民再30Ⅰ）がなされた場合（本条Ⅰ①）および、その保全処分の変更・取消し・失効の場合（本条Ⅱ）、②否認権のための保全処分（民再134の2Ⅰ）または、法人の役員等の財産で登記のある権利につき保全処分（民再142Ⅰ・Ⅱ）がなされた場合（本条Ⅰ②）および、その保全処分の変更・取消し・失効の場合（本条Ⅱ）、③裁判所書記官が、再生手続開始の決定があった場合において、再生債務者に属する権利で登記がされたものについて特別清算手続における保全処分の登記があることを知ったとき（本条Ⅲ）および、再生手続開始の決定により抹消された特別清算手続における保全処分の登記について、再生手続開始の決定を取り消す決定が確定したとき（本条Ⅳ）、④再生計画認可の決定が確定した場合で、裁判所書記官が再生債務者に属する権利で登記がされたものについて破産手続開始の登記があることを知ったとき（本条Ⅴ）です。

5　登記の効力
　本条による登記等の嘱託の対象となっている保全処分については、登記等がされない限り、保全処分が発令されても第三者との関係では対抗できず、処分制限効は生じませんが、登記等がされれば、第三者の善意・悪意を問わず効力が及ぶこととなり、再生債務者等の処分行為は再生手続開始決定がされることを条件として再生手続との関係では無効となります（相対的無効。新注釈民再（上）65頁［大寄麻代］）。

文　献　条解民再54頁［池田辰夫＝大江毅］、新注釈民再（上）60頁［大寄麻代］、Q&A民再79頁［佐々木豊］

（否認の登記）
第13条　登記の原因である行為が否認されたときは、監督委員又は管財人は、否認の登記を申請しなければならない。登記が否認されたときも、同様とする。
2　登記官は、前項の否認の登記に係る権利に関する登記をするときは、職権で、次に掲げる登記を抹消しなければならない。
　一　当該否認の登記
　二　否認された行為を登記原因とする登記又は否認された登記
　三　前号の登記に後れる登記があるときは、当該登記
3　前項に規定する場合において、否認された行為の後否認の登記がされるまでの間に、同項第2号に掲げる登記に係る権利を目的とする第三者の権利に関する登記（再生手続の関係において、その効力を主張することができるものに限る。第5項において同じ。）がされているときは、同項の規定にかかわらず、登記官は、職権で、当該否認の登記の抹消及び同号に掲げる登記に係る権利の再生債務者への移転の登記をしなければならない。
4　裁判所書記官は、第1項の否認の登記がされている場合において、再生債務者について、再生計画認可の決定が確定したときは、職権で、遅滞なく、当該否認の登記の抹消を嘱託しなければならない。
5　前項に規定する場合において、裁判所書記官から当該否認の登記の抹消の嘱託を受けたときは、登記官は、職権で、第2項第2号及び第3号に掲げる登記を抹消しなければならない。この場合において、否認された行為の後否認の登記がされるまでの間に、同項第2号に掲げる登記に係る権利を目的とする第三者の権利に関する登記がされているときは、登記官は、職権で、同項第2号及び第3号に掲げる登記の抹消に代えて、同項第2号に掲げる登記に係る権利の再生債務者への移転の登記をしなければならない。
6　裁判所書記官は、第1項の否認の登記がされている場合において、再生債務者について、再生手続開始の決定の取消し若しくは再生計画不認可の決定が確定したとき、又は再生計画認可の決定が確定する前に再生手続廃止の決定が確定したときは、職権で、遅滞なく、当該否認の登記の抹消を嘱託しなければならない。

基本事項
1　趣旨

　登記原因である行為や登記が監督委員等の否認権の行使によって否認された場合、当該否認の効果を第三者に対抗するためには、対抗要件である登記を経る必要があります（民177等）。そこで、本条は、再生手続開始後、再生債務者の行為が否認された場合の登記手続について定めています。本条と同趣旨の規定が破産法260条および会更法262条にも置かれています。

2 否認の登記（本条Ⅰ）

否認権を行使した者（監督委員または管財人）は、登記の原因である行為が否認されたとき（民再127 - 127の3）または登記が否認されたときは（民再129）、否認の登記を申請しなければなりません（本条Ⅰ）。否認権の行使の結果、再生債務者に帰属する財産は原状に復帰しますが（民再132）、否認による物権変動を公示して第三者への対抗を可能とするためです〔☞ **論点解説**〕。

3 否認の登記の抹消（本条Ⅱ－Ⅵ）

(1) 否認の登記に係る権利に関する登記をする場合

本条2項が定める「否認の登記に係る権利に関する登記をするとき」とは、例えば、否認の効果が確定し、否認の登記がなされた財産について、再生債務者等が第三者に対する任意売却等を行い、これを原因とする再生債務者等から第三者への所有権移転登記をする場合がこれに該当します。

この場合、否認の登記等が登記情報に記録されたままだと、相手方が不安を抱き、任意売却等が円滑に進まない可能性があるため、登記官は、職権で、①否認の登記、②否認された行為を登記原因とする登記または否認された登記、③②の登記に後れる登記（対抗することができることが登記簿上明らかな登記を除く。不登111Ⅰ、民保58Ⅱ参照）を抹消しなければなりません（本条Ⅱ）。

ただし、否認権の行使に対抗することができる登記がある場合、例えば、再生債務者から第三者に対して不動産が売却されて所有権移転登記もされた後、監督委員等が当該所有権移転登記について否認権を行使したものの、否認の登記をする前に、当該第三者が更に別の者（甲）に対して抵当権を設定し、当該抵当権設定登記を否認することができなかった場合には、甲が無権利者から抵当権設定を受けたかのような登記情報となることを避けるため、本条2項の適用はありません（本条Ⅲ）。この場合、登記官は、職権で否認の登記を抹消するとともに、否認の対象となっている登記に係る権利の再生債務者への移転の登記（上の例では、第三者から再生債務者への所有権移転登記）をしなければなりません（本条Ⅲ。新注釈民再（上）70頁〔大寄麻代〕）。

(2) 再生計画認可の決定が確定した場合

再生計画認可の決定が確定した場合、裁判所書記官は、遅滞なく否認の登記の抹消を嘱託しなければなりません（本条Ⅳ）。また、登記官は、職権で否認の登記に係る登記関係の抹消をしなければなりません。この場合は、否認の効果が後に覆ることはないと解されるからです。なお、本条3項と同様の場合には、登記官は、抹消に代えて移転登記をしなければなりません（本条Ⅴ）。

(3) 再生計画認可の決定の確定前に再生手続が終了した場合

①再生手続開始決定の取消し、②再生計画不認可決定の確定、③再生計画認可決定確定前に再生手続廃止の決定が確定したときには、否認の効果は失われるため、裁判所書記官は、職権で、遅滞なく当該否認の登記の抹消を嘱託しなければなりません（本条Ⅵ）。

論点解説

否認の登記の性質 否認の登記の意義・性質について争いがありますが、破産における否認の登記（破260）については、否認の相対効［☞民再§132 論点解説 ①］を踏まえ、否認による物権変動という特別の物権変動を公示するために認められた特殊の登記であるとするのが判例・通説であり（特殊登記説。大コンメ1118頁［髙山崇彦］、☞破§260）、民再法の下でも同様に理解されています（伊藤929頁・577頁、条解民再62頁［池田辰夫＝大江毅］）。

文　献 伊藤929頁、条解民再59頁［池田辰夫＝大江毅］、新注釈民再（上）67頁［大寄麻代］

（非課税）
第14条 前3条の規定による登記については、登録免許税を課さない。

基本事項

登記を受ける者は登録免許税法により登録免許税を納める義務があります（登税3）が、本条は、前3条の規定、すなわち、法人の再生手続に関する商業登記（民再11）、登記のある権利についての保全処分に関する登記（民再12）、否認の登記（民再13）については、いずれも公益的な要請が強いことから、登録免許税を課さないことを定めています。本条と同趣旨の規定が破産法261条および会更法264条1項にも置かれています。

文　献 伊藤929頁、新注釈民再（上）74頁［大寄麻代］、条解民再64頁［池田辰夫＝大江毅］

（登録への準用）
第15条 前3条の規定は、登録のある権利について準用する。

基本事項

本条は、登録が基本的には登記と同一の作用を有することから、再生債務者の財産に属する権利で登録のある権利について、保全処分等の登記（民再12）、否認の登記（民再13）、登録免許税の非課税（民再14）の各規定を準用することを定めています。本条と同趣旨の規定が破産法262条、会更法265条および会社法938条5項にも置かれています。

登録のある権利とは、特許権（特許27Ⅰ・66Ⅰ）、実用新案権（新案3Ⅰ・14Ⅰ）、商標権（商標3Ⅰ・18Ⅰ）、意匠権（意匠3Ⅰ・20Ⅰ）、著作権・著作隣接権（著作75－78の2・104）、登録を受けた自動車の所有権（道路運送車両法4・5Ⅰ）など、一定の登録機関に登録することが予定されている権利で、その権利の得喪および変更に登録が必要とされるすべてのものを指すと解されています（条解会更（上）259頁）。

文　献 伊藤929頁、新注釈民再（上）75頁［大寄麻代］、条解民再65頁［池田辰夫＝大江毅］

(事件に関する文書の閲覧等)
第 16 条 利害関係人は、裁判所書記官に対し、この法律(この法律において準用する他の法律を含む。)の規定に基づき、裁判所に提出され、又は裁判所が作成した文書その他の物件(以下この条及び次条第1項において「文書等」という。)の閲覧を請求することができる。
2 利害関係人は、裁判所書記官に対し、文書等の謄写、その正本、謄本若しくは抄本の交付又は事件に関する事項の証明書の交付を請求することができる。
3 前項の規定は、文書等のうち録音テープ又はビデオテープ(これらに準ずる方法により一定の事項を記録した物を含む。)に関しては、適用しない。この場合において、これらの物について利害関係人の請求があるときは、裁判所書記官は、その複製を許さなければならない。
4 前3項の規定にかかわらず、次の各号に掲げる者は、当該各号に定める命令、保全処分、処分又は裁判のいずれかがあるまでの間は、前3項の規定による請求をすることができない。ただし、当該者が再生手続開始の申立人である場合は、この限りでない。
　一　再生債務者以外の利害関係人　第26条第1項の規定による中止の命令、第27条第1項の規定による禁止の命令、第30条第1項の規定による保全処分、第31条第1項の規定による中止の命令、第54条第1項若しくは第79条第1項の規定による処分、第134条の2第1項の規定による保全処分、第197条第1項の規定による中止の命令又は再生手続開始の申立てについての裁判
　二　再生債務者　再生手続開始の申立てに関する口頭弁論若しくは再生債務者を呼び出す審尋の期日の指定の裁判又は前号に定める命令、保全処分、処分若しくは裁判

基本事項

1　趣旨

　再生手続を公正かつ透明性のある手続とするためには、利害関係人に対する適切な情報開示が行われる必要があります。そこで、本条は、民再法に基づいて裁判所へ提出された文書および裁判所が作成した文書について利害関係人に閲覧・謄写を認める一方で、再生手続の密行性を確保する必要がある場合に備え、閲覧等の請求可能時期に時的制限を定めています。本条と同趣旨の規定が破産法11条および会更法11条にも置かれています。

2　閲覧等の請求をすることができる利害関係人

　本条に基づき閲覧等ができる利害関係人は、当該再生手続に関して、法律上の利害関係を有する者をいいます。利害関係が事実上のものにとどまる者はこれに該当しません。例えば、再生債権、一般優先債権、共益債権などを有する債権者、別除権者、取戻権者、再生債務者の従業員、再生債務者の株主などは、法律上の利害関係があるといえますが、再生債務者財産の買受希望者や再生債務者所有の建物の賃借人などは、事実上の利害関係を有するにとどまると考えられています(条解民再68頁[園尾隆司])。

再生債務者や、手続機関である監督委員、保全管理人、管財人も法律上の利害関係人に該当します。

3　閲覧等の対象となる文書

本条によって閲覧等の対象とされている文書等は、民再法および同法において準用する他の法律の規定に基づき、裁判所に提出され、または裁判所が作成した文書です。また、民事再生規則9条1項は、同規則および同規則において準用する他の規則に基づいて裁判所に提出され、または裁判所が作成した文書等についても本条を準用して閲覧の対象としています。

民再法の規定に基づき裁判所に提出される文書としては、再生手続開始申立書（民再21）、財産評定書（民再124）、報告書（民再125）、債権届出書（民再94）、認否書（民再101）、再生計画案（民再163）、許可申請書（民再41）、同意申請書（民再54Ⅱ）等があり、裁判所が法律に基づいて作成した文書としては、再生手続開始決定（民再33）、再生計画認可決定（民再174）、許可決定（民再41）等があります（新注釈民再(上)78頁［中山孝雄］）。また、東京地裁では、民再法の規定に基づいて裁判所に提出された文書ではないものの、民再法の規定に密接に関係する再生手続上の文書として、再生計画案に関する監督委員の意見書および監督委員の補助者である公認会計士が作成する調査報告書、ならびに否認権限の付与や管理命令の発令等の職権発動を求める上申書についても閲覧等の対象としています（破産・民事再生の実務〔民事再生・個人再生編〕54頁）。他方、申立代理人や監督委員が裁判所との打合せのために提出した書面は、民再法や民事再生規則に基づいて作成されたものではなく、閲覧等の対象となりません。

4　手続

利害関係人である請求者は、閲覧の対象となる文書について、閲覧（本条Ⅰ）、謄写、正本、謄本もしくは抄本の交付または事件に関する事項の証明書の交付を請求することができます（本条Ⅱ）。録音テープ、ビデオテープ、CD、DVD等については、謄写ではなく、複製の許可を求めることができます（本条Ⅲ）。

なお、請求者は、請求する文書等について特定するに足りる事項を明らかにしなければなりません（民再規9Ⅱ）。

5　閲覧等の時的制限

閲覧等の請求可能時期には、密行性を確保する必要から時的制限が設けられていますが、再生手続開始の申立人はいつでも閲覧等ができる一方で、再生債務者以外の利害関係人は、①強制執行等の中止命令（民再26Ⅰ）、②包括的禁止命令（民再27Ⅰ）、③財産保全処分（民再30Ⅰ）、④担保権実行中止命令（民再31Ⅰ）、⑤監督命令（民再54Ⅰ）、⑥保全管理命令（民再79Ⅰ）、⑦否認権のための保全処分（民再134の2Ⅰ）、⑧抵当権実行中止命令（民再197Ⅰ）、⑨再生手続開始の申立てについての裁判のいずれかがあった後でなければ、閲覧等の請求ができないとされています（民再16Ⅳ①）。

さらに、債権者申立ての場合には再生債務者に対しても密行性を確保する必要があることから、再生債務者は、前記①ないし⑨の裁判があった場合のほか、⑩再生

手続開始申立てに関する口頭弁論期日の指定、⑪再生債務者を呼び出す審尋期日の指定があるまでは、閲覧等の請求ができないとされています（本条Ⅳ②）。

文献 伊藤 835 頁、新注釈民再（上）76 頁［中山孝雄］、条解民再 66 頁［園尾隆司］、Q&A 民再 81 頁［佐々木豊］、一問一答民再 44 頁、破産・民事再生の実務〔民事再生・個人再生編〕53 頁、民事再生の手引 92 頁

（支障部分の閲覧等の制限）
第 17 条 次に掲げる文書等について、利害関係人がその閲覧若しくは謄写、その正本、謄本若しくは抄本の交付又はその複製（以下この条において「閲覧等」という。）を行うことにより、再生債務者の事業の維持再生に著しい支障を生ずるおそれ又は再生債務者の財産に著しい損害を与えるおそれがある部分（以下この条において「支障部分」という。）があることにつき疎明があった場合には、裁判所は、当該文書等を提出した再生債務者等（保全管理人が選任されている場合にあっては、保全管理人。以下この項及び次項において同じ。）、監督委員、調査委員又は個人再生委員の申立てにより、支障部分の閲覧等の請求をすることができる者を、当該申立てをした者及び再生債務者等に限ることができる。
 一　第 41 条第 1 項（第 81 条第 3 項において準用する場合を含む。）、第 42 条第 1 項、第 56 条第 5 項又は第 81 条第 1 項ただし書の許可を得るために裁判所に提出された文書等
 二　第 62 条第 2 項若しくは第 223 条第 3 項（第 244 条において準用する場合を含む。）に規定する調査の結果の報告又は第 125 条第 2 項若しくは第 3 項の規定による報告に係る文書等
2　前項の申立てがあったときは、その申立てについての裁判が確定するまで、利害関係人（同項の申立てをした者及び再生債務者等を除く。次項において同じ。）は、支障部分の閲覧等の請求をすることができない。
3　支障部分の閲覧等の請求をしようとする利害関係人は、再生裁判所に対し、第 1 項に規定する要件を欠くこと又はこれを欠くに至ったことを理由として、同項の規定による決定の取消しの申立てをすることができる。
4　第 1 項の申立てを却下した決定及び前項の申立てについての裁判に対しては、即時抗告をすることができる。
5　第 1 項の規定による決定を取り消す決定は、確定しなければその効力を生じない。

基本事項

1　趣旨

再生事件に関する文書の閲覧等の原則を定めた民再法 16 条の対象となる文書等の中には、そのまま閲覧等の対象としてしまうと、再生債務者の事業の維持再生に著しい支障を生ずるおそれ、または、再生債務者の財産に著しい損害を与えるおそれがある部分（支障部分）が存在する場合があります。そこで、本条は支障部分のある文書等について、裁判所が閲覧等の制限を行うことができること、および支障部分の閲覧等の制限に関する手続を定めています。本条と同趣旨の規定が民訴法 92

条、破産法12条および会更法12条にも置かれています。

2 支障部分の閲覧等の制限の請求権者、対象文書

支障部分の閲覧等の制限の申立てができるのは、当該文書等を提出した再生債務者、管財人、保全管理人、監督委員、調査委員および個人再生委員です（本条Ⅰ）。

支障部分の閲覧等の制限の対象となる文書等は、本条1項が掲げる許可申請書等および報告等のみであり、具体的には、指定行為の許可申請書（民再41Ⅰ等）、事業等の譲渡許可申請書（民再42Ⅰ）、調査委員または個人再生委員の報告書（民再62Ⅱ等）、再生債務者等または監督委員による業務および財産状況報告書（民再125Ⅱ・Ⅲ）等があります。

3 支障部分の閲覧等の制限の要件

閲覧等の制限が認められるのは、閲覧等によって、再生債務者の事業の維持再生に著しい支障を生ずるおそれ、または、再生債務者の財産に著しい損害を与えるおそれがある部分（支障部分）です。例えば、許可申請書等に再生債務者の営業秘密やノウハウが記載されている場合、事業譲渡許可申立書に事業譲渡先（あるいはスポンサー）選定の過程や相手方との交渉経過等が記載されており、これが事業譲渡の実行前に外部に明らかになると事業の維持再生に著しい支障が生じると判断される場合、和解に関する許可申請書に和解の必要性が記載されており、これを相手方等の利害関係人が知れば和解が見込めなくなる場合等が想定されます。

4 支障部分の閲覧等の制限の手続

支障部分の閲覧等の制限の申立ては、支障部分の閲覧等の制限を求める対象となる文書を提出する際に（民再規10Ⅱ）、支障部分を特定した申立書によりなされます（同条Ⅰ）。

裁判所は、申立てに基づき、支障部分の疎明がなされたときは、支障部分を特定した上で、閲覧等の制限の決定を行います（本条Ⅰ、民再規10Ⅳ）。この決定がなされた後は、支障部分の閲覧等を請求できるのは再生債務者等に限られることになります。なお、支障部分の閲覧等の制限の申立てがされてから、当該申立てに係る裁判が確定するまでの間、利害関係人（再生債務者等を除く）は、申立てに係る支障部分の閲覧等を請求することはできません（本条Ⅱ）。

閲覧等の制限を認める決定に対して、支障部分の閲覧等を請求する利害関係人（再生債務者等を除く）は、支障部分の閲覧等の制限の請求の要件を欠くこと、または事後的にこれを欠くに至ったことを理由として、決定の取消しを求めることができます（本条Ⅲ）。この場合、閲覧等の制限を取り消す決定は確定しなければ効力を生じません（本条Ⅴ）ので、確定までは支障部分の閲覧等は制限されます。

他方、支障部分の閲覧等の制限の申立てを却下した決定および閲覧等の制限を認める決定の取消しの申立てについての裁判に対しては、閲覧等の制限を求める申立人が即時抗告をすることができます（本条Ⅳ）。

5 民訴法92条の準用

民訴法92条は、記録中に私生活上の重大な秘密の記載部分または営業秘密の記載部分があるときは、その閲覧等の請求をすることができる者を当事者に限ること

ができる旨規定していますが、この規定は、再生手続にも準用されています（民再18）。

文献　伊藤837頁、一問一答民再46頁、条解民再71頁［園尾隆司］、新注釈民再（上）82頁［中山孝雄］、破産・民事再生の実務〔民事再生・個人再生編〕56頁、民事再生の手引97頁

（民事訴訟法の準用）
第18条　再生手続に関しては、特別の定めがある場合を除き、民事訴訟法の規定を準用する。

基本事項

1　趣旨

本条は、再生手続に関しては、特別の定めがある場合を除き、民訴法の規定を準用することを定めています。本条と同趣旨の規定が破産法13条および会更法13条にも置かれています。なお、民事訴訟規則の規定についても、特別の定めがある場合を除き準用することとされています（民再規11）。

2　準用される民訴法の規定

準用される民訴法の規定は、再生手続の性質に反しないものに限られます。民訴法の規定を準用するものとしては、裁判所職員の忌避・除斥（民訴27・23・24）、当事者能力・訴訟能力（民訴28以下）、訴訟代理人・補佐人（債権届出等の再生手続参加に関する部分は除く。民訴54以下）、期日および期間（民訴93以下）、送達（民訴98以下）、決定・命令（民訴119）、上訴中の抗告（民訴331等）、再審（民訴349）等であると考えられています。他方、本条が定める「特別の定め」には、管轄・移送に関する規定（民再4－7）、任意的口頭弁論に関する規定（民再8Ⅰ）、職権調査に関する規定（同条Ⅱ）、裁判の告知方法としての公告等に関する規定（民再10）、文書の閲覧等に関する規定（民再16・17）等があり、これらに関しては民訴法の規定は準用されません（新注釈民再（上）86頁［花村良一］）［☞**論点解説**・民再§6 **より深く学ぶ** ［1］］。

論点解説

中断の規定（民訴124Ⅰ）の準用の可否（個人である再生債務者が死亡した場合）　個人である再生債務者が再生手続開始決定前に死亡した場合に当事者死亡による訴訟手続の中断・受継に関する民訴法124条1項の規定が準用されるか否か議論があります（条解民再81頁［園尾隆司］）。この点、再生手続と異なり相続財産そのものの破産を認める規定（破222以下）のある破産手続においては、破産手続開始決定前に債務者が死亡したときは民訴法124条1項によって破産手続が中断すると考える見解が有力です（大コンメ965頁［中島弘雅］）［☞破§226］。しかし、再生手続においては、そもそも相続財産に再生能力を認める規定もなく、仮にこれを認めても再生手続の遂行は困難であると考えられることから、個人である債務者が死亡したときは再生手

続は当然に終了すると考える見解が有力であり（伊藤758頁参照）、この見解によれば、個人である再生債務者が死亡した場合に手続の中断は問題とならず、したがって民訴法124条1項の規定は準用されないことになります。

文　献　条解民再76頁［園尾隆司］、新注釈民再（上）86頁［花村良一］

> **（最高裁判所規則）**
> **第19条**　この法律に定めるもののほか、再生手続に関し必要な事項は、最高裁判所規則で定める。

基本事項

本条は、この法律で個別に定めるもののほか、再生手続に関して必要な事項は、最高裁判所規則で定めることを規定したものです。本条と同様の規定が破産法14条、会更法14条にも置かれています。

本条にいう最高裁判所規則である民事再生規則（平成12年最高裁判所規則第3号）は、①本条による包括委任に基づくもののほか、②民再法の個別の委任規定（民再94Ⅰ・99Ⅱ・101Ⅲ・117Ⅰ①・221Ⅲ⑤）に基づき、民再法で規定されていない手続の細目的事項に係る規律を多数含むものとなっています。

文　献　新注釈民再（上）87頁［花村良一］、条解民再86頁［園尾隆司］、一問一答民再48頁

> **第20条**　削除

第2章　再生手続の開始

> **前　注**

　本章は、再生手続開始の申立てに関する事項（民再21-32）と、再生手続開始の決定およびその効果に関する事項（民再33-53）を規定しています。

1　再生手続開始の申立て
(1)　再生能力
　再生能力をいかなる者に認めるかについては、民再法は明文の規定を用意していません。個人および法人に再生能力が認められることに争いはありませんが、法人でない社団または財団で代表者または管理者の定めがあるものに再生能力が認められるかについては争いがあります（伊藤759頁）。

(2)　申立権者
　再生手続開始の申立権者は、債権者および債務者です（民再21）。この他、債務者について外国倒産処理手続がある場合は、外国管財人も申立権者となります（民再209Ⅰ・21Ⅰ前段）。

(3)　再生手続開始原因と再生手続開始の条件
　再生手続開始原因は、①債務者に破産手続開始の原因となる事実の生ずるおそれがあるとき、および②債務者が事業の継続に著しい支障を来すことなく弁済期にある債務を弁済することができないときです（民再21）。申立権者が債権者であるときは、①のみが再生手続開始原因となります。また、これとは別個に、再生手続開始の申立てを棄却する条件を定めています（民再25）。

(4)　再生手続開始の申立ての取下制限
　再生手続開始の申立ての取下げは、再生手続開始の決定前であれば制限されないのが原則ですが、保全処分（民再30等）がされた後は、裁判所の許可を得なければ、これを行うことができません（民再32）。

(5)　再生手続開始決定前の保全処分
(ア)　弁済禁止保全処分等
　再生債権の弁済禁止の効力は再生手続開始決定の後に生じます（民再85Ⅰ）。もっとも、再生手続開始決定の前でも、再生手続を円滑に進めるために再生債権に対する弁済等を制限する必要がありますので、仮差押え・仮処分その他の保全処分の制度を用意しています（民再30）。

(イ)　中止命令等
　再生債権者の個別的権利行使を抑止し、再生債務者財産を保全することを目的として、強制執行等に対する中止命令や包括的禁止命令の制度を用意しています（民再26・27）。また、担保目的物を再生のために利用することができる場合があるこ

とから（伊藤782頁、民再41Ⅰ⑨・148参照）、担保権の実行手続の中止命令の制度を設けています（民再31）。

2 再生手続開始の決定

(1) 再生手続開始決定

適法な申立権者から申立てがなされ、再生手続開始原因を満たし、再生手続開始申立ての棄却事由がない場合には、裁判所は再生手続開始決定をします（民再33。裁判所が開始決定と同時に定めるべき事項等につき、民再34・35）。

(2) 即時抗告

再生手続開始の申立てに関する裁判について、利害関係者は即時抗告をすることができます（民再9・36・37。抗告期間につき、民再9・18、民訴332）。

(3) 他の手続の中止等と訴訟手続の中断等

再生手続開始の決定があったときは、破産手続開始等の申立てや再生債務者の財産に対する再生債権に基づく強制執行等は中止等します（民再39）。

同じく、再生債務者の財産関係に関する訴訟手続のうち再生債権に関するものは、再生債権の確定のために別個の制度が設けられているため中断します（民再40・94以下。債権者代位訴訟および詐害行為取消訴訟につき、民再40の2）。

(4) 再生債務者の地位

再生債務者は、裁判所が管理命令をする場合を除いて、再生手続が開始された後も、業務遂行権や財産管理処分権を失いません（民再38Ⅰ・64）。この場合、再生債務者は、債権者に対し、公平かつ誠実に業務遂行権や財産管理処分権を追行する義務を負います（公平誠実義務。民再38Ⅱ）。

(5) 再生債務者等の行為の制限等

再生債務者等（民再2②）が、再生債務者の営業または事業の全部または重要な一部を譲渡するには、裁判所の許可を得なければなりません（民再42）。その他、再生債務者等が財産の処分や財産の譲受等の一定の行為をすることについて、必要があると認めるときは、裁判所は再生債務者等に対し、裁判所の許可を得なければならないとの制限をかけることができます（民再41）。

(6) 実体的権利関係への影響

(ア) 再生手続開始後の善意取引の保護

不動産または船舶に関する登記権利者や、為替手形の支払人または予備支払人が、再生債務者につき再生手続開始がされた事実を知らないで、不動産登記や手形の引受等をした場合の保護のための規定を定めています（民再45－47）。

(イ) 双務契約についての定め

双方未履行の双務契約について、再生債務者等は、契約を解除するか、相手方の債務の履行を請求することができます（民再49）。継続的給付義務を負う双務契約の相手方の給付に係る請求権については、その発生時期によって取扱いが異なります（民再50Ⅰ・Ⅱ・49Ⅳ）。

(ウ) 取戻権

再生手続の開始は、再生債務者に属しない財産を再生債務者から取り戻す権利に

影響を及ぼしませんが（民再52）、取戻権を行使するためには、再生債務者等に対する対抗要件を備えなければなりません（伊藤895頁）。

　(エ)　別除権

　再生手続開始の時に、再生債務者の財産につき存する担保権（特別の先取特権、質権、抵当権、商事留置権）を有する者は、その目的である財産について別除権を有し、再生手続によらないで別除権を行使することができます（民再53）。

第1節　再生手続開始の申立て

> **（再生手続開始の申立て）**
> **第21条**　債務者に破産手続開始の原因となる事実の生ずるおそれがあるときは、債務者は、裁判所に対し、再生手続開始の申立てをすることができる。債務者が事業の継続に著しい支障を来すことなく弁済期にある債務を弁済することができないときも、同様とする。
> 2　前項前段に規定する場合には、債権者も、再生手続開始の申立てをすることができる。

基本事項

　本条は、再生手続開始の申立ての要件と申立権者を定めています。本条と同様の規定が会更法17条1項にも置かれています。

1　申立ての要件

　再生手続開始の申立ての要件は、債務者に破産手続開始の原因となる事実の生ずるおそれがあるとき、または債務者が事業の継続に著しい支障を来すことなく弁済期にある債務を弁済することができないときです。講学上、前者の原因を破産原因前兆事実、後者の原因を事業継続危殆事実といいます（伊藤759頁）。再生手続が「債務者の事業又は経済生活の再生を図ること」（民再1）を目的とすることから、できるだけ早い段階での申立てを促して事業価値の毀損等を防止するため、破産手続開始原因となる事実が生ずる「おそれ」があれば足りることとしています。なお、申立ての方法、申立書の記載事項および添付書面は民事再生規則が定めています（民再規2・12－14の2）。

　(1)　破産原因前兆事実

　破産手続開始原因は、支払不能（破2XI）と債務超過です（破15・16）[☞ **論点解説** **1**]。破産原因前兆事実には、支払不能や債務超過と評価される事実が現に生じている場合のみならず、支払不能や債務超過が将来において発生する相当程度の蓋然性があるときも含まれます（伊藤759頁。破産原因前兆事実の有無について判断した裁判例として、福岡高決平18・11・8判タ1234号351頁）。

　(2)　事業継続危殆事実

　事業継続危殆事実は、債務の弁済が今後の事業の継続を困難にすることを基礎付

ける事実です（伊藤760頁）。例えば、事業継続に必要な重要な財産を処分しなければ弁済期の到来した債務の弁済原資が捻出できないような場合が挙げられます（新注釈民再（上）105頁［髙井章光］）。

2　再生手続開始の申立権者

再生手続開始の申立権者は、債務者および債権者です。

(1)　債務者

債務者申立ての場合、破産原因前兆事実と事業継続危殆事実のいずれも再生手続開始申立ての要件となります。

債務者が法人である場合には、各法人の通常の意思決定手続によって申立権を行使することになります（一般法人90Ⅱ①・95Ⅰ・77Ⅳ、会社362Ⅱ①・369・349Ⅳ）。なお、民再法は、破産法における準自己破産（破19Ⅰ）とは異なり、法人の個々の役員には申立権を認めていません。

(2)　債権者

債権者申立ての場合、破産原因前兆事実のみが再生手続開始申立ての要件となります。事業継続危殆事実は、債務者の支払能力ではなく、債務者の事業の継続に着目した要件であるため、これが要件となるのは、債務者申立ての場合のみに限定しています。また、債権者申立ての場合には、当該債権者は、その有する債権の存在についても疎明が必要です（民再23Ⅱ）［☞ **論点解説** 2］。

論点解説

1　支払不能の意義　支払不能とは、債務者が支払能力を欠くために、履行期の到来した債務を、一般的、継続的に弁済することができないという客観的状態を意味します（破2Ⅺ。伊藤107頁）［☞破§2、民再§93Ⅰ②］。

(1)　**支払能力の欠如を原因とすること**　支払能力とは、債務者の財産、信用および労務の3要素から構成される経済的力量を意味し（東京高決昭33・7・5金法182号3頁参照［百選［4］、INDEX［1］]）、財産をもって債務を完済することができない状態と定義付けられている債務超過とは区別されます（破16Ⅰ括弧書）。

(2)　**履行期の到来した債務を弁済することができないこと**　履行期の到来した債務の弁済をしている限り支払不能には当たりませんが（一問一答破産30頁）、返済の見込みが立たない借入れなどによって表面的な弁済能力を維持しているように見える場合や将来の債務不履行が確実に予想される場合にも支払不能となり得るとする見解もあります（伊藤108頁、大コンメ21頁［小川秀樹］）。

(3)　**一般的、継続的に債務を弁済することができないこと**　一般的とは、特定の債務に対する弁済の有無にかかわらず、総債務の弁済について債務者の資力が不足していることを意味し、継続的とは、突発的な出来事による資力の喪失でないことを意味します。

2　一般優先債権者による申立ての可否　再生手続によらずに権利行使が可能な一般優先債権者（民再122）に再生手続開始の申立権があるか争いがあります。肯定説は、再生債権者への弁済次第では、必ずしも一般優先権への弁済が確保できな

いおそれがあること、条文上で債権者に限定がないことを根拠にします（新注釈民再（上）103－104頁［髙井章光］）。他方、否定説は、申立権を認めるか否かは再生計画による弁済そのものに利害関係を有するかによって決すべきことを根拠にしています（伊藤766－767頁）。

より深く学ぶ
再生計画不認可決定確定後の再度の再生手続開始申立ての可否　再生計画不認可決定（民再174Ⅱ）が確定した後に、再度の再生手続開始の申立てをすることが許されるか議論があります。この点、預託金会員制のゴルフ場運営会社の再生手続について再生計画不認可決定が確定した後に、再度、当該会社が再生手続開始を申し立てて再生手続開始決定がされたのに対し、債権者が再度の再生手続開始決定に即時抗告を申し立てた事案（東京高決平17・1・13判タ1200号291頁［百選［9］、INDEX［8］］）において、裁判所は、民再法に再度の申立てを禁止する規定がないこと、民再法25条4号の申立棄却事由の判断において濫用的な再度の申立てを防止することが可能であること等から、再生計画不認可決定後の再度の再生手続開始の申立てが一般的に不適法となるものではない旨を判示しています。

また、再生計画不認可決定確定後の再度の再生手続開始申立てが申立棄却事由（民再25④）に該当するかについては、それだけで直ちに不当な目的があるとか、不誠実な申立てであるということはできないと考える見解（条解民再121頁［瀬戸英雄＝上野尚文］）と、特段の事情が認められない限り、誠実性に欠けるといわざるを得ないとする見解（伊藤764頁）に分かれていますが、前記裁判例では、再度の再生手続開始申立てが「再生計画不認可の決定を受けて、再生計画案を変更し、債権者の意向をあらためて調査して申し立てられたこと」等の経緯を踏まえ、同号の申立て棄却事由には当たらない旨判示しています。

文献　条解民再93頁［上野泰男］、伊藤106頁・759頁・765頁、倒産法概説404頁［笠井正俊］、破産法・民事再生法概論52頁・60頁［山本克己］、松下17頁、中島＝佐藤178頁、条解破産40頁・116頁、大コンメ21頁・65頁［小川秀樹］、破産・民事再生の実務〔民事再生・個人再生編〕45頁、民事再生の手引22頁

（破産手続開始等の申立義務と再生手続開始の申立て）
第22条　他の法律の規定により法人の理事又はこれに準ずる者がその法人に対して破産手続開始又は特別清算開始の申立てをしなければならない場合においても、再生手続開始の申立てをすることを妨げない。

基本事項
本条は、他の法律の規定（一般法人215Ⅰ、会社484Ⅰ・511Ⅱ・656Ⅰ、宗法48Ⅰ・Ⅱ、私立学校法50の2Ⅰ・Ⅱ等）により破産手続開始または特別清算開始の申立てをすることを義務付けられている清算人等が、それらの手続開始の申立てを行うことに代えて、再生手続開始の申立てをすることができることを明らかにしています。これは、再

建型手続である再生手続が、清算型手続である破産手続や特別清算手続に優先する手続であることから［☞民再§26］、清算人等に手続の選択権を与えたものです（伊藤767頁）。

文献 伊藤767頁、条解民再105頁［上野泰男］

（疎明）
第23条 再生手続開始の申立てをするときは、再生手続開始の原因となる事実を疎明しなければならない。
2 　債権者が、前項の申立てをするときは、その有する債権の存在をも疎明しなければならない。

基本事項

本条は、再生手続開始に先立つ申立ての時点における義務として、申立人に対し、再生手続開始原因事実を疎明する義務を、債権者申立ての場合にはさらに申立人が有する債権の存在をも疎明する義務を定めています［☞ **論点解説**］。

破産法とは異なり、債務者が再生手続開始の申立てをする場合であっても、再生手続開始原因事実を疎明する必要があります（破18Ⅱ参照）。これは、債務者が一時的に債権者の追及を逃れる等の不当な目的で再生手続開始の申立てを行うことを防止するためです。債権者申立ての場合に債権の存在の疎明が求められるのも、債権者による濫用的な申立てを防止するためです。疎明がない場合、申立ては不適法として却下されます。本条と同趣旨の規定が会更法20条にも置かれています。

論点解説

債権者申立ての場合の債権の証明の程度　　債権者申立ての場合に、裁判所が再生手続開始決定をするために債権の存在について証明を必要とするか否かにつき、証明を必要とする見解（証明説）と疎明で足りるとする見解（疎明説）が対立しています。破産の事例に関し、証明説は債務者保護を重視すべきことを理由とし（百選［5］）、疎明説は破産手続開始原因が存在する以上は破産手続を開始することが原則であることを理由としています（伊藤136頁）。

文献 条解民再106頁［上野泰男］、倒産法概説406頁［笠井正俊］、破産法・民事再生法概論64頁［山本克己］、中島＝佐藤182頁

（費用の予納）
第24条 再生手続開始の申立てをするときは、申立人は、再生手続の費用として裁判所の定める金額を予納しなければならない。
2 　費用の予納に関する決定に対しては、即時抗告をすることができる。

基本事項

再生手続を遂行するためには、送達・公告等の費用、監督委員の報酬をはじめと

して、さまざまな費用が必要となります。本条は、手続開始後の当面の費用を確保するため、これを申立人に予納させることを定めています。本条と同趣旨の規定が破産法22条および会更法21条にも置かれています。ただし、破産法とは異なり、国庫仮支弁の制度（破23Ⅰ）は設けられていません。

予納されるべき費用の金額は、裁判所が、再生債務者の事業の内容、資産および負債その他の財産の状況、再生債権者の数、監督委員その他の再生手続の機関の選任の要否その他の事情を考慮して定めます（民再規16Ⅰ）。実務上は、申立ての便宜のため、各裁判所が予納金の基準額を公表しています（倒産法概説406頁[笠井正俊]、破産・民事再生の実務[民事再生・個人再生編]48頁、民事再生の手引39頁）。

裁判所による費用の予納に関する決定（予納命令）に不服があるときは、再生手続開始の申立てをした者は、当該決定に対して即時抗告をすることができます（本条Ⅱ）。費用の予納がなければ、再生手続開始の申立ては棄却されます（民再25①）。

文　献　条解民再107頁[重政伊利]、伊藤769頁、倒産法概説406頁[笠井正俊]、破産法・民事再生法概論65頁[山本克己]、松下22頁、中島＝佐藤183頁。実務運用について、民事再生の手引39頁

（意見の聴取）
第24条の2　裁判所は、再生手続開始の申立てがあった場合には、当該申立てを棄却すべきこと又は再生手続開始の決定をすべきことが明らかである場合を除き、当該申立てについての決定をする前に、労働組合等（再生債務者の使用人その他の従業者の過半数で組織する労働組合があるときはその労働組合、再生債務者の使用人その他の従業者の過半数で組織する労働組合がないときは再生債務者の使用人その他の従業者の過半数を代表する者をいう。第246条第3項を除き、以下同じ。）の意見を聴かなければならない。

基本事項

再建型である再生手続において、労働組合等は再生手続が開始されるか否かにつき重大な利害関係を有するとともに、その協力を得られるかどうかも事業の再建を図る上で極めて重要です。そこで、本条は、再生手続開始の申立てがあった場合に裁判所が労働組合等の意見を聴取しなければならないとしています。本条と同趣旨の規定が会更法22条にも置かれています。

労働組合等の意見は、裁判所が再生手続開始申立てに関する決定の参考とする趣旨で聴取するものです。したがって、裁判所は、労働組合等に対して意見を求めれば足り、現実に意見が述べられることを要しません（条解民再117頁[園尾隆司]）。

なお、清算型である破産手続では、再生手続や更生手続とは異なり、破産手続開始決定の通知から労働組合等の手続関与が始まります（破32Ⅲ④参照）。

文　献　条解民再115頁[園尾隆司]、伊藤771頁、破産法・民事再生法概論66頁[山本克己]、松下24頁

（再生手続開始の条件）
第25条 次の各号のいずれかに該当する場合には、裁判所は、再生手続開始の申立てを棄却しなければならない。
　一　再生手続の費用の予納がないとき。
　二　裁判所に破産手続又は特別清算手続が係属し、その手続によることが債権者の一般の利益に適合するとき。
　三　再生計画案の作成若しくは可決の見込み又は再生計画の認可の見込みがないことが明らかであるとき。
　四　不当な目的で再生手続開始の申立てがされたとき、その他申立てが誠実にされたものでないとき。

基本事項

1　趣旨

　本条は、再生手続開始申立ての棄却事由を定めています。再生手続開始原因の存在が認められても、本条各号に定める事由が存在するときは、裁判所は再生手続開始の申立てを棄却しなければなりません。本条と同趣旨の規定が会更法41条1項にも置かれています（破30参照）。

　本条が再生手続開始のための積極的要件としてではなく、消極的要件として棄却事由を定めているのは、申立人によって証明しなければならない積極的要件を少なくすることで、倒産状態にある債務者の負担を軽減し、速やかに再生手続開始決定を得て再建の機会を与えるためです（新注釈民再（上）119頁［髙井章光］）。

　このような本条の趣旨から、再生手続の入口における棄却の判断は、相当明確な事由がある場合に限定して運用されるべきであると考えられています（条解民再118頁［瀬戸英雄＝上野尚文］）［なお、申立ての制限条項がある場合について、☞破§30 **論点解説**］。

2　再生手続の費用の予納がないとき（本条①）

　再生手続開始の申立てをするときは、申立人は、再生手続の費用として裁判所の定める金額を予納しなければなりません（民再24Ⅰ）。費用の予納がないと、監督委員の選任など、裁判所が手続を進めるために必要な行為をすることができないため、本条1号は「再生手続の費用の予納がないとき」を棄却事由としています（伊藤762頁）。

3　裁判所に破産手続または特別清算手続が係属し、その手続によることが債権者一般の利益に適合するとき（本条②）

　先行する破産手続または特別清算手続によるほうが債権者にとって利益となる場合には再生手続を開始する意味がないため、申立棄却事由とされています。ここで、債権者一般の利益とは、個々の債権者ではなく債権者全体にとって、弁済率、弁済時期および弁済期間等を総合的に考慮して利益となることを意味し、再生手続による配分が破産手続等による配分を上回るものでなければならないという清算価値保障原則［☞民再§174 **論点解説**］を表したものと理解されています（伊藤763頁）

[☞ **論点解説** 1]。

4 再生計画案の作成もしくは可決の見込みまたは再生計画の認可の見込みがないことが明らかであるとき（本条③）

手続開始の段階から再生計画成立の見込みがないことが明らかであるにもかからず再生手続を開始することは、いたずらに破綻を先延ばしし、債権者その他の利害関係人に不利益を生じさせるものであるといえます。そこで、本条はこのような場合を再生手続申立ての棄却事由としています（伊藤763頁）[☞ **論点解説** 2]。

5 不当な目的で再生手続開始の申立てがされたとき、その他申立てが誠実にされたものでないとき（本条④）

不当な目的で再生手続開始申立てがされたとき、その他申立てが誠実にされたものでないときも棄却事由としています。

例えば、債権者が自らの債権回収を有利に進める目的で、申立ての取下げを交渉材料として申立てをする場合や、債務者が保全命令を得て一時的に債権者からの追及をかわし、その間に資産隠しをしようとする場合などが本号に当たります（条解民再121頁［瀬戸英雄＝上野尚文］）[☞ **論点解説** 3]。

論点解説

1 債権者の一般の利益 本条2号の「債権者の一般の利益」に適合するか否かは、弁済の時期や額等を総合的に考慮して判断します。この点、更生手続における裁判例では、ゴルフ場経営会社の再生手続開始の申立てと更生手続開始の申立てが競合し、その調整が問題となった事案において、債権者の一般の利益に適合する（会更41Ⅰ②）との要件について、「更生手続と再生手続の制度の相違や双方の手続の進捗状況等を踏まえた上で、債権者に対する弁済の時期や額のみならず、事業継続による債権者の利益の有無、資本構成の変化等による債権者の企業経営参加の要否と可能性等を総合的に判断する必要がある」と判断しました（大阪高決平18・4・26金法1789号24頁［INDEX［11］］）。

2 再生計画案作成等の見込み 本条3号に関連して、かつて旧会更法38条5項は「更生の見込みがないとき」を申立棄却事由としていましたが、手続開始段階で再生の見込みの有無という実体判断を裁判所に行わせることは合理的ではないこと等から、民再法では、再生計画案作成の見込み等という手続的判断を行うこととしました（伊藤763頁）。

例えば、裁判例では、単独で議決権の過半数を有している債権者が強硬に反対している場合が、再生計画案の可決の見込みがないことが明らかな場合に当たるとされています（東京高決平13・3・8判タ1089号295頁［百選［10］、INDEX［12］］）。ただし、再生手続では、債務者が債権者に対する説明や説得活動を行い、事業再建の道筋が定まっていくことによって、当初強硬に反対していた債権者の態度が賛成に変わることもあるため、本号の適用は慎重になされるべきと考えられています（条解民再120頁［瀬戸英雄＝上野尚文］）。

3 不当な目的・不誠実な申立て 本条4号にいう不当な目的に関する裁判例と

して、ゴルフ場経営等を目的とする債務者が営業権の回復を目的として再生手続開始の申立てを繰り返し、専ら担保権消滅許可制度を利用することを目的として通算4度目の申立てをした事案（東京高決平24・3・9判時2151号9頁［百選［11］、INDEX［13］]）があります（同様の事案として、東京高決平24・9・7金判1410号57頁［INDEX［14］]）。

　また、本号にいう申立ての誠実性については、申立直前の債務者の取込詐欺的な行為や申立後の不誠実な対応がこれに該当するかにつき、裁判例によって評価が分かれています。例えば、再生手続開始申立ての取締役会決議があったことを秘して取引を継続する等していた債務者につき、申立後にその代表者が債権者説明会を欠席し、申立代理人もその代表者と連絡がつかない状況にあった事案では本号該当性を肯定しています（高松高決平17・10・25金判1249号37頁［INDEX［15］]）。他方、粉飾決算をしていた債務者が監督委員や裁判所から求められた資料をすべて提出しなかった事案（東京高決平19・9・21判タ1268号326頁）では本号該当性を否定していますが、こうした再生債務者や反社会的手段を用いて継続された事業活動の再生のために裁判上の手続を利用させるべきか疑問があるとする見解もあります（伊藤764頁）［再生計画不認可決定確定後の再度の申立てについて、☞民再§21　**より深く学ぶ**　]。

　文献　一問一答民再52頁、条解民再117頁［瀬戸英雄＝上野尚文］、伊藤762頁、倒産法概説415頁［笠井正俊］、破産法・民事再生法概論57頁［山本克己］、松下32頁、中島＝佐藤182頁、破産・民事再生の実務〔民事再生・個人再生編〕89頁

（他の手続の中止命令等）
第26条　裁判所は、再生手続開始の申立てがあった場合において、必要があると認めるときは、利害関係人の申立てにより又は職権で、再生手続開始の申立てにつき決定があるまでの間、次に掲げる手続又は処分の中止を命ずることができる。ただし、第2号に掲げる手続又は第5号に掲げる処分については、その手続の申立人である再生債権者又はその処分を行う者に不当な損害を及ぼすおそれがない場合に限る。

一　再生債務者についての破産手続又は特別清算手続
二　再生債権に基づく強制執行、仮差押え若しくは仮処分又は再生債権を被担保債権とする留置権（商法（明治32年法律第48号）又は会社法の規定によるものを除く。）による競売（次条、第29条及び第39条において「再生債権に基づく強制執行等」という。）の手続で、再生債務者の財産に対して既にされているもの
三　再生債務者の財産関係の訴訟手続
四　再生債務者の財産関係の事件で行政庁に係属しているものの手続
五　再生債権である共助対象外国租税（租税条約等の実施に伴う所得税法、法人税法及び地方税法の特例等に関する法律（昭和44年法律第46号。以下「租税条約等実施特例法」という。）第11条第1項に規定する共助対象外国租税をいう。以下同じ。）の請求権に基づき国税滞納処分の例によってする処分（以下「再生債権に基づく外国租税滞納処分」という。）で、再生債務者の財産に対して既にされているもの

2 　裁判所は、前項の規定による中止の命令を変更し、又は取り消すことができる。
3 　裁判所は、再生債務者の事業の継続のために特に必要があると認めるときは、再生債務者（保全管理人が選任されている場合にあっては、保全管理人）の申立てにより、担保を立てさせて、第1項第2号の規定により中止した手続又は同項第5号の規定により中止した処分の取消しを命ずることができる。
4 　第1項の規定による中止の命令、第2項の規定による決定及び前項の規定による取消しの命令に対しては、即時抗告をすることができる。
5 　前項の即時抗告は、執行停止の効力を有しない。
6 　第4項に規定する裁判及び同項の即時抗告についての裁判があった場合には、その裁判書を当事者に送達しなければならない。

基本事項
1　趣旨

再生手続開始により、再生債権に基づく強制執行等は禁止され、またすでにされている強制執行等の手続は中止されますが（民再39 I）、申立自体にはそのような効力は認められていません。本条は、再生手続開始申立後、再生手続開始の決定がされるまでの間に、事業の再建に必要な資産等の散逸を防ぐため、一定の要件のもとで進行中の破産手続・特別清算手続、再生債務者の財産に対してなされた強制執行等の手続、再生債務者の財産関係の訴訟手続等の中止や取消しを認めています（本条 I・Ⅲ）。

本条と同趣旨の規定が破産法および会更法にも置かれていますが、会更法24条が破産手続とともに再生手続も中止の対象とする一方で、破産法24条は他の倒産手続を中止の対象としていません。

2　要件

裁判所が中止命令を発令するに当たっては、中止の「必要があると認め」られることが要件とされています（本条 I）。例えば、本条1項各号が規定する手続を中止しなければ、再生手続開始決定までに再生債務者の財産が散逸したり、その事業の価値が著しく毀損されたりして事業再建に支障を来す場合や個々の債権者による回収行為によって債権者間の公平が損なわれる可能性がある場合などがこれに当たります。

さらに、強制執行等（本条 I ②）または外国租税滞納処分（同条⑤）の中止命令については、中止の対象となる手続を申し立てている再生債権者またはその処分を行う者に「不当な損害を及ぼすおそれがない」ことも要件とされています（本条 I 柱書ただし書）。これは、再生債権者または外国租税滞納処分を行う者に特別の損害が発生するおそれがあるときに中止命令の発令を否定するものです（伊藤774頁）［☞ **より深く学ぶ**］。

3　中止の対象となる手続（本条 I ①－⑤）
(1)　**破産手続または特別清算手続**（本条 I ①）
再建型手続に清算型手続に優先されるべきことから、破産手続または特別清算手

続は中止の対象とされています。ただし、再生手続より強力な再建型手続である更生手続は中止の対象ではありません。

(2) **再生債権に基づく強制執行等**（本条Ⅰ②）

再生債権に基づく強制執行、仮差押えもしくは仮処分または再生債権を被担保債権とする留置権による競売も中止の対象とされています。本号の中止命令に当たっては、再生債権者に不当な損害を及ぼすおそれがないことが要件として加重されており（本条Ⅰ柱書ただし書）、例えば、緊急に強制執行をしなければ再生債権者そのものが倒産してしまう可能性がある場合が「不当な損害」に当たります（伊藤774頁）。なお、「再生債権に基づく」強制執行等が対象であるため、取戻権に基づく引渡執行、共益債権や一般優先債権に基づく強制執行等は対象とはなりません。また、「再生債務者の財産」に対する強制執行等に限定されるため、物上保証人の財産に対する強制執行等も対象とはなりません。

(3) **訴訟手続**（本条Ⅰ③）

再生債権のみならず、共益債権や取戻権等に関するものであっても、再生債務者の「財産関係」の訴訟手続であれば中止の対象となります。他方、会社の組織法上の訴訟、身分上の紛争に関する訴訟、人格権に関する訴訟等は中止の対象となりません。なお、再生手続開始の決定があったときは、再生債務者の財産関係のうち再生債権に関するもののみが中断することとされています（民再40Ⅰ）。

(4) **行政庁に係属する手続**（本条Ⅰ④）

再生債務者の財産関係の事件で行政庁に継続しているものが中止の対象となります。例えば、租税に関する不服申立手続などがこれに当たります（本条Ⅰ柱書ただし書）。

(5) **再生債権に基づく外国租税滞納処分**（本条Ⅰ⑤）

再生債権である共助対象外国租税の請求権は、共助実施決定（租税約特11条1項）を得て、再生手続に参加することができますが（民再86Ⅲ）、かかる請求権に基づいてされる国税滞納処分の例による処分も、中止の対象とされています。本号による中止命令についても、再生債権に基づく強制執行等（本条Ⅰ②）と同様、当該処分をする者に不当な損害を及ぼすおそれがないことが要件として加重されています。

4 中止の効力

中止命令により対象である手続は直ちに停止します。ただし、強制執行に対して中止命令が発令された場合、執行裁判所は中止命令を当然に知ることはありませんので、別途、執行停止の申立てが必要となります（民執39Ⅰ⑥）。

再生手続開始、申立却下もしくは棄却の決定があった場合、または申立ての取下げがあった場合には中止命令は当然に失効します。再生手続開始決定があった場合は開始決定に伴う手続中止の効果（民再39Ⅰ）が代わって生じます。

5 中止した強制執行等または外国租税滞納処分の取消命令（本条Ⅲ）

裁判所は、再生債務者の事業継続のために特に必要があると認められるときは、担保を立てさせて、中止した強制執行等について取消命令をすることができます。中止にとどまらず、強制執行等の効力を消滅させる必要がある場合に取消しの余地を認めたものです。本項にいう「特に必要がある」場合とは、例えば、原材料や仕

掛品を差し押えられた場合のように、中止対象手続を取り消して目的物を再生債務者の事業に用いなければ再生債務者の事業の継続が不可能となる場合が想定されています。なお、再生手続開始決定後は、裁判所は無担保で取消命令をすることもできます（民再39Ⅱ後段）。

6　即時抗告
　利害関係人は中止命令および取消命令に対して即時抗告の申立てをすることができます（本条Ⅳ）。もっとも、この即時抗告は執行停止の効力は有しません（本条Ⅴ）。

7　送達
　中止等の効果は、当該手続が中止等される債権者に重大な影響を与えるため、中止等に関する裁判書を当事者へ送達しなければならないとされています（本条Ⅵ）。

より深く学ぶ
中止命令の申立権者である利害関係人の範囲　利害関係人には、広く利害関係を有する者を含むと解されており、再生手続開始の申立てができる者（債務者、債権者、株式会社の取締役、法人の理事等）、監督委員、保全管理人がこれに該当することに争いはありません。他方、本条にいう利害関係人に株主を含むか議論があり、広い意味で利害関係があることを理由に中止命令の申立権を認める見解が有力ですが（条解民再126頁［瀬戸英雄＝上野尚文］）、本条と同趣旨の規定である破産法24条の解釈論においては、株主は中止命令の申立権者である利害関係人には含まれないとする見解も有力です（条解破産187頁）［☞破§24］。

文献　伊藤773頁、一問一答民再56頁、新注釈民再（上）123頁［深山雅也］、条解民再122頁［瀬戸英雄＝上野尚文］、詳解民再199頁［三木浩一］、倒産法概説408頁［笠井正俊］、破産法・民事再生法概論76頁［山本克己］、中島＝佐藤188頁、松下25頁、破産・民事再生の実務［民事再生・個人再生編］64頁、民事再生の手引76頁

（再生債権に基づく強制執行等の包括的禁止命令）
第27条　裁判所は、再生手続開始の申立てがあった場合において、前条第1項の規定による中止の命令によっては再生手続の目的を十分に達成することができないおそれがあると認めるべき特別の事情があるときは、利害関係人の申立てにより又は職権で、再生手続開始の申立てにつき決定があるまでの間、全ての再生債権者に対し、再生債務者の財産に対する再生債権に基づく強制執行等及び再生債権に基づく外国租税滞納処分の禁止を命ずることができる。ただし、事前に又は同時に、再生債務者の主要な財産に関し第30条第1項の規定による保全処分をした場合又は第54条第1項の規定若しくは第79条第1項の規定による処分をした場合に限る。

2　前項の規定による禁止の命令（以下「包括的禁止命令」という。）が発せられた場合には、再生債務者の財産に対して既にされている再生債権に基づく強制執行等の手続及び再生債権に基づく外国租税滞納処分は、再生手続開始の申立てにつき決定があるまでの間、中止する。

3　裁判所は、包括的禁止命令を変更し、又は取り消すことができる。

4 裁判所は、再生債務者の事業の継続のために特に必要があると認めるときは、再生債務者（保全管理人が選任されている場合にあっては、保全管理人）の申立てにより、担保を立てさせて、第2項の規定により中止した再生債権に基づく強制執行等の手続又は再生債権に基づく外国租税滞納処分の取消しを命ずることができる。
5 包括的禁止命令、第3項の規定による決定及び前項の規定による取消しの命令に対しては、即時抗告をすることができる。
6 前項の即時抗告は、執行停止の効力を有しない。
7 包括的禁止命令が発せられたときは、再生債権については、当該命令が効力を失った日の翌日から2月を経過する日までの間は、時効は、完成しない。

基本事項
1 趣旨
　前条（民再26）は再生債権に基づく強制執行等に対して個別の中止命令等を認めています。しかし、多くの資産を有する再生債務者について、再生手続開始申立後開始決定前に多数の個別執行がなされると、個別の中止命令では対応できず、事業継続に支障を来す可能性があります。そこで、本条は、再生手続に支障が生じないよう再生債務者のすべての財産に対する再生債権に基づく強制執行等および再生債権に基づく外国租税滞納処分を包括的に禁止することを認めています（包括的禁止命令）。本条と同趣旨の規定が破産法25条および会更法25条にも置かれています〔☞ **より深く学ぶ** ②〕。
　包括的禁止命令の制度は、アメリカ連邦倒産法の自動停止の制度（オートマチック・ステイ）を参考に、民事再生法制定時に新たに創設された制度です。

2 要件
(1) 民再法26条の中止の命令によっては再生手続の目的を十分に達成することができないおそれがあると認めるべき特別の事情があるとき

　再生債務者が広い地域にわたって多数の資産をもち、権利行使をし得る債権者が相当数存在するため、個別に中止命令を得るのでは事務が煩雑となって再生手続の目的を達成することが困難となる場合などに「特別の事情」が認められます。

(2) 事前にまたは同時に、再生債務者の主要な財産に関し、再生債務者の業務および財産に関し、仮差押え、仮処分その他の必要な保全処分がなされた場合（民再30Ⅰ）、または監督委員による監督を命ずる処分（民再54Ⅰ）もしくは保全管理人による管理を命ずる処分（民再79Ⅰ）がなされた場合

　包括的禁止命令の債権者に与える影響の大きさを踏まえ、再生債権者の利益が害されるのを防止するため、再生債務者による財産処分等に制約のあることを要件としています。

3 効力
　本条の包括的禁止命令によって、すべての再生債権者は、再生債務者の財産に対する再生債権に基づく強制執行等および再生債権に基づく外国租税滞納処分を禁止

されます［☞ **より深く学ぶ** 1］。強制執行等とは、強制執行、仮差押えもしくは仮処分または留置権（商事留置権を除く）による競売をいい（民再26Ⅰ②）、外国租税滞納処分とは、共助実施決定（租税条約特11条1項）を得た共助対象外国租税の請求権に基づく国税滞納処分の例による処分をいいます（民再26Ⅰ⑤）。禁止の効果は、再生債務者に包括的禁止命令の裁判書が送達された時から効力を生じます（民再28Ⅱ）。対象となるのは「再生債権に基づく」強制執行等のみであり、共益債権や一般優先債権に基づくものは対象となりません。なお、包括的禁止命令が発令されたときは、対象となった強制執行等に係る再生債権について時効中断の措置（民147②）を講じることができなくなるため、こうした再生債権については、包括的禁止命令が効力を失った日から2か月を経過する日までの間、時効は完成しないものとされています（本条Ⅶ）。

　包括的禁止命令によって中止された手続について取消命令が発令できること（本条Ⅳ）、即時抗告によって争うことができること（本条Ⅴ）、執行停止効は認められないこと（本条Ⅵ）は、民再法26条による他の手続の中止命令等と同様です。

より深く学ぶ

1　禁止の対象を限定した発令の可否　特定の再生債権者に対し包括的禁止命令を発令したり、一定の範囲に属する手続のみを禁止の対象とするなど、禁止の対象を限定した包括的禁止命令の発令の可否について争いがあります。禁止対象を限定することによって目的が達せられるならば再生債権者により多くの不利益を与える必要はないし、再生債権者が民再法29条の解除を申し立てる必要もなくなるとして、これを肯定する見解もありますが（新注釈民再（上）132頁［髙木裕康］）、実務上は否定的な見解もあります（破産・民事再生の実務［民事再生・個人再生編］70頁）。この点、更生手続では、本条と同趣旨の規定である会更法25条に、裁判所が相当と認めるときは一定の範囲に属する強制執行等を除外できる旨が明記されており（同条2項）、一定の範囲に属する手続のみを対象とすることは可能と解されています（会社更生の実務（上）153頁）。

2　他の手続における包括的禁止命令の概要

（1）**破産法**　破産法でも本条と同様の要件により包括的禁止命令の発令が認められますが、民再法と異なり、破産債権に基づく強制執行のみならず、国税滞納処分（交付要求除く）も対象とされています（破25Ⅰ）。ただし、すでにされている国税滞納処分は中止されず（同条Ⅲ）、この点では民再法と同様です。

（2）**会更法**　会更法でも本条と同様の要件により包括的禁止命令の発令が認められますが、民再法と異なり、更生債権に基づく強制執行のみならず、担保権の実行、商事留置権に基づく競売、外国租税滞納処分および国税滞納処分（共益債権を徴収するものを除く）も対象としています（会更25Ⅰ）。すでになされた外国租税滞納処分および国税滞納処分については、法が定める期間のみ中止することとされています（同条Ⅲ）。

文献　伊藤776頁、新注釈民再（上）128頁［髙木裕康］、一問一答民再58頁、条解

民再 129 頁〔永石一郎〕、詳解民再 204 頁〔三木浩一〕、倒産法概説 409 頁〔笠井正俊〕、破産法・民事再生法概論 78 頁〔山本克己〕、中島＝佐藤 189 頁、松下 27 頁、破産・民事再生の実務〔民事再生・個人再生編〕67 頁、民事再生の手引 80 頁、条解破産 179 頁、大コンメ 99 頁〔杉浦徳宏〕

(包括的禁止命令に関する公告及び送達等)
第 28 条 包括的禁止命令及びこれを変更し、又は取り消す旨の決定があった場合には、その旨を公告し、その裁判書を再生債務者(保全管理人が選任されている場合にあっては、保全管理人。次項において同じ。)及び申立人に送達し、かつ、その決定の主文を知れている再生債権者及び再生債務者(保全管理人が選任されている場合に限る。)に通知しなければならない。
2　包括的禁止命令及びこれを変更し、又は取り消す旨の決定は、再生債務者に対する裁判書の送達がされた時から、効力を生ずる。
3　前条第 4 項の規定による取消しの命令及び同条第 5 項の即時抗告についての裁判(包括的禁止命令を変更し、又は取り消す旨の決定を除く。)があった場合には、その裁判書を当事者に送達しなければならない。

基本事項
1　趣旨
　本条は、包括的禁止命令(民再 27)およびその変更または取消しの決定に関する公告および送達について定めています。本条と同趣旨の規定が破産法 26 条および会更法 26 条にも置かれています。
2　包括的禁止命令等の周知と効力発生時期
　包括的禁止命令が債権者に与える影響の大きさに照らして、包括的禁止命令およびその変更または取消しは、①公告、②再生債務者(保全管理人が選任されている場合は保全管理人)および申立人に対する裁判書の送達、ならびに③知れている再生債権者および保全管理人が選任されている場合の再生債務者への決定主文の通知のすべての方法により周知されなければなりません(本条Ⅰ。なお、送達に代わる公告について民再法 10 条 3 項参照)。また、効力発生時期を画一的に定める必要があることから、包括的禁止命令およびその変更または取消しは、裁判書が再生債務者(保全管理人が選任されている場合は保全管理人)に送達された時から効力を生じます(本条Ⅱ)。

文献　伊藤 777－778 頁、新注釈民再(上)134 頁〔髙木裕康〕、条解民再 135 頁〔永石一郎〕、詳解民再 206 頁〔三木浩一〕、倒産法概説 410 頁〔笠井正俊〕、松下 27 頁

(包括的禁止命令の解除)
第 29 条 裁判所は、包括的禁止命令を発した場合において、再生債権に基づく強制執行等の申立人である再生債権者又は再生債権に基づく外国租税滞納処分を行う者(以下この項において「再生債権者等」という。)に不当な損害を及ぼすおそれがあると認めるときは、当該再生債権者等の申立てにより、当該再生債権者

等に対しては包括的禁止命令を解除する旨の決定をすることができる。この場合において、当該再生債権者等は、再生債務者の財産に対する再生債権に基づく強制執行等又は再生債権に基づく外国租税滞納処分をすることができ、包括的禁止命令が発せられる前に当該再生債権者等がした再生債権に基づく強制執行等の手続又は再生債権に基づく外国租税滞納処分は、続行する。
2　前項の規定による解除の決定を受けた者に対する第27条第7項の規定の適用については、同項中「当該命令が効力を失った日」とあるのは、「第29条第1項の規定による解除の決定があった日」とする。
3　第1項の申立てについての裁判に対しては、即時抗告をすることができる。
4　前項の即時抗告は、執行停止の効力を有しない。
5　第1項の申立てについての裁判及び第3項の即時抗告についての裁判があった場合には、その裁判書を当事者に送達しなければならない。この場合においては、第10条第3項本文の規定は、適用しない。

基本事項

1　趣旨

　包括的禁止命令（民再27）は、再生債権者による個別的権利行使を一律に禁止する一方で、その発令段階では再生債権者の個別事情を考慮していないため、特定の再生債権者に不当な損害を及ぼすおそれがある場合には、当該再生債権者を保護する必要があります。そこで、本条は、包括的禁止命令の解除の制度について定めています。本条と同趣旨の規定が破産法27条および会更法27条にも置かれています。

2　要件

　本条に基づいて包括的禁止命令の解除が認められるためには、再生債権に基づく強制執行等（民再26Ⅰ②）または再生債権に基づく外国租税滞納処分（同項⑤）の申立人に不当な損害を及ぼすおそれがあると認めるときであることが必要です（本条Ⅰ）。ここにいう申立人である再生債権者等には、包括的禁止命令の発令前に強制執行等の申立てをしていた再生債権者のみならず、包括的禁止命令の解除後に強制執行等をしようとする再生債権者も含まれます。ただし、後者の場合に、現に強制執行等の申立てをした上で解除の申立てをする必要があるか否かは見解が分かれており、強制執行等の申立てをする意思のみでは足りず、現に申立てをすることが必要とする見解が有力です（伊藤778頁）。

　本条1項の「不当な損害」とは、民再法26条1項と同様、中止等によって債務者が受ける利益に比べ、中止等によって当該債権者が被る損害が著しく大きい場合をいい、例えば、強制執行等をしなければ再生債権者等自らが倒産するおそれがある場合がこれに当たります。

3　効果

　解除の効果は、特定の再生債権者との間で相対的に効力を有し、解除の決定を受けた再生債権者は、強制執行等を開始することができます。また、包括的禁止命令によって中止されていた強制執行等の手続は続行します（本条Ⅰ）。

文　献　一問一答民再 60 頁、伊藤 778 頁、新注釈民再（上）137 頁［髙木裕康］、条解民再 137 頁［永石一郎］、詳解民再 208 頁［三木浩一］、倒産法概説 410 頁［笠井正俊］、破産法・民事再生法概論 80 頁［山本克己］、中島＝佐藤 190 頁、松下 27 頁

（仮差押え、仮処分その他の保全処分）
第 30 条　裁判所は、再生手続開始の申立てがあった場合には、利害関係人の申立てにより又は職権で、再生手続開始の申立てにつき決定があるまでの間、再生債務者の業務及び財産に関し、仮差押え、仮処分その他の必要な保全処分を命ずることができる。
2　裁判所は、前項の規定による保全処分を変更し、又は取り消すことができる。
3　第 1 項の規定による保全処分及び前項の規定による決定に対しては、即時抗告をすることができる。
4　前項の即時抗告は、執行停止の効力を有しない。
5　第 3 項に規定する裁判及び同項の即時抗告についての裁判があった場合には、その裁判書を当事者に送達しなければならない。この場合においては、第 10 条第 3 項本文の規定は、適用しない。
6　裁判所が第 1 項の規定により再生債務者が再生債権者に対して弁済その他の債務を消滅させる行為をすることを禁止する旨の保全処分を命じた場合には、再生債権者は、再生手続の関係においては、当該保全処分に反してされた弁済その他の債務を消滅させる行為の効力を主張することができない。ただし、再生債権者が、その行為の当時、当該保全処分がされたことを知っていたときに限る。

基本事項

1　趣旨

　再生手続開始の申立てがなされると、再生手続開始原因（民再 33・21）の有無および再生手続開始の条件（民再 25）を裁判所が審理するため、開始決定までに一定の時間を要することとなります。もっとも、再生手続を迅速かつ公正・衡平に進めていくためには、その間も再生債権者による債権回収や再生債務者による財産の譲渡・隠匿による再生債務者の財産の散逸を防止する必要があります。そこで、本条は、再生手続開始の申立てについて決定があるまでの間、裁判所が再生債務者の業務および財産に関して必要な保全処分をすることを認めています。本条と同趣旨の規定が破産法 28 条および会更法 28 条にも置かれています。

2　要件

　再生手続開始の申立てがあれば、財産の散逸等を防止することが通常必要であるため、本条に基づく保全処分を発令するための要件は再生手続開始の申立てのみであり、必要性（民再 26 参照）その他の要件は求められていません。ただし、債権者が再生手続開始申立てを行った場合には、保全処分によって再生債務者の意思に反して事業の遂行を制約をすることになるため、別途考慮が必要であると考えられています。申立権者である利害関係人には、再生債務者、保全管理人、再生債権者、共益債権者等が含まれます［☞　**より深く学ぶ**］。

3　保全処分の内容

本条で認められる保全処分は、仮差押え、仮処分その他必要な保全処分とされ、弁済禁止、担保提供禁止、財産処分禁止あるいは借財禁止などが考えられますが、具体的な内容については裁判所の裁量に委ねられます。実務上は、弁済禁止および担保提供禁止の保全処分等が発令されています（民事再生の手引4頁）。

4　効力

弁済禁止の保全処分が発令されている場合に、再生債務者が再生債権者に対して弁済その他の債務を消滅させる行為をし、再生債権者が弁済禁止の保全処分が発令されていることを知っていたときは、再生手続の関係においては、当該行為は無効となります（本条Ⅵ）。他方、再生手続が取り下げられ、または却下もしくは棄却されたときは当該行為は有効となります。

再生債務者が保全処分に違反した場合には、否認（民再127）、役員等の行為者の損害賠償（民再143）、詐欺再生罪（民再255）の対象となり得、内容の重大さによっては再生計画案の排除（民再169Ⅰ③）、不認可（民再174Ⅱ①）、廃止（民再193Ⅰ①）の事由にもなり得ると考えられています。保全処分の効力は、再生手続開始の申立てにつき決定があるまでの間、存続します。

5　異議の申立て

利害関係人は、保全処分およびその変更または取消しについて即時抗告を申し立てることができますが（本条Ⅲ）、この即時抗告は執行停止の効力を有しません（本条Ⅳ）。

より深く学ぶ

株主による保全処分の申立て　株式会社の更生手続では、株主にも保全処分の申立権を認める見解が有力である一方（伊藤・会更70頁、条解会更（上）331頁）、破産手続では、株主は残余財産の分配に係る利害関係しかもたないこと等を理由として、本条と同趣旨の規定である破産法28条による保全処分の申立権を認めない見解が有力です（条解破産217頁・187頁）。この点、再生手続は、株主権の帰趨に決定的な影響を及ぼす再建型手続であることは更生手続の場合と異ならないことから、更生手続と同様に、株主に中止命令の申立権が認められると解されています（条解民再126頁〔瀬戸英雄＝上野尚文〕）。

判例　最判昭57・3・30〔百選4版〔12〕〕、東京高判平16・2・25判時1878号139頁
文献　伊藤780頁、新注釈民再（上）139頁〔髙木裕康〕、条解民再140頁〔永石一郎〕、詳解民再208頁〔三木浩一〕、倒産法概説410頁〔笠井正俊〕、破産法・民事再生法概論73頁〔山本克己〕、中島＝佐藤187頁、松下29頁、破産・民事再生の実務〔民事再生・個人再生編〕71頁、民事再生の手引44頁

（担保権の実行手続の中止命令）
第31条　裁判所は、再生手続開始の申立てがあった場合において、再生債権者の一般の利益に適合し、かつ、競売申立人に不当な損害を及ぼすおそれがないもの

と認めるときは、利害関係人の申立てにより又は職権で、相当の期間を定めて、第53条第1項に規定する再生債務者の財産につき存する担保権の実行手続の中止を命ずることができる。ただし、その担保権によって担保される債権が共益債権又は一般優先債権であるときは、この限りでない。
2　裁判所は、前項の規定による中止の命令を発する場合には、競売申立人の意見を聴かなければならない。
3　裁判所は、第1項の規定による中止の命令を変更し、又は取り消すことができる。
4　第1項の規定による中止の命令及び前項の規定による変更の決定に対しては、競売申立人に限り、即時抗告をすることができる。
5　前項の即時抗告は、執行停止の効力を有しない。
6　第4項に規定する裁判及び同項の即時抗告についての裁判があった場合には、その裁判書を当事者に送達しなければならない。この場合においては、第10条第3項本文の規定は、適用しない。

基本事項

1　趣旨

　再生手続では、担保権は別除権として取り扱われ、担保権者は再生手続外でその権利を行使することができます（民再53）。しかし、担保権の実行に何らの制約もないと再生債務者の事業または経済生活の再生に必要不可欠な財産が失われて再生が困難となり、他の再生債権者の利益に反することもあり得ます。そこで、本条は、再生債務者が担保権者と交渉し、被担保債権の弁済方法や担保目的物の利用について合意による解決を図るために必要な時間的猶予を与えるため、担保権の実行手続を一時的に中止することができるとしました。本条と同趣旨の規定が会更法24条1項、50条1項にも置かれています。

2　要件

　担保権の実行手続の中止命令が発令されるための要件は、第1に、再生手続開始の申立てがあることであり、再生手続開始決定の前後は問いません。第2に、再生債権者の一般の利益に適合することであり、再生債権者一般に対する弁済額の増加が見込まれる場合がこれに当たります。第3に、競売申立人に不当な損害を及ぼすおそれがないものと認められることです。担保権者は、本来、再生手続において別除権者として自由な担保権実行を許され、担保価値を優先的に把握していますが、中止命令によって担保権者が一次的な損害を被ることは明らかなことから、「不当な損害」とは、再生債務者の事業または経済生活の再生のために受忍すべき通常の損害を超えた大きな損害を意味するとの見解が有力です（破産・民事再生の実務〔民事再生・個人再生編〕77頁、新注釈民再（上）158頁〔三森仁〕）。

3　効果

　競売による担保権実行手続に対して中止命令が発令されると、競売申立人は、それ以降、競売手続を進行することができなくなります。競売手続以外の担保権実行手続については本条適用の可否および効果について考え方が分かれています［☞論

点解説 1・2 ）。

　なお、中止命令は相当の期間を定めて発令され、東京地裁の実務では3か月間と定めることが多いとされています（破産・民事再生の実務〔民事再生・個人再生編〕80頁）。

論点解説

1　物上代位による債権差押え　　抵当権あるいは動産売買の先取特権に基づく物上代位による債権差押えも本条による担保権の実行手続として中止命令の対象となると解されています（伊藤785頁）。裁判例にも、抵当権に基づく物上代位による賃料債権の差押命令は「担保権の実行手続」（本条Ⅰ）の1つとして中止命令の対象となることを前提とした判示をするものがあります（大阪高決平16・12・10金判1220号35頁［INDEX［20］］、京都地決平13・5・28判タ1067号274頁。ただし、いずれも中止命令申立てを否定している）。

2　非典型担保　　譲渡担保、所有権留保あるいはファイナンス・リースなどの非典型担保が中止命令の対象となるか否かについては争いがあります。担保権者との交渉のための時間的猶予を与えるという本条の趣旨に照らし、中止命令の対象と考える見解が有力です（伊藤785頁、新注釈民再（上）151頁［三森仁］）。ただし、非典型担保では実行手続や中止手続が法定されていないため、非典型担保それぞれの実行手続の終了時期やこれに対する中止命令の効力についてさまざまな見解があります［☞ **より深く学ぶ** ］。

より深く学ぶ

ファイナンス・リース契約における中止命令　　本条による中止命令の規定が非典型担保に類推適用されるか見解が分かれていますが、これを肯定する見解が有力です（伊藤785頁）。非典型担保の1つであるいわゆるフルペイアウト方式のファイナンス・リース契約では、レッサーの権利は別除権（担保権）であると理解され（最判平20・12・16民集62巻10号2561頁）［☞民再§53 **論点解説** 1］、本条による中止命令の対象となると考える見解が一般的であるものの、中止命令は担保権実行手続が終了していないことを前提としているため、ファイナンス・リース契約における担保権実行手続の終了時期をめぐって見解が激しく対立しています。この点、終了時期をリース契約の解除またはリース物件の返還請求によってユーザーの利用権が消滅した時とみれば、本条による中止命令を利用する時間的余地がほとんどないことになりますが、他方、レッサーによるリース物件の取戻後の清算完了とみれば、中止命令を有効に利用する時間的余裕が生まれることになります。リース会社に目的物の価値が確定的に帰属する時点という意味で、清算通知・処分時説が妥当であるとの見解が有力です（伊藤785頁）。

　　判例　大阪高決平16・12・10金判1220号35頁［INDEX［20］］、大阪高決平21・6・3金法1886号59頁［INDEX［21］］、東京高決平11・7・19金判1074号3頁、東京高判平18・8・30金判1277号21頁、最決平19・9・27金判1277号19頁、福岡高那覇支決平21・9・7判タ1321号278頁

文献 伊藤 782 頁、一問一答民再 62 頁、新注釈民再（上）145 頁［三森仁］、条解民再 145 頁［髙田裕成］、詳解民再 210 頁［三木浩一］、倒産法概説 411 頁［笠井正俊］、破産法・民事再生法概論 181 頁［佐藤鉄男］、中島＝佐藤 190 頁、破産・民事再生の実務〔民事再生・個人再生編〕76 頁、民事再生の手引 183 頁

（再生手続開始の申立ての取下げの制限）
第 32 条 再生手続開始の申立てをした者は、再生手続開始の決定前に限り、当該申立てを取り下げることができる。この場合において、第 26 条第 1 項の規定による中止の命令、包括的禁止命令、第 30 条第 1 項の規定による保全処分、前条第 1 項の規定による中止の命令、第 54 条第 1 項若しくは第 79 条第 1 項の規定による処分、第 134 条の 2 第 1 項の規定による保全処分又は第 197 条第 1 項の規定による中止の命令がされた後は、裁判所の許可を得なければならない。

基本事項

再生手続開始の申立てをしても、再生手続開始決定前であれば申立てを取り下げることができるのが原則です（本条前段）。他方、再生手続に対する信頼を確保するためには、再生債務者が保全処分や中止命令等を得て、一時的に債権者からの追及を逃れ、その後、時機をみて申立てを取り下げるといった濫用的な申立てを防ぐ必要があります。そこで、本条は、①他の手続の中止命令（民再 26 Ⅰ）、②包括的禁止命令（民再 27 Ⅰ）、③仮差押え・仮処分その他の保全処分（民再 30 Ⅰ）、④担保権実行手続の中止命令（民再 31 Ⅰ）、監督命令（民再 54 Ⅰ）、保全管理命令（民再 79 Ⅰ）、否認権のための保全処分（民再 134 の 2 Ⅰ）、住宅資金貸付債権を担保する抵当権実行手続の中止命令（民再 197 Ⅰ）が発令された後は、取下げに裁判所の許可を必要とすることによって手続の濫用を防止しています（本条後段）。本条と同趣旨の規定が破産法 29 条および会更法 23 条にも置かれています。

文献 伊藤 771 頁、一問一答民再 64 頁、新注釈民再（上）164 頁［髙井章光］、条解民再 154 頁［園尾隆司］、詳解民再 213 頁［三木浩一］、破産法・民事再生法概論 76 頁［山本克己］、中島＝佐藤 186 頁、松下 31 頁

第 2 節　再生手続開始の決定

（再生手続開始の決定）
第 33 条 裁判所は、第 21 条に規定する要件を満たす再生手続開始の申立てがあったときは、第 25 条の規定によりこれを棄却する場合を除き、再生手続開始の決定をする。
2　前項の決定は、その決定の時から、効力を生ずる。

基本事項
1 趣旨
　本条は、再生手続開始の要件および再生手続開始決定の効力が開始決定の時から生ずることを定めています。また、再生手続の迅速な進行を図るため、適法な申立てがあった場合には、棄却事由（民再25）がない限り再生手続開始決定をすべき旨を明らかにしています。

　本条と同趣旨の規定が破産法30条および会更法41条にも置かれています。

2 要件
　再生手続開始の申立てがなされた場合、裁判所が再生手続開始の決定をするためには、申立てが民再法21条に規定する要件を満たすこと、および同法25条の規定によりこれを棄却する場合でないことが必要となります。

　民再法21条に規定する要件を満たすとは、債務者申立ての場合は①債務者に破産手続開始の原因となる事実の生ずるおそれがあるときまたは②債務者が事業の継続に著しい支障を来すことなく弁済期にある債務を弁済することができないときをいい、債権者申立ての場合は、前者のみをいいます［☞民再§21］。

　民再法25条の規定によりこれを棄却する場合とは、①再生手続費用の予納がないとき、②裁判所に破産手続または特別清算手続が係属し、その手続によることが債権者の一般の利益に適合するとき、③再生計画案の作成もしくは可決の見込みがないことが明らかであるとき、④不当な目的で再生手続開始の申立てがされたとき、その他申立てが誠実にされたものではないときをいい、裁判所が再生手続開始の決定をするには、これらのいずれにも該当しないことが必要となります［☞民再§25］。

3 効力発生時期
　再生手続開始決定は、その決定の時から効力が生じます（本条2項）。開始決定の確定（即時抗告期間の経過等）を待たずに手続の効力を発生させ、迅速な手続の遂行および手続の安定を図るためです。

4 開始決定の効力
　再生債務者および再生債権者間の民事上の権利関係を適切に調整すべき再生手続が開始されることにより、権利関係を画一的に処理するため、再生債権の弁済は禁止され（民再85）、個別執行等も中止されます（民再39）。また、再生債務者の事業または経済生活の再生を図るため、再生債務者に双方未履行双務契約に関する解除または履行請求の選択権（民再49）や担保消滅請求の申立権（民再148）が付与されるなど、開始決定にはさまざまな効力が伴います。

より深く学ぶ
他の倒産手続との異同　　法的倒産手続には、再生手続以外に、破産手続、更生手続、および、特別清算手続が存在します。再生手続は、更生手続と同様、債務者の事業または経済生活の再生を目的とする再建型と呼ばれる倒産手続であり、清算型手続と呼ばれる破産手続、特別清算手続と異なります。

次に、再建型手続の中でも、更生手続が株式会社（その中でも大規模のもの）のみの利用を予定しているのに対し、再生手続は、利用できる企業の形態、規模に制限がありません。さらに、再生手続は、再生債務者が業務遂行権や財産の管理処分権を有したまま再生を目指す形態を原則としており、管財人が業務遂行権、財産の管理処分権を有する破産手続や更生手続（これらは管理型とも呼ばれる）と大きく異なります（伊藤25頁、倒産法概説20頁［水元宏典］、松下1頁、山本14頁）。

文献 伊藤787頁、条解民再158頁［園尾隆司］、倒産法概説415頁［笠井正俊］、破産法・民事再生法概論66頁［山本克己］、破産・民事再生の実務〔民事再生・個人再生編〕93頁

（再生手続開始と同時に定めるべき事項）
第34条 裁判所は、再生手続開始の決定と同時に、再生債権の届出をすべき期間及び再生債権の調査をするための期間を定めなければならない。
2　前項の場合において、知れている再生債権者の数が1000人以上であり、かつ、相当と認めるときは、裁判所は、次条第5項本文において準用する同条第3項第1号及び第37条本文の規定による知れている再生債権者に対する通知をせず、かつ、第102条第1項に規定する届出再生債権者を債権者集会（再生計画案の決議をするためのものを除く。）の期日に呼び出さない旨の決定をすることができる。

基本事項

本条は、裁判所が再生手続の開始決定と同時に定めるべき事項（同時処分事項）を定めています。

再生債権者が再生手続に参加するためには、債権届出期間内に再生債権の内容等を届け出なければならず（民再94Ⅰ）、再生債権の届出をすべき期間（債権届出期間）および再生債権の調査をするための期間（一般調査期間）が再生債権者の権利行使にとって重要な事項であるため、これらの期間を同時処分事項としています（本条Ⅰ）。

債権届出期間は、原則として再生手続開始決定日から2週間以上4か月以下の範囲内で定められ、一般調査期間は、債権届出期間から一般調査期間の初日との間に1週間以上2か月以下の期間を置き、1週間以上3週間以下の範囲内で定められます（民再規18Ⅰ）。債権届出期間の末日と一般調査期間の初日の間に猶予期間が設けられたのは、再生債務者において届出債権の調査を行い、認否書を提出する必要があるためです（民再101Ⅰ・Ⅴ）。

また、本条は債権者多数の場合の特則も定めており、再生計画案の決議のための債権者集会への呼出しを除き、知れている再生債権者の数が1000人以上であり裁判所が相当と認めるときは、通知や呼出しを省略できることとしています（本条Ⅱ）。

本条と同趣旨の規定が破産法31条および会更法42条にも置かれています。

文献 伊藤787頁、条解民再167頁［植村京子］、破産法・民事再生法概論67頁［山本克己］、破産・民事再生の実務〔民事再生・個人再生編〕95頁

(再生手続開始の公告等)
第35条 裁判所は、再生手続開始の決定をしたときは、直ちに、次に掲げる事項を公告しなければならない。ただし、第169条の2第1項に規定する社債管理者等がないときは、第3号に掲げる事項については、公告することを要しない。
一 再生手続開始の決定の主文
二 前条第1項の規定により定めた期間
三 再生債務者が発行した第169条の2第1項に規定する社債等について同項に規定する社債管理者等がある場合における当該社債等についての再生債権者の議決権は、同項各号のいずれかに該当する場合(同条第3項の場合を除く。)でなければ行使することができない旨
2 前条第2項の決定があったときは、裁判所は、前項各号に掲げる事項のほか、第5項本文において準用する次項第1号及び第37条本文の規定による知れている再生債権者に対する通知をせず、かつ、第102条第1項に規定する届出再生債権者を債権者集会(再生計画案の決議をするためのものを除く。)の期日に呼び出さない旨をも公告しなければならない。
3 次に掲げる者には、前2項の規定により公告すべき事項を通知しなければならない。
一 再生債務者及び知れている再生債権者
二 第54条第1項、第64条第1項又は第79条第1項前段の規定による処分がされた場合における監督委員、管財人又は保全管理人
4 前項の規定にかかわらず、再生債務者がその財産をもって約定劣後再生債権(再生債権者と再生債務者との間において、再生手続開始前に、当該再生債務者について破産手続が開始されたとすれば当該破産手続におけるその配当の順位が破産法(平成16年法律第75号)第99条第1項に規定する劣後的破産債権に後れる旨の合意がされた債権をいう。以下同じ。)に優先する債権に係る債務を完済することができない状態にあることが明らかであるときは、当該約定劣後再生債権を有する者であって知れているものに対しては、前項の規定による通知をすることを要しない。
5 第1項第2号、第3項第1号及び前項の規定は、前条第1項の規定により定めた再生債権の届出をすべき期間に変更を生じた場合について準用する。ただし、同条第2項の決定があったときは、知れている再生債権者に対しては、当該通知をすることを要しない。

基本事項

本条は、再生手続開始に付随する処分(付随処分)である公告および知れている再生債権者への通知について定めています。

再生手続の開始決定は、これにより再生債権者に対する弁済が禁止される(民再85Ⅰ)など利害関係人にとって極めて重大な影響を与えるため、迅速な公示が必要です。そこで、本条は、再生手続開始の決定後、決定の主文、債権届出期間および一般調査期間等を直ちに公告するとともに(本条Ⅰ)、再生債務者、知れている再生債権者等に通知しなければならないことを定めました(本条Ⅲ)。そのほか、再生債

権者が多数の場合の通知および債権者集会期日の呼出しの省略や（本条Ⅱ）、債権届出期間の変更に関する公告・通知についても定めています（本条Ⅴ）。ただし、約定劣後再生債権者に対しては通知が不要とされる場合があります（本条Ⅳ）［☞ **より深く学ぶ**］。なお、他の付随処分として登記の嘱託（民再11）があります。また、本条と同趣旨の規定が破産法32条および会更法43条にも置かれています。

より深く学ぶ

約定劣後再生債権　本条4項により定義される約定劣後再生債権は、再生債務者が約定劣後再生債権よりも先順位の債権を完済することができない状態にあることが明らかであるときには実質的に無価値といえるため、かかる債権の債権者は、再生手続への利害関係が希薄であるといえます。そこで、本条4項は、このような約定劣後再生債権者に対する通知をすることを要しないとしています。

　文　献　伊藤788頁、条解民再171頁［植村京子］、破産法・民事再生法概論68頁［山本克己］、破産・民事再生の実務〔民事再生・個人再生編〕96頁

（抗告）
第36条　再生手続開始の申立てについての裁判に対しては、即時抗告をすることができる。
2　第26条から第30条までの規定は、再生手続開始の申立てを棄却する決定に対して前項の即時抗告があった場合について準用する。

基本事項

1　趣旨

本条は、再生手続開始の申立てについての裁判の利害関係人は、即時抗告の方法により不服申立てができることを定めたものです。本条と同趣旨の規定が破産法33条1項・2項および会更法44条1項・2項にも置かれています。

2　即時抗告の対象となる裁判

即時抗告の対象となる裁判は、再生手続開始の申立てについての裁判であり、具体的には再生手続開始決定、再生手続開始申立棄却決定および再生手続開始申立却下決定です。

3　即時抗告権者

即時抗告は、その裁判について利害関係を有する者が行うことができます（民再9）。利害関係は、事実上の利害関係では足りず、法律上の利害関係であることが必要です。ただし、以下のように、再生手続開始の申立てについての裁判の結果および申立人の属性により、利害関係を有する者が異なります。

（1）開始決定がなされた場合

債務者申立てにより再生手続開始決定がなされたときは、権利行使が制約されることになる債権者が即時抗告権を有します。他方、債権者申立てにより再生手続開始決定がなされたときは、債務者または申立債権者以外の債権者が即時抗告権を有

します。債務者は、業務遂行権および財産の管理処分権が認められるのが原則であるものの、手続遂行上さまざまな制約を受け、また、申立債権者以外の債権者は個別的権利行使を制限されるためです。

　なお、株主は、再生手続開始決定に対しては、即時抗告を行うことができないと解されています。再生手続開始決定は株式会社の解散事由ではなく、株主の権利関係に影響を及ぼさないためです。また、労働組合については、労働組合を組織する個々の従業員が債権者として抗告権を有するにすぎず、労働組合そのものが開始決定に対する即時抗告の申立てをする権限を有しているわけではないと考えられています（条解民再179頁［園尾隆司］）。

　(2)　棄却決定がなされた場合

　債務者申立てに対して棄却決定があったときは、申立てが認められなかった債務者が即時抗告権を有します。

　これに対し、債権者による再生手続開始申立ての棄却決定がなされたときは、申立債権者が即時抗告権を有します。なお、債権者による再生手続開始申立ての棄却決定があった場合における申立債権者以外の債権者の即時抗告権の有無については争いがあります［☞　**より深く学ぶ**　］。

　(3)　申立却下決定および申立書却下命令がなされた場合

　申立てが認められなかった申立人が即時抗告権を有します。なお、申立書却下命令は再生手続開始の申立てについての裁判ではなく、民再法18条が準用する民訴法137条3項に基づき即時抗告が認められるものです。

4　即時抗告の期間

　再生手続開始決定に対する即時抗告は、公告の効力が生じた日から2週間以内に行わなければなりません（民再9）。他方、再生手続開始申立ての棄却および却下決定については、公告が要求されないことから、これらの決定に対する即時抗告は、申立人が棄却決定ないし却下決定の告知を受けた日から1週間以内に行わなければなりません（民再18、民訴332）。

5　執行停止効

　即時抗告には執行を停止する効力があるのが原則ですが（民再18、民訴334）、再生手続開始決定は即時に効力が生じるとされているため（民再33Ⅱ）、即時抗告があっても執行停止の効力は認められません（条解民再181頁［園尾隆司］）。

6　中止命令、包括的禁止命令、仮差押え、仮処分その他の保全処分の帰趨

　財産の保全のため、再生手続開始申立時に強制執行の中止命令や包括的禁止命令、仮差押え、仮処分その他の保全処分がなされていても、再生手続開始申立ての棄却決定や却下決定があると、これらの効力は失効します。しかしながら、即時抗告がなされた場合、裁判に相当の期間を要し、その間に財産が散逸することを防止する必要があります。そこで、裁判所は、再生手続開始の申立てを棄却する決定に対して即時抗告がなされた場合、強制執行の中止命令や包括的禁止命令、仮差押え、仮処分その他の保全処分を行うことができることとされました（本条Ⅱ・26－30）。

より深く学ぶ
債権者による再生手続開始の申立てに対して棄却決定があった場合における即時抗告権者　　この場合、申立債権者のみならず、申立債権者以外の債権者も即時抗告権を有するか議論があります。棄却決定について公告や全債権者への通知が義務付けられていないこと等を理由に、申立債権者以外の債権者に即時抗告権を認める必要はないとする見解が有力です（条解民再179頁・34頁［園尾隆司］、伊藤792頁参照）。

判例　大阪高決平6・12・26判時1535号90頁［百選［13］、INDEX［22］］
文献　伊藤791頁、条解民再176頁［園尾隆司］、破産法・民事再生法概論70頁［山本克己］、破産・民事再生の実務［民事再生・個人再生編］105頁

（再生手続開始決定の取消し）
第37条　再生手続開始の決定をした裁判所は、前条第1項の即時抗告があった場合において、当該決定を取り消す決定が確定したときは、直ちにその主文を公告し、かつ、第35条第3項各号に掲げる者（保全管理人及び同条第4項の規定により通知を受けなかった者を除く。）にその主文を通知しなければならない。ただし、第34条第2項の決定があったときは、知れている再生債権者に対しては、当該通知をすることを要しない。

基本事項

本条は、利害関係人の即時抗告により、再生手続開始決定の取消決定が確定した場合の手続を定めています。

再生手続開始決定の取消決定が確定した場合には、再生手続開始決定の効果が遡及的に消滅することとなり、利害関係人に対して重大な影響が及びます［☞ **より深く学ぶ**］。そこで、再生手続の開始決定を取り消す決定が確定したときは、直ちにその主文を公告して、一般に周知させるとともに、取消決定の影響を特に受ける、再生債務者、知れている債権者および監督委員等の手続関係者へ通知を行わなければならないこととしました。本条と同趣旨の規定が破産法33条3項および会更法44条3項にも置かれています。

より深く学ぶ

再生手続開始決定取消しの効果（遡及効発生の例外）　　再生手続開始決定の取消決定が確定した場合には、再生手続開始決定は遡って効力を失います。そのため、取消決定の確定により、再生手続開始決定によって生じた手続上の効力（訴訟手続の中断、強制執行の中止等）は当然に失効し、従前の手続の効力が復活することになります。

しかし、再生債務者等は、再生手続開始から取消決定が確定するまでの間も適法かつ有効な業務遂行権、財産の管理処分権を有しています（民再33Ⅱ・38Ⅰ等）。それにもかかわらず、再生債務者等の行為を遡及的に無効としてしまうと法律関係の複雑化や第三者へ不測の損害が生じるおそれがあります。そこで、取消決定が確定したとしても、再生手続開始決定後に再生債務者等が行った行為は遡及的に無効と

ならないと解されています（伊藤792頁、条解民再184頁［園尾隆司］、新注釈民再（上）180頁［中村博次］。なお、破産手続に関する判例として、大判昭13・3・29民集17巻523頁参照）［☞破§33］。

文献　伊藤792頁、条解民再182頁［園尾隆司］

> **（再生債務者の地位）**
> **第38条**　再生債務者は、再生手続が開始された後も、その業務を遂行し、又はその財産（日本国内にあるかどうかを問わない。第66条及び第81条第1項において同じ。）を管理し、若しくは処分する権利を有する。
> 2　再生手続が開始された場合には、再生債務者は、債権者に対し、公平かつ誠実に、前項の権利を行使し、再生手続を追行する義務を負う。
> 3　前2項の規定は、第64条第1項の規定による処分がされた場合には、適用しない。

基本事項

1　趣旨

本条は、再生債務者の法的地位を明らかにしたものです。

再生手続においては、再生債務者自身が再生手続開始後もそのまま業務を遂行し、財産の管理処分権を有したまま事業の再生を目指すことを原則とします。このような再建手続の担い手を定めた再建方法は、管財人による再建手続の遂行が管理型と称されるのと対比し、アメリカ連邦倒産法の用語を用いてDIP型（Debtor In Possession〔占有継続債務者〕）と呼ばれています。本条は民再法固有の規定であり、破産法および会更法に本条と同趣旨の規定はありません。

2　再生債務者の業務遂行権・財産の管理処分権

再生債務者には、業務遂行権および財産の管理処分権が認められています（本条Ⅰ）。再生手続の利用主体としては、主として中小企業が想定されています。中小企業は、事業が経営者個人の才覚に大きく依存する傾向にあり、再生債務者に引き続き業務を行わせることが事業の円滑な再生に有益であり、結果として債権者全体の利益になると考えられます。また、常に管財人の選任が必要であるとすると手続費用もかさみ、民再法の主たる適用対象である中小規模の法人・団体や個人にとって経済的負担が重くなります。そのため、再生手続においては、DIP型として再生債務者が企業経営に必要不可欠な業務遂行権と財産の管理処分権を有することを原則的な形態としました［☞**論点解説** **1**～**5**］。

3　再生債務者の公平誠実義務

再生債務者は、再生手続開始後も、原則として、業務遂行権と財産の管理処分権を有しますが、再生債務者は再生手続上の機関として位置付けられ、自己の利益のみを図ることは許されません。そこで、再生債務者は、再生債権者の一般的利益を保護する再生手続上の機関として、債権者に対して、公平かつ誠実に権利を行使し、再生手続を遂行する義務を負います（本条Ⅱ）。これを再生債務者の公平誠実義務と

いいます［☞**より深く学ぶ**］。ここにいう公平義務とは、多数の債権者を公平に取り扱う義務をいい、義務違反の例として、弁済が禁止されている再生債権者への弁済などが挙げられます。他方、誠実義務とは、自己または第三者の利益と債権者の利益が相反する場合に、自己または第三者の利益を図って債権者を害しない義務をいい、義務違反の例として、不相当に過大な役員報酬の設定などが挙げられます（民事再生の手引131頁）。

4　義務違反の効果（管理命令の発令）

　再生手続は、裁判所や監督委員の監督を受けながら、再生債務者自らが業務遂行および財産管理を行うことを原則とします。もっとも、資産を減少させるなど再生債務者の財産の管理または処分が失当であるときや公平誠実義務違反が認められるときなど、再生債務者の事業の再生のために特に必要があると認められる場合には、裁判所は、管財人による管理を命ずる処分（管理命令）を行い、再生債務者の業務遂行権や財産の管理処分権を剥奪できます（民再64Ⅰ）。

　また、管理命令が発令されるのは再生債務者が法人である場合に限られていますが（民再64Ⅰ括弧書）、これは個人の経済生活の再生のために管財人が必要となる事案が想定しにくいこと等が理由です（伊藤799頁）［☞民再§64］。

論点解説

1　再生債務者の法的地位　　破産手続における破産管財人の法的地位について議論があるのと同様に［破§74 **論点解説** 1］、再生手続における再生債務者の法的地位についても議論があります。再生手続開始決定がなされた後は、再生債務者は再生手続におけるさまざまな権能（民再49Ⅰ・124Ⅰ・163Ⅰ等）を有していることから、再生債務者を再生手続上の機関と捉える見解（手続機関説）が通説的見解です（松下37頁）。

2　再生債務者の第三者性に関する議論　　破産手続における破産管財人の第三者についての議論と同様に［☞破§74 **論点解説** 2］、再生債務者の法的地位に関する議論と関連し、再生債務者が第三者性を有するか否か見解が対立しています（新注釈民再（上）190頁［三森仁］）。肯定説は、再生債務者の公平誠実義務（本条Ⅱ）に加え、双方未履行双務契約における再生債務者の解除・履行の選択権（民再49）などから、再生手続開始後、再生債務者に第三者性が付与されると説明します。他方、再生債務者は否認権を行使することができないことなどを理由に、再生債務者の第三者性を肯定することに慎重な見解もあります。ただし、第三者性の有無によって一般的・演繹的に各論点の結論が導かれるわけではなく、各論点ごとに個別の検討が必要となります［☞**論点解説** 3〜5］。

3　対抗問題における第三者該当性（民177・178・467）　　不動産の物権の得喪・変更、物権の譲渡、あるいは指名債権の譲渡の効力を第三者に対抗するためには対抗要件を具備する必要があります（民177・178・467）。ここにいう第三者に再生債務者が該当するかについて議論があります。この点、再生手続開始によっても再生債務者に物権の処分制限がないこと等を理由に民法177条や同法467条における再生債

務者の第三者該当性を否定する見解もありますが（条解民再194頁［河野正憲］。ただし、この見解も、民再法41条や監督命令によって財産処分制限がされた場合には民法177条等の第三者該当性を肯定する）、対抗問題（民177・178・467）における再生債務者の第三者該当性を肯定する見解が有力です（伊藤868頁）。また、再生債務者が民法177条の第三者に該当することを判示した裁判例もあります（大阪地判平20・10・31判時2039号51頁［百選［21］]）。

4 **善意の第三者保護規定における第三者該当性（民94Ⅱ・96Ⅲ）**　通謀虚偽表示や詐欺の相手方は、虚偽表示の無効や詐欺取消しを主張することができますが、善意の第三者には対抗できません（民94Ⅱ・96Ⅲ）。ここにいう第三者に再生債務者が該当するかについても議論があり、前述の対抗問題における第三者該当性を否定する見解は、同じく、再生債務者に物権の処分制限がないこと等を理由に第三者保護規定における再生債務者の第三者該当性を否定します（条解民再193頁［河野正憲］。ただし、この見解も、民再法41条や監督命令によって財産処分制限がされた場合には別の取扱いも可能と考えている）。

しかし、善意の第三者保護規定にいう第三者に差押債権者が含まれると解されている、虚偽表示における無効（民94Ⅱ）や詐欺による取消し（民96Ⅲ）の場合には、これらを主張する相手方に対して再生債務者も善意の第三者としての地位を主張することが可能であり、その善意・悪意については、破産手続における議論と同様に［☞破§74　**より深く学ぶ**］、再生手続開始の時における再生債権者の中に1人でも善意の者がいれば再生債務者は自らの善意を主張できるとする見解が有力です（伊藤869頁）。なお、この見解は、錯誤無効（民95）において保護される善意無過失の第三者および契約解除に伴う原状回復において権利を害されない第三者（民545Ⅰただし書）についても、再生債務者の第三者該当性を肯定しています。

5 **動産売買の先取特権（民333）**　動産売買の代価等については売主は買主の手元にある動産に対して先取特権を有していますが（民321）、買主について再生手続開始決定があった場合に、再生債務者である買主が第三取得者（民333）に該当し、売主は先取特権を行使し得なくなるか議論があります。再生手続開始によっても対象財産の帰属に変更があったわけではなく、対象財産の「引渡し」があったとはいえないため、再生債務者は第三取得者（同条）に該当しないとする見解が有力です（新注釈民再（上）194頁［三森仁］、条解民再196頁［河野正憲］）。

より深く学ぶ

再生債務者代理人の立場　再生手続の遂行は専門的な法律知識と高度な法律判断を必要とするものであり、再生債務者のみで進めることは容易ではありません。そこで、再生手続においては、申立代理人である弁護士が再生債務者代理人として再生債務者をサポートするのが一般的です。

再生債務者代理人の法的地位については議論がありますが、再生債務者が債権者に対して公平誠実義務を負担する以上、再生債務者代理人も同様の義務を負うとする見解が通説です（伊藤794頁、松下39頁）。

ただし、再生債務者代理人の具体的な義務の内容については明らかでない点も多く、事例の集積が待たれます（申立代理人の説明義務違反を否定した事例として、東京地判平19・1・24INDEX〔33〕〕）。

再生債務者代理人が、職務を遂行するに当たり、例えば、否認対象行為等の事実を知ったものの、再生債務者が裁判所や監督委員への開示を望んでいない場合には、再生債務者に対する守秘義務と再生債務者代理人の公平誠実義務のいずれを優先するかという困難な問題が生じます。再生債務者代理人としては再生債務者の職責を果たすよう説得して開示を促すことになりますが、再生債務者の理解が得られなかった場合には、裁判所や監督委員に開示すべきであるとする見解と、開示ではなく辞任等により対応せざるを得ないとする見解があります（破産・民事再生の実務〔民事再生・個人再生編〕119頁）。

判例　大阪地決平13・6・20判時1777号92頁〔INDEX〔167〕〕
文献　伊藤794頁、条解民再185頁〔河野正憲〕、倒産法概説425頁〔笠井正俊〕、破産法・民事再生法概論102頁〔山本克己〕、松下34頁、破産・民事再生の実務〔民事再生・個人再生編〕118頁・120頁、民事再生の手引129頁、民事再生法逐条研究56頁・123頁

（他の手続の中止等）
第39条　再生手続開始の決定があったときは、破産手続開始、再生手続開始若しくは特別清算開始の申立て、再生債務者の財産に対する再生債権に基づく強制執行等若しくは再生債権に基づく外国租税滞納処分又は再生債権に基づく財産開示手続の申立てはすることができず、破産手続、再生債務者の財産に対して既にされている再生債権に基づく強制執行等の手続及び再生債権に基づく外国租税滞納処分並びに再生債権に基づく財産開示手続は中止し、特別清算手続はその効力を失う。
2　裁判所は、再生に支障を来さないと認めるときは、再生債務者等の申立てにより又は職権で、前項の規定により中止した再生債権に基づく強制執行等の手続又は再生債権に基づく外国租税滞納処分の続行を命ずることができ、再生のため必要があると認めるときは、再生債務者等の申立てにより又は職権で、担保を立てさせて、又は立てさせないで、中止した再生債権に基づく強制執行等の手続又は再生債権に基づく外国租税滞納処分の取消しを命ずることができる。
3　再生手続開始の決定があったときは、次に掲げる請求権は、共益債権とする。
　一　第1項の規定により中止した破産手続における財団債権（破産法第148条第1項第3号に掲げる請求権を除き、破産手続が開始されなかった場合における同法第55条第2項及び第148条第4項に規定する請求権を含む。）
　二　第1項の規定により効力を失った手続のために再生債務者に対して生じた債権及びその手続に関する再生債務者に対する費用請求権
　三　前項の規定により続行された手続に関する再生債務者に対する費用請求権
4　再生手続開始の決定があったときは、再生手続が終了するまでの間（再生計画認可の決定が確定したときは、第181条第2項に規定する再生計画で定められた

> 弁済期間が満了する時（その期間の満了前に再生計画に基づく弁済が完了した場合又は再生計画が取り消された場合にあっては弁済が完了した時又は再生計画が取り消された時）までの間）は、罰金、科料及び追徴の時効は、進行しない。ただし、当該罰金、科料又は追徴に係る請求権が共益債権である場合は、この限りでない。

基本事項

1　趣旨

　本条は、再生手続開始決定があったときには、再生債務者に対する更生手続以外の倒産手続の申立てや、再生債権に基づく強制執行手続等の申立てを禁止し、すでにこれらの手続が進行しているときには中止ないし失効することを定めています。本条と同様の規定が破産法42条および会更法50条にも置かれています。

2　他の倒産手続の禁止・中止・失効

　再生手続開始の決定があったときは、破産手続開始、再生手続開始、特別清算手続開始の申立てをすることができず、すでに開始している破産手続は中止し、特別清算手続は失効します（本条Ⅰ）。これは、清算型倒産手続よりも再建型倒産手続を優先するためです。破産手続が直ちに失効するのではなく、中止するにとどめられているのは、後に再生手続が廃止された場合や、再生計画不認可の決定が確定した場合など、再生手続が中途で挫折した場合に破産手続を続行させる必要があるためです。中止した破産手続は、再生計画認可決定が確定した段階で失効します（民再184）。以上のほか、再生手続と更生手続との関係については会更法50条が規定しており、更生手続開始の決定があったときは、再生手続開始の申立てをすることはできず、すでにされている再生手続は中止するものとされています。これは、更生手続が、担保権者や株主をも取り込む、より包括的な手続であることから、再生手続よりも優先されるためです。

3　強制執行等の禁止・中止

　再生手続開始の決定があったときは、再生債務者の財産に対する再生債権に基づく強制執行等もしくは再生債権に基づく外国租税滞納処分または財産開示手続は禁止され、すでに進行中のこれらの手続は中止されます（本条Ⅰ）。強制執行等とは、強制執行、仮差押えもしくは仮処分または留置権（商事留置権を除く）による競売をいい（民再26Ⅰ②）、外国租税滞納処分とは、共助実施決定（租税条約11条1項）を得た共助対象外国租税の請求権に基づく国税滞納処分の例による処分をいい（民再26Ⅰ⑤）、財産開示手続とは、民執法196以下に定める手続をいいます。再生手続が開始されると、再生計画の定めるところによらなければ再生債権を行使できなくなるため（民再85Ⅰ）、これらの個別の強制執行等も禁止もしくは中止されます。破産手続では破産手続開始決定によって強制執行手続が失効するのに対し（破42Ⅱ・Ⅵ）、再生手続では中止にとどめられているのは、再生手続が中途で挫折した場合に備えるためです。また、破産手続では破産債権に基づく強制執行等だけではなく、財団債権に基づく強制執行等も失効するとされているのに対し（同条Ⅱ）、再生手続では、

共益債権や一般優先債権に基づく強制執行等は、原則として再生手続開始による影響を受けません（例外として、民再121Ⅲ・122Ⅳ）。

4　中止した強制執行等の続行

裁判所は、再生に支障を来さないと認めるときは、再生債務者等の申立てまたは職権で、再生手続開始により中止した再生債権に基づく強制執行等の手続または再生債権に基づく外国租税滞納処分の続行を命じることができます（本条Ⅱ前段）。例えば、強制執行等の対象が事業の継続に必要のない遊休資産である場合などが想定されます。強制執行が続行される場合でも、再生計画によらない弁済が禁止されることに変わりはなく（民再85Ⅰ）、配当は実施されず、売却代金は再生計画に基づく弁済原資として再生債務者等に交付されるべきであると解されています（伊藤892頁）。

5　中止した強制執行等の取消し

裁判所は、再生のために必要があると認めるときは、再生債務者等の申立てまたは職権で、担保を立てさせて、または立てさせないで、再生手続開始決定により中止した再生債権に基づく強制執行等の手続または再生債権に基づく外国租税滞納処分の取消しを命ずることができます（本条Ⅱ後段）。例えば、再生債務者の預金債権が差し押えられたときに、当該預金が再生のための資金として必要である場合等が挙げられます（伊藤892頁）。

6　中止・失効・続行と共益債権

再生手続開始決定により、他の手続が中止ないし失効した場合や中止した手続が続行された場合、それらの手続に関して生じた次の請求権は、再生手続において共益債権とされます（本条Ⅲ）。

①　中止した破産手続における財団債権（本条Ⅲ①）　租税等の請求権（破148Ⅰ③）は含まれません。他方、継続的供給契約により破産手続開始申立後、手続開始前にした給付に係る請求権（破55Ⅱ）や、破産手続における保全管理人がその権限に基づいて行った行為によって生じた請求権（破148Ⅳ）は、破産手続が開始されない場合であっても含まれます。

②　中止または効力を失った手続に要した費用（本条Ⅲ②）

③　中止した再生債権に基づく強制執行等を続行する場合の手続費用（本条Ⅲ③）

7　罰金等の時効の停止

罰金等は、再生計画において権利変更されず（民再155Ⅳ）、再生手続終了後に徴収することができます。そのため、再生手続の進行中は時効は進行しないものとされました（本条Ⅳ）。もっとも、罰金等に係る請求権が共益債権である場合は随時徴収ができるため、例外とされています（同項ただし書）。

文献　伊藤892頁、条解民再201頁［河野正憲］、新注釈民再（上）197頁［深山雅也］、破産・民事再生の実務［民事再生・個人再生編］125頁

（訴訟手続の中断等）
第40条　再生手続開始の決定があったときは、再生債務者の財産関係の訴訟手続

のうち再生債権に関するものは、中断する。
2　前項に規定する訴訟手続について、第107条第1項、第109条第2項（第113条第2項後段において準用する場合を含む。）又は第213条第5項（第219条第2項において準用する場合を含む。）の規定による受継があるまでに再生手続が終了したときは、再生債務者は、当然訴訟手続を受継する。
3　前2項の規定は、再生債務者の財産関係の事件のうち再生債権に関するものであって、再生手続開始当時行政庁に係属するものについて準用する。

基本事項
1　趣旨

　本条は、再生手続開始決定の効果として、再生債務者の財産関係に関する訴訟手続のうち、再生債権に関するものが中断すること、および、訴訟手続の受継前に再生手続が終了した場合の取扱等について定めています。本条と同趣旨の規定が破産法44条および46条、ならびに会更法52条および53条にも置かれています。

　再生手続では、債権調査および債権確定手続を通じて再生債権の存否や額を確定することが予定されており（民再99以下）、係属中の訴訟のうち再生債権に関するものが中断することとされました（本条Ⅰ）。なお、破産手続では、破産手続開始によって、破産者は破産財団に属する財産の管理処分権を喪失します。そのため、破産手続が開始されると、破産債権に関する訴訟手続に限らず、破産者を当事者とする破産財団に属する訴訟手続全般が中断するものとされています（破44Ⅰ）。

2　中断する訴訟

　本条によって中断する訴訟は、「再生債務者の財産関係の訴訟手続のうち再生債権に関するもの」に限られます（本条Ⅰ）。したがって、再生債務者を当事者とする訴訟手続であっても、再生債権に関する訴訟以外の共益債権に関する訴訟や取戻権に関する訴訟、再生手続によることなく随時弁済を受けることができる一般優先債権に関する訴訟は中断しません。また、財産関係以外の訴訟（離婚訴訟など個人の身分関係に関する訴訟、会社設立無効、合併無効など法人の組織法上の争いに関する訴訟）も中断しません［☞ 論点解説　①］。

3　訴訟手続受継前に再生手続が終了した場合の取扱い

　債権調査において、再生債務者が認めず、または他の届出再生債権者から異議が述べられた再生債権について、再生手続開始当時に訴訟が係属していた場合、再生債権者は、異議者等の全員を相手方として受継の申立てをするものとされ（民再107Ⅰ）、また、執行力ある債務名義や終局判決のある再生債権については、異議者等が訴訟手続を受継するものとされています（民再109Ⅱ）。さらに届出のあった追徴金または過料の原因が審査請求、訴訟その他の不服の申立てをすることができる処分である場合には再生債務者が当該不服の申立てをする方法で異議を主張することができます（民再113Ⅱ）。

　再生手続の中断効は、再生手続の目的を実現するためのものであるため、前記の受継がなされる前に再生手続が終了したときは、中断前の状態に訴訟手続を戻す必

要があり、中断した訴訟は再生債務者等が当然に受継するものとされています（本条Ⅱ。伊藤 887 頁）［☞ **論点解説** ②］。

4　行政庁に係属する事件への準用
本条は、再生債務者の財産関係の事件のうち、再生債権に関して行政庁に係属する事件について準用されます（本条Ⅲ）。

論点解説

① **株主総会決議無効確認の訴え等と中断**　株主総会決議無効確認の訴えや株主総会決議取消しの訴えについては、これらが本条による中断の対象となるか議論があります。これらの訴訟は会社の財産関係の訴訟に当たらないとして本条による中断の対象とはならないとするのが通説ですが（条解民再 210 頁［河野正憲］）、組織法上の訴訟であっても会社の財産関係に影響を及ぼすような訴訟については中断を認めるべきとの見解も有力です（伊藤 885 頁・401 頁）。

② **訴訟手続が中断した再生債権について債権届出がない場合の取扱い**　本条によって訴訟手続の中断した再生債権は、再生債権の届出（民再 94）を経て、再生手続の中で調査・確定されますが（民再 99 以下）、債権届出がなされなかった場合に当該再生債権がどのように取り扱われることになるか議論があります。この点、①再生計画案の付議決定までに債権届出がされなかった債権は実体的に免責され、訴訟係属がなくなるとして訴訟終了宣言をすべきとする見解、②再生手続終了までは中断の効力は解消されず、手続終了後は債務者が受継するとの見解、③再生計画案の付議決定により債権確定手続の利用による債権行使の途が断たれ、その段階で債務者が受継するとの見解がみられ、③の見解が有力です（新注釈民再（上）204 頁［深山雅也］）。再生計画付議の時点で債務者が受継するとの裁判例もあります（大阪高判平 16・11・30 金法 1743 号 44 頁）。

文献　伊藤 885 頁、条解民再 208 頁［河野正憲］、新注釈民再（上）202 頁［深山雅也］

（債権者代位訴訟等の取扱い）
第 40 条の 2　民法（明治 29 年法律第 89 号）第 423 条若しくは第 424 条の規定により再生債権者の提起した訴訟又は破産法の規定による否認の訴訟若しくは否認の請求を認容する決定に対する異議の訴訟が再生手続開始当時係属するときは、その訴訟手続は、中断する。
2　再生債務者等は、前項の規定により中断した訴訟手続のうち、民法第 423 条の規定により再生債権者の提起した訴訟に係るものを受け継ぐことができる。この場合においては、受継の申立ては、相手方もすることができる。
3　前項の場合においては、相手方の再生債権者に対する訴訟費用請求権は、共益債権とする。
4　第 2 項に規定する訴訟手続について同項の規定による受継があった後に再生手続が終了したときは、第 68 条第 4 項において準用する同条第 2 項の規定により中

断している場合を除き、当該訴訟手続は中断する。
5　前項の場合には、再生債権者において当該訴訟手続を受け継がなければならない。この場合においては、受継の申立ては、相手方もすることができる。
6　第2項に規定する訴訟手続が第68条第4項において準用する同条第2項の規定により中断した後に再生手続が終了した場合には、同条第4項において準用する同条第3項の規定にかかわらず、再生債権者において当該訴訟手続を受け継がなければならない。この場合においては、受継の申立ては、相手方もすることができる。
7　第1項の規定により中断した訴訟手続について第2項又は第140条第1項の規定による受継があるまでに再生手続が終了したときは、再生債権者又は破産管財人は、当該訴訟手続を当然受継する。

基本事項
1　趣旨
　本条は、再生債務者の責任財産の保全・拡充に関する訴訟である、債権者代位訴訟（民423）および詐害行為取消訴訟（民424）ならびに破産法による否認訴訟（破173Ⅰ）および否認の請求を認容する決定に対する異議訴訟（破175）について、再生手続開始に伴う取扱いを定めています。すなわち、再生手続開始または終了によって、これらの訴訟における再生債務者の責任財産に関する当事者適格が変動するため、それぞれの訴訟手続の中断および受継等を定めています。なお、本条と同趣旨の規定が破産法45条および会更法52条の2にも置かれています。

2　債権者代位訴訟
(1)　再生手続開始による中断および受継
　再生債権者が提起した債権者代位訴訟が再生手続開始時に係属する場合、同訴訟は再生手続開始決定によって中断し（本条Ⅰ）、再生債務者等はこれを受継することができます（本条Ⅱ前段）。なお、破産手続における見解ですが、債権者代位訴訟（および後述する詐害行為取消訴訟）を本案とする仮差押えまたは仮処分も、本条と同趣旨である破産法45条による中断・受継の対象となると解されています［☞破§45］。受継の申立ては相手方もすることができます（同項後段）。受継後の訴訟において相手方が勝訴した場合の訴訟費用請求権は、受継前のものまでを含めて共益債権になります（本条Ⅲ）。

　債権者代位訴訟は債務者の責任財産の保全を目的としていますので、再生手続が開始された後は、特定の再生債権者ではなく、再生債務者等のもとですべての債権者のために訴訟を遂行し、責任財産の充実を図ることになります。また、債権者代位訴訟の相手方も、勝訴判決を得る利益を有していることから受継申立てができます。なお、共益債権または一般優先債権は再生手続外での権利行使が可能であるため、本条により中断するのは、再生債権者が提起した債権者代位訴訟に限られます。

(2)　再生手続が終了した場合
　訴訟手続の受継後に再生手続が終了した場合、当事者適格は再生債権者のもとに

復帰します。そのため、管理命令が取り消され、すでに訴訟手続が中断している場合（民再68Ⅳ・Ⅱ）を除いて訴訟手続は再び中断し（本条Ⅳ）、再生債権者は訴訟手続を受継しなければなりません（本条Ⅴ前段）。また、管理命令の取消しによって訴訟手続が中断した後に再生手続が終了した場合も、再生債権者は訴訟手続を受継しなければなりません（本条Ⅵ前段）。なお、前記のいずれの場合であっても、相手方は受継の申立てをすることができます（本条Ⅴ後段・Ⅵ後段）。

他方、受継がなされる前に再生手続が終了した場合は、当事者適格の変動が生じなかったとみられるため、再生債権者または破産管財人は訴訟手続を当然に受継することになります（本条Ⅶ）。

3　詐害行為取消訴訟・否認権関係訴訟
(1)　再生手続開始による中断と受継

再生債権者が提起した詐害行為取消訴訟、ならびに破産管財人が提起した否認訴訟または否認の請求を認容する決定に対する異議訴訟が、再生手続開始時に係属する場合、これらの訴訟は再生手続開始決定によって中断し（本条Ⅰ）、否認権限を有する監督委員または管財人が受継することができます（民再140Ⅰ前段）。また、受継の申立ては相手方もすることができます（同項後段）。受継後の訴訟において相手方が勝訴した場合の訴訟費用請求権は、受継前のものまでを含めて共益債権となります（同条Ⅱ）。

詐害行為取消訴訟も債権者代位訴訟と同様、責任財産の保全を目的としていますので、再生手続が開始された後は、特定の再生債権者ではなく、否認権限を有する監督委員または管財人において受継し、責任財産の充実を図ることになります。また、再生手続開始によって破産手続が中止される以上（民再39Ⅰ）、破産管財人を当事者とする訴訟を続行することはできないため、再生手続で否認権限を有する監督委員または管財人が当事者として訴訟手続を受継することになります。詐害行為取消訴訟、または否認訴訟等の相手方は、勝訴判決を得る利益を有していることから受継申立てができます。なお、本条により中断する詐害行為取消訴訟は、債権者代位訴訟の場合と同様に、再生債権者の提起したものに限られます。

(2)　再生手続が終了した場合

訴訟手続の受継後に再生手続が終了した場合、当事者適格は再生債権者や破産管財人に復帰します。そのため、監督命令ないし否認権限付与もしくは管理命令の取消しによって訴訟手続がすでに中断している場合（民再141Ⅰ）を除き、訴訟手続は再び中断し（民再140Ⅲ）、再生債権者や破産管財人は訴訟手続を受継しなければなりません（同条Ⅳ前段）。また、管理命令の取消しによって訴訟手続が中断した後に再生手続が終了した場合も、再生債権者および破産管財人は訴訟手続を受継しなければなりません（同項前段）。なお、前記のいずれの場合であっても、相手方は受継の申立てをすることができます（同項後段）。他方、受継がなされる前に再生手続が終了した場合には、再生債権者または破産管財人は訴訟手続を当然に受継することになります（本条Ⅶ）。

4　本条と同趣旨の規定である破産法 45 条における議論

本条と同趣旨である破産法 45 条について、相手方による受継の申立てを管財人が拒絶できるか、転用型債権者代位訴訟においても同条を適用できるか、債権者代位訴訟および詐害行為取消訴訟以外の訴え（株主代表訴訟等）に同条が類推適用されるか、ならびに、租税等の請求権者が提起する債権者代位訴訟および詐害行為取消訴訟にも同条が適用されるかといった点について議論があります［☞破§45］。

判　例　東京地判平 19・3・26 判時 1967 号 105 頁
文　献　伊藤 887 頁、条解民再 213 頁［河野正憲］、新注釈民再（上）206 頁［深山雅也］

（再生債務者等の行為の制限）
第 41 条　裁判所は、再生手続開始後において、必要があると認めるときは、再生債務者等が次に掲げる行為をするには裁判所の許可を得なければならないものとすることができる。
　一　財産の処分
　二　財産の譲受け
　三　借財
　四　第 49 条第 1 項の規定による契約の解除
　五　訴えの提起
　六　和解又は仲裁合意（仲裁法（平成 15 年法律第 138 号）第 2 条第 1 項に規定する仲裁合意をいう。）
　七　権利の放棄
　八　共益債権、一般優先債権又は第 52 条に規定する取戻権の承認
　九　別除権の目的である財産の受戻し
　十　その他裁判所の指定する行為
2　前項の許可を得ないでした行為は、無効とする。ただし、これをもって善意の第三者に対抗することができない。

基本事項

1　趣旨

本条は、再生債務者等の一定の行為について、裁判所の許可を要する事項を裁判所が指定できる旨を定めています。

再生手続では、再生手続開始後も、原則として再生債務者が財産の管理処分権を有し、事業を遂行します（民再 38）。民再法は、再生債務者の財産の散逸・減少を防止し、債権者の一般の利益を保護するため、裁判所による監督の一形態として、裁判所の裁量によって再生債務者の一定の行為を裁判所の許可事項とし（本条Ⅰ）、許可を得ないでした行為を無効としました（本条Ⅱ本文）。もっとも、当該行為を常に無効とすると取引の安全を害することから、善意の第三者を保護する規定（同項ただし書）が設けられています。本条と同趣旨の規定が破産法 78 条 2 項、会更法 72 条 2 項 3 項にも置かれています。

2 要許可事項とすることができる行為（本条Ⅰ）

(1) 財産の処分（本条Ⅰ①）

本条1項1号の「財産」には、動産、不動産、有価証券、債権、知的財産権その他再生債務者に属する一切の財産が含まれます。「処分」には、売却、贈与、交換、貸与、廃棄のほか、担保権の設定や用益権の設定も含まれます。

(2) 財産の譲受け（本条Ⅰ②）

本条1項2号の「財産」とは、前号の財産と同義です。無償の譲受けは特段不都合がないため、本号でいう「譲受け」は有償の譲受けを指すと解されます（新注釈民再（上）215頁［長沢美智子］）。

(3) 借財（本条Ⅰ③）

本条1項3号の「借財」には、金銭消費貸借による借入れのほか、手形割引も含まれると解されています。

(4) 民再法49条1項の規定による契約の解除（本条Ⅰ④）

再生手続では事業継続を前提としているため、通常の場合は、双方未履行双務契約［☞民再§49］については履行が選択されます。そのため、双方未履行双務契約の解除を選択する場合にこれを要許可事項とすることができる旨が規定されました（本条Ⅰ④）。会更法72条2項4号と同趣旨の規定です。これらとは対照的に、清算型である破産手続では、履行を選択することに裁判所の許可が必要であるとされています（破79Ⅱ⑨・53）。

(5) 訴えの提起（本条Ⅰ⑤）

本条1項5号の「訴えの提起」には、通常の訴え提起のほか、支払督促申立て（相手方の異議により訴訟へ移行する）、仮差押え・仮処分（相手方からの起訴命令申立てがあり得る）、反訴、訴訟参加等が含まれます（条解民再223頁［相澤光江］、新注釈民再（上）216頁［長沢美智子］）。

(6) 和解または仲裁合意（本条Ⅰ⑥）

本条1項6号の「和解」には、裁判上の和解のみならず、裁判外の和解も含まれます。

(7) 権利の放棄（本条Ⅰ⑦）

本条1項7号の「権利の放棄」には、財産の放棄、担保権の放棄、債務免除等の実体法上の権利放棄のほか、訴訟法上の権利放棄である請求の放棄、訴えの取下げ、上訴権の放棄、上訴の取下げも含まれます（条解民再223頁［相澤光江］）。

(8) 共益債権、一般優先債権、または取戻権の承認（本条Ⅰ⑧）

本条1項8号の「共益債権」および「一般優先債権」は、随時弁済を必要とし、「取戻権」も再生債務者財産の減少をもたらすものであり、これらが何らの制約もなく認められることは相当ではないため、これらの債権ないし権利の承認につき要許可事項とすることができる旨を規定しました。

(9) 別除権の受戻し（本条Ⅰ⑨）

本条1項9号の「受戻し」とは、別除権の目的物について、被担保債務を弁済して当該担保権を消滅させることをいいます。

⑽　その他裁判所の指定する行為（本条Ⅰ⑩）

　裁判所は、必要があれば、いかなる行為であっても要許可事項に指定することができます。例えば、東京地裁における実務では、裁判所の要許可事項に代わる監督委員の要同意事項（民再54Ⅱ後段）として、再生債務者の事業再生のためにスポンサーを選定する場合について、その選定や選定方法が再生債権者等の利害関係者の利害に大きく影響することから、「事業の維持再生の支援に関する契約及び当該支援をする者の選定業務に関する契約の締結」が指定されています［☞ **より深く学ぶ**］。

3　無許可の行為の効力と善意の第三者の保護（本条Ⅱ）

　裁判所の要許可事項について、許可を得ないでした行為は無効とされますが、善意の第三者には無効を対抗できません。「善意」とは、要許可行為であるにもかかわらず、再生債務者等が許可を得ていないことを知らなかったことをいい、無過失である必要はありません。また、取引の当初において善意であればよいと解されています。「第三者」は、再生債務者等以外の者を指し、行為の相手方も含まれます。なお、行為の直接の相手方が悪意であっても、転得者が善意であれば、その転得者に対しては無効を対抗できないと解されています（条解民再225頁［相澤光江］）。

より深く学ぶ

監督委員の要同意事項との関係　裁判所は、監督命令を発令する場合には、監督委員の同意がなければ再生債務者がすることができない行為を指定する必要があります（民再54Ⅱ後段）。

　裁判所の要許可事項を、さらに監督委員の要同意事項とすることも可能ですが、手続が煩瑣になるため、実務では、監督命令が発令された場合には、特に重要であって裁判所が直接監督する必要がある事項のみ、裁判所の要許可事項とし、それ以外は監督委員の同意事項として監督委員の監督に委ねるのが通常です（条解民再221頁［相澤光江］）。

文　献　条解民再219頁［相澤光江］、新注釈民再（上）212頁［長沢美智子］

（営業等の譲渡）
第42条　再生手続開始後において、再生債務者等が次に掲げる行為をするには、裁判所の許可を得なければならない。この場合において、裁判所は、当該再生債務者の事業の再生のために必要であると認める場合に限り、許可をすることができる。
　一　再生債務者の営業又は事業の全部又は重要な一部の譲渡
　二　再生債務者の子会社等（会社法第2条第3号の2に規定する子会社等をいう。ロにおいて同じ。）の株式又は持分の全部又は一部の譲渡（次のいずれにも該当する場合における譲渡に限る。）
　　イ　当該譲渡により譲り渡す株式又は持分の帳簿価額が再生債務者の総資産額として法務省令で定める方法により算定される額の5分の1（これを下回る割

　　　　合を定款で定めた場合にあっては、その割合）を超えるとき。
　　　ロ　再生債務者が、当該譲渡がその効力を生ずる日において当該子会社等の議決権の総数の過半数の議決権を有しないとき。
　2　裁判所は、前項の許可をする場合には、知れている再生債権者（再生債務者が再生手続開始の時においてその財産をもって約定劣後再生債権に優先する債権に係る債務を完済することができない状態にある場合における当該約定劣後再生債権を有する者を除く。）の意見を聴かなければならない。ただし、第117条第2項に規定する債権者委員会があるときは、その意見を聴けば足りる。
　3　裁判所は、第1項の許可をする場合には、労働組合等の意見を聴かなければならない。
　4　前条第2項の規定は、第1項の許可を得ないでした行為について準用する。

基本事項

1　趣旨

　事業再建においては、再生債務者の営業・事業（営業等）を第三者に譲渡して再建を図ることが有用であることがあります。この場合には、譲渡先で事業の存続を図りつつ、再生債務者等は譲渡代金を弁済原資とする再生計画を立案し、債権者に対して早期に一括して、破産配当を上回る弁済を行うことが可能です。他方、営業等の譲渡は、再生手続の基本的枠組みを決定するものであり、譲渡代金から弁済を受けることとなる再生債権者をはじめ、多くの利害関係人に多大な影響を及ぼすため、これを無制限に許容することはできません。

　そこで、本条は、再生手続開始後に、再生債務者等が再生債務者の営業等の全部または重要な一部を譲渡する際に、裁判所の許可を得なければならないものとしました。なお、本条と同趣旨の規定が会更法46条にも置かれています。

2　要件

(1)　再生債務者の事業の再生のための必要性

　民再法の目的が再生債務者の事業の再生を図ることにある以上（民再1参照）、裁判所は、再生債務者の事業の再生のために必要であると認める場合に限り、営業等の譲渡の許可をすることができるとされています（本条Ⅰ）。再生債務者の事業の再生のために必要であると認める場合とは、営業等の譲渡以外の事業継続の方法を選択することが経営の観点あるいは必要な時間等の観点から困難である場合を指し、具体的には、現在の経営陣に対する取引先等の信用が失われているものの、第三者のもとで営業等を続ければ取引の継続とそれによる事業の再生が可能となり、あるいは一層確実になる場合等が考えられるとされています（条解民再230頁［松下淳一］）。

(2)　譲渡の条件の相当性

　裁判所が営業等の譲渡を許可するか否かを決するに際しては、営業等の譲渡が再生債権者および株主の利害に絡むことに鑑み、譲受人の選定過程の公正さ、譲渡代金や譲渡条件の相当性なども斟酌すべきとされています（東京高決平16・6・17金法1719号51頁）。

(3) 手続
(ア) 再生債権者への意見聴取

　営業等の譲渡は、その譲渡対価が再生債権者への弁済総額の主要部分を構成するなど、再生手続の基本的枠組みを決定するものであり、再生債権者は重大な関心を有するのが通常であるため、裁判所が許可をするには、知れている再生債権者の意見を聴かなければならないものとされています（本条Ⅱ本文）。ただし、債権者委員会（民再117Ⅱ）が存在する場合は、その意見を聴取すれば足ります（本条Ⅱただし書）。債権者委員会は、再生債権者全体の利益を適切に代表するものとして承認されているためです（民再117Ⅰ③）。

(イ) 労働組合等からの意見聴取

　再生債務者に従事する労働者にとって営業等の譲渡は雇用の維持に関わる重大な問題であり、また、譲渡先において事業を継続するためには労働者の協力が必要です。そこで、労働者に手続関与の機会を保障し、また労働者の協力を得られる見込みについて把握する機会を設ける趣旨のもと、裁判所は、営業等の譲渡の許可をする場合は、労働組合等の意見を聴かなければならないとされています（本条Ⅲ）。

3　許可を得ない営業等の譲渡の効力

　裁判所の許可を得ないで行った営業等の譲渡は無効です。ただし、無許可であることについて譲受人が善意である場合には、当該譲受人に対しては譲渡の無効を対抗できません（本条Ⅳ・41Ⅱ）。

より深く学ぶ

1　再生計画に基づく営業等の譲渡　　更生手続では、事業等の譲渡は更生計画の定めによって行うことが原則です（会更46Ⅰ本文）。これに対し、再生手続では、再生計画に基づく営業等の譲渡に関する明文規定はありませんが、再生計画に基づく営業等の譲渡も可能と解されています。この場合、再生計画案の決議や裁判所の認可決定といった手続のほか、本条の許可を要するかについては議論があります。この点について、再生計画案の決議を通じて再生債権者の意見が確認され（民再172の3）、労働組合等に対して再生計画案の意見聴取の機会が与えられる（民再168）ことを勘案すると、本条に定める各要件は実質的に再生手続認可決定の要件に含まれ、本条の適用はないと解する説が有力です（伊藤962頁、新注釈民再（上）236頁［三森仁］、民事再生の手引303頁）。

2　再生手続開始申立後開始決定前の営業等の譲渡の可否　　再生手続開始後の営業等の譲渡については本条で規律されますが、再生手続開始申立てから開始決定までの期間（保全期間）の営業等の譲渡については、これを規律する規定も禁止する規定もないことから、同期間中の営業等の譲渡が可能か議論があります。事業価値を維持するために早期に営業等を譲渡しなければならない事案があることも否定はできず、これを禁止する規定もない以上、保全期間中の営業等の譲渡も可能であるとは考えられていますが、再生手続開始の申立てが棄却された場合にその後何も裁判上の倒産処理手続が行われないと譲渡代金の取扱いが不明確になるおそれがあるこ

と、営業等の譲渡が利害関係人に及ぼす影響の大きさを考慮して本条が意見聴取手続を設けた趣旨から、保全期間中に営業等の譲渡を行うことは望ましくないと指摘されており（条解民再229頁［松下淳一］）、実務的には、早期に営業等の譲渡を行う必要がある場合には、早期に再生手続開始決定をした上で本条所定の手続を経て営業等の譲渡がなされています（破産・民事再生の実務〔民事再生・個人再生編〕132頁）。

3 再生計画認可決定確定後の営業等の譲渡　監督委員や管財人が選任されていない場合、再生計画の認可決定が確定すると再生手続は終結するため（民再188Ⅰ）、以降の営業等の譲渡について再生手続上の制約はなくなります。また、監督委員や管財人が選任されている場合も、再生手続終結後（同条Ⅱ・Ⅲ）は同様に考えられます。

これに対し、監督委員や管財人が選任されている場合で、再生計画認可確定後再生手続終結までの間に、再生計画において予定されていなかった営業等の譲渡を行う場合にいかなる手続を経る必要があるか、具体的には再生計画の変更手続（民再187Ⅱ）を必要とするかにつき議論があります。例えば、再生計画では将来の事業収益による弁済を予定していたところ、認可決定後に事業譲受けを希望するスポンサーが現れ、譲渡代金によって一括弁済をする場合です。

営業等の譲渡があったとしても、これによって弁済予定額を変更せずに弁済時期を早めるだけの場合は、再生債権者にとっては、一括弁済がなされることにより「不利な影響」（民再187Ⅱ）はないといえます。したがって、営業等の譲渡の許可手続を経た上で、裁判所による再生計画の変更の手続（同条Ⅰ）をとれば足りると解されています。これに対して、営業等の譲渡による譲渡代金により再生債権の一括弁済によって弁済予定額が減少する場合には、再生債権者に「不利な影響」（同条Ⅱ）があることから、再生債権者による決議および裁判所の認可決定を経た計画変更手続（同項）をとる必要があると解されています（民事再生の手引199頁）。

4 会社分割との関係　会社分割（会社2㉙・㉚）によって事業の全部または一部を他の会社に承継させる手法は、営業等の譲渡と類似しています。そこで、再生債務者が会社分割を行う場合について本条を類推適用すべきとの見解が有力です（伊藤962頁）。

なお、東京地裁では、再生手続開始決定時に、会社分割を裁判所の許可が必要な行為として指定しています（民再41Ⅰ⑩、民事再生の手引215頁［鹿子木康＝住友隆行］）。

　文　献　伊藤961頁、条解民再226頁［松下淳一］、新注釈民再（上）219頁［三森仁］、破産・民事再生の実務〔民事再生・個人再生編〕131頁、民事再生の手引196頁

（事業等の譲渡に関する株主総会の決議による承認に代わる許可）
第43条　再生手続開始後において、株式会社である再生債務者がその財産をもって債務を完済することができないときは、裁判所は、再生債務者等の申立てにより、当該再生債務者の会社法第467条第1項第1号から第2号の2までに掲げる行為（以下この項及び第8項において「事業等の譲渡」という。）について同条第1項に規定する株主総会の決議による承認に代わる許可を与えることができる。

ただし、当該事業等の譲渡が事業の継続のために必要である場合に限る。
2　前項の許可（以下この条において「代替許可」という。）の決定があった場合には、その裁判書を再生債務者等に、その決定の要旨を記載した書面を株主に、それぞれ送達しなければならない。
3　代替許可の決定は、前項の規定による再生債務者等に対する送達がされた時から、効力を生ずる。
4　第2項の規定による株主に対する送達は、株主名簿に記載され、若しくは記録された住所又は株主が再生債務者に通知した場所にあてて、書類を通常の取扱いによる郵便に付し、又は民間事業者による信書の送達に関する法律（平成14年法律第99号）第2条第6項に規定する一般信書便事業者若しくは同条第9項に規定する特定信書便事業者の提供する同条第2項に規定する信書便の役務を利用して送付する方法によりすることができる。
5　前項の規定による送達をした場合には、その郵便物又は民間事業者による信書の送達に関する法律第2条第3項に規定する信書便物（以下「郵便物等」という。）が通常到達すべきであった時に、送達があったものとみなす。
6　代替許可の決定に対しては、株主は、即時抗告をすることができる。
7　前項の即時抗告は、執行停止の効力を有しない。
8　代替許可を得て再生債務者の事業等の譲渡をする場合には、会社法第469条及び第470条の規定は、適用しない。

基本事項

1　趣旨

　再生債務者の事業の再生（民再1）を実現するためには、再生債務者の事業を第三者に譲渡することが有用であることがありますが、再生債務者が株式会社である場合には、会社法上、事業の全部または重要な一部の譲渡を行うには株主総会の特別決議が必要とされています（会社467Ⅰ①②・309Ⅱ⑪）。

　しかし、事業内容によっては、再生手続開始申立てによって再生債務者の事業価値が急速に劣化することもあり、速やかに事業譲渡を実行する必要性に迫られる場面もあり得ます。この点、経済的に窮境にある株式会社の株主は、会社経営に関心を失っていることも多く、特別決議の成立が困難となる事態も想定され、また、会社が債務超過に陥っている場合には、株主は会社財産に対して実質的な持分権を失っているともいえます。

　そこで、本条は、株式会社である再生債務者が債務超過である場合について、裁判所による株主総会決議に代わる許可（代替許可）の制度を設けました。本条は民再法固有の規定であり、破産法および会更法に本条と同趣旨の規定はありません。

2　要件

(1)　再生手続開始後

　裁判所の代替許可による事業譲渡ができるのは、再生手続開始後であり、再生手続開始の申立てから開始決定までの期間は対象外とされています。これは、本条の代替許可は株主に対する重大な制約であり、再生手続開始の条件（民再25）が満た

されているかどうかを判断する前にそのような重大な制約を課すことは適当でないと考えられるためです（条解民再235頁［松下淳一］）。

(2) **債務超過**

裁判所が代替許可を行うためには、株式会社である再生債務者がその財産をもって債務を完済することができないこと、すなわち債務超過であることが必要です。

この点、再生手続における財産評定は、処分価値であることが原則であり、必要がある場合に継続企業価値によることとされていますが（民再規56①）、本条による債務超過の判断の前提となる資産の価値は、処分価値ではなく継続企業価値によるものと考えられています。株主の権利に対する重大な制約である代替許可制度が正当化されるのは、株主が会社財産に対する実質的な持分権を失っていることにあるためです（伊藤966頁）。

(3) **事業の継続のための必要性**

本条の目的は、事業譲渡によって対象事業の維持・再生を図ることにあります。そのため、裁判所が代替許可を行うためには、当該事業の全部または重要な一部の譲渡が事業の継続のために必要であることが要件とされます［☞ **論点解説**］。

3 効果

本条の代替許可を受けた場合、株式会社たる再生債務者は、事業の全部または重要な一部の譲渡を行うために株主総会の特別決議の承認（会社467Ⅰ）を受ける必要がありません。また、少数株主保護のために設けられている反対株主による株式買取請求の制度（会社469・470）の適用もありません（本条Ⅷ）。

4 代替許可決定書の送達

代替許可の決定があった場合には、裁判所は、再生債務者等に裁判書を送達し、各株主には決定の要旨を記載した書面を送達しなければなりません（本条Ⅱ）。代替許可決定は、再生債務者等に対する送達がなされた時から効力を生じます（本条Ⅲ）。これは、決定は告知によって効力が生じるとする原則（民再18、民訴119）の例外です。

株主に対する送達は、株主名簿に記載もしくは記録された住所または株主が再生債務者に通知した場所（民再規19Ⅰ）に宛てて、通常の取扱いによる郵便または信書便の役務を利用して送付する方法によってすることができ（本条Ⅳ）、通常の送達よりも簡易化されています。かかる送達をした場合には、郵便物等が通常到達すべきであった時に送達がなされたものとみなされます（本条Ⅴ）。もっとも、実務上は、官報に公告することによって代用（民再10Ⅲ）されています（破産・民事再生の実務〔民事再生・個人再生編〕136頁）。

5 株主による即時抗告

株主は、代替許可の決定に対して即時抗告することができますが（本条Ⅵ）、この即時抗告に執行停止の効力はありません（本条Ⅶ）。

論点解説
事業譲渡の必要性　　再生債務者による事業譲渡の必要性については、株主総会の

特別決議の省略を正当化するためのものであるから、事業譲渡をしなければ当該事業が早晩廃業に追い込まれざるを得ない事情があるような場合に限るとの見解がある一方で（一問一答民再73頁）、倒産処理手法としての事業譲渡の有用性に鑑み、事業譲渡をしなければ当該事業の価値や規模に大きな変化が予想されるような場合も必要性を肯定してよいとする見解もあります（条解民再236頁［松下淳一］）。

判例　東京高決平16・6・17金判1195号10頁［百選［24］］
文献　伊藤966頁、条解民再232頁［松下淳一］、新注釈民再（上）237頁［三森仁］、破産・民事再生の実務〔民事再生・個人再生編〕135頁、民事再生の手引211頁

（開始後の権利取得）
第44条　再生手続開始後、再生債権につき再生債務者財産に関して再生債務者（管財人が選任されている場合にあっては、管財人又は再生債務者）の行為によらないで権利を取得しても、再生債権者は、再生手続の関係においては、その効力を主張することができない。
2　再生手続開始の日に取得した権利は、再生手続開始後に取得したものと推定する。

基本事項

趣旨

本条1項は、再生手続開始後に、再生債権について再生債務者財産に関して再生債務者等の行為によらないで権利を取得しても、再生債権者は、再生手続の関係においては、その効力を主張できないことを規定しています。再生手続開始決定により、再生債務者財産は全債権者のための責任財産を構成する状態になっていることから、再生手続との関係において再生債権者の権利取得を認めず、債権者平等を徹底させる趣旨です（新注釈民再（上）245頁［長沢美智子］）。

本条の適用のある典型例としては、再生債権者である代理商が、再生債務者に帰属すべき物または有価証券を再生手続開始後に第三者から受け取った場合であっても、商事留置権（商521、会社20）を主張し得ないということ等が挙げられています（条解民再238頁［畑瑞穂］）。

本条2項は、再生債権者間の平等の確保を重視して、再生手続開始の日に取得した権利は再生手続開始後に取得したものと推定しています。

本条と同趣旨の規定が破産法48条および会更法55条にも置かれています。

より深く学ぶ

破産法48条との異同　本条と同趣旨の規定として破産法48条があります。

本条は、適用場面を再生債権者による権利取得に限定しているのに対して、破産法48条は、文言上は破産債権に限定しておらず、また、破産管財人の行為による場合を除外していません。

もっとも、破産法48条も、本条と同様に、破産債権者間の平等を確保するため

の規定と解されており、適用場面を破産債権者による権利取得に限定して解釈されています。したがって、本条と破産法48条との間に実質的な差異は生じないと解されています（伊藤870頁・339頁）。

文献　伊藤870頁、条解民再237頁［畑瑞穂］、新注釈民再（上）244頁［長沢美智子］

（開始後の登記及び登録）
第45条　不動産又は船舶に関し再生手続開始前に生じた登記原因に基づき再生手続開始後にされた登記又は不動産登記法（平成16年法律第123号）第105条第1号の規定による仮登記は、再生手続の関係においては、その効力を主張することができない。ただし、登記権利者が再生手続開始の事実を知らないでした登記又は仮登記については、この限りでない。
2　前項の規定は、権利の設定、移転若しくは変更に関する登録若しくは仮登録又は企業担保権の設定、移転若しくは変更に関する登記について準用する。

基本事項
1　趣旨
本条は、再生手続開始前の登記原因に基づいてされた再生手続開始後の不動産登記等の効力について定めています。本条と同趣旨の規定が破産法49条、会更法56条にも置かれています。

2　手続開始後の仮登記の効力
再生手続開始前の登記原因に基づいて再生手続開始後になされた登記および不動産登記法105条1号の仮登記（いわゆる「1号仮登記」）は、再生手続との関係ではその効力を主張できません（本条Ⅰ本文）。ただし、登記権利者が再生手続開始について善意の場合には効力を主張できます（同項ただし書）。本条1項は、自動車、商標権、著作権、特許権など、権利の設定、移転・変更に関する登録もしくは仮登録または企業担保権の設定・移転・変更に関する登記についても準用されます（本条Ⅱ）。

3　手続開始前の登記・仮登記の効力
前述の通り1号仮登記が本登記と同様の保護を受けるのに対し、同条2号の仮登記（いわゆる「2号仮登記」）は、1号仮登記とは異なって権利変動の実体的要件が備わっていないことから、再生手続との関係で効力を主張し得ず、再生手続開始について善意であっても保護されないと解されています（伊藤870頁・342頁）。

なお、本条は、再生手続開始があった後に登記・仮登記等が行われた場合の取扱いを定めるものです。再生手続開始前に登記・仮登記等が行われた場合の当該登記等の効力については、本条ではなく、その原因行為や対抗要件具備が否認されるか否かによって規律されます（民再129等）。

論点解説
再生手続開始前の仮登記に基づく本登記請求の可否　再生手続開始前に1号仮登

記を得ていた第三者が手続開始後にした本登記を再生債務者に対抗できるか、また、当該仮登記権利者が再生債務者に本登記を請求できるかについては、一般に、再生手続開始前に1号仮登記がなされ、再生手続開始後にその本登記を得れば、善意・悪意にかかわらず再生手続との関係で効力を主張でき、また、再生債務者等に対して本登記手続を請求することが可能と解されています（条解民再 244 頁［畑瑞穂］、伊藤 342 頁参照）。

これに対し、再生手続開始前に2号仮登記を得ていた第三者が手続開始後にした本登記を再生債務者に対抗できるか、また、当該仮登記権利者が再生債務者に本登記を請求できるかについては議論があります。肯定説は、2号仮登記も順位保全効（不登 106）を有するため、1号仮登記と区別する根拠が乏しいとして開始決定後の本登記請求を肯定します。他方、否定説は、2号仮登記は実体的な権利変動がなく本登記原因を前提としないことを重視し、開始決定後の本登記請求を否定します。この点、判例は、破産手続の事案において肯定説を採用しています（最判昭 42・8・25 判時 503 号 33 頁）。

より深く学ぶ

再生債務者の第三者性との関係　対抗問題における再生債務者の第三者性については、再生債務者の法的地位とも関連して多くの議論がありますが［☞民再§38 **論点解説** 1〜5］、本条が再生債務者が任意に登記をした場合の登記の効力について定める一方、登記権利者からの登記手続請求の可否に関しては何らの規定を置いていないことを1つの根拠として、民法 177 条の対抗問題における再生債務者の第三者性を肯定する裁判例があります（大阪地判平 20・10・31 判時 2039 号 51 頁［百選［21］］）。

文　献　伊藤 870 頁、条解民再 241 頁［畑瑞穂］、新注釈民再（上）246 頁［長沢美智子］

（開始後の手形の引受け等）
第 46 条　為替手形の振出人又は裏書人である再生債務者について再生手続が開始された場合において、支払人又は予備支払人がその事実を知らないで引受け又は支払をしたときは、その支払人又は予備支払人は、これによって生じた債権につき、再生債権者としてその権利を行うことができる。
2　前項の規定は、小切手及び金銭その他の物又は有価証券の給付を目的とする有価証券について準用する。

基本事項

趣旨

本条は、為替手形等の有価証券に基づく債権について、再生債権の範囲に関する民再法 84 条の特則を定めています。本条と同趣旨の規定が破産法 60 条および会更法 58 条にも置かれています。

為替手形の振出人等について再生手続が開始された後に、善意で引受け・支払をした支払人等が取得した求償権は、本来は、開始後債権（民再123）として劣後的な扱いを受けることになります。しかし、本条1項は、善意者を保護して手形取引の安全を図るため、その求償権を再生債権としています。また、小切手および金銭その他の物または有価証券の給付を目的とする有価証券についても、その支払等によって発生する求償権について同様の取扱いとしています（本条Ⅱ）。

具体的には、小切手の振出人について再生手続が開始された後に支払人が支払保証または支払をして求償権を取得する場合や、約束手形の振出人について再生手続が開始された後に手形保証や予備支払人による参加支払がなされて求償権が取得される場合などがあります（条解民再246頁［畑瑞穂］）。

文　献　伊藤871頁、条解民再245頁［畑瑞穂］、新注釈民再（上）251頁［長沢美智子］

（善意又は悪意の推定）
第47条　前2条の規定の適用については、第35条第1項の規定による公告（以下「再生手続開始の公告」という。）前においてはその事実を知らなかったものと推定し、再生手続開始の公告後においてはその事実を知っていたものと推定する。

基本事項
趣旨

本条は、再生手続開始後の登記・登録（民再45）および再生手続開始後の手形の引受けに伴って取得された求償権の取扱い（民再46）について、再生手続開始の公告を基準時として、再生手続開始の公告前であれば善意が、公告後であれば悪意が推定されることとし、証明責任の所在を明らかにしています。本条と同趣旨の規定が破産法51条および会更法59条にも置かれています。

公告の前後とは、公告の効力が生じた時（官報掲載日の翌日。民再10Ⅱ）の前後を意味します。

文　献　伊藤871頁、条解民再246頁［畑瑞穂］、新注釈民再（上）253頁［長沢美智子］

（共有関係）
第48条　再生債務者が他人と共同して財産権を有する場合において、再生手続が開始されたときは、再生債務者等は、共有者の間で分割をしない定めがあるときでも、分割の請求をすることができる。
2　前項の場合には、他の共有者は、相当の償金を支払って再生債務者の持分を取得することができる。

基本事項

趣旨

　民法は、共有者はいつでも共有物の分割を請求することができることを原則としつつも、5年を超えない期間内は分割をしない定めをすることができるとしています（民256Ⅰ）。本条は、共有持分の換価を容易にし、再生債務者の経済的再生を促進するため、かかる不分割の合意がある場合であっても、共有者である再生債務者等に分割の請求を認めました。

　他方、再生債務者等から分割請求を受けた他の共有者を保護するため、分割請求を受けた他の共有者は、相当の償金を支払って再生債務者の持分を取得することができるものとされています（本条Ⅱ）。この権利は再生債務者の持分を取得する形成権と解されており、相当の償金の金額について争いが生じた場合は訴訟で解決されることになります。本条と同趣旨の規定が破産法52条および会更法60条にも置かれています。

　文　献　条解民再247頁［畑瑞穂］、新注釈民再（上）254頁［長屋憲一］

（双務契約）
第49条　双務契約について再生債務者及びその相手方が再生手続開始の時において共にまだその履行を完了していないときは、再生債務者等は、契約の解除をし、又は再生債務者の債務を履行して相手方の債務の履行を請求することができる。
2　前項の場合には、相手方は、再生債務者等に対し、相当の期間を定め、その期間内に契約の解除をするか又は債務の履行を請求するかを確答すべき旨を催告することができる。この場合において、再生債務者等がその期間内に確答をしないときは、同項の規定による解除権を放棄したものとみなす。
3　前2項の規定は、労働協約には、適用しない。
4　第1項の規定により再生債務者の債務の履行をする場合において、相手方が有する請求権は、共益債権とする。
5　破産法第54条の規定は、第1項の規定による契約の解除があった場合について準用する。この場合において、同条第1項中「破産債権者」とあるのは「再生債権者」と、同条第2項中「破産者」とあるのは「再生債務者」と、「破産財団」とあるのは「再生債務者財産」と、「財団債権者」とあるのは「共益債権者」と読み替えるものとする。

基本事項

1　趣旨

　本条は、双方未履行の双務契約の一方当事者に再生手続開始決定がなされた場合に、当該契約がどのように処理されるかについて一般的な原則を定めた規定です。「双務契約」とは、契約に基づく双方の当事者の義務が、対価的な牽連関係にあるもの（谷口知平＝五十嵐清編『新版注釈民法⒀』〔有斐閣、2006〕550頁［澤井裕＝清水元］等）をいいますが、実際にはさまざまなタイプの契約が存在するため、双務契約性を判断することは必ずしも容易ではありません［☞ **論点解説** ①］。本条と同様の規定が

破産法53条、54条および会更法61条にも置かれています。

2 双方未履行双務契約の取扱い

再生手続開始時に双務契約の当事者双方の義務の全部または一部が未履行である場合、再生債務者等は、契約の解除をするか、あるいは再生債務者の義務を履行して相手方の債務の履行を請求することができます（本条Ⅰ）。そして、再生債務者等が相手方の債務の履行を選択した場合、その請求権は再生債務者財産になるとともに、相手方が有する請求権は共益債権となります（本条Ⅳ）。これに対し、契約の解除を選択した場合、相手方の損害賠償請求権は再生債権となり（本条Ⅴ、破54Ⅰ）、相手方が契約の一部を履行している場合には、目的物が再生債務者財産に現存するときはその返還を請求することができ、現存しないときはその価額について共益債権者として権利を行使することができます（本条Ⅴ、破54Ⅱ）。

再生債務者等に選択権が認められた趣旨については、破産手続や更生手続における議論と異なるところはなく、破産法における通説的見解によれば、契約当事者間の公平と手続遂行の必要性から認められた制度と解されています［☞破§53］。判例も、平成16年改正前の双方未履行双務契約に関する破産法59条（平成16年改正後の破産法53条）について、「同条は双務契約における双方の債務が、法律上及び経済上相互に関連性をもち、原則として互いに担保視しあっているものであることにかんがみ、双方未履行の双務契約の当事者の一方が破産した場合に、法60条（改正後の破産法54条）と相まって、破産管財人に右契約の解除をするか又は相手方の債務の履行を請求するかの選択権を認めることにより破産財団の利益を守ると同時に、破産管財人のした選択に対応した相手方の保護を図る趣旨の双務契約に関する通則である」と判示しています（最判昭62・11・26民集41巻8号1585頁［百選［79］］）。

3 相手方の催告権

本条1項で定める選択権の行使には時間的制限がありませんので、相手方は不安定な地位に置かれることになります。そこで、不安定な地位に長期間置かれることを回避するため、相手方は、再生債務者等に対し、解除権または履行請求権の行使のいずれを選択するのか相当の期間を定めて催告することができます（本条Ⅱ前段）。再生手続は再建型手続であり、契約の履行を請求することが原則と考えられることから、再生債務者等がその期間内に確答をしないときは、解除権を放棄したものとみなされます（同項後段）。他方、清算型手続の破産手続では、解除したものとみなします（破53Ⅱ後段）。

この本条1項および2項の規定は、労働協約には適用しません（本条Ⅲ）。更生手続と同様に企業の再建を目的とする再生手続において、再生債務者側からの一方的な労働協約の破棄を認めない立場を明らかにしたものといわれています（新注釈民再（上）271頁［中島弘雅］）。他方、清算型の手続である破産法には本条1項および2項と同様の条項を労働協約に適用しない旨の定めはありません。

4 契約類型ごとの適用内容等

以下では、主な契約類型である賃貸借契約と請負契約について、本条および民再法51条の適用の効果を説明します。

(1) 賃貸借契約

　賃貸借契約における賃借人に再生手続が開始される場合と賃貸人に再生手続が開始される場合があります。

　賃貸借契約の債務としては、賃貸人の使用収益させる債務やその他の付随債務、賃借人の賃料支払債務や目的物の返還債務等が想定されます。契約期間中に賃貸人または賃借人に再生手続開始決定があった場合には、賃貸借契約は双方未履行の双務契約に該当することになります。

　まず、賃借人に再生手続が開始された場合には本条が適用され、再生債務者等が、契約の解除か履行かの選択を行います。そして、解除が選択された場合、敷金返還請求権は再生債務者財産となり、賃貸人の損害賠償請求権は再生債権となります（本条Ⅴ、破54Ⅰ）。他方、履行が選択された場合、賃貸人の賃料債権は共益債権となります（本条Ⅳ）。なお、賃料債権の計算期間は一定期間にわたることから、本条と同趣旨の破産法53条、54条、56条に関連し、破産手続開始日前の期間分に相当する賃料債権も財団債権になるかについては議論があり、破産債権とする見解と財団債権とする見解があります（条解破産443頁）。

　次に、賃貸人に再生手続が開始された場合ですが、この場合に無制限に本条の適用があるとすれば、再生債務者等の解除権の行使により賃借人は賃借権を当然に失うことになり、不合理な結果を招来するおそれがあります。そこで、民再法51条は破産法56条1項を準用し、賃貸人に再生手続が開始された場合に賃借人の賃借権に対抗要件が具備されていれば、再生債務者等の解除権の行使は制限されることとしています。

(2) 請負契約

　請負契約における請負人には、仕事の完成義務があり、注文者には、報酬代金支払債務が認められます。これらの仕事の完成と報酬の支払前に注文者または請負人に再生手続開始決定があった場合には、当該請負契約は双方未履行の双務契約に該当することになります。

　このような状況の下で、注文者に破産手続が開始された場合、契約の解除に関しては民法642条に本条の特則が規定されていますが、再生手続が開始された場合には当該特則が存在しないため、本条が適用されることになります。したがって、注文者たる再生債務者等は契約の解除か履行を選択することができ、再生債務者等が契約の解除を選択した場合、請負人はすでに行った仕事の報酬とその報酬に含まれていない費用について再生債権として権利行使できます。また、再生債務者等が履行を選択した場合、請負人の報酬請求権は共益債権になりますが、再生手続開始前の出来高部分が共益債権になるかは議論があります。建築等の工事においては、請負人の仕事を出来高で区分けすることが可能であるため、再生手続開始日までの出来高は再生債権にとどまると解されています。

　次に、請負人に再生手続が開始された場合は、本条が適用されます。なお、再生債務者等によって請負契約が解除された場合、一般的には出来高は注文者に帰属し、再生債務者等がそれに相当する報酬請求権を行使します。この場合、注文者から請

負人に対する前払金の額が報酬額を上回るときは、注文者が差額を共益債権として行使します（伊藤880頁）。

> **論点解説**

1 双方未履行双務契約の該当性
(1) 所有権留保付売買契約
(ア) **自動車に関する事案** 更生手続における事案ですが、更生会社が買主である所有権留保約款付割賦販売契約による自動車の売買契約について、所有者移転の対抗要件たる登録名義の変更手続をすることは売主の重要な債務であるとして、当該債務が未履行の場合には残代金支払債務との関係で双方未履行双務契約に該当するとする裁判例があります（東京高判昭52・7・19判タ360号196頁、原審：長野地判昭51・4・22高民集30巻2号166頁）。この裁判例では、動産の所有権留保付売買においては、登記・登録の要否が対価性の有無に関する重要な判断要素となり、双方未履行双務契約の該当性が判断されていると考えられます。

これに対し、再生手続における近時の事案では、再生債務者が買主である所有権留保特約付きの自動車の売買契約について、実質的には自動車について所有権留保という非典型担保権を設定したものであるとし、自動車代金のほか部品代金、修理代金、立替金等の債務も担保していることなどを判示した上、売主の買主に対する自動車の所有権移転登録手続債務と買主の売主に対する残代金支払債務は牽連関係に立つとはいえないとした裁判例もあります（東京地判平18・3・28判タ1230号342頁［INDEX［131］］）。

(イ) **機械等に関する事案** 再生手続における事案で、再生債務者が買主である物流のサポートシステムに必要なソフトウェア・パソコン等の機器の所有権留保付売買契約について、契約の目的が物流システム等の導入にあって、そのシステムを稼働するために機器を購入したものであることから、契約上売主が負担するソフトウェアの無償メンテナンス等は単なるサービスではなく売買代金に含まれていると判示した上、機器の引渡債務のほか、当該メンテナンス債務等の付随的債務も売買代金債務と対価関係にあるとした裁判例があります（東京地判平18・6・26判タ1243号320頁）。

これに対し、更生手続における事案ですが、更生会社が買主である機械の所有権留保付売買契約については、売主は目的物を引き渡して契約に基づくすべての債務を履行しており、売買代金完済によって、留保している所有権の移転の効果は当然に生じるので、このような売買契約は双方未履行双務契約に該当しないとする裁判例があります（大阪高判昭59・9・27金法1081号36頁）。

(2) ファイナンス・リース契約
いわゆるフルペイアウト方式によるファイナンス・リース契約に関する更生手続における事案では、判例は、リース料債務は契約の成立と同時にその全額が発生し、その支払が毎月一定額とされていることは期限の利益を与えるものにすぎず、毎月のリース物件の使用とリース料の支払は対価関係に立たないと判示しています（最判平7・4・14民集49巻4号1063頁［百選［74］］、

INDEX［132］］)。

(3) **ゴルフクラブ会員契約** ゴルフクラブ会員の破産手続の事案ですが、会員に年会費の支払義務があるゴルフクラブ会員契約は、主として預託金の支払とゴルフ場の施設利用の取得が対価性を有する双務契約であるとしつつ、年会費の支払義務がある場合にはその支払も対価関係の一部となり得るとし、ゴルフ場施設を会員に利用させる債務と年会費を支払う債務とが双方の未履行債務になると判示した判例があります（最判平12・2・29民集54巻2号553頁［百選［80①］、INDEX［140］］)。もっとも、この判例は、解除権の行使の可否に関する判示部分において、年会費の支払義務は、会員契約の本質的・中核的なものではなく、付随的なものにすぎないとして、結論としては、破産管財人による解除権の行使を認めると相手方に著しく不公平な状況が生じるとしてその行使を認めていません。他方、同じくゴルフクラブ会員の破産手続の事案において、年会費の支払義務がないゴルフクラブ会員契約は、預託金の支払債務とゴルフ場施設を利用させる債務とが対価関係を有する双務契約であるとしつつ、ゴルフ場施設利用料の支払債務は、施設を利用しない限り発生しないとして、預託金支払後の破産手続開始決定時の会員の未履行債務の存在を否定した判例もあります（最判平12・3・9判時1708号123頁［百選［80②］］)。

2 相手方による契約解除の可否 双方未履行の双務契約の相手方には、本条2項に定める解除権のほかにも契約上の解除権が認められるかが問題となります。

(1) **再生手続開始前の債務不履行を理由とする契約解除の効力** 再生手続開始前の再生債務者の債務不履行を理由とした当該契約の解除権が発生している場合、相手方は、原状回復を求めるため、再生手続開始後に再生債務者等に対して解除権を行使することができます。もっとも、契約解除の効果を再生債務者等に対して主張できるかどうかは、再生債務者等が民法545条1項ただし書に定める「第三者」に該当するか否かにより決せられると解されています（新注釈民再（上）266頁［中島弘雅］。なお、伊藤874頁・357頁・335頁)［☞民再§38 **論点解説** 2］。

(2) **倒産解除特約の効力** 再生債務者と契約の相手方による契約内容として再生手続開始等の申立てを解除事由とするいわゆる倒産解除特約が定められている場合、契約の相手方が、再生手続開始決定後に当該特約に基づき契約を解除できるか議論があります。この点、最高裁（最判平20・12・16民集62巻10号2561頁［百選［76］]）は、フルペイアウト式のファイナンス・リース契約に関し、ユーザーについて再生手続開始決定がなされた場合にリース業者に無催告解除を認める旨の特約があった事案において、「本件特約のうち、民事再生手続開始の申立てがあったことを解除事由とする部分は、民事再生手続の趣旨、目的に反するものとして無効と解するのが相当である」とし、その効力を否定しています（伊藤357頁、倒産法概説240頁［沖野眞已]、条解民再255頁［西澤宗英]、破産法・民事再生法概論216頁［佐藤鉄男]、INDEX［133］)。また、更生手続においても同様に、判例によって倒産解除特約の効力は否定されています（最判昭57・3・30民集36巻3号484頁［INDEX［9］])。

より深く学ぶ
再生債務者による選択権の濫用的行使　本条による再生債務者の双方未履行の双務契約についての履行か解除かの選択権については、管財人と同様、総債権者の利益に資するかどうかという点から行使しなければならないとされています。しかし、再生債務者に必ずしも管財人と同様の中立性・公正性を期待できないこともあるため、再生債務者が選択権を濫用的に行使することをいかに抑制するかという点について議論があります。再生債務者による選択権の行使を裁判所の許可に係らしめる（民再41Ⅰ④）、再生債務者が法人である場合に管財人を選任する（民再64Ⅰ）、選択権の行使が再生手続に重要な影響を与える場合には監督委員が再生債務者に積極的に働きかけを行う、再生債務者による契約の解除が契約の相手方に著しい不利益を与える場合には例外的にその効力を否定するなどの方策が提案されています（新注釈民再（上）263頁［中島弘雅］、最判平12・2・29民集54巻2号553頁）。

判　例	東京高判昭52・7・19高民集30巻2号159頁、東京地判平18・3・28判タ1230号342頁
文　献	伊藤873頁、条解民再250頁［西澤宗英］、松下117頁、新注釈民再（上）256頁［中島弘雅］、破産・民事再生の実務〔民事再生・個人再生編〕138頁・141頁・146頁・151頁

（継続的給付を目的とする双務契約）
第50条　再生債務者に対して継続的給付の義務を負う双務契約の相手方は、再生手続開始の申立て前の給付に係る再生債権について弁済がないことを理由としては、再生手続開始後は、その義務の履行を拒むことができない。
2　前項の双務契約の相手方が再生手続開始の申立て後再生手続開始前にした給付に係る請求権（一定期間ごとに債権額を算定すべき継続的給付については、申立ての日の属する期間内の給付に係る請求権を含む。）は、共益債権とする。
3　前2項の規定は、労働契約には、適用しない。

基本事項
1　趣旨

本条は、継続的給付の義務を負う双務契約（継続的給付契約）の相手方が、再生手続開始申立前の相手方による給付の対価を再生債務者が弁済していないことを理由に再生手続開始後に履行を拒絶することを制限する一方で、公平の観点から、相手方が再生手続開始の申立後再生手続開始前にした給付に係る請求権（一定期間ごとに債権額を算定すべき継続的給付については、申立ての日の属する期間内の給付に係る請求権を含む）を共益債権とすることを定めた規定です（本条Ⅰ・Ⅱ）。本条1項および2項の規定は、労働契約には適用されません（本条Ⅲ）。なお、本条と同趣旨の規定が破産法55条および会更法62条にも置かれています。

2　定義

継続的給付契約とは、契約当事者の一方が他方に対して一定の期間にわたって、

反復継続して、物を供給したり、役務を提供する義務を負う契約類型をいいます（伊藤875頁）。給付の内容には、電気、ガス、水道（上水道）、電話等のライフラインの供給に加え、継続的な運送、ビル清掃、エレベーターの保守管理等の役務の提供も含まれるといわれています（大コンメ226頁［松下淳一］）。

論点解説

1 弁済禁止の保全処分と履行拒絶権　本条1項は、再生債務者に対して継続的給付の義務を負う双務契約の相手方が再生手続開始後に履行を拒絶することを制限するものです。よって、相手方は、再生手続開始申立後であっても、再生手続開始前であれば、申立前の給付に係る債権の弁済がないことを理由に履行を拒絶することができます。この点に関し、弁済禁止の保全処分（民再30Ⅰ）が発令されている場合でも、再生手続開始前であれば、相手方は履行を拒絶できるかどうかについて議論があります。再生手続開始申立後の給付の対価が共益債権とされるのは再生手続開始後であり、弁済禁止の保全処分の有無とは関わりがないため、この場合にも履行を拒絶できるとするのが妥当であると解されています（条解民再259頁［西澤宗英］）。

2 再生債務者等の解除と本条2項の適用の有無　再生債務者等が民再法49条1項に基づき双方未履行双務契約を解除した場合にも本条2項が適用されるかについては議論があり（条解民再259頁［西澤宗英］）、これを肯定する見解が有力です（新注釈民再（上）278頁［中島弘雅］、条解会更（中）337頁、大コンメ227頁［松下淳一］）[☞破§55 **論点解説**]。

　　文献　伊藤875頁、条解民再257頁［西澤宗英］、新注釈民再（上）273頁［中島弘雅］、破産・民事再生の実務〔民事再生・個人再生編〕154頁

> **（双務契約についての破産法の準用）**
> **第51条**　破産法第56条、第58条及び第59条の規定は、再生手続が開始された場合について準用する。この場合において、同法第56条第1項中「第53条第1項及び第2項」とあるのは「民事再生法第49条第1項及び第2項」と、「破産者」とあるのは「再生債務者」と、同条第2項中「財団債権」とあるのは「共益債権」と、同法第58条第1項中「破産手続開始」とあるのは「再生手続開始」と、同条第3項において準用する同法第54条第1項中「破産債権者」とあるのは「再生債権者」と、同法第59条第1項中「破産手続」とあるのは「再生手続」と、同条第2項中「請求権は、破産者が有するときは破産財団に属し」とあるのは「請求権は」と、「破産債権」とあるのは「再生債権」と読み替えるものとする。

基本事項

1　趣旨

　本条は、双方未履行の双務契約に関する規律の特則として、賃貸借契約等の契約（破56）、市場の相場がある商品の取引に係る契約（破58）および交互計算（破59）

について、これらに関する破産法の規定を準用し、その処理を図ろうとするものです。なお、本条と同趣旨の規定が会更法63条にも置かれています。

破産法には、これらとは別に双方未履行の双務契約に関するものとして、委任契約についての破産法57条がありますが、本条はこれを準用していません。破産法57条は、民法が当事者の一方について破産手続が開始された場合に委任契約は当然に終了すると定めていること（民653②）を前提とする規定ですが、民法は、再生手続開始を委任契約の終了事由としていないことから、再生手続では同条準用の前提を欠いているためです。

2 破産法56条の準用

賃貸人が再生手続開始決定を受けた場合でも、賃貸借契約における賃借人やライセンス契約におけるライセンシーがその権利を第三者に対抗できるときは、再生債務者等は、民再法49条に基づいて賃貸借契約を解除することはできません（破56Ⅰ）。他方、賃借人やライセンシーの有する請求権は共益債権とされます（同条Ⅱ）［☞破§56］。

3 破産法58条の準用

株式や社債等の有価証券、デリバティブ商品等、金融商品取引所で取引される商品、貴金属や農産物等商品取引所で取引される商品、その他の市場の相場がある商品の取引であって、その取引の性質上、特定の日時または一定の期間内に履行しなければ契約の目的を達することができない契約について、その時期が再生手続開始後に到来するときは、当該契約は解除されたものとみなされ（破58Ⅰ）、解除によって生じた損害賠償の額は同種取引の相場価格と当該契約における商品の価格の差額とされ（同条Ⅱ）、相手方の当該損害賠償請求権は再生債権とされます（同条Ⅲ）。ただし、解除の効果（同条Ⅰ）や損害賠償の額（同条Ⅱ）について当該取引所または市場における別段の定めがあるときは、その定めに従います（同条Ⅳ）。また、同条5項は、取引の安定性を確保するため、いわゆる一括清算ネッティング条項の中核的要素について、再生手続における有効性を確認しています（大コンメ249頁［松下淳一］）。一括清算ネッティング条項とは、「一方の当事者に倒産処理手続の開始等の信用悪化事由が生じたときは、一定の範囲の金融取引から生ずるすべての債権債務について、それが弁済期の異なるもの、異種の通貨を目的とするもの、あるいは現物の引渡しを内容とするものであっても、すべて一括して差引決済をして、それによって決定される残額についてのみ請求できることとする旨の特約」を意味します（一問一答破産97頁、一括清算2⑥参照）。

同条の準用によって、デリバティブ商品等の基本契約において再生手続開始の時点で一括清算ネッティング条項が定められている場合、当事者の一方が再生手続開始決定を受けると、再生手続開始時を基準時として一括清算処理が行われ、解除に伴う損害賠償の額については、基本契約の定めに従って算出され（破58Ⅴ）、再生債務者が損害賠償請求権を有するときは、その損害賠償請求権は再生債務者の財産に帰属し、相手方が損害賠償請求権を有するときは、その損害賠償請求権は再生債権となります（破58Ⅲ・54Ⅰ）［☞破§58］。

4　破産法 59 条の準用

交互計算の当事者の一方について再生手続が開始されたときは交互計算は当然に終了し、各当事者は残額の請求ができます（破59Ⅰ）。交互計算とは、商人間または商人と商人でない者との間で平常取引をする場合において、一定期間内の取引から生じる債権および債務の総額を相殺し、残額の支払を約する双務契約をいいます（商529）。再生債務者が残額請求権を有するときは、その請求権は再生債務者の財産に帰属し、相手方が残額請求権を有するときは、その請求権は再生債権となります（破59Ⅱ）〔☞破§59〕。

文　献　伊藤 876 頁、条解民再 260 頁〔西澤宗英〕、新注釈民再（上）279 頁〔中島弘雅〕

（取戻権）
第 52 条　再生手続の開始は、再生債務者に属しない財産を再生債務者から取り戻す権利に影響を及ぼさない。
2　破産法第 63 条及び第 64 条の規定は、再生手続が開始された場合について準用する。この場合において、同法第 63 条第 1 項中「破産手続開始の決定」とあるのは「再生手続開始の決定」と、同項ただし書及び同法第 64 条中「破産管財人」とあるのは「再生債務者（管財人が選任されている場合にあっては、管財人）」と、同法第 63 条第 2 項中「第 53 条第 1 項及び第 2 項」とあるのは「民事再生法第 49 条第 1 項及び第 2 項」と、同条第 3 項中「第 1 項」とあるのは「前 2 項」と、「同項」とあるのは「第 1 項」と、同法第 64 条第 1 項中「破産者」とあるのは「再生債務者」と、「破産手続開始」とあるのは「再生手続開始」と読み替えるものとする。

基本事項

1　趣旨

本条に定める取戻権とは、その目的物が再生債務者財産に属さないことを主張する権利を意味し（伊藤 894 頁）、その権利が民再法以外の実体法に基づく場合と、民再法に基づく場合があり、前者を一般の取戻権、後者を特別の取戻権といいます。本条 1 項は一般の取戻権を定め、本条 2 項は、破産法を準用して特別の取戻権および代償的取戻権を定めています。本条と同趣旨の規定が破産法 62 条および会更法 64 条にも置かれています。

2　一般の取戻権（本条Ⅰ）

(1)　趣旨

再生手続の対象となる財産は再生債務者に属する財産に限られますが、再生手続開始時に再生債務者が管理する財産の中には再生債務者に属しない財産（第三者の財産）が混入していることがあります。そこで、本条 1 項は、再生手続開始決定が、実体法上の権利に基づいて財産を取り戻す権利に影響を及ぼさないことを確認的に定め、その権利を有する第三者が再生債務者の財産の中に混入した財産を取り戻す

ことができることを明らかにしました。なお、一般の取戻権の基礎となる権利は、所有権をはじめとする実体法上の支配権であり、そのほか、占有権や地上権等の占有を内容とする物権や賃貸借契約終了に基づく目的物返還請求権等の債権も取戻権の基礎となり得ると解されています。

(2) 要件

取戻権行使のためには、取戻権の基礎となる権利を有していることと、取戻権の基礎となる権利につき再生債務者等に対する対抗要件を具備していることが必要です［☞ 論点解説 1、より深く学ぶ］。

(3) 行使方法

取戻権者は、再生手続に拘束されずに特定の財産に対しその基礎となる実体法上の権利を行使することができ、再生債務者等に対し任意に履行を請求したり、訴訟提起や強制執行等の法的手段をとるなど、再生手続外で自由に実体法上の権利を行使できます。なお、再生債務者等が取戻権を承認する場合には、裁判所の許可（民再41 I ⑧）または監督委員の同意（民再54 II）が必要となることがあります。また、取戻権者は、再生債務者等から目的物の引渡請求等を受けた場合にも取戻権を抗弁として主張し、請求を拒むことができます。

3　特別の取戻権（本条II、破63）

(1) 趣旨

民再法は、隔地者間の取引における売主保護の見地から、売買の目的物たる物品の運送中に買主が再生手続開始決定を受けた場合に、売主に対して当該物品の取戻権を認めています（本条II、破63 I）。また、問屋とは自己の名をもって他人のために物品の販売または買入れをすることを業とする者であるところ（商551）、買入委託を受けた問屋が目的物を委託者に発送した場合も、隔地者間取引と利益状況が類似することから、民再法は問屋にも取戻権を認めています。これらの取戻権は、売主または問屋が目的物の所有権者ではないにもかかわらず、民再法の規定に基づいて取戻権を認める点に特色があります（特別の取戻権）。なお、目的物の運送中であれば、売主は運送人に対して運送の中止を求めることができますし（商582）、目的物が買主に到着した後でも動産売買先取特権を行使し得ることなどから、これらの取戻権が実際に行使される事態は生じにくいと指摘されています（条解民再275頁［原強］）。

(2) 要件

売主の取戻権の行使は、売主が買主に対し売買の目的物を第三者を介して発送し（隔地者間売買）、再生手続開始時に買主が目的物を受領しておらず、かつ、代金の全額が弁済されていないことが要件となります。

問屋の取戻権の行使は、買入委託を受けた問屋が物品を発送し、再生手続開始時に委託者が物品を受領しておらず、かつ、報酬および費用の全額が弁済されていないことが要件となります［☞ 論点解説 2］。

(3) 行使方法

特別の取戻権も一般の取戻権と同様に再生手続外で自由に行使できます。ただし、

特別の取戻権の行使に対し、再生債務者等は、代金の全額を支払ってその目的物の引渡しを請求することもできます（本条Ⅱ、破63Ⅰただし書）。なお、売主が取戻権を行使して目的物の占有を回復したときは、売買契約における売主の目的物の引渡義務と買主である再生債務者の売買代金支払義務とが双方未履行の状態となり、その後は双方未履行双務契約の規律（民再49以下）に従って当該契約が履行または解除されることになります（本条Ⅱ、破63Ⅱ）。これは破産手続における取扱いと同じです。問屋が取戻権を行使して目的物の占有を回復したときも、再生手続においては、問屋の取戻権行使後の処理は双方未履行双務契約の規律に従って履行または解除されることになります（本条Ⅱ、破63Ⅲ・Ⅱ．本条2項は、破産法63条3項について、「第1項」を「前2項」と読み替えて準用している）。この点、破産手続においては、破産手続開始決定によって問屋と委託者の関係が当然に終了するため（民653②）、問屋の取戻権行使後の処理には双方未履行双務契約の規律が適用されず（破63Ⅲ）、再生手続と破産手続とで取扱いが異なっています［☞破§63］。

4　代償的取戻権（本条Ⅱ、破64）

(1)　趣旨

取戻権は再生債務者財産中に目的物が存在していることを前提としていますが、譲渡によって目的物が再生債務者財産に属さなくなった場合でも、可能な限り、取戻権を行使したのと同等の効果を確保することが公平といえます。そこで、再生手続においても、破産手続と同様に、再生債務者等による目的物の譲渡によって再生債務者財産中に取戻権の目的物が残存していない場合でも、代替物を特定できる限り、取戻権者は反対給付の請求権の移転や反対給付として受けた財産の給付を請求できることとしています（代償的取戻権）。

(2)　要件

代償的取戻権行使の要件は、取戻権が認められること［☞ **論点解説** ③］、再生債務者または管財人が取戻権の目的物を第三者に譲り渡したことです。また、代償的取戻権の対象となる反対給付が他の財産と区別できることも必要です。

(3)　行使方法

代償的取戻権は、他の取戻権と同様、再生手続外で自由に行使できますが、行使の態様は、反対給付の履行状況により異なります。

まず、反対給付が未履行の場合には、取戻権者は、反対給付の請求権の移転を請求できます（本条Ⅱ、破64Ⅰ）。

他方、反対給付が既履行である場合には、その履行の時期が手続開始前か否かによって結論が異なります。手続開始前に反対給付の履行を受けていた場合は、その反対給付は一般財産に混入しますので、取戻権者は、代償的取戻権を行使することはできず、不当利得または不法行為を理由として再生債権者として権利行使をすることになります。反対給付の履行が手続開始後になされた場合には、取戻権者は、再生債務者等が反対給付として受けた財産の給付を請求できますが（本条Ⅱ、破64Ⅱ）、反対給付の目的物が特定物の場合に限られます。これに対し、反対給付が金銭などの場合には、当該給付は特定性を欠くことになりますので、代償的取戻権を

行使することはできません。この場合、反対給付相当額の損害賠償請求権または不当利得返還請求権を共益債権（民再119）として行使できます［☞破§64］。

論点解説

1　一般の取戻権をめぐる諸問題

（1）取戻権と非典型担保　仮登記担保、譲渡担保、所有権留保といったいわゆる非典型担保権が、取戻権の基礎となる権利に該当するか否かについては、議論があります。非典型担保が債権担保を目的としながら外形的には所有権等を移転させるという法形式をとることから、担保的実態を重視して別除権として扱うのか、法形式を重視して取戻権として扱うのかという問題意識が背景にあります。再生手続では、これらの非典型担保について、いずれも担保としての実態を重視して別除権として扱うのが一般的です。

（ア）仮登記担保　仮登記担保は、金銭債務の不履行があるときは、代物弁済の予約契約、停止条件付代物弁済契約等を締結し、あらかじめ仮登記または仮登録を行うことにより債権回収を担保する非典型担保です。仮登記担保は、再生手続では取戻権ではなく別除権として扱われます（仮登記担保19Ⅲ）。

（イ）譲渡担保　譲渡担保は、債権担保のために法形式上は目的物の所有権を債権者に移転し、不履行があるときに私的実行により優先弁済を受けることを可能とする非典型担保です。再生手続では、譲渡担保の担保としての実態を重視して別除権と扱うのが一般的です（更生手続の事例ですが、本論点について判示したものとして最判昭41・4・28民集20巻4号900頁［百選［57］、INDEX［67］]）［☞民再§53 **論点解説** **1**(1)］。

（ウ）所有権留保　所有権留保は、売買代金債権の弁済を確保するために、買主による代金の完済まで売主に目的物の所有権を留保する非典型担保です。再生手続では、所有権留保についても担保としての実態を重視して別除権として扱うのが一般的です（札幌高決昭61・3・26判夕601号74頁［百選3版［59］、INDEX2版［64］]）［☞民再§53 **論点解説** **1**(2)］。

（エ）ファイナンス・リース　ファイナンス・リースは、設備等の利用を求めるユーザーの依頼を受けたリース会社が、サプライヤー（販売業者）からユーザーの求める物件（リース物件）の所有権を取得した上、ユーザーとの間でリース物件を目的物とする賃貸借契約を締結するものです。ファイナンス・リースでは、契約期間中に終了してもユーザーは残存期間分のリース料の支払義務を免れないとともに、リース物件から回収する旨の特約が付されているのが通常ですので、実質的にはユーザーの設備投資のための資金の供与と担保という実態を有します。そのため、再生手続においても、取戻権ではなく、別除権として取り扱われます（東京地判平15・12・22判夕1141号279頁［INDEX［79］]）［☞民再§53 **論点解説** **1**(3)］。

（オ）再売買の予約・買戻し　再売買の予約・買戻しは、債務者が融資を受ける際に、債務者の所有物を債権者に売り渡し、売買代金名目で融資を受け、債務者が融資金の弁済を行う際には、債務者が再売買の予約完結権の行使または買戻権の行

使をし、売買代金を支払うことを内容とする契約です。債権担保のために行われているという実態を重視して、取戻権ではなく別除権として取り扱うとの見解が有力です（条解民再272頁［原強］）。

(2) **第三者対抗要件**　物権変動のような権利の得喪を第三者に主張するためには、民法の原則から対抗要件の具備が必要となります（民177・467等）。再生債務者が対抗問題において第三者に該当するか否かについては、再生債務者の法的地位や第三者性とも関連してさまざまな議論がありますが、対抗問題においては再生債務者の第三者性を肯定するのが通説です（伊藤868頁）［☞民再§38 **論点解説** 1～5］。そのため、取戻権者が第三者対抗要件の具備を必要とする権利を根拠として取戻権を行使する場合には、再生手続開始時に再生債務者との関係で第三者対抗要件を具備する必要があると解されています（伊藤895頁・417頁）。

(3) **善意の第三者保護規定と取戻権**　通謀虚偽表示の相手方が無効を理由とし、または詐欺の被害者が取消しを理由として取戻権を行使することがありますが、善意の第三者に対抗することはできません（民94Ⅱ・96Ⅲ）。この点、再生債務者が善意の第三者保護規定における第三者に該当するか否かについて、再生債務者の法的地位や第三者性とも関連してさまざまな議論があるものの、第三者該当性を肯定するのが通説です［☞民再§38 **論点解説** 4］。善意・悪意の判断基準については争いがあるものの、再生手続開始時の再生債権者のうちに1人でも善意の者がいれば再生債務者は自らの善意を主張できると考えられています（伊藤869頁）。

2　**問屋について再生手続が開始した場合の委託者の取戻権**　委託者について再生手続が開始された場合における問屋の取戻権については本条2項に従って処理されますが、問屋について再生手続が開始された場合における委託者の取戻権については特別の規定がありません。そこで、委託者に一般の取戻権が認められるか問題となります。

この点、委託者に一般の取戻権を認めるのが通説であり（条解民再273頁［原強］）、破産手続における判例も、問屋が委託の実行として売買をした場合の相手方に対する権利は委託者の計算において取得されたものであることや、自己の名において他人のために物品の買入れをなすという問屋の性質から、問屋の債権者は問屋が取得した委託者の財産を自己の債権の一般的担保として期待すべきではないとして、委託者による取戻権の行使を認めています（最判昭43・7・11民集22巻7号1462頁［百選[49]］）。

3　**特別の取戻権者による代償的取戻権行使の可否**　代償的取戻権を行使できるのは取戻権を有する者であることが必要であるところ（本条Ⅱ、破64Ⅰ）、実体法上の支配権とは別に民再法が特別に創設した特別の取戻権を有する者も代償的取戻権を行使できるか議論があります。破産手続における学説では、破産法62条の文言を重視してこれを否定する見解が有力とされているものの、特別の取戻権は破産管財人に対抗し得る法定の占有回復権限であることとの整合性から、これを肯定する見解も有力であり（大コンメ273頁［野村秀敏］、伊藤430頁）、再生手続においても同様に考えられます。

より深く学ぶ
分別管理された財産と取戻権　　取戻権は、特定の財産を対象とする権利であるため、対象物が他の財産と区別できることが必要です。例えば、金銭は、一般財産に混入することから、対象の特定性が認められないとして取戻権の行使を否定するのが原則です。しかし、金銭であっても、財産が分別管理されていれば取戻権の対象となり得ます。

例えば、信託財産は、受託者の債権者の引当てにならず（信託25）、また、金銭に関する分別管理の方法が法定されていることから（信託34）、受託者に再生手続が開始した場合でも、信託財産である金銭は信託法の定めに従って分別管理がなされている限りは取戻権の対象となり得ます（倒産法概説188頁［沖野眞已］）。

財産の分別管理に関連して預り金のための預金債権の帰属も議論されています。この点が問題となったものとして、損害保険代理店が保険契約者から預かった保険料を原資とする保険代理店名義の保険料専用口座の預金債権が保険代理店に帰属することを肯定した判例や（最判平15・2・21民集57巻2号95頁［百選4版［22］］）、保証事業法に基づく前払金保証のスキームのもとで地方公共団体が支出した公共工事請負代金の前払金を原資とする預金債権につき信託契約の成立を認定して破産財団への帰属を否定した判例があります（最判平14・1・17民集56巻1号20頁［百選［51］、INDEX［89］］）。

|判　例|大阪地判平20・10・31判時2039号51頁［百選［21］、INDEX［28］］、最判平22・6・4民集64巻4号1107頁［百選［58］］、最判平2・9・27判時1363号89頁［百選［50］］、最判昭42・8・25判時503号33頁［百選［A7］］
|文　献|伊藤894頁、条解民再262頁［原強］、破産法・民事再生法概論156頁［佐藤鉄男］、破産・民事再生の実務〔民事再生・個人再生編〕157頁、新注釈民再（上）288頁［長屋憲一］

（別除権）
第53条　再生手続開始の時において再生債務者の財産につき存する担保権（特別の先取特権、質権、抵当権又は商法若しくは会社法の規定による留置権をいう。第3項において同じ。）を有する者は、その目的である財産について、別除権を有する。
2　別除権は、再生手続によらないで、行使することができる。
3　担保権の目的である財産が再生債務者等による任意売却その他の事由により再生債務者財産に属しないこととなった場合において当該担保権がなお存続するときにおける当該担保権を有する者も、その目的である財産について別除権を有する。

基本事項
1　趣旨
本条は、再生手続における別除権を破産手続のそれと同様に定義し（本条Ⅰ）、そ

の手続外行使を認めています（本条Ⅱ）。

　清算を目的とする破産手続では、物的な担保権は債務者の経済状態が悪化した場合にこそ活かされるべきものであるという趣旨から、別除権の手続外の権利行使（破65）を認めています［☞破§65］。

　これに対し、本条が再生手続における別除権を認めた趣旨は、破産法がこれらの権利に別除権を認めた前述の趣旨とは異なるものと理解されています。すなわち、再生債務者の事業や経済生活の再生を目的とする再生手続では、手続構造の簡素化という趣旨から、原則として別除権や優先権のある債権の行使を手続上制約せず、その他の一般債権のみを個別の権利行使が制約される再生債権として権利変更の対象としています。

　また、本条3項は、担保権付きの財産が任意売却その他の事由により再生債務者の財産に属しないこととなった場合に、当該担保権者はなお別除権者として扱われ、被担保債権である再生債権の行使には不足額責任主義（民再182）を適用することを明らかにしたものです。本条と同様の規定が破産法65条にも置かれています（破2⑨・66参照）。

2　要件等

　別除権は担保権であり、再生債務者がその担保権の被担保債権の債務者であることは要件ではありません。再生債務者が債務を負担せず、自己の財産に担保権を設定したにすぎない物上保証人の場合でも、その担保権は別除権となります。また、別除権は再生債務者の財産につき存在することを要し、再生債務者が担保権付きの債務を負担しているものの、再生債務者の財産ではなく、第三者の財産に担保権が設定されている場合には、その担保権は別除権ではなく、担保権者は単なる再生債権者にすぎません。さらに、別除権の対象となる財産は再生手続開始の時の財産に限定され、例えば、再生債務者の財産に設定されていた担保権でも、再生手続開始前に、目的財産が会社分割によって第三者に移転されれば、再生手続上は別除権ではありません（東京地判平18・1・30判タ1225号312頁［INDEX［87］]）。

　別除権の基礎となる担保権については、本条1項では、特別の先取特権、質権、抵当権、商事留置権のみを規定していますが、これらに限定されるものではありません。仮登記担保権は別除権として取り扱われますし（仮登記担保19Ⅲ）、根抵当権や財団抵当法等による抵当権（工場抵当法等〔新注釈民再（上）295頁〔長沢美智子〕参照〕）も含まれます。

　譲渡担保、所有権留保、ファイナンス・リースといった非典型担保も、解釈上、別除権として取り扱うのが通説・実務です（更生手続上の譲渡担保権に関する最判昭41・4・28民集20巻4号900頁［百選［57］]、再生手続上の所有権留保に関する最判平22・6・4民集64巻4号1107頁［百選［58］]、再生手続上のファイナンス・リースに関する最判平20・12・16民集62巻10号2561頁［百選［76］]等）（☞**論点解説** **1**）。

　再生債務者が民法177条に規定する「第三者」に該当すると考えられること等から、再生手続上、別除権を行使するためには、その設定・変動について、対抗要件を具備する必要があると考えられています（大阪地判平20・10・31判時2039号51頁、最

第53条（別除権）

判平 22・6・4 判タ 1332 号 60 頁参照)。目的物が不動産であれば登記(民 177)、動産であれば引渡し(民 178)や動産譲渡登記(動産・債権譲渡特 3)、債権であれば確定日付のある通知または承諾(民 467)や債権譲渡登記(動産・債権譲渡特 4)が対抗要件に該当します(なお、動産・債権譲渡登記は、譲渡人が法人の場合に利用できる)。

3 権利行使方法

別除権は、再生手続によらないで行使することができますので(本条2項)、再生手続開始決定後も、別除権たる担保権の本来の実行方法による行使が可能となります。そのため、民執法の規定による不動産や動産に対する担保権実行競売(民執 180 以下)や債権の場合の直接取立等(民執 193)、民執法以外の法定の実行方法による動産質の弁済充当(民 354)、債権質の直接取立て(民 366)等のほか、約定担保権については約定に基づく実行が可能となります[☞ 論点解説 1]。

なお、民再法は、担保権の実行中止命令(民再 31 I)や担保権消滅請求(民再 148)といった制度を設け、再生債務者の事業等の再生実現のため、別除権の実行の制限や排除を可能としていますが、これらの制度が非典型担保も対象とするかについては議論があります[☞民再§31 論点解説 2・§148 論点解説 3。別除権協定について☞民再§88]。

論点解説

1 別除権と非典型担保　民再法における別除権に関する取扱いは基本的には破産法と共通し、別除権は手続外の行使が可能です[☞破§65]。もっとも、事業を廃止する破産手続と事業を継続する再生手続では、別除権の行使が問題となる局面に大きな差異があります。再生手続は、再建型手続であるがゆえに、事業継続のため再生債務者が別除権の目的物の継続利用を望む場面が多く、非典型担保が別除権であれば担保権の実行中止命令、担保権の消滅請求等によって対処することが可能となるため、いわゆる非典型担保が別除権に該当するか否かは、再生債務者の事業継続に極めて大きな影響を与えることになります。

また、別除権であっても、譲渡担保、所有権留保、ファイナンス・リースでは、開始決定前にこれらの担保権の実行手続が終了していれば、目的物は再生債務者の財産を構成しません。そこで、これらの非典型担保では、その実行終了時期をいつと考えるかという問題も重要となります(この点は、実行が終了するまで発令が可能な担保権の実行中止命令[民再 31 I]との関係でも重要である)。また、このことに関連して各担保権の具体的な実行方法のほか、実行方法の一手段とされるいわゆる倒産解除特約の有効性も問題となります。

さらに、形式的には当事者双方の債務が契約成立後も残る約定担保では、目的物の利用の継続が双方未履行双務契約に関する履行選択であるとすると、再生債務者が支払う費用が手続外での弁済を要する共益債権となるため(民再 49 IV・121 I)、ファイナンス・リースや所有権留保では、これらがそもそも双方未履行双務契約に該当するかという点も議論されます。

加えて、集合動産・債権譲渡担保では、集合物の内容が入れ替わることが予定さ

れています。事業の継続を予定する再生手続では、平常時と同様に入れ替わるすべての動産・債権にその効力が及ぶとすると、再建が困難になりかねません。そのため、その効力範囲については破産手続以上に重要な問題として意識され、議論されています（この点は、担保権消滅請求〔民再 148 Ⅰ〕における価額の算定等にも影響する問題である）。

なお、清算手続である破産手続では、破産財団に属する財産の換価・配当が重要となりますので、事業継続（破 36）による場合を除き、換価対象となる破産財団（破 34 Ⅰ）への帰属という観点を中心に、以上の場面が議論されることになります。

(1) 譲渡担保権

譲渡担保権とは「目的物の所有権をあらかじめ設定者から譲渡担保権者に移転する形式の担保」であり、担保権の実行方法として、譲渡担保権者が目的物を適正評価額で自己に帰属させることができる帰属清算型と、譲渡担保権者が目的物を処分してその売得金から優先弁済を受ける処分清算型があります。

譲渡担保権の法的構成については、大きくは所有権的構成とする見解と担保的構成とする見解とが対立していますが、近時の支配的な考え方は、譲渡担保権は所有権の形式を借りた担保権（担保的構成）であると解しています（伊藤 451 頁）。

譲渡担保権の目的物には、特定の不動産・動産・債権のほか、その個々の目的物が入れ替わり、循環する集合動産や集合債権があります。そのため、対抗要件については、各目的物に応じて、登記（民 177）、引渡し（民 178）、動産譲渡登記や債権譲渡登記（動産・債権譲渡特 3・4）、確定日付のある通知または承諾（民 467）が必要となります。

譲渡担保権の実行方法は、譲渡担保契約が帰属清算型の場合は譲渡担保権者から設定者に対して確定的に目的物を取得する意思表示を行うとともに、清算の通知をすることにより、処分清算型の場合には担保目的物を任意に処分して清算する方法によります（破産・民事再生の実務〔民事再生・個人再生編〕167 頁）〔☞ 破 § 65 **論点解説 1**〕。その終了時期については、帰属清算型では上記清算金を支払った時または清算金がなければ上記目的物を取得する旨の意思表示が到達した時であり、処分清算型では第三者への処分契約時と解されています（竹下守夫『担保権と民事執行・倒産手続』〔有斐閣、1990〕234 頁、伊藤 452 頁）。また、多くの集合債権譲渡担保契約では、平常時には、譲渡担保権者に移転させた債権の回収権限を設定者に付与しつつ、再生手続等の倒産手続が開始された場合には、無催告に契約を解除することができる旨のいわゆる倒産解除特約が規定され、担保権の実行方法の 1 つとして位置付けられています〔☞ **論点解説 2**〕。

集合動産・債権譲渡担保においては、再生手続開始決定後に再生債務者が取得した個々の動産や債権に対して、いかなる範囲でその効力が及ぶかという点が重要な問題となります。この点、再生手続開始決定時に譲渡担保権の対象範囲が固定し、その後に取得した動産・債権に対してはその効力が及ばないとする見解や、譲渡担保権者が実行に着手した時点で固定するという見解（伊藤 904 頁）があります（議論の詳細について、倒産法概説 136 頁〔沖野眞已〕、破産・民事再生の実務〔民事再生・個人再生編〕

169頁）。

(2) 所有権留保

所有権留保とは、売買契約において、売主が目的物を買主に引き渡すものの、売買代金債権を担保するため、代金完済まで目的物の所有権を売主が留保するもので、多くの場合、その目的物は動産です。

所有権留保の法的構成については、譲渡担保権と同様に所有権的構成と担保的構成の各見解があり、両者とも有力です（詳細は、道垣内弘人『担保物権法〔第3版〕』〔有斐閣、2012〕361頁、高木多喜男『担保物権法〔第4版〕』〔有斐閣、2005〕379頁）。

実体法上の学説では、所有権留保については物権変動がないため、対抗要件は不要であると解されています（道垣内弘人『担保物権法〔第3版〕』〔有斐閣、2012〕362頁）。もっとも、最判平22・6・4（民集64巻4号1107号［百選［58］]）は、自動車に関する所有権留保を主張するためには登録が必要であると判示しています。

所有権担保の担保権としての実行方法は、約定に基づき、売買契約を解除した上、または解除せずに、再生債務者に目的物の引渡しを請求し、その時価と代金債権額との差額を清算するというものです（伊藤448頁、道垣内弘人『担保物権法〔第3版〕』〔有斐閣、2012〕365頁、高木多喜男『担保物権法〔第4版〕』〔有斐閣、2005〕381頁）［☞破§65 **論点解説** **1**]。もっとも、実行時には目的物の価値が下落し、清算が不要となる場合がほとんどです。

なお、再生債務者が買主である所有権留保特約付売買契約については、当該契約が双方未履行双務契約に該当するか否かも問題となります。登録を必要とする自動車に関する事案で双方未履行双務契約性を否定して所有権留保という非典型担保権を設定したものとした裁判例もありますが（東京地判平18・3・28判タ1230号342頁）、更生手続における裁判例において、更生会社が買主である所有権留保特約款付割賦販売契約による自動車の売買契約について、自動車の登記・登録が未了の場合には双方未履行双務契約とする裁判例もありますので、登記・登録の有無には注意が必要です［☞民再§49 **論点解説** **1**]。

(3) ファイナンス・リース

ファイナンス・リースとは、ユーザーが希望する機材等をリース会社がメーカーから購入した上、ユーザーに使用させ、ユーザーは、リース期間中その購入代金相当額を費用、金利相当額等とともにリース料として分割払する契約です（特に、リース期間中に購入代金等のリース会社の投下資本すべてを回収できるようにリース料を設定したものをフルペイアウト方式のファイナンス・リースといい、実務上問題とされるのはこの方式のものである）。

契約の法的性質についても、所有権留保特約付売買契約の法的性質と同様に、双方未履行双務契約に該当するか否かが議論されていますが、判例は、更生手続における事案ですが、双方未履行双務契約に該当しないと判示しています（最判平7・4・14民集49巻4号1063号［百選［74］、INDEX［132］]）［☞民再§49 **論点解説** **1**]。ファイナンス・リース契約は、賃貸借契約類似の契約であって、リース料支払債務とユーザーの使用収益受任義務とが対価関係にあるとして双務契約性を認める見解と、

金融取引的性質を重視して、リース料支払債務は契約成立時に全額について発生し、毎月の支払は期限の利益を付与されたものであって、対価関係はないとし、双務契約ではなく担保権の設定であるとする見解があります。

フルペイアウト方式のファイナンス・リースの法的性質について、通説・実務は担保権として取り扱っています。前掲・最判平20・12・16は、理由中の判断で同様の見解に立つ旨判示し、これにより別除権として扱う実務が固まるのではないかと説明されています（新注釈民再（上）297頁［長沢美智子］）。なお、担保権としての法律構成の中には、所有権留保類似の構成による見解や、ユーザーの保有する利用権上に担保権を設定したものと構成する見解等があります（詳細は、条解民再288頁［山本浩美］）。

ファイナンス・リースの実行方法は、リース契約を解除し、あるいはリース契約に定めがある場合にはリース契約を解除せず、再生債務者から目的財産を引き揚げた上、余剰があれば清算することになります。実行の終了時期については、解除権の行使時、引揚時、清算時等の見解があります（詳細については、新注釈民再（上）154頁［三森仁］、山本和彦「倒産手続におけるリース契約の処遇」金法1680号〔2003〕8頁）〔☞破§65 **論点解説** **1**〕。

2 **倒産解除特約と再生手続**　所有権留保やファイナンス・リース等の約定の非典型担保契約では、倒産手続の開始を解除原因として無催告解除を認める、いわゆる倒産解除条項が定められていることが多く、その有効性について議論があります。倒産解除特約の有効性が認められると、再生債務者が目的物の使用を望んだとしても、担保権消滅請求（民再148Ⅰ）等によって目的物を利用する道が閉ざされることになります。そのため、更生手続や再生手続といった再建型の手続では特に問題となり、その有効性に疑義が出されています。この点、フルペイアウト・ファイナンス・リース契約の倒産解除特約の効力を否定した民事再生に関する判例（前掲・最判平20・12・16）があります（なお、所有権留保特約付売買契約中の倒産解除条項の効力を否定した会社更生に関する判例〔前掲・最判昭57・3・30〕もある）。

3 **商事留置権の効力（手形・不動産）**　商事留置権とは、商法または会社法の規定による留置権であり、代理商（商31、会社20）、商人間（商557・31）、運送取扱人（商562）や船舶所有者（商753Ⅱ）の留置権がこれに該当します。商事留置権は、再生手続においては、本条により別除権として明記されているのみですが、破産手続においては、別除権である特別の先取特権とみなされ（破66Ⅰ）、優先弁済権が認められ、その実行も容易になっているものの、その順位は他の特別の先取特権に劣後するものと規定されています（同項・Ⅱ）。

実体法上、商事留置権には留置的効力はあっても優先弁済権はなく、その実行も形式的競売（民執195）が可能であるにすぎません。したがって、破産財団に属する財産をすべて換価する必要のある清算型の破産手続の場合であれば、商事留置権の実行を容易にすることに意義があります。しかし、再建型の再生手続では、その実行を容易にして、被担保債権である再生債権を特別に保護する必要性に乏しいといった事情等があり、破産手続とは異なる取扱いとなっています（倒産法概説145頁［沖

野眞已]、条解民再 280 頁［山本浩美]）。

　以上のような規定の仕方等から、破産手続とは異なり、再生手続において商事留置権に留置的効力が認められることには特段の争いはありません［☞破§66 論点解説 1・2]。

　ところで、商事留置権の優先弁済権に関連して、顧客から約束手形の取立委任を受け、この手形について商事留置権を有する銀行が、顧客の再生手続開始決定後に同手形を取り立てた上、法定の手続によらずに取立等を行い、弁済充当を可能とする約定に基づいて、取立金を債務の弁済に充当した事案があります。当該事案において判例（最判平23・12・15民集65巻9号3511頁［百選［53]]）は、別除権の行使として取立金が留置されるため、再生債務者は当該取立金を弁済原資に充てられないことや、この約定は別除権の行使に付随する合意として民再法上も有効であるとして、優先弁済権を認めたのと同様の結果を導いています（伊藤898頁・482頁参照）［☞破§71 より深く学ぶ 4]。

　判　例　大阪地決平13・3・21判時1782号92頁［INDEX［86]]、最判平18・7・20民集60巻6号2499頁［INDEX［70]]、最判平19・2・15民集61巻1号243頁［INDEX［69]]

　文　献　道垣内弘人『担保物権法〔第3版〕』（有斐閣、2008）295頁・359頁、高木多喜男『担保物権法〔第4版〕』（有斐閣、2005）329頁・378頁、柚木馨＝高木多喜男編『新版注釈民法(9)〔改訂版〕』（有斐閣、2015）647頁［福地俊雄＝占部洋之]・737頁［安永正昭]、条解民再277頁［山本浩美]、新注釈民再（上）293頁［長沢美智子]、破産・民事再生の実務〔民事再生・個人再生編〕151頁・162頁・165頁

第3章　再生手続の機関

> **前　注**

　再生手続において中心的な役割を担う機関は再生債務者です（民再38 I）。再生手続開始後、再生債務者は、再生手続の機関として業務を執行し、財産の管理処分を行います。再生債務者の業務執行や財産管理を監督するのは原則として裁判所です。しかし、裁判所が必要があると判断した場合には、裁判所の任命に基づいて監督委員が再生債務者を監督することになります（民再54 I・II）。同様に、再生債務者の財産や業務の状況を調査する必要がある場合には、裁判所は調査委員を任命します（民再62 I・II）。さらに、再生債務者の財産管理が適正に行われない等、特に必要がある場合には、再生債務者に代わって再生債務者の業務を執行し、または財産の管理処分等を行う機関である管財人（民再66）や、保全管理人（民再81 I）を裁判所が選任することがあります。これらの機関はすべて、裁判所による監督に服します。

　なお、前記の機関に加えて、再生手続に関与する機関として、再生債権者の意思決定機関である債権者集会（民再114）や、再生債権者の利益を代表して、裁判所の承認を得て再生手続の進行に関与する債権者委員会があります（民再117）。

1　再生債務者

　再生債務者は、再生手続を開始した後も、原則として、業務を遂行し、財産を管理処分することができます（民再38 I）。法人の再生債務者の場合には、手続開始前の代表者が経営を継続し、財産管理を行うことができます。この点が、再生手続と破産手続の大きな違いです（破産手続では、破産者は財産の管理処分権を失い、破産管財人が破産財団の管理処分を行うことになる〔破31 I・74・78〕）。

　再生債務者は、破産手続における破産管財人と同様に、再生手続を担う機関として、公平かつ誠実に業務執行や財産の管理処分を行い、再生手続を追行する義務を、債権者に対して負います（民再38 II）。

2　監督委員

　監督委員は、利害関係人の申立てにより、または裁判所の職権で、必要に応じて、裁判所が選任します（民再54 I）。監督委員の職務は、再生債務者による業務執行および財産の管理処分が適正に行われるよう監督することです。監督委員が選任されても、再生債務者の業務執行権限および財産管理処分権限がなくなるわけではありません。監督委員の監督の下で、再生債務者が引き続き業務を遂行し、財産の管理処分を行います。実務上は、多くの裁判所において、監督委員を選任することを原則とする運用がなされています。

　監督委員は、裁判所が監督委員の同意を要するとして定めた行為を再生債務者が行ってよいかどうかを判断し、同意を与える権限を有します（民再54 II）。また、裁

判所が特定の行為について、監督委員に否認権を行使する権限を付与する場合もあります（民再56Ⅰ）。これらの同意権や否認権の行使およびその他の職務の履行を通じて、監督委員は、必要な情報を収集し、再生債務者による業務執行および財産の管理処分を監督します。

3 調査委員

調査委員も、利害関係人の申立てにより、または裁判所の職権で、必要に応じて、裁判所により選任されます（民再62Ⅰ）。調査委員の職務は、調査命令に定めた事項について調査をし、定められた期間内に裁判所に報告することです（同条Ⅱ）。調査事項としては、手続開始要件の有無、保全管理命令ないし管理命令の発令要件、再生債務者等の業務遂行に関する事項などがあります。

4 管財人

再生手続における管財人は、再生債務者による業務遂行および財産の管理処分が適正に行われない場合に、その適正化を図るために、裁判所が選任します（民再64）。裁判所が管財人を選任すると、再生債務者は業務遂行権限および財産の管理処分権限を失い、これらの権限は管財人に専属します（民再66）。管財人の職務は、再生債務者に代わって、その業務を遂行し、財産を管理処分し、財産評定（民再124Ⅰ）・担保権消滅許可申立て（民再148Ⅰ）・再生計画案の提出（民再163Ⅰ）等の、再生手続における再生債務者の役割を果たすことです。なお、管財人に否認権が付与された場合（民再135Ⅰ・Ⅲ）には、管財人は、再生債務者の財産の管理処分に関して、再生債務者以上の権限をもつことになります。

5 保全管理人

保全管理人は、再生債務者が法人の場合に、その財産の管理または処分が適正でないときなど、再生手続申立後手続開始決定までの間、再生債務者の事業の継続のために特に必要があると裁判所が認めたときに、裁判所が選任します（民再79Ⅰ前段）。保全管理人の職務は、再生手続開始の申立後、再生手続開始決定により保全管理命令が失効したり、同命令が取り消されるまでの間、再生債務者の業務および財産を管理することです。保全管理人が選任されると、再生債務者の業務執行権限および財産の管理処分権限は保全管理人に専属します。管財人は再生手続開始後に選任されるのに対し、保全管理人は手続開始申立後に選任される点や、保全管理人の権限は原則として常務に限るとされている点（民再81Ⅰ）等に差異があります。

6 裁判所

裁判所は、再生手続開始決定をはじめとして、再生手続に関する裁判を行うとともに、監督委員、調査委員、管財人、保全管理人の選任をし、これらの機関および再生債務者を監督します（民再41Ⅰ・57・63・78・83Ⅰ）。また、債権者集会の招集および指揮（民再114・116）、再生債権届出の受理（民再94）、再生計画案の受理（民再163Ⅰ・Ⅱ）、再生計画案を決議に付する旨の決定（民再169Ⅰ）、再生計画の認可・不認可の決定（民再174Ⅰ・Ⅱ）等を行います。さらに、利害関係人間の争いを裁判によって解決する役割も担っています（民再105・106Ⅱ・135Ⅱ・137Ⅱ・143・145Ⅱ・149Ⅲ等）。

第1節　監督委員

> **（監督命令）**
> **第54条**　裁判所は、再生手続開始の申立てがあった場合において、必要があると認めるときは、利害関係人の申立てにより又は職権で、監督委員による監督を命ずる処分をすることができる。
> 2　裁判所は、前項の処分（以下「監督命令」という。）をする場合には、当該監督命令において、1人又は数人の監督委員を選任し、かつ、その同意を得なければ再生債務者がすることができない行為を指定しなければならない。
> 3　法人は、監督委員となることができる。
> 4　第2項に規定する監督委員の同意を得ないでした行為は、無効とする。ただし、これをもって善意の третьего 者に対抗することができない。
> 5　裁判所は、監督命令を変更し、又は取り消すことができる。
> 6　監督命令及び前項の規定による決定に対しては、即時抗告をすることができる。
> 7　前項の即時抗告は、執行停止の効力を有しない。

基本事項
1　趣旨

　本条は、監督命令の要件、内容、効力等について定めた規定です。再生手続では、再生債務者が業務の遂行および財産の管理を行い（民再38Ⅰ）、裁判所が後見的に監督する（民再41Ⅰ等）ことが原則です。もっとも、再生債務者の組織や経営の状況に照らし、裁判所が必要と判断した場合には、再生手続の開始の前後を問わず、監督委員による監督が命ぜられます（監督命令）［☞ **より深く学ぶ** 1・2］。なお、破産手続には監督委員の制度と類似の制度はありません。本条と同趣旨の規定が会更法35条にも置かれています。

2　監督委員の同意を要する行為

　裁判所は、監督命令を発令すると、同命令の中で監督委員の同意を得なければ再生債務者がすることのできない行為（「要同意事項」という）を指定します（本条Ⅱ）。要同意事項には、裁判所による要許可事項とすることができる事項である民再法41条1項各号の全部または一部が指定されることが通常です［☞民再§41］。再生債務者が同意を得ずに要同意事項を行った場合には、当該行為は無効となります（本条Ⅳ本文）。ただし、同意が必要だと知らなかったり、同意が得られていると信じた善意の第三者（重過失は除くと解されている）に対しては、無効を主張することはできません（同項ただし書）。

3　監督命令の変更・取消しおよび監督命令等に対する不服申立て

　裁判所は、監督命令を変更し、または取り消すことができます（本条Ⅴ）。監督命令およびその変更・取消しの決定に対しては、即時抗告による不服申立てをすることができますが（本条Ⅵ）、執行停止の効力はありません（本条Ⅶ）。即時抗告があるたびに効力が停止されてしまうと、再生債務者の日々の業務遂行に支障を来します

し、緊急事態に対応できないおそれもあるためです。即時抗告権者は、再生債務者や再生債権者などの利害関係人です（民再9）。

より深く学ぶ

1 実務上の運用　本条1項は、裁判所が必要があると認めるときに限って、監督委員を選任することができる旨定めています。しかし、多くの裁判所では、原則として、再生手続開始の申立てがあれば監督命令を発して監督委員を選任するという運用をしています（民事再生の手引56頁、条解民再300頁〔高見進〕）。監督委員の被選任資格に法律上の制限はなく、法人もなることができますが（本条Ⅲ）、次項に列挙されるような監督委員の職務に照らし、事案に応じて会計専門家の助力も受けつつ、法律専門家である弁護士が監督委員に選任されることがほとんどです。

2 監督委員の具体的職務　監督委員は再生債務者による業務執行および財産管理が適正に行われるよう監督します。監督委員の主たる職務には次のようなものがあります（条解民再304頁〔高見進〕、民事再生の手引58頁）。

① 再生債務者の行為に対する同意を与えること（本条Ⅱ）　監督委員の主たる職務は、同意権の行使です（同項）。監督委員の同意を必要とする事項は、裁判所の許可を要する事項（民再41Ⅰ）を中心として指定されます。

② 手続開始前の借入金等によって生じた債権の共益化について、裁判所の許可に代わる承認をすること（民再120Ⅰ・Ⅱ、民再規55）

③ 再生債務者およびその代理人、取締役、従業員等ならびに再生債務者の子会社等に対して、業務および財産の状況について報告を求めたり、帳簿等を検査すること（民再59Ⅰ-Ⅳ）

④ 再生債務者の業務および財産の管理状況その他裁判所の命ずる事項を裁判所に報告すること（民再125Ⅲ）

⑤ 裁判所による権限の付与に基づいて否認権を行為すること（民再56）

⑥ 債権者集会に出席し、再生債務者の業務および財産の状況等について意見を述べること（民再規49）

⑦ 再生計画の遂行の監督をすること（民再186Ⅱ）

⑧ 再生計画の変更申立て（民再187Ⅰ）、再生手続終結の申立て（民再188Ⅱ）、再生手続廃止の申立てや意見陳述（民再193・194、民再規98）をすること

なお、例えば東京地裁では、再生手続開始の申立てがあると、監督委員は、申立ての直後に開催される債権者に対する説明会に出席して債権者の意見を聴取し、再生手続開始の当否に関する意見書を提出するのが通例です（民事再生の手引58頁）。

文献　伊藤815頁、条解民再297頁〔高見進〕、新注釈民再（上）320頁〔石井教文〕、倒産法概説427頁〔笠井正俊〕、松下41頁、破産・民事再生の実務〔民事再生・個人再生編〕182頁、民事再生の手引55頁、詳解民再71頁〔四宮章夫〕

(監督命令に関する公告及び送達)
第55条 裁判所は、監督命令を発したときは、その旨を公告しなければならない。監督命令を変更し、又は取り消す旨の決定があった場合も、同様とする。
2 　監督命令、前条第5項の規定による決定及び同条第6項の即時抗告についての裁判があった場合には、その裁判書を当事者に送達しなければならない。
3 　第10条第4項の規定は、第1項の場合については、適用しない。

基本事項

　裁判所は、監督命令（民再54Ⅰ）を発令したとき、または監督命令の変更・取消しの決定があったときは、その旨を公告しなければなりません（本条Ⅰ）。ただし、公告による告知の効力（民再10Ⅳ）は生じません（本条Ⅲ）。これは、監督命令およびその変更・取消しは当事者の利害に大きく関わることから、公告による告知ではなく本来の個別送達方式による送達を行い（本条Ⅱ）、当事者に即時抗告・再抗告（民訴330）の機会を保障するためです。また、これらについての即時抗告があった場合には、その裁判の裁判書も同様に当事者に送達されます（本条Ⅱ）。

　当事者とは、再生債務者、監督委員、監督命令の申立てをした利害関係人、即時抗告をした者などをいいます。

文献 　伊藤816頁、条解民再308頁［多比羅誠］、詳解民再73頁［四宮章夫］、新注釈民再（上）329頁［石井教文］

(否認に関する権限の付与)
第56条 　再生手続開始の決定があった場合には、裁判所は、利害関係人の申立てにより又は職権で、監督委員に対して、特定の行為について否認権を行使する権限を付与することができる。
2 　監督委員は、前項の規定により権限を付与された場合には、当該権限の行使に関し必要な範囲内で、再生債務者のために、金銭の収支その他の財産の管理及び処分をすることができる。
3 　第77条第1項から第3項までの規定は、前項の監督委員について準用する。この場合において、同条第2項中「後任の管財人」とあるのは「後任の監督委員であって第56条第1項の規定により否認権を行使する権限を付与されたもの又は管財人」と、同条第3項中「後任の管財人」とあるのは「後任の監督委員であって第56条第1項の規定により否認権を行使する権限を付与されたもの、管財人」と読み替えるものとする。
4 　裁判所は、第1項の規定による決定を変更し、又は取り消すことができる。
5 　裁判所は、必要があると認めるときは、第1項の規定により権限を付与された監督委員が訴えの提起、和解その他裁判所の指定する行為をするには裁判所の許可を得なければならないものとすることができる。
6 　第41条第2項の規定は、監督委員が前項の許可を得ないでした行為について準用する。

基本事項
1　趣旨
本条は、裁判所が監督委員に対して否認権行使の権限を付与する制度を定めています。本条は民再法に固有の条文であり、破産法や会更法には本条と同趣旨の規定はありません。

2　監督委員への否認権付与
更生手続や破産手続においては、必要的に管財人（破産管財人）を選任し、管財人（破産管財人）は債務者の財産について管理処分権限を有し、否認権を行使します（破173Ⅰ）。これに対して、再生手続においては、裁判所が管財人を選任した場合（民再64）には管財人が、管財人を選任していない場合には、本条に基づいて特定の行為について否認権行使の権限が付与された監督委員が否認権を行使することになります（民再135Ⅰ）。

管財人は再生債務者の財産の管理処分権を有しますから（民再66）、その資格に基づいて否認権を行使するのは当然といえます。他方、監督委員は、再生債務者の業務執行および財産管理を監督してその適正を確保することが本来の職務であり（民再54Ⅰ）、裁判所が監督委員を選任した場合でも、再生債務者は引き続き業務の遂行および財産の管理を行うことができます（民再38Ⅰ）。しかし、再生債務者に否認権行使の権限を与えても、自らの行為を否認するとなれば適正・公平な否認権行使を期待できない場合も想定されることから、再生手続においては、裁判所が、監督委員に対して、特定の行為についての否認権行使権限を付与することができることとしました（本条Ⅰ）。

3　否認権付与の対象行為
監督委員の否認権は、破産管財人や再生手続における管財人の否認権のような包括的なものではありません。監督委員の否認権の対象行為は、裁判所により具体的に特定されます。

4　監督委員の財産管理処分権
再生債務者の財産の管理処分権は、管財人を選任した場合を除いて、再生債務者自身に帰属します。したがって、本来、監督委員は否認の訴えについて給付訴訟を提起することはできません。しかし、それでは、否認権行使の目的が実現されないことになりかねません。そこで、本条2項は、否認権行使に必要な範囲で、監督委員が再生債務者の財産の管理および処分をすることができることとしました。

5　任務終了および否認権付与決定の変更・取消し
監督委員は、本条2項に基づく財産の管理処分の任務が終了した場合には、管財人の場合と同様に、裁判所に計算の報告等をしなければなりません（本条Ⅲ・77Ⅰ）。

裁判所は、否認権付与決定を変更し、または取り消すことができます（本条Ⅳ）。

6　訴え提起等の行為に関する裁判所の許可
裁判所は、必要な場合には、監督委員が訴えの提起、和解その他裁判所の指定する行為をするには裁判所の許可を得なければならないとすることができます（本条Ⅴ）。この場合、監督員が裁判所の許可を得ないでした行為は無効ですが、善意の

第三者に対抗することはできません（本条Ⅵ・41 Ⅱ）。

文献 伊藤 816 頁、条解民再 309 頁 [多比羅誠]、倒産法概説 440 頁 [笠井正俊]、詳解民再 78 頁 [四宮章夫]、松下 63 頁、民事再生の手引 223 頁、新注釈民再（上）331 頁 [石井教文]

（監督委員に対する監督等）
第 57 条 監督委員は、裁判所が監督する。
2 裁判所は、監督委員が再生債務者の業務及び財産の管理の監督を適切に行っていないとき、その他重要な事由があるときは、利害関係人の申立てにより又は職権で、監督委員を解任することができる。この場合においては、その監督委員を審尋しなければならない。

基本事項

本条 1 項は、監督委員が裁判所の監督に服することを定めています。裁判所は、監督委員が法令に従い、再生手続の円滑な遂行を図るよう監督します（条解民再 315 頁 [多比羅誠]）。また、裁判所は、日常的な連絡、相談に対する対応や事情聴取などの監督に関する事務を裁判所書記官に命じて行わせることができます（民再規 23 Ⅰ、条解民再規則 62 頁）。

本条 2 項は、監督委員が再生債務者の業務および財産の管理の監督を適切に行っていない場合等の重大な任務懈怠があるときには、裁判所が、利害関係人の申立てによりまたは職権で、監督委員を審尋した上で、解任することができることを定めています。なお、監督委員は、正当な事由があるときは、裁判所の許可を得て辞任することができます（民再規 23 Ⅱ）[☞破§75]。

破産管財人等に関する本条と同様の規定が破産法 75 条、会更法 68 条にも置かれています。

文献 伊藤 818 頁、条解民再 314 頁 [多比羅誠]、詳解民再 85 頁 [四宮章夫]、新注釈民再（上）336 頁 [石井教文]

（数人の監督委員の職務執行）
第 58 条 監督委員が数人あるときは、共同してその職務を行う。ただし、裁判所の許可を得て、それぞれ単独にその職務を行い、又は職務を分掌することができる。

基本事項

監督委員には、複数名が選任されることがあります（民再 54 Ⅱ）。複数名が選任された場合には、共同して職務を執行するのが原則となります（本条本文）。共同してとは、全員一致しての意味であり、過半数を意味しません。もっとも、常に全員一致でなければ職務を執行することができないとすると、迅速な職務の執行に支障を来すおそれがあります。そのため、裁判所の許可を得て、それぞれが単独に職務を

行い、または職務を分掌することもできることとされています（本条ただし書）。破産管財人等に関する本条と同様の規定が破産法76条、会更法69条にも置かれています。

文献 伊藤817頁、条解民再316頁［多比羅誠］、詳解民再74頁［四宮章夫］、新注釈民再（上）338頁［石井教文］

（監督委員による調査等）
第59条 監督委員は、次に掲げる者に対して再生債務者の業務及び財産の状況につき報告を求め、再生債務者の帳簿、書類その他の物件を検査することができる。
一　再生債務者
二　再生債務者の代理人
三　再生債務者が法人である場合のその理事、取締役、執行役、監事、監査役及び清算人
四　前号に掲げる者に準ずる者
五　再生債務者の従業者（第2号に掲げる者を除く。）
2　前項の規定は、同項各号（第1号を除く。）に掲げる者であった者について準用する。
3　監督委員は、その職務を行うため必要があるときは、再生債務者の子会社等（次の各号に掲げる区分に応じ、それぞれ当該各号に定める法人をいう。次項において同じ。）に対して、その業務及び財産の状況につき報告を求め、又はその帳簿、書類その他の物件を検査することができる。
一　再生債務者が株式会社である場合　再生債務者の子会社（会社法第2条第3号に規定する子会社をいう。）
二　再生債務者が株式会社以外のものである場合　再生債務者が株式会社の総株主の議決権の過半数を有する場合における当該株式会社
4　再生債務者（株式会社以外のものに限る。以下この項において同じ。）の子会社等又は再生債務者及びその子会社等が他の株式会社の総株主の議決権の過半数を有する場合には、前項の規定の適用については、当該他の株式会社を当該再生債務者の子会社等とみなす。

基本事項
1　趣旨

　監督委員は、再生債務者の業務執行および財産管理を監督する職務を担い、裁判所が指定した再生債務者の行為に対する同意権（民再54Ⅱ）や、手続開始前の借入等に関する共益債権化の承認権（民再120Ⅱ）、裁判所から権限付与決定を受けた場合の否認権（民再56）、再生計画遂行の監督権限（民再186Ⅱ）等の権限を与えられています。監督委員は、これらの職務を果たし、権限を適切に行使するために、再生債務者の業務および財産の状況を把握しておく必要があります。本条は、そのための監督委員の調査権を定めています。破産管財人等に関する本条と同様の規定が破産法83条、会更法77条にも置かれています。

2　調査権

監督委員は、再生債務者の業務および財産の状況について報告を求め、帳簿、書類その他の物件を検査することができます（本条Ⅰ）。なお、調査の結果は、必要に応じて裁判所に報告されます（民再125Ⅲ）。

3　調査の対象者

調査の対象者は、①再生債務者、②再生債務者の代理人および代理人であった者、③法人の再生債務者の理事、取締役、執行役、監事、監査役および清算人およびこれらの地位にあった者、④③に準ずる者（例えば、会計検査人、会計参与、役員職務代行者等）ならびに⑤再生債務者の従業員および従業員であった者です（本条Ⅰ・Ⅱ）。さらに、必要に応じて、⑥再生債務者の子会社等も対象となります（本条Ⅲ・Ⅳ）。

4　調査の対象・方法

調査の対象は、帳簿、書類その他の物件とされており、特に制限はありません。

調査方法としては、監督命令の発令後速やかに、個人の再生債務者の場合は本人およびその代理人から、法人の場合には、その代理人のほか、代表取締役その他役員や、経理担当者などの主要な従業員から事情を聴取するのが一般的です。さらに、主要な再生債権者や別除権者、労働組合等からも事情を聴取します。監督委員は、裁判所から、開始決定の可否についての意見を求められるのが通常ですので、監督命令発令直後は、①業務および財産の状況、②資金繰りの見込み、③申立てに至る経緯、④申立前後の偏頗行為や不正行為の有無、⑤主要債権者や取引先、従業員の動向等を調査すべきことになります。さらに、再生債務者が事業譲渡等を行う場合には、裁判所が与える許可や株主総会決議による承認に代わる許可等を行うに際しての要件の有無や適否を調査することもあります。特に事業譲渡先等の選定については、その過程や結果の適否も調査することが通例です。

また、東京地裁における実務では、裁判所が監督委員に対して再生計画案に関する調査報告を求め、その報告書を再生計画案に添付して債権者に配布するとの運用がなされていることから、監督委員は、報告書作成に際して、再生債務者が提出する民再法125条に基づく報告書、財産評定、再生計画案の内容に関する調査も行います。

以上のような調査には、会計帳簿等の会計に関する調査も含まれることから、一定規模以上の再生事件では、監督委員が会計専門家である公認会計士や監査法人を監督委員の補助者に選任するのが通例です。

文献　伊藤818頁、条解民再318頁［多比羅誠］、倒産法概説427頁［笠井正俊］、詳解民再81頁［四宮章夫］、民事再生の手引67頁、新注釈民再（上）340頁［石井教文］

（監督委員の注意義務）
第60条　監督委員は、善良な管理者の注意をもって、その職務を行わなければならない。
2　監督委員が前項の注意を怠ったときは、その監督委員は、利害関係人に対し、

連帯して損害を賠償する責めに任ずる。

基本事項
1 趣旨
本条は、監督委員の善管注意義務とその違反についての損害賠償責任を定めています。破産管財人等に関する本条と同様の規定が破産法85条、会更法80条にも置かれています。

2 善管注意義務（本条Ⅰ）
監督委員は、善良な管理者の注意をもって、その職務を行わなければなりません（本条Ⅰ）。善良な管理者の注意とは、監督委員として一般的、平均的に要求される注意であり、監督委員としての地位と知識を前提として個別具体的に判断されることになります（条解民再323頁［多比羅誠］）［☞ 論点解説］。

3 損害賠償責任（本条Ⅱ）
善管注意義務を怠った監督委員は、利害関係人に対して、損害賠償責任を負います。監督委員が数人いる場合には（民再58）、義務を怠った監督委員が連帯して損害賠償責任を負うことになります。「利害関係人」には、再生債務者、再生債権者といった再生手続の影響を受ける利害関係人のみならず、共益債権者や別除権者等、再生手続に関連して広く利害を有する者が含まれます。

論点解説
監督委員の善管注意義務　監督委員は、あくまでも監督機関であり、業務遂行や財産処分の権限を全般的に有しているわけではありません。このことから、監督委員の注意義務をあまり厳格に捉えるべきではないとの見解（新注釈民再（上）347頁［森川和彦］）や、再生債務者から同意の申請を受けた際の監督委員の調査の目的は再生債務者の裁量の逸脱や濫用をチェックする点にあることから、通常は、同意申請時に提供された資料等に疑問な点がなければ、それ以上積極的に探索しなくても善管注意義務違反を問われることはないとする見解があります（詳解民再84頁［四宮章夫］）。

文献　伊藤818頁、条解民再323頁［多比羅誠］、詳解民再84頁［四宮章夫］、新注釈民再（上）346頁［森川和彦］

（監督委員の報酬等）
第61条　監督委員は、費用の前払及び裁判所が定める報酬を受けることができる。
2　監督委員は、その選任後、再生債務者に対する債権又は再生債務者の株式その他の再生債務者に対する出資による持分を譲り受け、又は譲り渡すには、裁判所の許可を得なければならない。
3　監督委員は、前項の許可を得ないで同項に規定する行為をしたときは、費用及び報酬の支払を受けることができない。
4　第1項の規定による決定に対しては、即時抗告をすることができる。

> **基本事項**

本条は、監督委員に対する費用および報酬の支払について定めています。破産管財人等に関する本条と同様の規定が破産法87条、会更法81条にも置かれています。

監督委員は、職務執行に要する費用の前払および裁判所が定める報酬を受けることができます（本条Ⅰ）。報酬額は裁判所が決定します。費用・報酬の決定に対しては、即時抗告をすることができます（本条Ⅳ）。

監督委員が、選任後に再生債務者に対する債権や株式等の出資持分の譲受けまたは譲渡を行うには、裁判所の許可が必要となります（本条Ⅱ）。監督委員がこの裁判所の許可を得ないでこれらの行為をした場合には、監督委員は費用および報酬の支払を受けることができなくなります（本条Ⅲ）。これは、監督委員は再生債務者の内部情報を得ることができることから、そのような情報を利用して秘密裡に再生債務者に対する債権や再生債務者の株式等を授受することで不当な利益を得ることを事前に防止するために、裁判所の許可を得ることなくこれらを授受することを禁じたものです。

> **文　献**　伊藤818頁、条解民再324頁［多比羅誠］、倒産法概説427頁［笠井正俊］、新注釈民再（上）348頁［森川和彦］

第2節　調査委員

> **（調査命令）**
> 第62条　裁判所は、再生手続開始の申立てがあった場合において、必要があると認めるときは、利害関係人の申立てにより又は職権で、調査委員による調査を命ずる処分をすることができる。
> 2　裁判所は、前項の処分（以下「調査命令」という。）をする場合には、当該調査命令において、1人又は数人の調査委員を選任し、かつ、調査委員が調査すべき事項及び裁判所に対して調査の結果の報告をすべき期間を定めなければならない。
> 3　裁判所は、調査命令を変更し、又は取り消すことができる。
> 4　調査命令及び前項の規定による決定に対しては、即時抗告をすることができる。
> 5　前項の即時抗告は、執行停止の効力を有しない。
> 6　第4項に規定する裁判及び同項の即時抗告についての裁判があった場合には、その裁判書を当事者に送達しなければならない。

> **基本事項**

1　趣旨

本条は、調査命令について定めています。裁判所は、再生手続開始の申立てがあった場合、必要があると認めるときは、利害関係人の申立てによりまたは職権で、調査委員による調査を命ずる処分（調査命令）をすることができます（本条Ⅰ）。なお、本条と同趣旨の規定が会更法39条、125条にも置かれています。

2　調査の方法

　調査命令では、調査委員を選任するほか、調査すべき事項および調査結果について裁判所に報告すべき期間を定めます（本条Ⅱ）。

　調査委員による調査は、再生手続開始決定前においては、裁判所が再生手続開始決定をするかどうかを判断するために必要な資料を収集するための調査が中心となります。その他、管理命令の発令要件、再生債務者等の業務遂行に関する事項も調査事項として挙げられることがあります。再生債権者が再生手続開始の申立人となっている事件や債権者申立ての破産事件が先行して申し立てられており、それに対抗する形で再生債務者が再生手続の申立てを行った場合などに調査委員が選任されることが多いようです。

　なお、監督委員が選任された場合には、再生債務者の業務執行は制限を受けることがありますが（民再法54条2項の監督委員の同意権）、調査委員の場合には、調査委員が選任されても再生債務者の業務執行は制限を受けません。

　調査委員は、保全管理人、管財人または監督委員と並行して選任することができますが、監督委員が選任されている場合には、監督委員にも調査権限があり（民再59）、専門的知識を有する者を補助者として選任できることもあって［☞民再§59 基本事項 4］、監督委員に加えて調査委員まで選任する例は多くはありません。

3　調査命令の変更・取消し・終了および調査命令等に対する不服申立て

　裁判所は、調査命令を変更し、または取り消すことができます（本条Ⅲ）。調査命令およびその変更・取消しの決定に対しては、即時抗告による不服申立てをすることができますが（本条Ⅳ）、執行停止の効力はありません（本条Ⅴ）。即時抗告権者は、再生債務者や再生債権者などの利害関係人です（民再9）。調査命令等の裁判の裁判書は、当事者に送達されます（本条Ⅵ）。調査命令については監督命令と異なり（民再55）、登記・公告を要しません。

　なお、調査委員の任務は、辞任（民再規26Ⅱ・23Ⅱ）、解任（民再63・57Ⅱ）、調査命令の取消し（本条Ⅲ）のほか、命じられた事項についての調査報告に伴って終了します（伊藤820頁）。

　文献　伊藤819頁、条解民再327頁［宮川勝之］、新注釈民再（上）351頁［森川和彦］、倒産法概説428頁［笠井正俊］、松下48頁、破産・民事再生の実務［民事再生・個人再生編］188頁、民事再生の手引103頁、詳解民再106頁［四宮章夫］

（監督委員に関する規定の準用）
第63条　第54条第3項、第57条、第58条本文及び第59条から第61条までの規定は、調査委員について準用する。

基本事項

　本条は、調査委員について、監督委員に関する規定を準用する規定です。調査委員には、法人もなることができ（民再54Ⅲ）、数人の調査委員が選任された場合には共同して職務を執行することも監督委員の場合と同様です（民再58本文）。

調査委員は、裁判所の監督に服し、裁判所は調査委員を解任することもできます（民再57Ⅱ）。職務を行うための調査権限（民再59）、職務執行に当たっての善管注意義務と損害賠償責任（民再60）、費用や報酬等の取扱い（民再61）も、監督委員に準じます。

文献 伊藤820頁、条解民再331頁〔宮川勝之〕、倒産法概説428頁〔笠井正俊〕、松下48頁、民事再生の手引104頁、詳解民再108頁〔四宮章夫〕、新注釈民再（上）355頁〔森川和彦〕

第3節　管財人

> **（管理命令）**
> **第64条**　裁判所は、再生債務者（法人である場合に限る。以下この項において同じ。）の財産の管理又は処分が失当であるとき、その他再生債務者の事業の再生のために特に必要があると認めるときは、利害関係人の申立てにより又は職権で、再生手続の開始の決定と同時に又はその決定後、再生債務者の業務及び財産に関し、管財人による管理を命ずる処分をすることができる。
> 2　裁判所は、前項の処分（以下「管理命令」という。）をする場合には、当該管理命令において、1人又は数人の管財人を選任しなければならない。
> 3　裁判所が管理命令を発しようとする場合には、再生債務者を審尋しなければならない。ただし、急迫の事情があるときは、この限りでない。
> 4　裁判所は、管理命令を変更し、又は取り消すことができる。
> 5　管理命令及び前項の規定による決定に対しては、即時抗告をすることができる。
> 6　前項の即時抗告は、執行停止の効力を有しない。

> **（管理命令に関する公告及び送達）**
> **第65条**　裁判所は、管理命令を発したときは、次項に規定する場合を除き、次に掲げる事項を公告しなければならない。
> 　一　管理命令を発した旨及び管財人の氏名又は名称
> 　二　再生債務者の財産の所持者及び再生債務者に対して債務を負担する者（第5項において「財産所持者等」という。）は、再生債務者にその財産を交付し、又は弁済をしてはならない旨
> 2　裁判所は、再生手続開始の決定と同時に管理命令を発したときは、再生手続開始の公告には、前項に掲げる事項をも掲げなければならない。
> 3　裁判所は、管理命令を変更し、又は取り消す旨の決定をした場合には、その旨を公告しなければならない。
> 4　管理命令、前項の決定又は前条第5項の即時抗告についての裁判があった場合には、その裁判書を当事者に送達しなければならない。
> 5　管理命令が発せられた場合には第1項に掲げる事項を、第3項の決定があった場合又は管理命令が発せられた後に再生手続開始の決定を取り消す決定が確定した場合にはその旨を、知れている財産所持者等に通知しなければならない。

6 第10条第4項の規定は、第1項の場合については、適用しない。

基本事項

1 趣旨

再生手続では、原則として、再生手続開始後も引き続き、再生債務者が業務遂行権および財産の管理処分権を有します（DIP型手続。民再38Ⅰ・Ⅱ）。しかし、再生債務者による財産の管理処分が失当である場合などには、再生債権者等の利害関係人の利益が害されることもあり得ます。そこで、民再法64条は、再生債務者の業務および財産に関し、管財人による管理を命ずる処分、すなわち管理命令を発することができることとしました（管理型手続）。民再法64条に定める管財人と同様の機関に関し、破産法78条、79条、会更法72条1項が置かれています。

管理命令は、再生債務者の業務遂行権および財産の管理処分権を剥奪するという重大な効果を有するため、公告等により広く周知させることとしています（民再65）。

2 管理命令と管財人（民再64）

管理命令の発令は、再生債務者が法人である場合に限られます（民再64Ⅰ括弧書）。これは、再生債務者が自然人である場合には、その事業は往々にして個人の信用に依拠しており、管財人を選任して事業主体を交代することにはなじみにくいといえることや、事業用財産と私生活上の財産との区別が困難であること等から、管理命令を発令できる場合を法人に限定したものです（一問一答民再93頁）。発令時期は、再生手続の開始の決定と同時またはその決定後です（同項）。なお、管理命令の申立権者や管理命令の発令要件については、それぞれ議論があります［☞ **論点解説** ①・②］。

管理命令によって1人または数人の管財人が選任されます（民再64Ⅱ）。管財人の主要な職務は、再生債務者の業務の遂行および財産の管理処分（民再66）、および再生計画案の作成（民再163）をはじめとする再生手続の遂行であり、その職務を行うに適した者のうちから選任されます（民再規27Ⅰ・20Ⅰ）。また、法人も管財人になることができます（民再78・54Ⅲ）。

3 管理命令に係るその他の手続（民再64）

裁判所が管理命令を発令しようとする場合には、急迫の事情があるときを除いて、再生債務者を審尋しなければなりません（民再64Ⅲ）。これは、管理命令が再生債務者の業務遂行権および財産管理処分権を剥奪するという重大な効果をもつことから、再生債務者に意見を陳述する機会を保障したものです（条解民再339頁［髙田賢治］）。

裁判所は管理命令発令後、管理命令を変更し、または取り消すことができます（民再64Ⅳ）。これは管理命令が不要となったり、管財人を追加、変更する場合に行われます。管理命令および管理命令の変更・取消しの決定に対しては、即時抗告をすることができますが（同条Ⅴ）、即時抗告は執行停止の効力を有しません（同条Ⅵ）。

4　管理命令の公告と送達（民再65）

(1) 公告

裁判所は、管理命令が発令されたときは、管理命令を発した旨など民再法65条1項各号に掲げる事項を公告しなければなりません（民再65Ⅰ）。管理命令を変更し、または取り消す旨を決定した場合も同様です（同条Ⅲ）。公告は官報に掲載してなされます（民再10Ⅰ）。

(2) 当事者に対する裁判書の送達

管理命令、その変更決定、取消決定または民再法64条5項の即時抗告についての裁判があった場合には、裁判書を当事者に送達しなければなりません（民再65Ⅳ）。これは、管理命令の効力の重大性を反映したものです。

(3) 財産所持者等に対する通知

管理命令が発せられた場合、管理命令の変更・取消しの決定があったときまたは再生手続開始決定の取消決定が確定したときは、民再法65条1項の公告事項を、知れている財産所持者等（民再65Ⅰ②参照）にも通知しなければなりません（同条Ⅴ）。管理命令の発令は、再生債務者の財産の所持者等にも重大な影響を与えるためです。

論点解説

1　管理命令の申立権者　　管理命令は、利害関係人の申立てまたは裁判所の職権によって発令されます（民再64Ⅰ）。ここにいう利害関係人について、債権者、再生債務者など再生手続開始の申立権者に限られるとする見解や、再生手続開始の申立権者以外に、再生債務者の役員、株主、社員なども含まれるとする見解があります（新注釈民再（上）360頁［籠池信宏］）。なお、監督委員は申立権者ではありませんが、裁判所に対する報告を通じて裁判所の職権発動を促すことができます。

2　管理命令の発令要件　　管理命令の発令要件を備えるのは財産の管理または処分が失当であるとき、その他再生債務者の事業の再生ために特に必要があると認めるときです（民再64Ⅰ）。該当する場合としては、①経営者が放漫経営を続け、または経営能力が不十分なために再生債権者の多数が経営者の交代を希望している場合、②取締役等が重大な職務上の不正行為をした場合（一問一答民再93頁）、③再生債務者が公平誠実義務（民再38Ⅱ）に違反した場合、④再生債務者の経営者が管理命令の発令を希望している場合などが挙げられています（新注釈民再（上）361頁［籠池信宏］）。

　　文　献　伊藤799頁、一問一答民再93頁、条解民再334-343頁［高田賢治］、新注釈民再（上）359頁［籠池信宏］、松下46頁、破産・民事再生の実務〔民事再生・個人再生編〕190頁、会社更生の実務（上）364頁

（管財人の権限）
第66条　管理命令が発せられた場合には、再生債務者の業務の遂行並びに財産の管理及び処分をする権利は、裁判所が選任した管財人に専属する。

第66条（管財人の権限）

基本事項
1　趣旨
　本条は、管理命令によって選任される管財人の権限について定めています。管理命令が発令された場合、再生債務者から再生債務者の業務の遂行ならびに財産の管理および処分をする権利が奪われ、これらの権限が管財人に専属することになります。なお、本条と同趣旨の規定が破産法78条1項、会更法72条1項にも置かれています。

2　業務遂行権および財産管理処分権の専属
　管理命令によって管財人に業務遂行権および財産管理処分権が専属するため管理命令発令後に、再生債務者が再生債務者財産に関してした法律行為は、再生手続の関係においては、原則として無効とされます（民再76Ⅰ）。ただし、管財人には代表権はないとするのが通説です。
　他方、管財人の管理処分権が法人の組織法上の権限にまで及ぶかに関しては議論があります［☞ **論点解説**］。また、このような権限を有する管財人の地位に関してはさまざまな議論があります［☞ **より深く学ぶ**］。
　なお、裁判所は、必要があると認めるときは、管財人が財産の処分や財産の譲受等の一定の行為をするには裁判所の許可を得なければならないと定めることができます（民再41）。

論点解説
管財人と法人の組織法上の行為　　法人の組織法上の行為については、管財人の権限には含まれず、従前通り法人の機関が権限を有するとするのが通説です。通説によれば、事業譲渡（民再43）等のように、法が特別に認めている管財人の組織法上の権限を除いて、管財人は、株式会社の役員の選任（会社329Ⅰ）、解任（会社339Ⅰ）、定款変更（会社466）等の法人の組織法上の行為を行う権限を有しないと解されます。これに対し、法人の組織法上の行為のうち、法人の財産関係を直接変動させる効果を有するものについては、管財人の管理処分権が及ぶとする見解などがあり、管財人と法人の組織法上の行為に関しては議論があります（条解民再346頁［髙田賢治］）。

より深く学ぶ
管財人の法律上の地位（会更法・破産法との異同）　　会更法上の管財人や破産法上の破産管財人の法律上の地位について議論があるのと同様に、民再法上の管財人の法律上の地位についても議論があります。この点、同じく事業の再生を職務内容とする会更法上の管財人の法律上の地位については、①公的受託者とする公的受託者説、②利害関係人団体の機関とする利害関係人団体機関説、③主体性を認められた企業の法定代理人とする企業財団代理人説、④独立の管理機構を構成する法人であるとする管理機構人格説等の見解の対立があります（三宅省三＝池田靖編『民事再生法──実務解説一問一答』〔青林書院、2000〕370頁、条解会更（上）492頁［破産管財人の法律上の地位について☞破§74 **論点解説** **1**］。

民再法上の管財人については、債務者財産および債務者事業の管理機構であり、管財人に就任する私人とは区別された法人格を有するものとして、破産管財人や更生手続の管財人と同様、管理機構人格説が通説です（伊藤807頁）。ただし、民再法上の管財人は、事業の再生のために管理処分権や業務遂行権を行使する点で債務者財産の清算を目的とする破産管財人とは異なり、また、会更法上の管財人が職務内容としている株式会社の合併、会社分割、新会社の設立といった組織変更（会更179以下）を職務内容としない点で会更法上の管財人とも異なっています。

文 献　伊藤199頁・203頁注49・204頁注50・803頁・806頁、条解民再343頁［高田賢治］、新注釈民再（上）367頁［籠原信宏］、三宅省三＝池田靖編『民事再生法──実務解説一問一答』（青林書院、2000）366頁、園尾隆司ほか編『民事再生法──最新実務解説一問一答』（青林書院、2011）438頁、松下淳一「法人たる債務者の組織法的側面に関する訴訟の倒産手続における取扱いについて」伊藤眞ほか編『竹下守夫先生古稀祝賀・権利実現過程の基本構造』（有斐閣、2002）739頁、条解会更（上）492頁、会社更生の実務（上）387頁

（管理命令が発せられた場合の再生債務者の財産関係の訴えの取扱い）
第67条　管理命令が発せられた場合には、再生債務者の財産関係の訴えについては、管財人を原告又は被告とする。
2　管理命令が発せられた場合には、再生債務者の財産関係の訴訟手続で再生債務者が当事者であるものは、中断する。第145条第1項の訴えに係る訴訟手続で再生債権者が当事者であるものについても、同様とする。
3　前項の規定により中断した訴訟手続のうち再生債権に関しないもの（第40条の2第2項に規定するもので同項の規定により受継されたものを除く。）は、管財人においてこれを受け継ぐことができる。この場合においては、受継の申立ては、相手方もすることができる。
4　第2項の規定により中断した訴訟手続のうち、再生債権に関するもので第106条第1項、第109条第1項若しくは第113条第2項前段の規定により提起され、若しくは第107条第1項若しくは第109条第2項（第113条第2項後段において準用する場合を含む。）の規定により受継されたもの又は第40条の2第2項に規定するもので同項の規定により受継されたものは、管財人においてこれを受け継がなければならない。この場合においては、受継の申立ては、相手方もすることができる。
5　前2項の場合においては、相手方の再生債務者又は第2項後段の再生債権者に対する訴訟費用請求権は、共益債権とする。

第68条　前条第2項の規定により中断した訴訟手続について同条第3項又は第4項の規定による受継があるまでに再生手続が終了したときは、再生債務者は、当該訴訟手続（第40条の2第2項に規定するもので同条第3項の規定により中断するものを除く。次項において同じ。）を当然受継する。
2　再生手続が終了したときは、管財人を当事者とする再生債務者の財産関係の訴訟手続は、中断する。

3　再生債務者は、前項の規定により中断した訴訟手続（再生計画不認可、再生手続廃止又は再生計画取消しの決定の確定により再生手続が終了した場合における第137条第1項の訴えに係るものを除く。）を受け継がなければならない。この場合においては、受継の申立ては、相手方もすることができる。

4　第1項の規定は前条第3項又は第4項の規定による受継があるまでに管理命令を取り消す旨の決定が確定した場合について、前2項の規定は管理命令を取り消す旨の決定が確定した場合について準用する。この場合において、第1項中「前条第2項」とあるのは「前条第2項前段」と、「訴訟手続（第40条の2第2項に規定するもので同条第3項の規定により中断するものを除く。次項において同じ。）」とあるのは「訴訟手続」と読み替えるものとする。

5　第3項の規定は、前条第3項の規定による受継があるまでに管理命令を取り消す旨の決定が確定した場合における同条第2項後段の規定により中断した訴訟手続について準用する。この場合において、第3項中「再生債務者」とあるのは、「前条第2項後段の再生債権者」と読み替えるものとする。

基本事項

1　趣旨

　管理命令が発令されると、再生債務者の財産の管理処分権が管財人に専属し（民再66）、再生債務者の財産に関する訴訟の当事者適格も管財人に移転することになります。他方、再生手続が終了して管理命令が失効したり、あるいは管理命令が取り消されると管財人は当事者適格を失います。

　そこで、民再法67条は、管理命令の発令によって、再生債務者の財産関係の訴えの当事者適格が管財人にあることを明らかにし、係属中の訴訟の中断、受継および費用の取扱いを定め、民再法68条は、再生手続が終了しまたは管理命令を取り消す旨の決定が確定し、財産管理処分権が再生債務者の元に戻った場合における再生債務者の財産関係の訴えの取扱いを定めています。再生手続が終了したときとは、再生手続終結決定があったとき（民再188Ⅳ）、再生手続廃止決定の確定があったとき（民再195Ⅶ・188Ⅳ）等をいいます。なお、民再法67条と同趣旨の規定が、破産法44条1項から3項・80条および会更法52条1項から3項・74条1項に、民再法68条と同趣旨の規定が破産法44条4項から6項および会更法52条4項から6項にも置かれています。

2　管財人の当事者適格

　再生債務者の財産関係の訴えについては、管財人に当事者適格が移転します。法人の組織法的側面に関する訴えに関する管財人の当事者適格については議論があります［☞ **論点解説**］。

3　再生債務者の財産関係の訴訟手続の中断

　管理命令発令後は管財人に当事者適格が移転しますので、再生債務者の財産関係の訴訟手続のうち、再生債務者が当事者であるものは中断します。また、法人の役員の責任に基づく損害賠償請求権の査定の裁判に対する異議の訴え（民再145Ⅰ）は、再生債務者が当事者であるものに加え、再生債権者が当事者であるものも中断しま

す（民再67Ⅱ）。管理命令発令によって株主代表訴訟が中断するか否かについては、議論があります［☞ **より深く学ぶ**］。

4　中断した再生債務者の財産関係の訴訟手続の受継

再生債務者の財産関係の訴えで再生債務者が当事者であるもののうち再生債権に関しないものは、管財人または相手方においてこれを受け継ぐことができます（民再67Ⅲ）。相手方が受継の申立てをした場合、管財人はこれを受継しなければならないと解されています。

再生債務者の財産関係の訴えのうち再生債権に関するものは、再生手続開始の決定があったときに中断し（民再40Ⅰ）、係争中の再生債権は、民再法99条以下に定める再生債権の調査および確定の手続によって確定させることになります。管理命令が発令された後は、これらの債権調査および確定手続も管財人が行います。

また、管理命令発令時に、再生債務者が当事者となった債権確定訴訟等が係属しているときは、当事者適格の変動に伴って一旦中断しますが、管財人はこれを受け継がなければなりません（民再67Ⅳ）。さらに、再生債務者が債権者代位訴訟を受継した後に管理命令が発令された場合、管財人はこれを受け継がなければなりません（同項）。

民再法67条3項および4項により管財人が訴訟手続を受継した場合、相手方の再生債務者に対する訴訟費用請求権、または相手方の同条2項後段の再生債権者に対する訴訟費用請求権は共益債権になります（民再67Ⅴ）。

5　再生手続終了等における再生債務者の財産関係の訴訟手続の中断・受継等

受継があるまでに再生手続が終了したときは、再生債務者は、再生債務者の財産関係の訴訟手続を当然受継します（民再68Ⅰ）。もっとも、債権者代位訴訟については、再生債務者による受継はなされず（同項括弧書）、再生債権者が受継しなければなりません（民再40の2Ⅴ）。再生手続が終了した場合、管財人を当事者とする再生債務者の財産関係の訴訟手続は中断します（民再68Ⅱ）。この場合、再生債務者は、中断した訴訟手続を受け継がなければならず、相手方も受継の申立てができます（民再68Ⅲ）。ただし、再生計画不認可、再生手続廃止または再生計画取消しの決定の確定により再生手続が終了した場合における否認請求認容決定に対する異議訴訟（民再137）に係る訴訟手続の帰趨については、民再法254条の定めに従い、同法68条3項の適用はありません（民再68Ⅲ括弧書）［☞民再§254 **基本事項** 2］。

管理命令の取消決定が確定した場合には、民再68条4項に定めのある読替え部分を除いて民再68条1項から3項がおおむね準用されています（民再68Ⅳ）。すなわち、管理命令の取消決定の確定が、管財人による訴訟の受継がなされる前であれば、再生債務者が当然にその訴訟を受継します。また、管財人が当事者である訴訟に関しては取消し決定の確定により中断し、再生債務者がこれを受継することになります。

法人の役員の責任に基づく損害賠償請求権の査定の裁判に対する異議の訴え（民再145Ⅰ）に係る訴訟手続で再生債権者が当事者であるものについては、受継があるまでに管理命令の取消決定が確定した場合には、当該再生債権者がこれを受継しなければならず、相手方も受継の申立てをすることができます（民再68Ⅴ）。

論点解説

組織法的側面に関する訴えにおける管財人の当事者適格　　法人の組織法的側面に関する訴えについて、管財人が当事者適格を有するか否かについては議論があります。通説は、管財人の権限は法人の組織法上の権限に及ばない［☞民再§66 **論点解説**］として、管財人ではなく再生債務者に当事者適格があるとします。これに対し、法人の組織法的側面に関する訴えであっても、判決が法人の財産関係を直接変動させる効果を有するものについては、管財人に当事者適格があるとする見解も主張されています（条解民再348頁［高田賢治］）。

より深く学ぶ

株主代表訴訟と管理命令　　手続開始とともに管財人または破産管財人が選任される更生手続や破産手続に関し、手続開始後の株主代表訴訟の提起の可否、手続開始時に係属中の株主代表訴訟の帰趨について議論があり（条解民再769頁［中島弘雅］）、更生手続や破産手続における通説・裁判例は、管財人に会社財産の管理処分権や事業運営権が帰属すること等を理由として、手続開始後の株主代表訴訟の提起を不適法とするとともに、係属中の株主代表訴訟は中断し、管財人が受継するものとしています。

　再生手続についても、管理命令が発令された場合には、更生手続や破産手続における通説と同様に、再生債務者の責任財産の保全が管財人の専権事項であることを理由に、株主による株主代表訴訟の提起や訴訟追行を否定する見解が有力です（注釈民再（上）451頁［松下淳一］）。

> **判例**　東京高判昭43・6・19判タ227号221頁、東京地決平12・1・27金判1120号58頁［百選［23］］、最判平15・6・12民集57巻6号640頁
>
> **文献**　条解民再346頁［高田賢治］、新注釈民再（上）371頁［籠池信宏］、詳解民再294頁［三木浩一］

（行政庁に係属する事件の取扱い）
第69条　第67条第2項から第5項まで及び前条の規定は、再生債務者の財産関係の事件で管理命令が発せられた当時行政庁に係属するものについて準用する。

基本事項

1　趣旨

　本条は、再生債務者の財産関係の事件で、管理命令が発せられた当時行政庁に係属する事件について、訴訟手続の中断、受継等に関する規定を準用するとした規定です。準用される規定は、民再法67条2項から5項、および68条です。本条と同趣旨の規定が破産法46条および会更法53条にも置かれています。

2　本条が適用される行政庁に係属する事件の具体例

　再生債務者の財産関係の事件で行政庁に係属する事件の具体例として、租税に関する処分に対する不服申立事件（税通75、地税19）、行政庁の処分に対する不服申立

事件（行審4）、特許法等に基づく知的財産権に関して特許庁に係属する審判事件（特許121・48の3等）等が挙げられます。

> **文献** 新注釈民再（上）381頁［籠池信宏］、条解民再355頁［髙田賢治］、詳解民再295頁［三木浩一］

（数人の管財人の職務執行）
第70条 管財人が数人あるときは、共同してその職務を行う。ただし、裁判所の許可を得て、それぞれ単独にその職務を行い、又は職務を分掌することができる。
2　管財人が数人あるときは、第三者の意思表示は、その1人に対してすれば足りる。

基本事項

本条は、管財人が複数選任された場合（民再64Ⅱ）の管財人の職務執行等について規定しています。本条と同趣旨の規定が破産法76条および会更法69条にも置かれています。

管財人が数人あるときは、共同してその職務を行うことが原則です（本条Ⅰ本文）。これは、管財人相互間で牽制と監視機能を果たさせるためです（条解会更（中）246頁）。「共同して」とは、管財人の全員一致によることをいいます。共同で職務を行うべきことに違反した場合の行為は無効と解されますが、この場合に取引の相手方を保護するための法律構成については、議論があります［☞ **より深く学ぶ**］。

他方、本条は、再生債務者の業務遂行の遅滞等を避けるため、裁判所の許可を得て、数人の管財人がそれぞれ単独にその職務を行い、または職務の分掌をすることを認めています（本条Ⅰただし書）。複数の管財人の行為が矛盾する場合には、一番最後の行為が有効でありそれ以前の行為は無効と解されています。

管財人に対する第三者の意思表示は、管財人の1人に対してすれば足ります（本条Ⅱ）。

より深く学ぶ

共同執行違反の効果　本条1項本文に違反して管財人が共同で職務を行わなかった場合、当該管財人の行為は無効とされています（旧会更法の判例として、最判昭46・2・23民集25巻1号151頁［百選3版〔19〕、INDEX〔34〕］）が、取引の相手方を保護するための法律構成に関しては議論があります。前記判例・多数説は、相手方が善意かつ重大な過失がない場合、平成17年改正前商法262条（会社354）を類推適用し保護するとしていますが、他の見解として、会社法354条類推適用否定説、破産法78条5項（民再41条2項）類推適用説が主張されています（学説の詳細については、条解民再358頁［髙田賢治］）。

> **判例** 最判昭46・2・23民集25巻1号151頁［百選3版〔19〕、INDEX〔34〕］
> **文献** 伊藤802頁、条解民再357頁［髙田賢治］、新注釈民再（上）383頁［籠池信宏］、条解破産612頁、会社更生の実務（上）377頁

（管財人代理）
第71条 管財人は、必要があるときは、その職務を行わせるため、自己の責任で1人又は数人の管財人代理を選任することができる。
2　前項の管財人代理の選任については、裁判所の許可を得なければならない。

基本事項
1　趣旨
　管財人は、再生債務者の業務遂行および財産管理処分のほか、債権調査、再生計画案作成、否認権行使など多くの職務を遂行しなければなりません。そこで、本条は、管財人が1人または数人の管財人代理を選任することができることとし、管財人の職務の効率化を図っています。本条と同趣旨の規定が破産法77条および会更法70条にも置かれています。

2　要件
　管財人代理の選任は、必要のあるときに、裁判所の許可を得てなされます（本条）。管財人代理選任の時期や人数等に制限はなく、その資格にも制限はありません。選任に関する裁判所の許可の判断は、裁判所の広範な裁量に委ねられています。

3　管財人代理
　管財人代理（常置代理人ともいう）は、再生手続上の機関であり、管財人に代わってその権限を包括的に行使することができます。もっとも、再生債務者の財産関係の訴訟について、管財人代理に当事者適格はありません。管財人代理は、裁判所の直接の監督には服さず、管財人の監督に服し、管財人代理の行為についてはその選任を行った管財人が責任を負います。なお、管財人代理は再生手続における機関として善管注意義務を負うとするのが多数説です（条解民再362頁［高田賢治］）。

文献　伊藤802頁、条解民再360頁［高田賢治］、新注釈民再（上）385頁［籠池信宏］、条解破産615頁、会社更生の実務（上）381頁

（再生債務者の業務及び財産の管理）
第72条 管財人は、就職の後直ちに再生債務者の業務及び財産の管理に着手しなければならない。

基本事項
1　趣旨
　本条は、管財人が、就職の後直ちに再生債務者の業務および財産の管理に着手しなければならないことを定めています。本条と同趣旨の規定が破産法79条および会更法73条にも置かれています。

2　定義
　「就職」とは、裁判所による選任を管財人候補者が承諾したときをいいます。
　「業務および財産の管理に着手」するとは、管財人が再生債務者の代表者等が保有していた業務執行権および財産権を現実に掌握することをいいます。具体的には、

会社代表印、銀行印、手形帳・小切手帳、通帳、現金、帳簿類、主要な動産・不動産の占有の確保などを進めるとともに、管財人に業務執行権および財産管理権が帰属したことを社内外に周知させ、主要な役職員との面談等を踏まえて社内の指揮命令系統、決裁ルールを整備すること等が考えられます。

より深く学ぶ

再生債務者の代表者等が協力的ではない場合　再生手続は DIP 型が原則であり、管理命令が発令されて管財人が選任されるときは（民再64）、再生債務者たる法人の現経営陣と対立していることも少なくありません。再生債務者の代表者等が管財人に協力的ではない場合、管財人は、まずは郵便物閲覧権（民再73・74）、調査権限（民再78・59）を活用する等して管理に着手することになります。しかし、これのみでは職務の遂行として十分ではないことも多く、その場合の債務者財産の管理方法について議論があります。この点については、管理命令を債務名義とする引渡しの執行を行うとの見解や引渡しの断行の管理処分を行うとの見解が主張されています（注釈民再（上）233頁［佐伯照道］）。なお、民再法には、破産法においては認められている封印執行（破155）、財産の引渡命令（破156）、あるいは警察上の援助（破84）と同趣旨の規定は置かれていません［☞破§79］。

文　献　伊藤803頁、条解民再363頁［高田賢治］、新注釈民再（上）388頁［中川利彦］、注釈民再（上）231頁［佐伯照道］

（郵便物等の管理）
第 73 条　裁判所は、管財人の職務の遂行のため必要があると認めるときは、信書の送達の事業を行う者に対し、再生債務者にあてた郵便物等を管財人に配達すべき旨を嘱託することができる。
2　裁判所は、再生債務者の申立てにより又は職権で、管財人の意見を聴いて、前項に規定する嘱託を取り消し、又は変更することができる。
3　再生手続が終了したときは、裁判所は、第1項に規定する嘱託を取り消さなければならない。管理命令が取り消されたときも、同様とする。
4　第1項又は第2項の規定による決定及び同項の申立てを却下する裁判に対しては、再生債務者又は管財人は、即時抗告をすることができる。
5　第1項の規定による決定に対する前項の即時抗告は、執行停止の効力を有しない。

第 74 条　管財人は、再生債務者にあてた郵便物等を受け取ったときは、これを開いて見ることができる。
2　再生債務者は、管財人に対し、管財人が受け取った前項の郵便物等の閲覧又は当該郵便物等で再生債務者財産に関しないものの交付を求めることができる。

基本事項

1 趣旨

　民再法73条は、再生債務者に宛てた郵便物等の管財人への配達嘱託、その嘱託の取消しや変更等を定め、民再法74条は、管財人が受け取った再生債務者宛ての郵便物等の開披権限や、再生債務者の当該郵便物の閲覧請求権・交付請求権を定めています。これらは、管財人による再生債務者の業務遂行および財産管理のため、再生債務者の通信の秘密（憲21Ⅱ）に制約を加えていることになります。民再法73条と同趣旨の規定が破産法81条および会更法75条に、民再法74条と同趣旨の規定が破産法82条および会更法76条にも置かれています。

2 再生債務者に宛てた郵便物等の配達嘱託等（民再73）

　裁判所は、管財人の職務の遂行のため必要があると認めるときは、信書の送達の事業を行う者に対し、再生債務者宛ての郵便物等を管財人に配達すべき旨を嘱託することができます（民再73Ⅰ）。

　信書の送達の事業を行う者とは、郵便事業を行う日本郵便株式会社（郵便2）等をいいます。郵便物等とは、郵便物（郵便14）と信書便物（民間事業者による信書の送達に関する法律2Ⅲ）をいい、電報は含まれません。

　裁判所は、配達嘱託の必要がなくなった場合には、再生債務者の申立てによりまたは職権で、管財人の意見を聴いた上で、これを取り消し、または変更することができます（民再73Ⅱ）。また、再生手続が終了したとき、または管理命令が取り消されたときは、裁判所は、配達嘱託を取り消さなければなりません（同条Ⅲ）。民再法73条1項の嘱託決定、同条2項による嘱託取消しまたは変更の決定および取消しまたは変更の申立てを却下する裁判に対しては、再生債務者または管財人は、即時抗告することができます（同条Ⅳ）。ただし、管財人の職務遂行に支障を来さないようにするため、民再法73条1項の嘱託の決定に対する即時抗告は、執行停止の効力を有しません（同条Ⅴ）。

3 管財人による郵便物等の開披、再生債務者の郵便物の閲覧請求権・交付請求権（本条）

　管財人は、再生債務者に宛てた郵便物等を受け取ったときは、これを開いて見ることができます（本条Ⅰ）。これは、前条による嘱託により受け取った郵便物等に限られません。

　他方、再生債務者の通信の秘密（憲21Ⅱ）との関係から、再生債務者は管財人に対し、管財人が受け取った郵便物等の閲覧を求めることができます（本条Ⅱ）。ただし、閲覧を求められた場合でも、管財人は、直ちにこれに応じなければならないわけではなく、当該郵便物等について、内容確認のための相当期間を経た後に応じれば足ります。また、再生債務者は管財人に対し、再生債務者財産に関しない郵便物等の交付を求めることができます（本条Ⅱ）。これは、再生債務者財産に関しない郵便物等については、管財人の権限の対象外であり、管財人が保管しておく理由がないためです。株主総会などの組織上の事項に関する書類などがこれに当たります。なお、本条2項の閲覧・交付の対象となる郵便物については、同条1項と同様、前

条による嘱託により受け取った郵便物等に限られません。

文　献　伊藤 803 頁、条解民再 365 頁［倉部真由美］、新注釈民再（上）390 頁［中川利彦］、大コンメ 349 頁［重政伊利］

（管財人の行為に対する制限）
第 75 条　管財人は、裁判所の許可を得なければ、再生債務者の財産を譲り受け、再生債務者に対し自己の財産を譲り渡し、その他自己又は第三者のために再生債務者と取引をすることができない。
2　前項の許可を得ないでした行為は、無効とする。ただし、これをもって善意の第三者に対抗することができない。

基本事項

　管財人は再生債務者の業務遂行権および財産管理権を専有していますので、管財人が自己または第三者のために再生債務者と取引を行えば、再生債務者の利益が不当に害されるおそれがあります。そのような事態を防止するため、本条は、裁判所の許可を得なければ、管財人は、自己または第三者のために再生債務者と取引をすることはできないこととしています（本条Ⅰ）。取締役の利益相反取引を禁止する規定と同趣旨の規定です。なお、本条と同趣旨の規定が会更法 78 条にも置かれています。

　本条 1 項にいう取引や、自己または第三者のためにの意味については、議論があります［☞ **論点解説** １・２］。裁判所の許可を得ないでした行為は無効となりますが、裁判所の許可の有無に関して善意の第三者には対抗できません（本条Ⅱ）。

論点解説

１　**「取引」の意義**　本条 1 項の「取引」とは、管財人の裁量により再生債務者の利益が害されるおそれがある取引をいうと解されています。また、直接取引だけでなく、間接取引（再生債務者による管財人の個人的な債務の保証契約等）も含むと解されています（条解民再 371 頁［倉部真由美］）。

２　**「自己又は第三者のために」の意義**　本条 1 項の「自己又は第三者のために」の意味については、自己の名でまたは第三者の代理人あるいは代表者等として、かつ自己または第三者の計算においてと解する見解と、より広く、自己または第三者の代理人あるいは代表者としてその名においてと解する見解があります。再生債務者の利益が害されることを予防するとの本条の趣旨に照らし、その意義をより広く捉えて規律対象とする後者の見解が有力です（条解民再 372 頁［倉部真由美］、新注釈民再（上）394 頁［中川利彦］）。

文　献　伊藤 806 頁、条解民再 370 頁［倉部真由美］、新注釈民再（上）394 頁［中川利彦］

(管理命令後の再生債務者の行為等)
第76条　再生債務者が管理命令が発せられた後に再生債務者財産に関してした法律行為は、再生手続の関係においては、その効力を主張することができない。ただし、相手方がその行為の当時管理命令が発せられた事実を知らなかったときは、この限りでない。
2　管理命令が発せられた後に、その事実を知らないで再生債務者にした弁済は、再生手続の関係においても、その効力を主張することができる。
3　管理命令が発せられた後に、その事実を知って再生債務者にした弁済は、再生債務者財産が受けた利益の限度においてのみ、再生手続の関係において、その効力を主張することができる。
4　第47条の規定は、前3項の規定の適用について準用する。この場合において、「第35条第1項の規定による公告(以下「再生手続開始の公告」という。)」とあるのは「第65条第1項の規定による公告(再生手続開始の決定と同時に管理命令が発せられた場合には、第35条第1項の規定による公告)」と読み替えるものとする。

基本事項
1　趣旨

管理命令によって再生債務者の業務遂行権および財産管理処分権は管財人に専属します(民再66)が、本条は、管理命令の発令の後に再生債務者による法律行為や再生債務者に対する弁済がなされた場合の効力について定めています。本条と同趣旨の規定が破産法47条1項、50条、51条および会更法54条1項、57条、59条にも置かれています。

2　再生債務者の法律行為および再生債務者に対する弁済の効力

再生債務者が管理命令が発せられた後に再生債務者財産に関してした法律行為は、再生手続の関係においては、その効力を主張することはできません(本条1本文)。ただし、管理型が原則である破産手続や更生手続とは異なり、再生債務者がした法律行為の相手方が、その行為の当時管理命令が発せられた事実を知らなかったときは、相手方はその行為の効力を主張できます(同項ただし書)。

本条1項の「法律行為」とは、狭義の法律行為のみならず、物の引渡し、登記、債権譲渡通知、債務の承認や弁済の受領など、権利義務の発生、移転および消滅に関わる行為すべてが含まれます(伊藤869頁・336頁)。また、「再生手続の関係においては、その効力を主張することはできない」とは、行為の相手方が再生債務者に対してその行為が有効であることを主張できないという意味であり、行為の効力を承認したほうが管財人にとって有利な場合に管財人からその行為が有効であると主張することは可能です。なお、本条1項の「再生手続の関係においては」との文言の解釈に関連し、本条1項に基づく法律行為の効力の否定後に再生手続が終了した場合におけるその法律行為の効力について、議論があります [☞ **より深く学ぶ**]。

管理命令が発せられた後に、その事実を知らないで再生債務者にした弁済は、再

生手続の関係においても、弁済の効力を主張することができます（本条Ⅱ）。これは、二重弁済の危険から、善意の弁済者を保護するために規定されたものです（伊藤871頁・344頁）。他方、管理命令が発せられた後に、その事実を知って再生債務者にした弁済は、再生債務者財産が受けた利益の限度においてのみ、再生手続の関係において、弁済の効力を主張することができます（本条Ⅲ）。「受けた利益の限度」とは、弁済を受けたものがそのまま管財人にわたった場合のみならず、弁済と再生債務者が得た利益との間に因果関係があればよいと解されています。

3　公告による善意・悪意の推定

本条1項から3項までの規定の適用に関して、民再法47条の規定が準用され、管理命令の公告が効力を生じた時より前にされた法律行為および弁済については、相手方は善意であったと推定され、管理命令の公告が効力を生じた時より後にされた法律行為および弁済については、相手方は悪意であったと推定されます（本条Ⅳ）。

より深く学ぶ

再生手続中の行為の手続廃止後の効力　本条1項に基づいて法律行為の効力が否定された後に再生手続が終了した場合におけるその法律行為の効力について、「再生手続の関係においては」との文言の解釈に関連して議論があります（条解民再374頁［薮口康夫］）。この点、更生手続における判例ですが、更生手続開始決定後に代表取締役のした会社財産の売買契約の効力について、更生手続が廃止された後は有効になるとしています（最判昭36・10・13民集15巻9号2409頁［百選［99］、INDEX［169］］）。再生手続に関する学説は、前記判例と同様に解する見解が有力ですが、善意の相手方を保護すれば十分であることを理由に再生手続が廃止された後も有効となることはないと考える見解もあります（新注釈民再（上）398頁［中川利彦］）。

判　例　最判昭36・10・13民集15巻9号2409頁［百選［99］、INDEX［169］］
文　献　伊藤869頁・336頁、条解民再373頁［薮口康夫］、新注釈民再（上）395頁［中川利彦］

（取締役等の報酬）
第76条の2　管理命令が発せられた場合における再生債務者が法人であるときのその理事、取締役、執行役、監事、監査役、清算人又はこれらに準ずる者は、再生債務者に対して報酬を請求することができない。

基本事項

本条は、管理命令が発せられた場合、再生債務者が法人であるときのその理事、取締役、執行役、監事、監査役、清算人またはこれらに準ずる者は、再生債務者に対して報酬を請求することができないことを明らかにしたものです。本条は、平成16年改正により設けられました。

平成16年改正以前は、管理命令発令後の取締役等の報酬請求権の有無について、議論がありました。すなわち、管理命令によって再生債務者の業務遂行権および財

産管理処分権は管財人に専属します（民再66）が、通説によれば、法人の組織法上の権限については、法人の機関が引き続き権限を有するとされています［☞民再§66 論点解説］。そのため、管理命令発令後も、取締役等の業務が一部存続すること、そして再生手続開始決定は委任の終了事由ではないことから、当然に取締役等の報酬請求権が消滅すると解してよいのか明らかではありませんでした。そこで、本条はこの問題を立法的に解決しました（詳細な改正の経緯については、条解民再378頁［山田文］、新注釈民再（上）400頁［中川利彦］参照）。なお、本条と同趣旨の規定が会更法66条1項にも置かれています。

再生手続において管理命令が取り消され、または再生手続が終了するなど、役員がその権限を回復した場合は、更生手続において取締役等の報酬請求権の内容が裁判所の要許可事項となっているのと異なり（会更66Ⅰただし書・Ⅱ）、役員等の報酬請求権の内容は、原則に立ち返り、会社法等に従って定められることになります（会社361ほか）。

判　例　最判平4・12・18民集46巻9号3006頁［会社法判例百選3版［62］、会社法判例INDEX［102］］

文　献　条解民再377頁［山田文］、新注釈民再（上）400頁［中川利彦］

（任務終了の場合の報告義務等）
第77条　管財人の任務が終了した場合には、管財人は、遅滞なく、裁判所に計算の報告をしなければならない。
2　前項の場合において、管財人が欠けたときは、同項の計算の報告は、同項の規定にかかわらず、後任の管財人がしなければならない。
3　管財人の任務が終了した場合において、急迫の事情があるときは、管財人又はその承継人は、後任の管財人又は再生債務者が財産を管理することができるに至るまで必要な処分をしなければならない。
4　再生手続開始の決定を取り消す決定、再生手続廃止の決定若しくは再生計画不認可の決定が確定した場合又は再生手続終了前に再生計画取消しの決定が確定した場合には、第252条第6項に規定する場合を除き、管財人は、共益債権及び一般優先債権を弁済し、これらの債権のうち異議のあるものについては、その債権を有する者のために供託をしなければならない。

基本事項

1　趣旨

本条は、管財人の任務が終了した場合の計算報告義務や緊急処分義務、ならびに再生手続が途中で終了した場合の共益債権および一般優先債権の弁済・供託について定めた規定です。本条と同趣旨の規定が破産法88条1項、2項、90条および会更法82条にも置かれています。

2　計算報告義務

管財人の任務が終了した場合には、管財人は、遅滞なく、裁判所に計算の報告をしなければなりません（本条Ⅰ）。管財人の任務が終了した場合とは、①再生手続の

終了（民再188Ⅳ等）、②管理命令の取消し（民再64Ⅳ）、③辞任（民再規27Ⅰ・23Ⅱ）、④解任（民再78・57Ⅱ）、⑤死亡、⑥法人管財人の合併による消滅をいい、このうち、⑤⑥の場合は、管財人が欠けたときとなり、計算の報告は、後任の管財人がすることになります。

報告義務の具体的内容については、任務終了時の最終の月間報告で足りるとする見解と管財業務全般をうかがわせる内容でなければならないとする見解との対立がありますが（条解民再381頁［藪口康夫］）、同じく再建型手続である更生手続に関する東京地裁の実務では、管財業務全般の概要を確認できるようなものであることが必要とされています（会社更生の実務（上）421頁。ただし、管財人が月間報告書等によって実質的にすでに管財業務全般をうかがわせる内容の報告をしている場合には、任務終了までの計算を加えて要約したものでも足りるとされている）。

3　緊急処分義務

管財人の任務が終了した場合で急迫の事情があるときは、再生債務者に損害が生じることを防止するため、管財人またはその承継人は、後任の管財人または再生債務者が財産を管理することができるに至るまで、必要な処分をしなければなりません（本条Ⅲ）。これを緊急処分義務といい、例えば、時効消滅が目前に迫っている再生債務者財産に属する債権の時効中断などが想定されています。

4　共益債権および一般優先債権の弁済・供託

再生手続が途中で終了する場合には、職権による破産手続開始決定がされる場合（民再250Ⅰ）等の民再法252条6項に規定する場合を除き、管財人は、共益債権および一般優先債権を弁済し、これらの債権のうち異議のあるものについて、供託をしなければなりません（本条Ⅳ）。共益債権および一般優先債権は再生手続によらないで随時弁済すべきもの（民再121Ⅰ・122Ⅱ）とされているところ、本項で定める事由により手続が終了する場合には、再生手続の正常な終了である終結決定（民再188）による終了とは異なり、共益債権・一般優先債権の弁済が終わっていない可能性があることから、本条4項によって弁済・供託が義務付けられています。なお、供託する場合の供託額については、債権者からの請求額か管財人が相当と認める額か争いがありますが、裁判所と協議して相当な額を供託すれば足りるとする見解が有力です（新注釈民再（上）403頁［中川利彦］）。

文　献　伊藤807頁、条解民再380頁［藪口康夫］、新注釈民再（上）401頁［中川利彦］、会社更生の実務（上）419頁

（監督委員に関する規定の準用）
第78条　第54条第3項、第57条及び第59条から第61条までの規定は管財人について、同条の規定は管財人代理について準用する。

基本事項

1　趣旨

本条は、監督委員に関する規定の一部を管財人および管財人代理に準用する規定

です。

2 民再法54条3項

管財人には、法律、会計に関する知識や経営能力が広く求められるため、事案に応じて適切な管財人を選任できるよう法人を管財人とすることもできます。

3 民再法57条

管財人は、裁判所の監督に服し（民再57Ⅰ）、裁判所は、重要な事由があるときは、利害関係人の申立てまたは職権で、管財人を審尋した上で、管財人を解任することができます（同条Ⅱ）［破産管財人について、☞破§75］。

4 民再法59条

管財人は、再生債務者、再生債務者の代理人、再生債務者の理事や取締役等、再生債務者の従業者等に対し、再生債務者の業務および財産の状況について報告を求め、再生債務者の帳簿、書類その他の物件を検査することができます（民再59Ⅰ・Ⅱ）。また、管財人は、職務を行うため必要があるときは、再生債務者の子会社等に対しても調査権を有します（同条Ⅲ・Ⅳ）。この管財人の調査権に関する報告および検査の拒絶等には、罰則規定があります（民再258）［破産管財人について、☞破§83］。

5 民再法60条

管財人の善管注意義務について定めています［☞ **より深く学ぶ**］。

6 民再法61条

管財人および管財人代理は、費用の前払および裁判所が定める報酬を受け取ることができ（民再61Ⅰ）、裁判所が定める管財人および管財人代理の報酬の額はその職務と責任にふさわしいものでなければなりません（民再規27Ⅰ・25）。

管財人および管財人代理は、その選任後、再生債務者に対する債権または再生債務者の株式その他再生債務者に対する出資による持分を譲り受け、または譲り渡す場合には、裁判所の許可を得なければならず（民再61Ⅱ）、この許可を受けないでこれらの取引をした場合、費用および報酬の支払を受けることができなくなります（同条Ⅲ）。この規定は、管財人または管財人代理が、再生債務者の内部情報を知り得る立場にあることから、インサイダー取引等の防止のために設けられたものです［破産管財人について、☞破§87］。

より深く学ぶ

管財人の善管注意義務 管財人は、善良な管理者の注意をもってその職務を行わなければならず、管財人がその注意を怠ったときは、利害関係人に対し連帯して損害賠償責任を負います（本条・60）。

善管注意義務違反の判断に際しては、管財人として一般的・平均的に要求される注意義務に違反するか否かについて、当該管財人の具体的な行為の態様のみならず、事案の規模や特殊性、迅速処理の要請等を総合的に勘案して、個別的に判断すべきであると解されています（会社更生の実務（上）412頁、新注釈民再（上）406頁［中川利彦］）［☞民再§60 **論点解説**、破§85］。

文献 伊藤799頁、条解民再383頁［籔口康夫］、新注釈民再（上）404頁［中川利

彦]、会社更生の実務(上)412頁

第4節　保全管理人

> **(保全管理命令)**
> **第79条**　裁判所は、再生手続開始の申立てがあった場合において、再生債務者(法人である場合に限る。以下この節において同じ。)の財産の管理又は処分が失当であるとき、その他再生債務者の事業の継続のために特に必要があると認めるときは、利害関係人の申立てにより又は職権で、再生手続開始の申立てにつき決定があるまでの間、再生債務者の業務及び財産に関し、保全管理人による管理を命ずる処分をすることができる。この場合においては、第64条第3項の規定を準用する。
> 2　裁判所は、前項の処分(以下「保全管理命令」という。)をする場合には、当該保全管理命令において、1人又は数人の保全管理人を選任しなければならない。
> 3　前2項の規定は、再生手続開始の申立てを棄却する決定に対して第36条第1項の即時抗告があった場合について準用する。
> 4　裁判所は、保全管理命令を変更し、又は取り消すことができる。
> 5　保全管理命令及び前項の規定による決定に対しては、即時抗告をすることができる。
> 6　前項の即時抗告は、執行停止の効力を有しない。

基本事項

1　趣旨

　再生手続においては、原則として、手続開始後も再生債務者が業務遂行権および財産管理権を保有し続けます(民再38)。しかし、再生債務者による財産の管理処分が失当である場合などには、再生債権者の利害関係人の利益が害されることもあり得るため、再生手続開始後は、法人である再生債務者に代わって、管財人が業務の遂行ならびに財産の管理および処分をすることも想定されています(民再64)。

　しかし、再生手続開始申立後から開始決定が発令されるまでの間であっても、再生債務者に業務遂行権等を委ねていては事業の継続すら危ぶまれる場合も想定されます。そこで、本条は、保全管理命令の要件および保全管理人の選任などについて規定するとともに、保全管理命令に対する不服申立ての方法などについて規定しています。本条と同趣旨の規定が破産法91条および会更法30条にも置かれています。

2　保全管理命令の要件(本条Ⅰ)

　保全管理命令とは、法人である再生債務者から業務遂行権および財産の管理処分権を剥奪し、これらを裁判所の選任する保全管理人に専属させる保全処分です。

　保全管理命令が発令されるための要件は、①再生手続の開始の申立てがあったこと、②再生債務者が法人であること、③再生債務者の事業の継続のために特に必要があることです。保全管理命令の対象となる再生債務者が法人に限られているのは、

管理命令と同様の理由によるものです〔☞民再§64〕。

本条1項の「事業の継続のために特に必要がある」とは、再生債務者の理事や取締役に引き続き運営を任せていたのでは、その事業の継続が危ぶまれるような場合を指します（伊藤809頁）。具体例としては、経営が破綻したゴルフ場についてプレー権維持を目的として会員が申立てを行った場合や施設の経営自体は好調であったが不動産投資の失敗のために資金繰りに窮した医療法人に関して申立てがなされた例などがあります（新注釈民再（上）413頁〔印藤弘二〕）。

3 保全管理命令の効果等

(1) 保全管理命令の内容

保全管理命令が発令されると、再生債務者の業務遂行権および財産の管理処分権は保全管理人に専属します（民再81）。保全管理命令の発令に際しては、1人または数人の保全管理人が選任され（本条Ⅱ）、保全管理人は、その職を行うのに適したものから選任しなければなりません（民再規27Ⅰ・20Ⅰ）。なお、法人も保全管理人になることができます（民再83Ⅰ・54Ⅲ）。

裁判所は、職権で、保全管理命令の変更・取消しをすることができます（本条Ⅳ）。

(2) 保全管理命令の失効

保全管理命令は、再生手続開始の申立てに対する決定によって失効します。決定には、再生手続開始決定（民再33Ⅰ）、棄却決定、却下決定のいずれもが含まれます。保全管理命令は、これらの決定の確定を待たずに失効すると解されています（条解民再391頁〔中島肇〕）。

また、保全管理命令は、保全管理命令の取消し（本条Ⅳ）、再生手続の申立ての取下げによっても失効します。なお、保全管理命令が発令された後は、手続申立ての取下げには裁判所の許可（民再32）が必要となります。

4 再生手続開始申立ての棄却決定に即時抗告があった場合

再生手続開始申立てに対し棄却決定がなされても、その決定に対し即時抗告がなされた場合には、その判断が覆る可能性がありますので、棄却決定と即時抗告の結果が出るまでの間の手当てを講ずる必要があります。そこで、本条3項は、再生手続開始申立ての棄却決定があった場合には、本条1項、2項を準用し、保全管理命令の発令を可能としています。

5 保全管理命令の手続

保全管理命令は、利害関係人の申立てまたは職権で発令されます（本条Ⅰ）。利害関係人の範囲については、再生債権者、再生債務者、再生債務者の従業員とする見解（新注釈民再（上）416頁〔印藤弘二〕）と前記の他に再生債務者の取締役、株主も利害関係人に含まれるとの見解の対立があります（条解民再392頁〔中島肇〕）。監督委員は利害関係人には含まれないと解されていますが、裁判所に対する報告を介して職権発動を促すことができます。

保全管理命令およびこれを変更または取り消す決定に対して、利害関係人は即時抗告をすることができますが（本条Ⅴ）、この即時抗告には執行停止の効力はありません（本条Ⅵ）。

より深く学ぶ

廃止決定等の後確定までの保全管理命令　再生手続の廃止決定がなされた場合、職権による破産手続開始決定をするには廃止決定の確定を待つ必要があり（民再250Ⅰ）、その確定までの期間に財産の散逸や不公平な処分がなされるおそれがあります。

そこで、平成14年改正による16条の2の導入を経て、平成16年改正により民再法251条1項1号を制定し、手続廃止決定がなされた場合に職権で保全管理命令等の保全処分を発令することにより、前記の問題に対応することが可能となりました。

　文献　伊藤808頁、条解民再386頁［中島肇］、新注釈民再（上）408頁［印藤弘二］、一問一答民再109頁、破産・民事再生の実務〔民事再生・個人再生編〕192頁、会社更生の実務（上）124頁

（保全管理命令に関する公告及び送達）
第80条　裁判所は、保全管理命令を発したときは、その旨を公告しなければならない。保全管理命令を変更し、又は取り消す旨の決定があった場合も、同様とする。
2　保全管理命令、前条第4項の規定による決定及び同条第5項の即時抗告についての裁判があった場合には、その裁判書を当事者に送達しなければならない。
3　第10条第4項の規定は、第1項の場合については、適用しない。

基本事項

再生債務者の管理処分権を剥奪する（民再81）という保全管理命令の重大な効果に鑑み、本条は、保全管理命令が発令・変更・取り消された場合の公告や送達手続について定めています。本条と同趣旨の規定が破産法92条および会更法31条にも置かれています。

裁判所は、保全管理命令の発令、変更、取消しをした場合には、その旨を公告しなければなりません（本条Ⅰ）。本条1項は、これらの命令によって再生債務者の財産管理処分権の帰趨が定まることから、第三者の利益の保護を図るための措置を規定したものです。なお、本条1項にいう変更または取消しには前条4項および5項の決定が含まれると解されています。

また、保全管理命令の効果の重大性に鑑み、本条3項によって民再法10条4項の適用が排除され、本条1項の公告によっては保全管理命令の一切の関係人に対する告知の効力は生じません（本条Ⅲ）。裁判所は、保全管理命令、その変更、取消決定、または即時抗告に関する決定を当事者に送達しなければならず（本条Ⅱ）、これらの決定の告知の効果は各当事者に対する送達時に生じます。

　文献　伊藤809頁、条解民再394頁［中島肇］、新注釈民再（上）418頁［印藤弘二］

（保全管理人の権限）
第81条　保全管理命令が発せられたときは、再生債務者の業務の遂行並びに財産

の管理及び処分をする権利は、保全管理人に専属する。ただし、保全管理人が再生債務者の常務に属しない行為をするには、裁判所の許可を得なければならない。
2 前項ただし書の許可を得ないでした行為は、無効とする。ただし、これをもって善意の第三者に対抗することができない。
3 第41条の規定は、保全管理人について準用する。

基本事項
1 趣旨
　本条は、保全管理命令によって、再生債務者の業務の遂行権・財産の管理処分権が保全管理人に専属すること、および保全管理人のする「常務に属しない行為」の効力について定めています。本条と同趣旨の規定が破産法93条および会更法32条にも置かれています。

2 保全管理人の権限および地位
(1) 業務遂行権・財産の管理処分権
　保全管理命令の発令によって、業務の遂行と財産の管理処分の権限は保全管理人に専属します（本条Ⅰ）。これは、本条1項ただし書および3項の場合を除き、管理命令が発令された際の管財人の権限［☞民再§64］と同様です。そのため、保全管理人には管財人の権限に関する規定が多数準用されています（民再83）。また、再生債務者の業務および財産の管理処分の権限に基づいて保全管理人がした資金の借入れその他の行為によって生じた請求権は、当然に共益債権となります（民再120Ⅳ）［☞民再§120］。

　なお、管財人と同様に、保全管理人も、法人の組織法上の行為（株式譲渡の承認、株主総会の招集、取締役の選任など）については権限を有さず、これらについては従前の再生債務者（法人）の機関が権限を有すると解されています（条解民再398頁［中島肇]）。他方、管財人とは異なり、保全管理人は、否認権行使権限（民再135）を有しておらず、郵便の送付嘱託の規定（民再73）も適用がありません。

(2) 常務に属しない行為の制限
　本条1項ただし書の「常務」とは、再生債務者の事業における日常的な業務を意味し、通常の原材料の仕入れ、製品の販売など再生債務者の継続的な業務がこれに含まれますが、新規の設備投資や、事業譲渡などは常務には当たらないと考えられています（一問一答民再110頁）。再生債務者の業務遂行・財産の管理処分の範囲内の行為であっても、常務に属しない行為をするには裁判所の許可が必要です。これは、保全管理命令の目的が再生債務者の事業価値の毀損や減耗を防ぐことにあり、一般的には、常務の範囲で職務を行えば当該目的を達成できると考えられていることによります（伊藤809頁）。

(3) 民再法41条
　保全管理人の行為については民再法41条が準用されています。したがって、常務に属する行為についても、同条1項に規定する行為については裁判所の許可を要するものと定めることができます（本条3項）。

(4) 違反の場合の効果

保全管理人が裁判所の許可を得てなすべき行為を裁判所の許可なく行ったときは、その行為は無効とされます（本条Ⅱ・Ⅲ・41Ⅱ）。しかし、取引の相手方にとっては保全管理人の行為が裁判所の許可を要するものであるかを知ることは容易ではありません。そこで、取引の安全を図るため、善意の第三者には行為の無効を対抗できないとされています（本条Ⅱただし書）。善意とは、裁判所の許可がないことを知らなかった場合のみならず、当該行為が常務の範囲に属しない行為であることを知らなかった場合も含むと考えられています（新注釈民再（上）421頁［印藤弘二］）。

文献 条解民再395頁［中島肇］、新注釈民再（上）419頁［印藤弘二］、一問一答民再110頁、会社更生の実務（上）131頁

（保全管理人代理）
第82条 保全管理人は、必要があるときは、その職務を行わせるため、自己の責任で1人又は数人の保全管理人代理を選任することができる。
2 前項の保全管理人代理の選任については、裁判所の許可を得なければならない。

基本事項
1 趣旨

保全管理人は再生債務者の業務遂行および財産管理処分権を専有するものであり、再生債務者の規模によっては1人でそのすべてをこなすことが困難な場合が想定されます。そこで、本条は、保全管理人がその責任で保全管理人代理を選任することを認め、その選任要件と手続を定めるものです。本条と同趣旨の規定が破産法95条および会更法33条にも置かれています。

2 保全管理人代理の権限

保全管理人代理は、保全管理人の権限を包括的に代理する権限を有します。訴訟行為については、個別の訴訟委任をせずに、保全管理人の権限の範囲内で訴訟を遂行できますが、当事者適格はありません。

3 要件

保全管理人が必要と認めたとき、自己の責任で、裁判所の許可を得て選任します。保全管理人代理を複数選任することも可能です。その場合、各保全管理人代理はそれぞれ単独で職務を執行できると解されています。

保全管理人代理は保全管理人が選任することから、管財人代理の場合と同様に、直接に裁判所の監督を受けず、保全管理人が保全管理人代理の行為に関して責任を負うと解されています（伊藤810頁）［☞民再§71］。

4 監督

保全管理人代理は、前述の通り、裁判所の直接の監督には服しないとされていますが、裁判所は選任許可の取消権限を有しており、また、保全管理人に対する監督権限（民再83Ⅰ・57）の行使を通じて間接的に保全管理人代理に対して監督権限を行使することもできます。また、保全管理人には特別背任罪（民再257Ⅰ）、収賄罪

（民再261Ⅰ・Ⅱ）の規定の適用もあります。

5　任務の終了

保全管理人は、いつでも保全管理人代理を解任でき、保全管理人代理はいつでも辞任できます。保全管理人とは異なり保全管理人代理の辞任には「正当な理由」と裁判所の許可が必要ではありません（民再規27Ⅰ・23Ⅱ参照）。また、保全管理人が死亡したこと等により保全管理人がその地位を失ったときや保全管理命令が取り消される等してその効力を失ったときにも保全管理人代理の任務は終了します。

文献　条解民再400頁［中島肇］、新注釈民再（上）423頁［印藤弘二］

（監督委員に関する規定等の保全管理人等への準用）
第83条　第54条第3項、第57条、第59条から第61条まで、第67条第1項、第70条、第72条、第74条から第76条まで及び第77条第1項から第3項までの規定は保全管理人について、第61条の規定は保全管理人代理について準用する。この場合において、第76条第4項後段中「第65条第1項の規定による公告（再生手続開始の決定と同時に管理命令が発せられた場合には、第35条第1項の規定による公告）」とあるのは「第80条第1項の規定による公告」と、第77条第2項中「後任の管財人」とあるのは「後任の保全管理人」と、同条第3項中「後任の管財人」とあるのは「後任の保全管理人、管財人」と読み替えるものとする。
2　第67条第2項、第3項及び第5項の規定は保全管理命令が発せられた場合について、第68条第1項から第3項までの規定は保全管理命令が効力を失った場合について準用する。
3　第67条第2項、第3項及び第5項並びに第68条第1項から第3項までの規定は、再生債務者の財産関係の事件で保全管理命令が発せられた当時行政庁に係属するものについて準用する。この場合において、第68条第1項及び第2項中「再生手続が終了したとき」とあるのは「保全管理命令が効力を失ったとき」と読み替えるものとする。
4　第76条の2の規定は、保全管理命令が発せられた場合における再生債務者が法人であるときのその理事、取締役、執行役、監事、監査役、清算人又はこれらに準ずる者について準用する。

基本事項

1　趣旨

本条は、監督委員または管財人に関する規定の多くを保全管理人または保全管理人代理について準用するものです。また、民再規則27条を通じ、監督委員に関する同規則の規定も保全管理人に準用されます。本条と同趣旨の規定が破産法96条および会更法34条にも置かれています。

2　保全管理人または保全管理人代理（本条Ⅰ）

(1)　民再法54条3項（法人の選任適格）

法人も保全管理人になることができます。法人が選任された場合には、職務行為者を裁判所に届け出るとともに、再生債務者に通知しなければなりません（民再規

27・20Ⅱ）。

（2） 民再法 57 条 （裁判所による監督）

　保全管理人は裁判所の監督下にあり（民再 57 Ⅰ）、裁判所は、保全管理人の職務遂行に不適切な行為その他重大な事由がある場合には、保全管理人を審尋した上で解任することができます（同条Ⅱ）。また、保全管理人は、正当な理由があるときは裁判所の許可を得て辞任することができます（民再規 27 Ⅰ・23 Ⅱ）。そのほか、裁判所は裁判所書記官に命じて保全管理人の監督に関する事務を行わせることができます（民再規 27 Ⅰ・23 Ⅰ）。

（3） 民再法 59 条 （調査権）

　保全管理人は、監督委員や管財人と同様に、再生債務者、再生債務者の代理人、再生債務者の取締役等、再生債務者の従業者等に対し、再生債務者の業務および財産の状況について報告を求め、再生債務者の帳簿、書類その他の物件を検査することができます（民再 59 Ⅰ・Ⅱ）。保全管理人は、職務を行うため必要があるときは、再生債務者の子会社等に対しても調査権を有します（同条Ⅲ・Ⅳ）。また、保全管理人は裁判所の許可を得て鑑定人を選任することができます（民再規 27 Ⅰ・24）。

（4） 民再法 60 条 （注意義務・損害賠償責任）

　保全管理人も監督委員や管財人と同様の善管注意義務、損害賠償責任を負います［管財人の善管注意義務について☞民再§78 より深く学ぶ ］。

（5） 民再法 61 条 （報酬等）

　保全管理人および保全管理人代理は、費用の前払および裁判所が定める報酬を受け取ることができ（民再 61 Ⅰ）、裁判所が定める保全管理人および保全管理人代理の報酬の額はその職務と責任にふさわしいものでなければなりません（民再規 27 Ⅰ・25）。

　保全管理人および保全管理人代理は、その選任後、再生債務者に対する債権または再生債務者の株式その他の再生債務者に対する出資による持分を譲り受け、または譲り渡す場合には、裁判所の許可を得なければなりません（民再 61 Ⅱ）。この許可を受けないでこの取引をした場合、保全管理人および保全管理人代理は、費用および報酬の支払を受けることができなくなります（同条Ⅲ）。

（6） 民再法 67 条 1 項 （財産関係の訴えの当事者適格）

　再生債務者の財産関係の訴訟については、保全管理人を原告または被告とする旨を定めるものです。

（7） 民再法 70 条 （共同保全管理人）

　保全管理人が数人あるときは、共同してその職務を行います。ただし、裁判所の許可を得てそれぞれが単独に職務を行うか職務分掌を行うことができます。保全管理人に対する意思表示はそのうちの 1 人に対して行えば足ります。

（8） 民再法 72 条 （管理の着手）

　保全管理人は就職後直ちに再生債務者の業務および財産の管理に着手する必要があります。

第 83 条（監督委員に関する規定等の保全管理人等への準用）

(9) **民再法74条（郵便物等の開披）**

保全管理人は、再生債務者宛ての郵便物を受け取ったときはこれを開披することができます。なお、保全管理人には郵便物の配達嘱託に関する規定（民再73）が準用されていないのは、保全管理人の暫定的地位に照らし、再生債務者の通信の秘密の保護を優先させる趣旨です。

(10) **民再法75条（自己取引の制限）**

保全管理人は、裁判所の許可を得なければ、再生債務者との間でいわゆる自己取引をすることができないこと、そしてこれに違反する行為が無効であることを定めるものです。保全管理人が内部情報を利用して不当な利益を上げることを防止する趣旨です。なお、善意の第三者に対しては取引の無効を対抗できません。

(11) **民再法76条（再生債務者の行為の効力等）**

保全管理命令によって再生債務者の管理処分権がはく奪されることを踏まえて再生債務者の行為の効力につき規定するものです。すなわち、保全管理命令が発せられた後に再生債務者がその財産に関してした法律行為は、相手方が行為の当時保全管理命令が発せられた事実を知らなかったときを除き、その効力を主張することができません（民再76Ⅰ）。また、保全管理命令発令後に再生債務者に対して行った弁済は、管理命令発令を知らなかった場合には、再生手続との関係でもその効力を主張でき、知っていたときは再生債務者の財産が利益を受けた限度でその効力を主張することができます（同条Ⅱ・Ⅲ）。保全管理命令が公告された後は、前記の行為を行ったものは、保全管理命令につき悪意であったことが推定されます（同条Ⅳ）。

(12) **民再法77条1項～3項（任務終了時の義務）**

保全管理人の任務が終了した場合には、保全管理人は、遅滞なく、裁判所に計算の報告をしなければなりません（民再77Ⅰ）。保全管理人が欠けたときには、後任の保全管理人が計算の報告をします（同条Ⅱ）。また、急迫の事情があるときは、保全管理人またはその承継人は後任の保全管理人・管財人または再生債務者が財産を管理することができるに至るまで必要な処分をしなければなりません（同条Ⅲ）。

3　再生債務者の財産関係の訴訟手続（本条Ⅱ）

(1) **民再法67条2項・3項・5項（訴訟手続の中断・受継・訴訟費用）**

保全管理命令が発令されたときは、再生債務者の財産関係の訴訟手続で再生債務者が当事者のものは、中断します（民再67Ⅱ）。なお、民再法67条2項後段に定める145条1項の訴えは査定の裁判に関する訴訟であり、保全管理命令発令段階では存在し得ません。そして、中断した訴訟手続のうち再生債権に関するもの以外の訴訟手続は保全管理人が承継することができます（民再67Ⅲ）。保全管理人が承継した訴訟手続につき保全管理人が負担すべき訴訟費用は、共益債権となります（同条Ⅴ）。

(2) **民再法68条1項～3項（保全管理命令失効後の中断・受継）**

保全管理命令によって中断した訴訟手続について保全管理人が受継するまでに保全管理命令が失効した場合には、その訴訟手続は当然に再生債務者が受継します（民再68Ⅰ）。また、保全管理人が当事者となっている再生債務者の財産に関する訴訟手続は、保全管理命令が失効したときには中断し（同条Ⅱ）、再生債務者がこれを

受継しなければなりません（同条Ⅲ）。

4　行政庁に係属する再生債務者の財産関係の事件（本条Ⅲ）

再生債務者の財産関係の訴訟手続に関する規律は、行政庁に係属する再生債務者の財産関係の事件に準用されます。

5　民再法76条の2（取締役等の報酬）（本条Ⅳ）

保全管理命令が発令された場合、再生債務者の理事、取締役、執行役、監事、監査役、清算人またはこれらに準ずる者は、再生債務者に対して報酬を請求することはできません。

文　献　条解民再402頁［中島肇］、新注釈民再（上）426頁［印藤弘二］

第4章　再生債権

> **前　注**
> ### 1　本章の位置付け
> 　民再法の目的は、経済的に窮境にある債務者について、その債務者の多数の同意を得、かつ、裁判所の認可を受けた再生計画を定めること等により、当該債務者とその債権者との間の民事上の権利関係を適切に調整し、もって当該債務者の事業または経済生活の再生を図ることです（民再1）。
> 　再生債務者の事業等の再生を図るために調整の対象となる「債権者」とは、主として再生債権者となる者です。そして、再生債権者との権利関係の調整は再生債権の権利変更という方法によって行われますが、具体的には、調整対象である再生債権者を確定し、再生債権者が同意しまたは決議により可決した再生計画案を裁判所が認可し（民再174）、当該認可決定が確定することによって、再生債権の権利変更の効力が生じることになります（民再176）。
> 　本章は、再生計画による権利変更の対象となる再生債権の確定手続を中心に、再生債権者の権利（第1節）、再生債権の届出（第2節）、再生債権の調査および確定（第3節）、ならびに債権者集会および債権者委員会（第4節）について定めています。
>
> ### 2　再生債権者の権利
> 　再生手続によって最大の影響を受けるのは再生債権者であり、共益債権や一般優先債権が手続外での随時弁済が認められているのに対し（民再121Ⅰ・122Ⅱ）、再生債権は、原則として個別弁済が禁止され（民再85Ⅰ）、再生計画によらなければ弁済を受けられません。民再法は、この再生債権の定義を、再生手続開始決定前の原因に基づいて生じた財産上の請求権としました（民再84Ⅰ）。ただし、再生手続開始前の原因に基づいて生じた財産上の請求権であっても、特に衡平の確保や事業継続の必要性の観点から共益債権とされるもの（民再49Ⅳ・Ⅴ・50Ⅱ、破54Ⅱ、民再51、破56Ⅱ、民再120Ⅲ・Ⅳ等）や労働者の給料債権など一般優先債権となるものは除外されています。
> 　再生債権者には、債権の届出によって再生手続に参加する権利が認められ（民再86・94Ⅰ。ただし、再生債権を有する別除権者には民再法88条による制限がある）、届出をした再生債権者に対しては、調査・確定手続を経た上で、債権額や評価額に応じて平等に議決権が与えられます（民再87）。この点、破産手続では、破産債権者に対して金銭による配当が予定されているため、破産手続開始によって非金銭債権を金銭化し（破103Ⅱ①イ）、期限が未到来の債権を現在化するのに対し（同条Ⅲ）、再生手続では、再生手続開始によって金銭化・現在化を行わず、議決権を定める基準として金銭的評価を行うにすぎません。この趣旨は、破産手続と異なり再生手続では再生債

務者の事業が継続しており、非金銭債権であっても再生債務者の財産を利用して満足を与えることが可能である点にあります。

金銭的評価は、原則として債権額を基準としますが、期限付債権、条件付債権、将来の請求権、非金銭債権については、再生手続開始時の価値を算定し、その評価額を基準とすることになります。

また、再生債権者には相殺権（民再92）が認められます。ただし、破産手続と比べると、再生手続では再生計画の立案を円滑に進めるために相殺権の行使が制限されています。すなわち、再生手続では、債権届出期間満了前に相殺適状が生じ、かつ、債権届出期間内に相殺権を行使されることが必要とされ、また、前述の通り、再生手続開始時に再生債権の金銭化・現在化はなされず、条件付債権や将来の債権による相殺を認める規定（破67Ⅱ参照）もないため、相殺ができる範囲は限定的となっています。

さらに、再生手続では、円滑に手続を進行させるため、裁判所の許可を得て代理委員を選任する制度が用意されています（民再90以下）。この制度により、再生債権者のうち利害を同じくする者がグループとなって権利を行使することが可能となります。

3　再生債権の届出・調査・確定

再生債権者は、再生手続に参加するためには、債権届出期間内において再生債権の内容等を裁判所に届け出る必要があります（民再94Ⅰ）。再生債権を有する別除権者は、これらのほか、別除権の行使によって弁済を受けることができないと見込まれる債権額を届け出る必要があり（同条Ⅱ）、別除権により担保されない債権の部分についてのみ再生手続で権利を行使できます（民再88）。

再生債務者等が、届け出られた再生債権等の存否、内容、議決権の額等について認否を行い（民再101）、他の届出再生債権者に異議を述べる機会を与えることにより（民再102・103）、再生債権の調査が行われます。

破産手続とは異なり、再生手続においては、再生債権者が債権届出をしない場合であっても、再生債務者が自認したときにはその債権が再生債権として取り扱われます（民再101Ⅲ。ただし、約定劣後再生債権を除く〔同条Ⅳ〕）。

再生債権の調査において、再生債務者等が認め、かつ、調査期間内に届出再生債権者の異議がなかった場合は、その再生債権の内容や議決権の額が確定します（民再104Ⅰ）。これに対し、再生債務者等が認めなかったり、他の届出再生債権者が異議を述べたりした再生債権の存否や内容については、原則として、査定の裁判によって存否や内容が決せられます（民再105以下）。

4　債権者集会および債権者委員会

再生債権者との権利関係の調整を行うためには、再生債権者に対する情報開示や再生債権者の意向を反映する機会の提供も重要であることから、再生手続では、債権者集会や債権者委員会といった制度が設けられています。

裁判所は、再生債務者等、後述する債権者委員会、または総再生債権の10分の1以上の債権を有する再生債権者の申立てがあったときは、債権者集会を招集しなけ

ればなりません（民再114前段）。また、裁判所が職権で自ら債権者集会を招集することもできます（同条後段）。

債権者委員会は、再生債権者が自ら組織し、代表して意思を表明しようとする場合に、一定の要件を充足し、裁判所の承認を得ることによって、再生手続に関与することが認められます（民再117以下）。

第1節　再生債権者の権利

（再生債権となる請求権）
第84条　再生債務者に対し再生手続開始前の原因に基づいて生じた財産上の請求権（共益債権又は一般優先債権であるものを除く。次項において同じ。）は、再生債権とする。
2　次に掲げる請求権も、再生債権とする。
　一　再生手続開始後の利息の請求権
　二　再生手続開始後の不履行による損害賠償及び違約金の請求権
　三　再生手続参加の費用の請求権

基本事項
1　再生債権の内容

再生債権とは、再生債務者に対し再生手続開始前の原因に基づいて生じた財産上の請求権のうち、共益債権または一般優先債権でないものをいい（本条Ⅰ）、具体的には、次の(1)から(5)の要件を満たす必要があります。本条と同様の規定が破産法2条5項、97条1号、2号、および7号ならびに会更法2条8項にも置かれています。

(1)　再生債務者に対する請求権であること（人的請求権）

本条1項は「再生債務者に対し」と定めているところ、再生債務者に対する請求権であるためには、再生債務者の一般財産を引当てとする債権でなければなりません。したがって、所有権に基づく特定物の引渡・明渡請求権等の物権的請求権は、再生債権ではなく、取戻権（民再52）の基礎となります。また、担保物権のうち、再生手続開始時に再生債務者の財産につき存する特別の先取特権、質権、抵当権または商法もしくは会社法の規定による留置権（商事留置権）も、特定の財産に対する物的権利であるため、再生債権ではなく、別除権（民再53）として扱われます。

他方、責任財産が再生債務者財産のうちの特定種類の財産に限定されている請求権（商607・812等）については、単に責任財産の範囲が限定されているにすぎず、特定の財産に対する物的権利でもないことから、通説的見解は、再生債権に該当すると考えています（伊藤844頁・259頁、条解民再413頁［杉本和士］）。また、株主の自益権・共益権の再生債権該当性についても議論があります［☞ **論点解説**］。

(2)　財産上の請求権であること

本条1項の「財産上の請求権」に当たるためには、再生債務者財産の利用によって満足を得られる請求権である必要がありますが（伊藤844頁・258頁、条解民再414頁

［杉本和士］)、これに該当するのであれば、金銭債権だけでなく、作為請求権のような非金銭債権も含まれます。

非代替的作為請求権や不作為請求権が本要件を満たすかについては、議論があります［☞ **より深く学ぶ** ①・②］。

(3) **再生手続開始前の原因に基づいて生じた請求権であること**

本条1項から明らかな通り、再生債権も、破産債権の場合と同様（破2Ⅴ）、原則として「再生手続開始前の原因」に基づいて生じたものであることが必要です。破産債権につき、開始決定前の原因の意義について一部具備説と全部具備説の対立がありましたが、現在では前者が通説として理解されています［☞破§2 **論点解説**］。再生債権についても同様であり、再生手続開始前に発生原因のすべてが備わっている必要はなく、その主たる発生原因が備わっていれば足りると解されています（東京地判平17・4・15判時1912号70頁、破産債権につき、最判平24・5・28民集66巻7号3123頁［百選［69］］参照)。

したがって、履行期が到来していない債権、解除条件や停止条件付きの債権、将来債権であっても、主たる発生原因が再生手続開始前にあれば再生債権となります。また、不法行為に基づく損害賠償請求権は、発生原因である不法行為が再生手続開始前に行われれば、損害の発生が再生手続開始後であっても再生債権となります。

なお、再生手続開始前に発生原因がなくとも、例外的に再生債権となるものが本条2項等に定められています［☞**2**］。

(4) **強制執行可能な請求権であること**

再生手続も、強制執行手続と同じく、請求権を強制的に実現する手続であるため、その性質上執行が可能な請求権のみが再生債権となります。そのため、自然債務（不法原因給付返還請求権など)のように裁判上主張できない債権や、不執行特約のある債権は、再生債権から除外されます。なお、債務名義（民執22）や執行文（民執26）を得ていることは要求されません。

また、再生手続開始時点において、すでに債務者による任意弁済や強制執行により満足を得た債権は再生債権になりませんが、仮執行により満足を得た債権が再生債権となるかについては見解が分かれています［☞ **より深く学ぶ** ③］。

(5) **共益債権または一般優先債権ではない請求権であること**

以上の各要件を満たす場合であっても、再生債務者の事業の再生に資するものとして共益債権または一般優先債権とされる債権があり、これらは再生債権には当たりません。

なお、第三者が共益債権または一般優先債権を代位弁済した場合に、共益債権としての性質や一般優先債権性としての性質が承継されるかについては議論があります［☞ **より深く学ぶ** ④］。

2 例外的に再生債権とされる請求権（前記(3)の例外）

(1) **本条2項による例外**

①再生手続開始後の利息の請求権、②再生手続開始後の不履行による損害賠償および違約金の請求権、③再生手続参加の費用の請求権は、再生手続開始後の原因に

基づいて生じる請求権であり、本来的には再生債権ではなく、破産手続においては破産債権の一種とされている劣後的破産債権（破97①・②・⑦・99Ⅰ①）に当たるものです。もっとも、民再法では再生計画案の決議の際の組分けの簡素化のため、劣後的再生債権という再生債権の種類を設けず、これらの請求権を単に再生債権に含めることとした上で（伊藤845頁）、議決権を認めないことにしています（民再87Ⅱ）。

前記①は、再生手続開始から再生計画認可決定の確定までの間の利息であり、再生手続開始決定日の利息も含まれます。前記②は、再生手続開始決定前から再生債務者が負う義務の不履行により、開始後に生じるものを意味します。前記③は再生手続に付随して発生するものであるため、再生債権に含まれるとされています。

(2) その他の例外

本条2項以外にも、再生手続開始後の原因に基づいて発生した請求権を再生債権と定める規定があります（民再46・49Ⅴ・51・132の2Ⅱ②）。

論点解説

株主権の再生債権該当性　株主には剰余金配当請求権などの自益権や議決権などの共益権がありますが、これらの権利が再生手続上の再生債権に該当するかについては議論があります。この点については、再生手続により再生手続開始前に具体的な金銭債権になっている場合を除き、自益権・共益権はいわゆる社員権であって人的請求権には該当しないため、再生債権には該当しないと解されています（破産法・民事再生法概論117頁［長谷部由起子］、条解民再414頁［杉本和士］）。

より深く学ぶ

1　金銭的評価の要否と非代替的作為請求権　破産手続では破産債権者に金銭で配当を行うため、破産債権は破産手続開始時に金銭によって評価可能なものであることが必要です（破103Ⅱ①イ参照）。そのため、金銭的評価が可能でない非代替的作為請求権や不作為請求権は、破産手続開始前の不履行により損害賠償請求権に転化した場合を除き、破産債権とはならないと解されています（条解破産32頁）。

再生債権についても、金銭的評価が可能であることが必要との見解もありますが、これを不要とする見解もあります（必要説として、Q&A民再182頁［八田卓也］。不要説として、条解民再414頁［杉本和士］）。不要説は、再生手続においては、非代替的作為請求権であっても、再生債務者が事業活動を行う中で再生債務者の財産を利用することによって満足を得られる場合には財産上の請求権に該当するといえることを論拠としています。

2　契約に基づく不作為請求権　相手方の不作為を目的とする請求権に関しては、再生債務者の財産の利用と無関係ですので、再生手続開始前にその不履行により損害賠償請求権に転化している場合や間接強制金の支払請求権になっている場合を除き、再生債権とはならないと解されています（条解民再415頁［杉本和士］、破産法・民事再生法概論116頁［長谷部由起子］）。

3　仮執行による満足を得た債権　再生手続開始時にすでに強制執行等による満

足を得た請求権は再生債権にはなりませんが、仮執行はあくまで実体法上未確定なものであるため、仮執行による満足を得た請求権については、再生債権として認められると解されています（伊藤260頁参照。更生手続について東京地判昭56・9・14判時1015号20頁［百選3版［46］］参照）。

4 弁済による代位と共益債権性（または一般優先債権性）の承継　　共益債権を代位弁済した保証人の請求について共益債権性の承継を認めた判例（最判平23・11・24民集65巻8号3213頁［百選［48②］、INDEX［60］]）がありますが、その射程には議論があります（破産の場合に関する、最判平23・11・22民集65巻8号3165頁参照）。

文　献　伊藤844頁、一問一答民再112頁、条解民再411頁［杉本和士］、山本158頁、松下72頁、破産法・民事再生法概論116頁［長谷部由起子］、中島＝佐藤217頁、新注釈民再（上）440頁［森恵一］、破産・民事再生の実務〔民事再生・個人再生編〕196頁

（再生債権の弁済の禁止）
第85条　再生債権については、再生手続開始後は、この法律に特別の定めがある場合を除き、再生計画の定めるところによらなければ、弁済をし、弁済を受け、その他これを消滅させる行為（免除を除く。）をすることができない。
2　再生債務者を主要な取引先とする中小企業者が、その有する再生債権の弁済を受けなければ、事業の継続に著しい支障を来すおそれがあるときは、裁判所は、再生計画認可の決定が確定する前でも、再生債務者等の申立てにより又は職権で、その全部又は一部の弁済をすることを許可することができる。
3　裁判所は、前項の規定による許可をする場合には、再生債務者と同項の中小企業者との取引の状況、再生債務者の資産状態、利害関係人の利害その他一切の事情を考慮しなければならない。
4　再生債務者等は、再生債権者から第2項の申立てをすべきことを求められたときは、直ちにその旨を裁判所に報告しなければならない。この場合において、その申立てをしないこととしたときは、遅滞なく、その事情を裁判所に報告しなければならない。
5　少額の再生債権を早期に弁済することにより再生手続を円滑に進行することができるとき、又は少額の再生債権を早期に弁済しなければ再生債務者の事業の継続に著しい支障を来すときは、裁判所は、再生計画認可の決定が確定する前でも、再生債務者等の申立てにより、その弁済をすることを許可することができる。
6　第2項から前項までの規定は、約定劣後再生債権である再生債権については、適用しない。

基本事項
1　個別弁済等禁止の原則

本条1項は、再生手続に従った届出・調査・確定を経て再生計画による弁済を受ける以外の方法で再生債権を消滅させる行為をすることを包括的に禁止しています。これを「個別弁済等禁止の原則」といいます。その趣旨は、総債権者を集団的規律に服させ、債権者平等を実現するとともに、再生債務者財産の散逸を防止すること

にあります。ただし、あくまで弁済等が禁止されるのは再生債権であり、共益債権や一般優先債権は弁済等禁止の対象とはなりません。

本条1項に違反して再生債権を消滅させる行為は、再生債務者の公平誠実義務（民再38Ⅱ）に抵触し、再生債務者は、管理命令（民再64Ⅰ）の発令を受けたり、再生計画不認可事由（民再174Ⅱ①）があるものとして再生手続廃止決定（民再191①）を受ける可能性もある重大なものです。また、本条1項に違反してなされた弁済等の再生債権を消滅させる行為は無効であり、相手方が給付を受けた場合は、不当利得として返還しなければなりません。

この個別弁済等禁止の原則に対する例外は、本条1項にいう「この法律に特別の定めがある場合」であり、具体的には、本条に定められている例外のほか、別除権（民再53）や相殺権（民再92）の行使、再生債務者等による相殺（民再85の2）、別除権の目的である財産の受戻し（民再41Ⅰ⑨）、住宅資金貸付債権の特例（民再197Ⅲ）があります。なお、本条は、再生債務者財産から満足を受けることを禁止する規定ですので、第三者や再生債務者とともに各自全部の履行をする義務を負う者が再生債権者に対して弁済することは許容されています（民再86Ⅱ、破104Ⅱ、民再177Ⅱ参照）。

本条に定められている例外およびその要件等については次項以下の通りです。なお、約定劣後再生債権については、本条2項から5項までの例外は適用されません（本条Ⅵ）。本条と同趣旨の規定が会更法47条にも置かれています。

2 例外(1)──再生債権の免除

再生債権の免除は、再生債権を消滅させる行為ではありますが、再生債務者財産からの出捐がないため、これによって他の再生債権者を害するおそれがありません。そこで、再生債権の免除は個別弁済等禁止の例外とされています（本条Ⅰ括弧書）。

3 例外(2)──中小企業者に対する弁済

本条2項ないし4項は、個別弁済等禁止の原則に対する例外の1つとして、中小企業者に対する弁済について定めています。これは再生債務者を主要な取引先とする中小企業（下請企業等）の連鎖倒産防止という公益的見地から、再生計画認可決定確定前であっても、再生債務者等の申立てまたは職権により、裁判所の許可を得て中小企業者に対する再生債権を弁済できることにしたものです。

この弁済許可の要件は、①「再生債務者を主要な取引先とする中小企業者」であること、②「事業の継続に著しい支障を来すおそれ」があることとされ（本条Ⅱ）、裁判所は、中小企業者に対する弁済を許可する場合には、再生債務者と当該中小企業者との取引の状況、再生債務者の資産状態、利害関係人の利害その他一切の事情を考慮しなければならないものと定められています（本条Ⅲ）。

要件①の「中小企業者」とは、再生債務者と当該中小企業者の事業規模の比較等から、再生債務者との相対的な関係で判断され、必ずしも中小企業基本法2条1項各号にいう「中小企業者」を意味しません。また、「再生債務者を主要な取引先とする」か否かは、当該中小企業者の取引高のうち再生債務者との取引高が占める割合等を考慮して判断されることになります。

要件②については、再生債権の弁済を受けないと当該中小企業者の事業継続が困難となり、いわゆる連鎖倒産のおそれがある場合が挙げられ、当該中小企業者の資金繰りの状況を勘案して判断されることになります（民事再生の手引182頁）。

　この中小企業者に対する弁済は、債権者平等の原則の例外として、将来再生計画により弁済されるべき再生債権を他の再生債権者に先立って弁済することを許容しますが、弁済率に差を設けることまで許容するものではありません。そのため、本条2項による弁済は、再生計画においてその者が弁済を受けると予想される額の範囲内で行う必要があるとされています（民事再生の手引183頁、条解会更（中）386頁）。

　この弁済許可は、再生債務者等の申立てまたは職権に基づいて行われます。中小企業者自身による申立ては認められていませんが、再生債務者等は再生債権者から当該弁済許可の申立てをすべきことを要請された場合は直ちにその旨を、また申立てをしない場合はその事情について遅滞なく裁判所に報告しなければならない（本条Ⅳ）とすることにより、裁判所の職権ないし監督権の行使を通じて中小企業者の保護が図られています。

　なお、再生債務者等は、本条2項の許可を受けて弁済を行った場合には、再生計画案を裁判所に提出する際に、弁済した再生債権について報告書を提出しなければならず（民再規85Ⅰ①）、再生債権者は、当該弁済の当否を踏まえて再生計画案に同意するか否かを判断することができます。

4　例外(3)——再生手続の円滑な進行のための少額債権の弁済（本条Ⅴ前段）

　本条5項前段は、個別弁済等禁止の原則に対する例外の1つとして、「少額の再生債権を早期に弁済することにより再生手続を円滑に進行することができるとき」は、再生計画認可の決定が確定する前でも、再生債務者等の申立てによって、裁判所の許可を得て少額の再生債権を弁済できることを規定したものです。

　再生手続では、再生債権者に対して、債権者集会の期日への呼出し（民再115Ⅰ①本文）や再生計画案の決議に関する通知（民再169Ⅲ）を行う必要などがあり、再生債権者が多数であるときは再生手続の進行のための事務作業が膨大かつ煩雑になることがあります。そこで、債権者数を減らし、事務作業の負担を軽減することによって再生手続を円滑かつ迅速に進行させ、ひいては総債権者の利益に資するべく、少額の再生債権者に対する弁済を認めました。また、再生計画案の可決要件として議決権者の過半数（頭数）の同意が要求されている点を捉え（民再172の3Ⅰ①）、債権者数の減少は再生計画の成立も容易にするという利点も指摘されています（条解民再431頁［杉本和士］）。

　本項前段による弁済許可の要件は、「少額の再生債権」を弁済することにより再生手続を円滑に進行できることです。再生手続の円滑な進行とは、手続コストの削減を指し、「少額の再生債権」に該当するかは、手続コストとの均衡の観点から、再生債務者の事業規模、負債総額、資金繰り等の弁済能力等を総合的に考慮して判断します。

　許可の内容としては、少額の再生債権に該当する限り、その一定額以下の再生債権であれば債権の属性や種類は問題とならず、全部を一律に対象とする必要があり、

また、再生手続の円滑な進行のために債権者数を減少させるという観点からは、当該再生債権の一部のみの弁済の許可はできないと解されています。また、本項前段による弁済許可の申立てをすべきか否かは、専ら再生手続の利害状況を把握している再生債務者等の判断に委ねられており、職権による許可は認められません。

　なお、再生債務者等が本項前段に基づく弁済をした場合には、債権者平等原則の観点から、再生計画案の中で、他の再生債権者の再生債権についても、弁済許可のあった額と同額以下の部分については全額を弁済する内容としなければなりません（破産・民事再生の実務〔民事再生・個人再生編〕203頁）。

　また、本条２項による場合と同様、再生債務者等は、再生計画案を裁判所に提出する際に、本条５項前段により弁済した再生債権について報告書を提出する必要があります（民再規85Ⅰ①）。

5　例外(4)──再生債務者の事業の継続に著しい支障を来さないための少額債権の弁済（本条Ⅴ後段）

　本条５項後段は、個別弁済等禁止の原則に対する例外として、「少額の再生債権を早期に弁済しなければ再生債務者の事業の継続に著しい支障を来すとき」には、再生計画認可の決定が確定する前でも、再生債務者等の申立てによって、裁判所の許可を得て少額の再生債権を弁済できることを規定したものです。

　民再法の目的である再生債務者の事業の再生は、事業の主要部分の継続が前提となるのが一般的ですが、再生債権の弁済等を一律に禁止すると、重要な取引先の協力が得られない可能性があるなど当該事業の継続が著しく困難となり、再生計画に従った弁済のための弁済原資を確保できなくなるおそれもあります。そこで、民再法は、総債権者の利益の観点から、本項後段による個別弁済等禁止の例外を認めています。商取引債権の保護と呼ばれる実務運用は本条に基づくものです。

　弁済の許可の要件は、①「少額の再生債権」であること、②「早期に弁済しなければ再生債務者の事業の継続に著しい支障を来す」ことです。

　要件①に該当するかは、弁済対象となる債権額やその負債総額中の割合、事業の規模や態様、資金繰りの状況、将来の再生計画による弁済の見込等の要素を考慮して、事業継続の確保のために必要な範囲内であるかが判断されます。ただし、本項後段の少額性については、再生債務者の負債総額や事業規模等により変動し得るため、本項前段の場合に比べてかなり多額になることもあり得るとされています（民事再生の手引188頁）[☞民再§85 **基本事項** 4]。

　要件②に該当するかは、当該債権継続の必要性、事業価値毀損の防止という観点からの相当性などの諸事情を総合的に勘案して、判断されることになります（民事再生の手引188頁）。

　再生債務者等のみに弁済許可の申立てが認められ、職権による許可が認められていないこと、再生計画案を裁判所に提出する際に、弁済した再生債権について再生債務者等が報告書を提出しなければならないことは、本条５項前段の場合と同様です。

文献　伊藤846頁、一問一答民再114頁、条解民再421頁［杉本和士］、破産・民事

再生の実務〔民事再生・個人再生編〕200頁、民事再生の手引180頁、倒産法概説417頁〔笠井正俊〕、山本149頁、松下76頁、破産法・民事再生法概論121頁〔長谷部由起子〕、中島＝佐藤220頁、新注釈民再（上）446頁〔森恵一〕

> **（再生債務者等による相殺）**
> **第85条の2** 再生債務者等は、再生債務者財産に属する債権をもって再生債権と相殺することが再生債権者の一般の利益に適合するときは、裁判所の許可を得て、その相殺をすることができる。

基本事項
1 趣旨
　再生債務者等から再生債権を受働債権として相殺をすることは、再生債権者に対する手続外での弁済と同じ結果を生じさせるとの考え方から、再生債務者等からの相殺を認めるべきでないとの考え方もありました。しかし、例えば、再生債務者が有する自働債権の実質的価値が再生債権の実質的価値よりも相対的に低下しているような場合には、相殺を認めても再生債権者間の平等を害することもなく、かえって総再生債権者にとって有利となることもあり得ます。
　そこで、平成16年改正によって本条が新設され、再生債権者の一般の利益に適合するときは、裁判所の許可を得て再生債務者等からの相殺も認められることとなりました。本条と同趣旨の規定が破産法102条および会更法47条の2にも置かれています。なお、本条と同趣旨の破産法102条に関連し、破産者の連帯債務者・連帯保証人が民法436条2項、457条2項に基づき、破産財団所属の債権を自働債権とし、破産債権を受働債権とする相殺が許されるか議論があります〔☞破§102〕。

2 要件
　本条の「再生債権者の一般の利益に適合するとき」とは、相殺することが再生債権者一般にとって利益になることをいいます。例えば、①再生債権者自身も倒産状態にあり、倒産処理手続に服しているか、実質的に破綻しているため、再生債務者が有する債権の実質的価値が再生債権よりも低下しているとき、あるいは、②相殺の受働債権となる再生債権が複数口存在し、かつ、その一部について担保権が設定されている場合に、当該再生債権を相殺によって消滅させることによって、担保権の拘束から目的物を解放することが可能であるときなどが想定されています（条解民再439頁〔山田明美〕）。

3 違反の効果
　再生債務者が裁判所の許可を得ないでした相殺の効力は、無効と解されています（条解民再440頁〔山田明美〕）。

文　献　伊藤905頁、条解民再437頁〔山田明美〕、新注釈民再（上）454頁〔森恵一〕

(再生債権者の手続参加)
第86条 再生債権者は、その有する再生債権をもって再生手続に参加することができる。
2 破産法第104条から第107条までの規定は、再生手続が開始された場合における再生債権者の権利の行使について準用する。この場合において、同法第104条から第107条までの規定中「破産手続開始」とあるのは「再生手続開始」と、同法第104条第1項、第3項及び第4項、第105条、第106条並びに第107条第1項中「破産手続に」とあるのは「再生手続に」と、同法第104条第3項から第5項までの規定中「破産者」とあるのは「再生債務者」と、同条第4項中「破産債権者」とあるのは「再生債権者」と読み替えるものとする。
3 第1項の規定にかかわらず、共助対象外国租税の請求権をもって再生手続に参加するには、共助実施決定（租税条約等実施特例法第11条第1項に規定する共助実施決定をいう。第113条第2項において同じ。）を得なければならない。

基本事項
1 再生手続に参加できることの意義
　再生債権者は、個別的権利行使が禁止される一方で、債権届出（民再94Ⅰ）を行うことによって、債権調査手続等において異議を述べ（民再102Ⅰ・103Ⅳ・170Ⅰ）、債権者集会での議決権行使（民再172Ⅰ）や再生計画案の提出（民再163Ⅱ）など、再生手続上の権能を行使し、再生計画の定めに従った権利行使が可能となります（民再85Ⅰ・178Ⅰ参照）。本条と同趣旨の規定が破産法103条、会更法135条に置かれていますが、破産法103条2項ないし4項が破産債権の金銭化や現在化等を定めている点で、本条や会更法135条とは異なっています［☞破§103］。

2 破産法104条から107条の準用
(1) **破産法104条（全部義務者が数人ある場合等の手続参加）**
(ｱ) **破産法104条1項・2項（再生債権者の手続参加）**
　連帯債務や連帯保証人のように数人が全部の義務を負担する者（全部義務者）がいる場合において、その全部または一部の者に再生手続が開始されたとき、再生債権者は再生手続開始の時において有する債権の全額についてそれぞれの再生手続に参加することができ（本条Ⅱ、破104Ⅰ）、再生手続開始後に他の全部義務を負担する者から一部弁済を受けたとしても、その債権の全額が消滅しない限り、再生債権者は、手続開始時の債権額全額で権利行使をすることができます（本条Ⅱ、破104Ⅱ）。これを「開始時現存額主義」といいます。
　開始時現存額主義の趣旨は、責任財産の集積により1つの責任財産の不足による危険の分散を保証するという実体法の趣旨を破産（再生）手続においても認めたものと説明されています（条解民再443頁［杉本和士］）。
　なお、数口の債権がある場合、開始時現存額主義は、総債権額についてではなく、個別の債権ごとに適用されるとするのが判例です（最判平22・3・16判タ1323号128頁）［☞破§104 **論点解説** ２］。

(イ)　**破産法 104 条 3 項・4 項**（将来の求償権を有する全部義務者の手続参加）
　数人の全部義務者の全員または一部の者について再生手続が開始されると、本来の債権者だけでなく、全部義務者相互間で将来行うことがある求償権を有する者も、その全額について再生手続に参加することができます（本条Ⅱ、破104Ⅲ本文）。もっとも、本来の債権者が再生手続開始時に有する債権の全額について再生債権を行使したときは、求償権者による再生債権の行使は認められません（本条Ⅱ、破104Ⅲただし書）。原債権と求償権は、権利としては別ですが、経済的実質は同一であるといえ、実質的に同じ債権が二重に行使されることを避ける趣旨です。
　再生手続開始後に、再生債務者に対して将来行うことがある求償権を有する者が債権者に弁済等をした場合、その再生債権全額が消滅した場合に限り、その求償権の範囲内で、債権者の権利を再生債権者として行使することができます（本条Ⅱ、破104Ⅳ）。
　(ウ)　**破産法 104 条 5 項**（物上保証人の場合）
　物上保証人は、債権者に対して物的責任は負うものの、債務は負担しないため、全部義務者には当たりません。そのため、破産法104条1項の適用対象からは外れますが、破産法104条2項ないし4項の趣旨は物上保証人にも妥当しますので、物上保証人にも準用されます（本条Ⅱ、破104Ⅴ）。
　(2)　**破産法 105 条**（保証人に再生手続が開始した場合の手続参加）
　保証人は全部義務者であるため、保証人について再生手続が開始した場合、破産法105条の準用を待つまでもなく、破産法104条1項の準用により、債権者は債権の全額につき再生手続に参加できます。破産法105条が準用されたことの意義は、再生手続が開始した保証人に催告・検索の抗弁権（民452・453）がないことを明らかにする点にあります。
　なお、破産手続と異なり、再生手続では債権の現在化がされないため〔☞破§103、民再§87〕、主債務につき期限未到来である場合には、保証人の再生手続において、債権者は期限付債権として再生債権を行使することになります。
　(3)　**破産法 106 条**（無限責任社員に再生手続が開始した場合の手続参加）
　合資会社や合名会社における無限責任社員は、当該法人と連帯して当該法人の債務全額を弁済する責任を負います（会社580Ⅰ）。そのため、当該無限責任社員について再生手続が開始した場合、当該法人の債権者は、手続開始時の債権全額について再生手続に参加することができます（本条Ⅱ、破106）。これは無限責任社員が、連帯債務者や保証人と同様、人的担保としての役割を担っているためです。
　(4)　**破産法 107 条**（有限責任社員に再生手続が開始した場合の手続参加）
　合資会社や合名会社における有限責任社員は、未払出資分を限度として当該法人の債務を弁済する義務を負います（会社580Ⅱ）。そのため、当該有限責任社員について再生手続が開始した場合、当該法人の債権者は未払出資分について再生手続に参加できることになるとも思われます。しかし、多数の債権者が手続に参加することから生じる煩雑さを避けるため、当該法人の債権者は、社員の再生手続に参加できないこととしました（本条Ⅱ、破107Ⅰ前段）。その代わり、未履行出資額について

は、当該法人が債権者として、未履行の出資分について参加できることとしています（本条Ⅱ、破107Ⅰ後段）。

また、当該法人について再生手続が開始した場合、当該法人の債権者は、有限責任社員に未払出資分があるときでも、有限責任社員に対してその権利を行使できません（本条Ⅱ、破107Ⅱ）。このときも当該法人が社員に対して出資の履行を求めることにより全債権者の配当原資に充てるべきだからです。

3　共助対象外国租税の請求権についての特則

共助対象外国租税の請求権を有する者が再生手続に参加するためには、共助実施決定（租税約特11Ⅰ）を得る必要があります（本条Ⅲ）。

判例　最判平7・1・20民集49巻1号1頁
文献　伊藤856頁・284頁・72頁、一問一答民再115頁、条解民再440頁［杉本和士］、新注釈民再（上）456頁［中井康之］

（再生債権者の議決権）
第87条　再生債権者は、次に掲げる債権の区分に従い、それぞれ当該各号に定める金額に応じて、議決権を有する。
　一　再生手続開始後に期限が到来すべき確定期限付債権で無利息のもの　再生手続開始の時から期限に至るまでの期間の年数（その期間に1年に満たない端数があるときは、これを切り捨てるものとする。）に応じた債権に対する法定利息を債権額から控除した額
　二　金額及び存続期間が確定している定期金債権　各定期金につき前号の規定に準じて算定される額の合計額（その額が法定利率によりその定期金に相当する利息を生ずべき元本額を超えるときは、その元本額）
　三　次に掲げる債権　再生手続開始の時における評価額
　　イ　再生手続開始後に期限が到来すべき不確定期限付債権で無利息のもの
　　ロ　金額又は存続期間が不確定である定期金債権
　　ハ　金銭の支払を目的としない債権
　　ニ　金銭債権で、その額が不確定であるもの又はその額を外国の通貨をもって定めたもの
　　ホ　条件付債権
　　ヘ　再生債務者に対して行うことがある将来の請求権
　四　前3号に掲げる債権以外の債権　債権額
2　前項の規定にかかわらず、再生債権者は、第84条第2項に掲げる請求権、第97条第1号に規定する再生手続開始前の罰金等及び共助対象外国租税の請求権については、議決権を有しない。
3　第1項の規定にかかわらず、再生債務者が再生手続開始の時においてその財産をもって約定劣後再生債権に優先する債権に係る債務を完済することができない状態にあるときは、当該約定劣後再生債権を有する者は、議決権を有しない。

基本事項

1 趣旨

再生債権者は、その有する再生債権をもって手続に参加し（民再86Ⅰ）、再生計画案の決議において議決権を行使します（民再169以下）。本条は、議決権の額の算定方法について規定したものです。本条と同趣旨の規定が会更法136条にも置かれています。

2 議決権の額の算定方法

再生手続では、破産手続のような金銭化や現在化（破103Ⅱ①・Ⅲ）［☞破§103］はされず、さまざまな内容の再生債権について、再生計画に従って権利変更されます（民再154Ⅰ等）。再生計画が効力を生じるためには、その賛否を債権者数および債権額に基づいて多数決で決定する必要がありますが（民再176・174Ⅰ・172の3Ⅰ）、多数決の仕組みを前提とする以上、再生債権者間の公平を図りつつ、再生債権を均質化し、議決権額を決定する必要があります。本条1項は、議決権額算定のための基準を定めています。

(1) **開始決定後に期限が到来する無利息の確定期限付債権**（本条Ⅰ①）

期限未到来の債権は、開始決定時には、期限までの中間利息を控除した価値しか有していないため、その議決権額も中間利息を控除した上で算定すべきことになります。しかし、厳密に日数計算を行うことは煩瑣である上、その額の違いも僅かであることから、本条1項1号は、計算方法を簡略化し、1年単位で中間利息を控除して現在価値を算定することとしています。つまり、1年に満たないときは中間利息を控除せず、1年を超えるときは1年未満を切り捨て、年単位で計算することになります。

(2) **金額および存続期間が確定している定期金債権**（本条Ⅰ②）

各定期金につき、本条1項1号の計算式で算定した額の合計額が議決権額となります。ただし、その合計額が法定利率で計算すると当該定期金額に相当する利息を生ずべき元本額を超えるときは、その元本額が議決権額となります。

(3) **開始決定時の評価額を議決権の額とする債権**（本条Ⅰ③イ～ヘ）

本条1項3号イからヘは、いずれも一定の計算方法を定めることによって議決権額を算定するのが困難な債権であるため、再生手続開始の時における評価額によって議決権額を定めることになります。なお、評価額について当事者で争いが生じた場合は裁判所が裁量で評価額を決定することになります（民再170Ⅱ③・Ⅲ・171Ⅰ②・Ⅱ）。

(4) **(1)～(3)以外の債権**（本条Ⅰ④）

本条1項4号は議決権額算定の原則規定であり、前記(1)から(3)以外の債権は、債権額そのものが議決権額となります。

3 議決権のない債権

(1) **民再法84条2項に掲げる請求権**（本条Ⅱ）

民再法84条2項の請求権とは、再生手続開始後の利息請求権（民再84Ⅱ①）、再生手続開始後の不履行による損害賠償および違約金の請求権（同項②）、再生手続参加

の費用の請求権（同項③）をいいます。これらの請求権については、附帯請求権にすぎず、破産手続では劣後的破産債権と位置付けられていること（破99Ⅰ①・97①・②・⑦）[☞破§99・§97]、議決権の算定に当たっては、これらの債権額が時間の経過とともに増加するため算定が困難であること、無利息債権の場合には中間利息を控除して議決権額を定めるものとしていることから、議決権を与えないこととしています（一問一答民再116頁、条解民再454頁[園尾隆司]、新注釈民再（上）467頁[中井康之]）。

(2) **民再法97条に規定する再生手続開始前の罰金等**（本条Ⅱ）

再生手続開始前の罰金等（再生手続開始前の罰金、科料、刑事訴訟費用、追徴金または過料。民再97①）および共助対象外国租税の請求権については、一般の再生債権より劣後させることが政策的に相当と考えられているため、議決権を与えていません。

(3) **約定劣後再生債権**（本条Ⅲ）

約定劣後再生債権者は、一般の再生債権より後順位であり、一般の再生債権の完済ができないような状態にあるときまで議決権を与える必要はないため、このような状態にある場合には議決権を認めていません。

文献 伊藤823頁、一問一答民再116頁、条解民再451頁[園尾隆司]、新注釈民再（上）464頁[中井康之]

（別除権者の手続参加）
第88条 別除権者は、当該別除権に係る第53条第1項に規定する担保権によって担保される債権については、その別除権の行使によって弁済を受けることができない債権の部分についてのみ、再生債権者として、その権利を行うことができる。ただし、当該担保権によって担保される債権の全部又は一部が再生手続開始後に担保されないこととなった場合には、その債権の当該全部又は一部について、再生債権者として、その権利を行うことを妨げない。

基本事項

1　不足額責任主義

別除権は、再生手続外での権利行使が可能です（民再53Ⅱ）。他方、別除権の被担保債権が再生債権である場合に、別除権の行使に加えて、再生債権全額の再生手続での権利行使を認めることは、他の再生債権者との公平を害します。そこで、本条本文は、破産手続と同様に、別除権の行使によって弁済を受けることができない債権の部分についてのみ、再生債権者としての権利行使を認めています。これを不足額責任主義といいます。ただし、破産手続では不足額の証明等がないと配当から除斥されるのと異なり、再生手続では、再生計画案作成の時に不足額が未確定であっても、権利行使についての適確な措置を定めることにより（民再160Ⅰ）、その後も再生債権としての権利行使が可能になります。本条と同趣旨の規定が破産法108条にも置かれています。

また、担保権の消滅等によって被担保債権が無担保の再生債権となった場合には、それが全部であるか一部であるかにかかわらず、再生手続上の権利行使を認めるこ

とが合理的です。そこで、本条ただし書は、別除権の被担保債権の全部または一部が再生手続開始後に担保されないこととなった場合に、その債権の当該全部または一部について再生手続者としての権利行使を認めています。

2 権利行使の要件

本条の「再生手続開始後に担保されないこととなった場合」（不足額の確定）には、別除権が消滅する場合と再生債務者と別除権者の合意により不足額を確定した場合があります。前者の別除権が消滅する場合には、担保権の実行（民執180以下等）によるほか、担保権消滅請求（民再148Ⅰ）、目的物の受戻し（民再41Ⅰ⑨）、担保権の放棄があります。後者の合意により不足額が確定する場合とは、典型的には、別除権協定を締結する場合をいいます。

3 別除権協定

いわゆる別除権協定とは、別除権者と再生債務者等との間で、当該別除権の取扱いを定める協定をいいます。別除権協定では、担保権の実行禁止を定めるとともに、別除権の対象となっている担保目的物について、再生債務者と別除権者との間で一定の評価額を合意して当該評価額を分割返済することをもって担保物を受け戻し、当該評価額を除いた残りの再生債権を別除権不足額として再生計画に従った権利行使を認める旨の合意がなされるのが通常です。なお、受戻代金の支払には、再生債権のような期間の制約（民再155Ⅲ）はありません［☞ **より深く学ぶ** ①・②］。また、後順位の別除権者が存在する場合には、後順位別除権者による担保権実行を阻止するためには、後順位別除権者とも別除権協定を締結する必要があります。

別除権協定は、別除権対象物件の受戻しを含む一種の和解契約であると解されていますので、締結するには裁判所の許可（民再41Ⅰ⑥・⑨）が必要です（実務的には、監督委員の同意事項〔民再54Ⅱ〕とされている〔新注釈民再（上）472頁〔中井康之〕〕）。

論点解説

被担保債権の変更等と登記の要否　　登記・登録のある別除権に関し、被担保債権額の変更の合意等により被担保債権の範囲を変更した場合に、本条ただし書に基づき権利行使をするためにはその旨の登記・登録が必要か議論があります（議論の詳細は、倒産法概説149頁・138頁〔沖野眞已〕、新注釈民再（上）472頁〔中井康之〕）。必要説と不要説がありますが、登記を不要とした下級審裁判例があります（松山地判平23・3・1判タ1375号240頁）。別除権の放棄についてはその旨の登記を要するとの必要説が多数説であるとされています（倒産法概説149頁・138頁〔沖野眞已〕）。なお、弁済等により被担保債権の一部が消滅した場合には、その旨の変更登記がなくても、抵当権の効力もその範囲で消滅するという見解があります（柚木馨＝高木多喜男編『新版注釈民法(9)〔改訂版〕』〔有斐閣、2015〕19頁〔高木多喜男〕）。

より深く学ぶ

①　別除権協定の不履行と被担保債権の変更額の復活　　別除権協定の不履行等を理由として、別除権協定が解除・失効になった場合に、不足額に関する合意（被担

保債権の額を受戻額に減額する合意）の効果は依然として存続するのか（固定説）、それとも、不足額に関する合意も失効し、被担保債権額は合意前の額に復活するのか（復活説）につき議論があります。判例は、別除権協定における解除条件条項に係る合意につき、契約当事者の意思を合理的に解釈すれば、再生計画の履行完了前に再生手続廃止決定を経ずに破産手続開始決定を受けた時から別除権協定の効力が失われる旨判示しており（最判平26・6・5民集68巻5号403頁）、復活説に親和的であると指摘されています（伊藤899頁注8）［☞民再§190 **より深く学ぶ** ②］。

②　別除権協定に基づく受戻代金支払請求権の性質　一種の和解契約と解されている別除権協定に基づく受戻代金請求権の法的性質に関し、再生債権とする見解と共益債権とする見解があります（伊藤899頁注8）。この点、再生債権であると判示した裁判例があります（東京地判平24・2・27金法1957号150頁）。

　判例　最判平26・6・5民集68巻5号403頁
　文献　伊藤899頁、一問一答民再118頁、倒産法概説149頁［沖野眞已］、新注釈民再（上）468頁［中井康之］、条解民再455頁［山本浩美］

（再生債権者が外国で受けた弁済）
第89条　再生債権者は、再生手続開始の決定があった後に、再生債務者の財産で外国にあるものに対して権利を行使したことにより、再生債権について弁済を受けた場合であっても、その弁済を受ける前の債権の全部をもって再生手続に参加することができる。
2　前項の再生債権者は、他の再生債権者（同項の再生債権者が約定劣後再生債権を有する者である場合にあっては、他の約定劣後再生債権を有する者）が自己の受けた弁済と同一の割合の弁済を受けるまでは、再生手続により、弁済を受けることができない。
3　第1項の再生債権者は、外国において弁済を受けた債権の部分については、議決権を行使することができない。

基本事項

1　趣旨

　再生手続の効力は再生債務者の財産で外国にあるもの（在外財産）にも及ぶため（民再38Ⅰ。なお、破34Ⅰ・93Ⅰ、会更32Ⅰ・72Ⅰ参照）、再生手続が開始した後においては、再生債権者が再生債務者の在外財産から弁済を受けることも禁止されます（民再39・85Ⅰ。なお、破42・100、会更47・50参照）。

　しかし、必ずしも在外財産が所在する国が日本の再生手続の効力を承認するとは限らないため、債権者が再生債務者の在外財産から弁済等を受けることも想定されます。そこで、民再法は、他の再生債権者に対する公平性や平等性等を確保するため、再生債権者が、再生手続開始の決定があった後、再生債務者の在外財産から弁済を受けた場合にも手続への参加を可能としつつ（本条Ⅰ）、議決権の行使を制限し（本条Ⅲ）、配当の際に調整を行うことによって、再生債権者間の公平を図ることに

しました（本条Ⅱ）。
　本条と同趣旨の規定が破産法 109 条、201 条 4 項、および 142 条 2 項、ならびに会更法 137 条にも置かれています。

2　再生手続参加の額
　再生債権者は、在外財産から弁済を受ける前の再生債権額について再生手続に参加でき、この場合、債権の届出・調査・確定手続、再生計画に従った権利変更を受ける基準額は、再生手続開始時の額によることとなります。ただし、再生債権者は、再生手続開始後に在外財産から弁済を受けた債権の部分については議決権を行使することはできません（本条Ⅲ）。

3　ホッチ・ポット・ルール
　すでに外国において弁済を受けた再生債権者に対する再生手続における弁済については、当該再生債権者以外の他の再生債権者が、当該再生債権者が外国財産から受けた弁済と同一の割合の弁済を受けるまでは、再生計画に従った弁済を受けることができないとし、他の再生債権者との間の平等・公平を図っています（本条Ⅱ）[☞ **より深く学ぶ** 1]。このようなルールをホッチ・ポット・ルールと呼びます［ホッチ・ポット・ルールとクロス・ファイリングの関係について、☞民再§210 **基本事項** 3]。

より深く学ぶ

1　外国において受けた弁済の返還の要否　　外国で受けた弁済の割合が、再生手続における弁済の割合を下回る場合には、本条 2 項による調整が必要となります。しかし他方で、外国で受けた弁済の割合が再生手続におけるそれを上回る場合について民再法は特に規定していません。この場合の調整の要否については、不当利得の成否や外国倒産手続における配当か任意弁済かの別によってさまざまな議論がありますが（新注釈民再（上）481 頁［飯島奈絵］）、破産手続においては、任意弁済か外国倒産手続等による配当かを区別することなく、当該弁済を受けた債権者に対する不当利得返還請求権が成立するとの見解が有力です（山本和彦『国際倒産法制』〔商事法務、2002〕151 頁）。

2　債務者による任意弁済の効力　　本条と同趣旨の破産法 109 条に関連し、破産債権者が破産者から国外財産によって任意弁済を受けた場合に、同条にいう「権利を行使したことにより、破産債権について弁済を受けた場合」に該当するとして、同条の適用を認め、弁済を受ける前の債権の額で破産手続に参加できるか議論があります［☞破§109］。

　文　献　伊藤 250 頁、一問一答民再 119 頁、条解民再 464 頁［木川裕一郎］、新注釈民再（上）477 頁［飯島奈絵］、破産・民事再生の実務〔民事再生・個人再生編〕353 頁

（代理委員）
第 90 条　再生債権者は、裁判所の許可を得て、共同して又は各別に、1 人又は数人の代理委員を選任することができる。

2　裁判所は、再生手続の円滑な進行を図るために必要があると認めるときは、再生債権者に対し、相当の期間を定めて、代理委員の選任を勧告することができる。
3　代理委員は、これを選任した再生債権者のために、再生手続に属する一切の行為をすることができる。
4　代理委員が数人あるときは、共同してその権限を行使する。ただし、第三者の意思表示は、その1人に対してすれば足りる。
5　裁判所は、代理委員の権限の行使が著しく不公正であると認めるときは、第1項の許可の決定又は次条第1項の選任の決定を取り消すことができる。
6　再生債権者は、いつでも、その選任した代理委員を解任することができる。

基本事項
1　趣旨

大規模な再生手続では、利害を共通にする再生債権者が多数存在する場合があり、再生債務者等にとっては、個々の再生債権者と個別の交渉を強いられる場合には、その負担が増大し、再生手続の遅滞を招くおそれも増大します。他方、再生債権者からすると、個々の債権額が少額である場合など、個々に権利行使するのみでは、再生計画案の作成や決議に関して必ずしも効果的な発言ができないこともあり得ます。

そこで、本条は、利害を共通にする多数の再生債権者の意向を再生手続に反映させるとともに、手続の円滑かつ迅速な進行を図るため、代理委員の制度を定めています。本条と同趣旨の規定が破産法110条および会更法122条にも置かれています。

2　選任手続と権限等

代理委員は、裁判所の許可を得た上で、再生債権者によって選任されます（本条Ⅰ）。裁判所は、再生手続の円滑な進行上必要があるときは、代理委員の選任の勧告ができます（本条Ⅱ）。また、例外的に裁判所が代理委員を選任できる場合があります（民再90の2）。代理委員は、特別の授権がなくても、選任した再生債権者のために再生手続に属する一切の行為ができます（本条Ⅲ）。なお、代理委員が数人あるときは共同して権限を行使することになりますが、意思表示の受領については、代理委員の1人に対して行えば足ります（本条Ⅳ）。

広範囲な権限を有する代理委員によって再生債権者の権利が阻害されることを防止するため、代理委員の権限行使が著しく不公正である場合には、裁判所は当該代理委員の選任決定の取消しをすることができます（本条Ⅴ）。

文献　一問一答民再121頁、条解民再468頁［土岐敦司］、新注釈民再（上）482頁［中井康之］、伊藤829頁

（裁判所による代理委員の選任）
第90条の2　裁判所は、共同の利益を有する再生債権者が著しく多数である場合において、これらの者のうちに前条第2項の規定による勧告を受けたにもかかわらず同項の期間内に代理委員を選任しない者があり、かつ、代理委員の選任がなけ

> ### れば再生手続の進行に支障があると認めるときは、その者のために、相当と認める者を代理委員に選任することができる。
> 2　前項の規定により代理委員を選任するには、当該代理委員の同意を得なければならない。
> 3　第1項の規定により代理委員が選任された場合には、当該代理委員は、本人（その者のために同項の規定により代理委員が選任された者をいう。第6項において同じ。）が前条第1項の規定により選任したものとみなす。
> 4　第1項の規定により選任された代理委員は、正当な理由があるときは、裁判所の許可を得て辞任することができる。
> 5　第1項の規定により選任された代理委員は、再生債務者財産から、次に掲げるものの支払を受けることができる。
> 　一　前条第3項に規定する行為をするために必要な費用について、その前払又は支出額の償還
> 　二　裁判所が相当と認める額の報酬
> 6　第1項の規定により代理委員が選任された場合における当該代理委員と本人との間の関係については、民法第644条から第647条まで及び第654条の規定を準用する。

基本事項

　代理委員の選任は再生債権者による選任を原則とする一方で（民再90 I）、再生手続の円滑な進行を図るために必要があるときは、裁判所は、相当な期間を定めて、代理委員の選任を勧告できます（同条II）。しかし、再生債権者が必ずしも裁判所の勧告に従うとは限りません。そこで、本条は、再生手続の円滑迅速な進行のため、共同の利益を有する再生債権者が著しく多数である場合であって、代理委員の選任がなければ再生手続の進行に支障があると認めるときは、当該再生債権者のために、裁判所が代理委員を選任できるものとしています（本条I）。

　この場合、当該代理委員の同意を得る必要がありますが（本条II）、当該再生債権者の選任行為は不要であり、裁判所の選任と当該代理委員の同意によって再生債権者本人による選任が擬制されています（本条III）。

　民再法90条に従って再生債権者が代理委員を選任する場合には、代理委員はいつでも辞任できますが（民651）、本条に従って裁判所によって代理委員が選任された場合には、正当な理由があるときに、裁判所の許可を得て辞任することになります（民再90の2 IV）。なお、本条に従った裁判所による選任の場合であっても、本人による選任が擬制されているため、再生債権者による解任が可能であると解されています（伊藤830頁）。

　職権で選任された代理委員は、再生手続の円滑な進行を図るという共益的な貢献が強く期待されているため、必要な費用と裁判所が相当と認める額の報酬を再生債務者財産から共益債権として支払を受けることができます（本条V）。本条と同趣旨の規定が会更法123条にも置かれています。

文献　伊藤829頁、条解民再471頁［山田文］、新注釈民再（上）487頁［中井康之］

(報償金等)
第91条 裁判所は、再生債権者若しくは代理委員又はこれらの者の代理人が再生債務者の再生に貢献したと認められるときは、再生債務者等の申立てにより又は職権で、再生債務者等が、再生債務者財産から、これらの者に対し、その事務処理に要した費用を償還し、又は報償金を支払うことを許可することができる。
2　前項の規定による決定に対しては、即時抗告をすることができる。

基本事項
　再生債権者や代理委員の再生手続への積極的参加を促すため、再生債権者、代理委員、これらの者の代理人が再生債務者の再生に貢献したときは、裁判所の許可に基づき、再生債務者等が、これらの者に対し、再生債務者財産から、事務処理費用の償還、または報償金の支払をすることを認めることとしました。
　償還される費用や報奨金は、支出した金額に拘束されず、再生債務者の再生への貢献度、再生債務者財産の状況、その他の諸事情を総合的に考慮して決定されます（条解民再475頁［土岐敦司］）。本条と同趣旨の規定が会更法124条にも置かれています。
　文　献　伊藤831頁、一問一答民再121頁、条解民再474頁［土岐敦司］、新注釈民再（上）491頁［中井康之］

(相殺権)
第92条　再生債権者が再生手続開始当時再生債務者に対して債務を負担する場合において、債権及び債務の双方が第94条第1項に規定する債権届出期間の満了前に相殺に適するようになったときは、再生債権者は、当該債権届出期間内に限り、再生計画の定めるところによらないで、相殺をすることができる。債務が期限付であるときも、同様とする。
2　再生債権者が再生手続開始当時再生債務者に対して負担する債務が賃料債務である場合には、再生債権者は、再生手続開始後にその弁済期が到来すべき賃料債務（前項の債権届出期間の満了後にその弁済期が到来すべきものを含む。次項において同じ。）については、再生手続開始の時における賃料の6月分に相当する額を限度として、前項の債権届出期間内に限り、再生計画の定めるところによらないで、相殺をすることができる。
3　前項に規定する場合において、再生債権者が、再生手続開始後にその弁済期が到来すべき賃料債務について、再生手続開始後その弁済期に弁済をしたときは、再生債権者が有する敷金の返還請求権は、再生手続開始の時における賃料の6月分に相当する額（同項の規定により相殺をする場合には、相殺により免れる賃料債務の額を控除した額）の範囲内におけるその弁済額を限度として、共益債権とする。
4　前2項の規定は、地代又は小作料の支払を目的とする債務について準用する。

基本事項
1 趣旨
　再生債権は、再生手続開始後は、再生計画に定めるところによらなければ行使できないのが原則です（民再85Ⅰ）。しかし、相殺の担保的効力に対する債権者の期待を保護・尊重するため、本条は、再生手続によらずに相殺権を行使することを認めています。

　再建型倒産処理手続では、相殺権の保護の範囲を広くするほど、再生債務者の事業の再建に支障となるおそれがあり、また、再生計画作成の基礎となる債権債務の確定が遅れるなど、再生手続の進行にも影響があります。そこで、本条は、相殺適状の生ずべき期間と相殺権行使の期間を制限し、再生計画作成のための債権債務の早期確定の要請と、相殺権行使による債権の実質的回収の実現という再生債権者の利益とを調整しています。

　本条と同趣旨の規定が破産法67条および会更法48条に置かれています。もっとも、本条は、再生債権の現在化や金銭化をせず、また相殺権の行使時期にも債権届出期間満了までという制限を設けるなどの点で破産法の規定と異なり、破産法と比較して相殺権の行使を制約しています。

2 要件
　民法上、相殺が認められるためには、相殺適状にあること（民505Ⅰ）、および相殺の禁止事由が存在しないこと（同条Ⅱ・509・510など）の要件を満たすことが必要です。再生手続における相殺についても、民法をはじめとする実体法の定めに従うのが原則となりますが、民再法は、再生債権者間の公平を確保するため93条および93条の2で一定の場合には相殺を禁止して、相殺権の行使を制限しています。

(1) 相殺権の一般原則（本条Ⅰ）
(ア) 債権債務の種類（要件1）
(i) 再生債権

　再生債権とは、「再生債務者に対し再生手続開始前の原因に基づいて生じた財産上の請求権」（民再84Ⅰ）であり、再生手続開始時に停止条件付債権や将来の請求権を有する者も、同条項の要件を満たす限りは再生債権者として扱われます（民再87Ⅰ③ホ・ヘ）。本条1項は、再生債権が再生手続開始決定時において現実化していることは要求していないことから、停止条件付債権や将来の請求権であっても、相殺権の実行時にその他の要件を満たせば相殺に供することができます。

(ii) 反対債権

　反対債権は、再生債権者が再生手続開始当時に再生債務者に対して負担する債務であり、再生債務者が再生債権者に対して有する債権であれば足ります。ただし、反対債権については、再生債権に関する民再法87条1項3号ホ・ヘに相当する規定も、破産手続開始決定時に破産債権者の負担する債務が条件付または将来の請求権であっても相殺を認める破産法67条2項後段に相当する規定もないため、再生手続開始時において現実化している必要があり、条件付債権や将来の請求権を有しているだけでは足りないと解されています。そのため、これらの債権が再生手続開始

決定後に現実化したときに再生債権者が相殺することが許されるかについて議論があります［☞ **より深く学ぶ** **1**］。

　(イ)　**相殺適状の時期（要件2）**

　債権および債務の双方が民再法94条1項に規定する債権届出期間の満了前に相殺に適するようになったこと、すなわち、再生債権と反対債権とが、債権届出期間満了前に、本来の履行期や条件に従って相殺適状に達することが必要です。破産法と異なり、民再法には、破産債権の現在化（破103Ⅲ）や金銭化（同条Ⅱ）に相当する規定がありません。そのため、債権届出期間満了までに、①再生債権（自働債権）について履行期が到来しない場合、②再生債権（自働債権）について条件が成就しない場合、③反対債権と再生債権が同種の債権ではない場合（金銭債権と非金銭債権の場合）には、相殺は認められません。ただし、反対債権が期限付きの場合には、債権者は期限の利益を放棄することができるので相殺が認められます（本条Ⅰ後段）。

　(ウ)　**相殺権の行使時期**

　本条1項は、債権届出期間内に限り、再生債権者は再生計画の定めによらずに相殺できることを定めています。再生債権者は、債権届出期間満了までに、再生債務者等に対して相殺の意思表示をしなければなりませんが、相殺権の行使に当たって再生債権の届出をする必要はありません。

　(2)　賃借人等の相殺権の特則（本条Ⅱ）

　本条2項は、再生手続開始当時に再生債務者に対して再生債権者が負担する債務が賃料債務である場合には、再生手続開始後にその弁済期が到来すべき賃料債務（前項の債権届出期間の満了後にその弁済期が到来すべきものを含む）については、再生手続開始の時における賃料の6か月分に相当する額を限度として、債権届出期間内に限り、再生債権者は再生計画の定めによらずに相殺できることを定めています。本条2項に対応する規定は破産法にはありません。

　本来、賃料債務は期限未到来の債務であり期限の利益を放棄して相殺をすることができるところ、破産法とは異なり、再建型の倒産手続である再生手続で相殺を無制限に認めると、再生債務者が賃料収入を得られないこと等により再生に支障を来すおそれが生じかねません。そこで、本条2項は、再生債務者に対して賃料債務を負担する再生債権者による相殺権が認められる範囲を賃料債務の6か月分に限定しました。この理解によれば、本条2項は、期限付債務を受働債権とする相殺を制限したものといえます（伊藤877頁、条解民再482頁［山本克己］、倒産法概説269頁［沖野眞已］）。

　(3)　敷金返還請求権の共益債権化（本条Ⅲ）

　再生債権者が、再生手続開始後にその弁済期が到来すべき賃料債務について、再生手続開始後その弁済期に弁済をしたときは、再生債権者が有する敷金の返還請求権は、再生手続開始の時における賃料の6か月分に相当する額（本条2項の規定により相殺をする場合には、相殺により免れる賃料債務の額を控除した額）の範囲内におけるその弁済額を限度として、共益債権とされています。

　本来、敷金返還請求権は再生債権となりますが、停止条件付債権であるため、債

権届出期間満了までに条件が成就（賃貸借契約が終了し目的物の明渡しが完了する）しない限り、再生債権者は、敷金返還請求権を自働債権とし、賃料債権を受働債権とする相殺をすることはできません（本条Ⅱ）。そこで、本項は、敷金返還請求権を共益債権とすることによって、再生債権者たる賃借人を保護しつつ、再生債務者事業の再生を図るため、再生債権者による現実の賃料弁済を促そうとしています。本条3項は、破産手続における寄託請求（破70後段）に対応する規定といえますが、財団債権すら弁済できない場合がある破産手続とは異なり、事業継続を前提とする再生手続では、弁済額の寄託は要求されていません。

論点解説

相殺濫用論・相殺否認論　民再法93条および93条の2は、再生債権者による相殺権の行使に制限を加えていますが、これら以外にも相殺を制限すべき場合について、相殺濫用論あるいは相殺否認論として議論があります。

相殺濫用論が議論される典型事例は、いわゆる同行相殺の場面です［☞破§67 **論点解説** 1］。相殺濫用論では、破産者乙が振り出した手形所持人である丙が負担すべき乙の無資力リスクを乙の一般債権者に転嫁することは許されないとして、一定の条件のもと、相殺を無効とする考え方があります（伊藤494頁）。この点、破産事例である最判昭53・5・2（判時892号58頁［INDEX［101］］）は相殺濫用論を否定して相殺の有効性を認めています。他方、相殺の濫用法理を認めて相殺権の行使は許されないとした裁判例もあります（大阪地判平元・9・14判タ718号139頁［INDEX［105］］）。

また、相殺否認論は、民再法93条1項2号から4号までの適用範囲外の受働債権の取得に関しても、相殺権行使の結果を詐害行為否認の対象とすることで相殺権の行使に制限を加える考え方です。この点については、相殺は否認の対象とはならないとするのが判例・通説ですが（最判平2・11・26民集44巻8号1085頁［INDEX［104］］）、相殺の否認可能性を認める見解も有力です（伊藤495頁）。

より深く学ぶ

1 条件付債権を受働債権とする相殺　再生債務者の再生債権者に対する債権が条件付債権であって届出期間の満了までに現実化しなかった場合には、破産手続とは異なり（破67Ⅱ）、再生手続では相殺を認める明文の規定がないことから、再生債権を自働債権とし、これらの債権を受働債権とする相殺は認められないとする見解が多数説です（条解民再479頁［山本克己］、伊藤907頁参照）。ただし、条件成就の機会の放棄が民法上妨げられるものではないことを理由に、受働債権が条件付きであっても再生債権者からの相殺を認める見解も有力です（倒産法概説269頁［沖野眞已］、松下115頁）［☞破§67］。

2 再生債務者に対する再生債権以外の債権と再生債務者の債権の相殺

（1）**共益債権または一般優先債権と再生債務者の債権との相殺**　共益債権・一般優先債権はともに、再生手続によらずに随時弁済することが認められていること

から（民再121Ⅰ・122Ⅱ）、共益債権者・一般優先債権者あるいは再生債務者のいずれからでも、民法の規定に従って有効に相殺することができると考えられています（伊藤905頁）。

(2) **開始後債権と再生債務者の債権の相殺**　再生手続開始後の原因に基づいて生じた財産上の請求権のうち、共益債権、一般優先債権または再生債権でないものを開始後債権といいます（民再123Ⅰ）。開始後債権は、再生手続が開始された時から再生計画で定められた弁済期間が満了する時までの間は、弁済を受けることができないとされているため（同条Ⅱ）、開始後債権者、再生債務者のいずれの側からも、当該弁済期間中は開始後債権を自働債権または受働債権とする相殺は許されません（伊藤906頁）。

判例　最判平17・1・17民集59巻1号1頁［百選4版［57］、INDEX［91］］
文献　伊藤905頁、一問一答民再122頁、条解民再475頁［山本克己］、倒産法概説267頁［沖野眞已］、詳解民再325頁［徳田和幸］、新注釈民再（上）493頁［中西正］

（相殺の禁止）
第93条　再生債権者は、次に掲げる場合には、相殺をすることができない。
　一　再生手続開始後に再生債務者に対して債務を負担したとき。
　二　支払不能（再生債務者が、支払能力を欠くために、その債務のうち弁済期にあるものにつき、一般的かつ継続的に弁済することができない状態をいう。以下同じ。）になった後に契約によって負担する債務を専ら再生債権をもってする相殺に供する目的で再生債務者の財産の処分を内容とする契約を再生債務者との間で締結し、又は再生債務者に対して債務を負担する者の債務を引き受けることを内容とする契約を締結することにより再生債務者に対して債務を負担した場合であって、当該契約の締結の当時、支払不能であったことを知っていたとき。
　三　支払の停止があった後に再生債務者に対して債務を負担した場合であって、その負担の当時、支払の停止があったことを知っていたとき。ただし、当該支払の停止があった時において支払不能でなかったときは、この限りでない。
　四　再生手続開始、破産手続開始又は特別清算開始の申立て（以下この条及び次条において「再生手続開始の申立て等」という。）があった後に再生債務者に対して債務を負担した場合であって、その負担の当時、再生手続開始の申立て等があったことを知っていたとき。
2　前項第2号から第4号までの規定は、これらの規定に規定する債務の負担が次の各号に掲げる原因のいずれかに基づく場合には、適用しない。
　一　法定の原因
　二　支払不能であったこと又は支払の停止若しくは再生手続開始の申立て等があったことを再生債権者が知った時より前に生じた原因
　三　再生手続開始の申立て等があった時より1年以上前に生じた原因

基本事項
1　趣旨
　本条は、相殺の担保的機能との調整を図りつつ、再生債権者が危機時期以降に負担した債務を受働債権とする相殺を禁止することにより、再生債権者間の平等を確保する趣旨の規定です。本条は次の民再法93条の2と趣旨を同じくしており、本条が再生債権者が危機時期以降に債務負担した場合の相殺禁止を、民再法93条の2が再生債務者に対し債務を負担する者が危機時期以降に再生債権を取得した場合の相殺禁止を定めています。本条と同趣旨の規定が破産法71条および会更法49条にも置かれています。

2　要件
(1)　相殺が禁止される場合（本条Ⅰ）
(ア)　**再生債権者が手続開始後に再生債務者に対して債務を負担したとき**（本条Ⅰ①）
　この場合に相殺を認めると、再生手続開始後に当該再生債権者に新たな担保権の設定を認めるに等しい結果となること、再生手続開始決定後には再生債権の実質価値が低下するため、当該再生債権者の相殺により額面通りの回収を認めることは再生債権者間の平等を害することから、相殺を禁止したものです。本条1項1号は、本条1項2号ないし4号と異なり再生債権者の主観を問わず相殺を禁止するものです。また本条1項1号には、本条2項の例外は適用されません（本条Ⅱ柱書）。
　本条1項1号に該当する場合には、再生債権者が再生債務者との取引により債務を負担した場合、双方未履行双務契約について再生債務者が履行選択（民再49Ⅰ）し再生債権者が債務を負担した場合、再生手続開始後に第三者が再生債務者の預金口座に送金し再生債権者が預金返還債務を負担した場合等があります［☞ **より深く学ぶ** 1・3］。

(イ)　**再生債権者が支払不能後に再生債務者に対して債務を負担したとき**（本条Ⅰ②）
　支払不能とは、再生債務者が、支払能力を欠くために、その債務のうち弁済期にあるものにつき、一般的かつ継続的に弁済することができない状態をいい、破産法における支払不能（破2ⅩⅠ）と同義です［☞破§2］。再生債務者が支払不能の状態にある場合には再生債権はすでに実質価値を喪失しており、当該再生債権者の相殺によって額面どおりの回収を認めると再生債権者間の平等を害することから、相殺を禁止しました。ただし、本条1項2号が相殺を禁止したのは、以下の①ないし③のすべての要件を満たす場合に限り、①ないし③の証明責任は再生債務者にあります。
①　再生債権者が再生債務者の支払不能後に再生債務者に対する債務を負担したこと
②　①の債務負担が、ⓐⓑいずれかの態様であったこと
　ⓐ　専ら再生債権をもってする相殺に供する目的で再生債務者との間で財産の処分を内容とする契約を締結したこと［☞ **論点解説** 1］
　ⓑ　再生債務者との間で、再生債務者に対し債務を負担する者の債務を引き受ける契約を締結したこと
③　契約締結当時再生債権者が再生債務者の支払不能を知っていたこと

なお、支払停止とは異なり、支払不能は外部から一義的な基準で判別することができないため、支払不能であることを知った（要件③参照）だけで以後の相殺が禁止されるとすると、危機時期にある者との取引を委縮させてしまうおそれがあります。そこで、このような委縮効果を排除するため、「専ら再生債権をもってする相殺に供する目的（②(a)）」との要件が加重されています。

(ウ) **再生債権者が支払停止後に再生債務者に対して債務を負担したとき**（本条Ⅰ③）

支払の停止［☞ **論点解説** ②、破§15 **論点解説** ］の後に再生債権者が負担した債務を受働債権とする相殺を認めると債権者平等を害するため、相殺を禁止しています。再生債権者が債務負担時に支払停止を知っていたことが相殺禁止の要件です。ただし、支払停止時に支払不能でなかった場合には債権者平等を害するとは認められないため、本条1項3号は適用されません（本条Ⅰ③ただし書）。支払停止および支払停止についての悪意の証明責任は再生債務者に、支払不能でなかったことについての証明責任は相殺を主張する者にあります。

(エ) **再生債権者が再生手続開始の申立等の後に再生債務者に対して債務を負担したとき**（本条Ⅰ④）

再生債権者が債務負担時に再生手続開始、破産手続開始または特別清算開始の申立てを知っていたことが要件です。破産手続や特別清算手続から再生手続に移行した場合には、先行する手続の申立時が相殺禁止の基準時となります。

(2) **例外的に相殺が許容される場合**（本条Ⅱ）

本条1項2号ないし4号に該当する場合でも、以下のいずれかの事由に該当する場合には例外的に相殺が認められます。これらの事由の証明責任は相殺を主張する者が負います。ただし、本条1項1号の場合には本条2項は適用されません（本条Ⅱ柱書）。

(ア) **法定の原因による債務負担**（本条Ⅱ①）

「法定の原因」とは、相続、事務管理、不当利得等の、再生債権者が法律上当然に債務負担する場合を指します。これらの場合には、意図的に相殺適状を作出したとはいえず、債権者平等を害しないことから相殺を許容しています［☞ **より深く学ぶ** ④］。

(イ) **危機時期にあることを知った時よりも前に生じた原因による債務負担**（本条Ⅱ②）

この場合は、再生債権の実質価値が低下する前に当該再生債権者は相殺に対する合理的期待を有していたと認められることから、相殺を許容しています［☞ **論点解説** ③、**より深く学ぶ** ②］。

(ウ) **申立時よりも1年以上前に生じた原因による債務負担**（本条Ⅱ③）

相殺の合理的期待が生じているにもかかわらず、相殺が禁止されるか否かが長期にわたって確定しないとすれば、債権者の地位を長期にわたって不安定とすることになります。そこで、申立時よりも1年以上前に生じた原因による相殺を許容し、再生債権者の地位を安定させるため、相殺を許容しています。

3 効果

本条は債権者間の平等を図る趣旨の強行規定であり（本条1項3号と同趣旨の破産法

71条1項3号につき、最判昭52・12・6民集31巻7号961号［百選5版［68］、INDEX［95］］)、これらに違反してなされた相殺は無効となります［☞**論点解説**［4］］。再生手続開始前に相殺権が行使された場合であっても、開始決定により相殺は遡及的に無効となります（破産の場合に関する大判昭5・10・15新聞3199号14頁）。

論点解説

[1] 専ら再生債権をもってする相殺に供する目的の意義

本条1項2号の「専ら再生債権をもってする相殺」に供する目的とは、契約の目的が専ら相殺による債権回収を目的とすることをいいます（倒産法概説258頁［沖野眞已］）。「財産の処分を内容とする契約」（同号）には財産処分という相殺以外の目的が存在するのが通常であることから、「専ら」他の目的がない場合に限って厳格に解すると、本条1項2号が空文化してしまい妥当ではありません。そこで、「専ら」とは、このように厳格に解すべきではなく、行為の前後の諸事情に鑑みて偏頗行為否認を潜脱するものかどうかという観点から判断すべきと考えられています（条解民再495頁［山本克己］。なお、伊藤911頁・477頁も参照。大阪地判平22・3・15判時2090号69頁参照）。

[2] 支払停止の二義性論

破産手続開始原因である支払不能（民再21 I、破15 I）を推定させる支払停止（破15 II）と相殺禁止および偏頗行為否認における支払停止（本条 I ③・93の2 I ③・127の3 III）は同一の内容かどうかについて議論があります（伊藤112頁）。平成16年改正前の破産法の下での有力説は、前者は一定の時点における債務者の主観的行為であって継続性を要しないのに対して、後者は手続開始まで継続する客観的支払不能を意味すると主張していました。しかし、近時は、否認などの要件としての支払停止も、破産手続開始原因推定事実の場合と同様に、一定時点における債務者の行為と解すべきとする見解が有力となっています（伊藤112頁、大コンメ67頁［小川秀樹］）。

[3] 前に生じた原因の意義

本条2項2号の趣旨は、相殺の担保的機能に対する合理的な期待を保護することにあります。そのため、「前に生じた原因」といえるためには、合理的な相殺への期待を生じさせるものでなければならず、具体的な相殺への期待を生じさせる程度に直接的な原因でなければならないと解されています（伊藤912頁・481頁）。

破産に関する判例によれば、例えば、金融機関を債権者、破産者を債務者として両者の間で危機時期より前に締結した約定のうち、①普通預金取引契約（最判昭60・2・26金法1094号38頁［INDEX［102］］）および②当座勘定取引契約（最判昭52・12・6民集31巻7号961頁［INDEX［95］］）は「前に生じた原因」に該当しないのに対し、③振込指定（名古屋高判昭58・3・31判タ497号125頁）、④代理受領（横浜地判昭35・12・22判タ122号18頁）、⑤手形の取立委任（最判昭63・10・18民集42巻8号575頁［百選［64］、INDEX［100］］）は、「前に生じた原因」に該当するとして相殺が許容されています［☞破§71 **より深く学ぶ**［3］・［4］］。このように結論が分かれる理由は、①および②の約定を締結したとしても債権者である金融機関が破産者に対して債務を負担するとは限らず、相殺への合理的な期待があるとはいえないのに対し、③ないし⑤の約

定があれば、債権者としては危機時期以後の入金を担保として、これを相殺することについて期待することが合理的であると考えられるからです（森倫洋「判解」百選131頁）。

4 相殺禁止規定に違反した相殺合意の効力　本条は再生債権者による一方的意思表示による相殺（法定相殺）を禁止していますが、再生手続開始前になされた再生債務者と再生債権者との間の合意による相殺についても本条1項2号から4号までが類推適用され（大判昭14・6・20民集18巻685頁）、本条1項に違反する内容の相殺合意は無効となると解されています。また、前掲・最判昭52・12・6は、破産法72条1項3号の効力を排除するような合意は、破産管財人と破産債権者との間でなされたとしても特段の事情のない限り無効であると判断しました。この判決の射程は、同項と同趣旨の本条1項にも及び、手続開始後に再生債務者等と再生債権者が本条1項に違反する内容の相殺合意をしたとしても無効となると解されています（金春「判解」百選139頁）。

より深く学ぶ

1 再生手続開始決定後の停止条件成就と相殺の可否　再生手続開始決定後に停止条件が成就した場合に、再生債務者の当該債権者に対する債権を自働債権とし、かかる停止条件付債権を受働債権として相殺できるのか、それともこのような相殺は相殺禁止（本条Ⅰ①）に抵触し許されないのかについて議論があります〔☞民再§92　**より深く学ぶ**　1、破§67　**論点解説**　3〕。

2 支払停止後の投資信託受益権解約と前に生じた原因　再生債務者が支払停止前に、投資信託委託会社と信託会社との信託契約に基づいて設定されていた投資信託の受益権をその募集販売委託を受けていた銀行（再生債権者）から購入し、当該銀行との間で当該受益権の管理委託契約を締結していたところ、支払停止後再生手続開始申立前に、債権者代位権に基づいて前記銀行に対して当該投資信託の解約実行請求を行い、受益権の解約金が管理受託者である前記銀行の口座に振り込まれた結果、銀行が当該債務者に対して解約金返還債務を負担したという事案において、判例は、支払停止を知った後に再生債権者が解約実行請求権を行使したこと、解約金の入金口座は再生債務者が自由に選択できたこと、および、銀行が相殺をするためには、他の債権者と同様に債権者代位権を行使しなければならなかったことなどから、銀行には相殺に対する合理的期待を有していたとはいえないとして、管理委託契約は本条2項2号にいう「前に生じた原因」には該当せず、相殺は許されないと判示しました（最判平26・6・5民集68巻5号403頁）。

3 配当請求権と相殺禁止　再生債権者の株主である再生債務者に対する剰余金配当請求権を受働債権とし、再生債権である貸付金債権を自働債権とする相殺の可否が問題となった事案において、剰余金配当請求権は株主総会決議により発生し、再生手続開始前に停止条件付債務として発生していたとは認められないこと、将来の請求権としても再生手続開始時における相殺への合理的期待は低いことを理由として、剰余金配当請求権を受働債権とする相殺は本条1項1号により許されないと

した裁判例があります（大阪地判平 23・1・28 金法 1923 号 108 頁）。

4 **合併や会社分割が法定の原因に含まれるか**　再生債権者が合併や会社分割により危機時期に再生債務者に対し債務を負担した場合に関し、合併や会社分割も法定の原因に該当するとして相殺が許容されるかについては争いがあり（伊藤 912 頁・481 頁、条解民再 497 頁［山本克己］参照）、法定の原因に該当するとして相殺を認める見解が通説ですが、合併は合意によるものであるとして相殺を認めない見解も有力です（条解会更（中）899 頁参照）。

　判　例　最判平 17・1・17 民集 59 巻 1 号 1 頁［百選［63］］、最判昭 63・10・18 民集 42 巻 8 号 575 頁［百選［64］］、大阪高判平 15・3・28 金法 1692 号 51 頁［INDEX［106］］、東京地判平 21・11・10 判タ 1320 号 275 頁［INDEX［97］］

　文　献　伊藤 909 頁、一問一答民再 122 頁、条解民再 490 頁［山本克己］、倒産法概説 254 頁［沖野眞已］、詳解民再 328 頁［徳田和幸］、新注釈民再（上）513 頁［中西正］

第 93 条の 2　再生債務者に対して債務を負担する者は、次に掲げる場合には、相殺をすることができない。
　一　再生手続開始後に他人の再生債権を取得したとき。
　二　支払不能になった後に再生債権を取得した場合であって、その取得の当時、支払不能であったことを知っていたとき。
　三　支払の停止があった後に再生債権を取得した場合であって、その取得の当時、支払の停止があったことを知っていたとき。ただし、当該支払の停止があった時において支払不能でなかったときは、この限りでない。
　四　再生手続開始の申立て等があった後に再生債権を取得した場合であって、その取得の当時、再生手続開始の申立て等があったことを知っていたとき。
2　前項第 2 号から第 4 号までの規定は、これらの規定に規定する再生債権の取得が次の各号に掲げる原因のいずれかに基づく場合には、適用しない。
　一　法定の原因
　二　支払不能であったこと又は支払の停止若しくは再生手続開始の申立て等があったことを再生債務者に対して債務を負担する者が知った時より前に生じた原因
　三　再生手続開始の申立て等があった時より 1 年以上前に生じた原因
　四　再生債務者に対して債務を負担する者と再生債務者との間の契約

基本事項

1　趣旨

　本条は、相殺の担保的機能との調整を図りつつ、再生債務者に対して債務を負担する者が危機時期以降に取得した債権を自働債権とする相殺を禁止することにより、再生債権者間の平等を確保する趣旨の規定です。本条と同趣旨の規定が破産法 72 条および会更法 49 条の 2 にも置かれています。

　本条は前条と同趣旨の規定であることは、前条で説明した通りです。本条は自働債権の取得時期に着目している点で前条と異なりますが、本条の解釈については、基本的に前条について説明したことが当てはまります。そこで、以下では、本条に

特有の点を中心に解説します。

2 要件

(1) 相殺が禁止される場合（本条Ⅰ）

(ア) 再生手続開始後に他人の再生債権を取得したとき（本条Ⅰ①）

本号の趣旨は前条1項1号と同様です。その趣旨に鑑みて、他人の再生債権を取得した場合に限らず、再生手続開始後に新たな再生債権を取得した場合にも本号が類推適用されるべきと解されています（条解民再501頁［山本克己］）［☞ **論点解説** **1**］。

(イ) 支払不能後に再生債権を取得したとき（本条Ⅰ②）

再生債務者に対して債務を負担する者が再生債権取得時に支払不能を知っていたことが要件です。支払不能を知りながら悪意で再生債権を取得することにはそれ自体経済的な合理性が欠けることから（伊藤491頁）、前条1項2号が「専ら再生債権をもってする相殺に供する目的」として主観的要件を加重しているのに対し、本条1項2号は主観的要件を加重していません。

(ウ) 支払停止後に再生債権を負担したとき（本条Ⅰ③）

再生債務者に対して債務を負担する者が再生債権取得時に支払停止を知っていたことが要件です。ただし、支払停止時に支払不能でなかった場合には債権者平等を害するとは認められないため、本号は適用されません（本条Ⅰ③ただし書）。

(エ) 再生手続開始の申立等の後に再生債権を取得したとき（本条Ⅰ④）

再生債務者に対して債務を負担する者が再生債権取得時に申立てを知っていたことが要件です。

(2) 例外的に相殺が許容される場合（本条Ⅱ）

本条1項2号ないし4号に該当する場合であっても、本条2項各号のいずれかに該当する場合には、例外的に相殺が認められます［☞ **論点解説** **2**］。本条2項各号の証明責任は相殺を主張する者が負います。本条2項1号ないし3号は、前条2項1号ないし3号と同趣旨であり、内容も同一です。本条1項1号の場合には本条2項は適用されないことも前条と同様です（本条Ⅱ柱書）。

前条2項と異なるのは、再生債務者との契約による債務負担（本条Ⅱ④）の場合にも相殺が許容される点です。その趣旨は、この場合、再生債権は発生当初から再生債務者に対する債務を担保［☞ **より深く学ぶ**］とし、実質価値を低下した再生債権を取得することにはならないため、相殺を許容しても債権者平等に反しない点にあります。偏波行為否認における同時交換的取引の除外（民再127の3Ⅰ柱書括弧書）と同様の趣旨です。

3 効果

本条1項の効果は前条1項と同様であり、本条1項各号に違反する相殺は無効です［☞民再§93］。

▶論点解説

1 保証人の事後求償権と相殺禁止　再生債務者に対し債務を負担する者が、再生手続開始前に再生債務者の債権者と保証契約を締結し、再生手続開始後に保証債務を履行して再生債務者に対し事後求償権を取得した場合、保証人は相殺することができるかが問題になります。保証人が代位取得した原債権（民501）は、他人の再生債権に該当するため、原債権を自働債権とする相殺は禁止されますが（本条Ⅰ①）、事後求償権（民459・462）は他人の債権ではないことから、本条1項1号には該当しません。

　事後求償権を自働債権とする相殺の可否について、破産手続に関する最判平24・5・28（民集66巻7号3123頁［百選［69］、INDEX［98］］）は、破産者から委託を受けずに保証人となった者が相殺を主張した事例において、事後求償権を自働債権とする相殺は、破産手続開始後に他人の債権を譲り受けて相殺適状を作出した上で相殺することと類似しているとして、破産法72条1項1号の類推適用により禁止されると判断しました。同条と本条が同趣旨であることから、民事再生の場合にもこの判例の射程が及び、委託を受けない保証人は本条1項1号の類推適用により事後求償権を自働債権とする相殺は認められないとの見解がある一方で（岡正晶「判批」金法1954号〔2012〕71頁）、再生債務者から委託を受けたか否かにかかわらず、保証人が弁済等をして求償権が現実化した場合には、民再法91条の要件を満たす限り有効に相殺することができると解する見解もあります（条解民再501頁［山本克己］）。

2 第三者弁済と相殺禁止　再生債務者に対し債務を負担する第三者が、危機時期以降に再生債務者の債務を弁済し（民474）、これにより取得した求償権を自働債権として相殺することができるか問題となります。例えば、元請会社が、その下請会社の下請会社（孫請会社）に対する工事請負代金債権を危機時期以降に弁済した事例において、下請会社に対する事後求償権を自働債権、下請会社の元請会社に対する工事請負代金債権を受働債権とする相殺が主張されることがあり、このような相殺の可否が問題となります。

　この点、破産手続における事例ですが、元請会社の弁済が破産手続開始後になされた場合には、破産法72条1項1号に該当することから、相殺は認められないとする裁判例があります（名古屋高判昭57・12・22判時1073号91頁［INDEX［96］］）。また、元請会社による弁済が再生手続開始前になされた事例において、元請会社と下請会社との間の契約において立替払約款と相殺約款があり、元請会社がこれらの約款に基づき申立後開始前に立替払をして相殺を主張したのに対し、東京高判平17・10・5（判タ1226号342頁［INDEX［94］］）は、前に生じた原因（本条Ⅱ②）があるとして相殺を認めました。

3 前に生じた原因の具体例　本条2項2号の「前に生じた原因」に当たるものとして、債権者が再生債務者に対して有する手形買戻請求権を自働債権とする場合の手形割引契約（最判昭40・11・2民集19巻8号1927頁［百選［65］］）、連帯債務者が再生債務者に対して有する求償権を自働債権とする連帯債務関係（最判平10・4・14民集52巻3号813頁［百選4版［43②］］）があります。

より深く学ぶ
本条2項4号の主観的要件の要否　本条2項4号と同趣旨の破産法72条2項4号について、同号が適用されるために、破産債権の発生原因である契約締結時に反対債権との相殺による債権の満足を意図している必要があるか、必要説（新注釈民再（上）543頁［中西正］、倒産法概説264頁［沖野眞已］）と不要説（大コンメ316頁［山本克己］）とが対立しています。

　判　例　大阪高判昭60・3・15判タ560号144頁、大阪高判平21・5・27金法1878号46頁（前掲・最判平24・5・28の原審）［INDEX2版［89］］

　文　献　伊藤912頁、条解民再500頁［山本克己］、倒産法概説261頁［沖野眞已］、詳解民再332頁［徳田和幸］、新注釈民再（上）536頁［中西正］

第2節　再生債権の届出

> **（届出）**
> **第94条**　再生手続に参加しようとする再生債権者は、第34条第1項の規定により定められた再生債権の届出をすべき期間（以下「債権届出期間」という。）内に、各債権について、その内容及び原因、約定劣後再生債権であるときはその旨、議決権の額その他最高裁判所規則で定める事項を裁判所に届け出なければならない。
> 2　別除権者は、前項に規定する事項のほか、別除権の目的である財産及び別除権の行使によって弁済を受けることができないと見込まれる債権の額を届け出なければならない。

基本事項
1　趣旨
　再生手続に参加しようとする再生債権者は、債権届出期間（民再34Ⅰ）内に、債権の内容および原因、約定劣後再生債権（民再35Ⅳ）である場合にはその旨、議決権の額等を裁判所に届け出なければなりません（本条Ⅰ）。

　また、別除権者は、これらの届出に加え、別除権の目的である財産および別除権の行使によって弁済を受けることができないと見込まれる債権の額（予定不足額）も届け出なければなりません（本条Ⅱ）。予定不足額は、再生債務者等が認めた場合には、別除権者の議決権額となります（民再88・104Ⅰ・170Ⅰ）［☞ **論点解説**］。

　破産法、会更法にも、本条と同様の規定が置かれていますが（破111、会更138）、破産法が、清算を目的として債権の現在化・金銭化を図り、債権の「額」を届出事項としている（破111Ⅰ①）のとは異なり、民再法や会更法では、債権の「内容」を届出事項としています（本条Ⅰ、会更138Ⅰ①）。そのため、非金銭債権や条件付債権等は、その内容を特定できるように記載すれば足ります。

2　届出権者・届出の方式等
　再生債権について管理処分権を有する者が届出権者であり、通常は再生債権を有する者がこれに該当し、その法定代理人や任意の代理人も届出をすることができま

す。また、再生債権の差押債権者も再生債権についての管理処分権を有することから届出資格を有していますが（民執145Ⅰ・155Ⅰ参照）、時効中断などの保存行為または管理行為を行う必要性があることを根拠に、差押えを受けた再生債権者にも届出資格が認められると解されています（条解民再509頁［岡正晶］）。本条に定める事項以外の届出書の記載事項や届出の方式等は、民再規則31条ないし33条が定めています。同規則32条1項は、破産法とは異なり（破規32Ⅳ）、再生債権の届出に際し、原則として、債権に関する証拠書類等の写しの添付を義務付けていません（ただし、再生債務者からの要請があった場合は、提出が必要である。民再規37）。再建型の再生手続では、清算を目的とする破産手続とは異なり、債務者において証拠資料が散逸していることが少ないためです。ただし、届出債権が執行力ある債務名義や終局判決のある債権である場合には、証拠書類を添えてその旨を届け出る必要があります（民再規31Ⅰ・Ⅲ）［☞ **より深く学ぶ**］。なお、共益債権に当たる債権について共益債権である旨の付記をすることなく債権届出された場合の当該債権の権利行使について、☞民再§121 **基本事項** ②］。

3　届出の効果

(1)　再生債権者としての権利行使

再生債権者は、債権届出によって再生手続に参加し、再生計画案の提出や議決権の行使をはじめとするさまざまな権利行使（民再102Ⅰ・103Ⅳ・163Ⅱ・170Ⅱ・171Ⅰ・187Ⅰ・192Ⅰなど）が可能となります。ただし、民再法では、破産法や会更法とは異なり（破195Ⅰ、会更204Ⅰ）、当該再生債権が自認債権であるなど一定の場合には、再生計画に基づく弁済受領権限は債権届出がなくとも失権しません（民再178・101Ⅲ・181Ⅰ）。

(2)　時効中断効

再生債権の届出により、実体法上の効果として時効中断効が生じます（民152）［別除権付債権の届出による時効中断効の範囲、代位弁済による届出名義の変更と求償権の時効中断について、☞民再§98 **論点解説** ①・②］。

論点解説

届出よりも多い議決権額を認めることの可否　　別除権の目的財産について、別除権者の評価額よりも再生債務者等のそれが低額な場合に、届け出られた予定不足額よりも、多い額（議決権額）を認めることができるかについては、議論があります。これを認める見解もありますが、民再法が、届出のあった議決権額について、再生債務者等または他の再生債権者が認める部分に限定して、これを認めることとしていることから（民再104Ⅰ・170）、許されないと解する見解が有力です（条解民再510頁［岡正晶］、民事再生の手引156頁）。

より深く学ぶ

「執行力ある債務名義」の該当性　　和解調書、認諾調書、仲裁判断が「執行力ある債務名義」あるいは「終局判決のある債権」（民再規31Ⅰ④・Ⅲ）に該当するか争い

があります（新注釈民再（上）550頁［林圭介］）。これらが「確定判決と同一の効力を有する」とされていること（民訴267、仲裁45Ⅰ）の意味が既判力であるのか執行力であるのかによって、執行文（民執26）の付与が必要か否かが異なります。しかし、近時は、既判力の有無ではなく、終局判決に当たるか否かが問題であって、和解調書等が「執行力ある債務名義」に当たらないとしても、「終局判決」に準じて取り扱ってよいとする見解が有力です（伊藤628頁）。

文献 伊藤939頁、一問一答民再123頁、条解民再506頁［岡正晶］、倒産法概説434頁［笠井正俊］、山本160頁、松下79頁、破産法・民事再生法概論294頁［長谷部由起子］、中島＝佐藤223頁、新注釈民再（上）547頁［林圭介］、破産・民事再生の実務〔民事再生・個人再生編〕209頁、民事再生の手引138頁

（届出の追完等）
第95条 再生債権者がその責めに帰することができない事由によって債権届出期間内に届出をすることができなかった場合には、その事由が消滅した後1月以内に限り、その届出の追完をすることができる。
2　前項に定める届出の追完の期間は、伸長し、又は短縮することができない。
3　債権届出期間経過後に生じた再生債権については、その権利の発生した後1月の不変期間内に、届出をしなければならない。
4　第1項及び第3項の届出は、再生計画案を決議に付する旨の決定がされた後は、することができない。
5　第1項、第2項及び前項の規定は、再生債権者が、その責めに帰することができない事由によって、届け出た事項について他の再生債権者の利益を害すべき変更を加える場合について準用する。

基本事項

本条は、債権届出期間（民再94Ⅰ）内に債権届出を行うことができない場合の届出の追完等について定めています。本条と同趣旨の規定が破産法112条および会更法139条にも置かれています。

債権届出期間内に届出をすることができなかった再生債権を有する者は、責めに帰することができない事由［☞ **より深く学ぶ** ］があり、その事由が消滅した後1か月以内に（または、債権届出期間経過後に生じた再生債権を有する者は権利発生後1か月以内に）、届出をすることで再生手続に参加できます。この1か月の期間を伸長・短縮することは認められません（本条Ⅱ）。再生計画案の前提となる再生債権の範囲を確定するため、届出の追完等は再生計画案の付議決定（民再169Ⅰ）までとされます（本条Ⅳ）。

すでに届出をした再生債権について他の再生債権者の利益を害すべき変更を加える場合にも、他の再生債権者にとっては新たな届出と同視し得るため、変更に当たって本条の規律に服します（本条Ⅴ）。

より深く学ぶ

「責めに帰することができない事由」の解釈　「責めに帰することのできない事由」を厳格に解する見解（新注釈民再（上）554頁［林圭介］）、再生計画立案の障害とならないのであれば緩やかに解してよいとする見解があります（条解民再514頁［岡正晶］）。

> **判例**　東京地判平16・3・24判タ1160号292頁［INDEX2版［43］］
> **文献**　伊藤939頁、一問一答民再125頁、条解民再513頁［岡正晶］、倒産法概説435頁［笠井正俊］、山本160頁、松下79頁、破産法・民事再生法概論296頁［長谷部由起子］、中島＝佐藤224頁、新注釈民再（上）552頁［林圭介］

（届出名義の変更）
第96条　届出をした再生債権を取得した者は、債権届出期間が経過した後でも、届出名義の変更を受けることができる。第101条第3項の規定により認否書に記載された再生債権を取得した者についても、同様とする。

基本事項

1　趣旨

本条は、届出をした再生債権の名義変更について定めています。本条と同趣旨の規定が破産法113条1項および会更法141条にも置かれています。

相続、合併、債権譲渡、保証債務の履行による法定代位等により、届出済みの再生債権や自認債権（民再101Ⅲ）を取得した者は、再生手続に参加するために、名義の変更を受ける必要があります（なお、実体法上、対抗要件の具備も必要となる）。

名義変更届出書の記載事項等届出の方式については民再規則が定めており（民再規35・31Ⅱ・Ⅳ・32・33Ⅶ）、名義変更の届出には、証拠書類の写しの添付が必要です（民再規35Ⅱ）。

2　届出時期

届出名義の変更は、債権届出期間（民再34Ⅰ）の経過後も可能です。単なる届出名義の変更は、他の再生債権者や再生計画の立案に影響を与えないためです。ただし、再生計画認可決定が確定した後は、本条による届出名義の変更の問題ではなく、再生計画による権利変更後の債権に関する実体法上の権利移転にすぎないと考えられています（条解民再518頁［岡正晶］）。

> **文献**　伊藤941頁、一問一答民再127頁、条解民再516頁［岡正晶］、倒産法概説435頁［笠井正俊］、新注釈民再（上）557頁［林圭介］

（罰金、科料等の届出）
第97条　次に掲げる請求権を有する者は、遅滞なく、当該請求権の額及び原因並びに当該請求権が共助対象外国租税の請求権である場合にはその旨を裁判所に届け出なければならない。
一　再生手続開始前の罰金、科料、刑事訴訟費用、追徴金又は過料の請求権（共

益債権又は一般優先債権であるものを除く。以下「再生手続開始前の罰金等」という。）
二　共助対象外国租税の請求権（共益債権又は一般優先債権であるものを除く。）

基本事項
1　趣旨

本条は、国または地方公共団体等の有する特殊な再生債権の届出について定めています。本条と同趣旨の規定が破産法114条および会更法142条2号にも置かれています。

2　再生手続開始前の罰金等の取扱い

国または地方公共団体が有する再生手続開始前の罰金、過料、刑事訴訟費用、追徴金または過料、ならびに、共助対象外国租税の請求権のうち、共益債権または一般優先債権でないものについては、債権届出期間内である必要はありませんが、遅滞なく、その額および原因を裁判所に届け出なければなりません。なお、破産法とは異なり（破97⑥）、本条の対象債権は再生手続開始前のものに限られ、再生手続開始後のものは、共益債権として処理されます（民再119⑤）。

本条1号が対象とする請求権は、国などの刑罰権等に基づくもので、恩赦や刑事訴訟法等の定めによってのみ消滅または免除され得るものであり、私法上の手続において減免等を認めるのに適さない債権であるため、権利変更や失権効が及ばないなどの優先的な取扱いを受けるものとされています（民再155Ⅳ・178Ⅰただし書）。本条2号は、日本が「租税に関する相互行政支援に関する条約」に加入したことに伴い、平成24年改正により、日本の税務当局の共助によって執行可能となる外国租税（共助対象外国租税）も本条の対象とすることとしています。

文献　伊藤72頁・954頁、一問一答民再123頁、条解民再519頁［岡正晶］、倒産法概説435頁［笠井正俊］、新注釈民再（上）559頁［大川治］

（時効の中断）
第98条　削除

基本事項
1　削除の経緯

平成16年の民再法改正により、民法152条が再生手続参加による時効中断効の定めを新設したことを受け、再生手続参加の時効中断効に関する本条は削除されました。

2　民法152条

民法152条は、再生手続の参加に時効中断効があること、届出の取下げや届出が却下されたとき［☞ **より深く学ぶ**］には、時効中断効が生じないことを定めています。もっとも、同条の文言からは、時効中断効が及ぶ範囲等が必ずしも明らかではないため、見解が分かれるケースもあります［☞ **論点解説** **1**・**2**］。なお、届

出の取下げや却下された場合等でも催告としての効力は生じます。

他方、再生手続への参加といえない自認債権（民再101Ⅲ）には民法152条の適用はありませんが、債務の承認（民147③）として時効中断効が生じると考えられています（条解民再522頁［岡正晶］）。

論点解説

1 別除権付債権の届出による時効中断効の範囲　　別除権者の債権届出による時効中断効は、予定不足額（民再94Ⅱ）部分にのみ生ずるとする見解もありますが（旧和議法についての大阪高判平2・6・21判タ738号169頁）、被担保債権全額が再生債権として行使される可能性もあり、債権調査や認否等も債権全額を対象とすることを理由に、届出債権全額に時効中断効が生ずると解されています（条解民再521頁［岡正晶］、条解破産794頁）。

2 代位弁済における届出名義の変更と求償権の時効中断　　破産手続に関して、判例は、主債務者の破産手続において債権全額を代位弁済した保証人が債権調査期日後に届出名義の変更の申出（破113Ⅰ）をした場合について、代位される届出債権が求償権確保のための担保であること等を重視し、特段の事情がない限り、求償権全部について時効中断効が生ずると判示しています（最判平7・3・23民集49巻3号984頁、最判平9・9・9判時1620号63頁。この判例の射程は、再生手続においても妥当すると考えられている〔条解民再522頁［岡正晶］〕)。

より深く学ぶ

届出債権に対する異議と時効中断効　　破産手続に関し、判例は、届出債権に対する異議が述べられても、それだけでは時効中断効に影響は及ばないと判示しています（最判昭57・1・29民集36巻1号105頁［百選［70］、INDEX2版［40］]）。

文献　倒産法概説69頁［沖野眞已］、山本161頁、破産法・民事再生法概論294頁［長谷部由起子］、条解民再521頁［岡正晶］

第3節　再生債権の調査及び確定

> **（再生債権者表の作成等）**
> **第99条**　裁判所書記官は、届出があった再生債権及び第101条第3項の規定により再生債務者等が認否書に記載した再生債権について、再生債権者表を作成しなければならない。
> 2　前項の再生債権者表には、各債権について、その内容（約定劣後再生債権であるかどうかの別を含む。以下この節において同じ。）及び原因、議決権の額、第94条第2項に規定する債権の額その他最高裁判所規則で定める事項を記載しなければならない。
> 3　再生債権者表の記載に誤りがあるときは、裁判所書記官は、申立てにより又は職権で、いつでもその記載を更正する処分をすることができる。

基本事項
1　趣旨
　本条は、再生債権者表の作成とその内容について定めています。本条と同趣旨の規定が破産法115条および会更法144条にも置かれています。
　裁判所書記官は、届出があった再生債権および自認債権（民再101Ⅲ）について、一般調査期間の開始後遅滞なく、債権の内容および原因、議決権額、予定不足額等を記載した再生債権者表を作成しなければなりません（民再規36）。同表の作成目的は、再生債権の調査対象、調査結果、再生債権者の権利の確定内容を明らかにし、確定債権に確定判決と同一の効力を認めることにあります（民再104Ⅲ・180Ⅱ）。

2　再生債権者表の記載の効力
　再生債権者は、再生債権の査定等の手続において、再生債権者表に記載された異議事項しか主張できません（民再108）。再生債権者表は、債権調査の結果、異議がなく確定し、認可決定または不認可決定が確定した場合等には、確定判決と同一の効力が生じます（民再104Ⅲ・180Ⅱ・185Ⅰ）。さらに、再生債権者は、その記載に基づき強制執行することができます（民再180Ⅲ・185Ⅱ）。

　文献　伊藤942頁、一問一答民再128頁・130頁、条解民再524頁［池田靖］、倒産法概説436頁［笠井正俊］、山本160頁、破産法・民事再生法概論296頁［長谷部由起子］、中島＝佐藤224頁、新注釈民再（上）563頁［久末裕子］

（再生債権の調査）
第100条　裁判所による再生債権の調査は、前条第2項に規定する事項について、再生債務者等が作成した認否書並びに再生債権者及び再生債務者（管財人が選任されている場合に限る。）の書面による異議に基づいてする。

基本事項
1　趣旨
　本条は、再生債権の調査方法について定めています。本条と同趣旨の規定が破産法116条および会更法145条にも置かれています。
　再生債権の調査は、再生債務者等や再生債権者に再生債権の内容等に関して認否や異議を述べる機会を付与した上で、再生計画案作成の前提となる再生債権の範囲を定めるために行われます。

2　債権調査手続の概要
　裁判所は再生債権の届出期間と一般調査期間（民再34Ⅰ）を定め、再生債権者は、届出期間内に再生債権の届出を行います（民再94Ⅰ）。
　再生債務者等は、届出のあった再生債権の内容および議決権額の認否ならびに自認債権（民再101Ⅲ）の内容を記載した認否書を作成します（同条Ⅰ・Ⅲ）。これに対し、届出をした再生債権者および管財人が選任されている場合の再生債務者は、認否書記載の債権の内容や議決権に異議がある場合、一般調査期間内に、裁判所に対し書面で異議を述べることができます（民再102Ⅰ・Ⅱ）。なお、同期間経過後の債権

届出の追完や届出の変更がある場合には、特別調査期間に異議を述べることになります（民再103Ⅳ）。

再生手続における裁判所による再生債権の調査は、破産手続が原則として期間・書面方式を採用し、例外として期日・口頭方式を組み合わせて採用するのと異なり[☞破§116]、再生債権調査手続の簡素化のため、書面によって提出された認否書および異議のみに基づいて、調査期間内に行われます。

再生債務者等が認めなかった再生債権を有する者や異議を述べた再生債権者は、再生債権確定のため、裁判所に査定の裁判等（民再105Ⅰ・107・109）をすることができます。

以上の手続を経て、再生債権は確定し、再生債権者表（民再99Ⅰ）に記載されます。

文 献　伊藤942頁、一問一答民再131頁、条解民再528頁[池田靖]、倒産法概説436頁[笠井正俊]、山本161頁、松下79頁、破産法・民事再生法概論300頁[長谷部由起子]、中島＝佐藤225頁、新注釈民再（上）566頁[久末裕子]

（認否書の作成及び提出）
第101条　再生債務者等は、債権届出期間内に届出があった再生債権について、その内容及び議決権についての認否を記載した認否書を作成しなければならない。
2　再生債務者等は、第95条の規定による届出又は届出事項の変更があった再生債権についても、その内容及び議決権（当該届出事項の変更があった場合には、変更後の内容及び議決権）についての認否を前項の認否書に記載することができる。
3　再生債務者等は、届出がされていない再生債権があることを知っている場合には、当該再生債権について、自認する内容その他最高裁判所規則で定める事項を第一項の認否書に記載しなければならない。
4　債権届出期間内に約定劣後再生債権の届出がなかったときは、前項の規定は、約定劣後再生債権で再生債務者等が知っているものについては、適用しない。
5　再生債務者等は、第34条第1項に規定する再生債権の調査をするための期間（以下「一般調査期間」という。）前の裁判所の定める期限までに、前各項の規定により作成した認否書を裁判所に提出しなければならない。
6　前項の規定により提出された認否書に、第1項に規定する再生債権の内容又は議決権についての認否の記載がないときは、再生債務者等において、これを認めたものとみなす。当該認否書に第2項に規定する再生債権の内容又は議決権のいずれかについての認否の記載がない場合についても、同様とする。

基本事項

1　趣旨

本条は、再生債務者等が作成する認否書の作成および提出について定めています。本条と同趣旨の規定が破産法117条および会更法146条にも置かれています。

再生債務者等が作成する認否書は、再生債権の調査確定手続の最も基礎となる資

料です。破産手続と異なり、再生手続において口頭方式ではなく書面方式である認否書制度を設けたのは、自ら債務を把握しているはずの再生債務者に認否書を作成させることが手続の簡易化・合理化に資すると考えたためです。他方、再生債務者等に自認債権の認否書への記載を義務付けることで、再生手続を公正に実現しようとしています。

2 認否の方法

　再生債務者等は、債権届出期間内の届出債権の内容および議決権についての認否、自認債権（本条Ⅲ）の内容を記載した認否書を作成しなければなりません（本条Ⅰ）。届出のない債権も認否対象となる点で破産手続と異なります（破 117 Ⅰ）。なお、約定劣後再生債権は自認制度の適用を受けません（本条Ⅳ）。

　認否書の記載事項は、本条のほか、民再規則 38 条が定めています。再生債務者等が届出債権等を認めない旨の認否をしたときは、その理由を記載することができます（民再規 38 Ⅰ）。これは、認否書の閲覧制度（民再 16、民再規 43 Ⅰ）を通じ、再生債権者等の査定申立て（民再 105 Ⅰ）の判断機会を確保したことに加え、再生債務者等と再生債権者間の意見の齟齬を明確にすることで、両者間で早期に齟齬の解消が図られ、手続の円滑な進行に資する場合があるためです。

　民再法 95 条による届出債権および届出事項の変更があった債権は、本来は特別調査期間で調査すべき債権ですが、手続の合理化のため、再生債務者等が任意に一般調査期間における認否をすることも可能とされています（本条Ⅱ）。

　債権届出期間内の届出債権の内容または議決権について、認否書に認否の記載がない場合は、再生債務者等がその内容等を認めたものとみなされ、いずれの記載もない場合には双方とも認めたものとされます（本条Ⅵ前段）。債権届出期間経過後における本条 2 項に定める債権については、いずれかに記載がない場合は同様ですが（同項後段）、両方の認否の記載がない場合には、再生債務者等が認否をしなかったものと扱われ、特別調査期間において調査が行われます（民再 103 Ⅰ）。

3 認否書の提出

　再生債務者等や再生債権者に再生債権の内容等に関して認否や異議を述べる機会を付与するため（民再 16 Ⅰ、民再規 43）、認否書は一般調査期間（民再 34 Ⅰ）前の裁判所の定める期限までに提出することとされています（本条Ⅴ。なお、民再規 18 Ⅱ）。そのため、再生債務者等が認否書において認めなかった場合であっても、当該再生債権を有する再生債権者へ個別に通知することは不要とされていますが、東京地裁では、再生債務者等に異議通知書を送付するよう求めるという運用がなされています（民事再生の手引 160 頁）。

4 認否の変更

　民再法は、認否書に記載された認否について変更の可否を明らかにしていませんが、認否を認める旨に変更することは可能と解されています（民再規 41 参照）。他方、認否を認めない旨に変更することの可否には争いがあり、条文上の根拠もなく、再生債権者に不利益となるため許されないとの見解（伊藤 944 頁）が主張される一方、認否書が閲覧に供されるまでは可能とする見解も主張されています（条解民再 536 頁

[池田靖])。

認否変更の終期については、再生債権の確定時とする見解、査定申立期間の経過時までとする見解、再生計画案の変更が許される時までとする見解が主張されています（新注釈民再（上）574 頁［久末裕子］、条解民再 536 頁［池田靖］）[☞民再§104 **論点解説** 2]。

文献 伊藤 943 頁、一問一答民再 132 頁・134 頁、条解民再 530 頁［池田靖］、倒産法概説 436 頁［笠井正俊］、山本 161 頁、松下 79 頁、破産法・民事再生法概論 300 頁［長谷部由起子］、中島＝佐藤 225 頁、新注釈民再（上）568 頁［久末裕子］、民事再生の手引 153 頁

（一般調査期間における調査）
第 102 条 届出をした再生債権者（以下「届出再生債権者」という。）は、一般調査期間内に、裁判所に対し、前条第 1 項若しくは第 2 項に規定する再生債権の内容若しくは議決権又は同条第 3 項の規定により認否書に記載された再生債権の内容について、書面で、異議を述べることができる。
2　再生債務者（管財人が選任されている場合に限る。）は、一般調査期間内に、裁判所に対し、前項に規定する再生債権の内容について、書面で、異議を述べることができる。
3　一般調査期間を変更する決定をしたときは、その裁判書は、再生債務者、管財人及び届出再生債権者（債権届出期間の経過前にあっては、知れている再生債権者）に送達しなければならない。
4　前項の規定による送達は、第 43 条第 4 項に規定する方法によりすることができる。
5　前項の規定による送達をした場合においては、その郵便物等が通常到達すべきであった時に、送達があったものとみなす。

基本事項
1　趣旨

本条は、一般調査期間（民再 34 Ⅰ）において、届出をした再生債権者や管財人が選任されている場合の再生債務者がすることのできる異議の対象と方法、一般調査期間の変更のための手続について定めています。本条と同趣旨の規定が破産法 118 条および会更法 147 条にも置かれています。

本条に定める調査期間における書面による異議の制度は、届出をした再生債権者（本条Ⅰ）等に異議を述べる機会を与えることによって、不当な債権届出を排除し、再生債権を適正に確定するためのものです。また、本条 2 項は、管財人が選任されている場合における再生債務者の異議権を保障しています。ただし、再生債務者の異議は再生債権の確定を妨げず（民再 104 Ⅰ）、再生計画不認可決定が確定したときに再生債権者表の記載に対する確定判決と同一の効力の付与を妨げる点に意義があります（民再 185 Ⅰただし書）。

一般調査期間が変更された場合には、その裁判書は、再生債務者等や届出債権者

等に送達しなければなりません（本条Ⅲ－Ⅴ）。

2 異議の手続

届出をした再生債権者等の異議の方法等については民再規則が規定しています（民再規39Ⅰ・38Ⅲ等）。濫用的な異議を回避するため、異議の書面には、対象事項と理由を記載することとしています（民再規39Ⅰ）。他の届出再生債権者から異議のあった再生債権者には、裁判所書記官からその旨が通知され（民再規44）、査定申立等の機会が失われないよう配慮されています（民再105Ⅰ・107・109）。

なお、本条は異議の撤回の可否について明らかにしていませんが、原則として許されると考えられています（民再規41参照）。また、異議の撤回の終期については、認否の変更と同様に議論があります（伊藤949頁、条解民再540頁［池田靖］）［☞民再§104 論点解説 ②］。

文献 伊藤947頁、一問一答民再136頁、条解民再537頁［池田靖］、倒産法概説436頁［笠井正俊］、山本161頁、松下79頁、破産法・民事再生法概論301頁［長谷部由起子］、中島＝佐藤227頁、新注釈民再（上）576頁［久末裕子］

（特別調査期間における調査）
第103条 裁判所は、第95条の規定による届出があり、又は届出事項の変更があった再生債権について、その調査をするための期間（以下「特別調査期間」という。）を定めなければならない。ただし、再生債務者等が第101条第2項の規定により認否書に当該再生債権の内容又は議決権についての認否を記載している場合は、この限りでない。
2　前項本文の場合には、特別調査期間に関する費用は、当該再生債権を有する者の負担とする。
3　再生債務者等は、特別調査期間に係る再生債権について、その内容及び議決権についての認否を記載した認否書を作成し、特別調査期間前の裁判所の定める期限までに、これを裁判所に提出しなければならない。この場合には、第101条第6項前段の規定を準用する。
4　届出再生債権者は前項の再生債権の内容又は議決権について、再生債務者（管財人が選任されている場合に限る。）は同項の再生債権の内容について、特別調査期間内に、裁判所に対して、書面で、異議を述べることができる。
5　前条第3項から第5項までの規定は、特別調査期間を定める決定又はこれを変更する決定をした場合における裁判書の送達について準用する。

基本事項

1 趣旨

本条は、届出が追完等（民再95）された再生債権に関する特別調査期間、費用、認否書の作成や異議等について定めています。本条と同趣旨の規定が破産法119条および会更法148条にも置かれています。

2 認否の方法および異議の手続

届出が追完等された再生債権については、再生債務者等が民再法101条2項に定

める認否書を提出して一般調査期間における調査の対象となっていない限り、本条による特別調査期間における調査の対象となります。

認否書の作成や異議の方法等、債権調査の方法は一般調査期間におけるのと同様です（民再101・102）。なお、再生計画案の付議決定（民再169Ⅰ）後は、民再法95条の規定による届出等はできないため（民再95Ⅳ・Ⅴ）、同決定後は特別調査期間を定めることはできません。

3 費用

特別調査期間に関する費用は、届出が追完等された再生債権を有する者の負担とされ（本条Ⅱ）、その予納については次条が定めています。

文献 伊藤948頁、一問一答民再136頁、条解民再541頁［池田靖］、倒産法概説436頁［笠井正俊］、山本161頁、松下79頁、破産法・民事再生法概論301頁［長谷部由起子］、中島＝佐藤227頁、新注釈民再（上）581頁［久末裕子］

（特別調査期間に関する費用の予納）
第103条の2 前条第1項本文の場合には、裁判所書記官は、相当の期間を定め、同条第2項の再生債権を有する者に対し、同項の費用の予納を命じなければならない。
2 前項の規定による処分は、相当と認める方法で告知することによって、その効力を生ずる。
3 第1項の規定による処分に対しては、その告知を受けた日から1週間の不変期間内に、異議の申立てをすることができる。
4 前項の異議の申立ては、執行停止の効力を有する。
5 第1項の場合において、同項の再生債権を有する者が同項の費用の予納をしないときは、裁判所は、決定で、その者がした再生債権の届出又は届出事項の変更に係る届出を却下しなければならない。
6 前項の規定による却下の決定に対しては、即時抗告をすることができる。

基本事項

1 趣旨

本条は、特別調査期間のための費用（民再103Ⅱ）の予納制度について定めています。本条と同趣旨の規定が破産法120条および会更法148条の2にも置かれています。

予納制度が設けられた趣旨は、手続の円滑な進行を図り、特別調査に要する再生債務者等の負担を回避することにあります（平成16年改正前の破産法下の問題点と運用について、条解民再546頁［重政伊利］）。ただし、当該費用は官報広告費用のみであり（民再103Ⅴ・102Ⅲ・10Ⅲ）、東京地裁では、予納費用の負担よりも手続の円滑な進行を重視して、特別調査手続に要する費用を再生債務者の予納金から支出するとの運用がなされています。

2　予納を命ずる処分の効力等

特別調査期間に関する費用の予納を命ずる処分は、相当と認める方法で告知することによって効力を生じます（本条Ⅱ）。当該処分に対しては、その告知を受けた日から1週間の不変期間内に、異議の申立てをすることができ（本条Ⅲ）、その申立てには執行停止の効力があります（本条Ⅳ）。

費用の予納がないときは、裁判所は、決定で再生債権の届出または届出事項の変更にかかる届出を却下します（本条Ⅴ）。この却下決定に対しては即時抗告をすることができます（本条Ⅵ）。

文献　伊藤 948 頁、条解民再 545 頁 [重政伊利]、山本 161 頁、新注釈民再（上）584 頁 [久末裕子]

（再生債権の調査の結果）
第 104 条　再生債権の調査において、再生債務者等が認め、かつ、調査期間内に届出再生債権者の異議がなかったときは、その再生債権の内容又は議決権の額（第 101 条第 3 項の規定により認否書に記載された再生債権にあっては、その内容）は、確定する。
2　裁判所書記官は、再生債権の調査の結果を再生債権者表に記載しなければならない。
3　第 1 項の規定により確定した再生債権については、再生債権者表の記載は、再生債権者の全員に対して確定判決と同一の効力を有する。

基本事項

本条は、再生債権の調査において、再生債権の内容または議決権の額（民再101条3項の自認債権の場合はその自認した内容）は、再生債務者等が認め、かつ、調査期間内に届出再生債権者の異議がなかったときは確定することを規定した上で、確定した再生債権の効力等について定めています。本条と同趣旨の規定が破産法124条および会更法150条にも置かれています。

本条1項の規定によって確定した再生債権に関する再生債権者表の記載は、再生債権者全員に対して確定判決と同一の効力を有します（本条Ⅲ）[☞ **論点解説** **1**]。なお、自認債権（民再101Ⅲ）については、再生債権の内容のみが債権調査の対象とされ議決権は債権調査の対象となっていないため（民再102Ⅰ）、再生債権の内容のみが確定します。裁判所書記官は、再生債権の調査の結果を再生債権者表に記載しなければなりません（本条Ⅱ）。

本項の規定により確定しなかった再生債権は、査定の申立て（民再105）、査定の決定に対する異議の訴え（民再106）等を経て確定します。

論点解説

1　確定判決と同一の効力　本条3項の「確定判決と同一の効力」に既判力を含むか否かについては議論があります。通説はこれを肯定しますが（伊藤 949 頁・616

頁)、本条と同趣旨の会更法150条や破産法124条をめぐっては、既判力を否定し、配当や議決権の関係のみで機能する手続内のみの効力と考える見解もあります〔☞民再§180 **論点解説**・§185 **論点解説**〕。

2 **認否変更、異議の撤回の時的限界**

(1) **再生債権の内容**　査定の裁判が確定した後や債権確定訴訟が提起された後は、査定手続や確定訴訟の中で債権の内容が確定することになるため、認否の変更、異議の撤回は許されません。

　他方、債権調査期間の末日から1か月の不変期間内に査定の申立てがなかった場合に認否の変更や異議の撤回が認められるか否かについては、見解が分かれています(新注釈民再(上)574頁〔久末裕子〕)。再生計画案の変更が許される期間内は認否の変更・異議の撤回が可能であるとの見解がある一方(詳解民再475頁〔森宏司〕)、異議等のある再生債権を有する債権者は、債権査定申立期間の経過により、再生債権の確定手段を失い、以後再生手続には参加できないため(民再105Ⅰ・Ⅱ)、その後、「認める」旨への変更や異議を撤回することはできないとする見解も有力です(伊藤944頁、破産・民事再生の実務〔民事再生・個人再生編〕217頁)。

(2) **議決権の額**　債権者集会を招集する場合には、再生債務者と届出再生債権者は、債権者集会当日に届出再生債権者の議決権につき異議を述べることができる(民再170Ⅰ)ことから、債権者集会当日までは、認否の変更・異議の撤回が可能と解されており、他方で、書面等投票による場合には、裁判所が議決権額を定める(民再171Ⅰ②・169Ⅱ②)ことから、裁判所による議決権に関する決定の前まで、認否の変更・異議の撤回が可能と解されています(条解民再551頁〔笹浪恒弘＝福田舞〕)。

文　献　伊藤949頁、一問一答民再138頁・143頁、条解民再548頁〔笹浪恒弘＝福田舞〕、新注釈民再(上)586頁〔島崎邦彦〕、破産・民事再生の実務〔民事再生・個人再生編〕214頁

(再生債権の査定の裁判)
第105条　再生債権の調査において、再生債権の内容について再生債務者等が認めず、又は届出再生債権者が異議を述べた場合には、当該再生債権(以下「異議等のある再生債権」という。)を有する再生債権者は、その内容の確定のために、当該再生債務者等及び当該異議を述べた届出再生債権者(以下この条から第107条まで及び第109条において「異議者等」という。)の全員を相手方として、裁判所に査定の申立てをすることができる。ただし、第107条第1項並びに第109条第1項及び第2項の場合は、この限りでない。
2　前項本文の査定の申立ては、異議等のある再生債権に係る調査期間の末日から1月の不変期間内にしなければならない。
3　第1項本文の査定の申立てがあった場合には、裁判所は、当該申立てを不適法として却下する場合を除き、査定の裁判をしなければならない。
4　査定の裁判においては、異議等のある再生債権について、その債権の存否及びその内容を定める。
5　裁判所は、査定の裁判をする場合には、異議者等を審尋しなければならない。

6 第1項本文の査定の申立てについての裁判があった場合には、その裁判書を当事者に送達しなければならない。この場合においては、第10条第3項本文の規定は、適用しない。

基本事項
1 趣旨
　本条は、再生債務者等が認めず、または届出をした再生債権者が異議を述べた再生債権の内容について、再生手続の簡易迅速な進行を図るため、訴訟手続によって権利内容を確定するより前に、簡易な決定手続である査定の手続によって確定する方法を定めています。本条と同趣旨の規定が破産法125条および会更法151条にも置かれています。

2 査定申立ての要件
　査定の申立ては、異議等のある再生債権を有する者が、認めない旨の記載をした再生債務者等および異議を述べた再生債権者の全員を相手方として申し立てます（本条Ⅰ本文）。再生債権者による査定の申立ては、異議等のある再生債権について調査を行った調査期間の末日から1か月の不変期間内にしなければなりません（本条Ⅱ）。
　ただし、次の場合には、査定の申立てができません（本条Ⅰただし書）。
　第1に、異議等のある再生債権に関し、再生手続開始当時訴訟が係属する場合には、従前の訴訟手続を利用することが訴訟経済上合理的であること等から、異議等のある再生債権を有する者は、異議等を述べた全員を相手方として、中断している当該訴訟（民再40Ⅰ）の受継を申し立てる必要があります（民再107Ⅰ）。
　第2に、異議等のある破産債権に関し、執行力のある債務名義または終局判決がある場合には、有名義債権が得ている訴訟上の地位を尊重し、当事者間の公平を図るという観点から、異議等を述べた者が、債権の確定のために訴訟の受継や、判決が確定している場合には再審の訴え等を提起すべき責任を負います（民再109Ⅰ・Ⅱ）。
　なお、議決権は単なる手続上の権利にすぎないことから、議決権に異議等があった場合でも確定手続の対象とはならず、民再法170条2項3号、171条1項2号によって議決権額が定められます［☞民再§170・§171］。

3 査定の裁判
　裁判所は、査定の申立てを不適法として却下する場合を除き、査定の裁判を行い（本条Ⅲ）、債権の存否および内容を定めます（本条Ⅳ）。査定の裁判では、異議者等を審尋する必要がありますが（本条Ⅴ）、査定の申立てを不適法として却下する場合には審尋は不要です。
　査定の申立てについての裁判の裁判書は、当事者に送達する必要があり、公告によって送達に代えることはできません（本条Ⅵ）。なお、本条と同趣旨の破産法125条に関し、同条による簡易な決定手続である査定手続ではなく、通常の訴訟、民事調停等、あるいは仲裁手続や労働審判手続をもって査定申立てに代えることができるか議論があります［☞破§125 **論点解説** ①］。

> **論点解説**
>
> **異議を述べなかった債権者による補助参加の可否**　　査定手続には利害関係人の参加を認める補助参加に関する規定（民訴42）が準用されると解されていますが、本条と同趣旨の規定である破産法125条に関し、債権調査手続において異議を述べなかった破産債権者が破産債権査定申立てについて補助参加（同条）することができるか議論があり、多数説はこれを肯定しています（条解破産887頁参照）[☞破§125 **論点解説**▶2]。
>
> **文献**　　伊藤950頁、一問一答民再140頁、条解民再555頁［笹浪恒弘＝福田舞］、新注釈民再（上）591頁［島崎邦彦］、民事再生の手引164頁

（査定の申立てについての裁判に対する異議の訴え）
第106条　前条第1項本文の査定の申立てについての裁判に不服がある者は、その送達を受けた日から1月の不変期間内に、異議の訴えを提起することができる。
2　前項の訴えは、再生裁判所が管轄する。
3　第1項の訴えが提起された第一審裁判所は、再生裁判所が再生事件を管轄することの根拠となる法令上の規定が第5条第8項又は第9項の規定のみである場合（再生裁判所が第7条第4号の規定により再生事件の移送を受けた場合において、移送を受けたことの根拠となる規定が同号ロ又はハの規定のみであるときを含む。）において、著しい損害又は遅滞を避けるため必要があると認めるときは、前項の規定にかかわらず、職権で、当該訴えに係る訴訟を第5条第1項に規定する地方裁判所（同項に規定する地方裁判所がない場合にあっては、同条第2項に規定する地方裁判所）に移送することができる。
4　第1項の訴えは、これを提起する者が、異議等のある再生債権を有する再生債権者であるときは異議者等の全員を、異議者等であるときは当該再生債権者を、それぞれ被告としなければならない。
5　第1項の訴えの口頭弁論は、同項の期間を経過した後でなければ開始することができない。
6　同一の債権に関し第1項の訴えが数個同時に係属するときは、弁論及び裁判は、併合してしなければならない。この場合においては、民事訴訟法第40条第1項から第3項までの規定を準用する。
7　第1項の訴えについての判決においては、訴えを不適法として却下する場合を除き、同項の裁判を認可し、又は変更する。

> **基本事項**
>
> **1　趣旨**
>
> 　本条は、前条に定める再生債権の査定の裁判に対して不服がある者が、異議の訴えを提起できることを定めています。本条と同趣旨の規定が破産法126条および会更法152条にも置かれています。
>
> 　前条による再生債権の査定の裁判は簡易な決定手続にすぎません。そこで、本条は、査定の裁判により不利益を受ける者についての最終的な訴訟による解決手段と

して、異議の訴えの制度を規定しました。

この訴えは、査定の申立てについての裁判に対する異議権を訴訟物とする形成の訴えであると解されています（伊藤951頁・622頁）。

2 出訴期間

異議の訴えの出訴期間は、査定の申立てについての裁判の送達を受けた日から1か月の不変期間内です（本条Ⅰ）。異議の訴えがこの期間内に提起されなかった場合、査定の裁判の内容が再生債権者表に記載され、再生債権者全員に対して確定判決と同一の効力を有します（民再110・111）。

3 管轄・移送

異議の訴えは再生裁判所の管轄に属します（本条Ⅱ）。再生裁判所とは、再生事件が係属している裁判体を含む官署としての裁判所のことを指し、多数の当事者の関与が予想される異議の訴えにおいて、合理的な共通の管轄として規定されています（新注釈民再（上）601頁［島崎邦彦］）。この管轄は専属管轄ですが（民再6）、異議等がある再生債権を有する者の訴訟遂行上の不利益を回避するため、著しい損害または遅滞を避けるため必要があるときには、裁判所の職権によって、再生事件について原則的土地管轄を有する裁判所（民再5Ⅰ・Ⅱ）へ移送することができます（本条Ⅲ）。移送が認められるのは、再生裁判所が再生事件を管轄する根拠となる法令上の規定が、大規模事件の土地管轄（民再5Ⅷ）または特大規模事件の土地管轄（同条Ⅸ）の規定のみである場合（再生裁判所が民再法7条4号の規定による再生事件の移送を受けた場合において、移送を受けたことの根拠となる規定が同号ロまたはハの規定のみである場合を含む）です。

4 当事者

異議の訴えは、異議の訴えを提起する者が、異議等のある再生債権（民再105Ⅰ参照）を有する再生債権者であるときは異議者等の全員を、異議者等（同項参照）であるときは異議等のある再生債権を有する再生債権者を被告としなければなりません（本条Ⅳ）。

5 口頭弁論に関する特例

同一の査定の申立てについての裁判に対して複数の異議の訴えが提起された場合、当該訴えに関する判断は合一的に確定させる必要があります。そこで、異議の訴えの口頭弁論は本条1項の出訴期間を経過した後でなければ開始することができないとされています（本条Ⅴ）。また、同一の再生債権に対して、複数の訴えが数個同時に係属するときは、弁論および裁判は併合してしなければならず、この場合、必要的共同訴訟に関する民訴法40条1項から3項が準用されています（本条Ⅵ）。

6 異議の訴えの判決

異議の訴えの判決では、訴えを不適法却下する場合（例えば、本条1項が定める出訴期間経過後の訴えである場合等）を除いて、査定の申立ての裁判を認可、または変更することになります（本条Ⅶ）。査定の申立ての裁判を変更する場合とは、再生債権の内容の一部を変更する場合、再生債権がない旨の査定の裁判を取り消して、新たに再生債権の内容を認定する場合、再生債権の内容を認容した査定の裁判を取り消し、再生債権がない旨の査定をする場合等をいいます（新注釈民再（上）603頁［島崎邦彦］）。

> **文　献**　伊藤 951 頁、一問一答民再 140 頁、条解民再 560 頁［笹浪恒弘＝福田舞］、新注釈民再（上）599 頁［島崎邦彦］

> **（異議等のある再生債権に関する訴訟の受継）**
> **第 107 条**　異議等のある再生債権に関し再生手続開始当時訴訟が係属する場合において、再生債権者がその内容の確定を求めようとするときは、異議者等の全員を当該訴訟の相手方として、訴訟手続の受継の申立てをしなければならない。
> 2　第 105 条第 2 項の規定は、前項の申立てについて準用する。

基本事項

　本条は、異議等のある再生債権（民再 105 Ⅰ）に関し再生手続開始当時訴訟が係属している場合の当該再生債権の確定手続について定めています。本条と同趣旨の規定が破産法 127 条および会更法 156 条にも置かれています。

　再生債権に関する訴訟は再生手続開始決定によって中断しますが（民再 40 Ⅰ）、異議等のある再生債権の確定手続について中断している訴訟を利用できれば、訴訟経済に合致しますし、当事者間の公平にも資すると考えられます。そこで、本条は、再生債権者が、異議者等（民再 105 Ⅰ）の全員を相手方として、中断した訴訟手続の受継の申立てをして、債権の確定手続を行うこととしています［☞ **より深く学ぶ**］。

　受継申立ての出訴期間については、民再法 105 条 2 項が準用され、異議等のある再生債権に係る調査期間の末日から 1 か月以内とされています（本条Ⅱ）。

　ところで、監督委員や管財人による否認権の行使を想定し、再生債務者や管財人によって再生債権に対する異議等がなされることがあります。管財人が選任されている場合には、当該再生債権を有する者と再生債務者との間の異議等のある再生債権に関する訴訟を管財人が当事者として訴訟追行し（民再 66）、当該訴訟において管財人が否認権を抗弁として行使することができます（民再 135 Ⅲ）。管財人が選任されていない場合には、否認権は権限を付与された監督委員により行使されます（民再 56 Ⅰ・135 Ⅰ）。もっとも、監督委員は受継された訴訟の当事者ではありません。この点、否認権限を有する監督委員が提起する否認の訴えと、再生再務者が提起する再生債務者財産に関する訴訟が競合する場合において、重複起訴の禁止（民訴 142）に抵触するおそれを回避するため、民再法は、否認権限を有する監督委員は、自ら当事者となって、当該再生債権者を被告として、否認権行使を理由に、当該債権の不存在確認請求を定立し、訴訟に参加できるとしています（民再 138 Ⅰ）。

　受継後の訴訟においては、例えば、給付訴訟を確認の訴えに変更する等、異議等の対象となった事項を確定できるように請求の趣旨を変更する必要があります。

　なお、本条と同趣旨の破産法 127 条に関し、調停手続、仲裁手続、労働審判手続が同条にいう「訴訟」に該当するか議論があります［☞ 破§127 **論点解説** ［1］］。

より深く学ぶ
相手方からの受継申立ての可否　　民訴法は、相手方からも受継の申立てができると規定していますが（民訴126条）、本条による異議等のある再生債権に関する訴訟の受継については、債権の確定を求めるのは異議等を受けた再生債権者の自由であるとして、異議等を受けた再生債権者が受継に異議を述べる限り、相手方からの受継の申立ては却下すべきであると考えられています（条解民再567頁［大村雅彦］）。

文献　伊藤952頁、一問一答民再138頁、条解民再565頁［大村雅彦］、新注釈民再（上）605頁［島崎邦彦］

（主張の制限）
第108条　第105条第1項本文の査定の申立てに係る査定の手続又は第106条第1項の訴えの提起若しくは前条第一項の規定による受継に係る訴訟手続においては、再生債権者は、異議等のある再生債権の内容及び原因について、再生債権者表に記載されている事項のみを主張することができる。

基本事項
　本条は、再生債権の確定手続において、異議等のある再生債権を有する再生債権者が主張できる事項を再生債権者表に記載されている事項に限定する旨を定めています。本条と同趣旨の規定が、破産法128条および会更法157条にも置かれています。

　再生手続では、再生債権の調査・確定手続に再生債務者等とすべての届出再生債権者の関与があることを前提として、その適正さを担保しています。ところが、査定手続等の確定手続において、異議等のある再生債権を有する再生債権者に再生債権者表の記載と異なる内容や原因の主張を許してしまうと、一部の当事者のみで異議等のある再生債権を確定する結果を招き、再生手続の適正さを確保することができない可能性があります。そこで、本条は、再生債務者等の異議権等の行使を保障するため異議等のある再生債権を有する者は、異議等のある再生債権の内容および原因について再生債権者表に記載されている事項のみを主張できるとしています［☞ **論点解説**］。

論点解説
審判対象の制限（異なる法律構成に基づく権利の主張）　　本条による主張の制限については、どの程度の厳密さを求めるか議論があります（条解民再569頁［大村雅彦］）。この点、法律上の性質は異なるとしても、社会経済的に同一の利益を目的とする権利と評価できるのであれば、再生債権者表に記載された事項とは異なる法律構成に基づく主張も許されるとする見解が有力です。

　裁判例には、損害賠償金および遅延損害金等として再生債権者表に記載がされていた再生債権について、追加的変更によってこれを請負代金請求権とすることは本条に違反し、民訴法143条4項により許されないとしたものがあります（仙台高判平

16・12・28判タ1210号305頁）。他方、本条と同趣旨の会更法157条に関する裁判例として、権利の実質関係を同じくし、かつ給付内容、数額を等しくする限り、許容すべきとしつつ、会員登録を前提とするゴルフ施設利用権等倶楽部規約に基づく一切の権利といった債権者表の記載を前提に、予備的な会員登録が認められない場合における預託金相当額の返還請求権の主張を許容したもの（大阪高判昭56・6・25判時1031号165頁）、実体法上は別の権利であっても、給付の内容が等しく、社会的経済的に同一の利益を目的とする権利については訴えによる確定を求め得るとして、貸金債権という債権者表の記載を前提に、予備的な不当利得返還請求権の確定を許容したもの（大阪高判昭56・12・25判時1048号150頁）があります。

判例 大阪高判昭55・2・21判タ427号179頁
文献 伊藤951頁・626頁、一問一答民再142頁、条解民再568頁［大村雅彦］、新注釈民再（上）608頁［島崎邦彦］

（執行力ある債務名義のある債権等に対する異議の主張）
第109条 異議等のある再生債権のうち執行力ある債務名義又は終局判決のあるものについては、異議者等は、再生債務者がすることのできる訴訟手続によってのみ、異議を主張することができる。
2　前項に規定する再生債権に関し再生手続開始当時訴訟が係属する場合において、異議者等が同項の規定による異議を主張しようとするときは、異議者等は、当該再生債権を有する再生債権者を相手方とする訴訟手続を受け継がなければならない。
3　第105条第2項は第1項の規定による異議の主張又は前項の規定による受継について、第106条第5項及び第6項並びに前条の規定は前2項の場合について準用する。この場合においては、第106条第5項中「同項の期間」とあるのは、「異議等のある再生債権に係る調査期間の末日から一月の不変期間」と読み替えるものとする。
4　前項において準用する第105条第2項に規定する期間内に第1項の規定による異議の主張又は第2項の規定による受継がされなかった場合には、異議者等が再生債権者であるときは第102条第1項又は第103条第4項の異議はなかったものとみなし、異議者等が再生債務者等であるときは再生債務者等においてその再生債権を認めたものとみなす。

基本事項
1　趣旨
本条は、執行力ある債務名義または終局判決のある再生債権に異議があった場合について、債権確定手続において、このような再生債権を有する再生債権者に優位な特則を定めています。本条と同趣旨の規定が破産法129条および会更法158条にも置かれています。

執行力ある債務名義を備えた再生債権は直ちに強制執行に着手し得る地位にあり、終局判決を得ている再生債権は訴訟手続の過程を担保にして権利の存在が強く推定

されます。そこで、異議等のある再生債権については原則として当該再生債権の再生債権者が査定の申立てを行いますが（民再105）、異議等のある有名義債権については起訴責任を転換し、異議者等が異議の申立てを行うこととしました。また、有名義債権を有する再生債権者が有する再生債務者との間で獲得した法律上の地位を再生手続においても尊重して、異議者等による異議を再生債務者がすることのできる訴訟手続に限定し（本条Ⅰ）、例えば、執行力ある債務名義については、再審の訴え（民訴338）や請求異議の訴え（民執35）等に限定しています。

さらに、異議等のある再生債権について、再生手続開始当時訴訟が係属する場合には、訴訟経済に資する等の理由から異議者等は従前の訴訟手続を受け継がなければならないとされています（本条Ⅱ）。

2 要件等

債務名義は、民執法22条1号から7号に列挙されていますが、本条1項の「執行力ある債務名義」は、執行力ある正本と同一の効力をもち、直ちに執行をなし得るものであることを要し、執行文を要するものはすでに執行文の付与を受けていることが必要です（最判昭41・4・14民集20巻4号584頁）［☞ **より深く学ぶ**］。なお、本条と同趣旨の規定である破産法129条に関し、破産手続開始前の債務名義について、破産手続開始後に執行文の付与を受けることができるか議論があります［☞破§129 **より深く学ぶ** **1**］。

また、本条1項にいう終局判決は、確定している必要はなく、また、給付判決に限らず、債務存在確認判決、債務不存在確認棄却判決、あるいは請求異議棄却判決も含まれます。

本条1項による異議等の主張を行う訴訟、本条2項により受継する訴訟は、異議等のある再生債権の調査期間の末日から1か月の不変期間内に行わなければなりません（本条Ⅲ）。この不変期間内に異議等の主張を行う訴訟の提起あるいは受継が行われなかった場合には、異議者等（民再105Ⅰ）が再生債権者であるときは異議はなかったものとみなされ、異議者等が再生債務者等であるときは当該再生債権を認めたものとみなされます（本条Ⅳ）。また、一体的な審理と判断を確保し判断の合一的確定を担保するため、異議等の主張または受継の申立てに関する口頭弁論は、前記不変期間を経過しなければ開始することができず、また同一の債権に関し異議の訴えが複数同時に係属する場合には弁論および裁判は併合してしなければなりません（本条Ⅲ・106Ⅴ・Ⅵ）。

より深く学ぶ

和解調書等と執行文の付与の要否　本条1項の「執行力ある債務名義」に関し、確定判決と同一の効力を有するもの（民執22⑦）のうち、和解・認諾調書（民訴267）、調停調書（民調16）については執行文の付与を要するか議論があります。終局判決に準じて扱い、執行文を要しないとする説も有力ですが（伊藤628頁）、会更法および破産法の通説的見解は、本条と趣旨を同じくする会更法158条、破産法129条が適用されるためには、執行証書などと同様に執行文の付与を受けることが必要であ

ると解しています（注解会更554頁［北原弘也］、大コンメ539頁［橋本都月］）。

判例 最判昭41・4・14民集20巻4号584頁
文献 伊藤953頁・627頁、一問一答民再138頁、条解民再570頁［金炳学］、新注釈民再（上）610頁［日景聡］

（再生債権の確定に関する訴訟の結果の記載）
第110条 裁判所書記官は、再生債務者等又は再生債権者の申立てにより、再生債権の確定に関する訴訟の結果（第105条第1項本文の査定の申立てについての裁判に対する第106条第1項の訴えが、同項に規定する期間内に提起されなかったとき、又は却下されたときは、当該裁判の内容）を再生債権者表に記載しなければならない。

基本事項

1 趣旨

本条は、再生債権の確定に関する訴訟の結果の再生債権者表への記載について定めています。本条と同趣旨の規定が破産法130条および会更法160条にも置かれています。

再生手続においては、権利義務関係などが集団的に処理されますが、再生債権者表は、再生債権の処遇に関する基礎的資料として調査・確定手続の結果が記載され、再生債権者表の記載は「確定判決と同一の効力」を有する重要なものです（民再104Ⅲ）。

他方、債権調査において異議等が述べられなかった再生債権はそのまま確定するものの（民再104Ⅰ）、債権調査において異議等が述べられた再生債権については、確定のための査定手続（民再105）、訴訟手続（民再106Ⅰ・107Ⅰ・109Ⅰ）によって確定することになります。この場合、それぞれの訴訟の管轄もさまざまであることから、再生債権者表を作成する裁判所書記官（民再104Ⅱ）は、訴訟の結果を当然には知り得ません。そこで、本条は、再生債務者等または再生債権者の申立てによって、裁判所書記官が再生債権の確定に関する訴訟の結果を再生債権者表に記載することとしています。

2 再生債権者表の記載内容

債権者表の記載内容は、①民再法106条1項の異議の訴え、民再法107条の規定によって受継された訴訟手続、民再法109条による訴訟手続の結論、②民再法105条の査定の申立てについての裁判に対する民再法106条1項の訴えが、出訴期間内に提起されなかったとき、または却下されたときの査定の申立てに対する裁判の内容です。

文献 伊藤954頁、一問一答民再143頁、条解民再574頁［金炳学］、新注釈民再（上）612頁［日景聡］

> **(再生債権の確定に関する訴訟の判決等の効力)**
> **第111条** 再生債権の確定に関する訴訟についてした判決は、再生債権者の全員に対して、その効力を有する。
> 2 第105条第1項本文の査定の申立てについての裁判に対する第106条第1項の訴えが、同項に規定する期間内に提起されなかったとき、又は却下されたときは、当該裁判は、再生債権者の全員に対して、確定判決と同一の効力を有する。

基本事項

本条は、再生債権の確定に関する訴訟の判決等の効力について定めています。本条と同趣旨の規定が破産法131条および会更法161条にも置かれています。

本来、判決効は、当該訴訟の当事者にのみ生ずるのが原則です(民訴115Ⅰ①)。しかし、再生手続のような集団的な債務処理の手続では、債権債務を画一的に処理する必要があります。そこで、本条は、再生債権の確定に関する訴訟の判決は、再生債権者の全員に対して効力を有することとし、判決効の拡張について規定しています(本条Ⅰ)[☞**論点解説**]。

また、再生債権査定申立てについての裁判に対する異議の訴え(民再106Ⅰ)が出訴期間内に提起されなかった場合、または異議の訴えが却下された場合には、当該査定の裁判の内容通りに再生債権が確定します(民再110参照)。そこで、本条2項は、本条1項と同様、このような場合の当該査定決定が、再生債権者の全員に対して確定判決と同一の効力を有することを規定しています。

論点解説

拡張される判決の効力 本条1項にいう「効力」とは既判力を意味すると解されています。もっとも、同項による判決効の拡張は、再生手続における画一的処理の必要性を根拠とすることから、再生債権者全員に対して拡張される判決効は再生手続内でのみ認められ、仮にその後に破産手続があった場合にはその効力は認められないと考える見解が有力です(条解民再576頁[金炳学]、新注釈民再(上)615頁[日景聡]、条解会更(中)805頁)。当該有力説の立場に立った場合でも、再生債権確定訴訟の当事者間では、民訴法の原則通り(民訴115Ⅰ)、再生手続外でも当然に既判力が及ぶことになります。

なお、民再法104条によって再生債権が確定した場合にも「確定判決と同一の効力」がありますが(民再104Ⅲ)[☞民再§104 **論点解説** 1]、訴訟による確定ではない民再法104条の場合と裁判所による判決(または裁判)を経た本条の場合とでは、その効力の法的性質は別異に考えるべきであるとの指摘があります(条解民再576頁[金炳学]、新注釈民再(上)615頁[日景聡]参照)。

文献 伊藤953頁、一問一答民再144頁、条解民再575頁[金炳学]、新注釈民再(上)614頁[日景聡]

（訴訟費用の償還）
第112条 再生債務者財産が再生債権の確定に関する訴訟（第105条第1項本文の査定の申立てについての裁判を含む。）によって利益を受けたときは、異議を主張した再生債権者は、その利益の限度において、再生債務者財産から訴訟費用の償還を請求することができる。

基本事項

　本条は、再生債権の確定に関する訴訟によって再生債務者の財産が利益を受けた場合、異議を主張した再生債権者に一定の訴訟費用の償還請求権を認めています。本条と同趣旨の規定が破産法132条および会更法162条にも置かれています。

　再生債権者の異議により、再生債権の確定に関する訴訟（査定決定を含む）において届出債権の存在の全部または一部が否定され、再生債務者がその範囲で再生計画に基づく弁済を免れることになれば、再生債務者財産がその限度で利益を受けることから、再生債権者全員の共同の利益のために、前記のような訴訟が提起、遂行されたものと評価することができます。そこで、本条は、再生債務者財産が受けた利益の限度で、再生債権者に訴訟費用の償還請求権を認めました。この請求権は共益債権として扱われます（民再119④）。

　本条に規定する再生債権の確定に関する訴訟とは、民再法106条1項、107条1項、109条1項、2項の訴訟および105条1項本文の査定の申立てについての裁判を意味します。

　文　献　伊藤954頁、条解民再578頁［笠井正俊］、新注釈民再（上）615頁［日景聡］

（再生手続終了の場合における再生債権の確定手続の取扱い）
第112条の2　再生手続が終了した際現に係属する第105条第1項本文の査定の申立てに係る査定の手続は、再生計画認可の決定の確定前に再生手続が終了したときは終了するものとし、再生計画認可の決定の確定後に再生手続が終了したときは引き続き係属するものとする。
2　第68条第2項及び第3項の規定は、再生計画認可の決定の確定後に再生手続が終了した場合における管財人を当事者とする第105条第1項本文の査定の申立てに係る査定の手続について準用する。
3　再生計画認可の決定の確定後に再生手続が終了した場合において、再生手続終了後に第105条第1項本文の査定の申立てについての裁判があったときは、第106条第1項の規定により同項の訴えを提起することができる。
4　再生手続が終了した際現に係属する第106条第1項の訴えに係る訴訟手続であって、再生債務者等が当事者でないものは、再生計画認可の決定の確定前に再生手続が終了したときは中断するものとし、再生計画認可の決定の確定後に再生手続が終了したときは引き続き係属するものとする。
5　再生手続が終了した際現に係属する訴訟手続（再生債務者等が当事者であるものを除く。）であって、第107条第1項又は第109条第2項の規定による受継があったものは、再生計画認可の決定の確定前に再生手続が終了したときは中断する

> ものとし、再生計画認可の決定の確定後に再生手続が終了したときは中断しないものとする。
> 6　前項の規定により訴訟手続が中断する場合においては、第68条第3項の規定を準用する。

基本事項

　本条は、再生手続が終了した際に係属している再生債権確定手続の取扱いを定めています。本条と同趣旨の規定が破産法133条および会更法163条にも置かれています。

1　再生債権査定の手続（民再105Ⅰ）

　再生計画認可決定が確定する前に再生手続が終了する場合、再生債権査定の手続は当然に終了します（本条Ⅰ）。

　他方、再生計画認可決定が確定した後に再生手続が終了する場合、再生債権査定の手続は引き続き係属します（本条Ⅰ）。ただし、管財人が再生債権査定の手続の当事者となっていたときは査定の手続は中断し、再生債務者がこれを受け継がなければなりません（本条Ⅱ・68Ⅱ・Ⅲ）。この場合に牽連破産（民再252）となったときは、査定手続は終了します（民再254Ⅴ）。

　また、係属する査定の手続において後に査定決定がなされたときは、当該査定決定に不服のある者は異議の訴え（民再106Ⅰ）を提起することができます（本条Ⅲ）。

2　異議の訴え

(1)　再生債務者等が当事者である場合

　再生手続が終了しても、再生債務者等が当事者である異議の訴え（民再106Ⅰ）はそのまま係属します（本条4項の反対解釈）。ただし、管財人が当事者であった場合には訴訟手続は中断し、再生債務者が受け継がなければなりません（民再68Ⅱ・Ⅲ）。この場合に牽連破産となったときは、訴訟手続は中断しますが（破44Ⅰ）、破産債権に関する訴訟として受継されることがあります（破127Ⅰ）［☞破§127］。

(2)　再生債務者等が当事者でない場合

　再生計画認可決定の確定前に再生手続が終了する場合、訴訟手続は中断します（本条Ⅳ）。なお、中断の日から1か月以内に牽連破産が開始されたときは、破産債権に関する訴訟として受継されることがありますが（破127Ⅰ）、牽連破産が開始されなかったときは訴訟手続は終了します（民再254Ⅵ・Ⅳ）。

　他方、再生計画認可決定が確定した後に再生手続が終了した場合、当該訴訟手続は引き続き係属します（本条Ⅳ）。この場合に牽連破産となったときは、訴訟手続は中断し（破44Ⅰ）、受継の対象となることがあります（破127Ⅰ）。

3　受継のあった訴訟手続（民再107Ⅰ・109Ⅱ）

(1)　再生債務者等が当事者である場合

　訴訟手続は係属します（本条5項の反対解釈）。ただし、管財人が当事者であった場合の取扱い、牽連破産が開始されたときの取扱いは前記2(1)と同様です。

(2) 再生債務者等が当事者でない場合

再生計画認可決定の確定前に再生手続が終了する場合、訴訟手続は中断し（本条Ⅴ）、再生債務者等が受け継がなければなりません（本条Ⅵ）。他方、再生計画認可決定の確定後に再生手続が終了した場合、訴訟手続は引き続き係属します（本条Ⅴ）。

ただし、再生計画認可決定の前後に関係なく、牽連破産となったときは、訴訟手続は中断し（破44Ⅰ）、受継の対象となることがあります（破127Ⅰ）。

文　献　伊藤1147頁、条解民再579頁［笠井正俊］、新注釈民再（上）617頁［日景聡］

（再生手続開始前の罰金等についての不服の申立て）
第113条　再生手続開始前の罰金等及び共助対象外国租税の請求権については、第100条から前条までの規定は、適用しない。
2　第97条の規定による届出があった請求権（罰金、科料及び刑事訴訟費用の請求権を除く。）の原因（共助対象外国租税の請求権にあっては、共助実施決定）が審査請求、訴訟（刑事訴訟を除く。次項において同じ。）その他の不服の申立てをすることができる処分である場合には、再生債務者等は、当該届出があった請求権について、当該不服の申立てをする方法で、異議を主張することができる。
3　前項の場合において、当該届出があった請求権に関し再生手続開始の当時訴訟が係属するときは、同項に規定する異議を主張しようとする再生債務者等は、当該届出があった請求権を有する再生債権者を相手方とする訴訟手続を受け継がなければならない。当該届出があった請求権に関し再生手続開始当時再生債務者の財産関係の事件が行政庁に係属するときも、同様とする。
4　第2項の規定による異議の主張又は前項の規定による受継は、再生債務者等が第2項に規定する届出があったことを知った日から1月の不変期間内にしなければならない。
5　第104条第2項の規定は第97条の規定による届出があった請求権について、第108条、第110条及び第111条第1項の規定は第2項の規定による異議又は第3項の規定による受継があった場合について準用する。

基本事項

本条は、再生手続開始前の罰金等および共助対象外国租税の請求権の届出がなされた場合の不服の申立ての方法等を定めています。本条と同趣旨の規定が破産法134条および会更法164条にも置かれています。

再生手続開始前の罰金等および共助対象外国租税の請求権の届出については民再法97条が定めていますが、これらの請求権については、一般の再生債権との性質の違いから、民再法100条から112条の2の規定が適用されない結果、一般の再生債権に関する調査確定手続の規律が及びません（本条Ⅰ）。

民再法97条による届出のあった請求権（罰金、科料および刑事訴訟費用の請求権を除く）の原因（共助対象外国租税の請求権では共助実施決定）が審査請求または刑事訴訟以外の訴訟またはその他の不服申立てをすることができる処分である場合には、再生債務者または管財人に限り、当該不服申立ての方法で異議を主張することができます

(本条Ⅱ)。

また、民再法97条による届出のあった請求権（罰金、科料および刑事訴訟費用の請求権を除く）に関し、再生手続開始当時、訴訟が係属するとき、あるいは再生債務者の財産関係の事件が行政庁に係属するときは、異議を主張しようとする再生債務者等は、当該届出があった請求権を有する再生債権者を相手方とする訴訟を受継しなければなりません（本条Ⅲ）。

本条2項の異議申立てまたは本条3項の受継は、再生債務者等が民再法97条による届出があったことを知った日から1か月の不変期間内にしなければならず（本条Ⅳ）、異議申立ておよび訴訟等の受継がなされた場合には、民再法108条（主張の制限）、110条（訴訟の結果の再生債権者表への記載）、111条1項（再生債権者全員への判決効の拡張）が準用されます（本条Ⅴ）。

文献 伊藤954頁、一問一答民再145頁、条解民再583頁［笠井正俊］、新注釈民再（上）619頁［大川治］

第4節　債権者集会及び債権者委員会

> **（債権者集会の招集）**
> **第114条** 裁判所は、再生債務者等若しくは第117条第2項に規定する債権者委員会の申立て又は知れている再生債権者の総債権について裁判所が評価した額の10分の1以上に当たる債権を有する再生債権者の申立てがあったときは、債権者集会を招集しなければならない。これらの申立てがない場合であっても、裁判所は、相当と認めるときは、債権者集会を招集することができる。

基本事項

1　趣旨

本条は、当事者による申立てまたは裁判所による債権者集会の招集について定めています。本条と同趣旨の規定が破産法135条および会更法114条1項にも置かれています。

2　要件

(1) 申立権者

再生手続においては、債権者集会の招集が必要的ではありません。本条1項は、再生債務者、管財人、債権者委員会または知れている再生債権者の10分の1以上に当たる債権を有する再生債権者が申し立てた場合に、裁判所が債権者集会を招集しなければならないとしています。再生手続を主導する再生債務者、再生手続に利害関係を有する債権者委員会および一定額以上の債権者に対して招集申立権を与えたものです。なお、申立てに当たっては「会議の目的である事項及び招集の理由」を記載する必要があります（民再規48）。

(2) 債権者集会の機能

債権者集会とは、再生債権者によって構成される債権者の集会であり、再生手続

では、財産状況報告集会（民再126）および再生計画案決議のための集会（民再170）とが想定されていますが、いずれも必要的ではありません。財産状況報告集会（民再126）は、再生債務者による民再法125条1項に定める各事項の要旨の報告が行われ、再生債権者に対し、再生計画案に対する同意不同意を判断するための基礎資料を提供する機能を担っており、再生計画案決議のための集会（民再170）は、再生債権者に対し再生計画案に対する同意不同意の意思を表明する機会を提供するという機能を担っています。

(3) **債権者集会運営の実情**

このように再生手続において債権者集会は重要な機能を担っていますが、このような機能を果たすために債権者集会を開くことが常に最善の方法というわけではありません。そこで、民再法は、再生債権者の意向に応じた本条による債権者集会の招集を認める一方で、財産状況の報告については、再生債権者に対する民再法125条の規定に基づく報告書の要旨の送付や、再生債務者主催の債権者説明会（民再規61）を開催することによって情報開示の目的を達成することを認めています（民再規63）。また、再生計画案の決議についても、債権者集会期日に議決権を行使する方法（民再169Ⅱ①）に代えて、書面等投票の方法（同項②）を採用すること、またはその双方を併用すること（同項③）も認めています。ただし、書面等投票の方法（同項②）を採用した場合には、再生計画案が否決された場合に続行する機会が認められなくなります（民再172条の5）。

文献 伊藤822頁、一問一答民再147頁、条解民再585頁［園尾隆司］、倒産法概説429頁［笠井正俊］、新注釈民再（上）622頁［武笠圭志］

（債権者集会の期日の呼出し等）
第115条 債権者集会の期日には、再生債務者、管財人、届出再生債権者及び再生のために債務を負担し又は担保を提供する者があるときは、その者を呼び出さなければならない。ただし、第34条第2項の決定があったときは、再生計画案の決議をするための債権者集会の期日を除き、届出再生債権者を呼び出すことを要しない。
2　前項の規定にかかわらず、議決権を行使することができない届出再生債権者は、呼び出さないことができる。
3　債権者集会の期日は、労働組合等に通知しなければならない。
4　裁判所は、債権者集会の期日及び会議の目的である事項を公告しなければならない。
5　債権者集会の期日においてその延期又は続行について言渡しがあったときは、第1項及び前2項の規定は、適用しない。

基本事項

本条は、債権者集会を招集する場合に呼び出しをすべき者の範囲、労働組合等への期日の通知、期日等の公告等について定めています。本条と同趣旨の規定が破産

法136条および会更法115条にも置かれています。

債権者集会には、再生債務者および管財人は再生手続を主導する者として（民再38Ⅰ・66）、届出再生債権者は再生計画案の決議に必要な情報開示を受けたり決議に参加する者として、再生のために債務を負担または担保を提供する者は再生計画履行の確実性に影響を及ぼし得る者として、これらの者を呼び出さなければなりません。（本条Ⅰ）。ただし、大規模な再生手続では債権者集会が機能しづらく集会開催のための費用も莫大になる可能性があることから、再生債権者数1000名以上で通知等の省略の決定があったときは（民再34Ⅱ）、再生計画案の決議を行う債権者集会を除き、届出再生債権者を呼び出すことを要しないとされています（本条Ⅰただし書）。なお、劣後的再生債権者（民再87Ⅱ・84Ⅱ・97①）などの議決権のない再生債権者については、債権者集会への出席の機会を確保する必要に乏しいことから、当該再生債権者を呼び出さないことができます（本条Ⅱ）。なお、債権者集会の期日および会議の目的事項は公告されます（本条Ⅳ）。

労働組合等（民再24の2）に対しては、期日の通知を義務付けています（本条Ⅲ）。労働組合等は、再生計画案に議決権を行使することはできませんが、従業員は会社の再生に重大な利害関係を有していますし、労働組合等は、財産状況報告集会において意見を述べたり（民再126Ⅲ）、再生計画の認可の当否についても意見を述べることが認められていることから（民再174Ⅲ）、参加の機会を保障するために通知を義務付けています。

なお、債権者集会の期日に、その延期または続行の言渡しがあったときは、本条所定の呼び出し、通知および公告をあらためてする必要はないとされています（本条Ⅴ）。

文献 伊藤822頁、一問一答民再148頁、条解民再589頁［野口宣大］、新注釈民再（上）624頁［武笠圭志］

（債権者集会の指揮）
第116条 債権者集会は、裁判所が指揮する。

基本事項
趣旨

本条は、債権者集会を裁判所が指揮することを定めています。本条と同趣旨の規定が破産法137条および会更法116条にも置かれています。

裁判所による債権者集会の指揮には、出席を申し出た者（例えば、スポンサーや再生債務者事業の譲受人）の出席、あるいは監督委員・調査委員の出席の可否の判断（民再規49Ⅰ）、出席者の意見陳述・発言の可否およびその順序の整理、債権者集会の議事進行（開会閉会、出席者の発言順序の整理など）、決議の指揮、秩序維持等が含まれます。債権者集会には、利害の対立する者が出席する可能性があるため、中立的な立場にある裁判所が債権者集会の議事進行・秩序維持を行うこととされています。

文献 伊藤823頁、条解民再592頁［野口宣大］、新注釈民再（上）627頁［武笠圭志］

(債権者委員会)
第117条　裁判所は、再生債権者をもって構成する委員会がある場合には、利害関係人の申立てにより、当該委員会が、この法律の定めるところにより、再生手続に関与することを承認することができる。ただし、次に掲げる要件のすべてを具備する場合に限る。
　一　委員の数が、3人以上最高裁判所規則で定める人数以内であること。
　二　再生債権者の過半数が当該委員会が再生手続に関与することについて同意していると認められること。
　三　当該委員会が再生債権者全体の利益を適切に代表すると認められること。
2　裁判所は、必要があると認めるときは、再生手続において、前項の規定により承認された委員会(以下「債権者委員会」という。)に対して、意見の陳述を求めることができる。
3　債権者委員会は、再生手続において、裁判所、再生債務者等又は監督委員に対して、意見を述べることができる。
4　債権者委員会に再生債務者の再生に貢献する活動があったと認められるときは、裁判所は、当該活動のために必要な費用を支出した再生債権者の申立てにより、再生債務者財産から、当該再生債権者に対し、相当と認める額の費用を償還することを許可することができる。
5　裁判所は、利害関係人の申立てにより又は職権で、いつでも第1項の規定による承認を取り消すことができる。

基本事項

1　趣旨

　本条は、再生債権者の意思を集約して適切に再生手続に反映させるための1つの制度として、債権者委員会の制度を設けています。本条と同趣旨の規定が破産法144条および会更法117条にも置かれています。

　DIP型を原則とする再生手続では、最も利害関係を有する再生債権者の積極的な手続関与を通じたその意思の反映が求められます。再生債権者に対する情報開示、意思表示の機会を確保する制度として債権者集会が設けられているものの、開催が必要的ではないなど、債権者集会のみでは再生債権者の積極的な手続関与が達成されないこともあり得ます。そこで、本条は、再生債権者による積極的な手続関与の一形態として、債権者委員会の組成方法について、再生手続外で再生債権者により任意に組織された委員会が、本条による裁判所の承認を得て、再生手続上の機関としての一定の権限を有する債権者委員会となることを認めています。

　なお、民再法は、債権者委員会のほか、再生債権者の機関として代理委員(民再90)を定めていますが、代理委員は一部の再生債権者を代表する機関であるのに対し、債権者委員会は全再生債権者の利益を代表する点で異なります。

2　要件

任意に組成された再生債権者の委員会が、裁判所の承認を得て債権者委員会として再生手続に関与するためには、以下の要件を具備する必要があります。
① 委員会における委員数が3人以上10人以下であること（本条Ⅰ①、民再規52）
② 再生債権者の過半数が当該委員会が再生手続に関与することについて同意していると認められること（本条Ⅰ②）
③ 当該委員会が再生債権者全体の利益を適切に代表すると認められること（本条Ⅰ③）

債権者委員会はすべての再生債権者の利益を代表するものであることから、利益代表者としての適切性について形式的な基準（頭数要件）で審査しつつ（前記②）、さらに、全体の利益を適切に代表すると認められることについては（前記③）、債権者委員会が全再生債権者の利益を代表することのみならず、その活動が適切に行われることも含まれていると考えられており、いわば全体の代表としての適切性を実質的に担保するための要件といえます（伊藤827頁、条解民再600頁［川嶋四郎］）。なお、再生債権者の同意（前記②）について同意書の証拠資料による厳密な認定は必要ありません。

3　裁判所の承認を得るための手続

利害関係人は、裁判所の承認を得るため、申立書に①申立人の氏名または名称および住所ならびに代理人の氏名および住所、②再生債権者をもって構成する委員会を構成する委員の氏名または名称および住所、③②の委員が有する再生債権の内容、④②の委員会が再生債権者全体の利益を適切に代表すると認められる理由を記載します（民再規53Ⅰ）。また、申立書には、⑤当該委員会の運営に関する定めを記載した書面、および⑥再生債権者の過半数が当該委員会の再生手続への関与に同意していることを認めるに足りる書面の添付も求められています（同条Ⅱ）。

利害関係人は、再生手続開始申立後であれば、いつでも申立てを行うことができます。裁判所は、利害関係人から申立てがあり、本条1項各号の要件を充足しているときは、その委員会が債権者委員会として再生手続に関与することを承認することができます（本条Ⅰ）。なお、裁判所は、申立てを承認するか否かにつき裁量権を有していますが、債権者委員会が債権者の意思を再生手続に適切に反映させる制度であることからすると、承認の要件が満たされているにもかかわらず、申立てを棄却することは原則として許されず、極めて例外的な場合に限定されるべきであるとの見解があります（条解民再601頁［川嶋四郎］）。

裁判所は、利害関係人の申立てまたは職権で、いつでも承認を取り消すことができます（本条Ⅴ）。

4　債権者委員会の権限

債権者委員会の具体的な権限等は、以下の通りです。
① 裁判所の求めに応じて、再生手続において意見の陳述を行うこと（本条Ⅱ）
② 裁判所、再生債務者等または監督委員に対して、意見を述べること（本条Ⅲ）
③ 債権者集会の招集申立てを行うこと（民再114前段）

④　営業譲渡に関し、裁判所からの意見聴取に応じること（民再42Ⅱただし書）
⑤　再生計画で定められた弁済期間内にその履行を確保するために監督その他の関与を行うこと（民再154Ⅱ）。

5　債権者委員会の活動方法

債権者委員会の活動は、債権者委員会を構成する委員の過半数の意見により行います（民再規54Ⅰ）。また、債権者委員会は、委員の中から連絡する者を指名し、裁判所に届け出るとともに、再生債務者等および監督委員に通知する必要がある（同条Ⅱ）ほか、委員またはその運営に関する定めについて変更が生じた場合は、遅滞なく、裁判所に届け出る必要があります（同条Ⅲ）。

また、債権者委員会に再生債務者の再生に貢献する活動があったと認められるときは、裁判所は、当該活動のために必要な費用を支出した再生債権者の申立てにより、再生債務者財産から、当該再生債権者に対し、相当と認める額の費用を償還することを許可することができます（本条Ⅳ）。

文　献　伊藤827頁、一問一答民再150-151頁、条解民再594頁［川嶋四郎］、倒産法概説431頁、山本156頁・177頁、松下83頁・133頁、破産法・民事再生法概論49頁［佐藤鉄男］、中島＝佐藤206頁、新注釈民再（上）629頁［明石法彦］

（債権者委員会の意見聴取）
第118条　裁判所書記官は、前条第1項の規定による承認があったときは、遅滞なく、再生債務者等に対して、その旨を通知しなければならない。
2　再生債務者等は、前項の規定による通知を受けたときは、遅滞なく、再生債務者の業務及び財産の管理に関する事項について、債権者委員会の意見を聴かなければならない。

基本事項

本条は、再生債務者等による債権者委員会の意見聴取について定めています。本条と同趣旨の規定が破産法145条および会更法118条にも置かれています。

再生債務者等による意見聴取の実施により、再生債権者と再生債務者等との間の意思疎通が図られることを目的としています。平成16年改正に際し、更生手続における更生債権者委員会および更生担保権者委員会（会更117）ならびに破産手続における債権者委員会（破144）とともに再生手続における債権者委員会の地位および権能をより強化するため、本条から118条の3までの各規定を設けました。

裁判所の承認により債権者委員会の再生手続への関与が認められた場合には、裁判所書記官は、遅滞なく、再生債務者等に対して、その旨を通知しなければならず（本条Ⅰ）、再生債務者等は、裁判所書記官より当該通知を受けたときは、遅滞なく、再生債務者の業務および財産の管理に関する事項について、債権者委員会の意見を聴かなければなりません（本条Ⅱ）。本条は、債権者委員会の手続関与の機会を保障するものとして再生債務者等に対して債権者委員会に意見を聴取する義務を課しつつ、再生債務者等と債権者委員会との意思疎通を促進することによって、再生手続

の遂行を監督する役割を有している債権者委員会を通じ、再生債権者の意向が再生手続に反映されることになります。

文献 伊藤828頁、条解民再605頁［川嶋四郎］、倒産法概説432頁［笠井正俊］、山本157頁、松下83頁、新注釈民再（上）636頁［明石法彦］

（再生債務者等の債権者委員会に対する報告義務）
第118条の2 再生債務者等は、第124条第2項又は第125条第1項若しくは第2項の規定により報告書等（報告書、財産目録又は貸借対照表をいう。以下この条において同じ。）を裁判所に提出したときは、遅滞なく、当該報告書等を債権者委員会にも提出しなければならない。
2 再生債務者等は、前項の場合において、当該報告書等に第17条第1項に規定する支障部分に該当する部分があると主張して同項の申立てをしたときは、当該部分を除いた報告書等を債権者委員会に提出すれば足りる。

基本事項

本条は、再生債務者等の債権者委員会に対する報告義務を定めています。本条と同趣旨の規定が破産法146条および会更法119条にも置かれています。本条は、前条および次条とともに、債権者委員会の地位および権能を強化するために平成16年改正で新設された規定です。

再生債務者等は、報告書等（報告書、財産目録または貸借対照表をいう。民再124・125）を裁判所に提出したときは、遅滞なく、当該報告書等を債権者委員会にも提出する義務を負います。他方で、再生債務者等は、債権者委員会に報告書等を提出するに当たり、当該報告書等に再生債務者の事業の維持再生に著しい支障を生ずるおそれまたは再生債務者の財産に著しい損害を与えるおそれがある部分（これを「支障部分」という。民再17 I）がある場合には、報告書等の閲覧等の制限を申し立て（民再17 I）、当該部分を除いた報告書等を債権者委員会に提出すれば足ります（本条Ⅱ）。再生債務者等に債権者委員会への報告義務を課すことで、債権者委員会に情報を入手する機会を保障し、債権者委員会による再生手続への関与と監督の実効性を担保することを目的としています。

文献 伊藤828頁、条解民再606頁［川嶋四郎］、倒産法概説432頁［笠井正俊］、山本157頁、松下83頁、新注釈民再（上）637頁［明石法彦］

（再生債務者等に対する報告命令）
第118条の3 債権者委員会は、再生債権者全体の利益のために必要があるときは、裁判所に対し、再生債務者等に再生債務者の業務及び財産の管理状況その他再生債務者の事業の再生に関し必要な事項について第125条第2項の規定による報告をすることを命ずるよう申し出ることができる。
2 前項の規定による申出を受けた裁判所は、当該申出が相当であると認めるときは、再生債務者等に対し、第125条第2項の規定による報告をすることを命じな

けらばならない。

基本事項

　本条は、債権者委員会の申出による、再生債務者等に対する裁判所の報告命令について定めています。本条と同趣旨の規定が破産法147条および会更法120条にも置かれています。本条は、前2条とともに債権者委員会の地位および権能を強化するために平成16年改正で新設した規定です。

　本条は、債権者委員会が、再生債権者全体の利益のために必要があるときは、裁判所に対し、再生債務者等に再生債務者の業務および財産の管理状況その他再生債務者の事業の再生に関し必要な事項についてを報告することを命ずるよう申し出ることができる旨を定めています（本条Ⅰ）。裁判所は、当該申出が相当であると認めるときは、再生債務者等に対し、報告をすることを命じなければなりません（本条Ⅱ）。本条も、前条と同様に債権者委員会に情報を入手する機会を保障するものですが、債権者委員会による申出に基づくことから、前条以上に債権者委員会の主体的な情報収集の手段を定めたものといえます。

　なお、本条が債権者委員会による情報の収集を裁判所による報告命令を通じた間接的な方法とした背景には、平成14年の会更法改正時において、本条と同様の制度（会更117）を導入する際の議論が影響を与えています。その際には更生債権者委員会が、更生手続全体からみれば一部の利害関係人であるにすぎない更生債権者の利益を代表するにとどまるにもかかわらず、管財人に対して直接報告を求めることができるとすることに伴う弊害や、更生債権者委員会と管財人等との間で事後的に紛争が生じるおそれ等の問題点が指摘され、これらを考慮して間接的な制度とされたといわれています（新注釈民再（上）640頁［明石法彦］）。

　文　献　伊藤828頁、条解民再607頁［川嶋四郎］、倒産法概説432頁［笠井正俊］、山本157頁、松下83頁、新注釈民再（上）638頁［明石法彦］

第5章　共益債権、一般優先債権及び開始後債権

前　注

1　再生手続における再生債務者等に対する債権の位置付け

　再生手続上、利害関係人たる債権者の債権は、再生債権のほか、共益債権、一般優先債権、開始後債権に分類されます。
　これらのうち本章で取り扱う共益債権、一般優先債権、開始後債権は、いずれも再生計画による権利変更を受けない点で共通しています。

2　共益債権

　共益債権は、再生手続の目的のために再生債権者が共同で負担すべきとの性質を有するものであり（伊藤859頁）、原則として手続開始後の原因に基づいて生じます。共益債権には、民再法119条に基づく一般の共益債権とそれ以外の条項に基づく特別の共益債権があります。本章にも、特別の共益債権のうち、開始前の借入金等の共益債権化（民再120）と社債管理者等の費用および報酬の共益債権化（民再120の2）についての規定が置かれています。
　再生債務者の事業の継続に欠くことのできない行為（資金の借入れ、原材料の購入など）によって再生手続開始前に生じた債権は、手続開始前の原因に基づく債権として、原則として再生債権となるものですが、取引の相手方を保護して再生手続開始前の事業継続を容易にするため、裁判所の許可ないしは監督委員の同意を得た場合には、例外的に共益債権として扱われます。また、社債管理者等の費用および報酬に関しては、社債管理者の行う事務は再生債権者の一部である社債権者のためのものであり、再生手続のために全再生債権者が負担すべき性質を有するとはいいがたいものの、社債管理者の行う事務が再生手続の円滑な遂行に資する面があることから、裁判所の許可を得ることによって一定の範囲で共益債権となることを認めています。
　共益債権には、再生債権に先立って手続外で随時弁済を受けられるとの特徴があります。この点では破産手続の財団債権と同様の性質を有していますが、破産手続とは異なり、再生手続においては共益債権に基づく強制執行が原則として認められています（民再121）。
　また、破産手続や更生手続では手続開始前の給料等の労働債権が一定の範囲で財団債権や共益債権として取り扱われていますが、再生手続では、手続開始前の給料等の労働債権は共益債権ではなく一般優先債権として、再生手続の制約を受けずに随時弁済を受けることになります（民再122）。
　なお、本章以外の規定に基づく共益債権（民再39Ⅲ・49Ⅳ・50Ⅱ・132の2Ⅰ②など）も、相手方との公平の見地や再生債権者が共同して負担すべきとの性質を有すると

いう観点から共益債権として扱われます。

3　一般優先債権

　一般優先債権とは、共益債権を除き、一般の先取特権その他一般の優先権がある債権を指します。例えば、①労働債権など一般の先取特権がある債権（民306-308）、②租税債権（税徴8、地税14）、③国税徴収の例により徴収することができる債権（社会保険料等）、④企業担保権で担保される債権（企業担保2Ⅰ）がこれに該当します。これらの債権も共益債権と同じく再生手続によることなく再生債権に先立って随時弁済され、一般優先債権に基づく強制執行も原則として認められています（民再122Ⅳ）。これは、破産手続における優先的破産債権や更生手続における優先的更生債権とは異なる取扱いといえます。なお、再生手続における共益債権と一般優先債権はともに再生債権に先立って随時弁済されますが、両者が競合する場合の取扱いについて民再法に定めはなく、その優劣は民法その他の法律の定めに従うことになります。

4　開始後債権

　開始後債権とは、再生手続開始後の原因に基づいて生じた財産上の請求権のうち、共益債権、一般優先債権または再生債権のいずれにも該当しないものをいいます。

　再生手続開始後の原因に基づいて生じた債権は、その多くが共益債権となります。したがって、開始後債権とされる債権としては、例えば、再生債務者が、その事業や生活とは関係なく行った不法行為を原因とする債権や開始後の手形引受人が再生手続開始を知っていた場合の求償権（民再46）など、例外的なものに限られます。

　開始後債権は、再生計画による権利変更こそ受けませんが、再生手続が開始された時から再生計画で定められた弁済期が満了するまでの間は、弁済・担保供与などを受けることができず、実質的には劣後的な取扱いを受けます。開始後債権による強制執行は、その劣後的な取扱いを受ける期間は禁止されます（民再123Ⅲ）。

5　まとめ

　再生手続における各種債権の特徴を整理すると以下の通りです。

	再生手続開始決定前の原因に基づくか、決定後の原因に基づくか	弁済条件	再生計画による権利変更の有無	債権届出の要否
再生債権	決定前（民再46などの例外あり）	再生計画により定められる	権利変更あり	必要
共益債権	決定後（民再39Ⅲ、保全管理人報酬などの例外あり）	再生手続によらずに随時弁済	権利変更なし	不要
一般優先債権	決定前	再生手続によらずに随時弁済	権利変更なし	不要
開始後債権	決定後	再生事件の係属中および再生計画による弁済中は弁済を受けることができない	権利変更なし	不要

（共益債権となる請求権）
第 119 条 次に掲げる請求権は、共益債権とする。
一 再生債権者の共同の利益のためにする裁判上の費用の請求権
二 再生手続開始後の再生債務者の業務、生活並びに財産の管理及び処分に関する費用の請求権
三 再生計画の遂行に関する費用の請求権（再生手続終了後に生じたものを除く。）
四 第 61 条第 1 項（第 63 条、第 78 条及び第 83 条第 1 項において準用する場合を含む。）、第 90 条の 2 第 5 項、第 91 条第 1 項、第 112 条、第 117 条第 4 項及び第 223 条第 9 項（第 244 条において準用する場合を含む。）の規定により支払うべき費用、報酬及び報償金の請求権
五 再生債務者財産に関し再生債務者等が再生手続開始後にした資金の借入れその他の行為によって生じた請求権
六 事務管理又は不当利得により再生手続開始後に再生債務者に対して生じた請求権
七 再生債務者のために支出すべきやむを得ない費用の請求権で、再生手続開始後に生じたもの（前各号に掲げるものを除く。）

基本事項

本条は、再生債権者全体の利益に資する請求権として、再生手続において随時弁済が許される、再生債権に優先して弁済を受ける等の優先的な取扱いを受ける共益債権を列挙しています。本条と同趣旨の規定が破産法 148 条（財団債権）および会更法 127 条にも置かれています。

共益債権とは、原則として、再生手続開始後の原因に基づいて生じた請求権であって、手続を遂行する上で要した費用および再生債務者の業務の維持・継続のために要した費用など、手続上の利害関係人の共同利益のためになされた行為により生じた請求権一般の総称です（条解民再 611 頁［清水建夫＝増田智美］）。再生手続では、再生手続を円滑に進めるため、共益債権について、再生債権より優先的な地位を与えて随時弁済を受けることを認めています（民再 121 Ⅰ・Ⅱ）。

本条は、再生手続や再生債権者全体に資する債権を具体的に列挙し、これらを共益債権として定めています［☞ **論点解説** 1〜4］。また、民再法は、本条以外にも、個別の制度に伴い、一定の請求権を共益債権とする規定を設けています［☞ **より深く学ぶ**］。

論点解説

1 共益債権の内容 本条が定める共益債権には、以下のものが含まれます。

(1) **再生債権者の共同の利益のためにする裁判上の費用の請求権（本条①）** 具体的には、再生手続開始申立ての費用、同手続に係る裁判、公告・送達・呼出し・送付等の費用などが挙げられます。なお、会更法（会更 127 ①）とは異なり「株主の

共同の利益」のためにする裁判上の費用は含まれません。
　(2)　**再生手続開始後の再生債務者の業務・生活、財産の管理処分に関する費用**（本条②）　　本条2号の「業務」とは、事業者を念頭に置いたものです。この文言の意義について会更法127条2号の「事業の経営」に関するものとほぼ同義とする見解（新注釈民再（上）649頁［柴野高之］）とこれよりも広い概念であるとする見解（条解民再613頁［清水建夫＝増田智美］）が主張されています。この費用に該当するものとしては、原材料の仕入費用等の商取引債務のほか、労働債務、水道光熱費、租税等が挙げられます。
　　また、株式会社のみを対象とする更生手続と異なり再生手続は非事業者である自然人も対象とすることから、開始決定後の「生活」に関する費用も共益債権となります。生活に関する費用の範囲につき見解の対立がありますが（「生活」に関する費用に該当しなければ開始後債権となる）、生活に要する一切の費用が共益債権であり、必要最低限の範囲に限定する必要はないとの見解が有力です（伊藤860頁）。
　　また、「財産の管理及び処分」に関する費用には、所有建物の維持管理費・処分費用が含まれます。
　(3)　**再生計画の遂行に関する費用の請求権**（本条③）　　例えば、再生計画による弁済、減増資、定款変更等に要する費用が含まれます。
　(4)　**監督委員、調査委員、管財人、管財人代理、保全管理人、保全管理人代理、裁判所が選任した代理委員、個人再生委員の費用および報酬請求権**（本条④）　　これらの費用は、再生手続遂行のための費用として再生手続開始の前後を問わず共益債権となります。
　(5)　**再生債務者財産に関し再生債務者等が再生手続開始後にした行為により生じた請求権**（本条⑤）　　本条5号に該当する請求権の多くは本条2号にも重複して該当しますが、本条2号は再生債務者の費用を支払の面から規定したものであり、本条5号は業務の遂行に不可欠な借入れなどによる請求権の地位を明らかにするために特別の規定を設けたものです（伊藤860頁）。典型的には、いわゆるDIPファイナンスとしての資金の借入れが挙げられます。
　(6)　**事務管理または不当利得により再生手続開始後に再生債務者の行為により生じた請求権**（本条⑥）　　事務管理または不当利得が手続開始後に認められれば、再生債権者全体に利得が生じることとなることから、共益債権となります。
　(7)　**再生債務者のために支出すべきやむを得ない費用の請求権で、再生手続開始後に生じたもの**（前各号に掲げるものを除く）（本条⑦）　　本条1号から前号に該当しない費用で、再生債務者のために支出することがやむを得ないものを指します。例えば、管理命令が発令された場合の取締役選任のための株主総会費用、株主名簿の整備の費用等で、その支出をすることがやむを得ないものが該当するとされています（園尾隆司ほか編『民事再生法――最新実務解説一問一答』〔青林書林、2011〕469頁［土岐敦司］参照）。

2　リース債権の共益債権性　　リース契約はいわゆるオペレーティング・リース契約（リース会社が物件の修繕、整備または保守の義務を負う形態のメンテナンス・リース契約）

第119条（共益債権となる請求権）

とフルペイアウト式のファイナンス・リース契約とに分類されますが、このうち前者のオペレーティング・リース契約に基づく手続開始後のリース料債権については、対象物件を再生債務者が引き続き利用する場合で、かつ、当該契約の実質が、利用者に金融の便宜を図るというよりも、むしろ目的物を使用収益させてその対価を支払うという賃貸借と同一といえるような場合には、民再法49条4項に基づき共益債権となります。

他方、ファイナンス・リース契約に基づく残リース料債権が共益債権となるか再生債権となるかについては争いがあります。実務上は、再生債権として取り扱うとの見解が有力です［ファイナンス・リースの取扱いの詳細は、☞民再§53 **論点解説** **1**(3)］。

3 **代位弁済により取得した共益債権の優先性** 　共益債権を代位弁済したことにより求償権を取得した求償権者が、当該求償権の行使が再生手続による制約を受けるとしても、弁済による代位によって取得した原債権自体を共益債権として手続外で行使できるかについては、議論があります。

この点、最判平23・11・22（民集65巻8号3165頁［百選［48①］］。破産手続における財団債権〔労働債権〕に関する事案）および最判平23・11・24（民集65巻8号3213頁［百選［48②］］。再生手続における共益債権〔民再49Ⅴ〕に関する事案）は、第三者が財団債権または共益債権を弁済した場合、その第三者は弁済による代位によってこれらの原債権をそれぞれ財団債権または共益債権として行使できるとの判断を示しました。その理由は、弁済による代位（民501）の制度の趣旨は、弁済によって消滅すべきはずの原債権等を代位弁済者に移転させ、代位弁済者がその求償権の範囲内で原債権を行使することを認め、原債権をもって求償権を確保するための一種の担保として機能させる点にあるから、求償権の行使が倒産手続による制約を受けるとしても、当該手続における共益債権または財団債権たる原債権の行使自体が制約されていない以上、原債権の行使が求償権と同様の制約を受けるものではないというものです。ただし、原債権が租税債権である場合にこれらの判例の射程が及ぶかという点については、租税債権の特殊性に鑑み否定的な見解もあり（最判平23・11・22民集65巻8号3165頁の田原睦夫裁判官補足意見、法時66巻1号〔榎本光宏〕224頁、破産管財の手引244頁）、近時の裁判例では、破産手続の事案において、否定的な判断をしたものがあります（東京地判平27・11・26金法2046号86頁）。

4 **専門家報酬** 　再生手続開始決定後の再生債務者の代理人弁護士等の専門家報酬については、共益債権となります（本条②）。もっとも、その額は再生債務者との委任契約により定められることとなり、裁判所が定める保全管理人や管財人の報酬と比較すると高額になっているケースもあり得ます。専門家報酬の額が適正な範囲を超える場合であっても、共益債権として随時弁済してよいのかとの問題があります。この点については、過大な報酬をそのまま支払うことは、再生債務者の公平誠実義務（民再38Ⅱ）に反することとなり、また、公平誠実義務違反に当たる法律行為に関しては相手方の悪意を条件にその効力を否定すべき（園尾ほか編・前掲408-410頁［山本和彦］）との有力な見解があることから、公平誠実義務に違反する専門家報

酬の支払は無効である旨の指摘があります（条解民再 618-619 頁［清水建夫＝増田智美］）。
　他方、再生手続開始決定前にすでに支払がなされた再生債務者代理人の報酬等についても、監督委員はその額について監督を行うべきであり、再生債務者代理人の報酬額がその役務提供と合理的均衡を失する程度に多額であった場合には、監督委員は専門家報酬を一部返還させるべきであるとの見解もあります（条解民再 619 頁［清水建夫＝増田智美］）。

より深く学ぶ

本条ないし民再法 120 条の 2 以外の規定による共益債権　再生手続における個々の制度ごとに、特別の共益債権に関する規定が置かれています。主な例は以下の通りです。

① 再生手続開始により中止した破産手続における財団債権等（民再 39 Ⅲ）
② 双方未履行の双務契約について、再生債務者が履行を選択した場合における相手方の請求権（民再 49 Ⅳ）
③ 継続的給付契約について、再生手続申立後、手続開始前にした給付にかかる供給者の請求権（民再 50 Ⅱ）
④ 対抗要件を備えた賃借権者等が貸主である再生債務者に対して有する請求権（民再 51）
⑤ 再生債権者を害する行為等の否認に当たり、再生債務者の受けた反対給付がその財産中に現存しない場合における相手方の価格償還請求権（民再 132 の 2 Ⅰ②）、反対給付により生じた利益は現存するが相手方が悪意の場合における現存利益返還請求権（同条Ⅱ①・③）

判例　リース債権について、大阪地決平 13・7・19 金法 1636 号 58 頁、東京地判平 15・12・22 判タ 1141 号 279 頁［INDEX2 版［64］］、最判平 7・4・14 民集 49 巻 4 号 1063 頁［INDEX2 版［106］］。最判平 23・11・22 民集 65 巻 8 号 3165 頁［百選［48 ①］］、最判平 23・11・24 民集 65 巻 8 号 3213 頁［百選［48 ②］］、大阪高判平 23・10・18 金判 1379 号 22 頁。租税債務の立替払について、東京高判平 17・6・30 金判 1220 号 2 頁［INDEX2 版［50］］。約定解除の原状回復請求権について、東京地判平 17・8・29 判タ 1206 号 79 頁。専門家報酬について、東京地判平 23・2・8 判タ 1353 号 244 頁

文献　伊藤 859 頁、一問一答民再 152 頁、条解民再 611 頁［清水建夫＝増田智美］、倒産法概説 73 頁・94 頁［沖野眞已］、山本 165 頁、中島＝佐藤 230 頁、破産・民事再生の実務［民事再生・個人再生編］222 頁、新注釈民再（上）648 頁［柴野高之］

（開始前の借入金等）
第 120 条　再生債務者（保全管理人が選任されている場合を除く。以下この項及び第 3 項において同じ。）が、再生手続開始の申立て後再生手続開始前に、資金の借入れ、原材料の購入その他再生債務者の事業の継続に欠くことができない行為をする場合には、裁判所は、その行為によって生ずべき相手方の請求権を共益債権とする旨の許可をすることができる。
2　裁判所は、監督委員に対し、前項の許可に代わる承認をする権限を付与するこ

とができる。
　3　再生債務者が第1項の許可又は前項の承認を得て第1項に規定する行為をしたときは、その行為によって生じた相手方の請求権は、共益債権とする。
　4　保全管理人が再生債務者の業務及び財産に関し権限に基づいてした資金の借入れその他の行為によって生じた請求権は、共益債権とする。

基本事項

1　趣旨

　本条は、資金の借入れ、原材料の購入その他再生債務者の事業の継続に欠くことのできない行為によって生ずべき相手方の請求権について、本来再生債権であるはずの再生手続開始申立てから開始決定までの間になされた行為により生じた債権であっても、取引の相手方を保護して再生手続開始前の事業継続を容易にするため、裁判所の許可・監督委員の承認によって共益債権とすることを定めています。本条と同趣旨の規定が会更法128条にも置かれています。

　再生手続開始後に発生した再生債務者の業務に関する請求権は、共益債権として保護されますが（民再119②）、再生債務者の事業の劣化を防ぐためには、再生手続開始申立てが行われてから開始決定が出るまでの間においても、再生債務者の事業を円滑に継続させる必要があります。そこで、本条は、開始決定前といえども、取引先や金融機関に安心して取引や資金調達に応じてもらうため、事業の継続に欠くことのできない行為に関する相手方の請求権を共益債権とすることを可能としています。保全管理人の行為に基づく請求権については、従前は再生債務者の行為と同様に裁判所の許可または監督委員の承認を得てはじめて共益債権として扱われていましたが、平成14年に本条4項が新設され、当然に共益債権として扱われることとなりました。

　なお、再生手続開始を申し立てたが開始に至らなかった場合における債権の取扱いについては、 より深く学ぶ １ を、プレDIPファイナンスについての取扱いについては、 より深く学ぶ ２ を参照してください。

2　要件・効果

(1)　再生債務者の事業に欠くことができない行為

　本条は、「再生債務者の事業に欠くことができない行為」により生ずべき債権を対象としています。事業の継続に不可欠か否かは、債務者の事業の種類、規模、弁済能力等を考慮して判断されると解されています。もっとも、事業再生のための事業継続という観点からその範囲は弾力的に解釈されることが望まれています（条解民再622頁［清水建夫＝増田智美］）。

(2)　裁判所の許可または監督委員の同意

　本条による共益債権化は、裁判所の許可を必要とするのが原則ですが（本条Ⅰ）、実務上は、裁判所は許可に代わる承認の権限を監督委員に付与し（本条Ⅱ）、監督委員が承認を行うという運用が広く行われています。同意の申請および同意は、書面で行う必要があります（民再規21Ⅰ）。もっとも、東京地裁では、事前に書面を準備

する余裕がない場合には口頭で承認を得て、後に書面を追完するとの取扱いもなされています。監督委員が本条に基づく承認を行った場合には、裁判所に遅滞なく報告しなければなりません（民再規55）。

　また、共益債権化の承認申請は個別の行為ごとに行うことが原則ですが、実務上は、再生債務者側から監督委員に対し、取引状況（日常的に反復継続して行っていることなど）を説明して了承を得た場合には、例外的に包括承認を受けられる場合があります。ただし、その場合であっても、相手方、債権の発生原因、債権発生の時期、予測される債権総額等の特定は最低限行う必要があるとされています（民事再生の手引65頁）。

より深く学ぶ

1　再生手続が開始されずに破産手続に移行した場合の取扱い　本条の許可・承認を得てなされた取引により相手方の請求権が共益債権となった後、再生債務者から弁済を受ける前に再生手続開始申立ての棄却により手続が開始されなかった場合には、当該債権はその後に移行する破産手続において財団債権として取り扱われます（民再252Ⅵ）。

2　プレDIPファイナンスの共益債権化の可否　債務者が事業再生ADRや私的整理ガイドライン等の私的整理手続を行い、その中でDIPファイナンスを受けていたところ、その私的整理手続が頓挫し、再生手続を選択するに至った場合について、債務者は再生手続開始申立前に受けたDIPファイナンス（以下、「プレDIPファイナンス」という）を再生手続申立後に本条により共益債権化できないかが議論されています。

　プレDIPファイナンスは事業の継続に欠くことができないものとして実行され、かつ今後の私的整理手続の円滑な運用という点からも本条による保護が必要であるとして、本条によってプレDIPファイナンスの共益債権化を肯定する見解もあります。また、実際に、私的整理手続中に実行されたプレDIPファイナンス全額について、再生手続開始後もDIPファイナンスを継続することを条件に、共益債権化することの承認・許可がなされた事例もあります（条解民再624頁［清水建夫＝増田智美］および破産・民事再生の実務〔民事再生・個人再生編〕225頁参照）。

　しかし、本来、このような債権は再生手続開始決定前の原因に基づいて生じた債権として再生債権となるのが原則であり、さらに、借入行為が再生手続開始申立前に行われていることからすれば、本条による共益債権化の対象とすることは文言上は困難といわざるを得ません。ただし、その場合でも、本条の趣旨に照らして、プレDIPファイナンスの保護を検討するに当たっては、産業活力の再生及び産業活動の革新に関する特別措置法（以下、「産活法」という）52条・53条や株式会社地域経済活性化支援機構法35条・36条といった他の根拠規定も踏まえた保護、たとえば、プレDIPファイナンスを受けるに当たって産活法52条の確認を受けていた事業者の再生計画について、当該プレDIPファイナンスに基づく再生債権と他の再生債権との間に権利変更の内容に差を設ける等の措置が考えられます（破産・民事再生の実

務〔民事再生・個人再生編〕225 頁参照）。

文献 伊藤 861 頁、一問一答民再 152 頁、条解民再 621 頁［清水建夫＝増田智美］、倒産法概説 94 頁［沖野眞已］、山本 165 頁、中島＝佐藤 231 頁、破産・民事再生の実務〔民事再生・個人再生編〕224 頁、民事再生の手引 63 頁、新注釈民再（上）657 頁［柴野高之］

（社債管理者等の費用及び報酬）
第 120 条の 2 社債管理者が再生債権である社債の管理に関する事務を行おうとする場合には、裁判所は、再生手続の目的を達成するために必要があると認めるときは、当該社債管理者の再生債務者に対する当該事務の処理に要する費用の請求権を共益債権とする旨の許可をすることができる。
2　社債管理者が前項の許可を得ないで再生債権である社債の管理に関する事務を行った場合であっても、裁判所は、当該社債管理者が再生債務者の事業の再生に貢献したと認められるときは、当該事務の処理に要した費用の償還請求権のうちその貢献の程度を考慮して相当と認める額を共益債権とする旨の許可をすることができる。
3　裁判所は、再生手続開始後の原因に基づいて生じた社債管理者の報酬の請求権のうち相当と認める額を共益債権とする旨の許可をすることができる。
4　前 3 項の規定による許可を得た請求権は、共益債権とする。
5　第 1 項から第 3 項までの規定による許可の決定に対しては、即時抗告をすることができる。
6　前各項の規定は、次の各号に掲げる者の区分に応じ、それぞれ当該各号に定める債権で再生債権であるものの管理に関する事務につき生ずる費用又は報酬に係る請求権について準用する。
　一　担保付社債信託法（明治 38 年法律第 52 号）第 2 条第 1 項に規定する信託契約の受託会社　同項に規定する社債
　二　医療法（昭和 23 年法律第 205 号）第 54 条の 5 に規定する社会医療法人債管理者　同法第 54 条の 2 第 1 項に規定する社会医療法人債
　三　投資信託及び投資法人に関する法律（昭和 26 年法律第 198 号）第 139 条の 8 に規定する投資法人債管理者　同法第 2 条第 19 項に規定する投資法人債
　四　保険業法（平成 7 年法律第 105 号）第 61 条の 6 に規定する社債管理者　相互会社（同法第 2 条第 5 項に規定する相互会社をいう。）が発行する社債
　五　資産の流動化に関する法律（平成 10 年法律第 105 号）第 126 条に規定する特定社債管理者　同法第 2 条第 7 項に規定する特定社債

基本事項

本条は、社債管理者等の費用および報酬を共益債権とするための要件と手続について定めています。本条と同趣旨の規定が破産法 150 条および会更法 131 条にも置かれています。
　会社法は、会社が社債を発行する場合には、社債権者の保護を図るため、原則と

して社債管理者を定め、社債権者のために弁済の受領・債権の保全その他の社債の管理を行うことを委託しなければならないものとし（会社702Ⅰ）、そのための事務処理費用および報酬請求権に優先権を認めて報酬、費用および利息ならびに損害の賠償額に関し、社債管理者が社債権者のために社債に係る債権の弁済を受けた額について、社債管理者は社債権者に先立って弁済を受ける権利を有しています（会社741Ⅲ）。

　社債管理者が再生債権者である社債権者保護のための存在であることからすれば、社債管理会社の事務処理費用および報酬請求権についての優先権を再生手続開始後も全面的に維持することには疑問の余地が生じるともいえますが、他方、会社の資金調達手段としての社債の重要性や再生手続開始後の弁済事務等における社債管理の必要性に鑑みると、再生手続においても一定の優先的な取扱いを認めることに合理性があります。

　そこで、本条は、裁判所の関与の下に、再生債務者に過度と負担とならないよう一定の範囲で事務処理費用請求権と報酬請求権を共益債権とすることを認めました。

　事務処理費用については、社債管理者が再生手続開始後に社債管理に関する事務を行おうとする場合には、裁判所に対してその旨と必要と見込まれる費用を申し出て、裁判所が、再生手続の目的達成との関係におけるその事務の必要性、必要性がある場合には当該事務に要する費用（債権届出、債権の弁済の分配費用等）の相当性を判断し、共益債権化の範囲を決定することになります（本条Ⅰ・Ⅳ）。社債管理者が許可を事前に得ずに社債管理事務を行った場合でも、当該管理者が再生債務者の事業の再生に貢献したと認められるときは、裁判所は、その費用のうち、貢献の程度に応じ相当と認める額を共益債権とすることができます（本条Ⅱ・Ⅳ）。また、報酬請求権についても、相当額について裁判所の許可を得て共益債権化することができます（本条Ⅲ・Ⅳ）。

　これらの裁判所の許可決定に対しては、即時抗告をすることができます（本条Ⅴ）。即時抗告を申し立てることができるのは、許可決定によって不利益を被る社債権者以外の再生債権者が想定されており、社債管理者が、許可の対象となった費用や報酬の額が少なすぎる、または許可が得られなかったことを理由として即時抗告を申し立てることは許されないと解されています（条解民再629頁［山田文］参照）。

　社債管理会社と同様の機能を果たす担保権付社債信託法における信託契約の受託会社などについても、その費用または報酬についての共益債権化について同様の規定を置いています（本条Ⅵ）。

　文　献　伊藤863頁、条解民再625頁［山田文］、倒産法概説95頁［沖野眞已］、山本165頁、新注釈民再（上）661頁［柴野高之］

（共益債権の取扱い）
第121条　共益債権は、再生手続によらないで、随時弁済する。
2　共益債権は、再生債権に先立って、弁済する。
3　共益債権に基づき再生債務者の財産に対し強制執行又は仮差押えがされている

場合において、その強制執行又は仮差押えが再生に著しい支障を及ぼし、かつ、再生債務者が他に換価の容易な財産を十分に有するときは、裁判所は、再生手続開始後において、再生債務者等の申立てにより又は職権で、担保を立てさせて、又は立てさせないで、その強制執行又は仮差押えの中止又は取消しを命ずることができる。共益債権である共助対象外国租税の請求権に基づき再生債務者の財産に対し国税滞納処分の例によってする処分がされている場合におけるその処分の中止又は取消しについても、同様とする。
4　裁判所は、前項の規定による中止の命令を変更し、又は取り消すことができる。
5　第3項の規定による中止又は取消しの命令及び前項の規定による決定に対しては、即時抗告をすることができる。
6　前項の即時抗告は、執行停止の効力を有しない。

基本事項
1　趣旨

本条は、再生手続における共益債権の優先的な取扱いについて定めています。本条と同趣旨の規定が会更法132条にも置かれています（破151も参照）。

なお、再生手続から破産手続・更生手続に移行した場合の共益債権の取扱いについては　より深く学ぶ　[1]を、破産手続へ移行した場合の敷金返還請求権の取扱いについては　より深く学ぶ　[2]を参照してください。

2　要件・効果

(1)　随時弁済

共益債権は、再生手続によらないで随時弁済されます（本条Ⅰ）。これは、共益債権者が再生手続上の債権調査手続を経ず、また再生計画による権利変更も受けずに、本来の弁済期に随時弁済を受けられることを意味します。また、共益債権による強制執行も原則として認められています［☞3］。もっとも、民再法上の共益債権に該当する債権を有する者が、当該債権につき再生債権として届出をしただけで、本来共益債権であるものを予備的に再生債権であるとして届出をする旨の付記もしなかったときは、この届出を前提として作成された再生計画案を決議に付する旨の決定がされた場合には、当該債権が共益債権であることを主張して再生手続によらずにこれを行使することは許されません（最判平25・11・21判タ1404号92頁）。

共益債権の存否や額に争いがある場合には、共益債権者の再生債務者に対する支払請求訴訟や再生債務者の共益債権者に対する債務不存在確認の訴えによって解決を図ることになります。

なお、再生計画には将来弁済すべき共益債権を明示する必要がありますが（民再154Ⅰ②、民再規83）、これは再生債権者に対して再生計画の妥当性や履行可能性の判断材料を提供することを目的とするものであり、共益債権が再生計画による権利変更の対象となることを意味するものではありません。

また、再生手続開始決定の後に管理命令が発令されて管財人が選任された場合には（民再64）、管財人が共益債権の存在・内容を早期に把握することを可能とする

ため、共益債権を有する者はその旨を管財人に申し出るものとされています（民再規55の2）。ただし、同規定は訓示的な規定であると解されています。

なお、共益債権を代位弁済した場合に、弁済による代位により取得した共益債権たる原債権を共益債権として行使できるかについては、議論があります［☞民再§119 **論点解説** ③］。

(2) 再生債権に先立つ弁済

共益債権は、再生債権に先立って弁済されます（本条Ⅱ）。これは再生債務者の一般財産の範囲内における権利の順位が再生債権よりも上位であることを意味します。したがって、再生債務者の一般財産はまず共益債権（および一般優先債権〔民再122〕）の支払に充てられ、その残りが再生債権の支払原資となります。ただし、別除権が設定されている特定の財産との関係では、共益債権者は当該別除権者に劣後し、当該財産が強制執行により換価されたときは、その換価された財産は別除権者の有する債権の弁済に充てられます。

3 強制執行等の中止または取消し

破産手続では財団債権による強制執行を禁じていますが（破42Ⅰ）、再生手続では共益債権による強制執行は禁止されていません（民再39Ⅰ参照）。これは、破産財団のみが弁済原資となる破産法上の財団債権とは異なり、民再法上の共益債権については、再生手続開始後の取得財産をも含む再生債務者の財産に対する権利行使を禁止する理由がないためです（伊藤864頁）。

しかし、共益債権者による強制執行または仮差押えを無制限に認めれば、再生債務者等の事業の再生を図る上で著しい支障を生じるおそれがあります。そこで、再生に著しい支障を及ぼし、かつ、再生債務者が他に換価の容易な財産を十分に有するときには、裁判所は強制執行等の中止または取消しを命ずることができることとしました（本条Ⅲ）。裁判所は、強制執行の中止命令・取消命令を変更または取り消すことができ（本条Ⅳ）、これらの中止または取消命令およびこれらの変更決定に対しては即時抗告を行うことができます（本条Ⅴ）。ただし、この即時抗告については執行停止の効力はありません（本条Ⅵ）。

なお、仮処分は本条による中止命令・取消命令の対象とはなっていません。そのため、実務上は、仮処分命令が出た場合には、個別に共益債権者と協議し解決を図ることになります。

論点解説

再生債務者の財産不足の場合 再生債務者の財産が共益債権の全額を支払うに足りない場合は、通常、再生計画案の作成の見込みがないか、または再生計画遂行の見込みがないことが明らかといえ、再生手続は廃止され（民再191Ⅰ①・194）、裁判所は、再生債務者に破産原因があると認めるときは、職権で破産手続に移行させることができます（民再250）。破産手続に移行した場合には、共益債権は破産手続における財団債権として（民再252Ⅵ）、原則として、法令に定める優先権にかかわらず、債権額の割合により按分弁済されることになります（破152Ⅰ）。

これに対し、再生債務者の財産が共益債権の全額を弁済するに足りないことが明らかになった場合について、民再法は特段の規定を設けていません。そこで、財団不足にもかかわらず破産手続に移行しない場合の共益債権の取扱いが問題となります。

この点、民再法が共益債権につき破産法152条や会更法133条1項のような按分弁済すべき旨の規定を設けていないことからすると、再生債務者は弁済期の順序に従って弁済すれば足りると解されています（伊藤865頁）。ただし、管理命令が発令されている場合に再生手続廃止の決定が確定したときは、管財人は共益債権および一般優先債権を弁済しなければなりませんが（民再77Ⅳ）、この場合の弁済の順序については、破産法の規定（破152）を類推適用すべきとする見解もあります（倒産法概説97頁［沖野眞已］）。

より深く学ぶ

1 破産手続・更生手続に移行した場合の共益債権の取扱い 再生手続が破産手続に移行した場合には、共益債権は破産手続における財団債権として取り扱われます（民再252Ⅵ）。再生手続から更生手続に移行した場合にも、再生手続における共益債権は、更生手続における共益債権として取り扱われます（会更50Ⅸ①）。

2 破産手続への移行と敷金返還請求権 再生債務者が賃貸人で、再生債権者が再生債務者に対し敷金返還請求権を有する場合、当該敷金返還請求権のうち最大賃料6か月分相当額については、特別に共益債権として取り扱われます（民再92Ⅲ）。

しかし、再生手続中に賃貸借目的物の明渡しが完了せず敷金返還請求権が顕在化しないまま破産手続開始決定があった場合、再生手続中には共益債権たる敷金返還請求権が発生していないことから、民再法252条6項を根拠として、後の破産手続において最大賃料6か月分相当額の敷金返還請求権を財団債権として取り扱うことができるか否かについて議論があります。再生手続中に共益債権として現実化していない以上、民再法252条6項を適用することはできないとする見解と、民再法92条3項の趣旨の貫徹や、再生手続中に明渡しを完了した者との均衡などから民再法252条6項を類推適用するとする見解があります（破産・民事再生の実務〔民事再生・個人再生編〕332頁）。

文献 伊藤863頁、一問一答民再154頁・157頁、条解民再629頁［清水建夫＝増田智美］、倒産法概説96頁［沖野眞已］、山本165頁、中島＝佐藤230頁・232頁、破産・民事再生の実務〔民事再生・個人再生編〕228頁、民事再生の手引294頁、新注釈民再（上）665頁［柴野高之］

（一般優先債権）
第122条 一般の先取特権その他一般の優先権がある債権（共益債権であるものを除く。）は、一般優先債権とする。
2 一般優先債権は、再生手続によらないで、随時弁済する。
3 優先権が一定の期間内の債権額につき存在する場合には、その期間は、再生手

続開始の時からさかのぼって計算する。
4　前条第3項から第6項までの規定は、一般優先債権に基づく強制執行若しくは仮差押え又は一般優先債権を被担保債権とする一般の先取特権の実行について準用する。

基本事項

本条は、一般の先取特権その他一般の優先権がある債権（共益債権であるものを除く）を一般優先債権とし、再生手続における一般優先債権の優先的な取扱いについて定めています。本条と同様の規定が破産法98条および会更法168条1項2号にも置かれています。

1　定義

一般優先債権とは、一般の先取特権その他一般の優先権がある債権（共益債権は除く）を指し、具体的には下記の債権が挙げられます。

① 　一般の先取特権がある債権（民306、307、308）
　ⓐ　共益の費用
　ⓑ　雇用関係［破産手続に移行した場合の取扱いは、☞ **より深く学ぶ** ］
　ⓒ　葬式の費用
　ⓓ　日用品の供給
② 　租税債権（税徴8、地税14）
③ 　国税徴収の例により徴収することができる債権（社会保険料等）
④ 　企業担保権で担保される債権（企業担保2Ⅰ）

2　効果

一般優先債権は、共益債権と同様に、再生計画による権利変更を受けることなく、再生手続外で権利行使を行うことができ、随時弁済を受けることができます［「随時弁済」の意味については、☞民再§121］。これに対し、破産手続や更生手続における優先的破産債権や優先的更生債権は手続外の権利行使が許されていません（破98Ⅰ、会更168Ⅰ②）。このような取扱いの差異は、優先的債権と一般債権とに分類して組分け（会更196Ⅰ参照）をした上で再生計画案の決議を行うことによる手続費用の増加や手続の複雑化を避けるためであると指摘されています（伊藤854頁参照）。

また、一般優先債権は、共益債権と同様に、再生手続中であっても支払請求訴訟等による請求、再生債務者の財産に対する強制執行や仮差押等も可能です。ただし、このような強制的な手段による債権回収は、債務者の再生手続に重大な支障を与える可能性があるため、強制執行等が再生に著しい支障を及ぼし、かつ再生債務者が他に換価容易な財産を十分に有するときは、共益債権の場合と同様に裁判所は一定の要件のもと強制執行等の中止または取消しを命ずることができます（民再121Ⅲ・本条Ⅳ）。

再生手続における共益債権と一般優先債権との間には優劣はありません。ただし、再生手続から破産手続に移行した場合には、共益債権は破産手続上の財団債権、一般優先債権は原則として破産手続上の優先的破産債権として扱われることから、破

産手続における財団債権と優先的破産債権の取扱いの差異として、再生手続における共益債権と一般優先債権の違いが顕在化することになります［☞ **より深く学ぶ**］。

また、共益債権と同様に、一般優先債権の代位弁済を行った場合の取扱いについても議論があります［☞ **論点解説**］。

論点解説
一般優先債権の代位弁済　　代位弁済により一般優先債権たる原債権を取得した求償権者が当該原債権を再生手続外で行使できるかについて、共益債権の場合と同様の議論があります。裁判例は、租税債権の代位弁済に基づく請求権に関し、一般優先債権としては権利行使できないとしています（東京地判平17・4・15判時1912号70頁）［共益債権の代位弁済について、☞民再§119 **論点解説** 3］。

より深く学ぶ
破産手続に移行した場合の一般優先債権の取扱い　　一般優先債権は、再生手続の申立棄却、手続廃止、計画の不認可等により破産に移行した場合（民再249・250）、租税等と給料等の各請求権で例外的に財団債権とされる部分を除き（破148Ⅰ③、民再252Ⅴ、破149）、優先的破産債権となります（破98）。したがって、破産手続では、再生手続における一般優先債権は、破産手続で財団債権となる再生手続の共益債権に劣後して取り扱われることになります。破産財団が財団債権の弁済に足りない場合には当然に優先的破産債権への配当も行われないこと等に鑑みると、再生手続と破産手続とで取扱いが大きく異なるといえます。

判例　租税債務の立替払について、東京地判平18・9・12金法1810号125頁
文献　伊藤854頁、一問一答民再155頁・157頁、条解民再633頁［坂井秀行＝渡部香菜子］、倒産法概説72頁［沖野眞已］、山本166頁、中島＝佐藤233頁、破産・民事再生の実務〔民事再生・個人再生編〕231頁、民事再生の手引294頁、新注釈民再（上）669頁［野村剛司］

（開始後債権）
第123条　再生手続開始後の原因に基づいて生じた財産上の請求権（共益債権、一般優先債権又は再生債権であるものを除く。）は、開始後債権とする。
2　開始後債権は、再生手続が開始された時から再生計画で定められた弁済期間が満了する時（再生計画認可の決定が確定する前に再生手続が終了した場合にあっては再生手続が終了した時、その期間の満了前に、再生計画に基づく弁済が完了した場合又は再生計画が取り消された場合にあっては弁済が完了した時又は再生計画が取り消された時）までの間は、弁済をし、弁済を受け、その他これを消滅させる行為（免除を除く。）をすることができない。
3　開始後債権に基づく再生債務者の財産に対する強制執行、仮差押え及び仮処分並びに財産開示手続の申立ては、前項に規定する期間は、することができない。

> 開始後債権である共助対象外国租税の請求権に基づく再生債務者の財産に対する国税滞納処分の例によってする処分についても、同様とする。

基本事項
1 趣旨
　本条は、再生手続開始後の原因に基づいて生じた財産上の請求権のうち、共益債権または一般優先債権もしくは再生債権のいずれにも該当しない開始後債権の取扱いについて定めています。本条と同趣旨の規定が会更法134条にも置かれています。
　再生手続開始後の原因に基づき生じた債権は、原則として共益債権か開始後債権に分類されます。再生手続開始後における再生債務者の行為は、再生債務者の業務、生活ならびに財産の管理および処分に関する費用（民再119②）に当たるものが大半であることから、再生手続開始後の原因に基づき生じた債権のほとんどは共益債権となると解されます。したがって、開始後債権とされる債権はごく例外的な場合にとどまるといえます。例えば、以下のような債権が開始後債権に当たると解されています（条解民再638頁［坂井秀行＝渡部香菜子］参照）。
　① 再生手続開始後に生じた費用のうち、「再生債務者のために支出すべきやむを得ない費用」（民再119⑦）として認められなかった費用の請求権
　② 再生手続開始後の手形引受けに基づいて生ずる求償権で、支払人が悪意であるため再生債権として認められないもの（民再46参照）
　③ 再生債務者がその業務や生活に関係なく行った不法行為を原因とする債権
　④ 社債管理者等の費用および報酬（民再120の2）のうち、裁判所が共益債権として許可しなかった請求権

2 効果
　開始後債権は、再生手続の外に置かれつつ、実質的には再生債権よりも劣後的に取り扱われています。すなわち、開始後債権は再生計画による権利変更を受けないものの、原則として再生手続が開始された時から再生計画で定められた弁済期間が満了する時（計画弁済期間満了時）までは弁済を受けることができず、開始後債権者は、計画弁済期間満了時までは、相殺など権利行使がなされたのと同様の効果が生ずる行為も許されません。ただし、免除は権利行使とはいえないため禁止されていません（本条Ⅱ）。さらに、開始後債権に基づく再生債務者財産に対する強制執行等（開始後債権である共助対象外国租税の請求権に基づく国税滞納処分の例による処分を含む）も禁止されています（民再123Ⅲ）。
　なお、弁済期間満了時の前であっても、以下の時点以降は権利行使を制限する理由がなくなることから、例外的に弁済を受けることができます（本条Ⅱ）。
　① 再生計画認可決定確定前に再生手続が終了した場合は当該再生手続終了時
　② 弁済期間満了前に繰上弁済により弁済完了した場合は当該弁済完了時
　③ 再生計画が取り消された場合には当該取消時
　なお、知れている開始後債権があるときは、その内容に関する条項を再生計画において定めなければなりません（民再154Ⅰ③）。これは、債権者に対する情報開示

を目的とするものであり、開始後債権が再生計画による権利変更の対象となることを意味するものではありません。

文献 伊藤855頁、一問一答民再158頁、条解民再637頁〔坂井秀行＝渡部香菜子〕、倒産法概説73頁〔沖野眞已〕、山本167頁、中島＝佐藤234頁、破産・民事再生の実務〔民事再生・個人再生編〕235頁、新注釈民再（上）675頁〔野村剛司〕

第6章　再生債務者の財産の調査及び確保

> **前　注**

　再生手続は、再生計画案の作成、決議、認可、そして遂行を通じて再生債務者の事業の再生を図ることを目的とします。再生債務者等が再生計画案を作成するためには、再生債務者の負債である再生債権等の把握のみならず、再生債務者の資産（財産）の状況について調査し、再生債務者の財産から流出している財産があればこれを取り戻すとともに、再生債務者の財産のうち事業の再生に必要な財産を確保し、不要な財産を処分する必要があります。「第4章　再生債権」および「第5章　共益債権、一般優先債権及び開始後債権」の規定が再生債務者の負債に関するものであるのに対し、「第6章　再生債務者の財産の調査及び確保」の規定は再生債務者の資産（財産）に関するものです。

　本章は、再生債務者の財産状況の調査結果を裁判所および債権者へ提供し、再生計画の決議、認可の基礎資料とする手続として、「第1節　再生債務者の財産状況の調査」を設け、本来再生債権者に対する弁済原資となるべき財産を再生債務者財産に回復する手続として「第2節　否認権」を設け、また、「第3節　法人の役員の責任の追及」では、再生債務者が法人である場合を前提に、役員等の責任追及に関する手続を定めています。また、「第4節　担保権の消滅」は、再生債務者の事業継続に不可欠な資産に担保権が設定されている場合、その担保権を消滅させ、再生債務者の事業の再生に必要な財産を確保する手続を定めています。「第2節　否認権」については後述しますので、ここでは、第1節、第3節および第4節の概略を説明します。

　「本章第1節　再生債務者の財産状況の調査」では、いわゆる「財産評定」、すなわち再生債務者の財産状況の調査、裁判所への報告および再生債権者に対する情報提供について定めています。再生手続では、再生債権者は、再生債務者等の作成する再生計画案に対して同意するか否かを判断しなければなりませんし、また、裁判所は再生計画案が清算価値保障原則を充足しているか否か等を判断しなければなりません。財産評定は、その基礎となる情報を再生債務者等が提供することを目的とした制度です。具体的には、再生債務者等は、再生手続開始後（管財人については、その就職の後）遅滞なく、再生債務者に属する一切の財産につき再生手続開始の時における価額を評定し、評定を完了したときは、直ちに再生手続開始の時における財産目録および貸借対照表を作成し、これらを裁判所に提出しなければなりません（民再124Ⅰ・Ⅱ）。また、再生債務者等は、再生手続開始後（管財人については、その就職の後）遅滞なく、①再生手続開始に至った事情、②再生債務者の業務および財産に関する経過および現状、③民再法142条1項の規定による保全処分または143条

1項の規定による査定の裁判を必要とする事情の有無、④その他再生手続に関し必要な事項を記載した報告書を、裁判所に提出しなければなりません（民再125 I）。これらの規定に基づき裁判所に提出された財産目録および貸借対照表ならびに報告書の副本は、再生債権者を含む利害関係人の閲覧・謄写の対象となります（民再16、民再規57 II・56 III・62）。さらに、再生債務者等は、再生債務者の財産状況を報告するために招集された債権者集会（財産状況報告集会）において、民再法125条1項に掲げる事項の要旨を報告しなければなりません（民再126 I）。なお、再生債務者等は、早期の情報開示および手続の円滑な運用のために、自らの責任と負担において債権者説明会を開催することができ（民再規61 I）、実務上は多くの事案で再生債務者が債権者説明会を開催しています。再生債務者等は、債権者説明会を開催したときは、その結果の要旨を裁判所に報告しなければなりません（同条 II）。これらの規定を通じて、裁判所や再生債権者に対し、再生債務者の財産の状況に関する情報が提供されることになります。

「第3節　法人の役員の責任の追及」においては、法人である再生債務者の理事、取締役、執行役、幹事、監査役、清算人等の役員の責任追及のための保全処分および査定手続を定めています。倒産した法人の役員が法人に生じた損害について賠償責任を負っている場合には、役員が資産を隠匿または処分してしまうおそれがあり、実際にそのようなことが起これば、役員の責任追及の査定手続の実効性が失われてしまうことになります。そこで、民再法は、法人の役員の財産に対する保全処分の手続を設けています（民再142）。この保全処分は、民事保全法によらない、特殊な保全処分の手続であり、再生事件が係属する裁判所が審理し、立担保の規定も設けられていません。

また、倒産した法人の役員が法人に生じた損害について賠償責任を負っている場合には、弁済原資の確保のためにも、速やかに責任追及がなされる必要があります。しかし、このような場合には、役員との間で責任の存否や賠償額について争いが生じる可能性が高く、通常の訴訟手続を利用すると解決までに相当の時間と費用を要することになります。そこで、民再法は、簡易迅速な手続として、損害賠償請求権の査定手続を設けています（民再143－147）。査定の裁判および査定の申立てを棄却する裁判は、理由を付した決定でするものとしています（民再144 I）。他方、査定の裁判に不服がある者は、異議の訴えを提起することができ、通常の訴訟手続を利用する方法も確保されています（民再145）。このように2段階の手続を設けることにより、手続の迅速性と適正性の両立を図っています。役員の責任追及のための保全処分および査定手続については、破産法177条から181条および会更法99条から103条にも同様の規定があります。

「第4節　担保権の消滅」では、いわゆる担保権消滅請求制度を設けています。再生手続開始の時において再生債務者の財産につき存する特別の先取特権、質権、抵当権または商事留置権を有する者は、別除権を有し、その目的である財産について、再生手続によらないで権利を行使することができます（民再53 I・II）。しかし、再生債務者の事業の継続に不可欠な資産について担保権者が何らの制限もなく担保

権を実行できることとすると、再生債務者の事業の再生が著しく困難となってしまうことが想定されます。そこで、民再法は、一定の要件が満たされた場合に担保権を消滅させることができる制度を設けています（民再148－153）。すなわち、担保目的物が再生債務者の事業の継続に欠くことのできないものであるときは、再生債務者等は、裁判所の許可により、当該財産の価額に相当する金銭を裁判所に納付して当該財産につき存するすべての担保権を消滅させることができるとしています（民再148Ⅰ）。裁判所から担保権消滅許可の決定がなされた場合、担保権者には担保目的物が再生債務者の事業に不可欠なものであるかを争う方法と担保目的物の価額を争う方法が認められています。前者の場合には、担保権消滅許可決定に対して即時抗告をすることができ（同条Ⅳ）、後者の場合には、価額決定の請求をすることができます（民再149）。請求期間内に価額決定の請求がなかったとき等には、再生債務者等は、裁判所の定める期限までに決定により定められた価額に相当する金銭を裁判所に納付します（民再152）。その後、裁判所は配当表に基づいて、担保権者に対する配当を実施します（民再153）。

第1節　再生債務者の財産状況の調査

> **（財産の価額の評定等）**
> **第124条**　再生債務者等は、再生手続開始後（管財人については、その就職の後）遅滞なく、再生債務者に属する一切の財産につき再生手続開始の時における価額を評定しなければならない。
> 2　再生債務者等は、前項の規定による評定を完了したときは、直ちに再生手続開始の時における財産目録及び貸借対照表を作成し、これらを裁判所に提出しなければならない。
> 3　裁判所は、必要があると認めるときは、利害関係人の申立てにより又は職権で、評価人を選任し、再生債務者の財産の評価を命ずることができる。

基本事項
1　趣旨

本条は、再生手続におけるいわゆる「財産評定」に関する規定であり、再生債務者等が行う財産評定、そして財産評定の結果としての財産目録および貸借対照表の裁判所への提出、さらには評価人の制度について定めています。本条と同趣旨の規定が破産法153条および会更法83条にも置かれています。

財産評定は、再生計画案の策定義務を負う再生債務者等がその前提として再生債務者の財産を把握するために必要であり、また、再生債権者が再生計画案に同意するか否かを判断する際の基礎資料となるとともに、裁判所が再生計画案による弁済が破産手続による配当を上回るものであるか否か（清算価値保障原則を満たすか否か）を判断する基礎資料となるものであり、再生手続において非常に重要な機能を有しています。

2 財産評定

再生債務者等は、再生手続開始後（管財人については、その就職の後）遅滞なく、再生債務者に属する一切の財産につき再生手続開始の時における価額を評定しなければなりません（本条Ⅰ）。

再生債務者等が再生計画案を策定するためには、再生債権の調査等によって再生債務者の負債を把握するとともに、再生債務者の財産の状況を正確に把握する必要があります。しかし、経済的に破綻した再生債務者等の場合、例えば企業であれば、資産が劣化・陳腐化していたり、適切な会計処理がされていないなど、会計帳簿が再生債務者の財産状況や損益状況の実態を適切に反映していないことが少なくありません。そこで、本条は、再生債務者等に財産評定を義務付けています。

また、財産評定は、債権者が再生計画案に対して同意するか否かを判断するための基礎資料にもなります［☞ **5**］。さらに、再生手続においては、再生計画が「再生債権者の一般の利益に反する」ことが不認可事由とされていますので（民再 174 Ⅱ④）、裁判所は、再生計画による弁済額が、再生債務者を清算したならば債権者が受けると予想される配当額を上回っていること（清算価値保障原則）［☞民再§174 **論点解説**］を検証する必要があります。そのため、財産評定には、裁判所が再生計画を認可するか否かの判断資料となるという機能もあります。

再生手続において財産評定が重要な機能を担っていることから、裁判所は、再生債務者等の財産評定が公正さを欠くなど必要があると認めるときは、利害関係人の申立てによりまたは職権で、評価人を選任し、財産の評価を命ずることができます（本条Ⅲ）。なお、実務上、評価人が選任されることは稀であり、東京地裁では、監督委員が補助者として公認会計士を選任し、その公認会計士が再生債務者の財産評定を監督・確認するという運用がなされています。

3 財産評定の時期

財産評定は、「再生手続開始後（管財人については、その就職の後）遅滞なく」行わなければなりません（本条Ⅰ）。再生債務者等は民再法 125 条の規定による報告書において財産評定に基づく再生債務者の財産に関する経過および現状を記載し（民再 125 Ⅰ②）、財産状況報告集会においてその要旨を報告しなければなりません（民再 126 Ⅰ）、財産状況報告集会は、原則として、再生手続開始決定の日から 2 か月以内に開催するものとされています（民再規 60 ①）。また、財産状況報告集会が招集されない場合、再生債務者等は再生手続開始決定の日から 2 か月以内に民再法 125 条 1 項の規定による報告書を提出しなければなりません（民再規 57 ①）。そのため財産評定は、原則として、再生手続開始決定の日から 2 か月以内に完了する必要があります。

4 財産評定の対象

財産評定の対象は、「再生債務者に属する一切の財産」です。別除権の目的となっている財産も含まれます。具体的には、現金・預貯金、受取手形や売掛金・貸付金等の金銭債権、子会社株式、製品・仕掛品・原材料等の棚卸資産、不動産、有価証券、特許権や商標権等の無形固定資産が含まれます。

5　財産目録および貸借対照表の提出ならびに評定の基準

再生債務者等は、財産評定を完了したときは、直ちに再生手続開始の時における「財産目録および貸借対照表」を作成し、これらの副本を添付して裁判所に提出しなければなりません（本条Ⅱ、民再規56Ⅲ）。財産評定は、原則として、財産を処分するものとして、すなわち処分価額によって行わなければならないとされていますので（同条Ⅰ本文）、財産評定による貸借対照表は、事業の継続を前提とした再生手続開始前の貸借対照表とは連続性のないものとなります。ただし、例外として、必要がある場合には、併せて、全部または一部の財産について、再生債務者の事業を継続するものとして評定することができます（同項ただし書）。必要がある場合とは、例えば、再生債務者の事業の全部または一部の事業譲渡を予定している場合があります。

この財産目録および貸借対照表には、その作成に関して用いた財産の評価の方法その他の会計方針を注記しなければなりません（民再規56Ⅱ）。

6　情報提供

本条の定めにより再生債務者等が裁判所に提出した財産目録および貸借対照表の副本は再生債権者などの利害関係人による閲覧・謄写の対象となります（民再16、民再規56Ⅲ・62）。また、再生債務者等は、営業所または事務所を有しない場合を除き、再生手続開始の決定の取消し、再生手続廃止または再生計画認可もしくは不認可の決定が確定するまで、裁判所に提出した財産目録および貸借対照表を、再生債権者が再生債務者の主たる営業所または事務所において閲覧することができる状態に置く措置をとらなければなりません（民再規64Ⅰ）。これらの規定を通じて、再生債務者の財産に関する情報が再生債権者等の利害関係人に開示されることになります。

論点解説

1　処分価額の意義　財産評定の基準となる処分価額がどのような処分による価額を意味するかについては議論があります。債権者に保障すべき清算価値とは、債務者の協力なしの強制的な売却を通じて得られる価値であることを理由に強制競売の方法による場合の価額とする見解もあります（条解民再644頁［松下淳一］、山本168頁）。これに対し、再生債務者等による処分を前提とするものであるから、強制競売の方法による場合の価額と解すべき理由はないものの、処分を想定する時期が限定されている点を考慮し、通常の市場価額に早期の処分をすることによる減価を考慮した、いわゆる早期処分価額とする見解もあります（伊藤958頁、破産法・民事再生法概論342頁［山本弘］、中島＝佐藤216頁）。東京地裁における実務は、後者の早期処分価格とする見解によっています（民事再生の手引171頁）。

2　清算価値保障原則の基準時　再生債務者の資産は、再生手続開始後の再生債務者の業務遂行や外部環境の変化等により変動します。そこで、清算価値保障原則［☞民再§174 **論点解説**］が充足されているかの判断時点をどのように解するかについて議論があります。この点について、再生手続開始時とする見解、再生計画認

可の時点とする見解、原則として手続開始時とし、違法でない事由により資産が減少した場合には再生計画認可時とする見解（折衷説）や、問題となるその時々において清算価値が保障されていなければならないとする見解（判断時説）が主張されています（新注釈民再（上）690頁［服部敬］）。なお、東京地裁では、財産評定の基準時が再生手続開始時であることなどから、再生手続開始時と解しています（民事再生の手引172頁）。

文献 伊藤956頁、一問一答民再160頁、条解民再641頁［松下淳一］、新注釈民再（上）683頁［服部敬］、山本168頁、破産法・民事再生法概論340頁［山本弘］、中島＝佐藤215頁、破産・民事再生の実務〔民事再生・個人再生編〕238頁、民事再生の手引170頁

（裁判所への報告）
第125条 再生債務者等は、再生手続開始後（管財人については、その就職の後）遅滞なく、次の事項を記載した報告書を、裁判所に提出しなければならない。
　一　再生手続開始に至った事情
　二　再生債務者の業務及び財産に関する経過及び現状
　三　第142条第1項の規定による保全処分又は第143条第1項の規定による査定の裁判を必要とする事情の有無
　四　その他再生手続に関し必要な事項
２　再生債務者等は、前項の規定によるもののほか、裁判所の定めるところにより、再生債務者の業務及び財産の管理状況その他裁判所の命ずる事項を裁判所に報告しなければならない。
３　監督委員は、裁判所の定めるところにより、再生債務者の業務及び財産の管理状況その他裁判所の命ずる事項を裁判所に報告しなければならない。

基本事項

1　裁判所への報告

本条は、再生債務者等および監督委員の裁判所に対する報告義務および報告事項について定めています。本条と同趣旨の規定が破産法157条および会更法84条にも置かれています。

裁判所が適切に再生手続を監督するためには、再生債務者の業務および財産等の状況を把握する必要があります。そこで、再生債務者等は、再生手続開始後（管財人については、その就職の後）遅滞なく（ただし、財産状況報告集会が招集されない場合には、再生手続開始決定の日から2か月以内に〔民再規57〕）、①再生手続開始に至った事情、②再生債務者の業務および財産に関する経過および現状、③役員の責任追及等を必要とする事情の有無、④その他再生手続に関し必要な事項を記載した報告書を副本を添付して裁判所に提出する必要があります（本条Ⅰ）。また、本条2項は、再生債務者等に対し、その他裁判所の命ずる事項を裁判所に報告する義務を課しています。この点、東京地裁では、毎月1回、前月の業務および財産の管理状況を書面により報告するという運用がなされています。

本条3項は、監督委員に対しても、再生債務者の業務および財産の管理状況その他裁判所の命ずる事項を裁判所に報告することを義務付けています。

財産評定に基づく財産目録および貸借対照表（民再124Ⅱ）が開始決定時点の再生債務者の資産の状況を示すのに対し、本条の報告書は開始決定時の資産状況に至る経緯（本条Ⅰ①）およびその後の経過（本条Ⅰ②）を示すものです。

2 報告事項

本条1項の報告事項の概要は、以下の通りです（条解民再651頁［松下淳一］）。

(1) 本条1項1号

「再生手続開始に至った事情」とは、再生手続開始原因（民再21）が生じるに至った事情をいいます。再生債務者の事業を再生させるためには、破綻原因を除去することが不可欠であり、これを明らかにするために再生手続開始に至った事情を報告事項としています。例えば、業績悪化が原因であるとしても、本業の不振、大口取引先の破綻による不良債権の発生、あるいは不採算部門の影響等のより詳細な事情が、どのように資金繰りの破綻に直結したのか等、具体的に報告することが求められます。

(2) 本条1項2号

「再生債務者の業務及び財産に関する経過及び現状」にいう「業務」には、再生債務者の売上げ・損益の推移、役員や社内組織の変遷等が含まれ、「財産」には、再生債務者のこれまでの主要な資産の利用状況や非事業用資産の売却等の将来の利用の見通し等が含まれます。

(3) 本条1項3号

「第142条第1項の規定による保全処分又は第143条第1項の規定による査定の裁判を必要とする事情の有無」とは、役員の責任に基づく損害賠償請求権につき、役員の財産に対する保全処分または査定の裁判を必要とする事情の有無をいいます。一般に、役員の過去の不適切な行為が再生債務者の破綻原因の1つとなっていることも少なくなく、また、役員が証拠を隠滅したり、資産を隠匿する可能性もあることから、損害賠償請求権の保全および査定の裁判は迅速に行う必要があります。そこで、役員の責任に基づく損害賠償請求権に関する事項が報告事項とされ、裁判所が適切な監督を行うための材料を提供するとともに、再生債権者が役員に対する損害賠償請求権の査定の申立て（民再143Ⅱ）をするための判断材料を提供しています。

(4) 本条1項4号

「その他再生手続に関し必要な事項」には、スポンサーの選定状況、別除権者との交渉状況、主要取引先の動向、従業員の再生手続に対する協力の有無等が含まれます。

3 利害関係人への開示

再生債権者が再生計画案に対する賛否を判断するためには、再生債務者の業務および財産等の状況を把握する必要があります。そこで、民再法は、再生債務者の業務および財産等の状況に関する情報を再生債権者等の利害関係人に開示するための種々の規定を設けています。

まず、本条の定めにより裁判所に提出された報告書の副本は、再生債権者を含む利害関係人の閲覧・謄写の対象となります（民再16、民再規57Ⅱ・56Ⅲ・62）。また、再生債務者等は、原則として本条の定めにより裁判所に提出した報告書を、再生債務者の主たる営業所または事務所において再生債権者が閲覧することができる状態に置く措置をとらなければなりません（民再規64Ⅰ）。さらに、再生債務者等は、財産状況報告集会が招集されない場合には、裁判所に提出した本条の報告書の要旨を知れている再生債権者に周知させるため、報告書の要旨を記載した書面の送付、債権者説明会の開催その他の適当な措置を執らなければならないとされています（民再規63Ⅰ）。

文献 伊藤959頁、一問一答民再162頁、条解民再649頁［松下淳一］、山本169頁、破産法・民事再生法概論343頁［山本弘］、新注釈民再（上）694頁［服部敬］、破産・民事再生の実務〔民事再生・個人再生編〕238頁

（財産状況報告集会への報告）
第126条 再生債務者の財産状況を報告するために招集された債権者集会においては、再生債務者等は、前条第1項に掲げる事項の要旨を報告しなければならない。
2　前項の債権者集会（以下「財産状況報告集会」という。）においては、裁判所は、再生債務者、管財人又は届出再生債権者から、管財人の選任並びに再生債務者の業務及び財産の管理に関する事項につき、意見を聴かなければならない。
3　財産状況報告集会においては、労働組合等は、前項に規定する事項について意見を述べることができる。

基本事項
1　財産状況報告集会

本条は、財産状況報告集会について定めています。本条と同趣旨の規定が破産法158条および会更法85条にも置かれています。

財産状況報告集会とは、再生債務者の財産状況を報告するために招集された債権者集会をいいます。再生債権者が再生計画案に対する賛否を判断するためには、再生債務者の業務および財産等の状況を把握する必要があります。そこで、民再法は、そのための方策として前条1項の定めにより裁判所に提出された報告書の副本を閲覧・謄写できるとしています（民再規57Ⅱ・56Ⅲ・62）。もっとも、債権者集会という場で、再生債務者等が再生債権者に対し業務および財産等の状況等を直接説明し、再生債権者が再生債務者等に対し疑問点を質問し、意見を述べることは、再生債権者による再生債務者の業務および財産状況の把握に資する面があります。そこで、本条1項は、財産状況報告集会が招集された場合には、再生債務者等は、前条1項に掲げる事項の要旨を報告しなければならないと定めています。ただし、財産状況報告集会の開催は必要的なものではないこともあり（民再114）、東京地裁では財産状況報告集会を行わない運用となっています（破産・民事再生の実務〔民事再生・個人再生編〕241頁）。

2　開催の時期

　財産状況報告集会の期日は、特別の事情がある場合を除き、再生手続開始決定の日から2か月以内の日とされています（民再規60Ⅰ）。本条2項において財産状況報告集会への出席権者として届出再生債権者が挙げられており、債権届出期間は再生手続開始決定と同時に定めるものとされていることから（民再34Ⅰ）、財産状況報告集会の期日は再生手続開始決定の日以後とされています。また、再生債務者の財産状況に関する情報の提供は、手続の早期の段階で行われることが望ましいことから、財産状況報告集会の期日は再生手続開始決定の日から2か月以内の日とされています。

3　必要的な意見聴取等

　財産状況報告集会においては、裁判所は、再生債務者、管財人または届出再生債権者から、管財人の選任ならびに再生債務者の業務および財産の管理に関する事項につき、意見を聴かなければならないとされています（本条Ⅱ）。また、事業の再生のためには従業員の協力が必要なことから、労働組合等（民再24の2）はこれらの事項につき、意見を述べることができます（本条Ⅲ）。

4　債権者説明会

　再生手続は、再生債務者自身が手続を遂行するDIP型手続ですので、再生債権者への説明は、再生債務者による適宜の方法により、再生債務者自身の責任と負担において行われるのが原則であり、実務上は、財産状況報告集会が開催される例は多くありません。財産状況報告集会が開催されない場合には、民再法125条に定める報告書の要旨を知れている再生債権者に周知させるため、再生債務者等は、報告書の要旨を記載した書面の送付、債権者説明会の開催その他の適当な措置を執らなければなりません（民再規63Ⅰ）。

　民再規則61条は、再生債務者等（保全管理人が選任されている場合にあっては、保全管理人を含む）が、債権者説明会を開催することができると定めており、債権者説明会においては、再生債務者等は、再生債権者に対し、再生債務者の業務および財産に関する状況または再生手続の進行に関する事項について説明するものとされています（同条Ⅰ）。再生債務者等は、債権者説明会を開催したときは、その結果の要旨を裁判所に報告しなければなりません（同条Ⅱ）。なお、債権者集会は裁判所が議事運営を行うのに対し、債権者説明会では再生債務者等自身が議事運営を行います。

文献　伊藤960頁、一問一答民再163頁、条解民再655頁［松下淳一］、山本169頁、破産法・民事再生法概論343頁［山本弘］、新注釈民再（上）700頁［服部敬］

第2節　否認権

前　注

基本事項

1　定義

　否認権とは、再生手続開始決定前に債務者が行った財産に関する一定の行為また

はこれと同視される第三者の行為の効力を否定する権能をいいます。

2 趣旨

民再法が否認権を認めた趣旨は、再生手続開始決定前になされた債務者の財産に関する一定の行為およびこれと同視される第三者の行為の効力を再生手続開始決定後に再生債務者財産のため失効させ、逸出した財産を回復し、再生計画を通じてその価値を再生債権者へ還元することによって債権者間の平等を図ることにあります。否認権行使の主体を誰とするかについては、DIP 型を原則とする民再法においては、再生債務者が自ら行った行為を後に否認することに対する抵抗感があり、再生債務者に適切な否認権行使を期待することができないと考えられることから、管理命令が発令された場合には管財人に、管理命令が発令されない場合には特定の行為につき否認権の付与を受けた監督委員に否認権を認めています（民再 135 Ⅰ・56 Ⅰ）。

3 現行否認制度への改正

旧破産法（大正 11 年法律第 71 号）は、否認権につき、債務者の行為の時期を問わず詐害意思に基づく行為を否定する故意否認（旧破 72 ①）と債務者の財産状況の悪化した危機時期での債務者の行為を否定する危機否認（同条②）の2つの類型を設けていました。新破産法（平成 16 年法律第 75 号）は、債務者の責任財産減少行為である詐害行為と危機時機における債務者による債権者平等を害する行為である偏頗行為とを区別する立場を採用しました。その上で、詐害行為否認の対象となる行為から「担保の供与又は債務の消滅に関する行為を除く」（破 160 Ⅰ）ことを明らかにし、偏頗行為について詐害行為否認に関する条文（同条）の適用を否定しました。この趣旨は、債務者の責任財産減少の回復を図ることを目的とする詐害行為否認と危機時期における債権者間の平等を図ることを目的とする偏頗行為否認の峻別を図り、否認権の要件を明確化することを通じて、取引活動に対して与える萎縮効果を排除しようとした点にあります。以上のような破産法における否認権に関する規律の改正を受け、民再法も破産法と同様に、詐害行為否認と偏頗行為否認とを峻別する立場を採用しました。ただし、平成 16 年改正によって否認実体法が大きく改正されたわけではなく、旧破産法下の判例であっても、今日もなお重要な判例が多数あることには注意が必要です。

4 一般的要件

否認の一般的要件とは、これを欠く場合、否認権の個別的要件として各条文が要求する要件を充足したとしても、否認権の成立を阻却するという否認権の各類型に共通する要件をいいます。否認の一般的要件として、有害性、不当性の要件が必要とされるか否かに関し、破産法と同様に議論があります［☞ **論点解説** **1**］。

(1) 有害性とは

有害性とは、ある行為が再生債権者を害することを意味します。例えば、再生債務者が担保権者に対して負う債務につき相当額の担保目的物によって代物弁済をした場合、有害性の要件を欠き否認権行使が認められないことがあります。この場合、代物弁済を否認したとしても、別除権者である担保権者が別除権を行使することとなることから、代物弁済をしても責任財産の減少が生じるとはいえないためです。

(2) 不当性とは

不当性とは、有害性が認められる行為であっても、再生債務者の行為の内容、目的、動機等に照らして、再生債権者の利益を不当に侵害するものでないと認められる場合に、否認権の成立を阻却する要件をいいます。例えば、個人が最低限の生活をするために電気料金やガス料金を支払う場合、病院等の公益性の高い事業を維持するために必要な運転資金を捻出するための財産処分行為や担保設定行為の場合には、不当性を欠き、否認の成立が阻却されることがあります（伊藤507頁）。

5 債務者の行為の要否

民再法は、否認の対象について、「再生債務者が……した行為」と明記しています（民再127・127の3）。他方、民再法130条はこれを明記せずに執行行為に対する否認を認めています。そこで、否認の対象が債務者の行為であることが必要かどうかについて議論があります［☞ 論点解説 ②］。

6 監督委員に対する否認権限の付与（民再56）

民再法56条は、裁判所は、利害関係人の申立てによりまたは職権で、監督委員に対して、特定の行為について否認権を行使する権限を付与することができると定めています。DIP型を原則とする再生手続では、管理命令が発令されない限り再生債務者が自らの業務執行権および財産管理権を有している一方、再生債務者自身が行った行為について再生債務者に適切な否認権行使を期待することができないと考えられたため、同条は、再生債務者の業務を監督する監督委員に対して特定の行為に関して裁判所が否認権を付与することができるとしています。

7 詐害行為取消権（民424）との関係

詐害行為取消権と否認権は、ともに債務者の責任財産の減少を回復させ、債権者間の公平を図った制度である点で共通します。再生手続開始決定と同時に詐害行為取消訴訟は中断します（民再40の2 I）。

論点解説

① **一般的要件の要否**　従前の判例・通説は、否認権の一般的要件として有害性、不当性の要件を要求しています。これに対して、近時は、不当性の要件については、判断基準が明確でないため、個別の否認類型ごとに要件を明確化すべきであり、否認の一般的要件として考える必要はないとする見解も有力に主張されています（大コンメ626頁［山本和彦］、新注釈民再（上）712頁［中西正］、新破産法の理論と実務250頁［山本研］）。

② **債務者の行為の要否**　否認権の対象には、債務者の行為を要するか否かについては、再生債務者の行為またはこれと同視すべきものに対して否認権行使を認めるべきと解されています（破産に関し、破産者の行為またはこれと同視すべきものに対して否認権行使を認めたものとして最判昭40・3・9民集19巻2号352頁、最判平8・10・17民集50巻9号2454頁等）。また、共済組合が組合員に貸し付けを実施した場合の給与支払機関から共済組合への法律に基づく払込みについて、否認の対象となるとしたものとして最判平2・7・19（民集44巻5号837頁［百選［28①］］）、最判平2・7・19（民集44巻5号

853 頁［百選［28②］］）等があります。

> **判　例**　最判昭 40・3・9 民集 19 巻 2 号 352 頁、最判平 8・10・17 民集 50 巻 9 号 2454 頁、最判平 2・7・19 民集 44 巻 5 号 837 頁［百選［28①］］、最判平 2・7・19 民集 44 巻 5 号 853 頁［百選［28②］］
>
> **文　献**　伊藤 914 頁・500 頁、倒産法概説 273 頁以下［沖野眞已］、破産法・民事再生法概論 234 頁以下［畑瑞穂］、大コンメ 621 頁以下［山本和彦］、条解破産 1060 頁以下

（再生債権者を害する行為の否認）
第 127 条　次に掲げる行為（担保の供与又は債務の消滅に関する行為を除く。）は、再生手続開始後、再生債務者財産のために否認することができる。
一　再生債務者が再生債権者を害することを知ってした行為。ただし、これによって利益を受けた者が、その行為の当時、再生債権者を害する事実を知らなかったときは、この限りでない。
二　再生債務者が支払の停止又は再生手続開始、破産手続開始若しくは特別清算開始の申立て（以下この節において「支払の停止等」という。）があった後にした再生債権者を害する行為。ただし、これによって利益を受けた者が、その行為の当時、支払の停止等があったこと及び再生債権者を害する事実を知らなかったときは、この限りでない。
2　再生債務者がした債務の消滅に関する行為であって、債権者の受けた給付の価額が当該行為によって消滅した債務の額より過大であるものは、前項各号に掲げる要件のいずれかに該当するときは、再生手続開始後、その消滅した債務の額に相当する部分以外の部分に限り、再生債務者財産のために否認することができる。
3　再生債務者が支払の停止等があった後又はその前 6 月以内にした無償行為及びこれと同視すべき有償行為は、再生手続開始後、再生債務者財産のために否認することができる。

基本事項

1　趣旨

民再法は、破産法と同様に、詐害行為否認と偏頗行為否認の類型を区別しており、本条は、そのうち詐害行為否認に属する類型について定めています。本条と同趣旨の規定が破産法 160 条および会更法 86 条にも置かれています。

2　各類型の概要および要件

(1)　本条 1 項 1 号

本条 1 項 1 号の要件は、再生債務者が再生債権者を害することを知ってした行為であることです。再生債務者が再生債権者を害することを知った行為といえるためには、①詐害行為があり、②再生債務者に詐害意思が存在することが必要です。また、③受益者の悪意が、受益者側で証明責任を負うものとして消極的要件とされています。なお、平成 16 年改正によって偏頗行為と詐害行為の区別が明確になったことから、本号の対象となる行為から偏頗行為である「担保の供与又は債務の消滅に関する行為」は除外されています。

(ｱ)　詐害行為

　詐害行為とは、支払不能（民再93、破2）がすでに発生し、または発生することが確実に予想される時期になされた、廉価売却等の再生債務者の財産を絶対的に減少させる行為をいいます。

　(ｲ)　再生債務者の詐害意思

　再生債務者の詐害意思の捉え方には見解の対立がありますが、多数説は、再生債務者が債権者に対して加害の認識をもっていれば足りると解しています［☞ **論点解説** １］。

　(ｳ)　受益者の悪意

　受益者の悪意とは、再生債務者の行為が再生債務者の財産を絶対的に消滅させる行為であることおよび当該行為が実質的危機時期になされたことを知っていたことことをいいます。受益者側が悪意でないこと（善意であること）を証明する責任を負います（破産の事例につき、最判昭37・12・6民集16巻12号2313頁）。

(2)　本条１項２号

　本条１項２号の要件は、①支払停止等があった後にした、②再生債権者を害する行為です。③受益者の悪意が、受益者側で証明責任を負うものとして消極的要件とされていることは前号と同様です。また、平成16年改正によって偏頗行為と詐害行為の区別が明確になったことから、本号の対象となる行為からも「担保の供与又は債務の消滅に関する行為」は除外されています。

　なお、前号と異なり、再生債務者の詐害意思は要件とされていません。財産状況の悪化が決定的な時期に入ってから再生債務者の財産を絶対的に減少させる行為を再生債務者が行っている以上、その主観的意思を要求することなく、否認権行使を認めて責任財産の回復を図る趣旨です。

　(ｱ)　支払停止等

　本条１項２号は、支払の停止または再生手続開始、破産手続開始もしくは特別清算開始の申立てがあった後に、再生債務者がした行為を対象としています［支払停止の意義については、☞破§15 **論点解説**］。なお、取引の安全を図るため、再生手続開始申立ての日から１年以上前にした詐害行為は、支払停止後の行為であること、または支払停止の事実を知っていたことを理由として否認することはできません（民再131）。

　(ｲ)　詐害行為

　本条１項１号の場合と同様、詐害行為とは、廉価売却等の再生債務者の責任財産を絶対的に減少させる行為をいいます。

　(ｳ)　受益者の悪意

　本条１項２号の受益者の悪意とは、受益者が、行為の当時、支払停止等の事実、および、再生債務者の行為が再生債務者の財産を絶対的に消滅させる行為であることを知っていたことをいいます。受益者側が悪意でないこと（善意であること）を証明する責任を負うのは前号の場合と同様です。

第127条（再生債権者を害する行為の否認）　　675

(3) 本条2項

債務の消滅に関する行為は、特定の債権者に対する債務の優先弁済を意味し、偏頗行為に当たるため、本来的には詐害行為には当たりません（本条1柱書括弧書）。

しかし、債務の消滅に関する行為が特定の債権者と再生債務者との間で対価的均衡を欠く場合には、計数上、再生債務者の財産の減少をもたらします。そこで、本号は、対価的均衡を欠く債務消滅行為について、詐害行為類型として位置付けて前項各号と同様の要件で否認権行使を認め、債権者の受けた給付の目的物の価額が債務消滅行為により消滅した債務の額を超過する場合に、当該超過部分に限り否認権行使を認めています。

なお、債務者によって対価的均衡を欠く代物弁済等がなされた場合には、詐害行為としての側面と偏頗行為としての側面があるため、これらの代物弁済等が支払不能になった後になされた場合、本条2項とは別に民再法127条の3の偏頗行為否認の対象となるかが問題となります［☞ **論点解説** ②］。

(4) 本条3項

再生債務者に支払停止等があった後またはその前6か月以内に再生債務者が行った無償行為またはこれと同視すべき有償行為について、再生債務者および受益者の主観面を問題とすることなく、否認権行使を認めています。危機時期において無償で財産を減少させる行為がなされた場合には有害性が極めて強く、否認権行使を認める必要性が高いため、無償で利益を受けた受益者の利益保護に優先して、責任財産の回復を図る趣旨です。無償行為は、詐害行為の特殊類型であり、再生債務者が対価を得ないで自己の財産を減少させ、または債務を負担する行為をいいます。贈与や債務免除等が無償行為の典型例です。

なお、再生債務者が第三者の保証をした場合に、当該保証行為を「無償行為」に該当するとして、本項に基づき否認することができるかについては議論があります［☞ **論点解説** ③］。

論点解説

① 詐害意思の意義　詐害意思に関し、再生債務者が債権者に対して加害の認識をもって足りるとする認識説と認識を超えてより積極的な加害の意思を要求する意思説の対立があります。前者が通説であり、行為の結果として、責任財産が減少により債権者の満足が低下することを認識していれば足りると考えられています（伊藤518頁）［☞破§160 **論点解説** ①］。

② 詐害的債務消滅行為　再生債務者による過大な代物弁済等が支払不能後になされた場合には、本条2項と民再法127条の3第1項1号の双方に該当することとなります。この場合、いずれによる否認権行使も選択可能ですが、本条2項によると債務の額の超過する部分に限って否認権行使が認められることになり、民再法127条の3によるほうが再生債務者財産にとって有利であることから、同条に基づく否認権行使をすることが多いと考えられます。

③ 債務保証と無償行為　再生債務者が第三者の債務につき保証をした場合、当

該債務保証が無償行為に該当するか否かについて議論があります。債務保証は無償行為に該当しないと解する立場は、再生債務者が保証した場合、保証人は主債務者に対する求償権（民459・460・462）を取得することから無償とはいえないという点を根拠とします。しかし、保証人の求償権は保証人が債権者に対して弁済した場合の財産減少を回復するための手段にすぎず、保証の対価としての意味を有するものではありません。そこで、近時は、債務保証行為は無償行為に当たると解する立場が有力です。破産に関する事例ですが、判例も債務保証行為が無償行為に該当するとしています（大判昭11・8・10民集15巻1680頁）。

判例 最判昭37・12・6民集16巻12号2313頁、大判昭11・8・10民集15巻1680頁

文献 伊藤915頁・515頁、一問一答破産219頁、倒産法概説284頁［沖野眞已］、破産法・民事再生法概論238頁以下［畑瑞穂］、大コンメ621頁以下［山本和彦］、条解破産1070頁以下、中島＝佐藤109頁以下、条解民再658頁［小林秀之］、新注釈民再（上）705頁［中西正］

（相当の対価を得てした財産の処分行為の否認）
第127条の2 再生債務者が、その有する財産を処分する行為をした場合において、その行為の相手方から相当の対価を取得しているときは、その行為は、次に掲げる要件のいずれにも該当する場合に限り、再生手続開始後、再生債務者財産のために否認することができる。
　一　当該行為が、不動産の金銭への換価その他の当該処分による財産の種類の変更により、再生債務者において隠匿、無償の供与その他の再生債権者を害する処分（以下この条並びに第132条の2第2項及び第3項において「隠匿等の処分」という。）をするおそれを現に生じさせるものであること。
　二　再生債務者が、当該行為の当時、対価として取得した金銭その他の財産について、隠匿等の処分をする意思を有していたこと。
　三　相手方が、当該行為の当時、再生債務者が前号の隠匿等の処分をする意思を有していたことを知っていたこと。
2　前項の規定の適用については、当該行為の相手方が次に掲げる者のいずれかであるときは、その相手方は、当該行為の当時、再生債務者が同項第2号の隠匿等の処分をする意思を有していたことを知っていたものと推定する。
　一　再生債務者が法人である場合のその理事、取締役、執行役、監事、監査役、清算人又はこれらに準ずる者
　二　再生債務者が法人である場合にその再生債務者について次のイからハまでに掲げる者のいずれかに該当する者
　　イ　再生債務者である株式会社の総株主の議決権の過半数を有する者
　　ロ　再生債務者である株式会社の総株主の議決権の過半数を子株式会社又は親法人及び子株式会社が有する場合における当該親法人
　　ハ　株式会社以外の法人が再生債務者である場合におけるイ又はロに掲げる者に準ずる者

三 再生債務者の親族又は同居者

基本事項

1 趣旨

　本条は、再生債務者が相当の対価を得て財産を処分した場合について、厳格な要件のもとで否認権行使を認めています。本条と同趣旨の規定が破産法161条および会更法86条の2にも置かれています。

　再生債務者が財産を適正な価格で売却した場合には、本来、計数的にみれば債務者の責任財産は減少しません。しかし、例えば、不動産は、責任財産としては最も確実なものといえますが、再生債務者が不動産を売却して隠匿・費消しやすい金銭に変えたような場合には、実質的に債権者に対する責任財産を減少させる（責任財産の実質的減少といえる）ところであり、平成16年改正前の旧法下の判例もこうした場合に否認権の行使を認めてきました（大判昭8・4・15民集12巻637頁等）。他方、適正な価格での取引にもかかわらず否認の可能性があるとすると、取引の相手方に対して萎縮効果を与え、結果的に、経済的危機にある債務者が財産を適正価格で売却等して経済的再生を図る妨げとなるとの指摘もあるところです。そこで、本条は、詐害行為否認に関する特則として、適正な価格での財産処分行為が否認権行使の対象となる範囲を限定し、その要件も明確にした上で、証明責任も転換して破産財団の保護と取引の安全との調和を図っています。

2 要件

　本条による否認権行使が認められるためには、再生債務者が処分行為の相手方から相当の対価［☞ **論点解説 1**］を取得している場合で、当該行為が不動産の金銭への換価その他の当該処分による財産の種類の変更によって再生債務者において隠匿、無償の供与その他再生債権者を害する処分（隠匿等の処分）をするおそれを現に生じさせること（本条Ⅰ①）、再生債務者が、当該行為の当時、対価として取得した金銭その他の財産について、隠匿等の処分をする意思を有していたこと（同項②）、および相手方が、当該行為の当時、再生債務者が隠匿等の処分をする意思を有していたことを知っていたこと（同項③）が必要です。

(1) 財産処分行為による財産の種類の変更により、再生債務者において隠匿等の処分をするおそれを現に生じさせること（本条Ⅰ①）

　財産処分行為は、法文上例示されている不動産の金銭への換価に限定されるわけではありませんが、債権者にとっての実質的な担保価値が金銭と異ならない一般的な動産や有価証券の処分は原則として本号に当たらないと考えられています（条解民再671頁［畑宏樹］、大コンメ639頁［山本和彦］、一問一答破産223頁）。また、財産の種類の変更によって隠匿等の処分が現になされたことまでは不要ですが、抽象的なおそれでは足りず、財産の種類の変更や処分前後の事情などから隠匿等が行われたことが推認される場合であることが必要と解されています（伊藤522頁）［☞ **より深く学ぶ 3**］。

　なお、再生債務者の財産への担保権の設定や再生債務者が所有する不動産への賃

借権の設定が本号に該当するかについては議論があります［**より深く学ぶ** 1・2］。

(2) 隠匿等の処分をする意思（本条Ⅰ②）

再生債務者が処分の対価を隠匿して再生債権者の権利実現を妨げる意思（隠匿等処分意思）を有していることが必要です。なお、再生債務者が処分の対価を得て特定の債権者に対して弁済する意思を有している場合に隠匿等処分意思を有していたといえるか否か議論があります［☞ **論点解説** 2］。

(3) 受益者の悪意（本条Ⅰ③）

相手方たる受益者が処分行為の当時、再生債務者の隠匿等の処分をする意思について知っていたこと（悪意）が必要です。ただし、証明責任は否認の成立を主張する側に課され、前条による詐害行為否認一般の場合とは証明責任が転換されています（民再127Ⅰ①等）。受益者側に善意の証明責任を課すと、受益者側が善意の証明に失敗することをおそれ、適正価格での取引に萎縮効果を生じさせるおそれがあると考えられることによります。

(4) 隠匿等の処分の意思についての内部者たる相手方の悪意推定（本条Ⅱ）

本条2項は、財産処分行為の相手方が再生債務者の内部者である場合に、再生債務者の隠匿等の処分意思についての相手方の悪意を推定して証明責任の再転換を図っています。

財産処分行為の相手方が、法人である再生債務者の理事、取締役等の機関または親会社である場合や自然人である再生債務者の親族または同居者（内部者）である場合には、再生債務者の隠匿等の処分をする意思についてこれらの内部者が悪意であることが少なくないと考えられることから、公平の見地から、再生債務者の隠匿等の処分をする意思についての内部者たる相手方の悪意を推定し、当該相手方が、推定を破るために善意を立証する必要があります。

論点解説

1 相当の対価 本条1項の「相当の対価」といえるか否かは、公正な市場価格を一応の基準としつつ、再生債務者の置かれた経営状況、処分の時期等も踏まえて判断されます。そのため、正常価格に限定されるものではなく、早期処分価格でも相当の対価といえる場合があります（伊藤522頁、条解民再671頁［畑宏樹］）。

2 特定の債権者への弁済意思 再生債務者が処分の対価を得て特定の債権者に対して弁済をする意思を有している場合に、隠匿等の処分をする意思を有していたといえるか否かが問題となります。隠匿、無償の供与など、本条に例示されている行為は相当に悪性が高い行為である一方で債務の弁済は必ずしもそうとはいえないこと、否認リスクを縮減して資金調達を容易にすることが本条新設の主眼であること等から、計数的に債務の減少も伴う弁済をする意思を有している場合には、原則として隠匿等の処分をする意思を有している場合に当たらないとする否定説が有力です（大コンメ640頁［山本和彦］、倒産法概説289頁［沖野眞已］）。

より深く学ぶ

1 担保権の設定 再生債務者が新たに自己の財産に担保権を設定し、これを利用して借入れを行い、借り入れた金銭を隠匿する意思を有しているような場合、当該担保権の設定行為は、実質的にみれば財産の換価行為といえ、財産の種類の変更をもたらす行為に当たり得ると解する立場が有力です（伊藤521頁）。

2 賃借権の設定 例えば、再生債務者が所有する不動産に賃借権を設定する場合など、用益権である賃借権の設定が、財産の処分行為に該当するかについては、見解が分かれています。否定説は、賃借権の場合、賃料増額請求等により経済的な対価の相当性を回復する手段が別途存在することを理由に、財産処分行為には該当しないとしています（大コンメ637頁［山本和彦］）。しかし、例えば、不動産は責任財産としては最も確実なものといえますが、再生債務者が対価としての賃料、敷金について隠匿等の処分をするおそれが存在することを理由に、否認の対象となるとしています（条解破産1082頁、伊藤521頁）。

3 隠匿等の実現の必要性 財産処分の性質上、本条に該当する場合でも、実際に隠匿等がなされず、処分の対価がそのまま再生債務者財産に組み入れられたような場合には、否認の一般的要件である有害性が否定されると考えられます（伊藤522頁）。

判 例 東京高判平5・5・27判時1476号121頁［百選［30］］
文 献 伊藤916頁・520頁、一問一答破産222頁・225頁、倒産法概説286頁［沖野眞已］、破産法・民事再生法概論242頁以下［畑瑞穂］、大コンメ635頁［山本和彦］、条解破産1080頁、中島＝佐藤110頁以下、条解民再670頁［畑宏樹］、新注釈民再（上）722頁［中西正］

（特定の債権者に対する担保の供与等の否認）
第127条の3 次に掲げる行為（既存の債務についてされた担保の供与又は債務の消滅に関する行為に限る。）は、再生手続開始後、再生債務者財産のために否認することができる。
　一　再生債務者が支払不能になった後又は再生手続開始、破産手続開始若しくは特別清算開始の申立て（以下この節において「再生手続開始の申立て等」という。）があった後にした行為。ただし、債権者が、その行為の当時、次のイ又はロに掲げる区分に応じ、それぞれ当該イ又はロに定める事実を知っていた場合に限る。
　　イ　当該行為が支払不能になった後にされたものである場合　支払不能であったこと又は支払の停止があったこと。
　　ロ　当該行為が再生手続開始の申立て等があった後にされたものである場合　再生手続開始の申立て等があったこと。
　二　再生債務者の義務に属せず、又はその時期が再生債務者の義務に属しない行為であって、支払不能になる前30日以内にされたもの。ただし、債権者がその行為の当時他の再生債権者を害する事実を知らなかったときは、この限りでない。

2 前項第1号の規定の適用については、次に掲げる場合には、債権者は、同号に掲げる行為の当時、同号イ又はロに掲げる場合の区分に応じ、それぞれ当該イ又はロに定める事実（同号イに掲げる場合にあっては、支払不能であったこと及び支払の停止があったこと）を知っていたものと推定する。
　一　債権者が前条第2項各号に掲げる者のいずれかである場合
　二　前項第1号に掲げる行為が再生債務者の義務に属せず、又はその方法若しくは時期が再生債務者の義務に属しないものである場合
3 第1項各号の規定の適用については、支払の停止（再生手続開始の申立て等の前1年以内のものに限る。）があった後は、支払不能であったものと推定する。

基本事項
1　趣旨

本条は、再生債務者が支払不能になった後または再生手続開始の申立てがあった後にされた特定の債権者に対する弁済等について、再生債務者の詐害意思にかかわらず、いわゆる偏頗行為として、一定の要件のもとで否認権の行使を認めたものです［☞ **論点解説** 1］。本条と同趣旨の規定が破産法162条および会更法86条の3にも置かれています。

2　本条1項1号
(1)　既存の債務についてされた担保の供与または債務の消滅に関する行為

本条による偏頗行為否認の対象となる行為は、既存の債務についてされた担保の供与または債務の消滅に関する行為です。担保の供与には、実体法上、既存の債務についてされた担保権設定行為とみなされるものすべてが含まれます［☞ **論点解説** 2］。例えば、抵当権、質権等の典型担保の設定のほか、譲渡担保、仮登記担保、所有権留保、振込指定等の非典型担保の設定も含まれます。

債務の消滅に関する行為は、既存の債務に対する弁済（民474参照）および代物弁済（民482）が典型例であり、相殺（民505）や更改（民513）も含まれますが、債権者がする債務の免除（民519）は、債務者の出捐を伴わずに債務を消滅させる行為であることから、本条の債務の消滅に関する行為には含まれません［☞ **より深く学ぶ** ］。

(2)　支払不能になった後または再生手続開始申立等があった後にした行為

支払不能とは、債務者が支払能力を欠くために、その債務のうち弁済期にあるものにつき、一般的かつ継続的に弁済することができない状態をいいます（破2ⅩⅠ参照）。支払不能といえるか否かは、債務者の信用や稼働能力等を加味して判断されます。一部の債務の弁済を継続しても、大半の債務の弁済ができない場合には、支払不能に当たると解されています。

なお、弁済期の到来した債務について弁済はできるものの将来支払えないことが確実に予想される場合に支払不能に該当すると解してよいか争いがあります。従来の通説は、弁済期の到来している債務について弁済できない状態をもって支払不能に当たると解する立場を採用しています。これに対して、近時は、近い将来の債務

不履行の発生が高い蓋然性をもって予測される場合にも、現在の弁済能力の欠乏と同視して、支払不能に該当するとする立場も有力です（大コンメ652頁［山本和彦］）。本号の適用に当たっては、再生手続開始申立等の前1年以内に支払停止があった場合には、支払不能を推定します（本条Ⅲ）。

なお、当該支払不能や再生手続開始申立てに基づいて再生手続開始決定がされたことが必要と考えられています（本条Ⅰ本文。伊藤524頁）。

(3) 債権者（受益者）の悪意

本条1項1号は、債権者が再生債務者の偏頗行為の当時、偏頗行為が支払不能になった後にされたものである場合には支払不能であったこと、または支払の停止があったことを知っていたこと（同号イ）、当該偏頗行為が再生手続、破産手続、特別清算手続開始の申立てがあった後にされたものである場合には再生手続開始の申立等があったことを知っていたこと（同号ロ）を要件としています。これらの要件は、否認権を行使する側が証明責任を負担します。これは、偏頗行為否認の対象となる行為は、そもそも再生債務者の債権者に対する義務の履行であるため、受益者たる債権者を保護する趣旨です。ただし、受益者が再生債務者の内部者（前条Ⅱ）に当たる場合には、これらの者については再生債務者の破綻状態について悪意であることが推定され、破綻について何らかの責任があることも多いと考えられます。また、再生債務者の義務に属せず、またはその時期が再生債務者の義務に属しないもの（非義務行為）である場合には、非義務行為の有害性が強いということができます。そこで、これらの場面では債権者の悪意を推定しています（本条Ⅱ各号）。

3　本条1項2号

本号は、既存の債務についてなされた担保の供与や債務の消滅行為であって、再生債務者の義務に属せず、またはその時期が再生債務者の義務に属しない行為（非義務行為）がされた場合に、非義務行為の後30日以内に再生債務者が支払不能となったときは、当該非義務行為に対する否認権行使を認めています。これは、偏頗行為を支払不能後の行為に限定すると、期限前弁済等によって偏頗行為否認の規制を潜脱することが容易となり不当であるため、偏頗行為否認の対象を支払不能になる前30日以内になされたものに拡充するものです。ただし、債権者がその行為の当時、他の再生債権者を害する事実を知らなかったときは、非義務行為による否認権行使は認められません。本号の適用に当たっても、再生手続開始申立等の前1年以内に支払停止があった場合には、支払不能を推定します（本条Ⅲ）。

ここにいう非義務行為には、期限前弁済のほか、既存債務について義務なく担保を供する行為や、代物弁済、担保提供義務が動産である場合の不動産の担保提供などが該当します（一問一答破産232頁）。

論点解説

1　偏頗行為　偏頗行為とは、再生債務者が危機時期に陥った後になされた債権者平等を害する行為をいいます。民再法は、偏頗行為の対象となる行為として、既存の債務についてされた担保の供与または債務の消滅に限るとした上で（本条Ⅰ柱書

括弧書、伊藤917頁参照）、優先弁済を受けた受益者が受けた金銭を返還させ、当該受益者を再生債権者とすることにより債権者間の平等を図っています。

2 同時交換的行為　本条は、融資と担保の設定が同時的に行われる場合には、担保の設定を偏頗行為否認の対象としていません（本条Ⅰ柱書括弧書）。偏頗行為否認の対象は、あくまでも既存の債務についてされた担保の供与または債務の消滅に関する行為です（伊藤524頁）。これは、経済的に窮境にある債務者への救済融資を保護する趣旨です。

融資と担保の設定を行った場合、担保の設定が新規債務に対するものとして同時交換的行為とされるか、既存債務に対するものであるかの判断は、新たな融資と担保設定が、時間的にも接着しており社会通念上一体の取引とみられるか否かで判断されるものと解されます（伊藤527頁）。

より深く学ぶ

第三者から新たな借入金を原資とする弁済　第三者からの新たな借入金を原資とする弁済が本条による否認の対象となるかについて議論があります（伊藤525頁以下）。当該借入れと弁済とを分離して捉えるか一体として捉えるかによって、総債権者の共同担保に組み入れられたか否かが異なることに起因する議論です。借入れと弁済が分離したものと認められれば、一旦、破産者の財産に組み入れられたと評価されることから、偏頗行為否認の対象となり得ることになります（伊藤525頁）。この点、破産における判例は、破産者が特定の債務の弁済に充てるとの約定のもとに借り入れた金員をもって当該債務の弁済に充てた場合に、借入当時から特定の債務の弁済に充てることが確実に予定され、それ以外の使途に用いるのであれば借り入れることができなかったものであるとして、債務の弁済行為は否認の対象とならない旨を判示しています（最判平5・1・25民集47巻1号344頁［百選［29］］）。

判　例　最判平5・1・25民集47巻1号344頁［百選［29］］、東京地判平19・3・29金法1819号40頁

文　献　伊藤917頁・523頁、一問一答破産226・227頁・229頁・231頁、倒産法概説293頁以下［沖野眞已］、破産法・民事再生法概論245頁以下［畑瑞穂］、大コンメ644頁以下［山本和彦］、条解破産1087頁、中島＝佐藤111頁以下、条解民再673頁［畑宏樹］、新注釈民再（上）727頁［中西正］

（手形債務支払の場合等の例外）
第128条　前条第1項第1号の規定は、再生債務者から手形の支払を受けた者がその支払を受けなければ手形上の債務者の1人又は数人に対する手形上の権利を失う場合には、適用しない。
2　前項の場合において、最終の償還義務者又は手形の振出しを委託した者が振出しの当時支払の停止等があったことを知り、又は過失によって知らなかったときは、第56条第1項の規定により否認権を行使する権限を付与された監督委員（以下「否認権限を有する監督委員」という。）又は管財人は、これらの者に再生債

務者が支払った金額を償還させることができる。
3 前条第1項の規定は、再生債務者が再生手続開始前の罰金等につき、その徴収の権限を有する者に対してした担保の供与又は債務の消滅に関する行為には、適用しない。

基本事項
1 趣旨
本条は、手形および罰金等の請求権についての債務消滅行為等に関し、偏頗行為否認の特則を定めています。本条と同趣旨の規定が破産法163条および会更法87条にも置かれています。

2 手形支払についての特則
再生債務者による手形債務の支払も債務の消滅に関する行為に該当するため偏頗行為否認の対象となるのが原則です。しかし、手形の満期が到来しているにもかかわらず後に否認されることをおそれて再生債務者たる手形振出人に呈示しない場合にも、現に呈示をして支払を受け、後にそれが否認された場合にも、手形所持人は手形拒絶証書の作成（手38・44・77Ⅰ④）を受けられず、その結果、手形債務者に対する手形上の権利として遡求権（手43・77Ⅰ④、小39）を行使する機会を失うことになります。そこで、本条1項は、手形取引の安全に配慮し、手形の支払を受けた者がその支払を受けなければ手形上の債務者の1人または数人に対する手形上の権利を失う場合には、偏頗行為否認の対象とならないと定めています［☞ **論点解説**］。ここにいう「手形上の債務者の1人又は数人に対する手形上の権利」とは、手形上の遡求権（手43・77Ⅰ④）を意味します。日本で一般的に利用されている拒絶証書作成免除手形については、否認された後に手形の返還を受けて遡求権を行使することが可能であるため（手43・77Ⅰ④）、本条の適用はありません。なお、本条にいう手形には、為替手形および小切手を含むと解されています。

本条2項は、前項によって否認権行使が否定された場合に、最終の償還義務者または手形の振出しを委託した者が振出しの当時、再生債務者に支払の停止等があったことを知り、または過失によって知らなかったときは、否認権限を有する監督委員または管財人が、これらの者に対して再生債務者が支払った金額を償還請求できることを定めています。再生債務者に支払停止等があったことを知りながら、手形をあえて利用して債権の満足を受ける当該手形所持人はこれを保護する必要性が乏しいことから、その者らに償還義務を負わせて公平を図る趣旨です。

論点解説
手形の買戻し 割引手形について不渡等が発生した場合で金融機関が手形の買戻しを請求し、手形の所持人である金融機関が手形の裏書人である再生債務者に手形を買い戻させたような場合、当該買戻しを否認すると、所持人は手形の返還を受けることができなくなります。そこで、このような場合に本条1項を類推適用して手形の所持人に対する否認権行使を否定できるかについて議論があります。判例・通

説とも、買戻しを請求しないと後の権利行使が不可能となるわけではないことから、破産に関する事案について、振出人でない破産者が支払ないし手形を買い戻した場合には破産法163条1項（民再法128Ⅰに相当）の類推適用を否定しています。

判例 最判昭37・11・20民集16巻11号2293頁［百選［35］］
文献 伊藤919頁・534頁、倒産法概説312頁以下［沖野眞已］、破産法・民事再生法概論254頁以下［畑瑞穂］、大コンメ659頁［山本和彦］、条解破産1099頁以下、中島＝佐藤111頁、条解民再678頁［加藤哲夫］、新注釈民再（上）740頁［中西正］

（権利変動の対抗要件の否認）
第129条 支払の停止等があった後権利の設定、移転又は変更をもって第三者に対抗するために必要な行為（仮登記又は仮登録を含む。）をした場合において、その行為が権利の設定、移転又は変更があった日から15日を経過した後悪意でしたものであるときは、これを否認することができる。ただし、当該仮登記又は仮登録以外の仮登記又は仮登録があった後にこれらに基づいてされた本登記又は本登録は、この限りでない。
2　前項の規定は、権利取得の効力を生ずる登録について準用する。

基本事項

趣旨

本条は、権利変動の原因行為とは別に、これに付随する対抗要件具備行為の否認について定めています。本条と同趣旨の規定が破産法164条および会更法88条にも置かれています。

本条によって、支払の停止等（支払の停止または再生手続開始、破産手続開始もしくは特別清算開始の申立）があった後にした対抗要件具備（仮登記や仮登録も含む）行為は、その原因行為（権利の設定、移転または変更）があった日から15日を経過した後、支払の停止等があったことを知ってしたものであるときは、再生手続開始後にその行為を否認することができます（本条Ⅰ）。権利取得の効力を生ずる登録も同様です（本条Ⅱ）。

再生債務者の財産に関する取引がなされても、対抗要件が具備されなければ、再生債務者の一般債権者はその取引はないものと信頼し、原因行為の対象となる財産が再生債務者の財産から逸出していないものと信ずるところ、支払停止があった危機時期以降になってはじめて対抗要件が具備され対抗力を有するとすれば当該一般債権者の信頼を害し妥当でないといえます（伊藤538頁参照）。本条は、原因行為についての否認とは区別し、権利変動に付随して行われる対抗要件具備行為を否認の対象としています［☞ **論点解説** ］。

本条による否認の結果、対抗要件の具備行為、すなわち権利変動の第三者に対する対抗要件の効力が否定されることとなります（条解民再685頁［加藤哲夫］）。

論点解説

制限説と創設説　本条は支払停止等前の対抗要件具備行為を対象としていません。また、支払停止等後であっても再生手続開始申立ての日から1年以上前の対抗要件具備行為は、取引の安全を図るため、支払停止等を知ってしたことを理由とする否認はできないとされています（民再131）。そこで、本条および民再法131条の要件を満たさない対抗要件具備行為について、時期に制限のない詐害行為否認により否認することが許されるか議論があります。その論拠としては、創設説と制限説とが対立しており、平成16年改正前の旧法下では対抗要件具備行為が故意否認（平16改正前破72①）の対象となるかどうかというかたちで争われていました（伊藤539頁・549頁、大コンメ662頁［三木浩一］）。

創設説は、本来、否認の対象となるのは原因行為のみであるから、本条は対抗要件具備行為の否認を特別に創設したものであり、したがって、本条の要件を満たさない対抗要件具備行為は詐害行為否認の対象とはならないとの結論となります。他方、制限説は、対抗要件具備行為も原因行為と同じく否認の対象となることを前提としながら、対抗要件具備行為はすでに生じた物権変動を完成させる行為にすぎないことから、原因行為が否認されない限り対抗要件を具備させるため、本条は否認の要件を制限したものと考え、したがって、本条の要件を満たさない対抗要件具備行為であっても、詐害行為否認の対象とはなり得るとの結論となります［☞破§164 **論点解説** **1**］。

文献　伊藤919頁・538頁、一問一答破産169頁、条解民再683頁［加藤哲夫］、倒産法概説306頁［沖野眞已］、破産法・民事再生法概論256頁［畑瑞穂］、新注釈民再（上）743頁［中西正］

（執行行為の否認）
第130条　否認権は、否認しようとする行為につき、執行力のある債務名義があるとき、又はその行為が執行行為に基づくものであるときでも、行うことを妨げない。

基本事項

1　趣旨

本条は、否認対象行為について、執行力のある債務名義があるとき、または否認対象行為が執行行為に基づくときでも否認権行使が妨げられないことを定めています。本条と同趣旨の規定が破産法165条および会更法89条にも置かれています。

本条にいう執行行為とは、執行機関の行為または執行機関としての行為を意味します（条解会更（中）104頁）。詐害行為や偏頗行為としての否認対象行為が、債務名義を有する債権者を受益者として行われる場合であっても、執行機関による執行行為を通じて行われる場合であっても、他の再生債権者を害するという点では異なりません。

その意味で本条は、執行行為自体について新たに否認の類型を設けたものではな

く、債務名義や執行行為が介在していても、詐害行為否認や偏頗行為否認が可能あることを確認的に定めたものです。なお、否認対象行為が再生債務者の行為である必要があるか否かについては議論があります〔☞ **論点解説**〕。

2 要件

(1) 否認しようとする行為につき、執行力のある債務名義があるとき（本条前段）

これは債権者が執行力ある債務名義により執行をすることによる満足を否認する場合であり、以下の3つの類型に分かれます（伊藤557頁）。

第1は、例えば金銭の支払義務など、債務名義の内容となる義務を生じさせた再生債務者の行為を否認する類型です。当該行為が否認されれば、債務名義の内容である義務そのものが消滅します。ただし、債務名義の執行力が当然に消滅するわけではないため、再生債務者等が取戻権の行使としての強制執行等を防止するには、請求異議の訴え（民執35）を提起する必要があります。

第2は、債務名義自体を成立させる再生債権者の行為を否認する類型です。例えば、請求の認諾（民訴266）、裁判上の和解（民訴267・275）または執行受諾（民執22⑤）などの再生債権者の訴訟行為を否認することができます。当該訴訟行為を否認すれば、債務名義を成立させた訴訟行為は無効となり、債務名義の執行力は失われます。

第3は、債務名義に基づく、再生債務者による債務名義上の義務の履行行為を否認する類型です。例えば、金銭執行による債権者の配当受領（民執87等）、登記の移転を命じる判決に基づく移転登記申請（不登63Ⅰ）等を否認する場合です。当該履行行為を否認すれば、弁済等の義務の履行行為が否定されます。

(2) その行為が執行行為に基づくものであるとき（本条後段）

すでに説明した通り、本条にいう執行行為とは、執行機関の行為または執行機関としての行為をいいます（条解会更（中）104頁）。典型的には、差押債権者の申立てにより再生債務者の有する被差押債権について転付命令（民執159）が発令された場合がこれに当たります。なお、本条による否認の対象となるのは、執行機関の執行行為ではなく、これと同視される再生債務者などの行為であることから、例えば支払停止後の行為に当たるか等の否認の要件については、転付命令申立て（同条）等の執行申立行為を基準として否認の成否を決定すべきと考えられています（伊藤560頁）。

論点解説

再生債務者の行為の要否　否認対象行為が再生債務者の行為である必要があるか否かにつき議論があります（伊藤560頁）。詐害行為否認のうち、再生債務者の主観的要件を不要とする否認類型（民再127Ⅰ②）や偏頗行為否認（民再127の3Ⅰ）の類型では、詐害意思が不要とされているため、再生債務者の行為を要しないと解されています。判例も、平成16年改正前破産法下における事案ですが、執行行為の危機否認には破産者の害意ある加功を要しないものとしています。

他方、詐害行為否認のうち、再生債務者の詐害意思を要件とする類型では（民再

127 I①)、詐害意思の認定のために、再生債務者の行為またはこれと同視し得る第三者の行為が必要と考える見解が有力です。

判　例　最判昭57・3・30判時1038号286頁［百選［38］］、大判昭14・6・3民集18巻606頁、最判昭37・12・6民集16巻12号2313頁［百選初版［40］］
文　献　伊藤920頁・557頁、一問一答破産169頁、条解民再687頁［加藤哲夫］、倒産法概説310頁［沖野眞已］、破産法・民事再生法概論258頁［畑瑞穂］、新注釈民再（上）752頁［中西正］

（支払の停止を要件とする否認の制限）
第131条　再生手続開始の申立て等の日から1年以上前にした行為（第127条第3項に規定する行為を除く。）は、支払の停止があった後にされたものであること又は支払の停止の事実を知っていたことを理由として否認することができない。

基本事項

本条は、支払停止を要件とする否認権行使に時期的な制限を設けています。本条と同趣旨の規定が破産法166条および会更法90条にも置かれています。

支払停止後に支払停止を知ってされた詐害行為の否認（民再127 I②）、詐害的債務消滅行為の否認（同条Ⅱ）、偏頗行為否認（民再127の3）、および対抗要件否認（民再129）は、否認対象行為が支払停止後のものであること、または支払停止についての受益者等が悪意であることを要件としています。しかし、支払停止［☞破§15　**論点解説**］は支払不能（民再93、破2）とは異なり、再生債務者の継続的状態ではなく一回的行為であり、再生手続開始から合理的範囲を超えた時期にまで遡って否認権行使を認めれば、取引を長期間にわたって不安定な状態に置くこととなり、取引の安全を害することになります。

そこで、本条は、再生手続開始の申立等の日から1年以上前にした行為は、支払の停止があった後にされたものであること、または支払停止の事実を知っていたことを理由に否認できないものとして、取引の安全を図っています。

ただし、無償行為（民再127Ⅲ）については、有害性が強いこと、本条の適用を認めれば支払停止前6か月前の行為にまで否認の範囲を拡張した意義を没却することから、本条による時期的制限は適用されません（本条括弧書）。

文　献　伊藤920頁・561頁、一問一答民再173頁、条解民再693頁［加藤哲夫］、倒産法概説285頁［沖野眞已］、破産法・民事再生法概論261頁［畑瑞穂］、新注釈民再（上）755頁［中西正］

（否認権行使の効果）
第132条　否認権の行使は、再生債務者財産を原状に復させる。
2　第127条第3項に規定する行為が否認された場合において、相手方は、当該行為の当時、支払の停止等があったこと及び再生債権者を害する事実を知らなかったときは、その現に受けている利益を償還すれば足りる。

基本事項

　本条は、否認権行使の効果一般および無償否認の場合の効果の特則について定めています。本条と同趣旨の規定が破産法167条および会更法91条にも置かれています。

　本条1項は、否認権が行使された場合、再生債務者財産を原状に復させるとし、逸出した財産等が相手方の行為を要せずに再生債務者財産に当然に復帰することを明らかにしています（物権的効果）。否認権の法的性質は形成権であるとするのが通説です〔☞ **論点解説** ①〕。その効力は、否認権行使時、すなわち否認の意思表示が相手方に到達した時点で生じます〔☞ **論点解説** ②〕。もっとも、再生債務者等が現実に当該財産等を管理処分するためには、相手方から任意に返還を受けたり、引渡しを求める強制執行等を行う必要があります。

　本条2項は、無償行為否認（民再127Ⅲ）の効力について特則を定めています。すなわち、当該行為の当時、相手方は、支払停止等があったこと、および再生債権者を害する事実を知らなかったときは、現に受けている利益（現存利益。例えば、現存している目的物、その果実、または目的物の減失によって取得した保険金請求権等）を償還すれば足ります。この趣旨は、無償行為否認は相手方の主観的要件を求めない否認類型であるところ、無償で財産・利益を受けた善意の相手方が当該財産等を費消した後でも否認権行使の結果、原状回復を要するとすれば、相手方の不利益が大きいことから、償還の範囲を限定して善意者を保護する点にあります。

論点解説

① 否認権行使の相対性

　(1) **利害関係人との関係における相対性**　否認権行使による物権的復帰の効果は、行使の相手方（受益者または転得者）との関係でのみ生じる相対的なものと解されています。これは否認対象行為の相手方である受益者に対する否認とは別に転得者否認が定められていること、否認の効果を再生債務者財産の原状回復のために必要な範囲にとどめて取引の安全を保護する必要があることを理由とします。

　(2) **再生手続との関係における相対性**　否認権は、再生手続との関係において、再生債務者財産の充実や再生債権者間の平等を確保するためのものです。そのため、再生計画認可決定確定前に再生手続が終了した場合（再生手続開始決定の取消し〔民再37〕や再生計画不認可決定〔民再174Ⅱ〕）や再生手続廃止決定が確定した場合には、否認により再生債務者財産に復帰した財産が残存しているときは、否認の効果は消滅します。

② 否認権行使の効果が及ぶ範囲

　否認権行使の効果が及ぶ範囲について、会社更生の事案で、最判平17・11・8（民集59巻9号2333頁〔百選〕〔43〕）は、否認権行使の効果は、目的物が複数で可分のときにも、目的物すべてに及ぶと判示しています。このような解釈は、同じく再建型手続である民事再生の場合にも同様に妥当すると考えられています（新注釈民再（上）762頁〔中西正〕）。ただし、前記判例は、目的物の一部の否認を認めることが困難なゴルフ場の不動産に関するものであることから、

その射程範囲には慎重な検討が必要です。

3 価額償還請求権　受益者または転得者に対する否認の要件が充足する場合でも、否認権行使時に目的財産が滅失していたり、目的物が第三者に譲渡され、再生債務者財産への復帰が不可能または著しく困難な場合には、監督委員または管財人は、当該目的財産の返還に代えて価額の償還を請求することができます。これを価額償還請求権といいます。また、目的物を再生債務者財産に復帰させることは可能ですが、その価値が減少している場合には、減価分について価額償還請求が認められます。

これに対し、当該目的財産自体の回復を請求することが可能である場合には、価額償還請求することはできないと解されています。したがって、否認権限を有する監督委員または管財人が価額償還を請求するためには、否認の要件に加えて、目的財産自体の再生債務者財産への回復が不可能または困難であることが必要です。

4 価額償還請求の基準時　価額償還請求をする場合に、目的財産の価額の算定の基準時をいつにするかについて、見解の対立があります。破産の事案ですが、判例は、平成16年改正前破産法77条（破167）の法意に照らして、否認権行使時の時価をもって算定すべきとしています。これは、否認の効果として現物が破産財団に復帰すれば換価可能な価額を算定すべきことと理解されています（最判昭61・4・3判時1198号110頁［百選［42］］）。

> **判　例**　最判昭61・4・3判時1198号110頁［百選［42］］、最判平17・11・8民集59巻9号2333頁［百選［43］］
> **文　献**　伊藤928頁・576頁、一問一答民再171頁、条解民再696頁［加藤哲夫］、倒産法概説315頁［沖野眞已］、破産法・民事再生法概論267頁［畑瑞穂］、新注釈民再（上）759頁［中西正］

（再生債務者の受けた反対給付に関する相手方の権利等）
第132条の2　第127条第1項若しくは第3項又は第127条の2第1項に規定する行為が否認されたときは、相手方は、次の各号に掲げる区分に応じ、それぞれ当該各号に定める権利を行使することができる。
　一　再生債務者の受けた反対給付が再生債務者財産中に現存する場合　当該反対給付の返還を請求する権利
　二　再生債務者の受けた反対給付が再生債務者財産中に現存しない場合　共益債権者として反対給付の価額の償還を請求する権利
2　前項第2号の規定にかかわらず、同号に掲げる場合において、当該行為の当時、再生債務者が対価として取得した財産について隠匿等の処分をする意思を有し、かつ、相手方が再生債務者がその意思を有していたことを知っていたときは、相手方は、次の各号に掲げる区分に応じ、それぞれ当該各号に定める権利を行使することができる。
　一　再生債務者の受けた反対給付によって生じた利益の全部が再生債務者財産中に現存する場合　共益債権者としてその現存利益の返還を請求する権利
　二　再生債務者の受けた反対給付によって生じた利益が再生債務者財産中に現存

しない場合　再生債権者として反対給付の価額の償還を請求する権利
　三　再生債務者の受けた反対給付によって生じた利益の一部が再生債務者財産中に現存する場合　共益債権者としてその現存利益の返還を請求する権利及び再生債権者として反対給付と現存利益との差額の償還を請求する権利
3　前項の規定の適用については、当該行為の相手方が第127条の2第2項各号に掲げる者のいずれかであるときは、その相手方は、当該行為の当時、再生債務者が前項の隠匿等の処分をする意思を有していたことを知っていたものと推定する。
4　否認権限を有する監督委員又は管財人は、第127条第1項若しくは第3項又は第127条の2第1項に規定する行為を否認しようとするときは、前条第1項の規定により再生債務者財産に復すべき財産の返還に代えて、相手方に対し、当該財産の価額から前3項の規定により共益債権となる額（第1項第1号に掲げる場合にあっては、再生債務者の受けた反対給付の価額）を控除した額の償還を請求することができる。

基本事項

1　趣旨

　本条は、否認権行使がなされた場合の相手方の反対給付に係る権利の取扱いについて定めています。本条と同趣旨の規定が破産法168条および会更法91条の2にも置かれています。

　否認権行使によって再生債務者から逸出した財産が再生債務者財産に復帰する場合に、否認の相手方のした反対給付は再生債務者から返還を受けることとなります。この場合、相手方の反対給付は、再生債務者財産に現存する場合のみならず、他のものに変形したり、費消されている場合もあり得ます。

2　概要

　本条1項および2項は、詐害行為（民再127Ⅰ）、無償行為（同条Ⅲ）、相当対価による財産処分行為（民再127の2Ⅰ）について否認権が行使された際に、再生債務者財産に相手方から受けた反対給付が現存する場合または現存しない場合、あるいは、再生債務者の隠匿等の処分意思の善意または悪意の区分に応じて、相手方の再生債務者財産に対する権利の内容を定めています。なお、本条にいう相手方に転得者が含まれるかについては議論があります［☞ 論点解説 1］。

　本条3項は、否認対象行為の相手方が民再法127条の2第2項各号に定める内部者等であるときは、当該行為の当時、再生債務者が隠匿等の処分をする意思を有していたことを知っていたものと推定することを定めています。

　本条4項は、否認権行使に伴って相手方に生じる請求権の処理を合理化するため、否認権限を行使する監督委員または管財人が、前条1項により再生債務者財産に返還されるべき財産の返還に代えて、当該財産の価額から、本条に従って相手方が行使する共益債権の額（または本条1項1号の場合は再生債務者の受けた反対給付の価額）を控除した額の償還を相手方に請求することを認めています。これを差額償還請求権と呼びます［☞ 論点解説 2］。

3 要件

(1) 相手方の原則的地位（本条Ⅰ）

(ア) 再生債務者の受けた反対給付が再生債務者財産中に現存する場合

本条1項1号は、否認対象行為の相手方に取戻権を認める趣旨であり、相手方は再生債務者に対して反対給付の返還を請求することができることを定めています。

反対給付とは、否認権対象行為の相手方が受けたものの対価として当該相手方が再生債務者に対して給付したものを意味します。典型的には、再生債務者財産を売却した場合の売却代金がこれに当たります。また、積極財産の増加分のほか、消極財産の減少分も反対給付に含まれます。反対給付が再生債務者財産中に現存するかどうかの基準時は、否認権訴訟の口頭弁論の終結時であると解されています（伊藤583頁は、否認権行使時に現存しても、口頭弁論終結時に現存していなければ、取戻権に基づく請求を認容する余地はないと指摘している）［☞ **論点解説** ③］。

(イ) 再生債務者の受けた反対給付が再生債務者財産中に現存しない場合

本条1項2号は、否認対象行為の相手方は反対給付の価額償還請求権を共益債権として行使することができることを定めています（本条Ⅰ②）。また、相手方は、監督委員または管財人による財団債権についての弁済の提供があるまでは、同時履行の抗弁（民533）により再生債務者財産への原状回復義務の履行を拒むことができます。

(2) 隠匿等の処分について相手方が悪意の場合（本条Ⅱ）

相手方が否認対象行為の時点で、隠匿等の処分の処分をする意思を再生債務者が有していたことを相手方が知っていた場合、再生債務者財産の減少に相手方が加担していたともいえ（一問一答破産236頁）、共益債権者としての保護を与える必要はありません。そこで、本条2項は、反対給付によって生じた利益が再生債務者財産中に現存する場合に限って相手方は共益債権として反対給付の返還を請求できるものとし（本条Ⅱ①）、反対給付によって生じた利益が存在しない場合には、反対給付の価額償還請求権を格下げし、再生債権としています（同項②）。なお、再生債務者の受けた反対給付によって生じた利益の一部が再生債務者財産中に現存する場合、相手方は、共益債権者として現存する利益の返還を請求することができるとともに、再生債権者として反対給付と現存する利益の差額の償還を請求できます（同項③）。

論点解説

① 転得者と相手方 否認対象行為の相手方（受益者）からの転得者に対して否認権が行使された場合（民再134）にこの転得者が本条にいう相手方に含まれるか否か議論があります。本条と同旨の破産法168条における議論では、転得者は含まれず、受益者から反対給付請求権や価額償還請求権を譲り受けて行使するか、自らの受益者に対する追奪担保請求権を被保全債権として、前記債権を代位行使するかのいずれかの方法があるにすぎないとする見解（条解会更（中）186頁）が有力です（条解破産1141頁）［☞破§168］。

② 差額償還における価額算定基準時 否認権限を有する監督委員または管財人

が本条4項により差額償還請求をする場合、現物返還に代わる価額償還および反対給付の価額償還のそれぞれについて、目的財産の価額算定基準時をいつの時点とするのかが問題となります。否認権が形成権と解されていることから否認権行使時とする見解、否認制度の目的に忠実であるとして否認対象行為時とする見解、相手方と再生債務者との公平の観点から否認訴訟の口頭弁論終結時とする見解等が主張されています。破産の場合には否認権行使時とする見解が判例および多数説です（条解民再708頁［加藤哲夫］）。

3　現存利益の有無　現存利益とは、反対給付によって生じた再生債務者財産に現存している利益をいいます。例えば、再生債務者を売主とし、相手方を買主とする売買契約において、再生債務者が財産を売却し、相手方が再生債務者に対して売却代金（金銭）を支払ったところ、当該売買契約が否認された場合、再生債務者に現存利益が認められるかが問題となります。一般に、特定性のない金銭は一般財産の中に混入することから、現存利益は認められないとする消極説と、一般財産に組み込まれた金銭が分別管理されている場合や特定財産の購入資金に充てられて他の財産の減少を免れた場合には現存利益があるとする積極説との対立があります（伊藤585頁）。

文献　伊藤930頁・583頁、一問一答民再171頁、一問一答破産235頁、条解民再702頁［加藤哲夫］、倒産法概説317頁［沖野眞已］、新注釈民再（上）764頁［中西正］

（相手方の債権の回復）
第133条　第127条の3第1項に規定する行為が否認された場合において、相手方がその受けた給付を返還し、又はその価額を償還したときは、相手方の債権は、これによって原状に復する。

基本事項

1　趣旨

本条は、偏頗行為について否認権が行使され、相手方が再生債務者から受けた給付を返還等した場合は、相手方の債権が原状に復することを定めています。本条と同趣旨の規定が破産法169条および会更法92条にも置かれています。

偏頗行為として債務の消滅に関する行為（民再127の3Ⅰ）が否認された場合に、相手方が受けた給付を返還したり、その価額を償還することなく、相手方の債権が復活するとすれば、相手方は受けた給付を返還等しないままに再生債権者としての権利行使が可能となる一方、再生債務者財産が実際に原状回復されるかは不確実となり、不合理です。そこで、本条は、否認権行使の相手方の債権は、相手方による原状回復義務の履行が終わらない限り復活しないこととして、再生債務者の相手方に対する返還請求権等と復活する相手方の債権とが同時履行の関係に立たず、相殺もできないことを明らかにしています。

2　要件

本条の「給付を返還」とは、相手方が再生債務者から受けた給付を返還すること

をいいます。また、「価額を償還」とは、給付の返還が不可能または困難となった場合に、目的物の価額相当額を支払うことをいいます。価額償還の場合の価額算定の基準時は、否認権行使時と解されています。

3 効果

相手方が給付を返還し、または価額を償還したときに、相手方の再生債権は、否認の対象となった債務の消滅に関する行為がなされる前の状態で復活します。

本条によって相手方の債権が復活した場合、否認対象行為である弁済等によって消滅していた当該債権に付されていた物的担保や人的担保も復活すると解されています（伊藤588頁、条解民再712頁［加藤哲夫］）。判例も、連帯保証債務について、相手方の債権の復活に伴って連帯保証債務が復活すると判示しています（最判昭48・11・22民集27巻10号1435頁［百選［41］］）。

また、相手方からの給付の返還、価額の償還が一部にとどまる場合には、公平の観点から、債権はその割合に応じて復活するという見解が有力です（伊藤587頁、条解民再711頁［加藤哲夫］。なお、全額の返還がなされてはじめて相手方の債権が復活するとの説について、条解破産1149頁）。

> **論点解説**
> **付議決定後の債権の回復** 相手方は、再生債権者として、復活した債権を届け出て再生手続において権利を行使することができます。しかし、否認権に係る決着が再生計画案を決議に付する旨の決定がなされた後になると債権届出をすることはできなくなります（民再95Ⅳ参照）。この場合の相手方の権利の取扱いについて、債権の届出の追完を認めるべきであるとする見解、本来の再生債権届出期間内における予備的債権届出の方式を認めるべきとする見解、監督委員または管財人が再生手続開始の日から2年を経過する時までに否認権を行使しなかった場合（民再139前段）には、再生手続に参加したら得られたであろう利益を債権者に償還するという見解、再生債務者等は、否認権の行使が認否書の提出期間内にあったときは債権の復活に備えて予備的に当該債権を適切な範囲で自認しなければならないとする見解等があります（条解民再713頁［加藤哲夫］）。
>
> **判例** 最判昭61・4・3判時1198号110頁［百選［42］］、最判平17・11・8民集59巻9号2333頁［百選［43］］
>
> **文献** 伊藤931頁・587頁、一問一答民再171頁、条解民再709頁［加藤哲夫］、新注釈民再（上）773頁［中西正］

（転得者に対する否認権）
第134条 次に掲げる場合には、否認権は、転得者に対しても、行使することができる。
　一　転得者が転得の当時、それぞれその前者に対する否認の原因のあることを知っていたとき。
　二　転得者が第127条の2第2項各号に掲げる者のいずれかであるとき。ただし、

> 転得の当時、それぞれその前者に対する否認の原因のあることを知らなかったときは、この限りでない。
> 　三　転得者が無償行為又はこれと同視すべき有償行為によって転得した場合において、それぞれその前者に対して否認の原因があるとき。
> 2　第132条第2項の規定は、前項第3号の規定により否認権の行使があった場合について準用する。

基本事項

1　趣旨

本条は、否認対象行為の相手方から第三者に財産が移転している場合において、当該転得者に対しても一定の要件のもとに否認権の行使が可能であることを定めています。本条と同趣旨の規定が破産法170条および会更法93条にも置かれています。

否認の効果は、再生債務者と受益者との間における相対的な効力にとどまるため［☞民再§132　論点解説　1］、転得者には当然には及びません。転得者の取引の安全に配慮する必要がある一方で、常に否認の効果が転得者に及ばないとすれば、逸出した財産が否認対象行為の相手方から第三者（転得者）に移転している場合に、当該財産を再生債務者財産に回復するという否認制度の目的を達成することができません。そこで本条は、一定の要件のもとで転得者に対する否認権の行使を認め、転得者の取引の安全と否認制度の目的との調和を図っています。

2　要件

(1)　転得者

転得者とは、否認対象行為によって再生債務者から財産権を取得した者（受益者）から、当該財産権を取得した者、またはその権利の上に権利を取得した者をいいます。転得者からさらに権利を取得した者（再転得者）を含みます。例えば、否認の目的となる財産を売買などにより買い受けた者やこれに地上権などの制限物権の設定を受けた者、受益者に対する差押債権者等が含まれます。

(2)　転得者に対する否認（本条Ⅰ①）

転得者否認の原則的な要件は、①受益者について否認の原因があること、および②転得者が転得時に①の事実について悪意であることです。否認権を行使する者が転得者の悪意について証明責任を負います。なお、本条と同趣旨の規定である破産法170条に関し、破産管財人が立証責任を負っていない事実（例えば、破産法160条1項1号の詐害行為否認において受益者が立証責任を負っている自らの善意）についてまで、転得者が悪意であることを破産管財人が立証する必要があるか議論があります［☞破§170　論点解説　］。

(3)　転得者が再生債務者の内部者であるとき（本条Ⅰ②）

転得者が民再法127条の2第2項各号に掲げる者のいずれかであるときとは、転得者が再生債務者の内部者である場合や再生債務者の親族または同居者である場合をいいます。この場合、前号から証明責任が転換されており、転得時にその前者に対する否認の原因のあることを知らなかったことについて転得者が証明責任を負い

ます。
　(4)　転得者が無償行為等によって転得したとき（本条Ⅰ③）
　転得者が無償行為またはこれと同視すべき有償行為によって転得した場合に、その前者に対して否認の原因があるときは、転得者を保護する必要性が低いことから、転得者の善意・悪意を要件とすることなく否認が認められます（本条Ⅰ③）。
3　効果
　(1)　本条1項1号・2号
　転得者否認が認められた場合、転得者との関係で再生債務者および受益者間の行為の効果が覆滅されることとなり、転得者の権利取得の効果が覆され、否認対象行為の目的財産が転得者から再生債務者財産に回復されることになります。
　(2)　本条1項3号（本条Ⅱ）
　転得者が無償行為またはこれと同視すべき有償行為によって転得した場合、転得者の善意・悪意を要件とすることなく転得者否認が認められます。ただし、転得者が善意の場合は、償還すべき利益の範囲が現存利益に限定されます（本条Ⅱ）。無償で財産・利益を受けた善意の転得者が当該財産等を費消した後でも返還しなければならないとすると転得者の不利益が大きいことから、償還の範囲を限定して善意の転得者を保護するものです。
4　行使方法
　転得者に対する否認権の行使方法は、受益者に対する場合と同様に、訴えによる方法、否認の請求による方法および管財人の抗弁による方法があります（民再135）。
　監督委員または管財人は、否認権を受益者に対してのみ行使することも、転得者に対してのみ行使することもできますし、受益者と転得者の両者に対して行使することもできます。ただし、受益者と転得者の双方を否認権行使の相手方とした場合であっても、一方に対する判決の効力は他方には及びませんし、合一に確定させる必要もないため、通常共同訴訟となります。

　文　献　伊藤921頁・562頁、条解民再714頁［加藤哲夫］、新注釈民再（上）776頁［中西正］

（否認権のための保全処分）
第134条の2　裁判所は、再生手続開始の申立てがあった時から当該申立てについての決定があるまでの間において、否認権を保全するため必要があると認めるときは、利害関係人（保全管理人が選任されている場合にあっては、保全管理人）の申立てにより又は職権で、仮差押え、仮処分その他の必要な保全処分を命ずることができる。
2　前項の規定による保全処分は、担保を立てさせて、又は立てさせないで命ずることができる。
3　裁判所は、申立てにより又は職権で、第1項の規定による保全処分を変更し、又は取り消すことができる。
4　第1項の規定による保全処分及び前項の申立てについての裁判に対しては、即

時抗告をすることができる。
5　前項の即時抗告は、執行停止の効力を有しない。
6　第4項に規定する裁判及び同項の即時抗告についての裁判があった場合には、その裁判書を当事者に送達しなければならない。この場合においては、第10条第3項本文の規定は、適用しない。
7　前各項の規定は、再生手続開始の申立てを棄却する決定に対して第36条第1項の即時抗告があった場合について準用する。

基本事項

1　趣旨

　本条は、民再法上の特殊保全処分として、否認権のための再生手続開始決定前の保全処分を定めています。

　否認権は、再生手続開始決定の効果として、一定の要件を具備する場合に発生する権利であるため、再生手続開始決定前に否認権に基づく原状回復請求権を被保全債権とする保全処分をすることはできません。しかし、否認権行使の実効性を確保するためには、否認権行使によって回復すべき財産を再生手続開始決定前に保全する必要がある場合があります。この点、民再法における保全処分としては民再法30条の定めがあるものの、再生手続が開始されるか否か、および否認権が行使されるか否かの点で相手方を不安定な立場に置くことから、同条によっては否認権行使を確保するための保全処分は認められないと考えられていました。他方、否認対象行為があるにもかかわらず、再生手続の開始を待っていては、財産が第三者（転得者）に譲渡され、転得者に対して否認権を行使せざるを得なくなる可能性があり（民再134）、当該財産を再生債務者財産に回復することは一層困難となります。そこで、本条は、否認権行使の実効性を確保するため、民再法上の特殊保全処分として、再生手続開始決定前の保全処分を認めています。本条と同趣旨の規定が破産法171条および会更法39条の2にも置かれています。

　他方、相手方の利益が不当に害されることのないよう、本条は、立担保（本条Ⅱ）、相手方による変更または取消しの申立権（本条Ⅲ）、相手方による即時抗告（本条Ⅳ）を定め、さらに再生手続開始後1か月以内に保全処分が続行されないときは当該保全処分が失効する（民再134の3）など、相手方の利益の保護を図っています。

2　要件等

　本条1項にいう「利害関係人」とは、例えば、否認権行使によって再生債務者の財産が増加し、弁済額が増加する見込みのある再生債権者や再生債務者はこれに当たると解されています（条解民再722頁〔山田文〕）。なお、「保全管理人」が選任されている場合は保全管理人のみが申立てを行います（本条Ⅰ括弧書）。

　本条に基づく保全処分の被保全債権は再生手続開始決定後に発生する否認権の行使による原状回復請求権です。そのため、被保全債権は、再生手続開始決定がされる見込みと否認権の発生を基礎付ける要件事実の存在によって裏付けられ、申立人は、これらの存在を疎明することを要します（民保13Ⅱ参照）。

また、保全の必要性（民保13Ⅰ）は、否認権行使によって回復すべき財産を受益者が処分するおそれがあり、否認権の行使が困難となる場合に認められます。申立人は、これらも疎明することを要します（同条Ⅱ参照）。

3　効果（保全処分の内容）

例えば、再生手続開始決定後に、偏頗弁済を否認して受益者に対して弁済金相当額の返還を求める場合や詐害行為否認の目的物が消滅しているために受益者に対して価額償還を求める場合には、被保全債権が金銭債権となりますので、保全処分の内容は仮差押命令になります。これに対し、例えば、偏頗な代物弁済を否認して受益者に対して当該目的物の返還を求める場合や詐害行為否認によって処分行為を否認して目的物の返還を求める場合には、被保全債権が特定物の引渡請求権となりますので、保全処分の内容は処分禁止の仮処分になります。

4　手続

本条に基づく保全処分後に否認権が行使されなかった場合等に備え、保全処分によって目的財産を処分することができなかったことに基づく相手方の損害賠償請求権を保全するため、裁判所は、担保の提供を条件として保全処分を発令することができます（本条Ⅱ）。また、裁判所は、一旦発令した本条に基づく保全処分を、申立てに基づきまたは職権で、いつでも変更し、または取り消すことができます（本条Ⅲ）。

保全処分またはその変更もしくは取消しの決定に対しては、即時抗告をすることができます（本条Ⅳ）。ただし、保全処分の実効性を損なわないよう、この即時抗告には執行停止の効力はありません（本条Ⅴ）。

また、本条に基づく保全処分またはその変更もしくは取消しの決定、即時抗告についての裁判は、当事者の地位に重大な影響を与えるため、個別の送達が必要であり、代用公告は認められません（本条Ⅵ）。

文献　伊藤154頁、一問一答破産238頁、条解民再720頁［山田文］、新注釈民再（上）779頁［中西正］

（保全処分に係る手続の続行と担保の取扱い）
第134条の3　前条第1項（同条第7項において準用する場合を含む。）の規定による保全処分が命じられた場合において、再生手続開始の決定があったときは、否認権限を有する監督委員又は管財人は、当該保全処分に係る手続を続行することができる。
2　再生手続開始の決定後1月以内に前項の規定により同項の保全処分に係る手続が続行されないときは、当該保全処分は、その効力を失う。
3　否認権限を有する監督委員又は管財人は、第1項の規定により同項の保全処分に係る手続を続行しようとする場合において、前条第2項（同条第7項において準用する場合を含む。）に規定する担保の全部又は一部が再生債務者財産に属する財産でないときは、その担保の全部又は一部を再生債務者財産に属する財産による担保に変換しなければならない。

4　民事保全法（平成元年法律第91号）第18条並びに第2章第4節（第37条第5項から第7項までを除く。）及び第5節の規定は、第1項の規定により否認権限を有する監督委員又は管財人が続行する手続に係る保全処分について準用する。

基本事項
1　趣旨
　本条は、否認権を保全するための再生手続開始決定前の保全処分について、再生手続開始後の取扱いを定めています。本条と同趣旨の規定が破産法172条および会更法94条にも置かれています。
2　保全処分の続行
　前条によって否認権のための保全処分が命じられた場合、その後再生手続開始決定がされたときは、否認権限を有する監督委員または管財人は保全処分に係る手続を続行することができます（本条Ⅰ）。否認権限を有する監督委員等は、保全処分手続を続行しようとする場合には、前条2項によって立てられた担保を再生債務者財産に属する財産による担保に変換する必要があります（本条Ⅲ）。なお、続行された保全処分については民事保全法の規定が準用されます（本条Ⅳ）。
3　保全処分の失効
　否認権限を有する監督委員または管財人が再生手続開始の決定後1か月以内に否認権のための保全処分に係る手続を続行しないときは、当該保全処分は失効します（本条Ⅱ）。保全処分の相手方が長期にわたり不安定な地位に置かれることを防止し、もって相手方を保護する趣旨です。
4　担保の変換
　再生債務者等以外の者が保全処分を申し立てた場合、再生債務者財産に属さない財産が担保に提供されていますが、否認権行使のための保全処分は債権者全体の利益になるため、再生手続開始決定後は再生債務者財産に属する財産をもって担保を提供する必要があります。そこで、このような場合には、否認権限を有する監督委員または管財人は、再生債務者財産に属する財産による担保に変換しなければなりません（本条Ⅲ）。

　文　献　一問一答破産238頁、条解民再724頁［山田文］、新注釈民再（上）783頁［中西正］

（否認権の行使）
第135条　否認権は、訴え又は否認の請求によって、否認権限を有する監督委員又は管財人が行う。
2　前項の訴え及び否認の請求事件は、再生裁判所が管轄する。
3　第1項に規定する方法によるほか、管財人は、抗弁によっても、否認権を行うことができる。

基本事項
1 趣旨
本条は、否認権行使の方法および主体、ならびに否認の訴えおよび否認の請求事件の管轄について定めています。本条と同趣旨の規定が破産法173条および会更法95条にも置かれています。

2 否認権行使の方法
否認権行使の方法には、訴え、否認の請求、抗弁の各方法があります [☞ **より深く学ぶ**]。ただし、後述する通り、否認権限を有する監督委員は抗弁によって否認権を行使することはできません。

3 否認権行使の主体
否認権を行使することができるのは、否認権限を有する監督委員または管財人です。

(1) 管財人

管財人が選任されている場合（民再64 I）、否認権行使の主体は管財人となります。管財人が選任されると再生債務者財産の管理処分権が管財人に専属することとなるため（民再66）、管理処分権者たる管財人に否認権行使を認めています。管財人は、訴え、否認の請求または抗弁のいずれの方法によっても否認権を行使することができます。

(2) 否認権限を有する監督委員

DIP型を原則とする再生手続では、必要的に管財人が選任される破産手続や更生手続とは異なり、管財人が選任されない場合があり、その場合には、監督委員が、裁判所から特定の行為について否認権を行使する権限を付与されます（民再56 I）。この場合、監督委員は当該特定の行為について否認権限を有し、当該特定の行為について否認権を行使することができます。

もっとも、監督委員は再生債務者財産の管理処分権を有しないため、再生債務者財産に関する訴訟について一般的に当事者適格を有するわけではありません。したがって、否認権限を有する監督委員の否認権行使の方法は、訴えまたは否認の請求のいずれかに限定されています（本条Ⅲ）。

より深く学ぶ
裁判外での否認権行使　否認権について、訴え、否認の請求または抗弁以外の方法で行使できるか議論があります（伊藤573頁）。例えば、否認権限を有する監督委員または管財人が、受益者との間で否認の効果を内容とする裁判外の和解をすることができるかが問題となります。破産に関する判例・通説は、破産法173条（民再135条に相当）の文言、否認の要件の存否が裁判により確定されないこと等を理由に、裁判外の否認権行使を認めていません。ただし、否認権行使を前提とした和解が裁判外で成立したときは、和解契約の効力を認めています。

文献　伊藤923頁・565頁、一問一答民再173頁、条解民再727頁［髙地茂世］、新注釈民再（上）787頁［中西正］、民事再生の手引221頁

> **（否認の請求）**
> **第 136 条** 否認の請求をするときは、その原因となる事実を疎明しなければならない。
> 2　否認の請求を認容し、又はこれを棄却する裁判は、理由を付した決定でしなければならない。
> 3　裁判所は、前項の決定をする場合には、相手方又は転得者を審尋しなければならない。
> 4　否認の請求を認容する決定があった場合には、その裁判書を当事者に送達しなければならない。この場合においては、第 10 条第 3 項本文の規定は、適用しない。
> 5　否認の請求の手続は、再生手続が終了したときは、終了する。

基本事項
1　趣旨

本条は、否認の請求の手続について定めています。否認の請求とは、判決手続とは異なる、簡易迅速な決定手続による否認権の行使手続です。本条と同趣旨の規定が破産法 174 条および会更法 96 条にも置かれています。

判決手続による否認権行使は長期間に及ぶ場合があり、そのことが否認権を行使する者や行使される者に不当な負担となることがあります。そこで、民再法は、否認権行使を簡易迅速に行うことを可能とするための否認の請求の制度を定めつつ（本条）、異議の訴え（民再137）を認めて相手方の救済も図っています。

2　審理手続および裁判
(1)　請求権者

否認の請求は、否認権限を有する監督委員または管財人がすることができ（民再135）、その相手方は、否認対象行為の受益者または転得者です。否認の請求の原因となる事実は疎明で足りるとされています（本条Ⅰ）。疎明とは、裁判官が当該事実について一応確からしいという程度の心証に達することをいいます。

(2)　決定

否認の請求事件の審理は、決定手続で行われます。したがって、口頭弁論は必要的ではなく、裁判所は、当事者を任意に審尋することができます（民再18、民訴87Ⅰただし書・Ⅱ）。ただし、否認の請求を認容し、またはこれを棄却する場合、実体的な地位に影響がある相手方に防御の機会を付与するため、相手方の審尋が必要とされています（本条Ⅲ）。これに対し、否認の請求の申立てを却下する場合は、相手方の審尋は任意です。

否認の請求を認容し、またはこれを棄却する決定をする場合、裁判所は理由を付さなければなりません（本条Ⅱ）。これは、裁判所の慎重な判断を担保するものであるほか、否認の請求が認容された場合に相手方が異議の訴え（民再137）を提起するかどうかの判断材料を提供し、異議の訴えが提起された場合に受訴裁判所に否認の請求に係る決定の判断過程を示すためです。

否認の請求を認容する決定は、異議の訴えを提起するかどうかを検討する機会を

保障し、1か月間の異議の訴えの提起期間（民再137Ⅰ）の起算点を確定するため、その決定書を必ず相手方および監督委員（または管財人）に送達しなければなりません（本条Ⅳ）。また、再生手続が終了したときは、否認の請求の手続は当然に終了します（本条Ⅴ）。

文献 伊藤926頁・570頁、一問一答民再175頁、条解民再731頁［髙地茂世］、新注釈民再（上）790頁［中西正］

（否認の請求を認容する決定に対する異議の訴え）
第137条 否認の請求を認容する決定に不服がある者は、その送達を受けた日から1月の不変期間内に、異議の訴えを提起することができる。
2 前項の訴えは、再生裁判所が管轄する。
3 第1項の訴えについての判決においては、訴えを不適法として却下する場合を除き、同項の決定を認可し、変更し、又は取り消す。
4 第1項の決定を認可する判決が確定したときは、その決定は、確定判決と同一の効力を有する。同項の訴えが、同項に規定する期間内に提起されなかったとき、又は却下されたときも、同様とする。
5 第1項の決定を認可し、又は変更する判決については、受訴裁判所は、民事訴訟法第259条第1項の定めるところにより、仮執行の宣言をすることができる。
6 第1項の訴えに係る訴訟手続で否認権限を有する監督委員が当事者であるものは、再生手続開始の決定の取消しの決定の確定又は再生手続終結の決定により再生手続が終了したときは終了するものとし、再生計画不認可、再生手続廃止又は再生計画取消しの決定の確定により再生手続が終了したときは中断するものとする。
7 第1項の訴えに係る訴訟手続で管財人が当事者であるものは、再生手続開始の決定の取消しの決定の確定又は再生手続終結の決定により再生手続が終了したときは、第68条第2項の規定にかかわらず、終了するものとする。

基本事項
1 趣旨

本条は、否認の請求を認容する決定に対する不服申立ての手段として、当該決定の取消しまたは変更を求める異議の訴えについて定めています。本条と同趣旨の規定が破産法175条および会更法97条にも置かれています。

なお、否認の請求を棄却する決定には既判力がないことから、本条の適用はなく、否認権限を有する監督委員または管財人は、別途、否認の訴えをもって否認権を行使することになります。

2 異議の訴えの手続

異議の訴えは、否認の請求が全部認容された場合、受益者または転得者が、その送達を受けた日から1か月の不変期間内に提起することができます（本条Ⅰ）。この点、否認の請求が一部認容された場合に、受益者または転得者のみならず、否認権限を有する監督委員または管財人も異議の訴えを提起することができるか否かは議

論がありますが、判断の矛盾を避ける必要があること等を理由に、これを肯定するのが多数説です（条解民再736頁［髙地茂世］、新注釈民再（上）796頁［中西正］、大コンメ717頁［田頭章一］）。

異議の訴えは再生裁判所の専属管轄であり（本条Ⅱ）、その判決は、不適法として却下する場合を除き、決定の認可、変更、または取消しを内容とします（本条Ⅲ）。否認の請求を認容する決定を認可する判決が確定した場合は、当該決定は確定判決と同一の効力を有し（本条Ⅳ）、また、当該決定を認可または変更する判決には仮執行宣言を付すことができます（本条Ⅴ）。

3 異議の訴えの中断・終了等

(1) 異議の訴えにおいて否認権限を有する監督委員が当事者である場合

再生手続開始決定の取消決定の確定または再生手続終結決定によって再生手続が終了したときは、異議の訴えは終了します。

再生計画不認可、再生手続廃止または再生計画取消決定の確定によって再生手続が終了したときは、異議の訴えは中断します（本条Ⅵ）。破産管財人による受継の可能性があるためです（民再254Ⅰ）。

(2) 異議の訴えにおいて管財人が当事者である場合

再生手続開始決定の取消決定の確定または再生手続終結決定によって再生手続が終了したときは、異議の訴えは終了します（本条Ⅶ）。

再生計画不認可、再生手続廃止または再生計画取消決定の確定によって再生手続が終了したときは、異議の訴えは中断します（民再68Ⅱ）。同じく、破産管財人による受継の可能性があるためです（民再254Ⅰ）。

文　献　伊藤926頁・572頁、一問一答民再175頁、条解民再735頁［髙地茂世］、新注釈民再（上）794頁［中西正］

（否認権限を有する監督委員の訴訟参加等）
第138条　否認権限を有する監督委員は、第135条第1項の規定にかかわらず、否認権の行使に係る相手方（以下この条において「相手方」という。）及び再生債務者間の訴訟が係属する場合には、否認権を行使するため、相手方を被告として、当事者としてその訴訟に参加することができる。ただし、当該訴訟の目的である権利又は義務に係る請求をする場合に限る。
2　否認権限を有する監督委員が当事者である否認の訴え（前条第1項の訴え及び第140条第1項の規定により受継された訴訟手続を含む。）が係属する場合には、再生債務者は、当該訴えの目的である権利又は義務に係る請求をするため、相手方を被告として、当事者としてその訴訟に参加することができる。
3　前項に規定する場合には、相手方は、当該訴訟の口頭弁論の終結に至るまで、再生債務者を被告として、当該訴訟の目的である権利又は義務に係る訴えをこれに併合して提起することができる。
4　民事訴訟法第40条第1項から第3項までの規定は前3項の場合について、同法第43条並びに第47条第2項及び第3項の規定は第1項及び第2項の規定による参加の申出について準用する。

基本事項
1 趣旨

本条は、二重起訴の禁止（民訴142）への抵触または先行訴訟の判決の既判力による遮断効を回避するため、否認権限を有する監督委員による否認の訴えまたはこれと訴訟物を同じくする再生債務者を当事者とする訴訟において、否認権限を有する監督委員または再生債務者に訴訟参加を認め、また、当該訴訟の相手方による訴えの主観的追加的併合を認めています。なお、破産法および会更法においては、管財人が否認権を行使するため、本条と同旨の規定はありません。

否認権限を有する監督委員は、否認権行使に関し必要な範囲内で再生債務者財産の管理処分権を取得しますが（民再56Ⅱ）、再生債務者の有する財産の管理処分権が失われるわけではありません（民再38Ⅰ）。そのため、否認権限を有する監督委員による否認の訴えと、再生債務者による再生債務者財産に関する訴訟とが競合する可能性があり、それらの訴訟の訴訟物が同一である場合には、後行訴訟が二重起訴の禁止（民訴142）に抵触したり、先行訴訟の判決の既判力に抵触することがあり得ます。そこで、かかる不都合を回避するため、本条は、訴訟参加や訴えの主観的追加的併合を認めています［☞ **より深く学ぶ**］。

2 訴訟参加の方法

再生債務者と相手方との間の先行訴訟がある場合、当該先行訴訟と否認の訴えの訴訟物が同一であるときは、否認権限を有する監督委員は、相手方を被告として、当事者として当該訴訟に参加できます（本条Ⅰ）。他方、否認権限を有する監督委員による否認訴訟が先行する場合にも、同一の訴訟物を請求するため、再生債務者は、相手方を被告として、当事者として当該訴訟に参加することができます（本条Ⅱ）。これらの場合には、各当事者間の関係については必要的共同訴訟に関する規定（民訴40Ⅰ－Ⅲ）が準用され（本条Ⅳ）、合一確定が図られています。なお、参加の申出については、補助参加に関する規定（民訴43）および独立当事者参加に関する規定（民訴47Ⅱ・Ⅲ）が準用され（本条Ⅳ）、参加の趣旨・理由を明らかにする必要があること等を定めています。

同じく、相手方も、否認権限を有する監督委員による否認訴訟が係属している場合、その口頭弁論の終結に至るまで、再生債務者を被告として、同一の訴訟物にかかる訴えをこれに併合して提起することができ（本条Ⅲ）（訴えの主観的追加的併合）、各当事者間の関係については必要的共同訴訟に関する規定（民訴40Ⅰ－Ⅲ）が準用されることにより（本条Ⅳ）、合一確定が図られています。

より深く学ぶ

訴訟参加の法的性質　本条による訴訟参加の法的性質については、民訴法上の補助参加（民訴42）、独立当事者参加（民訴47）、または共同訴訟参加（民訴52）のいずれにも該当しない民再法上の特殊な参加形態であるとする見解（一問一答民再178頁）、再生債務者財産の回復に関する共同性を重視して共同訴訟参加と解する見解（伊藤925頁）などが主張されています。多数説は、権利義務の主体である再生債務者と

否認権行使の結果についての権利関係の管理処分権者である監督委員とに法律上の主張適格が分属しているという他に類例をみない事態に対応するものとして、民事訴訟法のいずれの類型とも異なる独自の参加形態であると解しています（新注釈民再（上）799頁［山本和彦］、条解民再744頁［齋藤善人］）。

文献　伊藤924頁、一問一答民再177頁、条解民再738頁［齋藤善人］、新注釈民再（上）797頁［山本和彦］、民事再生の手引230頁

（否認権行使の期間）
第139条　否認権は、再生手続開始の日（再生手続開始の日より前に破産手続が開始されている場合にあっては、破産手続開始の日）から2年を経過したときは、行使することができない。否認しようとする行為の日から20年を経過したときも、同様とする。

基本事項

1　趣旨

本条は、否認権の行使期間を定めています。本条と同趣旨の規定が破産法176条および会更法98条にも置かれています。

否認権の行使につき、時間的制約を設けないとすると、受益者や転得者は、いつまでも不安定な地位に置かれることになります。そこで、本条は、否認権行使に時期的な制限を設け、相手方の地位を保護しています。

2　否認権行使の期間

否認権は、再生手続開始の日（再生手続開始の日より前に破産手続が開始されている場合にあっては、破産手続開始の日）を起算点として、2年を経過した後は行使することができません（本条前段）。また、否認対象行為が行われた日から20年を経過した後も行使することができません（本条後段）。

3　期間の性質

本条が定める2年間または20年間という権利行使期間の法的性質は、除斥期間と解されています。除斥期間とは、当事者が援用することなく期間満了により当然に権利消滅の効果を生じるものであり、時効と異なり中断の余地がありません。

論点解説

詐害行為取消権の消滅時効が完成した場合と否認権の行使　本条と同趣旨の平成16年改正前破産法85条（現破176条）に関し、詐害行為取消権の消滅時効が完成した場合に、破産管財人による否認権行使が妨げられるかどうかが争われた事案について、判例は、否認権は、破産者の全財産を総債権者の公平な満足にあてるという観点から、破産管財人がこれを行使するものであるから、詐害行為取消権の消滅時効が完成しても否認権は消滅せず、平成16年改正前破産法85条が適用されると判示しました（最判昭58・11・25民集37巻9号1430頁［百選［27］］）。

文献　伊藤928頁・574頁、一問一答民再173頁、条解民再748頁［齋藤善人］、新

注釈民再（上）805頁［山本和彦］

> **（詐害行為取消訴訟等の取扱い）**
> **第140条** 否認権限を有する監督委員又は管財人は、第40条の2第1項の規定により中断した訴訟手続のうち、民法第424条の規定により再生債権者の提起した訴訟又は破産法の規定による否認の訴訟若しくは否認の請求を容認する決定に対する異議の訴訟に係るものを受け継ぐことができる。この場合においては、受継の申立ては、相手方もすることができる。
> 2　前項の場合においては、相手方の再生債権者又は破産管財人に対する訴訟費用請求権は、共益債権とする。
> 3　第1項に規定する訴訟手続について同項の規定による受継があった後に再生手続が終了したときは、次条第1項の規定により中断している場合を除き、当該訴訟手続は中断する。
> 4　前項の場合又は第1項に規定する訴訟手続が次条第1項の規定により中断した後に再生手続が終了した場合には、再生債権者又は破産管財人において当該訴訟手続を受け継がなければならない。この場合においては、受継の申立ては、相手方もすることができる。

基本事項

1　趣旨

　本条は、再生手続開始の時に係属していた詐害行為取消訴訟（民424）や破産法上の否認訴訟・否認請求異議訴訟（破173Ⅰ・175）について、否認権限を有する監督委員や管財人による受継など、その取扱いを定めています。本条と同趣旨の規定が破産法45条および会更法52条の2にも置かれています。
　民再法40条の2第1項により中断した訴訟手続のうち、再生債権者の提起した詐害行為取消訴訟や破産法上の否認の訴訟もしくは異議の訴訟については、法的性質や要件等が共通している詐害行為取消訴訟や破産法上の否認訴訟の手続を利用することが便宜であり、また、総債権者の利益のために再生債務者財産の回復を図る詐害行為取消訴訟を再生手続開始後に特定の再生債権者に追行させることは妥当ではないことによるものです。

2　受継

　否認権限を有する監督委員または管財人は、再生手続開始によって中断した詐害行為取消訴訟、否認訴訟・否認請求異議訴訟を受継することができ、当該訴訟の相手方も受継の申立てができます（本条Ⅰ）［☞ **論点解説** ］。
　本条1項により受継された場合には、詐害行為取消訴訟を提起した再生債権者または破産管財人に対する相手方の訴訟費用請求権は共益債権となります（本条Ⅱ）。本条2項による受継があった後に再生手続が終了したときは、次条（民再141条）1項で中断している場合を除いて当該訴訟は中断します（本条Ⅲ）。
　さらに、本条3項または民再法141条1項によって中断している場合には、詐害行為取消訴訟を提起した再生債権者または破産管財人は当該訴訟を受継しなければ

ならず、当該訴訟の相手方も受継の申立てができます（本条Ⅳ）。

論点解説

受取拒絶の可否　中断した詐害行為取消訴訟、否認訴訟・否認請求異議訴訟の相手方が受継の申立てをした場合に、否認権を有する監督委員または管財人が受継を拒絶することができるかについては、議論があります（条解民再 754 頁［齋藤善人］）。破産法・会更法の場合と同様に、詐害行為取消権や破産法の規定による否認が必ずしも再生手続における否認権と同一の制度として設計されているわけではないため、監督委員等が相手方の受継の申立てを拒絶して、これらとは別に、再生手続において否認に関する訴えを追行する余地を認める見解が通説です（新注釈民再（上）808 頁［山本和彦］、条解民再 754 頁［齋藤善人］）。

文献　伊藤 924 頁、一問一答民再 179 頁、条解民再 752 頁［齋藤善人］、新注釈民再（上）806 頁［山本和彦］

（否認の訴え等の中断及び受継）
第 141 条　次の各号に掲げる裁判が取り消された場合には、当該各号に定める訴訟手続は、中断する。
一　監督命令又は第 56 条第 1 項の規定による裁判　否認権限を有する監督委員が当事者である否認の訴え若しくは第 137 条第 1 項の訴えに係る訴訟手続、否認権限を有する監督委員が第 138 条第 1 項の規定による参加をした訴訟手続又は否認権限を有する監督委員が受継した前条第 1 項に規定する訴訟手続
二　管理命令　管財人が当事者である第 137 条第 1 項の訴えに係る訴訟手続又は管財人が受継した前条第 1 項に規定する訴訟手続
2　前項の規定により中断した訴訟手続は、その後、監督委員が第 56 条第 1 項の規定により否認権を行使する権限を付与された場合又は管財人が選任された場合には、その監督委員又は管財人においてこれを受け継がなければならない。この場合においては、受継の申立ては、相手方もすることができる。

基本事項

1　趣旨

本条は、再生手続において否認権を行使できる管財人または否認権限を有する監督委員の地位・資格が失われた場合の否認の訴え等の中断および受継について定めています。本条は、否認権を行使できる管財人や否認権限を有する監督委員が再生手続上の必要的機関ではない民再法特有の規定であり、破産法や会更法には本条と同趣旨の規定はありません。

2　否認の訴えの中断

(1)　否認権限を有する監督委員

監督命令（民再 54 Ⅰ）または否認権限付与決定（民再 56 Ⅰ）が取り消されると、否認の訴え、否認の請求を認容する決定に対する異議訴訟（民再 137 Ⅰ）、否認権限を有する監督委員が参加した訴訟（民再 138 Ⅰ）または否認権限を有する監督委員が受

継した詐害行為取消訴訟等（民再140Ⅰ）は中断します（本条Ⅰ①）。

(2) 管財人

管理命令（民再64Ⅰ）が取り消されると、否認の訴え、否認の請求を認容する決定に対する異議訴訟（民再137Ⅰ）、または管財人が受継した詐害行為取消訴訟等（民再140Ⅰ）は中断します（本条Ⅰ②）。

3　受継

本条1項により中断した訴訟手続は、その後新たな管財人が選任され、または否認権限の付与を受けた監督委員が現れた場合、当該管財人または監督委員は受継しなければなりません（本条Ⅱ前段）。この場合、相手方も受継を申し立てることができます（本条Ⅱ後段）。

　文献　伊藤926頁、一問一答民再181頁、条解民再756頁［齋藤善人］、新注釈民再（上）809頁［山本和彦］

第3節　法人の役員の責任の追及

（法人の役員の財産に対する保全処分）
第142条　裁判所は、法人である再生債務者について再生手続開始の決定があった場合において、必要があると認めるときは、再生債務者等の申立てにより又は職権で、再生債務者の理事、取締役、執行役、監事、監査役、清算人又はこれらに準ずる者（以下この条から第145条までにおいて「役員」という。）の責任に基づく損害賠償請求権につき、役員の財産に対する保全処分をすることができる。
2　裁判所は、緊急の必要があると認めるときは、再生手続開始の決定をする前でも、再生債務者（保全管理人が選任されている場合にあっては、保全管理人）の申立てにより又は職権で、前項の保全処分をすることができる。
3　第1項に規定する場合において管財人が選任されていないとき、又は前項に規定する場合において保全管理人が選任されていないときは、再生債権者も、第1項又は前項の申立てをすることができる。
4　裁判所は、第1項又は第2項の規定による保全処分を変更し、又は取り消すことができる。
5　第1項若しくは第2項の規定による保全処分又は前項の規定による決定に対しては、即時抗告をすることができる。
6　前項の即時抗告は、執行停止の効力を有しない。
7　第5項に規定する裁判及び同項の即時抗告についての裁判があった場合には、その裁判書を当事者に送達しなければならない。この場合においては、第10条第3項本文の規定は、適用しない。

基本事項

1　趣旨

本条は、法人である再生債務者について、再生債務者の役員の責任に基づく損害賠償請求権を保全するための役員の財産に対する保全処分について定めています。

本条と同趣旨の規定が破産法177条および会更法99条にも置かれています。

　法人である再生債務者の役員に任務懈怠があり再生法人に損害が発生した場合には、役員に対する責任追及が適切になされなければならず、また、法人である再生債務者が役員に対して損害賠償請求権（会社423等）を有し、当該法人の事業の再生のための原資または再生債権者への弁済原資確保のため、当該法人に発生した損害を回復すべく当該請求権を行使することが必要となる場合があります。そこで、民再法143条ないし147条は、法人の役員に対する損害賠償請求権の査定の制度を設け、決定手続によって役員に対する損害賠償請求権の行使を簡易迅速に行うことを可能としています。

　本条は、損害賠償請求権の査定の制度の実効性を確保するため、役員の責任財産が散逸しないよう、民再法上の特殊保全処分として、役員の財産に対する保全処分を認めています。なお、民事保全法に基づく保全処分では立担保の必要がありますが、再生債務者および再生債権者全員のためになされる本条の保全処分では立担保は必要とされていません。

　なお、破産法や会更法と異なり、DIP型が原則となる再生手続においては、管理命令や保全管理命令が発令されていない場合には、再生債権者も保全処分の申立てができることとされています（本条Ⅲ）。

2　要件
(1)　役員

　役員とは、問題となる行為の当時、法人の機関として法人と委任関係に立っていた者を指します。具体的には、本条1項に例示されている者のほか、「これらに準ずる者」として、会社法上の会計監査人、会計参与等が含まれます［☞ **より深く学ぶ**］。

(2)　被保全権利

　被保全権利は、再生法人の役員の責任に基づく損害賠償請求権であり、善管注意義務違反に基づくものが典型例です（民644、会社423・486・53・596・652等）。

(3)　保全の必要性
(ア)　再生手続開始決定後（本条Ⅰ）

　裁判所が「必要があると認めるとき」には役員の財産に対する保全処分をすることができます。「必要があると認めるとき」とは、査定手続等を経て強制執行を行うまでの間に、相手方がその個人財産を隠匿・処分・消費等して、強制執行の実効性が確保されないおそれがあり、本条の特殊保全処分を発令する必要があることをいうと解されています（条解破産1190頁）。

(イ)　再生手続開始決定前（本条Ⅱ）

　再生手続開始決定前でも、申立後であれば、裁判所が「緊急の必要があると認めるとき」は、役員の財産に対する保全処分をすることができます。この場合、再生手続開始後における場合よりも発令要件が厳格化され、被保全権利たる損害賠償請求権を請求する必要性・蓋然性が高く、かつ相手方がその個人財産を隠匿・処分・費消等するおそれが切迫して存在する場合等と解されています（条解破産1190頁）。

3 保全処分の方法

被保全権利たる役員の責任に基づく損害賠償請求権は、通常は金銭債権であることから、保全処分の方法としては仮差押え（民保20）が原則となりますが、具体的状況に照らし、必要に応じて、その他の保全処分も可能と考えられています。また、裁判所は、必要に応じて当該保全処分を変更し、または取り消すことができます。

4 不服申立て

利害関係人は、保全処分または保全処分を変更し、もしくは取り消す決定に対し即時抗告することができますが（本条Ⅴ）、即時抗告には執行停止の効力はありません（本条Ⅵ）。執行停止期間中に役員により財産の処分がなされることを防止するためです。これらの保全処分、その変更、取消しの決定および即時抗告の裁判は、役員および再生債務者に重大な影響を与えることから、その裁判書を当事者に送達しなければならず、この場合は、民再法10条3項本文による代用公告を認めていません（本条Ⅶ）。

論点解説

対象となる被保全権利の範囲　会社法に定められた特別の責任、例えば、不足額填補責任（会社52Ⅰ・213Ⅰ・286Ⅰ）、利益供与の価額相当額の支払責任（会社120Ⅳ）、分配可能額超過の配当に関する責任（会社462Ⅰ）等が本条1項に規定する「責任」に含まれるかについては議論があります。特別の責任は会社法423条の特則であって実質的には債務不履行責任の特則であると考えられること、役員に不測の損害はないこと等から、これを肯定する見解が有力です（新注釈民再（上）816頁［阿多博文］、条解破産1188頁）。

より深く学ぶ

実質的経営者　正式に法人と委任契約を締結していないものの、実質的に役員として経営者の職務を行う者が本条にいう「役員」に当たるか否かが議論されています。こうした者は本条の「準ずる者」にも当たらないとして、これを否定する見解も有力ですが（新注釈民再（上）815頁［阿多博文］、条解民再768頁［中島弘雅］、破産・民事再生の実務〔民事再生・個人再生編〕246頁）、例えば、真に実質的な代表者として行動しており、法人と委任関係があると解される場合に、これを肯定する見解もあります（伊藤592頁、条解破産1187頁）。

文献　伊藤932頁・592頁、一問一答民再182頁、条解民再758頁［中島弘雅］、新注釈民再（上）812頁［阿多博文］、民事再生の手引240頁

（損害賠償請求権の査定の申立て等）
第143条　裁判所は、法人である再生債務者について再生手続開始の決定があった場合において、必要があると認めるときは、再生債務者等の申立てにより又は職権で、役員の責任に基づく損害賠償請求権の査定の裁判をすることができる。
2　前項に規定する場合において、管財人が選任されていないときは、再生債権者

> も、同項の申立てをすることができる。
> 3　第１項の申立てをするときは、その原因となる事実を疎明しなければならない。
> 4　裁判所は、職権で査定の手続を開始する場合には、その旨の決定をしなければならない。
> 5　第１項の申立てがあったとき、又は職権による査定の手続の開始決定があったときは、時効の中断に関しては、裁判上の請求があったものとみなす。
> 6　査定の手続（第１項の査定の裁判があった後のものを除く。）は、再生手続が終了したときは、終了する。

基本事項

　本条は、法人である再生債務者について、役員の責任に基づく損害賠償請求権に関する審理を簡易迅速に行うための決定手続による査定の制度に関し、その申立ての手続等を定めています。本条と同趣旨の規定が破産法 178 条および会更法 100 条にも置かれています。

　本条１項により法人である再生債務者について、当該損害賠償請求権について査定の申立てを行うには、当該損害賠償請求権を基礎付ける事実（その原因となる事実）を疎明する必要があります（本条Ⅲ）。疎明とは、裁判官が当該事実について一応確からしいという程度の心証に達することをいいます。また、裁判所が職権により査定手続を開始する場合には、裁判所はその旨の決定をする必要があります（本条Ⅳ）。査定の申立てまたは職権による査定手続を開始する旨の決定は裁判上の請求（民 147 ①）には直接該当しないものの、裁判所は実質的に役員に対する損害賠償請求権の有無について審理するため、時効中断効を認めています（本条Ⅴ）。

　なお、前条による保全処分の場合と同様に、管財人が選任されていないときは再生債権者も査定申立てを行うことができます（本条Ⅱ）。

　本条による査定手続は、再生手続で特別に認められた手続であることから、査定決定があるまでに再生手続が終了した場合には査定手続も終了します（本条Ⅵ）。

　本条にいう責任は、役員が負う義務の違反に基づくものであり、典型的には、善管注意義務違反（民 644、会社 423 等）を理由とする会社から当該役員に対する損害賠償請求権がこれに該当します［☞ **論点解説** ①・②］。

論点解説

① 株主代表訴訟と再生手続　　再生手続が開始された場合に、株主代表訴訟の提起が許されるか否かについては、議論があります。この点、破産手続や更生手続においては手続開始後は株主代表訴訟を提起できないとするのが通説ですが、再生手続が DIP 型を原則としており、また、株主の権利を調整の対象としていないことから、破産手続や更生手続とは異なる議論があります（一問一答民再 185 頁、条解民再 769 頁［中島弘雅］）。

　(1)　管財人が選任されている場合

　　(ｱ)　**再生手続開始後に株主代表訴訟を提起できるか**　　管財人の業務執行権、財産

管理処分権と矛盾しないこと等を理由に、再生手続が開始され、管財人が選任された後でも、株主代表訴訟を提起できるとする見解もありますが、再生債務者の業務執行権および財産管理処分権が管財人に専属する（民再66）ことを理由に、再生手続開始後管財人が選任された場合には、株主は代表訴訟を提起できなくなるとする見解が有力です。なお、更生手続および破産手続に関する裁判例でも同様の判断がなされています（東京高判昭43・6・19判タ227号221頁、大阪高判平元・10・26判タ711号253頁）。

(イ) **再生手続開始により、係属中の株主代表訴訟はどうなるか** 株主代表訴訟の係属中に、再生手続が開始され管財人が選任されたときに、代表訴訟は中断し管財人が受継し得るかが問題になります。この点、代表訴訟は中断し、管財人が受継し得るとする見解が有力です。なお、破産手続において同様の判断をした裁判例があります（東京地判平12・1・27金判1120号58頁［百選［22］］）。

(2) **管財人が選任されていない場合** 他方、再生手続が開始されても管財人が選任されていない場合は、再生債務者財産の管理処分権や事業運営権は再生債務者に残存したままであることから、管財人が選任されている場合よりも一層議論があり、株主は新たに代表訴訟を提起することも可能であり、再生手続開始前に係続していた株主代表訴訟にも影響はなく、中断しないとする見解も有力です（条解民再773頁［中島弘雅］）。

この見解を前提とした場合には、再生手続開始前に提起された株主代表訴訟が再生手続開始後も係属している場合に再生債務者、再生債権者が役員責任査定申立てをすることができるかがさらに問題となります。訴えの取下げがなければ査定申立てはできないとの見解もありますが、役員責任査定の手続が優先し、先行する株主代表訴訟が二重起訴の禁止（民訴142）に触れるとの見解が有力です（条解民再773頁［中島弘雅］）。

2 会社法429条の損害賠償請求訴訟との関係 株式会社の役員がその職務を行うについて悪意または重過失があり、これにより損害を被った第三者は、会社法429条に基づいて役員に対して損害賠償を請求することができます。同条に基づく損害賠償責任の範囲について、通説・判例は、直接損害に加え間接損害も含むと解しています。ここで、直接損害とは役員の悪意・重過失に基づき、第三者に直接損害が生じた場合をいい、間接損害とは役員の悪意・重過失により、会社に損害が発生しその結果として第三者に損害が生じた場合をいいます。

この点、会社に再生手続が開始しても、第三者が会社の役員に対し会社法429条に基づいて責任追及訴訟を提起することが可能であると解するのが通説ですが、特に間接損害については、本来会社に帰属すべき損害賠償請求権を第三者が行使しているとみることもできることから、少なくとも管財人が選任された場合には、再生債権者からの当該請求権の行使が制限されるべきであるとの有力説や、再生手続中は債権者による会社法429条に基づく請求は認めないとの有力説などが主張されています（条解民再775頁［中島弘雅］）。

文献 伊藤933頁、一問一答民再182頁、条解民再763頁［中島弘雅］、新注釈民再

(上) 818 頁 [阿多博文]、破産・民事再生の実務 [民事再生・個人再生編] 245 頁、民事再生の手引 234 頁

> **(損害賠償請求権の査定に関する裁判)**
> **第 144 条** 前条第 1 項の査定の裁判及び同項の申立てを棄却する裁判は、理由を付した決定でしなければならない。
> 2 裁判所は、前項の決定をする場合には、役員を審尋しなければならない。
> 3 前条第 1 項の査定の裁判があった場合には、その裁判書を当事者に送達しなければならない。この場合においては、第 10 条第 3 項本文の規定は、適用しない。

基本事項

1 趣旨

本条は、前条の損害賠償請求権の査定の裁判および査定申立てを棄却する裁判の審理手続、送達について規定した条文です。本条と同趣旨の規定が破産法 179 条および会更法 101 条にも置かれています。

2 審理手続

決定で完結する役員責任査定の裁判について口頭弁論を開くか否かは裁判所の任意です (民訴 87 I)。ただし、役員に対する損害賠償請求の査定の裁判では、役員に防御の機会を与えるため、審尋が必要的とされています (本条Ⅱ)。また、査定決定に対して役員が異議の訴え (民再 145) を提起するか否か、査定申立てを棄却する決定に対し再生債務者等が別途訴訟を提起するか否かを判断する材料を提供するため、役員責任査定決定および査定申立てを棄却する決定には理由を付す必要があります (本条Ⅰ)。

査定の裁判については、その効果の重大性から、裁判書を当事者 (申立人と相手方役員) に送達しなければならず、代用公告は許されません (本条Ⅲ)。ただし、査定申立てを棄却する決定は異議の訴えの対象ではないことから、民訴法 119 条の原則通り相当と認める方法により告知すれば足ります。

論点解説

和解の可否 査定の手続において裁判上の和解ができるか議論があります。損害賠償請求権は当事者によって処分が可能であり、裁判上の和解ができるとするのが多数説です (伊藤 934 頁、条解民再 777 頁 [中島弘雅])。

> **文献** 伊藤 933 頁、一問一答民再 187 頁、条解民再 776 頁 [中島弘雅]、注釈民再 (上) 452 頁 [松下淳一]、新注釈民再 (上) 827 頁 [阿多博文]

> **(査定の裁判に対する異議の訴え)**
> **第 145 条** 第 143 条第 1 項の査定の裁判に不服がある者は、その送達を受けた日から 1 月の不変期間内に、異議の訴えを提起することができる。
> 2 前項の訴えは、再生裁判所が管轄する。

3　第1項の訴え（次項の訴えを除く。）は、これを提起する者が、役員であるときは第143条第1項の申立てをした者を、同項の申立てをした者であるときは役員を、それぞれ被告としなければならない。
4　職権でされた査定の裁判に対する第1項の訴えは、これを提起する者が、役員であるときは再生債務者等を、再生債務者等であるときは役員を、それぞれ被告としなければならない。

基本事項
1　趣旨
本条は、損害賠償請求権の査定の裁判に対する異議の訴えにつき、その提訴期間、管轄裁判所、当事者について規定しています。本条と同趣旨の規定が破産法180条および会更法102条にも置かれています。
　査定の裁判は簡易な決定手続であるため、本条は、終局的な判断を得るための判決手続を保障しています。
2　概要
　査定決定に不服がある役員もしくは再生債務者等、査定申立てをした再生債権者は、決定の送達を受けた日から1か月の不変期間内に異議の訴えを提起することができます（本条Ⅰ）。異議の訴えは再生裁判所の専属管轄です（本条Ⅱ）。
　異議の訴えを提起できる者は、査定決定に不服のある役員、再生債務者等および再生債権者であり（本条Ⅲ・Ⅳ）、実際に査定の申立てをした者ではなくても異議の訴えを提起できると解されています（条解民再781頁［中島弘雅］）。なお、役員責任査定申立ての棄却決定には既判力は生ぜず、再生債務者等は別途通常の民事訴訟手続により役員の責任に基づく損害賠償請求訴訟を提起できることから、本条の異議の訴えの対象とはされていません。

文献　伊藤934頁、一問一答民再188頁、条解民再779頁［中島弘雅］、新注釈民再830頁［阿多博文］、民事再生の手引238頁

第146条　前条第1項の訴えの口頭弁論は、同項の期間を経過した後でなければ開始することができない。
2　前条第1項の訴えが数個同時に係属するときは、弁論及び裁判は、併合してしなければならない。この場合においては、民事訴訟法第40条第1項から第3項までの規定を準用する。
3　前条第1項の訴えについての判決においては、訴えを不適法として却下する場合を除き、査定の裁判を認可し、変更し、又は取り消す。
4　査定の裁判を認可し、又は変更した判決は、強制執行に関しては、給付を命ずる判決と同一の効力を有する。
5　査定の裁判を認可し、又は変更した判決については、受訴裁判所は、民事訴訟法第259条第1項の定めるところにより、仮執行の宣言をすることができる。
6　再生手続が終了したときは、前条第1項の訴えに係る訴訟手続であって再生債務者等が当事者でないものは、中断する。この場合においては、第68条第3項の

規定を準用する。

基本事項
1　趣旨
　本条は、異議の訴えの審理、判決内容、判決の効力等について定めています。なお、本条3項、4項、5項と同趣旨の規定が破産法180条4項以下に、また、本条と同趣旨の規定が会更法102条にも置かれています。

2　口頭弁論開始時期
　本条1項は、本条2項により併合審理すべき他の当事者からの異議訴訟提起の有無を確認するために、異議訴訟提起期間経過後でなければ口頭弁論を開始することができないこととしています（本条Ⅰ）。

3　併合審理
　同一の役員の責任についての査定の裁判に対して異議の訴えが複数係属する場合、判決が矛盾抵触する事態を回避して合一確定の要請を満たすため、弁論および裁判を併合する必要があります（本条Ⅱ）。併合に当たっては、必要的共同訴訟の規定（民訴40Ⅰ-Ⅲ）が準用されています。なお、併合審理の対象となるのは、1人の役員に対する査定の裁判に対して両当事者から異議の訴えが提起された場合や同一の役員に対する査定申立てをした債権者が複数いるうちの2人以上から異議の訴えが提起された場合であり、複数の役員にそれぞれ別の査定申立てがなされている場合は、合一確定の趣旨は妥当しないので、本条による併合審理の対象とはならないと解されています（谷口安平「損害賠償の査定」金判1086号〔2000〕105頁）。

4　判決内容と効力
　異議の訴えの判決は、「査定の裁判を認可する」、「変更する」、「取り消す」のいずれかになります（本条Ⅲ）。異議の訴えの判決主文には、「給付を命ずる」文言は含まれていませんが、実質的に役員に対する損害賠償請求権の有無を判断しているので、本条4項は、給付を命ずる判決と同一の効力を有することとし、異議の訴えの判決に執行力を認めています。異議の訴えの判決には既判力も付与されます。
　本条5項は、異議の訴えが形成訴訟であるとの見解もあることを踏まえ、異議の訴えの判決に対して仮執行宣言を付与できることを確認的に規定しています。

5　再生手続が終了したとき
　査定手続は再生手続の終了と同時に終了しますが（民再143Ⅵ）、異議の訴えが係属している場合には、紛争解決のために再生債務者に続行させることとし、再生債務者が当事者となっているものは訴訟手続に影響せず、それ以外の場合には中断して再生債務者が受継することになります（本条Ⅵ・68Ⅲ）。

より深く学ぶ
和解の可否　　査定手続の局面と同様に、異議の訴えにおいても訴訟上の和解ができるかについて議論があります。この点、実質的に役員に対する損害賠償請求権の有無を判断していることから、訴訟上の和解ができるとの見解が多数説です（新注

釈民再（上）828頁［阿多博文］、谷口安平「損害賠償の査定」金判1086号〔2000〕104頁）。

文献 伊藤934頁、一問一答民再188頁、条解民再784頁［中島弘雅］、新注釈民再（上）835頁［阿多博文］

（査定の裁判の効力）
第147条 第145条第1項の訴えが、同項の期間内に提起されないとき、又は却下されたときは、査定の裁判は、給付を命ずる確定判決と同一の効力を有する。

基本事項
趣旨
本条は、査定の裁判の効力について定めています。本条と同趣旨の規定が破産法181条および会更法103条にも置かれています。

査定の裁判は決定手続であり、役員に対する責任追及の簡易迅速な手続を定めたものですが、当事者が法定の期間内に判決手続で争うことを選択しなかったときおよび異議の訴えが不適法却下されて確定したときは、査定の裁判に給付を命じる確定判決と同一の効力を認めました。これにより、査定決定を債務名義として（民執22⑦）、再生債務者等は強制執行を行うことが可能となります。

文献 伊藤935頁、一問一答民再188頁、条解民再789頁［中島弘雅］、注釈民再（上）458頁［松下淳一］、新注釈民再840頁［阿多博文］

第4節　担保権の消滅

（担保権消滅の許可等）
第148条　再生手続開始の時において再生債務者の財産につき第53条第1項に規定する担保権（以下この条、次条及び第152条において「担保権」という。）が存する場合において、当該財産が再生債務者の事業の継続に欠くことのできないものであるときは、再生債務者等は、裁判所に対し、当該財産の価額に相当する金銭を裁判所に納付して当該財産につき存するすべての担保権を消滅させることについての許可の申立てをすることができる。
2　前項の許可の申立ては、次に掲げる事項を記載した書面でしなければならない。
　一　担保権の目的である財産の表示
　二　前号の財産の価額
　三　消滅すべき担保権の表示
　四　前号の担保権によって担保される債権の額
3　第1項の許可の決定があった場合には、その裁判書を、前項の書面（以下この条及び次条において「申立書」という。）とともに、当該申立書に記載された同項第3号の担保権を有する者（以下この条から第153条までにおいて「担保権者」という。）に送達しなければならない。この場合においては、第10条第3項本文の規定は、適用しない。
4　第1項の許可の決定に対しては、担保権者は、即時抗告をすることができる。

5 前項の即時抗告についての裁判があった場合には、その裁判書を担保権者に送達しなければならない。この場合においては、第10条第3項本文の規定は、適用しない。
6 第2項第3号の担保権が根抵当権である場合において、根抵当権者が第3項の規定による送達を受けた時から2週間を経過したときは、根抵当権の担保すべき元本は、確定する。
7 民法第398条の20第2項の規定は、第1項の許可の申立てが取り下げられ、又は同項の許可が取り消された場合について準用する。

基本事項
1 趣旨

本条は、再生手続特有の担保権消滅許可制度における担保権消滅許可の申立等について定めています。なお、担保権消滅許可制度は破産法にも定められていますが（破186-191）、破産法上の同制度は、担保目的物を任意売却してその一部を破産財団に組み入れることを目的とする点で異なります［☞破§186］。また、同じく再建型の手続である会更法も担保権消滅許可制度を規定していますが（会更104-112）、更生手続では、担保付債権は、原則として更生手続によらなければ行使できない更生担保権（会更135Ⅰ）となるため、再生手続における担保権消滅許可制度とは異なります（伊藤652頁）。

2 担保権消滅許可制度導入の背景

再生手続においては、担保権は別除権とされ、再生手続開始の時において再生債務者の財産［☞ 論点解説 ①］につき担保権を有する者は、再生手続によらずに行使することができるのが原則です（民再53Ⅱ）。しかし、再生手続外での担保権実行を無制限に認めると、再生債務者の事業の継続に欠くことのできない財産について担保権が実行されてしまい、当該事業の継続が不可能となる可能性があります。

この点、再生債務者等は、当該担保権の行使を回避するため、担保権者たる別除権者との間で、別除権の目的である財産の受戻し（民再41Ⅰ⑨）を主な内容とする別除権協定［☞民再§88］の締結を目指すのが一般ですが、別除権協定の締結が適わない場合には、担保権の不可分性の原則（民296）から、本来、再生債務者は担保権の被担保債権額全額を弁済しなければなりません。

しかし、担保権の目的物の価値が被担保債権額を下回る状態、いわゆる「担保割れ」となっている場合は、別除権者は、担保権を実行したとしても、被担保債権全額の弁済を受けられずに当該担保権は消滅するにもかかわらず（消除主義。民執59Ⅰ）、別除権者に対する被担保債権全額の弁済を認めることは、再生債務者の事業の再建に支障を生じさせるのみならず、担保権を有しない再生債権者との間の公平を害することになります。

そこで、民再法は、再生債務者の事業の再生を図るため、本条ないし153条において、事業の継続に欠くことのできない財産について再生債務者等が担保目的物の価額に相当する金銭を納付すれば、例外的に担保権の消滅を認める担保権消滅許可

制度を導入しました。

3　要件

担保権消滅請求の要件は、①再生債務者の財産が事業の継続に欠くことのできないものであること（本条Ⅰ）[☞ 論点解説 2]、②事業継続不可欠要件の対象となる再生債務者の財産に担保権が設定されていることです。担保権は、抵当権、質権等の典型担保や仮登記担保（仮登記担保19Ⅲ）がこれに当たります [☞ 論点解説 3]。

4　手続

担保権消滅許可は、本条2項各号に記載された事項のほか、①消滅すべき担保権者の氏名または名称および住所、②目的財産が再生債務者の事業の継続に欠くことができないものである事由および③再生債務者等またはその代理人および担保権者の郵便番号および電話番号（ファクシミリの番号を含む）を記載した書面により申し立てることが必要です（民再規70）。

裁判所は、担保権消滅許可決定をした場合、その裁判書を申立書とともに、当該申立書に記載された担保権者に送達する必要があります（本条Ⅲ第一文）。送達代用公告の規定は適用されません（同項第二文）。

5　不服申立て

担保権者は、担保権消滅許可決定に対して、即時抗告ができます（本条Ⅳ）。申立書に記載された財産の価額に異議がある場合には、次条以下に定める価額決定の請求手続によることになります。そのため、本項の即時抗告では、主として、事業継続不可欠要件の有無や消滅許可の対象となる担保権か否かが争われることになります。

即時抗告についての裁判があった場合、その裁判書を担保権者に送達しなければなりませんが（本条Ⅴ第一文）、公告をもって送達に代えることはできません（同項第二文）。

6　根抵当権の元本確定

再生手続開始決定は、根抵当権の元本確定事由ではありませんが（民398の20Ⅰ参照）、担保権消滅許可申立てがあった場合、手続の対象となる根抵当権の被担保債権を確定させるため、根抵当権者が同許可決定の裁判書の送達を受けた時から2週間を経過した時、根抵当権の担保すべき元本が確定します（本条Ⅵ）。もっとも、同申立てが取り下げられまたは許可が取り消された場合は、民法398条の20第2項が準用され、担保すべき元本は確定しなかったものとみなされます（本条Ⅶ）。

論点解説

1　登記の要否　本条の対象となる担保権は、再生債務者の財産（不動産や動産、債権を問わない）に設定された担保権です。再生債務者が物上保証人である場合の担保権も含まれます。再生債務者が当該財産を所有していることのほか、登記も再生債務者名義であることが必要か否か議論があります。この点、再生債務者と担保権者との関係は対抗問題とならないとして、登記を不要とした裁判例（福岡高決平18・3・28判タ1222号310頁）があります。ただし、この裁判例については、対抗要件とし

ての登記を不要としたもので、所有権の事実認定の問題として、再生債務者名義の登記がなくてもなお再生債務者の所有といい得るだけの事情が必要である旨の指摘がなされています（新注釈民再（上）849 頁［木内道祥］）。

2 事業継続不可欠要件　担保目的財産を売却する場合、再生債務者が当該財産の使用を継続することにはならないため、この場合も「当該財産が事業の継続に欠くことのできない」といえるかについては、議論があります（伊藤 971 頁）。担保権者に競売申立ての対抗手段のない民再法上の担保権消滅請求制度においては、再生債務者が担保目的物を売却できないことが前提となっているとしてこれを否定する見解も有力です（新注釈民再（上）851 頁［木内道祥］）。他方、土地付戸建分譲を業とする不動産業者の再生手続において、販売用不動産も事業継続不可欠要件を満たすと判示した裁判例（東京高決平 21・7・7 判時 2054 号 3 頁）や、当該財産の処分が事業の継続のため必要不可欠であり、かつ、その再生のため最も有効な最後の手段であると考えられるようなときは、処分される当該財産も「再生債務者の事業の継続に欠くことができない」に該当するとした裁判例（名古屋高判平 16・8・10 判時 1884 号 49 頁）もあり、担保目的財産を売却する場合にも事業継続不可欠要件を充足すると考える見解もあります（条解民再 797 頁［小林秀之］）。

3 非典型担保と消滅許可　本条の担保権消滅許可の申立ての対象となる担保権の範囲に、譲渡担保等の非典型担保が含まれるかについて議論があります。この点、非典型担保であることにより一律に申立ての対象として否定されることはないと考えられています（伊藤 969 頁）。具体的に担保権消滅許可の利用が可能か否かは、担保権消滅許可制度の手続（例えば、譲渡担保権の場合に、担保権設定登記の抹消嘱託〔民再 152 Ⅲ〕に代えて所有権移転登記の抹消の嘱託が許されるか等）を踏まえ、個別の担保権ごとに検討する必要があります（新注釈民再（上）853 頁［木内道祥］）。なお、非典型担保の一種と解されているファイナンス・リース［☞民再§53 **論点解説** **1**(3)］について、担保権消滅許可の対象になることを前提とする裁判例があります（大阪地決平 13・7・19 判時 1762 号 148 頁、東京地判平 15・12・22 判タ 1141 号 279 頁、東京地判平 16・6・10 判タ 1185 号 315 頁）。

より深く学ぶ

担保消滅許可申立てが濫用となる場合　担保権消滅許可制度は、本来、別除権として再生手続外で行使できる担保権について、再生債務者の事業再生という目的の下、例外的に再生債務者の許可申立てにより消滅させるものです。そのため、担保権消滅請求を認めることにより担保権者が著しい不利益を被る場合、同請求は権利の濫用として許されないと解されています。札幌高決平 16・9・28（金法 1757 号 42 頁）は、共同担保たる不動産の一部のみについてした担保権消滅請求につき、担保権者に著しい不利益が及ぶことから、権利の濫用として許されないと判示しています。

判例　大阪地決平 13・7・19 判時 1762 号 148 頁、東京高決平 21・7・7 判時 2054 号 3 頁、札幌高決平 16・9・28 金法 1757 号 42 頁、福岡高決平 18・3・28 判タ 1222 号 310 頁

文献 伊藤968頁、一問一答民再190頁・194頁、条解民再791頁〔小林秀之〕、倒産法概説442頁〔笠井正俊〕、山本173頁、松下103頁、破産法・民事再生法概論182頁〔佐藤鉄男〕、中島＝佐藤267頁、破産・民事再生の実務〔民事再生・個人再生編〕172頁、民事再生の手引243頁、新注釈民再（上）843頁〔木内道祥〕

（価額決定の請求）
第149条 担保権者は、申立書に記載された前条第2項第2号の価額（第151条及び第152条において「申出額」という。）について異議があるときは、当該申立書の送達を受けた日から1月以内に、担保権の目的である財産（次条において「財産」という。）について価額の決定を請求することができる。
2 前条第1項の許可をした裁判所は、やむを得ない事由がある場合に限り、担保権者の申立てにより、前項の期間を伸長することができる。
3 第1項の規定による請求（以下この条から第152条までにおいて「価額決定の請求」という。）に係る事件は、再生裁判所が管轄する。
4 価額決定の請求をする者は、その請求に係る手続の費用として再生裁判所の定める金額を予納しなければならない。
5 前項に規定する費用の予納がないときは、再生裁判所は、価額決定の請求を却下しなければならない。

基本事項
1 趣旨

　本条は、担保権消滅請求を行った再生債務者の申出額について担保権者に異議がある場合に、担保権者の行う対抗手段としての価額決定の請求について定めています。なお、会更法の担保権消滅許可制度においても、管財人が示した目的物の価額に異議がある場合には、更生担保権者は価額決定請求（会更105）を行うことができます。また、破産法上の担保権消滅許可制度においては、担保権者の対抗手段として、担保権者自らが担保権実行の申立てを行う方法（破187）と、自らまたは第三者による買受けの申出をする方法を規定しています（破188）。
　担保権消滅許可決定に対しては即時抗告の方法により争うこともできますが（民再148Ⅳ）、即時抗告では、事業継続不可欠要件の有無や消滅の対象となる担保権か否かが主として争われるのに対し、本条の価額決定の請求では、再生債務者の申出額の相当性が争われることになります。

2 手続

　本条による価額決定の請求権者は、担保権消滅請求を受けた担保権者であり、担保権の順位は問いません。担保権者は、担保権消滅請求申立書の送達を受けた日から1か月以内に、担保権の目的である財産について価額の決定を請求することができます（本条Ⅰ）。担保権消滅許可をした裁判所は、やむを得ない事由がある場合に限り、担保権者の申立てにより、価額決定請求期間を伸長することができます（本条Ⅱ）。価額決定の請求に係る事件は、再生裁判所の専属管轄です（本条Ⅲ）。
　担保権者が価額決定の請求をするためには、請求書に①再生事件の表示、②当事

者の氏名または名称および住所ならびに代理人の氏名および住所、③本条1項に規定する財産の表示および当該財産について価額の決定を求める旨を記載する必要があります（民再規75Ⅰ）。

また、価額決定の請求をする担保権者が、本条1項に規定する財産の評価をした場合において当該評価を記載した文書を保有する場合、再生裁判所に対して、その文書を提出するものとされています（民再規75Ⅳ）。もっとも、この規定は訓示規定と解されています（条解民再803頁〔小林秀之〕）。

価額決定の請求をする者は、その請求に係る手続の費用（主に評価人の費用）として再生裁判所の定める金額を予納する必要があります。そして、この費用の予納がないときは、再生裁判所は、価額決定の請求を却下します（本条Ⅳ・Ⅴ）。

3 価額決定の請求が行われない場合等の効果

請求期間内に価額決定の請求がなかったとき、または価額決定の請求のすべてが取り下げられ、もしくは却下されたときは、申出額（民再148Ⅱ②）が金銭納付の額となります（民再152Ⅰ）。

> **文献** 伊藤973頁、一問一答民再194頁、条解民再800頁〔小林秀之〕、倒産法概説445頁〔笠井正俊〕、山本174頁、松下106頁、破産法・民事再生法概論183頁〔佐藤鉄男〕、中島＝佐藤271頁、破産・民事再生の実務〔民事再生・個人再生編〕173頁、民事再生の手引255頁、新注釈民再（上）858頁〔木内道祥〕

（財産の価額の決定）
第150条 価額決定の請求があった場合には、再生裁判所は、当該請求を却下する場合を除き、評価人を選任し、財産の評価を命じなければならない。
2 前項の場合には、再生裁判所は、評価人の評価に基づき、決定で、財産の価額を定めなければならない。
3 担保権者が数人ある場合には、前項の決定は、担保権者の全員につき前条第1項の期間（同条第2項の規定により期間が伸長されたときは、その伸長された期間。第152条第1項において「請求期間」という。）が経過した後にしなければならない。この場合において、数個の価額決定の請求事件が同時に係属するときは、事件を併合して裁判しなければならない。
4 第2項の決定は、価額決定の請求をしなかった担保権者に対しても、その効力を有する。
5 価額決定の請求についての決定に対しては、再生債務者等及び担保権者は、即時抗告をすることができる。
6 価額決定の請求についての決定又は前項の即時抗告についての裁判があった場合には、その裁判書を再生債務者等及び担保権者に送達しなければならない。この場合においては、第10条第3項本文の規定は、適用しない。

基本事項

1 趣旨

本条は、価額決定の請求があった場合の価額決定の方法等を定めた規定です。

2 手続

価額決定の請求があった場合、再生裁判所は評価人を選任し、財産の評価 [☞ **論点解説**] を命じ、評価人の評価に基づき、決定で、財産の価額を定めます（本条Ⅰ・Ⅱ）。また、担保権者が数人ある場合には、価額を合一に確定する必要があることから、この決定は担保権者の全員につき請求期間（民再149Ⅰ・Ⅱ）が経過した後に行い、数個の価額決定の請求事件が同時に係属するときは、事件を併合して裁判をしなければなりません（本条Ⅲ）。

3 効果

本条の決定は、すべての担保権者との関係で合一的に財産の価額を確定するため、価額決定の請求をしなかった担保権者に対しても効力を有します（本条Ⅳ）。

4 不服申立て

再生債務者等および担保権者は、本条の決定に対して即時抗告をすることができます（本条Ⅴ）。再生裁判所は、価額決定の請求についての決定または即時抗告についての裁判があった場合には、その裁判書を再生債務者等およびすべての担保権者に送達しなければならず、送達代用公告の規定は適用されません（本条Ⅵ）。

論点解説

評価の基準 評価人による評価は、価額決定の時における処分価格を基準とします（民再規79Ⅰ）。ただし、この「処分価格」の意義について争いがあり、競売価格とする見解、早期売却価格とする見解、または通常の取引価格とする見解がありますが、早期売却価格とする見解が有力であり、実務でもこの見解に基づく運用が定着しつつあると指摘されています（伊藤975頁、条解民再809頁［泉路代］、新注釈民再（上）867頁［木内道祥］）。

文献 伊藤974頁、一問一答民再194頁・197頁・198頁、条解民再805頁［泉路代］、769-770頁、倒産法概説445頁［笠井正俊］、山本174頁、松下107頁、破産法・民事再生法概論183頁［佐藤鉄男］、中島＝佐藤272頁、破産・民事再生の実務〔民事再生・個人再生編〕178頁、民事再生の手引258頁、新注釈民再（上）864頁［木内道祥］

（費用の負担）
第151条 価額決定の請求に係る手続に要した費用は、前条第2項の決定により定められた価額が、申出額を超える場合には再生債務者の負担とし、申出額を超えない場合には価額決定の請求をした者の負担とする。ただし、申出額を超える額が当該費用の額に満たないときは、当該費用のうち、その超える額に相当する部分は再生債務者の負担とし、その余の部分は価額決定の請求をした者の負担とする。

2 前条第5項の即時抗告に係る手続に要した費用は、当該即時抗告をした者の負担とする。

3 第1項の規定により再生債務者に対して費用請求権を有する者は、その費用に関し、次条第1項の規定により納付された金銭について、他の担保権者に先立ち

弁済を受ける権利を有する。
　4　次条第4項の場合には、第1項及び第2項の費用は、これらの規定にかかわら
　　ず、再生債務者の負担とする。この場合においては、再生債務者に対する費用請
　　求権は、共益債権とする。

基本事項
1　趣旨
　本条は、価額決定の請求に係る手続費用の負担について定めています。
　価額決定の請求における評価人を選任するための手続に要した費用（手続費用）は、価額決定の請求をする担保権者が予納します（民再149Ⅳ）。しかし、財産評価に要する手続費用は比較的高額となることもある上、常に担保権者が手続費用を負担することとなれば、再生債務者等による不当に低額な申出額の提示を招来するおそれがあるため、本条は、決定された価額に従って、費用の負担者を定めています。

2　手続費用の負担者
　価額決定の請求に係る手続に要した費用は、①決定により定められた価額が申出額を超える場合には再生債務者の負担となり、②申出額を超えない場合には価額決定の請求をした者の負担となります（本条Ⅰ）。ただし、①の場合でも、申出額を超える額が手続に要した費用の額に満たないときは、超える額に相当する部分は再生債務者の負担とし、その余は価額決定の請求をした者の負担として、両者の公平を図っています（本条Ⅰただし書）。また、価額決定の請求についての決定に対する即時抗告に要した費用は、即時抗告をした者の負担とされています（本条Ⅱ）。
　ただし、再生債務者等が財産の価額に相当する金銭を納付せず、担保権消滅許可が取り消された場合には、再生債務者等に帰責性が認められることから、政策的に手続費用はすべて再生債務者の負担とされ、この請求権は共益債権とされます（本条Ⅳ）。
　なお、前記①により、再生債務者に対して費用請求権を有する者は、その費用に関し、次条に従って再生債務者等により納付された金銭について、他の担保権者に先立ち弁済を受けることができます（本条Ⅲ）。当該手続費用は各担保権者の共同の利益のために生じたものと評価できるためです。

　判　例　東京地判平16・2・27判時1855号121頁
　文　献　伊藤976頁、一問一答民再200頁、条解民再813頁［泉路代］、倒産法概説445頁［笠井正俊］、松下108頁、民事再生の手引261頁、新注釈民再（上）872頁［木内道祥］

（価額に相当する金銭の納付等）
　第152条　再生債務者等は、請求期間内に価額決定の請求がなかったとき、又は価額決定の請求のすべてが取り下げられ、若しくは却下されたときは申出額に相当する金銭を、第150条第2項の決定が確定したときは当該決定により定められた価額に相当する金銭を、裁判所の定める期限までに裁判所に納付しなければなら

ない。
2 担保権者の有する担保権は、前項の規定による金銭の納付があった時に消滅する。
3 第1項の規定による金銭の納付があったときは、裁判所書記官は、消滅した担保権に係る登記又は登録の抹消を嘱託しなければならない。
4 再生債務者等が第1項の規定による金銭の納付をしないときは、裁判所は、第148条第1項の許可を取り消さなければならない。

基本事項

1 趣旨
本条は、担保権の消滅と消滅させるための金銭の納付について定めています。本条と同様の規定が会更法108条にも置かれています。

2 金銭の納付と担保権の消滅
再生債務者等は、請求期間内に価額決定の請求がなかったとき、または価額決定の請求のすべてが取り下げられ、もしくは却下されたときは、申出額に相当する金銭（民再148Ⅱ②。以下、「申出額相当金」という）を、価額決定の請求の決定が確定したときは当該決定により定められた価額に相当する金銭（民再150Ⅱ。以下、「決定価額相当金」という）を、裁判所が定める期限（民再規81Ⅰ）までに納付する必要があります。

申出額相当金または決定額相当金の納付があった時に、担保権消滅許可申立書に記載された担保権者の有する担保権は消滅します（本条Ⅱ）。また、裁判所書記官は、消滅した担保権に係る登記または登録の抹消を嘱託する必要があります（本条Ⅲ）。

3 申出額相当金または価額相当金の不納付
申出額相当金または価額相当金の納付がない場合、裁判所は、担保権消滅の許可を取り消します（本条Ⅳ）。取消しによって、確定した根抵当権の担保すべき元本は確定しなかったものとみなされ（民再148Ⅶ）、価額決定の請求に要した手続費用も再生債務者の負担となり、再生債務者に対する費用請求権は共益債権として扱われます（民再151Ⅳ）。

文献 伊藤977頁、一問一答民再194頁・202頁、条解民再815頁［富盛秀樹］、倒産法概説445頁［笠井正俊］、山本174頁、松下106頁、破産法・民事再生法概論183頁［佐藤鉄男］、中島＝佐藤272頁、破産・民事再生の実務［民事再生・個人再生編］179頁、民事再生の手引263頁、新注釈民再（上）876頁［木内道祥］

（配当等の実施）
第153条 裁判所は、前条第1項の規定による金銭の納付があった場合には、次項に規定する場合を除き、配当表に基づいて、担保権者に対する配当を実施しなければならない。
2 担保権者が1人である場合又は担保権者が2人以上であって前条第1項の規定により納付された金銭で各担保権者の有する担保権によって担保される債権及び第151条第1項の規定により再生債務者の負担すべき費用を弁済することができ

る場合には、裁判所は、当該金銭の交付計算書を作成して、担保権者に弁済金を交付し、剰余金を再生債務者等に交付する。
3　民事執行法（昭和54年法律第4号）第85条及び第88条から第92条までの規定は第1項の配当の手続について、同法第88条、第91条及び第92条の規定は前項の規定による弁済金の交付の手続について準用する。

基本事項

　本条は、前条に基づく金銭の納付があった場合の配当等について定めています。本条と同様の規定が会更法110条にも置かれています。

　前条による金銭の納付があった場合には、原則として、裁判所書記官が作成する配当表に基づき担保権者に対して配当が行われます（本条Ⅰ）。ただし、担保権者が1人である場合または担保権者が2人以上であって、再生債務者等により納付された金銭で、各担保権者の有する担保権によって担保される債権および価額決定の請求の手続に要した費用で再生債務者等の負担すべき費用を弁済することができる場合には、裁判所は、金銭の交付計算書を作成して、担保権者に弁済金を交付し、剰余金を再生債務者等に交付します（本条Ⅱ）。

　配当手続および弁済金交付手続については、不動産競売に関する民事執行法の規定が準用されています（本条Ⅲ）。

　なお、配当の順位に関し、商事留置権の取扱いについては争いがあります［☞ **より深く学ぶ**］。

より深く学ぶ

商事留置権に対する配当　　商事留置権（商521）は成立の時期を問わず抵当権等に対抗できると解されていることから、担保権消滅の制度における配当においても、商事留置権を有する者に対して最先順位で配当をすべきとの見解があります（一問一答民再205頁）。もっとも、例えば、建物請負代金債権を被担保債権とする商事留置権に関し、不動産には商事留置権が成立しないとの考え方もある上（東京高判平8・5・28判時1570号118頁、東京高判平22・7・26金法1906号75頁）、また、仮に建物に商事留置権が成立するとしても、土地の抵当権に対応できない建物についての商事留置権をどのように扱うのかなど、実務的に非常に困難な問題があると指摘されています（条解民再821頁［富盛秀樹］）。

　文　献　伊藤978頁、一問一答民再194頁・204頁、条解民再819頁［富盛秀樹］、倒産法概説445頁［笠井正俊］、山本174頁、破産法・民事再生法概論183頁［佐藤鉄男］、破産・民事再生の実務［民事再生・個人再生編］179頁、民事再生の手引265頁、新注釈民再（上）880頁［木内道祥］

第7章 再生計画

前 注
1 再生計画の意義

再生計画とは、再生債権者の権利の全部または一部を変更する条項、その他の民再法154条に規定する条項を定めた計画をいいます（民再2③）。民再法は、経済的に窮境にある債務者と債権者との間の民事上の権利関係を適切に調整し、もって当該債務者の事業または経済生活の再生を図ることを目的としているところ（民再1）、この「民事上の権利関係」を調整する内容を定めるのが再生計画であり、再生手続では、再生計画の可決認可を得てこれを遂行することが最終目標になります。

2 再生計画の条項

再生計画の条項には、①再生計画に必ず定めなければならない絶対的必要的記載事項、②再生計画に記載しなければ所定の効力が生じない相対的必要的記載事項、③それ以外の任意的記載事項があります。

絶対的必要的記載事項には、①全部または一部の再生債権者の権利の変更（民再154Ⅰ①）、②共益債権および一般優先債権の弁済（同項②）、③知れている開始後債権の内容（同項③）があります。再生計画による権利の変更は、原則として再生債権者間で平等でなければなりません（民再155Ⅰ本文）。再生債権者の権利を変更する条項においては、権利の変更の一般的基準を定めるとともに（民再156）、変更される権利を明示し、かつ、一般的基準に従って変更した後の権利の内容を定めなければなりません（民再157Ⅰ）。

相対的必要的記載事項には、①債権者委員会の費用負担（民再154Ⅱ）、②未確定の再生債権者の権利（民再159）、③別除権者の権利に関する定め（民再160Ⅰ）、債務の負担および担保の提供に関する定め（民再158）、再生計画によって影響を受けない権利の明示（民再157Ⅱ）があります。

任意的記載事項には、例えば、①資本金の額の減少に関する事項（民再154Ⅲ・166）、②募集株式を引き受ける者の募集に関する事項（民再154Ⅳ・166の2）、③根抵当権の極度額超過額の仮払に関する定め（民再160Ⅱ）などがあります。

3 再生計画案の提出
(1) 提出時期

再生債務者等（民再2②）は、債権届出期間の満了後裁判所の定める期間内（特段の事情がある場合を除き、一般調査期間の末日から2か月以内の日まで。民再規84Ⅰ）に、再生計画案を作成して裁判所に提出しなければなりません（民再163Ⅰ）。また、管財人が選任されている場合の再生債務者または届出再生債権者、外国管財人も裁判所の定める期間内に再生計画案を作成して裁判所に提出することができます（民再163

Ⅱ・209 Ⅲ）。

　裁判所は、申立てによりまたは職権で、再生計画案の提出期間を伸長することができますが（民再163 Ⅲ）、再生手続の遅延防止の観点から、期間の伸長は、特別の事情がある場合を除き、2回を超えてすることができません（民再規84 Ⅲ）。

　なお、裁判所が定めた期間または裁判所が伸長した期間内に再生計画案の提出がないときは、再生手続は職権で廃止されます（民再191 ②）。

(2)　事前提出

　再生債務者等は、再生手続開始の申立後債権届出期間の満了前でも再生計画案を提出することができます（民再164 Ⅰ）。この場合、個別の再生債権の権利変更の条項を定めないで、再生計画案の提出をすることができますが、債権届出期間満了後裁判所の定める期間内に、個別の権利変更条項を補充しなければなりません（同条Ⅱ）。

(3)　修正

　再生計画案の提出者は、再生計画案を決議に付する旨の決定がされるまでは、裁判所の許可を得て、再生計画案を修正することができます（民再167）。

(4)　労働組合等の意見聴取

　事業の再生には従業員の協力が不可欠であることから、裁判所は、提出された再生計画案について労働組合等の意見を聴取しなければなりません。再生計画案が修正された場合も同様です（民再168）。

4　再生計画案の決議

　再生計画案の提出があったときは、裁判所は、一定の事由がある場合を除いて、当該再生計画案を決議に付する旨の決定（付議決定）をします（民再169 Ⅰ）。裁判所は、付議決定において議決権行使の方法として、①債権者集会を開催する方法、②書面等投票を行う方法、または③これらを併用する方法のいずれかを定めます（同条Ⅱ）。

　再生計画案を可決するには、①議決権者（債権者集会に出席するか、書面等投票をしたものに限られる）の過半数の同意があること（頭数要件）、および②議決権者の議決権の総額の2分の1以上の議決権を有する者の同意があること（議決権額要件）の双方を充足することが必要です（民再172の3 Ⅰ）。

5　再生計画の認可等

　裁判所は、再生計画案が可決された場合には、不認可事由がある場合を除いて、再生計画認可の決定をします（民再174 Ⅰ）。再生計画の認可または不認可の決定に対しては、即時抗告をすることができます（民再175 Ⅰ）。

　再生計画は、認可の決定ではなく、その確定によって効力を生じます（民再176）。

　再生計画は、再生債務者、すべての再生債権者および再生のために債務を負担し、または担保を提供する者のために、かつ、それらの者に対して効力を有しますが（民再177 Ⅰ）、別除権者が有する担保権、再生債権者が再生債務者の保証人その他再生債務者とともに債務を負担する者に対して有する権利および再生債務者以外の者が再生債権者のために提供した担保権には影響を及ぼしません（民再177 Ⅱ）。

6 再生計画認可決定の効力

再生計画認可決定の確定によって、届出再生債権者および自認債権（民再101Ⅲ）を有する再生債権者の権利は、再生計画の定めに従って変更されます（民再179Ⅰ）。また、原則として、再生計画の定めまたはこの法律の規定によって認められた権利を除き、再生債務者は、すべての再生債権について、その責任を免れます（民再178Ⅰ本文）。ただし、再生手続開始前の罰金等は免責の対象とはなりません（同項ただし書）。また、再生債務者に知れている債権で再生債務者が自認しなかった届出のない再生債権等についても免責の対象とはならず、債務の減免、期限の猶予その他の権利の変更の一般的基準（民再156）に従って権利変更されます（民再181Ⅰ）。

再生計画認可決定が確定したときは、裁判所書記官は、再生計画の条項を再生債権者表に記載しなければならず（民再180Ⅰ）、再生債権者表の記載は、再生債務者、再生債権者および再生のために債務を負担し、または担保を提供する者に対して確定判決と同一の効力を有します（民再180Ⅱ）。

第1節 再生計画の条項

> **（再生計画の条項）**
> **第154条** 再生計画においては、次に掲げる事項に関する条項を定めなければならない。
> 　一　全部又は一部の再生債権者の権利の変更
> 　二　共益債権及び一般優先債権の弁済
> 　三　知れている開始後債権があるときは、その内容
> 2　債権者委員会が再生計画で定められた弁済期間内にその履行を確保するため監督その他の関与を行う場合において、再生債務者がその費用の全部又は一部を負担するときは、その負担に関する条項を定めなければならない。
> 3　第166条第1項の規定による裁判所の許可があった場合には、再生計画の定めによる再生債務者の株式の取得に関する条項、株式の併合に関する条項、資本金の額の減少に関する条項又は再生債務者が発行することができる株式の総数についての定款の変更に関する条項を定めることができる。
> 4　第166条の2第2項の規定による裁判所の許可があった場合には、再生計画において、募集株式（会社法第199条第1項に規定する募集株式をいい、譲渡制限株式であるものに限る。以下この章において同じ。）を引き受ける者の募集（同法第202条第1項各号に掲げる事項を定めるものを除く。以下この章において同じ。）に関する条項を定めることができる。

基本事項

1 趣旨

本条は、再生計画に記載すべき条項に関する総則的な規定です。本条と同趣旨の規定が会更法167条にも置かれています。

再生計画に記載すべき条項には、記載がない場合には不適法として不認可の理由

となる絶対的必要的記載事項、記載がない場合には効力を生じない相対的必要的記載事項、およびそれ以外の任意的記載事項があります〔☞ **より深く学ぶ** 〕。

2 絶対的必要的記載事項

(1) 全部または一部の再生債権者の権利の変更

再生債権者は、届出や確定の有無を問わず、手続開始後の利息等の請求権（民再84Ⅱ）、約定劣後再生債権（民再35Ⅳ）、手続開始前の罰金等の請求権（民再97・181Ⅲ）を有する再生債権者を含む、すべての再生債権者を意味します。また、権利の変更は、全部または一部の免除、期限の猶予、権利内容の変更（デット・エクイティ・スワップなど）、第三者による債務引受けや担保提供など再生債権の権利内容に関するあらゆる変更を意味します。

(2) 共益債権および一般優先債権の弁済

共益債権とは、主として利害関係人の共同の利益のためになされた行為により再生手続開始後の原因に基づいて生じた請求権の総称をいいます（民再119）。一般優先債権とは、一般の先取特権その他一般の優先権がある債権であり、共益費用を除くものをいい（民再22）、例えば、雇用関係によって生じた債権などがあります。共益債権および一般優先債権は、再生手続によらずに随時弁済され（民再121Ⅰ・122Ⅱ）、再生計画による権利変更の対象とはなりません。しかし、その額や内容は、再生計画の内容の当否や履行可能性を再生債権者が判断するために必要な情報であることから、再生計画への記載が義務付けられています。ただし、将来弁済すべき共益債権および一般優先債権を明示すれば足り（民再規83）、すでに弁済したものを記載する必要はありません。

(3) 知れている開始後債権があるときは、その内容

開始後債権とは、共益債権または一般優先債権もしくは再生債権のいずれにも該当しない、再生手続開始後の原因に基づいて生じた財産上の請求権をいいます（民再123Ⅰ）。開始後債権は、再生計画による権利変更の対象にならず、再生手続期間中はその権利行使が認められません（同条Ⅱ・Ⅲ）。しかし、破産手続においては、この種の債権は、破産財団に対する破産債権としての権利行使を認められず、破産者の自由財産に対して権利行使する以外にないことから（伊藤855頁）、破産手続への移行等に備え、再生債権者への情報開示として、再生計画への記載が義務付けられています。

3 債権者委員会の費用負担に関する条項

裁判所が再生手続に関与することを承認した債権者委員会（民再117Ⅰ）が再生計画で定められた弁済期間内にその履行を確保するため監督等の活動を行い、再生債務者がその費用の全部または一部を負担する場合には、その額や方法は再生計画の履行可能性に影響を及ぼすことがあるため、その負担に関する条項を再生計画に定めなければなりません（本条Ⅱ）。

4 株式の取得等に関する条項

株式会社である再生債務者の事業の再生には、資本構成を変更し、新たな資本の導入が必要な場合が多く、そのためには、通常、株主総会の決議が必要となります

（会社156Ⅰ・180Ⅱ・447Ⅰ・466）。ところが、経営が破綻した株式会社の株主は経営に対する関心がないことが多く、株主総会の成立が困難であることから再生計画案の立案が不可能となる場合が少なくありません。他方、株式会社が債務超過に陥っているときは、株主の持分的地位は実質的に無価値といえ、資本構成の変更に関する株主保護の必要もありません。そこで、民再法は、株式会社が債務超過に陥っている場合に限り、裁判所の許可を得て、株主総会決議を経ることなく、再生計画に資本金の額の減少等に関する条項を定めることができるとしています（民再166・本条Ⅲ）。

また、株式会社が募集株式の発行や自己株式の処分をするためには、既存株主の保護のため、原則として株主総会の特別決議が必要となります。しかし、民再法は、株式会社が債務超過状態であり、かつ、募集株式を引き受ける者の募集が再生債務者の事業の継続に欠くことのできないものであると認められる場合には、裁判所の許可を得て、再生計画に譲渡制限株式である募集株式を引き受ける者の募集に関する条項を定めることができるとしています（民再166の2・本条Ⅳ）。なお、譲渡制限株式以外の株式である場合には、株主総会決議を経ることなく募集することが可能であるため（会社201Ⅰ・199Ⅱ・204Ⅱ参照）、民再法166条の2の特例の対象外とされています。

より深く学ぶ

説明的記載事項　「説明的記載事項」とは、再生計画に記載することによって法的効力は生じませんが、再生計画案を理解しやすくするために記載する事項をいい、これを任意的記載事項と区別して呼ぶことがあります。実務上、説明的記載事項として一般的な項目としては、①再生手続開始に至る経緯、②再生計画の基本方針、③事業計画の内容、④弁済資金の調達方法、⑤清算配当率との比較、⑥別除権の処理（別除権協定の予定など）、⑦再生計画案の遂行可能性、⑧役員責任、株主責任に関する事項、⑨役員変更等の会社組織の変更に関する事項、⑩関連会社の処理に関する事項などがあります（民事再生の手引270頁・308頁）。

なお、再生計画に記載された事業計画を達成できなかったとしても、再生計画の履行を怠った（民再189Ⅰ②）として再生計画の取消しとなるわけではありません。再生計画の履行とは、あくまでも再生計画に基づく再生債権の弁済を意味するためです（新注釈民再（下）187頁［小原一人］）。

文献　伊藤980頁、一問一答民再206頁、条解民再825頁［松嶋英機］、倒産法概説439頁［笠井正俊］、破産法・民事再生法概論352頁［山本弘］、破産・民事再生の実務〔民事再生・個人再生編〕250頁・258頁、民事再生の手引268頁・274頁・309頁、新注釈民再（下）8頁［岡正晶］

（再生計画による権利の変更）
第155条　再生計画による権利の変更の内容は、再生債権者の間では平等でなければならない。ただし、不利益を受ける再生債権者の同意がある場合又は少額の再

生債権若しくは第84条第2項に掲げる請求権について別段の定めをし、その他これらの者の間に差を設けても衡平を害しない場合は、この限りでない。
2 　前項の規定にかかわらず、約定劣後再生債権の届出がある場合における再生計画においては、再生債権（約定劣後再生債権を除く。）を有する者と約定劣後再生債権を有する者との間においては、第35条第4項に規定する配当の順位についての合意の内容を考慮して、再生計画の内容に公正かつ衡平な差を設けなければならない。
3 　再生計画によって債務が負担され、又は債務の期限が猶予されるときは、特別の事情がある場合を除き、再生計画認可の決定の確定から10年を超えない範囲で、その債務の期限を定めるものとする。
4 　再生手続開始前の罰金等については、再生計画において減免その他権利に影響を及ぼす定めをすることができない。
5 　再生手続開始前の共助対象外国租税の請求権について、再生計画において減免その他権利に影響を及ぼす定めをする場合には、徴収の権限を有する者の意見を聴かなければならない。

基本事項

本条は、再生計画による権利の変更に関する平等原則とその例外、権利変更後の債務の期限、および、再生計画によって権利変更することができない債権等について定めています。本条と同趣旨の規定が会更法168条にも置かれています。

1 　債権者平等原則とその例外

再生計画による権利の変更の内容は、原則として再生債権者の間では平等である必要があります（本条Ⅰ本文）。民再法は、再生手続における多数決の濫用を防ぐために債権者平等原則を規定しており、その違反は再生計画案の不認可事由となります（民再174Ⅱ①）。ただし、次の場合は、債権者平等原則の例外とされています（本条Ⅰただし書）。

第1は、不利益を受ける再生債権者の同意がある場合です。不利益を受ける再生債権者が同意している場合には、多数決の濫用とは認められないからです。例えば、親会社や経営者が再生債権者である場合に、当該再生債権者の同意を得て、他の再生債権に対して劣後的な取扱い（不利益な扱い）をすることがあります。

第2は、少額の再生債権について別段の定めをする場合です。例えば、少額の再生債権を早期に弁済することで債権者の数が減り、計画履行のための費用が低減して再生債権者全体の利益となるなど、衡平を害しない範囲で少額の再生債権の弁済率や弁済時期等について有利な定めをすることができます。

第3は、再生手続開始後の利息の請求権、再生手続開始後の不履行による損害賠償請求権および違約金の請求権、再生手続参加の費用の請求権（民再84Ⅱ）について別段の定めをする場合です。これらの請求権は、一般の再生債権に比し、劣後的な性質を有することから、劣後的な取扱い（不利益な取扱い）をすることが認められています。

第4は、以上のほか、再生債権者の間で差異を設けても衡平を害しない場合です。

衡平とは、権利の性質やその発生原因を考慮すれば、当該権利を他の再生債権者よりも有利（または不利）に扱うことに合理的理由が認められることをいいます（伊藤984頁）。例えば、人身被害に基づく損害賠償請求権を有利に扱ったり、破綻に責任のある親会社あるいは内部者の再生債権を不利に扱う場合が考えられます。

2　約定劣後再生債権

約定劣後再生債権とは、再生債権者と再生債務者との間において、再生手続開始前に、当該再生債務者について破産手続が開始されたとすれば当該破産手続におけるその配当の順位が劣後的破産債権に後れる旨の合意がされた債権をいいます（民再35Ⅳ）。約定劣後再生債権は、再生計画における権利変更に関して、他の再生債権者との間で公正かつ衡平な差を設けることが義務付けられます（本条Ⅱ）。通常は、合意の内容から手続開始後の利息等の請求権等（民再84Ⅱ・本条Ⅰ）にも劣後させることになる結果、全部免除の定めが置かれます（伊藤985頁）。

3　債務の期限

再生計画によって債務が負担され、または債務の期限が猶予されるときは、特別の事情がある場合を除き、再生計画認可の決定の確定から10年を超えない範囲で債務の期限を定めなければなりません（本条Ⅲ）。弁済期間が長期に過ぎると、再生計画の履行可能性の判断が困難となったり、再生債権者の権利が有名無実となったりすることから、弁済期間を原則10年としました。特別の事情とは、10年を超える期間を定めれば弁済率が大幅に高まると認められる場合や、再生債権の本来の弁済期が10年を超えている場合などが挙げられます。

4　再生手続開始前の罰金等

再生手続開始前の罰金、科料、刑事訴訟費用、追徴金または過料の請求権（民再97①）は、その刑事制裁的な性質から、再生計画において減免その他権利に影響を及ぼす定めをすることができません（本条Ⅳ）。

5　共助対象外国租税

租税条約等の規定により徴収の共助または徴収のための財産の保全の共助の対象となる当該相手国等の租税債権を共助対象外国租税といいます（租税約特11Ⅰ、民再26Ⅰ⑤）［手続参加について、☞民再§86］。国内租税債権について議決権が付与されていないことから、共助対象外国租税債権も議決権を有しないとされています（民再87Ⅱ）。しかし、国内租税債権と異なり、共助対象外国租税の請求権は優先性がなく、再生計画による権利変更の対象となることから、再生計画において減免その他権利に影響を及ぼす定めをする場合には、徴収の権限を有する者の意見を聴かなければならないとされています（本条Ⅴ）。

判例　東京高決平13・9・3判金1131号24頁［百選4版［81］、INDEX［141］］、東京高決平16・7・23金判1198号11頁［百選［90］］、福岡高決昭56・12・21判時1046号127頁［百選［95］、INDEX［143］］、東京高決平14・9・6判時1826号72頁［INDEX［147］］。

文献　伊藤982頁、一問一答民再208頁、条解民再833頁［松嶋英機］、倒産法概説440頁［笠井正俊］、破産法・民事再生法概論352頁［山本弘］、破産・民事再生の実務

〔民事再生・個人再生編〕253 頁、民事再生の手引 277 頁、新注釈民再（下）16 頁［岡正晶］

（権利の変更の一般的基準）
第 156 条 再生債権者の権利を変更する条項においては、債務の減免、期限の猶予その他の権利の変更の一般的基準（約定劣後再生債権の届出があるときは、約定劣後再生債権についての一般的基準を含む。）を定めなければならない。

基本事項
1 趣旨
　本条は、すべての再生債権者に適用される債務の減免、期限の猶予その他の権利の変更についての一般的基準を再生計画に定めるべきことを定めています。なお、更生手続では、限られた少数の例外を除いて届出のない債権はすべて免責となるため（会更 204 I）、一般的基準を明記する必要性が低く、会更法には本条と同趣旨の規定は置かれていません。
　権利変更の一般的基準は、権利の変更に関する基準を明らかにして平等原則などに適合していることを示し、また、再生計画に記載はないが失権しない再生債権あるいは再生債権の調査確定手続のない簡易再生（民再 211 以下）もしくは同意再生（民再 217 以下）における再生債権の権利変更の基準として機能します。

2 定め方
　一般的基準としては、債務の減免を定める「権利の変更」に関する条項と、期限の猶予等を定める「弁済方法」に関する条項を定める必要があります（民事再生の手引 274 頁）。

　文　献　伊藤 981 頁、一問一答民再 210 頁、条解民再 838 頁［松嶋英機］、倒産法概説 439 頁［笠井正俊］、新注釈民再（下）21 頁［岡正晶］、民事再生の手引 274 頁

（届出再生債権者等の権利に関する定め）
第 157 条 再生債権者の権利を変更する条項においては、届出再生債権者及び第 101 条第 3 項の規定により認否書に記載された再生債権者の権利のうち変更されるべき権利を明示し、かつ、前条の一般的基準に従って変更した後の権利の内容を定めなければならない。ただし、第 159 条及び第 160 条第 1 項に規定する再生債権については、この限りでない。
2　前項に規定する再生債権者の権利で、再生計画によってその権利に影響を受けないものがあるときは、その権利を明示しなければならない。

基本事項
　本条は、再生計画の権利を変更する条項において、届出再生債権および自認債権を有する者の変更されるべき権利を明示し、変更後の権利の内容を個別的に定めなければならない旨を規定しています。本条と同趣旨の規定が会更法 170 条にも置か

れています。

1 権利変更の個別条項

再生債権者の権利を変更する条項では、届出再生債権および自認債権（民再101Ⅲ）を有する者の権利のうち変更されるべき権利を明示し、かつ、一般的基準（民再156）に従って変更した後の権利の内容を定めなければなりません（本条Ⅰ本文）。これは、再生計画認可決定が確定した場合に、再生債権者表の記載が確定判決と同一の効力を有し（民再180）、その記載によって強制執行が可能となることの基礎となるものです。

実務では、個々の再生債権の確定債権額、確定債権額について免除を受ける時期および金額、弁済期日および各弁済期日における弁済額を記載した再生債権弁済計画表を作成して再生計画に添付し、これを引用することが一般的であるといえます（民事再生の手引290頁）。

なお、未確定の再生債権や別除権の行使によって弁済を受けることができない債権の部分が確定していない再生債権については、変更されるべき権利を具体的に明示することや変更後の権利内容を定めることができません。そこで、このような場合には、本条に従った個別条項を定める必要はありませんが（本条Ⅰただし書）、別途、適確な措置を定める必要があります（民再159・160Ⅰ）。

2 影響を受けない権利の明示

再生手続開始前の罰金等（民再155Ⅳ）や全額弁済される少額債権など（同条Ⅰただし書参照）のように、再生計画によって権利の内容が変更されずその権利に影響を受けないものがあるときは、平等原則や衡平原則を担保するため、その権利を明示しなければなりません（本条Ⅱ）。

文献 伊藤981頁、一問一答民再210頁、条解民再840頁[松嶋英機]、倒産法概説439頁[笠井正俊]、破産法・民事再生法概論355頁[山本弘]、民事再生の手引290頁、新注釈民再（下）24頁[岡正晶]

（債務の負担及び担保の提供に関する定め）
第158条 再生債務者以外の者が債務を引き受け、又は保証人となる等再生のために債務を負担するときは、再生計画において、その者を明示し、かつ、その債務の内容を定めなければならない。
2　再生債務者又は再生債務者以外の者が、再生のために担保を提供するときは、再生計画において、担保を提供する者を明示し、かつ、担保権の内容を定めなければならない。

基本事項

1 趣旨

本条は、再生債務者以外の者による債務の負担等、および再生のための担保の提供について再生計画に定めるべきことを規定しています。本条と同趣旨の規定が会更法171条にも置かれています。

本条は、再生債権について人的または物的担保が提供される場合に、再生計画に明示させて再生計画の履行を確実にするとともに、再生債権者表の記載をもとに当該人的担保や物的担保に対して強制執行が可能となることの基礎として（民再180参照）、債務の負担および担保の提供に関する事項を必要的記載事項としています。

2　内容

再生債務者以外の者が、債務を引き受けまたは保証人となる等再生のために債務を負担するときは、その者およびその債務の内容を再生計画に記載しなければなりません（本条Ⅰ）[☞ **より深く学ぶ**]。また、再生債務者または再生債務者以外の者が、再生のために担保を提供するときは、担保を提供する者および担保権の内容を再生計画に記載しなければなりません（本条Ⅱ）。

これらの定めをした再生計画案を提出しようとする者は、あらかじめ、当該債務を負担し、または当該担保を提供する者の同意を得て、再生計画案とともに同意書面を裁判所に提出しなければなりません（民再165Ⅰ、民再規87ⅠⅡ）。また、これらの者は、再生計画の履行の確実性に影響を与えるため、債権者集会が開催される場合にはその期日に呼び出されます（民再115Ⅰ本文）。

なお、再生手続開始前から再生債権者が有している人的担保や物的担保は、本条の対象外であり、再生計画の影響を受けません（民再177Ⅱ）。

より深く学ぶ

免責的債務引受を内容とする再生計画の可否　　本条1項の債務引受には、再生債務者を免責する免責的債務引受も含まれていると解されています。実務では、会社分割により承継会社（吸収分割の場合）や新設会社（新設分割の場合）が再生債権に係る債務を免責的に引き受ける内容の再生計画が見受けられますが、引受債務の履行可能性等が問題となることがあります（新注釈民再（下）29頁［加々美博久］）。

文献　伊藤989頁、一問一答民再212頁、条解民再843頁［河野玄逸］、倒産法概説441頁［笠井正俊］、破産法・民事再生法概論356頁［山本弘］、民事再生の手引293頁、新注釈民再（下）27頁［加々美博久］

（未確定の再生債権に関する定め）
第159条　異議等のある再生債権で、その確定手続が終了していないものがあるときは、再生計画において、その権利確定の可能性を考慮し、これに対する適確な措置を定めなければならない。

基本事項

趣旨・内容

本条は、未確定の再生債権について再生計画に適確な措置を定めるべきことを規定しています。本条と同趣旨の規定が会更法172条にも置かれています。

異議等のある再生債権で、その確定手続が終了していないもの（未確定の再生債権）は、再生計画において、変更されるべき権利を明示したり変更後の権利の内容を定

めることができません（民再157Ⅰただし書）。他方、再生計画に定めのない債権は免責されることから（民再178本文）、将来、権利の存在が認められる場合を考慮して、再生計画に適切な措置を定めることとしています。

適確な措置とは、未確定の再生債権の存否・内容が確定した場合に、一般的基準（民再156）に照らして、再生債権者間の平等・衡平を満たすような措置を定めておくことをいいます（伊藤989頁）。

　文　献　伊藤988頁、一問一答民再213頁、条解民再846頁［河野玄逸］、倒産法概説441頁［笠井正俊］、破産法・民事再生法概論357頁［山本弘］、民事再生の手引295頁、新注釈民再（下）29頁［加々美博久］

（別除権者の権利に関する定め）
第160条　別除権の行使によって弁済を受けることができない債権の部分が確定していない再生債権を有する者があるときは、再生計画において、その債権の部分が確定した場合における再生債権者としての権利の行使に関する適確な措置を定めなければならない。
2　前項に規定する再生債権を担保する根抵当権の元本が確定している場合には、その根抵当権の被担保債権のうち極度額を超える部分について、第156条の一般的基準に従い、仮払に関する定めをすることができる。この場合においては、当該根抵当権の行使によって弁済を受けることができない債権の部分が確定した場合における精算に関する措置をも定めなければならない。

基本事項
1　趣旨

本条は、別除権不足額が確定していない再生債権について再生計画に適確な措置を定めるべきことを規定しています。「適確な措置」とは、不足額確定の結果のいかんにかかわらず、別除権を有する再生債権者の地位が他の再生債権者との関係で有利にも不利にも扱われず、かつ、再生計画を確実に遂行できる措置をいうものと解されています（新注釈民再（下）33頁［加々美博久］）。なお、会更法には、担保権付債権も更生計画において権利変更の対象とされることから、本条に対応する規定は置かれていません。

2　別除権不足額未確定の場合

別除権者（民再53Ⅰ）は、担保権の目的物について、再生手続によらないで別除権を行使できます（同条Ⅱ）。また、別除権者は、別除権の行使によって弁済を受けることができない債権の部分（別除権不足額）についてのみ、再生債権の行使が認められており（民再88）、別除権者が再生計画に基づく弁済を受けるためには別除権不足額の確定が必要です（民再182本文）［☞**論点解説**］。別除権協定について、☞民再§88］。

他方、再生債務者は、再生計画に定めのない債権につき責任を免れます（民再178Ⅰ本文）。そこで、未確定の再生債権（民再159）の場合と同様、再生計画作成時まで

に別除権不足額が確定していない再生債権について、将来、別除権の行使等によって別除権不足額が確定し、再生債権者としての権利行使が認められる場合を考慮して、再生計画に適確な措置を定めることとしています（本条Ⅰ）[☞ **より深く学ぶ**]。

3　根抵当権者の極度額超過部分についての仮払

別除権者が有する担保権が根抵当権であり、根抵当権の元本が確定している場合には、その根抵当権の被担保債権のうち極度額を超える部分については、別除権不足額となる可能性が高いことから、一般的基準に従い、仮払に関する定めをすることができます。ただし、例えば、保証債務たる被担保債権が主債務者による弁済により減少する場合のように、元本確定後の被担保債権の額の変動に応じて別除権不足額も変動する可能性があることから、別除権不足額が確定した場合における精算に関する措置も定める必要があります（本条Ⅱ）。

仮払に関する定めのある再生計画案を提出しようとする者は、あらかじめ、当該定めに係る根抵当権を有する者の同意を書面により得た上、再生計画案とともに同意書面を裁判所に提出する必要があります（民再165Ⅱ、民再規87Ⅰ）。

論点解説

不足額責任主義　再生債権者が再生債務者の財産につき担保権（特別の先取特権、質権、抵当権または商事留置権）を有する場合、その担保権は別除権として取り扱われ（民再53Ⅰ）、別除権は、再生手続によらずに行使することができます（同条Ⅱ）。したがって、別除権者は、再生手続中でも担保目的物から優先的に回収をすることができます。他方で、別除権者が別除権付再生債権の全額について再生債権者として権利行使ができるとすると、別除権者が過度に保護されることとなり、一般の再生債権者の保護に欠け、不公平となることから、別除権者は、別除権不足額についてのみ再生債権者として権利行使することが認められ（民再88）、再生計画認可後も、別除権不足額が確定した場合に限り、別除権不足額について再生計画の定めによって認められた範囲でのみ権利行使をすることができます（民再182）。これを不足額責任主義といいます［☞民再§88、破§108］。

より深く学ぶ

別除権者の権利変更を含んだ再生計画立案の可否　更生担保権者と更生債権者の権利変更を同時に定めることが可能な更生計画案を踏まえ、再生計画案においても、別除権部分の受戻協定（権利変更）と、別除権不足額部分の再生債権としての権利変更とを盛り込んだ再生計画を作成することが可能であるか争いがあります。別除権者自身が再生手続に参加し、別除権の内容に変更を加える再生計画に自ら同意している場合には、別除権者の有する担保付債権に再生計画の効力を及ぼしてよいとする見解（注釈民再（下）71頁［田原睦夫］）や、再生手続では別除権者が手続に取り込まれておらず、再生債権部分について破産手続同様の不足額責任主義がとられている以上、再生計画自体の効力として別除権の権利変更や別除権不足額の確定を説明することは困難であるとする見解が主張されています（条解民再851頁［河野玄逸］）。

文献 伊藤989頁、一問一答民再213頁・215頁、条解民再847頁［河野玄逸］、倒産法概説441頁［笠井正俊］、破産法・民事再生法概論357頁［山本弘］、民事再生の手引296頁、新注釈民再（下）31頁［加々美博久］

（再生債務者の株式の取得等に関する定め）
第161条 再生計画によって株式会社である再生債務者が当該再生債務者の株式の取得をするときは、次に掲げる事項を定めなければならない。
  一 再生債務者が取得する株式の数（種類株式発行会社にあっては、株式の種類及び種類ごとの数）
  二 再生債務者が前号の株式を取得する日
2 再生計画によって株式会社である再生債務者の株式の併合をするときは、会社法第180条第2項各号に掲げる事項を定めなければならない。
3 再生計画によって株式会社である再生債務者の資本金の額の減少をするときは、会社法第447条第1項各号に掲げる事項を定めなければならない。
4 再生計画によって株式会社である再生債務者が発行することができる株式の総数についての定款の変更をするときは、その変更の内容を定めなければならない。

基本事項
1 趣旨
　本条は、再生計画によって再生債務者の株式の取得等に関する条項を定める場合の記載事項を定めています。なお、会更法は、株主の権利も手続内に取り込むため、本条と同趣旨の規定を置いていません。
　再生手続は、再生債務者の株主の権利を再生計画による権利変更の対象としておらず、株式会社である再生債務者の資本構成を変更し、新たな資本を導入するには、株主総会の決議が必要となるのが原則です。しかし、経営破綻した株式会社の株主は経営に関心がないことが多く、株主総会決議の成立が困難となる上、株式会社が債務超過に陥っているときは、株主の会社に対する権利は保護するに値しないといえます。そこで、民再法は、株式会社が債務超過に陥っている場合には、裁判所の許可を得て、再生計画に株式の取得等に関する条項を定めることができることとしており（民再166・154Ⅲ）、本条は、その記載事項を定めるものです。
2 株式の取得
　資本構成の変更のために再生債務者が再生計画によって株式の消却をする場合、当該再生債務者はその前提として自己株式を取得する必要があります（会社178Ⅰ参照）。
　再生債務者が再生計画によって自己株式を取得するときは、再生計画において、①再生債務者が取得する株式の数（種類株式発行会社にあっては、株式の種類および種類ごとの数）、②再生債務者が株式を取得する日を定める必要があります（本条Ⅰ）。
　再生債務者は、再生計画で定められた日に、認可された再生計画の定めによって、再生計画に定められた株式を取得します（民再183Ⅰ）。なお、自己株式の消却は会

社法の手続に従って行われます（会社 178 Ⅱ参照）。

3　株式の併合

株式の併合も、募集株式の発行等と併せて行うことで、再生債務者の資本構成の変更の手法として活用することができます。

再生計画によって再生債務者の株式の併合をするときは、①併合の割合、②株式の併合がその効力を生ずる日、③株式会社が種類株式発行会社である場合には、併合する株式の種類、④効力発生日における発行可能株式総数（会社 180 Ⅱ）を定めなければなりません（本条Ⅱ）。

再生債務者は、認可された再生計画によって株式の併合をすることができ、この場合、反対株主の株式買取請求権や買取価格の決定に関する会社法の規定（会社 116・117）は適用されません（民再 183 Ⅱ）。

4　資本金の額の減少

再生計画によって再生債務者の資本金の額を減少するときは、①減少する資本金の額、②減少する資本金の額の全部または一部を準備金とするときは、その旨および準備金とする額、③資本金の額の減少がその効力を生ずる日（会社 447 Ⅰ）を定めなければなりません（本条Ⅲ）。

再生債務者は、認可された再生計画の定めによって資本金の額の減少をすることができ、債権者保護に関する会社法の規定（会社 449・740）は適用されず（民再 183 Ⅳ）、資本金の額の減少無効の訴え（会社 828 Ⅰ⑤・Ⅱ⑤）を提起することもできません（民再 183 Ⅴ）。

5　発行可能株式総数の変更

スポンサーから出資を受けるために再生債務者が募集株式の発行をする際、発行済株式総数が多く株式発行余力がないために、発行可能株式総数を増やす必要が生じることがあります。そこで、再生計画には、発行可能株式総数の変更に関する定款の変更の内容を定めることができ（本条Ⅳ）、再生計画認可の決定が確定した時に定款変更の効力が生じます（民再 183 Ⅵ）。

文　献　伊藤 992 頁、一問一答民再 217 頁、条解民再 853 頁〔那須克巳＝園尾隆司〕、倒産法概説 450 頁〔笠井正俊〕、破産法・民事再生法概論 358 頁〔山本弘〕、民事再生の手引 299 頁、新注釈民再（下）34 頁〔土岐敦司〕

（募集株式を引き受ける者の募集に関する定め）
第 162 条　株式会社である再生債務者が、第 166 条の 2 第 2 項の規定による裁判所の許可を得て、募集株式を引き受ける者の募集をしようとするときは、再生計画において、会社法第 199 条第 1 項各号に掲げる事項を定めなければならない。

基本事項

1　趣旨

本条は、再生計画において募集株式を引き受ける者の募集に関する条項を定める場合の記載事項を定めています。なお、会更法は、株主の権利も手続内に取り込む

ため、本条と同趣旨の規定を置いていません。

再生手続は、再生債務者の株主の権利を再生計画による権利変更の対象としておらず、株式会社である再生債務者の資本構成を変更し、新たな資本を導入するには、株主総会の決議が必要となるのが原則です。しかし、経営破綻した株式会社の株主は経営に関心がないことが多く、株主総会決議の成立が困難となる上、株式会社が債務超過に陥っているときは、株主の会社に対する権利は、もはや保護するに値しないといえます。そこで、民再法は、株式会社が債務超過状態であり、かつ、募集株式を引き受ける者の募集が再生債務者の事業の継続に欠くことのできないものであると認められる場合には、裁判所の許可を得て、再生計画に譲渡制限株式の募集に関する条項を定めることができることとしており（民再166の2）、本条は、その記載事項を定めるものです。

2　記載事項

株式会社である再生債務者が、募集株式（譲渡制限株式に限る。民再154Ⅳ）を引き受ける者の募集をしようとするときは、再生計画において、①募集株式の数（種類株式発行会社にあっては、募集株式の種類および数）、②募集株式の払込金額（募集株式1株と引換えに払い込む金銭または給付する金銭以外の財産の額をいう）、③金銭以外の財産を出資の目的とするときは、その旨ならびに当該財産の内容および価額、④募集株式と引換えにする金銭の払込みまたは現物出資財産の給付の期日またはその期間、⑤株式を発行するときは、増加する資本金および資本準備金に関する事項（会社199Ⅰ）を定める必要があります（本条）。

文献　伊藤994頁、条解民再858頁［那須克巳＝園尾隆司］、倒産法概説450頁［笠井正俊］、破産法・民事再生法概論360頁・362頁［山本弘］、民事再生の手引301頁、新注釈民再（下）40頁［土岐敦司］

第2節　再生計画案の提出

（再生計画案の提出時期）
第163条　再生債務者等は、債権届出期間の満了後裁判所の定める期間内に、再生計画案を作成して裁判所に提出しなければならない。
2　再生債務者（管財人が選任されている場合に限る。）又は届出再生債権者は、裁判所の定める期間内に、再生計画案を作成して裁判所に提出することができる。
3　裁判所は、申立てにより又は職権で、前2項の規定により定めた期間を伸長することができる。

基本事項

1　趣旨

本条は、再生計画案の提出者と提出期限について定めています。本条と同趣旨の規定が会更法184条にも置かれています。

2　再生計画案の提出者

再生債務者等とは、管財人が選任されていない場合には再生債務者、管財人が選任されている場合には管財人をいいます（民再2②）。再生債務者等は、業務の遂行（民再38Ⅰ）および財産管理処分権限（民再66）を有するとともに、再生計画を遂行する義務（民再186Ⅰ）を負い、再生計画に最も密接な利害関係を有しているといえます。また、再生債務者等は、再生計画作成の基礎資料も管理していることから、再生計画案の作成者として最も適切と考えられます。そこで、再生計画案を作成して裁判所に作成・提出する義務を負っています（本条Ⅰ）。再生債務者等にとって、再生債権の減免や猶予等を定める再生計画案の作成・提出は、再生手続における最も重要な任務の1つです。

また、届出再生債権者や管財人が選任されている場合の再生債務者も、手続に強い利害関係を有していることから再生計画案を作成して裁判所に提出することができます（本条Ⅱ）[☞ **より深く学ぶ**]。なお、管財人が選任されていない場合の再生債務者は、本条1項に基づき再生計画案を作成して裁判所に提出します。

3　再生計画案の提出時期

本条は、再生計画案の提出時期について債権届出期間満了後裁判所の定める期間内と定めており、さらに民再規則84条は、特段の事情がある場合を除き、一般調査期間の末日から2か月以内の日としなければならないと定めています。

もっとも、再生計画案の作成・提出に当たっては不確定な要素も多いことから裁判所は、申立てまたは職権で提出期間を伸長することができるとされています（本条Ⅲ）。ただし、この期間の伸長は、特別な事情がある場合を除き2回を超えてすることができません（民再規84Ⅲ）。

なお、再生計画案の提出義務者および提出権者のいずれからも提出期限までに再生計画案が提出されなかった場合、裁判所は、職権で再生手続を廃止することになります（民再191②）。

より深く学ぶ

複数の再生計画案が提出された場合の実務的処理　再生計画案の提出権限が再生債務者等以外の者にも認められていることから複数の再生計画案が提出される場合がありますが、認可される再生計画案は1つである必要があります。そのため、この場合には①提出後付議までの間に、提出者間ですり合わせることによって一本化を図る、②付議の要件を満たさない再生計画案を排除する、あるいは③複数の再生計画案を付議した上で再生債権者の投票に委ねることになります（破産・民事再生の実務〔民事再生・個人再生編〕265頁）。

文献　伊藤996頁、一問一答民再219頁、条解民再861頁［奈良道博］、倒産法概説450頁［笠井正俊］、山本179頁、破産・民事再生の実務〔民事再生・個人再生編〕262頁・264頁、新注釈民再（下）43頁［小林信明］

> **(再生計画案の事前提出)**
> **第164条** 再生債務者等は、前条第1項の規定にかかわらず、再生手続開始の申立て後債権届出期間の満了前に、再生計画案を提出することができる。
> 2　前項の場合には、第157条及び第159条に規定する事項を定めないで、再生計画案を提出することができる。この場合においては、債権届出期間の満了後裁判所の定める期間内に、これらの事項について、再生計画案の条項を補充しなければならない。

基本事項

1　趣旨

本条は、債権届出期間満了前であっても再生計画案を提出できることを定めています。会更法には本条と同趣旨の規定は置かれていません。

2　再生計画案の事前提出

前条は、再生計画案の提出時期を債権届出期間満了後としています（民再163Ⅰ）。しかし、例えば、私的整理が先行し、債権者との事前協議が調った段階で申立てに至っている事案やいわゆるプレパッケージ型の事案など債権届出期間が満了する前であっても再生計画案の提出が可能である場合には、再生手続の迅速な進行のためにも、早期に再生債権者へ再生計画案を示し、再生計画案に対する同意を得るための協議を開始することが望ましいといえます。

そこで、本条は、債権届出を前提とする条項（民再157・159）を定めない再生計画案の事前提出を認めるとともに債権届出期間の満了後裁判所の定める期間内に、これらの個別的な権利変更の条項や未確定再生債権に関する条項を補充しなければならないものとしています（本条Ⅱ、民再規86Ⅱ）。

> **文献**　伊藤998頁、一問一答民再221頁、会解民再866頁［奈良道博］、倒産法概説451頁［笠井正俊］、山本179頁、破産・民事再生の実務［民事再生・個人再生編］263頁、新注釈民再（下）50頁［長島良成］

> **(債務を負担する者等の同意)**
> **第165条**　第158条に規定する債務の負担又は担保の提供についての定めをした再生計画案を提出しようとする者は、あらかじめ、当該債務を負担し、又は当該担保を提供する者の同意を得なければならない。
> 2　第160条第2項の仮払に関する定めをした再生計画案を提出しようとする者は、あらかじめ、当該定めに係る根抵当権を有する者の同意を得なければならない。

基本事項

1　趣旨

本条は、再生計画案において、再生債務者以外の者が債務を負担する等の条項を定める場合や根抵当権者への仮払に関する条項を定める場合に事前にこれらの者から同意を得ることを義務付けています。本条と同趣旨の規定が会更法171条にも置

かれています。
2 債務を負担する者等の同意
　再生計画案において、スポンサーなど再生債務者以外の者による債務の引受けや担保提供を内容とする条項を定める場合には（民再158）、再生計画の効力は、第三者である当該再生債務者以外の者にも及び（民再177Ⅰ）、再生債権者表の記載はこれらの者に対して確定判決と同一の効力を有し（民再180Ⅱ）、再生債権者は再生債権者表の記載によってこれらの者に強制執行することができます。そこで、本条は、実体法上の義務を負うこととなるこれらの者から、あらかじめ同意を得なければならないとしています（本条Ⅰ）。
3 仮払に関する根抵当権者の同意
　別除権者が有する担保権が根抵当権であり、当該根抵当権の元本が確定している場合には、その根抵当権の被担保債権のうち極度額を超える部分については別除権不足額となる可能性が高いことから、別除権不足額が確定していなくても、再生計画案には、民再法156条の一般的基準に従い、元本が確定している根抵当権者に対して極度額を超える部分の仮払に関する定めを置くことができます（民再160Ⅱ）。これは根抵当権者の利益のために行うものである一方、仮払に係る精算義務を根抵当権者に課すことになります。そこで、あらかじめ当該根抵当権者の同意を得なければならないこととしています（本条Ⅱ）。
4 同意の確認方法
　本条で取得を義務付けている同意は、書面によらなければならず（民再規87Ⅰ）、再生計画案の提出時に当該同意書面も併せて提出しなければなりません（同条Ⅱ）。

　文献　伊藤989頁・996頁、一問一答民再222頁、条解民再868頁［奈良道博］、倒産法概説449頁［笠井正俊］、山本177頁、破産・民事再生の実務〔民事再生・個人再生編〕257頁、新注釈民再（下）53頁［長島良成］

（再生債務者の株式の取得等を定める条項に関する許可）
第166条　第154条第3項に規定する条項を定めた再生計画案を提出しようとする者は、あらかじめ、裁判所の許可を得なければならない。
2　裁判所は、株式会社である再生債務者がその財産をもって債務を完済することができない場合に限り、前項の許可をすることができる。
3　第1項の許可の決定があった場合には、その裁判書を当該許可の申立てをした者に、その決定の要旨を記載した書面を株主に、それぞれ送達しなければならない。この場合における株主に対する送達については、第43条第4項及び第5項の規定を準用する。
4　第1項の規定による許可の決定に対しては、株主は、即時抗告をすることができる。

（募集株式を引き受ける者の募集を定める条項に関する許可）
第166条の2　第154条第4項に規定する条項を定めた再生計画案は、再生債務者の

みが提出することができる。
2 再生債務者は、前項の再生計画案を提出しようとするときは、あらかじめ、裁判所の許可を得なければならない。
3 裁判所は、株式会社である再生債務者がその財産をもって債務を完済することができない状態にあり、かつ、当該募集株式を引き受ける者の募集が再生債務者の事業の継続に欠くことのできないものであると認める場合に限り、前項の許可をすることができる。
4 前条第3項及び第4項の規定は、第2項の許可の決定があった場合について準用する。

基本事項
1 趣旨

民再法166条は、資本の減少等に関する条項を定めた再生計画案を提出するには裁判所の許可が必要であること、その要件、および当該許可決定の送達や不服申立てについて定めています。また、民再法166条の2は、譲渡制限株式である募集株式を引き受ける者の募集に関する条項を定めた再生計画案を提出するには裁判所の許可が必要であること、その要件、および当該許可決定の送達や不服申立てについて定めています。なお、株主の権利も手続内に取り込む会更法には民再法166条および166条の2と同趣旨の規定はありません。

再生債務者の事業の再生に当たってスポンサーから支援を受ける場合、資本減少を行って新たに募集株式を発行し、新たな出資を受ける方法がとられることは少なくなく、また、再生計画に基づく再生債権の減免の前提として、既存株主の責任の明確化のため再生債権者がいわゆる100％減資（株式会社である再生債務者が発行済株式全部を取得して、自己株式を消却するとともに、資本金の額を0円まで減少させること）を要請する例も実務上多くみられます。他方、自己株式の取得・株式の併合・資本の減少・発行可能株式総数に関する定款変更、あるいは譲渡制限株式である募集株式の募集事項の決定を行うためには、本来であれば、株主総会の特別決議等が必要となるところ、再生手続中の株式会社においては、株主の構成等の事情から特別決議による承認を得ることが困難な場合があります。そこで、民再法は、裁判所の許可を条件に再生計画の定めにより株主総会の特別決議を経ることなく、資本の減少等ができることとしており（民再154Ⅲ・Ⅳ）、本各条は、その裁判所の許可の要件等を定めています。

2 要件
(1) 自己株式の取得・株式の併合・資本の減少・発行可能株式総数に関する定款変更

自己株式の取得や資本の減少等の条項を定めた再生計画案（民再154Ⅲ）を提出するためには、あらかじめ裁判所の許可を得ることが必要です（民再166Ⅰ）。

裁判所は、株式会社である再生債務者が、その財産をもって債務を完済することができない場合、すなわち債務超過である場合に限り、資本の減少等の条項を定め

た再生計画案を提出することについて許可をすることができます（民再166Ⅱ）。これは、再生債務者が債務超過である場合には、株主の持分的地位は実質的に無価値といえ、株主の権利を保護する要請に乏しいといえることを根拠としています。なお、本条にいう債務超過は、清算価値ではなく継続事業価値に基づいて資産を評価したとしても、なお負債が資産を上回る状態を意味すると解されています（伊藤991頁）。

(2) 譲渡制限株式である募集株式の募集事項の決定

閉鎖会社である再生債務者（管財人および届出再生債権者は含まれない）は、あらかじめ裁判所の許可を得ることを条件に募集株式の募集事項に関する条項を定めた再生計画案（民再154Ⅳ）を提出することができます（民再166の2Ⅰ・Ⅱ）。

裁判所は、株式会社である再生債務者が、①債務超過の状態にあり、かつ、②当該募集株式を引き受ける者の募集が再生債務者の事業の継続に欠くことができないものであると認める場合に限り、募集事項を定めた再生計画案を提出することについて、許可をすることができます（民再166の2Ⅲ）。②は、例えば、スポンサーから出資を受けることが、事業の継続に必要不可欠である場合などが該当します。なお、①の債務超過の要件については民再法166条と同様です。

3 送達および即時抗告

本各条による裁判所の許可の決定があった場合、決定の要旨を記載した書面を株主に対して送達（普通郵便によることができ、通常到達すべき時に送達があったとみなされる。民再166Ⅲ）しなければなりません。また、株主は、本各条による決定に対して即時抗告をすることができます（同条Ⅳ・166の2Ⅳ）。

判例 東京高決平16・6・17金法1719号61頁［INDEX［145］］、東京高決平16・6・17金法1719号51頁［INDEX［146］］

文献 伊藤990頁、一問一答民再223頁、条解民再870頁［園尾隆司］・874頁［山田文］、倒産法概説450頁［笠井正俊］、山本178頁、破産・民事再生の実務［民事再生・個人再生編］264頁、新注釈民再（下）55頁・58頁［土岐敦司］

（再生計画案の修正）
第167条 再生計画案の提出者は、裁判所の許可を得て、再生計画案を修正することができる。ただし、再生計画案を決議に付する旨の決定がされた後は、この限りでない。

基本事項

1 趣旨

本条は、再生計画案を決議に付する旨の決定があるまでは、裁判所の許可を得て再生計画案を修正できることを定めています。本条と同趣旨の規定が会更法186条にも置かれています。

再生計画案を提出した後にその修正を一切許さないとすると、不完全な再生計画案である場合には、再生手続の廃止や再生計画の不認可といった事態を招くおそれ

があります。また、労働組合等の利害関係人の意見を反映したり、経済情勢等の変化に応じて再生計画案を修正したりすべき場合もあり得ます。他方、いつまでも修正を許すとすれば、再生債権者をはじめとする利害関係者の信頼や期待を裏切ることにもなります。そこで本条は、こうした不合理な事態の招来を避けるため、一定の要件の下で、再生計画案の修正を認めています。

2 要件

再生計画案の修正権者は、当該再生計画案の提出者に限られ、修正には裁判所の許可を得る必要があります〔☞**論点解説**〕。再生計画案の修正ができる期限は、裁判所より再生計画案を決議に付する旨の決定（民再169）がなされるまでの間です。

なお、再生計画案を決議に付する旨の決定がなされた後は本条による再生計画案の修正はできませんが、書面投票以外の議決権行使の方法が定められた場合には、再生債権者に不利な影響を与えないときに限り、債権者集会において、裁判所の許可を得て再生計画案の変更をすることができます（民再172の4）。また、再生計画の認可決定後は、再生計画の変更手続によって変更することが可能です（民再187）。

3 裁判所による修正命令（民再規89）

裁判所は、再生計画案の提出者に対し、職権で再生計画案の修正を命じることができます（民再規89）。ただし、再生手続がDIP型の倒産手続であることを踏まえ、裁判所が必要以上に後見的に介入することは適当ではないと考えられています（条解民再規則191頁）。

論点解説

修正が許容される範囲　本条による再生計画案の修正は、再生計画案を決議に付する旨の決定がなされる前に行われるものであることから、再生債権者にとっての有利・不利を問いません。しかし、再生計画案の不認可事由等を招くような修正は認められないと解されています。また、本質的部分が異なる再生計画案の修正を行うことは、提出期間経過後の新たな再生計画案の提出と実質的に同じであると解されます。そこで、このような修正は認められないとする見解もあります（Q&A民再406頁［小林信明］）。

文献　伊藤999頁、一問一答民再225頁、条解民再877頁［園尾隆司］、倒産法概説451頁［笠井正俊］、山本179頁、破産・民事再生の実務［民事再生・個人再生編］271頁、民事再生の手引347頁、新注釈民再（下）62頁［長島良成］

（再生債務者の労働組合等の意見）

第168条　裁判所は、再生計画案について、労働組合等の意見を聴かなければならない。前条の規定による修正があった場合における修正後の再生計画案についても、同様とする。

基本事項

1 趣旨

本条は、再生計画案について労働組合等の意見を聴取することを裁判所に義務付けています。本条と同趣旨の規定が会更法 188 条にも置かれています。

労働組合等の意見聴取を義務付けたのは、再生債務者の従業員は、再生計画案の内容およびその成否により極めて大きな影響を受ける立場にあること、再生債務者の事業の再生には一般に従業員の協力が必要不可欠であること、および再生債務者の従業員は再生債務者の事業の実情にも精通していることから、再生計画の遂行可能性等についての有益な情報や意見が得られることが期待されているためです。

2 聴取の対象等

裁判所が意見を聴取すべき対象者である「労働組合等」とは、再生債務者の使用人その他の従業者の過半数で組織する労働組合があるときはその労働組合、再生債務者の使用人その他の従業者の過半数で組織する労働組合がないときは再生債務者の使用人その他の従業者の過半数で代表する者をいいます（民再24の2）。裁判所は、再生計画案の提出後、再生計画案を決議に付する旨の決定（民再169）をするまでの間に意見を聴取します。再生計画案に修正があった場合の修正後の再生計画案（民再167）についても、同様に意見を聴取します。

ただし、裁判所が義務付けられているのは、労働組合等の意見を聴取することであって、聴取した意見に拘束される必要はありません。

文 献 伊藤 1000 頁、一問一答民再 226 頁、条解民再 882 頁［園尾隆司］、新注釈民再（下）65 頁［三村藤明］

第 3 節　再生計画案の決議

（決議に付する旨の決定）
第 169 条 再生計画案の提出があったときは、裁判所は、次の各号のいずれかに該当する場合を除き、当該再生計画案を決議に付する旨の決定をする。
一　一般調査期間が終了していないとき。
二　財産状況報告集会における再生債務者等による報告又は第 125 条第 1 項の報告書の提出がないとき。
三　裁判所が再生計画案について第 174 条第 2 項各号（第 3 号を除く。）に掲げる要件のいずれかに該当するものと認めるとき。
四　第 191 条第 2 号の規定により再生手続を廃止するとき。
2　裁判所は、前項の決議に付する旨の決定において、議決権を行使することができる再生債権者（以下「議決権者」という。）の議決権行使の方法及び第 172 条第 2 項（同条第 3 項において準用する場合を含む。）の規定により議決権の不統一行使をする場合における裁判所に対する通知の期限を定めなければならない。この場合においては、議決権行使の方法として、次に掲げる方法のいずれかを定めなければならない。
一　債権者集会の期日において議決権を行使する方法

二　書面等投票（書面その他の最高裁判所規則で定める方法のうち裁判所の定めるものによる投票をいう。）により裁判所の定める期間内に議決権を行使する方法
　　三　前２号に掲げる方法のうち議決権者が選択するものにより議決権を行使する方法。この場合において、前号の期間の末日は、第１号の債権者集会の期日より前の日でなければならない。
　3　裁判所は、第１項の決議に付する旨の決定をした場合には、前項前段に規定する期限を公告し、かつ、当該期限及び再生計画案の内容又はその要旨を第115条第１項本文に規定する者（同条第２項に規定する者を除く。）に通知しなければならない。
　4　裁判所は、議決権行使の方法として第２項第２号又は第３号に掲げる方法を定めたときは、その旨を公告し、かつ、議決権者に対して、同項第２号に規定する書面等投票は裁判所の定める期間内に限りすることができる旨を通知しなければならない。
　5　裁判所は、議決権行使の方法として第２項第２号に掲げる方法を定めた場合において、第114条前段の申立てをすることができる者が前項の期間内に再生計画案の決議をするための債権者集会の招集の申立てをしたときは、議決権行使の方法につき、当該定めを取り消して、第２項第１号又は第３号に掲げる方法を定めなければならない。

基本事項
1　趣旨

　本条は、再生計画案を決議に付する旨の決定（付議決定）の要件、付議決定に伴う議決権行使の方法、および付議決定をした場合の公告・通知方法等について定めています。本条と同趣旨の規定が会更法189条にも置かれています。

2　付議決定の要件

　再生計画案の提出があったときは、裁判所は、次の４つの要件のいずれかに該当する場合を除いて当該再生計画案について付議決定をします（本条Ⅰ）。

(1)　一般調査期間が終了していないとき

　一般調査期間とは、再生手続開始決定と同時に定められる再生債権の調査をするための期間です（民再34）。届出をした再生債権者はこの期間内に再生債務者等の提出した認否書に記載された再生債権の内容について異議を述べることができ（民再102条）、この再生債権の調査が終了していなければ、決議に加えるべき再生債権者を確定できないため付議決定をすることはできません。

(2)　財産状況報告集会における報告または125条１項の報告書の提出がないとき

　再生債務者等は、再生手続開始に至った事情や再生債務者の業務および財産に関する経過および現状等に関する報告書を裁判所に提出し（民再125Ⅰ）、または、再生債務者の財産状況を報告するための債権者集会（財産状況報告集会）が招集された場合には、前記事項の要旨を報告しなければなりません（民再126Ⅰ）。再生計画案は、再生債務者から再生債権者に対し、再生債務者の財産状況についての適切な情

報開示があった上で決議されるべきであるため、これらの情報開示がない場合には付議決定をすることはできません。

(3) **再生計画案の不認可の要件（民再174Ⅱ）のいずれかに該当すると認められるとき**

すでに不認可事由が認められる再生計画案を決議に付すのは無駄であるため、付議決定をすることはできません。ただし、決議が不正の方法によって成立に至ったとき（民再174Ⅱ③）との不認可要件は、付議決定の後の事情を問題とする要件であるため、本条の要件からは除外されています。

(4) **民再法191条2号により再生手続を廃止するとき**

再生計画案提出の期限内に再生計画案の提出がないか、提出された再生計画案が付議するに足りないものである場合には、再生手続廃止決定がなされることとなり（民再191②）、付議決定はされません。

3 議決権行使の方法の決定

裁判所は、付議決定に当たり議決権の行使方法を定めます（本条Ⅱ）。いずれの方法によるかは、裁判所の裁量的な判断に委ねられています。

具体的には、①債権者集会を開催して、再生債権者が集会期日に出席して、議決権を行使する方法（本条Ⅱ①）、②書面等投票により付議決定で定められた投票期間内に議決権を行使する方法（債権者集会を開催しない方法）（同項②）、および③前記①と②を併用し、債権者が議決権行使の方法を選択する方法（同項③）があります。再生債権者の数が非常に多数の場合には、債権者集会が会議体として合理的に機能しないことも想定されるため、②書面等投票のみによる議決権行使方法も認められています。

ただし、②書面等投票のみによる議決権行使を定めた場合でも、書面等投票の期間内に、再生債務者等または再生債権者等（民再114）が債権者集会の招集を申し立てたときは、裁判所は、前記①または③による議決権行使の方法を定めなければなりません（本条Ⅴ）。これは、再生計画案変更の可能性（民再172の4）や債権者集会続行の可能性（民再172の5）を残すための措置になります。

4 付議決定等の通知方法

裁判所は、付議決定をした場合、議決権不統一行使の裁判所に対する通知期限を公告するほか、当該通知期限および再生計画案の内容または要旨を再生債務者、管財人、届出債権者等（民再115Ⅰ）に通知しなければなりません（本条Ⅲ）。

また、裁判所は、議決権行使の方法として書面等投票を定めた場合（債権者集会との併用を含む）にも、その旨を公告し、かつ議決権者に対し、書面等投票は裁判所の定める投票期間内に限られることを通知しなければなりません（本条Ⅳ）。

文献 伊藤1002頁、一問一答民再227－229頁、条解民再883頁［園尾隆司］、倒産法概説451頁［笠井正俊］、山本179頁、破産・民事再生の実務［民事再生・個人再生編］274頁・281頁・286頁、民事再生の手引334頁、新注釈民再67頁［三村藤明］

> **(社債権者等の議決権の行使に関する制限)**
> **第169条の2** 再生債権である社債又は第120条の2第6項各号に定める債権(以下この条において「社債等」という。)を有する者は、当該社債等について社債管理者又は同項各号に掲げる者(以下この条において「社債管理者等」という。)がある場合には、次の各号のいずれかに該当する場合に限り、当該社債等について議決権を行使することができる。
> 一 当該社債等について再生債権の届出をしたとき、又は届出名義の変更を受けたとき。
> 二 当該社債管理者等が当該社債等について再生債権の届出をした場合において、再生計画案を決議に付する旨の決定があるまでに、裁判所に対し、当該社債等について議決権を行使する意思がある旨の申出をしたとき(当該申出のあった再生債権である社債等について次項の規定による申出名義の変更を受けた場合を含む。)。
> 2 前項第2号に規定する申出のあった再生債権である社債等を取得した者は、申出名義の変更を受けることができる。
> 3 次に掲げる場合には、第1項の社債等を有する者(同項各号のいずれかに該当するものに限る。)は、同項の規定にかかわらず、当該再生計画案の決議において議決権の行使をすることができない。
> 一 再生債権である社債等につき、再生計画案の決議における議決権の行使についての会社法第706条第1項(医療法第54条の7において準用する場合を含む。)の社債権者集会の決議若しくは社会医療法人債権者集会の決議、投資信託及び投資法人に関する法律第139条の9第4項の投資法人債権者集会の決議、保険業法第61条の7第4項の社債権者集会の決議又は資産の流動化に関する法律第127条第4項の特定社債権者集会の決議が成立したとき。
> 二 会社法第706条第1項ただし書(医療法第54条の7において準用する場合を含む。)、投資信託及び投資法人に関する法律第139条の9第4項ただし書若しくは保険業法第61条の7第4項ただし書の定めがあるとき、又は資産の流動化に関する法律第127条第4項ただし書の通知がされたとき。

基本事項

1 趣旨

本条は、社債権者およびこれに類する民再法120条の2第6項各号所定の再生債権者の議決権行使の方法等について定めています。本条と同趣旨の規定が会更法190条にも置かれています。

会社法上、社債管理者は、債権保全行為として債権届出を単独で行うことができますが(会社705Ⅰ・706Ⅰ②括弧書)、社債権者集会の特別決議がなければ、再生計画案に対する議決権を行使することができません(会社706Ⅰ)。

この点、投資目的で社債を購入した社債権者は、再生手続に関心を有していないことも多く、定足数不足から社債権者集会が成立しない可能性もあり、再生手続における再生計画案の決議においても、議決権額要件(民再172の3Ⅰ②)を充足できず

に合理的内容の再生計画案が否決される事態も生じ得ます。そこで、本条は、このような事態に対処するため、積極的に議決権行使の意思を有する社債権者について、社債権者集会決議が成立した場合を除いて個別の議決権行使を認めています。

2 社債権者による個別の議決権行使

社債等を有する者は、社債管理者等があるときは、①当該社債等について再生債権の届出をしたとき、または届出名義の変更を受けたとき、②社債管理者等が債権届出をした場合でも再生計画案を決議に付する旨の決定があるまでに、裁判所に対し、当該社債について議決権を行使する意思がある旨の申出を行ったときに限り、当該社債等について議決権を行使することができます（本条Ⅰ）。本条に定める個別の議決権行使のための意思表示を行わなかった社債権者は、再生計画案の可決要件（民再172の3Ⅰ）の算定に当たっては議決権を行使できる再生債権者には算入されません。

本条は、あくまで社債権者集会等の決議が成立しなかった場合に再生計画案の可決要件を満たすことができず再生計画案が否決されるという事態に対処するための規定です。そこで、社債権者集会における特別決議が成立し、再生計画案に対する議決権行使が認められた場合（会社706Ⅰ）には、原則通り社債権者等の個別の権利行使は許されず、社債権者集会等の決議に従った議決権行使がなされることになります（本条Ⅲ）。

本条の規定は、民再法120条の2第6項各号所定の社会医療法人債、投資法人債、および特定社債等にも適用されます。

文献 伊藤1003頁、条解民再891頁［山田文］、山本181頁、新注釈民再（下）72頁［三村藤明］

（債権者集会が開催される場合における議決権の額の定め方等）

第170条 裁判所が議決権行使の方法として第169条第2項第1号又は第3号に掲げる方法を定めた場合においては、再生債務者等又は届出再生債権者は、債権者集会の期日において、届出再生債権者の議決権につき異議を述べることができる。ただし、第104条第1項の規定によりその額が確定した届出再生債権者の議決権については、この限りでない。

2　前項本文に規定する場合においては、議決権者は、次の各号に掲げる区分に応じ、当該各号に定める額に応じて、議決権を行使することができる。
　一　第104条第1項の規定によりその額が確定した議決権を有する届出再生債権者　確定した額
　二　前項本文の異議のない議決権を有する届出再生債権者　届出の額
　三　前項本文の異議のある議決権を有する届出再生債権者　裁判所が定める額。ただし、裁判所が議決権を行使させない旨を定めたときは、議決権を行使することができない。

3　裁判所は、利害関係人の申立てにより又は職権で、いつでも前項第3号の規定による決定を変更することができる。

基本事項
1 趣旨

本条は、債権者集会が開催される場合（書面等投票と併用される場合を含む）において、債権者集会の期日において届出再生債権者等が他の届出再生債権者の議決権に異議を述べることができること、および再生債権者の議決権額の定め方等について定めています。本条と同様の規定が会更法191条にも置かれています。

2 議決権を行使できる額

議決権者は、債権者集会において、次の区分に応じて定まる額を議決権額として行使することができます（本条Ⅱ）。

① 再生債権の調査手続で議決権額が確定している場合には、その確定した額
② 再生債権の調査手続では議決権額が確定していなかったが、債権者集会において当該届出債権者の議決権額に異議がなかった場合には、届出の額（本条Ⅱ②）

調査手続で議決額が確定していない場合としては、典型的には、再生債権の存否・金額に争いがあり査定手続等が係属中である場合です。

③ 再生債権の調査手続では議決権額が確定しておらず、債権者集会において当該届出債権者の議決権額に異議があった場合には、裁判所が定める額（本条Ⅲ③）

なお、確定した再生債権（民再104Ⅰ）に対して異議を述べることはできません（本条Ⅰただし書）。また、本条2項3号の決定に対して不服申立てをすることはできませんが（民再9）、同号によって決定した議決権額は、利害関係人の申立てまたは職権により、裁判所はいつでも変更できます（本条Ⅲ）。

文献 伊藤1001頁、一問一答民再228頁、条解民再895頁［野口宣大］、山本181頁、破産・民事再生の実務〔民事再生・個人再生編〕283頁、民事再生の手引356頁・360頁、新注釈民再（下）77頁［綾克己］

（債権者集会が開催されない場合における議決権の額の定め方等）
第171条 裁判所が議決権行使の方法として第169条第2項第2号に掲げる方法を定めた場合においては、議決権者は、次の各号に掲げる区分に応じ、当該各号に定める額に応じて、議決権を行使することができる。
一　第104条第1項の規定によりその額が確定した議決権を有する届出再生債権者　確定した額
二　届出再生債権者（前号に掲げるものを除く。）　裁判所が定める額。ただし、裁判所が議決権を行使させない旨を定めたときは、議決権を行使することができない。
2　裁判所は、利害関係人の申立てにより又は職権で、いつでも前項第2号の規定による決定を変更することができる。

基本事項

1　趣旨

本条は、債権者集会が開催されず、書面等投票のみによる場合における議決権額の定め方等について定めています。本条と同趣旨の規定が会更法192条にも置かれています。

2　議決権を行使できる額

議決権者は、次の区分に応じて定まる額を議決権額として行使することができます（本条Ⅰ）。

① 再生債権の調査手続で議決権額が確定している場合には、その確定した額
② 再生債権の調査手続で議決権額が確定していなかった場合には、裁判所が定める額

なお、確定した再生債権（民再104Ⅰ）に対して異議を述べることはできません（本条Ⅰ①）。また、本条1項2号の決定に対して不服申立てをすることはできませんが（民再9）、同号によって決定した議決権額は、利害関係人の申立てまたは職権により、裁判所はいつでも変更できます（本条Ⅱ）。

債権者集会が開催されない場合には、集会期日で議決権額に異議を述べる機会（民再170Ⅰ）がないため、確定していない再生債権については、裁判所の裁量により議決権を行使させるか否か、また行使させる場合の議決権額が決定されます。

文献　伊藤1001頁、条解民再899頁［園尾隆司］、山本181頁、破産・民事再生の実務〔民事再生・個人再生編〕286頁、民事再生の手引358頁・360頁、新注釈民再（下）80頁［綾克己］

（議決権の行使の方法等）
第172条　議決権者は、代理人をもってその議決権を行使することができる。
2　議決権者は、その有する議決権を統一しないで行使することができる。この場合においては、第169条第2項前段に規定する期限までに、裁判所に対してその旨を書面で通知しなければならない。
3　前項の規定は、第1項に規定する代理人が委任を受けた議決権（自己の議決権を有するときは、当該議決権を含む。）を統一しないで行使する場合について準用する。

基本事項

1　趣旨

本条は、議決権を有する再生債権者が代理人をもって議決権を行使することができること、また、議決権の不統一行使が認められることを定めています。本条と同趣旨の規定が会更法193条に、本条1項と同趣旨の規定が破産法143条にも置かれています。

2　代理人

再生手続において議決権者は、代理人をもってその議決権を行使することができ

ます（本条Ⅰ）。代理人の権限は書面で証明する必要があります（民再規90の4）。なお、代理人は必ずしも弁護士であることを要しないと解されています。

3　議決権の不統一行使

例えば、再生計画案の賛否について意見の異なる複数の者から債権の管理回収業務を受託したサービサーが実質的な権利者である委託者の意向を反映させるためには、議決権の一部について賛成し、残り一部について反対することを認める必要性があります。そこで、本条は、議決権を統一しないで行使することができるとしています。ただし、決議の事務が煩雑となることを防ぐため、議決権者は、裁判所の定める期限（民再169Ⅱ・Ⅲ）までに不統一行使をする旨を裁判所に対して通知する必要があります（本条Ⅱ）。

なお、本条1項による代理人が委任を受けた議決権についても、同様に議決権を不統一行使することができます（本条Ⅲ）。

文献　伊藤1002頁、条解民再900頁［野口宣大］、山本181頁、破産・民事再生の実務〔民事再生・個人再生編〕283頁、新注釈民再（下）81頁［綾克己］

（基準日による議決権者の確定）
第172条の2　裁判所は、相当と認めるときは、再生計画案を決議に付する旨の決定と同時に、一定の日（以下この条において「基準日」という。）を定めて、基準日における再生債権者表に記録されている再生債権者を議決権者と定めることができる。
2　裁判所は、基準日を公告しなければならない。この場合において、基準日は、当該公告の日から2週間を経過する日以後の日でなければならない。

基本事項

1　趣旨

本条は、裁判所が定める特定の日を基準日として、同日に再生債権表に記録されている再生債権者を議決権者と定めることができる基準日制度を定めています。本条と同様の規定が会更法194条にも置かれています。

再生手続においても再生債権者は、実体法上の規律に従って再生債権の譲渡を行うことが可能ですが、債権者集会の直前あるいは書面等投票の投票期間中に再生債権者が頻繁に変わる場合には、決議の事務に支障が生じるおそれがあります。そこで、本条は、基準日制度を設け、基準日時点の再生債権者のみを議決権者として扱えば足りるとしています（本条Ⅰ）。

2　手続

基準日を設けるに当たっては、公告を行う必要があります（本条Ⅱ）。基準日は、当該公告の日から2週間以上経過した後の日でなければならず、基準日を設けた場合、債権者集会期日は、基準日の翌日から3か月を超えない日でなければなりません。また、書面等投票の投票期間も基準日の翌日から2週間以上3か月以下の範囲内で定める必要があります（民再規90Ⅰ・4Ⅰ）。

文　献　伊藤1002頁、条解民再903頁〔園尾隆司〕、破産・民事再生の実務〔民事再生・個人再生編〕277頁、新注釈民再（下）84頁〔綾克己〕

（再生計画案の可決の要件）
第172条の3　再生計画案を可決するには、次に掲げる同意のいずれもがなければならない。
　一　議決権者（債権者集会に出席し、又は第169条第2項第2号に規定する書面等投票をしたものに限る。）の過半数の同意
　二　議決権者の議決権の総額の2分の1以上の議決権を有する者の同意
2　約定劣後再生債権の届出がある場合には、再生計画案の決議は、再生債権（約定劣後再生債権を除く。以下この条、第172条の5第4項並びに第174条の2第1項及び第2項において同じ。）を有する者と約定劣後再生債権を有する者とに分かれて行う。ただし、議決権を有する約定劣後再生債権を有する者がないときは、この限りでない。
3　裁判所は、前項本文に規定する場合であっても、相当と認めるときは、再生計画案の決議は再生債権を有する者と約定劣後再生債権を有する者とに分かれないで行うものとすることができる。
4　裁判所は、再生計画案を決議に付する旨の決定をするまでは、前項の決定を取り消すことができる。
5　前2項の規定による決定があった場合には、その裁判書を議決権者に送達しなければならない。ただし、債権者集会の期日において当該決定の言渡しがあったときは、この限りでない。
6　第1項の規定にかかわらず、第2項本文の規定により再生計画案の決議を再生債権を有する者と約定劣後再生債権を有する者とに分かれて行う場合において再生計画案を可決するには、再生債権を有する者と約定劣後再生債権を有する者の双方について第1項各号に掲げる同意のいずれもがなければならない。
7　第172条第2項（同条第3項において準用する場合を含む。）の規定によりその有する議決権の一部のみを再生計画案に同意するものとして行使した議決権者（その余の議決権を行使しなかったものを除く。）があるときの第1項第1号又は前項の規定の適用については、当該議決権者1人につき、同号に規定する議決権者の数に1を、再生計画案に同意する旨の議決権の行使をした議決権者の数に2分の1を、それぞれ加算するものとする。

基本事項

1　趣旨

　本条は、再生計画案の可決要件のほか、約定劣後再生債権がある場合の決議方法、議決権の不統一行使がなされた場合の議決権者数の計算方法について定めています。本条と同様の規定が会更法196条にも置かれています。もっとも、更生計画案の可決には頭数要件を必要としていないため、会更法には不統一行使がされた場合の議決権者数の算定方法に関する規定はありません。

2 可決要件

再生計画案が可決されるためには、①議決権者（債権者集会に出席し、または書面等投票をしたものに限る）の過半数の同意（頭数要件）および②議決権者の議決権の総額の2分の1以上の議決権を有する者の同意（議決権額要件）の双方を満たす必要があります（本条Ⅰ）。会更法（会更196 Ⅴ①）と異なり、頭数の過半数が必要とされるのは、議決権額要件のみでは反映されない可能性のある少額債権者の意向も決議に反映させ、少額債権者の保護を図るためです。

債権者集会に出席せず、かつ書面等投票もしなかった議決権者は、頭数要件との関係では、分母に含まれません（棄権扱いになる）。しかし、議決権者の総議決権額を分母とする議決権額要件では分母に含まれるため、実質的には反対したのと同じになります。

3 約定劣後再生債権の議決権行使の取扱い

再生債権者と再生債務者との間で、再生手続開始前に、当該再生債務者について破産手続が開始されたとすれば当該破産手続におけるその配当の順位が劣後的破産債権に後れる旨の合意がされた債権を、約定劣後再生債権（民再35 Ⅳ）といいます。約定劣後再生債権を有する者は、再生債務者が再生手続開始の時においてその財産をもって約定劣後再生債権に優先する債権に係る債務を完済することができる場合に限り、議決権を有することになります（民再87 Ⅲ）。

本条2項は、約定劣後再生債権者が議決権を行使できる場合には、約定劣後再生債権を除く再生債権を有する者と約定劣後再生債権を有する者とを原則として組分けし（ただし、裁判所が相当と認めるときは組分けを要しない。本条Ⅲ）、それぞれの組において、再生計画案の可決要件（本条Ⅵ）を満たさなければならないことを定めています。

4 議決権不統一行使の場合の頭数要件の議決権数

再生計画案の決議に当たり、議決権者は、その議決権を統一せずに行使すること（不統一行使）を認めています（民再172 Ⅱ・Ⅲ）。本条7項は、議決権の不統一行使がなされた場合（同意・不同意双方の意思表示がなされた場合）において、再生計画案の可決要件のうちの頭数要件について、当該議決権者1人につき、分母である議決権者の数に1を、同意する旨の議決権行使をした分子である議決権者の数に2分の1を加算して計算することを定めています。分母に関しては、不統一行使をする者を1人の議決権者として扱い、分子に関しては、積極的な意思表示として同意のみがなされたときは、1人の議決権者として扱い、同意・不同意双方について積極的な意思表示がされたときは同意の議決権者数が加重されることを防ぐために、0.5人の議決権者として扱う趣旨です（伊藤1010頁）。

判 例 最決平20・3・13民集62巻3号860頁
文 献 伊藤1009頁、一問一答民再231頁、条解民再904頁［園尾隆司］、倒産法概説452頁［笠井正俊］、山本180頁、破産・民事再生の実務［民事再生・個人再生編］276頁、新注釈民再（下）85頁［富永浩明］

> **(再生計画案の変更)**
> **第172条の4** 再生計画案の提出者は、議決権行使の方法として第169条第2項第1号又は第3号に掲げる方法が定められた場合には、再生債権者に不利な影響を与えないときに限り、債権者集会において、裁判所の許可を得て、当該再生計画案を変更することができる。

基本事項

1 趣旨

本条は、議決権の行使方法として債権者集会が開催される場合には、再生債権者に不利な影響を与えないときに限り、裁判所の許可を得て再生計画案の提出者が債権者集会において再生計画案を変更できることを定めています。本条と同趣旨の規定が会更法197条にも置かれています。

再生計画案の付議決定がなされると再生計画案の修正は許されません(民再167)。しかし、付議決定後であっても再生債権者に不利な影響を与えないのであれば、決議の事務に支障を与えたり、履行可能性に問題がある場合でなければ、再生計画案の変更を許さない理由もありません。そこで本条は、債権者に不利な影響を与えないときに限って、裁判所の許可を得て再生計画案の変更ができることとしています。

2 要件

(1) **再生計画案の変更権者**

再生計画案の提出者のみが当該再生計画案を変更することができます。

(2) **再生債権者に不利な影響を与えない変更であること**

再生債権者に不利な影響を与えるものか否かは、弁済期間や弁済率等について再生債権者の受ける実質的利益に応じて判断します。ただし、仮に再生債務者に不利な影響を与えない場合でも、再生計画案の本質的な部分に変更を加えることは許されないと解されています(民事再生の手引351頁)。

(3) **債権者集会における変更**

再生計画案の変更は、議決について混乱を生じるおそれを回避するため、債権者集会を開催する場合にのみ可能です。したがって、議決権の行使方法が書面等投票のみによる場合(民再169Ⅱ②)には再生計画案の変更は許されません。

(4) **裁判所の許可**

債権者集会で裁判所の許可を得ることにより、再生計画案の変更が可能となります。

> **文献** 伊藤1011頁、条解民再907頁[園尾隆司]、破産・民事再生の実務[民事再生・個人再生編]279頁、民事再生の手引350頁、新注釈民再(下)96頁[富永浩明]

> **(債権者集会の期日の続行)**
> **第172条の5** 再生計画案についての議決権行使の方法として第169条第2項第1号又は第3号に掲げる方法が定められ、かつ、当該再生計画案が可決されるに至らなかった場合において、次の各号のいずれかに掲げる同意があるときは、裁判所

は、再生計画案の提出者の申立てにより又は職権で、続行期日を定めて言い渡さなければならない。ただし、続行期日において当該再生計画案が可決される見込みがないことが明らかである場合は、この限りでない。
一　第172条の3第1項各号のいずれかに掲げる同意
二　債権者集会の期日における出席した議決権者の過半数であって出席した議決権者の議決権の総額の2分の1を超える議決権を有する者の期日の続行についての同意
2　前項本文の場合において、同項本文の再生計画案の可決は、当該再生計画案が決議に付された最初の債権者集会の期日から2月以内にされなければならない。
3　裁判所は、必要があると認めるときは、再生計画案の提出者の申立てにより又は職権で、前項の期間を伸長することができる。ただし、その期間は、1月を超えることができない。
4　前3項の規定は、第172条の3第2項本文の規定により再生計画案の決議を再生債権を有する者と約定劣後再生債権を有する者とに分かれて行う場合には、再生債権を有する者と約定劣後再生債権を有する者の双方について第1項各号のいずれかに掲げる同意があるときに限り、適用する。

基本事項

1　趣旨

本条は、債権者集会期日において再生計画案が可決されるに至らなかった場合でも再生計画案が可決される可能性があることを踏まえて、直ちに再生手続廃止（民再191Ⅲ）とはせずに、裁判所が債権者集会の続行期日を定めることとしています。なお、要件は異なりますが、本条と同様の規定が会更法198条にも置かれています。

2　要件

(1)　債権者集会が開催されていること

債権者集会期日の続行であるため、議決権の行使方法として債権者集会の開催が必要となります（民再169Ⅱ①・③）。議決権の行使方法が書面等投票のみによる場合（同項②）には、期日を続行することは認められません。

(2)　再生債権者の一定の同意があること

裁判所が続行期日を定めるためには、次の①～③いずれかの同意があることが必要です。

①　再生計画案に対する議決権者（債権者集会に出席し、または書面等投票をした者に限る）の過半数の同意（頭数要件）

②　再生計画案に対する議決権者の議決権総額の2分の1以上を有する者の同意（議決権額要件）

③　債権者集会に出席した議決権者の過半数で、かつ出席した議決権者の議決権額の2分の1を超える議決権を有する者の期日続行についての同意

③の場合には議決権額要件は満たされていませんが、可決の可能性を探るための合理的期待があるといえることから、続行が認められます（伊藤1012頁）。

(3) 続行期日において、当該再生計画案が可決される見込みがないことが明らかである場合でないこと

例えば、総議決権額の過半数を有する者について、再生計画案に反対する意思が明確であり期日を続行しても反対の意思に変更がないことが明らかである場合などには、続行期日を指定する実益がなく再生手続廃止を決定すべきことになります。

3 債権者集会期日が続行された場合の期限

債権者集会期日の続行期日が定められた場合でも再生手続の進行の遅延防止のため再生計画案の可決は、最初の債権者集会の期日から2か月以内にされなければなりません（本条Ⅱ）。必要があると認められるときに限り、この期間は伸長されますが、伸長される期間は1か月を超えることはできません（本条Ⅲ）。

文献 伊藤1011頁、民事再生の手引365頁、条解民再909頁〔園尾隆司〕、新注釈民再（下）99頁〔富永浩明〕、山本180頁、破産・民事再生の実務〔民事再生・個人再生編〕285頁

（再生計画案が可決された場合の法人の継続）
第173条 清算中若しくは特別清算中の法人又は破産手続開始後の法人である再生債務者について再生手続が開始された場合において、再生計画案が可決されたときは、定款その他の基本約款の変更に関する規定に従い、法人を継続することができる。

基本事項

本条は、清算中もしくは特別清算中の法人または破産手続開始後の法人を再生債務者とする再生手続において、再生計画案が可決された場合には、法人を継続（解散した法人が将来に向かって解散前の状態に復帰すること）することができることを定めています。なお、更生手続では、更生計画に法人の継続に関する条項を定めていますので（会更167Ⅱ・45Ⅰ⑤）、本条と同趣旨の規定はありません。

再生手続では、清算中もしくは特別清算中の法人または破産手続開始後の法人についても、再生手続開始決定がなされることが予定されています（民再26Ⅰ①・39Ⅰ等）。これらの法人の再生計画案が可決された場合に法人を継続できなければ、事業継続を前提とする再生計画が遂行される見込みがないこととなり（民再174Ⅱ）、裁判所は、再生計画不認可の決定をせざるを得ないという不合理な結果を招きかねません。そこで、本条は、このような場合に法人を継続することができるとしています。

再生債務者等は、法人を継続するか否かが決まったときは、速やかにその旨を裁判所に届け出なければなりません（民再規92）。裁判所は、当該届出がされたとき、または再生計画案の可決後相当の期間内に当該届出がされないときに、再生計画の認可または不認可の決定をします（民再規93）。

文献 伊藤1012頁、一問一答民再233頁、条解民再912頁〔野口宣大〕、新注釈民再（下）103頁〔富永浩明〕

第4節　再生計画の認可等

（再生計画の認可又は不認可の決定）
第 174 条　再生計画案が可決された場合には、裁判所は、次項の場合を除き、再生計画認可の決定をする。
2　裁判所は、次の各号のいずれかに該当する場合には、再生計画不認可の決定をする。
　一　再生手続又は再生計画が法律の規定に違反し、かつ、その不備を補正することができないものであるとき。ただし、再生手続が法律の規定に違反する場合において、当該違反の程度が軽微であるときは、この限りでない。
　二　再生計画が遂行される見込みがないとき。
　三　再生計画の決議が不正の方法によって成立するに至ったとき。
　四　再生計画の決議が再生債権者の一般の利益に反するとき。
3　第115条第1項本文に規定する者及び労働組合等は、再生計画案を認可すべきかどうかについて、意見を述べることができる。
4　再生計画の認可又は不認可の決定があった場合には、第115条第1項本文に規定する者に対して、その主文及び理由の要旨を記載した書面を送達しなければならない。
5　前項に規定する場合には、同項の決定があった旨を労働組合等に通知しなければならない。

基本事項

1　趣旨

本条は、可決された再生計画案（民再172の3）について、裁判所が再生計画認可決定または再生計画不認可決定をする要件、当該決定に際して関係者が意見を述べることができること、および、当該決定があった場合に関係者への送達・通知を行わなければならないことを定めています。本条と同趣旨の規定が会更法199条にも置かれています。

2　再生計画の認可・不認可の要件

本条1項および2項は、認可および不認可の決定をすべき場合を規定しています。これは、裁判所が裁量によって、再生計画の認可または不認可の決定をする余地がないことを示しています。

(1)　再生計画の認可の要件

再生計画案が可決された場合には、裁判所は、本条2項によって再生計画不認可決定をする場合を除いて、再生計画認可決定をしなければなりません（本条Ⅰ）。

(2)　再生計画の不認可の要件（本条Ⅱ）

裁判所は、次の(ｱ)ないし(ｴ)の再生計画不認可事由がある場合には、再生計画の不認可決定をしなければなりません（本条Ⅱ）［営業等の譲渡を内容とする再生計画について☞民再§42　**より深く学ぶ**　1、清算型の再生計画について☞民再§191　**より深く学**

ぶ 1]。

(ア) **再生手続または再生計画が法律の規定に違反し、かつ、その不備を補正することができないものであるとき**（本条Ⅱ①）

違法な手続によって再生債権者などの利害関係人の利益が害されることを防止するために手続の適法性を裁判所に再確認させるとともに、再生計画の適法性を確認することによって、少数者である再生債権者の権利保護を中心とする後見的な監督権を裁判所に付与するものです。

再生手続の法令違反の例としては、申立資格を有しない者による申立てであった場合（民再21）や債権者集会期日への呼び出しを欠いた場合（民再115Ⅰ）など多くの例が挙げられます。再生計画の法令違反の例としては、必要的記載事項（民再154）を欠いている場合や再生債権者間の平等原則（民再155Ⅰ）に違反している場合などがあります（条解民再918頁［三木浩一］）。

なお、例外的に再生手続に法律違反がある場合であっても違反の程度が軽微であるときは、不認可事由にはなりません（本条Ⅱ①ただし書）。ただし、再生計画に法律違反がある場合には本条2項1号ただし書は適用されません。

(イ) **再生計画が遂行される見込みがないとき**（本条Ⅱ②）

再生計画の遂行可能性がないときとは、再生計画に定められた弁済計画の弁済原資を調達する見込みがないときや、事業継続に必要不可欠な資産について担保権を有する者が再生計画に反対し、その担保権を消滅させることもできないとき等をいいます。

なお、会更法では、更生計画が遂行可能であることを更生計画認可の要件（会更199Ⅱ③）として定めている（積極的要件）のに対して、民再法は本条により再生計画遂行の可能性がないことを不認可事由の1つとして定めています（消極的要件）。このことからも裁判所は、遂行可能性を積極的に認定する必要はなく、前述のような事情が明らかである場合に限り、不認可決定をすれば足りると考えられています。

(ウ) **再生計画の決議が不正の方法によって成立するに至ったとき**（本条Ⅱ③）

不正の方法とは、再生債権者に対する詐欺・脅迫や特別の利益供与によって計画案に賛同させたような場合をいいます。

この点、議決権者の過半数の同意が見込まれない状況にあったにもかかわらず、回収可能性のない債権の一部を再生債務者の関係者に譲渡し、議決権者の過半数を占める状況を作出して再生計画案が可決された事案において、判例は、本件再生計画案の決議は、少額債権者保護の趣旨を潜脱し信義則に反する行為によって成立するに至ったものといわざるを得ないとして、不正の方法によって成立したものであると判示しています（最決平20・3・13民集62巻3号860頁［倒産百選［91］、INDEX2版［131］］）。

(エ) **再生計画の決議が再生債権者の一般の利益に反するとき**（本条Ⅱ④）

再生債権者一般の利益に反するとは、特定の再生債権者ではなく、再生債権者全体の利益が害される場合を意味し、再生計画による弁済が破産による配当を下回る場合、すなわち、清算価値保障原則に反する場合がこれに該当します［☞**論点解**

説]。

　この点、監督委員が受継することに不利益な事情が見当たらず、結果的には再生債務者に弁済計画上、利益をもたらす可能性があるような場合に、詐害行為取消訴訟を再生手続開始決定後に監督委員が受継(民再140Ⅰ参照)しないまま再生計画案が可決された事案において、「監督委員が本件詐害行為取消訴訟の受継をしないで、弁済原資となる可能性のある債権の回収を怠っているのを放置したままで本件再生計画を成立させたものであり、再生債権者の利益に反するというべきである。このような事案においては、再生計画の内容として、勝訴するか、和解金が得られた場合……を想定した条件付きの弁済計画条項をも予備的に付加すべきであって、それを内容としない本件再生計画は、『再生計画の決議が再生債権者の一般の利益に反するとき』(民事再生法174条2項4号)に該当する」とした裁判例があります(東京高決平15・7・25金法1688号37頁[百選[92]、INDEX2版[126]])。

3　関係者による意見陳述(本条Ⅲ)

　再生債務者、管財人、届出再生債権者および再生のために債務を負担または担保を提供する者(民再115Ⅰ)および労働組合等(民再24の2)は、再生計画案を認可すべきかどうかについて、意見を述べることができます。これらの者は、再生計画の影響を受け、もしくは再生計画の内容に重大な利害を有することから、手続保障または労働者保護の見地から意見陳述権が認められています。

4　関係者への送達・通知(本条Ⅳ・Ⅴ)

　再生計画の認可・不認可決定があった場合、裁判所は、再生債務者、管財人、届出再生債権者および再生のために債務を負担または担保を提供する者(民再115Ⅰ)に対し、決定の主文・理由の要旨を記載した書面を送達しなければなりません(本条Ⅳ)。なお、送達は公告をもって代えることができます(民再10Ⅲ)。また、裁判所は、労働組合等に対して、再生計画の認可・不認可決定があった旨を通知する必要があります(本条Ⅴ)。

論点解説

清算価値保障原則　「清算価値保障原則」とは、再生債務者財産を解体清算した場合の配当率を、再生計画による弁済率が上回ることを意味します。この原則は、明文の規定はないものの、再建型手続の特質として、会更法においても当然の前提とされています。清算価値保障原則を満たしているか否かの判断は、再生計画に基づく弁済額と破産手続における想定配当額の比較のほか、弁済までの期間の長短、履行の確実性などを総合的に斟酌して行うべきとされています。なお、財産評定における財産の評価基準が、原則として処分価値によるべきものとされているのは(民再56Ⅰ)、清算価値保障原則の充足性を判断するための補助資料を提供するためです(伊藤1015頁)[☞民再§124　**論点解説**　**2**]。

より深く学ぶ

清算型の再生計画案　再生債務者の事業の再生を図るという再生手続の目的(民

再1）は、従前再生債務者が行っていた事業自体の再生を目的とし、そのことは、必ずしも、当該事業が再生債務者のもとで再生されることを意味しません。そのため、再生債務者等（民再2②）が、裁判所の許可を得て再生手続開始後に事業譲渡を行うことも認められており（民再42）、その結果、事業譲渡後の再生債務者の清算を目的とするいわゆる清算型の再生計画案が提出された場合であっても、決議に付するに足りる再生計画案（本条①）に該当すると解されています。

これに対し、再生債務者や管財人が、再生手続開始後に事業譲渡を含めた事業の再生を断念し、清算型再生計画案を作成した場合には、もはや再生債務者の事業の再生を図るという再生手続の目的を満たさないのではないかが問題になります。しかし、このような場合に必ず牽連破産にしなければならないとするのは手続経済に反するため、決議に付するに足りる再生計画案（本条①）と認めてかまわないものと一般に解されています（新注釈民再（下）205頁［佐長功］、民事再生の手引272頁、会社更生の実務（上）267頁参照。さらに完全清算型再生計画の許容性について、上谷清編集代表『新倒産法の実務Ⅱ〔民事再生編〕』（第一法規、2001）203頁［園尾隆司］）。

判　例　東京高決平16・6・17金法1719号61頁③事件［INDEX2版［128］］、最決平20・3・13民集62巻3号860頁［百選［91］、INDEX2版［131］］、東京高決平15・7・25金法1688号37頁［百選［92］、INDEX2版［126］］

文　献　伊藤1013頁、一問一答民再234頁、条解民再914頁［三木浩一］、新注釈民再（下）109頁［須藤力］、破産・民事再生の実務〔民事再生・個人再生編〕252頁・290頁、民事再生の手引274頁

（約定劣後再生債権の届出がある場合における認可等の特則）

第174条の2　第172条の3第2項本文の規定により再生計画案の決議を再生債権を有する者と約定劣後再生債権を有する者とに分かれて行う場合において、再生債権を有する者又は約定劣後再生債権を有する者のいずれかについて同条第1項各号のいずれかに掲げる同意を得られなかったため再生計画案が可決されなかったときにおいても、裁判所は、再生計画案を変更し、その同意が得られなかった種類の債権を有する者のために、破産手続が開始された場合に配当を受けることが見込まれる額を支払うことその他これに準じて公正かつ衡平に当該債権を有する者を保護する条項を定めて、再生計画認可の決定をすることができる。

2　第172条の3第2項本文の規定により再生計画案の決議を再生債権を有する者と約定劣後再生債権を有する者とに分かれて行うべき場合において、再生計画案について、再生債権を有する者又は約定劣後再生債権を有する者のいずれかについて同条第1項各号のいずれかに掲げる同意を得られないことが明らかなものがあるときは、裁判所は、再生計画案の作成者の申立てにより、あらかじめ、その同意を得られないことが明らかな種類の債権を有する者のために前項に規定する条項を定めて、再生計画案を作成することを許可することができる。この場合において、その同意を得られないことが明らかな種類の債権を有する者は、当該再生計画案の決議において議決権を行使することができない。

3　前項の申立てがあったときは、裁判所は、申立人及び同意を得られないことが

明らかな種類の債権を有する者のうち1人以上の意見を聴かなければならない。

基本事項
1 趣旨
　本条は、再生債権を有する者の組と約定劣後再生債権を有する者の組とが分かれて再生計画案の決議がなされ、いずれかの組において可決要件を満たさなかった場合に、裁判所が、いわゆる権利保護条項を定めて再生計画案を認可できること等を定めています。ただし、再生債務者が債務超過の場合には約定劣後再生債権は議決権を有しないため（民再87Ⅲ）、本条によって権利保護条項が定められることは、実務的には極めて稀であると考えられます。本条と類似の規定が会更法200条にも置かれています。

2 権利保護条項の概要
　一般の再生債権者と約定劣後再生債権者とで組分けをし（民再172の3Ⅱ）、その一部の組で再生計画案が可決されなかった場合において、裁判所は、その同意を得られなかった組の債権者のために、破産手続が開始された場合に配当を受けることが見込まれる額を支払うこと、その他これに準じて公正かつ衡平に当該債権を有する者を保護する条項を定めることによって再生計画の認可をすることができます（本条Ⅰ）。これを権利保護条項といいます。複数の組がある場合に一部の組が再生計画案に同意しないことによって再生手続が挫折することは一部の組に実質的に拒否権を与えるに等しく、他方、否決した組の利益を保護する必要もあることから、これらの調整を図るために権利保護条項が利用されます。

3 権利保護条項の事前の設定
　裁判所は、再生計画案の決議を行う前でも、一般の再生債権者と約定劣後再生債権者とで組を分けて決議が行われる場合で、その一部の組で再生計画案が可決されないことが明らかであるときは、再生計画案の作成者の申立てにより、申立人および同意を得られないことが明らかな種類の債権を有する者のうちの1人以上の意見を聴いた上で（本条Ⅲ）、あらかじめ権利保護条項を定めて再生計画案を作成することを許可することができます。この場合、同意を得られないことが明らかな組の再生債権者は議決権行使をすることができません（本条Ⅱ）。

　文　献　伊藤1016頁、条解民再924頁［三木浩一］、新注釈民再（下）114頁［須藤力］

（再生計画認可の決定等に対する即時抗告）
第175条　再生計画の認可又は不認可の決定に対しては、即時抗告をすることができる。
2　前項の規定にかかわらず、再生債務者が再生手続開始の時においてその財産をもって約定劣後再生債権に優先する債権に係る債務を完済することができない状態にある場合には、約定劣後再生債権を有する者は、再生計画の内容が約定劣後再生債権を有する者の間で第155条第1項に違反することを理由とする場合を除き、即時抗告をすることができない。

3 議決権を有しなかった再生債権者が第1項の即時抗告をするには、再生債権者であることを疎明しなければならない。
4 前項の規定は、第1項の即時抗告についての裁判に対する第18条において準用する民事訴訟法第336条の規定による抗告及び同法第337条の規定による抗告の許可の申立てについて準用する。

基本事項
1 趣旨
　本条は、再生計画認可・不認可決定に対して即時抗告をすることができること、即時抗告の要件等について定めています。本条と同趣旨の規定が会更法202条にも置かれています。

2 即時抗告権者
　再生計画認可・不認可決定に対しては、利害関係人（民再9）が即時抗告を申し立てることができます。この点、再生債権者や再生債務者等に本条の即時抗告権があることに争いはありませんが、株主や労働組合等に本条の即時抗告権が認められるか議論があります ［☞ 論点解説 1・2］。

　なお、約定劣後再生債権者は、再生債務者が債務超過である場合には、平等原則（民再155Ⅰ）違反を理由とする場合を除いては再生計画認可・不認可決定に対して即時抗告をすることができません（本条Ⅱ）。

　債権届出を行わなかった等の理由により議決権を有しなかった再生債権者も本条による即時抗告を行うことができますが、濫用的な申立てを回避するため、再生債権者であることを疎明しなければなりません（本条Ⅲ）。最高裁判所への特別抗告（民訴336）・許可抗告（民訴337）の申立てをする場合にも、議決権を有しない再生債権者は再生債権者であることを疎明する必要があります（本条Ⅳ）。

3 即時抗告期間
　即時抗告ができる期間は、再生計画認可決定等が送達された日から1週間（民訴332）、または送達に代わる公告がされた場合は公告の日の翌日から2週間の不変期間内とされています（民再9・10Ⅰ・Ⅱ）。

論点解説
1 株主による即時抗告　資本の減少を定める再生計画の認可決定に対して、株式会社である再生債務者の株主が即時抗告をすることができるかについて、裁判例は、「再生計画に資本の減少を定める条項があるときは、株主は再生計画の認可・不認可の決定に直接的な利害を有することになる」との理由で株主の即時抗告権を認めています（東京高決平16・6・17金法1719号61頁［INDEX2版［128］］）。これに対し、再生計画の内容が株主の地位に直接的な影響を与えるものでない場合は即時抗告権は認められないとするのが多数説です（条解民再931頁［三木浩一］）。

2 労働組合等による即時抗告　労働組合等（民再24の2）は再生計画によってその権利に直接影響を受ける立場にないことから、即時抗告を申し立てることができ

ないと解されています（伊藤1020頁）。
判　例　東京高決平 16・6・17 金法 1719 号 61 頁［INDEX2 版［128］］
文　献　伊藤 1019 頁、一問一答民再 236 頁、条解民再 927 頁［三木浩一］、新注釈民再（下）115 頁［須藤力］

（再生計画の効力発生の時期）
第 176 条　再生計画は、認可の決定の確定により、効力を生ずる。

基本事項

　本条は、再生計画の効力発生時期を再生計画認可決定の確定時と定めています。なお、これに対し会更法では、更生計画は確定を待たずに認可決定時に効力が生じることとしています（会更201）。

　本条により、再生計画認可決定に対して即時抗告（民再175 I）がされなかった場合には、即時抗告期間の満了時、すなわち、認可決定が送達された日から1週間（民訴332）、または送達に代わる公告がされた場合は公告の日の翌日から2週間（民再9・10 I・II）が経過した時に再生計画の効力が生じます。他方、再生計画認可決定に対して即時抗告がされた場合には、即時抗告が却下・棄却された時に再生計画の効力が生じることになります。

文　献　伊藤 1020 頁、一問一答民再 236 頁、条解民再 934 頁［三木浩一］、新注釈民再（下）117 頁［須藤力］、破産・民事再生の実務〔民事再生・個人再生編〕293 頁

（再生計画の効力範囲）
第 177 条　再生計画は、再生債務者、すべての再生債権者及び再生のために債務を負担し、又は担保を提供する者のために、かつ、それらの者に対して効力を有する。
２　再生計画は、別除権者が有する第53条第１項に規定する担保権、再生債権者が再生債務者の保証人その他再生債務者と共に債務を負担する者に対して有する権利及び再生債務者以外の者が再生債権者のために提供した担保に影響を及ぼさない。

基本事項

１　趣旨

　本条は、再生計画の効力が及ぶ範囲について定めています。本条と同趣旨の規定が会更法203条にも置かれています。

２　再生計画の効力の人的範囲（本条 I）

(1) 再生債務者

　通常のDIP型による再生手続の場合には、再生計画の効力は当然に手続当事者である再生債務者に及びます。さらに、再生債務者の業務遂行および財産管理処分の権限が付与された管財人が選任されている場合（民再66）でも、再生計画はあくま

で再生債務者の事業の再生のために策定されるものであるため再生計画の効力は当然に再生債務者に及ぶことになります。

(2) 再生債権者

再生手続では、再生債権を届け出たか否か、議決権を有するか否か、議決権を行使したか否か、再生計画に同意したか否かにかかわらず、すべての再生債権者に対して再生計画の効力が及びます。

(3) 再生のために債務を負担し、または担保を提供する者

再生債務者以外で、再生のために債務を負担し、または担保を提供する者（民再158Ⅰ）は、再生計画案の内容につきあらかじめ同意をしていることから（民再165）、再生計画の効力が及ぶとされています。

3 再生計画の効力を受けない者

(1) 別除権者

別除権者は再生手続によらずにその権利を行使できることから（民再53Ⅱ）、本条2項は、再生計画は別除権者が有する担保権に影響を及ぼさないと規定し、再生計画によって別除権の被担保債権の範囲が影響を受けることがないことを確認的に規定しています。

(2) 保証人その他再生債務者と共に債務を負担する者

「保証人」には、連帯保証人、根保証人を含みます。「その他再生債務者と共に債務を負担する者」については、連帯債務者、不真正連帯債務者、不可分債務の債務者等がこれに該当します（新注釈民再（下）120頁［矢吹徹雄］）。

再生計画により再生債務が減免されたときは、保証債務等も付従性により減免されるのが原則ですが、本条2項は、再生計画は保証人その他再生債務者と共に債務を負担する者には影響しないことを定めています。この趣旨は、保証等は主債務者からの弁済がなされない場合に債権を回収するための制度であるところ、この場合に保証債務等も減免されるとすると当該制度が無意味なものとなることから、これを避ける点にあります［☞ **より深く学ぶ** 1・2］。

(3) 再生債務者以外の者が再生債権者のために提供した担保

「再生債務者以外の者が再生債権者のために提供した担保」とは、物上保証の場合をいいます。本条2項は、再生計画は物上保証人にも影響しないと定めています。この趣旨は、前記(2)の場合と同様です。

より深く学ぶ

1 再生債権が失権した場合の保証債務 再生債権が民再法178条1項の規定によって失権した場合にも本条2項が適用され、保証人の責任に影響を及ぼすことがないかについては争いがあります。この点、再生計画による権利変更は再生債務者の再生のために認められるものであるから、これを超えて債権者の権利に不利益な影響を生じさせるべきではないとして本条2項の適用を認め、再生債権の失権の効力は保証人に及ばないとする見解が有力です（伊藤1030頁）。

2 デット・エクイティ・スワップ（DES）が行われた場合の保証債務 デッ

ト・エクイティ・スワップ（Debt Equity Swap。以下、「DES」と表記する）とは、債務の株式化であり、債権に対して株式を代物弁済することを意味します。再生計画でDESによる代物弁済が行われた場合については、再生計画の履行として再生債権者がDESにより株式を取得した時点で再生債権が消滅し、保証人の保証債務もその分だけ減縮されるとの見解が有力ですが（新注釈民再（下）121頁［矢吹徹雄］、伊藤1030頁）、再生債権者がDESにより取得した株式の譲渡や配当によって利益を得た時点で、再生債権の消滅や保証債務の消滅の効果が生じるとの見解もあります（条解民再939頁［三木浩一］）。

判例 最判昭45・6・10民集24巻6号499頁［INDEX2版［132］］、大阪高判平23・10・18金法1934号74頁、千葉地決平23・12・14判時2136号91頁

文献 伊藤1029頁、一問一答民再237頁、条解民再935頁［三木浩一］、新注釈民再（下）118頁［矢吹徹雄］

（再生債権の免責）
第178条 再生計画認可の決定が確定したときは、再生計画の定め又はこの法律の規定によって認められた権利を除き、再生債務者は、すべての再生債権について、その責任を免れる。ただし、再生手続開始前の罰金等については、この限りでない。
2　前項の規定にかかわらず、共助対象外国租税の請求権についての同項の規定による免責の効力は、租税条約等実施特例法第11条第1項の規定による共助との関係においてのみ主張することができる。

基本事項

1　趣旨

本条は、再生計画認可決定の確定によって、再生計画の定めまたは法令で認められた権利を除き、再生債務者が原則としてすべての再生債権から免責されることを定めています。本条と同趣旨の規定が会更法204条にも置かれています。この場合の免責の効果については見解が分かれています［☞ **論点解説**］。

2　免責の対象となる債権

免責の対象は再生債権であり、届出があった再生債権や自認債権のみならず、債権届出がなく再生債務者が認識もしていないため自認債権にもなっていない再生債権も含まれます。

3　免責の対象とならない債権

再生計画による権利変更の対象とならない別除権、共益債権、および一般優先権は免責の対象とはなりません。また、再生債権のうち、再生計画の定めまたは民再法によって認められた権利も対象から除かれ、特に、民再法181条1項各号に掲げられた再生債権は、再生計画に定めがなくても免責の対象とはなりません［☞民再§181］。

また、再生手続開始前の罰金等は免責の対象となりません（本条Ⅰただし書）。共

助対象外国租税の請求権についても、免責の効果は共助（租税約特11Ⅰ）との関係のみで主張できることとされています。

論点解説

免責の効果　免責の効果、すわなち、「その責任を免れる」の意味については破産法253条1項および会更法204条1項と同様に、債務消滅説と自然債務説とが対立しています〔☞破§253 **論点解説** 1〕。自然債務説は、「責任を免れる」との本条の文言を重視し、債務そのものは消滅せず、責任を免れるのみで自然債務として残るとする考え方であり、従来の多数説です（条解破産1612頁）。他方、債務消滅説は、免責の効果として債務そのものが消滅し、その結果、債権者が再生債務者から受領した弁済は不当利得になるとする考え方であり、近時の有力説です（伊藤1021頁・724頁）。なお、判例は、自然債務説を前提としていると解されています（最判平11・11・9民集53巻8号1403号［百選［89］］）。

また、免責の効果に関連し、特に過払金債権の取扱いをめぐって、信義則の適用によって免責の効果が制限されるかについて議論があります。会社更生における判例では、管財人等が顧客に対して過払金返還請求権が発生している可能性があることや更生債権の届出をしないと失権することについて注意を促す措置を特に講じなかったからといって、更生債権が失権したとの管財人の主張が許されなくなるわけではない旨を判示しています（最判平21・12・4判時2068号37頁ほか。伊藤1021頁）。

判例　最判平22・6・4判時2088号83頁、東京高判平24・6・28金法1990号130頁、最判平23・3・1判時2114号52頁［百選［97］］

文献　伊藤1021頁、一問一答民再238頁、条解民再940頁［三木浩一］、新注釈民再（下）122頁［矢吹徹雄］

（届出再生債権者等の権利の変更）

第179条　再生計画認可の決定が確定したときは、届出再生債権者及び第101条第3項の規定により認否書に記載された再生債権を有する再生債権者の権利は、再生計画の定めに従い、変更される。

2　前項に規定する再生債権者は、その有する債権が確定している場合に限り、再生計画の定めによって認められた権利を行使することができる。

3　第1項の規定にかかわらず、共助対象外国租税の請求権についての同項の規定による権利の変更の効力は、租税条約等実施特例法第11条第1項の規定による共助との関係においてのみ主張することができる。

基本事項

1　趣旨

本条は、届出再生債権者の再生債権および認否書に記載された自認債権は、再生計画認可決定の確定時に、再生計画の定めに従って変更されること、および、再生債権者は、再生債権が確定している場合に限り再生計画に定められた権利を行使す

ることができること等を定めています。本条と同趣旨の規定が会更法205条にも置かれています。

2　権利変更の効果

再生計画に定めに従い、債務の全部または一部の免除、期限の猶予、債務の株式への振替（デット・エクイティ・スワップ）等の再生債権の権利変更が、再生計画認可決定の確定の時に効力を生じます。その効果は、再生手続内に限られるものではなく、実体的な変更を意味しています。ただし、共助対象外国租税の請求権については、外国の国家権力の行使でもある外国租税債権の本質的効力を日本の免責手続によって変更することは相当ではないため、再生計画による権利変更の効果は共助（租税約特11Ⅰ）との関係のみで主張できることとしています（本条Ⅲ）。

3　権利の行使

再生債権者は、権利変更後の再生債権を、それが確定している場合に限り行使することができます（本条Ⅱ）。したがって、再生債権の査定の申立て（民再105）や異議の訴え（民再106）がなされている間は再生債権は未確定であるため、当該再生債権を有する再生債権者は再生計画による権利変更後の権利の行使をすることはできません。この点、未確定の再生債権者に不利益が及ばないよう、再生計画には未確定の再生債権に関する適確な措置を定めなければなりません（民再159）。

文　献　伊藤1024頁、一問一答民再238頁、条解民再945頁［村上正子］、新注釈民再（下）125頁［矢吹徹雄］

（再生計画の条項の再生債権者表への記載等）
第180条　再生計画認可の決定が確定したときは、裁判所書記官は、再生計画の条項を再生債権者表に記載しなければならない。
2　前項の場合には、再生債権に基づき再生計画の定めによって認められた権利については、その再生債権者表の記載は、再生債務者、再生債権者及び再生のために債務を負担し、又は担保を提供する者に対して、確定判決と同一の効力を有する。
3　第1項の場合には、前項の権利で金銭の支払その他の給付の請求を内容とするものを有する者は、再生債務者及び再生のために債務を負担した者に対して、その再生債権者表の記載により強制執行をすることができる。ただし、民法第452条及び第453条の規定の適用を妨げない。

基本事項

本条は、再生計画認可決定が確定した場合に裁判所書記官は再生計画の条項を再生債権者表に記載すべきこと、およびその再生債権者表の効力について定めています。本条と同趣旨の規定が会更法206条にも置かれています。

再生計画認可決定が確定した場合には、裁判所書記官は、再生計画の条項、具体的には再生計画の定めに従って変更された権利を再生債権者表に記載しなければなりません（本条Ⅰ）。この再生債権者表の記載は、再生債務者、再生債権者および再

生のために債務を負担しまたは担保を提供する者に対して、確定判決と同一の効力を有します（本条Ⅱ）[☞**論点解説**]。

また、金銭の支払その他の給付の請求を内容とする再生債権者は、再生債務者および再生のために債務を負担した者に対して、再生債権者表の記載により強制執行をすることができます（本条Ⅲ）。ただし、再生のために債務を負担した者については、催告の抗弁（民452）および検索の抗弁（民453）を認めています（同条ただし書）。

なお、更生手続では、更生手続終結の後でなければ更生債権者表に基づく強制執行ができないのに対し（会更240）、再生手続ではそのような時的制限は設けられていません。これは、再生債権者表の記載に基づく強制執行が再生計画の履行を確保するための一手段と位置付けられているためです。

論点解説

確定判決と同一の効力　本条2項の「確定判決と同一の効力」に執行力を含むことには争いがありませんが、既判力を含むかについては争いがあります。再生計画が関係人による自治的解決ないし和解的性格を有するものであることを強調し既判力を否定する見解もありますが、手続的安定性を強調して既判力を肯定する見解が有力です（伊藤1025頁）[☞民再§104 **論点解説** ①、民再§185 **論点解説** 参照]。

文献　伊藤1025頁、一問一答民再240頁・248頁、条解民再948頁[村上正子]、新注釈民再（下）127頁[矢吹徹雄]

（届出のない再生債権等の取扱い）
第181条　再生計画認可の決定が確定したときは、次に掲げる再生債権（約定劣後再生債権の届出がない場合における約定劣後再生債権を除く。）は、第156条の一般的基準に従い、変更される。
　一　再生債権者がその責めに帰することができない事由により債権届出期間内に届出をすることができなかった再生債権で、その事由が第95条第4項に規定する決定前に消滅しなかったもの
　二　前号の決定後に生じた再生債権
　三　第101条第3項に規定する場合において、再生債務者が同項の規定による記載をしなかった再生債権
2　前項第3号の規定により変更された後の権利については、再生計画で定められた弁済期間が満了する時（その期間の満了前に、再生計画に基づく弁済が完了した場合又は再生計画が取り消された場合にあっては弁済が完了した時又は再生計画が取り消された時）までの間は、弁済をし、弁済を受け、その他これを消滅させる行為（免除を除く。）をすることができない。
3　再生計画認可の決定が確定した場合には、再生手続開始前の罰金等についても、前項と同様とする。

基本事項

本条は、再生計画に定めのない再生債権のうち、失権しない再生債権の範囲およ

びその取扱いを定めています。会更法204条1項3号・2項に本条3項と同趣旨の規定が置かれていますが、本条1項および2項に対応する規定はなく、民再法独自の規定です。

再生計画認可の決定が確定したときは、再生計画に定めのない再生債権は原則として失権し、再生債務者が免責される（民再178Ⅰ）結果、弁済を受けられなくなります。ただし、この法律の規定によって認められた権利および再生手続開始前の罰金等は例外として失権せず（同項）、本条1項各号の再生債権は、民再178条1項にいう「この法律の規定によって認められた権利」に該当するものです。これらの再生債権は、再生計画に定められてすべての再生債権者に適用される債務の減免、期限の猶予その他の権利の変更に関する一般的基準（民再156）に従って権利変更されます（本条Ⅰ）。

なお、約定劣後再生債権（民再35Ⅳ）については、債権届出がなく認否書にも記載がない場合であっても（約定劣後再生債権は、再生債務者等がその存在を知っている場合でも認否書に記載する必要はない〔民再101Ⅳ〕）、本条1項の適用はなく、届出がなければ再生計画認可の決定が確定した時に失権します（本条Ⅰ柱書括弧書）。

1 再生計画に記載がなくても失権しない再生債権（本条Ⅰ）

(1) 再生債権者が帰責事由なく債権届出期間内に届出することができなかった再生債権で、その事由が再生計画の付議決定前に消滅しなかったもの（本条Ⅰ①）

再生債権者は、責めに帰することができない事由によって債権届出期間内に届出をすることができなかった場合には、その事由が消滅した後1か月以内に限って届出の追完をすることができます（民再95Ⅰ）。ただし、再生計画案の基礎となる再生債権の範囲を確定するため、再生計画案の付議決定（民再169Ⅰ）後は追完はできません（民再95Ⅳ）。

本条1項1号は、再生債権者に帰責事由なく届出ができなかった再生債権について、免責の対象にならないこととしています。責めに帰することができない事由（帰責事由）の解釈については議論があります［☞ **論点解説**］。

(2) 再生計画案の付議決定後に生じた再生債権（本条Ⅰ②）

再生計画案の付議決定後に生じた再生債権とは、例えば、双方未履行双務契約の解除に伴う相手方の損害賠償請求権（民再49Ⅴ）や否認権行使の相手方の債権（民再133）などが挙げられます。民再法95条1項および同条3項による債権届出の追完は、再生計画案の付議決定後はできませんが（民再95Ⅳ）、再生計画案の付議決定後に生じた再生債権については、そもそも届出の追完期間内に追完することが不可能であるため、再生計画認可の決定の確定により失権させると再生債権者にとって酷となります。そこで、本条1項2号は、再生計画案の付議決定後に生じた再生債権は失権しないこととしています。

(3) 再生債務者に知れたる債権で、再生債務者が自認しなかった再生債権（本条Ⅰ③）

再生債務者等が知っている再生債権については、届出がなくとも再生債務者等がこれを自認し、認否書に記載することにより再生計画による権利変更の対象となり

ます（民再101Ⅲ・157Ⅰ）。

　本条1項3号は、再生債務者が届出のない再生債権の存在を知りながら民再法101条3項による認否書への記載をしなかった場合には、再生債務者に対する一種の制裁として、当該再生債権は再生計画認可の決定が確定した場合でも免責されないこととしています。

　ただし、管財人が選任されている場合には、職務遂行に当たって善管注意義務（民再78・60Ⅰ）を負う管財人が知れている再生債権を故意に認否書に記載しないことが想定しがたく、また、非免責債権とすることが管財人の職務執行の適正さに資することも考えにくいことから本号の適用はなく、管財人が知れている届出のない再生債権を認否書に記載しなかったときは当該債権は再生計画認可の決定の確定により失権します。

2　再生計画の一般的基準に従って変更された権利の取扱い（本条Ⅱ）

　本条1項1号および2号の再生債権は、再生計画認可決定確定後は、再生計画の一般的基準により変更され、再生計画に定められた再生債権と同時期に弁済がなされます。

　他方、本条1項3号の再生債権は、再生計画で定められた弁済期間が満了する時（その期間の満了前に、再生計画に基づく弁済が完了した場合または再生計画が取り消された場合にあっては弁済が完了した時または再生計画が取り消された時）までの間は、再生債務者が弁済をすること、再生債権者が弁済を受けること、その他代物弁済や更改等の債務を消滅させる行為（免除は除く）がすべて禁止され、再生計画で定められた弁済期間が満了するか、他の再生債権者が弁済を受け終わった後等に、はじめて再生計画の一般的基準によって変更されたところに従って弁済を受けることができます。本条1項3号に定める再生債権は、届出期間中に届け出ることを怠ったものであるため、他の再生債権よりも劣後的な地位に置いています。

3　再生手続開始前の罰金等の取扱い（本条Ⅲ）

　再生手続開始前の罰金等（民再84Ⅰ・97①）は、恩赦権の発動によってのみ消滅させることができるもの（罰金・科料）、刑事訴訟法の定めるところによってのみ執行が免除され得るもの（刑事訴訟費用）、またはそれに準ずるもの（追徴金・過料等）であり、民事上の手続で減額や免除の対象とすることに親しまないといえます。また、罰金等は刑事制裁を目的とするものであり、経済的な価値の実現は重視されないことから、私法上の債権に対する弁済に比して速やかに支払を受ける必要性がありません。そこで、再生手続開始前の罰金等の債権についても、本条2項により、再生計画で定められた弁済期間が満了するか、他の再生債権者が弁済を受け終わった後等にはじめて弁済を受けることができることとしています（本条Ⅲ）。

論点解説

責めに帰することができない事由　「責めに帰することができない事由」の解釈に関し、債権調査段階にある民再法95条1項にいう「責めに帰することができない事由」については、円滑な手続進行のために緩やかに解されているのとは異なり、

本条のそれは、例外的なものとして、権利の性質から届出が期待できない場合に限られるというように厳格に解釈すべきと解されています（新注釈民再（下）135頁［馬杉栄一］）。すなわち、民再法95条1項は、再生債権者がその責めに帰することができない事由によって債権届出期間内に届出をすることができなかった場合の届出の追完を認めていますが、ここにいう「責めに帰することができない事由」には大地震、洪水、火災といった天災地変等の客観的不能事由に限らず、一般人が訴訟を遂行するに際して用いるところの注意を尽くしても避けられないと認められる程度のものも含むと解されています［☞民再§95 **より深く学ぶ**］。これに対し、本条1項1号にいう「責めに帰することができない事由」は、追完期間経過後に損害が顕在化する場合のように、あくまで例外的なものとして、権利の性質上、届出が期待できない場合に限定されるべきであるとの指摘があります（新注釈民再（下）135頁［馬杉栄一］、民事再生法逐条研究201頁）。例えば、製造物責任や瑕疵担保責任に基づく損害賠償請求権について、原因となる事由は再生手続開始決定前に発生していたものの具体的な損害が債権届出の追完期間経過後に顕在化したような場合が例として挙げられます（新注釈民再（下）135頁［馬杉栄一］参照）。

　判例　東京地判平23・10・21判時2141号45頁。再生債務者が消費者金融である場合の届出のない過払金返還請求権に関する本条1項1号、3号の適用について、最判平23・3・1判時2114号52頁、最判平21・12・4判時2077号40頁［INDEX［150］］。ただし、更生手続の事案）、東京地判平16・3・24判タ1160号292頁

　文献　伊藤1022頁、一問一答民再238頁・241頁、条解民再952頁［村上正子］、倒産法概説454頁［笠井正俊］、松下154頁、破産法・民事再生法概論371頁［山本弘］、中島＝佐藤317頁、新注釈民再（下）131頁［馬杉栄一］

（別除権者の再生計画による権利の行使）
第182条　再生債権者が第53条第1項に規定する担保権を有する場合には、その行使によって弁済を受けることができない債権の部分が確定した場合に限り、その債権の部分について、認可された再生計画の定めによって認められた権利又は前条第1項の規定により変更された後の権利を行使することができる。ただし、その担保権が根抵当権である場合において、再生計画に第160条第2項の規定による仮払に関する定め及び精算に関する措置の定めがあるときは、その定めるところによる。

　基本事項

　本条は、別除権者は、別除権不足額が確定した場合に限り、再生計画に定められた再生債権の権利行使ができることを定めています。

　別除権者は、別除権の行使によって弁済を受けることができない再生債権の部分が確定した場合に限り、その債権の部分について、①認可された再生計画の定めによって認められた権利、または②前条（民再181）1項の規定により変更された後の権利を行使することができます。本条は、計画遂行段階における不足額責任主義（民再88）を確認するものです。

「別除権の行使によって弁済を受けることができない債権の部分」、すなわち予定不足額の「確定」の方法としては、典型的には、担保権の消滅（別除権実行による未回収額の確定〔民再53Ⅱ〕、担保権の放棄、受戻しによる担保権の消滅〔民再41Ⅰ⑨〕、担保権消滅請求手続による担保消滅〔民再148〕など）、合意による不足額の確定（別除権協定〔民再88ただし書〕）があります［☞ **より深く学ぶ**］。

　なお、別除権が根抵当権である場合で、民再法160条2項の規定により、①根抵当権の被担保債権のうち極度額を超える債権の部分についての仮払に関する定め、および②当該根抵当権の行使によって弁済を受けることができない債権の部分が定まった場合の精算に関する措置が再生計画に規定されていれば、不足額が確定する前でも、その定めるところにより仮払を受けることができます（本条ただし書）。

より深く学ぶ

不足額未確定のままでの弁済の可否　　不足額が確定していない再生債権について、これが未確定のままでも再生計画による弁済ができるか否かについて議論があります。別除権不足額が未確定の場合には再生計画に適確な措置を定めなければならないとしていますが（民再160Ⅰ）、根抵当権のような仮払条項および不足額が確定した場合の精算条項（同条Ⅱ）のような明文の規定がない以上、権利行使をする際にはあくまでも当該不足額が確定している必要があるとの見解が有力です（条解破産961頁、新注釈民再（下）145頁［馬杉榮一］）。これに対し、再生計画の円滑な遂行という観点から、不足額が確定していない場合でも、別除権者に担保提供等をさせて弁済することができるとする見解もあります（新注釈民再（下）87頁［阿多博文］）。

　文　献　　伊藤1026頁、一問一答民再243頁、条解民再958頁［畑宏樹］、新注釈民再（下）141頁［馬杉榮一］

（再生計画により再生債務者の株式の取得等がされた場合の取扱い）

第183条　第154条第3項の規定により再生計画において再生債務者の株式の取得に関する条項を定めたときは、再生債務者は、第161条第1項第2号の日に、認可された再生計画の定めによって、同項第1号の株式を取得する。

2　第154条第3項の規定により再生計画において株式の併合に関する条項を定めたときは、認可された再生計画の定めによって、株式の併合をすることができる。この場合においては、会社法第116条、第117条、第182条の4及び第182条の5の規定は、適用しない。

3　前項の場合には、会社法第235条第2項において準用する同法第234条第2項の許可の申立てに係る事件は、再生裁判所が管轄する。

4　第154条第3項の規定により再生計画において資本金の額の減少に関する条項を定めたときは、認可された再生計画の定めによって、資本金の額の減少をすることができる。この場合においては、会社法第449条及び第740条の規定は、適用しない。

5　前項の場合には、会社法第828条第1項第5号及び第2項第5号の規定にかかわらず、資本金の額の減少について、その無効の訴えを提起することができない。

> 6　第154条第3項の規定により再生計画において再生債務者が発行することができる株式の総数についての定款の変更に関する条項を定めたときは、定款は、再生計画認可の決定が確定した時に再生計画の定めによって変更される。
> 7　第2項、第4項又は前項の規定により、認可された再生計画の定めによる株式の併合、資本金の額の減少又は定款の変更があった場合には、当該事項に係る登記の申請書には、再生計画認可の裁判書の謄本又は抄本を添付しなければならない。

> **（再生計画に募集株式を引き受ける者の募集に関する条項を定めた場合の取扱い）**
> **第183条の2**　第154条第4項の規定により再生計画において募集株式を引き受ける者の募集に関する条項を定めたときは、会社法第199条第2項の規定にかかわらず、取締役の決定（再生債務者が取締役会設置会社である場合にあっては、取締役会の決議）によって、同項に規定する募集事項を定めることができる。この場合においては、同条第4項並びに同法第204条第2項及び第205条第2項の規定は、適用しない。
> 2　会社法第201条第3項から第5項までの規定は、前項の場合について準用する。
> 3　第1項の募集株式を引き受ける者の募集による変更の登記の申請書には、再生計画認可の裁判書の謄本又は抄本を添付しなければならない。

基本事項

1　趣旨および概要

　民再法183条は、同法166条の許可を得て再生計画に定めた資本の減少等に関する条項の効力等について、同法183条の2は、同法166条の2の許可を得て再生計画に定めた募集株式を引き受ける者の募集に関する条項の効力等について定めています。なお、会更法は、株主の権利も手続内に取り込むことから本各条と同趣旨の規定はありません。

　本各条では、それぞれ再生債務者の株式の取得に関する条項（民再161 I）、株式の併合に関する条項（同条Ⅱ）、資本金の額の減少に関する条項（同条Ⅲ）もしくは発行可能株式総数についての定款変更に関する条項（同条Ⅳ）および募集株式を引き受ける者の募集に関する条項（民再162）を定めた再生計画が認可された場合について、各条項の効力発生のための手続やその時期、適用が除外される会社法の規定について定めています。

2　自己株式の取得（民再183 I）

　本来、株式会社が自己株式を取得することができるのは会社法155条各号の場面に限定されているところ、民再法183条1項は、再生手続で自己株式の消却（会社178）を実施する前提として、株主総会の決議等を要せず再生債務者が自己株式を取得できることを定めています。これは株主の権利が実質的に無価値となっている場合に、事業再生のための資本構成の変更を容易にする趣旨です。再生債務者は認可された再生計画の定めに従い、再生計画に定めた取得の日に再生計画に定めた株

式（民再161Ⅰ①）を取得します。

3　株式の併合（民再183Ⅱ・Ⅲ）

本来、株式会社が株式の併合を行うには、株主の地位に影響を及ぼすことに鑑み会社法180条2項・309条2項4号により株主総会の特別決議を要します。民再法183条2項は、再生計画において株式の併合に関する条項を定めた場合、再生債務者は、株主総会の特別決議を要せず、認可された再生計画の定めの内容（民再161Ⅱ）、すなわち併合の割合（会社180Ⅱ①）、株式の併合の効力発生日（同項②）、併合する株式の種類（同項③）に従い、株式の併合を行うことができることを定めています。これも、株主の権利が実質的に無価値となっている場合に、事業再生のための資本構成の変更を容易にする趣旨です。

なお、会社法は、株式の併合に反対する株主には株式買取請求権を認めていますが（会社116）、民再法が、株式の併合に関する条項を定めた再生計画案を提出する前提として裁判所の許可（民再166Ⅰ）を要求し、許可の条件として当該株式会社が債務超過であることを必要としていることから（同条Ⅱ）、民再法183条2項後段は、株主の権利保護を目的とする株式買取請求権（会社116）や株式買取請求を前提とした株式の価格決定等の手続（会社117）の適用を除外しています。

また、株式の併合を行った結果、1株に満たない端数が生じた場合の会社法234条2項に基づく競売以外の方法による端株の売却許可事件は、再生計画の円滑な遂行のため、再生裁判所が管轄権を有することとしています（民再183Ⅲ）。

4　資本金の額の減少（民再183Ⅳ・Ⅴ）

本来、株式会社が資本金の額を減少するには、会社法447条1項、309条2項9号により株主総会の特別決議を要します。これに対し、民再法183条4項は、再生計画において資本金の額の減少に関する条項を定めた場合、再生債務者は、株主総会の特別決議を要せず、認可された再生計画の定めの内容（民再161Ⅲ）、すなわち減少する資本金の額（会社447Ⅰ①）、減少する資本金の額の全部または一部を準備金とするときの内容（同項②）、資本金の額の減少の効力発生日（同項③）に従い、資本金の額の減少を行うことができることを定めています。これも株主の権利が実質的に無価値となっている場合に事業再生のための資本構成の変更を容易にする趣旨です。

この場合、債権者・社債権者保護のための異議に関する手続（会社449・740）は適用されず、また、会社法で認められる資本金の額の減少について無効の訴え（会社828Ⅰ⑤・Ⅱ⑤）も提起することはできません（民再183Ⅴ）。これは、再生計画案について決議によって債権者の意思は反映されていること、また、再生計画の認可・不認可の決定やこれに対する即時抗告を通じて法令適合性も確認できることを根拠とします。

5　発行可能株式総数についての定款変更（民再183Ⅵ）

本来、株式会社が発行可能株式総数についての定款の変更をするには、会社法466条、309条2項11号により株主総会の特別決議を要します。民再法183条6項は、再生計画において発行可能株式総数についての定款の変更に関する条項を定め

た場合、株主総会の特別決議を要せず、再生計画認可の決定が確定した時に再生計画の定めによって定款が変更されることを定めています。

6 募集株式の発行（民再183の2）

本来、株式会社が募集株式を発行するには、既存株主の利益に重大な影響を与えるものであることに鑑み、募集株式に関する募集事項（会社199Ⅰ各号）について会社法199条2項、309条2項5号により株主総会の特別決議を要します。しかし、再生手続で、旧株主以外の特定の第三者に対して新株を割り当てる場合、株主の協力が期待できず、特別決議が成立する可能性は低いといえます。そこで、民再法166条の2第1項は、会社法の特例として、募集株式を引き受ける者の募集に関する条項を定めたときには、募集事項の決定を取締役の決定（取締役会設置会社の場合は取締役会の決議）によってできることを定めています。同項に従って取締役会の決議により募集事項を定めた場合には、その公示方法について、会社法201条3項ないし5項の規定を準用します（民再183の2Ⅱ）。

7 登記申請（民再183Ⅶ・183の2Ⅲ）

民再法183条や183条の2の定めにより登記事項が変更された場合には、登記申請に当たり、再生計画認可の裁判書の謄本または抄本を添付する必要があります。

文献 伊藤990頁・1026頁、一問一答民再244頁、条解民再963頁・967頁［畑宏樹］、倒産法概説455頁［笠井正俊］、松下139頁、破産法・民事再生法概論357頁［山本弘］、中島＝佐藤305頁、新注釈民再（下）148頁・152頁［土岐敦司］

（中止した手続等の失効）
第184条 再生計画認可の決定が確定したときは、第39条第1項の規定により中止した手続又は処分は、その効力を失う。ただし、同条第2項の規定により続行された手続又は処分については、この限りでない。

基本事項

1 趣旨

本条は、再生計画認可の決定が確定したときは、民再法39条1項の規定により中止していた破産手続や強制執行等、財産開示手続は失効すること等を定めています。本条と同趣旨の規定が会更法208条にも置かれています。

民再法39条1項は、再生手続に先行する破産手続や強制執行手続等について、再生手続開始決定があったときにこれらを中止する旨を規定しています。その後、再生手続が進行し、再生計画認可の決定が確定した場合、再生債務者は破産状態を脱したと考えられるため、破産手続を維持する必要がありません。また、再生債権は再生計画によって実体的に変更され、以後は再生計画に従って弁済を受ける（民再179）べきものとされるため、強制執行等、財産開示手続を維持する必要もありません。そこで、本条は、再生計画認可の決定の確定時に、これらの手続が失効する旨を定めています。なお、特別清算手続は再生手続開始決定により失効する（民再39Ⅰ）ため、本条の対象とはなりません。

ただし、民再法39条2項によって続行された強制執行等については、再生に支障を来さないものとして、再生債務者財産の換価の一環として行われるものであることから、失効しません（本条ただし書。伊藤1029頁）。

2　効力を失うの意義

本条にいう「効力を失う」とは、民再法39条1項の規定により中止した手続の続行が禁止されるだけでなく、当該手続が遡及的に効力を失うことを意味します。ただし、中止の対象となった手続の種別に応じて、別途、具体的な事後的処理が必要となることがあります。

例えば、民再法39条1項の規定により中止の対象となった手続が破産手続である場合には、再生計画認可の決定は、破産手続の独自の終了原因となると解されているため、破産裁判所の破産手続終結決定（破220参照）といった裁判は不要であると解され（新注釈民再（下）155頁［馬杉榮一］）、また、破産手続開始決定についても、これを取り消す旨の決定は不要であると解されています（条解民再971頁［畑宏樹］）。他方で、例えば、強制執行等や財産開示手続の場合であれば、個々の執行裁判所に対する執行取消しの申立てが必要となり、当該申立てに基づく取消しの裁判によって、強制執行等や財産開示手続が終了することになります。

文献　伊藤1028頁、条解民再970頁［畑宏樹］、松下158頁、破産法・民事再生法概論372頁［山本弘］、中島＝佐藤320頁、新注釈民再（下）154頁［馬杉榮一］

（不認可の決定が確定した場合の再生債権者表の記載の効力）
第185条　再生計画不認可の決定が確定したときは、確定した再生債権については、再生債権者表の記載は、再生債務者に対し、確定判決と同一の効力を有する。ただし、再生債務者が第102条第2項又は第103条第4項の規定による異議を述べたときは、この限りでない。
2　前項の場合には、再生債権者は、再生債務者に対し、再生債権者表の記載により強制執行をすることができる。

基本事項

本条は、再生計画不認可の決定が確定した場合の再生債権者表の記載の効力について定めています。本条と同趣旨の規定が会更法235条にも置かれています。

再生債権の調査および確定の手続を経て作成された再生債権者表は、再生計画認可決定が確定した場合には、確定判決と同一の効力を有します（民再180Ⅱ）。この点、再生計画の不認可の決定が確定した場合にも、その効力を再生債務者に対する効力として当然に存続させるべき理由はありませんが、再生手続の中で個別に調査され、または査定の申立て、査定決定についての異議訴訟を経て確定したものを無に帰し、債権者に改めて債務名義を取得するための手続の履践を求めるのは、債権者に過重な負担を強いるものといえます。そこで、本条は、再生計画の不認可の決定が確定した場合であっても、一定の場合には再生債権者表に確定判決と同一の効力をもたせることとしています。

1 確定した再生債権

確定した再生債権とは、①再生債権の調査手続において異議等がないことによって確定した再生債権と、②再生債権の調査確定手続を経て確定した再生債権をいい、これらの再生債権については再生債権者表の記載が確定判決と同一の効力を有することになります［☞ 論点解説］。

この点、管財人が選任されている場合には、債権の認否は管財人（民再66）が行い、再生債務者自身が述べた異議（民再102Ⅱ・103Ⅳ）は、再生債権の確定を妨げるものではありません（民再104Ⅰ参照）。しかし、再生計画不認可の決定が確定して再生手続が終了する場合には、再生債務者の異議を述べた意思を尊重すべきであるため（条解民再973頁［畑宏樹］）、本条1項ただし書は、管財人が選任されている場合で再生債務者が異議を述べていた場合について、本条1項本文の適用がないこととしています。

2 再生債権者表に基づく強制執行

再生債権者は、再生計画不認可決定が確定した場合には、再生債権者表の記載に基づいて再生債務者に対して強制執行をすることができます（本条Ⅱ）。強制執行は、執行文が付与された再生債権者表の正本に基づいて行います（民執25）。執行文付与の申立ては再生裁判所の書記官に対して行います（民執26Ⅰ）。

◀論点解説▶

確定判決と同一の効力　本条1項にいう確定判決と同一の効力に、執行力が含まれることに争いはないものの、既判力が含まれるのかについては議論があります。同様の規定である会更法235条1項の解釈として、法律の専門家ではない会社に対し、倒産の混乱期から脱出していない状態で、大量の届出債権に対して短期間に異議を述べるか否かを要求し、その結果について既判力という強い効力を結びつけることは疑問であることを理由に、執行力のみを認める見解が主張されています（条解民再974頁［畑宏樹］、条解会更（下）1053頁）。これに対して、再生手続においては再生債務者自身が債権認否を主導的に進めていること、また、同条2項との関係等から、執行力のみならず、既判力も認めるとする見解も有力です（新注釈民再（下）159頁［馬杉榮一］、伊藤1031頁）［☞民再§104 ◀論点解説▶ 1、民再§180 ◀論点解説▶ ］。

文献　伊藤1031頁、一問一答民再245頁、条解民再972頁［畑宏樹］、倒産法概説455頁［笠井正俊］、松下159頁、破産法・民事再生法概論372頁［山本弘］、中島＝佐藤319頁、新注釈民再（下）157頁［馬杉榮一］

第8章 再生計画認可後の手続

前 注
1 本章の定め

本章は、再生計画認可後の各種手続について定めています。

再生債務者等は、再生計画認可決定が確定したときは、速やかに再生計画を遂行しなければなりません。再生計画の遂行とは、再生計画に定めた債務の弁済にとどまらず、再生計画記載の資本金の減少、募集株式の引受けなどを実行することをいいます（民再186）。再生手続は、監督委員や管財人が選任されていない場合には再生計画認可決定が確定したときに終結しますが、監督委員や管財人が選任されている場合には、再生計画の履行確保のため再生計画認可決定後も監督委員や管財人が一定期間関与すべきことを定めています（民再188）。監督委員が選任されているときは監督委員が再生計画の遂行を監督し、また、裁判所は再生計画の遂行を確実にするために必要と判断するときは、再生債務者等に対して担保を立てるべきことを命じることもできます（民再186）。

さらに、再生計画が遂行できない場合に備え、再生計画変更の要件と手続についても定めています（民再187）。再生計画の認可後にやむを得ない事由が発生し、再生計画を履行できない場合、再生手続を廃止するよりも再生計画を変更して一定程度履行させる方が利害関係人の利益に適うことがあるためです。

しかし、再生計画が不正な方法によって成立した場合や債務者が再生計画の履行をしない場合などには再生計画は取り消され（民再189）、さらに、破産手続開始の決定または新たな再生手続開始の決定がされた場合には、再生債権者が再生計画によって得た権利を除き再生計画によって変更された再生債権は原状に復することになります（民再190）。

2 再生計画の履行の確保

和議法（大正11年法律第72号）は、民再法の施行に伴い2000年（平成12年）4月1日に廃止されましたが、和議法では和議認可の確定により和議手続は終結し裁判所の監督から離れることから、和議を履行しない債務者も生じ、「和議は詐欺」などと揶揄する声もありました。民再法は、和議法の弱点を是正し、本章の各種規定により、再生計画の履行の確保を直接または間接に強化しています。

再生手続は、裁判所により管財人が選任される場合を除き再生債務者が主体です。経済的に窮境にある債務者は、再生手続開始の申立てを行い、再生手続開始の決定を受け、再生計画が遂行される一連の再生手続の中で再生債務者としての地位を維持しており（民再2①）、再生計画認可後の手続においても管財人が選任されている場合を除き、再生債務者が主体となって公平誠実義務（民再38）を負いながら再生

計画を適切に遂行しなければなりません。

　もっとも、再生手続は高度に専門的で複雑な手続であり、再生債務者だけでは、自らに課された公平誠実義務を履行し、手続を円滑に進めることは困難であるといわざるを得ず、再生債務者の申立代理人の役割が極めて重要であるといえます。また、監督委員が選任されているときは（民再54）、再生計画の遂行をはじめ再生債務者による再生手続の遂行を監督委員が監督することになります。

> **（再生計画の遂行）**
> **第186条**　再生計画認可の決定が確定したときは、再生債務者等は、速やかに、再生計画を遂行しなければならない。
> 2　前項に規定する場合において、監督委員が選任されているときは、当該監督委員は、再生債務者の再生計画の遂行を監督する。
> 3　裁判所は、再生計画の遂行を確実にするため必要があると認めるときは、再生債務者等又は再生のために債務を負担し、若しくは担保を提供する者に対し、次に掲げる者のために、相当な担保を立てるべきことを命ずることができる。
> 　一　再生計画の定め又はこの法律の規定によって認められた権利を有する者
> 　二　異議等のある再生債権でその確定手続が終了していないものを有する者
> 　三　別除権の行使によって弁済を受けることができない債権の部分が確定していない再生債権を有する者
> 4　民事訴訟法第76条、第77条、第79条及び第80条の規定は、前項の担保について準用する。

基本事項

　本条は、再生債務者等の再生計画遂行義務、監督委員によるその監督、および再生計画遂行のための担保提供命令について定めています。本条と同趣旨の規定が会更法209条にも置かれています。

　本条1項は、再生債務者等（民再2②）は、認可決定の確定した再生計画（同条③・154）を速やかに遂行しなければならない旨を定めています。再生計画の遂行とは、再生債権の弁済等を意味する履行とは異なり、再生計画に定められたすべての事項に関わり、再生債権の弁済等の財産的事項のみならず組織的事項、すなわち資本金の額の減少、募集株式を引き受ける者の募集および発行可能株式総数についての定款の変更等を含みます。ただし、事業計画の内容や弁済資金の調達方法など、再生計画の遂行可能性を説明するための事項は、これができなくとも再生計画の取消原因（民再189Ⅰ②）となるものではないと考えられています（伊藤1032頁）。

　再生計画が遂行されないときは、強制執行（民再180Ⅲ）、再生計画の変更（民再187Ⅰ）もしくは取消し（民再189Ⅰ）、または再生手続の廃止（民再194）等につながります。

　本条2項・3項は、再生計画の履行確保の手段を定めており、本条2項は監督委員が選任されている場合における監督委員による再生計画の遂行の監督を定めています。監督する期間は最大3年間であり（民再188Ⅱ）、監督委員には、再生計画の遂

行の監督権（本条Ⅱ）および再生計画変更（民再187Ⅰ）・再生手続終結（民再188Ⅱ）・再生手続廃止（民再192Ⅰ・193Ⅰ・194）についての申立権が認められています。

さらに、本条3項は、再生計画の遂行を確実にするために必要があるときの裁判所による担保提供命令について定め、その担保提供の方法（民訴76）、受益者の権利（民訴77）、担保取消し（民訴79）、および担保変換（民訴80）については、民訴法の規定を準用しています（本条Ⅳ）。

文献 伊藤1032頁、一問一答民再246頁、新注釈民再（下）166頁［伊藤尚］、条解民再977頁［須藤英章］、民事再生の手引376頁

（再生計画の変更）
第187条 再生計画認可の決定があった後やむを得ない事由で再生計画に定める事項を変更する必要が生じたときは、裁判所は、再生手続終了前に限り、再生債務者、管財人、監督委員又は届出再生債権者の申立てにより、再生計画を変更することができる。

2　前項の規定により再生債権者に不利な影響を及ぼすものと認められる再生計画の変更の申立てがあった場合には、再生計画案の提出があった場合の手続に関する規定を準用する。ただし、再生計画の変更によって不利な影響を受けない再生債権者は、手続に参加させることを要せず、また、変更計画案について議決権を行使しない者（変更計画案について決議をするための債権者集会に出席した者を除く。）であって従前の再生計画に同意したものは、変更計画案に同意したものとみなす。

3　第175条及び第176条の規定は、再生計画変更の決定があった場合について準用する。

基本事項

本条は、認可決定のあった再生計画の変更について定めています。本条と同趣旨の規定が会更法233条にも置かれています。

経済状況の変化等のやむを得ない事情によって再生計画の遂行が困難となった場合に、直ちに再生計画を取り消すよりも（民再189Ⅰ②）、係属している再生手続を利用して再生計画を変更することができれば、再生債務者等および再生債権者の双方にとって利益となることがあります。そこで、本条1項は、再生債務者等、監督委員および届出再生債権者は、再生計画認可の決定の後、やむを得ない事由があって再生計画を変更すべき必要が生じたときは、再生手続が終了する前に限り、裁判所に再生計画変更の申立てをすることができることとしています。なお、こうした事情の有無は再生計画認可決定の前後を問わないことから、この申立ては、再生計画認可決定が確定する前であっても可能です（本条Ⅰ）。やむを得ない事由とは、経済事情の変化、取引先の倒産、将来収益の見込みと実績との違いなど、再生計画作成時に予測できなかった事由等が該当すると考えられています（伊藤1035頁）。

再生計画の変更の手続については、再生計画の変更が再生債権者に不利な影響を及ぼすものではないと認められる場合には、裁判所の変更決定のみによって変更の

効力が生じますが、変更が再生債権者に不利な影響を及ぼすものと認められる場合には、再生計画案の提出があった場合の手続に関する規定を準用し、いわば新たな再生計画案（変更計画案）として、再生債権者の決議に付すことになります（本条Ⅱ）[☞ 論点解説]。この場合、変更計画案の決議に関する債権者集会に出席した者を除き、従前の再生計画には同意したものの変更計画案については議決権を行使しない者は変更計画案に同意したものとみなされます（同項ただし書）。再生債権者に不利な影響を及ぼすとは、弁済率の低下や弁済期間の長期化がこれに該当することは争いありませんが、これが一義的に明らかでない場合には、実務上、再生債権者からの意見聴取等も参考にして裁判所が判断しています（民事再生の手引396頁）。

　本条による変更決定または変更しない決定には、即時抗告することができ（民再175）、変更された再生計画は、変更決定の確定によって効力を生じます（民再176・本条Ⅲ）。

論点解説

本条による変更の対象　再生計画の内容のうち再生債権者の権利に関する変更（弁済率、弁済期間など）が本条による対象となることに争いはありませんが、資本金の額の減少などの組織的事項が本条による変更の対象となるかについては、争いがあります。会社法に定めた手続によって変更が可能であることを理由に本条の対象とはならないとする見解が有力ですが（条解民再983頁［須藤英章］）、裁判所の関与による公平性の実現等を理由として、会社法に定めた手続のみならず、本条による再生計画変更を認める見解もあります（新注釈民再（下）175頁［伊藤尚］、民事再生の手引393頁）。

　文献　伊藤1035頁、一問一答民再248頁、新注釈民再（下）172頁［伊藤尚］、条解民再981頁［須藤英章］、破産・民事再生の実務［民事再生・個人再生編］300頁、民事再生の手引390頁、個人再生の手引423頁

（再生手続の終結）
第188条　裁判所は、再生計画認可の決定が確定したときは、監督委員又は管財人が選任されている場合を除き、再生手続終結の決定をしなければならない。
2　裁判所は、監督委員が選任されている場合において、再生計画が遂行されたとき、又は再生計画認可の決定が確定した後3年を経過したときは、再生債務者若しくは監督委員の申立てにより又は職権で、再生手続終結の決定をしなければならない。
3　裁判所は、管財人が選任されている場合において、再生計画が遂行されたとき、又は再生計画が遂行されることが確実であると認めるに至ったときは、再生債務者若しくは管財人の申立てにより又は職権で、再生手続終結の決定をしなければならない。
4　監督命令及び管理命令は、再生手続終結の決定があったときは、その効力を失う。
5　裁判所は、再生手続終結の決定をしたときは、その主文及び理由の要旨を公告

しなければならない。

基本事項

1 趣旨

本条は、再生手続終結決定のための要件、その決定の公告等について定めています。本条と同趣旨の規定が会更法 239 条にも置かれています。

2 終結時期

(1) 監督委員も管財人も選任されていない場合

裁判所は、再生計画認可の決定が確定したときは、職権で終結決定をしなければなりません（本条Ⅰ）。監督命令も管理命令も発令されていない以上、再生計画の遂行を監督すべき必要がないと考えられるためです。

(2) 監督委員が選任されている場合

再生計画の遂行を完了した時または再生計画認可決定確定後 3 年経過時に、再生債務者もしくは監督委員の申立てまたは職権に基づき、裁判所は終結決定をしなければなりません（本条Ⅱ）。再生計画が 3 年間順調に遂行されていればその後も順調に推移すると期待できること、また、監督委員の負担低減に鑑み、再生計画の遂行が完了していなくても、裁判所は終結決定をしなければなりません。なお、東京地裁では、原則として監督委員を選任する運用ですので、再生計画遂行完了時または再生計画の認可決定が確定した後 3 年が経過した時に終結決定をすることがほとんどです（民事再生の手引 406 頁）。

(3) 管財人が選任されている場合

裁判所は、再生計画遂行完了時または再生計画の遂行が確実であると認めるに至ったときは、再生債務者もしくは管財人の申立てまたは職権に基づき終結決定をしなければなりません（本条Ⅲ）。

3 再生手続終結の効果

再生手続終結決定により、監督命令または管理命令は効力を失います（本条Ⅳ）。そのほか、否認の請求やこれに関する異議の訴え（民再 136 Ⅴ・137 ⅥⅦ）、役員損害賠償請求査定の手続（民再 143 Ⅵ）、担保権消滅許可の手続（民再 148 Ⅰ）および価額決定の手続（民再 149・150）も終了します。

なお、再生手続の終結を利害関係人に明らかにするため、裁判所は、終結決定の主文および理由の要旨を公告しなければなりません（本条Ⅴ）。終結決定に対しては即時抗告は認められていません（民再 9）。

文献 伊藤 1063 頁、一問一答民再 249 頁、新注釈民再（下）178 頁 [小原一人]、条解民再 985 頁 [須藤英章]、破産・民事再生の実務〔民事再生・個人再生編〕305 頁、民事再生の手引 406 頁

（再生計画の取消し）

第 189 条 再生計画認可の決定が確定した場合において、次の各号のいずれかに該当する事由があるときは、裁判所は、再生債権者の申立てにより、再生計画取消

しの決定をすることができる。
一　再生計画が不正の方法により成立したこと。
二　再生債務者等が再生計画の履行を怠ったこと。
三　再生債務者が第41条第1項若しくは第42条第1項の規定に違反し、又は第54条第2項に規定する監督委員の同意を得ないで同項の行為をしたこと。
2　前項第1号に掲げる事由を理由とする同項の申立ては、再生債権者が再生計画認可の決定に対する即時抗告により同号の事由を主張したとき、若しくはこれを知りながら主張しなかったとき、再生債権者が同号に該当する事由があることを知った時から1月を経過したとき、又は再生計画認可の決定が確定した時から2年を経過したときは、することができない。
3　第1項第2号に掲げる事由を理由とする同項の申立ては、再生計画の定めによって認められた権利の全部（履行された部分を除く。）について裁判所が評価した額の10分の1以上に当たる権利を有する再生債権者であって、その有する履行期限が到来した当該権利の全部又は一部について履行を受けていないものに限り、することができる。
4　裁判所は、再生計画取消しの決定をしたときは、直ちに、その裁判書を第1項の申立てをした者及び再生債務者等に送達し、かつ、その主文及び理由の要旨を公告しなければならない。
5　第1項の申立てについての裁判に対しては、即時抗告をすることができる。
6　第4項の決定は、確定しなければその効力を生じない。
7　第4項の決定が確定した場合には、再生計画によって変更された再生債権は、原状に復する。ただし、再生債権者が再生計画によって得た権利に影響を及ぼさない。
8　第185条の規定は第4項の決定が確定した場合について、前条第4項の規定は再生手続終了前に第4項の決定が確定した場合について準用する。

基本事項
1　趣旨

本条は、再生計画の取消しに関する要件、手続および効果について定めています。会更法には、本条と同趣旨の規定は置かれていません。

ただし、本条に定める再生計画取消事由があっても、実際に再生計画取消決定をするか否かは裁判所の裁量に委ねられており、当該事由の重大性や再生計画全体の履行の程度、再生計画の変更（民再187）の可能性といった諸般の事情を考慮の上、再生債権者一般の利益に反しなければ、再生計画を取り消さないこともあり得ます。

2　取消事由
(1)　再生計画が不正の方法によって成立したこと（本条Ⅰ①）

本号は、再生計画不認可事由の1つと同一であり（民再174Ⅱ③）、詐欺・脅迫や贈賄等によって再生計画が成立した場合が典型例です。本号による再生計画取消しの申立ては、申立権者である再生債権者の範囲および申立ての時期が制限されています。再生計画成立の瑕疵について争う機会のあった者に重ねてその機会を与える必

要はなく、また、再生計画成立の瑕疵によって再生計画の効力を長期間不安定にすることは望ましくないといえます。そこで、再生債権者が再生計画認可決定に対する即時抗告において本条1項1号の事由を主張したとき、同号に該当する事由のあることを知りながら主張しなかったとき、もしくは再生債権者が再生計画の不正成立を知った時から1か月を経過したとき、または再生計画認可決定の確定から2年を経過したときは、同号による再生計画取消しの申立てはできないとされています（本条Ⅱ）。

(2) 再生債務者等が再生計画の履行を怠ったこと（本条Ⅰ②）

本条1項2号にいう再生計画の履行とは、再生債権に対する弁済のみを指し、したがって、同号の取消事由は、再生計画による権利変更後の再生債権に対する弁済等の不履行を意味します。同号による再生計画取消しの申立権者は、再生計画の遂行について相当程度の利害関係を有する者に限られます。具体的には、①再生計画によって認められた権利の全部（履行された部分を除く）について、裁判所が評価した額の10分の1以上に当たる権利を有する再生債権者であって、かつ、②その有する履行期限到来済みの再生債権の全部または一部について履行を受けていない者に限定されています（本条Ⅲ）。①の要件については、再生債権者はその有する権利を合算して申し立てることも可能です。

(3) 再生債務者が裁判所の許可や監督委員の同意を得ずに、要許可事項または要同意事項に該当する行為をしたこと（本条Ⅰ③）

再生債務者が要許可事項（民再41Ⅰ・42Ⅰ）や要同意事項（民再54Ⅱ）について、裁判所の許可や監督委員の同意を得ずに該当行為を行うことは、直ちに再生計画の履行可能性に影響を与えるものではありません。もっとも、本条1項3号は当該行為について、再生手続に対する再生債務者の不誠実さを示す重大な手続違反として再生計画の取消事由としています。なお、同号には前各号とは異なり、申立権者や申立時期に制限はありません。

3　決定の送達と不服申立て

前述の通り、本条に定める再生計画取消事由が認められても再生計画取消決定をするか否かは裁判所の裁量に委ねられています。裁判所は、再生計画取消しの決定をしたときは、申立者、再生債務者等（民再2②）にその裁判書を送達し、主文および理由の要旨を官報掲載により公告しなければなりません（民再10Ⅰ・Ⅲただし書・本条Ⅳ）。

再生計画取消しの申立てに係る裁判に対し、利害関係人は即時抗告をすることができます（本条Ⅴ）。再生計画取消決定は確定しなければ効力を生ぜず（本条Ⅵ）、即時抗告がないときは官報掲載の翌日から起算して2週間の経過によって確定します（民再9第2文・10Ⅱ）。

4　効果

再生計画取消決定が確定すると再生計画によって変更された再生債権は原状に復します（本条Ⅶ本文）。すなわち、再生計画の定めに従って変更された再生債権（民再179Ⅰ）のみならず、一般的基準（民再156）に従って変更された再生債権（民再181

や民再法 178 条によって免責された再生債権も、再生計画認可決定が確定する前の状態に復します。ただし、再生債権者が再生計画によって得た権利に影響を及ぼさないものとされ（本条Ⅶただし書）、再生計画による人的担保・物的担保の設定や再生計画取消決定確定までに再生債権者が受けた弁済は有効なものとして取り扱われます。

再生債権のうち確定したものについては、再生債権者表の記載は、再生債務者に対して確定判決と同一の効力を有し（本条Ⅷ・185Ⅰ）、再生債権者はその記載に基づいて再生債務者に対し強制執行することができます（本条Ⅷ・185Ⅱ）。

また、再生計画取消決定が確定した場合には、確定時に管理命令・監督命令は効力を失います（本条Ⅷ・188Ⅳ）。

文　献　伊藤 1068 頁、一問一答民再 246 頁・250 頁、新注釈民再（下）184 頁〔小原一人〕、条解民再 988 頁〔須藤英章〕、破産・民事再生の実務〔民事再生・個人再生編〕310 頁、民事再生の手引 388 頁、個人再生の手引 416 頁

（破産手続開始の決定又は新たな再生手続開始の決定がされた場合の取扱い等）
第 190 条　再生計画の履行完了前に、再生債務者について破産手続開始の決定又は新たな再生手続開始の決定がされた場合には、再生計画によって変更された再生債権は、原状に復する。ただし、再生債権者が再生計画によって得た権利に影響を及ぼさない。
2　第 185 条の規定は、前項の場合について準用する。
3　第 1 項の破産手続開始の決定に係る破産手続においては、再生債権であった破産債権については、その破産債権の額は、従前の再生債権の額から同項の再生計画により弁済を受けた額を控除した額とする。
4　前項の破産手続においては、同項の破産債権については、第 1 項の再生計画により弁済を受けた場合であっても、従前の再生債権の額をもって配当の手続に参加することができる債権の額とみなし、破産財団に当該弁済を受けた額を加算して配当率の標準を定める。ただし、当該破産債権を有する破産債権者は、他の同順位の破産債権者が自己の受けた弁済と同一の割合の配当を受けるまでは、配当を受けることができない。
5　第一項の破産手続開始の決定がされたときは、再生債務者が再生手続終了後に再生計画によらずに再生債権者に対してした担保の供与は、その効力を失う。
6　新たな再生手続においては、再生債権者は、再生債権について第 1 項の再生計画により弁済を受けた場合であっても、その弁済を受ける前の債権の全部をもって再生手続に参加することができる。
7　新たな再生手続においては、前項の規定により再生手続に参加した再生債権者は、他の再生債権者が自己の受けた弁済と同一の割合の弁済を受けるまでは、弁済を受けることができない。
8　新たな再生手続においては、第 6 項の規定により再生手続に参加した再生債権者は、第 1 項の再生計画により弁済を受けた債権の部分については、議決権を行使することができない。
9　新たな再生手続においては、従前の再生手続における共益債権は、共益債権と

> みなす。

基本事項

1 趣旨

本条は、再生計画認可決定の確定の後、再生計画の履行が完了する前に再生債務者について破産手続または新たな再生手続の開始決定があった場合の再生債権等の取扱いについて定めています。会更法には、本条と同趣旨の規定は置かれていません。

なお、再生手続開始決定があった場合には破産手続開始および再生手続開始の申立ては禁止されていることから（民再39）、本条の適用場面としては、従前の再生手続が終結している場合や、申立てまたは職権による牽連破産の場合（民再249Ⅰ・250ⅠⅡ）が想定されています（条解民再995頁［加々美博久］）。

2 再生債権の原状回復

再生計画の履行完了前に再生債務者について破産手続開始決定または新たな再生手続開始決定がされた場合は、前条によって再生計画が取り消された場合と同様に、再生計画によって変更された権利（民再178・179Ⅰ・181Ⅰ）は原状に復します（本条Ⅰ本文）［☞ **より深く学ぶ** ①］。ただし、再生債権者が再生計画によって得た権利には影響を及ぼしません（本条Ⅰただし書）。その結果、再生計画による人的担保・物的担保の設定や再生計画取消決定確定までに再生債権者が受けた弁済は有効なものとして取り扱うことになります。この点も前条によって再生計画が取り消された場合と同様です。なお、従前の再生手続において別除権協定を締結した後、再生債務者について破産手続または新たな再生手続の開始決定があった場合の別除権協定の効力については議論があります［☞ **より深く学ぶ** ②］。

再生債権のうち確定したものについては、再生債権者表の記載は、再生債務者に対して確定判決と同一の効力を有しており（本条Ⅱ・185Ⅰ）、再生債権者はその記載に基づいて再生債務者に対し強制執行をすることができます（本条Ⅱ・185Ⅱ）。もっとも、破産手続および新たな再生手続において個別執行が禁止されます（破100Ⅰ、民再85Ⅰ）。そのため、これらの手続係属中は破産財団または再生債務者の財産に強制執行することはできません。

3 破産手続開始決定があった場合

再生債権であった破産債権の額は、従前の再生債権の額から再生計画によって弁済を受けた額を控除した額となります（本条Ⅲ）。ただし、配当率の算定にあたっては、従前の再生債権の額をもって配当手続に参加できる額とみなされ、当該弁済額を破産財団に加算して配当率の標準が算定されます（本条Ⅳ）。その上で、配当に当たっては、再生債権であった破産債権は、他の同順位の破産債権者が自己の受けた弁済と同割合の配当を受けるまでは、配当を受けることができないことになります（同項ただし書）。

また、公平の観点から、再生債務者が再生手続終了後に再生計画によらずに再生債権者に対して行った担保設定は、破産手続開始決定により効力を失います（本条

Ⅴ)。

4　新たな再生手続開始決定があった場合

破産手続開始決定があった場合とは異なり（本条Ⅲ）、再生債権者は、従前の再生手続で弁済を受けた場合でも、弁済前の全債権額で新たな再生手続に参加することができます（本条Ⅵ）。ただし、弁済を受けるに当たっては、他の再生債権者が自己の受けた弁済と同割合の弁済を受けるまでは弁済を受けることができず（本条Ⅶ）、この点は破産手続開始決定があった場合と同様です（本条Ⅵただし書）。また、再生債権者は、従前の再生手続で弁済を受けた部分について議決権を行使できません（本条Ⅷ）。

従前の再生手続における共益債権は、新たな再生手続でも共益債権となります（本条Ⅸ）。再生手続開始前の原因に基づく財産上の請求権は再生債権であり（民再84Ⅰ）、このことからすれば、従前の再生手続における共益債権は新たな再生手続では再生債権となるのが原則ですが、本項は、公平の観点から、この原則の例外を規定して、共益債権として保護しています。

より深く学ぶ

1　「原状に復する」の意義　　本条1項にいう「原状に復する」の意義について、再生計画を将来に向かって終了させる趣旨か、再生計画の効力を遡及的に消滅させる趣旨かが争われた裁判例があります（東京地判平20・10・21判タ1296号302頁、東京地判平20・10・30判時2045号127頁）。裁判例は、同条項は再生計画の効力を遡及的に消滅させる趣旨の規定であるとして、再生計画認可決定日以降の遅延損害金を免除する旨の定めが再生計画案に定められていたとしても、当該遅延損害金は、劣後的破産債権（破99Ⅰ）ではなく、普通破産債権に該当すると判示しています。

2　従前の再生手続における別除権協定の効力　　従前の再生手続における再生債務者と別除権者の間で締結した別除権協定［☞民再§88］における不足額の合意が後の破産手続や新たな再生手続において効力を失うか否かについて争いがあります（伊藤900頁）。判例は、再生計画認可決定確定後に破産手続が開始された事案において、別除権協定に定められた解除条件条項を踏まえた当事者の合理的意思解釈として、別除権協定が失効すると判示しています（最判平26・6・5金判1445号14頁）。

なお、別除権協定に基づく別除権者の再生債務者に対する権利の法的性質については争いがあり、共益債権とする見解（はい6民です407頁）、別除権協定の内容にはさまざまなものがあり得ることから、再生債権たる被担保権の一部を確定し、それを共益債権として支払う旨の合意の効力を絶対的に排除すべきではないとする見解（伊藤899頁）、不足額の確定を目的とする別除権協定については別除権協定に基づく債権を共益債権として扱うべきであるとする見解（山本和彦「別除権協定の効果について──協定に基づく債権の共益債権性の問題を中心に」『倒産法制の現代的課題』〔有斐閣、2014〕141頁）、再生債権とする見解（倉部真由美「別除権協定について」事業再生研究機構編『民事再生の実務と理論』〔商事法務、2010〕352頁、岡伸浩「別除権協定の効力をめぐる考察」『倒産法実務の理論研究』〔慶應義塾大学出版会、2015〕275頁）等があります（個人再生の手引280頁）。

判　例　東京地判平 20・10・21 判タ 1296 号 302 頁、東京地判平 20・10・30 判時 2045 号 127 頁、高松高判平 24・1・20 判タ 1375 号 236 頁

文　献　伊藤 1148 頁、一問一答民再 252 頁、条解民再 993 頁［加々美博久］、新注釈民再（下）192 頁［小原一人］

第9章　再生手続の廃止

> **前　注**
> **1　廃止の意義**

　再生手続の廃止とは、再生手続の終了事由の1つであり、裁判所の決定に基づいて再生手続開始後に再生手続が目的を達成することなく将来に向かって終了することをいいます。

2　廃止事由

　民再法は廃止事由として、①再生債務者が経済的窮境にないと再生手続開始後に判明したこと（民再192）、②再生債務者と債権者の権利関係を適切に調整する見込みが立たないこと（民再191・194）および③再生債務者が事業または経済生活の再生を得させるに値しない行為をしたこと（民再193）を定めています。

　前記の廃止事由①は、再生計画認可決定確定前に判明するであろう事由のため、再生計画認可決定確定前の廃止事由として民再法192条（再生計画認可前の手続廃止）が規定しています。また、前記の廃止事由②は、時期により根拠条文を区分しており、再生計画認可決定確定前については同法191条（再生計画認可前の手続廃止）、再生計画認可決定確定後については同法194条（再生計画認可後の手続廃止）が規定しています。前記の廃止事由③は同法193条（再生債務者の義務違反による手続廃止）が規定していますが、時期と関係のない廃止事由のため、再生計画認可決定確定との先後を問いません。

3　廃止の効力

　再生手続の廃止は、廃止決定の確定により（民再195Ⅴ）、将来に向かって再生手続を終了します。すなわち、①監督命令および管理命令は、廃止決定の確定により将来に向かって効力を失います（同条Ⅶ・188Ⅳ）。②再生計画認可決定確定前に再生手続廃止決定が確定した場合、債権調査で確定した再生債権については、再生債権者表の記載が、再生債務者が書面で適法に異議（民再102Ⅱ・103Ⅳ）を述べない限り、再生債務者に対し確定判決と同一の効力を有し（民再195Ⅶ・185Ⅰ）、再生債権者はこの記載に基づき再生債務者に対し強制執行することができます（民再195Ⅶ・185Ⅱ）。③再生計画認可決定確定後に再生手続廃止決定が確定した場合、すでに再生計画の遂行によって生じた効力および再生法の規定によって生じた効力は失われません（民再195Ⅴ）。

4　再生手続の終結・再生計画の取消しとの区別

　再生手続の廃止と再生手続の終結（民再188）とを比較すると、両者とも再生手続の終了事由ですが、再生手続の目的を達したか否かという点で異なります。また、再生手続の廃止と再生計画の取消し（民再189）とを比較すると、再生手続の目的を

達することができない場合であるという点で共通しますが、申立権者が異なる上、特に、廃止が単に再生手続を終了させるのみである一方で、再生計画の取消しは再生計画によって変更された再生債権が原状に復するという点において両者の効果は大きく異なります。

> **（再生計画認可前の手続廃止）**
> **第191条** 次の各号のいずれかに該当する場合には、裁判所は、職権で、再生手続廃止の決定をしなければならない。
> 一　決議に付するに足りる再生計画案の作成の見込みがないことが明らかになったとき。
> 二　裁判所の定めた期間若しくはその伸長した期間内に再生計画案の提出がないとき、又はその期間内に提出されたすべての再生計画案が決議に付するに足りないものであるとき。
> 三　再生計画案が否決されたとき、又は第172条の5第1項本文及び第4項の規定により債権者集会の続行期日が定められた場合において、同条第2項及び第3項の規定に適合する期間内に再生計画案が可決されないとき。

基本事項

1　趣旨

再生計画案の作成・決議・認可が困難な場合、再生手続を継続する意義がありません。そこで、本条はこれらの事由を再生計画認可決定確定前の廃止事由としています。本条各号の事由に該当する場合、裁判所は職権による再生手続の廃止が義務づけられます（本条本文）。本条と同趣旨の規定が会更法236条にも置かれています。

2　廃止事由

(1)　「決議に付するに足りる再生計画案の作成の見込みがないことが明らかになったとき」（本条①）

「決議に付するに足りる再生計画案」とは、民再法174条1項1号、2号、4号の不認可事由がないと認められる再生計画案であり、かつ、法定多数の同意（民再172条の3 Ⅰ①②）を得て可決される可能性がなくはない再生計画案をいいます［☞ **論点解説**］。民再法174条4号の再生債務者の一般の利益に反する場合とは、特定の再生債権者ではなく、再生債権者全体の利益が害される場合を意味し、再生計画による弁済が破産による配当を下回る場合、すなわち、清算価値保障原則に反する場合がこれに該当します［☞ **より深く学ぶ**］。

(2)　「裁判所の定めた期間若しくはその伸長した期間内に再生計画案の提出がないとき」（本条②前段）

再生債務者等（民再2②）は、債権届出期間の終了後裁判所の定めた期間に再生計画案を裁判所に提出しなければならず（民再163 Ⅰ。なお同条Ⅱ）、裁判所は申立てまたは職権でこの期間を伸長することができます（同条Ⅲ）。本号は、裁判所が定めた期間または伸長した期間内に再生計画案の提出がないときは、再生手続を進行でき

ないことから、再生手続を廃止することを規定しています。
- (3) 「その期間内に提出されたすべての再生計画案が決議に付するに足りないものであるとき」(本条②後段)

 決議に付するに足りないとは、本条1号と同様に解されています［☞ **論点解説**］。
- (4) 「再生計画案が否決されたとき」(本条③前段)

 ここにいう「再生計画が否決されたとき」とは、可決要件（民再 172 条の 3 Ⅰ①②）を欠き、債権者集会の続行期日を定めることなく再生計画案が否決されたときを意味します。なお、裁判所が民再法 172 条の 5 第 1 項本文および 4 項に基づき債権者集会の続行期日を定めた場合は次号によることになります。
- (5) 「第 172 条の 5 第 1 項本文及び第 4 項の規定により債権者集会の続行期日が定められた場合において、同条第 2 項及び第 3 項の規定に適合する期間内に再生計画案が可決されないとき」(本条③後段)

 本号は裁判所が債権者集会の続行期日を定めた場合において、再生計画案が付議された最初の債権者集会の期日から 2 月以内（民再 172 条の 5 Ⅱ）または裁判所が 1 月を超えない範囲で伸長した期間内（同条Ⅲ）に再生計画案が可決されないときに、再生の見込みがないものとして、再生手続を廃止するものです。

論点解説

可決される可能性の要否 本条 1 号および 2 号後段の廃止事由は、再生計画案が可決される見込みがない場合には再生手続を進める意義がないことを根拠としています。そこで、1 号の「決議に付するに足りる再生計画案」というためには、民再法 174 条 2 項各号に該当する事由がないことに加えて、法定多数の同意（民再 172 条の 3 Ⅰ①②）を得て可決される可能性がなくはないことも要すると解されています。したがって、大多数の債権者が反対する意思を明示するなどしている場合は、もはや「決議に付するに足りる再生計画案」とはいえないと解されます（新注釈民再（下）204 頁［佐長功］）。

より深く学ぶ

決議に付するに足りる再生計画案と清算価値保障原則 決議に付するに足りる再生計画案といえるためには、民再法 174 条 2 項 4 号により再生債権者の一般の利益に反しないことが必要とされ、清算価値保障原則［☞民再 §174 **論点解説**］を満たすことが必要です。例えば、否認該当行為がある場合には、清算価値保障原則との関係において、否認権の行使によって回復される財産の額を加算して算出される額以上を弁済する再生計画案が作成されなければならないものと解されています（一問一答個人再生手続 269 頁）。個人再生手続における偏頗弁済額を上乗せしない再生計画案を決議に付するに足りないと判示した裁判例があります（東京高決平 22・10・22 判タ 1343 号 244 頁）。

文献 新注釈民再（下）203 頁［佐長功］、条解民再 1001 頁［我妻学］、伊藤 1071 頁、破産・民事再生の実務〔民事再生・個人再生編〕316 頁、民事再生の手引 417 頁

> **第192条** 債権届出期間の経過後再生計画認可の決定の確定前において、第21条第1項に規定する再生手続開始の申立ての事由のないことが明らかになったときは、裁判所は、再生債務者、管財人又は届出再生債権者の申立てにより、再生手続廃止の決定をしなければならない。
> 2　前項の申立てをする場合には、申立人は、再生手続廃止の原因となる事実を疎明しなければならない。

基本事項

　再生債務者が経済的窮境にないことが再生手続開始後に明らかになった場合にまで、再生手続を進める意義はありません。そこで、本条は、民再法21条1項の定める再生手続開始の申立事由のないことが明らかとなった場合、具体的には、再生債務者が個人であれば支払不能、法人であれば支払不能および債務超過のおそれ（破15Ⅰ・16Ⅰ）が存在せず、かつ、事業の継続に著しい支障を生じることなく弁済期にある債務を弁済することができない場合ではないことが明らかになることを廃止事由として規定しています。

　債権届出期間経過後としたのは、支払不能のおそれや債務超過のおそれは、総債権者を基準に考えるべきだからです。この総債権者には、届出再生債権者のみならず、未届の再生債権者、共益債権者、一般優先債権者などが含まれます。

　申立権者は再生債務者、管財人または届出再生債権者であり、裁判所の職権では本条による廃止をすることができません。申立人は廃止事由を裁判所に疎明しなければならず、裁判所は廃止事由があれば、再生手続廃止の決定をしなければなりません。本条と同趣旨の規定が会更法237条にも置かれています。

　文献　新注釈民再（下）208頁［佐長功］、条解民再1009頁［我妻学］、伊藤1072頁、破産・民事再生の実務〔民事再生・個人再生編〕318頁、民事再生の手引418頁

> **（再生債務者の義務違反による手続廃止）**
> **第193条**　次の各号のいずれかに該当する場合には、裁判所は、監督委員若しくは管財人の申立てにより又は職権で、再生手続廃止の決定をすることができる。
> 　一　再生債務者が第30条第1項の規定による裁判所の命令に違反した場合
> 　二　再生債務者が第41条第1項若しくは第42条第1項の規定に違反し、又は第54条第2項に規定する監督委員の同意を得ないで同項の行為をした場合
> 　三　再生債務者が第101条第5項又は第103条第3項の規定により裁判所が定めた期限までに認否書を提出しなかった場合
> 2　前項の決定をする場合には、再生債務者を審尋しなければならない。

基本事項

　本条は、再生計画認可決定との時間的な先後関係を問わず、再生債務者の重大な義務違反につき、制裁的な意味から廃止事由とする規定です。会更法には、本条と同趣旨の規定は置かれていません。

再生手続廃止事由となる再生債務者の重大な義務違反には、保全処分命令（民再30Ⅰ）に基づく弁済禁止・処分禁止等に違反すること（本条①）、裁判所の許可（民再41Ⅰ・42Ⅰ）または監督委員の同意（民再54Ⅱ）を要すると裁判所が定めた行為につき許可または同意を得る義務に違反すること（本条②）、および債権調査において裁判所の定める期限までに認否書を提出する義務（民再101Ⅴ・103Ⅲ）に違反し、認否書を提出しなかったこと（本条③）が該当します。

本条による廃止は、監督委員または管財人に申立権があるほか、裁判所の職権でも行うことができます（本条Ⅰ本文）。再生手続廃止決定をする場合、裁判所は再生債務者を審尋しなければなりません（本条Ⅱ）。

廃止事由がある場合でも、廃止するか否かについては裁判所の裁量に委ねられています。

判 例　大阪地決平13・6・20判時1777号92頁［INDEX［167］］
文 献　新注釈民再（下）211頁［佐長功］、条解民再1012頁［小林信明］、伊藤1074頁、破産・民事再生の実務〔民事再生・個人再生編〕320頁、民事再生の手引419頁

（再生計画認可後の手続廃止）
第194条　再生計画認可の決定が確定した後に再生計画が遂行される見込みがないことが明らかになったときは、裁判所は、再生債務者等若しくは監督委員の申立てにより又は職権で、再生手続廃止の決定をしなければならない。

基本事項

本条は、再生計画認可決定確定後の再生手続廃止を定めています。本条と同趣旨の規定が会更法241条1項にも置かれています。

再生計画遂行の見込みがなければ再生計画は認可されませんが（民再174Ⅱ②）、再生計画認可決定が確定した後に、経済情勢の変化等に伴って業績が悪化し、見込みがなくなることもあり、そのような場合には、もはや再生手続を継続する意義はないといえます。そこで本条は、この場合に裁判所は再生手続を廃止しなければならないこととしています。

本条にいう再生計画の遂行とは、民再法186条1項・2項の「遂行」と同様、再生債権の弁済そのものである同法189条1項2号の「履行」より広く、再生計画の内容を実施することと解されています［☞ **より深く学ぶ**］。

見込みがないことが明らかになったとは、単なる推測では足りず、客観的資料から明らかになることを要します。したがって、単に再生債権の分割弁済の一部が一時期弁済されないだけでは足りず、再生債務者の財務状況・事業内容などから、再生計画で定めた弁済等が今後履行される見込みがないことが客観的に明確な場合がこれに該当します。

なお、民再法上、再生債権について再度の減免を得ることを内容とする再生計画への変更も可能であり（民再187）、変更すれば再生計画が遂行される見込みがないことが明らかになったとはいえないような場合には、本条による廃止はできないと

解されています（伊藤1073頁）。したがって、再生計画を遂行できないとしても、まず再生計画の変更を検討する必要があります。

　本条による廃止は、再生債務者等（民再2②）および監督委員に申立権があるほか、裁判所が職権で行うこともできます。廃止決定に先立って、裁判所は、当該決定をすべきことが明らかな場合を除き、再生債務者、管財人、監督委員、知れたる債権者（再生債権に基づき再生計画の定めによって権利を行使することができる者〔民再179Ⅱ〕のうち知れている者）の意見を聴かなければなりません（民再規98）。

より深く学ぶ

本条における「遂行」の範囲　　再生計画には、絶対的必要的記載事項（民再154Ⅰ①②）、相対的必要的記載事項（同項③・Ⅱ）、法定の任意的記載事項（同条Ⅲ・Ⅳ）のみならず、今後の事業方針・事業計画、合併・会社分割・営業譲渡・解散等の組織上の事項、別除権に関する定め等の任意的記載事項があります。再生計画の遂行の範囲は、民再法186条では再生債務者等の遂行義務の範囲として、本条では再生手続の廃止という重大な効果を決定する基準として問題となります。この点については、再生計画に定められたすべての事項に関わるものであり、債務の弁済などの財産的事項のみならず、資本金の額の減少などの組織的事項を含むとの見解（伊藤1032頁）、再生計画の絶対的必要的記載事項（民再154Ⅰ）・相対的必要的記載事項（同条Ⅱ）のみならず任意的記載事項（同条Ⅲ・Ⅳ。ただし、報告的、説明的な記載部分は除く）の遂行も含むとする見解（新注釈民再（下）216頁〔小原一人〕）、再生計画の履行ができない場合を中心とし、再生手続を継続することによって利害関係人の利益を害することを防止する本条の趣旨から、再生計画における当該記載の内容、再生計画における当該記載事項の意味合いなどを踏まえて慎重に判断すべきとする見解（条解民再1017頁〔小林信明〕）など、さまざまな見解が主張されています。

　文献　新注釈民再（下）214頁〔小原一人〕、条解民再1016頁〔小林信明〕、伊藤1073頁、破産・民事再生の実務〔民事再生・個人再生編〕323頁、民事再生の手引420頁

（再生手続廃止の公告等）
第195条　裁判所は、再生手続廃止の決定をしたときは、直ちに、その主文及び理由の要旨を公告しなければならない。
2　前項の決定に対しては、即時抗告をすることができる。
3　第175条第3項の規定は、前項の即時抗告並びにこれについての決定に対する第18条において準用する民事訴訟法第336条の規定による抗告及び同法第337条の規定による抗告の許可の申立てについて準用する。
4　再生手続廃止の決定を取り消す決定が確定したときは、再生手続廃止の決定をした裁判所は、直ちに、その旨を公告しなければならない。
5　第1項の決定は、確定しなければその効力を生じない。
6　再生計画認可の決定が確定した後にされた再生手続の廃止は、再生計画の遂行及びこの法律の規定によって生じた効力に影響を及ぼさない。

7　第185条の規定は第191条、第192条第1項又は第193条第1項の規定による再生手続廃止の決定が確定した場合（再生計画認可の決定が確定した後に再生手続廃止の決定が確定した場合を除く。）について、第188条第4項の規定は第1項の決定が確定した場合について準用する。

基本事項
1　本条の趣旨
本条は、再生手続廃止のための公告や即時抗告およびその効力について規定しています。本条と同趣旨の規定が会更法238条にも置かれています。
2　廃止手続
裁判所は、再生手続廃止の決定後、直ちにその主文および理由の要旨を公告しなければなりません（本条Ⅰ）。

再生手続廃止の決定に対して利害関係人は、公告が効力を生じた日から起算して2週間以内に即時抗告をすることができます（民再9第1文第2文・本条Ⅱ）。再生手続廃止申立棄却決定に対しては、即時抗告の規定がなく即時抗告はできませんが（民再9第1文）、裁判の告知を受けた日から5日の不変期間内に最高裁判所に特別抗告をすることができます（民再18、民訴336ⅠⅡ）。

再生手続廃止の決定に対する即時抗告に対し、原裁判をした裁判所または裁判長は、再考し即時抗告を理由ありと認めれば自ら更正し（民再18、民訴333）、抗告を理由がないと認めるときは抗告裁判所に事件を送付します（民再18、民訴規206）。抗告裁判所は、抗告却下決定、抗告棄却決定または再生手続廃止決定取消決定を行います（民再18、民訴331・305・306）。抗告裁判所による再生手続廃止決定取消決定には、原審差戻しと自判の2通りがあります（民再18、民訴331・308ⅠⅡ）。これらの決定に対しては、裁判の告知を受けた日から5日の不変期間内に最高裁判所に特別抗告をすることができるほか（民再18、民訴336ⅠⅡ）、高等裁判所が特に許可した場合に限り、最高裁判所に特に抗告することができ（民再18、民訴337）、許可抗告と呼ばれています。

抗告は、即時抗告に限り執行停止の効力を有します（民再18、民訴334Ⅰ）、抗告裁判所または原裁判をした裁判所もしくは裁判官は、抗告について決定があるまで、原裁判の執行の停止その他必要な処分を命じることができます（民再18、民訴334Ⅱ）。

再生手続廃止決定取消決定が確定したときは、原裁判である再生手続廃止決定を行った裁判所は、直ちにその旨を公告しなければなりません（本条Ⅳ）。

再生手続廃止の決定が確定した場合、裁判所書記官は官庁に通知し（民再規6Ⅱ）、再生債務者である法人の再生手続廃止の登記を嘱託し（民再11Ⅴ①）、再生計画認可決定確定前であれば否認の登記につき登記抹消を嘱託します（民再13Ⅵ）。

3　廃止の効力
再生手続の廃止は、廃止決定の確定により（本条Ⅴ）、将来に向かって再生手続を終了させる効力を生じます。将来効であり、遡及効はありません。そのため、双方未履行双務契約の解除（民再49Ⅰ）や担保権消滅許可（民再148Ⅰ）は、すでに確定的

に効力を生じていれば、その後の再生手続の廃止により影響を及ぼさないと解されています。これに対し、否認については、再生計画認可決定確定前であれば影響を受け、再生手続の廃止により否認の効力は覆ると考えられています（伊藤1076頁、民再13 Ⅵ参照）。

　監督命令および管理命令は、再生手続の終了により無用となることから、廃止決定の確定により将来に向かって効力を失います（本条Ⅶ・188 Ⅳ）。

　再生計画認可決定確定の前に再生手続廃止の決定が確定した場合、債権調査で確定した再生債権については、再生債権者表の記載が、再生債務者が書面で適法に異議（民再102 Ⅱ・103 Ⅳ）を述べない限り、再生債務者に対し確定判決と同一の効力を有し（本条Ⅶ・185 Ⅰ）、再生債権者はこの記載に基づき再生債務者に対し強制執行することができます（本条Ⅶ・185 Ⅱ）。

　再生計画認可決定確定の後に再生手続廃止の決定が確定した場合、すでに再生計画の遂行によって生じた効力および民再法の規定によって生じた効力に影響を及ぼさないとされています（本条Ⅴ）。再生債権の免責（民再178）、再生債権者の権利変更（民再179 Ⅰ・181 Ⅰ）、人的担保（民再158 Ⅰ）および物的担保（同条Ⅱ）の提供、株式の取得（民再183 Ⅰ）、株式の併合（同条Ⅱ）、減資（同条Ⅳ）、増資（民再183条の2）、定款変更（民再183 Ⅶ）等がこれに該当します。

　文　献　新注釈民再（下）217頁［小原一人］、条解民再1020頁［小林信明］、伊藤1075頁、民事再生の手引422頁、個人再生の手引452頁

第10章　住宅資金貸付債権に関する特則

前　注
1　住宅資金特別条項の制度趣旨
　個人が再生手続を利用し再生債務者となった場合には、住宅ローンの抵当権が実行されて、生活の基盤である住宅を失うおそれが生じます。住宅は、個人にとって生活の中心であり、経済生活の出発点でもあることからすれば、このような事態は可能な限り回避すべきであるといえます。他方、住宅の抵当権者らは、再生手続において、本来その権利行使が制限されない別除権者であることから（民再53Ⅱ）、その権利が不当に侵害されないように十分な配慮をする必要があります。
　本章の住宅資金特別条項は、住宅の抵当権者らの権利保護に配慮しつつ、再生債務者の経済生活の出発点である住居を確保することで、再生債務者の生活の再建を図るという趣旨の制度です。
2　住宅資金特別条項に関する制度の概要
(1)　住宅資金特別条項を定めることができる再生手続
　住宅資金特別条項とは、再生債権者の有する住宅資金貸付債権（民再196③）の全部または一部を、民再法199条1項から4項までの規定するところによって変更する再生計画の条項をいいます（民再196）。住宅資金特別条項は、個人が再生債務者となる再生手続、すなわち、通常の再生手続のほか小規模個人再生手続および給与所得者等再生手続において定めることができます。
(2)　一般の再生債権とは別の規律による弁済
　住宅資金特別条項が定められる住宅資金貸付債権（民再196③。いわゆる住宅ローン債権）は、それ以外の再生債権の弁済とは別の規律に従って弁済されます（民再199・203Ⅲ等参照）。すなわち、住宅資金貸付債権者は、再生債権者との関係で平等原則（民再155Ⅰ）に服せず、住宅資金特別条項について最長弁済期間を10年とする制限（同条Ⅲ）の適用も受けず、また、通常の再生計画において別除権者を規律する諸規定（民再160・165Ⅱ）も適用されません（民再199Ⅴ）。これは、住宅資金貸付債権者が本来は別除権者であって再生手続外で権利行使できることを踏まえ他の再生債権とは異なる扱いをするものです。
(3)　再生計画案の提出権者
　再生債務者のみが、住宅資金特別条項を定めた再生計画案を提出することができます（民再200Ⅰ）。
(4)　抵当権実行手続等の特則
　抵当権の実行を防いで債務者の住居を保護するという観点から、再生手続開始後の抵当権実行手続の中止命令や住宅資金貸付債権の弁済の許可について特則を設け

ています（民再197）。

(5) **住宅資金特別条項の内容および定めることができる場合**

住宅資金特別条項は、一般の再生債権の権利を変更する場合（民再156）と異なり、住宅資金貸付債権の権利変更の範囲が民再法199条に規定する内容に限定されており、特に住宅資金貸付債権の減免は認められていません。これは、住宅資金貸付債権者が、本来、別除権者であって権利行使が制限されない者であることを考慮したものです。

また、住宅資金特別条項を定めても住宅を失うおそれがある場合や再生債務者よりも保護すべき保証会社が存在する場合等は、住宅資金特別条項を定めることができません（民再198）。

(6) **住宅資金特別条項を定めた再生計画案の決議**

住宅資金貸付債権者は、住宅資金特別条項を定めた再生計画案の決議について議決権を持たず、この者の同意等がないまま住宅資金貸付条項が付されることになります（民再201Ⅰ）。これは、前記(5)で述べたように住宅資金特別条項の内容が住宅資金貸付債権者の権利に配慮したものであるためです。

(7) **債権調査に関する特則**

住宅資金特別条項を定めた再生計画案において住宅資金貸付債権は、債権調査の対象から除外されます（民再200Ⅱ）。これは、住宅資金貸付債権は他の一般債権の外側で弁済されるため、他の一般債権者による債権調査の対象とする必要がないといえるためです。この場合、住宅資金貸付債権が未確定のまま再生手続が進行することになります（民再205）。

(8) **住宅資金特別条項を定めた再生計画案の認可**

通常の再生計画の場合は、遂行される見込みがない場合に不認可決定がなされるのに対し（民再174Ⅱ②）、住宅資金特別条項を付した再生計画案が認可されるためには、積極的に計画の遂行可能性が認められることという通常の再生計画の認可の場面に比して加重した要件を必要とします（民再202Ⅱ②）。これは、同条項が住宅資金貸付債権者の権利を一方的に制限するものであることから通常の場合に比して要件を加重し、厳格な要件を要求したものです。

(9) **住宅資金特別条項を定めた再生計画の認可の効力**

住宅資金特別条項を定めた再生計画が認可された場合、その効力は、住宅資金貸付債権だけではなく、これを担保するために設定された住宅および住宅の敷地の抵当権ならびに同債権の保証人にも及びます（民再203Ⅰ）。これにより、再生債務者が住宅の使用権を失うことにつながる抵当権の実行を阻止します。

(10) **保証会社の代位弁済による巻戻し**

住宅資金貸付債権を保証会社（民再196③参照）が弁済していたとしても、住宅資金特別条項を付した再生計画が認可された場合は、当該代位弁済がなかったことになり、保証会社の弁済前の債権者が債権を有していた状態に法律関係が巻き戻されます（民再204Ⅰ）。これは、保証を業とする保証会社にとって、代位弁済に要した資金回収が住宅資金特別条項の規律に服して短期に回収することができないとすれ

ば過大な負担となることを考慮したものです。

(11) 再生計画の取消事由の特則
　住宅資金貸付債権者は、再生計画で認可された特別条項付の債権が再生計画どおり弁済されなかった場合でも、再生計画の取消しを求めることができません（民再206Ⅰ）。この場合、同債権者は、抵当権の実行によって債権の回収を図ることになります。

（定義）
第196条　この章、第12章及び第13章において、次の各号に掲げる用語の意義は、それぞれ当該各号に定めるところによる。
　一　住宅　個人である再生債務者が所有し、自己の居住の用に供する建物であって、その床面積の2分の1以上に相当する部分が専ら自己の居住の用に供されるものをいう。ただし、当該建物が2以上ある場合には、これらの建物のうち、再生債務者が主として居住の用に供する1の建物に限る。
　二　住宅の敷地　住宅の用に供されている土地又は当該土地に設定されている地上権をいう。
　三　住宅資金貸付債権　住宅の建設若しくは購入に必要な資金（住宅の用に供する土地又は借地権の取得に必要な資金を含む。）又は住宅の改良に必要な資金の貸付けに係る分割払の定めのある再生債権であって、当該債権又は当該債権に係る債務の保証人（保証を業とする者に限る。以下「保証会社」という。）の主たる債務者に対する求償権を担保するための抵当権が住宅に設定されているものをいう。
　四　住宅資金特別条項　再生債権者の有する住宅資金貸付債権の全部又は一部を、第199条第1項から第4項までの規定するところにより変更する再生計画の条項をいう。
　五　住宅資金貸付契約　住宅資金貸付債権に係る資金の貸付契約をいう。

基本事項

1　趣旨
　本条は、住宅資金貸付債権に関する特則で使用される基本用語についての定義を定めています。同特則の適用範囲を定める観点から重要な意義を有するものといえます。

2　住宅（本条1号）
　住宅資金貸付債権の特則は、再生債務者の生活の本拠としての住居を保護する点にあります。そこで、住宅とは、個人である再生債務者が所有する建物であることが必要であり［☞ 論点解説①］、また、自己の居住の用に供するものに限定しています［☞ 論点解説②］。さらに、その床面積の2分の1以上に相当する部分が専ら自己の居住の用に供される必要があります。これは、当該建物が二世帯住宅や自家営業等に使用されている場合でも同特則の趣旨を及ぼすことが相当な場合がある一方で、債務者居住部分がほんの一部である場合にまで当該特別手続の利用を認

める必要がないため、一定の基準を設けたものです。また、生活の本拠として保護すべき住居は1つで足りることから、対象となる建物は1つに限られます（本条①ただし書）。

3　住宅の敷地（本条2号）

本条2号の「住宅の用に供されている土地」には、建物敷地そのものだけでなく、住宅としての利用上敷地と一体になっている庭や駐車場の土地も含まれます。再生債務者が所有しているか否かは問題とはなりません。

「当該土地に設定されている地上権」も「住宅の敷地」に含めた趣旨は、これに設定されている抵当権の実行を阻止して、再生債務者の住居を保護するという点にあります。

4　住宅資金貸付債権（本条3号）

住宅資金特別条項（民再199）を定める対象となる住宅資金貸付債権は、住宅の建設もしくは購入に必要な資金（土地または借地権の取得に必要な資金を含む）または住宅の改良に必要な資金の貸付けに係る債権であることが必要です。ここにいう資金の貸付けに係る債権とは、「広く信用を付与するとの意味」と解されており、住宅購入代金債権そのものが分割払とされている場合等でも、これに該当します（条解民再1030頁［山本和彦］）。

また、住宅資金貸付債権は分割払の定めのある債権である必要があります。一括払ができる債権についてまで、あえて特則で保護する必要はないからです。住宅資金貸付債権の特則が規定している再生計画も、分割払であることを前提としています（民再199参照）。

さらに、住宅資金貸付債権または当該債権に係る債務の保証会社の主たる債務者に対する求償権を担保するための抵当権が住宅に設定されている必要があります。住宅資金貸付債権の特則は、抵当権の実行を防いで債務者の住居を保護するためであることから、抵当権の設定が要件とされています。同じ理由から、抵当権の被担保債権が保証人の求償権である場合も同特則の対象となっていますが、この場合の保証人は、保証を業とする者に限られ、保証を業とする以上、会社ではなく個人でも本条3号の「保証会社」の定義に含まれます。

論点解説

1　登記の要否　再生債務者が所有するという「住宅」（本条①）の要件について、条文上は対抗要件が必要とまでは規定されていません。登記上は他人名義の建物について、再生債務者が所有権を主張して特別条項を適用し得るかが問題となりますが、再生債務者が実体的な所有権を有する場合にこれを認める考えもあります（詳細は、個人再生の実務Q&A100問194頁［鹿士眞由美］を参照）。

2　単身赴任・転勤　本条1号の住宅は、居住の用に供する建物であればよく、現実に「居住の用に供している」建物でなくてもかまいません。したがって、再生債務者が単身赴任により持家に住む家族と別居中の場合や、一時的な転勤で家に住まない場合でも、その後再度当該建物に居住することが明らかである場合は、居住

の用に供するという要件を充足します。

3 **流用があった場合**　再生債務者が借り入れた資金の一部を住宅の購入等以外の用途に使用した場合でも、借入資金の大半が住宅の購入等に当てられた場合は、当該資金が住宅の建設もしくは購入に必要な資金といえるので、住宅資金貸付債権の要件を充足します。この場合、債権全体が住宅資金貸付債権になります。他方、流用部分の比率が大きければ、住宅の建設もしくは購入に必要な資金とはいえず、当該債権全体が住宅資金貸付債権に該当しないこととなります。

　文献　伊藤1039頁、条解民再1025頁〔山本和彦〕、倒産法概説582頁〔笠井正俊〕、山本203頁、松下209頁、破産・民事再生の実務〔民事再生・個人再生編〕454頁、個人再生の手引393頁、個人再生の実務Q&A100問194頁〔鹿士眞由美〕、新注釈民再（下）232頁〔江野栄〕

（抵当権の実行手続の中止命令等）
第197条　裁判所は、再生手続開始の申立てがあった場合において、住宅資金特別条項を定めた再生計画の認可の見込みがあると認めるときは、再生債務者の申立てにより、相当の期間を定めて、住宅又は再生債務者が有する住宅の敷地に設定されている前条第3号に規定する抵当権の実行手続の中止を命ずることができる。
2　第31条第2項から第6項までの規定は、前項の規定による中止の命令について準用する。
3　裁判所は、再生債務者が再生手続開始後に住宅資金貸付債権の一部を弁済しなければ住宅資金貸付契約の定めにより当該住宅資金貸付債権の全部又は一部について期限の利益を喪失することとなる場合において、住宅資金特別条項を定めた再生計画の認可の見込みがあると認めるときは、再生計画認可の決定が確定する前でも、再生債務者の申立てにより、その弁済をすることを許可することができる。

基本事項

1　趣旨

　本条は、住宅資金貸付債権について、再生手続で弁済が禁止されること（民再85Ⅰ）に伴う抵当権の実行を防止し、住宅資金貸付債権の特則の実効性（債務者の住居保護）を確保するために、抵当権の実行手続の中止命令（民再31）の特則等を定めた規定です。

2　抵当権実行手続の中止命令（本条Ⅰ・Ⅱ）

　抵当権実行手続の中止命令の要件として、再生手続開始の申立てがあった場合において、住宅資金特別条項を定めた再生計画の認可の見込みがあると認めるときであることが必要です。特別条項の内容が他の再生債権者の不利益にならないよう限定されていること（民再199参照）などから、通常の中止命令（民再31Ⅰ）と異なり、「再生債権者一般の利益に適合」という要件は不要とされています。また、再生債務者の住宅保持という観点から、申立権者は再生債務者に限定されます（住宅資金特別条項を定めた再生計画案の提出権者も再生債務者に限られている〔民再200Ⅰ〕）。なお、中止

命令は、抵当権の実行手続として抵当権に基づく競売開始決定（民執181）がされていることが前提となります。

中止命令が発令されると、再生債務者は、中止命令の裁判の謄本を執行裁判所に提出して抵当権の実行（競売）の手続の一時停止を求めることができます（民執183Ⅰ⑦）。停止された抵当権の実行手続は、裁判所が定めた相当の期間が経過すれば再び進行しますが、再生債務者が住宅資金特別条項を定めた再生計画認可決定の謄本を提出することによって取り消されます（同項③・Ⅱ）［☞ **論点解説**］。なお、再生債務者が有する住宅の敷地の抵当権も対象となります。

3　弁済許可（民再197Ⅲ）

本条3項の弁済許可の要件として、住宅資金貸付債権の一部を弁済しなければ住宅資金貸付債権の全部または一部について期限の利益を喪失することとなる場合であることが必要です。したがって、すでに期限の利益を喪失している場合は、弁済は認められません。また、住宅資金特別条項を定めた再生計画の認可の見込みがあると認めるときであることが必要です。

弁済許可によって再生債権の弁済禁止（民再85Ⅰ）が解除され、再生債務者は住宅資金貸付債権の一部を弁済できるようになります。これにより再生債務者は、手続中の住宅資金貸付債務の履行遅滞およびそれに伴う抵当権の実行を回避できます。

◆論点解説

相当の期間　本条1項の「相当の期間」について、通常の中止命令にも同様の要件があります（民再31Ⅰ）。しかし、協議による別除権協定（担保権協定）［☞民再§88］の締結または担保権消滅許可［☞民再§148］を最終的な到達点とする通常の中止命令の場合とは異なり、担保権者の同意なしに計画認可に至ることもある住宅資金特別条項に関わる中止命令については、例えば、「再生債務者が住宅資金特別条項の定めを内容とする再生計画案を提出することを前提として、認可決定の確定までに担保権の実行が行われることを防ぐために必要な期間」（伊藤1042頁）が「相当の期間」であると解されています（その他の「相当の期間」の解釈については、条解民再1034頁［山本和彦］参照）。

文　献　伊藤1041頁、条解民再1032頁［山本和彦］、倒産法概説583頁［笠井正俊］、山本205頁・213頁、松下211頁、新注釈民再（下）240頁［江野栄］

（住宅資金特別条項を定めることができる場合等）
第198条　住宅資金貸付債権（民法第500条の規定により住宅資金貸付債権を有する者に代位した再生債権者が当該代位により有するものを除く。）については、再生計画において、住宅資金特別条項を定めることができる。ただし、住宅の上に第53条第1項に規定する担保権（第196条第3号に規定する抵当権を除く。）が存するとき、又は住宅以外の不動産にも同号に規定する抵当権が設定されている場合において当該不動産の上に第53条第1項に規定する担保権で当該抵当権に後れるものが存するときは、この限りでない。

2　保証会社が住宅資金貸付債権に係る保証債務を履行した場合において、当該保証債務の全部を履行した日から6月を経過する日までの間に再生手続開始の申立てがされたときは、第204条第1項本文の規定により住宅資金貸付債権を有することとなる者の権利について、住宅資金特別条項を定めることができる。この場合においては、前項ただし書の規定を準用する。
　3　第1項に規定する住宅資金貸付債権を有する再生債権者又は第204条第1項本文の規定により住宅資金貸付債権を有することとなる者が数人あるときは、その全員を対象として住宅資金特別条項を定めなければならない。

基本事項
1　趣旨
　本条は、再生債務者の住居保護と他の利害関係人の利益との調和の観点から、住宅資金特別条項を定めることができる場合を定めた規定です。
2　原則と例外
　住宅資金貸付債権（民再196③）については、原則として、住宅資金特別条項（同条④）を定めることができます。もっとも、以下の例外を定めています［☞ **より深く学ぶ**］。
(1)　法定代位の場合
　民法500条の規定により住宅資金貸付債権を有する者に代位した再生債権者が当該代位により有する住宅資金貸付債権、すなわち、弁済による法定代位権者が代位行使（民500・501）する住宅資金貸付債権には、住宅資金特別条項を定めることができません（本条Ⅰ第1括弧書）。このような場合にまで住宅資金特別条項の効果である弁済期の延長等（民再199参照）を認めると、債務者のために弁済をした保証人等の第三者が権利制限を受けることになり、妥当ではないからです。
　しかし、事業として保証を行っている保証会社（民再196③）による保証の場合までを除外すると、住宅資金特別条項の実効性が薄れてしまうことから、弁済による代位者が保証会社である場合には、住宅資金特別条項を定めることができます（本条Ⅱ）。この場合は、法律関係の安定の見地から、当該保証債務の全部を履行した日から6月を経過する日までの間に再生手続開始の申立てをすることが必要です。
(2)　住宅の上に他の担保権が存する場合
　住宅の上に民再法53条1項に規定する担保権（同法196条3号に規定する抵当権を除く）が存するとき、すなわち、住宅上に、当該住宅の購入等に必要な債権を担保するために同住宅に設定されている抵当権（民再196③参照）以外の担保権（厳密には民再53Ⅰ参照）が存するときも住宅資金特別条項を定めることができません（本条Ⅰただし書前半部分）。住宅資金貸付債権者が有する抵当権の実行が回避できたとしても、それ以外の担保権が実行されて住宅を失う可能性があるからです［☞ **論点解説**］。
(3)　共同抵当物件上に後順位担保者が存在する場合
　住宅以外の不動産にも民再法196条3号に規定する抵当権が設定されている場合において当該不動産の上に民再法53条1項に規定する担保権で当該抵当権に後れる

ものが存するとき、すなわち、住宅の抵当権（民再 196 ③参照）の共同抵当の目的となっている住宅以外の他の不動産に後順位抵当権者が存在する場合も住宅資金特別条項を定めることができません（本条Ⅰただし書後半部分）。この後順位担保権者は、競売によって前記抵当権に代位することができる（民 392 Ⅱ）ので、この代位者の利益が不当に害されることを防ぐという、前記**2**(1)と同趣旨の規定です。

(4) 複数存在する場合

住宅資金貸付債権を有する者が複数存在するときには、抵当権実行を防止するため、全員を対象に住宅資金特別条項を作成しなければなりません（本条Ⅲ）。

論点解説

ペアローン　同居する夫婦等が住宅を共有し、それぞれ住宅ローンによって当該住宅の購入資金等を調達した上、共有不動産の全体にそれぞれを債務者とする抵当権を設定することをペアローンといいます（個人再生の手引 384 頁参照）。この場合、自らの住宅ローンを被担保債権とする抵当権の後順位に他方の共有者のための住宅ローンを被担保債権とする抵当権が設定されることから、本条Ⅰただし書前段にいう「住宅の上に第53条1項に規定する担保権が存するとき」に該当し、住宅資金特別条項を定めることはできないのではないかが問題となります。しかし、関係者に異論がなく、住宅資金特別条項を内容とする再生計画が認可された場合は、他方の債務に係る抵当権が実行されることはなく本特則の趣旨に適うとの理由から、特別条項の適用を認めて良いという見解もあり、実務上も住宅資金特別条項の利用を認める方向で運用されています（伊藤 1045 頁、条解民再 1027 頁［山本和彦］、破産・民事再生の実務［民事再生・個人再生編］461 頁、個人再生の手引 384 頁参照）。

より深く学ぶ

住宅資金貸付債権が唯一の債権である場合　住宅資金貸付債権が唯一の債権である場合、住宅資金貸付債権には再生手続上の議決権が認められないことから（民再 201 Ⅰ）、議決権者が存在しない再生手続となります。そこで、このような場合は、再生計画案を決議する手続を踏まずに裁判所が直ちに認可要件の審査をすることになります。

また、再生計画について、住宅資金特別条項の内容を定める民再法 199 条 1 項および 3 項は、他の一般の再生債権の存在が前提となっていますが、他の一般再生債権者が存在しないからといって同条項の適用を否定する必要もなく、同条項に基づき住宅資金特別条項を定めることができると解されています（新注釈民再（下）252 頁［江野栄］、破産・民事再生の実務［民事再生・個人再生編］465 頁、個人再生の実務 Q&A100 問 152 頁［宇賀神徹］参照）。

文　献　伊藤 1043 頁、条解民再 1027 頁［山本和彦］・1037 頁［山本和彦］、倒産法概説 584 頁［笠井正俊］、山本 205 頁、松下 209 頁、破産法・民事再生法概論 423 頁［畑瑞穂］、新注釈民再（下）245 頁［江野栄］、破産・民事再生の実務［民事再生・個人再生編］463 頁、個人再生の手引 384 頁・404 頁、個人再生の実務 Q&A100 問 152 頁［宇

（住宅資金特別条項の内容）
第199条 住宅資金特別条項においては、次項又は第3項に規定する場合を除き、次の各号に掲げる債権について、それぞれ当該各号に定める内容を定める。
　一　再生計画認可の決定の確定時までに弁済期が到来する住宅資金貸付債権の元本（再生債務者が期限の利益を喪失しなかったとすれば弁済期が到来しないものを除く。）及びこれに対する再生計画認可の決定の確定後の住宅約定利息（住宅資金貸付契約において定められた約定利率による利息をいう。以下この条において同じ。）並びに再生計画認可の決定の確定時までに生ずる住宅資金貸付債権の利息及び不履行による損害賠償　その全額を、再生計画（住宅資金特別条項を除く。）で定める弁済期間（当該期間が5年を超える場合にあっては、再生計画認可の決定の確定から5年。第3項において「一般弁済期間」という。）内に支払うこと。
　二　再生計画認可の決定の確定時までに弁済期が到来しない住宅資金貸付債権の元本（再生債務者が期限の利益を喪失しなかったとすれば弁済期が到来しないものを含む。）及びこれに対する再生計画認可の決定の確定後の住宅約定利息
　　　住宅資金貸付契約における債務の不履行がない場合についての弁済の時期及び額に関する約定に従って支払うこと。
2　前項の規定による住宅資金特別条項を定めた再生計画の認可の見込みがない場合には、住宅資金特別条項において、住宅資金貸付債権に係る債務の弁済期を住宅資金貸付契約において定められた最終の弁済期（以下この項及び第4項において「約定最終弁済期」という。）から後の日に定めることができる。この場合における権利の変更の内容は、次に掲げる要件のすべてを具備するものでなければならない。
　一　次に掲げる債権について、その全額を支払うものであること。
　　イ　住宅資金貸付債権の元本及びこれに対する再生計画認可の決定の確定後の住宅約定利息
　　ロ　再生計画認可の決定の確定時までに生ずる住宅資金貸付債権の利息及び不履行による損害賠償
　二　住宅資金特別条項による変更後の最終の弁済期が約定最終弁済期から10年を超えず、かつ、住宅資金特別条項による変更後の最終の弁済期における再生債務者の年齢が70歳を超えないものであること。
　三　第1号イに掲げる債権については、一定の基準により住宅資金貸付契約における弁済期と弁済期との間隔及び各弁済期における弁済額が定められている場合には、当該基準におおむね沿うものであること。
3　前項の規定による住宅資金特別条項を定めた再生計画の認可の見込みがない場合には、一般弁済期間の範囲内で定める期間（以下この項において「元本猶予期間」という。）中は、住宅資金貸付債権の元本の一部及び住宅資金貸付債権の元本に対する元本猶予期間中の住宅約定利息のみを支払うものとすることができる。この場合における権利の変更の内容は、次に掲げる要件のすべてを具備するものでなければならない。

一　前項第1号及び第2号に掲げる要件があること。
　　二　前項第1号イに掲げる債権についての元本猶予期間を経過した後の弁済期及び弁済額の定めについては、一定の基準により住宅資金貸付契約における弁済期と弁済期との間隔及び各弁済期における弁済額が定められている場合には、当該基準におおむね沿うものであること。
4　住宅資金特別条項によって権利の変更を受ける者の同意がある場合には、前3項の規定にかかわらず、約定最終弁済期から10年を超えて住宅資金貸付債権に係る債務の期限を猶予することその他前3項に規定する変更以外の変更をすることを内容とする住宅資金特別条項を定めることができる。
5　住宅資金特別条項によって権利の変更を受ける者と他の再生債権者との間については第155条第1項の規定を、住宅資金特別条項については同条第3項の規定を、住宅資金特別条項によって権利の変更を受ける者については第160条及び第165条第2項の規定を適用しない。

基本事項

1　趣旨

　住宅資金貸付債権者は、本来であれば別除権者として、抵当権の実行を制約される立場ではないといえます。そこで、本条は、住宅資金貸付債権者の利益保護を目的として住宅資金特別条項を定めた再生計画における権利変更の内容を限定しています。本条による権利変更内容の限定は、住宅資金貸付債権者に再生計画案についての議決権を与えないこと（民再201Ⅰ）の前提にもなっています。

　また、本条5項は、住宅資金貸付債権者の特質から平等原則（民再155Ⅰ）および最長弁済期間の制限（同条Ⅲ）を適用しないこととしています。同様に、別除権者の権利行使を前提とする再生計画の定めの規定（民再160・165Ⅱ）も適用しないこととしています。

2　各類型の説明

(1)　期限の利益回復型（本条Ⅰ）

　本来の弁済と並行して（本条Ⅰ②）、再生債務者の履行遅滞によって生じた債務、すなわち①再生計画認可の決定の確定時までに遅滞に陥っている住宅資金貸付債権の元本、②①に対する再生計画認可の決定の確定後の住宅約定利息（住宅資金貸付契約上の約定利息）、③①に対する再生計画認可の決定の確定時までに発生する約定利息および遅延損害金を、再生計画認可の決定の確定から5年以内の一般弁済期間内に全額支払うことを内容とするものです。これは再生債務者の遅滞分を本来の弁済と並行して支払わせて期限の利益を回復させるものであり、住宅資金貸付条項の原則型といえます。

(2)　リスケジュール型（本条Ⅱ）

　本条1項による住宅資金特別条項を定めた再生計画の認可の見込みがない場合には、住宅資金貸付契約上の最終弁済期である約定最終弁済期から後の日に弁済期を定めることができます。つまり、遅滞分だけでなく元本全体の弁済期の延長およびそれに伴う各期の支払額の減額を認める条項です。もっとも、住宅資金貸付債権者

に対して、本条1項の期限の利益回復型の場合と比してより強い制限を加えるものであることから、以下の要件を定めています。

まず、①住宅資金貸付債権の元本、約定利息、遅延損害金の全額を支払う必要があります（本条Ⅱ①）。次に、②約定最終弁済期の延長は、最長10年であり、変更後の最終の弁済期における再生債務者の年齢が70歳を超えないものである必要があります（同項②）。これは、返済可能性を考慮したものです。最後に、③元本および再生計画認可決定後の約定利息については、住宅資金貸付契約上で考慮された一定の基準におおむね沿うものである必要があります（本条Ⅱ③）。これは、最初の契約時の当事者意思を尊重するためです。ここにいう一定の基準とは、弁済期と弁済期との間隔（月賦払か半年賦払か等）および各弁済期における弁済額（元利均等払か元金均等払か等）を定める際の基準を指します。

(3) 元本猶予期間併用型（本条Ⅲ）

本条2項による住宅資金特別条項を定めた再生計画の認可の見込みがない場合には、一般弁済期間の範囲内で定める元本猶予期間中は、住宅資金貸付債権の元本の一部および住宅資金貸付債権の元本に対する元本猶予期間中の住宅約定利息のみの支払を内容とする条項を定めることができます。この場合でも、本条2項と同趣旨の内容の定めが必要です（本条Ⅲ①②）。これにより再生債務者は一般弁済期間中は一般の再生債権者に対する弁済に集中し、その後に住宅資金貸付債権全額について弁済を行う内容の再生計画を作成することができます。なお、住宅資金貸付債権の元本の一部としてどこまで減額できるのか議論がありますが、本条の趣旨から広く認めるべきであるとされています（詳細については、条解民再1050頁［山本和彦］を参照）。

(4) 合意型（本条Ⅳ）

住宅資金貸付債権者の同意がある場合には、前3項に規定する変更以外の変更を内容とする条項を定めることができます。当事者間の合意がある場合は、本条1項から3項のように、債権者保護を目的として権利変更について制限を設ける必要がないためです。もっとも、この同意は、住宅資金債権者の権利を法定事項以外に変更する点で重要な同意であることから、書面で行う必要があります（民再規100）。

文　献　伊藤1046頁、条解民再1043頁［山本和彦］、倒産法概説586頁［笠井正俊］、山本207頁、松下209頁、新注釈民再（下）252頁［平澤慎一］、破産・民事再生の実務〔民事再生・個人再生編〕454頁、個人再生の手引371頁

（住宅資金特別条項を定めた再生計画案の提出等）
第200条　住宅資金特別条項を定めた再生計画案は、再生債務者のみが提出することができる。
2　再生債務者により住宅資金特別条項を定めた再生計画案が提出され、かつ、次の各号のいずれかに該当することとなったときは、当該各号に定める時までに届出再生債権者が再生債権の調査において第198条第1項に規定する住宅資金貸付債権の内容について述べた異議は、それぞれその時においてその効力を失う。ただし、これらの時までに、当該異議に係る再生債権の確定手続が終了していない

場合に限る。
　一　いずれの届出再生債権者も裁判所の定めた期間又はその伸長した期間内に住宅資金特別条項の定めのない再生計画案を提出しなかったとき　当該期間が満了した時
　二　届出再生債権者が提出した住宅資金特別条項の定めのない再生計画案が決議に付されず、住宅資金特別条項を定めた再生計画案のみが決議に付されたとき　第167条ただし書に規定する決定がされた時
　三　住宅資金特別条項を定めた再生計画案及び届出再生債権者が提出した住宅資金特別条項の定めのない再生計画案が共に決議に付され、住宅資金特別条項を定めた再生計画案が可決されたとき　当該可決がされた時
3　前項の規定により同項本文の異議が効力を失った場合には、当該住宅資金貸付債権については、第104条第1項及び第3項の規定は、適用しない。
4　再生債務者により住宅資金特別条項を定めた再生計画案が提出され、かつ、第2項各号のいずれかに該当することとなったときは、当該各号に定める時までに第198条第1項に規定する住宅資金貸付債権を有する再生債権者であって当該住宅資金貸付債権以外に再生債権を有しないもの又は保証会社であって住宅資金貸付債権に係る債務の保証に基づく求償権以外に再生債権を有しないものが再生債権の調査において述べた異議についても、第2項と同様とする。この場合においては、当該異議を述べた者には、第104条第3項及び第180条第2項の規定による確定判決と同一の効力は、及ばない。
5　再生債務者により住宅資金特別条項を定めた再生計画案が提出され、かつ、第2項第1号又は第2号のいずれかに該当することとなったときは、前項前段に規定する再生債権者又は保証会社は、第170条第1項本文の異議を述べることができない。

基本事項

1　趣旨

　再生計画案は再生債権者も提出することができるのが原則ですが（民再163Ⅱ）、住宅資金特別条項は再生債務者が住宅を確保することを目的とする制度であることに鑑み、本条1項は、再生債務者のみが住宅資金特別条項を定めた再生計画案を提出できることを規定しています。

　また、住宅資金特別条項を定める場合、住宅資金貸付債権については議決権が否定されているため（民再201Ⅰ）、一般債権者は住宅資金貸付債権の債権額について利害関係を有しません。他方で、住宅資金貸付債権の弁済は一般債権者への弁済によって影響を受けないため、住宅資金貸付債権者も一般債権者の債権額について利害関係を有しません。そこで、本条2項ないし5項は、住宅資金特別条項を定めた再生計画案が提出された場合の債権調査手続の特則を規定しています（条解民再1056頁［山本和彦］）。

2　再生計画案提出権者

　住宅資金特別条項を定めた再生計画案の提出権者は、再生債務者のみです。この

趣旨は、住宅資金特別条項の目的が再生債務者の住居を保護する点にあるためです。住宅資金特別条項を定めた再生計画案の提出に当たり、再生債務者は、住宅資金特別条項によって権利の変更を受ける者と協議し（民再規101Ⅰ）、その者から助言を受けた上で（同条Ⅱ）、当該住宅資金貸付契約の内容等を記載した書面を再生計画案と併せて提出します（民再規102）〔☞ **より深く学ぶ**〕。

3 届出再生債権者の異議

届出再生債権者が、再生債権の調査において民再法198条1項に規定する住宅資金貸付債権の内容について述べた異議は、本条2項各号の事由が発生した場合には、同各号に記載の時期に効力を失います（本条Ⅱ柱書本文）。住宅資金特別条項を定めた場合、住宅資金貸付債権は議決権が否定されている（民再201Ⅰ）ことから、他の債権者は、住宅資金貸付債権の債権額に利害関係をもたないといえるためです。

また、住宅資金貸付債権を有する再生債権者またはその保証会社であって、当該住宅ローンに関する債権以外に再生債権を有しないものが、再生債権の調査において述べた異議についても、本条2項の場合と同様に効力が失われます（本条Ⅳ）。住宅資金特別条項が定められた住宅資金貸付債権は、その全額が支払われることが予定されているため（民再199参照）、これらの者は、他の債権者の債権額について利害関係を有しないといえるためです。これらの者は、債権者集会での異議（民再170Ⅰ本文）も述べることができません（本条Ⅴ）。

なお、異議が失効しても前記失効の趣旨から債権確定の効果（民再104Ⅰ）や再生債務者表の執行力（同条Ⅲ）は発生しません（本条Ⅲ）。もっとも、通常の再生債権に対する異議については、当該異議を述べた者についてのみ確定力等が排除されます（相対効。本条Ⅳ後段）。また、当該異議に係る再生債権の確定手続が終了した場合には、当該確定手続の結果に拘束されます（本条Ⅱ柱書ただし書）。

4 効果

異議の失効により査定手続は当然に終了し、係属中の異議訴訟は訴えの利益が消滅したことを理由に却下されます。

より深く学ぶ

事前協議の要否（民再規101）　再生債務者が住宅資金特別条項を定めた再生計画案を作成するためには、民再規則101条の協議が原則として必要となります。もっとも、同条は訓示規定であり、例えば、住宅資金貸付債権者と再生債務者の弁済計画がまったく折り合わない場合には、事前協議なしに再生計画案を作成することも否定されません（詳細については、条解民再1055頁〔山本和彦〕を参照）。

　文　献　伊藤1051頁、条解民再1052頁〔山本和彦〕、倒産法概説587頁〔笠井正俊〕、山本210頁、松下210頁、新注釈民再（下）267頁〔飯田修一〕

（住宅資金特別条項を定めた再生計画案の決議等）
第201条　住宅資金特別条項を定めた再生計画案の決議においては、住宅資金特別条項によって権利の変更を受けることとされている者及び保証会社は、住宅資金

貸付債権又は住宅資金貸付債権に係る債務の保証に基づく求償権については、議決権を有しない。
2　住宅資金特別条項を定めた再生計画案が提出されたときは、裁判所は、当該住宅資金特別条項によって権利の変更を受けることとされている者の意見を聴かなければならない。第167条の規定による修正（その修正が、住宅資金特別条項によって権利の変更を受けることとされている者に不利な影響を及ぼさないことが明らかな場合を除く。）があった場合における修正後の住宅資金特別条項を定めた再生計画案についても、同様とする。
3　住宅資金特別条項を定めた再生計画案に対する第169条第1項の規定の適用については、同項第3号中「第174条第2項各号（第3号を除く。）」とあるのは、「第202条第2項各号（第4号を除く。）」とする。

基本事項

　住宅資金貸付債権または住宅資金貸付債権に係る債務の保証に基づく求償権は、住宅資金特別条項によって、債権全額の弁済が予定されているため（民再199参照）、当該求償権の債権者は、再生計画案に対して多くの利害を有するものではないといえます。他方、当該求償権の額は著しく多額になる場合が多く、住宅資金貸付債権者や保証会社に多額の議決権が付与されることになりかねません。しかし、これでは再生計画案に対する利害が少ない住宅資金貸付債権者らの意向で再生計画案の決議が左右されることになり、妥当ではありません。そこで、本条1項は、住宅資金特別条項を定めた再生計画案の決議において、住宅資金特別条項によって権利の変更を受けることとされている者および保証会社は議決権を有しないこととしました。

　もっとも、住宅資金貸付債権者らは、再生計画案にまったく利害がないわけではなく、また、裁判所としても再生計画としての遂行可能性の有無等、再生計画認可のための判断資料を得る必要があります。そこで、本条2項によって、裁判所は、住宅資金貸付債権者らの意見を聴かなければならないこととしました。さらに、再生計画案を決議に付する旨の決定の要件に当たって考慮する不認可事由（民再169Ⅰ③）については、民再法202条2項各号（4号を除く）によることとしています（本条Ⅲ）。

　文献　伊藤1053頁、条解民再1060頁［山本和彦］、倒産法概説587頁［笠井正俊］、山本211頁、松下210頁、新注釈民再（下）276頁［黒木和彰＝千綿俊一郎］

（住宅資金特別条項を定めた再生計画の認可又は不認可の決定等）
第202条　住宅資金特別条項を定めた再生計画案が可決された場合には、裁判所は、次項の場合を除き、再生計画認可の決定をする。
2　裁判所は、住宅資金特別条項を定めた再生計画案が可決された場合において、次の各号のいずれかに該当するときは、再生計画不認可の決定をする。
一　第174条第2項第1号又は第4号に規定する事由があるとき。
二　再生計画が遂行可能であると認めることができないとき。

三　再生債務者が住宅の所有権又は住宅の用に供されている土地を住宅の所有のために使用する権利を失うこととなると見込まれるとき。
　　四　再生計画の決議が不正の方法によって成立するに至ったとき。
　3　住宅資金特別条項によって権利の変更を受けることとされている者は、再生債権の届出をしていない場合であっても、住宅資金特別条項を定めた再生計画案を認可すべきかどうかについて、意見を述べることができる。
　4　住宅資金特別条項を定めた再生計画の認可又は不認可の決定があったときは、住宅資金特別条項によって権利の変更を受けることとされている者で再生債権の届出をしていないものに対しても、その主文及び理由の要旨を記載した書面を送達しなければならない。
　5　住宅資金特別条項を定めた再生計画案が可決された場合には、第174条第1項及び第2項の規定は、適用しない。

基本事項

1　本条2項各号

　本条2項各号は、住宅資金特別条項を定めた再生計画案が可決された場合の再生計画不認可の決定をする事由について規定します。本条2項1号および4号は、通常の再生計画と共通の不認可事由（民再174Ⅱ①③④）ですが、2号および3号は、住宅資金特別条項を定めた再生計画に固有の不認可事由を定めています。

　本条2項2号は、通常の再生計画の不認可事由（再生計画が「遂行される見込みがないこと」。民再174Ⅰ②）と異なり、再生計画が遂行可能であると認めることができないときを不認可事由としています。これは、住宅資金特別条項が、本来別除権者である住宅資金貸付債権者の権利をほぼ一方的に制約するものであるため、より強い合理性が必要と考えられたためです。

　本条2項3号は、同号所定の場合には、結局再生債務者は住宅に住むことができなくなり、住宅資金特別条項を定めた再生計画の意義がなくなるため、これを不認可事由としています。

2　本条3項

　住宅資金貸付債権者は本来別除権者であるため、債権届出を強く期待できないことから、通常の再生計画（民再115Ⅰ本文・174Ⅲ）と異なり、本条3項は、再生債権の届出をしていない場合でも、認可・不認可を決定する際に意見を述べる権利を認めています。なお、本条4項で主文および理由の要旨を記載した書面を送達することも、同様の趣旨に基づくものです。

3　本条5項

　再生計画案が可決された場合、本条2項の不認可事由が存在しないときは、裁判所は再生計画認可の決定をすることになります（本条Ⅰ）。そのため、住宅資金特別条項を定めた再生計画案が可決された場合には、通常の認可決定の規定である民再法174条1項および2項の規定は、適用しないこととしています（本条Ⅴ）。

　文　献　伊藤1054頁、条解民再1063頁［山本和彦］、倒産法概説588頁［笠井正俊］、

山本211頁、松下211頁、新注釈民再（下）280頁［黒木和彰＝千綿俊一郎］

> **（住宅資金特別条項を定めた再生計画の効力等）**
> **第203条** 住宅資金特別条項を定めた再生計画の認可の決定が確定したときは、第177条第2項の規定は、住宅及び住宅の敷地に設定されている第196条第3号に規定する抵当権並びに住宅資金特別条項によって権利の変更を受けた者が再生債務者の保証人その他再生債務者と共に債務を負担する者に対して有する権利については、適用しない。この場合において、再生債務者が連帯債務者の1人であるときは、住宅資金特別条項による期限の猶予は、他の連帯債務者に対しても効力を有する。
> 2 住宅資金特別条項を定めた再生計画の認可の決定が確定したときは、住宅資金特別条項によって変更された後の権利については、住宅資金特別条項において、期限の利益の喪失についての定めその他の住宅資金貸付契約における定めと同一の定めがされたものとみなす。ただし、第199条第4項の同意を得て別段の定めをすることを妨げない。
> 3 住宅資金特別条項を定めた再生計画の認可の決定が確定した場合における第123条第2項及び第181条第2項の規定の適用については、これらの規定中「再生計画で定められた弁済期間」とあるのは「再生計画（住宅資金特別条項を除く。）で定められた弁済期間」と、「再生計画に基づく弁済」とあるのは「再生計画（住宅資金特別条項を除く。）に基づく弁済」とする。
> 4 住宅資金特別条項によって変更された後の権利については前項の規定により読み替えて適用される第181条第2項の規定を、住宅資金特別条項によって権利の変更を受けた者については第182条の規定を適用しない。

基本事項

1 趣旨

本条は、住宅資金特別条項を定めた再生計画の効力や内容について、通常再生における再生計画の特則を定めたものです。

2 本条1項

民法の原則からすれば、主債務との附従性によって、再生債務者の再生債権者に対する債務の減免に伴い保証人や物上保証人も責任の一部を免れることとなります。もっとも、保証や物上保証が主債務者が弁済不能となった場合の債権回収を実現する手段として利用されるという機能に鑑み、民再法は、原則として、保証人や物上保証人には再生計画による影響が及ばないこととしています（民再177Ⅱ）。

しかし、本条1項は、住宅資金特別条項を定めた再生計画認可の決定が確定したときは、生活の本拠である住宅を再生債務者が確保できるよう前述のような民再法の原則の例外、すなわち、民法の原則に従って主債務との附従性に基づき、当該住宅およびその敷地の抵当権ならびに住宅資金貸付債権の保証人および連帯債務者等に対する権利にも再生計画の効力が及ぶとしています。また、再生債務者が連帯債務者の1人である場合についても、同様の趣旨から、他の連帯債務者にも住宅資金

特別条項による期限の猶予の効力が及ぶことを特に規定しています（本条Ⅰ後段）。

3 本条2項

本条2項は、住宅資金貸付条項を定めた再生計画によって変更された後の権利について、住宅資金貸付条項の規定方法を簡便化し、誤記等による弊害を防ぐため、変更された点以外は住宅資金貸付契約における定めと同一の定めがされたものとみなすことを定めた規定です。これにより遅延損害金や利率変更の定め等、住宅資金貸付契約の内容がそのまま適用されることとなります［☞ **より深く学ぶ**］。

4 本条3項

開始後債権および再生債務者が知りながら自認しなかった債権については、再生計画で定められた弁済期間（最長10年。民再155Ⅲ）が満了するまでの間は弁済を受けることができないのが原則です（民再123Ⅱ・181Ⅱ）。しかし、住宅資金特別条項については、民再法199条5項によって同法155条3項の適用が排除される結果、10年を超えて弁済期間を定めることが可能であるため、住宅資金特別条項の弁済期間を再生計画で定めた弁済期間とすると極めて長期にわたって開始後債権等も弁済禁止となることになり相当ではありません。そこで、本条3項は、開始後債権等の弁済禁止期間について、住宅資金特別条項における弁済期間ではなく、一般の再生債権の弁済期間とする読替えをしています。

5 本条4項

本条4項は、住宅資金特別条項によって変更された後の権利について債権届出が不要とされていること等を考慮し、住宅資金貸付債権者を保護する趣旨で、未届出の再生債権に弁済禁止期間を設けている民再法181条2項の規定を適用しないことを定めています。また、住宅資金貸付債権に対しては住宅資金特別条項に従って全額が弁済される予定であるため（民再199参照）、別除権者の有する再生債権について不足額の確定を待って再生計画による弁済を認める同法182条の規定も適用しないこととしています。

より深く学ぶ

弁済期間の延長に伴う保証料・火災保険料　本条1項により住宅資金貸付債務の保証人の保証期間も延長される場合、保証料が保証期間で算定される条項があるときに新たに保証料が発生するかについて、また、火災保険料に関し、保険契約は期間満了により終了するところ、火災保険の加入や質権設定等に関する条項があるときに再生債務者が延長期間について新たに火災保険料を負担することとなるかについて争いがあります。この点、本条2項により当該各条項も住宅資金特別条項の内容になると考えれば、債務者は追加の保証料や火災保険料を負担することになるとの見解が有力です（条解民再1070頁［山本和彦］、新注釈民再（下）290頁［黒木和彰＝千綿俊一郎］）。

文献　伊藤1056頁、条解民再1067頁［山本和彦］、倒産法概説589頁［笠井正俊］、山本211頁、松下212頁、新注釈民再（下）286頁［黒木和彰＝千綿俊一郎］

> **（保証会社が保証債務を履行した場合の取扱い）**
> **第204条** 住宅資金特別条項を定めた再生計画の認可の決定が確定した場合において、保証会社が住宅資金貸付債権に係る保証債務を履行していたときは、当該保証債務の履行は、なかったものとみなす。ただし、保証会社が当該保証債務を履行したことにより取得した権利に基づき再生債権者としてした行為に影響を及ぼさない。
> 2　前項本文の場合において、当該認可の決定の確定前に再生債務者が保証会社に対して同項の保証債務に係る求償権についての弁済をしていたときは、再生債務者は、同項本文の規定により住宅資金貸付債権を有することとなった者に対して、当該弁済をした額につき当該住宅資金貸付債権についての弁済をすることを要しない。この場合において、保証会社は、当該弁済を受けた額を同項本文の規定により住宅資金貸付債権を有することとなった者に対して交付しなければならない。

基本事項
1　巻戻しの効果

本条1項は、住宅資金特別条項を定めた再生計画認可の決定が確定した場合における保証会社（民再196③）の住宅資金貸付債権に係る保証債務の履行の効果について、遡及的になかったものとみなす規定です。このような効果は、「巻戻し」と呼ばれています。巻戻しにより、まず、保証会社によって履行された保証債務が復活します。また、保証会社が取得した求償権は消滅し、保証会社が代位（民500・501）していた住宅資金貸付債権は、住宅資金貸付債権者に復帰します。そして、保証債務履行として支払った給付について保証会社は、住宅資金貸付債権者に対し不当利得返還請求権（民703）を取得します［☞ **より深く学ぶ** ］。

本条1項の定めなく再生債務者の住居の保護を図ろうとすれば、保証会社の再生債務者に対する求償権に対しても、住宅資金特別条項（民再199参照）と同様に期限の利益の回復や弁済期間の伸長などの規律が必要となるところですが、長期の分割回収を予定していない保証会社に住宅資金特別条項と同様の規律を適用することは大きな負担を課すものであり妥当ではないと解されます。他方、住宅資金貸付債権については、民再法199条の範囲内の権利変更であれば、もともと長期の債権回収を予定していた住宅資金貸付債権者にとって大きな負担にならないということができます。そこで、保証会社による代位弁済の効力を否定する巻戻しを原則的な取扱いとした上、保証会社を住宅資金特別条項の相手方とすることを回避するため本条1項を規定しました。

もっとも、保証会社が当該保証債務を履行したことにより取得した権利に基づき再生債権者としてした行為（債権調査に関する異議等）については、再生手続上の行為まで遡及的になかったものとみなすと再生手続の安定性を害するおそれがあることから、巻戻しの影響を及ぼさないこととしています（本条1ただし書）。

2　一部弁済が先になされた場合の処理

本条2項は、巻戻しの効果が発生するまでに再生債務者が保証会社の保証債務に

係る求償権についての弁済をしても、当該弁済については、例外的に本条1項の巻戻しの効果を受けず、住宅資金貸付債権者に弁済をすることを要しないとした規定です。当該弁済を受けた額は、保証会社が住宅資金貸付債権者に交付するとしています。

　当該弁済について巻戻しの効果をそのまま生じさせると、保証会社の再生債務者に対する求償権の発生がなくなり、保証会社が弁済相当額を不当利得として再生債務者に返還した上、再生債務者が再度住宅資金貸付債権者に対して弁済をすることになります。しかし、このような処理は煩雑なため、保証会社から住宅資金貸付債権者に対し直接弁済額を交付する処理をすることとしました。

より深く学ぶ

保証会社から第三者に債権が譲渡された場合　　保証会社が、保証債務履行後に取得した求償債権ならびに代位取得した住宅資金貸付債権およびその抵当権を第三者に譲渡した場合の法律関係が問題になります。この点、本条1項によって保証債務の履行をなかったものとみなす結果、この債権譲渡は、無権利者による債権譲渡となります。そのため譲渡を受けた第三者も無権利者となります。そこで、当該第三者に抵当権の移転登記がなされていたとしても、最初の抵当権者である住宅資金貸付債権者は、当該第三者に対して自己の抵当権を登記なく対抗できると解されています（新注釈民再（下）298頁［黒木和彰＝千綿俊一郎］参照）。

文　献　伊藤1058頁、条解民再1071頁［山本和彦］、倒産法概説589頁［笠井正俊］、山本212頁、松下212頁、新注釈民再（下）293頁［黒木和彰＝千綿俊一郎］、破産・民事再生の実務〔民事再生・個人再生編〕467頁、個人再生の手引379頁

（査定の申立てがされなかった場合等の取扱い）
第205条　第198条第1項に規定する住宅資金貸付債権についての第105条第1項に規定する査定の申立てが同条第2項の不変期間内にされなかった場合（第107条及び第109条の場合を除く。）、第200条第2項の規定により同項本文の異議が効力を失った場合及び保証会社が住宅資金貸付債権に係る保証債務を履行した場合には、住宅資金特別条項については、第157条、第159条、第164条第2項後段及び第179条の規定は、適用しない。
2　住宅資金特別条項を定めた再生計画の認可の決定が確定したときは、前項に規定する場合（保証会社が住宅資金貸付債権に係る保証債務を履行した場合を除く。）における当該住宅資金貸付債権を有する再生債権者の権利及び前条第1項本文の規定により住宅資金貸付債権を有することとなる者の権利は、住宅資金特別条項における第156条の一般的基準に従い、変更される。

基本事項

　本条1項は、住宅資金貸付債権について、債権が確定しない場合の特則を定めたものです。通常、再生債権は、調査確定手続によって確定した債権のみが再生計画

において弁済すべき債権となり、未確定の債権は免責となります（民再179Ⅱ・178Ⅰ）。しかし、住宅資金貸付債権者の有する抵当権には再生計画による免責の効果は及ばないため（民再177Ⅱ）、抵当権が実行されれば、再生債務者は生活の本拠である住宅を失うことになります。そこで、本条1項は、住宅資金貸付債権が未確定となる場合（①同債権に異議が述べられたが査定の申立てがされなかった場合、②民再法200条2項によって同債権への異議が効力を失った場合、③保証会社が同債権に係る保証債務を履行した場合〔民再204参照〕）であっても当該債権に住宅資金特別条項を定めた再生計画の効力を及ぼし、将来の確定等を前提とした同法157条、159条、164条2項後段、179条の規定を適用しないことを明らかにしました。

　なお、本条2項は、債権が確定されず、個別権利者ごとの条項を定めない（民再157）住宅資金貸付債権については、住宅資金特別条項における民再法156条の一般的基準に従って変更されることを定めた規定です。

文献 伊藤1060頁、条解民再1078頁〔山本和彦〕、山本210頁、新注釈民再（下）302頁〔黒木和彰＝千綿俊一郎〕

（住宅資金特別条項を定めた再生計画の取消し等）
第206条 住宅資金特別条項を定めた再生計画についての第189条第1項第2号に掲げる事由を理由とする再生計画取消しの申立ては、同条第3項の規定にかかわらず、再生計画の定めによって認められた権利（住宅資金特別条項によって変更された後のものを除く。）の全部（履行された部分を除く。）について裁判所が評価した額の10分の1以上に当たる当該権利を有する再生債権者であって、その有する履行期限が到来した当該権利の全部又は一部について履行を受けていないものに限り、することができる。
2　住宅資金特別条項を定めた再生計画の取消しの決定が確定した場合における第189条第7項ただし書及び第190条第1項ただし書の規定の適用については、これらの規定中「再生債権者が再生計画によって得た権利」とあるのは、「再生債権者が再生計画によって得た権利及び第204条第1項本文の規定により生じた効力」とする。

基本事項
1　再生計画取消しの要件の特則

　本条1項は、住宅資金特別条項を定めた再生計画の取消事由について、民再法189条1項2号の取消事由の要件の特則を規定したものです。まず、住宅資金貸付債権者としては、再生計画が認可された場合でも、期限の利益の喪失についての定めその他の住宅資金貸付契約における定めがなされたものとみなされることから、再生計画の不履行（民再189Ⅰ②）があった場合、同契約に基づく期限の利益の喪失を主張した上で抵当権の実行による債権回収を行えばよく、他の者に影響を与える再生計画の取消しまで認める必要がないことから、申立権者から除外しています。また、住宅資金貸付債権者以外の再生債権者が再生計画の取消しを申し立てるには、

再生債権総額（履行された部分を除く）の10分の1以上の再生債権を有している必要がありますが（民再189Ⅲ）、金額の大きい住宅資金貸付債権額を前記債権総額の算定に加えると、実質的に取消しの申立ての機会が極めて限定的となってしまう不都合を回避するため、前記債権総額の算定から住宅資金貸付債権額を除外しています。

2　再生計画取消しの効果の特則

本条2項は、住宅資金特別条項を定めた再生計画取消しの効果に関する特則です。再生計画が取り消された場合や再生計画の履行完了前に再生債務者について破産手続開始の決定等がされた場合は、再生計画によって変更された再生債権が原状に復することになります（民再189Ⅶ本文・190Ⅰ本文）。しかし、保証会社による保証債務履行に関する巻戻し効果（民再204Ⅰ本文）まで原状回復するとなると、一度なかったものとした法律関係をさらになかったものとすることになり法律関係が非常に錯綜します。このような結果は、当事者の法的地位を極めて不安定にするため、本条2項は、民再法204条1項本文の規定により生じた効力についても、原状回復の効果を受けないこととしました。

文献　伊藤1061頁、条解民再1080頁［山本和彦］、新注釈民再（下）305頁［黒木和彰＝千綿俊一郎］

第11章　外国倒産処理手続がある場合の特則

> **前　注**

　本章は、再生債務者について、わが国における再生手続と外国における外国倒産処理手続とが同時に並行して進行している場合（いわゆる並行倒産）に関する規定を定めています。具体的には、再生債務者等と外国管財人との間の相互の協力および情報提供（民再207）、外国倒産処理手続がある場合のわが国における再生手続に関する開始原因の推定（民再208）、外国倒産処理手続に係る外国管財人のわが国における再生手続に対する権限等（民再209）、および、外国管財人のわが国における再生手続への参加および再生債務者等の外国倒産処理手続への参加（民再210）を定めています。

1　属地主義と普及主義

　外国法に基づく外国倒産処理手続が並行して進行している場合、国内法に基づく国内倒産処理手続の在外財産に対する効力（対外効）および外国倒産処理手続の国内財産に対する効力（対内効）を認めるか否かが問題となります。わが国は、かつて属地主義を採用し、対外効および対内効のいずれの効力も認めていませんでした。この結果、国内倒産処理手続による法的効果は在外財産には及ばず、他方、外国倒産処理手続による法的効果も国内財産には及ばないこととし、倒産に至った債務者の財産は当該財産の所在する地の倒産処理手続に従って処理されていました。属地主義には手続が複雑化せず短期間に終了するという長所があり、かつては、わが国では在外財産を保有する者は少なかったため対外効、対内効を認める必要性が高くありませんでした（倒産法概説519頁［中西正］）。

　しかし、わが国経済の発展とともに経済活動自体がグローバル化し、在外財産を有する企業も珍しくなくなりました。このような状況で在外財産を有する国内債務者が倒産すると、属地主義では、内国債権者は在外財産に対して自由に個別執行でき、特定の債権者が個別に債権回収していながら、それが国内手続における配当・弁済に反映されず債権者間の不平等が生じることとなります（新注釈民再（下）312頁［柴田義人］）。

　属地主義に対する概念としては普及主義（単一主義）があり、これを徹底して倒産処理の合理性や債権者間の平等を図るために、1人の債務者について全世界で1つの倒産処理手続を行う考え方もあります（一債務者一倒産主義）。しかし、現実問題として倒産処理に関する各国の法制はさまざまであり、国際的に統一された倒産処理手続に関する条約も存在せず、国際倒産管轄に関して一債務者一倒産主義の考え方が世界的に採用される可能性も乏しいといわざるを得ません。そこで、わが国は、いわゆる並行倒産の状態が生じ得ることを前提として、①わが国の倒産処理手続と外

国の倒産処理手続とが並行して進行する場合に両手続の協力関係を構築する、②外国の倒産処理手続をわが国で承認し援助する、③わが国の倒産処理手続の承認・援助を外国に求める、という3つの場面ごとに、相互の手続間の調整を図ることとしました（一問一答民再258頁）。

本章は、外国倒産処理手続が同時に並行して進行している場合におけるわが国における再生手続と外国倒産処理手続との相互の協力や両手続の関係を規定しており、前記①の場面に対処するための規定と位置づけられます。

2 外国倒産承認援助手続

他方、倒産処理手続の国際的な調和を目的とし、前記②の場面に対処するため平成12年に外国倒産処理手続の承認援助に関する法律（承認援助法）を制定しました。

承認援助法は、国際的な経済活動を行う債務者について開始された外国倒産処理手続に対する承認援助手続を定めることにより、当該外国倒産処理手続の効力を日本国内において適切に実現し、もって当該債務者について国際的に整合のとれた財産の清算または経済的再生を図ることを目的としています（承認援助1）。

外国倒産処理手続の外国管財人等は、承認援助法に基づいてわが国の裁判所（具体的には東京地方裁判所の専属管轄）に対して承認援助手続を申し立て、承認決定を受け、承認決定を基礎とした援助処分を受けることが可能となります。援助処分には、例えば国内財産に対する強制執行等の手続の中止命令（承認援助25）や国内財産の処分・国外への持出しについての裁判所の許可（承認援助31）といったものが含まれます。

承認援助法は、これらの承認決定や援助処分により外国倒産処理手続の効力が日本国内で適切に実現されたのと同様の状態を創設するものであり、倒産処理手続として進行するものはあくまでも外国倒産処理手続であることを前提としています。

なお、前記③の場面に対処するためには、例えば、アメリカ連邦倒産法15章による手続など、わが国の承認援助法と同趣旨の外国法に基づく手続が必要となります。

3 外国管財人から見たわが国の倒産処理手続法制

前述の通り、本章は、わが国における再生手続と外国における外国倒産処理手続が並行して進行している場合を想定しています。他方で、承認援助法は外国倒産処理手続のみがある場合に当該外国倒産処理手続の効力をわが国においてどのように承認援助するかを想定しており、前提とする場面が異なります。このように、わが国においては、民再法により並行倒産を許容しつつ、承認援助法による承認・援助という手続も用意しており、外国倒産処理手続を遂行している外国管財人としては、わが国に所在する財産を対象とする倒産処理のために、本章の規定に基づいてわが国の再生手続を申し立てるか、承認援助法に基づく自国の外国倒産処理手続の承認援助を求めるかの選択肢があることになります。

（外国管財人との協力）
第207条 再生債務者等は、再生債務者についての外国倒産処理手続（外国で開始

> された手続で、破産手続又は再生手続に相当するものをいう。以下同じ。）がある場合には、外国管財人（当該外国倒産処理手続において再生債務者の財産の管理及び処分をする権利を有する者をいう。以下同じ。）に対し、再生債務者の再生のために必要な協力及び情報の提供を求めることができる。
> 2　前項に規定する場合には、再生債務者等は、外国管財人に対し、再生債務者の再生のために必要な協力及び情報の提供をするよう努めるものとする。

基本事項

　再生手続と外国倒産処理手続とで異なる方針に基づいて処理がなされるとすると再生債務者の事業の再生が実質的に困難となることがあり得ます。そこで、本条は、再生手続と並行して外国倒産処理手続が係属する場合の再生債務者等（民再2②）と外国管財人との間の相互の協力および情報の提供について定めています。本条と同趣旨の規定が破産法245条および会更法242条にも置かれています。

　外国倒産処理手続とは、外国で開始された手続で、わが国の破産手続または再生手続に相当するもの（本条Ⅰ第1括弧書）をいいます。

　手続が開始されていることを要する点で、開始前の手続も対象とする承認援助法2条1項1号の「外国倒産処理手続」と異なります。また、同号と異なり、本条においては文言上、「更生手続、整理手続または特別清算手続に相当するもの」が含まれていませんが、これらの手続を適用対象から排除する趣旨ではなく、清算型および再建型の双方の手続を含み、行政機関が関与する倒産処理手続も含むと解されています（条解民再1085頁［安達栄司］、深山卓也『新しい国際倒産法制』〔金融財政事情研究会、2001〕35頁）。

　外国管財人とは、当該外国倒産処理手続において再生債務者の財産の管理および処分をする権利を有する者（本条Ⅰ第2括弧書）をいいます。外国倒産処理手続がDIP（Dibtor In Possesion）型の場合の再生債務者も含まれます（なお、承認援助法では「外国管財人」にはDIP型の場合の債務者は含まれず、「外国管財人等」にDIP型の場合の債務者が含まれる。承認援助2条1項7号・8号参照）が、日本と外国との倒産処理手続がいずれもDIP型であれば、相互の協力および情報提供を必要とすることはないため、本条は日本・外国いずれかが（またはいずれも）DIP型でない倒産処理手続である場面で実質的な意義を有するといえます。

　協力や情報提供の具体的な内容は個別の事案によりますが、一般的な手法としてプロトコル（議定書）の締結が挙げられます。プロトコルとは、外国管財人との間で各管財人の事業経営権や財産管理処分権の範囲について、それぞれの国の倒産法が定めている範囲とは異なるものを定め、または他の管財人等の同意が必要なものについて合意することをいいます（条解民再1086頁［安達栄司］）。もっとも、これらの協力や情報提供は努力義務にとどまり、法的拘束力はありません。

　文献　伊藤842頁、条解民再1083頁［安達栄司］、倒産法概説532頁［中西正］、破産法・民事再生法概論435頁［佐藤鉄男］、中島＝佐藤405頁、新注釈民再（下）316頁［坂井秀行＝柴田義人］、一問一答民再260頁

(再生手続の開始原因の推定)
第 208 条 再生債務者についての外国倒産処理手続がある場合には、当該再生債務者に再生手続開始の原因となる事実があるものと推定する。

基本事項

　本条は、外国倒産処理手続が開始されている再生債務者について、経済的窮境にある蓋然性が高く、また債権者による権利行使によって財産が散逸・減少する蓋然性も高いと考えられることから、再生手続開始の原因となる事実（民再21）の存在を推定し、わが国での再生手続の開始を迅速かつ容易にする規定です。本条と同趣旨の規定が破産法17条および会更法243条にも置かれています。

　再生債務者が外国倒産処理手続が開始されていることを疎明（民再23Ⅰ）した場合、再生手続開始の原因となる事実が推定されます。推定にすぎないため、裁判所が開始原因が存在しないとの心証を得たときは、推定が覆って再生手続開始申立ては棄却されることになります。

　なお、文言上は必ずしも明らかではありませんが、再生債務者が再生手続開始を申し立てる場合には、民再法21条1項前段または後段の事実が推定され、債権者が申し立てる場合、または、外国管財人が同法209条1項前段に基づいて再生手続開始を申し立てる場合には、同法21条1項前段の事実が推定されるべきであると解されています（新注釈民再（下）323頁［柴田義人］）。

　文　献　伊藤842頁、条解民再1087頁［安達栄司］、倒産法概説524頁［中西正］、破産法・民事再生法概論435頁［佐藤鉄男］、中島＝佐藤405頁、新注釈民再（下）322頁［柴田義人］、一問一答民再261頁

(外国管財人の権限等)
第 209 条 外国管財人は、第21条第1項前段に規定する場合には、再生債務者について再生手続開始の申立てをすることができる。この場合における第33条第1項の規定の適用については、同項中「第21条」とあるのは、「第209条第1項前段」とする。
2　外国管財人は、再生債務者の再生手続において、債権者集会に出席し、意見を述べることができる。
3　外国管財人は、再生債務者の再生手続において、第163条第1項に規定する期間（同条第3項の規定により期間が伸長されたときは、その伸長された期間）内に、再生計画案を作成して裁判所に提出することができる。
4　第1項の規定により外国管財人が再生手続開始の申立てをした場合において、包括的禁止命令又はこれを変更し、若しくは取り消す旨の決定があったときはその主文を、再生手続開始の決定があったときは第35条第1項の規定により公告すべき事項を、第34条第1項の規定により定めた期間に変更を生じたときはその旨を、再生手続開始の決定を取り消す決定が確定したときはその主文を、それぞれ外国管財人に通知しなければならない。

基本事項

　本条は、外国管財人がわが国の再生手続に重大な利害関係を有していることに鑑み、外国管財人に対して以下のような権限等を認めています。本条と同趣旨の規定が破産法246条および会更法244条にも置かれています。

1　再生手続開始の申立権

　外国管財人は債権者による再生手続開始の申立てに準じて、民再法21条1項前段に基づいて、わが国で再生手続開始の申立てをすることができます（本条Ⅰ）。再生債務者または管財人との相互協力（本条）を通じ、総合的な財産管理・事業遂行に基づく、より実効的な倒産処理が期待されます。

2　債権者集会への出席権および意見陳述権

　外国管財人は債権者集会に出席することで、わが国の再生手続の進行状況に関する情報等を入手でき、また、意見を述べることで債権者集会に参加している関係者に当該外国管財人が関与する外国倒産処理手続の進行に関する情報等を伝達できます（本条Ⅱ）。

3　再生計画案の作成・提出権

　外国管財人はわが国の再生手続で再生計画案を作成して、裁判所に提出することができます（本条Ⅲ）。外国倒産処理手続と調和的な再生計画案が提出されることにより、より実効的な倒産処理が期待されます。

4　再生手続開始決定等の通知

　本条1項により外国管財人が再生手続開始の申立てをした場合、その手続関与の機会を保障するため、①包括的禁止命令（民再27）またはこれを変更もしくは取り消す決定があったときはその主文を、②再生手続開始決定（民再33）があったときはその公告事項を、③再生債権の届出・調査期間に変更があるときはその旨を、④再生手続開始決定を取り消す決定が確定したときはその主文をそれぞれ外国管財人に相当と認める方法（民再規11、民訴規4Ⅰ）で通知しなければなりません（本条Ⅳ）。

　文献　伊藤842頁、条解民再1089頁［安達栄司］、倒産法概説532頁［中西正］、破産法・民事再生法概論435頁［佐藤鉄男］、中島＝佐藤405頁、新注釈民再（下）325頁［柴田義人］、一問一答民再263頁

（相互の手続参加）

第210条　外国管財人は、届出をしていない再生債権者であって、再生債務者についての外国倒産処理手続に参加しているものを代理して、再生債務者の再生手続に参加することができる。ただし、当該外国の法令によりその権限を有する場合に限る。

2　再生債務者等は、届出再生債権者（第101条第3項の規定により認否書に記載された再生債権を有する者を含む。次項において同じ。）であって、再生債務者についての外国倒産処理手続に参加していないものを代理して、当該外国倒産処理手続に参加することができる。

3　再生債務者等は、前項の規定による参加をした場合には、その代理する届出再

生債権者のために、外国倒産処理手続に属する一切の行為をすることができる。ただし、届出の取下げ、和解その他の届出再生債権者の権利を害するおそれがある行為をするには、当該届出再生債権者の授権がなければならない。

基本事項

　各国で独立して倒産処理手続が進行しているとき、債権者は、各国の倒産処理手続に従ってそれぞれの手続に参加しなければ当該手続からの配当や弁済を受けられないのが原則です。しかし、債権者にとって自国以外の外国の倒産処理手続に参加することは大きな負担になります。

　そこで、本条は、日本と外国とで並行して倒産処理手続が係属する場合に債権者の負担を軽減するとともに、双方の手続に参加している債権者をできるだけ同一になるようにすることで配当調整すべき場面を少なくし、国際的に平等な配当および弁済を実現することを目的として、外国管財人が当該外国の倒産処理手続に参加している債権者を代理してわが国の再生手続に参加すること、および再生債務者等（民再2②）がわが国の再生手続に参加している債権者を代理して外国倒産処理手続に参加することを認めています（クロス・ファイリング）。

　本条と同趣旨の規定が破産法247条および会更法245条にも置かれています。

1　外国管財人による再生手続への代理参加（本条Ⅰ）

　外国管財人は、わが国の再生手続で届出をしていない再生債権者で、再生債務者についての外国倒産処理手続に参加している債権者を代理して再生債務者の再生手続に参加することができます（本条Ⅰ本文）。外国管財人の再生手続への参加には、債権届出、債権調査手続における異議申述、議決権行使等が含まれますが、外国管財人が、当該外国の法令によって権限を与えられている場合に限られます（同項ただし書）。

2　再生債務者等による外国倒産処理手続への代理参加（本条Ⅱ・Ⅲ）

　再生債務者等は、わが国の再生手続で届出をしている再生債権者（再生債務者等が自認する内容を認否書に記載した債権者も含む）で再生債務者についての外国倒産処理手続に参加していない再生債権者を代理して、当該外国倒産処理手続に参加することができます（本条Ⅱ）。再生債務者の外国倒産処理手続に自ら参加している再生債権者は、再生債務者等が代理することのできる再生債権者から除外されています。

　本条2項により、再生債務者等が再生債権者を代理して外国倒産処理手続に参加する場合、代理する届出債権者のために外国倒産処理手続に属する一切の行為を包括的にすることができます（本条Ⅲ本文）。ただし、届出再生債権者の利益を害するおそれのある行為、例えば外国倒産処理手続への債権届出の取下げや和解等の行為については、当該再生債権者の個別の授権を要するとしています（同項ただし書）。

　なお、再生債務者等に認められた以上のような代理参加の権限は、日本法の立場から認められるにとどまり、再生債務者等による外国倒産処理手続への現実的な参加の方法は、当該外国の法令に従うことになります。

3　本条とホッチ・ポット・ルールとの関係

　ホッチ・ポット・ルール［☞民再§89］とは、債権者が外国財産から債権の回収をした場合に債権者間の平等を図るため自国の倒産処理手続において配当や弁済を調整する方法をいいます。民再法では、再生債権者が外国財産から弁済を受けた場合、当該再生債権者は、再生手続で弁済を受ける前の再生債権全額について再生手続に参加でき、債権届出、債権の調査、確定や権利変更の基準額は開始時の債権額によることとされ（民再89Ⅰ）、他の再生債権者が当該債権者が外国財産から受けた弁済と同一割合の弁済を受けるまでは、再生計画に基づく弁済を受けることができません（同項Ⅱ）。しかし、外国財産からの弁済額が多額である場合には、ホッチ・ポット・ルールを適用してもなお債権者間に不平等が残ることがあり得ます。

　本条によるクロス・ファイリングは、双方の手続に参加している債権者をできるだけ同一に近づけることでホッチ・ポット・ルールによる配当調整の場面をできるだけ少なくし、これにより国際的に平等な配当および弁済の実現を目指すものといえます。

文　献　伊藤843頁、条解民再1093頁［安達栄司］、倒産法概説532頁［中西正］、破産法・民事再生法概論436頁［佐藤鉄男］、中島＝佐藤405頁、新注釈民再（上）477頁［飯島奈絵］、新注釈民再（下）328頁［坂井秀行＝柴田義人］、一問一答民再265頁

第12章　簡易再生及び同意再生に関する特則

> **前　注**

1　制度趣旨

　民再法は、通常の再生手続のほか簡易型の再生手続として、簡易再生と同意再生を設けています。再生手続では、再生債権の調査および確定の手続を経て、その存否・内容を確定し、再生計画によって権利変更をするのが通常です。しかし、再生債権の調査および確定の手続には一定の日時を要することから、手続が重厚とならざるを得ません。他方、債務者について私的整理が進められ大部分の債権者の同意が得られる見込みがある場合等には、債権調査の手続等を省略する余地を認めることが事業や経済生活の再生に資すると考えられます。

　そこで、民再法は、相当数の債権者の同意を要件として、再生債権の調査および確定の手続を経ることなく、簡易・迅速に再生手続を進めることができるよう簡易再生の手続を設けました。さらに、すべての再生債権者が再生計画案に同意し、かつ、再生債権の調査および確定の手続を経ないことにも同意している場合には、再生計画案の決議を経る必要もないといえることから、再生債権の調査確定手続のみならず再生計画案の決議も不要とする同意再生の手続を設けました。ただし、債権調査の手続等を省略することにより再生債務者の債務の総額が確定しないため適切な再生計画の作成・遂行という点で不十分となる可能性があることや、再生債権者の権利に失効効が付与されないことから、簡易再生や同意再生を利用するに当たっては、再生債権者の利益に十分に配慮する必要があります（一問一答民再268頁）。

　同意再生は、債務者が私的整理で再生を図ろうとしたものの債権者から手続の透明性を求められたとき、簡易再生の手続を進めていたがその過程で全再生債権者の同意が得られたとき、債権者が少なく全員が債務者の再生計画案に同意しているときなどに利用されます（破産・民事再生の実務〔民事再生・個人再生編〕344頁）。

　簡易再生と同意再生の主たる違いは、簡易再生では届出再生債権者の総債権額の5分の3以上の同意が求められる一方で、同意再生では届出再生債権者全員の同意が求められる点、また、同意再生では再生計画案を決議に付する必要がない点にあります。

2　簡易再生の概要

(1)　簡易再生の申立てができる場合

　簡易再生の申立ては、届出再生債権者の総債権額について裁判所が評価した額の5分の3以上に当たる債権を有する届出再生債権者が、書面により、再生計画案に同意するとともに、再生債権の調査および確定の手続を省略することに同意している場合に、再生債務者等が裁判所に対して行います。申立てができる期間は、再生

債権の届出期間の経過後、再生債権の一般調査期間の経過前に限られます（民再211Ⅰ）。

(2) 裁判所による簡易再生の決定

適法な簡易再生の申立てがあったときは、裁判所は、簡易再生の決定をすることになります（民再211Ⅰ）。ただし、再生計画不認可の事由（民再174Ⅱ各号。3号を除く）があるときは、申立てを却下します（民再211Ⅲ）。簡易再生の決定があった場合には、債権の調査期間に関する決定は効力を失います（民再212Ⅰ）。裁判所は、簡易再生の決定と同時に再生計画案を債権者集会での決議に付する旨の決定をしますが（同項Ⅱ）、財産状況報告集会における再生債務者等による報告または民再法125条1項の報告書が提出された後でなければ、再生計画案を決議に付することはできません（民再214Ⅱ）。

(3) 再生計画案の可決要件

再生計画案の可決要件は、通常の再生手続と同様です。簡易再生の申立てに当たって再生計画案に同意した届出再生債権者が債権者集会に出席しなかった場合には、債権者集会に出席して再生計画案について同意したものとみなされます（民再214Ⅲ）。

(4) 再生計画認可決定の確定

再生計画認可の決定が確定したときは、すべての再生債権者の権利（届出のない約定劣後再生債権および再生手続開始前の罰金等は除く）は、権利変更の一般的基準に従って変更されることになります（民再215Ⅰ）。

3 同意再生の概要

(1) 同意再生の申立てができる場合

同意再生の申立ては、すべての届出再生債権者が書面により、再生債務者等が提出した再生計画案に同意するとともに、再生債権の調査および確定の手続を省略することに同意している場合に再生債務者等が裁判所に対して行います。申立てができる期間は、再生債権の届出期間の経過後、再生債権の一般調査期間の経過前に限られています（民再217Ⅰ）。すべての再生債権者の同意が必要なことのほかは、簡易再生の要件と同じです。

(2) 裁判所による同意再生の決定

簡易再生の場合と同様、裁判所は、財産状況報告集会における再生債務者等による報告または民再法125条1項の報告書が提出された後でなければ、同意再生の決定をすることができません（民再217Ⅱ）。再生計画不認可の事由（民再174Ⅱ各号。3号を除く）があるときは、申立てを却下することになります（民再217Ⅲ）。

(3) 同意再生の決定の確定の効果

同意再生の決定があった場合、債権の調査期間に関する決定は効力を失います（民再217Ⅵ・212Ⅰ）。同意再生の決定が確定したときは、再生計画案について、再生計画認可の決定が確定したものとみなされます（民再219Ⅰ）。再生計画認可の決定の確定により、すべての再生債権者の権利（ただし、届出のない約定劣後再生債権および再生手続開始前の罰金等は除く）は、権利変更の一般的基準に従って変更されることに

なります（同条Ⅱ・215Ⅰ）。

第1節　簡易再生

> **（簡易再生の決定）**
> **第211条**　裁判所は、債権届出期間の経過後一般調査期間の開始前において、再生債務者等の申立てがあったときは、簡易再生の決定（再生債権の調査及び確定の手続を経ない旨の決定をいう。以下同じ。）をする。この場合において、再生債務者等の申立ては、届出再生債権者の総債権について裁判所が評価した額の5分の3以上に当たる債権を有する届出再生債権者が、書面により、再生債務者等が提出した再生計画案について同意し、かつ、第4章第3節に定める再生債権の調査及び確定の手続を経ないことについて同意している場合に限り、することができる。
> 2　前項の申立てをする場合には、再生債務者等は、労働組合等にその旨を通知しなければならない。
> 3　裁判所は、第1項の申立てがあった場合において、同項後段の再生計画案について第174条第2項各号（第3号を除く。）のいずれかに該当する事由があると認めるときは、当該申立てを却下しなければならない。
> 4　第1項後段の再生計画案が住宅資金特別条項を定めたものである場合における同項後段及び前項の規定の適用については、第1項後段中「届出再生債権者の総債権」とあるのは「届出再生債権者の債権（第198条第1項に規定する住宅資金貸付債権又は保証会社の住宅資金貸付債権に係る債務の保証に基づく求償権で、届出があったものを除く。）の全部」と、「債権を有する届出再生債権者」とあるのは「当該債権を有する届出再生債権者」と、前項中「第174条第2項各号（第3号を除く。）」とあるのは「第202条第2項各号（第4号を除く。）」とする。

> **基本事項**

本条は、簡易再生の申立ておよび決定の要件を定めています。簡易再生とは、一定数の債権者の同意を要件として、再生債権の調査・確定の手続を経ることなく、簡易かつ迅速に進行する再生手続の一態様です。本条は、簡易再生の申立ておよび決定の要件、ならびにその付随手続について定めています。

1　申立ての要件
(1)　申立権者
申立権者は再生債務者等（民再2②）であり（本条Ⅰ前段）、再生債権者は含まれません。紛争を早期に解決することへの再生債務者等の期待を保護する趣旨です。

(2)　申立ての時期
申立ての期間は債権届出期間の経過後一般調査期間の開始前までです（本条Ⅰ前段）。同意算定の基礎となる母数を確定する必要がある一方、債権調査手続が開始された場合の通常の再生手続に対する債権者の期待を保護する趣旨です。

(3) 要件

申立ては、①届出再生債権者の総債権について裁判所が評価した額（民再114参照）の5分の3以上に当たる債権を有する届出債権者が、書面により、ⅰ再生債務者等が提出した再生計画案について同意し、かつ、ⅱ再生債権の調査および確定の手続を経ないことについての同意している場合に限りすることができます（本条Ⅰ後段）。また、②労働組合等（民再24条の2参照）に対し、簡易再生の申立てをすることについて通知をする必要があります（本条Ⅱ）。

2 簡易再生の決定

裁判所は、再生債務者等が提出した再生計画案について、民再法174条2項各号（3号を除く）のいずれかに該当する事由があると認めるときは、簡易再生の申立てを却下しなければなりません（本条Ⅲ）。

3 住宅資金特別条項を定めた再生計画案の特則

再生計画案に住宅資金特別条項（民再196④）が含まれている場合には、届出債権額の総額から、民再法198条1項に規定する住宅資金貸付債権または保証会社の住宅資金貸付債権に係る債権の保証に基づく求償権で届出があった債権を除いた債権額について、裁判所が評価した額の5分の3以上に当たる債権を有する届出債権者が、同意していなければなりません（本条Ⅳ）。なお、裁判所は、住宅資金特別条項が含まれている再生計画案について、同法202条2項各号（4号を除く）のいずれかに該当する事由があると認めるときは、簡易再生の申立てを却下することになります（本条Ⅳ）。

文献 条解民再1099頁［腰塚和男］、新注釈民再（下）344頁［多比羅誠＝三枝知央］、伊藤1077頁、倒産法概説465頁［笠井正俊］、山本163頁、破産・民事再生の実務〔民事再生・個人再生編〕344頁、一問一答民再272頁

（簡易再生の決定の効力等）

第212条 簡易再生の決定があった場合には、一般調査期間に関する決定は、その効力を失う。

2　裁判所は、簡易再生の決定と同時に、議決権行使の方法としての第169条第2項第1号に掲げる方法及び第172条第2項（同条第3項において準用する場合を含む。）の規定により議決権の不統一行使をする場合における裁判所に対する通知の期限を定めて、前条第1項後段の再生計画案を決議に付する旨の決定をしなければならない。

3　簡易再生の決定があった場合には、その主文、前条第1項後段の再生計画案について決議をするための債権者集会の期日、前項に規定する期限及び当該再生計画案を公告するとともに、これらの事項を第115条第1項本文に規定する者に通知しなければならない。この場合においては、当該債権者集会の期日を労働組合等に通知しなければならない。

4　前項の債権者集会については、第115条第1項から第4項までの規定は適用しない。

5　簡易再生の決定があった場合における第172条第2項（同条第3項において準

用する場合を含む。）の規定の適用については、同条第2項中「第169条第2項前段」とあるのは、「第212条第2項」とする。

基本事項
本条は、簡易再生の決定の効力、再生計画案の付議決定、債権者集会の期日および再生計画案の公告・通知、労働組合等への通知などを定めています。

1 簡易再生決定の効力
簡易再生の決定があった場合、一般調査期間に関する決定（民再34Ⅰ）は、効力を失います（本条Ⅰ）。

2 再生計画案の付議決定
裁判所は簡易再生の決定と同時に、①民再法169条2項1号の債権者集会において議決権を行使する方法および②同法172条2項の規定による議決権の不統一行使をする場合の裁判所に対する通知の期限を定めて、再生計画案を決議に付する旨の決定をします（本条Ⅱ）。なお、通常の再生手続においては、債権者集会における決議のほか、書面等投票による方法（民再169Ⅱ②）、両者を併用する方法（同項③）を選択することが可能です。しかし、債権の調査・確定手続が行われない簡易再生においては、議決権の額について利害関係人の意思を反映させるため、再生債務者等または届出再生債権者に、債権者集会の期日において議決権の額について異議を述べる機会を保障する必要があるといえます。そこで、債権者集会による決議の方法のみを認めています。

3 公告・通知
簡易再生の決定があった場合には、その主文、再生計画案について決議をするための債権者集会の期日、議決権を不統一行使する場合の裁判所に対する通知の期限、および再生計画案を公告します（本条Ⅲ前段）。また、公告した事項を再生債務者、管財人、届出再生債権者および再生のために債務を負担し、または担保を提供する者（民再法115条1項に規定する者）に通知しなければなりません（本条Ⅲ前段）。この場合においては、債権者集会の期日を労働組合等に通知しなければなりません（同項後段）。そのため、債権者集会の期日の呼出し等に関する規定（民再115Ⅰ-Ⅳ）は適用されません（本条Ⅳ）。

文献 条解民再1106頁［腰塚和男］、新注釈民再（下）350頁［多比羅誠＝三枝知央］、伊藤1079頁、倒産法概説466頁［笠井正俊］、山本163頁、破産・民事再生の実務［民事再生・個人再生編］344頁、一問一答民再275頁・278頁

（即時抗告等）
第213条 第211条第1項の申立てについての裁判に対しては、即時抗告をすることができる。
2 前項の即時抗告は、執行停止の効力を有しない。
3 簡易再生の決定を取り消す決定が確定した場合には、簡易再生の決定をした裁判所は、遅滞なく、一般調査期間を定めなければならない。

4 　第102条第3項から第5項までの規定は、前項の一般調査期間を定める決定の送達について準用する。
5 　簡易再生の決定が確定した場合には、第40条第1項（同条第3項において準用する場合を含む。）の規定により中断した手続は、再生債務者等においてこれを受け継がなければならない。この場合においては、受継の申立ては、相手方もすることができる。

基本事項

本条は、簡易再生の申立てに対し裁判所がした決定に不服がある場合の即時抗告、簡易再生の決定の取消しが確定した場合の一般調査期間の指定、簡易再生の決定が確定した場合の中断、訴訟の承継について定めています。

1　即時抗告

申立権者は、簡易再生の申立てに対して裁判所がした決定に利害関係を有する者です（民再9前段）。本条による即時抗告には執行停止の効力はありません（本条Ⅱ）。

2　簡易再生の取消し

簡易再生の決定があった場合には、その決定の確定を待たずに、一般調査期間に関する決定は、その効力を失います（民再212Ⅰ）。そこで、簡易再生の決定を取り消す決定が確定したときは、裁判所は遅滞なく一般調査期間を定めなければなりません（本条Ⅲ）。

この場合、一般調査期間を定める決定は、再生債務者、管財人および届出再生債権者に送達されます（本条Ⅳ・102Ⅲ－Ⅴ）。

3　中断中の訴訟の受継

再生手続開始決定があると、再生債務者の財産関係の訴訟手続のうち、再生債権に関するもの（行政庁に係属中のものを含む）は民再法40条1項により中断しますが、簡易再生の決定が確定した場合には、再生債務者等においてこれを受け継がなければなりません。簡易再生の決定が確定し、債権調査・確定手続が行われないことも確定した場合には訴訟を中断させておく必要がないからです。なお、この場合には、相手方も受継申立てをすることができます（本条Ⅴ）。

文献　条解民再1110頁［腰塚和男］、新注釈民再（下）353頁［多比羅誠＝三枝知央］、伊藤1079頁、倒産法概説466頁［笠井正俊］、山本163頁、破産・民事再生の実務〔民事再生・個人再生編〕344頁、一問一答民再275頁

（債権者集会の特則）
第214条　第212条第3項に規定する債権者集会においては、第211条第1項後段の再生計画案のみを、決議に付することができる。
2 　裁判所は、財産状況報告集会における再生債務者等による報告又は第125条第1項の報告書の提出がされた後でなければ、前項の再生計画案を決議に付することができない。
3 　第1項の債権者集会に出席しなかった届出再生債権者が第211条第1項後段に

規定する同意をしている場合には、第172条の3第1項及び第6項の規定の適用については、当該届出再生債権者は、当該債権者集会に出席して再生計画案について同意したものとみなす。ただし、当該届出再生債権者が、第1項の債権者集会の開始前に、裁判所に対し、第211条第1項後段に規定する同意を撤回する旨を記載した書面を提出したときは、この限りでない。

基本事項

本条は、簡易再生手続による再生計画案決議のための債権者集会について、決議の対象となる再生計画案、決議の時期、可決要件等に関する債権者集会の特則を定めています。

1 決議の対象となる再生計画案

簡易再生手続における決議のための債権者集会においては、再生債務者等が提出し総債権について裁判所が評価した額の5分の3以上の届出再生債権者が同意した再生計画案のみを決議に付することができます（本条Ⅰ）。他の再生計画案を決議に付することは、自らが同意した再生計画案に基づいて、簡易・迅速な手続がなされるものと期待していた再生債権者の意図に反することになるからです。

2 決議の時期

裁判所は、財産状況報告集会における再生債務者等による報告または民再法125条1項の報告書の提出がされた後でなければ、再生計画案を決議に付することができません（本条Ⅱ）。再生債権者に対して再生債務者の財産状況等に関する適切な情報が開示された上で、議決権の行使がされる必要があるからです。

3 可決要件の特則

簡易再生手続においては、債権者集会に出席しなかった届出再生債権者が簡易再生に関する同意（民再211Ⅰ）をしている場合には、可決要件（民再172条の3Ⅰ）の算定に当たり、当該届出再生債権者は、当該債権者集会に出席し、かつ、再生計画案について同意したものとみなされます（本条Ⅲ）。ただし、当該届出再生債権者が、債権者集会の開始前に、裁判所に対し、当該同意を撤回する旨を記載した書面を提出したときは、みなし規定は適用されません（同項ただし書）。

> **文献** 条解民再1111頁［腰塚和男］、新注釈民再（下）356頁［多比羅誠＝三枝知央］、伊藤1080頁、倒産法概説467頁［笠井正俊］、山本163頁、破産・民事再生の実務〔民事再生・個人再生編〕344頁、一問一答民再275頁

（再生計画の効力等の特則）
第215条 簡易再生の決定があった場合において、再生計画認可の決定が確定したときは、すべての再生債権者の権利（約定劣後再生債権の届出がない場合における約定劣後再生債権及び再生手続開始前の罰金等を除く。）は、第156条の一般的基準に従い、変更される。
2 前項に規定する場合における第182条、第189条第3項及び第206条第1項の規定の適用については、第182条中「認可された再生計画の定めによって認めら

れた権利又は前条第1項の規定により変更された後の権利」とあり、並びに第189条第3項及び第206条第1項中「再生計画の定めによって認められた権利」とあるのは、「第215条第1項の規定により変更された後の権利」とする。
3 第1項に規定する場合において、約定劣後再生債権の届出がないときは、再生債務者は、約定劣後再生債権について、その責任を免れる。
4 第1項の規定にかかわらず、共助対象外国租税の請求権についての同項の規定による権利の変更の効力は、租税条約等実施特例法第11条第1項の規定による共助との関係においてのみ主張することができる。

基本事項

本条は、簡易再生手続によって認可された再生計画の効力等について定めています。

1 簡易再生における再生計画の効力

通常の再生手続においては、届出をせず、認否書にも記載されなかった再生債権は、原則として失権します（民再178・179・181）。これに対し、簡易再生においては、再生計画の認可決定が確定したときは、約定劣後再生債権の届出がない場合における約定劣後再生債権および再生手続開始前の罰金等を除くすべての再生債権は、権利の変更の民再法156条の一般的基準に従い変更されます（本条Ⅰ）。

このように通常再生と簡易再生とで失権効について差異を設けたのは、簡易再生では再生債権の調査・確定手続を経ないことから、債権者の権利に重大な制約を課すこととなる免責の効力を付与することは、知れていない再生債権者に酷であり妥当ではないといえるためです。

なお、再生手続開始前の罰金等の請求権（民再97）は、再生計画の効力を受けず、失権しません（民再178ただし書・本条Ⅰ）。また、届出がない場合における約定劣後再生債権にも、再生計画の効力は及ばず（同項）、再生債務者はその責任を免れます（本条Ⅲ）。

2 その他の特則

簡易再生には、再生債権の調査・確定手続がないことから、別除権者の再生計画による権利行使の規定（民再182）、再生計画の取消しの規定（民再189Ⅲ）、住宅資金特別条項を定めた再生計画の取消しの規定（民再206Ⅰ）に関し、確定額を前提とした規定を「第215条第1項の規定により変更された後の権利」と読み替えています（本条Ⅱ）。

文献 条解民再1113頁［腰塚和男］、新注釈民再（下）359頁［多比羅誠＝三枝知央］、伊藤1081頁、倒産法概説467頁［笠井正俊］、山本163頁、破産・民事再生の実務〔民事再生・個人再生編〕344頁、一問一答民再281頁

（再生債権の調査及び確定に関する規定等の適用除外等）
第216条 簡易再生の決定があった場合には、第67条第4項、第4章第3節、第157条、第159条、第164条第2項後段、第169条、第171条、第178条から

180条まで、第181条第1項及び第2項、第185条（第189条第8項、第190条第2項及び第195条第7項において準用する場合を含む。）、第186条第3項及び第4項、第187条、第200条第2項及び第4項並びに第205条第2項の規定は、適用しない。
2　簡易再生の決定があった場合における第67条第3項の規定の適用については、同項中「訴訟手続のうち再生債権に関しないもの」とあるのは、「訴訟手続」とする。

基本事項

　本条は、簡易再生の決定があった場合には適用されない、あるいは読替えとなる通常再生手続の規定を以下のとおり列挙しています。簡易再生では再生債権の調査・確定手続を経ないことに伴い、再生債権者表への記載が確定判決と同一の効力を有するとする民再法180条の規定を始め、主として、再生債権の調査・確定手続に関する諸規定およびこれらを前提とした諸規定が適用除外とされています。また、それぞれの再生債権者間の異議の機会を保障するため、再生計画案に対する議決権の行使方法として書面等投票を排除したことにより、書面等投票を前提とした諸規定も適用除外や読替えの対象となっています。

- 民再法67条4項（管理命令により中断した再生債権に関する訴訟手続の受継の規定）の適用除外と同条3項（管理命令により中断した再生債権に関しない訴訟手続の受継の規定）の読替え
- 民再法第4章第3節（再生債権の調査および確定の規定）（民再99－113）
- 民再法157条（届出再生債権者等の権利に関する定め）
- 民再法159条（未確定の再生債権に関する定め）
- 民再法164条2項後段（事前提出された再生計画案の条項の補充）
- 民再法169条（決議に付する旨の決定）
- 民再法171条（債権者集会が開催されない場合における議決権の額の定め方等）
- 民再法178条・179条（再生債権の免責および届出再生債権者等の権利の変更）
- 民再法180条（再生計画の条項の再生債権者表への記載等）
- 民再法181条1項・2項（届出のない再生債権等の取扱い）
- 民再法185条（不認可決定が確定した場合の再生債権者表の記載の効力）（民再189条8項・190条2項・195条7項）
- 民再法186条3項・4項（再生計画遂行のための担保提供命令）
- 民再法187条（再生計画の変更）
- 民再法200条2項・4項（住宅資金貸付債権に係る債権調査の特則）
- 民再法205条2項（住宅資金貸付債権の権利変更）

　文　献　条解民再1115頁［腰塚和男］、新注釈民再（下）362頁［多比羅誠＝三枝知央］、伊藤1081頁、倒産法概説467頁［笠井正俊］、山本163頁、破産・民事再生の実務［民事再生・個人再生編］344頁

第2節　同意再生

> **（同意再生の決定）**
> **第217条**　裁判所は、債権届出期間の経過後一般調査期間の開始前において、再生債務者等の申立てがあったときは、同意再生の決定（再生債権の調査及び確定の手続並びに再生債務者等が提出した再生計画案の決議を経ない旨の決定をいう。以下同じ。）をする。この場合において、再生債務者等の申立ては、すべての届出再生債権者が、書面により、再生債務者等が提出した再生計画案について同意し、かつ、第4章第3節に定める再生債権の調査及び確定の手続を経ないことについて同意している場合に限り、することができる。
> 2　裁判所は、財産状況報告集会における再生債務者等による報告又は第125条第1項の報告書の提出がされた後でなければ、同意再生の決定をすることができない。
> 3　裁判所は、第1項の申立てがあった場合において、同項後段の再生計画案について第174条第2項各号（第3号を除く。）のいずれかに該当する事由があると認めるときは、当該申立てを却下しなければならない。
> 4　同意再生の決定があった場合には、その主文、理由の要旨及び第1項後段の再生計画案を公告するとともに、これらの事項を第115条第1項本文に規定する者に通知しなければならない。
> 5　第1項後段の再生計画案が住宅資金特別条項を定めたものである場合における同項後段、第3項及び前項の規定の適用については、第1項後段中「届出再生債権者」とあるのは「届出再生債権者（第198条第1項に規定する住宅資金貸付債権を有する再生債権者であって当該住宅資金貸付債権以外に再生債権を有しないもの及び保証会社であって住宅資金貸付債権に係る債務の保証に基づく求償権以外に再生債権を有しないものを除く。）」と、第3項中「第174条第2項各号（第3号を除く。）」とあるのは「第202条第2項各号（第4号を除く。）」と、前項中「第115条第1項本文に規定する者」とあるのは「第115条第1項本文に規定する者及び住宅資金特別条項によって権利の変更を受けることとされている者で再生債権の届出をしていないもの」とする。
> 6　第174条第3項及び第211条第2項の規定は第1項の申立てについて、第174条第5項及び第212条第1項の規定は同意再生の決定があった場合について、第202条第3項の規定は第1項後段の再生計画案が住宅資金特別条項を定めたものである場合における同意再生の決定に関する意見について準用する。

基本事項

　同意再生とは、すべての届出再生債権者の同意によって、再生債権の調査・確定手続のみならず再生計画案の決議も不要とされる、簡易かつ迅速に進行する再生手続の一態様です。本条は、同意再生申立ておよび決定の要件ならびにその付随手続について定めています。

1 同意再生の申立て

(1) 申立権者
申立権者は再生債務者等（民再2②）であり（本条Ⅰ前段）、再生債権者は含まれません（民再211Ⅰ参照）。再生債務者等が通常の再生手続を通じて実体的な権利関係の確定を望んでいる場合に、その意思に反し、同意再生手続によって実体的な権利関係の確定を排除することは相当ではないと考えられることによります。

(2) 申立ての時期
申立ての時期は債権届出期間の経過後一般調査期間の開始前までです（本条Ⅰ・211Ⅰ参照）。

(3) 通知・意見陳述
再生債務者等は同意再生の申立てをする場合には、労働組合等に通知しなければなりません（本条Ⅵ前段・211Ⅱ）。通常の再生手続における債権者集会期日に呼び出すべき者（再生債務者、管財人、届出再生債権者および再生のために債務を負担し、または担保を提供する者。民再115Ⅰ本文）および労働組合等は、同意再生の申立てについて、意見を述べることができます（本条Ⅵ前段・174Ⅲ）。

(4) 届出再生債権者の同意
同意再生の要件として、すべての届出再生債権者が、書面により、再生債務者等の提出した再生計画案について同意し、かつ、再生債権の調査および確定の手続を経ないことについて同意していることが必要です（本条Ⅰ）。

2 同意再生の決定

同意再生の決定とは、再生債権の調査および確定の手続ならびに再生債務者等の提出した再生計画案の決議を経ない旨の裁判所の決定をいいます（本条Ⅰ）。

(1) 決定の時期
裁判所は、債権届出期間経過後一般調査期間の開始前、しかも財産状況報告集会における再生債務者等による報告または民再法125条1項の報告書の提出の後でなければ同意再生の決定ができません（本条Ⅱ）。同意再生の決定は実質的に再生計画認可の決定に相当するといえるため（民再219Ⅰ）、再生計画案を決議に付する前提となる情報である財産状況等に関する情報が再生債権者に対して適切に開示される必要があるからです（民再214Ⅱ参照）。

(2) 却下事由
再生債務者等が提出した再生計画案について、民再法174条2項各号（3号を除く）の通常の再生手続の不認可事由があるとき、裁判所は同意再生申立てを却下することになります（本条Ⅲ）。

(3) 同意再生の決定の公告および送達
同意再生の決定があったときは、主文、理由の要旨および再生計画案を公告するとともに、これらの事項を、通常の再生手続において債権者集会期日に呼び出すべき者（民再法115条1項本文に定める再生債務者、管財人、届出再生債権者および再生のために債務を負担し、または担保を提供する者）に通知しなければなりません（本条Ⅳ）。また、労働組合等にも通知しなければなりません（本条Ⅵ中段・174Ⅴ）。

(4) 同意再生の決定の効力

　同意再生の決定があれば債権調査および確定の手続を行わないことになりますので、一般調査期間に関する決定は効力を失います（本条Ⅵ中段・212Ⅰ）。

3　住宅資金特別条項

　再生計画案が住宅資金特別条項（民再196④）を定めたものである場合について、本条5項は本条1項後段・3項・4項の適用関係を明確にし、本条6項後段は住宅資金特別条項によって権利の変更を受けるとされている者の意見聴取の規定（民再202Ⅲ）を準用しています。

　文　献　条解民再1118頁〔才口千晴＝山本和彦〕、新注釈民再（下）372頁〔多比羅誠＝清水祐介〕、伊藤1083頁、倒産法概説468頁〔笠井正俊〕、山本164頁、破産・民事再生の実務〔民事再生・個人再生編〕347頁、一問一答民再282頁・284頁

（即時抗告）
第218条　前条第1項の申立てについての裁判に対しては、即時抗告をすることができる。
2　前項の即時抗告は、執行停止の効力を有しない。
3　第175条第2項及び第3項の規定は第1項の即時抗告並びにこれについての決定に対する第18条において準用する民事訴訟法第336条の規定による抗告及び同法第337条の規定による抗告の許可の申立てについて、第213条第3項の規定は同意再生の決定を取り消す決定が確定した場合について、第102条第3項から第5項までの規定はこの項において準用する第213条第3項の一般調査期間を定める決定の送達について準用する。

基本事項

　本条は、同意再生についての裁判に対して利害関係を有する者の不服申立ての手続や効力を定めています。

1　即時抗告

　同意再生についての裁判、すなわち、同意再生の決定および同意再生の申立てを却下する決定に対しては、即時抗告をすることができます（本条Ⅰ）。

2　即時抗告権者

　即時抗告権者は即時抗告の対象となった裁判につき利害関係を有する者（民再9前段）であり、同意再生の申立てに関する決定が実質的には再生計画の認可または不認可に関する決定と同視できるものであることから、再生計画の認可または不認可決定に対する即時抗告権者と同様であると解されています（条解民再1128頁〔才口千晴＝山本和彦〕）。

　ただし、濫用的な即時抗告の申立てを防止する趣旨から、議決権を有しない再生債権者が即時抗告をするには再生債権者であることの疎明が必要とされています（本条Ⅲ前段・175Ⅲ）。また、約定劣後再生債権者は、再生債務者が再生手続開始時にその財産をもって約定劣後再生債権に優先する債権を完済できない状態にある場

合には、約定劣後再生債権者相互間での民再法155条1項の平等原則違反を理由とする場合を除いて、同意再生決定に対して即時抗告をすることはできません（本条Ⅲ前段・175Ⅱ）。

3 即時抗告の効力
同意再生に対する即時抗告は執行停止の効力を有しません（本条Ⅱ）。

4 同意再生決定の取消し
同意再生の決定を取り消す決定が確定した場合、裁判所は遅滞なく一般調査期間を定めることになります（本条Ⅲ中段・213Ⅲ）。一般調査期間を定める決定は、再生債務者、管財人および届出再生債権者に送達されます（本条Ⅲ後段・102Ⅲ－Ⅴ）。

文献 条解民再1127頁［才口千晴＝山本和彦］、新注釈民再（下）379頁［多比羅誠＝清水祐介］、伊藤1084頁、倒産法概説468頁［笠井正俊］、山本164頁、破産・民事再生の実務〔民事再生・個人再生編〕347頁

（同意再生の決定が確定した場合の効力）
第219条 同意再生の決定が確定したときは、第217条第1項後段の再生計画案について、再生計画認可の決定が確定したものとみなす。
2　第173条、第213条第5項及び第215条の規定は、同意再生の決定が確定した場合について準用する。

基本事項

本条は、同意再生の決定が確定したときの効力を定めています。

1 再生計画認可決定の擬制
同意再生の決定が確定したときは、再生債務者等が提出し、届出再生債権者全員が同意した再生計画案について、再生計画認可決定が確定したものとみなされます（本条Ⅰ）。

2 同意再生の決定が確定した場合に準用される特則
清算中もしくは特別清算中の法人または破産手続開始後の法人について、同意再生の決定が確定した場合は、社団法人にあっては定款変更の規定に従い、財団法人にあっては主務官庁の認可を得て、法人の継続をすることができます（本条Ⅱ・173）。

同意再生の決定が確定した場合、再生手続開始決定により中断した再生債権に関する訴訟手続については、再生債務者等が受け継がなければなりません。受継の申立ては、相手方もすることができます（本条Ⅱ・213Ⅴ参照）。

同意再生の決定が確定したときは、すべての再生債権者の権利は、簡易再生の場合における再生計画認可決定と同様、権利の変更の一般的基準（民再156）に従って変更されることになります（本条Ⅱ・215Ⅰ参照）。

ただし、同意再生では再生債権の調査・確定手続を経ないことから、債権者の権利に重大な制約を及ぼす免責の効力が制限され、①約定劣後再生債権の失権は届出がない場合に限られ（本条Ⅱ・215Ⅲ）、②再生手続開始前の罰金等は権利変更されま

せん（同項・215Ⅰ）。

文 献 条解民再1129頁［才口千晴＝山本和彦］、新注釈民再（下）382頁［多比羅誠＝清水祐介］、伊藤1085頁、倒産法概説468頁［笠井正俊］、山本164頁、破産・民事再生の実務〔民事再生・個人再生編〕347頁、一問一答民再284頁

（再生債権の調査及び確定に関する規定等の適用除外）
第 220 条 同意再生の決定があった場合には、第67条第4項、第4章第3節、第157条、第159条、第164条第2項後段、第7章第3節、第174条、第175条、第178条から第180条まで、第181条第1項及び第2項、第185条（第189条第8項、第190条第2項及び第195条第7項において準用する場合を含む。）、第186条第3項及び第4項、第187条、第200条第2項及び第4項並びに第205条第2項の規定は、適用しない。
2 同意再生の決定があった場合における第67条第3項の規定の適用については、同項中「訴訟手続のうち再生債権に関しないもの」とあるのは、「訴訟手続」とする。

基本事項
　本条は、同意再生の決定があった場合に、適用されない、あるいは読替えとされる通常再生手続の規定を以下の通り列挙しています。同意再生では再生債権の調査・確定手続を経ないことに伴い、再生債権者表への記載が確定判決と同一の効力を有するとする民再法180条の規定をはじめ、再生債権の調査・確定手続に関する諸規定およびこれらを前提とした諸規定が適用除外とされています。また、同意再生では再生計画案の決議のための手続も経ないことに伴い、再生計画案の決議を前提とした諸規定およびこれらを前提とした諸規定も適用除外や読替えの対象となっています。

・　民再法67条4項（管理命令により中断した再生債権に関する訴訟手続の受継の規定）の適用除外と同条3項（管理命令により中断した再生債権に関しない訴訟手続の受継の規定）の読替え
・　民再法第4章第3節（再生債権の調査および確定）（民再99－113）（適用除外。以下同じ）
・　民再法157条（届出再生債権者等の権利に関する定め）
・　民再法159条（未確定の再生債権に関する定め）
・　民再法164条2項後段（事前提出された再生計画案の条項の補充）
・　民再法第7章第3節（再生計画案の決議）
・　民再法174条・175条（再生計画の認可または不認可決定およびこれに対する即時抗告）
・　民再法178条・179条（再生債権の免責および届出再生債権者等の権利の変更）
・　民再法180条（再生計画の条項の再生債権者表への記載等）
・　民再法181条1項・2項（届出のない再生債権等の取扱い）
・　民再法185条（不認可の決定が確定した場合の再生債権者表の記載の効力）（民再189条8項・190条2項・195条7項）

- 民再法 186 条 3 項・4 項（再生計画の遂行のための担保提供命令）
- 民再法 187 条（再生計画の変更）
- 民再法 200 条 2 項・4 項（住宅資金貸付債権に係る債権調査の特則）
- 民再法 205 条 2 項（住宅資金貸付債権の権利変更）

文　献　条解民再 1130 頁［才口千晴＝山本和彦］、新注釈民再（下）383 頁［多比羅誠＝清水祐介］、伊藤 1086 頁、倒産法概説 468 頁［笠井正俊］、山本 164 頁、破産・民事再生の実務〔民事再生・個人再生編〕347 頁

第13章 小規模個人再生及び給与所得者等再生に関する特則

前 注

1 個人再生手続総論

　民再法第13章は、個人再生手続について定めています。通常の再生手続は、手続の対象を限定しておらず、法人、個人ともに手続の対象としています。しかし、個人にとっては、通常の再生手続は複雑な手続であり、相当な時間と費用がかかることもあり、債権者数や負債額などが小規模な個人債務者が通常の再生手続を利用することは必ずしも合理的ではありません。そこで、個人債務者が利用しやすい、より簡易・迅速な再生手続を実現するため、通常の再生手続の特則手続として制定された手続が、個人再生手続です。

2 個人再生手続の類型

(1) 小規模個人再生手続

　小規模個人再生手続は、「将来において継続的に又は反復して収入を得る見込み」がある者（民再221Ⅰ）が利用できる簡易・迅速な個人再生手続です。

　個人再生手続も再生手続である以上、再生債務者が収入を得て、それを原資として再生債権者に弁済をしていくことが必要とされます。

(2) 給与所得者等再生手続

　給与所得者等再生手続は、小規模個人再生手続の対象要件に加え、「給与又はこれに類する定期的な収入を得る見込み」がある者が利用できる個人再生手続で、小規模個人再生手続よりもさらに簡易な手続です。

　この要件を満たす者は、将来の収入額が確実かつ容易に把握できることから、小規模個人再生手続の要件しか満たさない場合と比較して、弁済原資に充当可能な可処分所得を具体的に算出することができるといえます。そのため、債権者の同意を要件としない簡易な手続が実現可能となります。

(3) 小規模個人再生手続と給与所得者等再生手続の違い

　両者は、定期的な収入等を要件とするか否か、再生計画案についての決議の要否、計画認可要件としての可処分所得要件の有無の点で異なるものの、その他の手続は基本的には同様です。

3 手続選択

　給与所得者等再生手続の要件を充足する再生債務者は、通常の再生手続あるいは小規模個人再生手続も利用することができます。

　通常の再生手続と個人再生手続のいずれを利用するかの判断の基準は、主として手続に要する時間や費用の点にあります。なお、個人再生手続では失権制度が規定されていません。そこで、負担している債務の確定を望む再生債務者は通常の再生

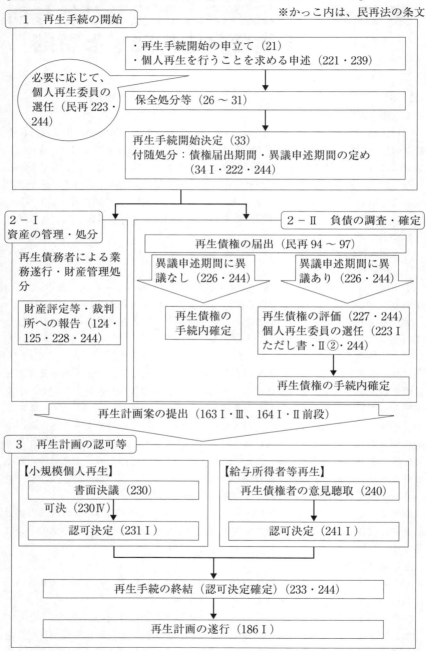

手続を利用する必要があります（条解民再 1141 頁 [中西正] 参照）。

また、小規模個人再生手続と給与所得者等再生手続のいずれを利用するかの判断の基準としては、給与等定期的な収入を得る見込みの有無、3～5年間の生活設計、債権者から同意を得られる見込みの有無等が挙げられます（詳細は、破産・民事再生の実務〔民事再生・個人再生編〕369 頁参照）。

第1節　小規模個人再生

前 注

1　意義

小規模個人再生手続とは、将来継続的にまたは反復して収入を得る見込みがあり、無担保である再生債権の総額が5000万円を超えない個人債務者を対象として、その収入を弁済原資として、再生債権を原則3年（最長5年）で分割弁済することを内容とする再生計画を作成し、残債務を免除する手続です。

2　手続の特徴

民再法は、小規模個人再生手続について、通常の再生手続の特則として、通常の再生手続の規定を多数準用しつつも、個人債務者の経済規模が小規模であることに即した修正を加えて、簡易・迅速な手続の実現を図っています。すなわち、小規模個人再生手続においても、再生手続開始の申立て（小規模個人再生を行うことを求める申述を含む）により開始決定がなされます。また、再生債権者が、資産についてはその管理・処分を、負債については債権調査を行った上、再生計画案の提出・決議・認可を経て、再生計画の履行をするという通常の再生手続の基本構造を踏襲しつつ、他方で、簡易・迅速な手続の実現を図るという制度趣旨から、以下の通り、通常の再生手続を簡略化する修正がされています。

(1)　対象者

対象者は無担保である再生債権の総額が5000万円を超えない個人債務者に限定されます（民再 221 Ⅰ）。これは、再生債権者が多額の免除・権利変更を甘受するには、期間や手続の簡素化された小規模個人再生ではなく、より再生債権者の利益保護に厚い通常再生手続によることが公平と考えられることによります。

(2)　機関

手続を簡素化するため監督委員や調査委員は選任されず、必要に応じ、裁判所の補助機関として個人再生委員が選任されます（民再 223 Ⅰ本文）。もっとも、東京地方裁判所等いくつかの裁判所では、運用として、全件につき個人再生委員を選任しています。

(3)　資産の管理・処分

消費者あるいは小規模事業者が対象となるのが通常であることに鑑み、再生債務者財産の管理のための手続も簡素化するため、貸借対照表の作成を不要とし（民再228）、財産評定後に提出すべき財産目録について、申立書に添付した財産目録を引用することを認めています（民再規128）。また、否認の規定の適用を排除しています（民再 238）。

(4) 債権調査手続

　小規模個人再生手続では、原則として債権の届出は不要としています（みなし届出。民再225）。再生債権の実体的確定はなされず、あくまで手続遂行上必要な事項に限って、小規模個人再生手続内で確定するにとどまります。

(5) 再生計画の認可手続

　再生計画案の決議は、手続の簡素化のため、債権者集会における議決権の行使を排除し、常に書面等投票の方法（民再169Ⅱ②）によることとされています（民再230Ⅲ）。再生計画案の可決要件は、通常の再生計画案の可決要件が一定割合の同意とされている（民再172の3Ⅰ）のとは対照的に、同意を求めるための再生債務者の負担軽減等を考慮し、再生計画案に不同意の再生債権者が、議決権者の総数の2分の1未満、議決権総数の2分の1以下であることとされています（消極的同意。民再230Ⅵ）。

(6) 再生計画の履行監督

　小規模個人再生手続は、再生計画認可決定の確定により当然に終結し（民再233）、通常の再生手続のように監督委員による再生計画の履行監督はなされません。

3　手続利用の現状

　小規模個人再生手続では、再生債権者の書面決議が必要とされているため、再生計画案が否決される例も多いのではないかと思われていましたが、実際には、再生債権者の不同意によって再生計画案が否決された例は少なく、高い認可率が維持されています。そのため、サラリーマン等の安定した収入がある者は給与所得者等再生手続を利用することが見込まれていましたが、大部分の個人債務者が小規模個人再生手続を利用しています。

（手続開始の要件等）
第221条　個人である債務者のうち、将来において継続的に又は反復して収入を得る見込みがあり、かつ、再生債権の総額（住宅資金貸付債権の額、別除権の行使によって弁済を受けることができると見込まれる再生債権の額及び再生手続開始前の罰金等の額を除く。）が5000万円を超えないものは、この節に規定する特則の適用を受ける再生手続（以下「小規模個人再生」という。）を行うことを求めることができる。
2　小規模個人再生を行うことを求める旨の申述は、再生手続開始の申立ての際（債権者が再生手続開始の申立てをした場合にあっては、再生手続開始の決定があるまで）にしなければならない。
3　前項の申述をするには、次に掲げる事項を記載した書面（以下「債権者一覧表」という。）を提出しなければならない。
　一　再生債権者の氏名又は名称並びに各再生債権の額及び原因
　二　別除権者については、その別除権の目的である財産及び別除権の行使によって弁済を受けることができないと見込まれる再生債権の額（以下「担保不足見込額」という。）
　三　住宅資金貸付債権については、その旨

四　住宅資金特別条項を定めた再生計画案を提出する意思があるときは、その旨
　　五　その他最高裁判所規則で定める事項
４　再生債務者は、債権者一覧表に各再生債権についての再生債権の額及び担保不足見込額を記載するに当たっては、当該額の全部又は一部につき異議を述べることがある旨をも記載することができる。
５　第１項に規定する再生債権の総額の算定及び債権者一覧表への再生債権の額の記載に関しては、第87条第１項第１号から第３号までに掲げる再生債権は、当該各号に掲げる債権の区分に従い、それぞれ当該各号に定める金額の債権として取り扱うものとする。
６　再生債務者は、第２項の申述をするときは、当該申述が第１項又は第３項に規定する要件に該当しないことが明らかになった場合においても再生手続の開始を求める意思があるか否かを明らかにしなければならない。ただし、債権者が再生手続開始の申立てをした場合については、この限りでない。
７　裁判所は、第２項の申述が前項本文に規定する要件に該当しないことが明らかであると認めるときは、再生手続開始の決定前に限り、再生事件を通常の再生手続により行う旨の決定をする。ただし、再生債務者が前項本文の規定により再生手続の開始を求める意思がない旨を明らかにしていたときは、裁判所は、再生手続開始の申立てを棄却しなければならない。

基本事項

本条は、通常の再生手続の特則手続である小規模個人再生手続に固有の手続開始要件を定めています。

１　将来において継続的または反復して収入を得る見込みがある者（本条１項）

小規模個人再生手続は、再生債務者の収入を原資として再生債権者への弁済を行う手続です。そのため、再生債務者は、継続的または反復して収入を得て、弁済原資を確保することができる者である必要があります。将来において継続的または反復して収入を得る見込みの有無は、再生債務者の職業等に照らして個別具体的に判断されます（☞ **より深く学ぶ**）。

２　無担保の再生債権の総額が5000万円を超えないものであること（本条１項）

再生債権額が大きい事件を小規模個人再生手続により処理することとなると、債権の免除を強制される債権者の手続保障として不十分となるおそれがあり妥当ではありません。そこで、再生債権額総額に上限を設定し、再生債権額総額が大きい事件は通常の再生手続に振り分け、債権者の手続保障を図っています。再生債権額の判断に当たっては、住宅資金貸付債権の額、別除権の行使によって弁済を受けることができると見込まれる再生債権の額および再生手続開始前の罰金等の額を除いています。これらの債権は、個人再生手続において免除されることはなく、債権者の手続保障を図る必要性が低いためです。

３　申述（本条２項）

小規模個人再生を選択する場合には、小規模個人再生を行うことを求める申述をする必要があります。なお、通常の再生手続から移行することは困難であるため、

再生債務者は再生手続開始の申立ての際（債権者が再生手続開始の申立てをした場合にあっては、再生手続開始の決定があるまで）に申述することとしています。また、小規模個人再生の要件に該当しないことが明らかになった場合に通常の再生手続の開始を求める意思があるか否かを明らかにしなければなりません（本条Ⅵ）。

4 債権者一覧表（本条3項）その他

再生債務者は、小規模個人再生手続の申立てに際して、債権者一覧表を提出する必要があります（本条Ⅲ。債権者一覧表の記載内容については同項1号から5号に記載）。債権者一覧表では異議を述べることがある旨も記載することができます（本条Ⅳ）。

債権者一覧表に条件付債権など民再法87条1項1号から3号に定める債権を記載する際は、再生債権額総額を確定するために、金銭評価した額を記載する必要があります（本条Ⅴ）。その他の添付書類の内容については、本条のほか、民再規則14条・112条が定めています。

より深く学ぶ
将来において継続的または反復して収入を得る見込みの有無　　小規模個人再生の再生計画における債務の期限の猶予については、①弁済期が3か月に1回以上到来する分割払であること（民再229Ⅱ①）、②最終の弁済期が、原則として、再生計画認可決定確定日から3年後（例外として5年後）の日が属する月中であること（同項②）でなければなりません。このことから、将来において継続的または反復して収入を得る見込みがあるといえるためには、3年（例外として5年）にわたって少なくとも3か月に1回の割合で収入を得られることが必要となります。具体的には、年金受給者、農業・漁業に従事する者などで問題となります（条解民再1139頁［中西正］）。

　文　献　条解民再1135頁［中西正］、伊藤1087頁、山本188頁、新注釈民再（下）405頁［鈴木嘉夫］、破産・民事再生の実務〔民事再生・個人再生編〕374頁、個人再生の手引86頁・89頁

（再生手続開始に伴う措置）
第222条　小規模個人再生においては、裁判所は、再生手続開始の決定と同時に、債権届出期間のほか、届出があった再生債権に対して異議を述べることができる期間をも定めなければならない。この場合においては、一般調査期間を定めることを要しない。
2　裁判所は、再生手続開始の決定をしたときは、直ちに、再生手続開始の決定の主文、債権届出期間及び前項に規定する届出があった再生債権に対して異議を述べることができる期間（以下「一般異議申述期間」という。）を公告しなければならない。
3　再生債務者及び知れている再生債権者には、前項に規定する事項を通知しなければならない。
4　知れている再生債権者には、前条第3項各号及び第4項の規定により債権者一覧表に記載された事項を通知しなければならない。
5　第2項及び第3項の規定は、債権届出期間に変更を生じた場合について準用す

る。

> **基本事項**
> 　本条は、小規模個人再生手続の開始決定に伴う同時処分事項を定めたもので、民再法34条、35条等の特則であり、小規模個人再生手続における債権届出期間の定め（本条Ⅰ）、公告（本条Ⅱ）、再生債務者および知れている再生債権者への通知（本条Ⅲ）について規定しています。
> 　**1　債権届出期間**
> 　小規模個人再生手続における債権届出期間は、通常の再生手続における債権届出期間（原則として2週間以上、4か月以下。民再34、民再規18Ⅰ①）よりも短縮し、原則として2週間以上、1か月以下としています（民再規116Ⅱ①）。小規模個人再生手続では、通常の再生手続よりも届出再生債権者が少数になることが予想されるためです。
> 　**2　一般異議申述期間**
> 　一般異議申述期間とは、届出再生債権に対して異議を述べることができる期間をいいます（民再222Ⅰ・Ⅱ）。小規模個人再生手続においては、通常の再生手続とは異なり債権調査手続を行わず、一般異議申述期間の制度を設けています（民再226条）。そのため、債権調査期間を定めることは不要とされています。
> 　一般異議申述期間は、通常の再生手続における一般調査期間（債権届出期間の末日と一般調査期間の初日との間に1週間以上2か月以下の期間をおき、1週間以上3週間以下。民再34、民再規18Ⅰ②）よりも短縮し、債権届出期間の末日と一般異議申述期間の初日との間に2週間以下の期間をおき、1週間以上3週間以下としています（民再規116Ⅱ②）。小規模個人再生手続においては、再生債務者に債権認否書の作成義務が課されていないためです（通常の再生手続につき民再101Ⅰ）。
> 　**3　債権者一覧表記載事項**
> 　小規模個人再生手続では、債権者一覧表に記載されている再生債権者は、債権者一覧表の記載が正しければ債権届出をする必要はありません（民再225）。債権者一覧表の記載が正しいかどうかを確認する機会を与えるために、裁判所は、債権者一覧表に記載された事項を知れている再生債権者に対して通知しなければなりません（本条Ⅳ）。
> 　**文　献**　条解民再1144頁［中西正＝木村真也］、伊藤1091頁、新注釈民再（下）418頁［鈴木嘉夫］

（個人再生委員）
第223条　裁判所は、第221条第2項の申述があった場合において、必要があると認めるときは、利害関係人の申立てにより又は職権で、1人又は数人の個人再生委員を選任することができる。ただし、第227条第1項本文に規定する再生債権の評価の申立てがあったときは、当該申立てを不適法として却下する場合を除き、個人再生委員の選任をしなければならない。
2　裁判所は、前項の規定による決定をする場合には、個人再生委員の職務として、

次に掲げる事項の1又は2以上を指定するものとする。
一 再生債務者の財産及び収入の状況を調査すること。
二 第227条第1項本文に規定する再生債権の評価に関し裁判所を補助すること。
三 再生債務者が適正な再生計画案を作成するために必要な勧告をすること。
3 裁判所は、第1項の規定による決定において、前項第1号に掲げる事項を個人再生委員の職務として指定する場合には、裁判所に対して調査の結果の報告をすべき期間をも定めなければならない。
4 裁判所は、第1項の規定による決定を変更し、又は取り消すことができる。
5 第1項及び前項の規定による決定に対しては、即時抗告をすることができる。
6 前項の即時抗告は、執行停止の効力を有しない。
7 第5項に規定する裁判及び同項の即時抗告についての裁判があった場合には、その裁判書を当事者に送達しなければならない。
8 第2項第1号に掲げる事項を職務として指定された個人再生委員は、再生債務者又はその法定代理人に対し、再生債務者の財産及び収入の状況につき報告を求め、再生債務者の帳簿、書類その他の物件を検査することができる。
9 個人再生委員は、費用の前払及び裁判所が定める報酬を受けることができる。
10 第54条第3項、第57条、第58条、第60条及び第61条第2項から第4項までの規定は、個人再生委員について準用する。

基本事項

1 趣旨

小規模個人再生手続では、通常の再生手続に比べて再生債務者の資産・負債が小規模であり、一般的に監督委員（民再54 I）や調査委員（民再62 I）に期待される役割は必ずしも大きいとはいえません。監督委員や調査委員を選任し、その報酬を共益債権として再生債務者に負担させるには経済的合理性がないことから、小規模個人再生手続では、監督委員および調査委員の制度は適用除外としています（民再238条）。しかし、再生債務者の資産・負債の調査、再生計画の作成を裁判所や再生債務者だけで行うと迅速な事件処理は困難となり手続の趣旨が没却されかねません。そこで、必要に応じて個人再生委員を選任し、迅速かつ適正な手続の実現を図ることとしています。

2 個人再生委員の選任等

裁判所は、必要があると認めるとき、利害関係人の申立てまたは職権により個人再生委員を選任します（本条I本文）［☞ **より深く学ぶ** ］。

もっとも、再生債権の評価の申立て（民再227 I本文）があった場合には、当該申立てを不適法却下する場合を除き、個人再生委員の選任をしなければならないとされています（本条Iただし書）。再生債権の評価の裁判には複雑な判断を要することが多いため、個人再生委員の選任を義務付けたものです。

なお、個人再生委員の資格については、法律上定めはありません。

個人再生委員の選任の決定等に対しては即時抗告ができますが、濫用による手続遅延を防ぐべく、即時抗告は執行停止の効力を有しません（本条V・VI）。

個人再生委員と監督委員（民再54Ⅰ）とは別の機関ですが、両者の職務内容は類似することから監督委員に関する規定の一部が準用されています（本条Ⅹ）。

3　個人再生委員の職務

(1)　再生債務者の財産および収入の状況の調査

裁判所は、申立書、添付書類および財産目録などの資料に基づいて再生債務者の財産等の状況を調査しますが、これらの資料だけでは財産等の状況を正確に把握するのに不十分な場合があり、事件処理に支障を来すことがあります。そこで、個人再生委員は、再生債務者の財産および収入の状況を調査することとされています（本条Ⅱ①）。

この調査に当たっては、個人再生委員が適時に調査を終えることができるよう、調査の結果を報告すべき期間を定めています（本条Ⅲ）。個人再生委員がこの調査を行う場合、再生債務者またはその法定代理人に対する報告検査権限を有しており（本条Ⅷ）、再生債務者またはその法定代理人が報告または検査を拒んだり、虚偽の報告をした場合には、罰則の適用があります（民再258Ⅰ・Ⅱ）。

(2)　民再法227条1項本文に規定する再生債権の評価に関する裁判所の補助

小規模個人再生手続では、一般異議申述期間制度を設けており、債権者一覧表に記載された債権について異議（民再226）が述べられた場合、裁判所は、再生債権を評価しなければなりません（民再227Ⅶ）。しかし、再生債権の評価をすべて裁判所が行うとすると、迅速な事件処理は困難となります。そこで、個人再生委員が再生債権の評価に関し裁判所を補助するとしています（本条Ⅱ②）。

(3)　再生債務者が適正な再生計画案を作成するために必要な勧告を行うこと

再生計画案の適正な作成は、法律の専門家ではない再生債務者にとっては大きな負担となることがあります。そこで、迅速な事件処理のため、個人再生委員が再生債務者が適正な再生計画案を作成するために必要な勧告をすることとしています（本条Ⅱ③）。

より深く学ぶ

個人再生委員の運用状況　個人再生委員の選任に関する運用状況は各裁判所によって異なります。東京地裁ほかいくつかの裁判所では、全件につき弁護士の個人再生委員を選任しています（個人再生の手引33頁）。しかし他の多くの裁判所では、原則として個人再生委員を選任せず、例外的に再生債権の査定が必要となる場合や弁護士を代理人とせずに本人が申し立てた場合等に、特定の職務を指定して選任するといった運用をしています。

文献　条解民再1151頁［中西正］、伊藤1092頁、山本194頁、新注釈民再（下）423頁［大迫惠美子］、破産・民事再生の実務［民事再生・個人再生編］388頁、個人再生の手引33頁・181頁

（再生債権の届出の内容）
第224条　小規模個人再生においては、再生手続に参加しようとする再生債権者は、

議決権の額を届け出ることを要しない。
2　小規模個人再生における再生債権の届出に関しては、第221条第5項の規定を準用する。

基本事項

　小規模個人再生手続の再生債権の届出については、債権者一覧表に記載のある再生債権は、その記載と同一の内容で債権届出があったものとみなされます（みなし届出。民再225）。そのため、債権者一覧表に記載のある債権者は、債権届出をする必要はありません。再生債権者は、債権者一覧表に記載されていない場合や債権者一覧表の記載と異なる場合には、別途債権届出をすることが可能です（民再94以下）。
　本条2項が民再法221条5項を準用していることから、条件付債権など同法87条1項1号から3号に定められる再生債権を届け出る際には、再生債権者は、自己の債権を金銭評価した額を再生債権額として届け出る必要があります。
　したがって、再生債権はすべて金銭的評価の上、その額を届け出ることになるため、本条1項は、議決権の額を届け出ることを要しないとしています（本条Ⅰ）。

　文献　条解民再1160頁［中西正＝木村真也］、伊藤1094頁、新注釈民再（下）432頁［宇賀神徹］

（再生債権のみなし届出）
第225条　債権者一覧表に記載されている再生債権者は、債権者一覧表に記載されている再生債権については、債権届出期間内に裁判所に当該再生債権の届出又は当該再生債権を有しない旨の届出をした場合を除き、当該債権届出期間の初日に、債権者一覧表の記載内容と同一の内容で再生債権の届出をしたものとみなす。

基本事項

1　趣旨
　本条は、債権者一覧表に記載されている再生債権については、原則として、記載内容と同一の内容で再生債権の届出をしたものとみなしています。これによって簡易・迅速な手続の実現を図る趣旨の規定です。

2　みなし届出の効力
　小規模個人再生手続の申述時に提出される債権者一覧表（民再221Ⅲ）には、条件付債権等も含めすべての再生債権の額を記載することとし（同条Ⅴ）、債権者一覧表の記載事項は、知れている再生債権者に通知します（民再222Ⅳ）。債権者一覧表に記載された内容に異議のない債権者は、債権届出をする必要はなく、本条により債権届出をしたものとみなされます。

3　みなし届出の効力発生日
　時効中断効（民152）が生じる債権届出の効力発生日を明確にするため、本条は、みなし届出の効力発生日を債権届出期間の初日と規定しました。

　文献　条解民再1162頁［中西正＝木村真也］、伊藤1095頁、山本191頁、新注釈民

再（下）434頁［新宅正人］、個人再生の手引192頁

> **（届出再生債権に対する異議）**
> **第226条** 再生債務者及び届出再生債権者は、一般異議申述期間内に、裁判所に対し、届出があった再生債権の額又は担保不足見込額について、書面で、異議を述べることができる。ただし、再生債務者は、債権者一覧表に記載した再生債権の額及び担保不足見込額であって第221条第4項の規定により異議を述べることがある旨を債権者一覧表に記載していないものについては、異議を述べることができない。
> 2　第95条の規定による届出又は届出事項の変更があった場合には、裁判所は、その再生債権に対して異議を述べることができる期間（以下「特別異議申述期間」という。）を定めなければならない。
> 3　再生債務者及び届出再生債権者は、特別異議申述期間内に、裁判所に対し、特別異議申述期間に係る再生債権の額又は担保不足見込額について、書面で、異議を述べることができる。
> 4　第102条第3項から第5項までの規定は特別異議申述期間を定める決定又は一般異議申述期間若しくは特別異議申述期間を変更する決定をした場合における裁判書の送達について、第103条第2項の規定は第2項の場合について準用する。
> 5　再生手続開始前の罰金等及び債権者一覧表に住宅資金特別条項を定めた再生計画案を提出する意思がある旨の記載がされた場合における第198条第1項に規定する住宅資金貸付債権については、前各項の規定は、適用しない。
> 6　再生債務者が債権者一覧表に住宅資金特別条項を定めた再生計画案を提出する意思がある旨の記載をした場合には、第198条第1項に規定する住宅資金貸付債権を有する再生債権者であって当該住宅資金貸付債権以外に再生債権を有しないもの及び保証会社であって住宅資金貸付債権に係る債務の保証に基づく求償権以外に再生債権を有しないものは、第1項本文及び第3項の異議を述べることができない。

基本事項

1　趣旨

　小規模個人再生手続における債権調査手続は、通常の再生手続で認否書を基礎に行うのとは異なり、債権者一覧表を基礎に行います（小規模個人再生手続においては、債権者一覧表に認否書と同様の機能を認めており、民再法238条は、同法101条を準用せず、認否書の作成は予定されていない）。

　本条は、再生債務者および届出再生債権者の債権者一覧表に記載された再生債権等の額に対する異議について規定しています。

2　異議の手続

　異議を述べることができるのは、再生債務者と届出再生債権者です。しかし、再生債務者は、民再法221条4項により異議を述べることがある旨を債権者一覧表に記載していないものについては異議を述べることができません（本条1ただし書）。

第226条（届出再生債権に対する異議）　853

自己が作成した債権者一覧表の内容に異議を述べることは、一種の禁反言といえるためです。

再生債務者は、届出債権について異議を述べるかどうか判断するため、届出再生債権者に資料の送付を求めることができます（民再規119）。また、再生債務者は、届出再生債権者に異議を述べるかどうか判断させるため、異議申述期間の末日まで主たる事業所等で債権者一覧表を再生債権者に閲覧可能な状態にしておく必要があります（民再規124Ⅰ）。

なお、異議は書面で述べることになります。届出再生債権者は異議の理由を記載する必要がありますが、再生債務者は異議の理由を記載する必要はありません（民再規121）。これは、再生債務者に濫用的異議を防止するための理由付記を義務付けることは相当でないと考えられることによります（新注釈民再（下）442頁［新宅正人］）。異議を撤回することも可能です（民再規122）。異議が述べられたときは、裁判所書記官は、異議を述べられた届出権者に対し、その旨を通知しなければなりません（民再規125）。

3　異議申述期間

一般異議申述期間とは、届出再生債権に対して異議を述べることができる期間をいいます（民再222Ⅰ・Ⅱ）。特別異議申述期間とは、追完された届出債権に対して異議を述べることができる期間をいいます（本条Ⅱ）。

4　個人再生手続開始前の罰金・住宅資金貸付債権の取扱い

これらの債権は、個人再生手続内では債権調査の対象にはなりません（本条Ⅴ）。これらの債権の確定は、小規模再生手続外の民事訴訟等の手続に委ねられます。

5　再生債権の確定

異議申述期間内に異議が述べられなかった再生債権は、当該小規模個人再生手続の範囲内では、届出通りの債権額が存在するものとして確定されます。あくまで手続内での確定にとどまり、実体法上確定するわけではありません。

文献　条解民再1164頁［中西正＝木村真也］、伊藤1095頁、山本192頁、新注釈民再（下）437頁［新宅正人］、個人再生の手引193頁

（再生債権の評価）
第227条　前条第1項本文又は第3項の規定により再生債務者又は届出再生債権者が異議を述べた場合には、当該再生債権を有する再生債権者は、裁判所に対し、異議申述期間の末日から3週間の不変期間内に、再生債権の評価の申立てをすることができる。ただし、当該再生債権が執行力ある債務名義又は終局判決のあるものである場合には、当該異議を述べた者が当該申立てをしなければならない。
2　前項ただし書の場合において、前項本文の不変期間内に再生債権の評価の申立てがなかったとき又は当該申立てが却下されたときは、前条第1項本文又は第3項の異議は、なかったものとみなす。
3　再生債権の評価の申立てをするときは、申立人は、その申立てに係る手続の費用として裁判所の定める金額を予納しなければならない。

4 前項に規定する費用の予納がないときは、裁判所は、再生債権の評価の申立てを却下しなければならない。
5 裁判所は、第223条第1項の規定による決定において、同条第2項第2号に掲げる事項を個人再生委員の職務として指定する場合には、裁判所に対して調査の結果の報告をすべき期間をも定めなければならない。
6 第223条第2項第2号に掲げる事項を職務として指定された個人再生委員は、再生債務者若しくはその法定代理人又は再生債権者(当該個人再生委員が同項第1号に掲げる事項をも職務として指定された場合にあっては、再生債権者)に対し、再生債権の存否及び額並びに担保不足見込額に関する資料の提出を求めることができる。
7 再生債権の評価においては、裁判所は、再生債権の評価の申立てに係る再生債権について、その債権の存否及び額又は担保不足見込額を定める。
8 裁判所は、再生債権の評価をする場合には、第223条第2項第2号に掲げる事項を職務として指定された個人再生委員の意見を聴かなければならない。
9 第7項の規定による再生債権の評価については、第221条第5項の規定を準用する。
10 再生手続開始前の罰金等及び債権者一覧表に住宅資金特別条項を定めた再生計画案を提出する意思がある旨の記載がされた場合における第198条第1項に規定する住宅資金貸付債権については、前各項の規定は、適用しない。

基本事項

1 趣旨

通常の再生手続では、確定された再生債権には確定判決と同一の効力が生じることから(民再104Ⅲ・111Ⅱ)、このような強力な効力を付与するための手厚い債権確定手続を規定しています。これに対して、簡易・迅速な手続の要請を重視する小規模個人再生手続では、本条により、手続遂行上必要な事項のみを債権確定手続の対象としています。

2 手続等

(1) 再生債権の評価の申立て

原則として、異議を述べられた再生債権を有する再生債権者が評価の申立てを行うこととしています(本条Ⅰ本文)。もっとも、執行力のある債務名義または終局判決がある再生債権について異議が述べられた場合、責任が転換され、異議を述べた者が評価の申立てを行うこととしています(同項ただし書)。申立ては、異議申述期間の末日から3週間の不変期間内に行う必要があります(同項本文)。

(2) 評価の裁判

裁判所が行う評価の裁判により、異議申述期間内に異議が述べられた再生債権の存否、額および担保不足見込額を、小規模個人再生手続の範囲内で確定します(本条Ⅶ)。民再法87条1項1号ないし3号の債権については、金銭評価も確定します。評価の裁判に対する不服申立ては認められていませんが、不服のある再生債権者は、通常の民事訴訟で債権の内容等について争うことが可能です。

(3) 個人再生委員の関与

裁判所は、評価の申立てがあった場合、個人再生委員を選任しなければならず（民再223 Ⅰただし書）、また、裁判所が再生債権の評価をする場合には、個人再生委員の意見を聴かなければなりません（本条Ⅷ）。申立人は、評価の申立てに際し、手続費用を予納しなければなりません（本条Ⅲ）。

(4) 住宅資金貸付債権の例外

住宅資金貸付債権は、債権調査の手続を要しないので、本条の規定は適用されません（本条Ⅹ）。

文献　条解民再1170頁［中西正＝木村真也］、伊藤1097頁、山本192頁、新注釈民再（下）446頁［高橋敏信］、破産・民事再生の実務〔民事再生・個人再生編〕429頁、個人再生の手引202頁

（貸借対照表の作成等の免除）
第228条　小規模個人再生においては、再生債務者は、第124条第2項の規定による貸借対照表の作成及び提出をすることを要しない。

基本事項

1　趣旨

小規模個人再生手続の再生債務者は、無担保再生債権の総額が5000万円以下の個人であって、貸借対照表を作成していないことが多いにもかかわらず、貸借対照表の作成・提出を求めると、簡易・迅速な手続を実現することが困難になります。そこで、本条は貸借対照表の作成・提出を不要とし、負担を軽減することにより、簡易・迅速な手続の実現を図っています。

2　資産・負債の把握

貸借対照表の作成・提出が免除されたとしても、資産については財産目録、負債については債権者一覧表で把握することができます。

なお、財産目録については、申立時（民再規14 Ⅰ④）および財産評定後（民再124Ⅱ）に提出を求められますが、個人再生手続においては、財産評定後に提出する財産目録について申立時に提出した財産目録の記載を引用することを認めています（民再規128）。

文献　条解民再1174頁［中西正＝木村真也］、伊藤1099頁、山本193頁、新注釈民再（下）452頁［高橋敏信］、個人再生の手引224頁

（再生計画による権利の変更の内容等）
第229条　小規模個人再生における再生計画による権利の変更の内容は、不利益を受ける再生債権者の同意がある場合又は少額の再生債権の弁済の時期若しくは第84条第2項に掲げる請求権について別段の定めをする場合を除き、再生債権者の間では平等でなければならない。
2　再生債権者の権利を変更する条項における債務の期限の猶予については、前項

の規定により別段の定めをする場合を除き、次に定めるところによらなければならない。
　一　弁済期が3月に1回以上到来する分割払の方法によること。
　二　最終の弁済期を再生計画認可の決定の確定の日から3年後の日が属する月中の日（特別の事情がある場合には、再生計画認可の決定の確定の日から5年を超えない範囲内で、3年後の日が属する月の翌月の初日以降の日）とすること。
3　第1項の規定にかかわらず、再生債権のうち次に掲げる請求権については、当該再生債権者の同意がある場合を除き、債務の減免の定めその他権利に影響を及ぼす定めをすることができない。
　一　再生債務者が悪意で加えた不法行為に基づく損害賠償請求権
　二　再生債務者が故意又は重大な過失により加えた人の生命又は身体を害する不法行為に基づく損害賠償請求権（前号に掲げる請求権を除く。）
　三　次に掲げる義務に係る請求権
　　イ　民法第752条の規定による夫婦間の協力及び扶助の義務
　　ロ　民法第760条の規定による婚姻から生ずる費用の分担の義務
　　ハ　民法第766条（同法第749条、第771条及び第788条において準用する場合を含む。）の規定による子の監護に関する義務
　　ニ　民法第877条から第880条までの規定による扶養の義務
　　ホ　イからニまでに掲げる義務に類する義務であって、契約に基づくもの
4　住宅資金特別条項によって権利の変更を受ける者と他の再生債権者との間については第1項の規定を、住宅資金特別条項については第2項の規定を適用しない。

基本事項

　本条は、再生計画における権利変更に関する特則について規定しています。小規模個人再生手続では再生債権の確定がなされないため、再生計画における権利変更においても個別の再生債権ごとに内容を変更するのではなく、権利変更の一般的基準を設けるにとどめています。

　なお、小規模個人再生手続においても、裁判所の定める期間内に再生計画案を提出する必要があります（民再163Ⅰ）[☞ **より深く学ぶ** ②]。

1　形式的平等主義（本条Ⅰ）

　本条1項は、小規模個人再生手続では、再生計画による権利の変更の内容につき、通常の再生手続における実質的平等主義（民再155Ⅰ・Ⅱ）ではなく、形式的平等主義を採用することを定めています。小規模個人再生手続では、債務者が個人であり、負債規模も大きくはなく、再生債権のほとんどが消費者信用取引に基づく同種の債権と考えられるため（民再221Ⅰ）、手続の簡便性・迅速性を重視して、複雑な計画条項を作成する必要がない形式的平等主義を採用しました。ただし、不利益を受ける再生債権者の同意がある場合、少額の再生債権の弁済時期［☞ **論点解説**］や民再法84条2項に掲げる請求権について別段の定めをする場合は、形式的平等主義が適用されません（本条Ⅰ）。

2 債務の期限の猶予（本条Ⅱ）

本条2項は、小規模個人再生の再生計画で債務の弁済方法として期限の猶予を定める場合の分割弁済の弁済間隔と猶予期間についての原則的な定めを設けています。すなわち、分割払の方法は3か月に1回以上の割合で弁済期が到来するよう定める必要があり（本条Ⅱ①）、最終の弁済期は原則として再生計画認可決定の確定の日から3年以内とする必要があります（同項②）。特別の事情がある場合には、期間を延長することができますが、最長でも5年を超えない範囲内にする必要があります。他方、あまりに短い期間の再生計画を認容すると、再生債権者からの圧力により再生債務者が履行することが困難な再生計画の作成を余儀なくされるおそれがあることから、弁済期間を3年未満とすることは許されません（新注釈民再（下）461頁［岡精一］）。

3 非免責債権（本条Ⅲ）

本条3項は、破産法253条1項の非免責債権［☞破§253］と同様に、政策的理由から再生計画によっても権利変更ができない再生債権を列挙しています。すなわち、悪意の不法行為に基づく損害賠償請求権（本条Ⅲ①）、故意または重大な過失により人の生命または身体を害する不法行為に基づく損害賠償請求権（同項②）、夫婦間の協力および扶助の義務、婚姻から生ずる費用の分担の義務、子の監護に関する義務や扶養の義務等の家族法上の義務に係る請求権（同項③）については、再生債権者の同意がない限り、再生計画による債務の減免等の権利変更が許されません（本条Ⅲ）。なお、通常の再生手続には本項のような非免責債権の規定はありません［☞ **より深く学ぶ** 1］。

4 住宅資金特別条項についての適用除外（本条Ⅳ）

本条4項は、住宅資金特別条項を利用する場合、住宅資金貸付債権については他の再生債権者とは異なる特別の計画内容を定めること（民再199Ⅴ）を確認したものです。

論点解説

少額の再生債権　通常再生における再生計画による権利変更では、少額の再生債権は、手続負担の軽減の趣旨から他の再生債権よりも弁済期を早めるなどの差を設けることができるところ（民再155Ⅰただし書）、本条1項も同様の趣旨から少額の再生債権を平等主義の例外を規定しています。ただし、債権額に応じた弁済率の差異については、形式的平等主義の観点から許されていません。なお、少額の基準となる金額については具体的な規定を置いておらず、個別の事案に応じて判断することになります（実務の運用例については、新注釈民再（下）459頁［岡精一］参照）。

より深く学ぶ

1 罰金等についての権利変更の禁止　通常の再生手続では、手続開始前の罰金等は、再生計画において減免等の権利変更の定めをすることができず（民再155Ⅳ）、免責の対象ともなりません（民再178Ⅰただし書）。これは、再生債務者に対する制裁

という趣旨によるものです。小規模個人再生は通常再生手続の特則ですので、本条3項に定めがない罰金等の請求権は、通常の再生手続の規定に従い、仮に再生債権者の同意があったとしても、権利変更が禁止されます。

2　再生計画案の提出期限　通常再生の場合、提出期間の末日は、一般調査期間の末日から2か月以内の日（民再規84Ⅰ）ですが、小規模個人再生では一般調査期間に対応するのが一般異議申述期間ですので（民再222Ⅱ）、提出期間の末日も一般異議申述期間の末日から2か月以内の日（民再規130）とされています。提出期間が伸長されないまま、再生計画案が提出されないときは、裁判所は職権で再生手続を廃止することになります（民再191②）。

文献　条解民再1177頁［佐藤鉄男］、新注釈民再（下）456頁［岡精一］、伊藤1100頁、倒産法概説69頁［沖野眞已］・566頁［笠井正俊］、山本195頁、破産・民事再生の実務［民事再生・個人再生編］426頁・434頁、個人再生の手引297頁・316頁・334頁

（再生計画案の決議）
第230条　裁判所は、一般異議申述期間（特別異議申述期間が定められた場合には、当該特別異議申述期間を含む。）が経過し、かつ、第125条第1項の報告書の提出がされた後でなければ、再生計画案を決議に付することができない。当該一般異議申述期間内に第226条第1項本文の規定による異議が述べられた場合（特別異議申述期間が定められた場合には、当該特別異議申述期間内に同条第3項の規定による異議が述べられた場合を含む。）には、第227条第1項本文の不変期間を経過するまでの間（当該不変期間内に再生債権の評価の申立てがあったときは、再生債権の評価がされるまでの間）も、同様とする。
2　裁判所は、再生計画案について第174条第2項各号（第3号を除く。住宅資金特別条項を定めた再生計画案については、第202条第2項第1号から第3号まで）又は次条第2項各号のいずれかに該当する事由があると認める場合には、その再生計画案を決議に付することができない。
3　再生計画案の提出があったときは、裁判所は、前2項の場合を除き、議決権行使の方法としての第169条第2項第2号に掲げる方法及び第172条第2項（同条第3項において準用する場合を含む。）の規定により議決権の不統一行使をする場合における裁判所に対する通知の期限を定めて、再生計画案を決議に付する旨の決定をする。
4　前項の決定をした場合には、その旨を公告するとともに、議決権者に対して、同項に規定する期限、再生計画案の内容又はその要旨及び再生計画案に同意しない者は裁判所の定める期間内に同項の規定により定められた方法によりその旨を回答すべき旨を通知しなければならない。
5　第3項の決定があった場合における第172条第2項（同条第3項において準用する場合を含む。）の規定の適用については、同条第2項中「第169条第2項前段」とあるのは、「第230条第3項」とする。
6　第4項の期間内に再生計画案に同意しない旨を同項の方法により回答した議決権者が議決権者総数の半数に満たず、かつ、その議決権の額が議決権者の議決権

の総額の2分の1を超えないときは、再生計画案の可決があったものとみなす。
7　再生計画案に同意しない旨を第4項の方法により回答した議決権者のうち第172条第2項（同条第3項において準用する場合を含む。）の規定によりその有する議決権の一部のみを行使したものがあるときの前項の規定の適用については、当該議決権者1人につき、議決権者総数に1を、再生計画案に同意しない旨を第4項の方法により回答した議決権者の数に2分の1を、それぞれ加算するものとする。
8　届出再生債権者は、一般異議申述期間又は特別異議申述期間を経過するまでに異議が述べられなかった届出再生債権（第226条第5項に規定するものを除く。以下「無異議債権」という。）については届出があった再生債権の額又は担保不足見込額に応じて、第227条第7項の規定により裁判所が債権の額又は担保不足見込額を定めた再生債権（以下「評価済債権」という。）についてはその額に応じて、それぞれ議決権を行使することができる。

基本事項

　本条は、小規模個人再生の再生計画案の決議時期および決議方法等を定めています。

1　決議の時期（本条Ⅰ）

　小規模個人再生の再生計画案を決議に付する時期は、原則として①異議申述期間が経過し、かつ、②民再法125条1項に定める再生債務者の財産状況報告書の提出がされた後です。再生計画案を決議する際は、あらかじめ再生債権の調査が終了し、かつ、債務者の財産状況につき十分な情報が開示されていることが必要であるとの趣旨に基づくものです。ただし、期間内に異議があった場合には、再生債権評価の申立期間を経過してからか、再生債権の評価の裁判（民再227）の後に決議に付されます（本条Ⅰ後段）。

2　再生計画案の排除（本条Ⅱ）

　再生計画案は一定の不認可事由がある場合には決議に付することができません。通常再生の不認可事由である民再法174条2項各号（3号を除く）のほか、住宅資金特別条項を定めた場合の不認可事由（民再202条2項1号ないし3号）および小規模個人再生に固有の不認可事由（民再231条2項各号）を規定しています。なお、小規模個人再生の再生計画案が、再生債権者の一般の利益（民再174Ⅱ④）に反し、違法であり、決議に付するに足りないとして再生手続を廃止した裁判例があります（東京高決平22・10・22判タ1343号244頁［百選［94］］）［清算価値保障原則について、☞民再§174 **論点解説** ］。

3　決議に付する決定（本条Ⅲ）

　小規模個人再生における再生計画案の決議は、必ず書面等投票の方法によらなければならず（本条Ⅲ・169Ⅱ②）、債権者集会では決議できません（民再法238条による同法第7章第3節の規定の適用除外）。これは、債権者の出頭の手間を省き手続を簡略化したものです。

4　再生計画案の公告および通知（本条Ⅳ）

　裁判所は、再生計画案を決議に付する旨の決定をするとその旨を公告し、かつ議

決権者に対して回答期限や再生計画案の内容等を通知します。かかる通知を受けた場合、再生計画案に同意しない再生債権者はその旨を回答期限内（民再規131Ⅰ）に回答しなければなりませんが、同意する場合は回答の必要はありません（同条Ⅱ）。

5　議決権の不統一行使（本条Ⅴ・Ⅶ）

本条5項は、小規模個人再生における再生計画案の決議で議決権の不統一行使をする場合の読替規定です。再生債権者が議決権の不統一行使をする際には、裁判所が定めた期間内に裁判所に対してその旨を通知する必要があります（民再172Ⅱ）。また、本条7項は、議決権の不統一行使がなされた場合の可決要件の計算方法を規定しています。

6　可決要件（本条Ⅵ）

小規模個人再生では、再生計画案に同意しない旨を書面で回答した議決権者が、①議決権者総数の半数に満たず、かつ、②その議決権の額が議決権者の議決権の総額の2分の1を超えないときには、再生計画案は可決があったものとみなすこととし（消極的同意）、同意徴求のための再生債務者の負担を軽減しています（民再172条の3参照）。

7　議決権者および議決権の額（本条Ⅷ）

本条8項は、再生計画案の決議について、届出再生債権者が議決権を行使できる再生債権が無異議債権と評価済債権であること、およびそれぞれの議決権の額を定めています。無異議債権は届出債権額または担保不足見込額に応じて、評価済債権は裁判所が評価手続で定めた債権額または担保不足見込額に応じて、それぞれ議決権を行使できます。

文献　条解民再1183頁［佐藤鉄男］、新注釈民再（下）465頁［平澤慎一］、伊藤1102頁、倒産法概説577頁［笠井正俊］、山本196頁、破産・民事再生の実務〔民事再生・個人再生編〕439頁

（再生計画の認可又は不認可の決定）

第231条　小規模個人再生において再生計画案が可決された場合には、裁判所は、第174条第2項（当該再生計画案が住宅資金特別条項を定めたものであるときは、第202条第2項）又は次項の場合を除き、再生計画認可の決定をする。

2　小規模個人再生においては、裁判所は、次の各号のいずれかに該当する場合にも、再生計画不認可の決定をする。

一　再生債務者が将来において継続的に又は反復して収入を得る見込みがないとき。

二　無異議債権の額及び評価済債権の額の総額（住宅資金貸付債権の額、別除権の行使によって弁済を受けることができると見込まれる再生債権の額及び第84条第2項に掲げる請求権の額を除く。）が5000万円を超えているとき。

三　前号に規定する無異議債権の額及び評価済債権の額の総額が3000万円を超え5000万円以下の場合においては、当該無異議債権及び評価済債権（別除権の行使によって弁済を受けることができると見込まれる再生債権及び第84条第2項各号に掲げる請求権を除く。以下「基準債権」という。）に対する再生

計画に基づく弁済の総額（以下「計画弁済総額」という。）が当該無異議債権の額及び評価済債権の額の総額の10分の1を下回っているとき。
四　第2号に規定する無異議債権の額及び評価済債権の額の総額が3000万円以下の場合においては、計画弁済総額が基準債権の総額の5分の1又は100万円のいずれか多い額（基準債権の総額が100万円を下回っているときは基準債権の総額、基準債権の総額の5分の1が300万円を超えるときは300万円）を下回っているとき。
五　再生債務者が債権者一覧表に住宅資金特別条項を定めた再生計画案を提出する意思がある旨の記載をした場合において、再生計画に住宅資金特別条項の定めがないとき。

基本事項

本条は、小規模個人再生における再生計画案の認可の要件を定めています。民再法230条の可決要件を満たして再生計画案が可決された場合、裁判所は本条の不認可事由の有無を審査し、不認可事由がなければ再生計画認可の決定をすることになります。

1　一般の不認可事由（本条Ⅰ）

本条1項は、通常の再生手続の不認可事由（民再174Ⅱ）が小規模個人再生にも適用されることを定めています。なお、再生計画案において住宅資金特別条項を定めている場合は、民再法202条2項の不認可事由が適用されます。

2　小規模個人再生に固有の不認可事由（本条Ⅱ）

本条2項は、小規模個人再生では通常再生と比較して再生計画案の決議要件を緩和しており、不同意の再生債権者が一定割合を超えなければ可決があったものとみなす消極的同意の方式を採用しているため（民再230）、再生計画案に反対した再生債権者の利益を保護を図るため、各号にて小規模個人再生に固有の不認可事由を各号で列挙しています。

(1)　収入の見込み（本条Ⅱ①）および債権総額（同項②）

再生債務者に将来において継続的にまたは反復して収入を得る見込みがない場合（本条Ⅱ①）は、そもそも小規模個人再生手続の申立要件を満たさず（民再221Ⅰ）、手続の利用資格を欠き、不認可とされます。また、無異議債権の額および評価済債権の額の総額（住宅資金貸付債権の額、別除権行使により弁済を受けると見込まれる再生債権額および民再法84条2項に定める請求権の額を除く）が5000万円を超えている場合（本条Ⅱ②）も同様に申立要件を満たさず（民再221Ⅰ）、不認可とされます。

(2)　最低弁済基準（本条Ⅱ③④）

本条2項2号の無異議債権等の額の総額が3000万円を超え5000万円以下の場合には、無異議債権と評価済債権から別除権行使により弁済を受けると見込まれる再生債権および民再法84条2項の請求権を除いた債権（基準債権）に対する再生計画に基づく弁済総額（計画弁済総額）が、同号の無異議債権等の額の総額の10分の1を下回っているときは、最低弁済基準を満たさないものとして不認可とされます（本条

Ⅱ③)。なお、本条2項2号と異なり、基準債権から住宅資金貸付債権は除外されません。これは住宅資金特別条項の定めがある場合には住宅資金貸付債権が無異議債権等に含まれず、定めがない場合には別除権付債権として他の無異議債権等と区別する理由がないことによります（新注釈民再（下）481頁［飯田修］）。

他方、本条2項2号の無異議債権等の額の総額が3000万円以下の場合には、計画弁済総額が基準債権の総額の5分の1または100万円のいずれか多い額を下回っているときは、最低弁済基準を満たさないものとして不認可とされます（本条Ⅱ④。ただし、基準債権の総額が100万円を下回っているときは基準債権の総額が、基準債権の総額の5分の1が300万円を超えるときは300万円が、それぞれ最低弁済基準になる）。

これらの最低弁済基準は、通常再生における再生計画の認可要件である清算価値保障原則（民再174Ⅱ④参照）に加え、小規模個人再生に次のような事情を考慮して設けられた基準です。すなわち、清算価値保障原則は、破産手続で債権者が得られる弁済額以上の弁済がされない再生計画案を「再生債権者の一般の利益に反する」（民再174Ⅱ④）として不認可とする原則ですが［☞民再§174 **論点解説**］、小規模個人再生は個人を対象とした簡易な手続であり、債務者の多くは換価し得る財産を持っていないことが多いため、清算価値保障原則だけではわずかの弁済のみで残った大部分の債務について免除を受けることになりかねません。そこで、モラルハザード回避の観点から、本条2項3号および4号は最低弁済基準を設け、一定割合以上の弁済計画を定めるよう要求しています。

なお、本条の最低弁済基準を一覧表にすると、以下の通りです。

	再生債権の総額	最低弁済額・弁済率
基準債権	〜100万円（4号括弧書前段）	100％（基準債権の総額）
	100万円〜500万円（4号本文）	100万円
	500万円〜1500万円（4号本文）	20％（基準債権の総額の5分の1）
	1500万円〜3000万円（4号括弧書後段）	300万円
無異議債権等	3000万円〜5000万円（3号）	10％(無異議債権等の額の総額の10分の1)
	5000万円超（2号）	いかなる弁済率でも不認可

(3) 債権者一覧表の記載に反して住宅資金特別条項の定めがないこと（本条Ⅱ⑤）

再生債務者が債権者一覧表に住宅資金特別条項を定めた再生計画案を提出する意思がある旨の記載をしながら再生計画案にその定めがない場合は、当該債務者に明らかな落ち度があることから、債権調査をやり直すことなく計画自体が不認可となります。

文献 条解民再1188頁［佐藤鉄男］、新注釈民再（下）476頁［飯田修］、伊藤1105頁、倒産法概説576頁［笠井正俊］、山本196頁、松下193頁、破産・民事再生の実務〔民事再生・個人再生編〕443頁

(再生計画の効力等)
第232条　小規模個人再生において再生計画認可の決定が確定したときは、第87条第1項第1号から第3号までに掲げる債権は、それぞれ当該各号に定める金額の再生債権に変更される。
2　小規模個人再生において再生計画認可の決定が確定したときは、すべての再生債権者の権利（第87条第1項第1号から第3号までに掲げる債権については前項の規定により変更された後の権利とし、第229条第3項各号に掲げる請求権及び再生手続開始前の罰金等を除く。）は、第156条の一般的基準に従い、変更される。
3　前項に規定する場合における同項の規定により変更された再生債権であって無異議債権及び評価済債権以外のものについては、再生計画で定められた弁済期間が満了する時（その期間の満了前に、再生計画に基づく弁済が完了した場合又は再生計画が取り消された場合にあっては弁済が完了した時又は再生計画が取り消された時。次項及び第5項において同じ。）までの間は、弁済をし、弁済を受け、その他これを消滅させる行為（免除を除く。）をすることができない。ただし、当該変更に係る再生債権が、再生債権者がその責めに帰することができない事由により債権届出期間内に届出をすることができず、かつ、その事由が第230条第3項に規定する決定前に消滅しなかったもの又は再生債権の評価の対象となったものであるときは、この限りでない。
4　第2項に規定する場合における第229条第3項各号に掲げる請求権であって無異議債権及び評価済債権であるものについては、第156条の一般的基準に従って弁済をし、かつ、再生計画で定められた弁済期間が満了する時に、当該請求権の債権額から当該弁済期間内に弁済をした額を控除した残額につき弁済をしなければならない。
5　第2項に規定する場合における第229条第3項各号に掲げる請求権であって無異議債権及び評価済債権以外のものについては、再生計画で定められた弁済期間が満了する時に、当該請求権の債権額の全額につき弁済をしなければならない。ただし、第3項ただし書に規定する場合には、前項の規定を準用する。
6　第2項に規定する場合における第182条、第189条第3項及び第206条第1項の規定の適用については、第182条中「認可された再生計画の定めによって認められた権利又は前条第1項の規定により変更された後の権利」とあるのは「第232条第2項の規定により変更された後の権利及び第229条第3項各号に掲げる請求権」と、第189条第3項中「再生計画の定めによって認められた権利の全部（履行された部分を除く。）」とあるのは「第232条第2項の規定により変更された後の権利の全部及び第229条第3項各号に掲げる請求権（第232条第4項（同条第5項ただし書において準用する場合を含む。）の規定により第156条の一般的基準に従って弁済される部分に限る。）であって、履行されていない部分」と、第206条第1項中「再生計画の定めによって認められた権利（住宅資金特別条項によって変更された後のものを除く。）の全部（履行された部分を除く。）」とあるのは「第232条第2項の規定により変更された後の権利（住宅資金特別条項によって変更された後のものを除く。）の全部及び第229条第3項各号に掲げる請求権（第232条第4項（同条第5項ただし書において準用する場合を含む。）の規定に

より第156条の一般的基準に従って弁済される部分に限る。）であって、履行されていない部分」とする。
7　住宅資金特別条項を定めた再生計画の認可の決定が確定した場合における第3項から第5項までの規定の適用については、これらの規定中「再生計画で定められた弁済期間」とあるのは「再生計画（住宅資金特別条項を除く。）で定められた弁済期間」と、第3項本文中「再生計画に基づく弁済」とあるのは「再生計画（住宅資金特別条項を除く。）に基づく弁済」と、同項ただし書中「又は再生債権の評価の対象となったもの」とあるのは「若しくは再生債権の評価の対象となったものであるとき、又は当該変更後の権利が住宅資金特別条項によって変更された後の住宅資金貸付債権」とする。
8　第1項及び第2項の規定にかかわらず、共助対象外国租税の請求権についてのこれらの規定による権利の変更の効力は、租税条約等実施特例法第11条第1項の規定による共助との関係においてのみ主張することができる。

基本事項

　本条は、小規模個人再生で再生計画認可の決定が確定した場合の効力を定めています。通常再生では、再生債権は債権調査手続を経て確定され、再生計画認可決定の確定によって再生計画の定めに従い変更されます（民再179Ⅰ）。しかし、小規模個人再生では民再法179条1項の適用が除外され、再生債権の実体的確定がなされないため（民再238）、特別の規律を必要としたものです。

1　債権の現在化および金銭化（本条Ⅰ）

　小規模個人再生では、再生計画認可決定の確定により、民再法87条1項1号から3号に掲げる条件付債権や期限未到来債権等が実体的に現在化・金銭化されます。これにより、弁済期間が通常よりも短い小規模個人再生において、計画遂行後の条件成就等による混乱を避け、かつ、分割弁済を定める再生計画の遂行が容易になります。

2　権利変更の効力（本条Ⅱ）

　通常再生では、再生債権は債権調査手続を経て確定され、調査確定を経ていない債権は原則として失権します（民再178）。しかし、小規模個人再生では債権調査のために再生債権の評価（民再227Ⅰ）という簡易な手続を設け、再生債権の確定を行いません。そこで、調査確定を経ていない債権を失権させるのは相当ではないことから失権効を認めず、本条2項は、すべての再生債権者の権利が再生計画に定めた一般的基準に従い変更されることとしています。

3　無異議債権および評価済債権以外の債権の劣後化（本条Ⅲ）

　無異議債権および評価済債権以外の再生債権は弁済期が劣後的に取り扱われます。小規模個人再生には失権効が認められていないため、認可決定確定後に新たに存在が判明した債権も再生計画に従って権利変更されます（本条Ⅱ）。もっとも、再生債務者がこれらの債権についてもすべて弁済することが必要だとすると、再生計画の遂行に支障が生じかねません。そこで、債権調査により確定しなかった再生債権は、再生計画に定めた弁済期間内は原則として弁済等を受けることができないとして

います（本条Ⅲ）［☞ **より深く学ぶ** **1**］。

4 非免責債権の取扱い（本条Ⅳ・Ⅴ）

民再法229条3項各号に規定する非免責債権については、原則として再生計画において債務の減免等の定めができず（民再229Ⅲ）、再生計画確定による権利変更の効力は及びません（本条Ⅱ括弧書）。しかし、これらを随時弁済しなければならないとすると再生計画の遂行に支障が生じかねません。そこで本条4項および5項は、これら非免責債権のうち無異議債権および評価済債権は、債権調査ですでに確定していることから民再法156条の一般的基準に従って弁済をし、残額は再生計画で定めた弁済期間が満了する時に弁済することとしました（本条Ⅳ）。他方、それ以外の債権（債権調査で確定していない非免責債権）は、原則として全額を再生計画で定めた弁済期間が満了する時に弁済することとして（本条Ⅴ）、再生債務者に期限の利益を付与しています［☞ **より深く学ぶ** **2**］。

5 読替規定（本条Ⅵ・Ⅶ）

本条6項は、小規模個人再生では調査手続を経て債権が確定されていないことから、民再法182条・189条3項・206条1項に定める再生計画の定めによって認められた権利等を同法232条2項の規定により変更された後の権利等と読み替えています。また、本条7項では、住宅資金特別条項を定めた場合に弁済期間が長期間になることから、債権調査手続で確定しなかった再生債権の弁済禁止期間に住宅資金特別条項の弁済期間を含まないこと、および住宅資金特別条項を定めた場合の住宅ローン債権を劣後的扱いの対象から除外することとしています。

より深く学ぶ

1 劣後的取扱いを受ける再生債権の弁済方法 本条3項により劣後的取扱いを受ける再生債権を再生計画の弁済期間終了時に弁済する場合に一括弁済しなければならないか、それとも再生計画に定められた方法により分割弁済すれば足りるのかが問題となります。

この点、劣後的取扱いを受ける再生債権の債権者には、当該再生債権を手続内で確定させなかったことについて一定の帰責事由があると考えられますので（本条Ⅲただし書参照）、一括弁済の必要はなく、再生計画に定められた弁済期間終了時を始期として再生計画に定められた分割期間での分割弁済をすれば足りると解されています（新注釈民再（下）488頁［付岡透］）。

2 非免責債権の弁済方法 本条4項および5項は非免責債権について期限の利益を与えていますが、本条3項が劣後的取扱いを受ける再生債権に与えている弁済禁止効については規定していないことから、非免責債権については弁済禁止効は生じないと解されます。したがって、非免責債権については劣後的取扱いを受ける再生債権とは異なり、再生債務者の側で期限の利益を放棄して適宜弁済をすることができると解されています（条解民再1197頁［佐藤鉄男］、新注釈民再（下）489頁［付岡透］）。

文献 条解民再1192頁［佐藤鉄男］、新注釈民再（下）482頁［付岡透］、伊藤1109頁、破産法・民事再生法概論414頁［畑瑞穂］

> **(再生手続の終結)**
> **第233条** 小規模個人再生においては、再生手続は、再生計画認可の決定の確定によって当然に終結する。

基本事項

　本条は、通常再生の手続の終結事由を定める民再法188条の特則であり、小規模個人再生における再生手続の終結について定めています。通常の再生手続では、監督委員が再生計画の履行を監督するため、再生手続は再生計画が遂行されたとき、または再生計画認可決定の確定後3年を経過したときに終結します（民再188Ⅱ）。しかし、小規模個人再生では、監督委員制度が設けられておらず（民再238参照）、認可決定後に再生計画の履行を監督することは予定されていないことから、認可決定の確定をもって自動的に手続が終結します（本条）。この場合、再生手続は当然に終結するため、裁判所が終結決定をすることもなく手続終結の公告もなされません。再生手続終結に伴い個人再生委員の職務も当然に終了します。

　なお、本条による終結のほかに、通常の再生手続と共通の終了事由として、①再生手続開始申立ての取下げ（民再32）、②再生手続開始申立棄却決定の確定（民再25）、③再生手続開始決定取消決定の確定（民再37）、④再生計画不認可決定の確定（民再174Ⅱ・231Ⅱ）、⑤再生手続廃止決定の確定（民再191・192・237）があります。

文　献　条解民再1199頁［佐藤鉄男］、新注釈民再（下）491頁［入谷正章］、伊藤1111頁

> **(再生計画の変更)**
> **第234条** 小規模個人再生においては、再生計画認可の決定があった後やむを得ない事由で再生計画を遂行することが著しく困難となったときは、再生債務者の申立てにより、再生計画で定められた債務の期限を延長することができる。この場合においては、変更後の債務の最終の期限は、再生計画で定められた債務の最終の期限から2年を超えない範囲で定めなければならない。
> 2　前項の規定により再生計画の変更の申立てがあった場合には、再生計画案の提出があった場合の手続に関する規定を準用する。
> 3　第175条（第2項を除く。）及び第176条の規定は、再生計画の変更の決定があった場合について準用する。

基本事項

　本条は、再生計画認可後にやむを得ない事由により収入の減少や支出の増加があった場合等に再生計画の変更を認める規定です。

1　変更の時期・要件・内容（本条Ⅰ）

　小規模個人再生における再生計画の変更は、やむを得ない事由、すなわち再生計画作成段階では予想できなかった事由で債務者がコントロールできない事由である

ことが必要です（ただし、民再法235条と異なり不可抗力に限定されない）。再生計画を遂行することが著しく困難となったときとは、毎期の弁済額を低くしないと不履行が連続する可能性が高いが、期限を延長すれば対応できる程度に遂行が困難な場合をいいます。変更の内容は債務の期限を延長することのみであり、弁済総額を減少させる変更は認められません。また、期限の延長は最終の期限から2年を超えない範囲内と限定されています［複数回の変更が許されるかについては、☞ **論点解説**、住宅資金特別条項が含まれる計画の変更の可否については、☞ **より深く学ぶ**］。

2 変更の手続（本条Ⅱ・Ⅲ）

再生債務者から再生計画変更の申立てがなされた場合（債権者には申立権はない）、再生計画案の提出があった場合の手続に関する規定が準用されます（民再169－174・230・231等）。変更の決定には即時抗告が可能であり（本条Ⅲ・175）、変更決定が確定した時に変更の効力が生じます（本条Ⅲ・176）。なお、民再規則132条は変更申立ての方式について規定しています。

論点解説

2回以上の計画変更の可否　　変更の申立てには文言上も回数制限はなく、2回以上の計画変更は可能であると解されています。ただし、期限の延長を2年以内と限定した本条の趣旨からして、当初の計画を基準として通算して2年を超える延長は認められないと解されています（新注釈民再（下）497頁［服部一郎］）。

より深く学ぶ

住宅資金特別条項の変更　　再生計画に住宅資金特別条項が含まれる場合に、その内容まで変更できるかが問題となります。再生計画による権利変更の内容を規定した民再法229条2項が住宅資金特別条項には適用されないこと（民再229Ⅳ）等からすると、変更は一般再生債権のみに限定され、住宅資金特別条項までは変更することができないと解されます（新注釈民再（下）498頁［服部一郎］）。

文献　条解民再1201頁［佐藤鉄男］、新注釈民再（下）494頁［服部一郎］、伊藤1114頁、山本198頁、破産法・民事再生法概論416頁［畑瑞穂］、破産・民事再生の実務〔民事再生・個人再生編〕474頁、個人再生の手引478頁

（計画遂行が極めて困難となった場合の免責）
第235条　再生債務者がその責めに帰することができない事由により再生計画を遂行することが極めて困難となり、かつ、次の各号のいずれにも該当する場合には、裁判所は、再生債務者の申立てにより、免責の決定をすることができる。
　一　第232条第2項の規定により変更された後の各基準債権及び同条第3項ただし書に規定する各再生債権に対してその4分の3以上の額の弁済を終えていること。
　二　第229条第3項各号に掲げる請求権（第232条第4項（同条第5項ただし書において準用する場合を含む。）の規定により第156条の一般的基準に従って

弁済される部分に限る。）に対してその4分の3以上の額の弁済を終えていること。
　三　免責の決定をすることが再生債権者の一般の利益に反するものでないこと。
　四　前条の規定による再生計画の変更をすることが極めて困難であること。
2　前項の申立てがあったときは、裁判所は、届出再生債権者の意見を聴かなければならない。
3　免責の決定があったときは、再生債務者及び届出再生債権者に対して、その主文及び理由の要旨を記載した書面を送達しなければならない。
4　第1項の申立てについての裁判に対しては、即時抗告をすることができる。
5　免責の決定は、確定しなければその効力を生じない。
6　免責の決定が確定した場合には、再生債務者は、履行した部分を除き、再生債権者に対する債務（第229条第3項各号に掲げる請求権及び再生手続開始前の罰金等を除く。）の全部についてその責任を免れる。
7　免責の決定の確定は、別除権者が有する第53条第1項に規定する担保権、再生債権者が再生債務者の保証人その他再生債務者と共に債務を負担する者に対して有する権利及び再生債務者以外の者が再生債権者のために提供した担保に影響を及ぼさない。
8　再生計画が住宅資金特別条項を定めたものである場合における第2項及び第3項の規定の適用については、第2項中「届出再生債権者」とあるのは「届出再生債権者及び住宅資金特別条項によって権利の変更を受けた者」と、第3項中「及び届出再生債権者」とあるのは「、届出再生債権者及び住宅資金特別条項によって権利の変更を受けた者」とする。
9　第6項の規定にかかわらず、共助対象外国租税の請求権についての同項の規定による免責の効力は、租税条約等実施特例法第11条第1項の規定による共助との関係においてのみ主張することができる。

基本事項

　本条は、再生計画認可後、再生債務者の責めに帰することができない事由で残りの再生計画を遂行することが極めて困難となった場合に残債務の責任を免除し、再生債務者の経済生活の再生を図る、いわゆるハードシップ免責について定めています。

1　ハードシップ免責の要件

(1)　再生計画の遂行困難（本条1本文）

　第1の要件は、再生債務者の責めに帰することができない事由により再生計画を遂行することが極めて困難となったことです。ハードシップ免責が安易になされるとモラルハザードを招くおそれがあるため、債務者のコントロールが及ばない理由によって再生計画を遂行することが極めて困難になった場合に限定しています。
　遂行することが極めて困難とは、前条による再生計画変更の要件である「著しく困難」よりも困難の度合いが深刻な場合をいい、本条の免責を認めなければ再生計画を取り消さざるを得ない状態を意味します（条解民再1207頁〔佐藤鉄男〕）。

(2) 再生債権に対する4分の3以上の弁済終了（本条Ⅰ①②）

第2の要件は、再生計画に従って変更され弁済をなすべき各再生債権に対して、その4分の3以上の額の弁済を終えていることです。ハードシップ免責は残債務の免除という強い効力を有することから、再生債権の大部分については弁済をすでに終えていることを要件とすべき一方、あまりに厳格な要件とするとこの制度を設けた意味が希薄化してしまうことから、弁済をなすべき各再生債権について4分の3以上の額の弁済を終えていることを要件としたものです。4分の3以上の弁済の算定対象となる債権は、無異議債権および評価済債権（民再230Ⅷ）であって計画によって権利変更された後の再生債権（民再232Ⅱ・本条Ⅰ①）、それ以外の再生債権のうち劣後扱いの例外とされる債権（民再232Ⅲただし書・本条Ⅰ①）、民再法229条3項の非免責債権で一般的基準に従って変更される部分（民再229Ⅲ各号・232Ⅳ・Ⅴただし書・本条Ⅰ②）です。

(3) 再生債権者の一般の利益に反しないこと（本条Ⅰ③）

第3の要件は、ハードシップ免責をすることが再生債権者の一般の利益に反するものでないことです。再生債務者の一般の利益に反するとは、特定の再生債権者ではなく再生債権者全体の利益が害される場合を意味し、具体的には、清算価値保障原則〔☞民再§174 **論点解説**〕を充足していることが要求され、すでになされた弁済総額が再生計画認可決定時において債務者が破産して清算が行われたと仮定した場合の配当総額を超えていることが必要です。

(4) 再生計画の変更困難（本条Ⅰ④）

第4の要件は、民再法234条の再生計画の変更をすることが極めて困難であることです。再生計画を変更して弁済期を延長すれば当初の再生計画の弁済総額の履行が可能なのであれば、再生債務者はまずそれを選択すべきであるとする趣旨です。

2 ハードシップ免責の手続

ハードシップ免責は再生債務者の申立てに基づいてのみ開始され（申立書の記載事項等については民再規則133条が規定している）、申立てを受けた裁判所は届出再生債権者の意見を聴かなければなりません（本条Ⅱ）。意見聴取を経て、前記1の各要件が具備されている場合、裁判所はを許可する決定をしなければなりません〔☞ **より深く学ぶ**〕。

免責の決定があったときは、裁判所は、その主文および理由の要旨を記載した書面を再生債務者と届出再生債権者に送達します（本条Ⅲ）。ハードシップ免責の決定および不許可決定に対しては即時抗告をすることができます（本条Ⅳ）。

なお、即時抗告が認められた場合に法律関係が複雑になるため、ハードシップ免責の決定は、破産免責と同様（破252Ⅶ）、確定しなければその効力を生じません（本条Ⅴ）。

3 ハードシップ免責の効果

ハードシップ免責の決定が確定した場合、再生債務者は、民再法229条3項各号に掲げる請求権および再生手続開始前の罰金等を除いて、再生債権の残額全部について責任を免れます（本条Ⅵ）〔☞ **論点解説**〕。破産免責では非免責債権とされ、免

責の対象から除外されている雇用関係に基づいて生じた使用人の請求権等（破253条1項5号）および債務者が知りながら債権者名簿に記載しなかった請求権（同項6号）も免責の対象に含むという点で、ハードシップ免責における免責対象は破産免責の対象よりも広くなっています。ただし、破産免責と同様に、別除権者の担保権、再生債務者が再生債務者の保証人に対して有する権利および再生債権者のための物上保証に免責の効果は及びません（本条Ⅶ）［☞破§253］。

論点解説

免責の法的性質　ハードシップ免責の効力は、「責任を免れる」（本条Ⅵ）ことです。この意味について、債務そのものが消滅するとする見解（伊藤1117頁）と自然債務となるとする見解が主張されています。自然債務とは、債務者が任意に給付をしない場合にも、債権者がこれを訴求し得ない債務をいいます（我妻榮『新訂債権総論』［岩波書店、1964］67頁）。この点、本条6項の規定は破産免責の規定（破253Ⅰ本文）と同一の文言であるところ、同条に関する通説・判例に従うと、ハードシップ免責の効力も破産免責と同様に自然債務に変化するという効力である考えられます（新注釈民再（下）507頁［佐藤浩史］）［☞破§253 **論点解説** 1］。

より深く学ぶ

免責についての裁量　本条1項柱書の「免責の決定をすることができる」とは、要件が厳格に定められていることから、ハードシップ免責についての裁判所の権限を認めたものであり、裁判所に裁量権を認めたものではないと解されています（伊藤1117頁、新注釈民再（下）506頁［佐藤浩史］、条解民再1209頁［佐藤鉄男］）。この点、破産の場合に裁量免責（破252Ⅱ）の制度が設けられているのと異なります［☞破§252］。

文献　条解民再1204頁［佐藤鉄男］、新注釈民再（下）500頁［佐藤浩史］、伊藤1116頁、山本198頁、松下197頁、破産法・民事再生法概論416頁［畑瑞穂］、破産・民事再生の実務［民事再生・個人再生編］479頁、個人再生の手引490頁・494頁・498頁・502頁

（再生計画の取消し）
第236条　小規模個人再生において再生計画認可の決定が確定した場合には、計画弁済総額が、再生計画認可の決定があった時点で再生債務者につき破産手続が行われた場合における基準債権に対する配当の総額を下回ることが明らかになったときも、裁判所は、再生債権者の申立てにより、再生計画取消しの決定をすることができる。この場合においては、第189条第2項の規定を準用する。

基本事項

本条は、小規模個人再生において清算価値保障原則違反があった場合の再生計画の取消しについて定めています。

再生計画による計画弁済総額が、再生計画認可の決定があった時点で再生債務者

につき破産手続が行われた場合における基準債権に対する配当の総額を下回る場合、当該再生計画は「再生債権者の一般の利益」に反し不認可とされます（民再231 I・174 II④）。しかし、簡易・迅速を重視する小規模個人再生では、再生債務者の財産の調査が不十分である可能性があり、再生債務者による財産の隠匿等が後日判明する場合も考えられます。本条は、そのような場合に備え、再生計画認可の決定が確定した後に再生計画が清算価値保障原則に違反していることが明らかとなった場合を、再生計画の取消事由としたものです。

もっとも、手続の安定を図る必要性から①再生債権者が再生計画認可決定に対する即時抗告で清算価値保障原則違反を主張したとき、もしくはこれを知りながら主張しなかったとき、②再生債権者が再生計画認可決定後、清算価値保障原則違反を知ってから1か月を経過したとき、③再生計画認可決定確定後2年を経過したときは、本条による取消しは認められません（本条後段・189 II）。

本条による取消しの決定が確定した場合、再生計画によって変更された再生債権は原状に復します（民再189 VII本文）。ただし、再生債権者が再生計画によってすでに得た権利には影響しません（同項ただし書）。なお、通常再生の場合と異なり、小規模個人再生では再生債権について実体的確定がなされないため、再生計画が取り消されたからといって再生債権者は債権者一覧表を債務名義として個別執行を行うことはできず（民再238条による同法189条8項で準用する同法185条の適用除外）、改めて債務名義を取得する必要があります。

本条は小規模個人再生に固有の取消事由を規定していますが、通常の再生手続における再生計画の取消事由（民再189 I 各号）は、小規模個人再生においても妥当します（民再238）。

文献 条解民再1210頁〔佐藤鉄男〕、新注釈民再（下）508頁〔佐藤昌巳〕、伊藤1113頁、松下199頁、破産法・民事再生法概論417頁〔畑瑞穂〕

（再生手続の廃止）
第237条 小規模個人再生においては、第230条第4項の期間内に再生計画案に同意しない旨を同項の方法により回答した議決権者が、議決権者総数の半数以上となり、又はその議決権の額が議決権者の議決権の総額の2分の1を超えた場合にも、裁判所は、職権で、再生手続廃止の決定をしなければならない。この場合においては、同条第7項の規定を準用する。
2　小規模個人再生において、再生債務者が財産目録に記載すべき財産を記載せず、又は不正の記載をした場合には、裁判所は、届出再生債権者若しくは個人再生委員の申立てにより又は職権で、再生手続廃止の決定をすることができる。この場合においては、第193条第2項の規定を準用する。

基本事項

本条は、小規模個人再生に固有の再生手続廃止事由を定めています。

1　議決権者の不同意による再生手続廃止（本条Ⅰ）

　小規模個人再生では、手続の簡素化・迅速化を図るため、通常の再生計画案の可決要件が議決権者の一定割合の同意とされている（民再172の3Ⅰ）のとは対照的に、再生計画案に不同意の再生債権者が議決権者の総数の2分の1未満、かつ、議決権総数の2分の1以下であることとされています（消極的同意。民再230Ⅵ）。したがって、再生計画案に同意しない旨を書面で回答した議決権者が議決権者総数の半数以上となり、またはその議決権の額が議決権者の議決権の総額の2分の1を超えた場合は、それ以上再生手続を進めても可決要件を満たさないことが明白であるといえるため、裁判所は職権で手続を打ち切ります。その意味で本項の廃止事由は、裁判所に裁量の余地が認められない必要的廃止事由です［☞ **論点解説** 1］。

2　財産目録記載義務違反による再生手続廃止（本条Ⅱ）

　小規模個人再生では、監督委員が選任されないなど再生計画案の適切性・妥当性を担保する手段が簡略化されています。したがって、再生計画案の適切性・妥当性を判断する基礎資料として再生債務者が裁判所に提出する財産目録（民再124）が重要となります。もっとも、小規模個人再生ではかかる財産目録の記載についても簡略化が図られ（民再規128）、貸借対照表の作成も免除されています（民再228）。そこで、財産目録の記載の適正さを担保するため、財産目録に記載すべき財産を記載せず、または不正の記載をした場合を再生手続廃止事由としたものです。本項の廃止事由は、再生手続廃止の決定をすることが「できる」としていることから、裁判所に裁量の余地があります。裁判所は再生債務者の審尋を行い（本条Ⅱ後段・193Ⅱ）、義務違反の重大性などを総合的に考慮して廃止決定するか否かを決めることになります［☞ **論点解説** 2］。

論点解説

1　再生手続廃止の決定の取消し　　本条の再生手続廃止の決定があった場合、裁判所は、通常再生の場合と同様、その主文および理由を公告しなければなりません（民再195Ⅰ）。また、再生手続廃止の決定に対しては即時抗告が可能です（民再195Ⅱ）。

　なお、本条1項に基づく再生手続廃止の決定がなされた後、廃止決定前に再生計画案に同意しない旨を回答していた債権者が廃止決定後に当該同意しない旨の回答を撤回した事案において、再生債務者による即時抗告審で廃止決定後の事情も考慮して一定の要件のもとで再生手続廃止の決定の取消しを認めた裁判例があります（東京高決平21・3・17判タ1318号266頁）。

2　再生計画認可決定確定後の再生手続廃止　　小規模個人再生では再生計画認可決定の確定によって再生手続が当然に終結するため（民再233）、再生手続の廃止による終了は、再生計画認可決定の確定前にしかできないと解されています（伊藤1112頁、新注釈民再（下）514頁［山田尚武］）。他方で、再生計画認可決定確定後であっても、財産目録に重大な不実・不正の記載がある場合は、本条2項による廃止があり得るとする考え方もあります（条解民再1214頁［佐藤鉄男］参照）。

| 判 例 | 東京高決平 21・3・17 判タ 1318 号 266 頁 |
| 文 献 | 条解民再 1212 頁［佐藤鉄男］、新注釈民再（下）510 頁［山田尚武］、伊藤 1112 頁、個人再生の手引 460 頁 |

（通常の再生手続に関する規定の適用除外）
第238条 小規模個人再生においては、第34条第2項、第35条、第37条本文（約定劣後再生債権に係る部分に限る。）及びただし書、第40条、第40条の2（民法第423条の規定により再生債権者の提起した訴訟に係る部分を除く。）、第42条第2項（約定劣後再生債権に係る部分に限る。）、第3章第1節及び第2節、第85条第6項、第87条第3項、第89条第2項及び第94条第1項（これらの規定中約定劣後再生債権に係る部分に限る。）、第4章第3節（第113条第2項から第4項までを除く。）及び第4節、第126条、第6章第2節、第155条第1項から第3項まで、第156条（約定劣後再生債権に係る部分に限る。）、第157条から第159条まで、第163条第2項、第164条第2項後段、第165条第1項、第7章第3節（第172条を除く。）、第174条第1項、第174条の2、第175条第2項、第178条から第180条まで、第181条第1項及び第2項、第185条（第189条第8項、第190条第2項及び第195条第7項において準用する場合を含む。）、第186条第3項及び第4項、第187条、第188条、第200条第2項及び第4項、第202条第1項、第205条第2項並びに第12章の規定は、適用しない。

基本事項

本条は、小規模個人再生において適用を除外する通常再生手続の規定を列挙しています。主な適用除外規定は以下の通りです。

1 手続開始の公告・通知に関する規定（民再34Ⅱ・35・37）

小規模個人再生では、手続開始に当たって通常とは異なる公告等の方法をとっているため（民再222）、これらの規定の適用を除外しています。

2 監督委員および調査委員に関する規定（民再第3章第1節・第2節）

小規模個人再生では、監督委員や調査委員を置いていないため、個人再生委員に準用されるもの以外（民再223）、これらの規定の適用を除外しています。

3 再生債権等に関する規定（民再第4章第3節・第4節・126）

小規模個人再生では、再生債権を実体的に確定させる手続を設けていないため、再生債権の調査・確定手続等の規定を除外しています。また、決議は書面で行われるため（民再230）、債権者集会等の規定も除外しています。

4 否認権に関する規定（民再第6章第2節）

小規模個人再生では、手続の簡易・迅速化のため否認権制度を除外していますが、実務上、通常は、否認対象行為がある場合は清算価値の算定において否認権を行使したことを前提に再生債務者の財産を算定することになります（個人再生の手引249頁）。したがって、重大な問題について否認権行使の必要がある場合は、手続を廃止するか、再生計画を不認可とすることになります（伊藤1099頁）。なお、小規模個人再生手続開始後に再生債権者が再生手続外で別途詐害行為取消権を行使すること

はできないと判示した裁判例があります（東京高判平22・12・22判タ1348号243頁［百選［A11］・INDEX［129］］。また、通常再生の場合に同様の判断をした裁判例として東京地判平19・3・26判時1967号105頁［中断について、☞民再§40条の2］）。

5　再生計画案に関する規定

小規模個人再生では権利変更の一般的基準のみを定め、個別の再生債権に応じた権利変更を行わないため、通常再生の場合の再生計画案に関する多くの規定適用を除外しています。例えば、再生計画による保証・担保の提供（民再158・165Ⅰ・186Ⅲ・Ⅳ）、実質的平等規定（民再155Ⅰ・Ⅱ）、最長10年の弁済期間（同条Ⅲ）、決議に関する規定（民再第7章第3節）、再生計画の効力（民再178・179・180）等を除外しています。

6　その他

小規模個人再生の債務者は個人であることから、債務者が法人であることを前提とする規定（民再5Ⅲ・11・22等）は適用されません。また、本条は、簡易再生および同意再生の規定（民再第12章）も一括して適用を除外しています。

文　献　条解民再1215頁［佐藤鉄男］、新注釈民再（下）516頁［西脇明典］

第2節　給与所得者等再生

前　注

1　意義

小規模個人再生の制度は、将来において継続的または反復的に収入の見込みがある個人再生債務者について、簡易・迅速にその再生を図る手続ですが、さらに、給与等の安定した定期的収入をもつ者を対象にし、手続を簡易・合理化した特則として本章第2節の給与所得者等再生の制度を規定しました。

2　手続の特徴

民再法は、給与所得者等再生について、小規模個人再生の規定を多数準用しつつ給与等の安定した定期的収入をもつ者に、その可処分所得に応じ可能な範囲で最大限の弁済を要求することで債権者の決議を不要にし、以下の通り、小規模個人再生よりも手続を簡易・合理化しています。

(1)　**対象者が限定されていること**

給与またはこれに類する定期的な収入を得る見込みがあり、かつ、その額の変動の幅が小さいと見込まれる者に、手続の対象者を限定しています（民再239Ⅰ）。

(2)　**債権者による決議を要しないこと**

再生計画案の認可不認可に当たり、債権者による決議を経ることを不要とし、再生債権者の意見聴取手続（民再240）を経れば足りるとしています。

(3)　**再生計画の認可要件としての可処分所得要件**

小規模個人再生と同様の最低弁済額要件に加え、再生計画上、弁済期間である3年間（最長5年間）での弁済総額を再生債務者の可処分所得の2年分相当額以上と定める「可処分所得要件」を課しています（民再241Ⅱ⑦）。

3 手続利用の実態

平成12年の民再法の改正により個人再生手続を創設した当時は、債権者による決議の手続が不要とされていることから、小規模個人再生より、いわゆるサラリーマン等を想定した給与所得者等再生のほうが利用されることが多いと予想されていました。しかし、実際には、小規模個人再生でも債権者の同意が得られ、むしろ、可処分所得要件が課されないため、小規模個人再生のほうが弁済額が少なくて済むことから、給与所得者等再生の利用はわずかな割合にとどまっています。

（手続開始の要件等）
第239条 第221条第1項に規定する債務者のうち、給与又はこれに類する定期的な収入を得る見込みがある者であって、かつ、その額の変動の幅が小さいと見込まれるものは、この節に規定する特則の適用を受ける再生手続（以下「給与所得者等再生」という。）を行うことを求めることができる。

2 給与所得者等再生を行うことを求める旨の申述は、再生手続開始の申立ての際（債権者が再生手続開始の申立てをした場合にあっては、再生手続開始の決定があるまで）にしなければならない。

3 再生債務者は、前項の申述をするときは、当該申述が第221条第1項又は第244条において準用する第221条第3項に規定する要件に該当しないことが明らかになった場合に通常の再生手続による手続の開始を求める意思があるか否か及び第5項各号のいずれかに該当する事由があることが明らかになった場合に小規模個人再生による手続の開始を求める意思があるか否かを明らかにしなければならない。ただし、債権者が再生手続開始の申立てをした場合については、この限りでない。

4 裁判所は、第2項の申述が前項本文に規定する要件に該当しないことが明らかであると認めるときは、再生手続開始の決定前に限り、再生事件を通常の再生手続により行う旨の決定をする。ただし、再生債務者が前項本文の規定により通常の再生手続による手続の開始を求める意思がない旨を明らかにしていたときは、裁判所は、再生手続開始の申立てを棄却しなければならない。

5 前項に規定する場合のほか、裁判所は、第2項の申述があった場合において、次の各号のいずれかに該当する事由があることが明らかであると認めるときは、再生手続開始の決定前に限り、再生事件を小規模個人再生により行う旨の決定をする。ただし、再生債務者が第3項本文の規定により小規模個人再生による手続の開始を求める意思がない旨を明らかにしていたときは、裁判所は、再生手続開始の申立てを棄却しなければならない。

　一 再生債務者が、給与又はこれに類する定期的な収入を得る見込みがある者に該当しないか、又はその額の変動の幅が小さいと見込まれる者に該当しないこと。

　二 再生債務者について次のイからハまでに掲げる事由のいずれかがある場合において、それぞれイからハまでに定める日から7年以内に当該申述がされたこと。

　　イ 給与所得者等再生における再生計画が遂行されたこと　当該再生計画認可

の決定の確定の日
　　ロ　第235条第1項（第244条において準用する場合を含む。）に規定する免責の決定が確定したこと　当該免責の決定に係る再生計画認可の決定の確定の日
　　ハ　破産法第252条第1項に規定する免責許可の決定が確定したこと　当該決定の確定の日

基本事項

　本条は、個人再生手続のうち、給与所得者等再生の利用資格等、手続の申立てに関する事項を定めています。

1　要件（利用資格）

　給与所得者等再生の利用に当たっては、債務者による申述が必要です。基本的な手続の流れは小規模個人再生と多くの点で共通していますが、再生計画案について再生債権者による決議が不要とされている点で小規模個人再生と大きく異なります。

　給与所得者等再生の利用には、まず、通常の再生手続の利用資格（民再21Ⅰ）および小規模個人再生の利用資格（民再221Ⅰ）を満たす必要があります。その上で、さらに以下の利用資格を満たさなければなりません（本条Ⅰ）。

(1)　給与またはこれに類する定期的な収入を得る見込みがあること

　給与所得者等再生では、再生計画案の再生債権者による決議が不要とされていることから、再生計画における弁済額が再生債務者の将来の収入に照らして合理的なものであると確認できる必要があります。そのため、給与所得者等再生では、その利用資格を、より安定的な定期的収入を得ている者に制限しています（条解民再1222頁［田頭章一］）。

　給与またはこれに類する定期的な収入とは、いわゆるサラリーマン等の給与が典型的な例です。週給制、月給制または年給制のいずれであっても、支払時期が定まっており、かつ、反復継続して支払われる見込みがある給与であれば、これに該当します［☞ **論点解説**］。

(2)　その額の変動の幅が小さいと見込まれること

　定期的な収入があっても、その額が不安定であれば、将来の収入を確実に把握することができないため、「収入の安定性」を要求しています。この要件は、再生債務者の過去および現在の収入の状況、経済情勢などを総合的に考慮して判断します（条解民再1223頁［田頭章一］）。収入の変動の幅は、可処分所得算定の判断基準に照らして、年収換算で5分の1未満の額の変動であれば、安定性があると解されています（伊藤1119頁）。

2　申述の方法等

　給与所得者等再生を行うことを求める旨の申述は、債務者のみがすることができます（本条Ⅰ）。この申述は、再生手続開始申立ての際に、申立書に記載してしなければなりません（本条Ⅱ、民再規136Ⅰ）。また、債権者が申立てを行った場合には、債務者は、再生手続開始決定の時までに申述する必要があります（本条Ⅱ括弧書）。

給与所得者等再生を行うことを求める旨の申述に際しては、①小規模個人再生の開始要件を具備しない（この場合、給与所得者等再生の要件も満たさない）場合に、通常の再生手続による手続の開始を求める意思があるか否か、②給与所得者等再生の手続開始を妨げる事由がある場合に小規模個人再生による手続の開始を求める意思があるか否かを明らかにしなければなりません（本条Ⅲ、民再規136Ⅱ）。

3　他の手続への移行と申立ての棄却

裁判所は、給与所得者等再生を行うことを求める旨の申述が、小規模個人再生の開始要件に該当しないことが明らかであると認めるときは、再生手続開始決定の前に限り、通常の再生手続により行う旨の決定をします（本条Ⅳ本文）。ただし、再生債務者が通常の再生手続の開始を求める意思がない旨を明らかにしていたときは、再生手続開始の申立ては棄却されます（同条ただし書）。

また、裁判所は、給与所得者等再生を開始すべきでない事由（本条Ⅴ各号）があることが明らかであると認めるとき、再生手続開始決定の前に限り、小規模個人再生により行う旨の決定をします（本条Ⅴ柱書本文）。給与所得者等再生を開始すべきでない事由とは、再生債務者の収入の定期性または安定性の見込みがないこと（本条Ⅴ①）や、給与所得者等再生、小規模個人再生および破産の手続を利用してから7年以内に給与所得者等再生を求める旨の申述がなされていること（同項②ロ）です。

論点解説

給与またはこれに類する定期的な収入を得る見込み　年金や恩給による収入は、給与に類する定期的な収入に当たると解されています（条解民再1222頁［田頭章一］）。アルバイトやパートタイム労働であっても、その勤務が相当期間継続することが見込まれれば、定期的な収入を得る見込みがあるとされています。他方、自営業者の売買代金や請負代金の収入については、一般的に、給与またはこれに類する定期的な収入とは考えにくいとされています（伊藤1119頁）。

　文献　伊藤1119頁、条解民再1219頁［田頭章一］、倒産法概説580頁［笠井正俊］、松下202頁、新注釈民再（下）522頁［野村剛司］、個人再生の手引410頁・418頁

（再生計画案についての意見聴取）
第240条　給与所得者等再生において再生計画案の提出があった場合には、裁判所は、次に掲げる場合を除き、再生計画案を認可すべきかどうかについての届出再生債権者の意見を聴く旨の決定をしなければならない。
　一　再生計画案について次条第2項各号のいずれかに該当する事由があると認めるとき。
　二　一般異議申述期間が経過していないか、又は当該一般異議申述期間内に第244条において準用する第226条第1項本文の規定による異議が述べられた場合において第244条において準用する第227条第1項本文の不変期間が経過していないとき（当該不変期間内に再生債権の評価の申立てがあったときは、再生債権の評価がされていないとき）。

三　特別異議申述期間が定められた場合において、当該特別異議申述期間が経過していないか、又は当該特別異議申述期間内に第244条において準用する第226条第3項の規定による異議が述べられたときであって第244条において準用する第227条第1項本文の不変期間が経過していないとき（当該不変期間内に再生債権の評価の申立てがあったときは、再生債権の評価がされていないとき）。
四　第125条第1項の報告書の提出がされていないとき。
2　前項の決定をした場合には、その旨を公告し、かつ、届出再生債権者に対して、再生計画案の内容又はその要旨を通知するとともに、再生計画案について次条第2項各号のいずれかに該当する事由がある旨の意見がある者は裁判所の定める期間内にその旨及び当該事由を具体的に記載した書面を提出すべき旨を通知しなければならない。
3　給与所得者等再生における第95条第4項及び第167条ただし書の規定の適用については、これらの規定中「再生計画案を決議に付する旨の決定」とあるのは、「再生計画案を認可すべきかどうかについての届出再生債権者の意見を聴く旨の決定」とする。

基本事項

1　趣旨

本条は、給与所得者等再生における再生計画案について届出再生債権者の意見を聴取する手続を規定しています。

給与所得者等再生では、再生債権者に対する弁済総額を再生債務者の可処分所得の2年分相当額以上と定めることを前提に再生計画案についての再生債権者の決議を不要としましたが、再生債権者は、再生計画の効力発生について重大な利害関係を有する立場にあることから、裁判所が認可または不認可の決定を行う前に再生計画案を認可すべきか否かについて届出再生債権者の意見を聴く機会を設けました。

2　意見聴取の手続

裁判所は、再生債務者から再生計画案の提出があった場合、本条1項各号に掲げる事由のいずれかがない限り、意見聴取の決定をしなければなりません（本条Ⅰ）。

この決定をした場合、裁判所は当該決定を公告し、再生債権者に対して、再生計画案の内容またはその要旨とともに再生計画案について不認可事由がある旨の意見があるときには、裁判所の定める期間（決定の日から2週間以上2か月以内の範囲内で定められる〔民再規139Ⅰ〕）内にその意見を提出すべき旨を通知します（本条Ⅱ）。

再生債権者から不認可事由について意見が提出された場合、裁判所は、当該意見を参考にし、再生計画の不認可事由の有無について判断することになります。

文献　伊藤1124頁、条解民再1227頁〔田頭章一〕、倒産法概説581頁〔笠井正俊〕、新注釈民再（下）533頁〔福田あやこ〕

（再生計画の認可又は不認可の決定等）
第241条　前条第2項の規定により定められた期間が経過したときは、裁判所は、

次項の場合を除き、再生計画認可の決定をする。
2　裁判所は、次の各号のいずれかに該当する場合には、再生計画不認可の決定をする。
　一　第174条第2項第1号又は第2号に規定する事由（再生計画が住宅資金特別条項を定めたものである場合については、同項第1号又は第202条第2項第2号に規定する事由）があるとき。
　二　再生計画が再生債権者の一般の利益に反するとき。
　三　再生計画が住宅資金特別条項を定めたものである場合において、第202条第2項第3号に規定する事由があるとき。
　四　再生債務者が、給与又はこれに類する定期的な収入を得ている者に該当しないか、又はその額の変動の幅が小さいと見込まれる者に該当しないとき。
　五　第231条第2項第2号から第5号までに規定する事由のいずれかがあるとき。
　六　第239条第5項第2号に規定する事由があるとき。
　七　計画弁済総額が、次のイからハまでに掲げる区分に応じ、それぞれイからハまでに定める額から再生債務者及びその扶養を受けるべき者の最低限度の生活を維持するために必要な1年分の費用の額を控除した額に2を乗じた額以上の額であると認めることができないとき。
　　イ　再生債務者の給与又はこれに類する定期的な収入の額について、再生計画案の提出前2年間の途中で再就職その他の年収について5分の1以上の変動を生ずべき事由が生じた場合　当該事由が生じた時から再生計画案を提出した時までの間の収入の合計額からこれに対する所得税、個人の道府県民税又は都民税及び個人の市町村民税又は特別区民税並びに所得税法（昭和40年法律第33号）第74条第2項に規定する社会保険料（ロ及びハにおいて「所得税等」という。）に相当する額を控除した額を1年間当たりの額に換算した額
　　ロ　再生債務者が再生計画案の提出前2年間の途中で、給与又はこれに類する定期的な収入を得ている者でその額の変動の幅が小さいと見込まれるものに該当することとなった場合（イに掲げる区分に該当する場合を除く。）　給与又はこれに類する定期的な収入を得ている者でその額の変動の幅が小さいと見込まれるものに該当することとなった時から再生計画案を提出した時までの間の収入の合計額からこれに対する所得税等に相当する額を控除した額を1年間当たりの額に換算した額
　　ハ　イ及びロに掲げる区分に該当する場合以外の場合　再生計画案の提出前2年間の再生債務者の収入の合計額からこれに対する所得税等に相当する額を控除した額を2で除した額
3　前項第7号に規定する1年分の費用の額は、再生債務者及びその扶養を受けるべき者の年齢及び居住地域、当該扶養を受けるべき者の数、物価の状況その他一切の事情を勘案して政令で定める。

基本事項

1　趣旨

本条は、給与所得者等再生における再生計画の認可・不認可に関する基準を定め

る規定です。給与所得者等再生においては、再生計画案についての再生債権者の決議が不要とされていますので、再生債権者に対する意見聴取手続（民再240Ⅰ・Ⅱ）の期間が経過すると、裁判所は、本条2項各号に列挙される不認可事由に該当すると認められる場合を除き、再生計画認可の決定をします（本条Ⅰ）。

2　不認可事由

(1)　通常再生および小規模個人再生と共通のもの（本条Ⅱ①②）

再生手続または再生計画が法律の規定に違反し、かつその不備を補正することができないとき、または再生計画が遂行される見込みがないときは不認可事由に当たります（本条Ⅱ①）。また、再生計画による債権者に分配される利益が、予想破産配当率を下回る場合（いわゆる清算価値保障原則）[☞民再§174　論点解説]も、再生債権者の一般の利益に反するとして、不認可事由としています（本条Ⅱ②）。

(2)　住宅資金特別条項を定めた場合（本条Ⅱ③）

再生計画が住宅資金特別条項を定めたものである場合、再生債務者が住宅の所有権または住宅の用に供されている土地を住宅の所有のために使用する権利を失うこととなると見込まれるときは、住宅資金特別条項を定めた意義がなくなることから、不認可事由に該当します（民再202Ⅱ③参照）。

(3)　手続開始要件とされる事項を不認可事由とするもの（本条Ⅱ④・⑥）

再生債務者が給与またはこれに類する定期的な収入を得ていないか、またはその額の変動の幅が小さいと見込まれる者に該当しないときは、そもそも給与所得者等再生手続の利用適格がないことから（民再239Ⅰ）、不認可事由に該当します（本条Ⅱ④）。また、給与所得者等再生等の手続を利用してから7年以内に給与所得者等再生を求める旨の申述がなされていることが判明した場合も同様です（同条⑥）

(4)　小規模個人再生のみと共通のもの（本条Ⅱ⑤）

最低弁済額の要件など、民再法231条2項に定める小規模個人再生の不認可事由のうち1号以外のものが、給与所得者等再生においても不認可事由とされています。

(5)　可処分所得要件を満たさない場合（本条Ⅱ⑦）

計画弁済総額が可処分所得の2年分相当額に満たないときは、不認可事由に該当します（本条Ⅱ⑦。再生計画が可処分所得要件を満たさず不認可事由があると判示した裁判例として福岡高決平15・6・12判タ1139号292頁（百選［93］［INDEX［152］]）参照）。

可処分所得は、所得税等控除後の平均年収額と1年分の最低生活費に基づき、再生計画案の提出前2年間の年収の変動に応じた計算方法によって算定します。

すなわち、再生計画案の提出前2年間の収入の合計額から、これに対する所得税、住民税および社会保険料（所得税等）を控除した額を2で除し、そこから、再生債務者やその被扶養者の最低限度の生活を維持するために必要な1年分の費用（最低生活費）を差し引いて算出します（本条Ⅱ⑦ハ）。なお、最低生活費の額の定めは政令（「民事再生法第241条3項の額を定める政令」平成13年政令第50号）に委ねられており（本条Ⅲ）、当該政令では、地域、家族構成、年齢構成等に応じた①個人別生活費、②世帯別生活費、③冬季特別生活費、④住居費、⑤勤労必要経費の合計と定めています［☞ より深く学ぶ］。

こうして計算された1年分の可処分所得基準額を2倍にした額以上を計画弁済総額とする必要があります。したがって、給与所得者等再生の手続を選択するに当たっては、可処分所得の計算をあらかじめ正確に見積もっておくことが重要です。この点、再生手続開始申立書には、可処分所得を明らかにするため、確定申告書の写しや源泉徴収票の写しに加え、可処分所得額を明らかにする書面（可処分所得算出シート）を添付することとしています（民再規136Ⅲ①）。

より深く学ぶ
年収の変動等がある場合の可処分所得の算定方法　本条2項7号に定める可処分所得要件に関し、同号イは再生計画案の提出前2年間に再就職もしくは年収に5分の1以上の変動があった場合について、同号ロは再生計画案の提出前2年間の途中で給与所得者等再生の利用資格に該当することとなった場合について可処分所得の算定方法を定めています。それぞれ、再就職もしくは年収の変動が生じたとき、あるいは、利用資格に該当することとなったときから再生計画案提出時までの収入について、当該収入から所得税等を控除した上、これを1年分に換算した額を基準とし、かかる基準からさらに最低生活費を差し引いて1年分の可処分所得基準額を算出することになります。

文献　伊藤1124頁、条解民再1231頁［田頭章一］、倒産法概説581頁［笠井正俊］、松下204頁、新注釈民再（下）537頁［宇賀神徹］、個人再生の手引421頁・442頁

（再生計画の取消し）
第242条　給与所得者等再生において再生計画認可の決定が確定した場合には、計画弁済総額が再生計画認可の決定があった時点で再生債務者につき破産手続が行われた場合における基準債権に対する配当の総額を下回り、又は再生計画が前条第2項第7号に該当することが明らかになったときも、裁判所は、再生債権者の申立てにより、再生計画取消しの決定をすることができる。この場合においては、第189条第2項の規定を準用する。

基本事項
給与所得者等再生においても、再生債務者等が再生計画の履行を怠った場合など一定の事由があるときには、民再法189条1項の適用により再生計画の取消しが可能ですが、本条は、それに加えて、給与所得者等再生に固有の取消事由を定めています（条解民再1237頁［田頭章一］）。

1　再生計画の取消事由
次の事由が明らかとなったとき、裁判所は、再生債権者の申立てにより、再生計画取消しの決定をすることができます。

(1)　**計画弁済総額が再生計画認可決定時点で予想破産配当額を下回ること**
この場合、清算価値保障原則［☞民再§174　**論点解説**］違反として、再生計画の取消事由となります。

(2) 再生計画が可処分所得要件を満たさないこと

再生債務者がその収入を偽ったりした場合がこれに該当します（伊藤1128頁）。

2 取消しの効果

再生計画取消しの決定は、確定によって初めてその効力が生じ（民再189Ⅵ）、再生計画によって変更された再生債権が変更前に回復する（同条Ⅶ本文）点などは、通常再生と同様です〔☞民再§189〕。

文献 伊藤1127頁、条解民再1237頁〔田頭章一〕、新注釈民再（下）544頁〔白﨑識隆〕

（再生手続の廃止）
第243条 給与所得者等再生において、次の各号のいずれかに該当する場合には、裁判所は、職権で、再生手続廃止の決定をしなければならない。
一 第241条第2項各号のいずれにも該当しない再生計画案の作成の見込みがないことが明らかになったとき。
二 裁判所の定めた期間若しくはその伸長した期間内に再生計画案の提出がないとき、又はその期間内に提出された再生計画案に第241条第2項各号のいずれかに該当する事由があるとき。

基本事項

1 趣旨

本条は、通常再生に関する民再法191条1号および2号と同趣旨の規定ですが、給与所得者等再生では、再生計画の決議を経ず、裁判所の認可のみによって再生計画が成立するため、決議を前提としない固有の再生手続の廃止事由を定めています。

2 再生手続の廃止事由

(1) 不認可事由の該当しない再生計画案の作成の見込みがないことが明らかになったとき（本条①）

認可の見込みのある再生計画案を作成する見込みがないことが明らかとなったときは、手続を進行させる意義がなく、裁判所は職権で再生手続廃止の決定をしなければなりません。

(2) 裁判所の定めた期間等内に再生計画案の提出がないとき、またはその期間内に提出された再生計画案に不認可事由があるとき（本条②）

再生計画案の提出がない場合や、再生計画案に民再法241条2項各号に規定する不認可事由が明らかに存在する場合は、前号同様に裁判所は職権で再生手続廃止の決定をしなければなりません。

3 本条以外の廃止事由

本条は、給与所得者等再生に固有の廃止事由を定めるものですが、給与所得者等再生においては、通常手続の廃止に関する第9章も一部の例外を除いて（民再245参照）適用されます。その結果、本条以外の廃止事由として、①再生手続開始事由の不存在（民再192Ⅰ）、②保全命令の違反等（民再193Ⅰ①・②前段）、③再生計画認可後

に計画遂行の見込みがないことが明らかとなったこと（民再194）、および④再生債務者が財産目録に記載すべき財産を記載しなかった場合等（民再244・237Ⅱ）が廃止事由となります（条解民再1240頁［田頭章一］）。

文献 伊藤1127頁、条解民再1239頁［田頭章一］、新注釈民再（下）548頁［白﨑識隆］

（小規模個人再生の規定の準用）
第244条 第221条第3項から第5項まで、第222条から第229条まで、第232条から第235条まで及び第237条第2項の規定は、給与所得者等再生について準用する。

基本事項
1 趣旨
給与所得者等再生は、小規模個人再生の特則であり、両者は共通の手続的な構造をもっているため、小規模個人再生に関する規定の多くを給与所得者等再生に準用しています。

2 準用規定の主な内容
(1) 個人再生委員の選任

裁判所は、給与所得者等再生を求める申述があった場合、利害関係人の申立てによりまたは職権で、個人再生委員を選任することができます（民再223Ⅰ本文）。

(2) 再生債権の届出

再生債権の届出に当たり、議決権額の届出は必要ありません（民再224Ⅰ）。そもそも、給与所得者等再生では、再生債権者による決議は予定されていません。

(3) 貸借対照表の作成免除

給与所得者等再生においても、再生債務者は、再生手続開始後、遅滞なく、再生手続開始時点の財産の価額を評定し、財産目録を作成しなければなりません（民再124Ⅰ・Ⅱ）。ただし、本条による民再法228条の準用により、貸借対照表の作成は免除されます。

(4) ハードシップ免責

給与所得者等再生においても、ハードシップ免責が適用となります（民再235）。

文献 条解民再1241頁［田頭章一］、新注釈民再（下）552頁［福田あやこ］

（通常の再生手続に関する規定の適用除外）
第245条 給与所得者等再生においては、第238条に規定する規定並びに第87条第1項及び第2項、第172条、第174条第2項及び第3項、第191条並びに第202条第2項の規定は、適用しない。

基本事項

1 趣旨

　給与所得者等再生は、通常再生の特則であることから、給与所得者等再生に固有の規定がない限り、原則として通常再生の規定が適用となりますが、本条は、給与所得者等再生において適用を除外する規定を定めています。

2 適用が除外される規定

(1) **小規模個人再生と同様に適用が除外される規定**（民再238条）

　通常再生における監督委員、調査委員に関する規定（民再第3章第1節・第2節）や、債権調査および確定に関する規定（民再第4章第3節）、債権者集会および債権者委員会に関する規定（民再第4章第4節）等は給与所得者等再生においても適用を除外しています。

(2) **給与所得者等再生に固有の適用が除外される規定**

　再生債権者の議決権額について定める民再法87条、議決権の行使方法を定める同法172条、再生計画の不認可の決定について定める同法174条2項、再生計画の認可についての利害関係人の意見陳述を定める同法174条3項、再生計画認可前の手続廃止について定める同法191条および住宅資金特別条項を定めた再生計画不認可決定について定める同法202条2項は適用を除外しています。

文　献　条解民再1245頁［田頭章一］、新注釈民再（下）555頁［福田あやこ］

第14章　再生手続と破産手続との間の移行

> **前　注**
> **1　わが国の倒産法制の特徴**
> 　わが国の倒産法制は、清算型として破産、特別清算を、再建型として民事再生と会社更生を整え、申立人においていずれかの手続を選択する、いわゆる複数手続型の倒産法制を採用しています。これに対して、単一の手続を設定し、いわば入口を1つにして、手続が開始された後に、債務者の状況に応じて清算型・再建型、DIP型・管財人型等に振り分ける単一手続型の倒産法制もあります（伊藤26頁、山本14頁、倒産法概説35頁〔水元宏典〕）。
> 　複数手続型の倒産法制を採用した場合のメリットとしては、申立人において、それぞれの特徴をもつ倒産手続の中から債務者に適合する倒産手続を選択できることが挙げられます。他方で、デメリットとしては、申立人が選択した倒産手続が、債務者にとって必ずしも最適であることの保証がないといった点が指摘されています（倒産法概説36頁〔水元宏典〕）。
> **2　複数手続型における手続間の優先関係**
> 　複数手続型の倒産法制においては、手続が競合する場合があり、この場合に、矛盾した手続の進行を防ぐため優先する一方の手続のみを進行させ、他方は中止する等の扱いを定めています。一般論としては、再建型の手続は清算型の手続に優先し（ただし、民再25②等、例外的に破産手続が優先される場合がある）、再建型の中では会社更生が民事再生に優先し、清算型の中では特別清算が破産に優先します。
> **3　倒産手続間の移行**
> 　複数手続型の倒産法制においては、優先された再建型手続が頓挫したときは、破産手続へと移行することとなります（これを牽連破産という）。その際、債務者財産の散逸等の事態を避けるため、円滑かつ迅速な破産手続への移行が必要となります。そこで、民再法は、再生手続開始申立てが棄却される等した場合で、破産手続開始原因があるときは、裁判所が職権で破産手続を開始できるとしています（民再250）。また、再生手続開始決定の取消し、再生手続廃止もしくは再生計画不認可決定等により再生手続が終了することが見込まれる場合には、同法39条1項の例外として、再生手続中の破産手続開始申立ても認めています（民再249）。
> 　また、再生手続の終了から破産手続が開始されるまでの手続移行期間中の債権者からの強制執行等を中止させたり、再生債務者による財産の散逸を防止するために、裁判所は、中止命令、包括的禁止命令、保全処分、保全管理命令等を行うことができます（民再251）。

4 倒産手続間の手続の一体性の確保

再生手続が異なる手続へ移行した場合に、利害関係人の地位が別異に扱われることによる不公平な結果の回避や円滑な手続移行のため、民再法は、手続の一体性を確保するためのいくつかの規定を設けています（民再252）。

まず、再生手続から破産手続へと移行したときの破産手続における相殺禁止、否認対象行為の基準時、否認権行使期間の始期、財団債権となる労働債権の始期は、それぞれ先行する再生手続における各時点等に繰り上げています（民再252Ⅰ-Ⅴ）。

また、再生手続上の共益債権は、破産手続上、財団債権として扱われます（民再252Ⅵ）。さらに、民再法は、裁判所が相当と認める場合には、破産手続開始決定と同時に、再生手続において再生債権届出がなされていた破産債権については、破産債権届出を要しない旨の決定をすることができるとしています（民再253）。

加えて、再生手続中の訴訟手続等の一部について、再生手続の終了による中断および破産管財人による受継を定めています（民再254Ⅰ）。

文献 伊藤26頁・1136頁、条解民再1247頁［八田卓也］、倒産法概説35頁［水元宏典］、新破産法の基本構造と実務23頁

第1節　破産手続から再生手続への移行

（破産管財人による再生手続開始の申立て）
第246条　破産管財人は、破産者に再生手続開始の原因となる事実があるときは、裁判所（破産事件を取り扱う1人の裁判官又は裁判官の合議体をいう。以下この条において同じ。）の許可を得て、当該破産者について再生手続開始の申立てをすることができる。
2　裁判所は、再生手続によることが債権者の一般の利益に適合すると認める場合に限り、前項の許可をすることができる。
3　裁判所は、第1項の許可の申立てがあった場合には、当該申立てを却下すべきこと又は当該許可をすべきことが明らかである場合を除き、当該申立てについての決定をする前に、労働組合等（当該破産者の使用人その他の従業者の過半数で組織する労働組合があるときはその労働組合、当該破産者の使用人その他の従業者の過半数で組織する労働組合がないときは当該破産者の使用人その他の従業者の過半数を代表する者をいう。）の意見を聴かなければならない。
4　第1項の規定による再生手続開始の申立てについては、第23条第1項の規定は、適用しない。

基本事項
1 趣旨

複数手続型の倒産法制においては、債務者が申し立て、もしくは、債権者より申し立てられた倒産手続が債権者にとって最も有益な手続とは限らないため、本条は、破産者に再生手続開始の原因となる事実があるときには、裁判所の許可を条件に、破産管財人に当該破産者について再生手続開始申立ての権限を付与しました（本条

I)。

　なお、民再法は、破産者および破産者の債権者による再生手続開始申立てを禁止していません（民再21）。よって、本条を踏まえると、破産者、破産管財人、債権者それぞれが、再生手続開始の申立権限を有することになります。

　ただし、一旦破産手続が開始されれば、破産者の事業は廃止され、事業価値が低下し、事業の再生の可能性も急激に低下するのが通常です。そのため、本条の破産管財人による再生手続開始申立ては、事実上、破産手続開始決定から時間が経過していない間に限られると考えられます（新注釈民再（下）559頁［笠井正俊］）。本条と同趣旨の規定が会更法246条にも置かれています。

2　要件

(1)　再生手続開始の原因となる事実があるとき

　再生手続開始の原因となる事実があるときとは、民再法21条1項に定める事由（破産手続開始の原因となる事実の生ずるおそれがあるとき〔同項前段〕と事業の継続に著しい支障を来すことなく弁済期にある債務を弁済することができないとき〔同項後段〕）をいいます。ただし、破産手続開始決定が先行していることから、本条に基づく破産管財人による再生手続開始申立てに当たっては、再生手続開始原因の疎明は不要とされています（本条Ⅳ）。

(2)　裁判所の許可

　破産管財人は、当該破産者についての再生手続開始申立てに先立って、裁判所の許可を得る必要があります（本条Ⅱ）。裁判所は、再生手続によることが債権者の一般の利益に適合すると認める場合、具体的には、破産手続によるよりも再生手続によったほうが債権者の満足が大きくなる場合（条解民再1253頁［八田卓也］）に、本条2項の許可をすることになります。実質的には、裁判所による再生手続開始の条件（民再25②・③）を破産管財人による再生手続開始申立ての許可の段階で先取りして判断することになります（一問一答破産409頁）。そのため、裁判所は、破産管財人から許可の申立てを受けたときは、申立てを却下すべきことまたは当該許可をすべきことが明らかである場合を除き、再生手続開始申立ての場合と同様（民再24条の2）、労働組合等から意見を聴取することになります（本条Ⅲ）。

文献　条解民再1247頁［八田卓也］、新破産法の基本構造と実務25頁、倒産法概説405頁［笠井正俊］、破産・民事再生の実務〔民事再生・個人再生編〕338頁、伊藤1137頁、新注釈民再（下）567頁［笠井正俊］

（再生債権の届出を要しない旨の決定）
第247条　裁判所は、再生手続開始の決定をする場合において、第39条第1項の規定により中止することとなる破産手続において届出があった破産債権の内容及び原因、破産法第125条第1項本文に規定する異議等のある破産債権の数、当該破産手続における配当の有無その他の事情を考慮して相当と認めるときは、当該決定と同時に、再生債権であって当該破産手続において破産債権としての届出があったもの（同法第98条第1項に規定する優先的破産債権である旨の届出があった

債権、共助対象外国租税の請求権及び同法第97条第6号に規定する罰金等の請求権を除く。以下この条において同じ。）を有する再生債権者は当該再生債権の届出をすることを要しない旨の決定をすることができる。
2　裁判所は、前項の規定による決定をしたときは、第35条第1項の規定による公告に、再生債権であって前項の破産手続において破産債権としての届出があったものを有する再生債権者は当該再生債権の届出をすることを要しない旨を掲げ、かつ、その旨を知れている再生債権者に通知しなければならない。
3　第1項の規定による決定があった場合には、同項の破産手続において破産債権としての届出があった債権については、当該破産債権としての届出をした者（当該破産手続において当該届出があった債権について届出名義の変更を受けた者がある場合にあっては、その者。第5項において同じ。）が、第94条第1項に規定する債権届出期間の初日に、再生債権の届出をしたものとみなす。
4　前項の場合においては、当該破産債権としての届出があった債権についての次の各号に掲げる事項の届出の区分に応じ、再生債権の届出としてそれぞれ当該各号に定める事項の届出をしたものとみなす。
　一　破産法第99条第1項に規定する劣後的破産債権である旨の届出があった債権についての同法第111条第1項第1号に掲げる破産債権の額及び原因の届出　第94条第1項に規定する再生債権の内容としての額及び同項に規定する再生債権の原因の届出
　二　当該破産債権としての届出があった債権のうち前号に掲げる債権以外のものについての破産法第111条第1項第1号に掲げる破産債権の額及び原因の届出　第94条第1項に規定する再生債権の内容としての額及び同項に規定する再生債権についての議決権の額並びに同項に規定する再生債権の原因の届出
　三　破産法第99条第2項に規定する約定劣後破産債権である旨の届出があった債権についての同法第111条第1項第3号に掲げるその旨の届出　第94条第1項に規定する約定劣後再生債権である旨の届出
　四　破産法第111条第2項第2号に掲げる別除権の行使によって弁済を受けることができないと見込まれる債権の額の届出　第94条第2項に規定する別除権の行使によって弁済を受けることができないと見込まれる債権の額の届出
5　前2項の規定は、当該破産債権としての届出をした者が第94条第1項に規定する債権届出期間内に再生債権の届出をした場合には、当該破産債権としての届出をした者が有する第3項の破産債権としての届出があった債権については、適用しない。
6　前各項の規定は、第1項の再生手続開始の決定に係る再生手続が小規模個人再生又は給与所得者等再生である場合には、適用しない。

基本事項

1　趣旨

　破産手続開始後に再生手続が開始されると進行中の破産手続は中止します（民再39Ⅰ）。本条は、先行する破産手続における債権届出を流用して手続の合理化を図れるよう裁判所の決定により、先行の破産手続において破産債権としての届出があ

ったものについて再生債権の届出を不要とし、債権届出期間の初日に再生債権の届出があったものとみなすことができることとしました（本条Ⅲ。みなし届出という）。なお、優先的破産債権（破98Ⅰ）および劣後的破産債権である罰金等の請求権（破97⑥）は、いずれも再生手続上、一般の再生債権とは別異に取り扱われるため（優先的破産債権につき民再122Ⅰ・Ⅱ、罰金等の請求権につき民再113Ⅰ）、本条の対象から除外しています（本条Ⅰ括弧書）。本条と同趣旨の規定が会更法247条にも置かれています。

2 債権届出流用の相当性

裁判所が本条の決定を行うか否かは、届出があった破産債権の内容および原因、破産法125条1項本文に規定する異議等のある破産債権の数、当該破産手続における配当の有無その他の事情を考慮して相当か否かにより判断します（本条Ⅰ）。配当の可能性があること、それぞれの手続開始時期の差異が比較的短期であること、新たな債権届出を求めることが債権者や破産管財人にとって煩雑であること等が、みなし届出を認めやすい事情とされています（破産・民事再生の実務〔民事再生・個人再生編〕327頁）。

3 裁判所による決定およびその通知方法

裁判所は、相当と認めたときは、再生手続開始決定と同時に、再生債権であって破産手続において債権届出されたものにつき、改めて届出することを要しない旨の決定をすることができます（本条Ⅰ）。その場合、再生手続開始決定の公告（民再35Ⅰ）にその旨を掲げるとともに、知れている再生債権者にも通知します（本条Ⅱ）。

4 効果

先行する破産手続において破産債権届出をしていた者は、再生債権届出期間（民再94Ⅰ）の初日に再生債権の届出をしたものとみなされます（本条Ⅲ）。また、先行する破産手続において債権届出の名義変更がなされていた場合は、変更後の名義人により再生債権の届出がなされたものとみなされます（同項括弧書）。

通常の破産債権の債権届出（破111Ⅰ①）は、再生債権の内容としての額および再生債権の議決権の額ならびに再生債権の原因の届出があったものとみなされます（本条Ⅳ②）［☞破§111］。

劣後的破産債権（破99Ⅰ）である旨の債権届出（破111Ⅰ）は、再生手続における再生債権の内容としての額および原因の届出があったものとみなされます（「議決権の額」が除かれている。本条Ⅳ①）。約定劣後破産債権（破99Ⅱ）である旨の債権届出（破111Ⅰ③）は、再生手続における約定劣後再生債権（民再94Ⅰ）である旨の届出とみなされます（本条Ⅳ③）。別除権者による予定不足額の届出（破111Ⅱ②）は、再生手続においても予定不足額の届出（民再94Ⅱ）とみなされます（本条Ⅳ④）。

なお、本条に基づく決定がなされた場合に改めて再生債権者が債権届出をしたときは、破産手続における債権届出は再生手続において利用されません（本条Ⅴ）。

5 適用除外

本条は、開始された再生手続が小規模個人再生または給与所得者等再生の場合には適用されません（本条Ⅵ）。

文献 条解民再1257頁［八田卓也］、伊藤1145頁、一問一答破産410頁、新破産法

の基本構造と実務43頁、倒産法概説38頁［水元宏典］、破産・民事再生の実務〔民事再生・個人再生編〕339頁、新注釈民再（下）571頁［笠井正俊］

第2節　再生手続から破産手続への移行

（再生手続開始の決定があった場合の破産事件の移送）
第248条　裁判所（破産事件を取り扱う1人の裁判官又は裁判官の合議体をいう。）は、破産手続開始の前後を問わず、同一の債務者につき再生手続開始の決定があった場合において、当該破産事件を処理するために相当であると認めるときは、職権で、当該破産事件を再生裁判所に移送することができる。

基本事項

　破産手続開始申立てがあった後に再生手続が開始されると、当初の破産手続は中止されるものの（民再39Ⅰ）、再生手続開始決定の取消し、再生計画認可決定の確定前の再生手続廃止決定、または再生計画不認可決定の確定により再生手続が終了した場合、破産手続は再度進行することとなります（一問一答破産412頁）。本条と同趣旨の規定が会更法250条にも置かれています。

　ところで、破産手続が開始された官署としての裁判所と再生手続が開始された官署としての裁判所とが異なることがあります。その場合、再生手続が係属していた裁判所において破産手続を取り扱わせるほうが、従前、積み重ねられた手続を活かし、より迅速な対応が可能な場合があります。そのため、本条は、破産手続が係属している裁判所が破産事件を処理するために相当であると認めるときは、破産手続開始の前後を問わず、職権で再生手続開始決定をした裁判所に破産事件を移送できることとしました。

文　献　伊藤1140頁、倒産法概説462頁［笠井正俊］、条解民再1263頁［八田卓也］、一問一答破産412頁、新破産法の基本構造と実務30頁、松下173頁、新注釈民再（下）578頁［笠井正俊］

（再生手続終了前の破産手続開始の申立て等）
第249条　破産手続開始前の再生債務者について再生手続開始の決定の取消し、再生手続廃止若しくは再生計画不認可の決定又は再生計画取消しの決定（再生手続の終了前にされた申立てに基づくものに限る。以下この条において同じ。）があった場合には、第39条第1項の規定にかかわらず、当該決定の確定前においても、再生裁判所に当該再生債務者についての破産手続開始の申立てをすることができる。破産手続開始後の再生債務者について再生計画認可の決定の確定により破産手続が効力を失った後に第193条若しくは第194条の規定による再生手続廃止又は再生計画取消しの決定があった場合も、同様とする。
2　前項の規定による破産手続開始の申立てに係る破産手続開始の決定は、同項前段に規定する決定又は同項後段の再生手続廃止若しくは再生計画取消しの決定が

確定した後でなければ、することができない。

基本事項
1 趣旨
　再生手続が開始された後は破産手続開始を申し立てることができなくなり（民再39Ⅰ）、この効力は再生手続が終了するまで継続します。しかし、再生手続も開始決定の取消等によって頓挫することがあり、このような場合に取消決定等が確定するまで破産手続開始を申し立てることができないとすると再生手続の終了から破産手続の開始まで時間的間隔が生じて円滑な破産手続の進行が阻害される場合があります。そこで、本条は、再生手続が目的を達成できないために円滑に破産手続へと移行させる必要がある場合に民再法39条1項の例外として、再生手続が終了する前に破産手続開始の申立てをすることを認めています。本条と同趣旨の規定が会更法251条にも置かれています。

2 要件等
　本条により、民再法39条1項の例外として破産手続開始申立てができるのは、①破産手続開始前の再生債務者につき、再生手続開始の決定の取消し、再生手続廃止もしくは再生計画不認可の決定または再生計画取消しの決定（再生手続の終了前にされた申立てに基づくものに限られる）があった場合（本条Ⅰ前段）、②破産手続開始後の再生債務者につき、再生計画認可決定が確定して破産手続開始決定が失効した（民再184）後に、再生債務者の義務違反による再生手続廃止（民再193）、再生計画認可後に再生計画が遂行される見込みがないことが明らかになったとしてされる再生手続廃止（民再194）または再生計画取消しの決定があった場合（本条Ⅰ後段）です。
　本条は再生手続の終了に先立って破産手続開始申立てを認めたにとどまり、破産手続開始決定は、再生計画不認可決定等が確定した後でなければ、することができません（本条Ⅱ）。

　文献　伊藤1139頁、条解民再1265頁［八田卓也］、一問一答破産413頁、新破産法の基本構造と実務32頁、倒産法概説462頁［笠井正俊］、山本187頁、松下173頁、中島＝佐藤335頁、新注釈民再（下）580頁［笠井正俊］

（再生手続の終了に伴う職権による破産手続開始の決定）
第250条　破産手続開始前の再生債務者について再生手続開始の申立ての棄却、再生手続廃止、再生計画不認可又は再生計画取消しの決定が確定した場合において、裁判所は、当該再生債務者に破産手続開始の原因となる事実があると認めるときは、職権で、破産法に従い、破産手続開始の決定をすることができる。
2　破産手続開始後の再生債務者について再生計画認可の決定の確定により再生手続が効力を失った後に第193条若しくは第194条の規定による再生手続廃止又は再生計画取消しの決定が確定した場合には、裁判所は、職権で、破産法に従い、破産手続開始の決定をしなければならない。ただし、前条第1項後段の規定による破産手続開始の申立てに基づいて破産手続開始の決定をする場合は、この限り

でない。

基本事項
1 趣旨
本条は、再生手続から破産手続への移行のうち、裁判所の職権により破産手続へと移行する場合の規定です。本条と同趣旨の規定が裁判所の会更法252条にも置かれています。

2 破産手続開始前の再生債務者
本条1項は、破産手続開始の申立てを前提とする民再法249条と異なり、破産手続開始前の再生債務者について、再生手続開始申立ての棄却、再生手続廃止、再生計画不認可または再生計画取消しの決定が確定した場合に、裁判所が職権により破産手続開始の決定をすることができるとするものです。破産手続開始決定をするかどうかは、裁判所の裁量に委ねられています。ただし、例えば、債権者からなされた再生手続開始申立てがある場合について、破産手続開始原因はあるものの再生計画の認可の見込みがないことが明らかであるとの理由で申立てを棄却した場合には、再生債務者に私的整理による再建の可能性や自らの申立てによる再生手続開始の余地を残すため、裁判所は、破産手続開始決定をすべきでないと解されています（新注釈民再（下）585頁［笠井正俊］）。

裁判所が、破産手続開始決定をするためには、再生債務者に破産手続開始の原因となる事実（破15・16・17）があることが必要です。

3 破産手続開始後の再生債務者
本条2項本文は、破産手続開始後の再生債務者を対象としています。すなわち、破産手続開始後、再生手続の開始により破産手続（民再39）が中止され、再生計画認可決定の確定により破産手続が失効（民再184）したものの、その後に、再生債務者の義務違反による再生手続廃止（民再193）、再生計画が遂行される見込みがないことが明らかになったことによる再生手続廃止（民再194）が確定した場合には、裁判所は職権で破産手続開始の決定をしなければならないとしています。この場合、破産手続開始原因についての審理は不要としています。

4 破産手続が中止されているにとどまる場合
なお、本条が直接定めるところではありませんが、破産手続が先行し、その後に再生手続が開始されたものの破産手続が中止されているにとどまり、失効していない場合は、再生手続が終了し次第中止されていた破産手続が復活します。よって、別途破産手続開始決定をする必要はありません。

文献 伊藤1137頁、条解民再1269頁［八田卓也］、倒産法概説461頁［笠井正俊］、山本187頁、松下173頁、中島＝佐藤335頁、破産・民事再生の実務〔民事再生・個人再生編〕325頁、破産法・民事再生法概論60頁［山本克己］、新注釈民再（下）583頁［笠井正俊］

> **(再生手続の終了等に伴う破産手続開始前の保全処分等)**
> **第251条** 裁判所は、次に掲げる場合において、必要があると認めるときは、職権で、破産法第24条第1項の規定による中止の命令、同法第25条第2項に規定する包括的禁止命令、同法第28条第1項の規定による保全処分、同法第91条第2項に規定する保全管理命令又は同法第171条第1項の規定による保全処分(以下この条及び第254条第4項において「保全処分等」という。)を命ずることができる。
> 一 破産手続開始前の再生債務者につき再生手続開始の申立ての棄却、再生手続開始の決定の取消し、再生手続廃止、再生計画不認可又は再生計画取消しの決定があった場合
> 二 破産手続開始後の再生債務者につき再生計画認可の決定の確定により破産手続が効力を失った後に第193条若しくは第194条の規定による再生手続廃止又は再生計画取消しの決定があった場合
> 2 裁判所は、前項第1号の規定による保全処分等を命じた場合において、前条第1項の規定による破産手続開始の決定をしないこととしたときは、遅滞なく、当該保全処分等を取り消さなければならない。
> 3 第1項第1号の規定による保全処分等は、同号に規定する決定を取り消す決定があったときは、その効力を失う。同項第2号の再生手続廃止又は再生計画取消しの決定を取り消す決定があったときにおける同号の規定による保全処分等についても、同様とする。
> 4 破産法第24条第4項、第25条第6項、第28条第3項、第91条第5項及び第171条第4項の規定にかかわらず、第2項の規定による決定に対しては、即時抗告をすることができない。

基本事項
1 趣旨

前条による破産手続開始決定は、再生手続の終了をもって裁判所の職権によりなされるため、例えば再生計画不認可決定後その確定前までの間は、裁判所は、破産手続開始の決定をすることができず、この間に、再生債務者の財産を保全し、毀損散逸を防止する必要がある場合があります。そこで、本条は、裁判所の職権による中止命令(破24Ⅰ)、包括的禁止命令(破25Ⅱ)、債務者の財産に関する保全処分(破28Ⅰ)、保全管理命令(破91Ⅱ)、否認権のための保全処分(破171Ⅰ。これらを併せて本条では「保全処分等」という)ができることを定めています。民再法制定当初はこれに対応する規定がなく、同法79条に基づく保全管理命令や同法64条の管理命令によって対応していましたが、平成14年改正における16条の2の導入を経て、平成16年改正における本条の制定によってこの場合にも、裁判所が職権で、保全処分等をすることができる旨明記しました。

なお、民再法249条に基づき破産手続開始申立てがされている場合の本条に基づく保全処分等の可否については、否定的に考えられています(条解民再1272頁[八田卓也])。この場合には、本条1項で列挙されている破産法の各条項に基づき、裁判

所に保全処分等を求めることができるからです。本条と同趣旨の規定が会更法253条にも置かれています。

2　保全処分等の取消し・失効

本条1項1号の場合において、裁判所が破産手続開始決定をしないこととしたときは、保全処分等を取り消さなければなりません（本条Ⅱ）。この決定に対して即時抗告をすることはできません（本条Ⅳ）。また、本条1項各号に定められている再生手続廃止決定等を取り消す決定があったときは、保全処分等は失効します（本条Ⅲ）。

文　献　破産・民事再生の実務〔民事再生・個人再生編〕326頁、民事再生の手引422頁、伊藤1138頁、条解民再1271頁〔八田卓也〕、山本187頁、松下173頁、中島＝佐藤335頁、新注釈民再（下）586頁〔笠井正俊〕

（再生手続の終了に伴う破産手続における破産法の適用関係）

第252条　破産手続開始前の再生債務者に関する次に掲げる場合における破産法の関係規定（破産法第71条第1項第4号並びに第2項第2号及び第3号、第72条第1項第4号並びに第2項第2号及び第3号、第160条（第1項第1号を除く。）、第162条（第1項第2号を除く。）、第163条第2項、第164条第1項（同条第2項において準用する場合を含む。）、第166条並びに第167条第2項（同法第170条第2項において準用する場合を含む。）の規定をいう。第3項において同じ。）の適用については、再生手続開始の申立て等（再生手続開始の申立ての棄却、再生手続廃止若しくは再生計画不認可の決定又は再生計画取消しの決定（再生手続の終了前にされた申立てに基づくものに限る。）が確定した場合にあっては再生手続開始の申立て、再生手続開始によって効力を失った特別清算の手続における特別清算開始の申立て又は破産法第265条の罪に該当することとなる再生債務者、その法定代理人若しくは再生債務者の理事、取締役、執行役若しくはこれらに準ずる者の行為をいい、再生計画取消しの決定であって再生手続の終了前にされた申立てに基づくもの以外のものが確定した場合にあっては再生計画取消しの申立てをいう。以下この項において同じ。）は、当該再生手続開始の申立て等の前に破産手続開始の申立てがないときに限り、破産手続開始の申立てとみなす。

一　第250条第1項の規定による破産手続開始の決定があった場合

二　再生手続開始の申立ての棄却の決定の確定前にされた破産手続開始の申立てに基づき、当該決定の確定後に破産手続開始の決定があった場合

三　再生手続開始の決定前にされた破産手続開始の申立てに基づき、再生手続開始の決定の取消しの決定の確定後、第191条から第193条まで、第237条及び第243条の規定による再生計画認可の決定の確定前の再生手続廃止の決定の確定後又は再生計画不認可の決定の確定後に、破産手続開始の決定があった場合

四　第249条第1項前段の規定による破産手続開始の申立てに基づき、破産手続開始の決定があった場合

2　再生計画不認可、再生手続廃止又は再生計画取消しの決定の確定による再生手続の終了に伴い前項各号に規定する破産手続開始の決定があった場合における破産法第176条前段の規定の適用については、再生手続開始の決定の日を同条前段の破産手続開始の日とみなす。

3 破産手続開始後の再生債務者について第249条第1項後段の規定による破産手続開始の申立てに基づいて破産手続開始の決定があった場合又は第250条第2項の規定による破産手続開始の決定があった場合における破産法の関係規定の適用については、次の各号に掲げる区分に応じ、それぞれ当該各号に定める申立てがあった時に破産手続開始の申立てがあったものとみなす。
　一　第193条若しくは第194条の規定による再生手続廃止又は再生計画取消しの決定（再生手続の終了前にされた申立てに基づくものに限る。）の確定に伴い破産手続開始の決定があった場合　再生計画認可の決定の確定によって効力を失った破産手続における破産手続開始の申立て
　二　再生計画取消しの決定で前号に掲げるもの以外のものの確定に伴い破産手続開始の決定があった場合　再生計画取消しの申立て
4 前項に規定する破産手続開始の決定があった場合（同項第1号に掲げる場合に限る。）における破産法第176条前段の規定の適用については、再生計画認可の決定の確定によって効力を失った破産手続における破産手続開始の日を同条前段の破産手続開始の日とみなす。
5 第1項各号又は第3項に規定する破産手続開始の決定があった場合（同項第2号に掲げる場合を除く。）における破産法第149条第1項の規定の適用については、同項中「破産手続開始前3月間」とあるのは、「破産手続開始前3月間（破産手続開始の日前に再生手続開始の決定があるときは、再生手続開始前3月間）」とする。
6 前項に規定する破産手続開始の決定があった場合には、共益債権（再生手続が開始されなかった場合における第50条第2項並びに第120条第1項及び第4項に規定する請求権を含む。）は、財団債権とする。破産手続開始後の再生債務者について再生手続開始の申立ての棄却、第191条から第193条まで、第237条及び第243条の規定による再生計画認可の決定の確定前の再生手続廃止又は再生計画不認可の決定の確定によって破産手続が続行された場合も、同様とする。

基本事項

1　趣旨

　本条は、再生手続の終了に伴う破産手続において破産法の適用関係を明らかにした規定です。具体的には、相殺禁止および否認対象行為の基準時、否認権の行使期限、ならびに財団債権となる労働債権の期間の始期を再生手続におけるものに遡らせ、また、再生手続上の共益債権を破産手続上の財団債権［☞破§148］としています。これらにより、手続の一体性を確保し、公平で円滑な手続移行を図る趣旨です。本条と同趣旨の規定が会更法254条にも置かれています。

2　相殺禁止および否認対象行為の基準時

　破産法は、破産者が危機的状況に陥った後に相手方が取得した破産債権、負担した債務との相殺を一定の場合に禁止し（破71・72）、また、危機的状況に陥った後の破産者の財産処分行為を一定の場合に破産管財人が否認できることとしています（破160以下）が、破産者が危機的状況に陥ったことの基準時の1つとして、破産手続開始申立てを定めています（相殺禁止につき破71・72。否認権につき破160・162・163・164

等）。

　再生手続が先行し、その後破産手続開始に至った場合には、先行する再生手続において、債務者はすでに危機時期に陥っていると認められることから、先行する再生手続開始申立て（または本条1項括弧書にいう場合における再生計画取消しの申立て）を相殺禁止、否認権対象行為の基準時としています（本条）。具体的には、破産手続開始前の再生債務者については、再生手続開始申立ての前に破産手続開始申立てがある場合を除き、再生手続開始申立て（または本条1項括弧書にいう場合における再生計画取消しの申立て）の時を基準時とし（本条Ⅰ）、破産手続開始後の再生債務者で、民再法193条もしくは同法194条の規定による再生手続廃止または再生手続終了前の申立てに基づく再生計画取消しの決定の確定により破産手続開始決定があったときは、失効した破産手続開始申立時を基準時とし（本条Ⅲ①）、再生手続終了後の申立てに基づく再生計画取消しの決定の確定に伴い破産手続開始の決定があった場合は、再生計画取消しの申立時を基準時としています（同項②）。

3　否認権の行使期間

　破産手続における否認権の行使期間は、破産手続開始日から2年とされています（破176前段）。再生手続が先行し、その後に破産手続が開始された場合に、破産手続開始時を否認権行使期間の始期とすると、その時点から前記の行使期間は進行しますが、その場合、起算点が遅くなる分、否認対象行為の相手方は長い期間不安定な地位に置かれます。そこで、本条は、否認権の行使期間との関係では、破産手続開始前の再生債務者については再生手続開始決定日を破産手続開始決定日とみなし、これを起算点としました（本条Ⅱ）。破産手続開始後の再生債務者については、再生手続に先立つ破産手続開始日を起算点とみなしています（本条Ⅳ）。

4　共益債権の財団債権化

　先行する再生手続における共益債権は後行する破産手続における財団債権［☞破§148］とされます（本条Ⅵ）。この趣旨は、先行する再生手続の共益債権は後行する破産手続においても共益性を有すると考えられる点、共益債権が破産債権となって弁済を受けられないこととなれば再生債務者との取引の安全を害することとなり、ひいては再生債務者と取引する者が現れなくなって、事業再生と再生手続の円滑な進行を妨げることから、これを回避する点にあります。

5　労働債権の保護

　破産法上、破産手続開始前3か月間の労働債権は、労働者保護の観点から財団債権とされています（破149Ⅰ）。他方、再生手続開始後の労働債権は共益債権と位置付けられています（民再119②）。したがって、再生手続開始後3か月を経過して、再生手続が破産手続へ移行した場合には、再生手続開始後の労働債権として共益債権とされたことにより財団債権となる労働債権と、破産法149条1項により特に保護されて財団債権とされる労働債権とが重複することとなり、破産法が労働債権を特に保護しようとした意義が薄れることになります。そこで、本条5項は、本条1項各号・3項1項により、再生手続が破産手続へ移行した場合には、再生手続開始前3か月間給料も財団債権に含めることとしています（本条Ⅴ）。

文　献　伊藤1140頁、条解民再1274頁［八田卓也］、倒産法概説463頁［笠井正俊］・463頁［笠井正後］、破産・民事再生の実務［民事再生・個人再生編］327頁、山本188頁、松下175頁、中島＝佐藤336頁、新注釈民再（下）590頁［笠井正俊］

（破産債権の届出を要しない旨の決定）
第253条　裁判所（破産事件を取り扱う1人の裁判官又は裁判官の合議体をいう。次項において同じ。）は、前条第1項各号又は第3項に規定する破産手続開始の決定をする場合において、終了した再生手続において届出があった再生債権の内容及び原因並びに議決権の額、第105条第1項本文に規定する異議等のある再生債権の数、再生計画による権利の変更の有無及び内容その他の事情を考慮して相当と認めるときは、当該決定と同時に、破産債権であって当該再生手続において再生債権としての届出があったもの（再生手続開始前の罰金等及び共助対象外国租税の請求権を除く。以下この条において同じ。）を有する破産債権者は当該破産債権の届出をすることを要しない旨の決定をすることができる。
2　裁判所は、前項の規定による決定をしたときは、破産法第32条第1項の規定による公告に、破産債権であって前項の再生手続において再生債権としての届出があったものを有する破産債権者は当該破産債権の届出をすることを要しない旨を掲げ、かつ、その旨を知れている破産債権者に通知しなければならない。
3　第1項の規定による決定があった場合には、同項の再生手続において再生債権としての届出があった債権については、当該再生債権としての届出をした者（当該再生手続において当該届出があった債権について届出名義の変更を受けた者がある場合にあっては、その者。第6項において同じ。）が、破産法第111条第1項に規定する債権届出期間の初日に、破産債権の届出（同項第4号に掲げる事項の届出を含む。）をしたものとみなす。
4　前項の場合においては、当該再生債権としての届出があった債権についての次の各号に掲げる事項の届出の区分に応じ、破産債権の届出としてそれぞれ当該各号に定める事項の届出をしたものとみなす。
　一　第87条第1項第3号ロからニまでに掲げる債権についての第94条第1項に規定する再生債権についての議決権の額及び再生債権の原因の届出　破産法第111条第1項第1号に掲げる破産債権の額及び原因の届出
　二　当該再生債権としての届出があった債権のうち前号に掲げる債権以外のものについての第94条第1項に規定する再生債権の内容としての額及び再生債権の原因の届出　破産法第111条第1項第1号に掲げる破産債権の額及び原因の届出
　三　第84条第2項各号に掲げる債権についての第94条第1項に規定する再生債権の内容の届出　破産法第111条第1項第3号に掲げる劣後的破産債権である旨の届出
　四　第87条第1項第1号、第2号又は第3号イに掲げる債権についての第94条第1項に規定する再生債権の内容としての額及び再生債権についての議決権の額の届出　届出があった再生債権の内容としての額から届出があった再生債権についての議決権の額を控除した額に係る部分につき破産法第111条第1項

3号に掲げる劣後的破産債権である旨の届出
　　五　約定劣後再生債権である旨の届出があった債権についての第94条第1項に規定するその旨の届出　破産法第111条第1項第3号に掲げる約定劣後破産債権である旨の届出
　　六　第94条第2項に規定する別除権の行使によって弁済を受けることができないと見込まれる債権の額の届出　破産法第111条第2項第2号に掲げる別除権の行使によって弁済を受けることができないと見込まれる債権の額の届出
5　前項各号（第4号を除く。）の規定にかかわらず、第1項の再生手続が小規模個人再生又は給与所得者等再生であるときは、届出があった再生債権の額及び原因並びに担保不足見込額（第225条の規定により届出をしたものとみなされる再生債権の額及び原因並びに担保不足見込額を含む。）を破産債権の額及び原因並びに破産法第111条第2項第2号に掲げる別除権の行使によって弁済を受けることができないと見込まれる債権の額として届出をしたものとみなす。
6　前3項の規定は、当該再生債権としての届出をした者が破産法第111条第1項に規定する債権届出期間内に破産債権の届出をした場合には、当該再生債権としての届出をした者が有する第3項の再生債権としての届出があった債権については、適用しない。
7　前各項の規定は、再生計画の履行完了前に再生債務者についてされる破産手続開始の決定に係る破産手続について準用する。

基本事項

1　趣旨

　本条は、再生手続から破産手続への移行（牽連破産）の場合に、終了した再生手続における再生債権の届出を流用して手続の合理化を図れるよう、裁判所の決定により、終了した再生手続において再生債権としての届出があったものについて、債権届出期間の初日に破産債権の届出をしたものとみなすことができるとした規定です。民再法247条が、破産手続から再生手続への移行の場合に、破産債権者によりなされた債権届出を再生債権の届出とみなすことができることとしたのと同趣旨の規定です。本条と同趣旨の規定が会更法255条にも置かれています。

2　要件

　本条1項の債権届出を要しない旨の決定は、裁判所が、民再法252条1項各号または同条3項に規定する破産手続開始決定をする場合であり、再生債権の内容および原因ならびに議決権の額、異議等のある再生債権（民再105Ⅰ本文）の数、再生計画による権利の変更の有無および内容その他の事情を考慮して相当と認められることが要件となります。

　裁判所は、前記要件を満たすと判断した場合、破産手続開始決定と同時に、再生手続開始前の罰金等（民再97①）および共助対象外国租税の請求権（民再26Ⅰ⑤参照）を除いた破産債権であって当該再生手続において再生債権としての届出があったものを有する破産債権者は債権届出を要しない旨の決定をすることができます（本条Ⅰ）。

3　効果

　裁判所が債権届出を要しない旨の決定をしたときは、先行の再生手続において再生債権の届出をした者は、後行する破産手続における債権届出期間（破111Ⅰ）の初日に破産債権の届出をしたものとみなされます（本条Ⅲ）。なお、劣後的破産債権（破99Ⅰ）の存在や破産債権の金銭化（破103Ⅱ①）等、再生債権と破産債権とで取扱いを異にするところがあるため、本条4項において、再生債権の届出の内容を破産債権の届出として読み替えるための詳細な規定を置いています（条解民再1286頁［八田卓也］参照）。

　再生債権者が、債権届出期間内に破産債権の届出をした場合には、当該破産債権の届出が有効となり、再生債権の届出について本条3項ないし5項の規定は適用されず、再生債権の届出は破産債権の届出とはみなされません（本条Ⅵ）。また、小規模個人再生または給与所得者等再生における債権届出の流用については、すべての再生債権を金銭的に評価して届け出ることになっていることなど同手続の特性に応じて、必要な届出内容の読替えが行われることとなっています（本条Ⅴ）。

4　公告

　本条1項の規定による決定をした裁判所は、破産手続開始決定の公告（破32Ⅰ）に、すでに再生債権として届出をしている破産債権者は新たな届出を要しない旨を掲げ、知れている破産債権者にもその旨を通知します（本条Ⅱ）。知れている破産債権者とは、通知をする当時、記録上氏名・名称、住所・事務所が判明している者を意味し、破産者がその債権の認否を争っている者も含まれます（破32条参照）[☞破§32]。

5　準用

　本条は、再生計画の履行完了前に再生債務者についてされる破産手続開始決定に係る破産手続の場合にも準用されます（本条Ⅶ）。

　文献　伊藤1144頁、条解民再1283頁［八田卓也］、倒産法概説463頁［笠井正俊］、松下177頁、中島＝佐藤338頁、破産・民事再生の実務［民事再生・個人再生編］327頁、新注釈民再（下）597頁［笠井正俊］

（否認の請求を認容する決定に対する異議の訴え等の取扱い）
第254条　再生計画不認可、再生手続廃止又は再生計画取消しの決定の確定により再生手続が終了した場合において、第252条第1項各号又は第3項に規定する破産手続開始の決定があったときは、第68条第2項又は第137条第6項の規定により中断した同条第1項の訴えに係る訴訟手続（再生手続が終了した際現に係属する同項の訴えに係る訴訟手続で第141条第1項の規定により中断しているものを含む。第3項及び第4項において同じ。）は、破産管財人においてこれを受け継ぐことができる。この場合においては、受継の申立ては、相手方もすることができる。
2　前項の場合においては、相手方の否認権限を有する監督委員又は管財人に対する訴訟費用請求権は、財団債権とする。

3　第1項の場合において、第68条第2項又は第137条第6項の規定により中断した同条第1項の訴えに係る訴訟手続について第1項の規定による受継があるまでに破産手続が終了したときは、当該訴訟手続は、終了する。
　4　第68条第2項又は第137条第6項の規定により中断した同条第1項の訴えに係る訴訟手続であって破産手続開始前の再生債務者についての再生事件に係るものは、その中断の日から1月（その期間中に第251条第1項第1号の規定による保全処分等又は第252条第2項各号に掲げる破産手続開始の申立てに係る破産手続における保全処分等がされていた期間があるときは、当該期間を除く。）以内に第252条第1項各号に規定する破産手続開始の決定がされていないときは、終了する。
　5　第112条の2第1項の規定により引き続き係属するものとされる第105条第1項本文の査定の申立てに係る査定の手続は、第252条第1項各号又は第3項に規定する破産手続開始の決定があったときは、終了するものとする。この場合においては、第112条の2第3項の規定は、適用しない。
　6　第4項の規定は、第112条の2第4項の規定により中断した第106条第1項の訴えに係る訴訟手続であって破産手続開始前の再生債務者についての再生事件に係るものについて準用する。

基本事項
1　趣旨
　本条は、再生手続が終了した後に破産手続が開始した場合における、否認の請求を認容する決定に対する異議の訴え（民再137Ⅰ）、再生債権の査定手続（民再105Ⅰ）、再生債権査定の申立てについての裁判に対する異議の訴え（民再106Ⅰ）の各手続の帰趨を定めたものです。本条と同趣旨の規定が会更法256条にも置かれています。

2　否認の請求を認容する決定に対する異議の訴えの帰趨
　否認の請求を認容する決定に対して相手方より提起された異議の訴えは、再生計画不認可、再生手続廃止または再生計画取消しの決定の確定により再生手続が終了したときに中断します（民再137Ⅵ）。また、再生手続において管財人が選任されている場合、管財人を当事者とする財産関係の訴訟手続についても、再生手続が終了したときは、中断します（民再68Ⅱ）。
　これらの訴訟手続を中断することとしたのは、再生手続が終了した後に開始する可能性のある破産手続に備え、これまで行われてきた訴訟手続における訴訟資料を破産管財人も利用できるようにするためです（一問一答破産423頁）。
　これらの訴訟手続につき、再生手続が終了した後に破産手続が開始されたときは、当該破産手続の破産管財人において当該訴訟を受継することができます（本条Ⅰ）。相手方も受継の申立てをすることができ、相手方の訴訟費用請求権は、財団債権となります（同項・Ⅱ）。
　これらの訴訟手続が受継される前に破産手続が終了したときは、当該訴訟手続は終了します（本条Ⅲ）。また、これらの訴訟手続が、破産手続開始前の再生債務者についての再生事件に係るものであったときは、再生計画不認可決定等が確定して訴

訟手続が中断した日から原則として1か月以内に破産手続開始決定がされない場合、終了します（本条Ⅳ）。

3　再生債権の査定手続の帰趨

再生債権の査定手続は、再生計画認可決定の確定前に再生手続が終了したときは終了し、再生計画認可決定の確定後に再生手続が終了したときは引き続き係属するものとされています（民再112条の2Ⅰ）。再生手続が終了した後も係属するものとされている再生債権の査定手続も、その後に牽連破産手続が開始された場合は終了します（本条Ⅴ）。査定の手続は簡易迅速な手続であり、牽連破産手続における債権確定手続において調査・確定することが合理的だからです（一問一答破産420頁）。

4　再生債権査定の申立てについての裁判に対する異議の訴えの帰趨

再生手続が終了した際、現に係属する再生債権査定申立てについての裁判に対する異議の訴えのうち、再生債務者等（再生債務者、管財人。民再2②）が当事者でないものは、再生計画認可決定の確定後に再生手続が終了したときは引き続き係属しますが、再生計画認可決定の確定前に再生手続が終了したときは中断します（民再112条の2Ⅳ）。中断した異議の訴えは後の破産手続において受継の対象となります（破127Ⅰ）が、当該異議の訴えが破産手続開始前の再生債務者に係るものであったときは、中断の日から1か月以内に破産手続開始決定がされない場合、終了します（本条Ⅵ）。

文献　伊藤1146頁、条解民再1289頁［八田卓也］、倒産法概説463頁［笠井正俊］、山本188頁、一問一答破産420頁、新注釈民再（下）604頁［笠井正俊］

第15章　罰　則

> **前　注**

1　趣旨

　再生手続開始の前後に、債務者・債権者等のさまざまな利害関係人の違法行為が行われることによって、利害関係人を害したり再生手続の適正な進行が阻害されるおそれがあります。そこで、このような違法行為を抑止するために、刑法等による刑事罰の他に民再法は255条以下において、処罰規定を設けています。

2　再生犯罪の保護法益による分類

　再生犯罪とは、再生手続開始前後になされる再生債務者などの行為で強度の違法性を帯び、再生手続の目的を実現するために刑事罰をもって抑止すべきものをいいます（伊藤1129頁）。再生犯罪は、以下のように分類することができます。

　まず、再生債権者の財産上の利益を保護法益とする実質的侵害罪があります。例えば、詐欺再生罪（民再255）や特定の債権者に対する担保の供与等の罪（民再256）がこれに該当します。次に、再生手続の適正な遂行を保護法益とする手続的侵害罪があります。例えば、監督委員等の特別背任罪（民再257）、報告および検査の拒絶等の罪（民再258）、業務および財産の状況に関する物件の隠匿等の罪（民再259）、監督委員等に対する職務妨害の罪（民再260）、収賄罪（民再261）および贈賄罪（民再262）がこれに該当します。最後に、再生債務者の経済的再生を保護法益とする再生債務者等に対する面会強請等の罪（民再263）があります（伊藤1129頁）。

3　再生犯罪の罪質による分類

　また、再生犯罪は、行為の目的、性質によって下記の通り整理することができます（新注釈民再（下）610頁［大川治］）。

① 　債権者を害する目的で行った行為（2項の1番目の類型）
　　ⅰ詐欺再生罪（民再255）
　　ⅱ特定の債権者に対する担保の供与等の罪（民再256）
② 　再生手続に必要な資料および情報の収集を妨害する行為（2項の2番目の類型）
　　ⅰ報告および検査の拒絶等の罪（民再258）
　　ⅱ業務および財産の状況に関する物件の隠滅等の罪（民再259）
③ 　監督委員の義務違反行為（2項の2番目の類型）
　　ⅰ監督委員等の特別背任罪（民再257）
　　ⅱ収賄罪（民再261）
　　ⅲ贈賄罪（民再262）
④ 　監督委員等の職務を妨害する行為（2項の2番目の類型）
　　監督委員等に対する職務妨害の罪（民再260）

⑤ 再生債務者等に対する面会の強請等の行為（2項の3番目の類型）
　再生債務者等に対する面会強請等の罪（民再263）

4　客観的処罰条件

　客観的処罰条件とは、犯罪行為とは無関係な客観的事実の存在をもって刑罰権発生の条件としているものをいいます。詐欺再生罪（民再255）、特定の債権者に対する担保の供与等の罪（民再256）および業務および財産の状況に関する物件の隠滅等の罪（民再259）は、「再生手続開始の決定が確定した」ことを要件としており、再生手続開始決定の確定を条件として処罰されます。

5　国外犯（民再264）および両罰規定（民再265）

　民再法は、国外犯の処罰規定と両罰規定を定めています。国外犯とは、刑法の場所的適用範囲に関する通説である偏在説によれば、構成要件に該当する事実のすべてが国外で行われ、または発生した犯罪をいいます（大塚仁＝河上和雄＝中山善房＝古田佑紀編『大コンメンタール刑法(1)〔第3版〕』90頁［古田祐紀＝渡辺咲子］）。また、両罰規定とは、従業者の違反行為につき、違反行為者および事業主の双方を処罰する規定をいいます（同139頁［古田祐紀＝田寺さおり］）。

　詐欺再生罪（民再255）、特定の債権者に対する担保の供与等の罪（民再256）、業務および財産の状況に関する物件の隠滅等の罪（民再259）、監督委員等に対する職務妨害の罪（民再260）、および贈賄罪（民再262）は、刑法2条に従い、日本国外において違反行為を行った者にも適用され（民再264Ⅰ）、監督委員等の特別背任罪（民再257）および収賄罪（民再261。ただし同条5項を除く）は、刑法4条に従い、日本国外において日本国民に対して当該違反行為を行った者についても適用されます（民再264Ⅱ）。

　また、詐欺再生罪（民再255）、特定の債権者に対する担保の供与等の罪（民再256）、報告および検査の拒絶等の罪（民再258。ただし同条1項を除く）、業務および財産の状況に関する物件の隠滅等の罪（民再259）、監督委員等に対する職務妨害の罪（民再260）、贈賄罪（民再262）、および再生債務者等に対する面会強請等の罪（民再263）は、両罰規定であり、行為者のみならず法人に対しても罰金刑が科されます（民再265）。

（詐欺再生罪）
第255条　再生手続開始の前後を問わず、債権者を害する目的で、次の各号のいずれかに該当する行為をした者は、債務者について再生手続開始の決定が確定したときは、10年以下の懲役若しくは1000万円以下の罰金に処し、又はこれを併科する。情を知って、第4号に掲げる行為の相手方となった者も、再生手続開始の決定が確定したときは、同様とする。
　一　債務者の財産を隠匿し、又は損壊する行為
　二　債務者の財産の譲渡又は債務の負担を仮装する行為
　三　債務者の財産の現状を改変して、その価格を減損する行為
　四　債務者の財産を債権者の不利益に処分し、又は債権者に不利益な債務を債務

者が負担する行為
2　前項に規定するもののほか、債務者について管理命令又は保全管理命令が発せられたことを認識しながら、債権者を害する目的で、管財人の承諾その他の正当な理由がなく、その債務者の財産を取得し、又は第三者に取得させた者も、同項と同様とする。

基本事項

　本条は、倒産に関わる最も基本的な犯罪類型である詐欺再生罪について定めています。詐欺再生罪とは、再生手続開始の前後を問わず、債権者を害する目的で、債務者の財産を隠匿または損壊等する罪、または、債務者について管理命令または保全管理命令が発せられていることを認識しながら、債権者を害する目的で、管財人の承諾またはその他の正当な理由なく、債務者の財産を取得等する罪をいいます。詐欺再生罪は、再生債権者の財産上の利益を保護して、再生手続の適正な実現を確保しようとする再生犯罪です。本条と同趣旨の規定が破産法265条および会更法266条にも置かれています。

　行為の主体に制限はありません。主観的要件として、行為者に、故意に加え、債権者を害する目的が必要です。行為の時期は、再生手続開始の前後を問いません。

　詐欺破産罪を構成する行為は以下の5つの行為になります。
① 債務者の財産を隠匿し、または損壊する行為（本条Ⅰ①）
② 債務者の財産の譲渡または債務の負担を仮装する行為（本条Ⅰ②）
③ 債務者の財産の現状を改変して、その価格を減損する行為（本条Ⅰ③）
④ 債務者の財産を債権者の不利益に処分し、または債権者に不利益な債務を債務者が負担する行為（本条Ⅰ④）
⑤ 債務者について管理命令または保全管理命令が発せられたことを認識しながら、債権者を害する目的で、管財人の承諾その他の正当な理由がなく、その債務者の財産を取得し、または第三者に取得させる行為（本条Ⅱ）

　③は、更地に建造物を建てるなど、損壊とまではいえない財産の価値減少行為を対象とします。また、②が財産の譲渡または債務負担を仮装する行為であるのに対し、④は法律上有効な処分行為または債務負担行為が対象となります。⑤は、管財人または保全管理人が現実の占有を取得するまでの間の違反行為につき、いまだ占有が害されておらず窃盗罪や詐欺罪とならない可能性があるために設けられた規定です。

　本条1項の罪は、再生手続開始決定が確定したことを処罰の条件としています。これに対し、本条2項の罪については、債務者の財産の管理処分権限は、管理命令または保全管理命令が発令されれば、再生手続開始決定の確定を待たずに管財人・保全管理人に移転するため、再生手続開始決定の確定は必要とされていません。

　本条違反の行為は、国外犯の処罰規定（民再264Ⅰ）および両罰規定（民再265）が適用されます。

文献　伊藤1130頁、条解民再1296頁［丸山雅夫］、倒産法概説593頁［山本和彦］、

詳解民再 686 頁［塩見淳］、新注釈民再（下）615 頁［大川治］

（特定の債権者に対する担保の供与等の罪）
第 256 条 債務者が、再生手続開始の前後を問わず、特定の債権者に対する債務について、他の債権者を害する目的で、担保の供与又は債務の消滅に関する行為であって債務者の義務に属せず又はその方法若しくは時期が債務者の義務に属しないものをし、再生手続開始の決定が確定したときは、5 年以下の懲役若しくは 500 万円以下の罰金に処し、又はこれを併科する。

基本事項

　本条の行為の主体は債務者であり、再生手続開始決定の前後を問いません。主観的要件として債権者を害する目的が必要です。本条と同趣旨の規定が破産法 266 条および会更法 267 条にも置かれています。
　本条にいう「担保の供与」とは、債務者が抵当権や質権などの担保権を設定することをいい、「債務の消滅」とは、弁済、更改、代物弁済などを意味します。本条では、問題となる債務者の行為が債務者の義務に属しないもの、または、その方法・時期が債務者の義務に属しないものである必要があります。よって、例えば債務者の義務に属する本旨弁済は、本条の対象にはなりません。本条は、再生手続開始決定が確定したことを処罰の条件としています（客観的要件）。
　本条違反の行為については、国外犯の処罰規定（民再 264 Ⅰ）および両罰規定（民再 265）が適用されます。

　文　献　伊藤 1131 頁、条解民再 1300 頁［丸山雅夫］、倒産法概説 594 頁［山本和彦］、詳解民再 689 頁［塩見淳］、新注釈民再（下）626 頁［大川治］

（監督委員等の特別背任罪）
第 257 条 監督委員、調査委員、管財人、保全管理人、個人再生委員、管財人代理又は保全管理人代理が、自己若しくは第三者の利益を図り又は債権者に損害を加える目的で、その任務に背く行為をし、債権者に財産上の損害を加えたときは、10 年以下の懲役若しくは 1000 万円以下の罰金に処し、又はこれを併科する。
2　監督委員、調査委員、管財人、保全管理人又は個人再生委員（以下この項において「監督委員等」という。）が法人であるときは、前項の規定は、監督委員等の職務を行う役員又は職員に適用する。

基本事項

　本条は、監督委員等について、その職務の重要性の観点から、刑法の背任罪（刑 247）の法定刑を加重したものです。本条と同趣旨の規定が破産法 267 条および会更法 268 条にも置かれています。
　行為の主体は、監督委員、調査委員、管財人、保全管理人、個人再生委員、管財人代理または保全管理人代理であり、主観的要件は、自己もしくは第三者の利益を

図りまたは債権者に損害を加える目的債権者を害する目的が必要です。

本条違反の行為については、国外犯の処罰規定（民再264Ⅱ）が適用されます。

文献 伊藤1132頁、条解民再1301頁［丸山雅夫］、倒産法概説595頁［山本和彦］、詳解民再690頁［塩見淳］、新注釈民再（下）629頁［大川治］

（報告及び検査の拒絶等の罪）
第258条 第59条第1項各号に掲げる者若しくは同項第2号から第5号までに掲げる者であった者が、同項若しくは同条第2項において準用する同条第1項（これらの規定を第63条、第78条又は第83条第1項において準用する場合を含む。）の規定による報告を拒み、若しくは虚偽の報告をしたとき、又は再生債務者若しくはその法定代理人が第223条第8項（第244条において準用する場合を含む。）の規定による報告を拒み、若しくは虚偽の報告をしたときは、3年以下の懲役若しくは300万円以下の罰金に処し、又はこれを併科する。

2　第59条第1項第2号から第5号までに掲げる者若しくは当該各号に掲げる者であった者（以下この項において「報告義務者」という。）の代表者、代理人、使用人その他の従業者（第4項において「代表者等」という。）が、その報告義務者の業務に関し、同条第1項若しくは同条第2項において準用する同条第1項（これらの規定を第63条、第78条又は第83条第1項において準用する場合を含む。）の規定による報告を拒み、若しくは虚偽の報告をしたとき、又は再生債務者の法定代理人の代理人、使用人その他の従業者が、その法定代理人の業務に関し、第223条第8項（第244条において準用する場合を含む。）の規定による報告を拒み、若しくは虚偽の報告をしたときも、前項と同様とする。

3　再生債務者が第59条第1項（第63条、第78条又は第83条第1項において準用する場合を含む。）の規定による検査を拒んだとき、又は再生債務者若しくはその法定代理人が第223条第8項（第244条において準用する場合を含む。）の規定による検査を拒んだときも、第1項と同様とする。

4　第59条第3項に規定する再生債務者の子会社等（同条第4項の規定により再生債務者の子会社等とみなされるものを含む。以下この項において同じ。）の代表者等が、その再生債務者の子会社等の業務に関し、同条第3項（第63条、第78条又は第83条第1項において準用する場合を含む。）の規定による報告若しくは検査を拒み、又は虚偽の報告をしたときも、第1項と同様とする。

基本事項

再生手続の適正かつ迅速な遂行のためには、再生債務者などの関係人が裁判所や監督委員等に対して必要な情報を提供することが必要であるといえ、民再法は、再生債務者などの関係人について報告義務や検査受忍義務を規定しています（民再59Ⅰ・Ⅱ・223Ⅷなど）。本条は、再生債務者などの関係人がこれらの義務に違反した場合には、一定の要件をもとに刑事罰を科すこととしています。本条と同趣旨の規定が破産法268条および会更法269条にも置かれています。

本条の対象となる行為は以下の通りです。

①　再生債務者、再生債務者の代理人、法人である再生債務者の理事、取締役、

執行役、監事、監査役、清算人およびこれらに準ずるものならびにこれらの地位にあったもの、再生債務者の従業者および従業者であったものが、監督委員、調査委員、管財人、保全管理人および個人再生委員に対して報告を拒み、または虚偽の報告をしたとき（本条Ⅰ・Ⅱ）
② 再生債務者または再生債務者の法定代理人が、監督委員などによる検査を拒んだとき（本条Ⅲ）
③ 再生債務者の子会社等の代表者などが、監督委員などに対して報告もしくは検査を拒み、または虚偽の報告をしたとき（本条Ⅳ）

本条違反の行為については、1項を除き両罰規定（民再265）が適用されます。

文献 伊藤1132頁、条解民再1303頁〔丸山雅夫〕、詳解民再690頁〔塩見淳〕、新注釈民再（下）633頁〔大川治〕

（業務及び財産の状況に関する物件の隠滅等の罪）
第259条 再生手続開始の前後を問わず、債権者を害する目的で、債務者の業務及び財産の状況に関する帳簿、書類その他の物件を隠滅し、偽造し、又は変造した者は、債務者について再生手続開始の決定が確定したときは、3年以下の懲役若しくは300万円以下の罰金に処し、又はこれを併科する。

基本事項

本条は、再生手続開始の前後を問わず、債権者を害する目的で、債務者の業務および財産の状況に関する帳簿、書類その他の物件を隠滅し、偽造し、または変造する行為を処罰の対象とし、これによって監督委員等の検査権限の実行性を確保しようとする趣旨の規定です。本条と同趣旨の規定が破産法270条および会更法270条にも置かれています。

帳簿、書類その他の物件は、具体的には商業帳簿（商19Ⅱ）、会計帳簿（会社432・615）、計算書類等（会社435・617）、預金通帳や保険証券がこれに該当します。また、隠滅とは、物理的に消滅させる行為のほか、債務者の業務・財産状況の顕出を妨げたり、その価値や効力を滅失させる行為をいい、偽造とは、不正な帳簿・書類等を作成する行為をいい、変造とは、真正な帳簿・書類等を加工して内容の異なるものにする行為をいいます。

本条の行為の主体に制限はありません。主観的要件としては、債権者を害する目的が必要です。また、再生手続開始の決定が確定したことが処罰の条件とされています。

本条違反の行為については、国外犯の処罰規定（民再264Ⅰ）および両罰規定（民再265）が適用されます。

文献 伊藤1133頁、条解民再1306頁〔丸山雅夫〕、詳解民再691頁〔塩見淳〕、新注釈民再（下）640頁〔大川治〕

（監督委員等に対する職務妨害の罪）
第260条 偽計又は威力を用いて、監督委員、調査委員、管財人、保全管理人、個人再生委員、管財人代理又は保全管理人代理の職務を妨害した者は、3年以下の懲役若しくは300万円以下の罰金に処し、又はこれを併科する。

基本事項

　本条は、偽計または威力を用いて、監督委員、調査委員、管財人、保全管理人、個人再生委員、管財人代理または保全管理人代理の職務を妨害する行為を処罰の対象としており、監督委員等の職務執行の重要性の観点から、刑法の業務妨害罪（刑233後段・234）の法定刑を加重したものです。本条と同趣旨の規定が破産法272条および会更法271条にも置かれています。

　行為の主体に制限はありません。本条違反の行為については国外犯の処罰規定（民再264Ⅰ）および両罰規定（民再265）が適用されます。

　文献　伊藤1133頁、条解民再1307頁［丸山雅夫］、詳解民再691頁［塩見淳］、新注釈民再（下）644頁［大川治］

（収賄罪）
第261条 監督委員、調査委員、管財人、保全管理人、個人再生委員、管財人代理又は保全管理人代理が、その職務に関し、賄賂を収受し、又はその要求若しくは約束をしたときは、3年以下の懲役若しくは300万円以下の罰金に処し、又はこれを併科する。
2　前項の場合において、その監督委員、調査委員、管財人、保全管理人、個人再生委員、管財人代理又は保全管理人代理が不正の請託を受けたときは、5年以下の懲役若しくは500万円以下の罰金に処し、又はこれを併科する。
3　監督委員、調査委員、管財人、保全管理人又は個人再生委員（以下この条において「監督委員等」という。）が法人である場合において、監督委員等の職務を行うその役員又は職員が、その監督委員等の職務に関し、賄賂を収受し、又はその要求若しくは約束をしたときは、3年以下の懲役若しくは300万円以下の罰金に処し、又はこれを併科する。監督委員等が法人である場合において、その役員又は職員が、その監督委員等の職務に関し、監督委員等に賄賂を収受させ、又はその供与の要求若しくは約束をしたときも、同様とする。
4　前項の場合において、その役員又は職員が不正の請託を受けたときは、5年以下の懲役若しくは500万円以下の罰金に処し、又はこれを併科する。
5　再生債権者若しくは代理委員又はこれらの者の代理人、役員若しくは職員が、債権者集会の期日における議決権の行使又は第169条第2項第2号に規定する書面等投票による議決権の行使に関し、不正の請託を受けて、賄賂を収受し、又はその要求若しくは約束をしたときは、5年以下の懲役若しくは500万円以下の罰金に処し、又はこれを併科する。
6　前各項の場合において、犯人又は法人である監督委員等が収受した賄賂は、没収する。その全部又は一部を没収することができないときは、その価額を追徴す

る。

基本事項
　本条は、再生手続の適正な実現を確保しようとする趣旨の規定であり、本条の対象となる行為は以下の通りです。
① 自然人である監督委員等が、その職務に関し、賄賂を収受し、またはその要求もしくは約束をする行為（本条Ⅰ）
② 法人である監督委員等の職務を行う役員または職員が、監督委員等の職務に関し、賄賂を収受し、またはその要求もしくは約束をする行為（本条Ⅲ前段）
③ 法人である監督委員等の職務を行う役員または職員が、監督委員等の職務に関し、法人である監督委員等に賄賂を収受させ、またはその供与の要求もしくは約束をする行為（本条Ⅲ後段）
④ 自然人である監督委員等や法人である監督委員等の役員または職員が、不正の請託を請けて、賄賂を収受し、またはその要求もしくは約束をする行為（本条Ⅱ・Ⅳ）
⑤ 再生債権者またはその代理人等が、債権者集会の期日における議決権の行使などに関し、不正の請託を請けて、賄賂を収受し、またはその要求もしくは約束をする行為（本条Ⅴ）
　本条と同趣旨の規定が破産法273条および会更法272条にも置かれています。
　本条違反の行為については、5項の行為を除き、国外犯の処罰規定（民再264Ⅱ）が適用されます。
　また、収受した賄賂の没収および追徴の規定が設けられており（本条Ⅵ）、本条1項から5項のいずれの場合にも適用されます。
　文　献　伊藤1133頁、条解民再1309頁［丸山雅夫］、詳解民再692頁［塩見淳］、新注釈民再（下）646頁［大川治］

（贈賄罪）
第262条　前条第1項又は第3項に規定する賄賂を供与し、又はその申込み若しくは約束をした者は、3年以下の懲役若しくは300万円以下の罰金に処し、又はこれを併科する。
2　前条第2項、第4項又は第5項に規定する賄賂を供与し、又はその申込み若しくは約束をした者は、5年以下の懲役若しくは500万円以下の罰金に処し、又はこれを併科する。

基本事項
　本条は、収賄罪の規定（民再261）に対応し、贈賄者側も処罰することで、再生手続の適正な実現を確保しようとする趣旨の規定であり、以下の行為が対象となります。
① 民再法261条1項および3項の主体に対して、その職務に関し、賄賂を供与

しまたはその申込みもしくは約束をする行為（本条Ⅰ）
② 民再法261条2項、4項および5項の主体に対して、その職務に関し、不正の請託に基づいて賄賂を供与し、またはその申込みもしくは約束をする行為（本条Ⅱ）

本条と同趣旨の規定が破産法274条および会更法273条にも置かれています。

行為の主体に制限はありません。また、本条違反の行為については、国外犯の処罰規定（民再264Ⅰ）および両罰規定（民再265）が適用されます。法定刑は、①の場合は3年以下の懲役もしくは300万以下の罰金、または懲役と罰金の併科、②の場合は5年以下の懲役もしくは500万以下の罰金、または懲役と罰金の併科となります。

文献 伊藤1133頁、条解民再1313頁［丸山雅夫］、詳解民再692頁［塩見淳］、新注釈民再（下）652頁［大川治］

（再生債務者等に対する面会強請等の罪）
第263条 再生債務者（個人である再生債務者に限る。以下この条において同じ。）又はその親族その他の者に再生債権（再生手続が再生計画認可の決定の確定後に終了した後にあっては、免責されたものに限る。以下この条において同じ。）を再生計画の定めるところによらずに弁済させ、又は再生債権につき再生債務者の親族その他の者に保証をさせる目的で、再生債務者又はその親族その他の者に対し、面会を強請し、又は強談威迫の行為をした者は、3年以下の懲役若しくは300万円以下の罰金に処し、又はこれを併科する。

基本事項

本条は、債権者間の平等と再生債務者の経済的再生を図ることを目的とした規定であり、以下の行為が対象となります。
① 再生債務者またはその親族その他の者に再生債権を再生計画の定めるところによらずに弁済させる行為
② 再生債権につき再生債務者の親族その他の者に保証をさせる目的で、再生債務者またはその親族などに対し、面会を強請し、または強談威迫をする行為

本条と同趣旨の規定が破産法275条にも置かれています。

行為の主体に制限はありません。また、本条違反の行為については、両罰規定（民再265）が適用されます。

文献 伊藤1134頁、条解民再1314頁［丸山雅夫］、倒産法概説596頁［山本和彦］、詳解民再694頁［塩見淳］、新注釈民再（下）654頁［大川治］

（国外犯）
第264条 第255条、第256条、第259条、第260条及び第262条の罪は、刑法（明治40年法律第45号）第2条の例に従う。
2 第257条及び第261条（第5項を除く。）の罪は、刑法第4条の例に従う。

3　第261条第5項の罪は、日本国外において同項の罪を犯した者にも適用する。

基本事項

　本条は、再生犯罪の主要なものについて、その国外犯を処罰する規定です。本条と同趣旨の規定が破産法276条および会更法274条にも置かれています。

　詐欺再生罪（民再255）、特定の債権者に対する担保の供与等の罪（民再256）、業務および財産の状況に関する物件の隠滅等の罪（民再259）、監督委員等に対する職務妨害の罪（民再260）および贈賄罪（民再262）については、刑法2条の例に従い、日本国外において違反行為を行った者についても適用されます（本条Ⅰ）。

　監督委員等の特別背任罪（民再257）および収賄罪（民再261。ただし5項を除く）については、刑法4条の規定に従い、日本国外において日本国民に対して違反行為を行った者についても適用されます（本条Ⅱ）。また、再生債権者等による受託収賄罪（民再261Ⅴ）についても、国外犯を処罰することが規定されています（本条Ⅲ）。

　文　献　条解民再1316頁［丸山雅夫］、詳解民再695頁［塩見淳］、新注釈民再（下）657頁［大川治］

（両罰規定）
第265条　法人の代表者又は法人若しくは人の代理人、使用人その他の従業者が、その法人又は人の業務又は財産に関し、第255条、第256条、第258条（第1項を除く。）、第259条、第260条、第262条又は第263条の違反行為をしたときは、行為者を罰するほか、その法人又は人に対しても、各本条の罰金刑を科する。

基本事項

　本条は両罰規定を定めるものです。具体的には、法人の代表者や法人もしくは人の代理人、使用人その他の従業者が、その法人または人の業務または財産に関し、詐欺再生罪（民再255）、特定の債権者に対する担保の供与等の罪（民再256）、報告および検査の拒絶等の罪（民再258。ただし1項を除く）、業務および財産の状況に関する物件の隠滅等の罪（民再259）、監督委員等に対する職務妨害の罪（民再260）、贈賄罪（民再262）または再生債務者等に対する面会強請等の罪（民再263）の違反行為を行った場合には、行為者本人のみならず、その法人または人に対しても罰金刑が科されることになります。本条と同趣旨の規定が破産法277条および会更法275条にも置かれています。

　文　献　条解民再1318頁［丸山雅夫］、新注釈民再（下）659頁［大川治］

（過料）
第266条　再生債務者又は再生のために債務を負担し、若しくは担保を提供する者は、第186条第3項の規定による裁判所の命令に違反した場合には、100万円以下の過料に処する。

2　再生債務者若しくはその法定代理人又は再生債権者が正当な理由なく第227条

> 第6項（第244条において準用する場合を含む。）の規定による資料の提出の要求に応じない場合には、10万円以下の過料に処する。

基本事項

　本条は、刑罰に値するまでの違法性を帯びていない行為について、過料に処することによって、再生手続の適正な実現を確保することを目的とした規定です。本条と同趣旨の規定が会更法276条にも置かれています。

　裁判所は、再生計画の遂行を確実にするため必要があると認めるときは、再生債務者等または再生のために債務を負担し、もしくは担保を提供する者に対して、相当な担保を立てるべきことを命ずることができます（民再186Ⅲ）。そこで、その実行性を確保するため、本条1項は、これらの者が担保提供命令に違反した場合には、100万円以下の過料に処する旨を規定しています。

　小規模個人再生または給与所得者等再生において、再生債権の評価の申立てが行われたときは（民再227Ⅰ）、個人再生委員は、再生債務者もしくはその法定代理人または再生債権者に対し、再生債権の存否および額ならびに担保不足見込額に関する資料の提出を求めることができます（民再227Ⅵ・244）。そこで、資料提出要求の実効性を確保するため、本条2項は、再生債務者、法定代理人、または再生債権者が資料の提出の要求に応じない場合には、10万円以下の過料に処する旨を規定しています。

文献　条解民再1320頁［丸山雅夫］、新注釈民再（下）661頁［大川治］

附　則　＜略＞

●編者紹介●

岡　伸浩（おか　のぶひろ）
弁護士（岡綜合法律事務所代表）・司法研修所 45 期
慶應義塾大学大学院法務研究科教授
中央大学大学院戦略経営研究科兼任講師

神原千郷（かんばら　ちさと）
弁護士（光和総合法律事務所所属）・司法研修所 50 期
平成 29 年度～現在・司法研修所民事弁護教官

佐々木英人（ささき　ひでと）
弁護士（阿部・井窪・片山法律事務所所属）・司法研修所 51 期

●執筆者一覧●（50 音順）

赤堀　有吾（弁護士）	高倉　太郎（弁護士）
板橋　喜彦（弁護士）	高澤　靖子（弁護士）
伊藤　信彦（弁護士）	高村　健一（弁護士）
今井　優（弁護士）	竹内　雄一（弁護士）
岩知道真吾*（弁護士）	田島潤一郎（弁護士）
上田　慎*（弁護士）	中田　吉昭（弁護士）
江尻　琴美（弁護士）	永野　達也（弁護士）
岡　伸浩**（弁護士）	橋本　祥（弁護士）
勝亦　康文（弁護士）	福岡　祐樹（弁護士）
河﨑　渉（弁護士）	藤井　哲（弁護士）
神原　千郷**（弁護士）	堀口　真（弁護士）
久保　文吾（弁護士）	牧　恭弘（弁護士）
倉橋　博文（弁護士）	松田　大介（元弁護士）
佐古麻衣子（弁護士）	桧田　由貴（弁護士）
佐々木英人**（弁護士）	松本　卓也（弁護士）
佐藤　三郎*（弁護士）	村田　和繢（弁護士）
佐藤　潤（弁護士）	森　大輝（みずほ証券株式会社
佐藤　貴史（弁護士）	コンプライアンスオフィサー）
鈴木　智也（弁護士）	森嶋　裕子（弁護士）
壽原　友樹（弁護士）	山澤　梨沙（弁護士）
関口　康晴（弁護士）	渡邉　義基（弁護士）
髙木　洋平*（弁護士）	＊は編集委員、＊＊は編者を指す。

逐条 破産法・民事再生法の読み方

2018年1月20日　初版第1刷発行

編著者　　岡　　伸　浩　　神　原　千　郷
　　　　　佐々木　英　人

発行者　　塚　原　秀　夫

発行所　　株式会社　商　事　法　務
　　　　　〒103-0025　東京都中央区日本橋茅場町 3-9-10
　　　　　TEL 03-5614-5643・FAX 03-3664-8844〔営業部〕
　　　　　TEL 03-5614-5649〔書籍出版部〕
　　　　　　　　　　http://www.shojihomu.co.jp/

落丁・乱丁本はお取り替えいたします。　　印刷／広研印刷㈱
　　© 2018 N. Oka, C. Kanbara, H. Sasaki　　Printed in Japan
　　　　　　　　Shojihomu Co., Ltd.
　　　　　　ISBN978-4-7857-2586-0
　　　　　　＊定価はカバーに表示してあります。

|JCOPY|＜出版者著作権管理機構　委託出版物＞
本書の無断複製は著作権法上での例外を除き禁じられています。
複製される場合は、そのつど事前に、出版者著作権管理機構
（電話 03-3513-6969、FAX 03-3513-6979、e-mail: info@jcopy.or.jp）
の許諾を得てください。